**Buch-Updates**
Registrieren Sie dieses Buch
auf unserer Verlagswebsite.
Sie erhalten dann
Buch-Updates und weitere,
exklusive Informationen
zum Thema.

Galileo
BUCH UPDATE

**Und so geht's**
> Einfach www.galileocomputing.de aufrufen
<<< Auf das Logo **Buch-Updates** klicken
> Unten genannten **Zugangscode** eingeben

Ihr persönlicher Zugang
zu den Buch-Updates

162978121756

Ulrich Kaiser, Philipp Lensing

# Spieleprogrammierung mit DirectX und C++

2D-, 3D- und Netzwerkspiele, viele Spezialeffekte

Galileo Press

# Liebe Leserin, lieber Leser,

endlich ist es soweit, und Sie können die 2. Auflage unseres erfolgreichen Buches zur Spieleprogrammierung mit C++ und DirectX in den Händen halten. Das bewährte Konzept wurde beibehalten und alle Beispiele wurden für DirectX 9 aktualisiert.

Darüber hinaus finden Sie in diesem Buch ein ausführliches Kapitel zum Thema »Effekte«. Dieses Kapitel steuerte unser neuer Co-Autor Philipp Lensing bei, der als professioneller Spiele-Entwickler arbeitet und Ihnen Interessantes aus der Praxis zu berichten hat.

Wegen der umfangreichen Neuerungen in der 2. Auflage können wir Ihnen nun mehr als 800 Seiten Praxiswissen bieten! Alle Beispiele des Buches finden Sie selbstverständlich auf der beiliegenden CD-ROM, damit Sie gleich einsteigen können.

Nun wünsche ich Ihnen viel Freude beim Lesen und Programmieren und auch etwas Geduld, damit Ihre ersten Spiele so gelingen, wie Sie es sich wünschen!

**Ihre Judith Stevens-Lemoine**
Lektorat Galileo Computing

judith.stevens@galileo-press.de
www.galileocomputing.de
Galileo Press · Rheinwerkallee 4 · 53227 Bonn

# Auf einen Blick

Der Name Galileo Press geht auf den italienischen Mathematiker und Philosophen Galileo Galilei (1564–1642) zurück. Er gilt als Gründungsfigur der neuzeitlichen Wissenschaft und wurde berühmt als Verfechter des modernen, heliozentrischen Weltbilds. Legendär ist sein Ausspruch *Eppur se muove* (Und sie bewegt sich doch). Das Emblem von Galileo Press ist der Jupiter, umkreist von den vier Galileischen Monden. Galilei entdeckte die nach ihm benannten Monde 1610.

**Gerne stehen wir Ihnen mit Rat und Tat zur Seite:**
judith.stevens@galileo-press.de bei Fragen und Anmerkungen zum Inhalt des Buches
service@galileo-press.de für versandkostenfreie Bestellungen und Reklamationen
stefan.krumbiegel@galileo-press.de für Rezensions- und Schulungsexemplare

**Lektorat** Judith Stevens-Lemoine, Jan Watermann
**Korrektorat** Friederike Daenecke, Zülpich
**Cover** Barbara Thoben, Köln
**Titelbild** Corbis
**Typografie und Layout** Vera Brauner
**Herstellung** Iris Warkus
**Satz** SatzPro, Krefeld
**Druck und Bindung** Koninklijke Wöhrmann, Zutphen, NL

Dieses Buch wurde gesetzt aus der Linotype Syntax Serif (9,25/13,25 pt) in FrameMaker. Gedruckt wurde es auf fein holzhaltigem Naturpapier.

**Bibliografische Information der Deutschen Bibliothek**
Die Deutsche Bibliothek verzeichnet diese Publikation in der Deutschen Nationalbibliografie; detaillierte bibliografische Daten sind im Internet über http://dnb.ddb.de abrufbar.

ISBN    978-3-89842-827-9

© Galileo Press, Bonn 2007
2., aktualisierte Auflage 2007

# Inhalt

## 8 Shader und Shaderprogrammierung .................. 675

# Einleitung

Als mein Sohn Peter zwölf Jahre alt war, fragte ich ihn, ob er nicht Interesse am Programmieren hätte. Er sah nur kurz von seinem Computerspiel – ich glaube es war ein Autorennen – auf und sagte: »Klar, tolle Idee, lass uns gleich morgen damit anfangen! Als Erstes erklärst du mir dann, wie man dieses Spiel hier macht!« Da stand ich nun mit mehr als 20 Jahren Berufspraxis in der Computerbranche auf dem Buckel und hatte noch nie ein Spiel programmiert. Von den wirklich wichtigen Aspekten des Programmierens verstand ich offensichtlich nichts. Um in den Augen meines Kindes nicht als Versager dazustehen, habe ich am nächsten Tag das *DirectX Software Development Kit* aus dem Internet heruntergeladen und mit der Spieleprogrammierung begonnen. Inzwischen sind aus diesem Impuls mehrere Spiele, eine Vorlesung, ein Praktikum, ein Skript und jetzt auch dieses Buch hervorgegangen.

Damit Sie den größtmöglichen Gewinn aus diesem Buch ziehen, möchte ich Ihnen einige Hinweise zum Vorgehen geben.

Ich habe mich für ein projektorientiertes Vorgehen entschieden. Das heißt, dass im Buch drei vollständige Entwicklungsprojekte durchgeführt werden:

- ▸ 2D-Spiel *Ultris*
- ▸ 3D-Spiel *Balance*
- ▸ Netzwerkspiel *Duell*

Am Ende eines jeden Projekts haben Sie ein vollständiges Computerspiel entwickelt. Die Projekte werden in einzelnen, aufeinander aufbauenden Entwicklungsstufen Schritt für Schritt durchgeführt. Ich empfehle Ihnen, dieser schrittweisen Vorgehensweise zu folgen und Ihre persönliche Kreativität in der Lernphase zunächst noch im Zaum zu halten. Wenn Sie zu sehr von den Vorgaben abweichen, wird es für Sie sehr aufwändig sein, sich in den nachfolgenden Entwicklungsstufen wieder mit den Inhalten des Buchs zu »synchronisieren«. Das soll natürlich nicht heißen, dass Sie den Quellcode aus dem Buch nur abschreiben sollen. Dabei lernen Sie nichts. Ich ermuntere Sie ausdrücklich, auf jeder Stufe zu experimentieren und eigene Ideen auszuprobieren. Die Entwicklungsstufen des Buches geben dabei die Hauptentwicklungslinie vor. Sie können jederzeit Varianten mit eigenen Ideen realisieren. Auf keinen Fall sollten Sie aber eine eigene Entwicklungslinie eröffnen, diese über mehrere Stufen weiterentwickeln und dann versuchen, wieder in die Hauptentwicklungslinie zurückzukehren. Eine Eigenentwicklung sollten Sie immer nur innerhalb einer Stufe durchführen und am Ende jeder Stufe sollten Sie wieder zur Hauptentwicklungslinie zurückkehren:

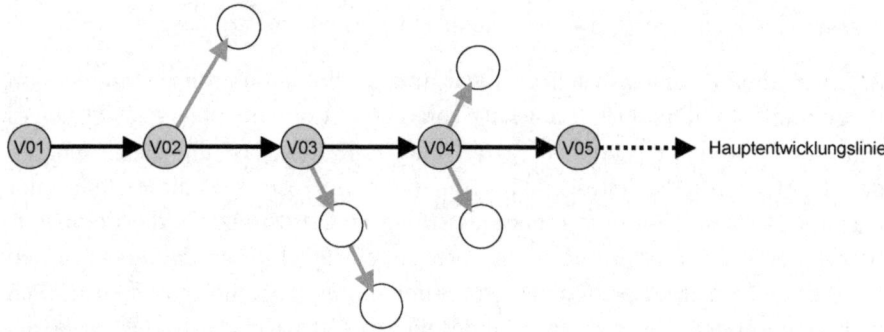

Damit das problemlos geht, habe ich Ihnen die Ergebnisse jeder Projektstufe als vollständiges Projektverzeichnis auf der CD zur Verfügung gestellt. Die Bereitstellung des vollständigen Quellcodes verleitet allerdings dazu, anstelle mühseliger Tipparbeit den Code einfach zu kopieren. Sie sollten sich darüber im Klaren sein, dass Sie Ihren Lernerfolg dadurch drastisch mindern. Der Lernerfolg besteht nicht darin, den Code zu besitzen, sondern darin, ihn in Besitz zu nehmen oder zu erwerben[1]. Sicherlich haben Sie schon die Erfahrung gemacht, dass man eine Strecke in einer unbekannten Stadt selbst gefahren oder gegangen sein muss, um das Ziel später selbstständig wiederzufinden. Nur in einem Taxi auf dem Rücksitz gesessen zu haben reicht dafür nicht aus.

Leider eignet sich das Buch über weite Strecken nicht zum Lesen auf dem Sofa oder im Bett, da Sie parallel zur Lektüre immer am Quellcode Ihres Projekts arbeiten sollten. Das Buch nimmt direkt Bezug auf den Quellcode der Projekte, wobei aus Platzgründen im Buch immer nur der gerade relevante Ausschnitt des Quellcodes gezeigt werden kann. Damit Sie begleitend zum Lesen jederzeit auf den Quellcode zugreifen können und das Projekt als Ganzes nicht aus den Augen verlieren, gehört dieses Buch neben den Rechner. Um Ihnen die Orientierung im Quellcode zu erleichtern, habe ich im Quelltext Markierungen in Form von Kommentaren angebracht, sodass Sie den für eine bestimmte Projektstufe relevanten Code leicht finden können.

Nehmen Sie sich bei der Umsetzung der einzelnen Stufen Zeit. Gehen Sie erst dann zur nächsten Stufe, wenn Sie die vorherige Stufe vollständig verstanden

---

1  Was du ererbt von deinen Vätern, erwirb es, um es zu besitzen!
   (Johann Wolfgang von Goethe)

haben. Manche geometrischen Sachverhalte muss man auch mal aufzeichnen oder mit Bleistiften und sonstigen verfügbaren Utensilien auf dem Schreibtisch nachbauen, um sie wirklich zu verstehen. Vielleicht muss man auch mal in einem Mathematikbuch oder einer Formelsammlung nachschlagen, um Kenntnisse aus der Geometrie oder der Vektorrechnung aufzufrischen. Nutzen Sie intensiv das Hilfesystem zu *DirectX*, um sich zusätzliche Informationen zu besorgen.

Alle von mir erstellten Quellen aus diesem Buch und von der CD können Sie frei verwenden, um Ihre eigenen Spiele zu erstellen.

Ansonsten wünsche ich, dass Ihnen die Spieleprogrammierung mit diesem Buch so viel Spaß macht wie mir das Schreiben dieses Buches.

Bocholt, im September 2002
**Ulrich Kaiser**

P.S.: Peter erstellt inzwischen seine eigenen Computerspiele und behauptet, ich sei nur noch der zweitbeste Programmierer in unserer Familie.

## Danksagung

Ich danke dem Galileo-Verlag, der die Idee, ein solches Buch herauszubringen, bereitwillig aufgegriffen hat und bei der Realisierung meinen Vorstellungen und Wünschen sehr entgegengekommen ist. Namentlich erwähnen möchte ich in diesem Zusammenhang meine Lektorin, Frau Judith Stevens-Lemoine, die mich bereits zum zweiten Mal perfekt betreut hat.

Ich danke meinen Studenten Christoph Kecher und Marco Schlüter, die mit zahlreichen Fehlermeldungen und Verbesserungsvorschlägen dazu beigetragen haben, mein Vorlesungsskript zur Spieleprogrammierung zu einem Buch auszugestalten.

Besonderen Dank schulde ich aber meinem Entwicklungs- und Test-Team: Thorsten Humberg, Klaus Kaiser, Peter Kaiser und Moritz Rasche. Sie haben mit großem Engagement die von mit erstellten Programme getestet und auf der Basis meines Manuskripts mit Erfolg eigene Spiele erstellt. Die praktischen Erfahrungen, die sie als Einsteiger in die Spieleprogrammierung dabei gemacht haben, sind in die Spieleprojekte dieses Buchs eingegangen und haben die Qualität des Endprodukts deutlich verbessert.

## Vorwort zur zweiten Auflage

Es gibt kaum einen Bereich der Softwareerstellung, in dem der ständige Wandel durch neue Technologien für jedermann so deutlich sichtbar wird wie in der Spieleprogrammierung. Dementsprechend schnell altert auch ein Buch zu diesem Thema. Hier ist das schon überfällige Update. Im ersten Teil habe ich die projektorientierte Vorgehensweise beibehalten. Im zweiten, neuen Teil gehe ich dagegen themenorientiert vor und behandele viele Aspekte, die beim projektorientierten Ansatz nicht in der nötigen Tiefe behandelt werden konnten oder sogar ganz auf der Strecke geblieben sind. Breiten Raum nehmen in dem neuen Teil die Programmiersprache HLSL und die Programmierung von Vertex- und Pixelshadern mit HLSL ein. Dadurch eröffnen sich Möglichkeiten, die bei der »klassischen« DirectX-Programmierung nicht beziehungsweise nicht mit der erforderlichen Performance realisierbar waren.

Besonders freue ich mich, dass ich mit Philipp Lensing einen erfahrenen, professionellen Spieleentwickler gewinnen konnte, um das Kapitel über spezielle Effekte beizusteuern. In diesem Kapitel finden Sie beeindruckende Effekte, die Sie sofort in Ihr Spiel einbauen können.

Wie immer wurde der Entstehungsprozess dieser Auflage von meinen Lektoren Judith Stevens-Lemoine und Jan Watermann sowie dem Team von Galileo Press perfekt begleitet.

**Ulrich Kaiser**

# 1    Vorbereitung

Auf keinen Fall sollten Sie sich unvorbereitet in ein Abenteuer, wie wir es hier vorhaben, stürzen. Am Anfang steht daher die Frage: Was benötigen Sie an Vorkenntnissen und an Hard- und Software, um die Projekte aus diesem Buch erfolgreich durchführen zu können?

## 1.1    Vorkenntnisse

Die wichtigsten Voraussetzungen sind natürlich Ihre persönlichen Vorkenntnisse und die Erfahrungen, die Sie mitbringen. Voraussetzung für die Durchführung der Projekte ist, dass Sie in C und C++ programmieren können. Gute C- und darüber hinaus elementare C++-Kentnisse reichen allerdings aus, da keine speziellen objektorientierten Techniken, wie zum Beispiel Vererbung, verwendet werden. Von C++ benutze ich nur das Klassenkonzept, um Daten und Funktionen zu kapseln. Spezielle Kenntnisse in der Windows-Programmierung (*Windows-SDK*, *Microsoft Foundation Classes*) sind hilfreich, werden aber nicht unbedingt benötigt. Zwar setzt die Programmierung auf dem *Windows-SDK*[1] auf, aber ich werde alle hier verwendeten Windows-Funktionen so erklären, dass keine speziellen Vorkenntnisse zu deren Verständnis erforderlich sind. Dieses Buch enthält damit sozusagen als Nebenprodukt einen Grundkurs in Windows-Programmierung.

Grundsätzlich gilt natürlich: Je mehr praktische Programmiererfahrung Sie mitbringen, umso leichter wird Ihnen der Einstieg in die Spieleprogrammierung fallen.

Sollten Sie feststellen, dass Ihre Programmierkenntnisse nicht ausreichen, so sollten Sie dieses Buch zunächst einmal zur Seite legen, um sich mit C/C++-Programmierung zu beschäftigen. Dazu empfehle ich Ihnen mein ebenfalls bei Galileo Computing erschienenes Buch:

---

1   Das ist die Programmierschnittstelle von Windows.

Hier finden Sie das programmiertechnische Rüstzeug, um die Projekte dieses Buches erfolgreich durchführen zu können.

## 1.2 Hardware und Betriebssystem

2D-Spiele sind, was den Ressourcenbedarf auf einem Rechner betrifft, in der Regel nicht sehr anspruchsvoll. Solche Spiele laufen auch auf einfacher, nicht besonders hochgerüsteter Hardware. Viele 2D-Spieleklassiker, wie zum Beispiel *Pacman*, liefen ja schon in der »Steinzeit« der Spieleprogrammierung auf Rechnern, die im Vergleich zu den heutigen Rennpferden eher wie eine Schnecke daherkrochen. In diesem Bereich gibt es keine besonderen Anforderungen. Ein einfacher PC mit »gewöhnlicher« Grafik- und Soundkarte ist hier mehr als ausreichend.

3D-Spiele stellen dagegen erheblich höhere Anforderungen an die Leistungsfähigkeit eines Rechners. Insbesondere sind dies Anforderungen an die Grafikkarte des Systems. Wie Sie feststellen können, ob Ihr System den hier gestellten Anforderungen genügt, erfahren Sie in Abschnitt 1.6 über *DirectX*.

Im Prinzip können Sie die Spiele der drei Projekte mit der Tastatur spielen. Sinnvollerweise sollten Sie aber für die 3D-Spiele auch ein Gamepad oder einen Joystick haben.

Als Betriebssystem dient in allen Projekten Microsoft Windows. Geeignet sind alle Betriebssystemversionen, auf denen die aktuelle Version von DirectX läuft.

## 1.3 Netzwerk

Für die ersten beiden Projekte benötigen Sie kein Netzwerk. Für das dritte Projekt sollten Sie zumindest zwei vernetzte Rechner haben, die jeder für sich von der Hardware her den Anforderungen des zweiten Projekts genügen. Einen der beiden Rechner benötigen Sie als Entwicklungsrechner. Den anderen benötigen Sie nur zeitweise zum Spielen oder Testen. Von Vorteil wäre, wenn Sie einen dritten Rechner hätten, um ihn als Server einzusetzen. Den Server benötigen Sie nicht unbedingt, da Sie die Serverfunktionen auch auf einem der Spielsysteme implementieren können. Der Server muss auch in Bezug auf die Grafikleistung nicht besonders ausgelegt sein. Im Wesentlichen übernimmt der Server Aufgaben im Bereich der Kommunikation. Auch hier sind die Anforderungen nicht sehr hoch, da das Transfervolumen für die Kommunikation minimal ist. Wenn Sie allerdings zusätzlich zum normalen Spielbetrieb die Sprachübertragung nutzen wollen, so benötigen Sie einen Netzwerkzugang mit größerer Bandbreite und ein Headset für jeden Spieler.

Je mehr Rechner Sie zum Testen zur Verfügung haben, umso besser ist es. Vielleicht veranstalten Sie während des dritten Projektes gelegentlich eine LAN-Party, um Ihre Software in angemessenem Rahmen zu testen.

## 1.4    Internet

Wenn Sie nicht nur im lokalen Netz, sondern auch über das Internet spielen wollen, so müssen natürlich alle am Spiel beteiligten Rechner einen Internet-Zugang haben. Darüber hinaus benötigen Sie zumindest für den Server (beziehungsweise für den Rechner, der als Server fungiert) eine IP-Adresse, die aus dem Internet angesprochen werden kann. Am besten ist natürlich eine feste IP-Adresse, die Sie dauerhaft verwenden können. Aber auch eine temporäre IP-Adresse, wie Sie sie üblicherweise von Ihrem Provider bekommen, reicht aus. Sie müssen nur dafür sorgen, dass alle Teilnehmer am Spiel die jeweils gültige Adresse kennen. Nicht verwenden können Sie eine dynamisch im lokalen Netz vergebene Adresse, die maskiert wird und von außen unsichtbar ist. Gegebenenfalls müssen Sie einen zwischengeschalteten Router so konfigurieren, dass er entsprechende Anfragen aus dem Internet an Ihren Server weiterleitet.

Ein Internet-Zugang ist darüber hinaus in jedem Fall sinnvoll, auch wenn Sie nicht über das Internet spielen wollen. Das Internet ist eine Fundgrube für Spieleentwickler. Sie finden dort Diskussionsgruppen, Tutorials, Code-Beispiele, 3D-Modelle, Texturen und viele nützliche Hilfsprogramme. Da Verweise auf Internetseiten oft sehr kurzlebig sind, habe ich hier allerdings nur selten konkrete Links angeführt.

## 1.5    Entwicklungsumgebung

Als Entwicklungsumgebung habe ich *Microsoft Visual Studio* und den *Microsoft Visual C++ Compiler* verwendet. Alle Versionen ab Version 7.0 also *Visual Studio 2003* und *Visual Studio 2005* sind geeignet.

Wenn Sie die Microsoft-Entwicklungsumgebung installiert haben, müssen Sie nur das gewünschte Projektverzeichnis von der CD auf die Festplatte Ihres Rechners kopieren und gegebenenfalls noch den Schreibschutz von den Dateien entfernen. Dann müssen Sie nur noch auf die Projektdatei (*.sln*) im kopierten Projektverzeichnis klicken, und schon kann es losgehen.

## 1.6    DirectX

*DirectX* ist ein Sammelbegriff für die von Microsoft zur Multimedia- und Spieleprogrammierung bereitgestellten Hilfsmittel. Um mit *DirectX* entwickelte Anwendungen auf einem PC zu benutzen, benötigen Sie die *DirectX*-Laufzeitbibliotheken, die üblicherweise schon auf jedem PC vorhanden sind. Um aber Anwendungen mit *DirectX* zu entwickeln, benötigen Sie das *DirectX-SDK* (Software Development Kit). Dieses SDK[2] können Sie kostenlos von Microsoft aus dem Internet herunterladen – aber Achtung, es handelt sich um über 500 MByte[3]. Nach der Installation von DirectX sollten Sie die Dateipfade der Include- und der Bibliotheksverzeichnisse in der Entwicklungsumgebung eingeben, damit der Compiler und der Linker wissen, wo sie Includedateien und Funktiosbibliotheken zu suchen haben.

Innerhalb der *DirectX*-Familie finden Sie die folgenden Komponenten:

▶ *DirectDraw*: 2D-Grafikprogrammierung

▶ *Direct3D*: 3D-Grafikprogrammierung

▶ *DirectSound*: Wiedergabe von Soundeffekten

▶ *DirectMusic*: Wiedergabe von Musik

▶ *DirectInput*: Programmierung von Eingabegeräten (z. B. Joystick)

▶ *DirectPlay*: Programmierung von Netzwerkspielen

▶ *DirectShow*: Aufnahme und Wiedergabe von Multimedia-Inhalten

▶ *DirectSetup*: Programmierbare Installation von *DirectX*

---

2   Zum Zeitpunkt der Drucklegung dieses Buches war die aktuelle Version vom August 2006.
3   Vielleicht nehmen Sie es dann doch lieber von der beiliegenden CD.

Bei allen Komponenten handelt es sich um Funktionsbibliotheken, die über eine C/C++-Schnittstelle programmiert werden können.

Im 2D-Projekt (*Ultris*) werden wir uns mit *DirectDraw* und *DirectSound*, im 3D-Projekt (*Balance*) mit *Direct3D* und *DirectInput* beschäftigen. Im Netzwerkprojekt (*Duell*) kommt dann *DirectPlay* hinzu.

Bezüglich der Installation der Entwicklungsumgebung und des SDK kann ich Ihnen natürlich keine Hilfestellung geben. Dafür ist der Hersteller zuständig. In der Regel ist die Installation aber problemlos. Wichtig ist, dass Sie auch die zugehörigen Hilfedateien installieren. Die werden Sie, sobald Sie Ihre ersten eigenen Schritte unternehmen, dringend benötigen. Wenn Sie die Entwicklungsumgebung und das *DirectX-SDK* erfolgreich installiert haben, sollten Sie testen, ob auf Ihrem Entwicklungsrechner alles zusammenspielt.

Dazu sollten Sie zunächst einmal einige der Demoprogramme starten. Wenn Sie dabei eine Meldung wie die folgende sehen, sollten Sie sich schon einmal nach Preisen für Grafikkarten oder neue PCs erkundigen.

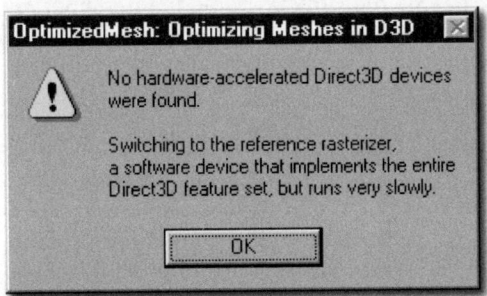

Anschließend testen Sie die Entwicklungsumgebung, indem Sie versuchen, einige der von Microsoft mitgelieferten Demoprogramme (zum Beispiel im Verzeichnis `<Installationsverzeichnis>\Samples\C++\Direct3D`) zu compilieren und zum Laufen zu bringen. Auch das sollte zumindest in der Microsoft-Umgebung kein Problem sein, da für jedes Beispiel das vollständige Projektverzeichnis vorliegt.

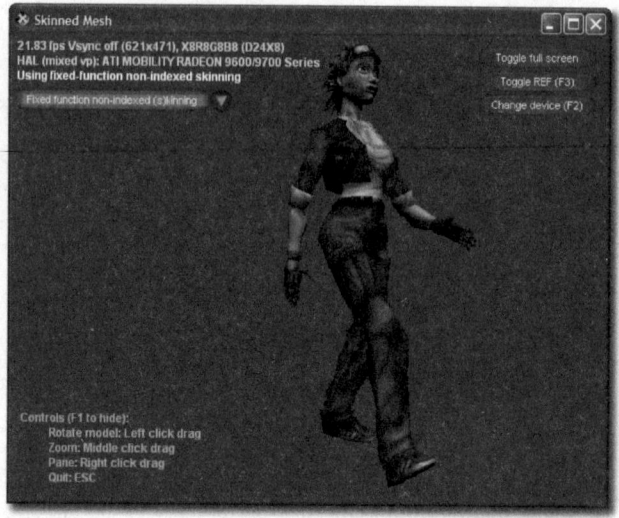

Zusätzlich zu den Funktionsbibliotheken wird mit *DirectX* ein Control-Panel in der Systemsteuerung installiert, über das Sie die *DirectX*-Komponenten konfigurieren können:

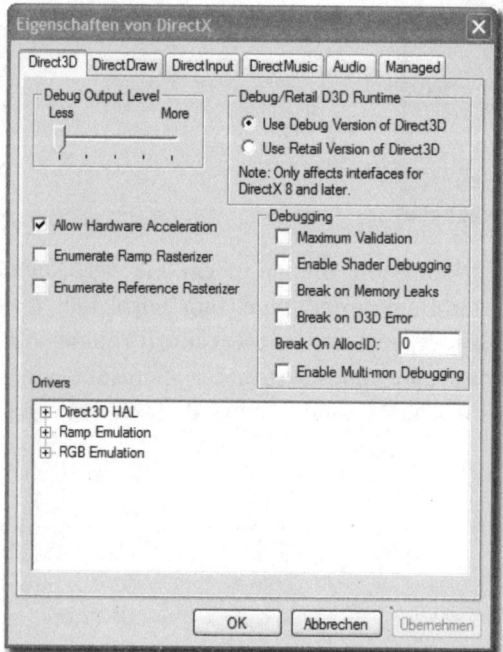

Hilfreich sind in diesem Zusammenhang zwei Werkzeuge, die ebenfalls mit *DirectX* geliefert werden:

▶ Der *CapsViewer* (DXCapsViewer.exe) im Verzeichnis <installationspfad>\ Utilities\Bin\x86 zeigt Ihnen die Eigenschaften aller an Ihrem Rechner angeschlossenen Ein- und Ausgabegeräte an.

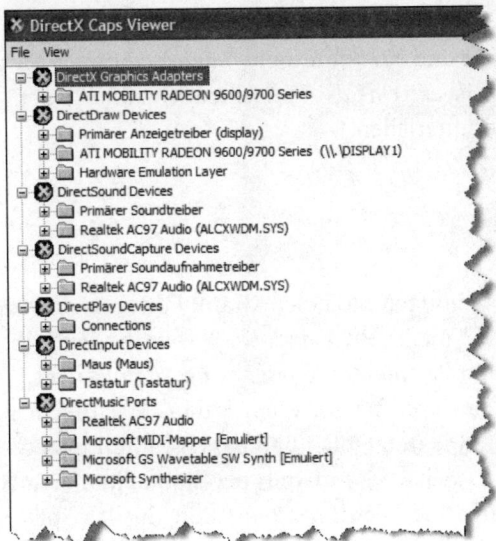

▶ Das *DirectX-Diagnoseprogramm* (dxdiag.exe), das Sie im Windows-Systemverzeichnis finden, erlaubt es, eine Reihe von Tests durchzuführen, um festzustellen, ob alles sauber funktioniert.

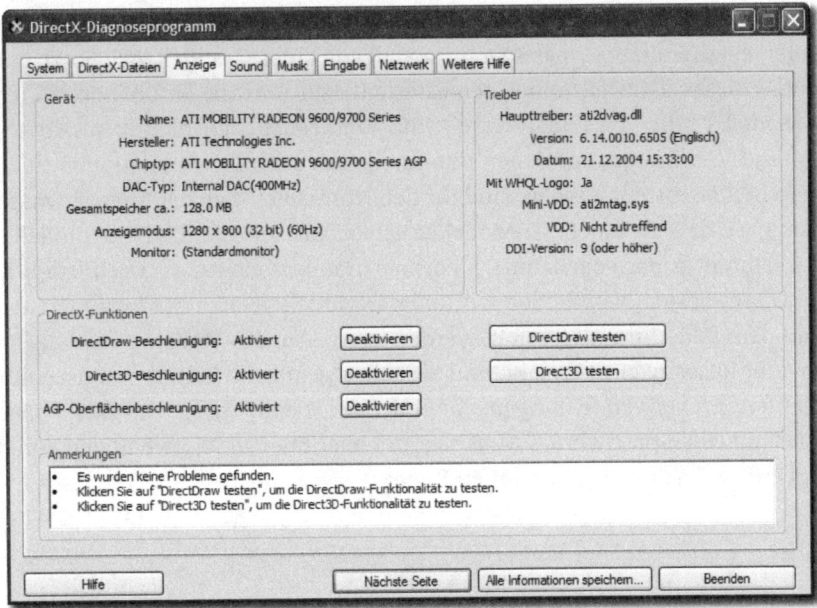

Wenn Ihr System die Tests erfolgreich absolviert, Sie die Beispielprogramme compilieren und linken können und das Laufzeitverhalten der Beispielprogramme akzeptabel ist, dann können Sie davon ausgehen, dass Ihr System den hier gestellten Anforderungen genügt.

Wenn Sie Ihre Grafikkarte auf Herz und Nieren testen wollen, so können Sie aus dem Internet – zum Beispiel von *pc-extreme.de* – Benchmarks zum Messen der Performance Ihrer Grafikkarte herunterladen.

## 1.7    Grafik-Editor

Zum Erstellen von 2D-Grafiken benötigen Sie einen Grafik-Editor. Neben dem Grafik-Editor *Paint-Brush*, den Sie auf jedem Windows-System finden, gibt es Dutzende von Grafik-Editoren (zum Beispiel *Gimp* oder *Paint Shop Pro*) als Freeware oder Shareware. Nehmen Sie Ihren favorisierten Editor. Wichtig ist nur, dass er Dateiformate wie bmp oder jpg unterstützt und dass Sie mit ihm zurechtkommen. Alternativ können Sie auch die von mir bereitgestellten Grafiken benutzen. Auf diese Weise können Sie allerdings kein individuelles Spiel mit Ihrer persönlichen Note erstellen.

## 1.8    3D-Modellierung

Für das 3D-Projekt benötigen Sie einen 3D-Modeller. Das ist ein Editor, der es erlaubt, ein dreidimensionales Drahtmodell von einer räumlichen Figur zu erstellen und dieses dann mit einer gemusterten Haut (Textur) zu überziehen. Auch 3D-Modeller gibt es als Shareware. Gute Werkzeuge sind hier aber sehr teuer. High-End-Werkzeuge, mit denen unter anderem auch die Animationen für Hollywood-Filme erstellt werden, sind für den Normalverbraucher unerschwinglich. Wichtig ist, dass Sie einen 3D-Modeller haben, aus dem Sie das Drahtmodell und die Texturen in das sogenannte x-Format (Dateierweiterung .x) entladen können. Dieses Format verwenden wir, um das Modell in *DirectX* einzulesen, damit es auf dem Bildschirm dargestellt werden kann. Den 3D-Modeller benötigen wir ja erst für unser zweites Projekt, und Sie haben genügend Zeit, Ihre Entscheidung zu treffen. Ich verwende übrigens für einfache Modelle AC3D. Bei AC3D handelt es sich um einen preiswerten Modeller, der aber über alle notwendigen Funktionen verfügt. Dazu mehr im zweiten Projekt.

In Ermangelung eines Modellers können Sie auch meine 3D-Modelle überneh-men oder Modelle aus dem Internet herunterladen. Der Programmierung tut das keinen Abbruch. Es entgeht Ihnen nur der Spaß, ein eigenes Modell zu erstellen, und Sie sind in der kreativen Umsetzung eigener Spielideen beschränkt.[4]

Das soll zum Thema Vorbereitung erst einmal reichen. Wenn Sie alles herunter-geladen, installiert, aktualisiert, ausprobiert, compiliert, gelinkt und getestet haben, treffen wir uns auf der nächsten Seite wieder zu unserem ersten Spiele-projekt.

---

4 Da das x-File-Format ein lesbares Format ist, kann man theoretisch auch x-Files mit einem Texteditor erstellen. Aber diese Sisyphusarbeit sollten Sie nicht auf sich nehmen.

# 2      2D-Projekt (Ultris)

Auf dem Spielemarkt dominieren heute 3D-Spiele. Diese Spiele versuchen sich gegenseitig durch immer ausgefeiltere Grafiken und 3D-Effekte zu übertrumpfen. Häufig ist aber die Spielidee immer die gleiche und nur in ein anderes Szenario gekleidet. Im Gegensatz dazu gibt es unter den 2D-Spielen viele Klassiker mit originellen Spielideen, die ganze Spielergenerationen geradezu süchtig gemacht haben. *Tetris* ist ein solches Spiel. *Tetris* wurde 1985/86 von dem russischen Informatiker Alexej Padschitnow erfunden und verbreitete sich wie ein Lauffeuer um die ganze Welt. Es wurde auf allen nur denkbaren Systemen implementiert und war das Spiel, das den Nintendo Game Boy so erfolgreich machte. Wahrscheinlich ist es das erfolgreichste Computerspiel aller Zeiten. Es ist schwer zu sagen, was dieses Spiel so erfolgreich macht. Das Spiel ist bemerkenswert einfach, was seine Regeln und seine Bedienung betrifft, und zugleich bemerkenswert vielfältig, was die möglichen Spielabläufe angeht. Der Anreiz für den Spieler besteht darin, Ordnung in das Chaos der immer schneller fallenden Puzzlesteine zu bringen. Offensichtlich weckt das Spiel den in uns allen sitzenden Putzteufel. Aus nostalgischen Gründen habe ich Ihnen auf der CD im Verzeichnis *Spiele/ Tetris* die Originalversion des Spiels (`tetris.exe`) zur Verfügung gestellt:

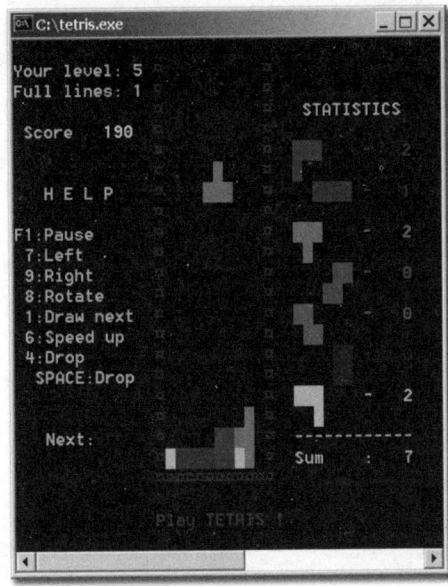

Das Original ist mit den einfachen, seinerzeit verfügbaren Mitteln realisiert und wirkt, was die Oberfläche betrifft, heute schon sehr angestaubt. Der Vergleich mit heutigen Spielen zeigt, welch rasante Entwicklung die Spieleprogrammierung und insbesondere die Programmierung grafischer Oberflächen in den letzten 15 Jahren genommen hat. Im Laufe der Jahre hat es auch eine Reihe von Neuimplementierungen von *Tetris* gegeben, darunter auch 3D-Versionen mit teilweise erweiterten Spielideen. Keine 3D-Version konnte aber an den Erfolg des 2D-Spiels anknüpfen. Dies zeigt, dass 2D-Spiele nach wie vor eine Existenzberechtigung haben. Welche Art der Visualisierung für ein Spiel geeignet ist, hängt letztlich von der Spielidee ab, und manche Ideen können offensichtlich in zwei Dimensionen wirkungsvoller umgesetzt werden als in dreien. In unserem ersten Projekt werden wir einen vollwertigen Tetris-Klon mit dem Namen *Ultris* entwickeln. Die Oberfläche wird etwas moderner sein als die des Originals, aber die Spielidee werden wir vom Original übernehmen, da sie nicht verbessert werden kann.

## 2.1   Aufgabenstellung

Natürlich kennen Sie *Tetris*, und ich muss Ihnen nicht erklären, wie man dieses Spiel spielt. Anstelle einer Spielanleitung zeige ich Ihnen hier nur ein paar spärlich kommentierte Screenshots des fertigen Spiels, das wir später Schritt für Schritt erstellen werden. Wir beginnen mit dem eigentlichen Spielfeld:

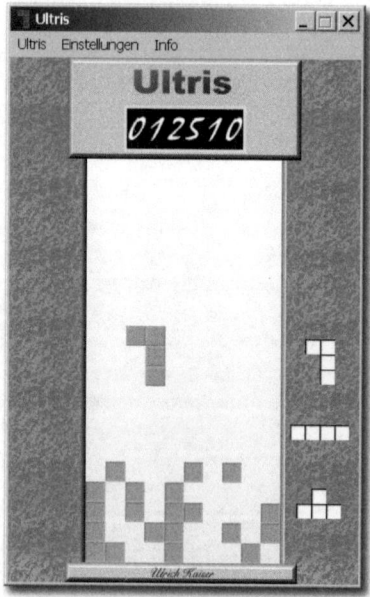

Unter der oberen Abdeckung fallen die Puzzlesteine mit wachsender Geschwindigkeit heraus. Die Aufgabe des Spielers ist es, die Steine durch Drehung und
Rechts-Links-Verschiebung so einzuordnen, dass unten vollständige Reihen entstehen, die dann abgeräumt werden. Alle Aktionen werden durch entsprechende
Sounds untermalt. Am rechten Spielfeldrand sehen Sie eine Vorschau auf die
nächsten drei Steine. Oben auf der Abdeckung wird Ihnen Ihr aktueller Punktestand angezeigt.

Das Spiel bedienen Sie über die Tastatur:

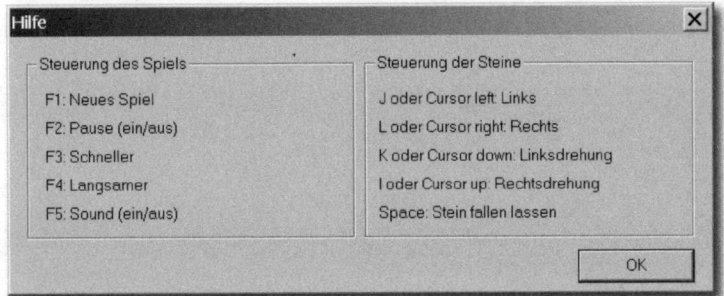

Die Tasten ⬚J⬚, ⬚K⬚, ⬚L⬚, ⬚I⬚ und ⬚Space⬚ erlauben eine bequeme Einhandbedie-
nung mit der rechten Hand.

Einige der oben genannten Tastaturbefehle (⬚F1⬚, ⬚F2⬚ und ⬚F5⬚) können Sie auch
aus dem *Ultris*-Menü heraus absetzen:

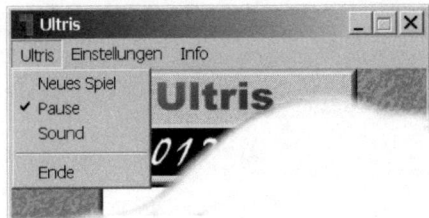

Alle wichtigen Spielparameter können Sie über den Menüpunkt *Konfiguration*
im Menü *Einstellungen*

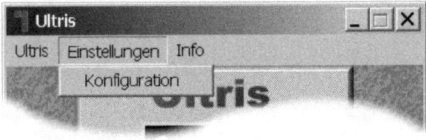

ändern. Bei Wahl dieses Menüpunktes erhalten Sie den folgenden Dialog:

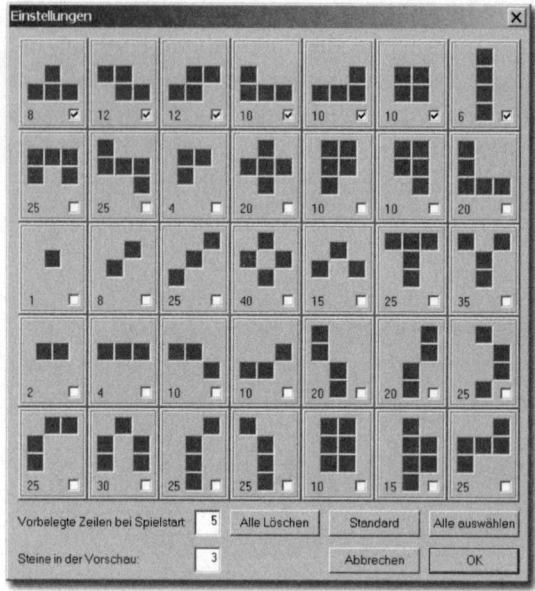

Im Dialog können Sie wählen, mit welchen Steinen Sie spielen wollen, wie viele vorbelegte Zeilen (0–20) es beim Spielstart geben soll und wie viele Steine (0–5) in der Vorschau erscheinen sollen. Der Dialog zeigt Ihnen auch, wie viele Punkte es für die jeweiligen Steine gibt. Diese Punktwerte können Sie allerdings nicht ändern.

Schließlich gibt es noch das Menü *Info*:

In diesem Menü kann der oben bereits gezeigte Hilfedialog, der die Tastaturbelegung zeigt, aufgerufen werden. Darüber hinaus gibt es eine Highscore-Tabelle

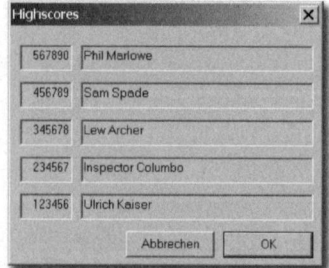

und einen allgemeinen Informationsdialog:

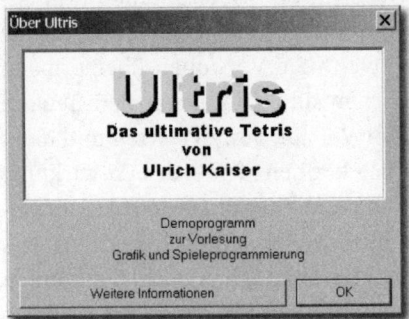

Der Button *Weitere Informationen* führt Sie, sofern Ihr Computer mit dem Internet verbunden ist, auf die Homepage des Herstellers – in diesem Fall auf die Homepage der Fachhochschule in Bocholt.

Um das Spiel wirklich zu verstehen, muss man es natürlich spielen – oder besser gesagt ausgiebig testen. Das empfehle ich Ihnen an dieser Stelle, damit Sie genau wissen, was Sie implementieren sollen. Sie finden die Testversion des Spiels auf der CD im Verzeichnis *Spiele/Ultris*, das Sie vollständig auf die Festplatte Ihres Rechners kopieren sollten, um das Spiel dann von der Festplatte aus zu starten:

Ultris

Um der drohenden Suchtgefahr zu entgehen, sollten Sie sich dabei aber ein striktes Zeitlimit setzen.

## 2.2 Die Entwicklungsumgebung und die bereitgestellten Programme

Wir werden *Ultris* in mehreren Schritten entwickeln. In jedem Schritt entsteht eine neue Version (V01, V02, ...) mit erweiterter Funktionalität. Die erste Version, V01, steht Ihnen als vollständiges Microsoft Visual C++-Projekt[1] auf der CD im Verzeichnis *Projekte/Ultris/V01* zur Verfügung. Dieses Projekt können Sie als Startpunkt für die weitere Entwicklung verwenden.[2]

---

1    Erstellt mit Visual Studio 2003

Am besten kopieren Sie dazu das komplette Verzeichnis *Projekte* von der CD auf die Festplatte Ihres Entwicklungsrechners. Auch für die weiteren Entwicklungsstufen habe ich, wie Sie feststellen werden, vollständige Lösungen erstellt, die Sie als Wiederaufsetzpunkt verwenden können, wenn Sie Versionen überspringen wollen oder einmal zu weit vom Kurs abgewichen sind. Um maximalen Gewinn aus dem Kurs zu ziehen, ist es sinnvoll, mit der Version v01 zu starten und dann <u>alle Folgeversionen selbst zu erstellen</u>. Natürlich können Sie bei der Entwicklung eigene Ideen einbringen und von meinem Implementierungsvorschlag abweichen. Sie sollten jedoch immer darauf achten, nicht so weit abzuweichen, dass Ihnen die Rückkehr zu den Wiederaufsetzpunkten unmöglich wird. Sie können beispielsweise von Anfang an andere Abmessungen als die von mir vorgeschlagenen für die Spielfeldgröße verwenden, weil Ihnen ein anderes Layout besser gefällt. Sie müssen sich nur darüber im Klaren sein, dass Sie dann in allen nachfolgenden Berechnungen andere Bezugspunkte und Koordinatenwerte verwenden müssen. Sollte dann einmal die Notwendigkeit bestehen, Quellcode aus meiner Musterlösung zu übernehmen, müssen Sie entsprechende Anpassungen vornehmen. Problematisch wird es, wenn Sie strukturell, also in Datenstrukturen oder Funktionsschnittstellen, von meiner Vorlage abweichen. Insbesondere, wenn Sie noch unsicher in der C-Programmierung sind, sollten Sie das Streben nach Kreativität zunächst noch hinten anstellen und möglichst detailgenau meinen Vorgaben folgen. Wenn Sie die Spieleprogrammierung dann beherrschen, haben Sie noch ausreichend Gelegenheit, Ihre Kreativität in selbst gestellten Aufgaben unter Beweis zu stellen.

Wenn Sie mit der Microsoft-Entwicklungsumgebung arbeiten wollen, mit dieser zuvor aber noch nicht in Berührung gekommen sind, sollten Sie sich die Zeit nehmen, mit der Umgebung vertraut zu werden. Sie starten die Umgebung am besten durch einen Doppelklick auf die Projektdatei `demo.sln` im Verzeichnis der Version v01. Sie sollten dann in etwa das folgende Bild sehen:[3]

---

2  Ich wollte Sie nicht damit belasten, was (z. B. welche Libraries) Sie alles zusammenfügen müssen, um ein solches Projekt zu erstellen. Wenn Sie noch unerfahren in der Microsoft-Programmier-umgebung oder in der Erstellung komplexerer Projekte sind, würde Sie das an dieser Stelle nur verwirren. Wenn Sie hingegen bereits erfahren sind, können Sie diese Informationen problemlos aus dem Projekt herauslesen, indem Sie in den entsprechenden Einstellungsdialogen nachsehen oder sich ein Makefile erzeugen lassen.

3  Was Sie genau sehen hängt davon ab, wie Sie die Entwicklungsumgebung eingerichtet haben.

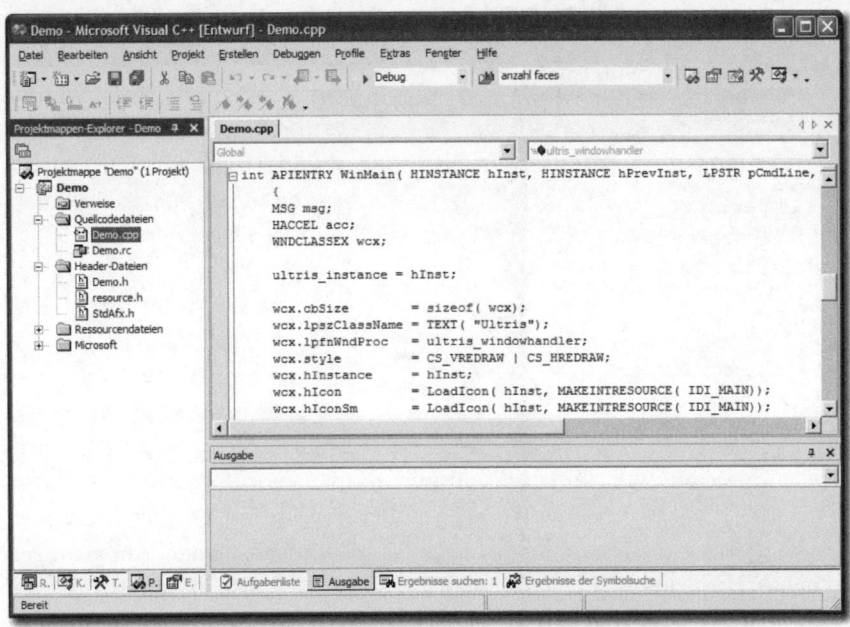

Das Fenster im linken oberen Teil ist der Arbeitsbereich. Der **Arbeitsbereich** zeigt die Struktur des Projekts, gegliedert in **Klassen**, **Ressourcen** und **Dateien**. Ein Doppelklick auf ein Objekt in diesem Fenster (zum Beispiel auf eine Datei oder eine Klasse) öffnet das Objekt zur Bearbeitung im **Editor-Fenster**. Das ist das Fenster oben rechts.

Bei einem Klick auf das blaue Dreieck im Toolbar unter der Menüleiste wird Ihr Programm, sofern es geändert wurde, zunächst compiliert und anschließend, sofern es fehlerfrei compiliert werden konnte, gelinkt und nach fehlerfreiem Linken gestartet. Werden beim Übersetzen Fehler entdeckt, so werden diese in dem dritten Fenster, dem **Ausgabefenster**, angezeigt.

Die volle Funktionalität der Entwicklungsumgebung kann ich Ihnen an dieser Stelle und auch im weiteren Verlauf dieses Kurses nicht erklären.[4] Bei Bedarf sollten Sie die Dokumentation der Entwicklungsumgebung zu Rate ziehen. Besonders wichtig ist, dass Sie sich dabei auch in die Bedienung des Debuggers einarbeiten. Der Debugger dient eigentlich zur Fehlersuche. Sie können ihn aber auch verwenden, um meine Programme Schritt für Schritt zu durchlaufen, um so ein besseres Verständnis des Programmablaufs zu gewinnen.

---

4  Wenn Sie ein Kochbuch kaufen, wird dort ja auch nicht erklärt, wie Sie Ihren Herd bedienen müssen. Diese Informationen bekommen Sie aus der Bedienungsanleitung des Herstellers.

Wir werfen einen Blick auf die Dateien im Arbeitsbereich des Projekts v01:

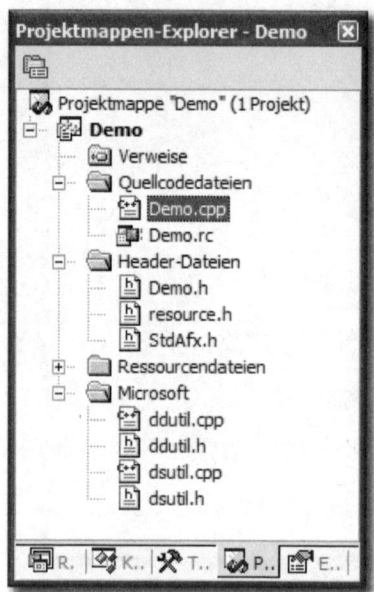

Im Ordner *Microsoft* befinden sich einige Header- und Quellcodedateien, die Teil der *DirectX*-Auslieferung von Microsoft sind. Es handelt sich um Hilfsprogramme, die die Verwendung von *DirectDraw* und *DirectSound* durch spezielle Anwendungsklassen etwas komfortabler gestalten. Ich werde diese Klassen und ihre Schnittstellen kurz besprechen, sobald wir sie benötigen.

Wichtig sind für uns die Dateien *Demo.cpp* und *Demo.rc*. Die Datei *Demo.cpp* enthält in der Version v01 den Quellcode für eine einfache Windows-Applikation. Diesen Code werden wir in den nachfolgenden Versionen erweitern, bis das Ultris-Spiel fertig ist. Die Datei *Demo.rc* ist eine sogenannte Ressourcen-Datei und enthält die Oberflächenelemente unserer Windows-Applikation. Auch diese Datei werden wir von Version zu Version weiterentwickeln. Den Inhalt der beiden Dateien werden wir später ausführlich diskutieren. Zuvor beschäftigen wir uns mit dem Design der Oberfläche unseres Spiels.

## 2.3 Design der Oberfläche

Bevor wir mit der Implementierung des Spiels beginnen, wollen wir eine präzise Vorstellung von seiner Oberfläche entwickeln. Die Oberfläche besteht aus vier Ebenen. Die vier Ebenen werden wie Folien aufeinandergelegt und ergeben so das Gesamtbild. Die unterste Ebene ist der Spielhintergrund:

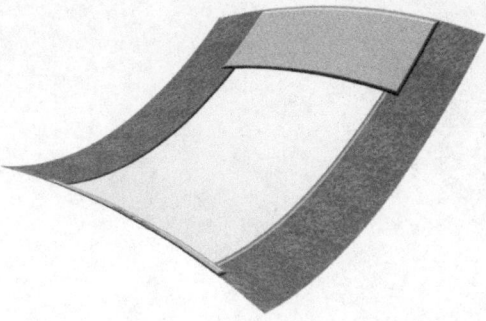

Auf der nächsten Ebene bewegen sich die Spielsteine über den Hintergrund. Wichtig ist dabei, dass die Steine in einem ganz bestimmten, allerdings unsichtbaren Raster bewegt werden:

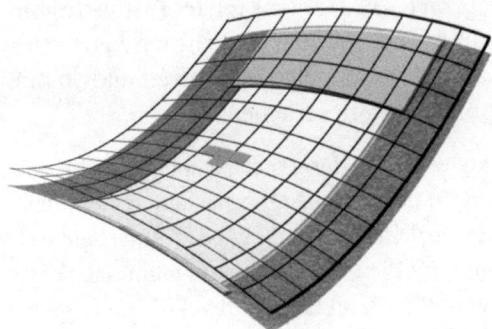

Auch die Steine der Vorschau werden am rechten Rand dieser Ebene angezeigt.

Im oberen Bereich des Spielfeldes werden die Spielsteine durch einen Deckel abgedeckt:

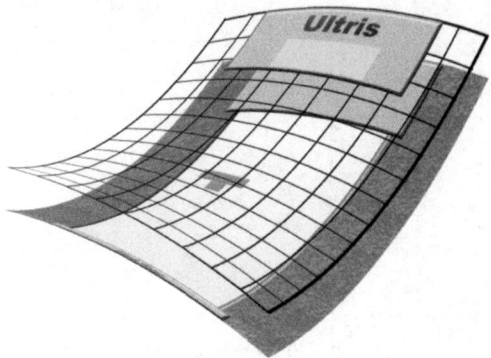

Auf dem Deckel wird schließlich in der vierten und letzten Ebene der aktuelle Punktestand angezeigt:

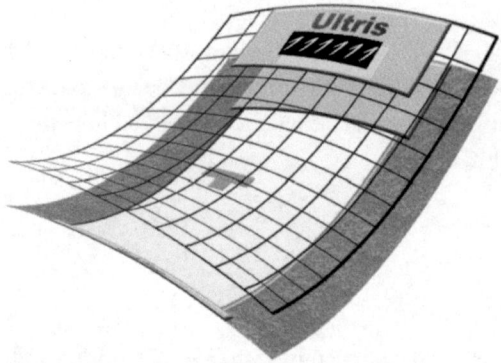

Die konkret verwendeten Grafiken und Sounds sollen bei unserem Programm austauschbar sein. Wir werden die Grafiken daher im Bitmap-Format (.bmp-Dateien) und die Sounds als Wave-Dateien (.wav-Dateien) auf der Festplatte ablegen und zur Laufzeit in unser Programm einlesen. Ein im Umgang mit Grafik- oder Soundwerkzeugen geübter Spieler kann dann eigene Grafiken und Sounds erstellen und so dem Spiel seine persönliche Note verleihen.

Ich hatte oben bereits erwähnt, dass wir bei der Oberflächengestaltung ein bestimmtes Raster hinterlegen müssen, in das wir alle Oberflächenelemente einpassen müssen. Die Festlegung eines solchen Rasters ist der entscheidende Designschritt. Im Wesentlichen werden wir die Oberfläche auf einem Raster von 20x20 Pixeln in einer Gesamtgröße von 360x520 Pixeln aufbauen. Die folgende Skizze zeigt das Layout des Spielfeldes:

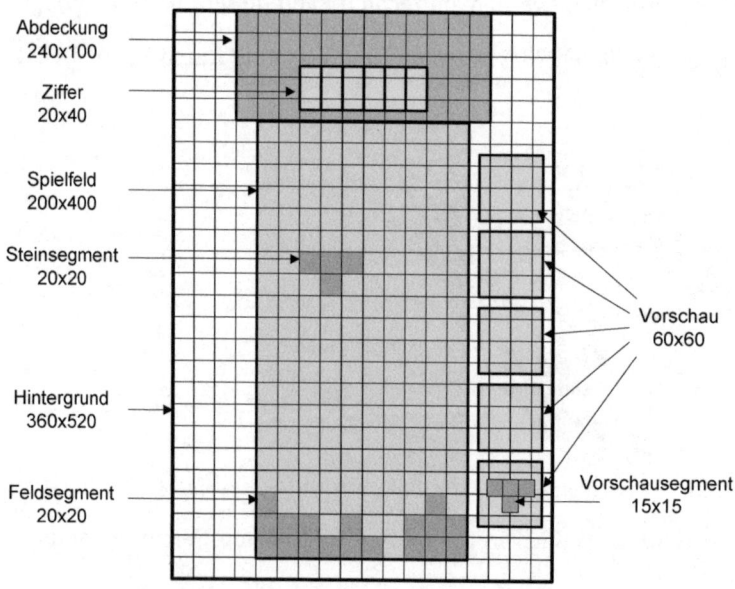

Die Bildschirm- und Fensterkoordinaten werden, anders als Sie es von der Mathematik her kennen, gezählt. Man beginnt in der linken oberen Ecke und zählt dann die Pixel (Bildpunkte) nach rechts (x-Richtung) und nach unten (y-Richtung). Damit ergeben sich für unsere Oberflächenelemente (in Pixeln gemessen) die folgenden Bildschirmkoordinaten:

| Oberflächenelement | linke obere Ecke | | | |
| | x | y | Breite | Höhe |
| --- | --- | --- | --- | --- |
| Hintergrund | 0 | 0 | 360 | 520 |
| Abdeckung | 60 | 0 | 240 | 100 |
| Ziffern | 120 140 160 180 200 220 | 50 | 20 | 40 |
| Vorschau | 290 | 130 200 270 340 410 | 60 | 60 |
| Steinsegment | – | – | 20 | 20 |
| Feldsegment | – | – | 20 | 20 |
| Vorschausegment | – | – | 15 | 15 |

Auf diese Daten werden wir später bei der Programmierung zurückgreifen.

Bei der Erstellung eigener Grafiken sollten Sie sich an die in der folgenden Tabelle angegebenen Dateinamen und Abmessungen halten:

| Dateiname | Inhalt | Abmessung der Grafik in Pixeln |
| --- | --- | --- |
| ul_hgrnd.bmp | Spielhintergrund | 360x520 |
| ul_adeck.bmp | Die Abdeckung im oberen Bereich des Spielfeldes | 240x100 |
| ul_z0.bmp -ul_z9.bmp | Die Ziffern 0–9 | 20x40 |
| ul_stein.bmp | Ein Segment des fallenden Steins | 20x20 |
| ul_feld.bmp | Segment im Feld | 20x20 |
| ul_prev.bmp | Steinsegment in der Vorschau | 15x15 |

Um eigene Sounds zu verwenden, müssen Sie nur die Sound-Dateien von Ultris (wav-Dateien) durch eigene Sound-Dateien ersetzen. Im Einzelnen verwendet Ultris die folgenden Sound-Dateien:

| Dateiname | Inhalt |
|---|---|
| ul_start.wav | Sound beim Start eines neuen Spiels |
| ul_dreh.wav | Sound beim Drehen eines Steins |
| ul_move.wav | Sound beim Bewegen (links/rechts) eines Steins |
| ul_down.wav | Sound beim Aufprall eines Steins |
| ul_row1.wav | Sound beim Abräumen einer Reihe |
| ul_row2.wav | Sound beim Abräumen von zwei oder mehr Reihen |
| ul_ende.wav | Sound beim Ende eines Spiels |
| ul_win.wav | Sound beim Erreichen eines Highscores |

Zur Entspannung können Sie jetzt eigene Grafiken und Sounds für das Spiel erstellen. Dazu kopieren Sie erneut das Verzeichnis *Spiele/Ultris* von der CD auf die Festplatte Ihres Rechners und modifizieren oder ersetzen dann ausgesuchte Bitmap- oder Sounddateien. Sie werden sehen, dass Sie auf diese Weise ein zumindest optisch völlig neues Spiel erstellen können. Funktionell bleibt natürlich alles beim Alten.

## 2.4 Realisierung

Auch wenn durch Änderung der Grafiken im letzten Abschnitt ein »neues« Spiel entstehen kann, kann man das, was wir bisher gemacht haben, nicht als Spieleprogrammierung bezeichnen. Das war im weitesten Sinne noch die Anpassung oder Konfiguration eines bestehenden Spiels. In diesem Abschnitt geht es aber mit eigentlichen Entwicklung, das heißt mit der Programmierung, los.

### 2.4.1 V01 Der Windows-Rahmen

Ein Spiel auf einem Windows-PC ist natürlich auch eine Windows-Applikation und muss sich als solche in die vom Windows-Betriebssystem vorgegebenen Rahmenbedingungen einfügen. Früher, als Spiele noch unter dem Betriebssystem DOS erstellt wurden, bemächtigte sich ein Spiel einfach des gesamten Systems, um es optimal für seine Zwecke zu nutzen. Dass das unter Windows so nicht gehen kann, sehen Sie sofort, wenn Sie sich vorstellen, dass Ihr Spiel nicht im Fullscreen-Modus, sondern nur in einem Fenster laufen soll. Ihr Spiel muss dann akzeptieren, dass es nur eines von mehreren Programmen auf dem Rechner ist, und es muss sich entsprechend kooperativ verhalten. Für uns heißt das, dass wir zunächst einmal die elementaren Spielregeln der Windows-Programmierung erkennen und dann einen Windows-Rahmen erstellen müssen, in dem unser Spiel später laufen wird. Da die Windows-Programmierung aber nicht das eigentliche Anliegen dieses Kurses ist, werden wir uns hier auf das Notwendigste beschränken.

Ein wesentliches Merkmal von Windows-Programmen ist, dass sie mit anderen Programmen oder dem Betriebssystem **Botschaften** (Messages) austauschen. Wichtig für das Verständnis ist dabei, dass der Auslöser beziehungsweise der Grund für eine Botschaft Ihrem Programm in der Regel nicht bekannt ist, weil er sich außerhalb des Wahrnehmungshorizontes Ihres Programms befindet. Das klingt komplizierter, als es ist. Stellen Sie sich vor, dass das Fenster Ihres Programms durch das Fenster eines anderen Programms teilweise oder ganz verdeckt ist. Durch eine Benutzeraktion wird jetzt das andere Programm geschlossen, und Ihr Programm muss daraufhin seinen Fensterinhalt, der ja wieder sichtbar geworden ist, neu zeichnen. Ihr Programm bekommt in dieser Situation eine Botschaft des Betriebssystems, die sinngemäß lautet: »Bitte zeichne sofort die linke Hälfte deines Fensters neu!« Den Grund für das Neuzeichnen kennt Ihr Programm aber nicht, da das andere Programm ja nicht unter seiner Kontrolle läuft. Ähnlich ist es mit den Benutzereingaben für Ihr Programm. Auch diese werden durch Botschaften übermittelt. Sie wissen nie, was der Benutzer als Nächstes tun wird (macht er eine Eingabe, klickt er auf ein bestimmtes Bedienelement oder schließt er das Fenster?). Sie müssen jederzeit mit allem rechnen. Ein Windows-Programm befindet sich aus diesem Grund immer in einer sogenannten **Hauptverarbeitungsschleife**. In dieser Schleife prüft es, ob Botschaften in der sogenannten **Message-Queue** (Botschaften-Warteschlange) vorliegen. Ist das der Fall, so werden diese Botschaften bearbeitet. Ist das nicht der Fall, so kann sich das Programm anderen Dingen (z. B. der Berechnung eines neuen Bildes für eine Animationssequenz) zuwenden. Auf keinen Fall darf das Programm sich etwa ausschließlich mit der Berechnung und Präsentation einer Animation beschäftigen und dabei seine Pflichten als Windows-Programm vernachlässigen. Es muss sichergestellt sein, dass das Programm regelmäßig prüft, ob zwischenzeitlich neue Botschaften eingetroffen sind, und es muss sichergestellt sein, dass das Programm in angemessener Zeit auf diese Botschaften reagiert.

Ein weiterer kleiner, aber wichtiger Unterschied zwischen einer Windows-Applikation und einem gewöhnlichen C-Programm ist, dass die Windows-Applikation keine `main`-, sondern stattdessen eine `WinMain`-Funktion als Einstiegspunkt hat. Diese hat die folgende Schnittstelle:

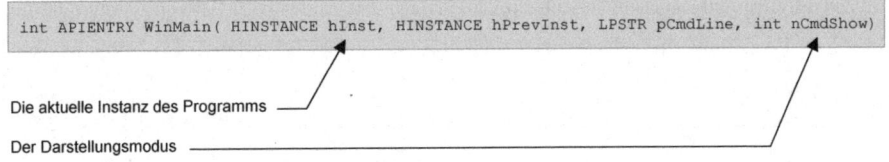

```
int APIENTRY WinMain( HINSTANCE hInst, HINSTANCE hPrevInst, LPSTR pCmdLine, int nCmdShow)
```

Die aktuelle Instanz des Programms ⎯

Der Darstellungsmodus ⎯

Das Betriebssystem ruft diese Funktion auf, wenn unsere Applikation gestartet wird. Im Parameter `hInst` wird uns ein Handle auf unsere Applikation mitgegeben. Über diesen Handle können wir auf unsere Applikation zugreifen, um beispielsweise einen neuen Dialog zu unserer Applikation hinzuzufügen. Durch den Parameter `nCmdShow` wird uns mitgeteilt, wie sich unsere Applikation auf dem Bildschirm darstellen soll (z. B. minimiert oder maximiert). Die anderen beiden Parameter sind für uns nicht von Bedeutung.

Insbesondere hat die `WinMain`-Funktion die Aufgabe, einen sogenannten **Callback-Handler** einzurichten. Dabei handelt es sich um eine Funktion, die vom Betriebssystem immer dann aufgerufen wird, wenn Botschaften für unsere Applikation vorliegen. Diesen Callback-Handler müssen wir mit der folgenden Schnittstelle implementieren:

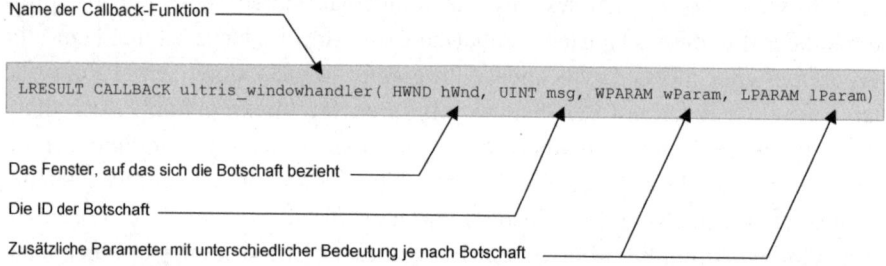

Den Namen der Callback-Funktion können wir frei wählen, die Schnittstelle müssen wir allerdings so akzeptieren, wie sie ist. Durch die Schnittstelle bekommen wir alle Informationen, die wir zur Reaktion auf eine Message benötigen. Ich werde das später anhand konkreter Messages noch einmal erklären.

Mit diesen Vorkenntnissen wollen wir den Windows-Rahmen für unser Spiel implementieren. Die Größe des Hauptfensters legen wir durch die folgenden Konstanten fest:

```
const int ultris_nettobreite = 360;
const int ultris_nettohoehe  = 520;
```

Die beiden Konstanten definieren die nutzbare Größe des Fensters ohne den Rahmen. Die dazu erforderliche Gesamtgröße des Fensters einschließlich des Rahmens werden wir später berechnen und in den beiden folgenden Variablen ablegen:

```
int ultris_bruttobreite;
int ultris_bruttohoehe;
```

Zusätzlich legen wir einige globale Variablen an, in denen wir wichtige Zugriffsinformationen über unsere Applikation speichern werden:

```
HINSTANCE ultris_instance;
HWND ultris_window;
HMENU ultris_menu;
```

Bei allen drei Datentypen handelt es sich um sogenannte Handles. Das sind im Prinzip Zeiger, die den Zugriff auf die Instanz (HINSTANCE), das Hauptfenster der Instanz (HWND) oder das Menü der Instanz (HMENU) ermöglichen. Die Variablen werden in der WinMain-Funktion gesetzt. Das folgende Bild zeigt den vollständigen Code der WinMain-Funktion. Dieser Code mag Sie auf den ersten Blick verwirren, aber ich werde im Folgenden versuchen, den Knoten für Sie zu entwirren:

```
    int APIENTRY WinMain ( HINSTANCE hInst, HINSTANCE hPrevInst,
                           LPSTR pCmdLine, int nCmdShow)
    {
    MSG msg;
    HACCEL acc;
    WNDCLASSEX wcx;
A   wcx.cbSize = sizeof( wcx);
    wcx.lpszClassName = TEXT( "Ultris");
    wcx.lpfnWndProc = ultris_windowhandler;
    wcx.style = CS_VREDRAW | CS_HREDRAW;
    wcx.hInstance = hInst;
    wcx.hIcon = LoadIcon( hInst, MAKEINTRESOURCE( IDI_MAIN));
    wcx.hIconSm = LoadIcon( hInst, MAKEINTRESOURCE( IDI_MAIN));
    wcx.hCursor = LoadCursor( NULL, IDC_ARROW);
    wcx.hbrBackground = (HBRUSH)(COLOR_WINDOW + 1);
    wcx.lpszMenuName = MAKEINTRESOURCE( IDR_MENU);
    wcx.cbClsExtra = 0;
    wcx.cbWndExtra = 0;

    if( !RegisterClassEx ( &wcx))
        return 0;
B   acc = LoadAccelerators( hInst, MAKEINTRESOURCE(IDR_ACCEL));
C   ultris_bruttohoehe = ultris_nettohoehe
                        + 2*GetSystemMetrics( SM_CYSIZEFRAME)
                        + GetSystemMetrics( SM_CYMENU)
                        + GetSystemMetrics( SM_CYCAPTION);
    ultris_bruttobreite = ultris_nettobreite
                        + 2*GetSystemMetrics( SM_CXSIZEFRAME);
```

```
D   ultris_window = CreateWindowEx( 0, TEXT("Ultris"),
                          TEXT("Ultris"),
                          WS_OVERLAPPEDWINDOW & ~WS_MAXIMIZEBOX,
                          CW_USEDEFAULT, CW_USEDEFAULT,
                          ultris_bruttobreite,
                          ultris_bruttohoehe,
                          NULL, NULL, hInst, NULL);
    if( !ultris_window)
        return 0;
    MoveWindow( ultris_window,
        (GetSystemMetrics(SM_CXSCREEN)-ultris_bruttobreite)/2,
        (GetSystemMetrics(SM_CYSCREEN)-ultris_bruttohoehe)/2,
        ultris_bruttobreite, ultris_bruttohoehe, TRUE);
    ShowWindow( ultris_window, nCmdShow);
E   ultris_instance = hInst;
    ultris_menu = GetMenu( ultris_window);
F   while( TRUE)
        {
        if( PeekMessage( &msg, NULL, 0, 0, PM_NOREMOVE))
            {
            if( GetMessage( &msg, NULL, 0, 0 ) == 0)
                return 0; // Message ist WM_QUIT
            if( TranslateAccelerator( ultris_window,
                                      acc, &msg) == 0)
                {
                TranslateMessage( &msg);
                DispatchMessage( &msg);
                }
            }
        else
            {
            // Hier koennen wir uns um das Spiel kuemmern
            }
        }
    }
```

Zur Entwirrung des Knotens werde ich die Bereiche A-F noch einmal im Detail erklären:

A: Hier wird eine Datenstruktur (wcx) mit wichtigen Informationen über die Instanz gefüllt. Von besonderer Bedeutung sind hier die Callback-Funktion (ultris_windowhandler), die wir noch erstellen müssen, und das Menü. Das Menü wird über eine symbolische Konstante (IDR_MENU) identifiziert.[5]

---

5   Mit dieser Art der Identifikation von Oberflächenelementen werden wir uns noch genauer beschäftigen müssen.

Abschließend wird dann die Instanz beim Betriebssystem registriert, indem die in der Datenstruktur gesammelten Daten an die Funktion RegisterClass-Ex übergeben werden. Misslingt die Registrierung, so wird das Programm beendet.

B: Durch Aufruf der Funktion LoadAccelerators werden die Akzelleratoren, das sind Tastaturkürzel zum beschleunigten Zugriff auf Menübefehle, geladen. Die Zuordnung erfolgt wieder über eine symbolische Konstante (IDR_ACCEL).

C: In diesem Bereich wird die Bruttogröße des Fensters berechnet. Dazu wird zur Nettobreite zweimal die Rahmendicke addiert. Zur Nettohöhe kommen zweimal die Rahmendicke, die Menühöhe und die Dicke der Leiste mit dem Systemmenü hinzu. Wenn man jetzt ein Fenster in dieser Bruttogröße öffnet, so ist sichergestellt, dass es genau die erforderliche Nettogröße von 360X520 Pixeln hat.

D: Hier wird das Hauptfenster für unser Spiel in der unter C berechneten Bruttogröße erzeugt (CreateWindowEx), in der Mitte des Bildschirms ausgerichtet (MoveWindow) und auf dem Bildschirm angezeigt (ShowWindow). Den Handle auf das Fenster merken wir uns in der globalen Variablen ultris_window. Schlägt die Erzeugung des Fensters fehl (Returncode 0), beenden wir das Programm.

E: Jetzt wird der Zugriff auf die Instanz und das Menü in globalen Variablen gesichert.

F: Dies ist die Hauptverarbeitungsschleife (Main-Eventloop) unserer Applikation. In einer Endlosschleife (while( TRUE )) wird jeweils geprüft, ob eine Botschaft vorliegt (PeekMessage), ohne die Botschaft dabei aus der Warteschlange zu entfernen. Liegt eine Botschaft vor, so wird sie aus der Warteschlange gelesen (GetMessage). Der Returncode 0 signalisiert in dieser Situation, dass die Applikation beendet werden soll (WM_QUIT). Sofern es weitergeht, prüfen wir, ob ein Akzellerator gedrückt wurde, und lassen die zugeordnete Funktion ausführen (TranslateAccelerator). Wurde kein Akzellerator betätigt, sorgen wir dafür, dass die Meldung durch Aufruf der Funktionen TranslateMessage und DispatchMessage dem richtigen Empfänger (Handler) zugestellt wird.

Um eine lauffähige Windows-Applikation zu erhalten, müssen wir noch den Callback-Handler implementieren, dessen Adresse wir bereits oben in der Form

```
wcx.lpfnWndProc = ultris_windowhandler
```

verwendet hatten. Wir erinnern uns dazu noch einmal an die vorgegebene Schnittstelle des Handlers

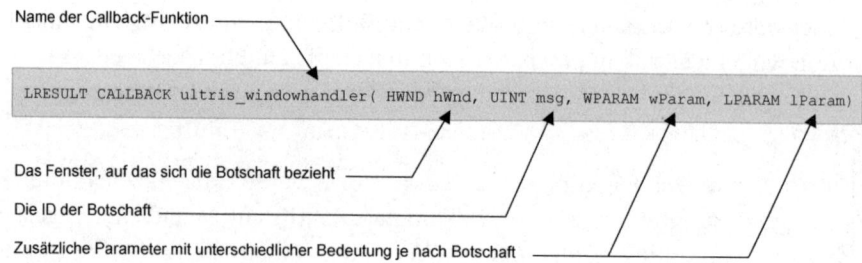

Name der Callback-Funktion

```
LRESULT CALLBACK ultris_windowhandler( HWND hWnd, UINT msg, WPARAM wParam, LPARAM lParam)
```

Das Fenster, auf das sich die Botschaft bezieht

Die ID der Botschaft

Zusätzliche Parameter mit unterschiedlicher Bedeutung je nach Botschaft

und diskutieren die Bedeutung der einzelnen Parameter:

hWnd    ist der Handle des Fensters, auf das sich die Message bezieht. Bei uns wird es sich immer um den Handle des Hauptfensters der Applikation handeln, den wir bereits in der Variablen ultris_window gespeichert haben. Insofern ist dieser Parameter für uns nicht sehr aussagekräftig.

msg     ist eine Zahl, die uns sagt, um welche Message es sich handelt. Alle vorkommenden Messages sind durch symbolische Konstanten (z. B. WM_COMMAND, WM_PAINT oder WM_SIZE[6]) bezeichnet, sodass uns der konkrete numerische Wert nicht interessiert.

wParam   ist ein zusätzlicher Parameter, der zusätzliche Informationen über die Message transportiert. Nicht alle Messages verwenden diesen Parameter, und wird er verwendet, so ist seine Bedeutung von Message zu Message verschieden. Im Zusammenhang mit der Message WM_COMMAND enthält dieser Parameter zum Beispiel die Information, welches konkrete Kommando gegeben wurde.

lParam   ist ein weiterer Parameter, der wie wParam zusätzliche Informationen über die Message transportiert. Im Zusammenhang mit der Message WM_COMMAND enthält dieser Parameter zum Beispiel die Information, auf welches Dialog-Element eines Fensters (z. B. einen Button) sich das Kommando bezieht.

Es ist unmöglich, an dieser Stelle alle Windows-Messages mit ihren Parametern aufzuführen, zumal uns die meisten für unser konkretes Vorhaben nicht interessieren. Ich werde nur auf die Messages eingehen, die im Rahmen unseres Programms verwendet werden. Weitergehende Informationen erhalten Sie aus dem Hilfesystem der Entwicklungsumgebung.

---

6   WM = Windows-Message

Das folgende Code-Beispiel zeigt den Callback-Handler, soweit wir ihn initial erstellen wollen:

```
      LRESULT CALLBACK ultris_windowhandler( HWND hWnd, UINT msg,
                                  WPARAM wParam, LPARAM lParam)
         {
      switch(msg)
         {
A     case WM_COMMAND:
         switch( LOWORD( wParam))
            {
         case IDM_EXIT:
            PostMessage( hWnd, WM_CLOSE, 0, 0);
            return 0;
            }
         break;
B     case WM_GETMINMAXINFO:
         ((MINMAXINFO *)lParam)->ptMinTrackSize.x =
               ((MINMAXINFO *)lParam)->ptMaxTrackSize.x =
               ultris_bruttobreite;
         ((MINMAXINFO *)lParam)->ptMinTrackSize.y =
               ((MINMAXINFO *)lParam)->ptMaxTrackSize.y =
               ultris_bruttohoehe;
         return 0;
C     case WM_DESTROY:
         PostQuitMessage( 0);
         return 0;
         }
D     return DefWindowProc(hWnd, msg, wParam, lParam);
         }
```

Der Callback-Handler enthält im Wesentlichen eine Sprungleiste, in der entsprechend der Message-Nummer (`switch(msg)`) zu den mit A, B bzw. C bezeichneten Stellen im Code verzweigt wird:

A: Wir haben ein Kommando erhalten. Um welches Kommando es sich handelt, steht im Lower-Word[7] des Parameters `wParam`. Wir eröffnen eine neue Sprungleiste, in der bezüglich des Kommandos verzweigt wird. In dieser Sprungleiste behandeln wir zunächst nur den Fall `IDM_EXIT`. In diesem Fall senden wir eine `WM_CLOSE`-Message, ohne uns Gedanken darüber zu machen, wer diese Message behandelt.

---

7  Dabei handelt es sich um die beiden niederwertigsten Bytes des 4 Byte großen Parameters, die mit dem Makro LOWORD extrahiert werden können.

B: Das Window-System will unser Fenster in der Größe verändern und fragt mit der Message WM_GETMINMAXINFO an, in welchem Rahmen wir Größenänderungen zulassen. Es schickt uns dabei im Parameter lParam einen Zeiger auf eine Datenstruktur vom Typ MINMAXINFO, in die wir unsere Minimal- und Maximalwerte eintragen sollen. Dadurch, dass wir die Minimal- und Maximalwerte jeweils gleich halten, erreichen wir, dass das Fenster nicht in der Größe verändert werden kann.

C: Wir werden aufgefordert, unser Fenster zu zerstören, und reagieren darauf mit dem Aufruf der Funktion PostQuitMessage, die die Message WM_QUIT verschickt.

D: In allen Fällen, die wir nicht behandeln können oder wollen, rufen wir den vom System bereitgestellten Standard-Handler (DefWindowProc) auf.

Beide Sprungleisten spiegeln nur den derzeitigen Entwicklungsstand unseres Programms wider. Beide Sprungleisten werden wir im Laufe unseres Projekts Schritt für Schritt erweitern.

Da es für das Verständnis der Windows-Applikation wichtig ist, fasse ich das noch einmal zusammen:

▶ Wir erstellen eine Funktion ultris_windowhandler mit einer fest vorgegebenen Schnittstelle.

▶ Diese Funktion melden wir im Hauptprogramm (WinMain) beim Betriebssystem als Message-Handler für das Hauptfenster (ultris_window) unserer Applikation an.

▶ Das Betriebssystem ruft diese Funktion immer dann auf, wenn eine Nachricht für das Hauptfenster unserer Applikation vorliegt.

▶ Wir reagieren auf die Nachricht, indem wir den jeweils erforderlichen Code ausführen, und geben die Kontrolle (möglichst schnell) wieder an das Betriebssystem zurück.

Wenn Sie jetzt – ausgehend von der von mir bereitgestellten Version v01 – die Applikation erzeugen, erhalten Sie ein noch weitestgehend funktionsloses Windows-Programm, das Sie starten und beenden können und das ein Fenster in der Größe unseres Spielfeldes in der Bildschirmmitte zeigt:

Es ist durchaus interessant, sich den Kommando-Fluss in dieser einfachen Windows-Anwendung anhand eines Beispiels noch einmal zu verdeutlichen. Wenn wir unser kleines Programm durch Wahl des Menüpunktes *Ende* im Menü *Ultris* beenden wollen, so erhalten wir vom Betriebssystem die Message WM_COMMAND mit dem Befehlscode IDM_EXIT. Unter Punkt A senden wir daraufhin die Message WM_CLOSE. Diese Meldung wird uns wieder zugestellt. Da wir diese Meldung aber nicht explizit behandeln, wird die Standardprozedur (DefWindowProc) aufgerufen. Diese Standardprozedur erzeugt eine WM_DESTROY-Message, mit der wir wiederum aufgefordert werden, unser Fenster zu zerstören. Wir senden daraufhin eine WM_QUIT-Message, die in unserer Hauptverarbeitungsschleife entgegengenommen wird und dazu führt, dass das Programm beendet wird.

Auf den ersten Blick mag dieses Vorgehen sehr umständlich erscheinen. Es ist aber sinnvoll, wenn man auf der einen Seite das Window-System mit sehr komplexen Standardabläufen und auf der anderen Seite ein Programm hat, das diese Standardabläufe natürlich nicht neu implementieren, aber doch an gewissen Stellen gezielt in diese Abläufe eingreifen möchte. In dieser Situation kann die Applikation etwa Folgendes festlegen: »Ich möchte das Fenster nicht selbst in der Größe verändern, weil das viel zu kompliziert ist. Aber ich möchte, bevor das Fenster in der Größe geändert wird, gefragt werden, ob ich der Änderung zustimme.« Ich hoffe, dass Sie erkennen, dass man solche Anforderungen am besten in einem Messaging-System umsetzen kann. Botschaften, die mich nicht interessieren, laufen an mir vorbei. Bei Botschaften, die mich interessieren, kann ich mich aber gezielt einschalten.

Wenn Sie unsere Applikation noch einmal betrachten, werden Sie feststellen, dass das Programm bereits ein Menü und ein Icon hat, ohne dass wir das explizit programmiert haben. Diese Beobachtung führt uns zu einem weiteren wichtigen Bestandteil von Windows-Programmen, den sogenannten Ressourcen.

**Ressource** ist ein Sammelbegriff für alle Oberflächen-Elemente einer Windows-Applikation. Ressourcen können zum Beispiel Menüs, Dialoge oder Kontrollelemente wie Buttons, Check- oder Listboxen sein. Das folgende Bild zeigt alle Ressourcen im Arbeitsbereich des Startprojektes v01:

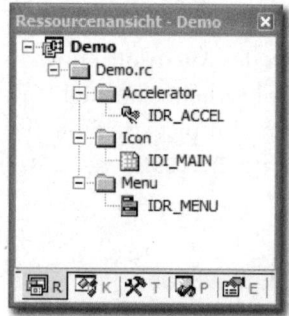

Jede Ressource hat einen Identifier[8] (IDR_ACCEL, IDI_MAIN, IDR_MENU), den wir ihr selbst zuweisen können. Um einer Ressource einen bestimmten Identifier zuzuweisen, gehen Sie in den zugehörigen Eigenschaftsdialog[9] der Ressource und ändern den dort eingetragenen Namen. In der Entwicklungsumgebung werden den Identifiern dann konkrete Zahlenwerte zugeordnet, und es wird eine Header-Datei (Resource.h) erzeugt, die in unserer Applikation inkludiert wird. Im folgenden Kasten finden Sie einen Auszug aus der Datei Resource.h:

```
#define IDI_MAIN            101
#define IDR_MENU            102
#define IDR_ACCEL           103
#define IDM_EXIT            1001
```

Die Konstanten in dieser Header-Datei sind das Bindeglied zwischen unserem Programm und den Elementen der Benutzeroberfläche. Dabei sind die konkreten numerischen Werte für uns in der Regel nicht von Bedeutung, da wir in unseren Programmen die symbolischen Konstanten verwenden. Sie erinnern sich sicherlich noch an die Funktion WinMain, in der unter anderem der folgende Code stand:

---

8 eindeutige Bezeichnung

9 Mit der rechten Maustaste auf das Objekt klicken und »Eigenschaften« auswählen.

```
wcx.hIcon = LoadIcon( hInst, MAKEINTRESOURCE( IDI_MAIN));
wcx.hIconSm = LoadIcon( hInst, MAKEINTRESOURCE( IDI_MAIN));
wcx.hCursor = LoadCursor( NULL, IDC_ARROW);
wcx.hbrBackground = (HBRUSH)(COLOR_WINDOW + 1);
wcx.lpszMenuName = MAKEINTRESOURCE( IDR_MENU);
```

Im Code wird hier unter anderem auf das Icon IDI_MAIN und das Menü IDR_MENU aus der Ressourcen-Datei zugegriffen.

Für alle Ressource-Typen gibt es angepasste Editoren in der Microsoft-Entwicklungsumgebung, mit denen die Ressourcen erstellt und bearbeitet werden können. Durch einen Doppelklick auf die Ressource IDR_ACCEL öffnet sich zum Beispiel ein Editor, in dem Sie die Akzeleratorentabelle bearbeiten können:

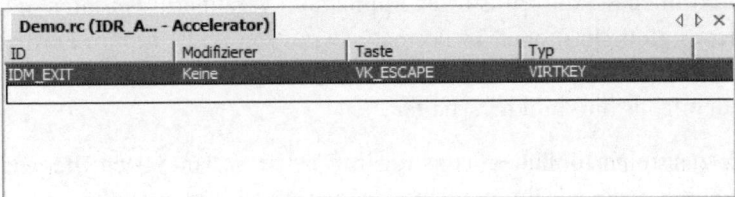

Hier kann man neue Akzeleratoren hinzufügen.

Mit einem Doppelklick auf den Identifier IDR_MENU im Arbeitsbereich wird der Menü-Editor geöffnet:

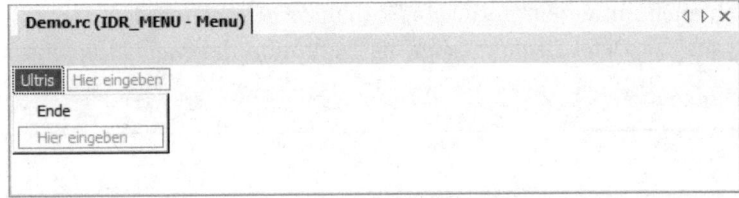

Im Menü-Editor kann man dann das Hauptmenü unserer Applikation um eigene Menüpunkte erweitern. Wir werden später davon Gebrauch machen.

Mit einem Doppelklick auf den Identifier IDI_MAIN im Arbeitsbereich wird der Icon-Editor geöffnet:

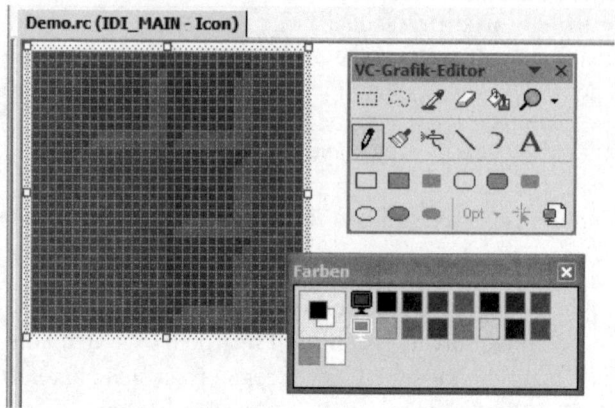

Im Icon-Editor können Sie die Icons Ihrer Applikation verändern. Beachten Sie, dass es zwei Icons gibt: ein großes im Format 32x32 Pixel und eines im Format 16x16 Pixel. Mit der Combobox im oberen Teil des Icon-Editors können Sie zwischen den beiden Icons hin- und herschalten.

Erstellen Sie jetzt Ihre persönlichen Icons für Ihre Tetris-Variante. Den Umgang mit dem Icon-Editor muss ich Ihnen nicht eigens erklären. Sicherlich haben Sie schon häufiger Pixel- oder Bitmap-Editoren mit vergleichbarer Funktionalität bedient.

Die Ressourcen-Informationen werden übrigens in einer Datei mit der Namenserweiterung *.rc* – in unserem Fall in der Datei *Demo.rc* – gespeichert. Diese Dateien können auch mit einem normalen Texteditor gelesen werden. Der folgende Auszug aus der Datei *Demo.rc* zeigt die Definition des Menüs für unser Spiel:

```
IDR_MENU MENU DISCARDABLE
BEGIN
    POPUP "Ultris"
    BEGIN
        MENUITEM "Ende", IDM_EXIT
    END
END
```

Im Prinzip könnten Sie die Ressourcen also auch mit einem gewöhnlichen Text-Editor erstellen. Aber dazu will ich Ihnen keineswegs raten. Mit einem speziellen Ressourcen-Compiler werden die Ressourcen-Dateien dann in ein Binärformat (*.res*-Dateien) übersetzt. Diese Dateien werden dann ähnlich wie Objekt-Dateien durch den Linker zum Programm hinzugebunden.

## 2.4.2 V02 Laden und Initialisieren der Sounds

In dieser Kurseinheit wollen wir die für Ultris benötigten Sounds in unsere Applikation laden. Im Zusammenhang damit wollen wir auch das Menü erweitern und neue Akzelleratoren definieren. Bevor Sie mit den Erweiterungen beginnen, sollten Sie den Ordner V01 duplizieren und das Duplikat in V02 umbenennen. Alle nachfolgend beschriebenen Änderungen nehmen Sie dann nur an dem Projekt im Ordner V02 vor.

Zur Vorbereitung der weiteren Arbeitsschritte sollten Sie die von Ihnen ausgewählten beziehungsweise erstellten Sound- und Grafikdateien in den Ordner V02 kopieren. Achten Sie dabei darauf, dass die Dateien vollständig sind und die am Ende von Abschnitt 2.3 festgelegten Namen haben.

Wir starten mit der Erweiterung des *Ultris*-Menüs, das ja bisher nur den Menüpunkt *Ende* aufweist:

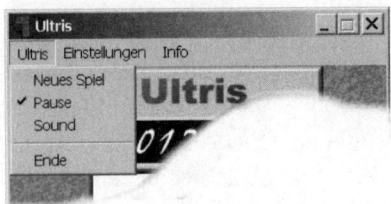

Starten Sie den Menü-Editor, indem Sie im Arbeitsbereich die Lasche *Ressourcen* wählen und dann im Ordner *Menu* auf den Identifier IDR_MENU doppelklicken. Der Menü-Editor ist intuitiv bedienbar, sodass es Ihnen nicht schwer fallen sollte, die erforderlichen Erweiterungen vorzunehmen:

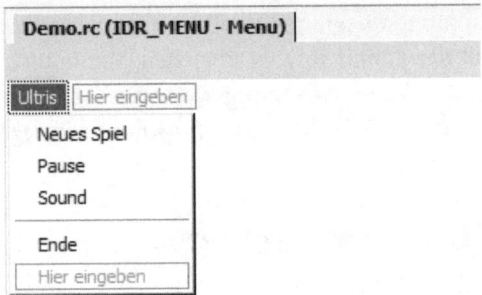

Neue Menüpunkte geben Sie einfach in das freie Feld am unteren Ende der Liste ein. Anschließend können Sie die Menüpunkte mit der Maus umsortieren. Durch einen Doppelklick auf einen Menüpunkt erhalten Sie einen Dialog, der die Eigenschaften des Menüpunktes anzeigt:

Insbesondere zeigt Ihnen dieser Dialog den vom System für diesen Menüpunkt vergebenen Identifier (im Beispiel oben ID_ULTRIS_SOUND).[10] Dieser Identifier stellt die Verbindung zwischen der Ressource und dem Quellcode unserer Applikation dar. In diesem Dialog können Sie auch festlegen, ob es sich bei einem Eintrag nur um eine Trennlinie handeln soll (Checkbox *Trennlinie*).

Nach der Erweiterung des Menüs können Sie die Applikation neu erstellen. Die Applikation hat jetzt das erweiterte Menü, wobei mit den neuen Menüpunkten natürlich noch keine Funktionen verbunden sind. Diese Funktionen müssen wir ja auch erst noch erstellen.

Bevor wir mit dem Erstellen von Funktionen beginnen, wollen wir noch einen Akzellerator hinzufügen. Im Spiel soll der Sound sowohl über den Menüpunkt *Sound* als auch über die Funktionstaste [F5] ein- beziehungsweise ausgeschaltet werden. Dazu erweitern wir die Akzelleratorentabelle um den folgenden Eintrag:

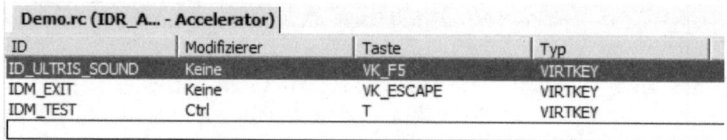

| Demo.rc (IDR_A... - Accelerator) | | | |
|---|---|---|---|
| ID | Modifizierer | Taste | Typ |
| ID_ULTRIS_SOUND | Keine | VK_F5 | VIRTKEY |
| IDM_EXIT | Keine | VK_ESCAPE | VIRTKEY |
| IDM_TEST | Ctrl | T | VIRTKEY |

Um den Eintrag zu erstellen, doppelklicken Sie auf den freien letzten Eintrag und füllen den Eigenschaftsdialog aus:

---

10  Sie könnten den Identifier ändern, aber wir wollen den vorgeschlagenen Namen akzeptieren.

Legen Sie auch noch einen Akzellerator (IDM_TEST) für die Tastenkombination Ctrl-T (auf der deutschen Tastatur Strg-T) an. Diesen Akzellerator werden wir verwenden, um gewisse Testfunktionen anzustoßen. Zum Beispiel werden wir in dieser Version die Sound-Funktionen über diese Tastenkombination testen.

Die Funktionstaste F5 und der Menüpunkt *Sound* haben jetzt die gleiche Funktion – sie lösen den Befehl ID_ULTRIS_SOUND aus. Wir werden im Callback-Handler unserer Applikation auf diesen Befehl reagieren, indem wir den Sound ein- oder ausschalten. Bevor wir das implementieren, müssen wir aber zunächst die Sound-Funktionen erstellen.

Wir werden die acht Sounds in einem Array speichern. Für den Zugriff in diesen Array legen wir einige Konstanten an:[11]

```
const int sound_start   = 0; // Sound fuer neues Spiel
const int sound_dreh    = 1; // Sound bei Drehung
const int sound_move    = 2; // Sound bei rechts/links Bewegung
const int sound_down    = 3; // Sound bei Aufprall
const int sound_row1    = 4; // Sound bei Abraeumen einer Reihe
const int sound_row2    = 5; // Sound bei Abraeumen von
                             // mehreren Reihen
const int sound_ende    = 6; // Sound bei Spielende
const int sound_win     = 7; // Sound bei Eintrag in Highscore
                             // Tabelle
const int anzahl_sounds = 8; // Anzahl Sounds
```

Zusätzlich benötigen wir in unserem Programm die Namen der Sound-Dateien:

---

11 »Langweilige« Codepassagen wie diese können Sie durchaus aus der Musterlösung kopieren.

```
char *soundfiles[anzahl_sounds] =
    n{
    R"ul_start.wav",
    "ul_dreh.wav",
    "ul_move.wav",
    "ul_down.wav",
    "ul_row1.wav",
    "ul_row2.wav",
    "ul_ende.wav",
    "ul_win.wav"
    };
```

In den Microsoft-Dateien Dsutil.h und Dsutil.cpp werden die Klassen CSound-Manager und CSound bereitgestellt. Diese Klassen werden wir verwenden, da sie alle von uns benötigten Sound-Funktionen bereits enthalten. Wir werfen einen kurzen Blick auf die beiden Klassen, wobei ich mich auf deren öffentliche Schnittstelle und dort auf Member-Funktionen beschränkt habe, die wir hier explizit verwenden werden. Darüber hinaus habe ich zur Vereinfachung die Parameter der Member-Funktionen weggelassen.[12]

Die Klasse CSoundManager dient zur übergeordneten Organisation – eben zum Management – von Sounds. Uns interessieren hier nur die Funktionen Initialize und Create:

```
class CSoundManager
    {
    public:
        HRESULT Initialize(...);
        HRESULT Create(...);
    };
```

Mit der Funktion Initialize müssen wir den Soundmanager vor seiner Verwendung initialisieren. Beim Initialisieren werden wir technische Parameter wie zum Beispiel die Abtastrate festlegen. Mit der Funktion Create können wir einen neuen Sound aus einer Sound-Datei hinzufügen. Im Zusammenhang mit ihrer Verwendung werden wir die Funktionen noch genauer betrachten.

Die Klasse CSound repräsentiert einen konkreten Sound. Das folgende Codefragment zeigt auch wieder nur den uns interessierenden Teil dieser Klasse:

---

12 Die hier weggelassenen Details finden Sie in Dsutil.h.

```
class CSound
    {
    public:
        HRESULT Play(...);
        HRESULT Stop();
        HRESULT Reset();
        BOOL IsSoundPlaying();
    };
```

Die Namen der Member-Funktionen sprechen für sich, sodass hier keine weiteren Erklärungen notwendig sind.

Jetzt können wir mit der Implementierung der Sounds für unser Spiel beginnen. Wir legen eine Klasse sounds an, die im privaten Bereich einen CSoundManager und einen Array (snd) mit Zeigern auf die acht erforderlichen Sounds enthält:

```
class sounds
    {
    private:
        CSoundManager smgr;
        CSound *snd[anzahl_sounds];
    public:
        int on;
        sounds();
        int init( HWND wnd);
        void play( int snr);
        ~sounds();
    };
```

Im öffentlichen Bereich der Klasse sind neben dem Konstruktor (sounds) und dem Destruktor (~sounds) der Ein-/Ausschalter (on) und die Methoden init und play zu finden.

Im Konstruktor initialisieren wir alle Zeiger im Array snd mit 0, um einen konsistenten Initialzustand zu erhalten:

```
sounds::sounds()
    {
    int i;

    for( i = 0; i < anzahl_sounds; i++)
        snd[i] = 0;

    on = 1;
    }
```

Zusätzlich schalten wir den Sound ein (`on = 1`).[13]

Auch Sounds werden einem Fenster (in unserem Fall dem Hauptfenster unserer Applikation) zugeordnet. Sie erkennen dies, wenn Sie etwa, während unsere Applikation einen Sound spielt, ein anderes Fenster in den Vordergrund holen. Das System bringt dann unsere Applikation sofort zum Schweigen. Um diese Zuordnung durchführen zu können, wird bei der Initialisierung der Klasse ein Fenster (`wnd`) als Parameter übergeben. Es wird sich dabei natürlich um das Hauptfenster unserer Applikation (`ultris_window`) handeln:

```
int sounds::init( HWND wnd)
    {
    HRESULT ret;
    int i;
A   ret = smgr.Initialize( wnd, DSSCL_PRIORITY, 2, 22050, 16);
    if( ret < 0)
        return ret;
B   for( i = 0; i < anzahl_sounds; i++)
        {
        ret = smgr.Create( snd+i, soundfiles[i]);
        if( ret < 0)
            return ret;
        }

    return S_OK;
    }
```

In der Methode `init` initialisieren wir zunächst den `SoundManager` (A). Die zur Initialisierung verwendeten Parameter[14] beziehungsweise Werte sind:

| Parameter/Wert | Bedeutung |
|---|---|
| wnd | Dies ist das Fenster, mit dem die Sounds verknüpft werden. |
| DSSCL_PRIORITY | Hier wird festgelegt, wie unsere Applikation mit anderen Applikationen bei konkurrierendem Zugriff auf die Soundkarte kooperiert. Details entnehmen Sie der DirectSound-Dokumentation zum Thema `IDirectSound8::SetCooperativeLevel`. |

---

13 Wir schalten natürlich nicht den Lautsprecher oder die Soundkarte ein oder aus, sondern merken uns nur in der Member-Variablen `on`, ob Sound-Ausgaben gemacht oder unterdrückt werden sollen.

14 Wenn Sie diese Parameter in ihrer technischen Bedeutung nicht verstehen, so stellt das für die weitere Programmierung kein Problem dar.

| Parameter/Wert | Bedeutung |
|---|---|
| 2 | Unser Soundbuffer verwendet zwei Primärkanäle. Das heißt, wir verwenden Stereo-Sound. |
| 22050 | Wir verwenden 22,05 kHz als Sampling-Rate (Abtastfrequenz). |
| 16 | Die Anzahl der Bits pro Sample (Abtastung) |

Nach der Initialisierung des Sound-Managers werden in einer Schleife die einzelnen Sounds aus ihrer Datei geladen und einem CSound-Objekt zugeordnet (B). Einen Zeiger auf das neue Sound-Objekt speichern wir im Array snd.

Schlägt irgendeine der Initialisierungen fehl (man erkennt dies am negativen Returncode der aufgerufenen Funktion), so brechen wir die Funktion vorzeitig ab und reichen den Fehlercode zum aufrufenden Programm durch. Nur wenn alle Initialisierungen in Ordnung waren, beenden wir die Funktion mit dem Returncode S_OK.

Der für die Sounds benötigte Speicher wird in der Funktion Create des Sound-Managers dynamisch allokiert. Wir geben diesen Speicher im Destruktor der Klasse sounds wieder frei:

```
sounds::~sounds()
    {
    int i;

    for( i = 0; i < anzahl_sounds; i++)
        {
        if( snd[i])
            delete snd[i];
        }
    }
```

Jetzt benötigen wir nur noch eine Funktion, um einen Sound mit einer bestimmten Nummer i (0 ... 7) zu spielen:

```
    void sounds::play( int i)
        {
A       if( !on)
            return;
B       if( snd[i]->IsSoundPlaying())
            {
```

```
            snd[i]->Stop();
            snd[i]->Reset();
          }
      snd[i]->Play( 0, 0);
      }
```

Wichtig ist, dass wir vor dem Abspielen eines Sounds prüfen, ob der Sound für unser Spiel überhaupt eingeschaltet ist (A). Ansonsten verwenden wir hier Funktionen der Klasse CSound in nahe liegender Weise (B).

Zum Abschluss legen wir eine Instanz der Klasse sounds mit dem Namen ultris_sounds an:

```
sounds ultris_sounds;
```

Das Sound-Objekt ultris_sounds müssen wir jetzt noch in unsere Windows-Applikation einbetten. Dazu muss Folgendes geschehen:

▶ Das Sound-Objekt muss bei Applikationsstart initialisiert werden.

▶ Der Sound muss bei der Wahl des Menüpunktes *Sound* oder bei Betätigung der Funktionstaste [F5] ein- beziehungsweise ausgeschaltet werden.

▶ Der Checkmark des Menüpunktes *Sound* muss immer konsistent mit dem Ein-/Ausschalter des Soundobjekts gehalten werden.

▶ Es sollte eine Funktion erstellt werden, um das Sound-Objekt zu testen.

In der WinMain-Funktion nehmen wir dazu die folgenden Erweiterungen vor[15]:

```
    int APIENTRY WinMain(...)
      {
      ...
      ultris_menu = GetMenu( ultris_window);

A     if( ultris_sounds.init( ultris_window) < 0)
        {
        MessageBox( ultris_window,
                   "Fehler beim Initialisieren der Sounds",
                   "Ultris-Fehlermeldung",
                   MB_OK | MB_ICONERROR | MB_SETFOREGROUND);
        return 0;
        }
```

---

15 Der bisherige Code bleibt unverändert und ist aus Gründen der Übersichtlichkeit teilweise nur durch »...« angedeutet.

```
B      CheckMenuItem( ultris_menu, ID_ULTRIS_SOUND,
                   ultris_sounds.on ? MF_CHECKED:MF_UNCHECKED);

    ...
    while( TRUE)
      {
      ...
      }
    }
```

A: Das Sound-Objekt wird in der WinMain-Funktion initialisiert, nachdem ultris_window und ultris_menu erfolgreich zugewiesen wurden. Schlägt die Initialisierung fehl, wird mit der Windows-Funktion MessageBox eine Fehlermeldung auf dem Bildschirm ausgegeben und die Applikation beendet.

B: Je nachdem, ob der Sound eingeschaltet ist oder nicht, wird der Menüpunkt *Sound* mit einem Checkmark (Häkchen) versehen oder nicht. Die dazu erstmals verwendete Funktion CheckMenuItem wird im Folgenden noch einmal genauer betrachtet.

Bei der Auswahl des Menüpunktes *Sound* oder beim Drücken von F5 erhalten wir die Kommando-Message ID_ULTRIS_SOUND. Beim Eintreffen dieser Message müssen wir den Ein-/Ausschalter (on) des Sound-Objekts umlegen und das Häkchen im Menü *Sound* anpassen. Um ein Häkchen in einem Menü zu setzen, verwenden wir die Windows-Funktion CheckMenuItem mit der folgenden Schnittstelle:

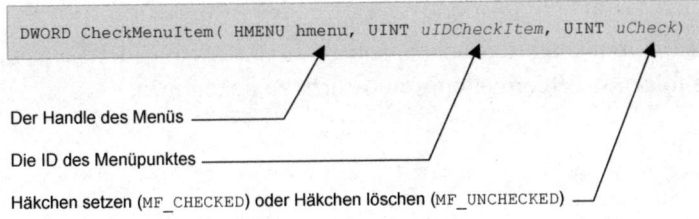

```
DWORD CheckMenuItem( HMENU hmenu, UINT uIDCheckItem, UINT uCheck)
```

Der Handle des Menüs ─────

Die ID des Menüpunktes ─────

Häkchen setzen (MF_CHECKED) oder Häkchen löschen (MF_UNCHECKED) ─────

Der folgende Auszug aus der Funktion ultris_windowhandler zeigt den dazu erforderlichen Code unter A:

```
LRESULT CALLBACK ultris_windowhandler(...)
    {
    switch (msg)
        {
    case WM_COMMAND:
        switch( LOWORD( wParam))
            {
```

```
        ...
A         case ID_ULTRIS_SOUND:
            ultris_sounds.on = !ultris_sounds.on;
            CheckMenuItem( ultris_menu, ID_ULTRIS_SOUND,
                ultris_sounds.on ? MF_CHECKED:MF_UNCHECKED);
            return 0;
B         case IDM_TEST:
            static int testno = 0;
            ultris_sounds.play( testno % anzahl_sounds);
            testno++;
            return 0;
          }
        break;
    case WM_GETMINMAXINFO:
        ...
      }
    ...
    }
```

Drückt der Benutzer die Tastenkombination ⌷Strg⌷-⌷T⌷, so führt dies zum Kommando IDM_TEST. In dieser Situation (siehe B im obigen Codefragment) wollen wir einen einfachen Sound-Test durchführen. Mit Hilfe einer statischen Variablen zählen wir alle Sound-Nummern durch und spielen bei jeder Betätigung von ⌷Strg⌷-⌷T⌷ den jeweils nächsten Sound. Dieser Code wird in der nächsten Version wieder gelöscht, um dort gegebenenfalls eine andere Testfunktion zu implementieren.

Wenn Sie alles richtig implementiert haben, sollten Sie Ihre Sounds jetzt testen können, ohne die folgende Fehlermeldung zu Gesicht zu bekommen:

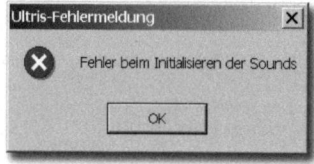

Testen Sie jetzt die Sounds, das An- und Abschalten des Sounds und die korrekte Verwendung des Häkchens im *Ultris*-Menü.

### 2.4.3 V03 Laden und Initialisieren der Grafiken

In dieser Kurseinheit wollen wir die Grafiken des Spiels laden und testweise auf dem Bildschirm anzeigen. Bevor Sie damit beginnen, sollten Sie die Version V03 als Kopie aus der Version V02 erzeugen. In dieser neuen Version entfernen Sie dann zunächst die V02-spezifische Testfunktionalität – also den Code unter IDM_ TEST.

Analog zu den Sounds werden wir auch bei den Grafiken eine Klasse anlegen, die alle erforderlichen Grafikoperationen enthält. Diese Klasse wollen wir display nennen

```
class display
    {
    private:
    ...
    public:
    ...
    };
```

und in mehreren Schritten entwickeln. Bei der Implementierung greifen wir auf die in den Microsoft-Quellen Ddutil.h und Ddutil.cpp definierten Klassen CDisplay und CSurface zurück. Die Klasse CDisplay stellt eine allgemeine Schnittstelle zum Grafiksystem bereit, während Instanzen der Klasse CSurface die einzelnen darzustellenden Bitmaps aufnehmen. Die Elemente der Oberfläche (Hintergrund, Abdeckung, Ziffern und Steine) werden jeweils aus der Bitmap-Datei in eine CSurface eingelesen. Die Klasse CDisplay dient dazu, die übergreifenden Dienste bereitzustellen. Wir werfen zunächst einen kurzen Blick auf diese beiden Klassen, wobei wir uns wieder auf die in diesem Abschnitt verwendeten Funktionen beschränken.

Bei der Klasse CDisplay interessieren uns die folgenden Funktionen:

```
class CDisplay
    {
    public:
        HRESULT CreateWindowedDisplay;
        HRESULT CreateSurfaceFromBitmap(...);
        HRESULT Blt(...);
        HRESULT Present();
        LPDIRECTDRAW7 GetDirectDraw();
        HRESULT UpdateBounds();
    };
```

Im Einzelnen haben diese Funktionen die folgende Bedeutung:

| Member-Funktion | Bedeutung |
|---|---|
| CreateWindowedDisplay | Erzeugt ein Display in einem Fenster. |
| CreateSurfaceFromBitmap | Erzeugt eine Surface aus einer Bitmapdatei. |
| Blt | Kopiert eine Surface in das Display. |
| Present | Aktualisiert das Display im Fenster. |
| GetDirectDraw | Gibt einen Zeiger auf das mit dem Display verbundene DirectDraw-Objekt zurück. |
| UpdateBounds | Aktualisiert das Display bei Größenänderung des Fensters. |

Von der Klasse CSurface verwenden wir nur eine Funktion (DrawBitmap):

```
class CSurface
    {
    HRESULT DrawBitmap();
    };
```

Diese Funktion überträgt eine Bitmap aus einer Datei in eine Surface.

Im ersten Schritt versehen wir die Klasse display mit dem CDisplay und den erforderlichen CSurfaces. Gleichzeitig sehen wir den Konstruktor (display), den Destruktor (~display) und eine allgemeine Freigabefunktion (free_all) vor:

```
class display
    {
    private:
        CDisplay dsply;      // das Display
        CSurface *hgrnd;     // der Hintergrund
        CSurface *fldst;     // ein Stein im Feld
        CSurface *fllst;     // ein Stein in einer
                             // herabfallenden Form
        CSurface *prvst;     // ein Stein in der Vorschau
        CSurface *deckel;    // der Deckel
        CSurface *ziff[10];  // die Ziffern 0 - 9
    public:
        display();
        void free_all();
        ~display() {free_all();}
    };
```

Im Konstruktor werden alle Zeiger mit dem Wert 0 initialisiert:

```
display::display()
    {
    int i;

    hgrnd = 0;
    fldst = 0;
    fllst = 0;
    prvst = 0;
    deckel = 0;

    for( i = 0; i < 10; i++)
        ziff[i] = 0;
    }
```

In der free_all-Funktion werden alle dynamisch angelegten Objekte wieder beseitigt:

```
void display::free_all()
    {
    int i;

    if( hgrnd)
        delete hgrnd;
    if( fldst)
        delete fldst;
    if( fllst)
        delete fllst;
    if( prvst)
        delete prvst;
    if( deckel)
        delete deckel;

    for( i = 0; i < 10; i++)
        {
        if( ziff[i])
            delete ziff[i];
        }
    }
```

Der Destruktor ~display ruft lediglich die free_all-Funktion auf und ist bereits oben in der Klasse implementiert worden.

Im nächsten Schritt fügen wir zur Klasse display eine Initialisierungsmethode hinzu:

```
class display
    {
    private:
        ...
    public:
        ...
        HRESULT init( HWND wnd);
    };
```

In dieser Methode werden das Display und die Surfaces erzeugt. Für die Initialisierung des Displays durch die Funktion CreateWindowedDisplay[16] benötigen wir den Handle des umschließenden Fensters (wnd) sowie die gewünschten Abmessungen (ultris_nettobreite, ultris_nettohoehe) des Displays:

```
HRESULT display::init( HWND wnd)
    {
    HRESULT hr;
    int i;
    char fname[20];

    hr = dsply.CreateWindowedDisplay( wnd, ultris_nettobreite,
                                      ultris_nettohoehe );
    if( hr < 0)
        return hr;
    hr = dsply.CreateSurfaceFromBitmap( &hgrnd, "ul_hgrnd.bmp",
                        ultris_nettobreite, ultris_nettohoehe);
    if( hr < 0)
        return hr;
    hr = dsply.CreateSurfaceFromBitmap( &fldst,
                                    "ul_feld.bmp", 20, 20);
    if( hr < 0)
        return hr;
    hr = dsply.CreateSurfaceFromBitmap( &fllst,
                                    "ul_stein.bmp", 20, 20);
    if( hr < 0)
        return hr;
    hr = dsply.CreateSurfaceFromBitmap( &prvst,
                                    "ul_prev.bmp", 15, 15);
```

---

16 Alternativ gibt es eine Funktion CreateFullScreenDisplay, mit der Sie ein Spiel im Vollbild-Modus erstellen können. Viele Spiele werden im Vollbild-Modus erstellt, um den gesamten Bildschirm exklusiv zu nutzen. Im Vollbild-Modus müssen Sie dann allerdings die gesamte Benutzerführung selbst programmieren, da Sie nicht auf Standardelemente wie Menüs oder Dialoge zurückgreifen können.

```
if( hr < 0)
    return hr;
hr = dsply.CreateSurfaceFromBitmap( &deckel, "ul_adeck.bmp",
                                        240, 100);
if( hr < 0)
    return hr;
for( i = 0; i < 10; i++)
    {
    sprintf( fname, "ul_z%d.bmp", i);
    hr = dsply.CreateSurfaceFromBitmap( &ziff[i], fname,
                                            20, 40);

    if( hr < 0)
        return hr;
    }
return S_OK;
}
```

Die einzelnen Surfaces werden durch Aufruf der Funktion CreateSurfaceFrom-Bitmap dynamisch aus der jeweiligen Bitmap-Datei erzeugt. Als Parameter werden dabei übergeben:

▶ die Adresse eines Zeigers, in dem die Referenz auf die dynamisch erzeugte Surface abgelegt wird

▶ der Name der Bitmap-Datei[17]

▶ die Abmessungen (Breite und Höhe) der Bitmap

Tritt bei der Erzeugung eines Elements ein Fehler auf, erfolgt ein vorzeitiger Rücksprung mit einem Fehlercode (hr) in das aufrufende Programm. Da eine Surface immer genau einer Bitmap entspricht, werde ich im Folgenden nicht immer sauber zwischen diesen Begriffen unterscheiden. Ich hoffe, Sie sehen mir das nach.

Bevor wir weiteren Code erstellen, sollte ich erwähnen, wie man mit Hilfe eines Displays eine für das menschliche Auge kontinuierlich wirkende Animation auf den Bildschirm bringt. Sie wissen, dass ein Kinofilm aus einer Folge von Standbildern besteht. Wenn man in der Abfolge der Standbilder eine Frequenz von mehr als 20 Bildern (Frames) pro Sekunde erreicht, entsteht für das menschliche

---

17  Sie können die Bitmap auch als Ressource in Ihr Programm aufnehmen und dann als Ressource laden. Dazu schreiben Sie anstelle des Dateinamens MAKEINTRESOURCE(IDB_XXX), wenn IDB_XXX die Ressource-ID der gewünschten Bitmap ist. Der Vorteil ist, dass die Bitmaps in das ausführbare Programm integriert werden und nicht mehr separat gespeichert werden müssen. Das erleichtert die Installation auf anderen Computern. Der Nachteil (oder vielleicht auch Vorteil) ist, dass der Endbenutzer die Bitmaps nicht ändern kann.

Auge der Eindruck einer kontinuierlichen Bewegung. Ganz ähnlich arbeitet unser Display. Es hat einen Front- und einen Backbuffer. Im Frontbuffer ist das Bild, das jeweils angezeigt wird. Im Backbuffer können wir ein neues Bild (den nächsten Frame) aufbauen. Zur Darstellung des nächsten Frames wird dann einfach zwischen Front- und Backbuffer umgeschaltet. Im Prinzip brauchen wir also zwei Funktionen:

▶ eine Funktion, um Surfaces gezielt in den Backbuffer des Displays zu laden, und

▶ eine Funktion, um zwischen Frontbuffer und Backbuffer des Displays umzuschalten.

Die erste Funktion heißt `Blt`, wobei `Blt` die Abkürzung von Blocktransfer ist. Mit Hilfe dieser Funktion können wir die Bitmap einer Surface (Quell-Surface) gezielt an eine bestimmte Position unseres Displays (Zielbereich) transferieren. Man bezeichnet diesen Vorgang auch mit dem Kunstwort **blitten**. Das folgende Bild zeigt die Schnittstelle der `Blt`-Funktion:[18]

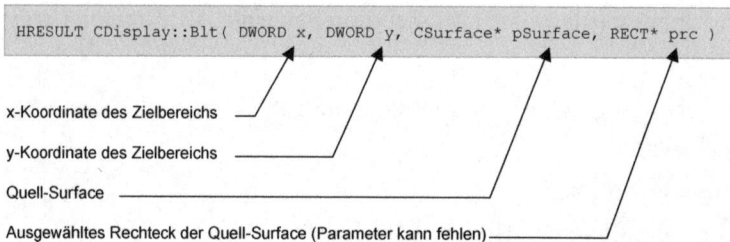

```
HRESULT CDisplay::Blt( DWORD x, DWORD y, CSurface* pSurface, RECT* prc )
```

x-Koordinate des Zielbereichs ⟋

y-Koordinate des Zielbereichs ⟋

Quell-Surface ⟋

Ausgewähltes Rechteck der Quell-Surface (Parameter kann fehlen) ⟋

Wird kein Teilrechteck (`prc`) der Quell-Surface ausgewählt, so wird die gesamte Bitmap zum Zielbereich geblittet.

Zum Umschalten zwischen Front- und Backbuffer dient die parameterlose Funktion `Present`:

```
HRESULT CDisplay::Present()
```

Mit der ersten der beiden Funktionen können wir jetzt die erforderlichen Erweiterungen der Klasse `display` zur Darstellung der Bitmaps vornehmen:

---

18 Wenn Sie sich die Implementierung der `Blt`-Funktion in der Klasse `CDisplay` anschauen, werden Sie feststellen, dass dort die Funktion `BltFast` der DirectDraw-Surface aufgerufen wird. Es gibt eine weitere Blt-Funktion für DirectDraw-Surfaces (`IDirectDraw-Surface3::Blt`), die es zusätzlich ermöglicht, eine Bitmap beim Blitten zu rotieren. Für Ultris benötigen wir diese Funktionalität nicht, aber für Ihre eigenen Spiele sollten Sie wissen, dass diese Möglichkeit besteht. Die Details finden Sie im Hilfesystem.

```
class display
    {
    private:
        ...
    public:
        ...
        void hintergrund() { dsply.Blt( 0, 0, hgrnd);}
        void abdeckung() { dsply.Blt( 60, 0, deckel);}
        void ziffer(int pos,int val){dsply.Blt(120+pos*20,
                                              50,ziff[val]);}
        void feldstein(int z,int s){dsply.Blt(80+s*20,100+z*20,
                                              fldst);}
        void fallstein( int z, int s, int offset)
                { dsply.Blt( 80+s*20, 100+z*20+offset, fllst);}
        void prevstein( int p, int z, int s, int b, int h)
                { dsply.Blt(290+s*15+(4-b)*15/2,
                            410-p*70+z*15+(4-h)*15/2,prvst);}
    };
```

Zum besseren Verständnis der Koordinatenberechnungen in diesen Funktionen betrachten wir noch einmal die Skizze der Oberfläche:

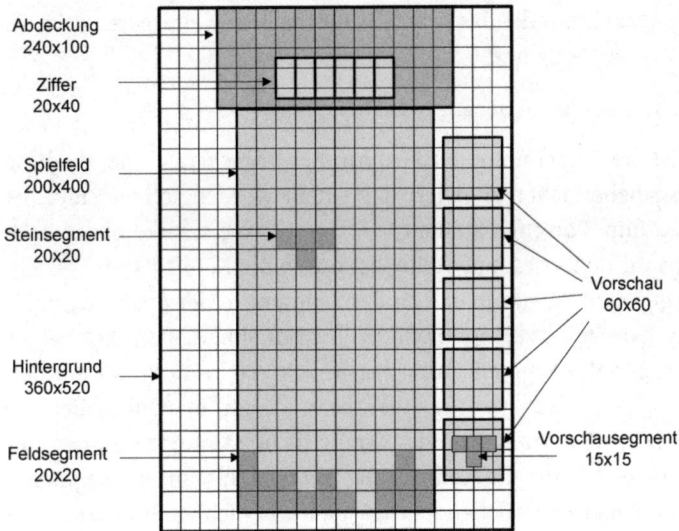

Der Hintergrund beginnt in der linken oberen Ecke (x = 0, y = 0) des Displays und füllt den gesamten Fensterinhalt aus:

```
dsply.Blt( 0, 0, hgrnd)
```

Die linke obere Ecke der Abdeckung liegt im Punkt mit den Koordinaten $x = 60$ und $y = 0$:

```
dsply.Blt( 60, 0, deckel)
```

Die sechs Ziffern haben Positionen mit fester y-Koordinate ($y = 50$), die sich in der x-Koordinate ($x = 120, 140, 160, \ldots$) unterscheiden. Die Ziffer mit dem Index pos ist damit an der Stelle mit den Koordinaten $x = 120+\text{pos}*20$ und $y = 50$ zu zeichnen:

```
dsply.Blt(120+pos*20,50,ziff[val])
```

Der Ziffernwert (val) entscheidet dabei über die Auswahl der Bitmap.

Ein einzelnes Segment eines gefallenen Steins liegt in einer bestimmten Zeile (z) und Spalte (s) im Feld. Das Feld, in dem die Steine fallen, beginnt bei $x = 80$ und $y = 100$. Die zugehörigen Koordinaten berechnen sich dann bei einer Spalten- und Zeilenbreite von 20 Pixeln wie folgt: $x = 80+\text{s}*20$ und $y = 100+\text{z}*20$:

```
dsply.Blt(80+s*20,100+z*20,fldst)
```

Auch ein fallendes Steinsegment befindet sich immer in einer bestimmten Spalte (s). Es liegt jedoch nicht exakt in einer Zeile, da es ja Pixel für Pixel nach unten fällt. Zu der letzten Zeile (z), in der es sich befunden hat, kommt daher immer noch eine Zugabe (offset), um die das Segment inzwischen weitergerückt ist. In Formeln heißt das $x = 80+\text{s}*20$ und $y = 100+\text{z}*20+\text{offset}$:

```
dsply.Blt( 80+s*20, 100+z*20+offset, fllst)
```

Am komplexesten ist die Berechnung der Position der Vorschau-Steine, da diese Steine in ihren Ausgabebereichen zentriert dargestellt werden sollen. Zunächst einmal gibt es bis zu fünf Vorschau-Steine ($p = 0,\ldots,4$). Die linke obere Ecke des Ausgabebereichs für den Vorschau-Stein p ist durch die Koordinaten $x = 290$ und $y = 410-\text{p}*70$ gegeben. Wenn man nun das Segment in der Spalte s und in der Zeile z des Vorschau-Steins zeichnen will, so liegt die linke obere Ecke eines solchen Segments wegen der Segmentgröße von 15x15 Pixeln im Punkt mit den Koordinaten $x = 290+\text{s}*15$ und $y = 410-\text{p}*70+\text{z}*15$. Kennt man zusätzlich die Gesamtgröße ( = Anzahl der Segmente) des Steins in der Höhe (h) und in der Breite (b), so kann man den für die Zentrierung eines Steins im 4x4 Segmente großen Vorschau-Bereich erforderlichen Randausgleich berechnen und erhält die folgenden Koordinaten $x = 290+\text{s}*15+(4-\text{b})*15/2$ und $y = 410-\text{p}*70+\text{z}*15+(4-\text{h})*15/2$:

```
dsply.Blt(290+s*15+(4-b)*15/2,410-p*70+z*15+(4-h)*15/2, prvst);
```

Mit Hilfe der Funktion Present können wir dann die Grafiken aus dem Backbuffer auf den Bildschirm bringen. Im Zusammenhang mit dieser Funktion müssen wir das wichtige Phänomen der »Lost Devices« diskutieren. Der Zugriff auf Devices wie die Grafikkarte kann »verloren gehen«. Das Device befindet sich dann aus der Sicht unserer Applikation im sogenannten »lost state«. Eine Ursache für einen lost state kann zum Beispiel sein, dass sich eine andere Applikation der Grafikkarte im Fullscreen-Modus bemächtigt hat. Ist das Device im lost state, so werden Grafikoperationen (wie zum Beispiel das Blitten von Bitmaps in den Backbuffer), die nur auf den internen Speicher zugreifen, ohne Fehler durchgeführt. Erst beim Umschalten von Front- und Backbuffer (Present) wird der lost state kritisch, da jetzt auf die Grafikkarte zugegriffen werden muss. Als Returncode erhalten wir in dieser Situation die Fehlermeldung DDERR_SURFACELOST. Wir müssen darauf reagieren, indem wir alle verlorenen Daten auf der Grafikkarte restaurieren. Zusammen mit der Funktion present fügen wir daher eine Funktion restore in unsere Klasse display ein:

```
class display
    {
    private:
        ...
    public:
        ...
        HRESULT restore();
        HRESULT present();
    };
```

In der Funktion restore restaurieren wir alle Surfaces unseres Displays und zeichnen anschließend alle Bitmaps in allen Surfaces neu. Der folgende Kasten zeigt den dafür erforderlichen Code:

```
HRESULT display::restore()
    {
    HRESULT hr;
    int i;
    char fname[20];

    hr = dsply.GetDirectDraw()->RestoreAllSurfaces();
    if( hr < 0)
        return hr;
    hr = hgrnd->DrawBitmap( "ul_hgrnd.bmp", ultris_nettobreite,
                                            ultris_nettohoehe);
    if( hr < 0)
        return hr;
```

```
hr = fldst->DrawBitmap( "ul_feld.bmp", 20, 20);
if( hr < 0)
    return hr;
hr = fllst->DrawBitmap( "ul_stein.bmp", 20, 20);
if( hr < 0)
    return hr;
hr = prvst->DrawBitmap( "ul_prev.bmp", 15, 15);
if( hr < 0)
    return hr;
hr = deckel->DrawBitmap( "ul_adeck.bmp", 240, 100);
if( hr < 0)
    return hr;
for( i = 0; i < 10; i++)
    {
    sprintf( fname, "ul_z%d.bmp", i);
    hr = ziff[i]->DrawBitmap( fname, 20, 40);
    if( hr < 0)
        return hr;
    }
return S_OK;
}
```

In der present-Funktion versuchen wir zunächst die korrespondierende Present-Funktion von CDisplay auszuführen. Misslingt das wegen DDERR_SURFACE-LOST, versuchen wir nur die Surfaces zu restaurieren. Beim nächsten Aufruf von present sind dann die Surfaces (hoffentlich) wieder da:

```
HRESULT display::present()
    {
    HRESULT hr;

    hr = dsply.Present();
    if( hr == DDERR_SURFACELOST)
        return restore();
    return hr;
    }
```

Zum Abschluss vervollständigen wir die Klasse display durch zwei weitere Member-Funktionen, die wir wegen ihres geringen Codeumfangs direkt in der Klasse display implementieren können:

```
class display
    {
    private:
        ...
    public:
        ...
        void update(){ dsply.UpdateBounds();}
        HRESULT cooperative()
            {return dsply.GetDirectDraw()->TestCooperativeLevel();}
    };
```

Die erste Member-Funktion (update) müssen wir immer dann aufrufen, wenn sich die Lage unseres Hauptfensters auf dem Bildschirm verändert hat. Durch Aufruf der Funktion UpdateBounds passen wir dann das Display an die neue Situation an.

Die Funktion cooperative dient dazu, die »Kooperativität« des Displays festzustellen. Was es damit auf sich hat, werde ich Ihnen am Ende dieser Kurseinheit sagen.

Die Klasse display ist jetzt vollständig implementiert, und wir legen eine Instanz dieser Klasse mit dem Namen ultris_display an:

```
display ultris_display;
```

Dieses Objekt müssen wir zum Abschluss dieser Kurseinheit in die Windows-Applikation integrieren. Dazu initialisieren wir unser Display in der WinMain-Funktion, bevor das Fenster mit ShowWindow dargestellt wird:

```
int APIENTRY WinMain(...)
    {
    ...
    if( ultris_display.init( ultris_window) < 0)
        {
        MessageBox( ultris_window,
                "Fehler beim Initialisieren der Grafik",
                "Ultris-Fehlermeldung",
                MB_OK | MB_ICONERROR | MB_SETFOREGROUND);
        return 0;
        }

    ShowWindow( ultris_window, nCmdShow);
```

```
while( TRUE)
    {
    ...
    }
}
```

Falls die Initialisierung fehlschlägt, brechen wir die Applikation mit einem Fehlerdialog (MessageBox) ab. Ansonsten geht es mit der Anzeige des Fensters (Show-
Window) und dem Main-Event-Loop (while(TRUE)) weiter.

Auch im Callback-Handler unseres Hauptfensters (ultris_windowhandler) werden wir einige wenige Erweiterungen vornehmen, um wieder zu einer testfähi-
gen Version zu kommen. Immer wenn das Fenster bewegt oder in seiner Größe
verändert wurde, erhalten wir eine Benachrichtigung durch die Message WM_
MOVE. Als Reaktion darauf rufen wir die update-Funktion unseres Displays auf (A):

```
  LRESULT CALLBACK ultris_windowhandler(...)
      {
      switch (msg)
          {
          ...
A     case WM_MOVE:
          ultris_display.update();
          return 0;
B     case WM_PAINT:
          int i;
          ultris_display.hintergrund();
          ultris_display.abdeckung();
          for( i = 0; i < 6; i++)
              ultris_display.ziffer( i, i+1);
          for( i = 0; i < 10; i++)
              ultris_display.feldstein( 19-i, i);
          for( i = 0; i < 10; i++)
              ultris_display.fallstein( 1, i, 2*i);
          for( i = 0; i < 4; i++)
              ultris_display.prevstein( 3, 0, i, 4, 1);
          ultris_display.present();
          break;
          }
      ...
      }
```

Über die message-orientierte Architektur des Windows-Systems hatte ich Ihnen
bereits einiges erzählt. Insbesondere bedingt diese Architektur, dass wir unsere

Fensterausgaben nicht spontan machen dürfen. Wir müssen immer warten, bis wir vom System dazu aufgefordert werden. Das System schickt uns als Aufforderung zum Neuzeichnen unseres Hauptfensters die Message WM_PAINT. Wenn wir diese Message erkennen (B im obigen Code-Fragment), machen wir einige Testausgaben. Wir geben mit Hilfe der in diesem Abschnitt erstellten Klasse ultris_display den Hintergrund, die Abdeckung sowie einige Ziffern und Steine auf dem Bildschirm aus.

In der Funktion WinMain hatten wir bereits eine Stelle lokalisiert, an der wir regelmäßig wiederkehrende, das Spiel betreffende Aktivitäten einbauen können:

```
int APIENTRY WinMain(...)
    {
    ...
    while( TRUE)
        {
        if( PeekMessage( &msg, NULL, 0, 0, PM_NOREMOVE))
            {
            ...
            }
        else
            {
            // Hier koennen wir uns um das Spiel kuemmern
            }
        }
    }
```

An diese Stelle gelangen wir in unserer Hauptverarbeitungsschleife immer dann, wenn keine aktuell zu verarbeitende Windows-Message vorliegt. An dieser Stelle können wir dann den Spielverlauf programmieren (z. B. einen fallenden Stein ein Stück weiterbewegen). Zunächst nutzen wir diese Stelle aber, um regelmäßig den Zustand unseres Devices zu kontrollieren, indem wir die Kooperativität prüfen:

```
int APIENTRY WinMain(...)
    {
    ...
    while( TRUE)
        {
        if( PeekMessage( &msg, NULL, 0, 0, PM_NOREMOVE))
            {
            ...
            }
        else
            {
```

```
        HRESULT hr;
        hr = ultris_display.cooperative();
        if( hr < 0)
            {
            switch( hr )
                {
            case DDERR_EXCLUSIVEMODEALREADYSET:
                Sleep(10);
                break;
            case DDERR_WRONGMODE:
                ultris_display.free_all();
                ultris_display.init( ultris_window);
                PostMessage( ultris_window, WM_PAINT, 0, 0);
                break;
                }
            }
        else
            {
            // Hier koennen wir uns um das Spiel kuemmern
            }
            }
        }
    }
```

Wenn der Aufruf der Funktion `ultris_display.cooperative()` ein negatives Ergebnis liefert, so liegt ein Problem vor. Zwei mögliche Probleme interessieren uns an dieser Stelle:

▶ `DDERR_EXCLUSIVEMODEALREADYSET`
Dies bedeutet, dass eine andere Applikation sich das Grafik-Device exklusiv gesichert hat. Wir können in dieser Situation nichts anderes tun, als uns eine gewisse Zeit schlafen zu legen und auf bessere Zeiten zu hoffen.

▶ `DDERR_WRONGMODE`
Irgendjemand hat den Grafikmodus (zum Beispiel die Auflösung) geändert. Wir müssen in dieser Situation alles noch einmal neu initialisieren. Zuvor geben wir die von uns belegten Ressourcen frei, anschließend schicken wir uns selbst die Windows-Message `WM_PAINT`, die uns veranlasst, das Grafikfenster neu zu zeichnen.[19]

---

19 Es ist nicht unüblich, sich selbst eine Message zu schicken. Es ist sogar sehr elegant, weil man dadurch eine Funktion nicht direkt ausführt, sondern in den normalen Bearbeitungszyklus einer Windows-Anwendung einpasst.

Wenn Sie das Programm übersetzen und starten, sollten Sie den folgenden Bildschirm sehen:

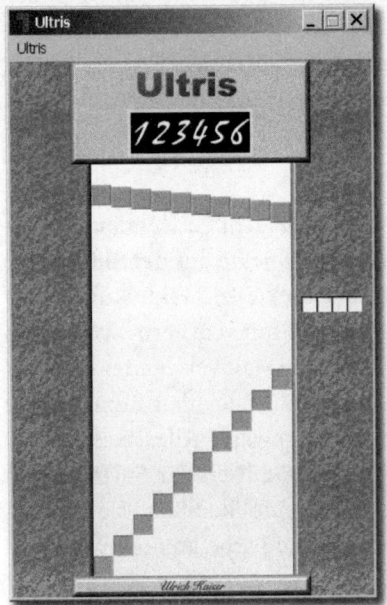

Tritt ein Fehler bei der Initialisierung der Grafik auf, erhalten Sie dagegen die folgende Fehlermeldung:

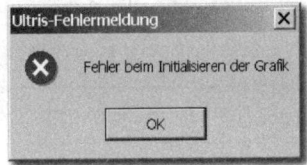

Das Programm wird nach Quittierung der Fehlermeldung beendet.

Die Test-Ausgaben unter WM_PAINT werden wir in der nächsten Version wieder beseitigen. Ich empfehle Ihnen an dieser Stelle, zunächst noch weitere Test-Ausgaben zu programmieren, bis Sie sattelfest in der Verwendung des Displays sind.

Testen Sie das Programm jetzt auch in verschiedenen Bildschirmauflösungen. Schalten Sie dabei die Bildschirmauflösung auch bei laufendem Programm um.

Es gibt im Übrigen weitere Meldungen im Zusammenhang mit der Grafikkarte, auf die man reagieren könnte und vielleicht auch sollte. Ist das System beispielsweise im 8-Bit-Grafikmodus (256 Farben), so arbeitet die Grafikkarte mit einer Farbpalette, und wir werden unter Umständen aufgefordert, unsere Farbpalette neu zu initialisieren, weil sie durch eine andere Applikation überschrieben wurde. Wir erhalten in dieser Situation die Message WM_QUERYNEWPALETTE. Als Reaktion müssten wir die gewünschte Palette erstellen und beim System anmelden. Da ich aber für *Ultris* Bitmaps mit mehr als 256 Farben verwende, und stillschweigend voraussetze, dass das System im hochauflösenden Farbmodus ist, gehe ich auf diese Thematik nicht ein. Es ist inzwischen auch sehr unwahrscheinlich, dass auf einem für Computerspiele verwendeten PC der 8-Bit-Farbmodus verwendet wird.

In der Rückschau auf diesen Abschnitt werden Sie vielleicht einwenden, dass es offensichtlich nur möglich ist, rechteckig berandete Objekte auf den Bildschirm zu blitten. In Ihren Spielen wollen Sie aber runde Objekte (z. B. eine Kugel) oder sogar beliebig berandete Figuren (gegebenenfalls sogar mit »Löchern«) vor einem Hintergrund bewegen. Auch das ist natürlich möglich. Man verwendet dazu das sogenannte **Color-Keying**. Dazu wird eine in der darzustellenden Bitmap nicht vorkommende Farbe als **Color-Key** für die Surface ausgewählt. Alles, was dann in der Farbe des Color-Keys eingefärbt wird, wird beim Blitten der Surface nicht transferiert und ist somit transparent. Das ist so wie eine Blue-Box, die Sie vielleicht vom Fernsehen her kennen. Die auszustanzende Farbe können wir dabei beliebig festlegen.

Als Beispiel stellen Sie sich vor, dass die gewünschte Bitmap in einer Datei vorliegt und alles, was nicht gezeichnet werden soll, schwarz ist. Sie legen dann wie gewohnt eine Surface (CSurface *s) an und initialisieren diese mit der Funktion CreateSurfaceFromBitmap. Danach setzen Sie den Color-Key der Surface durch den Funktionsaufruf:

```
s->SetColorKey( RGB(0, 0, 0));
```

Das Makro RGB stellt dabei aus dem Rot-, Grün- und Blau-Anteil einer Farbe den zugehörigen Farbcode zusammen. In diesem Fall handelt es sich um Schwarz. Bei nachfolgenden Blt-Operationen werden bei dieser Surface schwarze Bildpunkte nicht transferiert, und der Hintergrund scheint an schwarz gefärbten Stellen durch. Wenn Sie andere Farben als Color-Key verwenden wollen, wählen Sie entsprechend andere RGB-Werte. Wie sich Farben aus RGB-Werten zusammensetzen, werde ich später – allerdings erst im zweiten Projekt – noch ausführlich erklären.

Vieles in diesem Abschnitt hatte weniger mit unserem konkreten Spiel, sondern mit der notwendigen, aber leider auch sehr technischen Initialisierung der Grafikumgebung zu tun. Ich habe Verständnis dafür, wenn Sie sich nicht übermäßig dafür interessieren, was zu tun ist, wenn jemand bei laufendem Programm den Grafikmodus umschaltet. Aber wir müssen uns damit beschäftigen, da ein Programm robust gegenüber solchen Eingriffen sein muss. Ich kann Ihnen aber versprechen, dass wir in den folgenden Abschnitten näher an der eigentlichen Spielidee arbeiten werden und auch sehr schnell sichtbare Fortschritte erzielen werden.

### 2.4.4  V04 Definition und Implementierung der Formen

Erstellen Sie zunächst als Ausgangspunkt für die Version v04 eine Kopie der Version v03, aus der Sie alle auf die Version v03 bezogenen Testfunktionen wieder entfernen.

Der Spieler kann bei *Ultris* aus einer Gesamtzahl von 35 Steinen seine Spielsteine auswählen. Es macht bei einer solchen Anforderung keinen Sinn, alle möglichen Spielsteine individuell zu programmieren. Wir benötigen eine einheitliche Datenstruktur, in der wir alle benötigten Daten über die Spielsteine ablegen. Unter »Daten« wird dabei natürlich die äußere Form der Steine verstanden. Um Begriffsverwirrungen zu vermeiden, werde ich in diesem Zusammenhang immer von *Formen* sprechen – der Begriff Stein ist ja bereits durch die einzelnen Segmente, aus denen sich die Formen zusammensetzen, belegt. Beachten Sie daher die folgende Klarstellung der Begriffe:

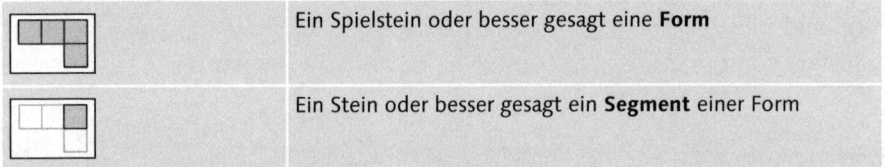

| | |
|---|---|
| | Ein Spielstein oder besser gesagt eine **Form** |
| | Ein Stein oder besser gesagt ein **Segment** einer Form |

Zu den Daten einer Form gehören ihre Höhe und die Breite sowie Informationen über die vorhandenen Segmente. Zur Speicherung dieser Daten wählen wir die folgende Struktur, in der wir beliebige Figuren mit bis zu 4x4 Segmenten ablegen können:

```
struct form
    {
    char h;          // Hoehe
    char b;          // Breite
    char data[4][4]; // Vorhandene Segmente
    };
```

Die folgende Grafik zeigt anhand einiger Beispiele, wie diese Datenstruktur zur Abbildung von Formen mit Werten gefüllt werden muss:

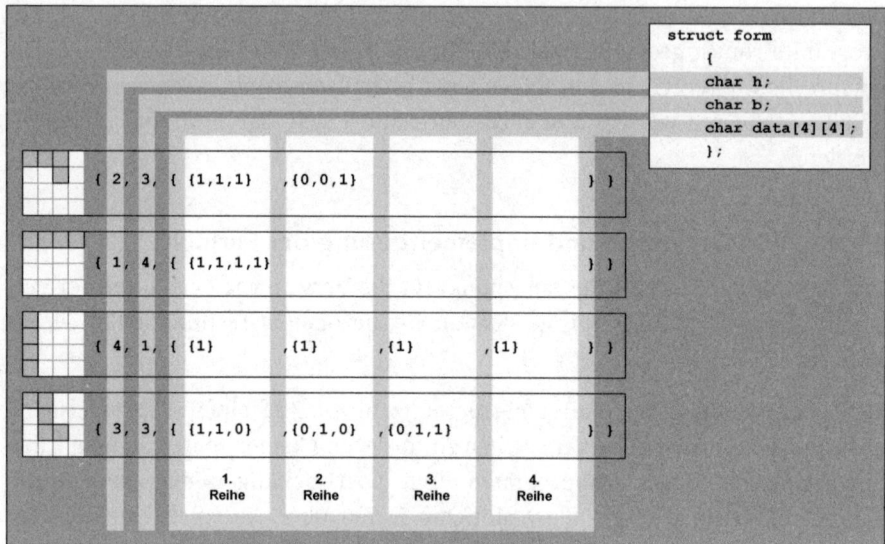

Wir werden eine solche Struktur für alle 35 Formen in allen Drehvarianten[20] anlegen. Das sind 35*4 = 140 Datensätze. Ich zeige Ihnen hier nur die ersten drei Formen:[21]

```
// Form 1 in allen Drehvarianten
//
// *** *      *     *
//  *  ** *** **
//  *       *      *
const form s_01_1 = {2, 3, {{1,1,1}, {0,1,0}}};
const form s_01_2 = {3, 2, {{1,0}, {1,1}, {1,0}}};
const form s_01_3 = {2, 3, {{0,1,0}, {1,1,1}}};
const form s_01_4 = {3, 2, {{0,1}, {1,1}, {0,1}}};

// Form 2 in allen Drehvarianten
//
// **     *  **     *
// **    **  **    **
//  *        *
const form s_02_1 = {2, 3, {{1,1,0}, {0,1,1}}};
const form s_02_2 = {3, 2, {{0,1}, {1,1}, {1,0}}};
const form s_02_3 = {2, 3, {{1,1,0}, {0,1,1}}};
const form s_02_4 = {3, 2, {{0,1}, {1,1}, {1,0}}};
```

---

20 Die Drehvarianten könnte man natürlich auch berechnen.
21 Bei gewissen Formen sind manche Drehvarianten gleich. Ich habe allerdings auch in diesen Fällen aus Gründen der Systematik verschiedene Datenstrukturen angelegt.

```
// Form 3 in allen Drehvarianten
//
//   ** *    ** *
// **  ** **  **
//     *        *
const form s_03_1 = {2, 3, {{0,1,1}, {1,1,0}}};
const form s_03_2 = {3, 2, {{1,0}, {1,1}, {0,1}}};
const form s_03_3 = {2, 3, {{0,1,1}, {1,1,0}}};
const form s_03_4 = {3, 2, {{1,0}, {1,1}, {0,1}}};
```

Wichtig ist dabei, dass die Drehvarianten in der Systematik so angeordnet sind, dass ihre Abfolge einer Linksdrehung der Form entspricht.

Die komplette Formensammlung finden Sie in der Musterlösung zur Version 4. Wenn Sie die Formen selbst erstellen, sollten Sie darauf achten, dass die ersten sieben Formen die Standardformen aus dem originalen Tetris-Spiel sind. Ansonsten können Sie auch andere Formen als die von mir gewählten verwenden.

Alle Formen mit ihren Drehvarianten sammeln wir in einem zweidimensionalen Array:

```
const int anzahl_formen = 35;
const form *ultris_form[anzahl_formen][4] =
    {
        { &s_01_1, &s_01_2, &s_01_3, &s_01_4},
        { &s_02_1, &s_02_2, &s_02_3, &s_02_4},
        { &s_03_1, &s_03_2, &s_03_3, &s_03_4},
        ...
    };
```

In der ersten Dimension finden wir die Form, in der zweiten ihre Drehvariante. Konkret heißt das, dass wir auf die dritte Form in der zweiten Drehvariante (also auf s_03_2) in der folgenden Weise zugreifen können:[22]

```
ultris_form[2][1]
```

Als Ergebnis des Zugriffs erhalten wir einen Zeiger auf die gewünschte Form, sodass wir zum Zugriff auf die Daten dereferenzieren müssen:

---

22  Beachten Sie, dass in C die Zählung von Array-Elementen immer bei 0 beginnt.

```
ultris_form[2][1]->h
ultris_form[2][1]->b
ultris_form[2][1]->data[2][1]
```

Obwohl wir in dieser Version keinen Code, sondern nur Daten implementiert haben, ist es sehr sinnvoll, wieder eine Testfunktion zu erstellen. Schließlich müssen wir überprüfen, ob wir die Formen korrekt und im richtigen Drehsinn eingegeben haben.

Zum Test erweitern wir den Callback-Handler des Hauptfensters wie folgt:

```
A  int testform = 0;

   LRESULT CALLBACK ultris_windowhandler(...)
       {
       switch(msg)
           {
       case WM_COMMAND:
           switch( LOWORD( wParam))
               {
               ...
B          case IDM_TEST: // Testcode
               testform = (testform + 1) % anzahl_formen;
               PostMessage( hWnd, WM_PAINT, 0, 0);
               return 0;
               }
           ...
C      case WM_PAINT:
           int variante;
           int z, s, x, y;
           const form *f;

           ultris_display.hintergrund();
           for( variante = 0; variante < 4; variante++)
               {
               z = 1 + 5*variante;
               s = 3;
               f = ultris_form[testform][variante];
               for( x = 0; x < f->b; x++)
                   {
                   for( y = 0; y < f->h; y++)
                       {
                       if( f->data[y][x])
                           ultris_display.fallstein(z+y,s+x,0);
                       }
```

```
                    }
                }
            ultris_display.present();
            break;
        }
        ...
    }
```

A: In einer globalen Variablen (`testform`) speichern wir die aktuell anzuzeigende Form. Initial ist das die Form 0.

B: Immer wenn der Benutzer die Test-Taste (Strg-T) betätigt, gehen wir zur nächsten Form. Beim Erreichen der 35 (`anzahl_formen`) geht es wieder von vorn los. Anschließend veranlassen wir, dass unser Fenster neu gezeichnet wird. Dazu schicken wir die Message `WM_PAINT` an uns selbst. Danach geben wir die Kontrolle an das Betriebssystem zurück. Wir können aber sicher sein, dass der Window-Handler mit dem Kommando `WM_PAINT` erneut aufgerufen wird.

C: Wir werden aufgefordert, unser Fenster neu zu zeichnen. Dazu zeichnen wir zunächst den Hintergrund. Dann holen wir uns zu jeder Drehvariante die Daten und zeichnen die Form, indem wir in einer Doppelschleife alle vorhandenen Segmente in das Display blitten.

Compilieren, linken und testen Sie jetzt diese Version. Beim Programmstart sollten Sie das folgende Bild sehen:

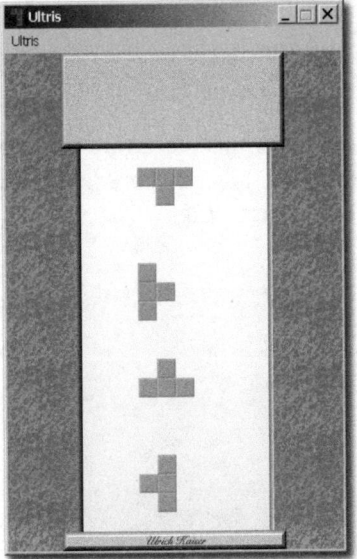

Gehen Sie mit der Test-Taste (Strg-T) Schritt für Schritt durch alle Formen, und überprüfen Sie, ob die vier Drehvarianten jeweils korrekt und in der richtigen Reihenfolge (Linksdrehung) angezeigt werden. Jetzt kann man schon erkennen, was es einmal werden soll.

Diesmal haben wir einen kleinen, aber wichtigen Entwicklungsschritt gemacht. Grundsätzlich sollten Sie immer in überschaubaren Entwicklungsschritten vorgehen, an deren Ende jeweils eine testfähige Version steht. Wenn Sie zu viele Entwicklungsschritte durchführen, bevor Sie wieder in eine Testphase gehen, kann es passieren, dass Sie neu auftretende Fehler nur sehr schwer lokalisieren können und eine gegebenenfalls eingeleitete Fehlentwicklung mit viel Aufwand zurückspulen müssen. Es ist durchaus sinnvoll, auch bei Projekten dieser Größenordnung ein Quellcode-Management-System wie *CVS* oder *SourceSafe* einzusetzen. Ein solches System hilft Ihnen dabei, Ihren Quellcode versionsbezogen zu verwalten, sodass Sie im Falle einer Fehlentwicklung leicht Wiederaufsetzpunkte in früheren Versionen rekonstruieren können.

### 2.4.5  V05 Das Menü und die einfachen Dialoge

Zu unserem Spiel müssen wir einen recht komplexen Konfigurationsdialog erstellen. Da ich nicht voraussetze, dass Sie die Windows-Programmierung beherrschen, muss ich Ihnen erkären, wie man einen Dialog erstellt und in eine Windows-Applikation einbaut. Um dies zunächst einmal anhand einfacher Beispiele zu üben, starten wir in dieser Kurseinheit mit zwei leicht zu erstellenden Dialogen aus dem *Info*-Menü. Zum eigentlichen Spiel tragen diese Dialoge wenig bei. Sie sind jedoch nützlicher Übungsstoff zum Thema Windows-Programmierung.

Bevor es losgeht, erstellen Sie wie üblich eine bereinigte neue Version (V05).

In einem ersten Schritt erweitern wir das *Ultris*-Menü um die erforderlichen Menüpunkte. Laden Sie dazu die Menü-Ressource in den Ressourcen-Editor, und komplettieren Sie das Menü entsprechend der folgenden Grafik:

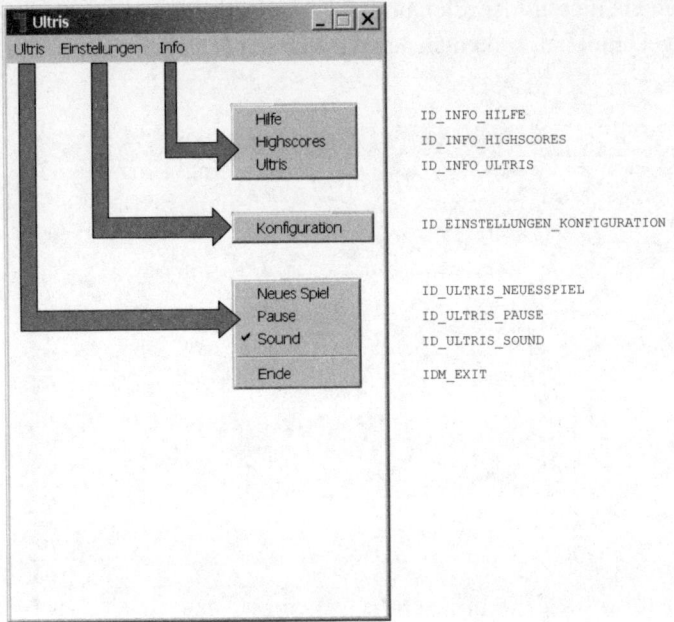

```
ID_INFO_HILFE
ID_INFO_HIGHSCORES
ID_INFO_ULTRIS

ID_EINSTELLUNGEN_KONFIGURATION

ID_ULTRIS_NEUESSPIEL
ID_ULTRIS_PAUSE
ID_ULTRIS_SOUND

IDM_EXIT
```

Das System generiert die den Menüpunkten zugeordneten Identifier aus den Bezeichnungen in den Menüs. Da wir die Identifier zum Zugriff im C-Code verwenden, sollten Sie prüfen, ob auch bei Ihnen die oben stehenden Identifier gewählt wurden. Bei Abweichungen sollten Sie die Bezeichnungen entsprechend ändern.

Wir starten mit der Erstellung des Hilfedialogs, der die Tastenbelegung unseres Spiels anzeigt.

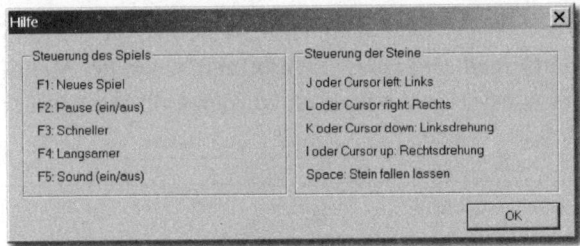

Die zugehörige Ressource können Sie fast ohne meine Hilfe erstellen. Zunächst müssen Sie einen neuen, leeren Dialog erstellen. Dazu wählen Sie im Menü *Projekt* den Menüpunkt *Ressource hinzufügen* und selektieren im dann erscheinenden Unterdialog den Ressourcentyp *Dialog*. Wenn Sie anschließend den Button *Neu* betätigen, wird Ihrem Projekt eine neue Dialog-Ressource hinzugefügt. Als Identifier generiert das System Ihnen einen Namen wie IDD_DIALOG1. Im Eigenschaftsdialog können Sie diesen Identifier aussagekräftiger in `IDD_HILFE` umbenennen. Wenn alles geklappt hat, sollten Sie jetzt den neuen Dialog im Dialog-Editor sehen:

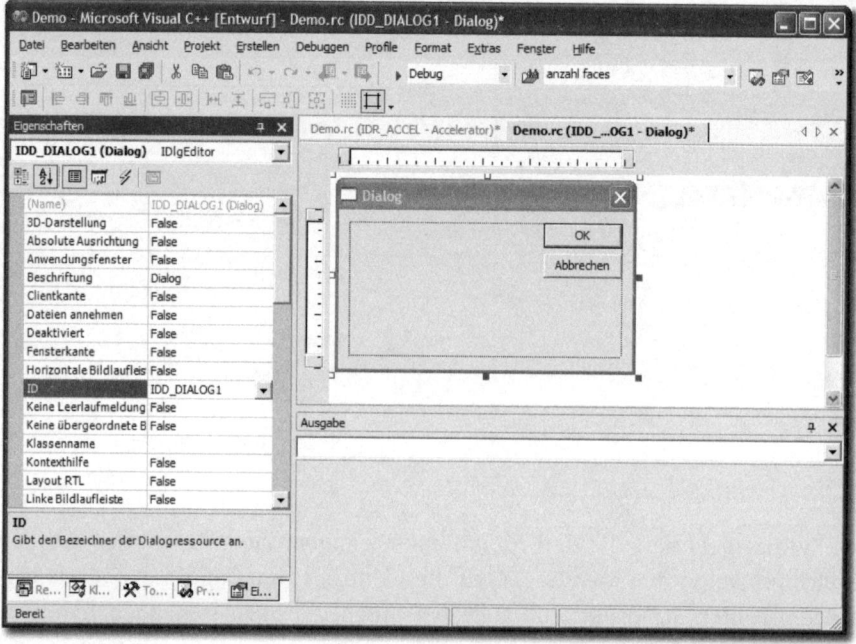

Überarbeiten Sie den Dialog entsprechend der Vorlage, indem Sie nicht benötigte Elemente löschen und neue Elemente von der Werkzeugleiste (Toolbox) auf den Dialog ziehen. Testen Sie das Erscheinungsbild Ihres Dialogs über den Menüpunkt *Testdialogfeld* im Menü *Format*.

Wenn Sie die Dialog-Ressource fertiggestellt haben, können Sie sich wieder dem Programmcode zuwenden. Den Hilfedialog müssen wir öffnen, wenn der Menüpunkt `ID_INFO_HILFE` gewählt wurde. Dazu erweitern wir den Callback-Handler des Hauptfensters in der folgenden Weise:

```
LRESULT CALLBACK ultris_windowhandler(...)
    {
    switch(msg)
        {
    case WM_COMMAND:
        switch( LOWORD( wParam))
            {
        ...
```

```
        case ID_INFO_HILFE:
            DialogBox( ultris_instance,
                       MAKEINTRESOURCE( IDD_HILFE),
                       ultris_window, hilfedialog);
            return 0;
    ...
        }
    break;
    ...
    }
    ...
}
```

### Der Aufruf der Funktion DialogBox

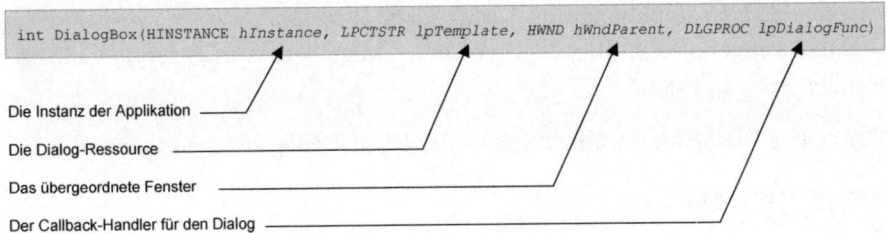

```
int DialogBox(HINSTANCE hInstance, LPCTSTR lpTemplate, HWND hWndParent, DLGPROC lpDialogFunc)
```

Die Instanz der Applikation ──────────

Die Dialog-Ressource ──────────

Das übergeordnete Fenster ──────────

Der Callback-Handler für den Dialog ──────────

liest die zum Identifier IDD_HILFE gehörende Dialog-Ressource, erzeugt daraus den zugehörigen Dialog und bringt diesen auf den Bildschirm. Zur Bearbeitung der Benutzerinteraktion im Dialog übergeben wir die Adresse eines Callback-Handlers (hilfedialog), den wir allerdings noch implementieren müssen. Der Callback-Handler des Hilfedialogs hat die gleiche Schnittstelle wie der Callback-Handler des Hauptfensters und wird immer dann aufgerufen, wenn auf eine Message reagiert werden muss, die den Hilfe-Dialog betrifft. Da innerhalb des Dialogs aber nicht viel Interaktion stattfinden kann, sind dies nur Meldungen zum Schließen des Dialogs über *OK* beziehungsweise *Cancel*. Entsprechend einfach gestaltet sich der Code des Callback-Handlers[23]:

```
BOOL CALLBACK hilfedialog( HWND hwndDlg, UINT uMsg,
                           WPARAM wParam, LPARAM lParam)
    {
    switch (uMsg)
        {
        case WM_COMMAND:
            if((wParam == IDOK)||(wParam == IDCANCEL))
```

---

23 Eine Sprungleiste mit nur einem Sprungziel wirkt vielleicht etwas befremdlich, aber ich habe das bewusst mit Blick auf eine mögliche Erweiterung des Dialogs so angelegt.

```
                       {
                           EndDialog(hwndDlg, wParam);
                           return TRUE;
                       }
              }
         return FALSE;
         }
```

Der Rückgabewert des Callback-Handlers sollte TRUE (oder 1) sein, wenn die Message behandelt wurde. Wurde sie nicht behandelt, muss der Returnwert FALSE (oder 0) sein. Insbesondere die letzte Anweisung, return FALSE, ist besonders wichtig, weil wir damit dem System mitteilen, welche Kommandos wir nicht behandelt haben. Das System führt dann die üblichen Standardbehandlungen durch. Würde an dieser Stelle return TRUE stehen, so würden unter Umständen wichtige Standardfunktionen im Dialog nicht ausgeführt werden, weil das System dann annehmen würde, dass wir diese Dinge bereits in unserem Callback-Handler erledigt haben.

Der zweite Dialog dieses Abschnitts ist der *Ultris*-Dialog aus dem Menü *Info*:

Erstellen Sie für diesen Dialog eine neue Dialog-Ressource mit IDD_ULTRIS als Identifier. Neu ist hier, dass der Dialog eine Bitmap und einen zusätzlichen Button (*Weitere Informationen*) enthält. Die Bitmap können Sie im Ressourcen-Editor erstellen oder auch aus einer externen Bitmap-Datei laden. Das schaffen Sie ohne weitere Unterstützung. Zur Darstellung der Bitmap-Ressource ziehen Sie dann einen Bildrahmen von der Werkzeugleiste auf den Ultris-Dialog und weisen dem Rahmen in seinem Eigenschaftsdialog die Bitmap zu.

Auch die Ressource für den Button *Weitere Informationen* ziehen Sie von der Werkzeugleiste auf den Dialog. Anschließend richten Sie ihn nach Ihren Wünschen aus. Wichtig ist, dass Sie dem Button über seinen Eigenschaftsdialog den Identifier IDC_WEITERE_INFO zuordnen, damit die Einbindung im C-Code reibungslos funktioniert.

Den Dialog bringen Sie aus dem Windows-Handler `ultris_windowhandler` heraus mit dem bereits bekannten Aufruf der Funktion `DialogBox` als Reaktion auf das Kommando `ID_INFO_ULTRIS` zur Anzeige:

```
DialogBox( ultris_instance, MAKEINTRESOURCE( IDD_ULTRIS),
                                ultris_window, ultrisdialog);
```

Als Callback-Handler übergeben Sie die Funktion `ultrisdialog`, die Sie wie folgt ausprogrammieren:

```
BOOL CALLBACK ultrisdialog( HWND hwndDlg, UINT uMsg,
                            WPARAM wParam, LPARAM lParam)
    {
    switch (uMsg)
        {
        case WM_COMMAND:
            if( wParam == IDC_WEITERE_INFO)
                {
                ShellExecute(NULL, "open",
                    "http://www-et.bocholt.fh-gelsenkirchen.de",
                    NULL, NULL, SW_SHOWNORMAL);
                return TRUE;
                }
            else if((wParam == IDOK)||(wParam == IDCANCEL))
                {
                EndDialog(hwndDlg, wParam);
                return TRUE;
                }
        }
    return FALSE;
    }
```

Neu ist hier nur die Behandlung des Buttons `IDC_WEITERE_INFO`. Wird dieser Button gedrückt, so starten wir über die Funktion `ShellExecute` den Internet-Browser auf dem Zielrechner und verzweigen auf die Homepage der Fachhochschule in Bocholt. Sie setzen hier natürlich die Adresse Ihrer eigenen Homepage ein, auf der der Benutzer des Spiels weitere Informationen zum Spiel erhält oder ein Update herunterladen kann.

### 2.4.6 V06 Der Konfigurationsdialog

Die letzte Kurseinheit hat uns in Bezug auf das eigentliche Spiel nicht viel weiter gebracht. Sie hat uns aber das Rüstzeug vermittelt, um einen wesentlich komplexeren Dialog in Angriff nehmen zu können – den Konfigurationsdialog:

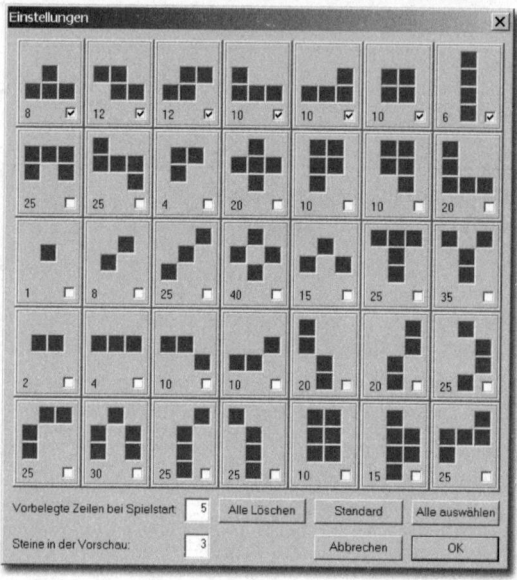

Bevor wir diesen Dialog erstellen, müssen wir das Spiel zumindest so weit implementieren, dass die Daten dieses Dialogs vollständig in das Spiel übernommen werden können. Dazu erstellen wir zunächst einen Array (`aktive_formen`), in dem wir festhalten, welche der 35 Formen für das Spiel aktiviert sind:

```
char aktive_formen[anzahl_formen] =
    {
    1,1,1,1,1,1,1,
    0,0,0,0,0,0,0,
    0,0,0,0,0,0,0,
    0,0,0,0,0,0,0,
    0,0,0,0,0,0,0
    };
```

Wir initialisieren diesen Array so, dass beim Programmstart die sieben Standard-Tetris-Formen aktiviert sind. Der Inhalt dieses Arrays kann dann im Laufe des Spiels über den Konfigurationsdialog geändert werden.

In einer zusätzlichen globalen Variablen (`anz_aktive_formen`) merken wir uns, wie viele Formen aktiv sind:

```
int anz_aktive_formen = 7;
```

Zu Spielbeginn sind das natürlich die sieben Standard-Tetris-Formen.

Wenn wir auf die Erstellung des Spiels zurückblicken, so haben wir bisher immer nur wichtige Grunddaten bereitgestellt. Wir haben die Sounds geladen und eine Schnittstelle zum Abspielen der Sounds programmiert. Wir haben die Grafiken geladen und Funktionen zur Darstellung der Grafiken erstellt. Wir haben die Daten für die Formen bereitgestellt. Jetzt beginnen wir, die Fäden zusammenzuknüpfen und das eigentliche Spiel zu erstellen. Dazu definieren wir eine neue, zunächst noch leere Klasse ultris

```
class ultris
    {
    private:

    public:

    };
```

und eine Instanz dieser Klasse – das Spiel:

```
ultris mein_spiel;
```

Im Folgenden werden wir uns überwiegend mit dieser Klasse beschäftigen und sie systematisch mit Funktionen und Daten anreichern, bis am Ende alle Spielfunktionen abgedeckt sind. Parallel dazu werden wir die neuen Funktionen immer in die Windows-Applikation integrieren.

Zu den Daten des Spiels gehören die Grundeinstellungen (Anzahl der vorbelegten Reihen, Anzahl der Formen in der Vorschau). Diese Daten müssen gelesen und im Rahmen der zulässigen Werte auch geschrieben werden können. Dadurch ergeben sich die folgenden Erweiterungen der Klasse ultris:

```
class ultris
    {
    private:
        int vorbelegung;
        int vorschau;
    public:
        ultris(){ vorbelegung = 0; vorschau = 1;}
        int get_vorbelegung() { return vorbelegung;}
        void set_vorbelegung( int v)
```

```
                    {if( v < 0) v = 0; if( v > 20) v = 20;
                                                vorbelegung = v;}
        int get_vorschau() { return vorschau;}
        void set_vorschau( int v)
                    {if( v < 0) v = 0; if(v > 5) v = 5;
                                                vorschau = v;}
    };
```

Der Konstruktor erzeugt sinnvolle Initialwerte für die Grundeinstellungen. Über die get-Funktionen können die Grundeinstellungen gelesen und über die set-Funktionen können sie im Rahmen der zulässigen Grenzen geändert werden.

Die Erstellung der Dialog-Ressource für den Konfigurationsdialog ist zwar anspruchsvoller als die Erstellung aller bisher fertiggestellten Dialoge, aber mit etwas Übung bekommen Sie das schon hin. Sie können ja zunächst einen schlichten, aber funktionell ausreichenden Prototyp erstellen. Die Feinarbeit am Layout können Sie später durchführen. Durch die Verwendung von Ressourcen erzielen wir eine konsequente und saubere Trennung von Form (Ressource) und Funktionalität (Code) eines Dialogs. Insbesondere bedeutet dies, dass man das äußere Erscheinungsbild eines Dialogs nachträglich noch ändern kann, ohne in den Programmcode eingreifen zu müssen. Ein nüchternes, ausschließlich auf die Funktionalität ausgerichtetes Design des Konfigurationsdialoges könnte etwa wie folgt aussehen:

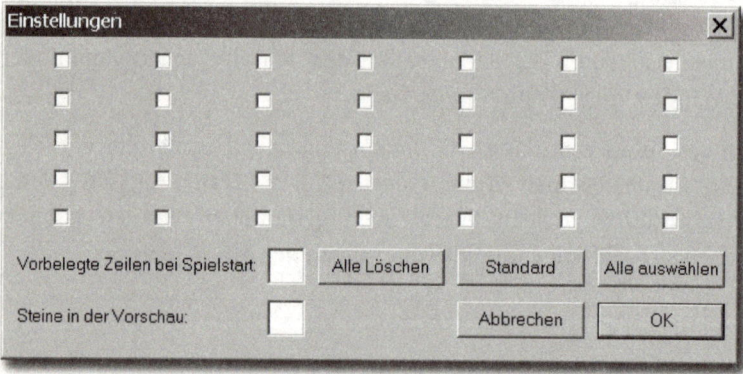

Wichtig für die Anbindung an den weiter unten beschriebenen Code ist, dass Sie die folgenden Identifier verwenden:

| Ressource | Identifier | Wert |
|-----------|-----------|------|
| Konfigurationsdialog | IDD_KONFIGURATION | – |
| Button *Alle Löschen* | IDC_LOESCHEN | – |

| Ressource | Identifier | Wert |
|---|---|---|
| Button *Standard* | IDC_STANDARD | – |
| Button *Alle Auswählen* | IDC_ALLE | – |
| Eingabe Vorbelegung | IDC_VORBELEGUNG | – |
| Eingabe Vorschau | IDC_VORSCHAU | – |
| Checkbox Form 1 | IDC_CHECK1 | 5000 |
| Checkbox Form 2 | IDC_CHECK2 | 5001 |
| ... | ... | ... |
| Checkbox Form 35 | IDC_CHECK35 | 5034 |

Festgelegte Identifier benötigen wir natürlich nur für die Dialogelemente, die wir vom Programm aus bedienen wollen. Eine Besonderheit ist allerdings, dass wir für die Checkboxen fortlaufende Identifier-Werte benötigen, um sie im Programm durch einfache Verarbeitungsschleifen bearbeiten zu können. Man sollte in einer solchen Situation nicht die vom System generierten Werte, sondern eigene Werte für die Identifier verwenden. Man erreicht das, indem man im Eigenschaftsdialog im Feld *ID* den gewünschten Wert (z. B.: `IDC_CHECK1=5000`) zusätzlich einträgt:

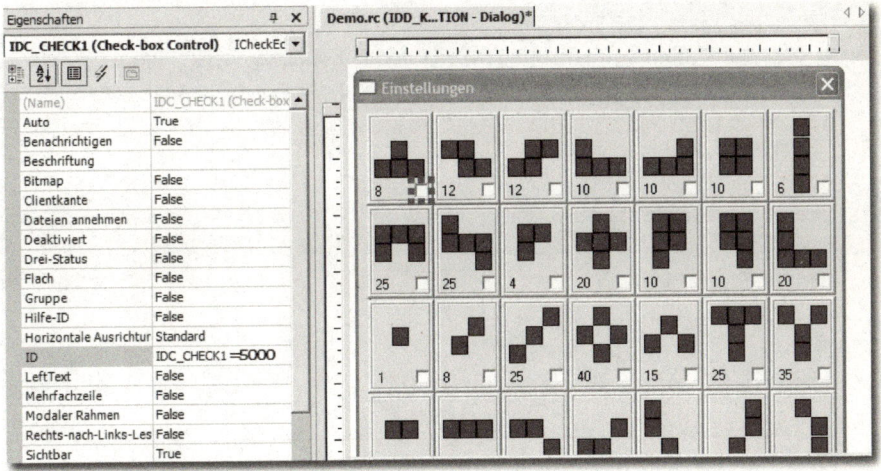

Sobald die Dialog-Ressource fertig ist, können wir mit der Implementierung der Funktionen beginnen. Aufgerufen wird der Konfigurationsdialog aus dem `ultris_windowhandler`, wenn das Kommando `ID_EINSTELLUNGEN_KONFIGURA-TION` empfangen wird. Dazu fügen Sie im `ultris_windowhandler` an passender Stelle die folgenden, grau hinterlegten Zeilen ein:

```
LRESULT CALLBACK ultris_windowhandler(...)
    {
    switch(msg)
        {
    case WM_COMMAND:
        switch( LOWORD( wParam))
            {
        ...
        case ID_EINSTELLUNGEN_KONFIGURATION:
            DialogBox( ultris_instance,
                        MAKEINTRESOURCE( IDD_KONFIGURATION),
                            ultris_window, konfigurationsdialog);
            return 0;
        ...
            }
        break;
    ...
    }
```

Den hier im Vorgriff bereits verwendeten Dialog-Handler `konfigurationsdia-log` müssen wir noch mit der Ihnen bereits vertrauten Schnittstelle erstellen:

```
BOOL CALLBACK konfigurationsdialog( HWND hwndDlg, UINT uMsg,
                                    WPARAM wParam, LPARAM lParam)
    {
    switch (uMsg)
        {
    case WM_INITDIALOG:
        ...
    case WM_COMMAND:
        ...
        }
    return FALSE;
    }
```

Die im Handler bereits vorgesehenen Fälle WM_INITDIALOG und WM_COMMAND müssen wir noch ausprogrammieren. Bei der Initialisierung des Dialogs setzen wir die Checkboxen mit der Windows-Funktion CheckDlgButton

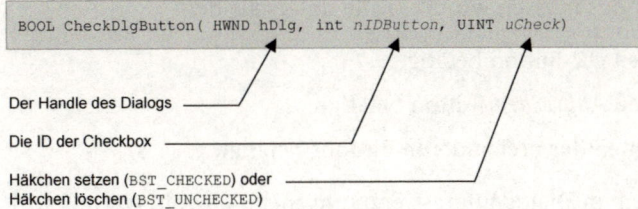

entsprechend den Aktivierungsdaten im Array `aktive_formen`. Die Eingabefelder `IDC_VORBELEGUNG` und `IDC_VORSCHAU` werden mit Hilfe der Funktion `SetDlgItemInt`

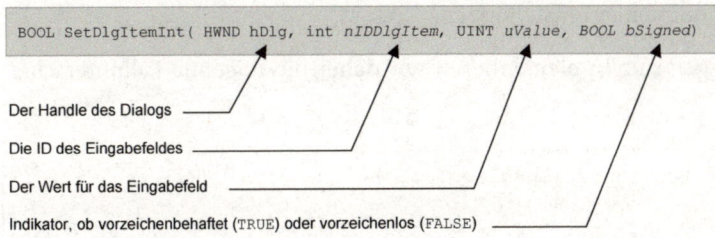

initialisiert. Im Code sieht das dann wie folgt aus:

```
BOOL CALLBACK konfigurationsdialog(...)
    {
    int i;

    switch (uMsg)
        {
    case WM_INITDIALOG:
        for( i = 0; i < anzahl_formen; i++)
            CheckDlgButton( hwndDlg, 5000+i,
                aktive_formen[i] ? BST_CHECKED : BST_UNCHECKED);
        SetDlgItemInt( hwndDlg, IDC_VORBELEGUNG,
                    mein_spiel.get_vorbelegung(), FALSE);
        SetDlgItemInt( hwndDlg, IDC_VORSCHAU,
                    mein_spiel.get_vorschau(), FALSE);
        return TRUE;
    case WM_COMMAND:
        ...
        }
    return FALSE;
    }
```

Im Falle eines Kommandos müssen wir drei Fälle unterscheiden:

▶ Der Benutzer hat den *OK*-Button betätigt.

▶ Der Benutzer hat den *Abbrechen*-Button betätigt.

▶ Der Benutzer hat einen der drei anderen Buttons betätigt.

Alle anderen Aktivitäten im Dialog interessieren uns nicht, obwohl wir uns auch darüber informieren lassen könnten. Warum sollten wir aber reagieren, wenn der Benutzer Checkboxen markiert oder Daten in die Eingabefelder schreibt, solange unklar ist, ob er seine Eingaben am Ende mit *OK* bestätigt. Erst wenn der Benutzer den Dialog über den *OK*-Button verlässt, interessieren wir uns für die von ihm vorgenommenen Einstellungen.

Im Fall von WM_COMMAND implementieren wir daher die folgende Fallunterscheidung:

```
BOOL CALLBACK konfigurationsdialog(...)
    {
...
    switch (uMsg)
        {
...
    case WM_COMMAND:
        if(wParam == IDOK)
            {
            ...
            }
        if(wParam == IDCANCEL)
            {
            ...
            }
        if (HIWORD(wParam) == BN_CLICKED)
            {
            ...
            }
        }
    return FALSE;
    }
```

Die einzelnen Fälle müssen natürlich noch ausprogrammiert werden.

Im ersten Fall (IDOK) müssen wir die Einstellungen aus den Checkboxen herauslesen und im Array aktive_formen ablegen. Die Anzahl der aktiven Formen müssen wir dabei mitzählen (A):

```
A  for( i = 0, anz_aktive_formen = 0; i < anzahl_formen; i++)
       {
       aktive_formen[i] = 0;
       if(IsDlgButtonChecked( hwndDlg, 5000+i) == BST_CHECKED)
           {
           aktive_formen[i] = 1;
           anz_aktive_formen++;
           }
       }
B  if( anz_aktive_formen == 0)
       {
       aktive_formen[0] = 1;
       anz_aktive_formen = 1;
       }
C  mein_spiel.set_vorbelegung( GetDlgItemInt( hwndDlg,
                                   IDC_VORBELEGUNG, NULL, FALSE));

   mein_spiel.set_vorschau( GetDlgItemInt( hwndDlg, IDC_VORSCHAU,
                                   NULL, FALSE));
D  EndDialog(hwndDlg, wParam);
   return TRUE;
```

Hat der Benutzer keine Form ausgewählt, so wählen wir zwangsweise die erste Form (B). Anschließend werden die Daten für die Vorbelegung und die Vorschau in die internen Daten des Spiels übertragen (C). Dann wird der Dialog beendet und geschlossen (D).

Im zweiten Fall (IDCANCEL) müssen wir nur den Dialog schließen. Eine Übernahme der Daten kommt in dieser Situation nicht in Frage:

```
EndDialog(hwndDlg, wParam);
return TRUE;
```

Ist einer der Buttons *Alle Löschen*, *Standard* oder *Alle Auswählen* angeklickt worden (das ist der dritte Fall: BN_CLICKED), so müssen wir zunächst in einer weiteren Fallunterscheidung feststellen, welcher der drei Buttons angeklickt wurde. Je nach Button werden dann die erforderlichen Operationen auf den Checkboxen ausgeführt. Die Information, welcher der Buttons gedrückt wurde, finden wir im Lower-Word[24] des Parameters wParam. Bezüglich dieses Wertes treffen wir also eine Fallunterscheidung:

---

24  Das sind die niederwertigen 16 Bit des insgesamt 32 Bit großen Parameters.

```
switch( LOWORD(wParam))
    {
case IDC_LOESCHEN:
    for( i = 0; i < anzahl_formen; i++)
        CheckDlgButton( hwndDlg, 5000+i, BST_UNCHECKED);
    return TRUE;
case IDC_ALLE:
    for( i = 0; i < anzahl_formen; i++)
        CheckDlgButton( hwndDlg, 5000+i, BST_CHECKED);
    return TRUE;
case IDC_STANDARD:
    for( i = 0; i < anzahl_formen; i++)
        CheckDlgButton( hwndDlg, 5000+i,
                                i < 7 ? BST_CHECKED:BST_UNCHECKED);
    return TRUE;
    }
```

Wenn Sie die Einzelteile jetzt richtig zusammenfügen und anschließend compilieren und linken, sollten Sie ein Spiel mit arbeitsfähigem Konfigurationsdialog
erhalten. Anfangs sind die Default-Werte eingestellt. Benutzeränderungen werden gespeichert und beim nächsten Aufruf des Dialogs wieder angezeigt.

Falls dies noch nicht geschehen ist, sollten Sie dem Konfigurationsdialog jetzt
auch optisch den letzten Schliff geben.

Wenn bei Ihnen jetzt die Vorstellung aufkommt, dass Sie es hier mehr mit einem
Buch über Windows- als über Spieleprogrammierung zu tun haben, so kann ich
Sie beruhigen. Natürlich ist und bleibt die Windows-Programmierung ein wichtiger Aspekt, aber bis auf den Highscore-Dialog sind jetzt alle Dialoge des Spiels
fertig, und wir werden uns in den nächsten Kapiteln ganz auf den Spielablauf
konzentrieren.

### 2.4.7   V07 Vorbesetzen des Spielfeldes

In dieser Kurseinheit beschäftigen wir uns mit den statischen Aspekten des
Spiels, also mit den Dingen, die vor dem Spielstart zu tun sind, um das Spiel auf-
zubauen. Dynamische Aspekte, wie das Bewegen der Steine sind hier noch kein
Thema.

Im folgenden Code-Fenster sehen Sie die Erweiterungen, die wir in dieser Kurseinheit an der Klasse ultris vornehmen wollen:

```
class ultris
    {
    private:
        ...
        int spielfeld[20][10];
        int fuellstand[20];
        int punktestand;

        void initialisieren();
        void vorbelegen();
        void display_spielfeld();
        void display_punktestand();
    public:
        ...
        int spiel_laeuft;

        ultris(){ srand( GetTickCount()); initialisieren();
                            vorbelegung = 0; vorschau = 1;}
        void start();
        void display();
    };
```

Zunächst sehen Sie hier eine Reihe von zusätzlichen, zumeist privaten Daten-Membern, die wir benötigen, um den Spielstand jederzeit konsistent und vollständig erfassen zu können:

| Daten-Member | Bedeutung |
| --- | --- |
| spielfeld | Dies ist ein zweidimensionaler Array, der das Ultris-Spielfeld von 20x10 Feldern abbildet. Im Array-Element spielfeld[z][s] steht eine 1, wenn in der Zeile z und der Spalte s ein Feldstein ist. Ansonsten steht dort eine 0.[25] |
| fuellstand | Diese Zahl gibt den Füllstand in einer Zeile (Anzahl der Feldsteine in einer Zeile) an. Dieser Wert ist im Prinzip überflüssig, da er aus den Daten in spielfeld jederzeit berechnet werden kann. Er vereinfacht jedoch die Entscheidung, ob eine Reihe abgeräumt werden kann oder nicht. |
| punktestand | Dies ist der aktuelle Punktestand. |
| spiel_laeuft | Dies ist ein öffentlich zugängliches Daten-Member, über das das Spiel angehalten werden kann. |

---

25 Beachten Sie, dass der fallende Stein hier nicht erfasst wird. Dieser gehört zu den dynamischen Aspekten des Spiels und befindet sich im Gegensatz zu den Feldsteinen ja auch nicht immer exakt in einer Zeile.

Die folgende Tabelle zeigt die neuen beziehungsweise geänderten Funktions-Member:

| Funktions-Member | Bedeutung |
|---|---|
| initialisieren | Diese Funktion bringt das Spiel bei einem Neustart in einen konsistenten Initialzustand. |
| vorbelegen | In dieser Funktion wird das Spielfeld, falls erforderlich, mit Feldsteinen zufällig vorbelegt. |
| display_spielfeld | Anzeige des Spielfeldes im Grafikfenster |
| display_punktestand | Anzeige des Punktestandes im Grafikfenster |
| ultris | Der Konstruktor von ultris wird gegenüber V06 um die Initialisierung des Zufallszahlengenerators und um den Aufruf der Funktion initialisieren erweitert. |
| start | Start des Spiels |
| display | Anzeige des kompletten Spiels auf dem Bildschirm |

Natürlich schauen wir uns auch noch den Code der einzelnen Funktionen an. Sie werden sehen, dass sich die Funktionen sehr einfach implementieren lassen, da wir mit den bereitgestellten Hilfsfunktionen gut vorgearbeitet haben.

Die Funktion initialisieren erzeugt ein leeres Spielfeld (alle Felder und Füllstände werden auf 0 gesetzt) und setzt zusätzlich die Daten-Member spiel_laeuft und punktestand auf sinnvolle Startwerte:

```
void ultris::initialisieren()
    {
    int z, s;

    for( z = 0; z < 20; z++)
        {
        fuellstand[z] = 0;
        for( s = 0; s < 10; s++)
            spielfeld[z][s] = 0;
        }
    spiel_laeuft = 0;
    punktestand = 0;
    }
```

In der Funktion vorbelegen werden zufällig Zeilen und Spalten im vorzubelegenden Bereich gewählt und die zugehörigen Felder mit einem Feldstein belegt. Der Füllstand der Zeilen wird dabei mitgezählt. Abschließend bekommt der Spieler einen Bonus von vorbelegung*2500 Punkten:

```
void ultris::vorbelegen()
    {
    int z, s, i;
    for( i = 0; i < vorbelegung*5; i++)
        {
        z = 19-rand()%vorbelegung;
        s = rand()%10;
        if( !spielfeld[z][s])
            {
            spielfeld[z][s] = 1;
            fuellstand[z]++;
            }
        }
    punktestand = vorbelegung * 2500;
    }
```

Es kann bei dieser Vorgehensweise durchaus vorkommen, dass versucht wird, eine Position mehrmals zu belegen. Das soll uns aber nicht weiter stören. Wichtig ist nur, dass in dieser Situation der Füllstand der Zeile nicht hochgezählt wird. Nach dem Aufruf dieser Funktion sind maximal 50 % der Felder in dem vorzubelegenden Teil des Spielfeldes mit Feldsteinen belegt. Wie viele Felder genau belegt sind, hängt von der Anzahl der Kollisionen ab, die bei den Belegungsversuchen aufgetreten sind.

Die start-Funktion kann noch nicht vollständig implementiert werden. Vorerst werden hier nur der Start-Sound gespielt und die bisher implementierten Vorbelegungen durchgeführt:

```
void ultris::start()
    {
    ultris_sounds.play( sound_start);
    initialisieren();
    vorbelegen();
    spiel_laeuft = 1;
    }
```

In den folgenden Projektstufen werden wir diese Funktion noch weiter ausbauen.

Um das Spielfeld darzustellen, gehen wir durch alle Zeilen und Spalten. Finden wir einen Feldstein, so geben wir ihn über das ultris_display aus:

```
void ultris::display_spielfeld()
    {
    int z, s;

    for( z = 0; z < 20; z++)
        {
        for( s = 0; s < 10; s++)
            {
            if( spielfeld[z][s])
                ultris_display.feldstein( z, s);
            }
        }
    }
```

Zur Darstellung des Punktestandes auf der Abdeckung des Spiels zerlegen wir
den Punktestand in einzelne Ziffern z und geben diese mit der vorbereiteten
Funktion ultris_display.ziffer aus:

```
void ultris::display_punktestand()
    {
    int i, z, p;
    for( i = 5, p = punktestand; i >= 0; i--, p/= 10)
        {
        z = p % 10;
        ultris_display.ziffer( i, z);
        }
    }
```

Auch die Funktion display kann in dieser Projektphase noch nicht vollständig
erstellt werden, da wir bisher nur die statischen Spielelemente (Hintergrund,
Spielfeld mit Feldsteinen, Abdeckung und Punktestand) ausgeben können:

```
void ultris::display()
    {
    ultris_display.hintergrund();
    display_spielfeld();
    ultris_display.abdeckung();
    display_punktestand();
    ultris_display.present();
    }
```

Damit sind alle Erweiterungen der Klasse `ultris`, die wir uns für diese Projektstufe vorgenommen hatten, implementiert. Die Erweiterungen müssen wir jetzt noch in die Windows-Applikation integrieren. Dazu benötigen wir zunächst einen Akzellerator, über den wir ein neues Spiel (aus dem Menü *Ultris* oder über die Funktionstaste [F1]) starten können. Im Ressourcen-Editor für die Akzelleratoren-Tabelle fügen wir dazu die folgende Zeile ein:

| Demo.rc (IDR_A... Accelerator)* | | | |
|---|---|---|---|
| ID | Modifizierer | Taste | Typ |
| ID_ULTRIS_NEUESSPIEL | Keine | VK_F1 | VIRTKEY |
| ID_ULTRIS_SOUND | Keine | VK_F5 | VIRTKEY |
| IDM_EXIT | Keine | VK_ESCAPE | VIRTKEY |
| IDM_TEST | Ctrl | T | VIRTKEY |

`ID_ULTRIS_NEUESSPIEL` ist dabei der Identifier, den Sie seinerzeit dem Menüpunkt *Neues Spiel* im *Ultris*-Menü zugewiesen hatten. Diesem Menüpunkt ordnen wir jetzt zusätzlich den virtuellen Key `VK_F1` zu.

Wenn wir das Kommando `ID_ULTRIS_NEUESSPIEL` im `ultris_windowhandler` empfangen, können wir nicht unterscheiden, ob der Benutzer das Kommando über die Taste [F1] oder den Menüpunkt *Neues Spiel* ausgelöst hat. Aber diese Unterscheidung ist für die Spielsteuerung auch irrelevant. Wichtig ist, dass wir im Callback-Handler auf das Kommando reagieren und das Spiel starten. Dazu müssen wir den folgenden Code hinzufügen:

```
LRESULT CALLBACK ultris_windowhandler( ...)
    {
    switch(msg)
        {
    case WM_COMMAND:
        switch( LOWORD( wParam))
            {
            ...

A           case ID_ULTRIS_NEUESSPIEL:
                mein_spiel.start();
                CheckMenuItem( ultris_menu, ID_ULTRIS_PAUSE,
                                            MF_UNCHECKED);
                PostMessage( ultris_window, WM_PAINT, 0, 0);
                break;

            ...
            }
        ...
    case WM_PAINT:
```

```
B|        mein_spiel.display();
         break;
         }
   ...

   }
```

Bei der Anforderung, ein neues Spiel zu starten (A), rufen wir die soeben erstellte Startfunktion (`mein_spiel.start`) auf, löschen ein gegebenenfalls vorhandenes Pause-Häkchen im *Ultris*-Menü und schicken uns selbst eine `WM_PAINT`-Message. Auf diese Message reagieren wir dann an der bereits vorgesehenen Stelle (B) mit dem Neuzeichnen der Spielgrafik.

Das war schon alles, was wir zur Integration zu tun hatten. Sie können jetzt wieder compilieren, linken und testen.

Immerhin erkennt man jetzt schon, was es einmal werden soll. Wenn Sie das Programm starten, im Konfigurationsdialog beispielsweise 10 vorzubelegende Zeilen einstellen und anschließend das Spiel über ⎡F1⎤ oder den Menüpunkt *Neues Spiel* starten, so sollten Sie in etwa das folgende Spielfeld sehen:

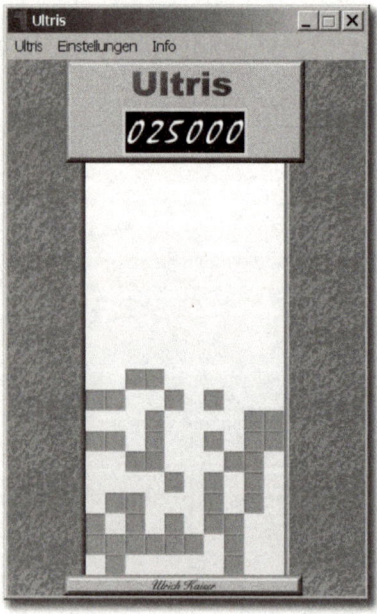

Die genaue Belegung der Felder hängt natürlich von den Werten ab, die der Zufallszahlengenerator liefert. Sie ist von Spiel zu Spiel verschieden.

## 2.4.8 V08 Erzeugen der Formen und Anzeigen der Vorschau

Jetzt geht es an die Erzeugung der fallenden Formen. Jede Form hat einen bestimmten Wert, der beim Erzeugen der Form dem Punktekonto des Spielers gutgeschrieben wird. Dazu benötigen wir die Information über den Punktwert der einzelnen Formen, die wir in dem folgenden Array ablegen:

```
const int formwert[anzahl_formen] =
    {
     8,12,12,10,10,10, 6,
    25,25, 4,20,10,10,20,
     1, 8,25,40,15,25,35,
     2, 4,10,10,20,20,25,
    25,30,25,25,10,15,25
    };
```

Da das Spiel eine Vorschau auf bis zu fünf Formen haben soll, müssen wir zusätzlich zur aktuellen Form immer die nächsten fünf Formen im Voraus berechnen und abspeichern. Dazu legen wir einen Array für die Daten von sechs Formen an. Der erste Eintrag bezieht sich auf die aktuelle Form, die fünf anderen beziehen sich auf die nachfolgenden Formen. Für jede Form müssen wir ihre laufende Nummer (Index) und ihre Drehvariante in diesem Array speichern. Wir erweitern die Klasse `ultris` um eine Datenstruktur (A) und den erforderlichen Array (B):

```
    class ultris
        {
A       struct formwahl
            {
            int ix; // Index der Form
            int dv; // Drehvariante der Form
            };
        private:
            ...
B       formwahl formen[6];         // 0 aktuelle Form,
                                    // 1-5 Vorschau
C       int zeile;
        int spalte;
        int offset;
D       int sichtbar;
E       int zeige_dyn;
        public:
            ...
        };
```

Für die aktuell fallende Form benötigen wir zusätzlich die Zeile und die Spalte, in der sie sich jeweils befindet, und das Offset in Pixeln, um das sie sich bereits weiterbewegt hat. Diese Daten finden Sie oben unter Punkt C. Solange die fallende Form durch die Abdeckung verdeckt ist, zeigen wir die Form und bis zu vier weitere Formen in der Vorschau an. Sobald die fallende Form zum ersten Mal vollständig sichtbar ist, schalten wir die Vorschau um und zeigen die auf die Form folgenden Steine in der Vorschau. Zum Umschalten der Vorschau verwenden wir die Member-Variable `sichtbar` (D), die anfangs den Wert 0 hat und auf 1 gesetzt wird, sobald die fallende Form voll sichtbar ist. Wenn am Anfang kein Spiel gestartet ist oder der Spieler sich zwischen zwei Spielen befindet, sollen die dynamischen Daten (fallende Form und Vorschau) nicht angezeigt werden. Wir steuern dies über die Member-Variable `zeige_dyn` (E).

Neben den oben diskutierten Daten benötigen wir eine Reihe von neuen Member-Funktionen:

```
class ultris
    {
    ...
    private:
        ...
        void display_vorschau();
        void display_form();
        void naechste_form();
        const form *aktuelle_form()
                {return ultris_form[formen[0].ix][formen[0].dv];}
    public:
        ...
        void neue_form();
    };
```

Diese Funktionen haben im Einzelnen die folgende Bedeutung:

| Member-Funktion | Bedeutung |
|---|---|
| display_vorschau | Anzeige der Vorschau am rechten Spielfeldrand |
| display_form | Anzeige der fallenden Form |
| naechste_form | Bereitstellen der nächsten Form |
| aktuelle_form | Liefert einen Zeiger auf die aktuell fallende Form |
| neue_form | Bereitstellen einer neuen Form mit Initialisierung ihrer Position[26] |

---

26 Diese Funktion liegt nur deshalb im öffentlichen Bereich, damit sie für Tests zugänglich ist. Nachdem Sie die Tests in diesem Abschnitt abgeschlossen haben, können Sie die Funktion in den privaten Bereich verlegen.

Einige der bereits vorhandenen Funktionen müssen in diesem Abschnitt geringfügig erweitert werden. In der Funktion initialisieren fügen Sie die Zeile

```
zeige_dyn = 0;
```

ein, damit die dynamischen Elemente zunächst nicht angezeigt werden.

Jetzt implementieren wir die Funktion naechste_form:

```
void ultris::naechste_form()
    {
    int z, i, ix;
A   for( i = 0; i < 5; i++)
        formen[i] = formen[i+1];
B   z = rand()%anz_aktive_formen + 1;
    for( ix = -1; z; z--)
        {
        while( !aktive_formen[++ix])
            ;
        }
    formen[5].ix = ix;
C   formen[5].dv = rand()%4;
    }
```

In dieser Funktion lassen wir zunächst alle Formen im Array formen um einen Platz aufrücken (A). Die erste Vorschauform wird damit zur aktuellen Form, die zweite Vorschauform zur ersten usw. Dann berechnen wir eine Zufallszahl z zwischen 1 und der Anzahl der aktiven Formen (B). Anschließend durchlaufen wir den Array der Formen, um die z-te aktive Form zu ermitteln. Der Index dieser Form steht nach dem Durchlaufen der Schleife in der Variablen ix und wird in die Datenstruktur für die fünfte, unter A frei gewordene Vorschauform geschrieben. In Punkt C wählen wir dann noch zufallsgesteuert eine Drehvariante für die Vorschauform aus.

Die Funktion naechste_form aktualisiert nur den Vorschaubereich, ohne die neue, aktive Form in ihre Startposition zu bringen. Das holen wir in der Funktion neue_form nach:

```
void ultris::neue_form()
    {
A   naechste_form();
B   zeile = -aktuelle_form()->h;
    offset = 0;
```

```
      spalte = 5-(aktuelle_form()->b)/2;
      sichtbar = 0;
C     punktestand += formwert[formen[0].ix];
      }
```

Nachdem die nächste Form erzeugt worden ist (A), wird die neue Form so positioniert, dass sie mit der Unterkante noch so eben durch die Abdeckung verborgen wird

```
    zeile = -aktuelle_form()->h und offset = 0
```

und in etwa mittig

```
    spalte = 5-(aktuelle_form()->b)/2)
```

ausgerichtet ist (B). Der Punktestand erhöht sich bei jedem neuen Stein um den Wert der Form (C).

Die Trennung der Funktionen `naechste_form` und `neue_form` habe ich durchgeführt, damit man beim Start des Spiels zunächst eine Warteschlange von fünf Formen in der Vorschau aufbauen kann (A), bevor man dann die erste Form für das Spiel bereitstellt (B):

```
      void ultris::start()
      {
      ...
A     naechste_form();
      naechste_form();
      naechste_form();
      naechste_form();
      naechste_form();
B     neue_form();
      zeige_dyn = 1;
      }
```

Jetzt müssen wir die bereitgestellten Formen noch auf den Bildschirm bringen. Dazu dienen die Funktionen `display_vorschau` und `display_form`. Bevor wir die Vorschau ausgeben, prüfen wir zunächst, ob die Form bereits einmal vollständig sichtbar war[27]. War sie bereits sichtbar, so geben wir in der Vorschau die

---

27  Diese Formulierung mag Ihnen merkwürdig erscheinen, da die Form doch stetig nach unten fällt. Es ist aber möglich, dass die Form vollständig sichtbar ist und durch eine (noch nicht implementierte) Drehung wieder teilweise unter der Abdeckung verschwindet. Dann fahren wir natürlich nicht die Vorschau zurück. Entscheidend ist also, ob die Form bereits einmal vollständig sichtbar *war*.

auf die aktuelle Form folgenden Steine aus. War das noch nicht der Fall, beginnt
die Vorschau mit der aktuellen Form:

```
void ultris::display_vorschau()
    {
    int z, s, p, y;
    const form *f;

    if( !sichtbar)
        sichtbar = (zeile >= 0);

    for( y = 0, p = sichtbar; y < vorschau; p++, y++)
        {
        f = ultris_form[formen[p].ix][formen[p].dv];
        for( z = 0; z < f->h; z++)
            {
            for( s = 0; s < f->b; s++)
                {
                if( f->data[z][s])
                    ultris_display.prevstein(y, z, s, f->b, f->h);
                }
            }
        }
    }
```

Um die fallende Form auf den Bildschirm zu bringen, müssen wir die aktuelle
Form Segment für Segment in das Display blitten:

```
void ultris::display_form()
    {
    int z, s;

    for( z = 0; z < aktuelle_form()->h; z++)
        {
        for( s = 0; s < aktuelle_form()->b; s++)
            {
            if( aktuelle_form()->data[z][s])
                {
                ultris_
display.fallstein( zeile+z, spalte+s, offset);
                }
            }
        }
    }
```

Falls die dynamischen Elemente angezeigt werden sollen, rufen wir die entsprechenden display-Funktionen auf:

```
void ultris::display()
    {
    ultris_display.hintergrund();
    display_spielfeld();
    if( zeige_dyn)
        {
        display_vorschau();
        display_form();
        }
//    ultris_display.abdeckung();
//    display_punktestand();
    ultris_display.present();
    }
```

Ich habe in dieser Funktion die Aufrufe zum Zeichnen der Abdeckung und des Punktestandes zu Testzwecken deaktiviert. Ohne diese Deaktivierung wären die Formen in ihrer Ausgangsstellung von der Abdeckung und dem Zählwerk verdeckt. Da wir aber die korrekte Erzeugung der Formen in Verbindung mit der Vorschau testen wollen, habe ich durch die Kommentierungen sozusagen das Gehäuse des Spiels geöffnet, damit wir hineinsehen können. Nach Abschluss der Tests sollten Sie das Gehäuse wieder »zuschrauben«. Für die Tests erweitern wir den ultris_windowhandler so, dass beim Drücken der Test-Taste (Strg-T) eine neue Form erzeugt wird:

```
LRESULT CALLBACK ultris_windowhandler(...)
    {
    switch(msg)
        {
    case WM_COMMAND:
        switch( LOWORD( wParam))
            {
            ...
        case IDM_TEST: // Testcode
            mein_spiel.neue_form();
            PostMessage( ultris_window, WM_PAINT, 0, 0);
            return 0;
            }
```

```
    break;
    ...
    }
  ...
  }
```

Jetzt können wir wieder testen. Bei einer Einstellung von fünf Formen in der Vorschau sollte das Spiel jetzt so aussehen:

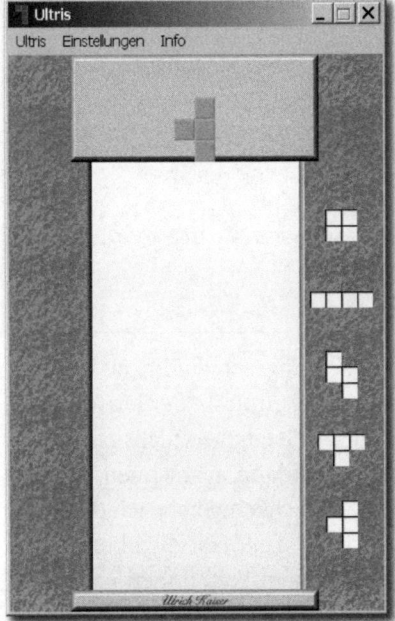

Mit jeder Betätigung von $\boxed{\text{Strg}}$-$\boxed{\text{T}}$ verschwindet die unterste Form aus der Vorschau, und die zweite von unten tritt an ihre Stelle und geht gleichzeitig an den Start. Von oben rückt in der Vorschau jeweils eine neue Form nach.

Vergessen Sie nicht, nach Abschluss der Tests das »Gehäuse wieder zu schließen«.

### 2.4.9    V09 Fallende Formen, Geschwindigkeitsregelung und Timing

In dieser Projektphase kommt endlich Bewegung ins Spiel. Wir werden die im letzten Abschnitt erzeugten Formen jetzt herunterfallen lassen, bis sie auf ein Hindernis stoßen. Geschwindigkeit und Zeit sind jetzt ein wichtiges Thema. Wir erweitern die Klasse ultris daher um zwei weitere private Daten-Member und sieben neue Funktions-Member:

```
class ultris
    {
    ...
    private:
        ...
        int speed;
        DWORD time;
        int onestep();
        int blockiert();
        ...
    public:
        ...
        int step();
        void down();
        void reset_timer(){time = timeGetTime();}
        void schneller() { speed += 50;}
        void langsamer() { if( speed > 50) speed -= 50;}
        ...
    };
```

In der Variablen speed speichern wir die aktuelle Fallgeschwindigkeit der Formen. Die Variable time verwenden wir, um uns den Zeitpunkt der letzten Aktualisierung des Spiels zu merken. Anhand der seit der letzten Aktualisierung verflossenen Zeit und der Geschwindigkeit können wir dann ausrechnen, um wie viele Pixel eine Form vorangerückt werden muss. Gleichzeitig habe ich die Funktion reset_timer eingefügt, die die interne Variable time auf die aktuelle Zeit (Systemzeit in Millisekunden) setzt. Die ebenfalls neuen Funktionen schneller und langsamer erklären sich von selbst. Die Funktionen onestep, blockiert, down und step werden weiter unten besprochen.

Beim Start des Spiels initialisieren wir die Zeitreferenz mit der Funktion reset_timer und setzen gleichzeitig die Anfangsgeschwindigkeit auf 100:

```
void ultris::start()
    {
    ...
    reset_timer();
    speed = 100;
    }
```

Die aktuell fallende Form befindet sich immer in einer Zeile und fällt Pixel für Pixel von oben herab. Dazu wird ein sogenanntes Offset zum Zeilenzähler hinzugezählt. Da eine Zeile 20 Pixel hoch ist, kann das Offset einen Wert zwischen 0 und 19 haben. Ist das Offset 19, so wird im nächsten Schritt der Zeilenzähler um eins erhöht und das Offset wieder auf 0 gesetzt. Immer wenn das Offset den Wert 0 hat, befinden wir uns also exakt im Raster des Spiels. In allen anderen Fällen liegt eine Verschiebung gegenüber dem Raster vor:

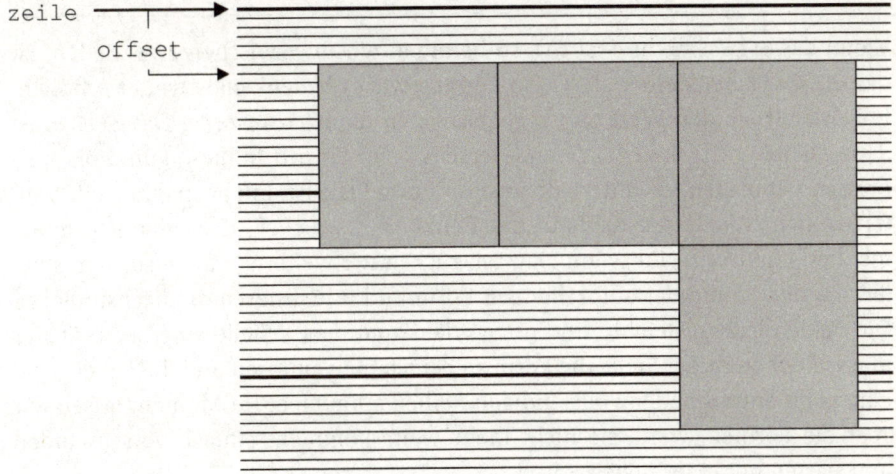

In der Funktion onestep versuchen wir, die Form ein Pixel nach unten voranzuschieben, und melden im Returncode, ob dies geklappt hat (1) oder nicht (0):

```
int ultris::onestep()
    {
    if( offset)
        {
A       if( offset < 19)
            offset++;
        else
            {
            offset = 0;
            zeile++;
            }
        return 1;
        }
    else
        {
B       if( blockiert())
            {
            ultris_sounds.play( sound_down);  // vorlaeufig
            neue_form();                      // vorlaeufig
            return 0;
```

```
            }
        offset++;
        return 1;
        }
    }
```

Wenn das `offset` nicht 0 ist (A), so befinden wir uns zwischen zwei Zeilen. Ist das `offset` dabei kleiner als 19, so können wir es bedenkenlos weiter erhöhen. Hat das `offset` den Wert 19, so gehen wir in die nächste Zeile. Das `offset` ist dann wieder 0. Ist das `offset` andererseits beim Eintritt in diese Funktion 0, so müssen wir prüfen, ob unterhalb unserer Form Platz ist, um noch eine Zeile weiterzugehen. Wir testen dies mit der Funktion `blockiert`, die wir noch implementieren müssen. Nur wenn Platz ist, rücken wir weiter voran, ansonsten spielen wir den Sound der aufprallenden Form und initialisieren die nächste Form. Die beiden letzten Befehle sind nur vorläufig an dieser Stelle eingesetzt. Später müssen wir an dieser Stelle die Form zu Feldsteinen auflösen und die dabei gegebenenfalls entstehenden vollständigen Reihen abräumen. Im Moment lassen wir aber die Formen, wenn sie nicht mehr weiterkommen, einfach verschwinden und starten mit einer neuen Form.

In der Funktion `blockiert` testen wir, ob unterhalb der einzelnen Segmente der aktuellen Form noch Platz ist:

```
int ultris::blockiert()
    {
    int z, s, zz;

    for( z = 0; z < aktuelle_form()->h; z++)
        {
        for( s = 0; s < aktuelle_form()->b; s++)
            {
            if( aktuelle_form()->data[z][s])
                {
                zz = zeile + z + 1;
                if( (zz >= 20) ||
                    ((zz >= 0) &&(spielfeld[zz][spalte+s])))
                        return 1;
                }
            }
        }
    return 0;
    }
```

Ist die Form nach unten blockiert, so ist der Returnwert 1, andernfalls 0. Aufbauend auf der Hilfsfunktion onestep implementieren wir zwei weitere Funktionen (down und step).

In der Funktion down lassen wir einen Stein herunterfallen, indem wir so lange onestep aufrufen, wie die Form nicht blockiert ist:

```
void ultris::down()
    {
    while( onestep())
        ;
    }
```

Diese Funktion werden wir auslösen, wenn der Benutzer die Leertaste betätigt.

Um das Spiel ohne Benutzereingriffe ablaufen zu lassen, werden wir die nachfolgend beschriebene Funktion step regelmäßig aus der Hauptverarbeitungsschleife aufrufen:

```
  int ultris::step()
      {
      DWORD now;
      int pixel;
      int diff;
A     now = timeGetTime();
      diff = (now-time)*speed;
      pixel = diff/5000;
      if( !pixel)
          return 0;
B     time = now - diff%5000/speed;
C     for( ; pixel && onestep(); pixel--)
          ;
      return 1;
      }
```

Zunächst (A) berechnen wir in dieser Funktion aus der abgelaufenen Zeit (now-time) und der Geschwindigkeit, um wie viele Pixel (pixel) die Form nach unten fallen muss. Kommt bei dieser Berechnung 0 heraus, so melden wir an das rufende Programm zurück, dass kein Schritt ausgeführt werden musste. Unter Punkt B setzen wir dann die Zeitreferenz auf die aktuelle Zeit und setzen dann aber noch die Zeit um die Millisekunden zurück, die wegen der obigen Integer-Division durch 5000 als Divisionsrest unberücksichtigt geblieben sind. Im Punkt C führen wir dann die zuvor berechnete Anzahl von Schritten aus, sofern unsere

Form nicht vorher blockiert. Abschließend melden wir zurück, dass Schritte durchgeführt wurden (Returncode 1).

Im Callback-Handler unseres Fensters nehmen wir einige Erweiterungen vor, um zu verhindern, dass das Spiel, während wir Menüs oder Dialoge bedienen, einfach weiterläuft. Dazu müssen wir immer nur, wenn wir aus einem Dialog oder Menü zurückkommen, den Timer zurücksetzen, um dem Spiel vorzugaukeln, dass keine Zeit vergangen ist. Wir machen dies an den nachfolgend markierten Stellen:

```
LRESULT CALLBACK ultris_windowhandler(…)
    {
    switch(msg)
        {
    case WM_COMMAND:
        switch( LOWORD( wParam))
            {
            ...
        case ID_INFO_HILFE:
            DialogBox( ...);
            mein_spiel.reset_timer();
            return 0;
        case ID_INFO_ULTRIS:
            DialogBox( ...);
            mein_spiel.reset_timer();
            return 0;
        case ID_EINSTELLUNGEN_KONFIGURATION:
            DialogBox( ...);
            mein_spiel.reset_timer();
            return 0;
        ...
            }
        break;
    ...
    case WM_EXITMENULOOP:
    case WM_EXITSIZEMOVE:
        mein_spiel.reset_timer();
        break;
    ...
        }
    ...
    }
```

Neu sind hier die Einsprungpunkte EXITMENULOOP und EXITSIZEMOVE, die immer angesprungen werden, wenn wir aus einem Menü oder einer Verschiebeoperation des Hauptfensters zurückkommen. Da solche Operationen aus der Sicht des Spiels ebenfalls zeitlos sein sollen, stellen wir auch hier die Uhr zurück.

Die Funktionen schneller, langsamer und down wollen wir über Funktionstasten beziehungsweise die Leertaste ansprechen. Dazu müssen wir zunächst wieder Akzeleratoren einrichten:

**Demo.rc (IDR_A... - Accelerator)**

| ID | Modifizierer | Taste | Typ |
|----|-------------|-------|-----|
| ID_ULTRIS_NEUESSPIEL | Keine | VK_F1 | VIRTKEY |
| ID_ULTRIS_PAUSE | Keine | VK_F2 | VIRTKEY |
| ID_ULTRIS_SOUND | Keine | VK_F5 | VIRTKEY |
| IDM_DOWN | Keine | VK_SPACE | VIRTKEY |
| IDM_EXIT | Keine | VK_ESCAPE | VIRTKEY |
| IDM_LANGSAMER | Keine | VK_F4 | VIRTKEY |
| IDM_SCHNELLER | Keine | VK_F3 | VIRTKEY |
| IDM_TEST | Ctrl | T | VIRTKEY |

Gleichzeitig habe ich auch einen Akzelerator für den Pause-Befehl (Menü oder F2) eingerichtet. Zu diesen Akzeleratoren müssen wir noch den entsprechenden Code erstellen:

```
LRESULT CALLBACK ultris_windowhandler(...)
    {
    switch(msg)
        {
    case WM_COMMAND:
        switch( LOWORD( wParam))
            {
            ...
        case ID_ULTRIS_PAUSE:
            mein_spiel.spiel_laeuft = !mein_spiel.spiel_laeuft;
            CheckMenuItem( ultris_menu, ID_ULTRIS_PAUSE,
                mein_spiel.spiel_laeuft ? MF_UNCHECKED:MF_CHECKED);
            return 0;
        case IDM_DOWN:
            if( mein_spiel.spiel_laeuft)
                mein_spiel.down();
            return 0;
        case IDM_SCHNELLER:
            mein_spiel.schneller();
            return 0;
        case IDM_LANGSAMER:
            mein_spiel.langsamer();
            return 0;
```

```
            ...
            }
        break;
    ...
        }
    ...
    }
```

Diese Erweiterungen verstehen Sie sicherlich auch ohne weitere Hinweise.

Trotz aller bisher angesprochenen Erweiterungen »läuft« das Spiel bisher noch nicht selbstständig, sondern reagiert immer nur auf Benutzereingaben. Um das Spiel zum Laufen zu bringen, müssen wir aus der Hauptverarbeitungsschleife regelmäßig ohne vorhergehende Benutzereingaben die Funktion step aufrufen:

```
int APIENTRY WinMain( ...)
    {
    ...
    while( TRUE)
        {
        if( PeekMessage( &msg, NULL, 0, 0, PM_NOREMOVE))
            ...
        else
            {
            HRESULT hr;
            hr = ultris_display.cooperative();
            if( hr < 0)
                ...
            else
                {
A               if( mein_spiel.spiel_laeuft)
                    {
                    if( mein_spiel.step())
                        mein_spiel.display();
                    }
                else
                    {
B                   WaitMessage();
                    mein_spiel.reset_timer();
                    }
                }
            }
        }
    }
```

Wenn das Spiel läuft (A), führen wir einen Schritt aus und aktualisieren bei Bedarf das Display. Wenn das Spiel nicht läuft, haben wir nichts zu tun, da ja in dieser Situation auch keine Message vorliegt. Wir legen uns dann schlafen, bis für uns wieder eine Message vorliegt (WaitMessage).

Jetzt können Sie wieder ein lauffähiges Programm erzeugen. Wenn Sie das Spiel starten, kommen ständig neue Formen unter der Abdeckung hervor und fallen herab, bis sie auf ein Hindernis treffen. Dort verschwinden sie spurlos, und die nächste Form fällt herab:

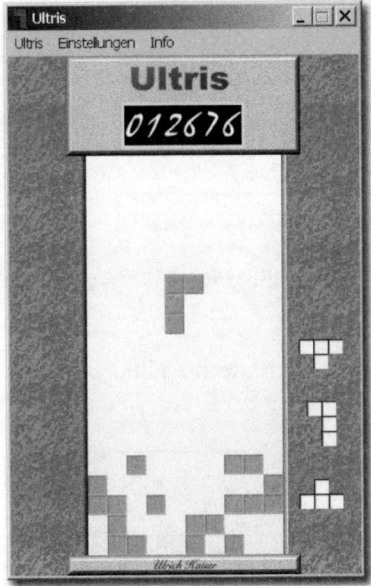

## 2.4.10 V10 Bewegen der Formen und Kollisionserkennung

In diesem Abschnitt geht es um die Steuerung der Formen mit den Cursortasten beziehungsweise mit den Tasten J, K, L und I. Zur Erinnerung sehen Sie hier noch einmal die Übersicht über alle Steuerbefehle:

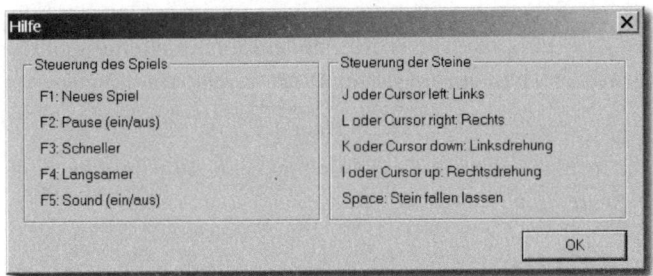

Zur Steuerung der Steine erstellen wir mit dem Ressourcen-Editor acht weitere Akzelleratoren:

| Demo.rc (IDR_A... - Accelerator) | | | |
|---|---|---|---|
| ID | Modifizierer | Taste | Typ |
| ID_ULTRIS_NEUESSPIEL | Keine | VK_F1 | VIRTKEY |
| ID_ULTRIS_PAUSE | Keine | VK_F2 | VIRTKEY |
| ID_ULTRIS_SOUND | Keine | VK_F5 | VIRTKEY |
| IDM_DOWN | Keine | VK_SPACE | VIRTKEY |
| IDM_DREHLINKS | Keine | K | VIRTKEY |
| IDM_DREHLINKS | Keine | VK_DOWN | VIRTKEY |
| IDM_DREHRECHTS | Keine | I | VIRTKEY |
| IDM_DREHRECHTS | Keine | VK_UP | VIRTKEY |
| IDM_EXIT | Keine | VK_ESCAPE | VIRTKEY |
| IDM_LANGSAMER | Keine | VK_F4 | VIRTKEY |
| IDM_LINKS | Keine | J | VIRTKEY |
| IDM_LINKS | Keine | VK_LEFT | VIRTKEY |
| IDM_RECHTS | Keine | L | VIRTKEY |
| IDM_RECHTS | Keine | VK_RIGHT | VIRTKEY |
| IDM_SCHNELLER | Keine | VK_F3 | VIRTKEY |
| IDM_TEST | Ctrl | T | VIRTKEY |

Jeweils zwei Akzelleratoren haben den gleichen Identifier, weil sie ja auch die gleiche Funktion auslösen sollen.

Die Klasse `ultris` erweitern wir um Methoden zum Rechts-Links-Bewegen beziehungsweise zum Rechts-Links-Drehen:

```
class ultris
    {
    ...
    private:
        ...
    public:
        ...
        void bewegen( int dir);
        void drehen(int dir);
    };
```

Die Dreh- beziehungsweise Bewegungsrichtung steuern wir in beiden Funktionen über den Parameter `dir`. Ein positiver Wert 1 bedeutet eine Drehung beziehungsweise Bewegung nach rechts, ein negativer Wert –1 gibt die umgekehrte Richtung an.

Drehen ist eine etwas anspruchsvollere Aufgabe als Bewegen. Wir implementieren daher zunächst die Bewegung:

```
void ultris::bewegen( int dir)
    {
    int z, s, neue_spalte;
    const form *f;

A   f = aktuelle_form();
    neue_spalte = spalte + dir;

B   if( neue_spalte < 0)
        return;
    if( neue_spalte + f->b > 10)
        return;

C   for( z = 0; z < f->h; z++)
        {
D       if( zeile+z < 0)
            continue;
E       for( s = 0; s < f->b; s++)
            {
F           if( f->data[z][s])
                {
G               if((offset < 16) &&
                        spielfeld[zeile+z][neue_spalte+s])
                    return;
H               if((offset > 0) &&
                        spielfeld[zeile+z+1][neue_spalte+s])
                    return;
                }
            }
        }
I   spalte = neue_spalte;
    ultris_sounds.play( sound_move);
    }
```

A: Wir holen uns die aktuelle Form und berechnen anhand der Richtung (dir) die Spalte, in die die Form bewegt werden soll (neue_spalte).

B: Würde die Bewegung dazu führen, dass die Form links oder rechts aus dem Spielfeld gerät, so brechen wir die Funktion ab, ohne eine Bewegung ausgeführt zu haben.

C: Wir führen jetzt für jede Zeile der Form die Unterpunkte D bis H durch. Dabei handelt es sich um eine Reihe von Prüfungen. Wenn alle Prüfungen erfolgreich absolviert sind, geht es anschließend bei I weiter. Schlägt dagegen eine der Prüfungen fehl, so erfolgt ein vorzeitiger Rücksprung.

D: Wenn die zu untersuchende Zeile sich noch unterhalb der Abdeckung befindet, finden für diese Zeile keine weiteren Prüfungen statt.

E: Jetzt werden innerhalb der betrachteten Zeile alle Spalten der Form untersucht.

F: Befindet sich in der Zeile z und der Spalte s der Form ein Segment, so finden die Prüfungen G und H statt.

G: Wenn das Offset kleiner als 16 ist, so muss die Spalte neben dem betrachteten Segment frei sein. Ansonsten erfolgt ein vorzeitiger Rücksprung. Streng genommen muss die Spalte immer frei sein. Der Verzicht auf eine Prüfung für Offsets größer als 16 schafft ein ausreichend großes Zeitfenster, um Segmente von der Seite her in Lücken einzuschieben:

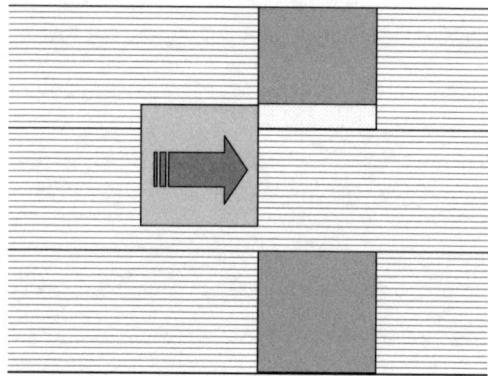

Dabei wird sozusagen der helle Bereich des rechten oberen Segments als »nicht vorhanden« betrachtet. Wichtig ist natürlich, dass der darunter liegende Bereich frei ist. Das wird aber unter H geprüft.

H: Ist das Offset größer als 0, so muss auch die nächste Zeile der benachbarten Spalte frei sein. Ansonsten erfolgt ein vorzeitiger Rücksprung.

I: Sind alle Tests überstanden, kann die Bewegung ausgeführt werden. Dazu wird die neue_spalte als spalte übernommen.

Beachten Sie, dass bei der Verschiebung alle Segmente der Form betrachtet werden. Streng genommen würde es ausreichen, nur die Segmente zu betrachten, die sich bei der Verschiebung in »vorderster Front« befinden.

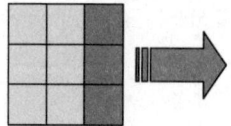

Segmente, die sich im Schlepptau von Segmenten der vordersten Front befinden, müssen nicht überprüft werden. Da wir hier allerdings beliebige 4x4-Formen zulassen, ist die Frontlinie nicht immer leicht auszumachen, wie das folgende Beispiel zeigt:

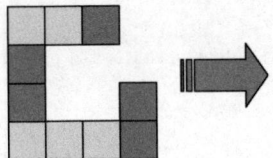

Die Berechnung der Frontlinie wäre letztlich so aufwändig, dass man in gleicher Zeit auch alle Segmente mit einem weitaus einfacheren Algorithmus prüfen kann.

Nach der Rechts-Links-Bewegung implementieren wir jetzt die Rechts-Links-Drehung:

```
void ultris::drehen(int dir)
    {
    int sv, sp, zl;
    int b1, b2, h1, h2, db, dh;
    int maxb, maxh, minz, mins;
    int i, j;
A   sv = (formen[0].dv + 4 - dir)%4;
B   b1 = aktuelle_form()->b;
    b2 = ultris_form[formen[0].ix][sv]->b;
    h1 = aktuelle_form()->h;
    h2 = ultris_form[formen[0].ix][sv]->h;
C   db = (b1-b2)/2;
    dh = (h1-h2)/2;
    sp = spalte+db;
    zl = zeile+dh;
D   if( sp < 0)
        sp = 0;
    if( sp+b2 >= 10)
        sp = 10-b2;
E   if( zl+h2 >= 20)
        return;
F   mins = spalte < sp ? spalte : sp;
    minz = zeile < zl ? zeile : zl;
    maxb = b1 > b2 ? b1 : b2;
    maxh = h1 > h2 ? h1 : h2;
```

```
      if ( offset)
          maxh++;
G     for ( i = minz; i < minz+maxh; i++)
      {
          for ( j = mins; j < mins+maxb; j++)
          {
              if ( (i>=0) && (i<20) && (j>=0) && (j<10) && spielfeld[i][j])
                  return;
          }
      }
H     formen[0].dv = sv;
      spalte = sp;
      zeile = zl;
      ultris_sounds.play ( sound_dreh);
      }
```

Auch dazu sind sicherlich einige Erklärungen notwendig:

A: Zuerst wird der Index der in der gewünschten Drehrichtung (`dir`) folgenden Drehvariante bestimmt.

B: Dann werden die Breite und die Höhe der aktuellen Form und ihrer Drehvariante ermittelt.

C: Anhand der halben Höhen- und Breitendifferenz (`db` und `dh`) werden die Zeile (`zl`) und die Spalte (`sp`) für die gedrehte Form so berechnet, dass sich der Eindruck einer Drehung um den Mittelpunkt ergibt:

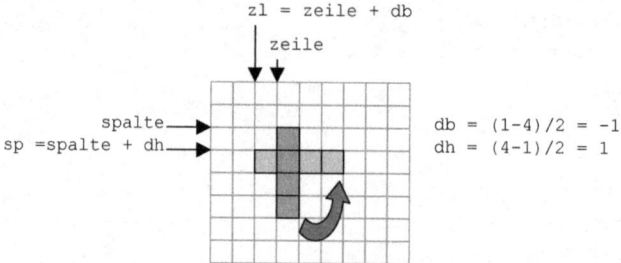

```
zl = zeile + db
   zeile
```

```
        spalte
sp =spalte + dh
```

```
db = (1-4)/2 = -1
dh = (4-1)/2 = 1
```

Diese Berechnung ist für Formen wichtig, die in Höhe und Breite stark voneinander abweichen.

D: Der neu berechnete Wert für die Spalte (`sp`) wird so adjustiert, dass die gedrehte Form nicht außerhalb des Spielfeldes liegt.

E: Ragt die gedrehte Figur unten aus dem Spielfeld heraus, wird nicht gedreht. Gerät die Figur beim Drehen nach oben unter die Abdeckung, so stellt das kein Problem dar.

F: Hier wird der Bereich bestimmt, der für eine Drehung der Form frei sein muss. Die Berechnung erfolgt gemäß der folgenden Skizze:

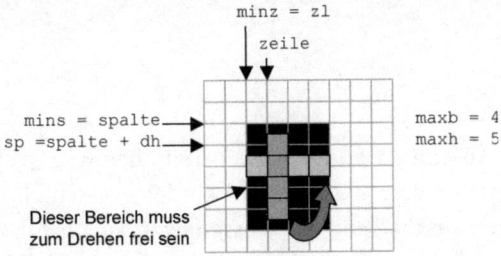

G: Hier wird überprüft, ob der zum Drehen benötigte Raum auf dem Spielfeld frei ist. Wird im Drehbereich ein Feldstein gefunden, erfolgt der vorzeitige Rücksprung.

H: Alle Prüfungen sind durchgeführt. Durch Zuweisung der Drehvariante wird die Drehung ausgeführt. Die neue Zeile und Spalte werden gesetzt, und der Drehsound wird gespielt.

Zum Abschluss binden wir die Bewegungen noch in die Benutzerschnittstelle ein. Die dazu erforderlichen Akzelleratoren haben wir ja bereits zu Beginn dieses Abschnitts eingefügt:

```
LRESULT CALLBACK ultris_windowhandler(...)
    {
    switch(msg)
        {
    case WM_COMMAND:
        switch( LOWORD( wParam))
            {
        ...
        case IDM_DREHRECHTS:
            mein_spiel.drehen(1);
            return 0;
        case IDM_DREHLINKS:
            mein_spiel.drehen(-1);
            return 0;
        case IDM_RECHTS:
            mein_spiel.bewegen(1);
            return 0;
```

```
        case IDM_LINKS:
            mein_spiel.bewegen(-1);
            return 0;
    ...
        }
    break;
    ...
    }
...
}
```

Mit den Erweiterungen dieses Abschnitts können Sie bereits halbwegs Ultris spielen. Die Formen können jetzt bewegt und gedreht werden, verschwinden aber immer noch, sobald sie unten anschlagen. Wir müssen jetzt noch dafür sorgen, dass die fallenden Formen zu Feldsteinen umgewandelt werden, sobald sie blockiert sind. Danach müssen wir die durch die Umwandlung gegebenenfalls aufgefüllten Reihen abräumen.

### 2.4.11   V11 Auflösen der Formen und Abräumen der Reihen

In diesem Abschnitt werden wir erstmals ein vollständig funktionierendes Spiel als Ergebnis erhalten. Dazu müssen wir nur noch die Formen, sobald sie nicht mehr weiter fallen können, in Feldsteine auflösen (`aufloesen`) sowie die dadurch gegebenenfalls entstehenden vollständigen Reihen löschen und die über den gelöschten Reihen liegenden Reihen aufrücken (`aufruecken`). Zunächst erweitern wir die Klasse `ultris` um die zum Auflösen und Aufrücken erforderlichen Member-Funktionen:

```
class ultris
    {
    private:
        ...
        void aufloesen();
        void aufruecken();
    public:
        ...
    };
```

Das Auflösen von Formen ist denkbar einfach. Wir gehen durch alle Zeilen und Spalten der aktuellen Form und erzeugen überall dort einen Feldstein, wo die Form ein Segment hat, das innerhalb des Spielfeldes liegt:

```
void ultris::aufloesen()
    {
    int z, s;
    int zz, ss;

    for( z = 0; z < aktuelle_form()->h; z++)
        {
        zz = zeile+z;
        if((zz >=0) && (zz<20))
            {
            for( s = 0; s < aktuelle_form()->b; s++)
                {
                ss = spalte + s;
                if( aktuelle_form()->data[z][s] && (ss>=0) &&
                                                      (ss<10))
                    {
                    spielfeld[zz][ss] = 1;
                    fuellstand[zz]++;
                    }
                }
            }
        }
    }
```

Wichtig ist, dass wir den Füllstandszähler der jeweiligen Reihen mitführen, damit wir erkennen können, wann eine Reihe komplett ist und abgeräumt werden muss.

Damit sind wir schon bei der Implementierung des Abräumens und Aufrückens. Beim Abräumen gehen wir von unten nach oben durch die Zeilen. Wenn wir dabei auf eine vollständig gefüllte Zeile treffen, räumen wir diese ab und lassen die darüber liegenden Zeilen aufrücken:

```
    void ultris::aufruecken()
        {
        int z, zz, s;
        int a;
A       for( z = 19, a = 0; z >= 0; )
            {
B           if( fuellstand[z] == 10)
                {
C               a++;
                punktestand += speed;
                speed += 5;
```

```
D          for( zz = z-1; zz >= 0; zz--)
           {
           for( s = 0; s < 10; s++)
               spielfeld[zz+1][s] = spielfeld[zz][s];
           fuellstand[zz+1] = fuellstand[zz];
           }

E          for( s = 0; s < 10; s++)
               spielfeld[0][s] = 0;
           fuellstand[0] = 0;

           }
       else
F          z--;
       }
G    if( a == 0)
         ultris_sounds.play( sound_down);
     else if( a == 1)
         ultris_sounds.play( sound_row1);
     else
         ultris_sounds.play( sound_row2);
     }
```

A: Wir gehen von unten her durch die Zeilen (z) des Spielfeldes. In der Variablen a, die hier zunächst auf 0 gesetzt wird, zählen wir dabei die abgeräumten Reihen.

B: Wir erkennen am Füllstand, dass wir eine gefüllte Zeile gefunden haben. Es geht weiter mit C, D und E.

C: Wir zählen die gefüllte Zeile (a++) und erhöhen den Punktestand und die Geschwindigkeit. Die beim Abräumen einer Zeile erzielte Punktzahl ist proportional zum Schwierigkeitsgrad, also proportional zur Geschwindigkeit.

D: Wir rücken alle Zeilen (zz) inklusive der Füllstandsanzeige oberhalb der betrachteten Zeile (z) um eine Reihe nach unten, um die abgeräumte Reihe wieder aufzufüllen.

E: Die oberste Zeile wird freigemacht, da sie nach unten gerückt wurde. Nach der Ausführung von C bis E geht es in der gleichen Zeile (z) weiter, da neue Steine in diese Zeile aufgerückt sind. Der Zeilenzähler z wird daher in dieser Situation nicht dekrementiert.

F: Die betrachtete Zeile ist noch unvollständig (Alternative zu B) und kann nicht gelöscht werden. Also geht es in der Zeile darüber (z--) weiter.

G: Je nach Anzahl (a) der abgeräumten Reihen (0, 1 oder mehr als 1) wird ein entsprechender Sound gespielt.

Die beiden neuen Funktionen müssen wir jetzt noch in der Funktion onestep aufrufen. Wir entfernen den dort vorläufig eingetragenen Code und programmieren den Fall der blockierenden Form wie folgt aus:

```
int ultris::onestep()
    {
    if( offset)
        {
        ...
        }
    else
        {
        if( blockiert())
            {
A           aufloesen();
            aufruecken();

B           spiel_laeuft = (zeile >= 0);
            if( spiel_laeuft)
                neue_form();
            else
                {
                zeige_dyn = 0;
                display();
                ultris_sounds.play( sound_ende);
                }
            return 0;
            }
        ...
        }
    }
```

Zunächst lösen wir die blockierte Form auf und rücken gegebenenfalls Spielsteine im Spielfeld auf (A). Dann (B) stellen wir fest, ob das Spiel noch weiterlaufen soll. Das Spiel soll weiterlaufen, wenn die letzte Form noch vollständig unter der Abdeckung hervorgekommen ist (zeile >= 0). Wenn das Spiel weiterläuft, holen wir eine neue Form. Ansonsten schalten wir die Anzeige der dynamischen Spielelemente aus und spielen den Sound für das Spielende ab.

Jetzt können Sie erstmals mit Ihrem eigenen Spiel *Ultris* spielen. Bevor Sie jedoch endgültig der Spielsucht verfallen, wollen wir das Spiel noch mit einer Highscore-Liste versehen.

## 2.4.12 V12 Highscores

Das Spiel ist praktisch fertig. Zur Abrundung erstellen wir noch eine Highscore-Tabelle und den zugehörigen Dialog zur Anzeige von Highscores.

Da die Highscores in einer Datei gespeichert werden sollen, müssen wir das Format festlegen, in dem die Daten in der Datei abgelegt werden. Wir wählen ein ganz einfaches Format, bei dem die Daten für jedermann lesbar gespeichert werden:

```
567890,Phil Marlowe
456789,Sam Spade
345678,Lew Archer
234567,Inspector Columbo
123456,Ulrich Kaiser
```

Die Highscore-Tabelle wird als eigenständige Klasse modelliert. Für die Einträge erstellen wir eine Datenstruktur (score), die jeweils die Punktzahl und den Namen aufnehmen kann. Die Kapazität der Tabelle (high) wird auf fünf Einträge ausgelegt:

```
class highscore
    {
    struct score
        {
        int punkte;
        char name[40];
        };
    private:
        score high[5];
    public:
        highscore();
        ~highscore();
        int get_score( int i){ return high[i].punkte;}
        const char *get_name( int i){ return high[i].name;}
        void newscore( int pkt);
    };
```

Neben dem Konstruktor (highscore) und dem Destruktor (~highscore) gibt es Funktionen, um die Punktzahl (get_score) beziehungsweise einen Namen (get_name) aus der Tabelle zu lesen, und schließlich noch eine Funktion, um einen neuen Highscore einzutragen (newscore).

Im Konstruktor lesen wir die gespeicherten Highscores aus der Datei `ul_high.dat`:

```
highscore::highscore()
    {
    int i;
    FILE *pf;

    for( i = 0; i < 5; i++)
        {
        high[i].punkte = 0;
        *(high[i].name) = 0;
        }
    pf = fopen( "ul_high.dat", "r");
    if( !pf)
        return;
    for( i = 0; i < 5; i++)
        {
        fscanf( pf, "%d,", &high[i].punkte);
        fgets( high[i].name, 40, pf);
        high[i].name[ strlen(high[i].name)-1] = 0;
        }
    fclose( pf);
    }
```

Falls die Datei nicht vorhanden ist, beenden wir die Funktion vorzeitig. Das ist kein Problem, da zuvor alle Punkte und Namen mit 0 beziehungsweise als leere Strings initialisiert wurden.

Im Destruktor werden die unter Umständen geänderten Daten wieder in die Datei zurückgeschrieben:

```
highscore::~highscore()
    {
    int i;
    FILE *pf;

    pf = fopen( "ul_high.dat", "w");
    for( i = 0; i < 5; i++)
        fprintf( pf, "%d,%s\n", high[i].punkte, high[i].name);
    fclose( pf);
    }
```

Bis auf die Funktion `newscore` ist die Highscore-Klasse damit fertig. Wir legen noch ein Objekt der Klasse `highscore`

```
highscore ultris_highscores;
```

an und kümmern uns dann zunächst einmal um die zugehörige Dialog-Ressource.

Für den Dialog erstellen Sie eine Ressource mit den folgenden Identifiern:

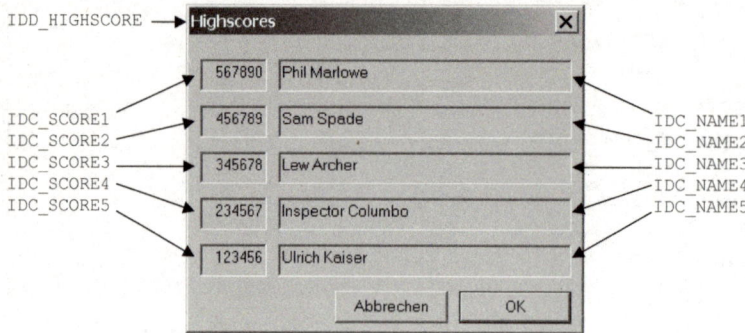

Achten Sie dabei darauf, dass alle Felder im Eigenschaftsdialog das Attribut *Schreibgeschützt* (*Schreibgeschützt = TRUE*) erhalten, damit der Benutzer die Werte nicht ändern kann:

Da die Daten im Dialog nur angezeigt und nicht bearbeitet werden, ist der zum Dialog gehörende Callback-Handler ganz einfach zu programmieren. Im Rahmen der Initialisierung (WM_INITDIALOG) werden die Daten aus der Highscore-Tabelle (ultris_highscores) gelesen und in den Feldern des Dialogs angezeigt:

```
BOOL CALLBACK highscoredialog( HWND hwndDlg, UINT uMsg,
                                        WPARAM wParam, LPARAM
lParam)
    {
    switch (uMsg)
        {
        case WM_INITDIALOG:
            SetDlgItemInt( hwndDlg, IDC_SCORE1,
                        ultris_highscores.get_score(0), FALSE);
            SetDlgItemInt( hwndDlg, IDC_SCORE2,
                        ultris_highscores.get_score(1), FALSE);
            SetDlgItemInt( hwndDlg, IDC_SCORE3,
                        ultris_highscores.get_score(2), FALSE);
            SetDlgItemInt( hwndDlg, IDC_SCORE4,
                        ultris_highscores.get_score(3), FALSE);
            SetDlgItemInt( hwndDlg, IDC_SCORE5,
                        ultris_highscores.get_score(4), FALSE);
```

```
            SetDlgItemText( hwndDlg, IDC_NAME1,
                            ultris_highscores.get_name(0));
            SetDlgItemText( hwndDlg, IDC_NAME2,
                            ultris_highscores.get_name(1));
            SetDlgItemText( hwndDlg, IDC_NAME3,
                            ultris_highscores.get_name(2));
            SetDlgItemText( hwndDlg, IDC_NAME4,
                            ultris_highscores.get_name(3));
            SetDlgItemText( hwndDlg, IDC_NAME5,
                            ultris_highscores.get_name(4));
            return TRUE;
        case WM_COMMAND:
            if((wParam == IDOK)||(wParam == IDCANCEL))
                EndDialog(hwndDlg, wParam);
            break;
        }
    return FALSE;
    }
```

Jetzt müssen wir den Dialog nur noch mit der Funktion DialogBox aufrufen, wenn der Menüpunkt ID_INFO_HIGHSCORES ausgewählt wurde:

```
LRESULT CALLBACK ultris_windowhandler(...)
    {
    switch(msg)
        {
    case WM_COMMAND:
        switch( LOWORD( wParam))
            {
        ...
        case ID_INFO_HIGHSCORES:
            DialogBox( ultris_instance,
                        MAKEINTRESOURCE( IDD_HIGHSCORE),
                        ultris_window, highscoredialog);
            mein_spiel.reset_timer();
            return 0;
        ...
        break;
    ...
        }
    ...
    }
```

Nach der Abwicklung des Dialogs wird wie üblich der Timer zurückgesetzt, um dem Spiel vorzugaukeln, es wäre keine Zeit vergangen.

Zum Eintragen neuer Highscores benötigen wir noch einen kleinen Zwischendialog, mit dem wir den Spieler auf seinen Erfolg hinweisen und nach seinem Namen fragen. Erstellen Sie diesen Dialog mit den folgenden Identifiern:

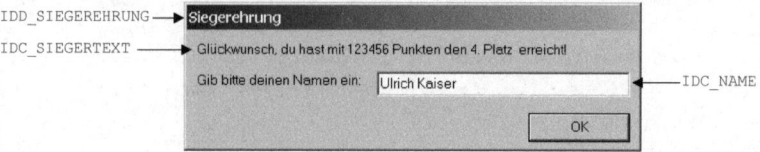

Es ist egal, welchen Text Sie bei IDC_SIEGERTEXT angeben. Wir werden diesen Text bei der Siegerehrung überschreiben.

Wenn wir in der Funktion onestep erkennen, dass das Spiel zu Ende ist, rufen wir die Funktion ultris_highscores.newscore auf und übergeben dieser Funktion die erreichte Punktzahl:

```
int ultris::onestep()
    {
    if( offset)
        {
        ...
        }
    else
        {
        if( blockiert())
            {
            ...
            if( spiel_laeuft)
                ...;
            else
                {
                ...
                ultris_highscores.newscore( punktestand);
                }
            ...
            }
        ...
        }
    }
```

In der Funktion `newscore` wird zunächst geprüft, ob die Punktzahl für einen Platz in der Highscore-Tabelle qualifiziert (A). Wenn die Punktzahl für einen der fünf ersten Plätze (nummeriert von 0 bis 4) reicht (`pos < 5`), fallen alle Einträge in der Highscore-Tabelle mit einer geringeren Punktzahl um einen Platz zurück (B). Auf dem erreichten Platz wird die Punktzahl eingetragen; das Feld für den Namen wird vorläufig noch leer gelassen (C). Anschließend erklingt die Siegesfanfare (D):

```
    void highscore::newscore( int pkt)
        {
        int pos, i;
        char buf[256];
A       for( pos = 5; pos && (high[pos-1].punkte < pkt); pos--)
            ;

        if( pos < 5)
            {
B           for( i = 4; i > pos; i--)
                high[i] = high[i-1];
C           high[pos].punkte = pkt;
            *(high[i].name) = 0;
D           ultris_sounds.play( sound_win);
E           sprintf( buf,
    "Glückwunsch, du hast mit %d Punkten den %d. Platz  erreicht!",
                                            pkt, pos+1);
F           DialogBoxParam( ultris_instance,
                        MAKEINTRESOURCE( IDD_SIEGEREHRUNG),
                        ultris_window, siegerehrung, (LPARAM)buf);
G           buf[38] = 0;
            strcpy( high[pos].name, buf);
H           PostMessage( ultris_window, WM_COMMAND,
                        ID_INFO_HIGHSCORES, 0);
            }
        }
```

Im Zeichenpuffer `buf` wird dann der Ausgabetext für die Siegerehrung bereitgestellt (E). Dieser Puffer wird beim Starten des Dialogs zur Siegerehrung durch die Funktion `DialogBoxParam` als letzter Parameter übergeben (F). Die Funktion `DialogBoxParam` ist weitgehend identisch mit der bereits des Öfteren verwendeten Funktion `DialogBox`:

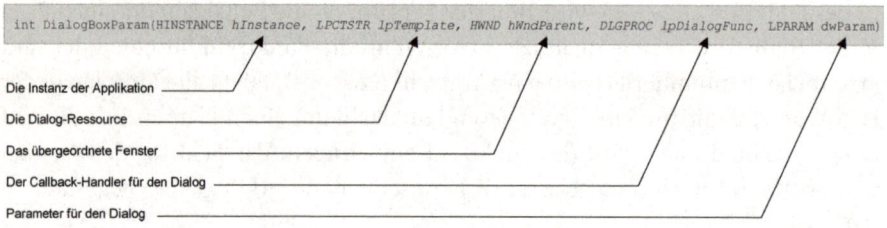

Der einzige Unterschied besteht in dem letzten, zusätzlichen Parameter. Dieser wird zur Initialisierung (WM_INITDIALOG) an den Callback-Handler des Dialogs (siegerehrung) weitergereicht. Wir werden diesen Parameter im Callback-Handler des Dialogs entgegennehmen und über diesen Parameter auch den im Dialog eingegebenen Spielernamen zurückmelden. Nach dem Aufruf der Funktion DialogBoxParam, das heißt nach der Abwicklung des Dialogs, steht der Spielername im Zeichenpuffer buf[28]. Wir schneiden den Namen gegebenenfalls ab, damit er in die Highscore-Tabelle passt, und kopieren ihn anschließend (G) in den Array zur Aufnahme der Highscore-Daten (high) und dort an die vom Spieler erreichte Position (pos). Abschließend schicken wir uns selbst das Windows-Kommando ID_INFO_HIGHSCORES, was dazu führt, dass der Highscore-Dialog angezeigt wird.

Jetzt müssen wir nur noch den Callback-Handler des Siegerehrung-Dialogs programmieren:

```
BOOL CALLBACK siegerehrung( HWND hwndDlg, UINT uMsg,
                            WPARAM wParam, LPARAM lParam)
    {
    static char *parameter;

    switch (uMsg)
        {
        case WM_INITDIALOG:
            parameter = (char *)lParam;
            SetDlgItemText( hwndDlg, IDC_SIEGERTEXT, parameter);
            return TRUE;
        case WM_COMMAND:
            if(wParam == IDOK)
                {
                GetDlgItemText( hwndDlg, IDC_NAME,
                                            parameter, 256);
                EndDialog(hwndDlg, wParam);
```

---

28 Das müssen wir im Dialoghandler siegerehrung natürlich noch implementieren (siehe weiter unten).

```
        }
      break;
  }
  return FALSE;
}
```

Im Rahmen der Initialisierung speichern wir den Zeiger auf den von der Funktion `newscore` übergebenen Puffer in einer statischen Variablen. Den im Puffer übergebenen Text zeigen wir im Textfeld `IDC_SIEGERTEXT` des Dialogs an (A). Beendet der Benutzer den Dialog mit *OK* (anders geht es nicht), so wird der eingegebene Name in den Zeichenpuffer geschrieben und damit an die aufrufende Funktion zurückgemeldet (B).

Geschafft! Jetzt sollten Sie erst einmal spielen, um die Früchte Ihrer Arbeit zu genießen.

Wenn Sie zur Genüge gespielt haben, sollten Sie nicht sofort mit der 3D-Spieleprogrammierung anfangen, sondern zunächst einmal ein eigenes 2D-Spiel realisieren. Anregungen dafür gibt es genug. Es kann etwas Einfaches wie Pacman oder etwas Anspruchsvolles wie ein vollwertiger Flipper sein. Geeignet ist im Prinzip jedes Spiel, das Sie vom Gameboy oder PocketPC her kennen. Sie können natürlich auch eine eigene Spielidee entwickeln.

Wenn Sie Ihr eigenes Spieleprojekt fertiggestellt haben, treffen wir uns im nächsten Abschnitt wieder zur 3D-Spieleprogrammierung.

# 3 Geometrische Grundlagen

In unserem ersten Spiel hatten wir es mit einer zweidimensionalen Welt zu tun. Die dritte Dimension war durch Schattierungen nur angedeutet. Bewegungen in der dritten Dimension fanden nicht statt. Als Bezugssystem für die Ausgaben hatten wir das Bildschirm-Koordinatensystem verwendet. Dieses Bezugssystem ist von Natur aus zweidimensional und für 2D-Spiele vollkommen ausreichend. Wenn wir aber ein dreidimensionales Szenario auf den Bildschirm bringen wollen, bei dem sich Objekte auch in der dritten Dimension bewegen, so kommen wir nicht umhin, das Szenario durch ein dreidimensionales Koordinatensystem zu beschreiben. Die erforderlichen zweidimensionalen Bildschirmansichten werden dann durch Projektion aus dem in Bewegung befindlichen dreidimensionalen Szenario fortlaufend berechnet. Nur mit einem Abbild in zwei Dimensionen zu arbeiten, hat wenig Sinn, da man aus einem zweidimensionalen Bild die dritte Dimension nicht zurückgewinnen kann. Sie können sich vorstellen, dass man einige Kenntnisse in Mathematik und insbesondere in Geometrie benötigt, um die erforderlichen Bewegungen und Projektionen aufzustellen und zu berechnen. Ein Großteil der konkreten Berechnungen wird durch Funktionen der DirectX-Bibliotheken erledigt. Aber das entbindet Sie nicht davon, die geometrischen Zusammenhänge verstehen zu müssen, um erfolgreich Spiele zu programmieren. In diesem Abschnitt wollen wir uns deshalb mit der Mathematik des dreidimensionalen Raumes beschäftigen, soweit wir sie für die Spieleprogrammierung benötigen.

Ich weiche hier von der projektorientierten Vorgehensweise ab, weil ich es für wichtig halte, dass die geometrischen Grundlagen im Zusammenhang dargestellt werden. Auch wenn hier einige für Sie vielleicht neue Begriffsbildungen auftauchen, ist alles einfach zu verstehen und durch die Anschauung motiviert. Sie müssen allerdings bereit sein, sich auf etwas Mathematik einzulassen. Sie sollten dieses Kapitel zunächst einmal im Überblick lesen. Später, wenn die hier angesprochenen Themen konkret benötigt werden, sollten Sie bei Bedarf zurückblättern und Ihre Kenntnisse noch einmal vertiefen.

Bevor wir uns aber in der Mathematik verlieren, möchte ich noch einige Gedanken über das räumliche Sehen formulieren.

## 3.1 Räumliches Sehen

Wir alle wissen, warum wir räumlich sehen können. Wir haben zwei Augen, die das gleiche Motiv aus zwei leicht unterschiedlichen Positionen betrachten. Die beiden Einzelbilder sind jedes für sich nur zweidimensional, da ihnen die Tiefeninformation fehlt. Das Gehirn ist aber in der Lage, aus den Differenzen der beiden Einzelbilder die fehlende Tiefeninformation zurückzugewinnen und so »vor unseren Augen« ein dreidimensionales Bild entstehen zu lassen. Wenn das alles wäre, so müsste das Bild, sobald wir uns ein Auge zuhalten, wieder »verflachen« und vielleicht wie eine Comiczeichnung aussehen. Sie wissen, dass das nicht der Fall ist. Wenn man sich ein Auge zuhält, sieht eigentlich alles wie vorher aus. Irgendwie ist das Gehirn in der Lage, bestimmte Zusatzinformationen im Bild auszuwerten und trotz des fehlenden zweiten Bildes eine auf den ersten Blick identische Ersatzdarstellung zu liefern. Ohne diese Fähigkeit des Gehirns würden Fotografie und Film und auch Computerspiele nicht realistisch wirken. Beim Fernsehen wird zum Beispiel nur durch ein Objektiv ein Bild aufgenommen, und dem Zuschauer wird auch nur dieses eine Bild präsentiert. Trotzdem glauben wir erkennen zu können, ob ein Fußballspieler im Abseits steht oder nicht. Wir wollen versuchen, die oben angesprochenen Zusatzinformationen zu identifizieren, denn ein Computerspiel muss auch diese Informationen anbieten, um realistisch zu wirken.

Eine naheliegende Zusatzinformation ist die **Verdeckung**. Die Verdeckung eines Objekts durch ein anderes liefert uns eine unmittelbare Vorn-Hinten-Information:

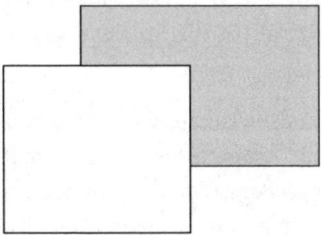

Das mag Ihnen selbstverständlich erscheinen, aber es ist eine beeindruckende Leistung unseres Gehirns, zusammenhängende Objekte zu identifizieren und auf diese Weise die Vorn-Hinten-Erkennung zu ermöglichen.

Ein zweiter wichtiger Punkt ist die **Perspektive**. Das Gehirn weiß aus Erfahrung, wie die Kanten geometrischer Objekte im Raum verlaufen müssen, und kann aus dem perspektivischen Verlauf der Kanten die Gestalt und insbesondere die Tiefe des Objekts zurückgewinnen. Im folgenden Bild sehen Sie einen Quader, obwohl es keine Tiefeninformation gibt.

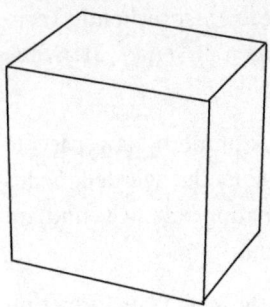

Eine ganz wichtige Zusatzinformation ist die **Beleuchtung**. Eine Lichtquelle erzeugt sozusagen mit ihrem Schattenwurf eine weitere Dimension, die zusätzlich zu den geometrischen Dimensionen in das Bild eingeblendet wird. Dabei muss unterschieden werden zwischen Flächenschatten und Schlagschatten. Beim Flächenschatten werden die Flächen eines Objekts je nach ihrer Lage zum Licht aufgehellt beziehungsweise abgedunkelt. Schlagschatten ist der Schatten, den ein Objekt auf ein anderes wirft.

Insbesondere bei gekrümmten Formen erhöhen differenzierte Flächenschatten in Verbindung mit **Glanzpunkten** die plastische Wirkung:

Der letzte und vielleicht wichtigste Punkt ist die **Bewegung**. Die Bewegung ersetzt sozusagen das fehlende zweite Auge. Bewegen kann sich dabei sowohl die Szene als auch der Betrachter, der auf die Szene blickt.

Für alle hier genannten »Zusatzinformationen« werden Sie entsprechende Techniken kennenlernen, mit denen wir diese Informationen in einer 3D-Szene erzeugen können.

Um die Verdeckung von Objekten müssen wir uns nicht kümmern, da verdeckte Objekte bereits durch die Hardware erkannt und ausgeblendet werden. Jedes Pixel trägt in der Hardware zusätzlich eine Tiefeninformation mit sich, und auf diese Weise ist es möglich, verdeckte Bildpunkte herauszufiltern.

Die Perspektive erzeugen wir, indem wir eine perspektivische Transformation bereitstellen, mit der das Modell aus dem Raum in die Ebene abgebildet wird. Solche Projektionen werden wir im folgenden Abschnitt über »Geometrische Grundlagen« besprechen.

Für die Bewegungen werden wir ebenfalls Transformationen bereitstellen. Den Blickpunkt des Betrachters bewegen wir mit der sogenannten View-Transformation, und das Modell bewegen wir mit der World-Transformation. Streng genommen könnte man die Bewegung des Beobachters und die des beobachteten Objekts in einer Bewegung zusammenfassen, denn eine Bewegung des Beobachters in eine bestimmte Richtung entspricht einer Bewegung des betrachteten Objekts in die entgegengesetzte Richtung. Sie kennen das vom Blick aus dem Fenster eines Zuges im Bahnhof, bei dem man nicht erkennen kann, ob man sich selbst oder ob sich der Zug auf dem Nebengleis bewegt.

Zum Thema Beleuchtung werden wir unterschiedliche Lichtquellen kennenlernen und uns mit Gouraud-Schattierung und dem Phong-Beleuchtungsmodell beschäftigen. Bis dahin ist es aber noch ein weiter Weg.

Sie sehen, dass eine Menge zu tun ist. Beginnen wollen wir mit den geometrischen Grundlagen. Obwohl unser Ziel die Geometrie des dreidimensionalen Raumes ist, will ich hier mit der Geometrie des zweidimensionalen Raumes (Ebene) starten. Der Grund dafür ist, dass sich die zweidimensionale Geometrie leichter in einem zweidimensionalen Medium wie dem Buch zeichnerisch darstellen lässt. Die meisten Erkenntnisse, die wir bei der Betrachtung des zweidimensionalen Raums gewinnen, können wir später einfach auf den dreidimensionalen Raum übertragen.

## 3.2   Die Geometrie der Ebene

Bevor wir uns in die Abgründe des dreidimensionalen Raums stürzen, wollen wir wesentliche Begriffe, die wir später benötigen, an zweidimensionalen und damit leichter verständlichen und einfacher darstellbaren Modellen einführen.

### 3.2.1 Koordinaten und Vektoren

Der zweidimensionale Raum oder besser gesagt eine Ebene wird im sogenannten **kartesischen Koordinatensystem** durch zwei senkrecht aufeinander stehende **Koordinatenachsen** aufgespannt. Die Koordinatenachsen bezeichnen wir üblicherweise als x- und y-Achse. Jeder Punkt der Ebene kann dann durch Angabe eines x- beziehungsweise y-Koordinatenabschnitts (der sogenannten x- beziehungsweise y-Koordinate) eindeutig in seiner Position bestimmt werden. Die Koordinatenabschnitte erhalten wir durch senkrechte Projektion des Punktes auf die jeweilige Koordinatenachse:

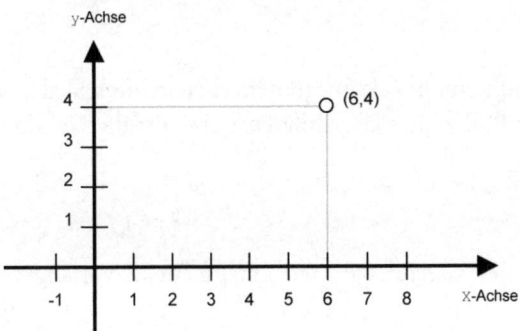

Für geometrische Überlegungen ist eine vektorielle Interpretation häufig besser geeignet. Unter einem **Vektor** verstehen wir ganz naiv einen Pfeil, der eine bestimmte Richtung und Länge hat.[1] Statt des obigen Punktes mit den Koordinaten (6,4) können wir auch einen Pfeil vom Ursprung des Koordinatensystems (Kreuzungspunkt der beiden Achsen) zu dem Punkt betrachten.

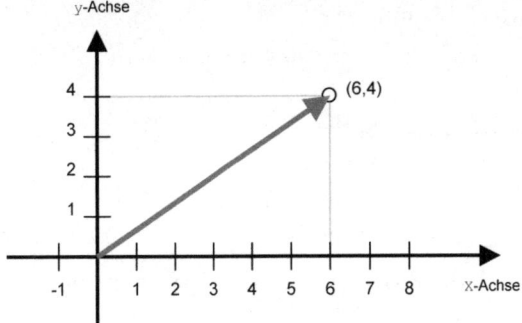

Ich habe den Pfeil zwar vom Koordinatenursprung zu dem Punkt gezeichnet, aber genau genommen hat ein Vektor nur eine Richtung und eine Länge, sodass wir uns den entsprechenden Pfeil überall gezeichnet denken können. Sie sehen

---

1  Die physikalische Interpretation könnte zum Beispiel eine Kraft sein, die an einem bestimmten Punkt angreift und mit einer bestimmten Stärke in eine bestimmte Richtung wirkt.

aber, dass ein enger begrifflicher Zusammenhang zwischen einem Vektor und dem Punkt besteht, den ich als Zielpunkt erhalte, wenn ich einen Vektor vom Koordinatenursprung aus zeichne. Punkt und Vektor sind für uns letztlich nur unterschiedliche Interpretationen ein und desselben geometrischen Sachverhalts, und wir werden in Zukunft nicht immer streng zwischen einem Punkt und seinem zugeordneten Vektor unterscheiden.

Die **Länge eines Vektors**[2] $v = (a,b)$ wird mit $\|v\|$ bezeichnet und kann mit Hilfe des bekannten Satzes von Pythagoras aus den Koordinatenabschnitten berechnet werden:

$$\|v\| = \sqrt{a^2 + b^2}$$

Man kann einen Vektor $v = (a,b)$ mit einem Faktor $c$ (einem sogenannten Skalar[3]) multiplizieren, indem man die Multiplikation koordinatenweise ausführt. In Formeln:

$$c \cdot v = c \cdot (a,b) = (c \cdot a, c \cdot b)$$

Anschaulich bedeutet dies, dass der zugehörige Pfeil entsprechend verlängert oder verkürzt wird:

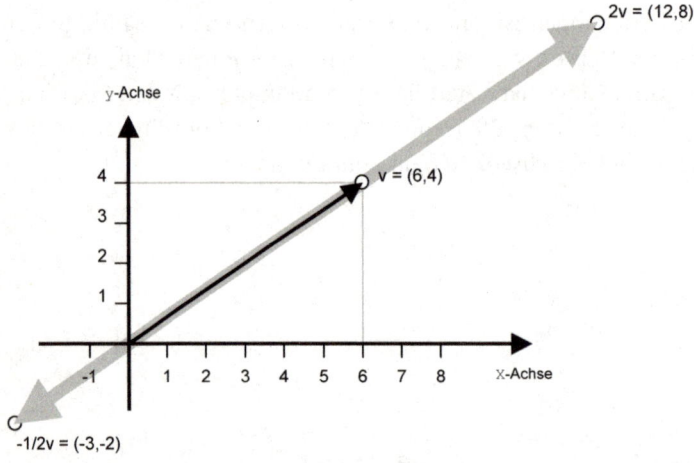

Bei einem negativen Faktor kehrt sich die Richtung des Ergebnisvektors um.

Man kann zwei Vektoren $v_1 = (a_1, b_1)$ und $v_2 = (a_2, b_2)$ addieren, indem man die Addition koordinatenweise ausführt. In Formeln:

---

2  Bei einer Interpretation als Punkt ist das die Entfernung des Punktes vom Koordinatenursprung.

3  Als Skalar bezeichnen wir die Elemente des zugrunde liegenden Zahlenraums – hier sind das die reellen Zahlen.

$$v_1 + v_2 = (a_1, b_1) + (a_2, b_2) = (a_1 + a_2, b_1 + b_2)$$

Anschaulich bedeutet dies, dass man beide Pfeile aneinanderfügt und den Pfeil zum Zielpunkt als Ergebnisvektor nimmt. Sie kennen dies sicherlich als Kräfteparallelogramm aus der Physik:

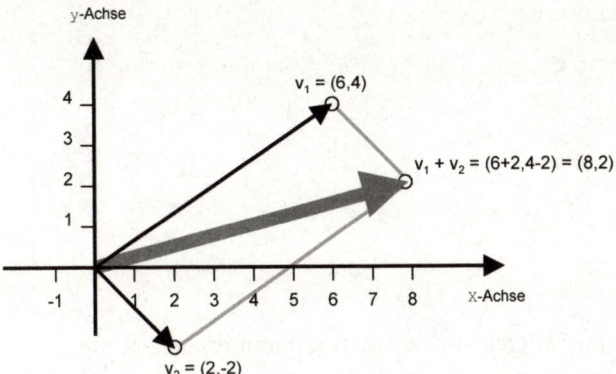

Mit den beiden Operationen »Addition« und »Multiplikation mit Skalar« können wir jeden Vektor in der Ebene aus den **Einheitsvektoren** $e_1 = (1,0)$ und $e_2 = (0,1)$ berechnen:

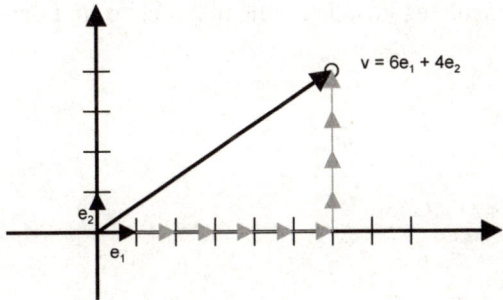

Die Einheitsvektoren $e_1$ und $e_2$ stehen senkrecht aufeinander, haben die Länge 1 und spannen, in dem oben angesprochenen Sinne, die gesamte x-y-Ebene auf.

Man kann einen Vektor nicht nur durch seine kartesischen Koordinaten (x und y), sondern auch durch seine Länge $r$ und durch den Winkel $\alpha$, den er mit der x-Achse bildet, charakterisieren. Diese Darstellung – man nennt sie die **Polarkoordinatendarstellung** – eignet sich besonders, wenn man den Vektor drehen will. Den Zusammenhang zwischen den Koordinatenabschnitten (x und y) und den Polarkoordinaten ($r$ und $\alpha$) liefern uns die Sinus- und die Cosinus-Funktion. Bevor wir uns diesen Funktionen zuwenden können, müssen wir uns noch mit der Winkelmessung beschäftigen.

Einen Winkel messen wir immer im Bogenmaß, also in der Länge des zu dem Winkel gehörenden Kreisbogens mit dem Radius 1. Da der Einheitskreis (Radius = 1) einen Umfang von $2\pi$ hat, lässt sich jedem Winkel ein Bogenmaß zwischen 0 und $2\pi$ zuordnen:[4]

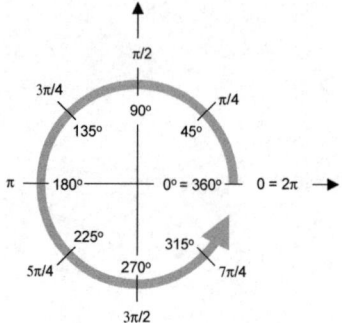

Beachten Sie, dass wir immer entgegen dem Uhrzeigersinn drehen.[5]

Die **Sinus**- und die **Cosinus**-Funktion beschreiben die Achsenabschnitte eines im Abstand 1 um den Koordinatenurspung umlaufenden Punktes p in Abhängigkeit vom Winkel $\alpha$, den die Linie vom Ursprung zu diesem Punkt mit der x-Achse bildet. Das klingt viel komplizierter, als es in Wirklichkeit ist. Betrachten Sie die folgende Grafik. Sie zeigt den Zusammenhang zwischen einem Winkel $\alpha$ und den gesuchten Achsenabschnitten:

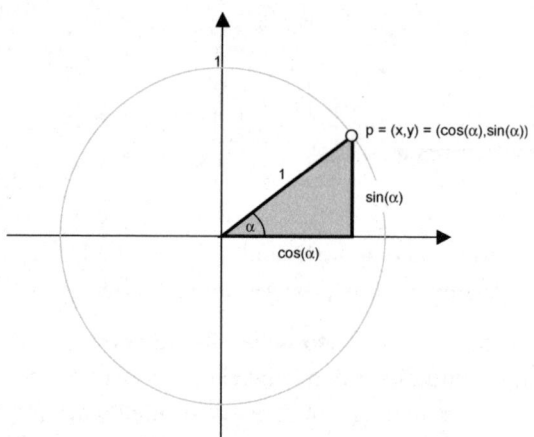

Lässt man den hier gezeigten Punkt p auf einer Umlaufbahn mit Radius 1 kreisen und plottet man dabei abhängig vom Winkel $\alpha$ die Auslenkung in x- und y-Rich-

---

4  $\pi = 3{,}14\ldots$

5  Man nennt dies auch »mathematisch positiv orientiert«. In diesem Punkt sind sich die Mathematiker und die Uhrmacher wohl nicht einig geworden.

tung, so ergeben sich die Funktionsgraphen für die bekannten trigonometrischen Funktionen *Sinus* und *Cosinus*:

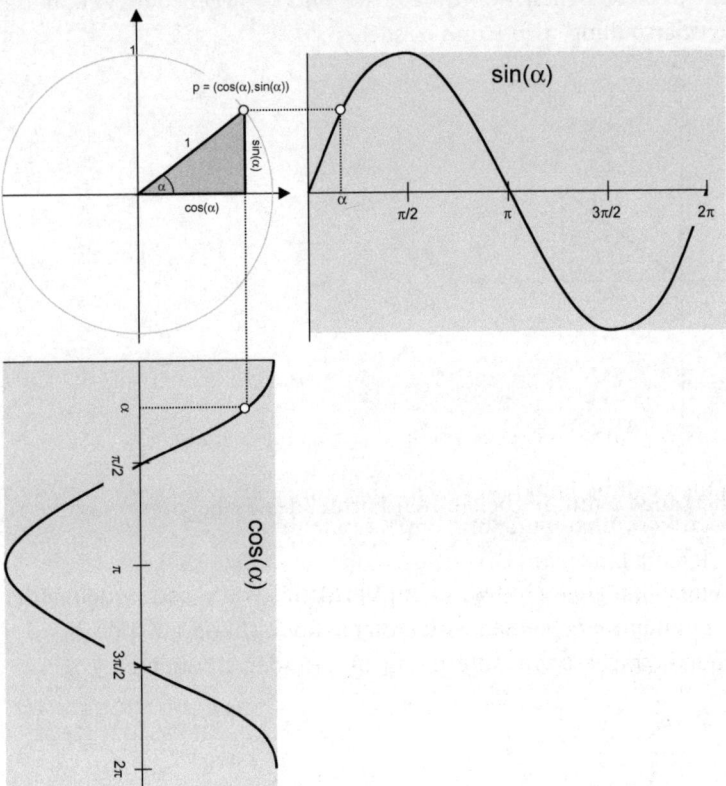

Ändern wir den Radius der Umlaufbahn dabei auf eine beliebige Größe $r$, so müssen wir in diesen Formeln nur einen entsprechenden Faktor anbringen:

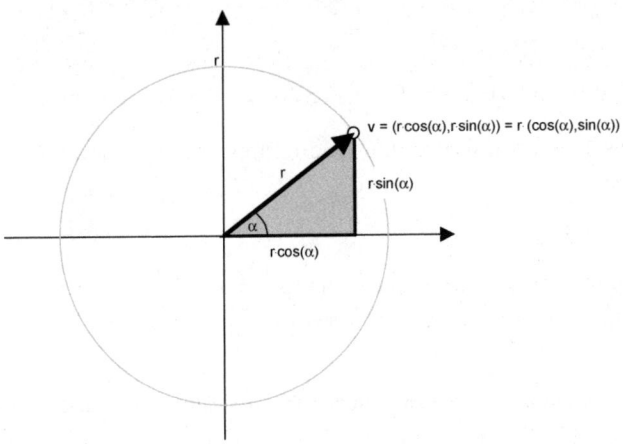

Sinus und Cosinus liefern uns also die Koordinatendarstellung (x und y) eines Vektors, von dem wir die Polarkoordinaten (r und α) kennen. Wenn wir umgekehrt zu einem in kartesischen Koordinaten (x und y) gegebenen Vektor die Polarkoordinatendarstellung, also r und α, suchen,

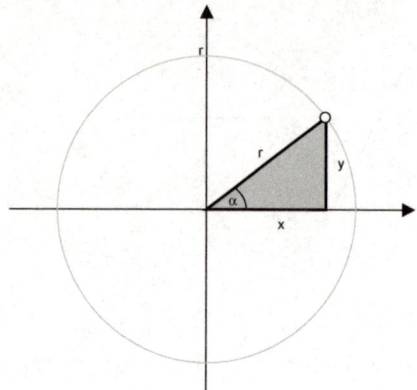

so kann man die Länge r mit der bekannten Formel des Pythagoras $r = \sqrt{x^2 + y^2}$ berechnen.

Der gesuchte Winkel hängt »irgendwie« vom Verhältnis von y und x zueinander ab, wobei der Quotient y/x keinen eindeutigen Rückschluss auf den Winkel zulässt.[6] Trotzdem betrachten wir, sofern x nicht 0 ist, den Quotienten y/x:

$$\frac{y}{x} = \frac{r \cdot \sin(\alpha)}{r \cdot \cos(\alpha)} = \frac{\sin(\alpha)}{\cos(\alpha)}$$

Der sich so ergebende Wert wird als der **Tangens** des Winkels $\alpha$ bezeichnet. In Formeln:

$$\tan(\alpha) = \frac{\sin(\alpha)}{\cos(\alpha)} = \frac{y}{x}$$

Dieser Wert ist natürlich nur für Winkel $\alpha$, für die $\cos(\alpha) \neq 0$ ist, sinnvoll erklärt.

Der Tangens des Winkels $\alpha$ liefert uns also den Quotienten y/x und hat den folgenden Funktionsverlauf:

---

6 Gegenüberliegende Punkte haben ja verschiedene Winkel, aber das gleiche Koordinatenverhältnis.

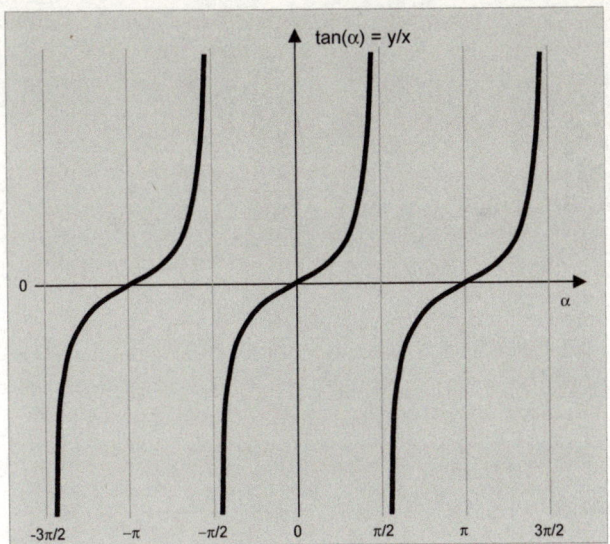

Wenn wir für einen Moment einschränkend annehmen, dass x größer als 0 ist, dann liegt der gesuchte Winkel im Bereich zwischen –π/2 und π/2 und lässt sich durch die Umkehrfunktion des Tangens aus dem Quotienten y/x ermitteln. Die Umkehrfunktion des Tangens heißt **Arcustangens**. Sie erhalten diese Funktion durch Spiegelung des mittleren Asts der Tangens-Funktion an der Geraden $y = x$:

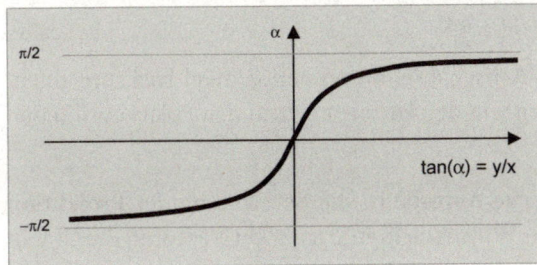

Für positive Werte von x gilt also:

$$\alpha = \arctan\left(\frac{y}{x}\right)$$

Ist x < 0, so betrachten wir den »gegenüber« liegenden Punkt mit den Achsenabschnitten –x und –y, der dann im positiven x-Bereich liegt:

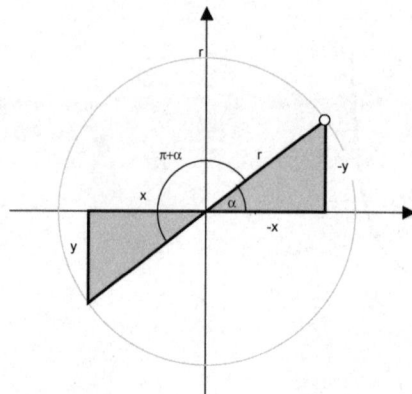

Wir erhalten dann:

$$\alpha = \pi + \arctan\left(\frac{-y}{-x}\right) = \pi + \arctan\left(\frac{y}{x}\right)$$

Falls x = 0 ist, entscheidet y, ob der Winkel π/2 oder -π/2 ist. Zusammenfassend gilt also:

$$\alpha = \begin{cases} \arctan(y/x) & \textit{falls } x > 0 \\ \pi + \arctan(y/x) & \textit{falls } x < 0 \\ \pi/2 & \textit{falls } x = 0 \textit{ und } y > 0 \\ -\pi/2 & \textit{falls } x = 0 \textit{ und } y < 0 \end{cases}$$

Damit ist das Problem, aus den Achsenabschnitten den Winkel rückzurechnen, ebenfalls gelöst und der Übergang von den kartesischen zu den Polarkoordinaten vollzogen.

Eine weitere wichtige geometrische Aufgabe ist die Berechnung der **Projektion** eines Vektors auf einen anderen. Wir betrachten dazu zwei Vektoren a und b in ihrer Polarkoordinatendarstellung:

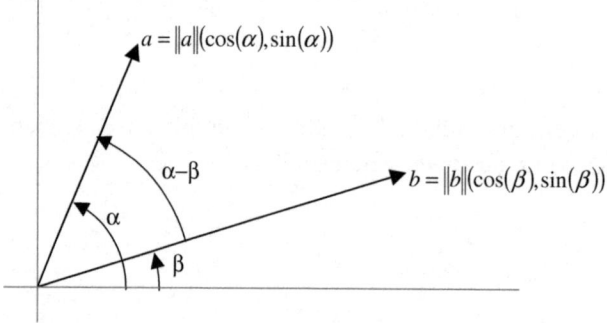

Da zwischen den Vektoren b und a der Winkel α-β ist, können wir die Länge $l$ der Projektion des Vektors a auf den Vektor b wie folgt berechnen:

$$l = \|a\| \cdot \cos(\alpha - \beta)$$

Wenn wir diese Länge mit dem zu b parallel liegenden Einheitsvektor $\frac{b}{\|b\|}$ multiplizieren, erhalten wir einen Vektor, der parallel zu b ist und die gewünschte Länge hat. Das ist die gesuchte Projektion von a auf b. In Formeln:

$$\frac{\|a\| \cdot \cos(\alpha - \beta)}{\|b\|} \cdot b$$

Wir erweitern das Ergebnis noch mit $\|b\|$ und erhalten:

Die Projektion von a auf b ist $\dfrac{\|a\| \cdot \|b\| \cdot \cos(\alpha - \beta)}{\|b\|^2} \cdot b$

Die hierbei im Zähler des Vorfaktors stehende Zahl wird das **Skalarprodukt** von a und b genannt und mit $\langle a, b \rangle$ bezeichnet. In Formeln:

$$\langle a, b \rangle = \|a\| \cdot \|b\| \cdot \cos(\alpha - \beta)$$

Damit ist die gesuchte Projektion von a auf b durch die Formel $\dfrac{\langle a, b \rangle}{\|b\|^2} \cdot b$ gegeben.

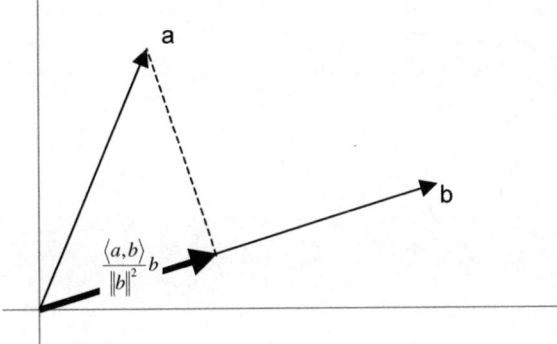

Falls b ein Vektor der Länge 1 ist, vereinfacht sich diese Formel zu $\langle a, b \rangle \cdot b$. Im Übrigen gilt für Vektoren $a = (a_1, a_2)$ und $b = (b_1, b_2)$:[7]

$$
\begin{aligned}
\langle a, b \rangle &= \|a\| \cdot \|b\| \cdot \cos(\alpha - \beta) \\
&= \|a\| \cdot \|b\| \cdot (\cos(\alpha) \cdot \cos(\beta) + \sin(\alpha) \cdot \sin(\beta)) \\
&= \|a\| \cdot \cos(\alpha) \cdot \|b\| \cdot \cos(\beta) + \|a\| \cdot \sin(\alpha) \cdot \|b\| \cdot \sin(\beta) \\
&= a_1 \cdot b_1 + a_2 \cdot b_2
\end{aligned}
$$

---

7 Hier nutze ich eine wichtige Formel für den Cosinus aus, die ich aber nicht weiter erklären möchte.

Daher kann man das Skalarprodukt auch einfacher (ohne Cosinus) berechnen:

$$\langle a,b \rangle = a_1 \cdot b_1 + a_2 \cdot b_2$$

Damit ergibt sich die Projektion des Vektors a auf den Vektor b als:

$$\frac{\langle a,b \rangle}{\|b\|^2} \cdot b = \frac{a_1 \cdot b_1 + a_2 \cdot b_2}{\|b\|^2} \cdot b$$

Wenn zwei Vektoren senkrecht zueinander stehen, hat die Projektion des einen auf den anderen die Länge 0, also hat das Skalarprodukt den Wert 0. Damit liefert das Skalarprodukt einen einfachen Test, um zu prüfen, ob zwei Vektoren senkrecht zueinander stehen. Da die Länge der Projektion eines Vektors auf sich selbst seiner Länge entspricht, gilt:

$$\langle a,a \rangle = \|a\|^2$$

Mit dem Skalarprodukt können wir einen Vektor bezüglich anderer Vektoren zerlegen. Wir betrachten dazu ein einfaches Beispiel:

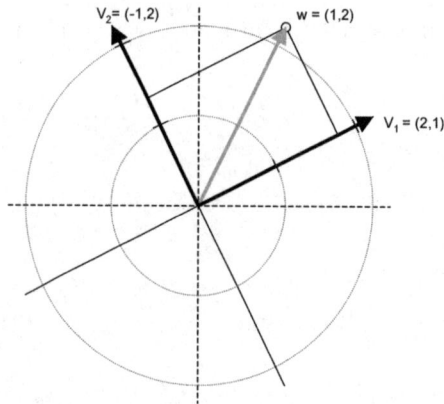

Wir wollen den Vektor w aus der obigen Zeichnung bezüglich der Vektoren $v_1 = (2,1)$ und $v_2 = (-1,2)$ zerlegen. Man sieht sofort, dass man dazu die senkrechten Projektionen von w auf $v_1$ beziehungsweise auf $v_2$ benötigt. Es ist:

$$w = \frac{\langle w,v_1 \rangle}{\|v_1\|^2} v_1 + \frac{\langle w,v_2 \rangle}{\|v_2\|^2} v_2 = \frac{1 \cdot 2 + 2 \cdot 1}{2^2 + 1^2} v_1 + \frac{1 \cdot (-1) + 2 \cdot 2}{(-1)^2 + 2^2} v_2 = \frac{4}{5} v_1 + \frac{3}{5} v_2$$

Eine einfache Probe bestätigt das Ergebnis:

$$\frac{4}{5} v_1 + \frac{3}{5} v_2 = \frac{4}{5}(2,1) + \frac{3}{5}(-1,2) = \left( \frac{8}{5}, \frac{4}{5} \right) + \left( -\frac{3}{5}, \frac{6}{5} \right) = (1,2) = w$$

Nachdem wir uns einige geometrische Grundlagen angeeignet haben, können wir uns jetzt dem eigentlich wichtigen Thema, den Bewegungen – zunächst noch im zweidimensionalen Raum – zuwenden.

### 3.2.2 Bewegungen

In einem Spiel werden grafische Objekte bewegt. Alle Bewegungen im zweidimensionalen Raum setzen sich dabei aus Drehungen und Verschiebungen zusammen. Es ist ausreichend, neben den Verschiebungen nur Drehungen um den Koordinatenursprung zu betrachten, denn jede beliebige Bewegung können wir uns als Abfolge von Verschiebungen und Drehungen um den Koordinatenursprung vorstellen. Bei einer Drehung um einen anderen Punkt als den Koordinatenursprung verschieben wir das Objekt zunächst so, dass der Drehpunkt in den Koordinatenursprung verlegt wird. Dann drehen wir das Objekt um den Koordinatenursprung und verschieben es anschließend wieder zurück. Die folgende Grafik zeigt dies anhand eines Dreiecks, das um seinen Schwerpunkt gegen den Uhrzeigersinn gedreht wird:

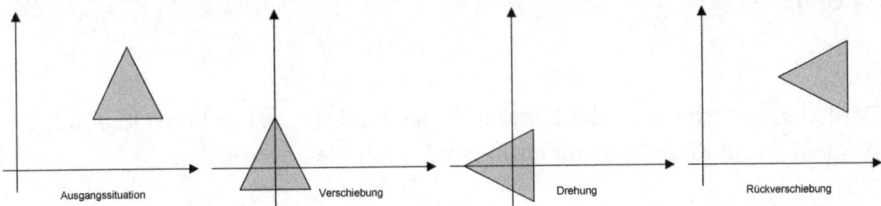

Ausgangssituation  Verschiebung  Drehung  Rückverschiebung

Zuerst betrachten wir **Verschiebungen**, die auch **Translationen** genannt werden. Eine Verschiebung ist eine einfache Rechenoperation. Wir müssen nur den jeweiligen Versatz in x- bzw. y-Richtung zu den Koordinatenwerten addieren:

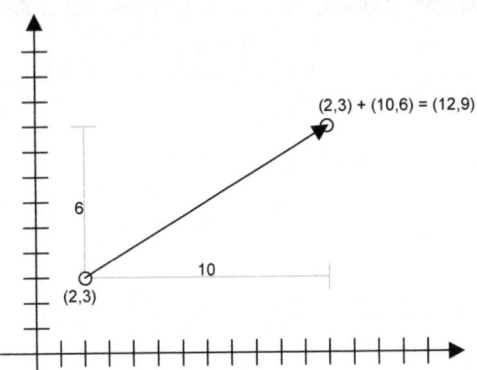

(2,3) + (10,6) = (12,9)

6

10

(2,3)

Die Koordinatentransformation für eine **Drehung** ist dagegen etwas aufwändiger zu ermitteln. Wir drehen dazu das Koordinatensystem um einen gewissen Winkel $\alpha$ entgegen dem Uhrzeigersinn und betrachten dabei einen Punkt $(x, y)$. Der Punkt $(x, y)$ wird durch die Drehung in den Punkt $(x', y')$ überführt, wobei wir uns noch überlegen müssen, wie sich die Koordinaten dieses neuen Punktes berechnen lassen. Zur Veranschaulichung machen wir eine Skizze:

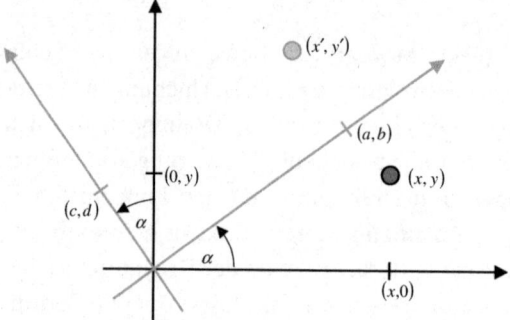

Der Punkt $(x,0)$ dreht bei der Rotation in den Punkt $(a,b)$. Der Punkt $(a,b)$ hat den Abstand $x$ vom Koordinatenursprung und somit die Koordinaten:

$$a = \cos(\alpha) \cdot x$$

$$b = \sin(\alpha) \cdot x$$

Der Punkt $(0, y)$ dreht bei der Rotation in den Punkt $(c, d)$. Der Punkt $(c, d)$ hat den Abstand $y$ vom Koordinatenursprung und somit die Koordinaten:

$$c = -\sin(\alpha) \cdot y$$

$$d = \cos(\alpha) \cdot y$$

Um die beiden letzten Gleichungen unmittelbar zu sehen, müssen Sie nur das obige Bild um 90 Grad im Uhrzeigersinn drehen, also vom rechten Rand aus betrachten.

Für den gesuchten Punkt $(x', y')$ ergibt sich dann:

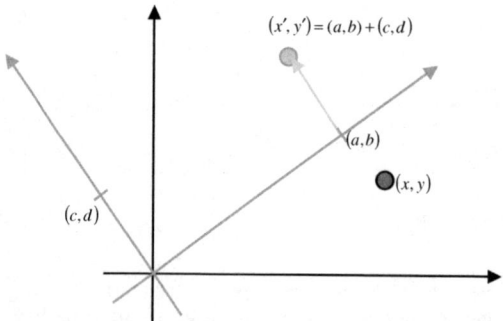

also:

$$x' = a + c = \cos(\alpha) \cdot x - \sin(\alpha) \cdot y$$

$$y' = b + d = \sin(\alpha) \cdot x + \cos(\alpha) \cdot y$$

Insgesamt ergibt sich also bei einer Drehung um den Winkel $\alpha$ gegen den Uhrzeigersinn:

$$(x, y) \rightarrow (\cos(\alpha) \cdot x - \sin(\alpha) \cdot y, \sin(\alpha) \cdot x + \cos(\alpha) \cdot y)$$

Ich hatte eingangs zwar gesagt, dass uns als Objektbewegungen nur Drehungen und Verschiebungen interessieren, aber wir wollen unsere Objekte sicherlich aus unterschiedlichem Abstand (zoom in, zoom out) betrachten können. Konkret bedeutet das, dass wir unsere Objekte auf dem Bildschirm vergrößern und verkleinern – kurz skalieren – können müssen. Das Skalieren ist ein recht einfacher Vorgang. Wir müssen in x- und in y-Richtung nur einen bestimmten Skalierungsfaktor anbringen. Die folgende Skizze zeigt eine **Skalierung** mit dem Faktor 2:

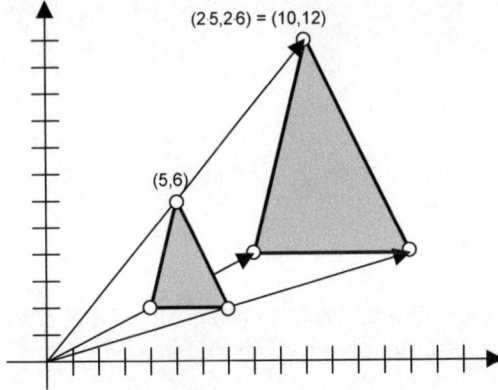

Durch diese Operation ist allerdings ähnlich wie bei Drehungen nur eine Skalierung um den Koordinatenursprung beschrieben. Wir können aber auf einen bestimmten Punkt zoomen, indem wir diesen Punkt zunächst in den Koordinatenursprung verschieben, dann zoomen und abschließend wieder zurückschieben. Natürlich kann man auch mit unterschiedlichen Faktoren in x- und y-Richtung arbeiten. In diesem Fall tritt eine Verzerrung ein. Bei negativen Faktoren wird gespiegelt.

Wir kennen jetzt alle Operationen, die wir in der Ebene ausführen wollen, und können die zugeordnete Transformation angeben:

| Operation | Transformation |
|---|---|
| Verschiebung von (x,y) um (u,v) | $x' = x + u$<br>$y' = y + v$ |
| Drehung von (x,y) um den Winkel α entgegen dem Uhrzeigersinn | $x' = \cos(\alpha) \cdot x - \sin(\alpha) \cdot y$<br>$y' = \sin(\alpha) \cdot x + \cos(\alpha) \cdot y$ |
| Skalierung von (x,y) mit Faktoren r und s | $x' = r \cdot x$<br>$y' = s \cdot y$ |

Es fehlt aber noch ein einheitlicher und einfach zu handhabender Kalkül, mit dem wir diese Operationen durchführen können. Wir wollen beispielsweise ein Dreieck um seine obere Ecke um 90 Grad gegen den Uhrzeigersinn drehen und anschließend mit dem Faktor 2 um den Drehpunkt zoomen:

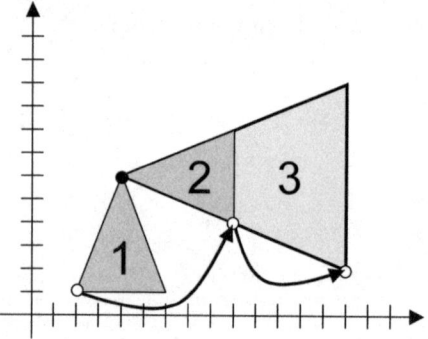

Welche Operation müssen wir dazu ausführen? Wohin bewegt sich dabei etwa die linke untere Ecke?

Wir gehen Schritt für Schritt vor, um die Fragen zu beantworten. Dazu betrachten wir einen beliebigen Punkt (a,b). Der Drehpunkt ist in unserem Beispiel der Punkt (4,6). Wir müssen also unseren Punkt (a,b) so verschieben, dass der Drehpunkt in den Koordinatenursprung gelegt wird. Dabei wird der Punkt (a,b) auf den Punkt (a-4,b-6) abgebildet. Diesen Punkt müssen wir jetzt um 90 Grad gegen den Uhrzeigersinn drehen. Für $\alpha = 90°$ ist $\sin(\alpha) = 1$ und $\cos(\alpha) = 0$. Dadurch ergibt sich auch eine sehr einfache Drehtransformation:

$$x' = \cos(\alpha) \cdot x - \sin(\alpha) \cdot y = -y$$

$$y' = \sin(\alpha) \cdot x + \cos(\alpha) \cdot y = x$$

Wenn wir diese Transformation auf den Punkt (x,y) = (a-4,b-6) anwenden, erhalten wir als Ergebnis den Punkt (6-b, a-4). Das wäre nun zurückzuschieben.

Da wir aber im nächsten Schritt um den Punkt, zu dem wir zurückschieben wollen, skalieren müssen, sparen wir uns die zwischenzeitliche Rückverschiebung. Die Skalierung um den Faktor 2 ergibt dann den Punkt (2(6-b), 2(a-4)). Abschließend folgt dann die Rückverschiebung, und wir erhalten den Zielpunkt:

`(2(6-b)+4, 2(a-4)+6)`

Konkret heißt das, dass der Punkt (a,b) = (2,1) auf den Punkt (2(6-1)+4, 2(2-4)+6) = (14,2) abgebildet wird. Die obige Skizze bestätigt dieses Rechenergebnis.

Zum Abschluss dieses Abschnitts wollen wir noch zu einer vereinheitlichenden Sicht auf die verschiedenen Operationen *Verschiebung*, *Drehung* und *Skalierung* kommen. Letztlich haben alle drei Operationen die allgemeine Form

$$(x, y) \rightarrow (x', y')$$

mit

$$x' = a \cdot x + b \cdot y + c$$

$$y' = d \cdot x + e \cdot y + f$$

Wobei a-f geeignete Koeffizienten sind. Wenn wir noch eine dritte formale Koordinate w einführen, können wir dieses System wie folgt umschreiben:

$$(x, y, w) \rightarrow (x', y', w')$$

mit

$$x' = a \cdot x + b \cdot y + c \cdot w$$

$$y' = d \cdot x + e \cdot y + f \cdot w$$

$$w' = 0 \cdot x + 0 \cdot y + 1 \cdot w$$

Die Koordinate z wird also immer nur durch die Rechnung geschleift und dabei reproduziert (es ist ja $w' = w$). Für $w = 1$ erhalten wir die ursprünglichen Gleichungen. Die Transformation ist dabei vollständig durch die Koeffizienten a-f bestimmt. Da uns nur die Koeffizienten und ihre Stellung im Gleichungssystem und nicht die Bezeichnungen der Parameter x, y und w interessieren, schreiben wir das Gleichungssystem übersichtlich als eine sogenannte **Matrix** hin:

$$\begin{pmatrix} a & d & 0 \\ b & e & 0 \\ c & f & 1 \end{pmatrix}$$

Beachten Sie, dass wir es bis hier nur mit einer rein formalen Aufbereitung des Problems zu tun haben. Wir haben nur eine andere Notation gewählt. Eine Transformation (Drehung, Verschiebung oder Skalierung) ist jetzt eine Matrix. Diese Matrix enthält alle Informationen über die zugrunde liegenden Transformationsgleichungen. Das Interessante ist nun, dass es für Matrizen eine einfach durchzuführende Rechenoperation gibt, die der Ausführung der zugeordneten Transformation entspricht.[8] Diese Rechenoperation ist die sogenannte **Matrizenmultiplikation**, die ich im Folgenden kurz erklären will.

Eine Matrix ist – wie bereits gesagt – ein rechteckiges Zahlenschema. Wir können zwei Matrizen miteinander multiplizieren, wenn die erste Matrix so viele Spalten, wie die zweite Matrix Zeilen hat. Das Ergebnis ist dann wieder eine Matrix, die so viele Zeilen wie die erste und so viele Spalten wie die zweite Matrix hat. Strukturell sieht das wie folgt aus:

Will man nun die Zahl in der Zeile i und Spalte k der Ergebnismatrix berechnen, so geht man von links nach rechts durch die Zeile i der ersten Matrix und von oben nach unten durch die Spalte k der zweiten Matrix, multipliziert jeweils die Koeffizienten und summiert die Zwischenergebnisse auf. Das Endergebnis kommt in die Zeile i und die Spalte k der Ergebnismatrix:

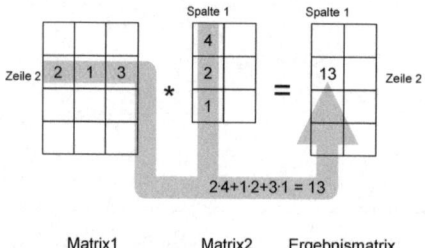

Wird die Berechnung für alle Zeilen und Spalten durchgeführt, ergibt sich in einem konkreten Beispiel das folgende Ergebnis:

$$\begin{pmatrix} 0 & -1 & -2 \\ 2 & 1 & 3 \\ 1 & 0 & 2 \\ -1 & 3 & 0 \end{pmatrix} \cdot \begin{pmatrix} 4 & 0 \\ 2 & 5 \\ 1 & -2 \end{pmatrix} = \begin{pmatrix} -4 & -1 \\ 13 & -1 \\ 6 & -4 \\ 2 & 15 \end{pmatrix}$$

---

8  In der Terminologie der Mathematik handelt es sich bei Matrizen um *lineare Abbildungen*, zu denen es mit der sogenannten *linearen Algebra* eine komplette Theorie gibt.

Da wir Vektoren auch als Matrizen ansehen können, ergibt sich zunächst in noch sehr allgemeiner Form:

$$(x \quad y \quad 1) \cdot \begin{pmatrix} a & d & 0 \\ b & e & 0 \\ c & f & 1 \end{pmatrix} = (a \cdot x + b \cdot y + c \quad d \cdot x + e \cdot y + f \quad 1)$$

Durch konkrete Wahl der Koeffizienten können wir jetzt alle oben hergeleiteten Transformationen als Matrizen darstellen.

| Transformation | Transformationsgleichungen | Transformationsmatrix |
|---|---|---|
| Verschiebung von (x,y) um (u,v) | $x' = x + u$ <br> $y' = y + v$ | $\begin{pmatrix} 1 & 0 & 0 \\ 0 & 1 & 0 \\ u & v & 1 \end{pmatrix}$ |
| Drehung von (x,y) um den Winkel α entgegen dem Uhrzeigersinn | $x' = \cos(\alpha) \cdot x - \sin(\alpha) \cdot y$ <br> $y' = \sin(\alpha) \cdot x + \cos(\alpha) \cdot y$ | $\begin{pmatrix} \cos(\alpha) & \sin(\alpha) & 0 \\ -\sin(\alpha) & \cos(\alpha) & 0 \\ 0 & 0 & 1 \end{pmatrix}$ |
| Skalierung von (x,y) mit Faktoren r und s | $x' = r \cdot x$ <br> $y' = s \cdot y$ | $\begin{pmatrix} r & 0 & 0 \\ 0 & s & 0 \\ 0 & 0 & 1 \end{pmatrix}$ |

In dem Beispiel, das wir oben bereits einmal betrachtet hatten,

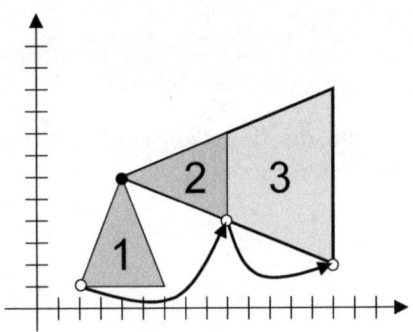

ergeben sich die folgenden Matrizen:

$$\begin{pmatrix} 1 & 0 & 0 \\ 0 & 1 & 0 \\ -4 & -6 & 1 \end{pmatrix}$$ für die Verschiebung der oberen Ecke des Dreiecks in den Ursprung

$$\begin{pmatrix} 0 & 1 & 0 \\ -1 & 0 & 0 \\ 0 & 0 & 1 \end{pmatrix}$$ für die Drehung des Dreiecks um 90 Grad

$$\begin{pmatrix} 2 & 0 & 0 \\ 0 & 2 & 0 \\ 0 & 0 & 1 \end{pmatrix} \cdot$$ für die Skalierung in beiden Koordinatenrichtungen mit Faktor 2

$$\begin{pmatrix} 1 & 0 & 0 \\ 0 & 1 & 0 \\ 4 & 6 & 1 \end{pmatrix}$$ für die Rückverschiebung

Diese vier Matrizen müssen wir jetzt noch in der Reihenfolge ihrer Anwendung miteinander multiplizieren:

$$\begin{pmatrix} 1 & 0 & 0 \\ 0 & 1 & 0 \\ -4 & -6 & 1 \end{pmatrix} \cdot \begin{pmatrix} 0 & 1 & 0 \\ -1 & 0 & 0 \\ 0 & 0 & 1 \end{pmatrix} \cdot \begin{pmatrix} 2 & 0 & 0 \\ 0 & 2 & 0 \\ 0 & 0 & 1 \end{pmatrix} \cdot \begin{pmatrix} 1 & 0 & 0 \\ 0 & 1 & 0 \\ 4 & 6 & 1 \end{pmatrix}$$

$$= \begin{pmatrix} 0 & 1 & 0 \\ -1 & 0 & 0 \\ 6 & -4 & 1 \end{pmatrix} \cdot \begin{pmatrix} 2 & 0 & 0 \\ 0 & 2 & 0 \\ 0 & 0 & 1 \end{pmatrix} \cdot \begin{pmatrix} 1 & 0 & 0 \\ 0 & 1 & 0 \\ 4 & 6 & 1 \end{pmatrix}$$

$$= \begin{pmatrix} 0 & 2 & 0 \\ -2 & 0 & 0 \\ 12 & -8 & 1 \end{pmatrix} \cdot \begin{pmatrix} 1 & 0 & 0 \\ 0 & 1 & 0 \\ 4 & 6 & 1 \end{pmatrix}$$

$$= \begin{pmatrix} 0 & 2 & 0 \\ -2 & 0 & 0 \\ 16 & -2 & 1 \end{pmatrix}$$

Als Ergebnis erhalten wir die Matrix der Operation, die die gewünschte Transformation beschreibt. Wir testen das mit unserem Referenzpunkt (2,1):

$$(2 \quad 1 \quad 1) \cdot \begin{pmatrix} 0 & 2 & 0 \\ -2 & 0 & 0 \\ 16 & -2 & 1 \end{pmatrix} = (14 \quad 2 \quad 1)$$

Der Referenzpunkt (2,1) wird auf den Punkt (14,2) abgebildet, was nach der Skizze auch zu erwarten war.

Jetzt können wir komplexe Abfolgen von geometrischen Abbildungen durch eine einzige Matrix beschreiben. Der Vorteil besteht darin, dass wir die Matrix nur einmal bereitstellen müssen, um sie dann auf beliebig viele Punkte – etwa auf alle Punkte eines komplexen Drahtgitternetzes – anwenden zu können, ohne für jeden Punkt einzeln alle Transformationsschritte durchlaufen zu müssen. Nur so lässt sich ein komplexes geometrisches Gebilde elegant im (zunächst noch zweidimensionalen) Raum bewegen. Sie müssen sich keine große Rechenfertigkeit im Umgang mit Matrizen aneignen. Dafür werden wir die von *DirectX* bereitgestellten Hilfsfunktionen verwenden. Aber Sie müssen verstehen, warum wir den Matrizenkalkül verwenden, und Sie müssen in der Lage sein, die für eine bestimmte Bewegung erforderlichen Matrizen aufzustellen. Außerdem müssen Sie wissen, in welcher Reihenfolge die Matrizen anzuwenden sind, um die gewünschte Bewegung zu erhalten.

Die mathematisch Interessierten unter Ihnen werden vielleicht fragen, warum wir zur Lösung einer eindeutig zweidimensionalen Problemstellung einen »Umweg« durch den dreidimensionalen Raum nehmen. Das mussten wir nur wegen der einheitlichen Behandlung der verschiedenen Transformationen machen. Solange wir es nur mit Drehungen und Skalierungen zu tun hätten, könnten wir die dritte Koordinate der Vektoren sowie die letzte Zeile und die letzte Spalte der Matrizen einfach weglassen, ohne dass die Berechnungen deswegen falsch würden. Ich will versuchen, Ihnen den Umweg plausibel zu machen. Matrizen beschreiben sogenannte lineare Abbildungen. Eine 2x2-Matrix ist eine lineare Abbildung (oder Funktion) von zweidimensionalen Vektoren auf zweidimensionale Vektoren. Die Abbildungsvorschrift ergibt sich durch die Matrizenmultiplikation. Dazu ein Beispiel:

Es ist:

$$(x \quad y)\begin{pmatrix} 1 & 2 \\ 3 & 4 \end{pmatrix} = (x+3y \quad 2x+4y)$$

Also beschreibt die Matrix $\begin{pmatrix} 1 & 2 \\ 3 & 4 \end{pmatrix}$ eine Abbildung mit der Zuordnungsvorschrift:

$$(x \quad y) \mapsto (x+3y \quad 2x+4y)$$

Da lineare Abbildungen und Matrizen mit ihren Eigenschaften in der Mathematik (Lineare Algebra) vollständig untersucht sind, würde eine Beschreibung der hier diskutierten Bewegungen durch Matrizen oder lineare Abbildungen eine stabile mathematische Grundlage liefern, auf der man alle in diesem Zusammenhang auftretenden Probleme in den Griff bekäme. Wir betrachten hier Skalierungen, Drehungen und Verschiebungen im zweidimensionalen Raum, die ich einmal wie folgt skizzieren möchte:

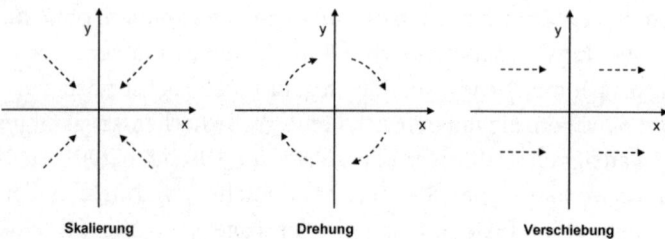

Skalierung          Drehung          Verschiebung

Eine lineare Abbildung hat unter anderem immer die Eigenschaft, dass der Null-vektor $(0 \quad 0)$ auf den Nullvektor abgebildet wird. Das heißt, dass der Nullvektor unter einer linearen Abbildung immer »ortsfest« ist. Daran erkennen wir, dass eine Verschiebung keine lineare Abbildung sein kann und deshalb auch nicht in der soeben beschriebenen Weise durch eine 2x2-Matrix dargestellt werden kann. Als Beispiel betrachten wir die Verschiebung:

$$(x \quad y) \mapsto (x+2 \quad y+3)$$

Diese Abbildung ist, wie bereits festgestellt, keine lineare Abbildung. Wenn man aber künstlich eine dritte Dimension (w) einführt, kann man die lineare Abbildung

$$\begin{pmatrix} 1 & 0 & 0 \\ 0 & 1 & 0 \\ 2 & 3 & 1 \end{pmatrix}$$

betrachten. Wenn man sich jetzt fragt, wie sich diese eigentlich sehr viel allge-meiner angelegte Abbildung in der Ebene w=1 verhält, so stellt man durch die folgende einfache Rechnung

$$(x \quad y \quad 1)\begin{pmatrix} 1 & 0 & 0 \\ 0 & 1 & 0 \\ 2 & 3 & 1 \end{pmatrix} = (x+2 \quad y+3 \quad 1)$$

fest, dass sich diese lineare Abbildung in der Ebene w=1 genau so verhält, wie sich die gesuchte Verschiebung in der x-y-Ebene verhalten sollte:

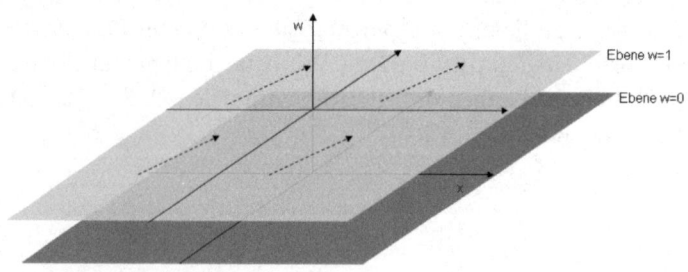

Wenn man also die w-Koordinate wieder vergisst (Rückprojektion in den zweidimensionalen Raum), hat man das gewünschte Ergebnis. Bei Skalierungen und Drehungen macht man Ähnliches. Nur hier ist es noch einfacher. Man führt künstlich eine dritte Dimension ein, verwendet diese aber bei der Berechnung des Funktionswertes nicht und vergisst sie am Ende wieder.

Sie sehen, dass man durch den Umweg über den dreidimensionalen Raum die hier betrachteten zweidimensionalen Transformationen vollständig in die Theorie der linearen Abbildungen und in den Matrizenkalkül einbetten kann. Später, bei der Betrachtung des dreidimensionalen Falls, werden wir völlig analog einen Umweg durch den vierdimensionalen Raum machen. Das kann ich Ihnen allerdings nicht mehr durch eine Zeichnung veranschaulichen. Dort müssen Sie sich dann ganz auf Ihr Abstraktionsvermögen verlassen.

### 3.2.3 Projektionen

Neben den Bewegungen und Skalierungen, die wir bisher ausschließlich betrachtet haben, gibt es auch noch die überaus wichtigen Projektionen. Projektionen werfen sozusagen den Schatten eines Objekts in einen um eine Dimension »kleineren« Raum. In der Spieleprogrammierung haben wir es vorrangig mit Projektionen eines dreidimensionalen Objekts (Drahtgitter) in eine zweidimensionale Ebene (Bildschirm) zu tun. Das Wesentliche kann man aber auch hier wieder bereits eine Dimension tiefer, also bei der Projektion eines ebenen Objekts auf eine Gerade, erkennen.

Wir stellen uns vor, dass wir ein Objekt in der x-y-Ebene haben und dass wir dieses Objekt etwa auf die x-Achse (oder eine Gerade parallel zur x-Achse) projizieren wollen. Grundsätzlich müssen wir dabei zwei Arten von Projektionen unterscheiden. Es gibt **senkrechte** und **perspektivische Projektionen**.

Die senkrechten Projektionen, mit denen wir beginnen wollen, werden auch **orthogonale Projektionen** genannt. Bei einer orthogonalen Projektion werden die Punkte des Objekts senkrecht auf die gewünschte Projektionsgerade projiziert:

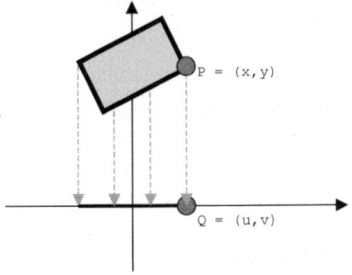

Nun werden Sie sicherlich sagen, dass man eine senkrechte Projektion auf die x-Achse ganz einfach dadurch erhält, dass man den y-Koordinatenwert auf 0 setzt. Das ist richtig, und wir können sofort die entsprechende Transformationsmatrix hinschreiben:

$$\begin{pmatrix} 1 & 0 & 0 \\ 0 & 0 & 0 \\ 0 & 0 & 1 \end{pmatrix}$$

Nun möchte man bei der Programmierung allerdings mehr Informationen bei einer Projektion erhalten als nur die neue x-Koordinate. Wir betrachten die Welt mit einem bestimmten Blickfeldwinkel. Alles, was außerhalb dieses Winkels ist, ist unsichtbar und darf nicht auf dem Bildschirm dargestellt werden. Außerdem ist es sinnvoll, eine »nahe« Ebene[9], vor der man nichts sieht, und eine ferne Ebene, hinter der man nichts sieht, zu haben. Stellen Sie sich vor, dass Sie in einem dunklen Raum mit einem gewissen Abstand (a) zu einem Fenster sitzen. Im Raum sehen Sie nichts. Das Fenster bildet also eine nahe Ebene, die Ihren Blick zu Ihnen hin begrenzt. Das Fenster hat eine bestimmte Höhe (c)[10] und Breite (d) und bestimmt dadurch den Bildausschnitt. Zusätzlich gibt es irgendwo in der Ferne (Abstand b) eine Wand, die den Blick begrenzt. Zweidimensional können wir das wie folgt skizzieren:

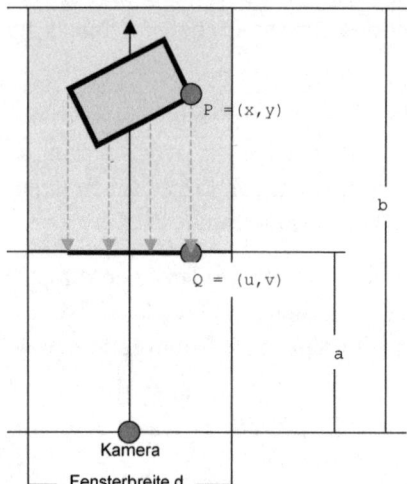

Für die Verarbeitung eines Bildes sollten folgende Informationen nach der Projektion verfügbar sein:

---

9  Im Zweidimensionalen ist das eine Gerade, aber ich formuliere das hier schon mit Blick auf den dreidimensionalen Fall.

10  Das Fenster hat im Zweidimensionalen natürlich keine Höhe.

▶ Was liegt innerhalb und was außerhalb des sichtbaren Bereichs?

▶ Was liegt weiter vorn beziehungsweise hinten?

Ohne diese Informationen können wir das projizierte Bild nicht zeichnen. Die erste Information brauchen wir für das Abschneiden des Bildes, die zweite, um zu wissen, ob ein Objekt ein anderes in Projektionsrichtung verdeckt. Sinnvoll ist es, die Koordinaten bei der Projektion so zu transformieren, dass der sichtbare Bereich anschließend in x-Richtung zwischen −1 und 1 und in y-Richtung zwischen 0 und 1 normiert ist, wobei die y-Koordinate nach wie vor die Rangfolge in der »Tiefe« wiedergeben sollte.

Um das zu erreichen, müssen wir in x-Richtung durch die halbe Fensterbreite dividieren. Also:

$$x \rightarrow \frac{2}{d} x$$

In y-Richtung müssen wir verschieben und skalieren. Da in y-Richtung der Wert a auf 0 und der Wert b auf 1 abgebildet werden soll, ergibt sich für y die folgende lineare Transformation:

$$y \rightarrow \frac{1}{b-a} y - \frac{a}{b-a}$$

Damit haben wir die geeignete Transformationsmatrix zur Durchführung einer orthogonalen Projektion gefunden:

$$\begin{pmatrix} \dfrac{2}{d} & 0 & 0 \\ 0 & \dfrac{1}{b-a} & 0 \\ 0 & -\dfrac{a}{b-a} & 1 \end{pmatrix}$$

Orthogonale Projektionen entsprechen nicht der natürlichen Sichtweise und wirken daher gekünstelt. Das liegt daran, dass ein Objekt, egal welchen Abstand es zur Kamera hat, immer gleich groß dargestellt wird. Es fehlt die Verkleinerung von Objekten in der Tiefe. Trotzdem sind orthogonale Projektionen (zum Beispiel für technische Zeichnungen) durchaus sinnvoll. Unserer Sichtweise entsprechen dagegen die perspektivischen Projektionen. Bei einer **perspektivischen Projektion** findet die Projektion auf den Blickpunkt hin statt. Das Blickfeld ist dann kein Rechteck, sondern ein Dreiecksstumpf:

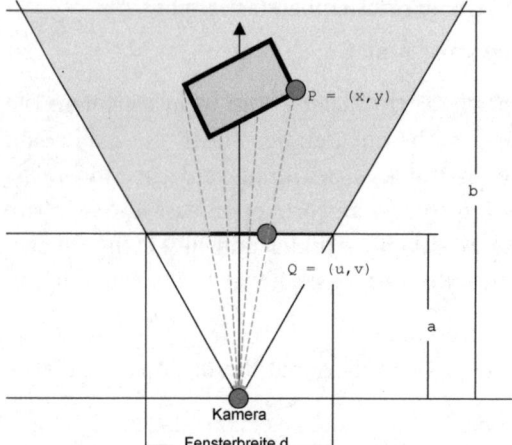

Diese Art der Projektion führt dazu, dass näher liegende Objekte größer gezeichnet werden als entfernte Objekte gleicher (realer) Größe. Was näher ist, erscheint größer. Perspektivische Transformationen sind allerdings etwas aufwändiger zu berechnen. Wir wollen in der oben gezeichneten Situation die Koordinaten des Punktes Q = (u,v) bestimmen und dabei wieder die bei der orthogonalen Projektion bereits diskutierten Normalisierungen berücksichtigen.

Zunächst einmal erkennt man aus der Grafik, dass sich u zu a verhalten muss wie x zu y. In Formeln:

$$\frac{u}{a} = \frac{x}{y}$$

Also:

$$u = \frac{a}{y}x$$

Um wieder in den Bereich zwischen –1 und 1 zu normieren, müssen wir durch die halbe Fensterbreite dividieren:

$$u = \frac{2 \cdot a}{d \cdot y}x$$

Nun ist y allerdings keine Konstante, die wir in unsere Matrix schreiben könnten. Wir betrachten alternativ die folgende Matrix:

$$\begin{pmatrix} \dfrac{2 \cdot a}{d} & 0 & 0 \\ 0 & 0 & 1 \\ 0 & 0 & 0 \end{pmatrix}$$

Wenn wir diese Matrix auf einen Eingabevektor anwenden, ergibt sich:

$$\begin{pmatrix} x & y & 1 \end{pmatrix} \cdot \begin{pmatrix} \dfrac{2 \cdot a}{d} & 0 & 0 \\ 0 & 0 & 1 \\ 0 & 0 & 0 \end{pmatrix} = \begin{pmatrix} \dfrac{2 \cdot a}{d} x & 0 & y \end{pmatrix}$$

Wir müssen jetzt allerdings in einem weiteren Schritt das Ergebnis auf $w = 1$ skalieren, also durch die letzte Koordinate dividieren:

$$\begin{pmatrix} \dfrac{2 \cdot a}{d} x & 0 & y \end{pmatrix} \rightarrow \begin{pmatrix} \dfrac{2 \cdot a}{d \cdot y} x & 0 & 1 \end{pmatrix}$$

Damit haben wir eine neue Operation definiert, die aus einer Matrixmultiplikation, gefolgt von einer anschließenden Rückskalierung, besteht. Diese Operation müssen wir zur Berechnung einer perspektivischen Projektion verwenden. Jetzt müssen wir in der Matrix noch die Normierung der $y$-Koordinate vornehmen. Diesmal muss in $y$-Richtung der Wert $a$ auf $0$ und der Wert $b$ auf $1$ abgebildet werden, um letztlich einen Wert zwischen $0$ und $1$ zu erhalten, da ja abschließend noch durch $y$ dividiert wird. Damit ergibt sich für $y$ die folgende lineare Transformation:

$$y \rightarrow \frac{b}{b-a} y - \frac{a \cdot b}{b-a}$$

Wir bauen dies in die Matrix ein und erhalten als Matrix für eine perspektivische Projektion:

$$\begin{pmatrix} \dfrac{2 \cdot a}{d} & 0 & 0 \\ 0 & \dfrac{b}{b-a} & 1 \\ 0 & -\dfrac{ab}{b-a} & 0 \end{pmatrix}$$

Wobei wir immer beachten müssen, dass eine Anwendung dieser Projektion nach der Matrixmultiplikation noch die Rückskalierung bezüglich der dritten Koordinate ($w = 1$) erfordert. Da bei allen zuvor betrachteten Operationen die letzte Koordinate immer den Wert $1$ behielt, können wir auch dort die Skalierung bezüglich der letzten Koordinate ohne Verfälschung der Ergebnisse hinzunehmen und erhalten so einen einheitlichen Formalismus zur Berechnung aller gewünschten Transformationen.

## 3.3 Die Geometrie des Raumes

Mit den im letzten Abschnitt eingeführten Begriffen können wir uns natürlich nicht zufriedengeben. Das war nur ein Vorspiel für das, was jetzt in drei Dimensionen folgt. Zum Glück können wir viele der Begriffe, die wir im letzten Abschnitt für zweidimensionale Räume kennengelernt haben, problemlos ins Dreidimensionale übertragen. Einige Aspekte sind allerdings auch neu.

### 3.3.1 Koordinaten und Vektoren

Um jeden Punkt des Raumes eindeutig festlegen zu können, verwenden wir wieder ein Koordinatensystem. Der Raum wird durch drei paarweise senkrecht aufeinander stehende Koordinatenachsen (Breite, Höhe und Tiefe) aufgespannt. Wir bezeichnen diese Achsen als

- x-Achse (Breite)
- y-Achse (Höhe)
- z-Achse (Tiefe)

Die Lage eines Punktes im Raum können wir eindeutig durch die Angabe von drei Koordinatenwerten in der Form $(x, y, z)$ bestimmen:

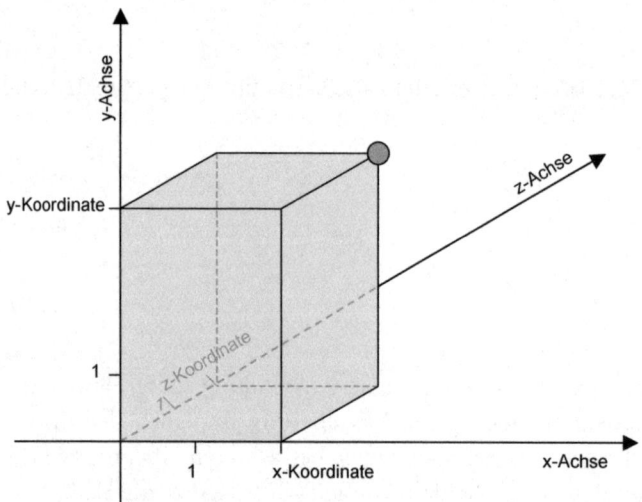

Im obigen Beispiel handelt es sich um den Punkt $(2,3,2)$. Auch die Interpretation als Vektor lässt sich problemlos aus dem zweidimensionalen Beispiel übernehmen:

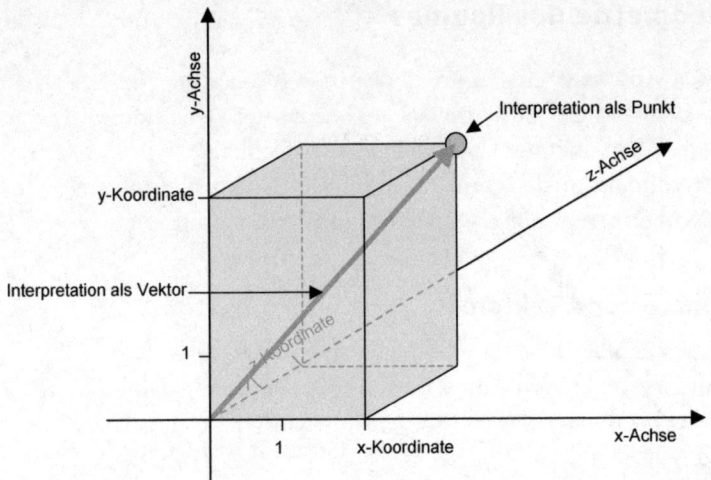

Die Addition von Vektoren und die Multiplikation von Vektoren mit einem Skalar können sinngemäß in die dritte Dimension übertragen werden. Man muss nur beachten, dass man es jetzt mit drei Achsenabschnitten zu tun hat:

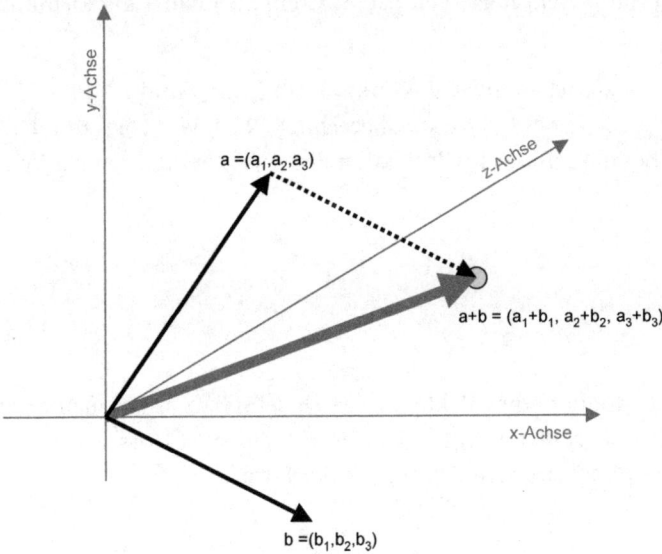

Anschaulich bedeutet die Addition, dass man den zweiten Vektor am Endpunkt des ersten Vektors anheftet und dann den Vektor betrachtet, der zum Endpunkt der beiden aneinandergehefteten Pfeile führt.

Man kann Vektoren mit einem Faktor (Skalar) multiplizieren, indem man die einzelnen Koordinatenwerte mit dem Faktor multipliziert:

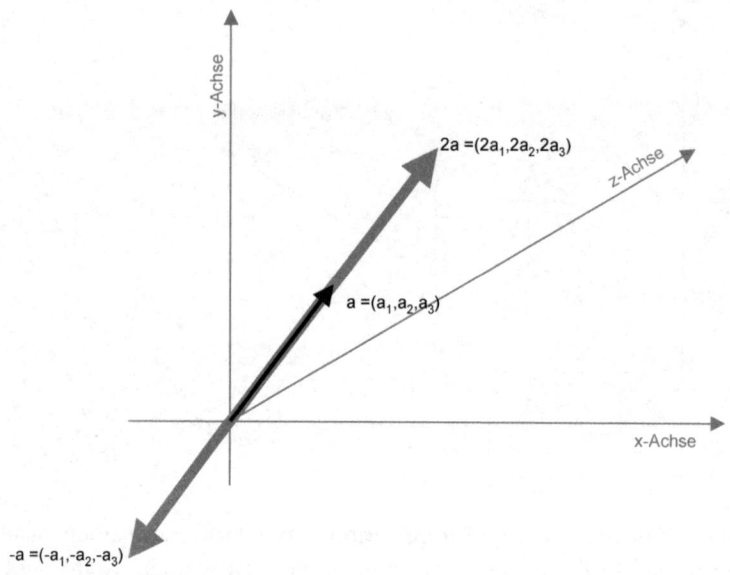

Anschaulich bedeutet dies, dass man den Vektor entsprechend dem Faktor in seiner Länge verändert. Bei einem negativen Faktor dreht sich dabei die Richtung des Vektors um.

Das Skalarprodukt $a \cdot b$ zwischen zwei Vektoren $a = (a_1, a_2, a_3)$ und $b = (b_1, b_2, b_3)$ wird mit der Formel $\langle a, b \rangle = a_1 b_1 + a_2 b_2 + a_3 b_3$ berechnet. Nach wie vor kann man über das Skalarprodukt die senkrechte Projektion eines Vektors a auf einen Vektor b mit der Formel

$$\frac{\langle a, b \rangle}{\|b\|^2} \cdot b$$

berechnen.

Bildet man das Skalarprodukt eines Vektors mit sich selbst, so erhält man auch jetzt wieder das Quadrat seiner Länge. Die Länge 1 eines Vektors $v = (x, y, z)$ berechnet sich im dreidimensionalen Raum nach der Formel:

$$l = \sqrt{x^2 + y^2 + z^2}$$

Die Lage der Achsen zueinander spielt im dreidimensionalen Raum eine wichtige Rolle. Wir verwenden hier ein *linkshändisches Koordinatensystem*. Dieser Begriff rührt daher, dass die Koordinatenachsen wie Daumen (x), Zeige- (y) und Mittelfinger (z) der linken Hand zueinander stehen:

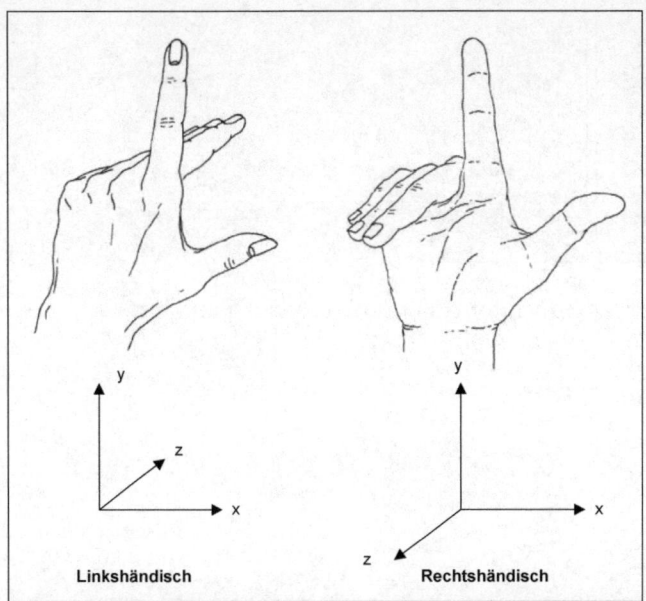

Letztlich ändert sich beim Übergang von einem linkshändischen zu einem rechtshändischen Koordinatensystem nur die Orientierung einer Achse. Aber das hat Auswirkungen auf den Drehsinn des Systems. Wenn wir in einem linkshändischen Koordinatensystem in Richtung der x-Achse blicken, so geht es links herum von der y-Achse zur z-Achse. In einem rechtshändischen System ist es anders herum.

Zwei Vektoren $a = (a_1, a_2, a_3)$ und $b = (b_1, b_2, b_3)$ spannen, sofern sie nicht in die gleiche oder genau entgegengesetzte Richtung zeigen, eine Ebene auf. Stellen Sie sich vor, dass Sie diese Ebene um einen bestimmten Punkt drehen wollen. Dann benötigen Sie eine Drehachse zu dieser Ebene, um eine entsprechende Rotation festlegen und anwenden zu können. Gesucht ist also ein Vektor $c = (c_1, c_2, c_3)$, der sowohl auf a als auch auf b senkrecht steht. Einen solchen Vektor berechnet man mit Hilfe des sogenannten **Vektor-** oder **Kreuzprodukts**:

$$c_1 = a_2 b_3 - a_3 b_2$$

$$c_2 = a_3 b_1 - a_1 b_3$$

$$c_3 = a_1 b_2 - a_2 b_1$$

Der Name Kreuzprodukt stammt daher, dass die Koordinatenwerte zur Berechnung des Produktes immer kreuzweise miteinander multipliziert werden:

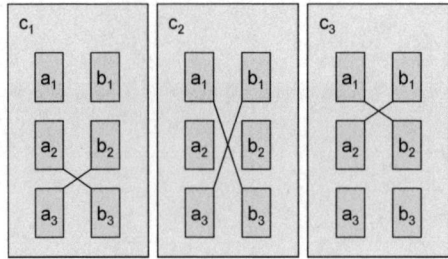

Das Kreuzprodukt liefert einen Vektor c, der senkrecht auf a und b steht:

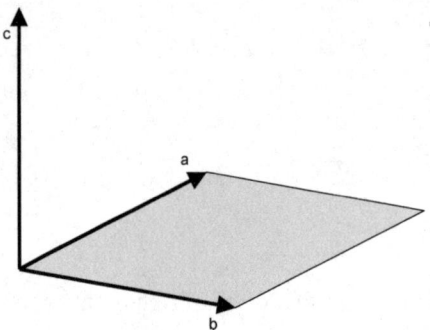

Die Richtung des Vektors c ist dabei so gewählt, dass die Vektoren a, b und c in dieser Reihenfolge ein linkshändisches Koordinatensystem bilden.[11] Die Länge des Ergebnisvektors entspricht dem Flächeninhalt des von a und b eingeschlossenen Parallelogramms.

### 3.3.2 Bewegungen

Als Bewegungen betrachten wir, wie schon im zweidimensionalen Fall:

▶ Verschiebungen,

▶ Skalierungen und

▶ Drehungen.

Bei einer Verschiebung wird das Objekt an eine andere Stelle im Koordinatensystem bewegt, behält dabei aber seine Ausrichtung bei. Bei einer Skalierung wird das Objekt in seiner Größe geändert, also vergrößert oder verkleinert. Die interessantesten Bewegungen sind die Drehungen im Raum. Es können beliebige Drehungen durchgeführt werden, wobei sich eine Drehung immer auf drei Grundtypen zurückführen lässt. Wir verdeutlichen uns das am Beispiel eines kleinen Bootes, das in Richtung der z-Achse auf dem Wasser schwimmt:

---

11  Wenn man in Richtung von a blickt, geht es links herum von b nach c.

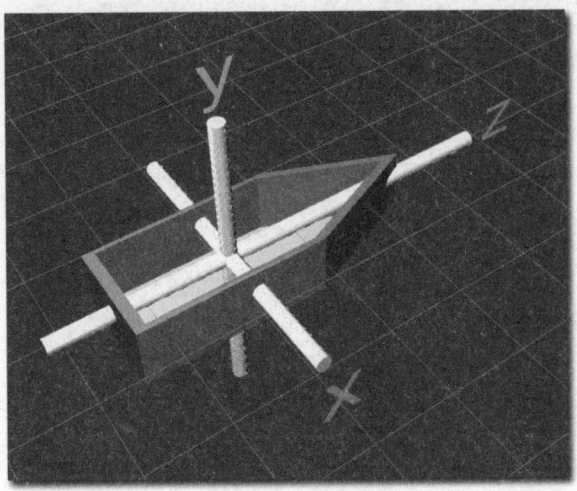

Das Boot kann durch drei verschiedene Arten von Drehungen in seiner Fahrt beeinflusst werden. Es kann nicken (pitch), das ist eine Drehung um die x-Achse, der Bug geht bei dieser Bewegung auf und ab. Das Boot kann krängen (roll), das ist eine Drehung um die z-Achse, bei der sich das Boot auf die linke oder rechte Seite legt. Schließlich kann das Boot gieren (yaw), das heißt sich um die y-Achse drehen, das ist dann eine Kursänderung nach Backbord oder Steuerbord. Jede Bootsbewegung – ob Schaukeln, Schlingern oder Kentern – kann durch eine Abfolge von Drehungen dieser drei Grundtypen beschrieben werden, wobei gegebenenfalls zu den Drehungen noch Verschiebungen hinzukommen. Sie müssen nur aufpassen, dass Sie bei diesen Bewegungen nicht seekrank werden.

Bewegungen im dreidimensionalen Raum werden wir wieder durch Matrizen beschreiben. Wegen der zusätzlichen dritten Dimension sind das jetzt allerdings 4x4-Matrizen, und die allgemeine Form der Transformationsgleichung lautet:

$$\begin{pmatrix} x' & y' & z' & 1 \end{pmatrix} = \begin{pmatrix} x & y & z & 1 \end{pmatrix} \cdot \begin{pmatrix} a & e & i & 0 \\ b & f & j & 0 \\ c & g & k & 0 \\ d & h & l & 1 \end{pmatrix}$$

Für Verschiebungen und Skalierungen können wir die Matrizen wieder unmittelbar hinschreiben. Aber auch für die drei Grundtypen von Drehungen ist das nicht schwierig. Bei einer Drehung um die z-Achse haben wir es eigentlich nur mit einer Drehung in der x-y-Ebene zu tun. Die z-Koordinate wird bei dieser Drehung nicht verändert. Und eine Drehung in einer Ebene können wir bereits beschreiben. Mit ähnlichen Überlegungen wie im zweidimensionalen Fall erhalten wir daher die folgenden Transformationen:

| Transformation | Transformationsgleichungen | Transformationsmatrix |
|---|---|---|
| Verschiebung um $(u,v,w)$ | $x' = x + u$ <br> $y' = y + v$ <br> $z' = z + w$ | $\begin{pmatrix} 1 & 0 & 0 & 0 \\ 0 & 1 & 0 & 0 \\ 0 & 0 & 1 & 0 \\ u & v & w & 1 \end{pmatrix}$ |
| Drehung um den Winkel $\alpha$ entgegen dem Uhrzeigersinn um die x-Achse | $x' = x$ <br> $y' = \cos(\alpha) \cdot y - \sin(\alpha) \cdot z$ <br> $z' = \sin(\alpha) \cdot y + \cos(\alpha) \cdot z$ | $\begin{pmatrix} 1 & 0 & 0 & 0 \\ 0 & \cos(\alpha) & \sin(\alpha) & 0 \\ 0 & -\sin(\alpha) & \cos(\alpha) & 0 \\ 0 & 0 & 0 & 1 \end{pmatrix}$ |
| Drehung um den Winkel $\alpha$ entgegen dem Uhrzeigersinn um die y-Achse | $x' = \cos(\alpha) \cdot x + \sin(\alpha) \cdot z$ <br> $y' = y$ <br> $z' = -\sin(\alpha) \cdot x + \cos(\alpha) \cdot z$ | $\begin{pmatrix} \cos(\alpha) & 0 & -\sin(\alpha) & 0 \\ 0 & 1 & 0 & 0 \\ \sin(\alpha) & 0 & \cos(\alpha) & 0 \\ 0 & 0 & 0 & 1 \end{pmatrix}$ |
| Drehung um den Winkel $\alpha$ entgegen dem Uhrzeigersinn um die z-Achse | $x' = \cos(\alpha) \cdot x - \sin(\alpha) \cdot y$ <br> $y' = \sin(\alpha) \cdot x + \cos(\alpha) \cdot y$ <br> $z' = z$ | $\begin{pmatrix} \cos(\alpha) & \sin(\alpha) & 0 & 0 \\ -\sin(\alpha) & \cos(\alpha) & 0 & 0 \\ 0 & 0 & 1 & 0 \\ 0 & 0 & 0 & 1 \end{pmatrix}$ |
| Skalierung mit Faktoren r, s und t | $x' = r \cdot x$ <br> $y' = s \cdot y$ <br> $z' = t \cdot z$ | $\begin{pmatrix} r & 0 & 0 & 0 \\ 0 & s & 0 & 0 \\ 0 & 0 & t & 0 \\ 0 & 0 & 0 & 1 \end{pmatrix}$ |

Alle Bewegungen im Raum können wir auf diese Grundtypen zurückführen. Will man beispielsweise um die Raumdiagonale $v = (1,1,1)$ drehen, so überführt man die Raumdiagonale durch eine Drehung um die y-Achse in die x-y-Ebene, dann durch eine Drehung um die z-Achse in die x-Achse. Dann dreht man entsprechend um die x-Achse und macht anschließend die beiden ersten Drehungen rückgängig. Die Grundoperationen werden – wie schon im zweidimensionalen Fall – durch Matrizen beschrieben. Die Vorteile des Matrizenkalküls hatten wir dort schon diskutiert.

Drehungen im Raum sind übrigens in der Anschauung nicht immer leicht nachzuvollziehen. Deshalb ist es in vielen Fällen sinnvoll, sich statt auf die Anschauung auf die Mathematik zu verlassen. Insbesondere ist es so, dass Drehungen nicht einfach vertauscht werden können. Eine Drehung um 90 Grad um die x-Achse mit anschließender Drehung ebenfalls um 90 Grad um die z-Achse liefert ein anderes Ergebnis als eine Drehung um 90 Grad um die z-Achse mit anschließender 90-Grad-Drehung um die x-Achse. Stellen Sie sich eine Kugel vor, die vor Ihnen auf dem Boden liegt. Sie rollen diese Kugel eine viertel Umdrehung von sich weg und anschließend eine viertel Umdrehung nach links. Sie werden vielleicht sagen, dass das doch das Gleiche ist, wenn ich die Kugel zunächst nach links und dann nach vorn rolle. In der Tat sehen Sie bei einer einfarbigen Kugel mit homogener Oberflächenstruktur keinen Unterschied. Sobald Sie aber eine Beschriftung auf der Kugel haben, werden Sie einen Unterschied feststellen. Die Kugel liegt zwar in beiden Fällen an der gleichen Stelle, aber sie ist anders gedreht. Das wird sofort klar, wenn Sie anstelle der Kugel einen Würfel verwenden. Legen Sie den Würfel so vor sich, dass die Eins oben ist und die Zwei zu Ihnen hin zeigt:

Drehen Sie den Würfel jetzt einmal von sich weg und dann nach links. Die Vier ist oben. Gehen Sie zurück zur Ausgangsstellung, und drehen Sie jetzt zuerst nach links und dann nach vorn. Der Würfel liegt an der gleichen Stelle wie vorher, aber die Zwei ist oben.

### 3.3.3  Projektionen

Auch im Raum haben wir es wieder mit senkrechten und perspektivischen Projektionen zu tun. Die Projektion erfolgt dabei immer in die x-y-Ebene. Und auch die zugehörigen Matrizen sind naheliegende Erweiterungen der zweidimensionalen Situation:

| Projektion | Parameter | Matrix |
|---|---|---|
| Senkrecht | a  Abstand der nahen Sichtebene<br>b  Abstand der fernen Sichtebene<br>c  Höhe des Sichtfensters<br>d  Breite des Sichtfensters | $\begin{pmatrix} \dfrac{2}{d} & 0 & 0 & 0 \\ 0 & \dfrac{2}{c} & 0 & 0 \\ 0 & 0 & \dfrac{1}{b-a} & 0 \\ 0 & 0 & -\dfrac{a}{b-a} & 1 \end{pmatrix}$ |

| Projektion | Parameter | Matrix |
|---|---|---|
| Perspektivisch | a Abstand der nahen Sichtebene<br>b Abstand der fernen Sichtebene<br>c Höhe des Sichtfensters<br>d Breite des Sichtfensters<br><br>Nach Matrixmultiplikation<br>Rückskalierung auf $w = 1$. | $$\begin{pmatrix} \dfrac{2 \cdot a}{d} & 0 & 0 & 0 \\ 0 & \dfrac{2 \cdot a}{c} & 0 & 0 \\ 0 & 0 & \dfrac{b}{b-a} & 1 \\ 0 & 0 & -\dfrac{a \cdot b}{b-a} & 0 \end{pmatrix}$$ |

Das Verhältnis von Breite zu Höhe des Sichtfensters bezeichnet man dabei auch als das Ansichtsverhältnis.

Da Projektionen aus dem Raum in die Ebene in starren Bildern nur schwer zu visualisieren sind, habe ich Ihnen ein Programm (projektion.exe) erstellt, mit dem Sie sowohl senkrechte als auch perspektivische Projektionen erkunden können. Die Steuerung erfolgt hier statt über die Höhe und Breite über die Größe und das Ansichtsverhältnis des Sichtfensters. Das sind aber letztlich die gleichen Parameter. Das Programm finden Sie im Verzeichnis *Demos* der CD:

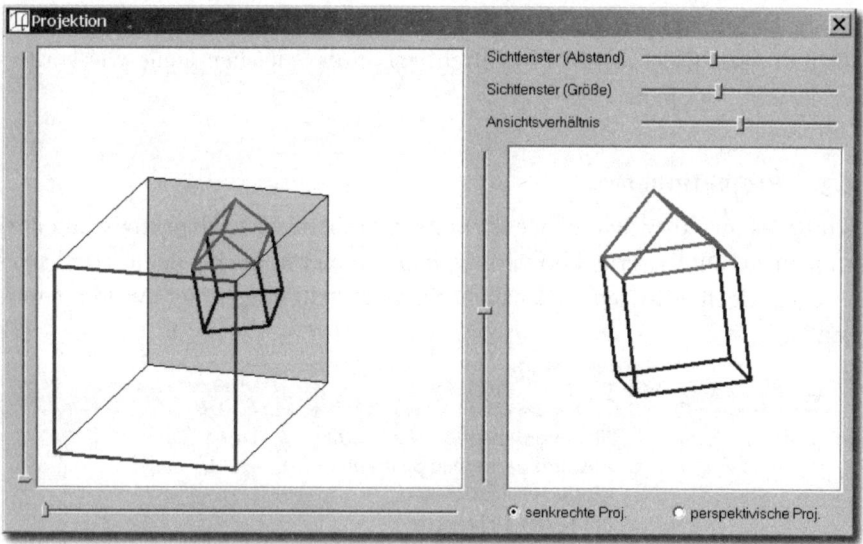

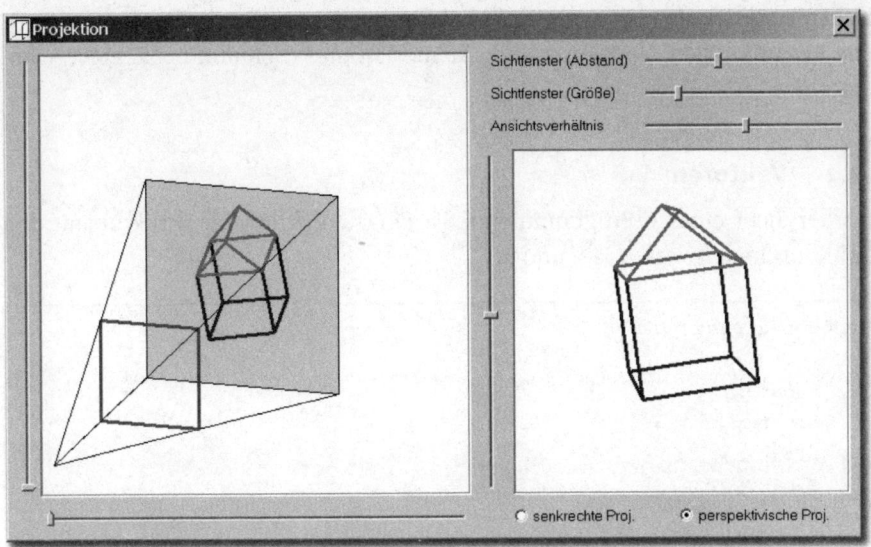

Zur Bedienung dieses Programms muss ich nichts sagen, da alle Bedieneingriffe einen unmittelbar einsichtigen grafischen Effekt haben.

## 3.4 Geometrie in DirectX

Natürlich müssen Sie nicht alle in den vorherigen Abschnitten vorgestellten Berechnungen durchführen, Sie müssen sie »nur« verstehen. Für die Durchführung der Rechnungen haben wir ja den Computer. *DirectX* stellt uns eine Reihe von Funktionen zur Verfügung, mit denen wir alle hier erforderlichen Operationen durchführen können. Wir wollen uns einen Überblick über diese Funktionen verschaffen. Bei den in diesem Abschnitt vorgestellten Funktionen handelt es sich allerdings nur um eine Auswahl, die aber alle Funktionen enthält, die wir für die geometrischen Berechnungen in den Projekten benötigen. Eine vollständige Funktionsübersicht finden Sie in der Online-Hilfe von *DirectX* unter dem Stichwort »Math Functions«.

### 3.4.1 Trigonometrische Funktionen

Für die Berechnung von Werten trigonometrischer Funktionen verwenden wir hier nicht Runtime-Library-Funktionen wie sin oder cos, da diese auf Berechnungen in doppelter Genauigkeit (double) ausgelegt sind. Uns reicht hier einfache Genauigkeit – also die Verwendung von float. Damit wir nicht den zusätzlichen Berechnungsaufwand der doppelten Genauigkeit als Laufzeitballast mit uns herumschleppen, verwenden wir hier die funktional gleichwertigen trigonometrischen Funktionen `sinf`, `cosf`, `tanf`, `atanf` usw. Benötigt man für trigonometrische Berechnungen die Konstante $\pi$, kann man im Programm `D3DX_PI` verwenden.

### 3.4.2 Vektoren

Aus der Sicht eines C-Programmierers ist ein 3D-Vektor eine Struktur mit den drei Koordinatenwerten `x`, `y` und `z`:

```
typedef struct _D3DVECTOR
    {
    float x;
    float y;
    float z;
    } D3DVECTOR;
```

Das heißt, dass wir die Koordinaten eines Vektors `v` bei Bedarf unmittelbar in der Form `v.x`, `v.y` und `v.z` ansprechen können.

Für einen C++-Programmierer kommen zu dieser einfachen Struktur noch verschiedene Konstruktoren und überladene Operatoren hinzu:[12]

```
    typedef struct D3DXVECTOR3 : public D3DVECTOR
        {
        public:
A           D3DXVECTOR3() {};
B           D3DXVECTOR3( CONST FLOAT * );
C           D3DXVECTOR3( CONST D3DVECTOR& );
D           D3DXVECTOR3( FLOAT x, FLOAT y, FLOAT z );
E           operator FLOAT* ();
F           operator CONST FLOAT* () const;
G           D3DXVECTOR3& operator += ( CONST D3DXVECTOR3& );
H           D3DXVECTOR3& operator -= ( CONST D3DXVECTOR3& );
I           D3DXVECTOR3& operator *= ( FLOAT );
J           D3DXVECTOR3& operator /= ( FLOAT );
K           D3DXVECTOR3 operator + () const;
L           D3DXVECTOR3 operator - () const;
M           D3DXVECTOR3 operator + ( CONST D3DXVECTOR3& ) const;
N           D3DXVECTOR3 operator - ( CONST D3DXVECTOR3& ) const;
O           D3DXVECTOR3 operator * ( FLOAT ) const;
P           D3DXVECTOR3 operator / ( FLOAT ) const;
```

---

12 Beachten Sie die Vererbungsbeziehung in dieser Deklaration.

```
Q |      friend D3DXVECTOR3 operator *(FLOAT,
                                  CONST struct D3DXVECTOR3&);
R |      BOOL operator == ( CONST D3DXVECTOR3& ) const;
S |      BOOL operator != ( CONST D3DXVECTOR3& ) const;
     } D3DXVECTOR3, *LPD3DXVECTOR3;
```

Zunächst einmal gibt es vier Konstruktoren:

A: Der Default-Konstruktor erzeugt einen uninitialisierten Vektor.

B: Dieser Konstruktor initialisiert den Vektor aus einem Array von Gleitkommazahlen.

C: Der Copy-Konstruktor initialisiert den Vektor aus einem anderen Vektor.

D: Dieser Konstruktor initialisiert den Vektor mit drei Einzelwerten (x, y und z).

Darüber hinaus besteht die Möglichkeit, einen Vektor auf einen Array von Gleitkommazahlen zu casten (E, F), damit man über einen Index auf die einzelnen
Koordinaten zugreifen kann.

Es folgt eine Liste von verschiedenen Operatoren für Vektoren, durch die die
oben beschriebene Vektorrechnung implementiert ist:

G: Addition eines Vektors zu einem Vektor in der Form v += w

H: Subtraktion eines Vektors von einem Vektor in der Form v -= w

I:  Multiplikation eines Vektors mit einem Skalar in der Form v *= s

J:  Division eines Vektors durch einen Skalar in der Form v /= s

K: Vorzeichen eines Vektors in der Form +v

L: Vorzeichenwechsel eines Vektors in der Form -v

M: Addition von Vektoren in der Form u = v + w

N: Subtraktion von Vektoren in der Form u = v - w

O: Multiplikation eines Vektors mit einem Skalar in der Form u = v * s

P: Division eines Vektors durch einen Skalar in der Form u = v / s

Q: Multiplikation eines Vektors mit einem Skalar in der Form u = s * v

R: Test auf Gleichheit zweier Vektoren in der Form u == v

S: Test auf Ungleichheit zweier Vektoren in der Form u != v

Als C++-Programmierer kann man diese Operatoren verwenden. Als C-Programmierer[13] muss man die zugehörigen Operationen durch direkten Zugriff auf die Koordinaten selbst programmieren, oder man kann die weiter unten beschriebenen Funktionen verwenden.

Letztlich haben wir zwei neue Datentypen zur Verfügung:

D3DXVECTOR3              ist ein 3D-Vektor

LPD3DXVECTOR3           ist ein Zeiger auf einen 3D-Vektor

### 3.4.3 Vektorfunktionen

Für Vektoren gibt es eine Reihe von Funktionen. Für den C++-Programmierer sind diese Funktionen teilweise schon durch die oben erklärten Operatoren abgedeckt.

Zur Addition von zwei Vektoren dient die Funktion D3DXVec3Add mit der folgenden Schnittstelle:

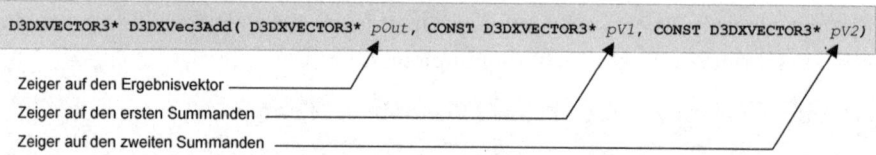

Der im ersten Parameter übergebene Zeiger wird als Returnwert der Funktion wieder zurückgegeben. Dieses Prinzip, das es ermöglicht, das Funktionsergebnis direkt weiterzuverwenden (zum Beispiel als Parameter in einem Funktionsaufruf), werden Sie bei vielen der nachfolgend beschriebenen Funktionen wiederfinden. Alternativ zu dieser Funktion kann man auch den überladenen +-Operator in der Form Out = V1 + V2 verwenden.

Die Funktion D3DXVec3Subtract ist von der Parametersignatur her mit D3DXVec3Add identisch und dient zur Subtraktion von Vektoren:

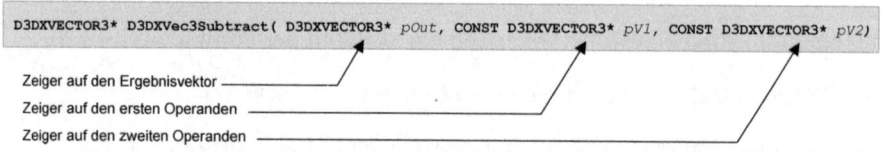

Alternativ können Sie in C++ den Ausdruck Out = V1 - V2 verwenden.

---

13 C kennt ja keine überladenen Operatoren.

Zum Skalieren, also zur Multiplikation eines Vektors mit einer Zahl, dient die Funktion D3DXVec3Scale:

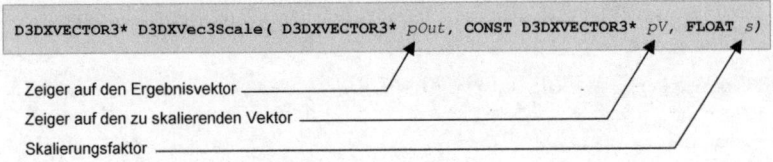

Das ist gleichbedeutend mit der Formel Out = s * V.

Auch zur Berechnung des Skalar- beziehungsweise Kreuzprodukts von Vektoren gibt es entsprechende Funktionen. Das Skalarprodukt (engl. dotproduct) berechnet man mit der Funktion D3DXVec3Dot:

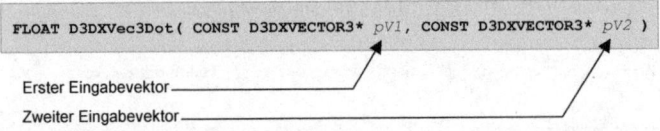

Um die Länge eines Vektors zu erhalten, verwendet man die Funktion D3DXVec3Length:

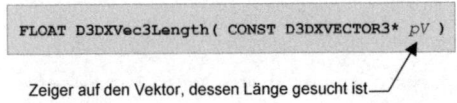

Häufig will man nur Längenvergleiche zwischen Vektoren anstellen. Dazu reicht es in der Regel aus, die Längenquadrate von Vektoren zu berechnen. Die Berechnung der Längenquadrate ist effizienter als die Berechnung der Länge, da keine Wurzel gezogen werden muss. Zur Berechnung des Längenquadrats dient die Funktion D3DXVec3LengthSq:

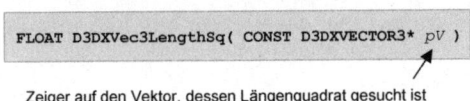

Das Vektor-Kreuzprodukt (D3DXVec3Cross) ist vektor-wertig und hat die gleiche Schnittstelle wie die Vektoraddition:

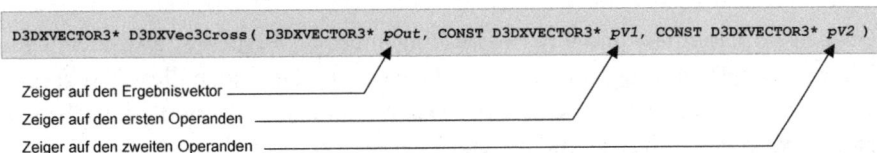

Zur linearen Interpolation zwischen zwei Vektoren nach der Formel

```
Out = (1-s)V1 + sV2
```

verwendet man die Funktion D3DXVec3Lerp mit der folgenden Schnittstelle:

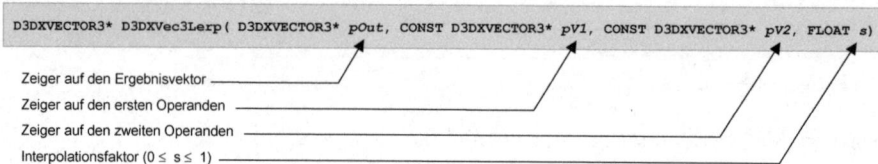

```
D3DXVECTOR3* D3DXVec3Lerp( D3DXVECTOR3* pOut, CONST D3DXVECTOR3* pV1, CONST D3DXVECTOR3* pV2, FLOAT s)
```

Zeiger auf den Ergebnisvektor
Zeiger auf den ersten Operanden
Zeiger auf den zweiten Operanden
Interpolationsfaktor ($0 \leq s \leq 1$)

Wenn man die jeweils kleinsten x-, y- beziehungsweise z-Koordinatenwerte zweier Vektoren zu einem neuen Vektor zusammenfasst, erhält man einen Vektor, den man als das Minimum der beiden Eingabevektoren bezeichnen kann. Dieses Minimum berechnet man mit der Funktion D3DXVec3Minimize:

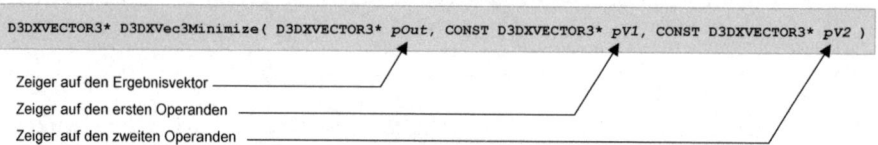

```
D3DXVECTOR3* D3DXVec3Minimize( D3DXVECTOR3* pOut, CONST D3DXVECTOR3* pV1, CONST D3DXVECTOR3* pV2 )
```

Zeiger auf den Ergebnisvektor
Zeiger auf den ersten Operanden
Zeiger auf den zweiten Operanden

Völlig analog berechnet die Funktion D3DXVec3Maximize das Maximum zweier Vektoren:

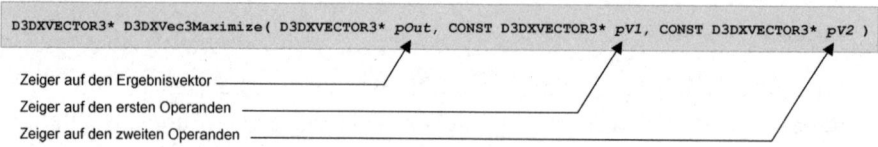

```
D3DXVECTOR3* D3DXVec3Maximize( D3DXVECTOR3* pOut, CONST D3DXVECTOR3* pV1, CONST D3DXVECTOR3* pV2 )
```

Zeiger auf den Ergebnisvektor
Zeiger auf den ersten Operanden
Zeiger auf den zweiten Operanden

Häufig benötigt man einen Vektor in normalisierter Form. Der normalisierte Vektor hat die gleiche Richtung wie der Ursprungsvektor, aber die normierte Länge 1. Man erhält den normalisierten Vektor, indem man den ursprünglichen Vektor mit dem Kehrwert seiner Länge skaliert. Bei der Berechnung hilft uns die Funktion D3DXVec3Normalize:

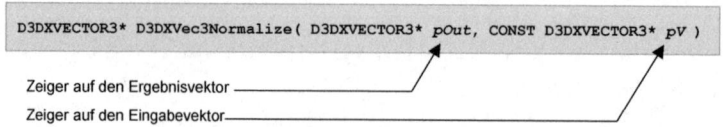

```
D3DXVECTOR3* D3DXVec3Normalize( D3DXVECTOR3* pOut, CONST D3DXVECTOR3* pV )
```

Zeiger auf den Ergebnisvektor
Zeiger auf den Eingabevektor

Um diese Operationen und ihre Auswirkungen besser verstehen zu können, habe ich Ihnen ein Demoprogramm (vektor.exe) erstellt. Sie finden dieses Programm auf der CD im Verzeichnis *Demos*. Der Programmdialog erlaubt die Eingabe von zwei Vektoren (v1 und v2) und einem Skalar (s):

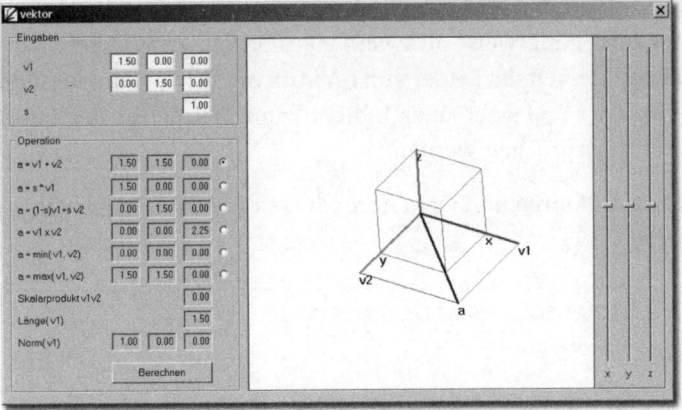

Unterhalb des Eingabebereichs werden die Ergebnisse ausgewählter Vektor-Operationen angezeigt. Durch einen Klick auf *Berechnen* wird dieser Bereich aktualisiert. Bei der Wahl einer Zeile durch einen Radiobutton rechts neben den Ergebnissen wird das Ergebnis zusammen mit den Eingaben im rechten Fenster dargestellt. Mit den Schiebereglern am rechten Rand kann die Darstellung beliebig gedreht werden, damit man sie von allen Seiten betrachten kann. Nutzen Sie das Programm, um sich mit der Vektorrechnung vertraut zu machen. Wichtig ist, dass Sie auf diese Weise lernen, die geometrische Auswirkung der Operationen richtig einzuschätzen.

### 3.4.4 Matrizen

Auch für 4x4-Matrizen gibt es zunächst eine einfache C-Datenstruktur, von der später eine C++-Struktur abgeleitet wird:

```
typedef struct _D3DMATRIX
    {
    union
        {
        struct
            {
            float  _11, _12, _13, _14;
            float  _21, _22, _23, _24;
            float  _31, _32, _33, _34;
            float  _41, _42, _43, _44;
            };
        float m[4][4];
        };
    } D3DMATRIX;
```

Es handelt sich um eine Union, in der zwei Interpretationen der Matrix (als einzeln benannte Felder beziehungsweise als zweidimensionaler Array) übereinandergelegt sind. Dadurch können die Felder einer Matrix mat direkt (zum Beispiel in der Form mat._32 = 1.0f) oder über Indizes (zum Beispiel in der Form mat.m[2][1] = 1.0f) angesprochen werden.[14]

Die erforderlichen Konstruktoren und Operatoren finden wir dann in dem abgeleiteten C++-Datentyp:

```
   typedef struct D3DXMATRIX : public D3DMATRIX
       {
       public:
A          D3DXMATRIX() {};
B          D3DXMATRIX( CONST FLOAT * );
C          D3DXMATRIX( CONST D3DMATRIX& );
D          D3DXMATRIX( FLOAT _11, FLOAT _12, FLOAT _13, FLOAT _14,
                       FLOAT _21, FLOAT _22, FLOAT _23, FLOAT _24,
                       FLOAT _31, FLOAT _32, FLOAT _33, FLOAT _34,
                       FLOAT _41, FLOAT _42, FLOAT _43, FLOAT _44
                     );
E          FLOAT& operator () ( UINT Row, UINT Col );
F          FLOAT  operator () ( UINT Row, UINT Col ) const;
G          operator FLOAT* ();
H          operator CONST FLOAT* () const;
I          D3DXMATRIX& operator *= ( CONST D3DXMATRIX& );
J          D3DXMATRIX& operator += ( CONST D3DXMATRIX& );
K          D3DXMATRIX& operator -= ( CONST D3DXMATRIX& );
L          D3DXMATRIX& operator *= ( FLOAT );
M          D3DXMATRIX& operator /= ( FLOAT );
N          D3DXMATRIX operator + () const;
O          D3DXMATRIX operator - () const;
P          D3DXMATRIX operator * ( CONST D3DXMATRIX& ) const;
Q          D3DXMATRIX operator + ( CONST D3DXMATRIX& ) const;
R          D3DXMATRIX operator - ( CONST D3DXMATRIX& ) const;
S          D3DXMATRIX operator * ( FLOAT ) const;
T          D3DXMATRIX operator / ( FLOAT ) const;
U          friend D3DXMATRIX operator * ( FLOAT,
                                          CONST D3DXMATRIX& );
V          BOOL operator == ( CONST D3DXMATRIX& ) const;
W          BOOL operator != ( CONST D3DXMATRIX& ) const;
       } D3DXMATRIX, *LPD3DXMATRIX;
```

14 Beachten Sie, dass sich die Zugriffe in den beiden Beispielen wegen der bei 0 beginnenden Arrays auf das gleiche Feld beziehen.

Am Anfang (A-D) stehen vier Konstruktoren, die die Initialisierung einer Matrix ohne Initialwerte, über einen Array von Werten, über eine andere Matrix oder über 16 Einzelparameter ermöglichen.

Danach (E, F) folgen Überladungen, die einen Zugriff in der Form mat(2,1) auf die Felder einer Matrix mat ermöglichen. Im ersten Fall erhält man eine Referenz, sodass man den Wert in der Matrix (zum Beispiel in der Form mat(2, 1) = 1.0f) auch verändern kann.

Durch entsprechende Cast-Operatoren (G,H) kann man die Matrix als Array uminterpretieren.

Danach folgen die für uns besonders interessanten Matrixoperationen:

I:  Multiplikation einer Matrix mit einer anderen Matrix in der Form m *= n

J:  Addition einer Matrix zu einer anderen Matrix in der Form m += n

K:  Subtraktion einer Matrix von einer anderen Matrix in der Form m -= n

L:  Multiplikation einer Matrix mit einem Skalar in der Form m *= s

M: Division einer Matrix durch einen Skalar in der Form m /= s

N: Vorzeichen einer Matrix in der Form +m

O: Vorzeichenwechsel einer Matrix in der Form -m

P: Multiplikation zweier Matrizen in der Form m = n1 * n2

Q: Addition zweier Matrizen in der Form m = n1 + n2

R: Subtraktion zweier Matrizen in der Form m = n1 - n2

S: Multiplikation einer Matrix mit einem Skalar in der Form m = n * s

T: Division einer Matrix durch einen Skalar in der Form m = n / s

U: Multiplikation einer Matrix mit einem Skalar in der Form m = s * n

V: Test auf Gleichheit zweier Matrizen in der Form m == n

W: Test auf Ungleichheit zweier Matrizen in der Form m != n

Letztlich haben wir auch für Matrizen zwei neue Datentypen zur Verfügung:

D3DXMATRIX    ist eine 4x4-Matrix

LPD3DXMATRIX    ist ein Zeiger auf eine 4x4-Matrix

### 3.4.5 Matrizenfunktionen

In diesem Abschnitt habe ich einige Matrizenfunktionen zusammengestellt, die wir für unser Projekt benötigen. Die hier vorgestellten Funktionen sind von so allgemeiner Bedeutung, dass sie unabhängig von einer konkreten Verwendung diskutiert werden sollten.

Eine ganz elementare, aber dennoch wichtige Matrix ist die Einheitsmatrix:

$$E = \begin{pmatrix} 1 & 0 & 0 & 0 \\ 0 & 1 & 0 & 0 \\ 0 & 0 & 1 & 0 \\ 0 & 0 & 0 & 1 \end{pmatrix}$$

Diese Matrix macht schlichtweg gar nichts, wenn man sie auf einen Vektor anwendet oder mit einer anderen Matrix multipliziert. In Formeln:

$v \cdot E = v$ beziehungsweise $M \cdot E = M$

Mit der Funktion D3DXMatrixIdentity können Sie die Einheitsmatrix erzeugen:

```
D3DXMATRIX* D3DXMatrixIdentity( D3DXMATRIX* pOut)
```

Zeiger auf die Ergebnismatrix

Die Einheitsmatrix spielt eine ähnlich wichtige Rolle wie die Zahl 1 bei der Multiplikation und wird häufig als Initialwert für eine Reihe von Matrixmultiplikationen verwendet. Der Zeiger pOut wird von dieser Funktion als Returnwert zurückgegeben, damit das Ergebnis in einer anderen Funktion direkt weiterverwendet werden kann.

Manche der in den vorangegangenen Kapiteln beschriebenen Matrizenoperationen lassen sich rückgängig machen. Zum Beispiel gibt es zu einer Drehung immer die umgekehrte Drehung, und auch diese ist durch eine Matrix beschrieben. Als Beispiel betrachten wir die allgemeine Matrix zur Drehung um die z-Achse und multiplizieren diese mit der Matrix, die für die umgekehrte Drehung steht:

$$\begin{pmatrix} \cos(\alpha) & \sin(\alpha) & 0 & 0 \\ -\sin(\alpha) & \cos(\alpha) & 0 & 0 \\ 0 & 0 & 1 & 0 \\ 0 & 0 & 0 & 1 \end{pmatrix} \cdot \begin{pmatrix} \cos(-\alpha) & \sin(-\alpha) & 0 & 0 \\ -\sin(-\alpha) & \cos(-\alpha) & 0 & 0 \\ 0 & 0 & 1 & 0 \\ 0 & 0 & 0 & 1 \end{pmatrix}$$

Wegen $\sin(-\alpha) = -\sin(\alpha)$ und $\cos(-\alpha) = \cos(\alpha)$ ist das:

$$\begin{pmatrix} \cos(\alpha) & \sin(\alpha) & 0 & 0 \\ -\sin(\alpha) & \cos(\alpha) & 0 & 0 \\ 0 & 0 & 1 & 0 \\ 0 & 0 & 0 & 1 \end{pmatrix} \cdot \begin{pmatrix} \cos(\alpha) & -\sin(\alpha) & 0 & 0 \\ \sin(\alpha) & \cos(\alpha) & 0 & 0 \\ 0 & 0 & 1 & 0 \\ 0 & 0 & 0 & 1 \end{pmatrix}$$

Wenn wir das ausmultiplizieren, erhalten wir:

$$\begin{pmatrix} \cos^2(\alpha)+\sin^2(\alpha) & -\sin(\alpha)\cos(\alpha)+\sin(\alpha)\cos(\alpha) & 0 & 0 \\ -\sin(\alpha)\cos(\alpha)+\cos(\alpha)\sin(\alpha) & \sin^2(\alpha)+\cos^2(\alpha) & 0 & 0 \\ 0 & 0 & 1 & 0 \\ 0 & 0 & 0 & 1 \end{pmatrix}$$

Und das ist wegen $\sin^2(\alpha)+\cos^2(\alpha)=1$ die Einheitsmatrix:

$$\begin{pmatrix} 1 & 0 & 0 & 0 \\ 0 & 1 & 0 & 0 \\ 0 & 0 & 1 & 0 \\ 0 & 0 & 0 & 1 \end{pmatrix}$$

Das war auch zu erwarten, da sich eine Drehung und die umgekehrte Drehung gegenseitig aufheben müssen und daher, wenn sie hintereinander ausgeführt werden, zu einer Operation führen müssen, die nichts macht. Allgemein bezeichnen wir eine Matrix, die die Transformation einer Matrix M wieder aufhebt, als die zu M inverse Matrix (oder Umkehrmatrix). Die zur Matrix M inverse Matrix bezeichnen wir mit $M^{-1}$. Es ist also:

$$M \cdot M^{-1} = E$$

Nicht jede Matrix hat eine Umkehrmatrix, aber wenn sie eine hat, kann diese mit der Funktion D3DXMatrixInverse berechnet werden.

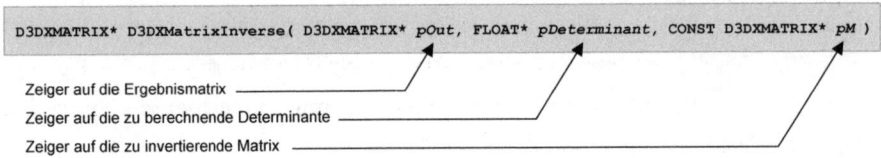

```
D3DXMATRIX* D3DXMatrixInverse( D3DXMATRIX* pOut, FLOAT* pDeterminant, CONST D3DXMATRIX* pM )
```

Zeiger auf die Ergebnismatrix
Zeiger auf die zu berechnende Determinante
Zeiger auf die zu invertierende Matrix

Diese Funktion berechnet die Umkehrmatrix, sofern die Ausgangsmatrix invertierbar ist. Der Rückgabewert ist 0, wenn die Matrix nicht invertierbar ist. Ansonsten wird der Zeiger pOut auch als Returnwert zurückgegeben, damit das Ergebnis in einer anderen Funktion direkt weiterverwendet werden kann. Zusätzlich wird die Determinante[15] der Matrix in der durch pDet referenzierten float-Variablen abgelegt.

Die wichtigste Matrizenoperation ist die Multiplikation. Dementsprechend wichtig ist die Funktion D3DXMatrixMultiply, mit der das Produkt zweier Matrizen berechnet wird:

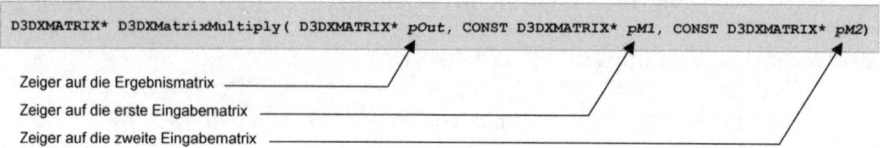

Das Ergebnis wird in die vom aufrufenden Programm bereitgestellte Matrix pOut übertragen. Zusätzlich gibt die Funktion den Zeiger pOut als Returnwert zurück, damit mit dem Ergebnis der Multiplikation direkt weitergearbeitet werden kann.

Als Nächstes lernen Sie einige Funktionen kennen, mit denen wir Matrizen für spezielle Rotationen, Translationen oder Skalierungen erzeugen können. Als Erstes betrachten wir Rotationen um eine der drei Koordinatenachsen:

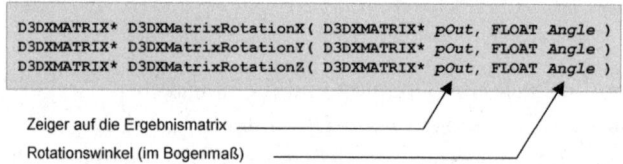

Diese Funktionen erzeugen eine Drehmatrix, die Vektoren entgegen dem Uhrzeigersinn[16] um einen bestimmten Winkel dreht.

Will man um eine beliebige Achse drehen, so verwendet man die Funktion D3DXMatrixRotationAxis:

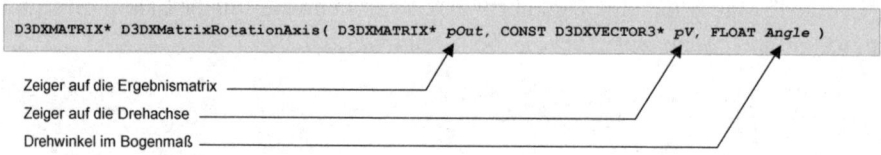

Neben der Ergebnismatrix und dem Drehwinkel muss man hier zusätzlich den Vektor angeben, der die Drehachse bilden soll.

Eine weitere Funktion ermöglicht es, eine Matrix zu erzeugen, die Vektoren um gewisse Winkel in allen drei Koordinatenrichtungen kippt. Die einzelnen Kippbewegungen heißen in Anlehnung an die Seefahrt:

---

15 Ich habe nirgends erklärt, was eine Determinante ist. Sehr oberflächlich gesprochen, ist es eine Kennzahl, die, wenn sie ungleich 0 ist, anzeigt, dass die Matrix invertierbar ist.

16 Präziser: Wenn man in der entsprechenden Achsenrichtung aus dem negativen in den positiven Bereich guckt, erfolgt die Drehung entgegen dem Uhrzeigersinn.

- ▶ Yaw    Rechts-Links-Drehen oder Gieren
- ▶ Pitch    Auf-Ab-Nicken oder Schaukeln
- ▶ Roll    Rechts-Links-Neigen oder Krängen

Die entsprechende Funktion heißt D3DXMatrixRotationYawPitchRoll:

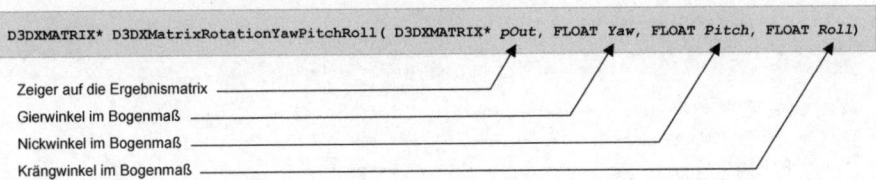

Mit der Funktion D3DXMatrixScaling erzeugt man eine Matrix, mit der man in x, y und/oder z-Richtung skalieren kann:

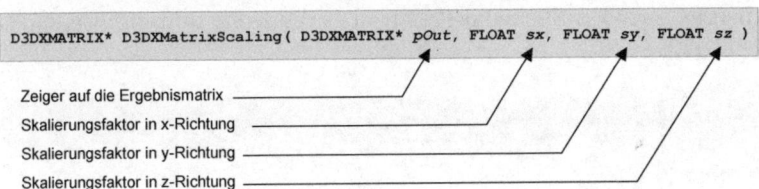

Unter den Bewegungen fehlt jetzt nur noch die Translation oder Verschiebung. Die zugehörige Matrix wird durch die Funktion D3DXMatrixTranslation erzeugt:

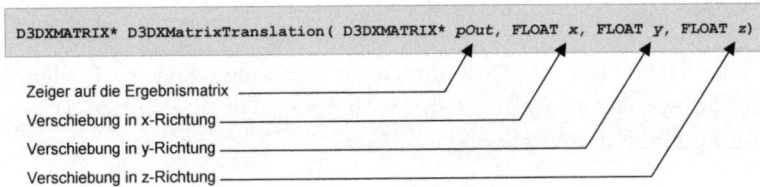

Zum Abschluss dieser kleinen Funktionsübersicht betrachten wir noch einige Funktionen zur Erzeugung von Projektionsmatrizen.

Mit der Funktion D3DXMatrixOrthoLH erzeugt man eine Matrix für eine orthogonale Projektion in z-Richtung in einem linkshändischen Koordinatensystem:

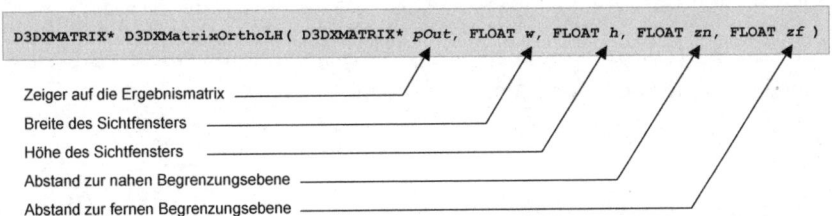

Die Bedeutung der einzelnen Parameter kennen Sie aus Abschnitt 3.1.3, Projektionen.

Um eine Matrix für eine perspektivische Projektion in einem linkshändischen Koordinatensystem zu erzeugen, verwendet man die Funktion `D3DXMatrixPerspectiveLH` mit den vertrauten Parametern:

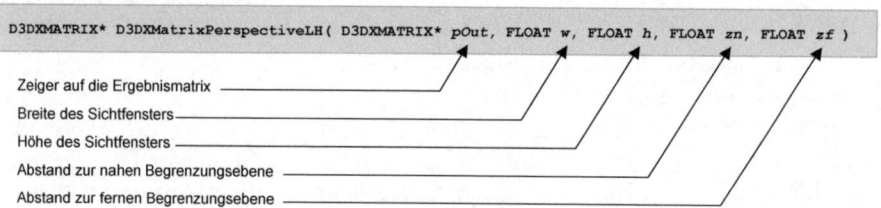

Man kann eine Matrix für eine perspektivische Projektion auch über das Ansichtsverhältnis und den Blickwinkel statt über die Höhe und die Breite des Sichtfensters erstellen:

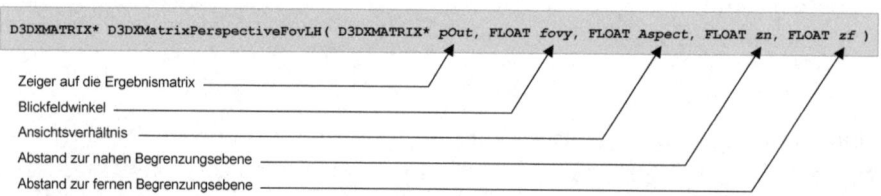

Diese Funktion werden wir später verwenden, um die Sicht auf unser Szenario festzulegen.

Wenn man eine Szene aus einer bestimmten Position betrachtet, so ist damit auch eine bestimmte Bewegung im Raum verbunden. Die zugehörige Matrix ermittelt man mit der Funktion `D3DXMatrixLookAtLH`:

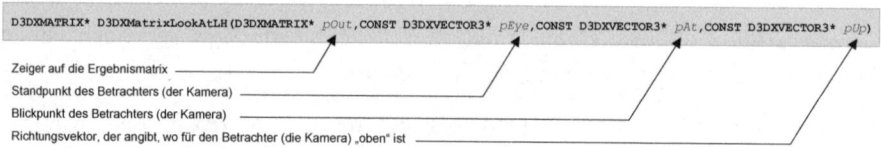

Als Parameter gehen hier der Standort des Beobachters, der Punkt, auf den der Beobachter seinen Blick gerichtet hat, und die Orientierung, wo für den Betrachter oben ist[17], ein. Die konkrete Bedeutung dieser Funktion werden wir besprechen, sobald wir sie zum ersten Mal verwenden.

---

17  Der Betrachter könnte ja den Kopf geneigt haben oder sogar auf dem Kopf stehen.

### 3.4.6 Vektor-Matrizenfunktionen

Zum Multiplizieren eines Vektors mit einer Matrix gibt es zwei Funktionen:

▶ `D3DXVec3TransformNormal` und

▶ `D3DXVec3TransformCoord`.

Beide Funktionen ermöglichen die Multiplikation eines dreidimensionalen Vektors mit einer 4x4-Matrix. Nach unseren Vorüberlegungen ist das eigentlich nicht möglich. Man kann nur einen 3D-Vektor mit einer 3x3-Matrix multiplizieren oder einen 4D-Vektor mit einer 4x4-Matrix multiplizieren. Im ersten Fall ist das Ergebnis ein 3D- und im zweiten Fall ein 4D-Vektor. Da wir eigentlich immer mit 3D-Vektoren arbeiten wollen, aber aus technischen Gründen mit den in der vierten Koordinate mit 1 ergänzten 4D-Vektoren arbeiten müssen, gibt es diese beiden Funktionen.

Bei der Funktion `D3DXVec3TransformNormal` wird die Matrix durch Ignorieren der vierten Spalte und der vierten Zeile sozusagen auf 3x3-Format zurechtgeschnitten, und dann wird die Multiplikation des 3D-Eingabevektors mit der Matrix durchgeführt:

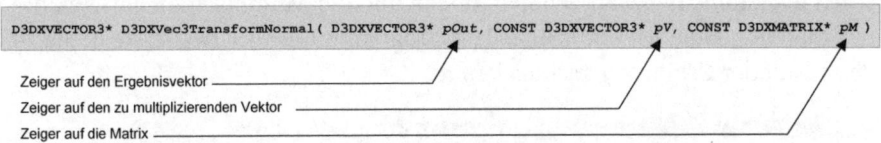

Das Ergebnis ist nur dann geometrisch korrekt, wenn wir es mit einer Dreh- oder Skalierungsmatrix zu tun haben, da ja ein Verschiebevektor in der letzten Zeile der Matrix ignoriert wird. Enthält die Matrix eine Verschiebung, so sollte man mit der Funktion

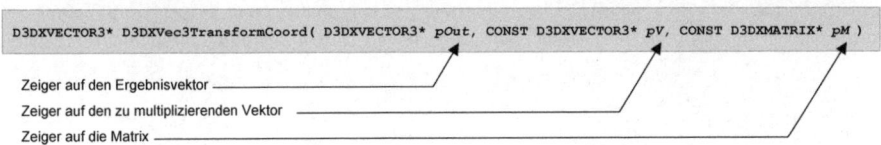

arbeiten. Bei dieser Funktion wird die fehlende vierte Koordinate des Vektors mit 1 ergänzt, und dann wird die Multiplikation mit der kompletten 4x4-Matrix durchgeführt. Zum Abschluss wird die von den Projektionen her bekannte Rückskalierung vorgenommen. Das heißt, die ersten drei Koordinaten werden durch den Wert der vierten Koordinate dividiert. Bei Drehungen, Skalierungen oder Translationen hat diese Rückskalierung keinen Effekt, sodass sich auch in diesen Fällen korrekte Ergebnisse einstellen. Da die vierte Koordinate nur als temporäre Größe zur Berechnung benötigt wurde, wird sie nach der Multiplikation ignoriert, und das Ergebnis ist wieder ein dreidimensionaler Vektor.

Wenn Sie das im Moment etwas verwirrt, so sollten Sie sich Folgendes merken:

Die Funktion `D3DXVec3TransformNormal` verwendet man, wenn man es mit Drehungen oder Skalierungen oder mit Transformationen zu tun hat, die nur aus Drehungen und Skalierungen zusammengesetzt sind.

Die Funktion `D3DXVec3TransformCoord` kann für Drehungen, Skalierungen, aber auch für Translationen und Projektionen oder daraus zusammengesetzte Transformationen verwendet werden. Sie ist aber nicht so effizient wie `D3DXVec3 TransformNormal`.

Wenn Sie wollen, können Sie auch vollständig vierdimensional rechnen. Dafür gibt es Klassen für vierdimensionale Vektoren und entsprechende Funktionen. Die Details finden Sie im *DirectX*-Hilfesystem unter dem Stichwort *Math Functions*. Dort finden Sie dann auch eine Fülle weiterer Funktionen, die ich hier nicht besprochen habe, da ich mich auf die Funktionen beschränken will, die ich bei der Realisierung des 3D-Projekts verwendet habe.

Zur Anwendung der hier besprochenen Funktionen werden wir im Laufe unseres Projekts noch oft Gelegenheit haben. Zur Veranschaulichung der geometrischen Bedeutung der Matrizenoperationen und der Multiplikation von Vektoren mit Matrizen habe ich ein kleines Hilfsprogramm (`matrix.exe`) erstellt. Sie finden es auf der CD im Verzeichnis *Demos*:

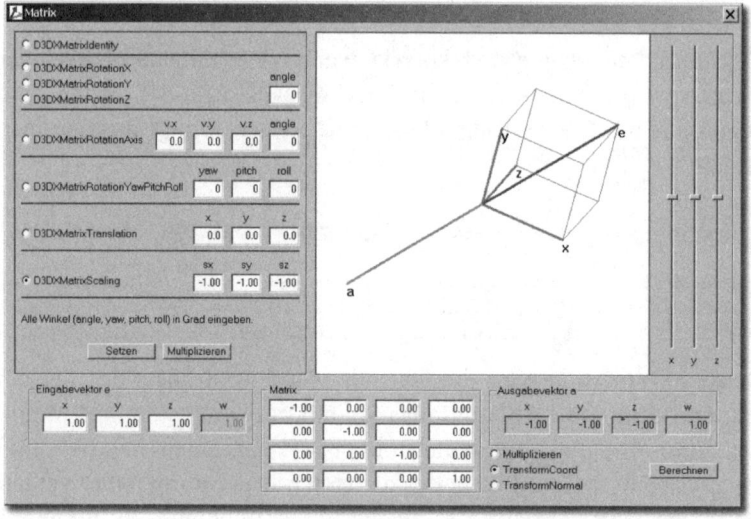

Im Programm können Sie eine der Matrixfunktionen

▶ `D3DXMatrixIdentity`

▶ `D3DXMatrixRotationX`

- ▶ D3DXMatrixRotationY

- ▶ D3DXMatrixRotationZ

- ▶ D3DXMatrixRotationAxis

- ▶ D3DXMatrixRotationYawPitchRoll

- ▶ D3DXMatrixTranslation

- ▶ D3DXMatrixScaling

auswählen und diese, sofern dies erforderlich ist, mit geeigneten Parametern versorgen. Mit dem Button *Setzen* können Sie die gewählte Matrix erstellen und in das Feld *Matrix* übertragen. Alternativ (Button *Multiplizieren*) können Sie die gewählte Matrix mit der bereits im Matrix-Feld stehenden Matrix multiplizieren, sodass die Hintereinanderausführung mehrerer Matrix-Operationen berechnet werden kann. Im unteren Bereich des Dialogs wird die Matrix auf einen Eingabevektor e angewandt, um den Ausgabevektor a zu berechnen. Zur Berechnung des Ausgabevektors können Sie zwischen einer vollwertigen 4D-Multiplikation, der Funktion D3DXVec3TransformCoord und der Funktion D3DXVec3TransformNormal wählen. Wenn Sie auf den Button *Setzen* oder *Multiplizieren* klicken, wird die Berechnung automatisch ausgeführt. Nach einer Änderung des Eingabevektors oder einer manuellen Änderung der Matrix müssen Sie die Berechnung von Hand anstoßen (Button *Berechnen*). Im Grafikfenster werden der Einheitswürfel, der Eingabevektor (rot) und der Ausgabevektor (grün) dargestellt. Mit den Schiebereglern können Sie die Zeichnung um die x-, y- beziehungsweise z-Achse rotieren, um das Ergebnis aus allen möglichen Perspektiven betrachten zu können.

### 3.4.7 Modellierung dreidimensionaler Objekte

Bisher haben wir nur einzelne Punkte oder Vektoren im dreidimensionalen Raum und Transformationen solcher Punkte oder Vektoren betrachtet. Es geht aber darum, dreidimensionale Objekte (zum Beispiel ein Flugzeug) zu modellieren und diese dann im Raum zu bewegen. So wie ein zweidimensionales Bild (zum Beispiel eine digitale Fotografie) aus vielen einzelnen Bildpunkten besteht, könnte man sich vorstellen, dass ein dreidimensionales Objekt ebenfalls aus vielen einzelnen Punkten zusammengesetzt ist, wobei die Punkte bei einem dreidimensionalen Objekt im Raum liegen und so die Oberfläche des Objekts darstellen würden. Eine solche Modellierung wäre zwar prinzipiell denkbar, würde aber schnell an ihre Grenzen stoßen. Ein Modell in annehmbarer Auflösung bestände aus Millionen und Abermillionen von Punkten, die alle einzeln für sich im Raum bewegt werden müssten. Kein noch so schneller Rechner könnte aus dieser Datenflut eine flüssig ablaufende Animationssequenz in Echtzeit errechnen. Statt einer Punktwolke verwendet man zur Modellierung von 3D-Szenarien daher ein digitales Drahtgitter oder (wie der Engländer sagt) einen **Mesh**. Das folgende Bild zeigt ein solches Drahtgitter für ein Flugzeug:

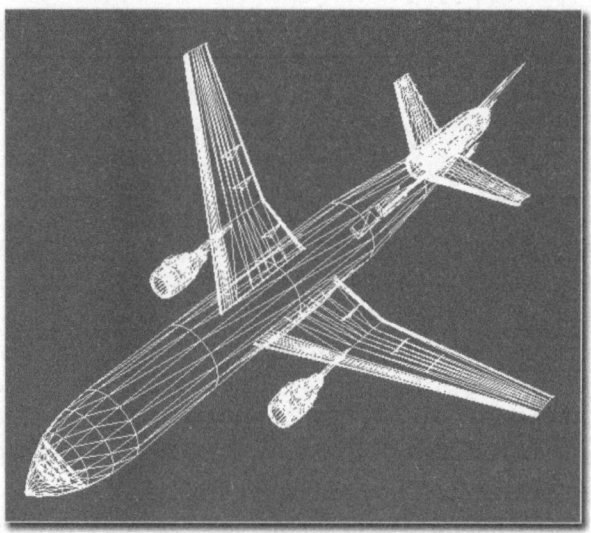

Ein Drahtgitter besteht zunächst einmal aus einer Vielzahl von Eck- oder Knotenpunkten. Im Englischen werden diese Knotenpunkte als **Vertex** (plural **Vertices**) bezeichnet. Ein Vertex ist ein Vektor mit $x$-, $y$- und $z$-Koordinate. Ein einfacher, um den Nullpunkt zentrierter Würfel der Kantenlänge 2 hat zum Beispiel die folgenden acht Vertices:

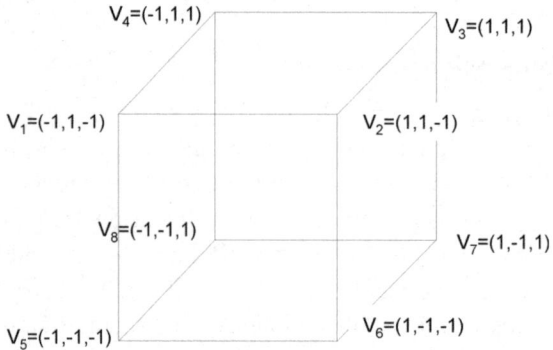

Die Angabe der Eckpunkte allein reicht aber nicht aus, um das Drahtgittermodell eindeutig festzulegen. Die Frage ist, welche der Eckpunkte zusammen eine Fläche des Objekts bilden. Ob es sich bei dem obigen Objekt um einen Würfel, eine zu einer Seite hin offene Kiste oder vielleicht um zwei parallele oder sich durchdringende Ebenen handelt, bleibt offen, wenn man nur die Information über die Eckpunkte hat. Zu einem Mesh gehört daher zusätzlich eine Aufstellung aller seiner Flächen (englisch **Faces**) . Eine Fläche (oder ein Face) hat immer eine »Vorderseite« und eine »Rückseite« und wird durch die Aufzählung ihrer Eckpunkte im Uhrzeigersinn bei Blick auf die Vorderseite beschrieben[18]. Die Anzahl der Eckpunkte ist dabei nicht fest vorgegeben. Um eine Fläche zu bilden, müssen es allerdings mindestens drei sein. Der oben gezeigte Würfel hat sechs Flächen mit jeweils vier Eckpunkten. Das folgende Bild zeigt drei dieser Flächen mit ihren Vertices:

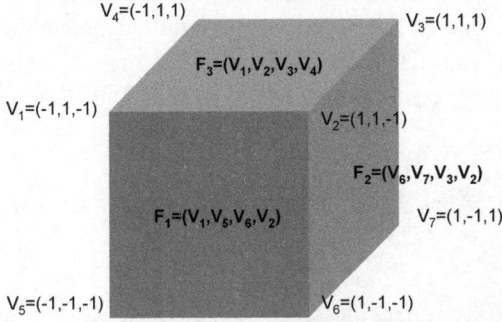

Wenn das alles beschrieben ist, haben wir ein Drahtmodell mit allen Ecken und Flächen, und wir wissen auch, wo bei jeder Fläche innen beziehungsweise außen ist.[19] Mit diesen Informationen kann man das Modell bereits zeichnen. Im Falle unseres Flugzeugs sieht das dann so aus:

---

18 Man könnte auch umgekehrt formulieren, dass durch die Aufzählung der Vertices die Vorderseite der Fläche definiert wird.

19 Das Modell muss übrigens nicht »zusammenhängend« sein.

Das Objekt ist allerdings noch ein »Albino«, da es völlig farblos ist. Wir müssen das Modell noch anstreichen oder besser gesagt mit bedruckten Folien bekleben. Solche Folien zum Bekleben der Drahtmodelle heißen **Texturen**. Es handelt sich um Bilddateien, die typischerweise im bmp- oder jpg-Format vorliegen. Damit man die flachen Folien korrekt auf das räumliche Objekt aufziehen kann, benötigt man noch Informationen über die »Klebepunkte«. Als Klebepunkte gut geeignet sind die Vertices des Mesh, da die zwischen den Vertices eingeschlossenen Flächen immer plan sind. Man muss also für jeden Eckpunkt noch festlegen, welche Stelle der Textur an ihm anzukleben ist. Die Textur wird dann entsprechend gestreckt oder gestaucht, damit sie passt. Diesen Vorgang nennt man Textur-Mapping. Bei unserem Flugzeug könnte das Ergebnis wie folgt aussehen:

Genau genommen gehört zu einer Folie mehr als nur eine Textur. Zu einer Folie gehören zusätzlich bestimmte Materialeigenschaften. Das sind zum Beispiel Angaben über die Reflexionseigenschaften der Folie bei Beleuchtung mit einem Scheinwerfer. Auf diese Eigenschaften möchte ich jedoch hier nicht eingehen, da sie nichts mit der Geometrie der Objekte zu tun haben. Wir werden uns später noch eingehend mit Licht und Schatten auseinandersetzen. Eine Textur zusammen mit den Materialeigenschaften bezeichnet man als **Material**.

Wir fassen noch einmal zusammen, was alles zur Darstellung eines Objekts erforderlich ist:

Ein Objekt wird durch einen Mesh dargestellt. Zu einem Mesh gehören eine Liste von Materialien, eine Liste von Vertices und eine Liste von Faces. Ein Material besteht aus gewissen Materialeigenschaften und einer Textur. Ein Vertex ist ein

Punkt im dreidimensionalen Raum. Ein Face besteht aus drei oder mehr Vertices und ihm ist ein Material zugeordnet. Für jeden Vertex ist festgelegt, welche Stelle der Textur eines bestimmten Materials an ihm zu fixieren ist.

Sie sehen, dass ein Mesh ein durchaus komplexes Gebilde ist, zumal er aus vielen tausend Vertices und Faces bestehen kann und noch weitere Daten (zum Beispiel Normalen zu den Faces) hinzukommen können. In *DirectX* wird ein Mesh als Datenstruktur im Rechner aufgebaut. Im Prinzip können Sie in Ihren Programmen einen Mesh Vertex für Vertex aufbauen. Das ist natürlich eine mühselige Arbeit, auf die wir gerne verzichten wollen. Wir gehen hier einen anderen Weg. Für Meshes gibt es ein Dateiformat, das sogenannte x-Format (Dateiendung .x). *DirectX* kann Meshes aus diesen Dateien direkt einlesen und die zugehörige interne Datenstruktur aufbauen. In den x-Dateien[20] stehen in lesbarer Form alle Informationen, die wir oben angesprochen haben. Die x-Dateien mit einem Texteditor zu erstellen wäre natürlich ähnlich mühselig wie die Erstellung im Programm. Zum Glück gibt es Werkzeuge, mit denen wir direkt oder indirekt über einen Konverter x-Files erstellen können. Dies sind die im ersten Kapitel bereits angesprochenen 3D-Modeller. Natürlich ist das Flugzeug, das ich Ihnen oben gezeigt habe, mit einem solchen Modellierwerkzeug entstanden. Das Modell hat übrigens über 3000 Vertices und fast 6000 Faces. Ich empfehle Ihnen, die Meshes für Ihre Spiele ebenfalls mit einem 3D-Modeller zu erstellen oder alternativ aus dem Internet herunterzuladen. Ich will deshalb hier auch nicht auf die internen Strukturen und Funktionen zum Erstellen von Meshes eingehen. Die Kenntnis der hier eingeführten Begriffe ist jedoch Voraussetzung für das Verständnis unseres zweiten Projekts, mit dem wir jetzt starten wollen.

---

20  Es gibt x-Dateien in lesbarer und in compilierter (binärer) Form. Diese Aussage bezieht sich natürlich nur auf den ersten Fall.

# 4    3D-Projekt (Balance)

Wenn Sie glauben, dass die 3D-Programmierung eine Erweiterung der 2D-Programmierung ist, so muss ich Sie leider enttäuschen. Mit der 3D-Programmierung betreten wir eine ganz neue Welt und müssen fast alles hinter uns lassen, was wir in der 2D-Programmierung gelernt haben. Ich glaube, dass Sie das auch erwartet haben, wenn Sie das letzte Kapitel nicht nur flüchtig durchgeblättert haben. Das Wissen aus dem ersten Projekt wird dadurch nicht wertlos, es ist nur nicht in dieses Projekt übertragbar. Ein Spieleprojekt ist entweder 2D oder 3D, und es gibt keine Migration von 2D zu 3D. Insofern stehen wir mit unserem zweiten Projekt noch einmal vor einem Neuanfang. Alles, was Sie im ersten Projekt über Windows-Programmierung gelernt haben, können Sie natürlich weiterhin verwenden.

Bevor es aber an das Programmieren geht, betrachten wir erst einmal die Aufgabenstellung für das zweite Projekt.

## 4.1    Aufgabenstellung

Kopieren Sie zunächst den Ordner *Spiele/Balance* mit allen enthaltenen Dateien von der CD auf die Festplatte Ihres Rechners, und starten Sie dann das Spiel durch einen Doppelklick auf das *Balance*-Icon im kopierten Verzeichnis:

Balance.exe

Wählen Sie anschließend den Menüpunkt *Starten* aus dem Menü *Spiel*.

Balance ist ein Geschicklichkeitsspiel, bei dem der Spieler eine Kugel über einen bestimmten Parcours zu einem Zielfeld rollen muss. Der Spieler hat die Aufgabe, die längs des Weges liegenden Goldstücke einzusammeln, bevor er am Ende das Zielfeld erreicht. Der Parcours besteht aus unterschiedlichen Spielfeldern und kann zum Beispiel wie folgt aussehen:

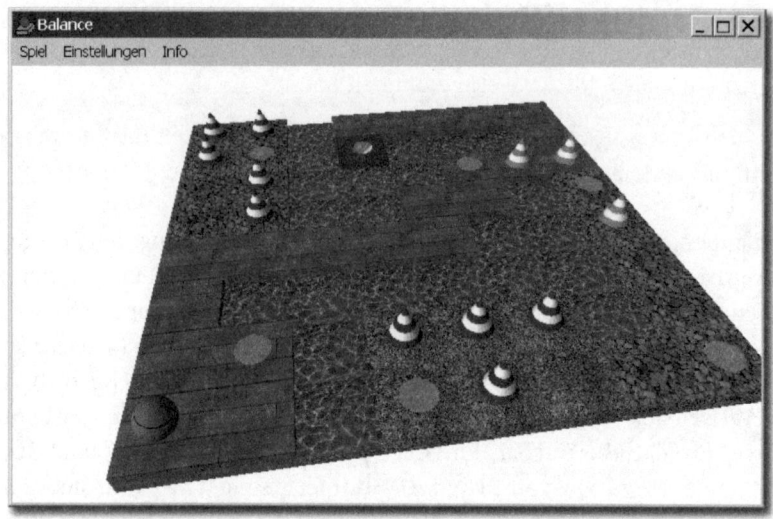

Den Parcours kann man aus einer Datei laden, mit einem Editor interaktiv ändern und auf Wunsch wieder in einer Datei speichern:

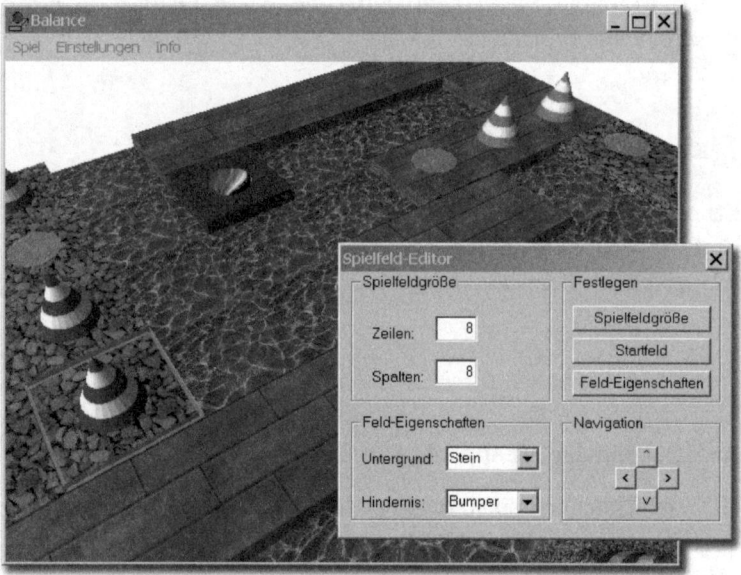

Der Spieler steuert die Kugel, indem er das Spielfeld mit dem Joystick oder dem Gamepad kippt. Die Kugel rollt auf unterschiedlichem Untergrund (Stein, Gras oder Holz) unterschiedlich schnell und wird von den gegebenenfalls auf den Feldern stehenden Kegeln abgelenkt. Die grünen Kegel verhalten sich dabei »normal«, während die roten Kegel der Kugel beim Aufprall einen zusätzlichen

Impuls mitgeben. Die Kugel kann ins Wasser oder vom Spielfeld herunter fallen. Das Spiel ist dann verloren. Der Spieler gewinnt, wenn er das Zielfeld erreicht, nachdem er zuvor alle Goldstücke eingesammelt hat.

Man kann auch gegen die Uhr spielen. Dazu muss man ein Zeitlimit eingeben und das Zeitlimit aktivieren:

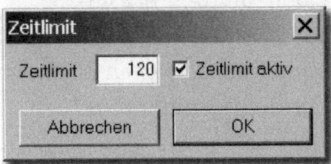

In der linken oberen Ecke des Spielfensters wird dann laufend die verbleibende Zeit eingeblendet.

Um einen optimalen Blick auf den Parcours zu haben, kann der Spieler das Spielfeld drehen und seine Blickposition (die Position der Kamera) jederzeit ändern. Er benutzt dazu auch den Joystick. Alle Steuerungsmöglichkeiten sind im Hilfedialog im Menü *Info* aufgelistet.

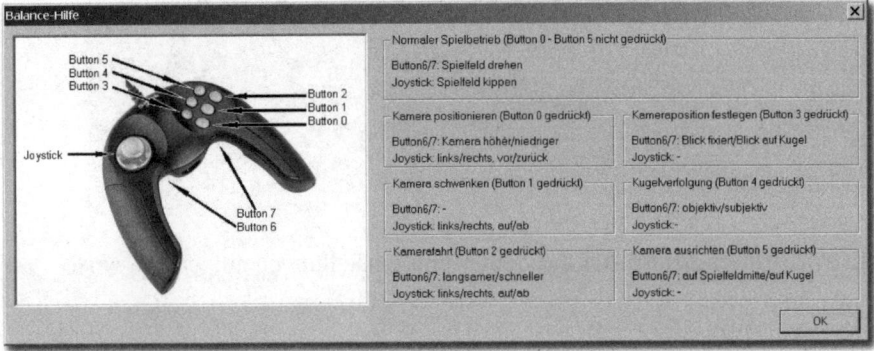

Wenn Ihr Joystick oder Ihr Gamepad ein anderes Layout hat und nicht so funktioniert, wie das hier beschrieben ist, so beenden Sie das Spiel, entfernen den Joystick und starten danach das Spiel erneut. Sie erhalten dann die folgende Fehlermeldung:

Anschließend können Sie das Spiel über die Tastatur spielen. Die Buttons 0 bis 7 liegen dann auf den Funktionstasten 1 bis 8, und die Joystick-Bewegungen werden durch die Cursortasten emuliert. Wie Sie das Programm an Ihren Joystick anpassen können, werden wir später im Rahmen der Realisierung diskutieren.

Um etwa die Kugel ständig mit der Kamera zu verfolgen, fährt man die Kamera bei gedrücktem Button 0 mit dem Joystick und den Buttons 6/7 in die gewünschte Position und drückt anschließend die Buttons 4 und 6. Nach der oben beschriebenen Umstellung folgt die Kamera immer unter dem gleichen Blickwinkel der Kugel. Wenn man will, kann man sogar in der Kugel »mitfahren«.

Im Dialog *Beleuchtung*, der aus dem Menü Einstellungen aufgerufen wird,

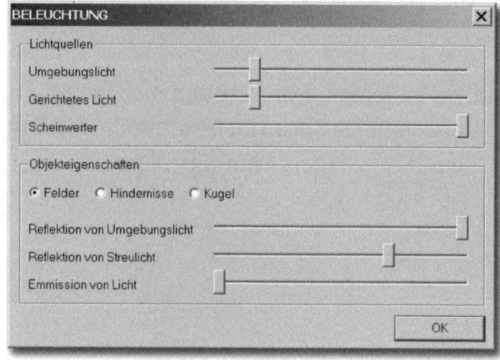

kann man die Ausleuchtung des Spielfelds ändern und auf Wunsch einen Scheinwerfer auf die Kugel richten:

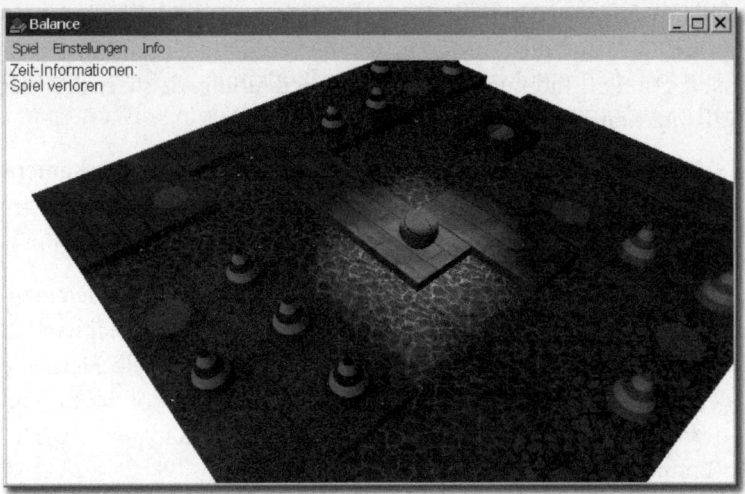

Das soll zur Einführung in das Spiel zunächst einmal genügen. Alles Weitere wird im Rahmen der Realisierung besprochen.

## 4.2 Die Entwicklungsumgebung und die bereitgestellten Programme

Alles, was in diesem Zusammenhang zu sagen ist, habe ich im Prinzip bereits im entsprechenden Abschnitt des ersten Projekts gesagt. Auch hier gibt es auf der CD im Verzeichnis *Projekte/Balance* wieder vollständige Projektdateien für alle Entwicklungsstufen. Die Struktur des Projekts ist diesmal etwas anders. Insbesondere werden teilweise andere Bibliotheken verwendet.

Zur Entwicklungsumgebung selbst muss ich nichts mehr sagen – die beherrschen Sie inzwischen. Wir werfen nur einen kurzen Blick auf den Arbeitsbereich des Projekts:

Wichtig sind für uns in erster Linie die Dateien *Balance.cpp* und *Balance.rc*, in denen wir den Quellcode und die Ressourcen für die Windows-Oberfläche erstellen. Die Microsoft-Dateien sind nur am Rande von Bedeutung, da sie einige hier verwendete Hilfsfunktionen enthalten.

## 4.3    Die Bausteine des Spiels

Wie im Ultris-Spiel haben wir auch in diesem Fall eine Anzahl von Grundelementen, aus denen die Szenen des Spiels zusammengesetzt werden. Diesmal handelt es sich allerdings um dreidimensionale Elemente. Dreidimensionale Elemente werden durch ein Drahtgitter (Mesh) modelliert. Das hatte ich schon im Zusammenhang mit der Geometrie des Raumes grob beschrieben. Das folgende Drahtgitter zeigt das Emblem der Fachhochschule Gelsenkirchen:

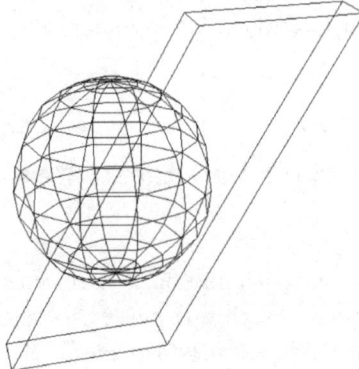

Ein solches Drahtgitter wird dann noch mit einer oder mehreren Texturen überzogen, und fertig ist ein räumliches Objekt:

Das dreidimensionale Objekt setzt sich aus den Flächen zusammen, die von den Eckpunkten des Drahtgitters aufgespannt werden. Je mehr Flächen man zur Darstellung eines Objekts (zum Beispiel einer Kugel) verwendet, umso glatter wird natürlich die Darstellung – allerdings geht das, wie Sie sich denken können, zu Lasten der Darstellungsgeschwindigkeit.

Komplexe dreidimensionale Objekte entwirft man mit entsprechenden Modellierungswerkzeugen interaktiv am Rechner. Sobald es über einfache geometrische Figuren hinausgeht, ist man auf solche Werkzeuge angewiesen. Das Spektrum solcher Werkzeuge reicht von einfachen Freeware-Programmen bis hin zu teuren Programmen, mit denen Animationen für Filme wie Jurassic Park erstellt werden können. Ich habe *AC3D* zur Erstellung der hier verwendeten Modelle benutzt.

Alle Werkzeuge haben ihre spezifischen Stärken und Schwächen und häufig auch ihre eigenen Speicherformate. Welches Modellierungswerkzeug Sie verwenden, ist relativ egal, wichtig ist nur, dass Sie am Ende Dateien im x-Format erzeugen können, da *Direct-X* nur Dateien in diesem Format verarbeiten kann.

Ich werde solche Werkzeuge hier nur sehr allgemein betrachten. Wenn ich dabei konkret werde, beziehe ich mich immer auf AC3D.

In der Regel zeigen 3D-Modellierungswerkzeuge das Objekt in drei verschiedenen Ansichten: von vorn (aus z-Richtung),

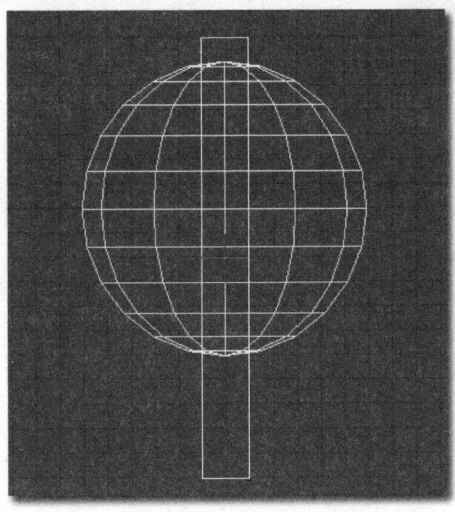

von der Seite (aus x-Richtung)

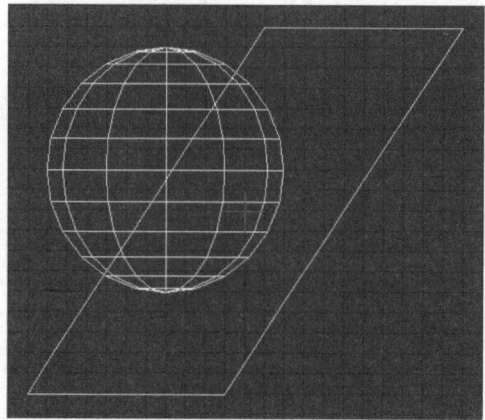

und von oben (aus y-Richtung).

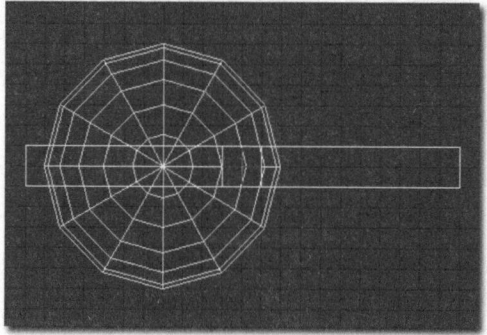

Zusätzlich gibt es immer eine dreidimensionale Sicht, in der das Objekt beliebig gedreht und von allen Seiten in allen Größen betrachtet werden kann.

Um realistisch zu wirken, braucht ein Objekt aber noch sogenannte Texturen. Dies sind Grafiken, die über die einzelnen Flächen gezogen werden, um einen entsprechenden Oberflächeneindruck zu erzeugen. Im Internet werden auf zahlreichen Sites Texturen zu speziellen Themen zum Download angeboten. Besonders interessant sind Textur-Kacheln. Dies sind Texturen, die nahtlos zu größeren Flächen zusammengesetzt werden können.

Wenn das Objekt fertiggestellt ist, muss es in eine x-Datei (Dateierweiterung ».x«) entladen oder konvertiert werden. Ich benutze dazu das kleine Programm AC2x (»AC to X«) von Stefan Zerbst, das Sie von der Kommandozeile aus in der Form

```
ac2x eingabedatei.ac ausgabedatei.x
```

aufrufen. Sie finden dieses Programm auf der CD im Verzeichnis *Tools/ac2x*.

Sie können die von mir erstellten x-Dateien verwenden oder, wenn das Thema 3D-Design Sie interessiert, eigene Objekte mit eigenen Texturen erstellen. Ich empfehle Ihnen, zunächst mit meinen Elementen zu arbeiten und später eigene Entwürfe zu erstellen.

Die folgende Übersicht zeigt die von mir für dieses Projekt erstellten x-Dateien mit den jeweils verwendeten Texturen:

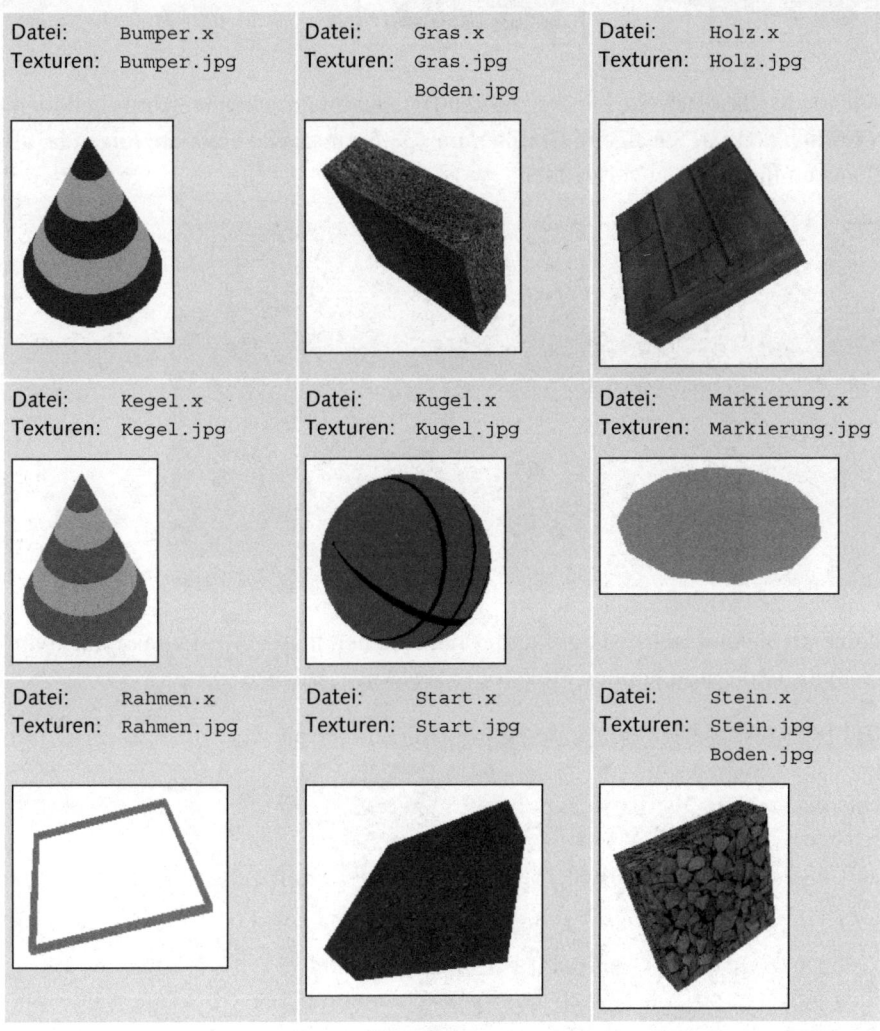

| Datei: | Wasser.x | Datei: | Ziel.x |
|---|---|---|---|
| Texturen: | Wasser.jpg | Texturen: | Ziel.jpg |
| | Boden.jpg | | Loch.jpg |

Wichtig ist, dass sich alle hier genannten Dateien im Projektverzeichnis befinden. Natürlich können Sie eigene Grafiken im jpg-Format, wie etwa die folgende, als Texturen für Ihr Spiel verwenden:

Kopieren Sie eine solche Grafik unter dem Namen Kugel.jpg in das Projektverzeichnis, und schon können Sie mit der Weltkugel Balance spielen:

Texturen gibt es zu Tausenden im Internet. Es gibt spezielle Domains, die umsonst oder gegen Bezahlung Texturen für unterschiedlichste Zwecke zum Download zur Verfügung stellen. Bedenken Sie aber, dass die Bildwiederholfrequenz, die Sie in Ihrem Spiel erreichen, entscheidend von der Größe der verwendeten Texturen abhängt.

Sie können im Internet auch auf Jagd gehen, um 3D-Modelle für Ihre Spiele zu finden. Im Internet finden Sie viele Seiten (zum Beispiel *www.3dcafe.com*), die 3D-Modelle zum kostenfreien Download anbieten. Viele dieser Modelle sind mit 3D-Studio Max erstellt worden. 3D-Studio Max ist das Flaggschiff unter den 3D-Modellern. Die mit 3D-Studio Max erstellten Modelle erkennen Sie an der Dateinamenserweiterung ».3ds«. Diese Dateien können Sie mit dem Programm Conv3ds, das Sie auf der CD dieses Buches im Verzeichnis /tools/Conv3ds finden, in das x-File-Format konvertieren. Wenn Sie dann zum Beispiel noch die Texturen überarbeiten, erhalten Sie ohne viel Aufwand ansehnliche 3D-Modelle für Ihre Spiele.

Zum Lieferumfang von *DirectX* gehört auch das bereits mehrfach erwähnte Programm *Mesh-View* (mview.exe), mit dem Sie x-Files laden und auf dem Bildschirm betrachten können. Sie können mit diesem Programm testen, ob die Konvertierung der Daten aus Ihrem 3D-Modeller erfolgreich war, ob Sie die Daten in *DirectX* einlesen können und wie die Daten in *DirectX* dargestellt werden. Nicht immer liefert nämlich eine Konvertierung aus dem proprietären Format des 3D-Modellers in das X-Format das gewünschte Ergebnis. Die folgende Grafik zeigt Ihnen einen Screenshot von *MeshView* mit einem Modell, das ich im 3DS-Format aus dem Internet heruntergeladen, mit Conv3ds konvertiert und mit eigenen Texturen ausgestattet habe:

`Conv3ds` ist übrigens ein Freeware-Programm von Microsoft, das aus der DOS-Box heraus durch den Aufruf

```
conv3ds <Dateiname>.3ds
```

gestartet wird und unter anderem mit folgenden Optionen gesteuert werden kann:

| Option | Beispiel | Bedeutung |
|--------|----------|-----------|
| m | Conv3ds –m datei.3ds | Erzeugt eine x-Datei, in der alle 3ds-Objekte in einem einzigen Mesh zusammengefasst sind. |
| s | Conv3ds –s.05 datei.3ds | Skaliert die Objekte bei der Konvertierung mit einem bestimmten Skalierungsfaktor. |
| x | Conv3ds –x datei.3ds | Erzeugt anstelle einer binären eine textuelle (lesbare) x-Datei. |
| t | Conv3ds –t datei.3ds | Entfernt gegebenenfalls vorhandene Texturen. |
| o | Conv3ds –oa.x datei.3ds | Legt den Namen der Ausgabedatei fest. |

Die verschiedenen Optionen können Sie größtenteils auch gemeinsam verwenden. Zum Beispiel:

```
Conv3ds –m –s10 mein_modell.3ds
```

Weitere Informationen und eine Übersicht über alle Optionen des Konverters finden Sie im Microsoft Developer Network (http://msdn.microsoft.com) unter dem Stichwort *Conv3ds*.

In der Regel passen die Größen unterschiedlicher aus dem Netz geladener Modelle nicht zueinander. Sie sollten die Objekte darum bei der Transformation auf eine einheitliche Größe skalieren.[1] Dazu transformieren Sie am besten das Modell einmal mit der Option –x. Durch einen Blick in die dabei entstandene x-Datei verschaffen Sie sich dann einen Überblick darüber, in welcher Größenordnung das Objekt entworfen ist. Dann legen Sie einen geeigneten Skalierungsfaktor auf die von Ihnen gewünschte Größe fest und übersetzen das Objekt noch einmal. Bei Bedarf können Sie jederzeit erneut skalieren, bis alles zueinander passt. Wenn in Ihrem Programm ein Objekt einmal nicht auf dem Bildschirm erscheint, muss nicht unbedingt ein Fehler im Programmcode vorliegen. Das Objekt kann auch im x-File so skaliert sein, dass es nicht im sichtbaren Bereich liegt. Zum Beispiel kann es so groß sein, dass Sie sich im Inneren befinden und das Objekt nicht sehen können. Beachten Sie dabei, dass die Textur in der Regel nur von außen aufliegt und man daher von innen aus dem Objekt hinausschauen kann, als wäre das Objekt gar nicht vorhanden.

---

1  Sie können das auch noch später in Ihrem Programmcode machen. Aber es ist sinnvoll, wenn Sie bereits im Modell einheitliche Größen herstellen.

Mit der Jagd nach Texturen und 3D-Modellen sowie mit dem Zeichnen, Anpassen und Konvertieren von Modellen kann man Tage, ja sogar Wochen verbringen. Das Thema dieses Buches ist jedoch die Programmierung von 3D-Szenarien. Darum noch einmal meine Empfehlung: Schauen Sie sich durchaus um, was es so alles im Internet gibt, übernehmen Sie dann aber meine Modelle, um zügig mit der Programmierung zu beginnen, bevor Sie sich als Jäger und Sammler im Internet verlieren.

## 4.4 Realisierung

Manchmal dauert es eben ein bisschen länger, bis man mit der Realisierung eines Spiels beginnen kann. Aber wenn Sie das Kapitel über die geometrischen Grundlagen und die Vorbemerkungen dieses Kapitels über die Bausteine des Spiels und deren Modellierung durchgearbeitet haben, sind Sie gut gerüstet, um die jetzt folgende Realisierung zügig durchführen zu können. Wir starten wieder mit einem Windows-Rahmenprogramm.

### 4.4.1 V01 Der Windows-Rahmen

Der Startpunkt der Entwicklung ist wieder ein vorbereitetes Projekt mit einem elementaren Windows-Framework, das Sie sich von der CD auf die Festplatte Ihres Entwicklungsrechners kopieren sollten. Bis auf wenige Details ist der Rahmen identisch mit dem Rahmen des Ultris-Spiels. Ich werde daher an dieser Stelle nicht noch einmal auf die Bedeutung jeder einzelnen der hier verwendeten Windows-Funktionen eingehen. Wir betrachten den Code nur im Überblick.

Auf die erforderlichen Includes

```
# include <stdio.h>
# include <stdarg.h>
# include <windows.h>
# include <commctrl.h>
# include <d3dx8.h>
# include <dsound.h>
# include <dinput.h>
# include "dsutil.h"
# include "d3dfont.h"

# include "resource.h"
```

folgen die Definitionen der Handles für die Instanz und das Hauptfenster der Applikation:

```
HINSTANCE balance_instance;
HWND balance_window;
```

Der Callback-Handler für die Windows-Messages unterscheidet sich bei diesem Spiel offensichtlich in der Benennung. Diesmal habe ich den Funktionsnamen `balance_windowhandler` gewählt:

```
LRESULT CALLBACK balance_windowhandler(HWND hWnd, UINT msg,
                                WPARAM wParam, LPARAM lParam)
    {
    switch( msg)
        {
    case WM_COMMAND:
        switch( LOWORD(wParam))
            {
        case IDM_EXIT:
            PostMessage( hWnd, WM_CLOSE, 0, 0);
            return 0;
            }
        break;
    case WM_DESTROY:
        PostQuitMessage( 0);
        return 0;
        }
    return DefWindowProc(hWnd, msg, wParam, lParam);
    }
```

Auf den zweiten Blick werden Sie vielleicht feststellen, dass, im Gegensatz zum ersten Projekt, die Message WM_GETMINMAXINFO hier nicht behandelt wird. Sie erinnern sich vielleicht, dass wir auf diese Message reagiert hatten, um zu verhindern, dass der Benutzer das Fenster in der Größe ändert. In diesem Projekt wollen wir mit einem in der Größe frei veränderbaren Fenster arbeiten und können daher auf die Behandlung der Message verzichten.

Im Hauptprogramm WinMain gibt es praktisch nur Unterschiede in der Benennung der Handles, der Ressourcensymbole und des Window-Handlers:

```
int APIENTRY WinMain(HINSTANCE hInst, HINSTANCE hPrevInstance,
                LPSTR lpCmdLine, int nCmdShow )
    {
    MSG msg;
    HACCEL acc;
    WNDCLASSEX wcx;
```

```
balance_instance = hInst;

wcx.cbSize            = sizeof( wcx);
wcx.lpszClassName     = "Balance";
wcx.lpfnWndProc       = balance_windowhandler;
wcx.style             = CS_VREDRAW | CS_HREDRAW;
wcx.hInstance         = hInst;
wcx.hIcon             = LoadIcon(hInst,
                                MAKEINTRESOURCE( IDI_BALANCE));
wcx.hIconSm           = LoadIcon(hInst,
                                MAKEINTRESOURCE( IDI_BALANCE));
wcx.hCursor           = LoadCursor(NULL, IDC_ARROW);
wcx.hbrBackground     = (HBRUSH)(COLOR_WINDOW+1);
wcx.lpszMenuName      = MAKEINTRESOURCE( IDR_MENU);
wcx.cbClsExtra        = 0;
wcx.cbWndExtra        = 0;

if( !RegisterClassEx( &wcx))
    return 0;

acc = LoadAccelerators(hInst, MAKEINTRESOURCE( IDR_ACCEL));

balance_window = CreateWindowEx(0, TEXT( "Balance"),
                        TEXT( "Balance"), WS_OVERLAPPEDWINDOW,
                        CW_USEDEFAULT, 0, CW_USEDEFAULT, 0,
                        NULL, NULL, hInst, NULL);

if( !balance_window )
    return 0;

ShowWindow( balance_window, nCmdShow);

while( TRUE)
    {
    if( PeekMessage( &msg, NULL, 0, 0, PM_NOREMOVE))
        {
        if( GetMessage( &msg, NULL, 0, 0 ) == 0)
            return 0; // Message ist WM_QUIT

         if( TranslateAccelerator( balance_window,
                                    acc, &msg) == 0)
            {
            TranslateMessage( &msg);
            DispatchMessage( &msg);
            }
        }
    }
return 0;
}
```

Der einzige inhaltliche Unterschied besteht darin, dass ich beim Anlegen des Fensters (CreateWindowEX) keine Größenangaben gemacht habe, sondern die System-Defaults nutze (CW_USEDEFAULT). Darüber hinaus habe ich erstaunlicherweise keine Stelle vorgesehen, um aus der Hauptverarbeitungsschleife heraus regelmäßig das Spiel zu aktualisieren.[2] Das liegt daran, dass ich Ihnen in diesem Projekt eine andere Möglichkeit zur zyklischen Aktualisierung des Spiels zeigen möchte. Dazu später mehr.

Compilieren, linken und testen Sie den Programmrahmen. Bei Programmstart sollte ein leeres Fenster erscheinen, das in der Größe verändert und über den Menüpunkt *Spiel/Beenden* oder durch Betätigen der Esc-Taste wieder geschlossen werden kann:

Beim Linken des Programms erhalten Sie übrigens einige Warnungen:

```
Linker-Vorgang läuft...
LINK : warning LNK4089: Alle Verweise auf "ADVAPI32.dll" wurden
durch /OPT:REF verworfen
LINK : warning LNK4089: Alle Verweise auf "DSOUND.dll" wurden
durch /OPT:REF verworfen
LINK : warning LNK4089: Alle Verweise auf "GDI32.dll" wurden
durch /OPT:REF verworfen
LINK : warning LNK4089: Alle Verweise auf "WINMM.dll" wurden
durch /OPT:REF verworfen
Balance.exe - 0 Fehler, 4 Warnung(en)
```

Diese Fehlermeldungen können Sie getrost ignorieren. Sie beziehen sich darauf, dass hier Libraries hinzugenommen worden sind, aus denen keine Funktionen verwendet werden. Diese Meldungen werden verschwinden, sobald wir Funktionen aus diesen Libraries benutzen.

---

2 Der else-Zweig zu dem if in der Hauptverarbeitungsschleife fehlt hier. Bei Ultris war das eine ganz wichtige Stelle zur Steuerung des Spiels.

## 4.4.2 V02 Initialisieren und Darstellen des Spielfeldes

In diesem Abschnitt wollen wir das Spielfeld auf dem Bildschirm sichtbar machen. Bis dahin ist es aber ein weiter Weg. Zunächst bündeln wir einige *DirectX*-spezifische Datenstrukturen und Funktionen in der Klasse `directx`.

**Die Klasse directx**

Die Klasse `directx` ist wie folgt aufgebaut:

```
class directx
    {
    public:
        LPDIRECT3D9 d3d;
        LPDIRECT3DDEVICE9 device;
        D3DPRESENT_PARAMETERS d3dpp;

        int init();
        void adjust(int breite, int hoehe);
    };
```

Die Bedeutung der einzelnen Daten-Member (`d3d`, `device` und `d3dpp`) diskutieren wir bei der Betrachtung der Member-Funktion `init`, die wir einmal zum Programmstart aufrufen werden, um das Grafiksystem zu initialisieren:

```
    int directx::init()
        {
        D3DDISPLAYMODE d3ddm;
        D3DDEVTYPE devtype;
        D3DCAPS9 caps;
A       d3d = Direct3DCreate9( D3D_SDK_VERSION);
        if( !d3d)
            return 0;
B       if( d3d->GetAdapterDisplayMode( D3DADAPTER_DEFAULT,
                                              &d3ddm) < 0)
            return 0;
C       ZeroMemory( &d3dpp, sizeof(d3dpp));
        d3dpp.Windowed = TRUE;
        d3dpp.SwapEffect = D3DSWAPEFFECT_DISCARD;
        d3dpp.EnableAutoDepthStencil = TRUE;
        d3dpp.AutoDepthStencilFormat = D3DFMT_D16;
        d3dpp.BackBufferFormat = d3ddm.Format;
```

```
D     if(d3d->GetDeviceCaps(D3DADAPTER_DEFAULT,D3DDEVTYPE_HAL,
                            &caps)<0)
      {
        MessageBox( balance_window,
                    "Kein HAL-Device - das wird langsam!",
                    "Balance-Meldung",
                    MB_OK | MB_ICONWARNING | MB_SETFOREGROUND);
        devtype = D3DDEVTYPE_REF;
      }
      else
        devtype = D3DDEVTYPE_HAL;
E     if( d3d->CreateDevice( D3DADAPTER_DEFAULT, devtype,
                             balance_window,
                             D3DCREATE_HARDWARE_VERTEXPROCESSING,
                             &d3dpp, &device) < 0)
        return 0;

      return 1;
    }
```

Bei der Member-Variablen `d3d` handelt es sich um einen Zeiger, über den auf grundlegende *DirectX*-Funktionen zugegriffen werden kann. Dazu muss der Zeiger allerdings zunächst mit der Funktion `Direct3DCreate9` (A) initialisiert werden. Nach der Initialisierung steht dann die folgende Schnittstelle zur Verfügung:

| Funktion | Kurzbeschreibung |
|---|---|
| CreateDevice | Erzeugt ein Device, das die Schnittstelle zum Grafik-Adapter darstellt. |
| EnumAdapterModes | Liefert eine Aufzählung der Display-Modi, die von einem Adapter unterstützt werden. Zu einem Display-Modus gehört unter anderem die Bildschirmauflösung in Pixeln. |
| GetAdapterCount | Anzahl der Grafik-Adapter, die zum Zeitpunkt der Erzeugung des Zugriffszeigers präsent waren. Zwischenzeitlich entfernte oder hinzugefügte Adapter werden nicht erkannt. |
| GetAdapterDisplayMode | Liefert den aktuellen Display-Modus eines Adapters. |
| GetAdapterIdentifier | Liefert die Adapteridentifikation (Hersteller, Version des Treibers ...) zu einem Adapter. |
| GetAdapterModeCount | Liefert die Anzahl der Display-Modi zu einem Adapter. |
| GetAdapterMonitor | Liefert Informationen über den Monitor, der einem Adapter zugeordnet ist. |
| GetDeviceCaps | Liefert zahlreiche Informationen über die Darstellungsmöglichkeiten eines Devices. |
| RegisterSoftwareDevice | Registrierung eines Software-Devices |

| Funktion | Kurzbeschreibung |
|----------|------------------|
| CheckDepthStencilMatch | Prüft, ob ein zum Rendering kompatibles Depth-Stencil-Format verfügbar ist. Das Depth-Stencil-Format legt fest, welche Zahlenformate im Depth- beziehungsweise im Stencilbuffer verwendet werden. Dazu (sehr viel) später mehr. |
| CheckDeviceFormat | Prüft, ob gewisse Formate (z. B. Depth Stencil) verfügbar sind. |
| CheckDeviceMultiSampleType | Prüft, ob das Device multi-ample-fähig ist. Auch dazu später mehr. |
| CheckDeviceType | Prüft, ob ein bestimmter Device-Typ für den Adapter verwendet werden kann. |

Sie sehen, dass es sich überwiegend um technische Details des Grafik-Adapters handelt. Wir wollen hier den Standardadapter mit seinen Standardmöglichkeiten nutzen, ohne uns in den Tiefen der Hardware zu verlieren. Wir wollen hier nur das Allernotwendigste machen, um unsere Applikation zum Laufen zu bringen.

Bevor wir ein Device anlegen, müssen wir zunächst die Präsentationsparameter (d3dpp) setzen. Zur Vorbereitung lesen wir zunächst den Display-Modus in die Variable d3ddm aus (B). Dann setzen wir die Präsentationsparameter (C). Im Wesentlichen müssen wir hier auf den Windowed-Mode[3] (d3dpp.Windowed = TRUE), also die Darstellung des Spiels in einem Fenster, umstellen. Wichtig ist, dass wir im Windowed-Mode das bestehende Display-Format für den Backbuffer übernehmen müssen (d3dpp.BackBufferFormat = d3ddm.Format). Alle hier nicht erwähnten Parameter werden wegen der vorausgehenden ZeroMemory-Anweisung auf 0 gesetzt.

Unter (D) prüfen wir dann mit der Funktion GetDeviceCaps, ob der HAL verfügbar ist, und setzen die Variable devtype entsprechend. Ist das nicht der Fall, geben wir eine Warnung aus. Um das zu verstehen, benötigen Sie noch einige Zusatzinformationen:

Windows-Applikationen nutzen niemals direkt den Grafik-Adapter oder den Grafik-Treiber. Klassische oder reine Windows-Applikationen nutzen das sogenannte **Graphic Device Interface** (GDI) . Das GDI erlaubt es, Text und Zeichnungen auf dem Bildschirm auszugeben. Typische reine Windows-Anwendungen sind Office-Programme oder der Internet-Explorer. Das GDI ist mehr an den Anforderungen einer allgemeinen Windows-Oberfläche als an denen der Spieleprogrammierung ausgerichtet. 3D-Spiele nutzen das *Direct3D*-API (API = Appli-

---

3  Eine häufig verwendete Alternative zum Windowed-Mode ist der Fullscreen-Mode, auf den ich hier nicht näher eingehe.

cation Programming Interface), das es erlaubt, dreidimensionale Objekte zu rendern (drehen, skalieren, ausleuchten, ...). Dieses API nutzt den HAL (**Hardware Abstraction Layer**). Dieser Layer ist so implementiert, dass er versucht, alle Operationen, wenn irgend möglich, direkt auf der Hardware auszuführen. Nur wenn eine Grafikkarte eine bestimmte Operation nicht unterstützt, wird sie in der Software des HAL nachgebildet:

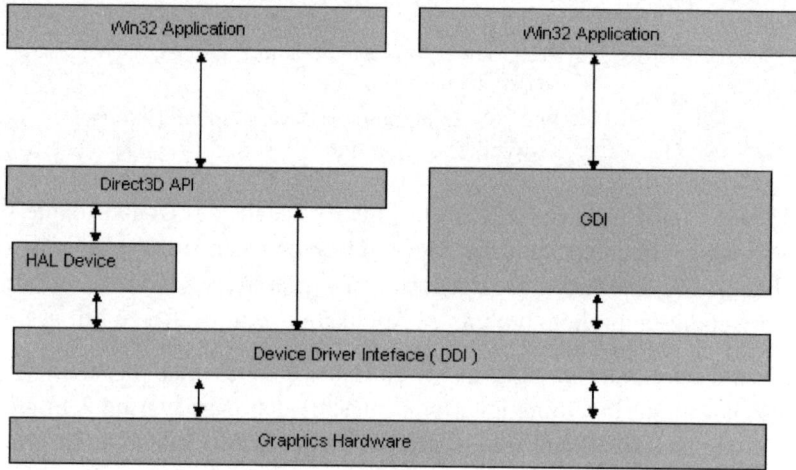

Je mehr Operationen nicht auf der Karte, sondern in der Software des HAL ablaufen, desto langsamer ist natürlich das Spiel. Der HAL ist die bevorzugte Schnittstelle für 3D-Spiele. Ist der HAL auf einem System nicht verfügbar, so kann stattdessen auf das **Reference Device** zurückgegriffen werden. Hierbei handelt es sich um eine vollständige Emulation der Direct3D-Funktionen in Software. Die Funktionen des Reference Device nutzen nur die Fähigkeiten einer Standard-Grafikkarte und sind entsprechend langsam.

Unter Punkt E wird schließlich mit der Funktion CreateDevice das Device angelegt, das wir im Folgenden verwenden werden. Insgesamt gibt die Funktion 1 (= Erfolg) zurück, wenn die Initialisierung vollständig funktioniert hat. Scheitert die Initialisierung an irgendeinem Punkt, wird 0 (= Misserfolg) als Funktionsergebnis zurückgegeben.[4]

Die zweite Member-Funktion der Klasse directx ist die Funktion adjust, die wir immer dann aufrufen werden, wenn sich die Größe unseres Fensters ändert. Wir bekommen dann die neue Fenstergröße (breite, hoehe) und müssen die DirectX-Einstellungen an die neue Größe anpassen:

---

4 Sollte beispielsweise die Funktion CreateDevice fehlschlagen, so kann das bedeuten, dass Ihr Rechner kein Hardware-Vertexprocessing unterstützt. Sie können es dann mit D3DCREATE_SOFTWARE_VERTEXPROCESSING versuchen. Das könnte aber sehr langsam werden.

```
      void directx::adjust( int breite, int hoehe)
      {
      D3DXMATRIX proj;
A     d3dpp.BackBufferWidth  = breite;
      d3dpp.BackBufferHeight = hoehe;
      device->Reset( &d3dpp);
B     device->SetRenderState( D3DRS_ZENABLE, D3DZB_TRUE);
      device->SetRenderState( D3DRS_AMBIENT, 0xffffff);
C     D3DXMatrixPerspectiveFovLH( &proj, D3DX_PI/4,
                           ((float)breite)/hoehe, 1.0f, 500.0f);
      device->SetTransform( D3DTS_PROJECTION, &proj);
      }
```

Zunächst (A) passen wir die Größe des Backbuffers an die neue Fenstergröße an und führen anschließend ein Reset des Devices aus. Alle anderen Präsentationsparameter in d3dpp bleiben unverändert so, wie wir sie in der init-Funktion gesetzt haben. Sie werden sich vielleicht fragen, wieso wir in der init-Funktion nicht die Backbuffer-Größe gesetzt haben. Das war nicht nötig, weil das System in der Funktion CreateDevice bei gewähltem Windowed-Mode die Koordinaten des aktiven Fensters zur Bestimmung der Backbuffer-Größe heranzieht.

Nach der Anpassung des Backbuffers ändern wir den Render-State des Devices (B). Mit der ersten Anweisung aktivieren wir das z-Buffering. Das z-Buffering ist für die Darstellung extrem wichtig und bedeutet, dass die Objekte in der Tiefe (z-Achse) so aufgebaut werden, dass weiter vorn liegende Objekte weiter hinten liegende Objekte verdecken. Das z-Buffering kostet natürlich Rechenzeit, sodass man es abstellen kann, wenn man es nicht benötigt. Man benötigt es zum Beispiel nicht, wenn man selbst zu jedem Zeitpunkt weiß, was vorne und was hinten ist. Dann kann man von hinten nach vorn zeichnen, und das Ergebnis ist korrekt. Das folgende Bild zeigt das Balance-Spielfeld, wie es sich ergeben würde, wenn man es bei ausgeschaltetem z-Buffering (SetRenderState( D3DRS_ZENABLE, D3DZB_FALSE)) von vorn nach hinten zeichnen würde:

Die weiter hinten liegenden Spielfelder würden die weiter vorn liegenden überdecken, was natürlich keine akzeptable Darstellung ist.

Mit der zweiten Anweisung schalten wir die Umgebungsbeleuchtung ein, und
zwar in der Farbe Weiß (0xffffff). Umgebungslicht ist ungerichtetes Licht, das
in einer Szene gleichmäßig überall vorhanden ist. Das Licht kommt nicht von
einer speziellen Lichtquelle, und es gibt daher auch keine Schatten. Sie können
andere Farben als Weiß wählen, indem Sie einen anderen Farbwert wählen. Das
höchste Byte in dem übergebenen 24-Bit-Farbwert steht für Rot, das zweite für
Grün, das niederwertigste für Blau. Übergeben Sie 0xff0000, 0x00ff00 oder
0x0000ff, um die Szene in intensives Rot, Grün oder Blau zu tauchen. Natürlich
sind auch Mischfarben denkbar. Später werden wir noch tiefere Überlegungen
zu Farben und Ausleuchtung anstellen.

Unter Punkt c legen wir dann noch eine Projektion zur Darstellung der Szene fest
(SetTransform). Wir verwenden dazu die Funktion D3DXMatrixPerspective
FovLH, die Sie bereits aus dem Abschnitt über die *DirectX*-Matrixfunktionen ken-
nen:

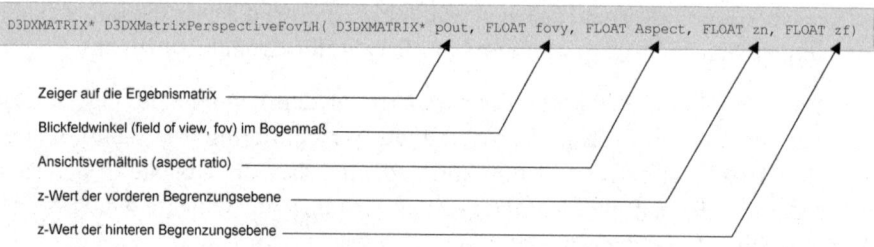

Diese Funktion erzeugt eine Projektionsmatrix (proj), die wir anschließend mit
der Funktion SetTransform als Projektionsmatrix für unser Spiel festlegen. Die
Parameter wollen wir, weil die Funktion hier zum ersten Mal verwendet wird,
noch einmal genau unter die Lupe nehmen.

Den Blickfeldwinkel kennen Sie, wenn Sie schon einmal mit einer Spiegelreflex-
kamera mit Wechselobjektiven fotografiert haben. Ein Teleobjektiv hat einen
kleinen Blickfeldwinkel. Entfernte Dinge rücken näher heran, alles rückt in der
Tiefe näher zusammen. Weit entfernte Berge wirken zum Beispiel zum Greifen
nah und steil. Bei einem Weitwinkelobjektiv ist es umgekehrt. Die Dinge rücken
auseinander, und die Landschaft verflacht zu einem Pfannekuchen. Genau diese
Effekte treten ein, wenn wir hier mit dem Blickfeldwinkel spielen. Der üblichen
menschlichen Sehweise entspricht ein Winkel von etwa 45 Grad im Bogenmaß,
also etwa π/4. Die vordere und die hintere Begrenzungsebene beschränken das
Blickfeld in der Tiefe. Alles, was vor der vorderen bzw. hinter der hinteren Ebene
liegt, wird weggeschnitten. Stellen Sie sich vor, dass Sie in einem dunklen Raum

sitzen und aus einem Fenster schauen.[5] Der Blick ist dabei durch ein Hochhaus in der Ferne begrenzt. Der sichtbare Teil der Welt ist unter diesen Rahmenbedingungen ein Pyramidenstumpf, wie ihn die folgende Grafik zeigt:

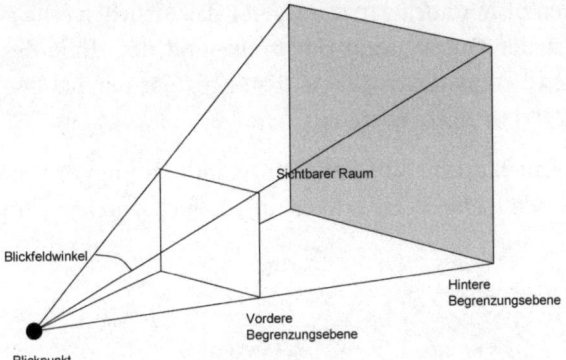

Wir empfinden unser Blickfeld bei einem Blick aus einem Fenster aber nicht als Pyramidenstumpf, sondern eher als einen Quader oder eine Röhre. Das liegt daran, dass die nahe liegenden Dinge perspektivisch vergrößert werden. Diese perspektivische Vergrößerung erreichen wir, indem wir das Blickfeld am Blickpunkt auseinanderziehen, bis das vordere Quadrat die Größe des hinteren hat. Alle Objekte im sichtbaren Raum wachsen je nach Entfernung vom Blickpunkt entsprechend mit. Da bei einem großen Blickfeldwinkel die Objekte im Vordergrund viel stärker wachsen als weiter hinten liegende Objekte, entsteht dabei der Eindruck einer Verflachung der Welt. Da umgekehrt bei einem kleinen Winkel die Objekte im Hintergrund im Vergleich zum Vordergrund relativ groß bleiben, rücken sie scheinbar näher heran und wirken weniger tief.

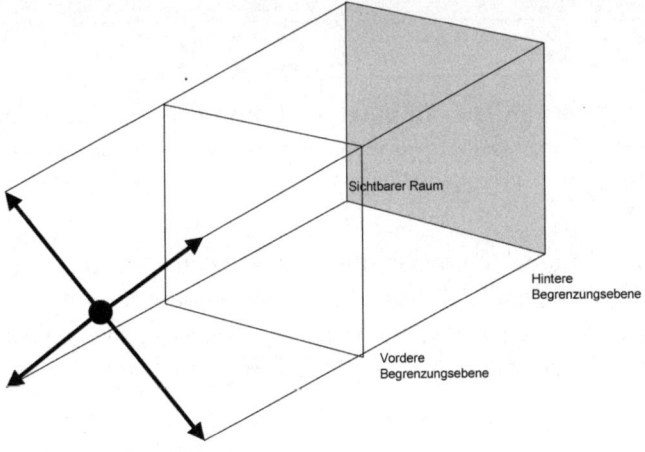

---

5  Dann ist der Raum natürlich nicht mehr dunkel, aber stellen Sie es sich trotzdem vor.

Die hier dargestellte perspektivische Transformation erzeugen wir durch die Projektionsmatrix. Erst durch Anwendung dieser Transformation entsteht der Eindruck einer natürlich in der Tiefe gestaffelten Szene.

Einen Parameter habe ich Ihnen bisher noch verschwiegen – das Ansichtsverhältnis. Das Ansichtsverhältnis ist der Quotient aus der Breite und der Höhe des Blickfeldes. Wir müssen diesen Parameter mitgeben, damit bei der perspektivischen Transformation keine Verzerrungen auftreten.

Ich möchte Sie an dieser Stelle auch noch einmal an das Demoprogramm *Projektion* erinnern, mit dem Sie verschiedene Perspektiven anschaulich durchspielen können:

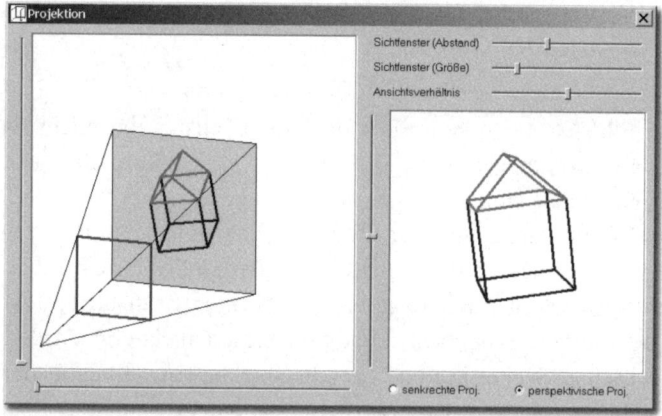

Nachdem wir die Klasse `directx` erstellt haben, instanziieren wir noch ein Objekt dieser Klasse:

```
directx mein_directx;
```

Dies ist die einzige Instanz dieser Klasse, die unser Spiel verwendet, da es ja nicht gleichzeitig mehrere, verschieden konfigurierte Grafikumgebungen geben kann.

### Die Klasse objekt

Die Klasse `objekt` dient zur Aufnahme der Drahtmodelle aus den x-Dateien. Was zu einem Drahtmodell gehört, habe ich früher bereits beschrieben. Es ist der Mesh (mit Vertices und Faces), eine gewisse Anzahl (`anz_mat`) von Materialien und zu jedem Material eine Textur. Genau diese Daten kapselt die Klasse `objekt`:

```
class objekt
    {
    private:
        LPD3DXMESH mesh;
        D3DMATERIAL9 *materialien;
        DWORD anz_mat;
        LPDIRECT3DTEXTURE9 *texturen;
    public:
        objekt();
        void load( char *xfile);
        void draw();
        ~objekt();
    };
```

Neben dem Konstruktor und Destruktor finden wir hier Funktionen zum Laden eines Objekts aus einer x-Datei (load) und zum Darstellen eines Objekts auf dem Bildschirm (draw).

Im Konstruktor werden alle Member-Variablen mit o vorbesetzt:

```
objekt::objekt()
    {
    mesh = NULL;
    materialien = NULL;
    anz_mat = 0;
    texturen = NULL;
    }
```

Die Funktion zum Laden eines Objekts stützt sich im Wesentlichen auf die Funktion D3DXLoadMeshFromX beziehungsweise D3DXCreateTextureFromFile, mit der man ein Drahtmodell aus einem x-File beziehungsweise eine Textur aus einer Grafikdatei lädt:[6]

```
void objekt::load( char *xfile)
    {
    LPD3DXBUFFER buf;
    D3DXMATERIAL* mat;
    DWORD i;
```

---

6  Wir gehen im Programm immer davon aus, dass die angeforderten Dateien existieren. Der Fehler, dass eine Datei nicht vorhanden ist, wird nicht abgefangen.

```
A    D3DXLoadMeshFromX( xfile, D3DXMESH_SYSTEMMEM,
                        mein_directx.device, NULL, &buf, NULL,
                        &anz_mat, &mesh);

B    mat = (D3DXMATERIAL*)buf->GetBufferPointer();

C    materialien = new D3DMATERIAL9[anz_mat];
     texturen   = new LPDIRECT3DTEXTURE9[anz_mat];

D    for( i=0; i<anz_mat; i++)
         {
         materialien[i] = mat[i].MatD3D;
         materialien[i].Ambient.r = 1.0f;
         materialien[i].Ambient.g = 1.0f;
         materialien[i].Ambient.b = 1.0f;
         if( D3DXCreateTextureFromFile( mein_directx.device,
                                        mat[i].pTextureFilename,
                                        &texturen[i]) < 0)
             texturen[i] = NULL;
         }

E    buf->Release();
     }
```

Diese Funktion wollen wir noch etwas näher betrachten:

A: Hier wird der Mesh durch die Funktion LoadMeshFromX aus der Datei (xfile) in eine interne Struktur (mesh) geladen. Gleichzeitig erhalten wir durch den Funktionsaufruf die Information, wie viele Materialien (anz_mat) es gibt, und einen Buffer (buf) mit den Material- und Texturinformationen.

B: Wir initialisieren einen Zeiger (mat), um auf die Materialdaten im Buffer zugreifen zu können.

C: Wir allokieren Arrays für die Material- beziehungsweise Texturdaten.

D: Die Materialdaten werden in einer Schleife in den Array übertragen, und die Texturen werden aus den Texturdateien geladen. Das bloße Vorhandensein von Licht[7] reicht nicht aus, um eine Szene auszuleuchten. Die Materialien müssen auch in der Lage sein, Licht zu reflektieren. Wenn die Materialien alles Licht schlucken, erhalten wir in der Darstellung nur pechschwarze Objekte. Ein Material kann unterschiedliche Farbwerte unterschiedlich stark reflektieren. Wir setzen hier alle Materialien in allen Grundfarben (Rot, Grün,

---

[7] Wir beschäftigen uns momentan nur mit allgemeinem Umgebungslicht (ambientem Licht), obwohl ambientes Licht in der Realität von anderen Lichtquellen dominiert wird. Aber ambientes Licht ist zunächst mal am einfachsten zu verstehen, da man sich keine Gedanken über die Richtung des Lichteinfalls machen muss.

Blau) auf volle Reflexion (1.0). Später werden wir uns noch genauer mit diesem Thema auseinandersetzen.

E: Der Buffer wird wieder freigegeben.

Da die Ressourcen zur Speicherung des Objekts dynamisch allokiert sind, müssen sie im Falle der Beseitigung des Objekts wieder freigegeben werden.

```
objekt::~objekt()
    {
    unsigned int i;

    if( materialien)
        delete[] materialien;

    if( texturen)
        {
        for( i = 0; i < anz_mat; i++ )
            {
            if( texturen[i])
                texturen[i]->Release();
            }
        delete[] texturen;
        }
    if( mesh)
        mesh->Release();
    }
```

Zum Zeichnen eines Objekts verwenden wir die Methode draw. Wir gehen dazu durch alle Materialien, laden das Material mit seinen Eigenschaften und die zugehörige Textur in das Device und zeichnen anschließend das mit diesem Material und der Textur belegte Teilgitternetz:

```
void objekt::draw()
    {
    unsigned int i;

    for( i=0; i < anz_mat; i++ )
        {
        mein_directx.device->SetMaterial( &materialien[i]);
        mein_directx.device->SetTexture( 0, texturen[i]);
        mesh->DrawSubset( i );
        }
    }
```

Beachten Sie, dass das Device zu einem Zeitpunkt immer nur ein Material und eine Textur aufnimmt und dann aber ein ganzes Teilgitternetz, das mit diesem Material belegt ist, zeichnen oder besser rendern kann.

### Die Klasse objekte

In der Klasse objekte fassen wir alle im Spiel vorkommenden Objekte zusammen. Dazu definieren wir zunächst einmal symbolische Konstanten, um später unseren Code besser lesen zu können:

```
# define WASSER    0
# define HOLZ      1
# define STEIN     2
# define GRAS      3
# define ZIEL      4

# define NICHTS   -1
# define KEGEL     0
# define BUMPER    1
# define MARKIERUNG 2
```

Die verwendeten Objekte sind:

▶ die Kugel, die später über das Spielfeld rollen wird

▶ ein Rahmen, den wir für den Spielfeld-Editor zur Markierung des angewählten Feldes benötigen

▶ die fünf Untergünde (Wasser, Holz, Stein, Gras und Ziel)

▶ die zwei Hindernisse (Kegel und Bumper)

▶ der gelbe Kreis für die Markierung der zu besuchenden Felder, der hier formal auch als Hindernis geführt wird

Damit ergibt sich die folgende Klasse:

```
class objekte
    {
    public:
        objekt kugel;
        objekt rahmen;
        objekt obj[5];
        objekt hindernisse[3];

        void lade_objekte();
    };
```

Die Klasse hat nur eine Methode, in der wir die zugehörigen Objekte aus ihren jeweiligen Dateien laden:

```
void objekte::lade_objekte()
    {
    obj[WASSER].load( "Wasser.x");
    obj[HOLZ].load( "Holz.x");
    obj[STEIN].load( "Stein.x");
    obj[GRAS].load( "Gras.x");
    obj[ZIEL].load( "Ziel.x");
    hindernisse[KEGEL].load( "Kegel.x");
    hindernisse[BUMPER].load( "Bumper.x");
    hindernisse[MARKIERUNG].load( "Markierung.x");
    kugel.load( "Kugel.x");
    rahmen.load( "Rahmen.x");
    }
```

Abschließend legen wir eine Instanz (meine_objekte) der Klasse objekte an.

```
objekte meine_objekte;
```

### Die Klasse spielfeld

Das Spielfeld existiert nicht als komplettes Drahtgittermodell. Es wird zur Laufzeit aus den einzelnen Bausteinen zusammengesetzt. Deshalb benötigen wir zur Beschreibung des Spielfeldes auch nur die Strukturinformationen und keine konkreten Mesh-Daten.

Das Spielfeld besteht aus einer bestimmten Anzahl von Zeilen (zeilen) und Spalten (spalten). Eine der Zeilen (startz) und eine der Spalten (starts) legt dabei den Startpunkt für die Kugel fest. Das Spielfeld ist auf maximal 100 Zeilen und 100 Spalten ausgelegt. In der Member-Variablen anzahl_markierungen wird die Anzahl der noch vorhandenen Markierungen gezählt, um später das Spielende erkennen zu können. Der Array felder enthält für jedes Feld die laufende Nummer des zugeordneten Untergrundes, der Array hind enthält die Nummer eines gegebenenfalls vorhandenen Hindernisses:

```
class spielfeld
    {
    private:
        int save_hind[100][100];
    public:
        int zeilen;
```

```
            int spalten;
            int anzahl_markierungen;
            int startz;
            int starts;
            int felder[100][100];
            int hind[100][100];

            spielfeld();
            void init( int z, int s, int mode);
            float verschiebung_x( int s)
                            {return 4.0f*s - 2.0f*spalten + 2.0f;}
            float verschiebung_z( int z)
                            {return 4.0f*z - 2.0f*zeilen + 2.0f;}
            void save();
            void reload();
        };
```

Funktionen hat das Spielfeld noch nicht viele aufzuweisen. Da sind zunächst einmal die Funktionen save und reload. Da das Spielfeld anfangs Markierungen (gelbe Punkte) enthält und diese nach und nach vom Spieler abgeräumt werden, benötigen wir den Array mit den Hindernissen zweimal. Zum einen benötigen wir den Array, auf dem aktuell gespielt wird (hind) und dessen Daten immer auf dem Bildschirm angezeigt werden, und zum anderen benötigen wir eine Sicherungskopie (save_hind) dieses Arrays, aus der wir das Anfangsbild wieder laden können, wenn ein neues Spiel gestartet wird. Die Funktionen save und reload dienen dazu, diese beiden Arrays zu synchronisieren, also die Daten von dem einen Array in den anderen oder umgekehrt zu transferieren. Es handelt sich also nur um einfache Kopierfunktionen:

```
void spielfeld::save()
    {
    int z, s;

    anzahl_markierungen = 0;
    for( z = 0; z < zeilen; z++)
        {
        for( s = 0; s < spalten; s++)
            {
            save_hind[z][s] = hind[z][s];
            if( hind[z][s] == MARKIERUNG)
                anzahl_markierungen++;
            }
        }
    }
```

```
void spielfeld::reload()
    {
    int z, s;

    anzahl_markierungen = 0;
    for( z = 0; z < zeilen; z++)
        {
        for( s = 0; s < spalten; s++)
            {
            hind[z][s] = save_hind[z][s];
            if( save_hind[z][s] == MARKIERUNG)
                anzahl_markierungen++;
            }
        }
    }
```

In der Funktion init wird das Spielfeld zusammengestellt. Hat der Parameter mode den Wert 0, so wird das Feld komplett aus Holz erstellt. Ist das nicht der Fall, so wird das Feld zufällig aufgebaut:

```
void spielfeld::init( int z, int s, int mode)
    {
    if( (z > 100) || ( z < 1) || ( s > 100) || ( s < 1))
        return;

    zeilen = z;
    spalten = s;
    anzahl_markierungen = 0;

    srand( timeGetTime());
    for( z = 0; z < zeilen; z++)
        {
        for( s = 0; s < spalten; s++)
            {
            felder[z][s] = mode ? rand()%5 : HOLZ;
            if( mode && (felder[z][s] != 0) &&
                        (felder[z][s] != 4))
                hind[z][s] = rand()%4 - 1;
            else
                hind[z][s] = NICHTS;
            if( hind[z][s] == MARKIERUNG)
                anzahl_markierungen++;
            }
        }
    felder[0][0] = HOLZ;
    if( hind[0][0] == MARKIERUNG)
```

```
      anzahl_markierungen--;
hind[0][0] = NICHTS;
startz = 0;
starts = 0;
}
```

Diese Funktion ist sehr technisch, da beim zufälligen Aufbau des Spielfeldes einige Konsistenzbedingungen eingehalten werden müssen. Zum Beispiel darf ein Kegel nicht auf Wasser stehen oder auf dem Startfeld darf kein Kegel stehen. Da die Funktion aber nicht wesentlich für das Spiel ist und wir sowieso beabsichtigen, in Zukunft unsere Spielpläne aus Dateien zu laden, will ich diese Funktion nicht weiter kommentieren.

Im Konstruktor wird ein Spielfeld mit 8x8 Feldern zufällig erzeugt:

```
spielfeld::spielfeld()
    {
    init( 8, 8, 1);
    save();
    }
```

Anschließend werden die Daten über die Hindernisse mit der Funktion save im Array save_hind gesichert.

In der Klasse gibt es noch zwei Inline-Funktionen. Diese Funktionen (verschiebung_x und verschiebung_z) dienen dazu, die Verschiebung zu berechnen, die notwendig ist, um ein Feld aus einer zentrierten Lage um die y-Achse an seinen korrekten Platz innerhalb des Spielfeldes zu bringen, wobei das Spielfeld ebenfalls zentriert um die y-Achse angelegt ist. Die folgende Grafik zeigt die dazu erforderlichen Berechnungen, wobei davon ausgegangen wird, dass die einzelnen Felder eine Größe von 4x4 haben:

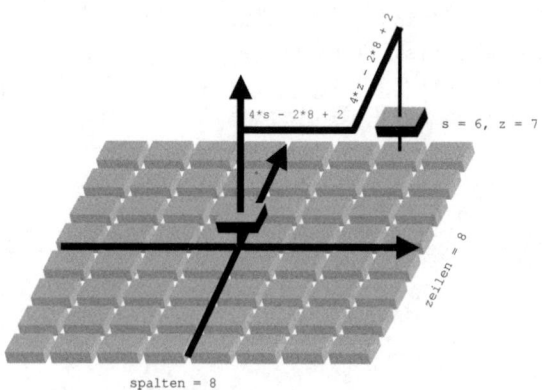

Genau diese Berechnungen habe ich in den Hilfsfunktionen `verschiebung_x` und `verschiebung_z`, natürlich mit allgemeiner Spalten- und Zeilenzahl, durchgeführt.

Zum Abschluss legen wir ein Spielfeld an:

```
spielfeld mein_spielfeld;
```

### Die Klasse balance

Alle Daten und Funktionen des Spiels sammeln wir in der Klasse `balance`. Schon der Name lässt erahnen, dass dies die wichtigste Klasse des Spiels sein wird. Im Moment ist diese Klasse aber noch relativ leer:

```
class balance
    {
    private:
        D3DXVECTOR3 hier_bin_ich;
        D3DXVECTOR3 da_gucke_ich_hin;
    public:
        int init();
        void start();
        void render();
    };
```

In dieser Klasse befinden sich zwei Vektoren – `hier_bin_ich` und `da_gucke_ich_hin`. Im Zusammenhang mit den Grundeinstellungen in der Klasse `directx` hatten wir die Perspektive (insbesondere den Blickfeldwinkel und das Ansichtsverhältnis) festgelegt. Diese Parameter definieren sozusagen das Objektiv (zum Beispiel Weitwinkel, Normal oder Tele) und das Filmformat (zum Beispiel 24:36) der Kamera, mit der wir auf das Motiv schauen. Diese Parameter legen aber noch nicht den eigentlichen Blick auf das Motiv, also das, was wir im Sucher der Kamera sehen, fest. Dazu müssen wir einen Standort wählen (`hier_bin_ich`) und die Kamera auf einen bestimmten Punkt richten (`da_gucke_ich_hin`).[8] Da wir diese beiden Parameter zum Beispiel bei Kamerafahrten wechseln werden, legen wir sie in der Klasse `balance` als Spielparameter ab. Neben diesen beiden Parametern finden wir in der Klasse `balance` eine Initialisierungsfunktion (`init`), eine

---

8 Genau genommen reichen diese beiden Parameter immer noch nicht, um das Sucherbild vollständig zu beschreiben. Man kann die Kamera ja noch um die Blickrichtung beliebig drehen (zum Beispiel Hochformat oder Querformat). Da wir die Kamera aber immer waagerecht halten werden, muss dieser Parameter nicht im Spiel eingestellt werden. Konsequenterweise taucht dieser Parameter daher hier nicht auf.

Funktion zum Starten des Spiels (start) und die besonders wichtige render-Funktion, in der die Spielszenarien berechnet werden.

In der Initialisierungsfunktion initialisieren wir *DirectX* und laden anschließend die Objekte:

```
int balance::init()
    {
    if( !mein_directx.init())
        return 0;
    meine_objekte.lade_objekte();
    return 1;
    }
```

In der start-Funktion laden wir das Spielfeld aus der Sicherungskopie (reload) und legen dann die anfängliche Kameraposition (hier_bin_ich) und den Blickpunkt (da_gucke_ich_hin) fest.

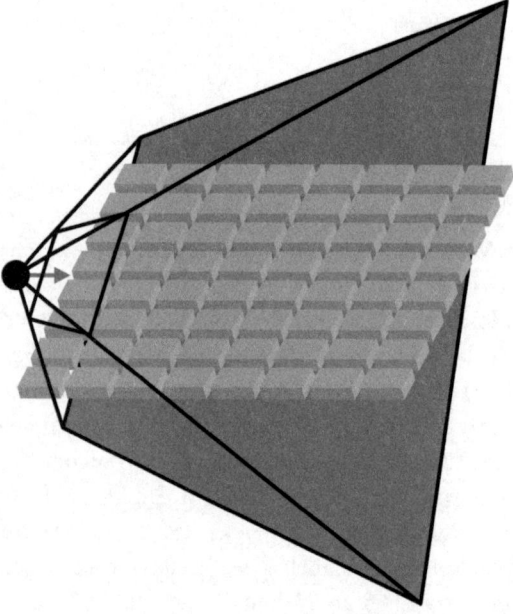

Dazu treten wir aus der Nullposition so weit zurück, dass wir das Spielfeld überblicken können, und heben die Kamera in gleichem Maße an, damit wir aus einem 45-Grad-Winkel auf das Spielfeld hinabschauen:

```
void balance::start()
    {
    mein_spielfeld.reload();
    hier_bin_ich = D3DXVECTOR3( 0.0f, 3.5f*mein_spielfeld.spalten,
                                -3.5f*mein_spielfeld.spalten);
    da_gucke_ich_hin = D3DXVECTOR3( 0.0f, 0.0f, 0.0f);
    }
```

Die genaue Startposition der Kamera ist nicht so wichtig,[9] da wir die Kamera später von Hand ausrichten können. Wichtig ist nur, dass wir das Spielfeld aus einem einigermaßen vernünftigen Abstand sehen und nicht erst suchen müssen.

Die jetzt noch fehlende Funktion render hat ganz entscheidende Bedeutung für die Visualisierung des Spiels. In dieser Funktion wird aus dem dreidimensionalen Objektmodell die zweidimensionale Ansicht erzeugt, wie sie der Benutzer auf dem Bildschirm sieht. Dieser Prozess nennt sich *Rendering*. Mit diesem Prozess müssen wir uns noch etwas genauer auseinandersetzen.

Die folgende Zeichnung zeigt die sogenannte Render- oder Transformation-Pipeline:[10]

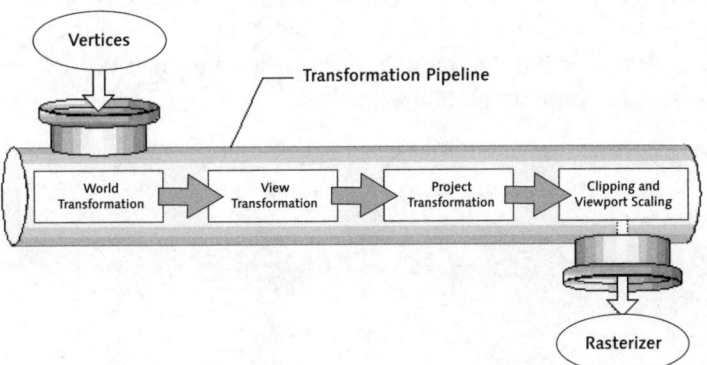

Alle Eckpunkte (Vertices) des 3D-Modells durchlaufen diese Pipeline. Zunächst muss jedem Eckpunkt sein Platz in der Welt (World Transformation) zugewiesen werden. Für uns bedeutet dies, dass wir alle Bausteine des Spiels, die ja in den Design-Koordinaten des 3D-Modellers vorliegen, durch eine geeignete Transformation (Verschiebung, Drehung, Skalierung) im Raum positionieren müssen. Diese Transformation ist für jeden Baustein anders, da jeder Baustein seinen individuellen Platz in der Welt hat. Sind diese Transformationen durchgeführt, so ist

---

9 Ich habe mich hier nur an der Breite orientiert und angenommen, dass das Spielfeld in etwa gleich hoch wie breit ist.

10 Die Zeichnung habe ich dem DirectX-Hilfesystem entnommen.

die Welt aufgebaut. Als Nächstes müssen wir dann festlegen, wie wir auf die Welt schauen (View Transformation) . Dazu müssen wir im Wesentlichen unseren Standort und einen Punkt, auf den wir blicken, festlegen. Durch die Wahl von Standort und Blickpunkt ist wieder eine Transformation festgelegt, die alle Eckpunkte der Welt durchlaufen müssen. Durch diese Transformation wird die gesamte Welt so bewegt, dass sie lagerichtig vor unserer Kamera liegt.[11] Im nächsten Schritt wird die Projektion (Projection Transformation) in den Sucher der Kamera durchgeführt. Hier wird die korrekte Perspektive aufgebaut. Auch hier müssen noch einmal alle Eckpunkte entsprechend der gewünschten perspektivischen Projektion neu berechnet werden. Abschließend muss das Bild entsprechend der Größe des Bildausschnitts skaliert werden (Viewport Scaling), und die außerhalb des sichtbaren Bildausschnitts liegenden Teile müssen abgeschnitten (Clipping) werden. Am Ende der Pipeline haben wir das fertig montierte, perspektivisch aufbereitete und zurechtgeschnittene 3D-Modell, das dann dem Rasterizer übergeben wird. Im Rasterizer findet dann der eigentliche Bildaufbau, das heißt die Abbildung des ja immer noch abstrakten geometrischen Modells auf die Pixel des Bildschirms, statt. Letztlich muss ja entschieden werden, welche Farbe jeder einzelne Bildpunkt bekommen soll.

Um Ihnen die Rendering-Pipeline zu veranschaulichen, habe ich wieder ein Hilfsprogramm (`render.exe`) erstellt, das Sie wie üblich im Verzeichnis *Demos* auf der CD finden. Wenn Sie das Programm starten, sehen Sie einen Würfel, der in drei verschiedenen Fenstern dargestellt ist:

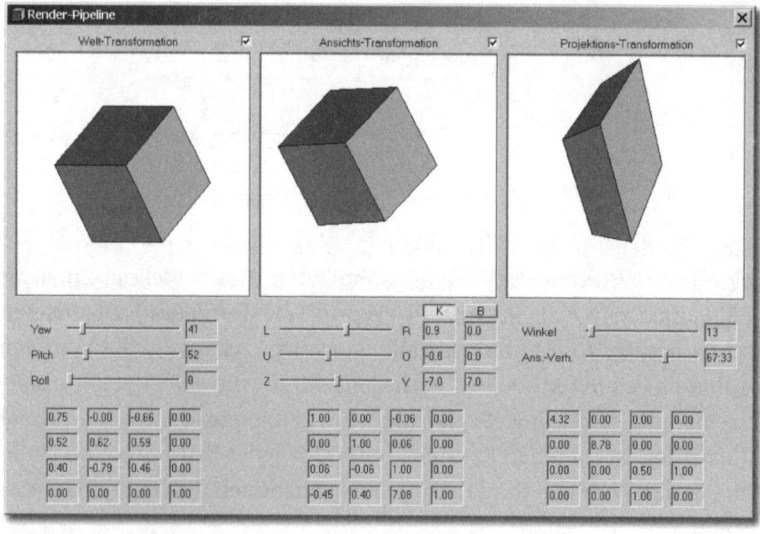

---

11  Genau genommen ist also die Kamera fest und die Welt wird bewegt. Aber das macht ja von der optischen Wirkung her keinen Unterschied.

Unter dem ersten Fenster können Sie die Lage des Würfels im Raum einstellen, indem Sie eine Drehung (`yaw, pitch roll`) vorgeben.[12] Unter dem zweiten Fenster können Sie den Standort der Kamera ändern, indem Sie den Button *K* betätigen und die Kamera in Links-Rechts-, Oben-Unten- oder Zurück-Vor-Richtung bewegen. In gleicher Weise (Button *B*) können Sie den Blickpunkt bewegen. Unter dem rechten Fenster können Sie den Blickfeldwinkel und das Ansichtsverhältnis für die Projektion wählen. Die Abfolge der Bilder in den drei Fenstern zeigt Ihnen die Verarbeitungsschritte der Render-Pipeline. Unten im Dialog sehen Sie die zum Rendern verwendeten Transformationsmatrizen. Spielen Sie ein wenig mit diesem Programm, um den Rendering-Prozess zu verstehen.

Bevor wir konkret mit dem Rendern unserer Szene beginnen, müssen wir uns Gedanken über die Abmessungen und die Positionierung aller vorkommenden Objekte machen. Wir wollen das Spielfeld, wie früher bereits einmal erwähnt, zentriert um den Koordinatenursprung aufbauen. Die Spalten werden dabei in x-Richtung von links nach rechts, die Zeilen in z-Richtung in der Tiefe des Raumes aufgebaut. Im Ergebnis sollte das wie folgt aussehen:

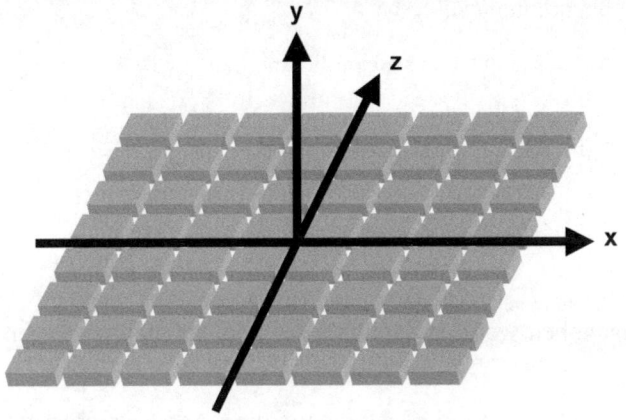

Als ich das Drahtmodell für die verschiedenen Steine erstellt habe, konnte ich natürlich noch nicht wissen, wo die einzelnen Steine später einmal erscheinen werden. Das hängt ja von dem Layout des Spielfeldes ab. Im Design habe ich die Steine daher mit einheitlichen Abmessungen zentriert um die y-Achse unter der y-z-Ebene liegend modelliert:

---

12  Sie können den Würfel nicht verschieben oder skalieren. Ich habe mich hier und auch bei den folgenden Schritten auf wichtige Grundeinstellungen beschränkt, da der Dialog ansonsten nicht mehr handhabbar gewesen wäre.

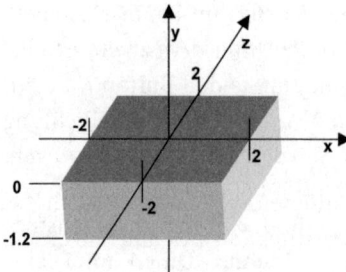

Jeder Stein muss aus seiner Nulllage, die er im 3D-Design bekommen hat, an die richtige Stelle in der Szene verschoben werden. Dafür haben wir bereits Berechnungsfunktionen (`verschiebung_x` und `verschiebung_z`) vorbereitet. Die Höhenlage der Steine ist korrekt und muss nicht verändert werden.

Die gleichen Verschiebungen wie bei den Steinen wenden wir auch auf die Hindernisse und die Kugel an. Die Kugel hat den Durchmesser 2 und ist um den Ursprung zentriert:

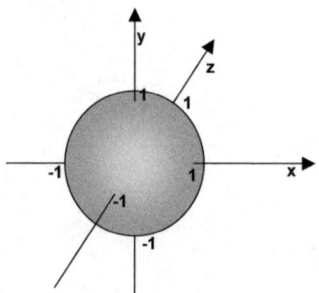

Die Kugel muss also angehoben werden, damit sie auf dem Spielfeld zu liegen kommt.

Bei den Hindernissen handelt es sich um Kegel, die um die y-Achse zentriert auf der x-z-Ebene stehen. Die Kegel haben den Radius 2 an der Basis und eine Höhe von 2 Einheiten.

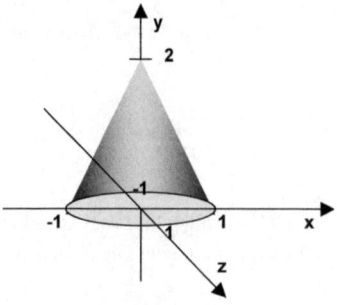

Die Goldstücke sind flache Kreise mit dem Radius 2, die zentriert um die y-Achse auf der x-z-Ebene liegen. Was die Höhenlage betrifft, sind auch die Kegel und die Goldstücke korrekt positioniert.

Jetzt können wir uns an die render-Funktion herantrauen. Wir werden diese Funktion zunächst nur rudimentär erstellen. Immer wenn unser Spiel an Funktionalität (z. B. Drehen des Spielfeldes) gewinnt, müssen wir natürlich auch das Rendering erweitern. Diese Funktion wird das Herzstück unseres Spiels werden, und daher wollen wir sie detailliert besprechen.

```
void balance::render()
    {
    int z, s;
    D3DXMATRIX world;
    D3DXMATRIX view;
```

A
```
    mein_directx.device->Clear(0,NULL,
                               D3DCLEAR_TARGET|D3DCLEAR_ZBUFFER,
                               D3DCOLOR_XRGB(255,255,255),
                               1.0f, 0 );
```

B
```
    mein_directx.device->BeginScene();
```

C
```
    D3DXMatrixLookAtLH( &view, &hier_bin_ich, &da_gucke_ich_hin,
                        &D3DXVECTOR3( 0.0f, 1.0f, 0.0f));
    mein_directx.device->SetTransform( D3DTS_VIEW, &view);
```

D
```
    for( z = 0; z < mein_spielfeld.zeilen; z++)
        {
        for( s = 0; s < mein_spielfeld.spalten; s++)
            {
            D3DXMatrixTranslation( &world,
                            mein_spielfeld.verschiebung_x(s), 0.0f,
                            mein_spielfeld.verschiebung_z(z));
            mein_directx.device->SetTransform( D3DTS_WORLD,
                                               &world);
            meine_objekte.obj[mein_spielfeld.felder[z][s]].draw();
            if( mein_spielfeld.hind[z][s] != NICHTS)
    meine_objekte.hindernisse[mein_spielfeld.hind[z][s]].draw();
            }
        }
```

E
```
    D3DXMatrixTranslation( &world,
        mein_spielfeld.verschiebung_x( mein_spielfeld.starts),
        1.0f,
        mein_spielfeld.verschiebung_z( mein_spielfeld.startz));
```

```
       mein_directx.device->SetTransform( D3DTS_WORLD, &world);
       meine_objekte.kugel.draw();
F      mein_directx.device->EndScene();
       mein_directx.device->Present( NULL, NULL, NULL, NULL );
       }
```

A: Bevor wir mit dem Rendering starten, löschen wir die bestehende Szene und füllen den Hintergrund mit weißer Farbe.

B: Der Rendering-Prozess wird mit BeginScene eingeleitet und am Ende mit EndScene (siehe F) beendet. In dieser logischen Klammer findet das eigentliche Rendering statt.

C: Hier erzeugen wir die View-Transformation, die das aufbereitete 3D-Modell in die Bildebene der Kamera dreht. Durch den Aufruf von D3DXMatrixLookAtLH erstellen wir eine Matrix (view), die im Wesentlichen aus unserem Standpunkt (hier_bin_ich) und dem Blickpunkt (da_gucke_ich_hin) berechnet wird. Zusätzlich müssen wir noch angeben, wie die Kamera in Blickrichtung geneigt ist. Dazu übergeben wir den Vektor (0,1,0), durch den festgelegt wird, wo aus Sicht der Kamera »oben« ist. Durch den Aufruf von SetTransform verankern wir diese Matrix zur Berechnung der View-Transformation. Immer wenn die Rendering-Maschine im Folgenden eine View-Transformation durchzuführen hat, verwendet sie diese Matrix. Beachten Sie, dass wir hier die View-Transformation nur festlegen und nicht etwa anwenden. Angewandt wird sie erst in der Transformation-Pipeline, nachdem die Welt-Koordinaten eines Eckpunktes berechnet wurden.

D: In einer Doppelschleife gehen wir durch alle Felder des Spielfelds und erzeugen für jedes Feld seine Transformationsmatrix (world), indem wir die Funktion D3DXMatrixTranslation mit den erforderlichen Verschiebungen in x-, y- und z-Richtung aufrufen. Dann setzen wir diese Transformation als Welt-Transformation für das Feld und ein gegebenenfalls darauf befindliches Hindernis. Anschließend wird der Stein durch Aufruf der draw-Methode in die Szene gerendert. Jetzt durchläuft das Drahtgitter des Steins die Render-Pipeline. Falls es ein Hindernis (Kegel oder Markierung) auf dem Stein gibt, wird dieses mit der gleichen Transformation in die Szene gerendert. Da Steine und Kegel im Design auf die richtige Höhe ausgerichtet wurden, ist an dieser Stelle eine einheitliche Verschiebung ohne Höhenänderung möglich.

E: Hier wird die Kugel gezeichnet. Die Transformation unterscheidet sich von den vorangegangenen Transformationen nur dadurch, dass die um den Ursprung zentrierte Kugel so angehoben wird, dass sie auf dem Spielfeld zu liegen kommt.

F: Der Rendering-Prozess wird durch den Aufruf der Funktion `EndScene` beendet. Durch den Aufruf von `Present` wird die durch das Rendering erzeugte zweidimensionale Projektion auf den Bildschirm gebracht.

Jetzt fehlt nur noch eine Instanz von `balance`,

```
balance mein_spiel;
```

und wir können mit dem Einbau des Spiels in den Windows-Rahmen beginnen.

**Einbau in den Windows-Rahmen**

Wir haben jetzt eine Menge Code erzeugt. Noch aber ist auf dem Bildschirm nichts zu sehen. Um unser Spielfeld sichtbar zu machen, müssen wir noch geeignete Methodenaufrufe im Windows-Rahmen einbauen.

Im Hauptprogramm `WinMain` initialisieren wir das Spiel, nachdem wir das Hauptfenster der Applikation kreiert haben. Im Falle eines Fehlers beenden wir das Programm mit einer Fehlermeldung:[13]

```
int APIENTRY WinMain(HINSTANCE hInst, HINSTANCE hPrevInstance,
                             LPSTR lpCmdLine, int nCmdShow )
    {
    ...
    if( !balance_window )
        return 0;
    if( !mein_spiel.init())
        {
        MessageBox( balance_window,
                "Direct3d konnte nicht initialisiert werden",
                "Balance-Meldung", MB_OK |
                MB_ICONERROR | MB_SETFOREGROUND);
        return 0;
        }
    ShowWindow( balance_window, nCmdShow);
    mein_spiel.start();
    ...
    return 0;
    }
```

---

13 Fehler werden hier pauschal behandelt. Wenn Sie sich für die konkrete Fehlersituation interessieren, können Sie sich mit der Funktion `DXGetErrorDescription9` einen Fehlertext zu einer DirectX-Fehlernummer holen. Sie müssen dann `Dxerr9.h` inkludieren und die Bibliothek `Dxerr9.lib` hinzulinken.

Im Callback-Handler müssen wir auf zwei Messages reagieren. Immer, wenn das Fenster oder Teile des Fensters neu zu zeichnen sind, wird vom Windows-System die Message WM_PAINT erzeugt. Wir reagieren darauf, indem wir das Spielfeld rendern und den Bildschirminhalt wieder für gültig erklären (A):

```
LRESULT CALLBACK balance_windowhandler(HWND hWnd, UINT msg,
                                       WPARAM wParam, LPARAM lParam)
    {
    switch( msg)
        {
    case WM_COMMAND:
        ...
        break;
    case WM_PAINT:
        mein_spiel.render();
        ValidateRect( hWnd, NULL);
        break;
    case WM_SIZE:
        if( wParam != SIZE_MINIMIZED)
            mein_directx.adjust( LOWORD(lParam),
                                 HIWORD(lParam));
        break;
    case WM_DESTROY:
        ...
        }
    ...
    }
```

Wenn sich die Fenstergröße ändert, erhalten wir die Message WM_SIZE. Sofern das Fenster nicht minimiert und damit unsichtbar wird, adjustieren wir die Größe und die Projektionsmatrix mit der Methode adjust (B). Um das Neuzeichnen des Fensters müssen wir uns an dieser Stelle nicht kümmern, da in dieser Situation zusätzlich eine WM_PAINT-Message erzeugt wird.

Das war ein hartes Stück Arbeit, das sich aber gelohnt hat. Nach dem Programmstart sollten Sie in etwa die folgende Sicht auf das Spielfeld haben:

Das genaue Layout des Spielfeldes hängt natürlich vom Zufallszahlengenerator ab, der ja bei jedem Programmstart eine andere Zufallszahlenfolge erzeugt.

Bevor Sie fortfahren, sollten Sie durch Variation der Werte für die Umgebungsfarbe oder Änderungen in der World- oder Viewmatrix unterschiedliche Darstellungen erzeugen, um ein Gefühl für die Bedeutung dieser Werte zu erhalten.

### Die Klasse timer

Eine wichtige, die Entwicklung eines Spiels begleitende Tätigkeit ist die ständige Beobachtung und Verbesserung des Laufzeitverhaltens. Das Laufzeitverhalten eines Programms können Sie mit einem sogenannten Profiler analysieren. Da ein Profiler nicht immer verfügbar ist, kann man sich auch mit selbst erstellten Programmen zur Zeitmessung behelfen. Im Folgenden sehen Sie eine kleine Additionsstoppuhr, mit der man Programmlaufzeiten messen kann:

```
# include <time.h>

class timer
    {
    private:
        unsigned int ticks;
        unsigned int calls;
        unsigned int t;
    public:
        timer() {calls = 0; ticks = 0;}
        void start() { t = clock();}
        void stop() { ticks += clock() - t; calls++;}
```

```
        void ergebnis();
    };
void timer::ergebnis()
    {
    char buf[128];
    int msecs;

    msecs = ticks * 1000 / CLOCKS_PER_SEC;
    sprintf( buf,
  "Gesamtzeit: %d ms\rAnzahl Aufrufe: %d\rZeit pro Aufruf: %d ms",
   msecs, calls, calls ? msecs/calls : 0);
    MessageBox( balance_window, buf, "Balance-Meldung",
            MB_OK | MB_ICONINFORMATION | MB_SETFOREGROUND);
    }
```

Die Zeitmessung basiert auf der Systemfunktion clock, die die Anzahl sogenannter Clocks seit Programmstart misst. Diese Clocks werden in der Member-Variablen ticks jeweils zwischen Aufrufen von start und stopp kumuliert. Über die Konstante CLOCKS_PER_SEC lässt sich diese Größe in Millisekunden umrechnen.

Nachdem wir die Klasse erstellt haben, instanziieren wir noch eine Stoppuhr:

```
timer mein_timer;
```

Wenn man nun die Stoppuhr jeweils bei Eintritt in die Render-Funktion startet und vor dem Verlassen wieder stoppt und vor dem Beenden des Programms (zum Beispiel unter WM_DESTROY im Callback-Handler) das Ergebnis der Zeitmessung aufruft, so erhält man etwa die folgende Ausgabe:[14]

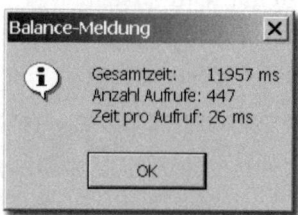

Sie sehen, dass mein Rechner im Mittel 26 Millisekunden benötigt, um die gesamte Szene zu rendern. Bei einer Abfolge von Szenen sollten Sie in etwa 20 Bilder pro Sekunde schaffen, damit der Eindruck einer fließenden Bewegung ent-

---

14 Da die render-Funktion im bisherigen Programmverlauf nur einmal – beim Darstellen des Fensters mit ShowWindow – aufgerufen wird, habe ich, um dieses Ergebnis zu erzielen, vorübergehend einen zusätzlichen Aufruf von mein_spiel.render in den Main-Event-Loop gesetzt.

steht. Die Geschwindigkeit hängt natürlich vom verwendeten Rechner (insbesondere von der Leistung der Grafikkarte), aber auch von der Komplexität (Anzahl der Vertices beziehungsweise Faces) der Szene und von der Größe der verwendeten Texturen ab.

### 4.4.3 V03 Laden und Speichern von Spielfeldern und der Spielfeld-Editor

Das Layout des zufällig besetzten Spielfeldes aus dem letzten Abschnitt ist in aller Regel unbrauchbar. Es eignet sich zum Testen der Darstellung, aber nicht zum Spielen, da ja nicht einmal gewährleistet ist, dass es einen Weg vom Start zum Ziel gibt. Wir haben es deshalb auch nur mit einer Übergangslösung zu tun. Das wollen wir in diesem Abschnitt dadurch ändern, dass wir dem Benutzer die Möglichkeit geben, seine eigenen Spielfelder zu erstellen. Das Erstellen von Spielfeldern macht natürlich nur Sinn, wenn man dem Benutzer zusätzlich die Möglichkeit zum Speichern und Wiedereinlesen von Spielfeldern gibt.

Bevor wir Spielfelder speichern und laden können, müssen wir ein Dateiformat für Spielfeld-Dateien festlegen. Da das Datenvolumen für ein Spielfeld nicht groß ist und wir die Spielfeld-Datei auch mit einem gewöhnlichen Editor bearbeiten wollen, entscheiden wir uns für das folgende Format:

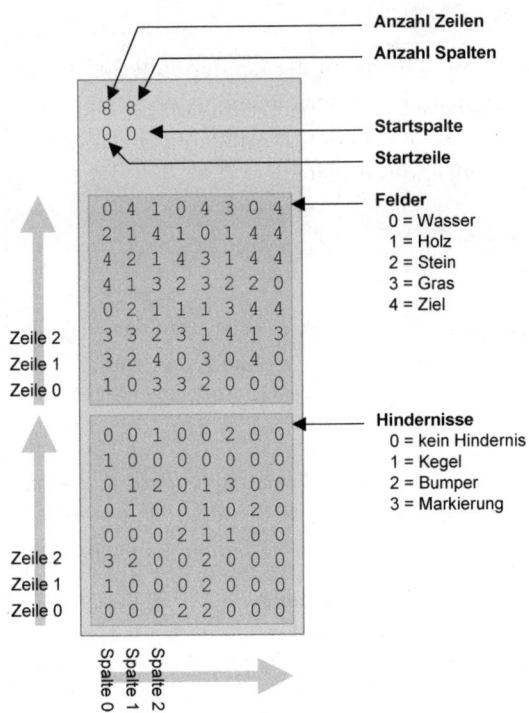

Das Laden und Speichern der Spielfelddateien stellt dann kein Problem mehr dar. Wir erweitern das Spielfeld um den Dateinamen (`filename`) und um zwei Member-Funktionen (`laden`, `speichern`)

```
class spielfeld
    {
    private:
        char filename[256];

    public:
        ...
        void laden();
        void speichern();
    };
```

und implementieren dann zunächst die Funktion `laden`:

```
void spielfeld::laden()
    {
    FILE *pf;
    int z, s;

    OPENFILENAME ofn = {
                        sizeof(OPENFILENAME),
                        balance_window,
                        NULL,
                        "Text-Dateien (.txt)\0*.txt\0\0",
                        NULL,
                        0,
                        1,
                        filename, 256,
                        NULL, 0,
                        NULL,
                        "Spielfeld laden",
                        OFN_FILEMUSTEXIST, 0, 1, NULL, 0, NULL,
                        NULL
                        };
    if(GetOpenFileName( &ofn)) };
        {
        pf = fopen( filename, "r");
        anzahl_markierungen = 0;
        fscanf( pf, "%d %d", &zeilen, &spalten);
        fscanf( pf, "%d %d", &startz, &starts);
        for( z = zeilen-1; z >= 0; z--)
            {
```

```
                for( s = 0; s < spalten; s++)
                    fscanf( pf, "%d", &felder[z][s]);
            }
        for( z = zeilen-1; z >= 0; z--)
            {
            for( s = 0; s < spalten; s++)
                {
                fscanf( pf, "%d", &save_hind[z][s]);
                save_hind[z][s]--;
                if( save_hind[z][s] == MARKIERUNG)
                    anzahl_markierungen++;
                }
            }
        fclose( pf);
        }
    }
```

Nachdem die Übergabestruktur (ofn) für den Open-File-Dialog initialisiert wurde, wird der Dialog auf den Bildschirm gebracht (GetOpenFileName). Verlässt der Benutzer den Dialog über den Button *OK*, so öffnen wir die vom Benutzer gewählte Datei (filename) und lesen die Zeilen- und Spaltenzahl sowie die Startfeldkoordinaten ein. Danach werden die Feldtypen Zeile für Zeile gelesen. Beachten Sie, dass wir wegen unserer Dateispezifikation dabei rückwärts durch die Zeilen gehen müssen. In einer weiteren Schleife werden dann die Hindernisse gelesen und in die Sicherungskopie des Hindernis-Arrays eingetragen. Gleichzeitig wird die Anzahl der Markierungen gezählt. Diese Zahl ist später zum Erkennen des Spielendes wichtig. Nachdem die Datei geschlossen wurde, ist die Funktion beendet.

Die Funktion zum Speichern der Daten kann völlig analog implementiert werden und bedarf keines weiteren Kommentars:

```
void spielfeld::speichern()
    {
    FILE *pf;
    int z, s;

    OPENFILENAME ofn = {
                        sizeof(OPENFILENAME),
                        balance_window,
                        NULL,
                        "Text-Dateien (.txt)\0*.txt\0\0",
                        NULL,
                        0,
```

```
                            1,
                            filename, 256,
                            NULL, 0,
                            NULL,
                            "Spielfeld speichern",
                            0, 0, 1, NULL, 0, NULL, NULL
                            };};

    if(GetSaveFileName( &ofn)) };
        {
        pf = fopen( filename, "w");
        fprintf( pf, "%d %d\n", zeilen, spalten);
        fprintf( pf, "%d %d\n\n", startz, starts);
        for( z = zeilen-1; z >= 0; z--)
            {
            for( s = 0; s < spalten; s++)
                fprintf( pf, "%d ", felder[z][s]);
            fprintf( pf, "\n");
            }
        fprintf( pf, "\n");
        for( z = zeilen-1; z >= 0; z--)
            {
            for( s = 0; s < spalten; s++)
                fprintf( pf, "%d ", save_hind[z][s]+1);
            fprintf( pf, "\n");
            }
        fclose( pf);
        }
    }
```

Wenn wir jetzt noch das Menü *Spiel* um die Menüpunkte *Laden* (ID_SPIEL_LADEN) und *Speichern* (ID_SPIEL_SPEICHERN)

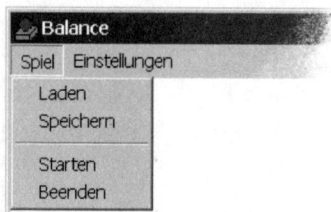

erweitern,[15] können wir die oben erstellten Funktionen in den Windows-Rahmen integrieren:

---

15 Nehmen Sie bei dieser Gelegenheit auch den erst später benötigten Menüpunkt *Starten* (ID_SPIEL_STARTEN) hinzu!

```
LRESULT CALLBACK balance_windowhandler(HWND hWnd, UINT msg,
                            WPARAM wParam, LPARAM lParam)
    {
    switch( msg)
        {
    case WM_COMMAND:
        switch( LOWORD(wParam))
            {
        case ID_SPIEL_LADEN:
            mein_spielfeld.laden();
            mein_spiel.start();
            mein_spiel.render();
            break;

        case ID_SPIEL_SPEICHERN:
            mein_spielfeld.speichern();
            break;
        ...
            }
        break;
    ...
        }
    }
```

Nach dem Laden eines Spielfeldes muss die Kamera neu eingestellt und das Spiel gerendert werden, damit das geänderte Spielfeld korrekt dargestellt wird.

Interessanter – aber keineswegs schwer – ist die Gestaltung des Spielfeld-Editors, dessen genaue Funktionalität wir noch festlegen müssen. Gesteuert wird der Spielfeld-Editor über den folgenden Dialog, den Sie mit dem Ressourcen-Editor erstellen können:

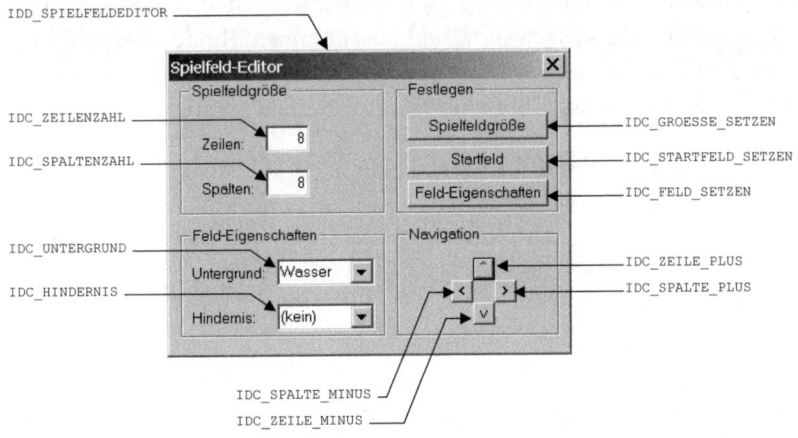

Achten Sie bei der Erstellung des Dialogs darauf, die hier genannten Identifier zu verwenden, damit Sie später, wenn im Code auf die Identifier Bezug genommen wird, keine Probleme haben.

Zusätzlich muss das Menü erstellt werden, aus dem heraus der Spielfeld-Editor gestartet wird:

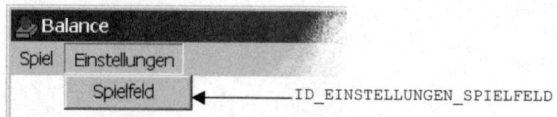

Der Identifier wird dabei automatisch erzeugt.

Der Spielfeld-Editor soll wie folgt funktionieren:

Im Bereich *Spielfeldgröße* kann die gewünschte Zeilen- und Spaltenzahl eingegeben werden. Diese Eingaben werden übernommen, sobald der Button *Spielfeldgröße* angeklickt wird. In diesem Fall wird ein neues, nur mit Holz ausgelegtes Spielfeld erzeugt, bei dem der Ball in der linken vorderen Ecke liegt.

Im Bereich *Feld-Eigenschaften* können der Untergrund und das Hindernis für ein Feld vorgewählt werden.

Im Bereich Navigation kann der Benutzer ein spezielles Feld auswählen. Das ausgewählte Feld wird durch einen gelben Rahmen hervorgehoben.

Durch einen Klick auf den Button *Startfeld* wird das ausgewählte Feld zum Startfeld. Ein gegebenenfalls vorhandenes Hindernis wird dabei entfernt. Wasser und Zielfeld sind nicht erlaubt und werden in Holz umgewandelt. Der Ball wird anschließend auf das Startfeld gelegt.

Durch einen Klick auf den Button *Feld-Eigenschaften* werden die voreingestellten Feld-Eigenschaften für das ausgewählte Feld übernommen. Hindernisse auf Wasser oder auf dem Zielfeld werden nicht übernommen. Ist das ausgewählte Feld das Startfeld, so werden Wasser beziehungsweise Zielfeld ignoriert.

Das folgende Bild zeigt eine Sitzung mit dem Spielfeld-Editor:

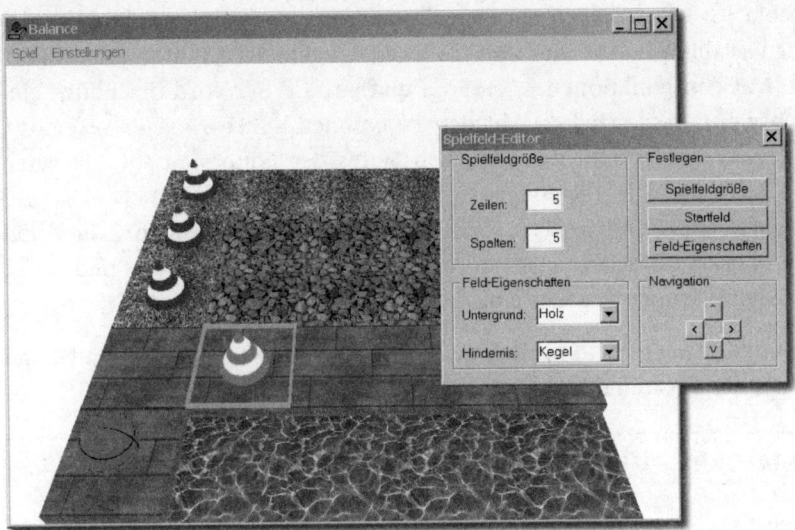

Sie werden überrascht sein, wie einfach sich der Editor realisieren lässt. Als Erstes erweitern wir die Klasse `spielfeld` um die Daten und Funktionen des Spielfeld-Editors:

```
class spielfeld
    {
    private:
        int edit;
        int ezeile;
        int espalte;

    public:
        ...
        void editor_on() {edit = 1; ezeile = 0; espalte = 0;}
        void editor_off() {edit = 0;}
        int editiermodus() {return edit;}
        int editzeile() { return ezeile;}
        int editspalte() { return espalte;}
        void espalte_plus() { espalte = (espalte +1)%spalten;}
        void espalte_minus() { espalte = (espalte +
                                        spalten -1)%spalten;}
        void ezeile_plus() { ezeile = (ezeile +1)%zeilen;}
        void ezeile_minus() { ezeile = (ezeile +
                                        zeilen -1)%zeilen;}
        void edit_feld( int u, int h);
        void edit_start();
    };
```

Die Variable edit ist lediglich ein Flag, das anzeigt, ob der Editor aktiv ist oder nicht. Die Variablen ezeile und espalte legen das aktuell im Editor ausgewählte Feld fest. Mit den Funktionen editor_on und editor_off wird der Editor ein- beziehungsweise ausgeschaltet. Mit den Funktionen editiermodus, editzeile und editspalte kann man den aktuellen Status des Editors aus den privaten Variablen auslesen. Die folgenden vier Funktionen (espalte_plus, espalte_ minus, ezeile_plus und ezeile_minus) dienen zur Navigation in Zeilen und Spalten und erklären sich von selbst. Auf die Funktionen edit_feld und edit_ start müssen wir noch genauer eingehen.

Mit der Funktion edit_feld werden neue Feld-Eigenschaften (Untergrund u und Hindernis h) für das im Editor gewählte Feld übernommen:

```
void spielfeld::edit_feld( int u, int h)
    {
    if(((ezeile == startz) && (espalte == starts))||
        (u == WASSER) || (u == ZIEL)) h = -1;
    if((ezeile == startz) && (espalte == starts) &&
      ((u == WASSER) || (u == ZIEL))) return;
    felder[ezeile][espalte] = u;
    hind[ezeile][espalte] = h;
    }
```

Die Hauptaufgabe der Funktion besteht darin, die unzulässigen Fälle (kein Kegel auf Wasser, ...) abzufangen. Ansonsten werden die neuen Eigenschaften nur in dem Array des Spielfeldes gespeichert.

Die Funktion edit_start dient dazu, das aktuell im Editor angewählte Feld zum Startfeld zu machen:

```
void spielfeld::edit_start()
    {
    if( (felder[ezeile][espalte] == WASSER) ||
        (felder[ezeile][espalte] == ZIEL))
        felder[ezeile][espalte] = HOLZ;
    hind[ezeile][espalte] = NICHTS;
    startz = ezeile;
    starts = espalte;
    }
```

Auch hier geht es im Wesentlichen darum, unerwünschte Konstellationen (Wasser unter dem Startfeld, ...) zu vermeiden. Ansonsten werden die neuen Start- koordinaten übernommen.

Da der Editor beim Programmstart ausgeschaltet sein soll, erweitern wir abschließend noch den Konstruktor um den Aufruf von `editor_off`:

```
spielfeld::spielfeld()
    {
    init( 8, 8, 0);
    save();
    editor_off();
    }
```

Die Auswirkungen des Editors auf die darzustellende Szene sind äußerst gering. Bei eingeschaltetem Editor müssen wir nur um das angewählte Feld einen gelben Rahmen zeichnen. Dazu prüfen wir nach dem Rendern der Objekte, ob der Editor eingeschaltet ist:

```
void balance::render()
    {
    ...
    if( mein_spielfeld.editiermodus())
        {
        D3DXMatrixTranslation( &world,
                mein_spielfeld.verschiebung_x(mein_
spielfeld.editspalte()),
                0.0f,
                mein_spielfeld.verschiebung_z(mein_
spielfeld.editzeile())));
        mein_directx.device->SetTransform( D3DTS_WORLD, &world);
        meine_objekte.rahmen.draw();
        }
    ...
    }
```

Ist das der Fall, so montieren wir zusätzlich noch den Rahmen in die Szene hinein.

Abschließend erfolgt der Einbau der Funktionen in die Benutzeroberfläche. Dazu erstellen wir zunächst eine Funktion, die den Editor-Dialog initialisiert:

```
void init_editdialog( HWND dlg)
    {
    SetDlgItemInt( dlg, IDC_ZEILENZAHL, mein_spielfeld.zeilen,
                                                    FALSE);
    SetDlgItemInt( dlg, IDC_SPALTENZAHL,
                                mein_spielfeld.spalten, FALSE);
```

```
    SendDlgItemMessage(dlg,IDC_UNTERGRUND,CB_ADDSTRING,0,
                                            (LPARAM)"Wasser");
    SendDlgItemMessage(dlg,IDC_UNTERGRUND,CB_ADDSTRING,0,
                                            (LPARAM)"Holz");
    SendDlgItemMessage(dlg,IDC_UNTERGRUND,CB_ADDSTRING,0,
                                            (LPARAM)"Stein");
    SendDlgItemMessage(dlg,IDC_UNTERGRUND,CB_ADDSTRING,0,
                                            (LPARAM)"Gras");
    SendDlgItemMessage(dlg,IDC_UNTERGRUND,CB_ADDSTRING,0,
                                            (LPARAM)"Ziel");
    SendDlgItemMessage(dlg, IDC_UNTERGRUND, CB_SETCURSEL, 0, 0);

    SendDlgItemMessage(dlg,IDC_HINDERNIS, CB_ADDSTRING,0,
                                            (LPARAM)"(kein)");
    SendDlgItemMessage(dlg,IDC_HINDERNIS, CB_ADDSTRING,0,
                                            (LPARAM)"Kegel");
    SendDlgItemMessage(dlg,IDC_HINDERNIS, CB_ADDSTRING,0,
                                            (LPARAM)"Bumper");
    SendDlgItemMessage(dlg, IDC_HINDERNIS, CB_SETCURSEL, 0, 0);
    }
```

In der Funktion werden die Eingabefelder mit der aktuellen Anzahl an Zeilen und Spalten belegt sowie die Comboboxen mit Werten gefüllt und auf Anfangswerte eingestellt.

Zum Dialog gehört natürlich wieder eine Callback-Funktion, in der alle Messages, die den Dialog betreffen, abgehandelt werden. Inzwischen wissen Sie so viel über Windows und Windows-Messages, dass ich zu dieser Funktion nichts mehr sagen muss. Es werden ja nur die Benutzeraktionen entgegengenommen und in Befehle an das Spielfeld umgesetzt:

```
BOOL CALLBACK spielfeldeditor( HWND dlg, UINT uMsg, WPARAM wParam,
                                                    LPARAM lParam)
    {
    int v, w;
    switch (uMsg)
        {
    case WM_INITDIALOG:
        init_editdialog( dlg)
        mein_spielfeld.editor_on();
        return TRUE;
    case WM_COMMAND:
        switch( wParam)
            {
```

```
    case IDC_SPALTE_PLUS:
        mein_spielfeld.espalte_plus();
        mein_spiel.render();
        break;
    case IDC_SPALTE_MINUS:
        mein_spielfeld.espalte_minus();
        mein_spiel.render();
        break;
    case IDC_ZEILE_PLUS:
        mein_spielfeld.ezeile_plus();
        mein_spiel.render();
        break;
    case IDC_ZEILE_MINUS:
        mein_spielfeld.ezeile_minus();
        mein_spiel.render();
        break;
    case IDC_FELD_SETZEN:
        v = SendDlgItemMessage(dlg,IDC_UNTERGRUND,
                            CB_GETCURSEL,0,0);
        w = SendDlgItemMessage(dlg,IDC_HINDERNIS,
                            CB_GETCURSEL,0,0)-1;
        mein_spielfeld.edit_feld( v, w);
        mein_spiel.render();
        break;
    case IDC_STARTFELD_SETZEN:
        mein_spielfeld.edit_start();
        mein_spiel.render();
        break;
    case IDC_GROESSE_SETZEN:
        v = GetDlgItemInt( dlg, IDC_ZEILENZAHL, NULL, FALSE);
        w = GetDlgItemInt( dlg, IDC_SPALTENZAHL, NULL, FALSE);
        mein_spielfeld.init( v, w, 0);
        mein_spiel.start();
        mein_spiel.render();
        break;
    case IDCANCEL:
        mein_spielfeld.editor_off();
        EndDialog(dlg, wParam);
        break;
        }
    break;
    }
return FALSE;
}
```

Immer wenn sich dabei das Spielfeld in seiner Darstellung ändert, müssen wir die Szene neu rendern.

Wenn der Menüpunkt *Spielfeld* des Menüs *Einstellungen* (ID_EINSTELLUNGEN_ SPIELFELD) gewählt wird, müssen wir im Window-Handler den Dialog des Spielfeld-Editors starten:

```
LRESULT CALLBACK balance_windowhandler(HWND hWnd, UINT msg,
                               WPARAM wParam, LPARAM lParam)
    {
    switch( msg)
        {
    case WM_COMMAND:
        switch( LOWORD(wParam))
            {
        ...
        case ID_EINSTELLUNGEN_SPIELFELD:
            mein_spiel.start();
            DialogBox( balance_instance,
                    MAKEINTRESOURCE(IDD_SPIELFELDEDITOR),
                    balance_window, spielfeldeditor);
            mein_spielfeld.save();
            break;
        ...
            }
        break;
    ...
        }
    }
```

Den Callback-Handler des Dialogs (spielfeldeditor) übergeben wir als Parameter an die Funktion DialogBox, damit die oben bereitgestellten Funktionen aktiviert werden, wenn Messages für den Dialog vorliegen. Vor dem Öffnen des Editors starten wir das Spiel, um alle Initialparameter vernünftig zu setzen. Nach dem Schließen des Dialogs übertragen wir die geänderten Hindernis-Daten in den Sicherungsarray.[16]

Jetzt können Sie erst mal einige Spielfelder erstellen und zur späteren Verwendung speichern.

---

16 Es gibt keine Möglichkeit zum Abbrechen des Editors. Das Schließen des Editors bedeutet *OK*. Wenn Sie damit nicht zufrieden sind, können Sie es ändern.

### 4.4.4 V04 Die Steuerung des Spiels

Die Steuerung eines Spiels kann über Tastatur, Maus und/oder Gamecontroller (Joystick oder Gamepad) erfolgen. Im Ultris-Projekt hatten wir bereits erkannt, dass die Tastatursteuerung über Windows-Messages den Anforderungen eines Spiels in der Regel nicht genügt. Stellen Sie sich vor, dass Sie eine Rechts-Links-Oben-Unten-Steuerung über dieTastatur realisieren wollen. Wenn der Benutzer dann sowohl die Taste für rechts als auch für oben drückt, soll die Bewegung nach rechts-oben gehen. Das Windows-System ist aber so ausgerichtet, dass es die Tastendrücke »serialisiert«. Dass zwei Tasten gleichzeitig gedrückt sind, bekommen wir über die Windows-Messages gar nicht mit. Die Lösung dieses Problems heißt *DirectInput*. Mit *DirectInput* kann man den Status eines Eingabegerätes (Tastatur, Maus, Joystick) direkt und vollständig abfragen (pollen) und kann dann auf beliebige Zustandskombinationen entsprechend reagieren. Grundsätzlich kann man Daten im buffered (gepufferten) oder immediate (unmittelbaren) Modus abfragen. Im immediate Modus erhält man einen Schnappschuss vom aktuellen Zustand des Eingabegerätes. Diesen Modus verwendet man, wenn man immer nur am aktuellen Zustand interessiert ist und ein neues Steuerkommando vorhergehende Kommandos unwichtig macht. Typischerweise verwendet man diesen Modus zur Steuerung von Action-Spielen. Den gepufferten Modus verwendet man, wenn es auf die Abfolge der Kommandos ankommt und keine Kommandos verloren gehen dürfen. Wir beschäftigen uns hier nur mit dem immediate Modus.

**Gamecontroller**

Zur Steuerung des Spiels verwende ich ein einfaches Gamepad mit acht Buttons und einem Joystick:

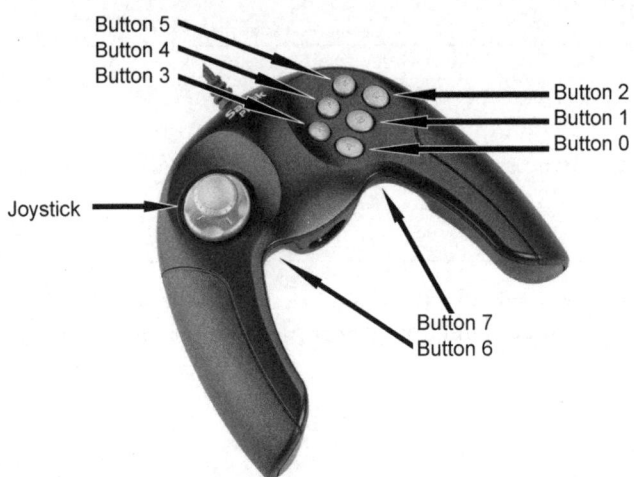

Button 5
Button 4
Button 3

Button 2
Button 1
Button 0

Joystick

Button 7
Button 6

Die Buttons 0 bis 5 dienen im Spiel zur Festlegung eines Eingabemodus. Die Buttons 6 und 7 sowie den Joystick verwende ich dann abhängig vom gewählten Modus zur Steuerung des Spiels. Die folgende Tabelle zeigt die verschiedenen Eingabemodi und die zugeordnete Bedeutung der Steuerelemente (Button 6, Button 7 und Joystick):

| Selektion | Eingabemodus | Button 6 | Button 7 | Joystick |
|---|---|---|---|---|
| keine | normaler Spielbetrieb | Spielfeld nach links drehen | Spielfeld nach rechts drehen | Spielfeld kippen |
| Button 0 | Kamera positionieren | Kamera niedriger | Kamera höher | Kamera links-rechts und vor-zurück |
| Button 1 | Kamera schwenken | – | – | Blick links-rechts und auf-ab |
| Button 2 | Kamerafahrt | langsamer | schneller | Fahre links-rechts und auf-ab |
| Button 3 | Kameraposition festlegen | Blick fixiert | Blick auf die Kugel | – |
| Button 4 | Kamera folgt der Kugel | objektive Verfolgung | subjektive Verfolgung | – |
| Button 5 | Kamera ausrichten | Feldmitte | Kugel | – |

Die Funktionen zur Durchführung der in der Tabelle angesprochenen Operationen werden wir später erstellen. In diesem Abschnitt wollen wir uns »nur« mit der Steuerung über das Gamepad beschäftigen.

*DirectInput* muss wie alle *DirectX*-Dienste zunächst einmal initialisiert werden. Die hierzu erforderliche Funktionalität packen wir wie üblich in eine Klasse, die wir `directinput` nennen:

```
class directinput
    {
    public:
        LPDIRECTINPUT8 dinput;
        int init();
    };
```

Eigentlich verwaltet die Klasse nur einen Zeiger auf das *DirectInput*-Interface (`dinput`), den wir durch Aufruf der Funktion `DirectInput8Create` initialisieren:

```
int directinput::init()
    {
    if( DirectInput8Create( balance_instance, DIRECTINPUT_VERSION,
                            IID_IDirectInput8, (VOID**)&dinput,
                            NULL) < 0)
        return 0;
    return 1;
    }
```

Wenn die Initialisierung erfolgreich war, geben wir eine 1, andernfalls eine 0 an das aufrufende Programm zurück.

Von der Klasse `directinput` legen wir eine Instanz an:

```
directinput mein_directinput;
```

Diese Instanz gibt uns die Möglichkeit, über den Zeiger `dinput` auf die Funktionen des *DirectInput*-Interfaces zuzugreifen. Das nutzen wir aus, um ein spezielles Input-Device, den Gamecontroller, zu initialisieren. Aus der Sicht von *DirectInput* besteht kein Unterschied zwischen einem Joystick und einem Gamepad. Beides sind Devices, die eine Reihe von Buttons und x-y-Regler haben. Dass man einen einzelnen x-y-Regler häufig auch als Joystick bezeichnet, darf Sie nicht verwirren. Als erfahrener Spieler wissen Sie, dass ein Joystick einen Joystick auf dem Joystick haben kann. Vielleicht sollte man doch neutral *Gamecontroller* sagen.

Für den Gamecontroller legen wir die Klasse `joystick` an:

```
class joystick
    {
    private:
        LPDIRECTINPUTDEVICE8 joystck;
    public:
        int init();
        int poll( DIJOYSTATE2 *state);
    };
```

Neben der Initialisierung (`init`) gibt es hier eine Funktion zum Datenabruf (`poll`).

Die Initialisierung eines Gamecontrollers ist nicht so einfach, wie Sie auf den ersten Blick vielleicht vermuten. Ein Computer kann mehrere angeschlossene Gamecontroller haben, und diese können ihrerseits eine unterschiedliche Zahl an

Buttons und Reglern haben. Unsere erste Aufgabe ist es daher festzustellen, ob ein für unser Spiel geeigneter Gamecontroller überhaupt verfügbar ist. Wir werden dazu die Funktion EnumDevices aufrufen. Diese Funktion durchläuft die Liste aller relevanten Devices (in unserem Fall Gamecontroller) und ruft für jedes Device eine von uns bereitgestellte Callback-Funktion auf. In der Callback-Funktion prüfen wir, ob das Device für uns geeignet ist. Ist das der Fall, melden wir aus der Callback-Funktion an EnumDevices zurück, dass die Suche beendet werden kann. Zunächst erstellen wir die für dieses Vorgehen erforderliche Callback-Funktion:

```
A  BOOL CALLBACK check_
   joystick( const DIDEVICEINSTANCE *inst,void *jstck)
       {
       DIDEVCAPS dicaps;
       LPDIRECTINPUTDEVICE8 js;

B      if( mein_directinput.dinput->CreateDevice(
                            inst->guidInstance, &js, NULL) < 0)
           return DIENUM_CONTINUE;

C      dicaps.dwSize = sizeof( dicaps);
       js->GetCapabilities( &dicaps);
       if( (dicaps.dwAxes < 2) || (dicaps.dwButtons < 8))
           {
           js->Release();
           return DIENUM_CONTINUE;
           }

D      *(LPDIRECTINPUTDEVICE8 *)jstck = js;
       return DIENUM_STOP;
       }
```

Diese Funktion muss in einigen Punkten erklärt werden:

A: Wir nennen unsere Funktion check_joystick; in diesem Punkt sind wir frei. Die Schnittstelle der Funktion ist uns aber zwingend vorgeschrieben. Wir erhalten einen Zeiger auf die zu prüfende Device-Instanz (inst) und einen Kontextzeiger, den wir beim Aufruf von EnumDevices übergeben können und der von EnumDevices transparent an die Callback-Funktion weitergereicht wird. Über diesen Zeiger können das ursprünglich aufrufende Programm und die Callback-Funktion über EnumDevices hinweg Informationen austauschen. In unserem Fall wird hier ein Zeiger durchgereicht, über den das gefundene Device im aufrufenden Programm eingetragen werden kann. Dazu aber später mehr.

B: Wir versuchen, das Device anzulegen. Der Zeiger auf das neue Device wird dabei gegebenenfalls in den Zeiger `jstck` übertragen. Misslingt der Aufruf, melden wir an `EnumDevices` zurück, dass weitergesucht werden muss (`DIENUM_CONTINUE`).

C: Jetzt holen wir uns die Device-Capabilities. Wenn wir feststellen, dass es weniger als zwei Achsen oder weniger als acht Buttons gibt,[17] geben wir das Device wieder frei, und die Suche geht weiter (`DIENUM_CONTINUE`).

D: Wir haben ein passendes Device gefunden und geben den Zeiger auf das Device über den Kontextzeiger der Schnittstelle zurück. Die Suche ist zu Ende (`DIENUM_STOP`).

Jetzt können wir die `init`-Methode implementieren:

|   |   |
|---|---|
|   | ```int joystick::init()``` <br> ```{``` |
| A | ```    if( mein_directinput.dinput->EnumDevices(``` <br> ```            DI8DEVCLASS_GAMECTRL,``` <br> ```            check_joystick, &joystck, DIEDFL_ATTACHEDONLY) < 0)``` <br> ```        return 0;``` |
| B | ```    if( !joystck)``` <br> ```        return 0;``` |
| C | ```    if( joystck->SetDataFormat( &c_dfDIJoystick2) < 0)``` <br> ```        return 0;``` |
| D | ```    if( joystck->SetCooperativeLevel( balance_window,``` <br> ```                        DISCL_EXCLUSIVE| DISCL_BACKGROUND) < 0)``` <br> ```        return 0;``` |
| E | ```    if( joystck->EnumObjects( set_axes, &joystck,``` <br> ```                                DIDFT_AXIS ) < 0)``` <br> ```        return 0;``` |
| F | ```    return 1;``` <br> ```}``` |

A: Mit Hilfe der Funktion `EnumDevices` machen wir uns auf die Suche nach einem Gamecontroller. Als Callback-Funktion verwenden wir die oben bereits ausprogrammierte Funktion `check_joystick`. Das Ergebnis lassen wir in die Member-Variable `joystck` eintragen. Bei einem Misserfolg brechen wir an dieser Stelle ab.

B: Wir prüfen, ob wir einen gültigen Joystick erhalten haben. Beachten Sie dabei, dass wir die Adresse der Variablen an die Funktion `EnumDevices` über-

---

17 Wenn Ihr Gamecontroller zu wenige Buttons hat, sollten Sie die Anforderungen hier abschwächen. Sie müssen dann später etwas raffinierter mit den wenigen Buttons umgehen.

geben haben. Diese reicht die Adresse im Kontextzeiger an die Funktion
`check_joystick` weiter. Diese Funktion trägt dann dort einen gegebenenfalls
gefundenen Zeiger ein.

C: Wir setzen den Joystick auf das vorgegebene Datenformat `c_dfDIJoystick2`.

D: Jetzt fordern wir den exklusiven (`DISCL_EXCLUSIVE`) Zugriff auf den Joystick
an. Wir setzen zusätzlich das Flag `DISCL_BACKGROUND`. Dies bedeutet, dass wir
auch dann Joystick-Input bekommen, wenn unser Fenster im Hintergrund
liegt. Dies ist für den Spielfeld-Editor wichtig, weil wir dann trotz des geöff-
neten und zuoberst liegenden Editorfensters das Spiel bedienen können.

E: Im letzten Schritt müssen wir die Achsen konfigurieren. Dazu rufen wir die
Funktion `EnumObjects` auf, die ähnlich wie oben `EnumDevices` über alle Achsen des Devices iteriert und für jede Achse unsere Callback-Funktion `set_`
`axes` ruft. Diese Funktion müssen wir allerdings noch erstellen.

F: Alles ist erfolgreich eingestellt.

Die Implementierung der Funktion `set_axes` muss ich noch nachtragen. Diese
Funktion wird für alle Achsen aufgerufen und von uns dazu verwendet, um die
Auflösung der Achsen einzustellen. Wir werden die Auflösung auf den Bereich
von $-100$ bis $100$ auslegen. Wie fein die Auflösung des Joysticks wirklich ist, ist
uns dabei relativ egal. Im schlechtesten Fall erhalten wir nur die Werte für einen
Vollausschlag auf der einen Seite ($-100$), für keinen Ausschlag ($0$) und für Vollaus-
schlag auf der anderen Seite ($100$). Ein höher auflösender Joystick liefert auch
Zwischenwerte:

```
BOOL CALLBACK set_
axes(const DIDEVICEOBJECTINSTANCE* pdidoi, void *jstck)
    {
    DIPROPRANGE diprg;

    diprg.diph.dwSize       = sizeof(DIPROPRANGE);
    diprg.diph.dwHeaderSize = sizeof(DIPROPHEADER);
    diprg.diph.dwHow        = DIPH_BYID;
    diprg.diph.dwObj        = pdidoi->dwType;
    diprg.lMin              = -100;
    diprg.lMax              = +100;
    (*(LPDIRECTINPUTDEVICE8 *)jstck)->SetProperty( DIPROP_RANGE,
                                              &diprg.diph);
    return DIENUM_CONTINUE;
    }
```

Im laufenden Betrieb benötigen wir nur die poll-Methode, mit der wir Daten vom Gamecontroller abrufen. Als Parameter verwenden wir dabei einen Zeiger auf eine DIJOYSTATE2-Struktur. Diese Struktur korrespondiert mit dem oben vereinbarten Datenformat c_dfDIJoystick2. In dieser Struktur werden die Daten zum rufenden Programm zurückübertragen:

```
int joystick::poll( DIJOYSTATE2 *state)
    {
    if( joystck->Acquire() < 0)
        return 0;
    joystck->Poll();
    joystck->GetDeviceState( sizeof(DIJOYSTATE2), state);
    return 1;
    }
```

Mit der Funktion Acquire versuchen wir, Zugriff auf das Device zu bekommen. Anschließend pollen wir das Device mit der Device-Funktion poll. Dabei werden die aktuellen Stellungen der Buttons und Regler im internen Zustandspuffer bereitgestellt. Diese Daten lesen wir anschließend mit der Funktion GetDeviceState aus.

Nachdem alles vorbereitet ist, legen wir eine Instanz der Klasse joystick an:

```
joystick mein_joystick;
```

Die Klasse balance erweitern wir nur im öffentlichen Bereich um eine Methode zur Verarbeitung des Joystick-Inputs:

```
class balance
    {
    ...
    public:
        ...
        void joystick_input();
    };
```

In WinMain müssen wir dafür Sorge tragen, dass diese Methode regelmäßig aufgerufen wird, um die jeweils aktuellen Steuerinformationen zu verarbeiten. Wie wir das machen, zeige ich Ihnen am Ende dieses Kapitels. Zuvor kümmern wir uns um die Verarbeitung des Inputs.

Da wir aufgrund von Joystick-Input noch keine sinnvollen Funktionen anstoßen können, erstellen wir eine Hilfsfunktion, die den Modus, den Status der Buttons

6 und 7 sowie die Stellung der beiden Reglerachsen in einer Message-Box als Informationsmeldung ausgibt:

```
void joymessage( char *modus, int b6, int b7, int jx, int jy)
    {
    char buf[512];

    sprintf(buf,
        "Modus: %s\rButton6:%x, Button7:%x\rJoystick: x=%d,y=%d",
        modus, b6, b7, jx, jy);
    MessageBox( balance_window, buf, "Balance-Meldung",
                MB_OK | MB_ICONINFORMATION | MB_SETFOREGROUND);
    }
```

Sobald diese Funktion nicht mehr benötigt wird, kann sie gelöscht werden.

Mit Hilfe der Ausgabefunktion programmieren wir jetzt die `joystick_input`-Methode. Wie bereits früher erwähnt, werden wir die Joystick-Daten in einer `DIJOYSTATE2`-Struktur entgegennehmen, die ich Ihnen hier in relevanten Teilen zeige:

```
struct DIJOYSTATE2
    {
    LONG    lX;
    LONG    lY;
    ...
    BYTE    rgbButtons[128];
    ...
    };
```

Die Struktur enthält weitaus mehr Felder, als hier gezeigt werden, um für alle Spielarten von Gamecontrollern vorbereitet zu sein. Uns interessieren nur die Achsenwerte `lx` und `lY` sowie die Buttons `rgbButtons[0]` bis `rgbButtons[7]`. In den Button-Bytes wird das höchste Bit gesetzt, wenn der Button gedrückt ist. Die Abfrage erfolgt also mit der Anweisung `rgbButtons[i]&0x80`. Mit diesen Kenntnissen können wir die Abfrage des Joysticks geradlinig implementieren:

```
void balance::joystick_input()
    {
    DIJOYSTATE2 state;

    if( !mein_joystick.poll( &state))
        return;

    if( state.rgbButtons[0] & 0x80)
```

```
            {
            joymessage( "Kamera positionieren", state.rgbButtons[6],
                            state.rgbButtons[7], state.lX, state.lY);
            return;
            }
        if( state.rgbButtons[1] & 0x80)
            {
            joymessage( "Kamera schwenken", state.rgbButtons[6],
                            state.rgbButtons[7], state.lX, state.lY);
            return;
            }
        if( state.rgbButtons[2] & 0x80)
            {
            joymessage( "Kamerafahrt", state.rgbButtons[6],
                            state.rgbButtons[7], state.lX, state.lY);
            return;
            }
        if( state.rgbButtons[3] & 0x80)
            {
            joymessage( "Kameraposition fest", state.rgbButtons[6],
                            state.rgbButtons[7], state.lX, state.lY);
            return;
            }
        if( state.rgbButtons[4] & 0x80)
            {
            joymessage( "Kamera folgt Kugel", state.rgbButtons[6],
                            state.rgbButtons[7], state.lX, state.lY);
            return;
            }
        if( state.rgbButtons[5] & 0x80)
            {
            joymessage( "Setze Blick", state.rgbButtons[6],
                            state.rgbButtons[7], state.lX, state.lY);
            return;
            }
        }
```

Wir prüfen der Reihe nach die Buttons 0 bis 5 und geben, falls wir einen dieser Buttons gedrückt vorfinden, mit der Funktion `joymessage` die Stellung der Buttons 6 und 7 sowie die Stellungen der Achsen aus.

Im Hauptprogramm initialisieren wir die Instanzvariablen `mein_directinput` und `mein_joystick`:

```
int APIENTRY WinMain(...)
    {
    ...
    if( !mein_directinput.init())
        {
        MessageBox( balance_window,
                "DirectInput konnte nicht initialisiert werden",
                "Balance-Meldung", MB_OK | MB_ICONERROR |
                MB_SETFOREGROUND);
        return 0;
        }

    if( !mein_joystick.init())
        {
        MessageBox( balance_window,
                "Joystick konnte nicht initialisiert werden",
                "Balance-Meldung", MB_OK | MB_ICONERROR |
                MB_SETFOREGROUND);
        return 0;
        }

    SetTimer( balance_window, 0, 50, NULL);
    ...
    }
```

Wenn beides funktioniert hat, müssen wir nur noch dafür sorgen, dass die Methode `joystick_input` des Spiels regelmäßig aufgerufen wird. Dazu richten wir einen Timer für das Fenster `balance_window` ein. Den Timer stellen wir auf 50 Millisekunden ein. Dies bedeutet, dass das Fenster 20-mal pro Sekunde eine Timer-Message (`WM_TIMER`) bekommt. Auf diese Message reagieren wir im Window-Handler, indem wir die `joystick_input`-Methode unseres Spiels aufrufen und anschließend die Szene rendern:

```
LRESULT CALLBACK balance_windowhandler(HWND hWnd, UINT msg,
                                WPARAM wParam, LPARAM lParam)
    {
    switch( msg)
        {
        ...
    case WM_TIMER:
        mein_spiel.joystick_input();
        mein_spiel.render();
        break;
        ...
```

```
case WM_DESTROY:
    KillTimer( hWnd, 0 );
    PostQuitMessage( 0 );
    return 0;
    }
...
}
```

Den Timer beseitigen wir im Rahmen der Beendigung des Spiels, sobald wir im Falle des Spielabbruchs die Nachricht WM_DESTROY erhalten.

Wenn Sie das Spiel jetzt starten und den Joystick betätigen, erscheint sofort eine Reihe von Informationsdialogen auf dem Bildschirm:

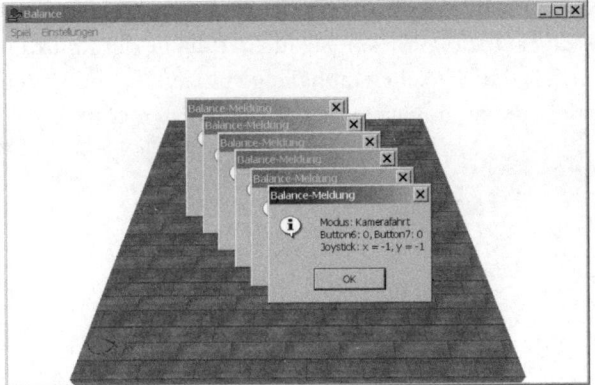

Wenn es Sie stört, dass sofort mehrere Dialoge geöffnet werden, können Sie vorübergehend DISCL_FOREGROUND statt DISCL_BACKGROUND zur Initialisierung des Joysticks verwenden. Dann verhindert ein einmal geöffneter Informationsdialog im Vordergrund, dass das Spiel weiteren Joystick-Input erhält.

Der Vollständigkeit halber sollten Sie dem Spiel noch einen Hilfedialog hinzufügen, der die Verwendung des Joysticks erklärt:

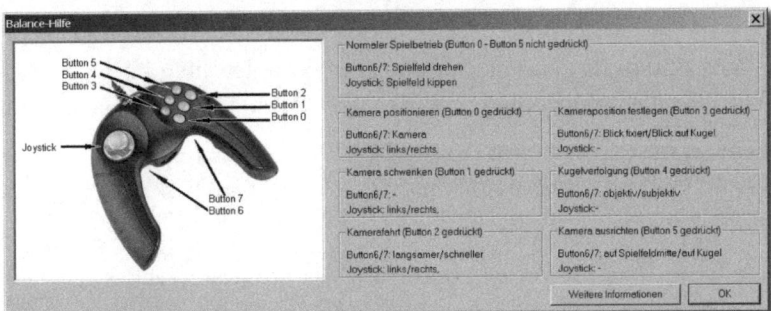

Das können Sie aber bereits ohne meine Unterstützung.

Es gibt aber noch ein Problem, das Sie vielleicht bereits erkannt haben, wenn Sie mit einem anderen Gamecontroller als meinem zu spielen versucht haben. Es gibt kein einheitliches Layout für Gamecontroller. Wir müssen damit rechnen, auf Gamecontroller mit unterschiedlicher Anzahl an Buttons und unterschiedlicher Nummerierung der Buttons zu stoßen. Sie können nicht davon ausgehen, dass etwa die Buttons zur Rechts-Links-Steuerung immer die Nummern 6 und 7 haben. Wenn Sie einen programmierbaren Gamecontroller haben, können Sie ihn so umkonfigurieren, dass er den hier verwendeten Nummern entspricht. Um auch mit nicht programmierbaren Gamecontrollern spielen zu können, erstellen wir eine kleine Datei, in der wir die Zuordnung der Button-Nummern Ihres Controllers zu den intern im Programm verwendeten Nummern festhalten. Die Button-Nummern Ihres Controllers ermitteln Sie, indem Sie das Kontrollfeld *Gaming Options* in der Systemsteuerung aufrufen. Klicken Sie im Startdialog des Kontrollfeldes auf den Button *Properties*, und Sie sehen, abhängig von den Eigenschaften Ihres Controllers, einen Dialog, der zum Beispiel wie folgt aussehen könnte:[18]

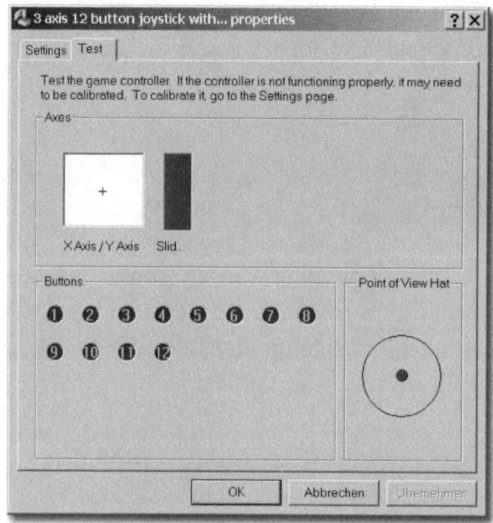

Wenn Sie einen Button Ihres Gamecontrollers drücken, leuchtet die zugehörige Nummer[19] im Einstellungsdialog auf. Erstellen Sie jetzt eine Zuordnungsdatei mit

18  Das Beispiel zeigt den Eigenschaftsdialog für einen Saitek P750, der deutlich mehr Funktionen hat als der hier als Standard verwendete P150.
19  Beachten Sie, dass wir die internen Buttons von 0 beginnend nummerieren, während die Buttons an der Oberfläche mit 1 beginnend nummeriert werden. Dies ist die übliche Verschiebung, die sich aus der Verwendung von Arrays ergibt, und sollte Sie als C-Programmierer nicht verwirren.

dem Namen `joystick.txt`. In diese Datei tragen Sie die Button-Nummern Ihres Joysticks ein, die Sie mit den intern verwendeten Nummern verknüpfen wollen. Im Falle des Saitek P750 ist das die folgende Zuordnung:

```
1
2
3
4
10
9
7
5
```

Das liest sich so: Als internen Button 0 verwende den Saitek-Button 1, als internen Button 1 verwende den Saitek-Button 2, ..., als internen Button 7 verwende den Saitek-Button 5. Bei Ihrem Joystick wird das gegebenenfalls anders aussehen.

Diese Datei müssen wir bei der Initialisierung des Joysticks einlesen, um sie später für die Zuordnung der Buttons verwenden zu können. Dazu erweitern wir die Klasse `joystick` um einen Array für die acht zu berücksichtigenden Button-Nummern:

```cpp
class joystick
    {
    private:
        ...
    public:
        int button[8];
        ...
    };
```

In der Funktion `init` initialisieren wir dann die Buttons vorab so, dass keine Transformation durchgeführt wird (A):

```cpp
int joystick::init()
    {
    FILE *pf;
    int i;

A   for( i = 0; i < 8; i++)
        button[i] = i;

    ...
```

```
B    pf = fopen( "joystick.txt", "r");
     if( pf)
        {
        for( i = 0; i < 8; i++)
            {
            fscanf( pf, "%d", button+i);
            button[i]--;
            }
        fclose( pf);
        }
     ...
     }
```

Wenn die Initialisierung des Joysticks gelungen ist, lesen wir am Ende der Funktion `init` die Daten für die Transformation aus der Datei `joystick.txt`[20] ein (B). Wegen der oben angesprochenen Verschiebung wird von jedem eingelesenen Wert noch 1 abgezogen.

Beim Abfragen der Buttons in der Funktion `joystick_input` müssen wir die Indirektion über die Zuordnungstabelle jetzt noch einbauen. Dazu müssen wir überall dort, wo bisher

`state.rgbButtons[x]`

steht, den Zugriff über die Zuordnungstabelle einsetzen:

`state.rgbButtons[mein_joystick.button[x]]`

Der Platzhalter `x` steht dabei für die hier verwendeten internen Button-Nummern 0 bis 7.

Wenn Sie diese Änderungen durchgeführt haben, sollten Sie in der Lage sein, das Spiel über die Datei `joystick.txt` so zu konfigurieren, dass Sie Ihren Gamecontroller verwenden können.

Sie können an dieser Stelle auch mehr Aufwand treiben, um den Komfort zu erhöhen. Sie können zum Beispiel den Benutzer auffordern, Buttons zu drücken und so interaktiv eine geeignete Konfiguration zusammenstellen. Sie können aber auch die identifizierenden Daten des Joysticks einlesen (Funktion `GetDeviceInfo`) und dann im Programm aus einer Reihe von vordefinierten Konfigurationsdateien eine geeignete auswählen. Es gibt auch fortgeschrittene Programmiertechniken, bei denen die Button-Konfiguration über sogenannte **Action Maps** erfolgt. Damit wollen wir uns aber hier nicht beschäftigen. Stattdessen wenden wir uns dem Input von Tastatur und Maus zu.

---

20 Beachten Sie, dass die Datei existieren muss, sonst stürzt das Programm ab.

**Tastatur**

Für den Fall, dass Sie keinen geeigneten Gamecontroller haben, wollen wir in das Programm jetzt noch eine alternative Tastatursteuerung einbauen. Dabei lernen Sie, wie man die Tastatur in *DirectInput* abfragt.

Die Tastatursteuerung wollen wir aktivieren, wenn die Initialisierung des Joysticks fehlgeschlagen ist. Dazu führen wir die globale Variable joystick_ok ein:

```
int joystick_ok;
```

Zur Behandlung der Tastatur-Eingabe dient die Klasse keyboard, die ähnlich aufgebaut ist wie die Klasse joystick:

```
class keyboard
    {
    private:
        LPDIRECTINPUTDEVICE8 keybrd;
    public:
        void init();
        void poll( DIJOYSTATE2 *state);
    };
```

Auch zur Initialisierung der Tastatur ist nicht viel Neues zu sagen:

```
void keyboard::init()
    {
    mein_directinput.dinput->CreateDevice(GUID_
SysKeyboard,&keybrd,NULL);
    keybrd->SetDataFormat( &c_dfDIKeyboard);
    keybrd->SetCooperativeLevel(balance_window,
                    DISCL_NONEXCLUSIVE|DISCL_BACKGROUND);
    }
```

Erwähnenswert ist vielleicht, dass die Tastatur nicht sowohl exklusiv als auch im Background-Modus betrieben werden kann. Das würde die Bedienung des Windows-Systems parallel zum Spiel unmöglich machen und ist deshalb nicht möglich. Gleiches gilt auch für die Maus.

Ich habe hier auf die Behandlung und Rückgabe von Fehlercodes verzichtet. Zum einen ist dies ja nur der Notnagel für den fehlenden Joystick, und zum anderen ist die Tastatur ein Standardgerät, das fehlerfrei initialisiert werden sollte.

In der Methode poll lesen wir den Zustand der Tastatur und übertragen die Daten ausgewählter Tasten in die gleiche Struktur wie beim Joystick (DIJOYSTATE2), sodass die Daten in einer aufrufenden Funktion so verarbeitet werden können, als wären sie vom Joystick gekommen:

```
void keyboard::poll( DIJOYSTATE2 *state)
    {
    unsigned char key[256];

    ZeroMemory( key, 256);

    if( keybrd->Acquire() < 0)
        return;

    keybrd->GetDeviceState( 256, key);

    ZeroMemory( state, sizeof(DIJOYSTATE2));

    state->lX = 0;
    if( key[DIK_RIGHT] & 0x80)
        state->lX += 100;
    if( key[DIK_LEFT] & 0x80)
        state->lX -= 100;
    state->lY = 0;
    if( key[DIK_UP] & 0x80)
        state->lY -= 100;
    if( key[DIK_DOWN] & 0x80)
        state->lY += 100;

    state->rgbButtons[0] = key[DIK_F1];
    state->rgbButtons[1] = key[DIK_F2];
    state->rgbButtons[2] = key[DIK_F3];
    state->rgbButtons[3] = key[DIK_F4];
    state->rgbButtons[4] = key[DIK_F5];
    state->rgbButtons[5] = key[DIK_F6];
    state->rgbButtons[6] = key[DIK_F7];
    state->rgbButtons[7] = key[DIK_F8];
    }
```

Zum Abruf der Tastaturdaten stellt man einen Array mit 256 Feldern zur Verfügung. Durch den Aufruf der Funktion GetDeviceState werden die Tastaturdaten in den Array übertragen. Für alle Tasten gibt es dabei entsprechende symbolische Konstanten (DIK_RIGHT, DIK_F1,...), über die man auf die Daten für die entsprechende Taste zugreifen kann. Im Vergleich zum Joystick fehlt der Aufruf keybrd->Poll(). Ein solcher Aufruf ist möglich, aber wirkungslos, da die Tastatur zyklisch durch Interrupts gepollt wird, sodass man aktuelle Daten jederzeit mit GetDeviceState bekommen kann.

Schließlich legen wir noch eine Instanz der Klasse keyboard an:

```
keyboard mein_keyboard;
```

In der Funktion joystick_input müssen wir jetzt nur noch entsprechend der Variablen joystick_ok verzweigen. Ist der Joystick verfügbar, erfolgt die Eingabe über den Joystick, ansonsten über die Tastatur:

```
void balance::joystick_input()
    {
    DIJOYSTATE2 state;

    if( joystick_ok)
        {
        if( !mein_joystick.poll( &state))
            return;
        }
    else
        {
        mein_keyboard.poll( &state);
        }
    ...
    }
```

Der nachfolgende Code muss nicht angepasst werden, da die Daten in der Variablen state in gleicher Weise zur Verfügung gestellt werden, egal, ob die Eingabe vom Joystick oder von der Tastatur kam.

Im Hauptprogramm initialisieren wir die Tastatur, wenn die Initialisierung des Joysticks fehlgeschlagen ist, und setzen die Variable joystick_ok entsprechend:

```
int APIENTRY WinMain(...)
    {
    ...
    if( !mein_joystick.init())
        {
        joystick_ok = 0;
        MessageBox( ...);
        mein_keyboard.init();
        }
    else
        joystick_ok = 1;
    ...
    }
```

Sie sehen, dass die Behandlung des Tastaturinputs sehr einfach ist. Wir erhalten den Status der gesamten Tastatur mit einem Funktionsaufruf (GetDeviceState) und können so beliebige Kombinationen von Tastendrücken feststellen und entsprechend reagieren. Gleiches gilt für die Maus, die wir anschließend noch kurz betrachten wollen.

**Maus**

Für die Maus führen wir wieder eine eigene Klasse ein, die der Tastaturklasse strukturell sehr ähnlich ist:

```
class mouse
    {
    private:
        LPDIRECTINPUTDEVICE8 maus;
    public:
        void init();
        void poll( DIJOYSTATE2 *state);
    };
```

Auch die Initialisierung der Maus unterscheidet sich kaum von der der Tastatur:

```
void mouse::init()
    {
    mein_directinput.dinput->CreateDevice( GUID_
SysMouse , &maus, NULL);
    maus->SetDataFormat(&c_dfDIMouse);
    maus->SetCooperativeLevel(balance_window,
                        DISCL_NONEXCLUSIVE|DISCL_BACKGROUND);
    }
```

Beim Polling werden die Daten der Maus zunächst in eine Datenstruktur vom Typ DIMOUSESTATE übertragen:

```
struct DIMOUSESTATE
    {
    LONG lX;
    LONG lY;
    LONG lZ;
    BYTE rgbButtons[4];
    };
```

Diese Struktur enthält in 1x und 1y die relativen Verfahrwege der Maus in x- und y-Richtung sowie in 1z die Bewegung des Mausrädchens seit dem letzten Datenabruf. Der Array rgbButtons enthält den Status der Maustasten.

Beim Polling der Maus interessieren wir uns nur für die Verfahrwege in x- und y-Richtung bei gedrückter rechter Maustaste:[21]

```
void mouse::poll( DIJOYSTATE2 *state)
    {
    DIMOUSESTATE mstate;

    mstate.rgbButtons[1] = 0;
    if( maus->Acquire() < 0)
        return;
    maus->GetDeviceState( sizeof( DIMOUSESTATE), &mstate);
    if( mstate.rgbButtons[1] & 0x80)
        {
        state->lX = 4*mstate.lX;
        state->lY = 4*mstate.lY;
        }
    }
```

Diese Verfahrwege tragen wir mit geeigneten Skalierungsfaktoren, die Sie gegebenenfalls anpassen müssen, in die Joystick-Datenstruktur (DIJOYSTATE2) ein.

Zum Abschluss instanziieren wir eine Maus:

```
mouse meine_maus;
```

Die Funktion joystick_input erweitern wir so, dass nach der Tastatur auch die Maus abgefragt wird:

```
void balance::joystick_input()
    {
    DIJOYSTATE2 state;

    if( joystick_ok)
        {
        if( !mein_joystick.poll( &state))
            return;
        }
    else
```

---

21 Würden wir auf das Prüfen der rechten Maustaste verzichten, so würde das Spiel auch bei der Bedienung der Menüs Steuerbefehle erhalten. Das würde zu unangenehmen Nebeneffekten führen.

```
        {
        mein_keyboard.poll( &state);
        meine_maus.poll( &state);
        }
    ...
    }
```

Wir dürfen nicht vergessen, die Maus beim Programmstart – sofern die Initialisierung des Joysticks fehlgeschlagen ist – zu initialisieren:

```
int APIENTRY WinMain(...)
    {
    ...
    if( !mein_joystick.init())
        {
        joystick_ok = 0;
        MessageBox( ...);
        mein_keyboard.init();
        meine_maus.init();
        }
    else
        joystick_ok = 1;
    ...
    }
```

Jetzt haben wir eine Alternative zur Joystick-Steuerung implementiert, die der Joystick-Steuerung kaum nachsteht. Die Spielsteuerung ist damit fertig, auch wenn durch die Steuerung noch keine konkreten Funktionen angestoßen werden. Sobald wir solche Funktionen zur Verfügung haben, werden wir sie in der Funktion `joystick_input` dort eintragen, wo zurzeit noch die Funktion `joymessage` aufgerufen wird.

### 4.4.5   V05 2D- und 3D-Textausgaben

In diesem Kapitel behandeln wir einige Themen, die nicht unbedingt im Mittelpunkt der 3D-Programmierung stehen, da sie eigentlich zweidimensionalen Charakter haben. Es handelt sich um die Ausgabe von Text im Rahmen eines dreidimensionalen Szenarios.

**2D-Text**

Die Ausgabe von 2D-Text ist nicht unbedingt das wichtigste und interessanteste Thema der Spieleprogrammierung, und dementsprechend knapp will ich dieses Thema hier behandeln. Ich stütze mich dabei auf Funktionen aus den von Microsoft bereitgestellten Dateien `d3dfont.h` und `d3dfont.cpp`, die ich dem Projekt hinzugefügt habe. Auf Details dieser Funktionen gehe ich nicht ein.

Genau genommen benötigen wir für dieses Spiel keine Textausgaben, außer dass wir später eine Uhr im Bild mitlaufen lassen wollen, da unser Spiel »auf Zeit« gespielt werden soll. Für die Aufgaben der nachfolgenden Abschnitte (Kamera positionieren, Spielfeld drehen und kippen und Kugel rollen) ist es aber sehr hilfreich, wenn man in der Lage ist, Positionsdaten laufend in das Spielfeld einzublenden. Alles dazu Erforderliche wollen wir in diesem Abschnitt bereitstellen.

Die benötigten Daten und Funktionen werden wir in der Klasse `directx` bereitstellen, die wir wie folgt erweitern:

```
class directx
    {
    private:
        CD3DFont *fnt;
    public:
        ...
        void display_text( int line, char *fmt, ...);
        directx();
        ~directx();
    };
```

Im privaten Bereich fügen wir einen Zeiger auf einen Font hinzu. Ein Font ist eine Schriftart, so wie Arial oder Courier. Zu einem Font gehören auch Darstellungsparameter wie »Fett« oder »Schriftgröße«. Im öffentlichen Bereich der Klasse benötigen wir eine Funktion zur Textausgabe (`display_text`) sowie einen Konstruktor und einen Destruktor.

Im Konstruktor allokieren wir den Font:

```
directx::directx()
    {
    fnt = new CD3DFont( "Arial", 10, 0);
    }
```

In unserem Beispiel handelt es sich um Arial in Normalschrift und in einer Größe von 10 Punkt.

Im Destruktor geben wir den Font wieder frei:

```
directx::~directx()
    {
    delete fnt;
    }
```

Im Rahmen der Initialisierung von DirectX initialisieren wir dann auch den Font:

```
int directx::init()
    {
    ...
    fnt->InitDeviceObjects( device);
    return 1;
    }
```

Immer wenn sich das Fenster in der Größe ändert und wir das Device daraufhin anpassen, müssen wir den Font vorab invalidieren und am Ende wieder restaurieren:

```
void directx::adjust( int breite, int hoehe)
    {
    D3DXMATRIX proj;
    fnt->InvalidateDeviceObjects();
    ...
    fnt->RestoreDeviceObjects();
    }
```

Die einzig wirklich neue Funktion dieses Abschnitts ist die Funktion display_text. Diese Funktion gibt einen Text am linken Rand des Spielefensters in einer bestimmten Zeile (line) aus. Zur Ausgabe des Textes arbeiten wir mit einer variablen Argumentliste (va_list):

```
void directx::display_text( int line, char *fmt, ...)
    {
    va_list prm;
    char buffer[256];

    va_start( prm, fmt);
    vsprintf( buffer, fmt, prm);
    va_end( prm);

    fnt->DrawText( 4.0f, 16.0f*line, 0xff000000, buffer);
    }
```

Die auf den Parameter line folgenden Parameter werden so verarbeitet, wie Sie es von den Runtime-Library-Funktionen printf oder sprintf kennen, sodass eine formatierte Ausgabe möglich ist. Der Format-String (fmt) wird hier noch spezifiziert; die restlichen Parameter bleiben unspezifiziert und werden von der Funktion vsprintf verarbeitet. Der Ausgabetext wird zunächst formatiert und in den Puffer buffer geschrieben und dann mit der Funktion DrawText an der gewünschten Position ausgegeben.

Für das Spiel wollen wir fünf verschiedene Ausgabemodi vorsehen:

0: Keine Ausgabe

1: Ausgabe von Informationen über die abgelaufene Zeit beziehungsweise die Restspielzeit

2: Ausgabe von Informationen über die Lage und die Bewegung der Kugel

3: Ausgabe von Informationen über die Lage und die Drehung des Spielfeldes

4: Ausgabe von Informationen über die Position und die Ausrichtung der Kamera

In einer Member-Variablen mit dem Namen info halten wir den aktuellen Ausgabemodus fest, und mit der Funktion display_info geben wir die entsprechenden Informationen auf dem Bildschirm aus:

```
class balance
    {
    private:
        ...
    public:
        ...
        int info;
        void display_info();
    };
```

Beim Start des Spiels schalten wir die Ausgabe ab:

```
void balance::start()
    {
    ...
    info = 0;
    }
```

In der Render-Funktion rufen wir die Ausgabefunktion ganz am Ende des Rendering-Prozesses auf, sofern wir nicht im Editiermodus sind:

```
void balance::render()
    {
    ...
    mein_directx.device->BeginScene();
    ...
    if( !mein_spielfeld.editiermodus())
        display_info();
    mein_directx.device->EndScene();
    ...
    }
```

In der Display-Methode geben wir vorläufig nur Überschriften aus, da die eigentlich auszugebenden Daten noch nicht verfügbar sind:

```
void balance::display_info()
    {
    switch( info)
        {
    case 1:
        mein_directx.display_text( 0, "Zeit-Informationen:");
        break;
    case 2:
        mein_directx.display_text( 0, "Kugel-Informationen:");
        break;
    case 3:
        mein_directx.display_text( 0, "Spielfeld-Informationen:");
        break;
    case 4:
        mein_directx.display_text( 0, "Kamera-Informationen:");
        break;
        }
    }
```

Sobald weitere, hier auszugebende Daten verfügbar sind, werden wir diese Funktion vervollständigen.

Die Ausgabe soll über die [Strg]-[I]-Tastenkombination ein- beziehungsweise umgeschaltet werden. Um auf das Drücken von [Strg]-[I] reagieren zu können, legen wir in der Ressource einen neuen Akzellerator mit Namen IDM_INFOKEY an:

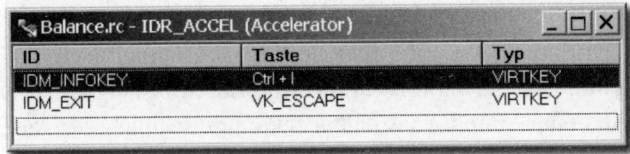

Wenn der Infokey gedrückt wird, zählen wir die Member-Variable `info` um eins hoch. Wird dabei 5 erreicht, fangen wir bei 0 wieder an:

```
LRESULT CALLBACK balance_windowhandler(HWND hWnd, UINT msg,
                                WPARAM wParam, LPARAM lParam)
   {
   switch( msg)
      {
   case WM_COMMAND:
        switch( LOWORD(wParam))
           {
           ...

           ...

        case IDM_INFOKEY:
            mein_spiel.info = (mein_spiel.info +1 ) % 5;
            return 0;

        ...

           ...
           }
        break;
     ...
        ...
      }
   ...
   }
```

Dadurch erreichen wir, dass man mit Strg-I alle Ausgabemodi der Reihe nach durchschalten kann. Derzeit sind links oben im Grafikfenster allerdings nur die Überschriften sichtbar:

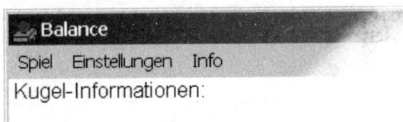

Nach und nach werden wir hier gehaltvollere Informationen hinzufügen.

## 3D-Text

Nun werden Sie sicherlich einwenden, dass man in einem 3D-Spiel auch 3D-Textausgaben machen sollte. Der Einwand ist berechtigt. Allerdings eignen sich dreidimensionale Texte in erster Linie für visuelle Effekte und weniger zur Ausgabe von Informationen. Als Effekt wollen wir aber zum Abschluss dieses Abschnitts eine 3D-Textausgabe erzeugen. Wir werden für unser Spiel einen Abspann schreiben, in dem sich der Text

© Ulrich Kaiser

in dreidimensionaler Darstellung über den Bildschirm bewegt. Dazu benötigen wir zunächst eine Klasse, die alle für einen 3D-Text benötigten Daten und Funktionen kapselt. Diese Klasse nennen wir text3d:

```
class text3d
    {
    private:
        LPD3DXMESH text;
    public:
        text3d();
        ~text3d();
        void init( char *str);
        void draw( float r, float g, float b);
    };
```

Diese Klasse ähnelt in mancherlei Hinsicht der Klasse objekt. Insbesondere enthält die Klasse auch einen Mesh, also ein Drahtgitter, das in diesem Fall den Schriftzug darstellt. Diesen Mesh können wir mit einem Text initialisieren (init) und in einer frei wählbaren Farbe (RGB-Werte) auf dem Bildschirm ausgeben (draw). Zusätzlich gibt es noch einen Konstruktor und einen Destruktor, die aber sehr einfach zu implementieren sind.

Im Destruktor wird nur der Mesh-Zeiger (text) mit NULL initialisiert:

```
text3d::text3d()
    {
    text = NULL;
    }
```

Im Destruktor wird der Mesh, sofern er zwischenzeitlich erstellt wurde, wieder freigegeben:

```
text3d::~text3d()
    {
    if( text)
        text->Release();
    }
```

In der `init`-Funktion müssen wir das Drahtgitter für den Schriftzug aufbauen. Zum Glück gibt es Hilfsfunktionen, die uns dabei unterstützen:

```
void text3d::init( char *str)
    {
    HDC dc;
    HFONT fnt, ofnt;
    LOGFONT lf;

    dc = CreateCompatibleDC( NULL);
    ZeroMemory(&lf, sizeof(lf));
    lf.lfHeight = 18;
    lf.lfStrikeOut = 1;
    strcpy(lf.lfFaceName, "Arial");
    fnt = CreateFontIndirect( &lf);
    ofnt = (HFONT)SelectObject( dc, fnt);
    D3DXCreateText( mein_directx.device, dc, str, 0.001f,
                    0.4f, &text,NULL, NULL);
    SelectObject( dc, ofnt);
    DeleteObject( fnt);
    DeleteDC( dc);
    }
```

In der Funktion verwenden wir einen sogenannten Device-Kontext (`dc`). Ein Device-Kontext ist ein zentraler Bestandteil des GDI (Graphics Device Interface). Das GDI ist die klassische Zeichenumgebung einer Windows-Applikation. Normalerweise schreibt ein Windows-Programm alle Grafikausgaben in einen Device-Kontext. Der Device-Kontext abstrahiert dabei von den konkreten physikalischen Eigenschaften des Ausgabegeräts. In der Regel muss sich ein Windows-Programm nicht darum kümmern, ob die Grafikausgaben letztlich auf dem Bildschirm oder zum Beispiel auf einem Drucker landen. Aus der Sicht eines Windows-Programms ist beides ein Device-Kontext. Einen Device-Kontext können Sie mit einem Plotter vergleichen. Der Device-Kontext hat eine Zeichenfläche und ermöglicht es, gewisse Zeichenwerkzeuge (zum Beispiel einen roten Stift der Strichstärke 1) auszuwählen, um anschließend mit ihnen zu zeichnen. Ebenso kann man einen bestimmten Font für Textausgaben selektieren. Ich will nicht weiter auf den Device-Kontext eingehen, da wir unsere Ausgaben hier nicht mit dem GDI, sondern mit DirectX machen und wir den Device-Kontext nur temporär benötigen. Sollten Sie aber einmal vor der Aufgabe stehen, in einer klassischen Windows-Applikation Grafikausgaben machen zu müssen, werden das GDI und der Device-Kontext die zentrale Rolle spielen.

Ich will kurz beschreiben, was in der obigen Funktion passiert:

▶ Zuerst wird ein Device-Kontext erzeugt (`CreateCompatibleDC`).

▶ Dann wird der gewünschte Font erzeugt (`CreateFontIndirect`).

▶ Anschließend wird der Font in den Device-Kontext selektiert (`SelectObject`). Der bestehende Font wird dabei »ausgeworfen« und in `ofnt` gesichert.

▶ Danach wird mit `D3DXCreateText` der Mesh erzeugt. Der Device-Kontext, dem der Font zu entnehmen ist, wird dabei unter anderem als Parameter übergeben.

▶ Abschließend wird der alte Font (`ofnt`) wieder selektiert (`SelectObject`) und der zuvor erzeugte Font (`fnt`) und der Device-Kontext wieder beseitigt (`DeleteObjekt` beziehungsweise `DeleteDC`). Beachten Sie, dass wir den Font und den Device-Kontext nicht mehr benötigen – wir haben ja jetzt das Drahtgitter (`text`).

Nachdem wir den Mesh für den 3D-Text erzeugt haben, sind wir wieder zurück in *DirectX* und müssen das Drahtgitter nur noch ausgeben. Sie werden festgestellt haben, dass wir dem Mesh keine Materialien oder Texturen zugeordnet haben. Das machen wir in der `draw`-Funktion, da wir die Textfarbe erst bei der Bildschirmausgabe festlegen wollen:

```
void text3d::draw( float r, float g, float b)
    {
    D3DMATERIAL9 material;

    ZeroMemory( &material, sizeof(D3DMATERIAL9));
    material.Diffuse.r = material.Ambient.r = r;
    material.Diffuse.g = material.Ambient.g = g;
    material.Diffuse.b = material.Ambient.b = b;
    material.Diffuse.a = material.Ambient.a = 1.0f;
    mein_directx.device->SetMaterial( &material);
    mein_directx.device->SetTexture( 0, NULL);
    text->DrawSubset(0);
    }
```

In dieser Funktion wird die Materialfarbe für den Mesh festgelegt und der Mesh gezeichnet. Eine Textur wird dem Schriftzug nicht zugeordnet. Die Details kennen Sie bereits aus der `draw`-Funktion der Klasse `objekt`.

Jetzt können wir den Abspann der Klasse `balance` erstellen. Dazu erweitern wir zunächst die Klassendeklaration:

```
class balance
    {
    ...
    public:
    ...
        void abspann();
    };
```

In der Funktion `abspann` können Sie noch einmal das vollständige Rendern einer 3D-Szene verfolgen:

```
void balance::abspann()
    {
    int i;
    D3DXMATRIX view, world, m;
    text3d copyright;
```
A
```
    copyright.init( "© Ulrich Kaiser");
```
B
```
    D3DXMatrixLookAtLH( &view, &D3DXVECTOR3( 0.0f,
                            0.0f, -100.0f),
                        &D3DXVECTOR3( 0.0f, 0.0f, 0.0f),
                        &D3DXVECTOR3( 0.0f, 1.0f, 0.0f));
    mein_directx.device->SetTransform( D3DTS_VIEW, &view);
```
C
```
    for( i = 0; i <= 100; i++)
        {
```
D
```
        mein_directx.device->Clear( 0, NULL,
                        D3DCLEAR_TARGET|D3DCLEAR_ZBUFFER,
                        D3DCOLOR_XRGB(255,255,255), 1.0f, 0 );
```
E
```
        mein_directx.device->BeginScene();
```
F
```
        D3DXMatrixScaling( &world, 4.0f, 4.0f, 2.0f);
        D3DXMatrixRotationYawPitchRoll( &m, i*D3DX_PI/30.0f,
                        i*D3DX_PI/30.0f, i*D3DX_PI/30.0f);
        D3DXMatrixMultiply(&world, &world, &m);
        D3DXMatrixTranslation( &m, -10.0f, 0.0f, (float)-i);
        D3DXMatrixMultiply(&world, &world, &m);
        mein_directx.device->SetTransform( D3DTS_WORLD, &world);
```
G
```
        copyright.draw( 1.0f-i/100.0f, 1.0f-i/100.0f, 1.0f);
```

279

```
H |        mein_directx.device->EndScene();
          mein_directx.device->Present( NULL, NULL, NULL, NULL);
I |        Sleep( 50);
       }
    }
```

A:  Das Drahtgitter für den Copyright-Text wird initialisiert.

B:  Der Blickpunkt wird festgelegt. Wir schauen frontal ($x = 0$, $y = 0$) aus einer im Vordergrund befindlichen Position ($z = -100$) auf den Nullpunkt.

C:  Es werden 101 Szenen fortlaufend dargestellt. Für jede Szene werden die Schritte D bis I ausgeführt.

D:  Der Hintergrund ist weiß.

E:  Das Rendern einer einzelnen Szene beginnt.

F:  Zunächst wird der Schriftzug skaliert (D3DXMatrixScaling), gedreht (D3DX MatrixRotationYawPitchRoll) und verschoben (D3DXMatrixTranslation). Die Drehung und die Verschiebung werden dabei von Schleifendurchlauf zu Schleifendurchlauf geändert, damit der Eindruck einer kontinuierlichen Bewegung entsteht. Die einzelnen Operationen werden in der Matrix world gesammelt und am Ende als World-Transformation festgelegt.

G:  Der Schriftzug wird entsprechend der World-Transformation gezeichnet. Die Farbe ändert sich dabei kontinuierlich von Szene zu Szene von Weiß zu Blau.

H:  Das Rendern der Szene ist abgeschlossen, und die Szene wird auf dem Bildschirm dargestellt.

I:  Wir legen uns 50 ms schlafen, bevor die nächste Szene dargestellt wird.

Damit ist der Abspann fertig. Wir wollen den Abspann zeigen, wenn der Benutzer das Spiel über den Menüpunkt *Beenden* im Menü *Spiel* verlässt. Dazu rufen wir die Abspann-Funktion auf, sobald wir vom Betriebssystem die Message IDM_EXIT erhalten. Anschließend beenden wir das Programm auf dem üblichen Wege:

```
LRESULT CALLBACK balance_windowhandler(HWND hWnd, UINT msg,
                                       WPARAM wParam, LPARAM lParam)
    {
    switch( msg)
        {
    case WM_COMMAND:
        switch( LOWORD(wParam))
```

```
        {
    ...
    case IDM_EXIT:
        mein_spiel.abspann();
        PostMessage( hWnd, WM_CLOSE, 0, 0);
        return 0;
        }
    break;
    ...
    }
```

Beim Beenden des Spiels erscheint jetzt der Urheberhinweis und bewegt sich drehend auf die Kamera zu, wobei er sich mit der Zeit immer stärker blau färbt:

Die Schrift wird bei Ihnen allerdings nicht so deutlich konturiert erscheinen wie in meinem Bildschirmausdruck. Das rührt daher, dass wir noch nicht mit Beleuchtungseffekten arbeiten. Durch die Ausleuchtung einer Szene und die sich dadurch bildenden Schatten entsteht eine deutlich verbesserte Tiefenwirkung. Damit werden wir uns später noch beschäftigen, und dann wird Ihr Text auch so dargestellt werden wie hier bereits im Vorgriff gezeigt.

Der Abspann läuft vollständig in <u>einer</u> Funktion ab, ohne dass die Kontrolle zwischendurch an das Windows-System zurückgegeben wird. Das führt dazu, dass das Programm während des Abspanns nicht bedient werden kann. Da der Abspann aber recht kurz ist und das Programm danach sowieso beendet wird, kann man das in dieser Situation akzeptieren, obwohl das nicht dem gewünschten Verhalten eines Windows-Programms entspricht. Um Abhilfe zu schaffen, können Sie im Abspann immer nur einen Schleifendurchlauf durchführen, um dann sofort die Kontrolle zurückzugeben. Zur Fortsetzung können Sie dann den

Abspann timer-gesteuert erneut aufrufen. Alternativ kann man in einer solchen Situation auch sogenannte Threads verwenden. Threads gehören zu den fortgeschrittenen Techniken der Windows-Programmierung und erlauben die parallele Verarbeitung in unterschiedlichen Funktionen. Mit Threads werden wir uns erst im Rahmen unseres Netzwerkprojekts beschäftigen.

### Einbau einer Textkonsole

Manchmal wünscht man sich auch bei Spielen eine unkomplizierte Ein- und Ausgabe, wie man sie von einer Textkonsole oder einem Terminal her kennt. Ich will Ihnen daher kurz zeigen, wie Sie eine solche Konsole in Ihr Spiel einbauen können[22].

Zunächst einmal benötigen Sie einige zusätzlich Includes:

```
# include <io.h>
# include <fcntl.h>
# include <iostream.h>
```

Dann müssen wir die Konsole erstellen und die C-I/O-Streams stdin, stdout und stderr in diese Konsole lenken:

```
void open_console()
    {
    int fh;

    AllocConsole();
    SetConsoleTitle( "Balance");

    fh = open( "CON", _O_WRONLY );
    *stdout = *fdopen( fh, "w");
    setvbuf( stdout, NULL, _IONBF,0);

    fh = open( "CON", _O_RDONLY );
    *stdin = *fdopen( fh, "r");
    setvbuf( stdin, NULL, _IONBF, 0);

    fh = open( "CON", _O_WRONLY );
    *stderr = *fdopen( fh, "w");
    setvbuf( stderr, NULL, _IONBF, 0);

    cout.sync_with_stdio();
    cin.sync_with_stdio();
    cerr.sync_with_stdio();
    }
```

22 Dieser Code ist nicht auf der CD vorhanden, aber es sind ja nur ein paar Zeilen.

Zum Abschluss synchronisieren wir noch die C++-Streams cin, cout und cerr mit den C-Streams, damit eine gemischte Verwendung von C- und C++-Ein- und Ausgabeoperationen im Konsolfenster möglich ist.

Die folgende kleine Funktion dient zum Schließen der Konsole beim Programmende:

```
void close_console()
    {
    FreeConsole();
    }
```

Wenn Sie nun die Funktion open_console zu Beginn Ihres Programms und die Funktion close_console am Ende Ihres Programms rufen, erhalten Sie das von DOS-Applikationen her bekannte Konsolfenster, in dem Sie die Ihnen vertrauten C/C++-Ein-/Ausgaben machen können:

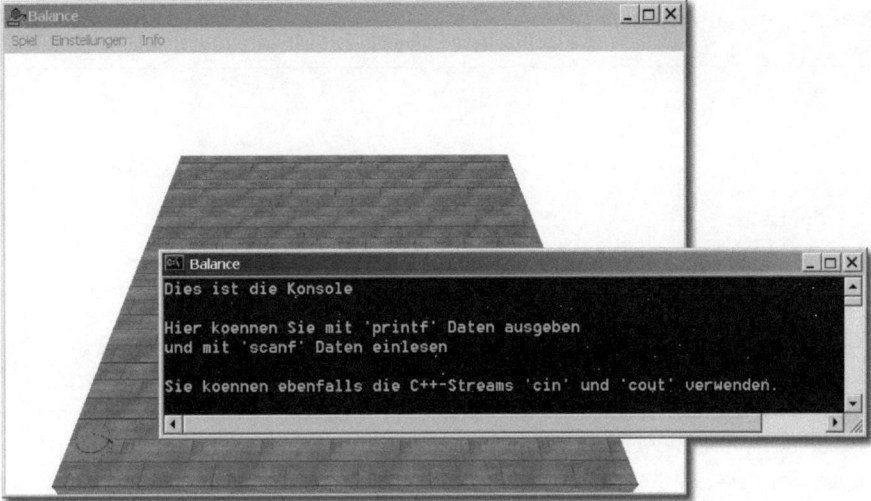

Sehr nützlich ist eine Konsole, wenn Sie den Spielablauf fortlaufend protokollieren wollen oder in der Entwicklungsphase Prüfdrucke beziehungsweise Testausgaben aus dem laufenden Spiel benötigen.

### 4.4.6 V06 Positionierung und Ausrichtung der Kamera

In diesem Abschnitt kommt zum ersten Mal Bewegung ins Spiel, wobei sich noch nicht das Spielfeld oder der Ball, sondern die Kamera bewegt. Wir sehen drei verschiedene Kamerabewegungen vor:

▸ **Kamerabewegung allgemein**
Hierbei kann die Kamera beliebig links/rechts, vor/zurück oder höher/tiefer positioniert werden. Die Kamera behält dabei ihre Blickrichtung bei. Das heißt, der Punkt, auf den die Kamera blickt, bewegt sich entsprechend der Kamerabewegung mit.

▸ **Kameraschwenk**
Die Kamera behält ihre Position bei, aber die Blickrichtung (links/rechts oder auf/ab) wird geändert. Man schaut also von derselben Position aus woanders hin.

▸ **Kamerafahrt**
Die Kamera fährt mit einer bestimmten Geschwindigkeit in die Blickrichtung. Die Geschwindigkeit, die Fahrtrichtung (vorwärts/rückwärts) und die Blickrichtung (links/rechts oder auf/ab) können während der Fahrt geändert werden.

In der Klasse `balance` sehen wir Member-Funktionen für diese drei Arten von Kamerabewegungen vor:

```cpp
class balance
    {
    private:
        ...
    public:
        ...
        void kamera_bewegen( float seit, float hoch, float vor);
        void kamera_schwenken( float seit, float hoch);
        void kamera_fahrt( float seit, float hoch, float speed);
    };
```

Die erste Kamerabewegung ist einfach zu implementieren. Sie müssen allerdings beachten, dass die Begriffe »links/rechts« beziehungsweise »vor/zurück« immer im Sinne der aktuellen Blickrichtung zu verstehen sind. Daher muss man anhand der aktuellen Kameraposition (`hier_bin_ich`) und des Blickpunktes (`da_gucke_ich_hin`) zunächst die Blickrichtung (`v`) ermitteln. Diese erhält man, indem man den Differenzvektor zwischen `da_gucke_ich_hin` und `hier_bin_ich` bildet, diesen in die x-z-Ebene projiziert und das Ergebnis anschließend normalisiert. Die folgende Grafik veranschaulicht das:

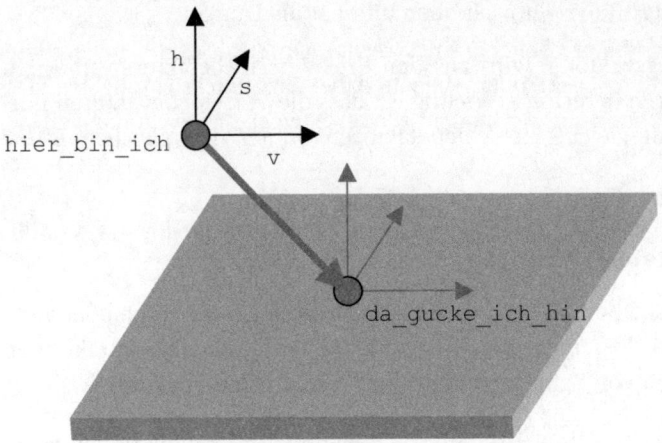

Als Ergebnis erhält man den Vektor v, der die Blickrichtung wiedergibt. Dreht man diesen Vektor um 90 Grad in der x-z-Ebene, so erhält man mit dem Vektor s die Richtung für Rechts-Links-Bewegungen. Der Vektor h für Aufwärts- beziehungsweise Abwärtsbewegungen ist unabhängig von der Blickrichtung immer parallel zur y-Achse.[23] Mit diesen Vorüberlegungen ergibt sich die folgende Funktionsimplementierung:

```
    void balance::kamera_bewegen( float seit, float hoch, float vor)
    {
        D3DXVECTOR3 v, s, h, t;
A       v = da_gucke_ich_hin - hier_bin_ich;
        v.y = 0.0f;
        D3DXVec3Normalize( &v, &v);
B       s = D3DXVECTOR3( -v.z, 0, v.x);
C       h = D3DXVECTOR3( 0, 1, 0);
D       t = seit*s + hoch*h + vor*v;
E       hier_bin_ich += t;
        da_gucke_ich_hin += t;
    }
```

A:  Hier wird der Blickrichtungsvektor v berechnet und normalisiert (auf Länge 1 gebracht).

B:  Hier wird der Vektor s durch Drehung von v um 90 Grad berechnet. Der Vektor ist damit ebenfalls normalisiert.

---

23  Das legen wir hier so fest. Man könnte »oben« auch relativ zur Blickrichtung festlegen. Das würde bedeuten, dass bei gesenktem Kopf »oben« vorne ist.

C: Der Vektor `h = (0,1,0)` zeigt nach oben und hat die Länge 1.

D: Der Verschiebungsvektor `t` wird aus den drei Verschiebefaktoren und den Verschiebevektoren berechnet. Wichtig ist, dass die Verschiebevektoren normiert sind, damit gleiche Verschiebefaktoren immer den gleichen Effekt haben.

E: Abschließend werden die Vektoren `hier_bin_ich` und `da_gucke_ich_hin` um den Verschiebevektor `t` verschoben.[24]

Beachten Sie, dass die Operatoren +, – und * in *Direct3D* für Vektoren überladen sind und dass es sich hier nicht um »gewöhnliche« Additionen, Subtraktionen oder Multiplikationen von Zahlen, sondern um Vektorrechnung handelt.

Wir kommen jetzt zu den Schwenkbewegungen. Unsere Kamera hat zwei Schwenkachsen. Sie kann links/rechts und auf/ab geschwenkt werden. Ein seitliches Kippen der Kamera – das wäre die dritte Schwenkachse – ist nicht vorgesehen, da eine solche Bewegung nur zur Verwirrung führen würde:[25]

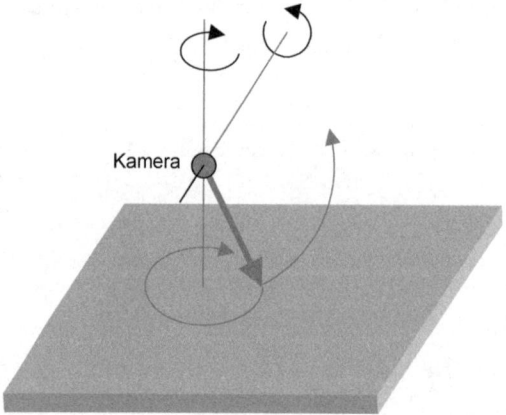

Bei einem seitlichen Schwenk handelt es sich, unabhängig von der Neigung der Kamera, um eine Drehung um die y-Achse. Bei einem Auf/Ab-Schwenk müssen wir zuvor die Drehachse bestimmen. Die gesuchte Achse steht senkrecht auf der Ebene, die durch die y-Achse und den Blickrichtungsvektor aufgespannt wird. Eine Normale dieser Ebene erhalten wir, indem wir das Vektorprodukt zwischen dem normierten Blickrichtungsvektor und dem Einheitsvektor in y-Richtung bilden.

---

24 Will man das Blickziel trotz der Bewegung der Kamera im Auge behalten, so kann man die Verschiebung von `da_gucke_ich_hin` einfach weglassen.

25 Ich versuche hier den üblichen Schwenkbewegungen einer Fernsehkamera zu folgen. Mit einer kleinen und beweglichen Handkamera können Sie natürlich alles machen.

Ein Problem gibt es dabei. Wenn der Blick genau nach oben oder genau nach unten geht, ist diese Drehachse nicht definiert, da der Blickrichtungsvektor mit der y-Achse keine Ebene vorgibt. Man könnte in dieser Situation willkürlich eine Richtung festlegen, was aber dazu führt, dass das Bild beim Blick genau nach oben oder unten schlagartig seine Orientierung ändert. Wir lösen das Problem dadurch, dass wir einen Blick genau nach oben oder unten und einen dadurch möglich werdenden »Überkopfschwenk« nicht zulassen. Das entspricht im Übrigen der »natürlichen« Einschränkung des menschlichen Blicks oder einer auf einem Stativ montierten Kamera, die ja auch nicht beliebig nach oben oder nach unten geschwenkt werden kann. Es bleiben kegelförmige Bereiche, in die die Kamera nicht geschwenkt werden kann:

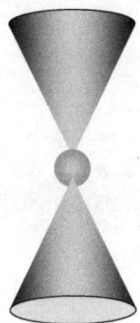

Stellen Sie sich in die Mitte eines Raums, und blicken Sie zu einer Wand. Nun heben Sie den Kopf, bis Sie an die Decke schauen. Wenn Sie jetzt den Schwenk fortsetzen und den Kopf nach hinten überstrecken, sehen Sie zwar die Wand hinter sich, aber alles steht auf dem Kopf. Das ist kein natürlicher Schwenk. Lassen Sie stattdessen den Blick zur Decke gerichtet, und drehen Sie sich langsam um 180 Grad, bis Sie zur gegenüberliegenden Wand ausgerichtet sind. Dann senken Sie langsam wieder den Kopf, und der Schwenk ist beendet. Bei dieser Art von »Überkopfschwenk« bleibt die Welt auf den Beinen, und man behält die Orientierung. Genauso werden wir in unserem Programm den Überkopfschwenk realisieren:

```
void balance::kamera_schwenken( float seit, float hoch)
    {
    D3DXVECTOR3 blick, norm;
    D3DXMATRIX dreh;

A   blick = da_gucke_ich_hin - hier_bin_ich;
    D3DXVec3Normalize( &blick, &blick);
B   if( blick.x*blick.x + blick.z*blick.z < 0.005)
        {
```

```
      if( ((blick.y > 0) && (hoch > 0)) ||
          ((blick.y < 0) && (hoch < 0)))
          hoch = 0;
      }
C     D3DXVec3Cross( &norm, &blick, &D3DXVECTOR3( 0, 1, 0));
D     D3DXMatrixRotationAxis( &dreh, &norm, hoch);
E     D3DXVec3TransformNormal( &blick, &blick, &dreh);
F     D3DXMatrixRotationY( &dreh, seit);
G     D3DXVec3TransformNormal( &blick, &blick, &dreh);
H     da_gucke_ich_hin = hier_bin_ich + blick;
      }
```

Diese kleine Funktion schauen wir uns noch einmal Zeile für Zeile an:

A: Hier berechnen wir den normalisierten Blickrichtungsvektor.

B: Wenn der Abstand des Blickrichtungsvektors von der y-Achse zu gering ist, dann geht es, wenn wir nach oben schauen, nicht mehr höher und, wenn wir nach unten schauen, nicht mehr niedriger. Das ist sozusagen die natürliche Sperre, die uns daran hindert, uns den Hals zu verrenken.

C: Durch das Vektorprodukt zwischen dem normalisierten Blickrichtungsvektor und der nach oben zeigenden Normale (0,1,0) berechnen wir die Achse (norm), um die gedreht werden muss.

D: Jetzt berechnen wir die Drehmatrix (dreh) für eine Drehung um die Drehachse (norm).

E: Wir wenden die Drehung dreh auf den Blickrichtungsvektor (blick) an.

F: Jetzt berechnen wir die Drehmatrix für die seitliche Drehung um die y-Achse.

G: Wir wenden auch die Drehung um die y-Achse auf den Blickrichtungsvektor an. Es ist übrigens nicht egal, in welcher Reihenfolge wir die Drehungen ausführen. Würden wir diese Drehung zuerst ausführen, so würden wir für die andere Drehung eine andere Drehachse auf der Grundlage des gedrehten Blickrichtungsvektors berechnen.

H: Der Blickpunkt ändert sich. Den neuen Blickpunkt (da_gucke_ich_hin) erhalten wir, indem wir zum Standort (hier_bin_ich) den neuen Blickrichtungsvektor (blick) addieren.

Für die Kamerafahrt benötigen wir eine Member-Variable in der Klasse `balance`, in der wir die aktuelle Fahrgeschwindigkeit abspeichern:

```
class balance
    {
    private:
        ...
        float fahrgeschwindigkeit;
    public:
        ...
    };
```

Die Fahrgeschwindigkeit setzen wir beim Start des Spiels auf einen geeigneten Anfangswert:

```
void balance::start()
    {
    ...
    fahrgeschwindigkeit = 0.25f;
    }
```

Jetzt können wir die Kamerafahrt programmieren. Im Wesentlichen stützen wir uns dabei auf die bereits implementierten Kamera-Schwenks:

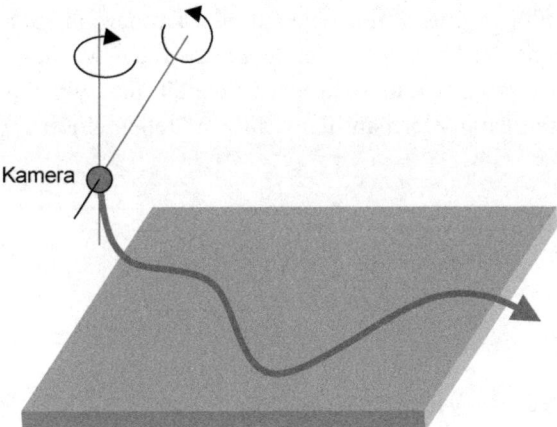

Zusätzlich zu den Schwenks müssen wir uns immer ein kleines Stück in Blickrichtung voranbewegen – wie viel, das hängt natürlich von der Fahrgeschwindigkeit ab:

```
   void balance::kamera_fahrt( float seit, float hoch, float speed)
      {
      D3DXVECTOR3 delta;
A     kamera_schwenken( seit, hoch);
B     delta = da_gucke_ich_hin-hier_bin_ich;
      D3DXVec3Normalize( &delta, &delta);
C     fahrgeschwindigkeit += speed;
D     delta = fahrgeschwindigkeit*delta;
E     hier_bin_ich += delta;
      da_gucke_ich_hin += delta;
      }
```

A: Wir schwenken die Kamera entsprechend den Parametern `seit` und `hoch`.

B: Dann bestimmen wir den normalisierten Blickrichtungsvektor (`delta`). Das ist unser Fahrtrichtungsvektor.

C: Wir ändern die Fahrgeschwindigkeit entsprechend dem Parameter `speed`.

D: Wir skalieren den Fahrtrichtungsvektor mit der neuen Fahrgeschwindigkeit und erhalten den Fahrtvektor.

E: Wir versetzen den Standort und den Blickpunkt entsprechend dem Fahrtvektor.

Damit Sie zu den ersten Rundflügen über Ihre Szenen starten können, müssen wir die Funktionen zur Steuerung der Kamera aus der `joystick_input`-Methode heraus aufrufen. Diese Methode ist ja bereits so weit vorbereitet, dass wir nur noch die Aufrufe mit geeigneten Parametern an den richtigen Stellen einsetzen müssen:

```
void balance::joystick_input()
   {
   ...
   float x, y, z, s;

   ...
   if( state.rgbButtons[mein_joystick.button[0]] & 0x80)
      {
      x = -state.lX/250.0f;
      z = -state.lY/250.0f;
      y = 0;
      if( state.rgbButtons[mein_joystick.button[6]] & 0x80)
         y = -0.25f;
```

```
        else if( state.rgbButtons[mein_joystick.button[7]] & 0x80)
            y = 0.25f;
        if( x*x + y*y +z*z > 0.01)
            {
            kamera_bewegen( x, y, z);
            }
        return;
        }
    if( state.rgbButtons[mein_joystick.button[1]] & 0x80)
        {
        x = D3DX_PI*state.lX/18000.0f;
        z = D3DX_PI*state.lY/18000.0f;
        if( x*x + z*z > 0.0001)
            {
            kamera_schwenken( x, z);
            }
        return;
        }
    if( state.rgbButtons[mein_joystick.button[2]] & 0x80)
        {
        x = D3DX_PI*state.lX/18000.0f;
        z = D3DX_PI*state.lY/18000.0f;
        s = 0;
        if( state.rgbButtons[mein_joystick.button[6]] & 0x80)
            s = -0.01f;
        else if( state.rgbButtons[mein_joystick.button[7]] & 0x80)
            s = 0.01f;
        kamera_fahrt( x, z, s);
        return;
        }
    ...
    }
```

Im Wesentlichen kommt es hier darauf an, geeignete Skalierungsfaktoren für die Parameter zu finden. Über diese Faktoren steuert man, wie schnell die Kamera beschleunigt oder wie enge Kurvenradien geflogen werden können. Wenn Sie wollen, können Sie die Parameter über einen Dialog einstellbar machen.

Jetzt können Sie sich mit dem Gamepad oder mit der Tastatur und der Maus durch die dreidimensionale Landschaft bewegen. Die Kamerafahrt zeigt, dass unser Spiel schon fast die Funktionalität eines hochwertigen Flugsimulators hat:

Viel Spaß beim Fliegen!

Zum Abschluss aktualisieren wir noch die display_info-Methode des Spiels, damit wir uns jederzeit anzeigen lassen können, wo die Kamera steht und auf welchen Punkt sie gerade gerichtet ist:

```
void balance::display_info()
    {
    switch( info)
        {
    ...
    case 4:
        mein_directx.display_text( 0, "Kamera-Informationen:");
        mein_directx.display_text( 1,
                            "Kameraposition (%f, %f, %f)",
                            hier_bin_ich.x,
                            hier_bin_ich.y,
                            hier_bin_ich.z);
        mein_directx.display_text( 2, "Blickpunkt (%f, %f, %f)",
                            da_gucke_ich_hin.x,
                            da_gucke_ich_hin.y,
                            da_gucke_ich_hin.z);
```

```
    mein_directx.display_text( 3,
                            "Blickrichtung (%f, %f, %f)",
                            da_gucke_ich_hin.x -
                                        hier_bin_ich.x,
                            da_gucke_ich_hin.y -
                                        hier_bin_ich.y,
                            da_gucke_ich_hin.z -
                                        hier_bin_ich.z);
    break;
    }
}
```

Wir geben hier die Koordinaten der Kameraposition, des Blickpunktes und des Blickrichtungsvektors aus. Bei aktivierter Ausgabe werden dann die folgenden Informationen fortlaufend eingeblendet:

So, jetzt können Sie endgültig losfliegen.

Vielleicht vermissen Sie beim Fliegen ein Hintergrundmotiv, wie zum Beispiel Wolken oder die Skyline einer Stadt. Bewegungen werden vor den Konturen eines Hintergrundbildes deutlicher wahrgenommen als vor einem einfarbigen Hintergrund, und der 3D-Effekt lässt sich auf diese Weise noch einmal intensivieren. Um ein Hintergrundmotiv in ein 3D-Szenario einzubauen, erstellt man eine sogenannte **Skybox**. Das ist ein großer Würfel, der an den Innenseiten mit einer Textur (zum Beispiel unten Wasser, oben blauer und rundum bewölkter Himmel) belegt ist. Dann lässt man die ganze Szene im Inneren des Würfels spielen. Wenn die Texturen gut aufeinander abgestimmt sind, entsteht so die Illusion einer umgebenden Welt. Die Darstellung einer Skybox ist denkbar einfach, da die Box allenfalls auf die richtige Größe skaliert, aber nie aus ihrer Ruhelage bewegt werden muss. Die Box bildet ja einen festen Bezugsrahmen, der sich nicht bewegt, auch wenn die Kamera ihre Position ändert oder sich Objekte in der Szene bewegen. Ich habe hier keine Skybox erstellt, weil ich denke, dass das eine gute Übungsaufgabe für Sie ist.

Vielleicht vermissen Sie beim Fliegen aber auch die vertraute Atmosphäre eines Cockpits. Wenn ja, dann sehen Sie sich mal das nächste Kapitel an.

### 4.4.7 V07 Drehen und Kippen des Spielfeldes

In der Version V06 haben wir die Kamera bewegt. Das Spielfeld ist dabei in Ruhe geblieben. Jetzt wollen wir zusätzlich das Spielfeld bewegen, wobei die Kugel noch in Ruhe bleibt.

Das Spielfeld wollen wir drehen und kippen. Ganz naiv verstehen wir unter einer Drehung eine Drehung um die y-Achse und unter dem Kippen eine Drehung um die z- oder x-Achse:

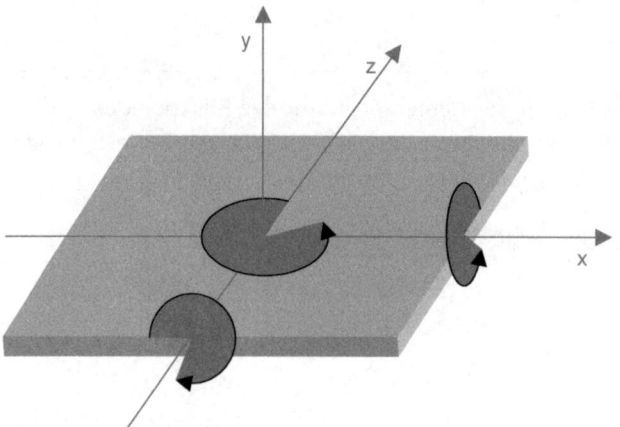

Wenn man die Situation aber genauer betrachtet, so kommt man zu dem Ergebnis, dass das Kippen immer in Blickrichtung oder quer zur Blickrichtung und das Drehen immer um die Flächennormale des Spielfeldes erfolgen sollte. Man erreicht dies am einfachsten, indem man das Spielfeld zunächst in ungekipptem Zustand um die y-Achse[26] dreht und danach für das gedrehte Spielfeld die Kippungen durchführt. Beachten Sie, dass es dabei auf die Reihenfolge ankommt. Wenn man zunächst um die y-Achse dreht und dann um die z-Achse kippt, ergibt sich in einem konkreten Fall:

Macht man es umgekehrt, kippt man also zunächst um die z-Achse und dreht dann um die y-Achse, so erhält man dagegen das folgende Bild:

---

26  In ungekipptem Zustand ist die y-Achse ja die Flächennormale des Spielfeldes.

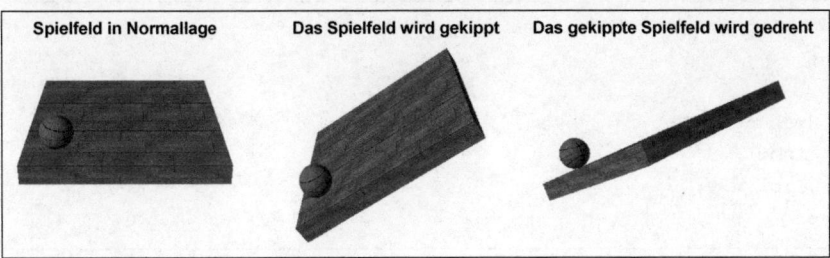

| Spielfeld in Normallage | Das Spielfeld wird gekippt | Das gekippte Spielfeld wird gedreht |

Diese Effekte können Sie sehr viel besser an der fertigen Version als auf zwei-dimensionalem Papier beobachten und verstehen. Darum sollten wir die Bewegungen des Spielfeldes implementieren. In der Klasse balance sehen wir dazu Daten-Member (drehung, kippx, kippz) für die drei möglichen Bewegungen vor:

```
class balance
    {
    private:
        ...
        float drehung;
        float kippx;
        float kippz;
    public:
        ...
        void spielfeld_drehen( float dy);
        void spielfeld_kippen( float dx, float dz);
        void spielfeld_ruecksetzen();
    };
```

Darüber hinaus legen wir Member-Funktionen (spielfeld_drehen, spielfeld_kippen) an, um das Drehen beziehungsweise das Kippen konkret durchzuführen. Eine weitere Member-Funktion (spielfeld_ruecksetzen) benötigen wir, um das Spielfeld aus einer gekippten Lage wieder in die Normallage zurückzuführen. Die hier zugrunde liegende Vorstellung ist, dass das Spielfeld auf einer Flüssigkeit schwimmt und das Bestreben hat, aus einer gekippten Lage immer wieder in eine waagerechte Lage zurückzukehren. Für eine Drehung besteht eine solche Rückstelltendenz nicht.

Beim Start des Spiels ist das Spielfeld weder gedreht noch gekippt. Dementsprechend initialisieren wir die Daten-Member in der Member-Funktion start:

```
void balance::start()
    {
    ...
    drehung = 0;
    kippx = 0;
    kippz = 0;
    }
```

Dann erweitern wir die display_info-Methode der Klasse balance, damit wir diese Werte für die Drehung und die Kipplage im Verlauf des Spiels beobachten können:

```
void balance::display_info()
    {
    switch( info)
        {
    ...
    case 3:
        mein_directx.display_text( 0, "Spielfeld-Informationen:");
        mein_directx.display_text( 1, "Drehung %f", drehung);
        mein_directx.display_text( 2, "Kippung x %f", kippx);
        mein_directx.display_text( 3, "Kippung z %f", kippz);
        break;
    ...
        }
    }
```

Die Spielfeld-Informationen werden dann in der folgenden Weise in der linken oberen Ecke des Spielfeldes angezeigt, sofern die Anzeige aktiviert wurde:

Zum Drehen des Spielfeldes aktualisieren wir nur den Drehwinkel, indem wir das gewünschte Drehinkrement zur bestehenden Drehung hinzunehmen:

```
void balance::spielfeld_drehen( float dy)
    {
    drehung += dy;
    }
```

Die konkrete, dem jeweiligen Drehwinkel entsprechende Darstellung des Spielfeldes erfolgt in der render-Methode und muss uns hier noch nicht belasten. Hier müssen wir nur die Daten bereitstellen, damit korrekt gerendert werden kann.

Das Kippen des Spielfeldes ist anspruchsvoller als das Drehen, und das nicht nur, weil das Kippen in zwei Richtungen möglich ist. Das Kippen hängt von der jeweiligen Blickrichtung auf das Spielfeld ab. Würden wir dies nicht berücksichtigen und das Spielfeld immer absolut im Raum kippen, so hätten wir erhebliche Probleme mit der Steuerung des Spiels. In Normallage würde das Spielfeld bei einer Bewegung des Joysticks von uns weg ebenfalls von uns weg kippen. Das wäre in Ordnung. Würden wir uns dann aber mit der Kamera auf die andere Seite des Spielfeldes begeben und von hinten auf das Spielfeld blicken, so würde das Spielfeld bei einer Bewegung des Joysticks von uns weg auf uns zu kippen. Beim Rechts/Links-Kippen hätten wir das gleiche Problem. Das wäre so, als würde man mit am Lenker gekreuzten Armen versuchen, Fahrrad zu fahren. Das würde man kaum noch koordinieren können. Konkret bedeutet das, dass wir bei einer Anforderung zum Kippen immer die momentane Blickrichtung berücksichtigen müssen, damit das Spielfeld korrekt den Bewegungen des Joysticks folgt. Wir implementieren die Funktion zum Kippen des Spielfeldes wie folgt:

```
void balance::spielfeld_kippen( float dx, float dz)
    {
    D3DXVECTOR3 v, d;
    D3DXMATRIX dreh;
    float winkel;

A   v = da_gucke_ich_hin - hier_bin_ich;

B   if( v.x > 0)
        winkel = atanf( v.z/v.x);
    else if( v.x < 0)
        winkel = D3DX_PI + atanf( v.z/v.x);
    else if( v.z > 0)
        winkel = D3DX_PI/2;
    else
        winkel = -D3DX_PI/2;

C   D3DXMatrixRotationY( &dreh, D3DX_PI/2 - winkel);

D   D3DXVec3TransformNormal( &d, &D3DXVECTOR3( dx, 0, dz),
                                  &dreh);

E   kippx += d.x;
    kippz += d.z;
    }
```

A: Zunächst einmal benötigen wir den Blickrichtungsvektor. Diesen erhalten wir, indem wir die Differenz zwischen dem Punkt, zu dem wir hinschauen (`da_gucke_ich_hin`), und unserem Standpunkt (`hier_bin_ich`) bilden.

B: Jetzt berechnen wir den Winkel, den der Blickrichtungsvektor mit der x-Achse bildet. Wir verwenden dazu die im Rahmen der geometrischen Vorüberlegungen hergeleitete Formel, in der wir nur y durch z ersetzen müssen:

$$\alpha = \begin{cases} \arctan(z/x) & \text{\textit{falls} } x > 0 \\ \pi + \arctan(z/x) & \text{\textit{falls} } x < 0 \\ \pi/2 & \text{\textit{falls} } x = 0 \text{ \textit{und} } z > 0 \\ -\pi/2 & \text{\textit{falls} } x = 0 \text{ \textit{und} } z < 0 \end{cases}$$

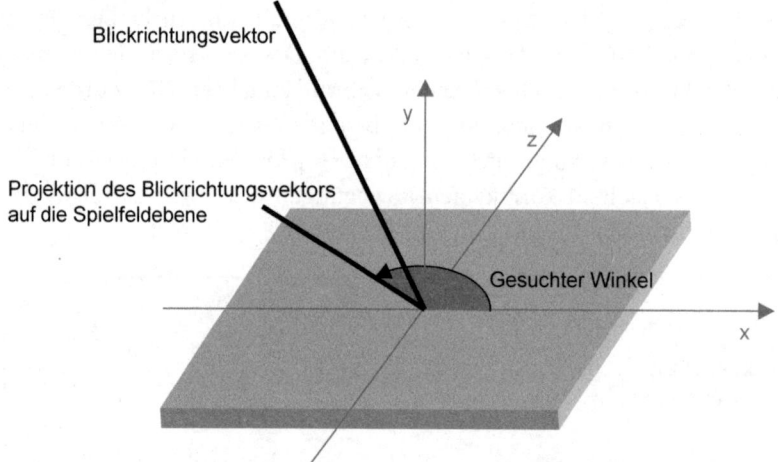

C: Mit der z-Achse haben wir dann den Winkel `winkel - D3DX_PI/2`. Um diesen Winkel müssen wir in entgegengesetzter Richtung drehen, um die durch den Blickwinkel entstandene Drehung zu kompensieren. Hier erzeugen wir die dazu erforderliche Drehmatrix.

D: Jetzt drehen wir den Kippvektor (`dx,0,dz`) mit der unter C gewonnenen Drehmatrix.

E: Die nach der Drehung ermittelten Koordinatenabschnitte in x- beziehungsweise z-Richtung liefern uns die Inkremente, um die wir das Spielfeld kippen müssen.

Bisher haben wir nur die zum Drehen und Kippen erforderlichen Momente bestimmt. In der Render-Methode müssen wir die erforderlichen Drehungen durchführen. Ich möchte zuvor noch einmal auf die Reihenfolge von Drehen und Kippen und die unterschiedlichen Effekte, die sich daraus ergeben, eingehen.

Wenn wir zuerst kippen und dann drehen, so drehen wir das gekippte Spielfeld um die y-Achse. Wenn wir zuerst drehen und dann kippen, so kippen wir das um seine Flächennormale gedrehte Spielfeld. Die folgende Zeichnung zeigt den Unterschied zwischen Dreh-Kippung und Kipp-Drehung:

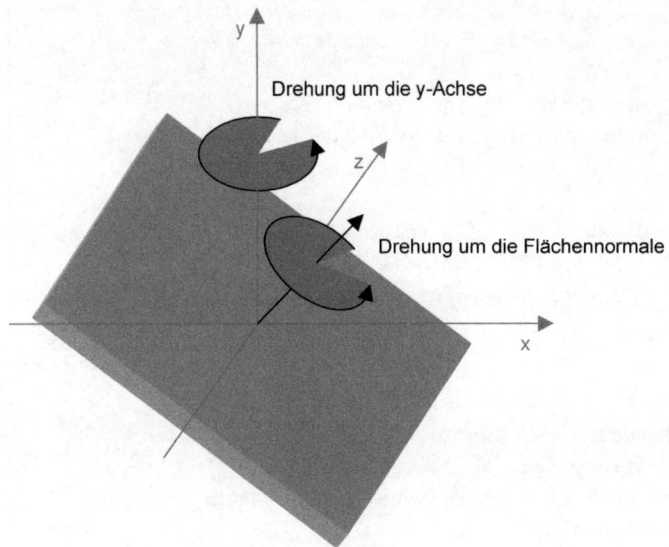

In beiden Fällen dreht sich das Spielfeld um seinen Mittelpunkt – einmal jedoch in der y-z-Ebene und das andere Mal in seiner eigenen Ebene. Beide Drehvarianten haben durchaus ihren Reiz, wir wollen jedoch die zweite implementieren. Dazu erweitern wir die render-Methode in der folgenden Weise:

```
void balance::render()
    {
    int z, s;
    D3DXMATRIX world;
    D3DXMATRIX view;
    D3DXMATRIX dreh, kipp;
    D3DXVECTOR3 kippachse;
    float klen;

    mein_directx.device->Clear(...);
    mein_directx.device->BeginScene();
    D3DXMatrixLookAtLH(...);
    mein_directx.device->SetTransform(...);

A   D3DXMatrixRotationY( &dreh, drehung);
B   D3DXVec3Cross( &kippachse, &D3DXVECTOR3( kippx, 0, kippz),
                                &D3DXVECTOR3( 0, 1, 0));
```

```
C    klen = D3DXVec3Length( &kippachse);
D    D3DXMatrixRotationAxis( &kipp, &kippachse, klen);
E    D3DXMatrixMultiply(&dreh, &dreh, &kipp);

     for( z = 0; z < mein_spielfeld.zeilen; z++)
         {
         for( s = 0; s < mein_spielfeld.spalten; s++)
             {
             D3DXMatrixTranslation( &world,...);
F            D3DXMatrixMultiply(&world, &world, &dreh);
             mein_directx.device->SetTransform( D3DTS_WORLD,
                                               &world);
            meine_objekte.obj[ mein_spielfeld.felder[z][s]].draw();
             if( mein_spielfeld.hind[z][s] != NICHTS)
                 meine_objekte.hindernisse[
                                mein_spielfeld.hind[z][s]].draw();
             }
         }

     D3DXMatrixTranslation( &world,...);
F    D3DXMatrixMultiply(&world, &world, &dreh);
     mein_directx.device->SetTransform( D3DTS_WORLD, &world);
     meine_objekte.kugel.draw();

     if( mein_spielfeld.editiermodus())
         {
         D3DXMatrixTranslation( &world,...);
F        D3DXMatrixMultiply(&world, &world, &dreh);
         mein_directx.device->SetTransform( D3DTS_WORLD, &world);
         meine_objekte.rahmen.draw();
         }
     mein_directx.device->EndScene();
     mein_directx.device->Present( NULL, NULL, NULL, NULL);
     }
```

A: Wir erstellen eine Rotationsmatrix dreh, die entsprechend der vorgegebenen Drehung um die y-Achse dreht.

B: Durch Berechnung des Kreuzprodukts zwischen dem Kippvektor (kippx,0,kippz) und der y-Achse (0,1,0) erhalten wir die Kippachse, also die Achse, um die wir das Spielfeld kippen wollen.

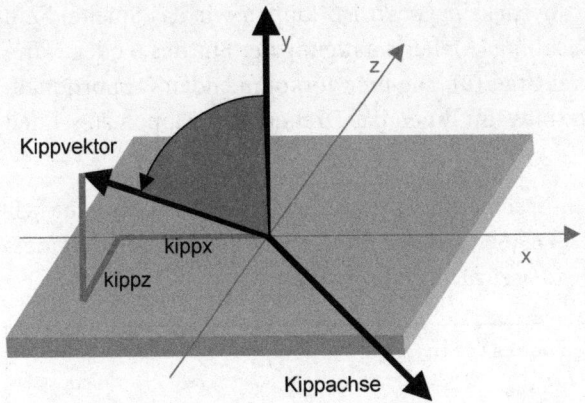

Die Kippachse steht senkrecht auf der durch den Kippvektor und die y-Achse gebildeten Ebene.

C: Die Länge (`klen`) der Kippachse, die hier berechnet wird, ist für uns eine Maßzahl, die angibt, wie stark gekippt werden soll.

D: Jetzt berechnen wir eine Matrix (`kipp`), die eine Drehung um die Kippachse bewirkt.

E: Wir multiplizieren jetzt die Drehmatrix (`dreh`) mit der Kippmatrix (`kipp`) und erhalten in `dreh` die Matrix für die kombinierte Dreh-Kippung.

F: Die unter A bis E erzeugte Matrix `dreh` wenden wir nun an, indem wir jeweils nach der Verschiebung der einzelnen Objekte (Feld, Kugel, Rahmen) die Dreh-Kippung ausführen. Die durchzuführende Gesamttransformation steht jeweils in der Matrix `world`.

Die gesamte Ansteuerung zum Drehen und Kippen des Spielfelds bauen wir an den bereits vorbereiteten Stellen in die Methode `joystick_input` ein:

|   |                                                                                          |
|---|------------------------------------------------------------------------------------------|
|   | `void balance::joystick_input()`                                                         |
|   | `    {`                                                                                  |
|   | `    ...`                                                                                 |
| A | `    if( state.lX*state.lX + state.lY*state.lY > 5)`                                      |
|   | `        spielfeld_kippen( -D3DX_PI*state.lX/18000,`                                      |
|   | `                                    D3DX_PI*state.lY/18000);`                            |
| B | `    if( state.rgbButtons[mein_joystick.button[6]] & 0x80)`                               |
|   | `        spielfeld_drehen( D3DX_PI/90);`                                                  |
|   | `    if( state.rgbButtons[mein_joystick.button[7]] & 0x80)`                               |
|   | `        spielfeld_drehen( -D3DX_PI/90);`                                                 |
|   | `    }`                                                                                   |

Wenn eine Auslenkung des Joysticks gegeben ist, kippen wir das Spielfeld ein wenig in der gewünschten Richtung (A). Bei Betätigung der Buttons 6 oder 7 drehen wir das Spielfeld um zwei Grad (B). Die hier vorkommenden Proportionalitätsfaktoren können Sie ändern, wenn Ihnen das Drehen oder Kippen zu schnell oder zu langsam geht.

Das Spielfeld soll automatisch in seine Ruhelage zurückfallen. Dazu erstellen wir die Funktion `spielfeld_ruecksetzen`, in der die Auslenkung in x- beziehungsweise z-Richtung jeweils um 10 % zurückgefahren wird:

```
void balance::spielfeld_ruecksetzen()
    {
    kippx *= 0.9f;
    kippz *= 0.9f;
    }
```

Wir müssen noch dafür sorgen, dass diese Methode regelmäßig aufgerufen wird, damit das Spielfeld wieder in die Normallage zurückschwingt. Das machen wir am besten in unserem Window-Handler als Reaktion auf die Timer-Message WM_TIMER:

```
LRESULT CALLBACK balance_windowhandler(HWND hWnd, UINT msg,
                            WPARAM wParam, LPARAM lParam)
    {
    switch( msg)
        {
    ...
    case WM_TIMER:
        mein_spiel.spielfeld_ruecksetzen();
        mein_spiel.joystick_input();
        mein_spiel.render();
        break;
    ...
.       }
    ...
    }
```

Damit ist sichergestellt, dass die Kippung des Spielfeldes alle 50 Millisekunden ein Stück zurückgenommen wird.

Die in den Funktionen dieses Abschnitts verwendeten Konstanten können Sie durch Variablen ersetzen, die Sie bei Bedarf ändern, um das Drehen, Kippen oder

Rückstellen zu beschleunigen oder zu verlangsamen. Sie können die Variablen auch zusätzlich über einen Konfigurationsdialog einstellbar machen.

Das Spielfeld kann jetzt gedreht und gekippt werden. Ich möchte Sie noch einmal für die Bedeutung der Reihenfolge, in der die Matrixoperationen ausgeführt werden, sensibilisieren. Wir hatten uns ja schon Gedanken über die Reihenfolge von Drehen und Kippen gemacht. Eine weitere Matrixmultiplikation finden Sie in der Zeile:

```
D3DXMatrixMultiply(&world, &world, &dreh)
```

Mit dieser Zeile legen wir fest, dass zunächst die Verschiebung world und dann die Dreh-Kippung dreh ausgeführt wird. Das Ergebnis wird wieder in der Matrix world gespeichert, die dann letztlich angewandt wird. In Formeln:

```
world = world * dreh
```

Die folgende Zeichnung zeigt diesen Prozess:

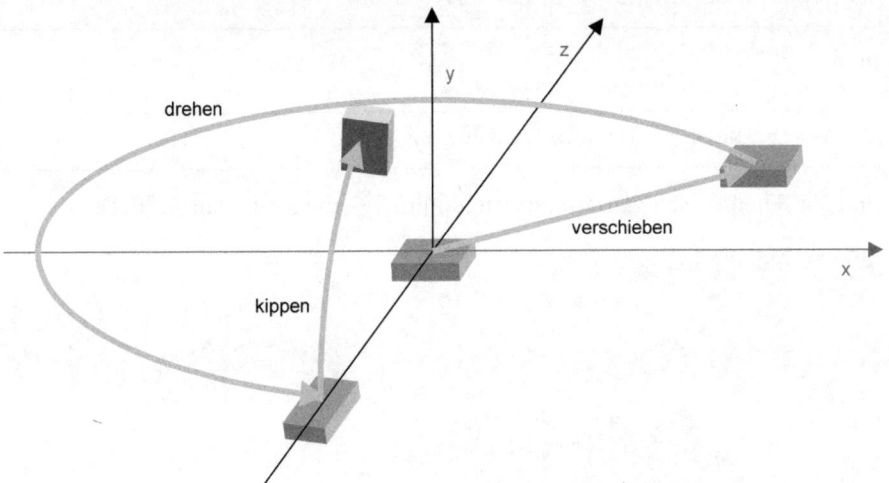

Wenn wir diesen Prozess mit allen Feldern und ihrer jeweils anderen Verschiebung durchführen, entsteht das insgesamt gedrehte und gekippte Spielfeld. Wenn wir diesen Prozess umkehren – also zunächst dreh-kippen und dann verschieben, so entspricht das der Formel:

```
world = dreh * world
```

Dabei ergibt sich aber ein ganz anderes Bild. Das Drehen und Kippen wird in der Ausgangslage durchgeführt, erst danach erfolgt die Verschiebung:

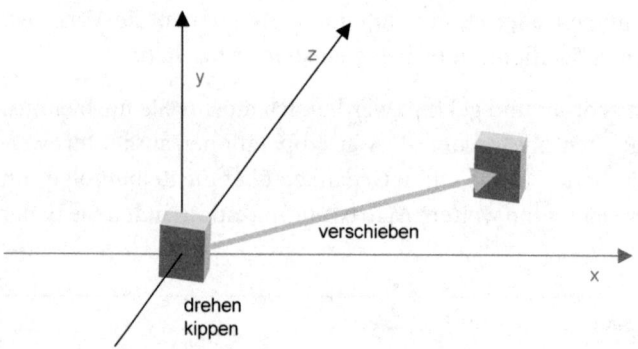

Der Effekt ist, dass jetzt nicht mehr das Spielfeld als Ganzes verschoben wird, sondern dass die einzelnen Bausteine innerhalb des Ganzen gedreht und gekippt werden.

Ändern Sie einfach die Reihenfolge der Matrixmultiplikationen von

```
D3DXMatrixMultiply(&world, &world, &dreh)
```

in

```
D3DXMatrixMultiply(&world, &dreh, &world)
```

und Sie sehen diesen ganz andersartigen Effekt – die Steine tanzen Ballett:

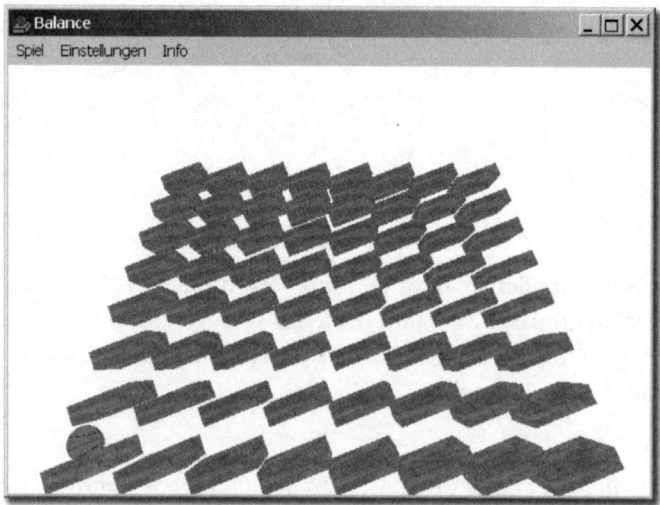

Spielen Sie durchaus ein wenig mit der Render-Funktion, um festzustellen, welche Auswirkungen diese Änderungen haben. Ändern Sie Parameter oder die

Reihenfolge der Anwendung von Transformationen. Manchmal ergeben sich beeindruckende Effekte, die man so nicht vorhergesehen hat. Schalten Sie dabei die Rückstellautomatik aus, um auch in Kipplagen zu kommen, die Sie sonst nicht erreichen würden.

Die Ballett tanzenden Steine machen Appetit auf weitere optische Effekte. Ein Spiel hat üblicherweise eine Einstiegssequenz (Intro), mit der das Interesse des Benutzers für das Spiel geweckt wird. Wir bereiten ein solches Intro durch eine neue Member-Funktion der Klasse `balance` vor:

```
class balance
    {
    private:
        ...
    public:
        ...
        void intro();
    };
```

Mit Ihrem jetzigen Kenntnisstand können Sie leicht ein solches Intro erstellen. Als Anregung zeige ich Ihnen hier den vollständigen Code meines Intros, den ich aber nicht weiter kommentieren will. Im Prinzip erhält jeder Stein seine individuelle, zufällig gewählte Startposition im Raum und bewegt sich dann Schritt für Schritt auf seine endgültige Position zu. Im Wesentlichen handelt es sich um eine Abwandlung der `render`-Funktion:

```
void balance::intro()
    {
    int z, s;
    D3DXMATRIX world;
    D3DXMATRIX view;
    D3DXMATRIX dreh;
    float u[100][100], v[100][100], w[100][100];
    float streckung;

    srand( GetTickCount());
    for( z = 0; z < mein_spielfeld.zeilen; z++)
        {
        for( s = 0; s < mein_spielfeld.spalten; s++)
            {
            u[z][s] = 2.0f*D3DX_PI*(rand()%360)/360.0f;
            v[z][s] = 2.0f*D3DX_PI*(rand()%360)/360.0f;
            w[z][s] = 2.0f*D3DX_PI*(rand()%360)/360.0f;
            }
```

```
            }
        drehung = 0;
        hier_bin_ich = D3DXVECTOR3( 0.0f, 6.0f*mein_spielfeld.spalten,
                                -6.0f*mein_spielfeld.spalten);
        da_gucke_ich_hin = D3DXVECTOR3( 0.0f, 0.0f, 0.0f);
        D3DXMatrixLookAtLH( &view, &hier_bin_ich, &da_gucke_ich_hin,
                        &D3DXVECTOR3( 0.0f, 1.0f, 0.0f));
        mein_directx.device->SetTransform( D3DTS_VIEW, &view);

        for( streckung = 50; streckung >= 0; streckung--)
            {
            mein_directx.device->Clear( 0, NULL,
                                    D3DCLEAR_TARGET|D3DCLEAR_ZBUFFER,
                                    D3DCOLOR_XRGB(255,255,255),
                                    1.0f, 0 );
            mein_directx.device->BeginScene();

            for( z = 0; z < mein_spielfeld.zeilen; z++)
                {
                for( s = 0; s < mein_spielfeld.spalten; s++)
                    {
                    D3DXMatrixTranslation( &world,
                mein_spielfeld.verschiebung_x(s)*(streckung/10.0f+1),
                streckung/10.0f,
                mein_spielfeld.verschiebung_z(z)*(streckung/10.0f+1));
                    D3DXMatrixRotationX(&dreh,
                                    streckung/100.0f*u[z][s]);
                    D3DXMatrixMultiply(&world, &world, &dreh);
                    D3DXMatrixRotationY(&dreh,
                                    streckung/100.0f*v[z][s]);
                    D3DXMatrixMultiply(&world, &world, &dreh);
                    D3DXMatrixRotationZ(&dreh,
                                    streckung/100.0f*w[z][s]);
                    D3DXMatrixMultiply(&world, &world, &dreh);
                    mein_directx.device->SetTransform( D3DTS_WORLD,
                                                    &world);
                meine_objekte.obj[ mein_spielfeld.felder[z][s]].draw();
                    if( mein_spielfeld.hind[z][s] != NICHTS)
                        meine_objekte.hindernisse[
                                mein_spielfeld.hind[z][s]].draw();
                    }
                }
            mein_directx.device->EndScene();
            mein_directx.device->Present( NULL, NULL, NULL, NULL);
            Sleep( 50);
            }
```

```
for( streckung = 6.0; streckung >= 3.5; streckung -= 0.1f)
    {
    hier_bin_ich = D3DXVECTOR3( 0.0,
                          streckung*mein_spielfeld.spalten,
                         -streckung*mein_spielfeld.spalten);
    Sleep( 50);
    render();
    }
}
```

Dieses Intro müssen wir noch an geeigneten Stellen des Programms aufrufen, und zwar:

▸ bei Programmstart

▸ nach dem Laden eines Spiels

▸ beim Neustart eines Spiels

Damit ergeben sich die folgenden Erweiterungen im Window-Handler (`balance_windowhandler`) und im Hauptprogramm (`WinMain`):

```
LRESULT CALLBACK balance_windowhandler(HWND hWnd, UINT msg,
                                       WPARAM wParam, LPARAM lParam)
    {
    switch( msg)
        {
    case WM_COMMAND:
        switch( LOWORD(wParam))
            {
        case ID_SPIEL_STARTEN:
            mein_spiel.start();
            mein_spiel.intro();
            break;
        case ID_SPIEL_LADEN:
            mein_spielfeld.laden();
            mein_spiel.start();
            mein_spiel.intro();
            mein_spiel.render();
            break;
        ...
            }
        ...
        }
    ...
    }
```

```
int APIENTRY WinMain(HINSTANCE hInst, HINSTANCE hPrevInstance,
                            LPSTR lpCmdLine, int nCmdShow )
   {
   ...
   ShowWindow( balance_window, nCmdShow);
   mein_spiel.start();
   mein_spiel.intro();
   ...
   }
```

Wenn Sie das Intro integriert haben, sehen Sie zur Einführung immer einen kleinen Film, aus dem ich Ihnen hier eine willkürlich herausgegriffene Szene zeige:

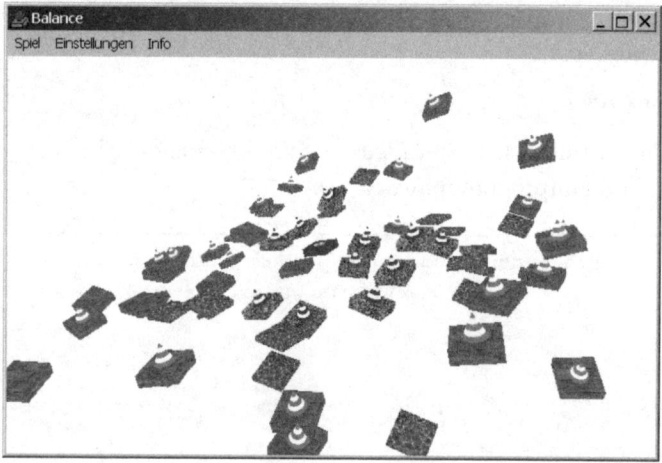

Erstellen Sie ein eigenes Intro, und unterlegen Sie es mit einer fetzigen Musik – Sie wissen ja hoffentlich noch aus dem 2D-Projekt, wie man das macht –, und schon kann man das Spiel vorzeigen. Damit es allerdings wirklich gespielt werden kann, müssen wir noch die Kugel ins Rollen bringen.

### 4.4.8   V08 Die Kugel rollt

Die Kugel soll möglichst realistisch über das Spielfeld rollen. Dazu reicht es nicht, die Kugel wie die Felder zu drehen, zu kippen und an die richtige Stelle zu verschieben. Die Kugel muss ihren Weg wirklich abrollen, um am Ende korrekt zu liegen. Sie erinnern sich an das Beispiel mit dem Würfel aus den geometrischen Vorüberlegungen. Es reicht nicht, die Ausgangslage sowie den Start- und Zielpunkt des Würfels zu kennen, um zu berechnen, welche Fläche oder Augenzahl am Ende oben liegt. Dazu muss man schon den genauen Weg des Würfels kennen und rechnerisch nachvollziehen:

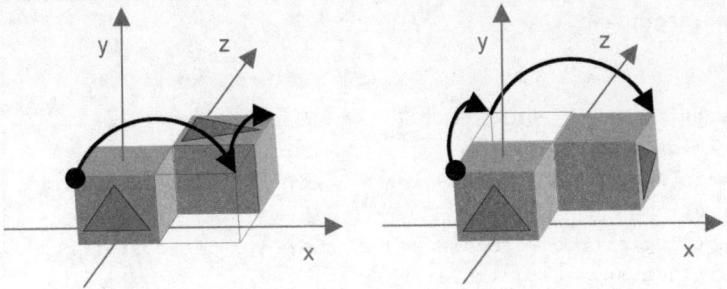

Man muss also alle Drehbewegungen der Kugel längs des Wegs aufsammeln und in einer Gesamtdrehung integriert festhalten. Dazu verwenden wir in der Klasse balance die Matrix kugelrotation. Zwei vektorielle Größen für die aktuelle Kugelposition (kugelposition) und die Kugelgeschwindigkeit (kugelgeschwindigkeit) fügen wir ebenfalls noch im privaten Bereich hinzu:

```
class balance
    {
    private:
        ...
        D3DXVECTOR3 kugelposition;
        D3DXVECTOR3 kugelgeschwindigkeit;
        D3DXMATRIX kugelrotation;
    public:
        ...
        void kugel_rollen();
        ...
    };
```

Alle Informationen beziehen sich dabei, wie auch schon die Kippwerte, auf das ungedrehte Spielfeld. Das erleichtert die folgenden Berechnungen. Die Methode kugel_rollen führt diese Berechnungen durch. Sie wird weiter unten besprochen.

Die neuen Daten-Member (kugelposition, kugelgeschwindigkeit und kugelrotation) benötigen sinnvolle Startwerte. Für die Kugelgeschwindigkeit ist das der Nullvektor, da die Kugel anfangs in Ruhe ist. Die anfängliche Position des Kugelmittelpunkts ist in der Mitte des Startfeldes in Höhe 1 über dem Spielfeld. Die Kugelrotation kann am Anfang sein, wie sie will. Wir wählen die Einheitsmatrix als Anfangsrotation. Diese Einstellungen nehmen wir in der Start-Methode vor:

```
void balance::start()
    {
    ...
    kugelgeschwindigkeit = D3DXVECTOR3( 0.0f, 0.0f, 0.0f);
    kugelposition = D3DXVECTOR3(
            mein_spielfeld.verschiebung_x( mein_spielfeld.starts),
            1.0f,
            mein_spielfeld.verschiebung_z( mein_spielfeld.startz));
    D3DXMatrixIdentity( &kugelrotation);
    }
```

Damit wir beim Testen die Kontrolle über diese Werte behalten, erstellen wir wieder eine Ausgabe:

```
void balance::display_info()
    {
    switch( info)
        {
    ...
    case 2:
        mein_directx.display_text( 0, "Kugel-Informationen:");
        mein_directx.display_text( 1, "Position (%f, %f, %f)",
                            kugelposition.x,
                            kugelposition.y,
                            kugelposition.z);
        mein_directx.display_text( 2,
                            "Geschwindigkeitsvektor (%f, %f, %f)",
                            kugelgeschwindigkeit.x,
                            kugelgeschwindigkeit.y,
                            kugelgeschwindigkeit.z);
        mein_directx.display_text( 3, "Geschwindigkeit %f",
                        D3DXVec3Length( &kugelgeschwindigkeit));
        break;
    ...
        }
    }
```

Damit werden die folgenden Informationen im Spielfenster eingeblendet:

```
Balance
Spiel  Einstellungen  Info
Kugel-Informationen:
Position (-2.138740, 1.000000, -1.514092)
Geschwindigkeitsvektor (0.252978, 0.000000, 0.252978)
Geschwindigkeit 0.357765
```

Die wichtigste Funktion dieses Abschnitts ist die Funktion `kugel_rollen`, denn diese Funktion sorgt dafür, dass sich die Kugel realistisch auf dem Spielfeld bewegt:

```
void balance::kugel_rollen()
    {
    float v;
    D3DXVECTOR3 kippachse, neu;
    D3DXMATRIX dreh;

A   D3DXMatrixRotationY( &dreh, -drehung);
    D3DXVec3TransformNormal( &neu, &kugelgeschwindigkeit,
                              &dreh);
    kugelposition += neu;

B   v = D3DXVec3Length( &kugelgeschwindigkeit);
C   D3DXVec3Cross( &kippachse, &neu, &D3DXVECTOR3( 0, 1, 0));
    D3DXMatrixRotationAxis( &dreh, &kippachse, -v);
    D3DXMatrixMultiply(&kugelrotation, &kugelrotation, &dreh);

D   kugelgeschwindigkeit.x = 0.9f*(kugelgeschwindigkeit.x -
                                    kippx);
    kugelgeschwindigkeit.z = 0.9f*(kugelgeschwindigkeit.z -
                                    kippz);

    }
```

A: Durch Anwendung der umgekehrten Spielfelddrehung auf den Geschwindigkeitsvektor kompensieren wir zunächst die Drehung des Spielfeldes und erhalten den effektiven Einfluss der Geschwindigkeit auf die Kugelposition (neu). Diesen Vektor addieren wir zur gegenwärtigen Kugelposition hinzu und erhalten so die neue Kugelposition.

B: Die Geschwindigkeit der Kugel ist ein Vektor mit einer Komponente in x- und einer Komponente in z-Richtung. Die Länge dieses Vektors ist proportional zu der in einer festen Zeiteinheit abzurollenden Strecke. Hier ermitteln wir die Länge dieses Vektors.

C: Hier wird zunächst die Drehachse für die Kugel bestimmt. Gedreht wird um das Vektorprodukt aus der aktuellen Bewegung (neu) und der y-Achse, also um die Flächennormale, die senkrecht auf der Ebene steht, die durch neu und die y-Achse aufgespannt wird. Dann wird eine Drehmatrix erzeugt, die eine der Geschwindigkeit (v) der Kugel entsprechende Drehung um die Drehachse (kippachse) bewirkt. Diese Drehung wird dann durch eine Matrizenmultiplikation zur bestehenden Kugeldrehung (kugelrotation) hinzugefügt. Da die

Kugel den Radius 1 hat, entsprechen sich der Drehwinkel[27] der Kugel und die abgerollte Strecke. Bei einem anderen Radius müsste hier noch ein Korrekturfaktor angebracht werden.

D: Abschließend wird die Kugelgeschwindigkeit entsprechend der Neigung des Spielfelds geändert. Durch einen Dämpfungsfaktor (0.9) erzeugen wir dabei einen gewissen »Reibungsverlust«. Diese Formeln entsprechen nicht der physikalischen Realität, aber da wir die Realität in hinreichend kleinen, diskreten Schritten simulieren, ist eine solche lineare Approximation zulässig. Eine exakte physikalische Berechnung würde nur Rechenzeit kosten, ohne das Ergebnis sichtbar zu verbessern.

Die render-Methode müssen wir an zwei Stellen ergänzen beziehungsweise abändern, um das Rollen der Kugel zu visualisieren:

```
void balance::render()
    {
    ... Zeichnen der Felder

A   if( mein_spielfeld.editiermodus())
        D3DXMatrixTranslation( &world,
        mein_spielfeld.verschiebung_x( mein_spielfeld.starts),
        1.0f,
        mein_spielfeld.verschiebung_z( mein_spielfeld.startz));
    else
        D3DXMatrixTranslation( &world,
                             kugelposition.x, kugelposition.y,
                             kugelposition.z);
B   D3DXMatrixMultiply(&world, &kugelrotation, &world);

    D3DXMatrixMultiply(&world, &world, &dreh);
    mein_directx.device->SetTransform( D3DTS_WORLD, &world);
    meine_objekte.kugel.draw();
    ...
    }
```

A: Wenn es an das Zeichnen der Kugel geht, müssen wir, sofern wir nicht im Editiermodus sind, eine Translation an die aktuelle Kugelposition durchführen. Im Editiermodus transferieren wir die Kugel wie bisher in die Mitte des Startfeldes.

B: Nachdem die Kugel positioniert ist, muss sie noch entsprechend gedreht werden.

---

27  Natürlich im Bogenmaß gemessen.

Jetzt müssen wir nur noch dafür sorgen, dass die Kugel regelmäßig ein Stück gerollt wird. Das machen wir am besten wieder im Windows-Handler als Reaktion auf den Timer-Event:

```
LRESULT CALLBACK balance_windowhandler(HWND hWnd, UINT msg,
                                  WPARAM wParam, LPARAM lParam)
   {
   switch( msg)
      {
   ...
     case WM_TIMER:
        mein_spiel.spielfeld_ruecksetzen();
        if( !mein_spielfeld.editiermodus())
           mein_spiel.kugel_rollen();
        mein_spiel.joystick_input();
        mein_spiel.render();
        break;
   ...
      }
   ...
   }
```

Die Kugel rollen wir natürlich nur, wenn sich das Spiel nicht im Editiermodus befindet.

Wenn Sie alles so wie beschrieben eingebaut haben, sollte die Kugel rollen. Es handelt sich derzeit allerdings noch um eine magische Kugel, die sich nicht um die physikalischen Gesetze kümmert. Sie kann über Wasser und in der Luft schweben und durch die aufgestellten Hindernisse einfach hindurchrollen:

Die Rendering-Maschine von *DirectX* berechnet aber auch physikalisch paradoxe Situationen korrekt, sodass eindrucksvolle Durchdringungen von Objekten erzeugt werden können.

Wenn man das Spiel im derzeitigen Reifegrad zu spielen versucht, stellt man fest, dass die Kugel leicht aus dem Bild rollt und man Mühe hat, sie in dieser Situation wieder einzufangen. Was wir benötigen, ist eine intelligentere Kameraführung. Damit beschäftigen wir uns im nächsten Abschnitt.

### 4.4.9 V09 Kameraführung

Wenn Sie das Spiel in seinem derzeitigen Fertigstellungsgrad spielen, stellen Sie fest, dass Ihnen die Kugel schnell aus dem Blickfeld gerät. Insbesondere bei Nahaufnahmen ist das der Fall. Sie können die Kamera zwar mit dem Gamepad nachführen, aber ein gleichzeitiges Spielen und Nachführen der Kamera ist kaum möglich. Wir benötigen daher eine automatische Kameraführung, bei der der Blick ständig auf die Kugel gerichtet ist und bei der der Spieler die Hände zum Steuern des Spiels frei hat.

In unser Spiel wollen wir die folgenden Kameraführungen einbauen:

▶ **Feste Kamera mit festem Blickpunkt**
Dies ist die Kameraführung, die wir im Moment praktizieren. Sie ist nur empfehlenswert, wenn man aus der Totalen das gesamte Spielfeld überblicken kann. Dann liefert sie aber einen guten Überblick über das Spielfeld, bei dem man jederzeit die Orientierung behält.

▶ **Feste Kamera mit Blick auf die Kugel**
Bei dieser Kameraführung verliert man nie die Kugel aus den Augen. Sie sollte vorrangig aus der Totalen oder Halbtotalen verwendet werden. Die Orientierung ist gut, solange die Kugel nicht senkrecht unterhalb der Kamera durchläuft. Durch die in dieser Situation erfolgende plötzliche Richtungsumkehr ist man gezwungen, sich neu zu orientieren.

▶ **Freie Kamera mit objektiver Kugelverfolgung**
In dieser Kameraführung nimmt die Kamera eine bestimmte Position relativ zur Kugel ein und behält diese ständig bei. Das heißt: Rollt die Kugel in eine bestimmte Richtung, so bewegt sich auch die Kamera im selben Maße in die gleiche Richtung. Die Kamera blickt dadurch immer im gleichen Winkel auf die Kugel. Diese Kameraführung eignet sich insbesondere für Nahaufnahmen und ermöglicht eine gute Orientierung im Nahbereich.

▶ **Freie Kamera mit subjektiver Kugelverfolgung**
Hier folgt die Kamera der Kugel in einem festen Abstand und in einer festen Höhe. Im Gegensatz zur objektiven Kugelverfolgung blickt die Kamera aber

immer in die Laufrichtung der Kugel. Das heißt, wenn sich die Kugel dreht, schwenkt die Kamera hinter der Kugel mit, als wäre sie fest mit der Kugel verbunden. Auf diese Weise entsteht ein sehr subjektiver Fahreindruck. Eine spezielle Form der subjektiven Kameraführung ist das »Mitfahren« in der Kugel. Diese Kamera eignet sich für Nahaufnahmen, wenn die Kugel keine abrupten Richtungsänderungen vollzieht. Bei plötzlichen Richtungsänderungen geht die Orientierung verloren.

Für diese vier Kameraführungen definieren wir die folgenden symbolischen Konstanten:

```
# define KAMERA_FIX_BLICK_FIX      0
# define KAMERA_FIX_BLICK_KUGEL    1
# define KAMERA_FREI_OBJEKTIV      2
# define KAMERA_FREI_SUBJEKTIV     3
```

In der Klasse `balance` speichern wir die gewählte Kameraführung in der Member-Variablen `kamerafuehrung`, die die Werte der obigen symbolischen Konstanten annehmen kann:

```
class balance
    {
    private:
        ...
    public:
        int kamerafuehrung;
        int kamera_in_bewegung;
        ...
        void kugel_fixieren();
        void kamera_ausrichten();
    };
```

In der Member-Variablen `kamera_in_bewegung` merken wir uns, ob die Kamera gerade bewegt wird. Warum das notwendig ist, werden Sie später sehen. Zusätzlich bereiten wir zwei Member-Funktionen (`kugel_fixieren` und `kamera_ausrichten`) vor, mit denen wir die Kamera steuern werden.

Beim Start des Spiels wählen wir die klassische Kameraführung KAMERA_FIX_BLICK_FIX und stellen fest, dass die Kamera nicht in Bewegung ist:

```
void balance::start()
    {
    ...
    kamerafuehrung = KAMERA_FIX_BLICK_FIX;
    kamera_in_bewegung = 0;
    }
```

Die Member-Funktion `kugel_fixieren` dient dazu, den Blick der Kamera auf die Kugel zu richten. Um den Blick auf die Kugel zu richten, müssen wir den Vektor `da_gucke_ich_hin` entsprechend der aktuellen Kugelposition ausrichten. Dazu müssen wir die aktuelle Kugelposition den gleichen Dreh-Kipp-Transformationen unterwerfen wie in der `render`-Funktion:

```
void balance::kugel_fixieren()
    {
    D3DXMATRIX dreh, kipp;
    D3DXVECTOR3 kippachse;
    float klen;

    D3DXMatrixRotationY( &dreh, drehung);

    D3DXVec3Cross( &kippachse, &D3DXVECTOR3( kippx, 0, kippz),
                                    &D3DXVECTOR3( 0, 1, 0));
    klen = D3DXVec3Length( &kippachse);
    D3DXMatrixRotationAxis( &kipp, &kippachse, klen);
    D3DXMatrixMultiply(&dreh, &dreh, &kipp);

    D3DXVec3TransformNormal( &da_gucke_ich_hin, &kugelposition,
                                    &dreh);
    }
```

Diesen Code und seine Bedeutung kennen Sie schon aus der `render`-Funktion, sodass hier keine Erklärungen mehr nötig sind. Die Hilfsfunktion `kugel_fixieren` verwenden wir unter anderem in der Member-Funktion `kamera_ausrichten`:

```
void balance::kamera_ausrichten()
    {
    D3DXVECTOR3 v;
    float abstand, hoehe;

    switch( kamerafuehrung)
        {
A       case KAMERA_FIX_BLICK_KUGEL:
            kugel_fixieren();
            break;
```

```
B    case KAMERA_FREI_OBJEKTIV:
         v = hier_bin_ich - da_gucke_ich_hin;
         kugel_fixieren();
         hier_bin_ich = da_gucke_ich_hin + v;
         break;

C    case KAMERA_FREI_SUBJEKTIV:
         v = hier_bin_ich - da_gucke_ich_hin;
         kugel_fixieren();
         if(D3DXVec3Length( &kugelgeschwindigkeit) > 0.1)
             {
             hoehe = v.y;
             abstand = D3DXVec3Length( &D3DXVECTOR3( v.x, 0,
                                                     v.z));
             D3DXVec3Normalize( &v, &kugelgeschwindigkeit);
             v *= -abstand;
             v.y = hoehe;
             }
         hier_bin_ich = da_gucke_ich_hin + v;
         break;
         }
     }
```

Zur Implementierung dieser Funktion müssen wir uns überlegen, wie wir in jedem der drei Fälle

► KAMERA_FIX_BLICK_KUGEL

► KAMERA_FREI_OBJEKTIV

► KAMERA_FREI_SUBJEKTIV

der Kugelbewegung mit der Kamera folgen[28]. Dazu gehen wir wie folgt vor:

A: Wenn die Kamera von einem festen Standort aus die Kugel verfolgt, müssen wir nur die Kugel erneut fixieren.

B: Wenn die Kamera der Kugel objektiv folgt, merken wir uns den Differenzvektor (v), der die relative Position der Kamera zur Kugel beschreibt. Anschließend fixieren wir die Kugel und setzen die Kamera mit Hilfe des Differenzvektors wieder auf die alte relative Position zur Kugel.

C: Wenn die Kamera der Kugel subjektiv folgt, machen wir im Prinzip das Gleiche wie bei der objektiven Kugelverfolgung, wobei wir zwischendurch die relative Position zur Kugel entsprechend der Fahrtrichtung der Kugel ausrichten. Letzteres machen wir allerdings nur, wenn die Kugel eine gewisse Min-

---

28  Im verbleibenden Fall KAMERA_FIX_BLICK_FIX ist ja nichts zu tun.

destgeschwindigkeit hat, um ein unnötiges Umschlagen des Bildes zu verhindern.[29] Zur Neuausrichtung der Kameraposition merken wir uns den Abstand (abstand) zur Kugel und die Höhe (hoehe) über der Kugel und erzeugen dann einen Differenzvektor, der in Richtung der aktuellen Kugelbewegung zeigt, aber den ursprünglichen Abstand und die ursprüngliche Höhe hat.

Als Nächstes steht die Integration dieser Funktionen in die Steuerung des Spiels, namentlich in die Funktion joystick_input, an. Bei der Integration in die Steuerung müssen Sie aber beachten, dass die Kamerabewegungen aus der Version V06 in Konflikt mit den hier implementierten Kugelverfolgungen stehen. Die Kamerabewegungen sollen ein freies Positionieren der Kamera erlauben, während die Kugelverfolgungen eine feste Position der Kamera zur Kugel vorschreiben. Diese beiden gegenläufigen Verarbeitungsvorschriften können daher nicht gleichzeitig aktiviert werden. Wir lösen diesen Konflikt, indem wir den Kugelbewegungen aus der Version V06 Vorrang vor der Kugelverfolgung geben. Wir steuern das über die Member-Variable kamera_in_bewegung, die die Kugelverfolgung so lange aussetzt, wie die Kamera in Bewegung ist. Wir haben diese Variable oben schon eingeführt und initial auf 0 gesetzt. Immer wenn die Kamera über die Buttons 0 bis 3 gesteuert wird, setzen wir diese Variable auf 1:

```
void balance::joystick_input()
    {
    ...
    if( state.rgbButtons[mein_joystick.button[0]] & 0x80)
        {
        ...
        if( x*x + y*y +z*z > 0.01)
            {
            kamera_bewegen( x, y, z);
            kamera_in_bewegung = 1;
            }
        return;
        }
    if( state.rgbButtons[mein_joystick.button[1]] & 0x80)
        {
        ...
        if( x*x + z*z > 0.0001)
            {
            kamera_schwenken( x, z);
            kamera_in_bewegung = 1;
            }
```

---

29 Solange die Kugel nicht eine bestimmte Geschwindigkeit erreicht, folgt die Kamera also der Kugel auch bei subjektiver Kugelverfolgung objektiv.

```
        return;
        }
    if( state.rgbButtons[mein_joystick.button[2]] & 0x80)
        {
        ...
        kamera_fahrt( x, z, s);
        kamera_in_bewegung = 1;
        return;
        }
    ...
    }
```

Dann erweitern wir die Methode `joystick_input` um die Steuerbefehle für die Buttons 3 bis 6:

```
void balance::joystick_input()
    {
    ...
    if( state.rgbButtons[mein_joystick.button[3]] & 0x80)
        {
        if( state.rgbButtons[mein_joystick.button[6]] & 0x80)
            {
            kamerafuehrung = KAMERA_FIX_BLICK_FIX;
            kamera_in_bewegung = 1;
            }
        else if( state.rgbButtons[mein_joystick.button[7]] & 0x80)
            {
            kamerafuehrung = KAMERA_FIX_BLICK_KUGEL;
            kamera_in_bewegung = 1;
            }
        return;
        }
    if( state.rgbButtons[mein_joystick.button[4]] & 0x80)
        {
        if( state.rgbButtons[mein_joystick.button[6]] & 0x80)
            {
            kamerafuehrung = KAMERA_FREI_OBJEKTIV;
            kamera_in_bewegung = 1;
            }
        else if( state.rgbButtons[mein_joystick.button[7]] & 0x80)
            {
            kamerafuehrung = KAMERA_FREI_SUBJEKTIV;
            kamera_in_bewegung = 1;
            }
```

```
        return;
    }
if( state.rgbButtons[mein_joystick.button[5]] & 0x80)
{
    if( state.rgbButtons[mein_joystick.button[6]] & 0x80)
        da_gucke_ich_hin = D3DXVECTOR3( 0, 0, 0);
    else if( state.rgbButtons[mein_joystick.button[7]] & 0x80)
        kugel_fixieren();
    kamera_in_bewegung = 1;
    return;
}
if( kamera_in_bewegung)
{
    if( kamerafuehrung != KAMERA_FIX_BLICK_FIX)
        kugel_fixieren();
    kamera_in_bewegung = 0;
}
    ...
}
```

Sind die Buttons 3 oder 4 gedrückt, so aktivieren wir die entsprechende Kameraführung. Ist der Button 5 gedrückt, so setzen wir den Blickpunkt auf die Spielfeldmitte (Button 6 gedrückt) oder auf die Kugel (Button 7 gedrückt). Wenn keiner der Buttons 0 bis 5 mehr gedrückt ist, fragen wir, ob die Kameraposition zwischenzeitlich in Bewegung war, und führen dann bei Bedarf die Kamera nach. Das Flag kamera_in_bewegung wird dann natürlich zurückgesetzt.

Wenn wir das Spielfeld drehen, wollen wir immer sofort die Kamera nachführen. Wir machen dies an zentraler Stelle in der Funktion spielfeld_drehen:

```
void balance::spielfeld_drehen( float dy)
{
    drehung += dy;
    kamera_ausrichten();
}
```

Immer wenn die Kugel ein Stück gerollt ist, müssen wir die Kamera neu ausrichten. Das machen wir im Callback-Handler aufgrund der Message WM_TIMER, bevor wir uns neuen Joystick-Input holen:

```
LRESULT CALLBACK balance_windowhandler(HWND hWnd, UINT msg,
                                    WPARAM wParam, LPARAM lParam)
    {
    switch( msg)
        {
    ...
    case WM_TIMER:
        mein_spiel.spielfeld_ruecksetzen();
        if( !mein_spielfeld.editiermodus())
            mein_spiel.kugel_rollen();
        if( !mein_spiel.kamera_in_bewegung)
            mein_spiel.kamera_ausrichten();
        mein_spiel.joystick_input();
        mein_spiel.render();
        break;
    ...
        }
    ...
    }
```

Wir richten die Kamera allerdings nur dann neu aus, wenn sie nicht gerade bewegt wird. Damit haben wir die Möglichkeit, die Kamera unabhängig von der gewählten Kameraführung zu bewegen. Dies ist sinnvoll, wenn man sich etwa umschauen möchte, obwohl eine Kameraführung aktiv ist, bei der der Blick ständig auf die Kugel gerichtet ist.

Zum Schluss erweitern wir noch die Funktion display_info, damit die Kamera-Einstellung und die Kamera-Daten (Position, Blickpunkt und Blickvektor jeweils mit x-, y- und z-Koordinate) immer aktuell eingeblendet werden können:

```
void balance::display_info()
    {
    switch( info)
        {
    ...
    case 4:
        mein_directx.display_text( 0, "Kamera-Informationen:");
        switch( kamerafuehrung)
            {
        case KAMERA_FIX_BLICK_FIX:
            mein_directx.display_text( 1,
                        "Feste Kamera mit festem Blickpunkt");
            break;
        case KAMERA_FIX_BLICK_KUGEL:
```

```
        mein_directx.display_text( 1,
                    "Feste Kamera mit Blick auf die Kugel");
        break;
    case KAMERA_FREI_OBJEKTIV:
        mein_directx.display_text( 1,
                "Freie Kamera mit objektiver Kugelverfolgung");
        break;
    case KAMERA_FREI_SUBJEKTIV:
        mein_directx.display_text( 1,
                "Freie Kamera mit subjektiver Kugelverfolgung");
        break;
    }
    mein_directx.display_text( 2,
                        "Kameraposition (%f, %f, %f)",
                        hier_bin_ich.x,
                        hier_bin_ich.y,
                        hier_bin_ich.z);
    mein_directx.display_text( 3, "Blickpunkt (%f, %f, %f)",
                    da_gucke_ich_hin.x, da_gucke_ich_hin.y,
                    da_gucke_ich_hin.z);
    mein_directx.display_text( 4,
                    "Blickrichtung (%f, %f, %f)",
                    da_gucke_ich_hin.x - hier_bin_ich.x,
                    da_gucke_ich_hin.y - hier_bin_ich.y,
                    da_gucke_ich_hin.z - hier_bin_ich.z);
    break;
    }
}
```

Diese Projektstufe hat uns wieder einen großen Schritt vorangebracht. Wir können jetzt an die Kugel heranfahren, bis wir die gewünschte Perspektive haben. Sobald die Perspektive stimmt, aktivieren wir die gewünschte Kameraführung.[30] Wenn wir eine geeignete Kameraführung gewählt haben, können wir das Spiel aus der Totalen oder aber aus der Nähe betrachten, ohne die Kugel aus den Augen zu verlieren. Sogar Kamerafahrten in der Kugel sind jetzt möglich. Solche Perspektiven kennen Sie aus Autorennen, bei denen Sie im Auto mitfahren können.

---

30  Dass sich die Perspektive dabei in der Regel noch einmal ändert, liegt daran, dass die Kugel bei den Kameraführungen 1 bis 3 ins Zentrum gerückt wird.

#### 4.4.10 V10 Kollisionen

In diesem Abschnitt werden wir der Kugel endgültig beibringen, den physikalischen Gesetzen zu gehorchen. Nachdem wir sie bereits der Schwerkraft unterworfen haben, müssen wir ihr jetzt noch abgewöhnen, durch andere Körper hindurchzurollen und auf dem Wasser zu schweben. Dazu müssen wir die Funktion kugel_rollen gründlich überarbeiten. Bevor wir aber damit beginnen können, müssen wir die physikalischen Eigenschaften der verschiedenen Untergründe und der Hindernisse beschreiben.

Zu einem Untergrund gehören sein Typ (WASSER, ...), sein Name ("Wasser", ...) und die Bremswirkung, die dieser spezielle Untergrund hat. Letzteres ist ein Faktor, um den die Kugelgeschwindigkeit verlangsamt wird. Diese Daten packen wir in eine Struktur

```
struct untergrund
    {
    int typ;
    char *name;
    float daempfung;
    };
```

und legen anschließend einen Array für die fünf verschiedenen Untergrundtypen an:

```
untergrund mein_untergrund[5] =
    {
        { WASSER, "Wasser", 0.6f},
        { HOLZ,   "Holz",   0.9f},
        { STEIN,  "Stein",  0.8f},
        { GRAS,   "Gras",   0.7f},
        { ZIEL,   "Ziel",   0.9f}
    };
```

Der Name hat einzig und allein den Zweck, eine lesbare Ausgabe der Kugelposition in der Funktion display_info zu erzeugen. Die Dämpfungsfaktoren können Sie auch anders als hier gezeigt wählen. Eine Schwierigkeit des Spiels besteht darin, die Kugel auch bei wechselndem Untergrund auf Kurs zu halten. Über diese Parameter steuern Sie also auch die Schwierigkeitsstufe des Spiels. Wenn Sie Lust haben, dann sorgen Sie dafür, dass man diese Parameter über einen Dialog von außen einstellen kann.

Für die Hindernisse machen wir den gleichen Ansatz. Wir erstellen auch hier für jedes Hindernis einen Datensatz:

```
struct hindernis
    {
    int typ;
    char *name;
    float faktor;
    };
```

Wichtig ist hier die Bedeutung des Faktors (faktor). Dieser Faktor gibt an, wie sich der Geschwindigkeitsvektor ändert, wenn die Kugel an das Hindernis stößt. Ein Faktor 2 bedeutet dann, dass sich die Geschwindigkeit verdoppelt. Ein solches Hindernis lässt also die Kugel mit der doppelten Auftreffgeschwindigkeit abprallen. Für die Markierungen (Goldstücke), die ja keine Hindernisse im eigentlichen Sinne sind, hat dieser Faktor keine Bedeutung.

Wir erstellen auch für die Hindernisse einen Array mit den konkreten Daten:

```
hindernis mein_hindernis[3] =
    {
        { 0, "Kegel", 0.9f},
        { 1, "Bumper", 2.5f},
        { 2, "Markierung", 0}
    };
```

Durch die Arrays ist alles so angelegt, dass das Spiel erweiterbar ist. Sie können leicht weitere Untergründe (zum Beispiel Glatteis, auf dem die Kugel eine Beschleunigung erfährt) oder Hindernisse (zum Beispiel kleine Hügel, die die Kugel ablenken oder Magnete, die die Kugel festhalten) einfügen und so dem Spiel neue Möglichkeiten hinzufügen.

Wenn die Kugel an einer bestimmten Position ist, muss man zunächst feststellen, welche konkrete Situation dort vorliegt. Befindet sich die Kugel überhaupt noch auf dem Spielfeld und wenn ja, auf welchem Untergrund liegt sie, gibt es dort ein Hindernis, und wie nah ist die Kugel diesem Hindernis? Alle in diesem Zusammenhang relevanten Positionsinformationen über die Kugel speichern wir in einer Datenstruktur mit dem Namen posinfo:

```
struct posinfo
    {
    int innerhalb;
    int zeile;
    int spalte;
```

```
    D3DXVECTOR3 mitte;
    float aq;
    untergrund *ugrnd;
    hindernis *hnd;
    };
```

Diese Datenstruktur dient dazu, die gewünschten Informationen über die aktuelle Position der Kugel zu transportieren. Im Einzelnen handelt es sich um:

- ▶ `innerhalb`   die Information, ob sich die Kugel noch innerhalb des Spielfeldes befindet oder nicht

- ▶ `zeile`   die Spielfeldzeile, in der sich die Kugel befindet

- ▶ `spalte`   die Spielfeldspalte, in der sich die Kugel befindet

- ▶ `mitte`   den Mittelpunkt des Spielfeldes, auf dem sich die Kugel befindet. Nur die x- und die z-Koordinate sind relevant.

- ▶ `aq`   das Quadrat des Abstandes der Kugel vom Mittelpunkt des Feldes. Diese Information ist wichtig, wenn man entscheiden will, ob die Kugel einen Kegel oder eine Markierung getroffen hat.

- ▶ `ugrnd`   den Zeiger auf den Untergrund des Feldes

- ▶ `hnd`   den Zeiger auf ein gegebenenfalls vorhandenes Hindernis auf dem Feld. Der Zeigerwert ist Null, wenn kein Hindernis auf dem Feld steht.

Wenn wir die Positionsinformationen über die Kugel abrufen wollen, müssen wir uns an die Funktion `get_info` des Spielfeldes wenden:

```
class spielfeld
    {
    private:
        ...
    public:
        ...
        void get_info( D3DXVECTOR3 v, posinfo *p);
    };
```

Wir übergeben dabei die Position (v), für die wir uns interessieren, und einen Zeiger (p) auf die Datenstruktur, in die die Ergebnisse eingetragen werden sollen. Die Funktion implementieren wir dann wie folgt:

```
     void spielfeld::get_info( D3DXVECTOR3 v, posinfo *p)
        {
        int h;

A       p->spalte = (int)floor((v.x + 2*spalten)/4);
        p->zeile = (int)floor((v.z + 2*zeilen)/4);

B       p->mitte.x = verschiebung_x( p->spalte);
        p->mitte.y = 0;
        p->mitte.z = verschiebung_z( p->zeile);

C       p->aq = (v.x-p->mitte.x)*(v.x-p->mitte.x)
                          +(v.z-p->mitte.z)*(v.z-p->mitte.z);

D       p->innerhalb =  (p->zeile >= 0) && (p->zeile < zeilen) &&
                        (p->spalte >= 0) && ( p->spalte < spalten);

E       if( p->innerhalb)
           {
           p->ugrnd = mein_untergrund +
                       felder[p->zeile][p->spalte];
           h = hind[p->zeile][p->spalte];
           p->hnd = h != NICHTS ? mein_hindernis + h : 0;
           }
        }
```

A: Zur Berechnung der Zeile und der Spalte aus der Kugelposition müssen wir nur die Berechnungen der früher bereits erstellten Funktionen `verschiebung_x` und `verschiebung_z` umdrehen.

B: Die Koordinaten des Mittelpunkts erhalten wir dann durch Anwendung der Funktionen `verschiebung_x` und `verschiebung_z` auf die Spalte beziehungsweise die Zeile.

C: Das Quadrat des Abstands vom Mittelpunkt erhalten wir mit der Formel des Pythagoras.

D: Die Kugel liegt innerhalb des Spielfeldes, wenn die Zeile und die Spalte im jeweils gültigen Bereich liegen.

E: Wenn die Kugel innerhalb des Spielfeldes liegt, besorgen wir uns einen Zeiger auf den Untergrund und, sofern vorhanden, einen Zeiger auf das Hindernis.

Die Funktion `display_info` erweitern wir so, dass die aktuellen Positionsinformationen ausgegeben werden:

```
void balance::display_info()
    {
    posinfo p;

    switch( info)
        {
    ...
    case 2:
        ...
        mein_spielfeld.get_info( kugelposition, &p);
        if( p.innerhalb)
            {
            mein_directx.display_text( 4,
                        "Zeile %d, Spalte %d, Abstand zur Mitte %f",
                        p.zeile, p.spalte, sqrtf( p.aq));
            mein_directx.display_text( 5,
                                    "Untergrund %s, Hindernis %s",
                                    p.ugrnd->name,
                                    p.hnd ? p.hnd->name : "(kein)");
            }
        else
            mein_directx.display_text( 4, "Kugel ausserhalb");
        break;
    ...
        }
    }
```

Jetzt können wir testen, ob beim Rollen der Kugel alle Positionsdaten richtig ermittelt werden:

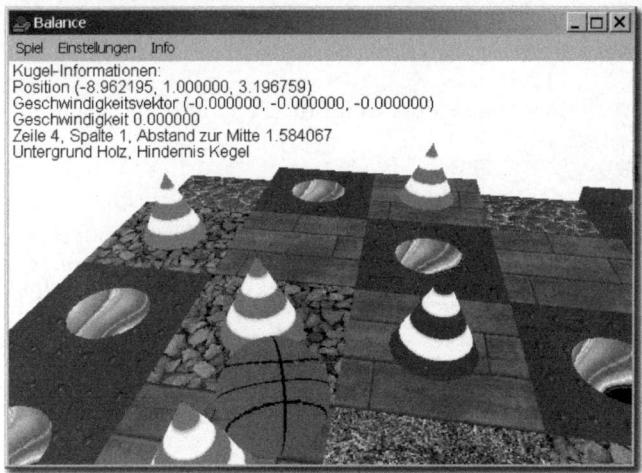

327

Damit ist eine wichtige Voraussetzung für ein korrektes Rollen der Kugel erfüllt.

Wenn die Kugel in den Bereich eines Kegels eintritt, müssen wir den Schnittpunkt der Kugelhülle mit dem Kegelumkreis in der Höhe des Kugelradius berechnen, um den exakten Auftreffpunkt zu ermitteln.

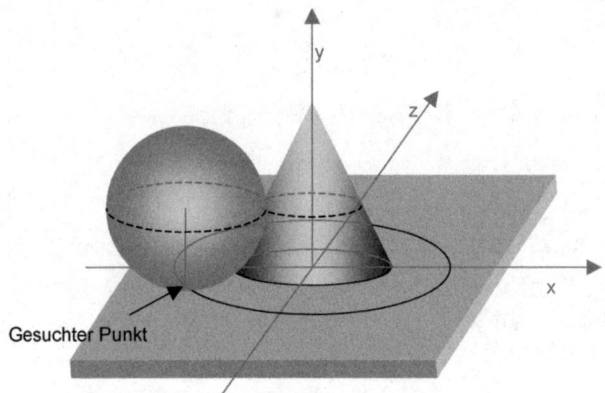

Der genaue Auftreffpunkt interessiert uns aber nicht besonders, zumal es auch schwierig sein würde, diesen Punkt zu berechnen. Da wir immer den Mittelpunkt der Kugel betrachten, interessiert uns der Punkt, an dem sich der Mittelpunkt der Kugel zum Zeitpunkt des Aufpralls befindet. Dazu müssen wir berechnen, wo der Mittelpunkt den oben gezeichneten äußeren Radius zu durchstoßen versucht. Da wir diesen Radius nur näherungsweise benötigen, sind wir mit einer zeichnerischen Lösung vollauf zufrieden. Wir fertigen eine maßstäbliche Zeichnung an

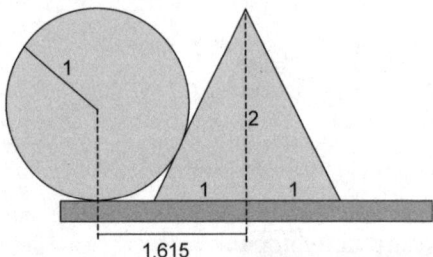

und erhalten einen Radius von 1.615. Letztlich müssen wir den Schnittpunkt der Kugelbahn mit einem Kreis um den Mittelpunkt des Kegels berechnen. Die Sicht von oben zeigt dies:

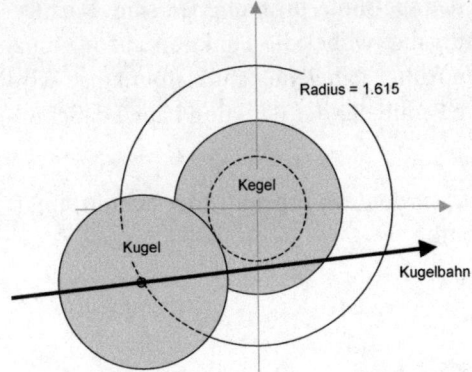

Um den Schnittpunkt einer Strecke mit einem Kreis zu berechnen, verwenden wir ein einfaches iteratives Verfahren, bei dem, ausgehend von Start- und Zielpunkt der Strecke, der Abstand zum gesuchten Schnittpunkt mit jedem Verfahrensschritt halbiert wird:[31]

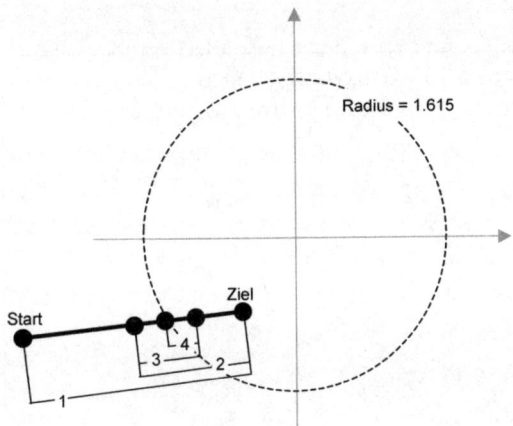

Wir gehen davon aus, dass wir eine Strecke haben, deren Startpunkt außerhalb und deren Endpunkt innerhalb des Kreises liegt. Ferner gehen wir davon aus, dass es nur einen Schnittpunkt der Strecke mit dem Kreis gibt. Wir wählen nun den Punkt P auf halber Strecke zwischen Start- und Endpunkt. Liegt dieser Punkt innerhalb des Kreises, so betrachten wir im nächsten Verfahrensschritt die Strecke vom Startpunkt zum Punkt P. Liegt P außerhalb, so betrachten wir die Strecke von P zum Endpunkt. Die Strecke hat sich damit von der Länge her halbiert, und es gibt immer noch einen Schnittpunkt mit dem Kreis. Dieses Verfahren setzen

---

31 Alternativ können Sie auch eine Parameterdarstellung der Geraden betrachten und diese in die Kreisgleichung einsetzen. Dann müssen Sie nur noch die entstehende quadratische Gleichung lösen.

wir so lange fort, bis wir nah genug an der Kreislinie angekommen sind. Nachfolgend sehen Sie den Code für diese Aufgabe, wobei die Funktion auf maximal zehn Iterationen beschränkt ist. Ist man früher nah genug am Zielpunkt, so wird die Iteration vorzeitig abgebrochen. Die Parameter der Funktion haben dabei folgende Bedeutung:

- `s`            Zeiger auf den Vektor, in den das Ergebnis (der Schnittpunkt) eingetragen werden soll

- `start`     Startpunkt der Strecke

- `ziel`      Zielpunkt der Strecke

- `m`           Mittelpunkt des Kreises

- `rq`         Quadrat des Kreisradius. Das Quadrat wird hier verwendet, um bei der Abstandsberechnung nicht die Wurzelfunktion verwenden zu müssen.

Mit diesen vorbereitenden Informationen sollten Sie keine Verständnisprobleme bei der folgenden Funktion haben:

```
      void schnittpunkt( D3DXVECTOR3 *s, D3DXVECTOR3 start,
                         D3DXVECTOR3 ziel, D3DXVECTOR3 m, float rq)
      {
      D3DXVECTOR3 t;
      float aq;
      int n;
A     for( n = 10; n; n--)
         {
B        t = (start+ziel)/2.0f;
C        aq = (t.x-m.x)*(t.x-m.x) + (t.z-m.z)*(t.z-m.z);
D        if( fabs( aq - rq) < 0.01)
            break;
E        if( aq > rq)
            start = t;
         else
            ziel = t;
         }
F      *s = t;
      }
```

A: Wir führen maximal 10 Iterationsschritte durch, dann ist das Ergebnis sicher gut genug.

B: Wir betrachten den Mittelpunkt zwischen Start und Ziel als neuen Testpunkt.

C: Wir berechnen das Abstandsquadrat des Testpunktes vom Kreismittelpunkt.

D: Wenn der Testpunkt schon nah genug auf der Kreislinie liegt, beenden wir das Verfahren vorzeitig.

E: Je nachdem, ob der Testpunkt außerhalb oder innerhalb des Kreises liegt, bestimmen wir den Startpunkt oder den Zielpunkt für den nächsten Iterationsschritt.

F: Das Verfahren ist beendet. Wir geben den gefundenen Punkt zurück.

Zu wissen, wo der Auftreffpunkt bei einer Kollision liegt, reicht nicht aus, um die Ablenkung der Kugel zu berechnen. Wir müssen zusätzlich die sich ergebende Richtungsänderung ermitteln. Dazu betrachten wir die Situation noch einmal von oben:

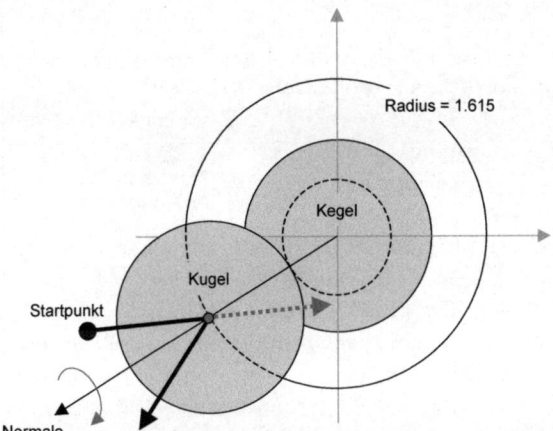

Wenn wir die Normale am Kollisionspunkt, also den Vektor vom Kegelmittelpunkt zum Auftreffpunkt betrachten, so sehen wir, dass wir den Richtungsvektor an dieser Normalen spiegeln müssen, um die Richtung der Kugel nach der Kollision zu ermitteln. Dazu muss man nur den Fahrtrichtungsvektor um 180 Grad um die Normale drehen und seine Richtung umkehren.

Jetzt haben wir alle Vorbereitungen getroffen, um die Funktion `kugel_rollen` zu überarbeiten:

```
void balance::kugel_rollen()
    {
    float v;
    D3DXVECTOR3 kippachse, neu, kneu, s, rachse;
    D3DXMATRIX dreh, reflect;
    posinfo pneu;
```

```
A    D3DXMatrixRotationY( &dreh, -drehung);
     D3DXVec3TransformNormal( &neu, &kugelgeschwindigkeit,
                                                      &dreh );
     kneu = kugelposition + neu;
     mein_spielfeld.get_info( kneu, &pneu);
B    if( pneu.innerhalb)
         {
C        if( pneu.hnd && (pneu.aq < 2.6f))
             {
             if( pneu.hnd->typ == MARKIERUNG)
                 {
D                mein_spielfeld.hind[pneu.zeile][pneu.spalte] =
                                                      NICHTS;
                 mein_spielfeld.anzahl_markierungen--;
                 }
             else
                 {
E                schnittpunkt(&s,kugelposition, kneu,
                                           pneu.mitte, 2.6f);
                 neu = s - kugelposition;
                 rachse = s - pneu.mitte;
                 rachse.y = 0;
                 D3DXMatrixRotationAxis( &reflect, &rachse,
                                    D3DX_PI);
                 D3DXVec3TransformNormal( &kugelgeschwindigkeit,
                             &kugelgeschwindigkeit, &reflect);
                 kugelgeschwindigkeit =
                         -pneu.hnd->faktor*kugelgeschwindigkeit;
                 kugelgeschwindigkeit.y = 0;
                 }
             }
         else if(pneu.ugrnd->typ == WASSER)
             {
F            pneu.mitte.y = -1;
             neu = (pneu.mitte - kugelposition)/4;
             }
         else if((pneu.ugrnd->typ == ZIEL) && (pneu.aq < 1.0f))
             {
G            neu = (pneu.mitte - kugelposition)/4;
             }
H        kugelgeschwindigkeit.x =
          pneu.ugrnd->daempfung*(kugelgeschwindigkeit.x - kippx);
         kugelgeschwindigkeit.z =
          pneu.ugrnd->daempfung*(kugelgeschwindigkeit.z - kippz);
```

```
            }
        else
        {
I           kugelgeschwindigkeit.x *= 0.95f;
            kugelgeschwindigkeit.y -= 0.05f;
            kugelgeschwindigkeit.z *= 0.95f;
        }
J       kugelposition += neu;
        D3DXVec3Cross( &kippachse, &neu, &D3DXVECTOR3( 0, 1, 0));
        v = D3DXVec3Length( &neu);
        D3DXMatrixRotationAxis( &dreh, &kippachse, -v);
        D3DXMatrixMultiply(&kugelrotation, &kugelrotation, &dreh);
    }
```

A: Zunächst berechnen wir den Zielpunkt, auf den die Kugel (kneu) zusteuert. Dazu setzen wir eine Drehmatrix auf, die die Drehung des Spielfeldes kompensiert. Dann drehen wir den Geschwindigkeitsvektor der Kugel mit dieser Matrix. Als Ergebnis erhalten wir den Vektor (neu), um den sich die Kugel bewegen möchte. Durch die Addition dieses Vektors zur Kugelposition erhalten wir den möglichen Zielpunkt (kneu). Abschließend holen wir uns vom Spielfeld die Positionsinformationen für diesen Zielpunkt.

B: Hier wird geprüft, ob der Zielpunkt innerhalb des Spielfeldes liegt. Ist das der Fall, geht es mit den Punkten C bis H weiter, ansonsten erfolgt unter Punkt I der Absturz der Kugel.

C: Hier wird geprüft, ob es ein Hindernis auf dem Feld gibt und ob die Kugel innerhalb des magischen Radius von $1.615^2 = 2.6$ um den Mittelpunkt des Hindernisses ankommen würde.

D: Wenn es sich um eine Markierung handelt, wird diese entfernt, und die Anzahl der noch im Spiel befindlichen Markierungen wird heruntergezählt.

E: Der Zielpunkt liegt im Inneren eines Kegels (oder Bumpers). Mit der Hilfsfunktion schnittpunkt berechnen wir den Schnittpunkt (s) mit dem Umkreis um den Kegel. Die einzig mögliche Bewegung führt zum Schnittpunkt[32]. Die Rotationsachse (rachse) für die Spiegelung des Bewegungsvektors ist der Vektor vom Mittelpunkt zum Schnittpunkt. Wir legen eine Rotationsmatrix um die Rotationsachse an. Es handelt sich um eine Drehung um 180 Grad (D3DX_PI). Dann wird die Kugelgeschwindigkeit mit der Rotationsmatrix gedeht. Abschließend wird die Richtung der Kugelgeschwindigkeit umgekehrt und

---

32 Den Überschuss lassen wir unter den Tisch fallen. Die bei einem idealen Stoß eigentlich zusätzlich zurückzulegende Strecke verbuchen wir als Verlust.

die Geschwindigkeit entsprechend des Kegeltyps vergrößert (Bumper) oder verkleinert (normaler Kegel). Ganz zum Schluss setze ich die Vertikalgeschwindigkeit der Kugel auf 0, damit die Kugel nicht abhebt, falls sich hier Rechenfehler aufschaukeln.

F: Die Kugel ist ins Wasser gefallen. Wir setzen den Mittelpunkt unter die Wasseroberfläche und legen ein Viertel der noch fehlenden Strecke zum Ruhepunkt in der Mitte des Wassersegments zurück.

G: Wir sind auf einem Zielfeld und auch bereits im Kreis mit der Mulde. Auch hier bewegen wir uns wie unter F auf die endgültige Ruheposition zu.

H: Wir ändern die Kugelgeschwindigkeit entsprechend den Materialeigenschaften des Feldes, auf dem wir uns befinden.

I: Wenn wir hier ankommen, sind wir außerhalb des Feldes. Wir führen einen kontrollierten Absturz durch.

J: Wir ändern die Kugelposition, indem wir das zuvor berechnete Wegstück (neu) hinzufügen. Anschließend drehen wir noch die Kugel entsprechend der Bewegung. Das hatten wir schon früher besprochen.

In unserem Beispiel sind die Abmessungen unserer Objekte genau bekannt. Manchmal kennt man aber die Abmessungen von Objekten, die man aus einer X-Datei geladen hat, nicht, benötigt diese aber für eine Kollisionsabfrage oder zur Skalierung der Objekte. In einer solchen Situation ist es sinnvoll, eine umschließende Kugel oder einen umschließenden Quader zu einem Mesh zu berechnen. Die folgenden Codefragmente zeigen, wie das geht. Ich gehe dabei davon aus, dass der zu untersuchende Mesh über einen Zeiger mesh gegeben ist. Zunächst berechnen wir den Mittelpunkt und den Radius einer den Mesh umschließenden Kugel:

```
D3DXVECTOR3 mittelpunkt;
float radius;

LPD3DXVECTOR3 pv;
int anz;
int vertsize;

anz = mesh->GetNumVertices();
vertsize = mesh->GetNumBytesPerVertex();
mesh->LockVertexBuffer( D3DLOCK_READONLY, (VOID **)&pv);
D3DXComputeBoundingSphere( pv, anz, vertsize, &mittelpunkt,
                           &radius);
mesh->UnlockVertexBuffer();
```

In einem zweiten Beispiel berechnen wir den Minimalvektor (links, unten, vorne) und den Maximalvektor (rechts, oben, hinten) für einen den Mesh umschließenden Quader:

```
D3DXVECTOR3 min, max;

LPD3DXVECTOR3 pv;
int anz;
int vertsize;

anz = mesh->GetNumVertices();
vertsize = mesh->GetNumBytesPerVertex();
mesh->LockVertexBuffer( D3DLOCK_READONLY, (VOID **)&pv);
D3DXComputeBoundingBox( pv, anz, vertsize, &min, &max);
mesh->UnlockVertexBuffer();
```

Die Beschränkung auf einen umschließenden Quader oder eine Kugel ist natürlich nur dann ausreichend genau, wenn die beteiligten Objekte zumindest in den Bereichen, in denen eine Kollision droht, näherungsweise Quader- oder Kugelform haben. Ist das nicht der Fall, dienen solche umschließenden Hüllen eher dazu auszuschließen, dass eine Kollision vorliegt. Man kommt dann nicht umhin, detailliertere Untersuchungen anzustellen. Dazu kann man eine feinere Überdeckung durch mehrere Quader oder Kugeln betrachten oder letztlich jedes Face – also jede Teilfläche – der betroffenen Meshes untersuchen. Diesen Gedanken will ich an dieser Stelle nicht weiter verfolgen. Eine Kollisionskontrolle, die alle Faces eines Meshs betrachtet, werden wir später entwickeln.

Nach den Erweiterungen dieses Abschnitts ist unser Spiel funktionell praktisch fertig. Wir wollen uns in der nächsten Version um einige optische Verbesserungen bemühen. Diese haben mit Farben, Licht und Schatten zu tun.

### 4.4.11 V11 Farben, Licht und Schatten

Der Umgang mit Farben, Licht und Schatten ist ein so umfangreiches Thema, dass eine ausführliche Darstellung einschließlich der mathematisch physikalischen Grundlagen ein ganzes Buch füllen würde. Wir wollen uns hier ganz pragmatisch auf das konzentrieren, was wir zur Implementierung unseres Spiels unmittelbar benötigen.

**Farben**

Farben werden in *DirectX* nach dem sogenannten **RGB-Farbmodell** zusammengemischt. In diesem Modell gibt es für jede der drei Grundfarben (R = Rot, G = Grün, B = Blau) einen 8-Bit-Farbwert. Ein Farbwert ist also eine Zahl zwischen 0 und 255 und gibt an, wie viel von der jeweiligen Grundfarbe beigemischt werden soll. Zusammen sind das 24 Bit, die zur Darstellung einer Farbe verwendet werden. Insgesamt gibt es somit $2^{24} = 16.777.216$ verschiedene[33] Farben. Gespeichert wird eine Farbe in dem Datentyp D3DCOLOR, hinter dem sich der Datentyp DWORD verbirgt, der seinerseits nur für eine vorzeichenlose 4-Byte-Integer-Zahl steht. Zum Zusammenstellen von einzelnen Farbwerten zu einer RGB-Farbe verwendet man das Makro D3DCOLOR_XRGB(r,g,b), das wir bereits mehrfach verwendet haben. Das vierte zur Darstellung der Farbe nicht benötigte Byte im Datentyp D3DCOLOR wird durch dieses Makro auf den Wert 255 gesetzt. Dieses Byte hat aber auch eine konkrete Bedeutung. Es handelt sich um den sogenannten **Alpha-Channel**. Der Alpha-Channel bestimmt die Durchsichtigkeit eines Pixels. Ein Alpha-Wert von 255 bedeutet »undurchsichtig«, ein Wert von 0 dagegen »durchsichtig«. Der Alpha-Wert wird beim sogenannten **Alpha-Blending** verwendet und kann zusammen mit den RGB-Werten durch das Makro D3DCOLOR_ARGB(a,r,g,b) gesetzt werden. Mit dem Alpha-Blending wollen wir uns hier nicht näher beschäftigen, obwohl sich mit teilweise durchsichtigen oder halbtransparenten Objekten interessante Effekte erzeugen lassen.

Wenn wir hier vom Mischen von Farben reden, müssen wir zwei grundlegend verschiedene Mischvorgänge unterscheiden. Bei dem ersten handelt es sich um die sogenannte **subtraktive Farbmischung**, die Sie vom Farbkasten aus der Schule kennen. Eine blau gestrichene Wand ist im Grunde genommen nicht blau, sondern hat einen Anstrich, der alle Farben außer Blau absorbiert. Wenn sie weiß angestrahlt wird, wirft sie nur den blauen Anteil des weißen Lichts zurück und erscheint daher blau. Dass die Wand nicht blau ist, erkennt man, wenn man den Raum rot beleuchtet. Dann wirkt die Wand nämlich schwarz. Beim Mischen zweier Farben in diesem Sinne subtrahieren sich die Farbwerte und die Mischfarbe reflektiert nur noch die Farbanteile, die vorher von beiden Farben reflektiert wurden. Auf diese Weise werden durch Mischen immer weniger Farben reflektiert, bis man am Ende alles zu Braun beziehungsweise Schwarz vermischt hat. Mit diesem Phänomen haben wir es zu tun, wenn wir über Materialeigenschaften reden. Ein bestimmtes Material reflektiert in einem gewissen Umfang rotes, blaues oder grünes Licht. Wenn es dann mit Licht in einer bestimmten Farbe bestrahlt wird, ergibt sich durch die Reflexion eine bestimmte Farbwirkung. Wenn aber kein Licht da ist, hat das Material von sich aus keine Farbe.

Die andere Art, Farben zu mischen, ist die **additive Mischung** von Licht. Bei dieser Mischung haben wir es mit Lichtquellen zu tun, die aktiv Licht ausstrahlen. Hier handelt es sich um die Farbmischung, die Sie vom Monitor Ihres Computers her kennen. Wenn Sie Ihren Computer mit einem blauen Bildschirm in den oben erwähnten rot beleuchteten Raum mit der blauen Wand stellen, bleibt der Bild-

---

33  Verschieden heißt nicht unbedingt unterscheidbar.

schirm blau. Und die Wand wird vielleicht sogar wieder ein bisschen blau, da jetzt blaues Licht im Raum ist. Bei der additiven Farbmischung werden durch Mischen neue Farben zum bestehenden Licht hinzugefügt, und am Ende entsteht als Mischfarbe von Rot, Grün und Blau die Farbe Weiß.

Als Grundfarben der additiven Farbmischung verwenden wir Rot, Grün und Blau. Aus diesen Grundfarben lassen sich dann alle anderen Farben durch additive Mischung erzeugen. Als primäre Mischfarben[34] entstehen dabei Cyan (Grün + Blau), Magenta (Rot + Blau) und Gelb (Rot + Grün):

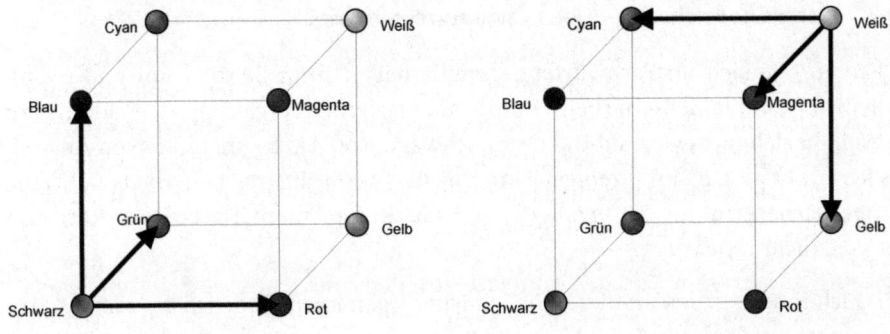

Additive Farbmischung                    Subtraktive Farbmischung

Bei der subtraktiven Farbmischung sind die Grundfarben dagegen Cyan, Magenta und Gelb (Yellow). Man spricht deshalb auch vom CMY-Farbmodell. Cyan, Magenta und Gelb sind – zusammen mit Schwarz – deshalb auch die Grundfarben, die Sie in den Farbpatronen Ihres Farbdruckers finden.[35] Hier ergeben sich als primäre Mischfarben Rot (Weiß – Magenta – Gelb), Grün (Weiß – Cyan – Gelb) und Blau (Weiß – Cyan – Magenta) – also die Grundfarben des additiven Modells.

Die Grundfarben des einen Modells sind also die primären Mischfarben des jeweils anderen:

---

34  Das sind Farben, die aus zwei Grundfarben gemischt werden können.

35  Genau genommen verwendet ein Drucker das CMYK-Modell. In diesem Modell wird ein gewisser jeweils gleich großer Anteil von C, M und Y durch Schwarz (Key = K) ersetzt. Das erhöht die Brillanz des Drucks.

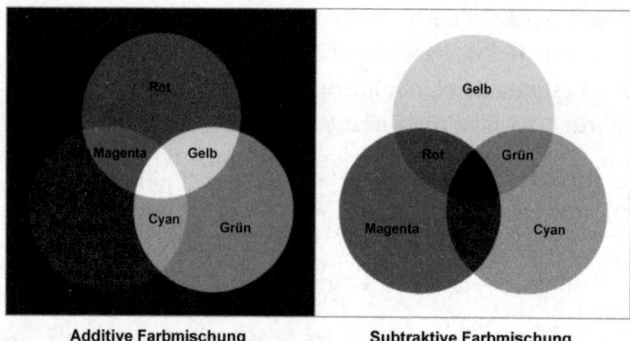

Additive Farbmischung       Subtraktive Farbmischung

Farben, die sich im Farbwürfel gegenüberliegen (zum Beispiel Rot und Cyan), heißen Komplementärfarben. Komplementärfarben ergänzen sich additiv zu Weiß beziehungsweise subtraktiv zu Schwarz. Rote Farbe (im Sinne von Anstreicherfarbe) gibt es im strengen Sinne nicht.[36] »Rot anstreichen« bedeutet, eine Oberflächenstruktur zu erzeugen, die die Komplementärfarbe von Rot, also Cyan, nicht reflektiert.

Da ich Ihnen Farben an dieser Stelle nicht zeigen kann, habe ich ein kleines Programm erstellt,[37] mit dem Sie eigene Reisen durch den Farbwürfel unternehmen können:

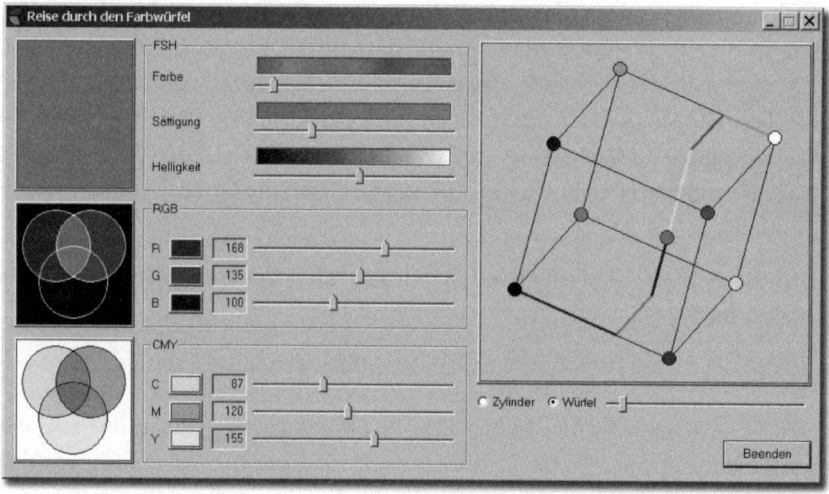

Das Programm zeigt Ihnen die additive (Monitor) und die subtraktive (Drucker) Farbmischung sowie die Position der gewählten Farbe im Farbwürfel. Wenn Sie

---

36 Der Engländer ist da sprachlich präziser. Wenn er in ein Farbengeschäft geht, kauft er nicht »colour«, sondern »paint«.

37 Sie finden dieses Programm mit dem Namen rgbcmy.exe auf der CD im Verzeichnis *Demos*.

über die RGB- oder auch CMY-Regler versuchen, eine bestimmte Farbe zusammenzumischen, werden Sie feststellen, dass das RGB- und auch das CMY-Modell sehr unanschaulich sind. Es fällt nicht immer leicht, das Mischungsergebnis vorherzusagen. Der menschlichen Farbwahrnehmung näher ist ein Modell, in dem die Farbe durch Farbton, Sättigung und Helligkeit bestimmt wird. In diesem Modell wählt man zunächst bei voller Sättigung und mittlerer Helligkeit einen Farbton. Im Farbwürfel entspricht das einer Wanderung auf den nicht zu Schwarz oder Weiß führenden Farbkanten des Würfels von Rot über Gelb, Grün, Cyan, Blau und Magenta zurück zu Rot. Hat man den gewünschten Farbton gefunden, so wählt man anschließend die Sättigung. Anschaulich handelt es sich bei der Sättigung um den »Abstand«, den eine Farbe von Grau hat. Je größer dieser Abstand ist, umso kräftiger ist die Farbe. Im Farbwürfel ist die Sättigung durch den räumlichen Abstand von der Graulinie, also der Diagonalen von Schwarz nach Weiß gegeben. Letztlich regelt man dann noch die Helligkeit ein. Im Würfel ist die Helligkeit durch die Entfernung von Schwarz, also die Nähe zu Weiß gegeben. Besser als durch einen Würfel können Sie sich dieses Modell durch einen Zylinder veranschaulichen:

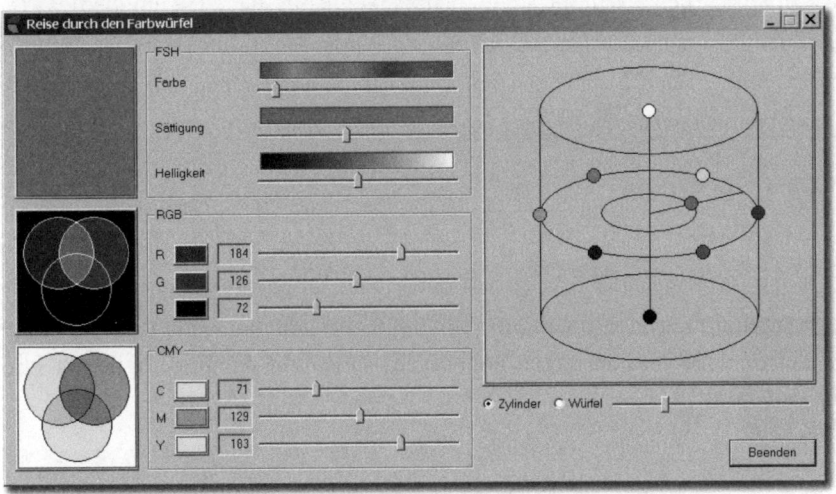

In dieser Veranschaulichung wählt man eine Farbe als eine »Richtung« von der Drehachse zur Peripherie des Zylinders. Die Sättigung ist dann durch den Abstand von der Drehachse oder die Nähe zur Zylinderperipherie gegeben. Die Helligkeit ist in diesem Modell die Höhe, also der Abstand zum Boden (Schwarz) beziehungsweise die Nähe zum Deckel (Weiß).

Unternehmen Sie einige Touren durch den Farbwürfel, bis Sie das Konzept der Farbmischung verstanden haben.

Letztlich haben wir es in diesem Abschnitt mit den zwei wichtigen Themen **Licht** und **Reflexion von Licht** zu tun. Bevor wir uns diesen Themen zuwenden können, müssen wir uns aber noch mit einem software-technischen Detail, dem **flexiblen Vertex-Format** (FVF), auseinandersetzen.

### Das flexible Vertex-Format

Entscheidend für die Verarbeitungsgeschwindigkeit der Grafikdaten beim Rendering ist neben der Größe der Texturen die Anzahl der Knoten (Vertices) im Drahtgitter. Bei den durch einfache Flächen begrenzten Objekten ergeben sich in der Regel nicht sehr viele Knotenpunkte. Die einzelnen Felder unseres Spielfeldes sind Quader und bestehen daher aus 6 Flächen. Jede dieser Flächen hat 4 Vertices. Das macht zusammen 24 Vertices.[38] Bei anderen Objekten, wie zum Beispiel einer Kugel, kommt es darauf an, in wie viele Flächen man die Kugel im Design aufgelöst hat. Je mehr Vertices man hat, umso glatter wird die Kugeloberfläche, aber umso aufwendiger ist natürlich auch das Rendering der Kugel. Die von mir erstellte Kugel hat zum Beispiel 2256 Vertices.[39] Die folgende Tabelle zeigt, wie viele Vertices die von mir verwendeten Objekte haben:

| Objekt | Anzahl Vertices |
|--------|-----------------|
| Feld | 24 |
| Ziel | 1260 |
| Kegel | 72 |
| Markierung | 36 |
| Kugel | 2256 |
| Rahmen | 96 |

Für ein Spielfeld mit 20x20 Feldern, bei denen auf jedem vierten Feld ein Kegel steht, auf dem 50 Markierungen angebracht sind, und das fünf Zielfelder hat, ergibt sich dann:

| Objekt | Anzahl Vertices | Vorkommen | Gesamt |
|--------|-----------------|-----------|--------|
| Feld | 24 | 400 | 9600 |
| Ziel | 1260 | 5 | 6300 |
| Kegel | 72 | 100 | 7200 |
| Markierung | 36 | 50 | 1800 |
| Kugel | 2256 | 1 | 2256 |

---

38 Beachten Sie, dass jede Fläche ihre 4 Vertices hat, auch wenn diese als Eckpunkte des Quaders mit den Vertices anderer, angrenzender Flächen geometrisch zusammenfallen.

39 Sie können diese mit der Mesh-Funktion `GetNumVertices` ermitteln.

| Objekt | Anzahl Vertices | Vorkommen | Gesamt |
|--------|-----------------|-----------|--------|
| Rahmen | 96 | 0 | 0 |
| | | | 27156 |

In einem solchen Spiel sind also die Positionen von 27.156 Vertices zu berechnen. Damit das möglichst effizient geschieht, werden die Daten der Vertices in die Grafikkarte heruntergeladen. Da stellt sich natürlich sofort die Frage, wie viele Grafikdaten man pro Vertex benötigt. Diese Frage lässt sich nicht allgemein beantworten, da die Antwort davon abhängt, welche Berechnungen man durchführen möchte. Will man zum Beispiel Schattierungen bezüglich gerichteten Lichtes berechnen, so benötigt man für jeden Vertex eine Normale, damit man feststellen kann, wie der Knoten zum Licht ausgerichtet ist. Eine Normale besteht aus drei Koordinaten, die jeweils Gleitkommazahlen sind. Da eine Gleitkommazahl vom Typ `float` vier Bytes belegt, sind das 12 Bytes pro Vertex. Für unser Spiel mit den 27.156 Vertices benötigen wir daher mehr als 325 KByte Speicher allein zum Speichern der Normalen. Das ist umso ärgerlicher, da diese Daten nicht benötigt werden, wenn man seine Szene nur ambient ausleuchten will.

Um den Speicher des Rechners und der Grafikkarte möglichst wenig zu belasten, verwendet DirectX ein sogenanntes **flexibles Vertex-Format** (FVF), bei dem der Programmierer in gewissem Rahmen entscheiden kann, welche Daten er mit einem Vertex assoziieren möchte. Wir wollen hier mit diffusem Licht und dem dadurch induzierten Schatten arbeiten und benötigen daher eine Normale[40] zu jedem Vertex. Wir können nicht davon ausgehen, dass eine Normale zu jedem Vertex angelegt ist, wenn wir das Modell aus der x-Datei laden. Daher müssen wir die folgenden Ergänzungen am Ende der `load`-Funktion für unsere Objekte vornehmen:

```
  void objekt::load( char *xfile)
      {
      ...
A     LPD3DXMESH tmp_mesh;

      ...

B     if( !(mesh->GetFVF() & D3DFVF_NORMAL))
          {
C         mesh->CloneMeshFVF( mesh->GetOptions(),
                              mesh->GetFVF()|D3DFVF_NORMAL,
                              mein_directx.device, &tmp_mesh );
```

---

40 Die Normale benötigt natürlich nicht nur Speicher, sondern auch Rechenzeit, da sie bei allen Rendering-Schritten, die der Vertex durchläuft, nachgeführt werden muss.

| | |
|---|---|
| D | `mesh->Release();`<br>`mesh = tmp_mesh;`<br>`}` |
| E | `D3DXComputeNormals( mesh, 0);`<br>`}` |

A: Wir stellen einen nur temporär benötigten Zeiger für einen weiteren Mesh bereit.

B: Wir prüfen mit der Funktion `GetFVF`, ob der zuvor geladene Mesh bereits Normalen für die Vertices vorsieht. Ist das nicht der Fall, müssen wir uns darum kümmern.

C: Wir klonen den alten Mesh, wobei wir diesmal im flexiblen Vertex-Format das Flag `D3DFVF_NORMAL` zusätzlich zu den vorhandenen Einstellungen setzen. Die Adresse des resultierenden geklonten Mesh steht anschließend im Zeiger `tmp_mesh`.

D: Wir geben den Speicher für den alten Mesh frei und kopieren den Zeiger für den neuen Mesh um.

E: Wir beauftragen *DirectX* damit, die Normalen für alle Vertices des Mesh zu berechnen. Die Berechnung erfolgt aufgrund der Flächennormalen, die im x-File vorhanden sind.

In gleicher Weise verfahren wir mit dem Drahtgitter für den Copyright-Schriftzug. Auch hier müssen wir die Normalen berechnen:

```
void text3d::init( char *str)
    {
    ...
    LPD3DXMESH tmp_mesh;

    ...

    if( !(text->GetFVF() & D3DFVF_NORMAL))
        {
        text->CloneMeshFVF( text->GetOptions(),
            text->GetFVF()|D3DFVF_NORMAL, mein_directx.device,
            &tmp_mesh );
        text->Release();
        text = tmp_mesh;
        }
    D3DXComputeNormals( text, 0);
    }
```

Damit haben wir die Normalen an allen unseren Objekten für zukünftige Operationen zur Verfügung. Ich möchte aber noch einmal daran erinnern, dass Sie diese Befehle nur einbauen sollten, wenn Sie die Normalen im Weiteren auch wirklich benötigen. Andernfalls verschwenden Sie nur Rechenzeit und Speicherplatz.

### Licht und Lichtquellen

Alles Licht in der Welt kommt von natürlichen oder künstlichen Lichtquellen. Es wird dann aber millionenfach gebrochen und reflektiert, sodass es nicht immer einer konkreten Lichtquelle zuzuordnen ist. Diese natürlichen Effekte könnte man versuchen durch Einzelstrahlverfolgung (Raytracing) rechnerisch nachzuvollziehen. Die entsprechenden Algorithmen sind aber sehr zeitaufwändig und können in der Regel nicht in Echtzeit durchgeführt werden. In *DirectX* behilft man sich daher mit einem einfachen Modell, in dem man drei Arten von Licht verwendet. Man unterscheidet:

► ambientes Licht

► diffuses Licht

► spekulares Licht

**Ambientes Licht** (ambient light) ist allgemeines Umgebungslicht. Mit dieser Art von Licht haben wir bisher ausschließlich gearbeitet. Zu ambientem Licht gehört keine spezielle Lichtquelle. Es handelt sich um richtungsloses Licht, mit dem die gesamte Umgebung gleichmäßig geflutet ist. Insbesondere erzeugt dieses Licht keine Schatten. Sie können sich diese Art von Licht wie Dämmerungslicht oder das Licht der norwegischen Mittsommernacht vorstellen. **Diffuses Licht** (diffuse light) ist gerichtetes Licht, ohne dass dabei einzelne Strahlen unterschieden werden. Zu diffusem Licht gehört eine Lichtquelle. Welche Arten von Lichtquellen es gibt, werden wir später diskutieren. Diffuses Licht wird von Oberflächen, auf die es trifft, unterschiedlich stark reflektiert. Wie stark die Reflexion ist, hängt vom Winkel der bestrahlten Fläche zum einfallenden Licht ab. Dem Licht zugewandte Flächen werden dadurch heller, dem Licht abgewandte Flächen dunkler dargestellt. Dadurch entsteht eine Schattierung der vom Licht abgewandten Flächen. Diese Art von Schatten bringt akzentuierte Konturen und eine deutliche Tiefenwirkung in das Bild. Es handelt sich aber nicht um Schlagschatten, die von anderen Körpern geworfen werden. **Spekulares Licht** (specular light) ist gerichtetes Licht, das von gewissen Flächen sehr stark konzentriert ins Auge des Betrachters reflektiert wird, sodass auf den Flächen helle Reflexionspunkte (specular highlights) entstehen können. Sie kennen diesen Effekt, wenn starke Sonneneinstrahlung auf stark reflektierende Flächen trifft. Die Stellen, an denen die spekularen Highlights auf einer Fläche auftreten, hängen nicht nur von der Richtung des einfallenden Lichts und der Ausrichtung der Fläche zum Licht, sondern auch vom Standort des Betrachters ab. Dies macht spekulares Licht insbesondere für dynamische Bewegungen interessant. Bedenken Sie aber, dass die Berechnung spekularer Lichtreflexionen aufwändig ist und nur durchgeführt werden sollte, wenn sie für die Darstellung der Szene wirklich erforderlich ist. Wir werden uns hier nicht mit spekularem Licht beschäftigen. Ich werde nur kurz erwähnen, was zu tun ist, um spekulares Licht zu aktivieren.

Alle drei Lichtarten haben eine in Rot-, Grün- und Blauanteile differenzierte Farbe. Wir arbeiten hier allerdings nur mit weißem Licht unterschiedlicher Helligkeit. Das heißt, wir werden das Licht durchaus in der Intensität variieren, dabei aber immer den Rot-, Grün- und Blauanteil gleich halten. Bezogen auf die Reise durch den Farbwürfel heißt das, dass wir uns nur auf der Hauptdiagonalen zwischen Schwarz und Weiß bewegen werden.

Ambientes Licht kann überall sein; diffuses und spekulares, also gerichtetes Licht kann dagegen nur dort sein, wo auch eine Lichtquelle ist. Die wichtigste Lichtquelle in der realen Welt ist die Sonne. Die Sonne erzeugt paralleles, gerichtetes Licht, das überall in der Szene im gleichen Winkel einfällt. Gerichtetes Licht kann aber auch von einer anderen Lichtquelle (zum Beispiel einer Glühbirne) ausgesandt werden. Das Licht einer Glühbirne fällt, je nach Position der Lichtquelle, an verschiedenen Orten der Szene mit unterschiedlichem Winkel ein. Die Lichtquelle sendet ihr Licht strahlenförmig und gleichmäßig in alle Richtungen aus.[41] Genau genommen ist die Sonne auch eine solche Lichtquelle. Sie ist nur so weit entfernt, dass man ihr Licht als parallel einfallend betrachten kann. Die Richtung und die Länge meines Schattens ändern sich nicht, wenn ich einen kurzen Spaziergang in der Sonne mache. Ganz anders sieht das aus, wenn ich nachts unter einer Straßenlaterne hindurchgehe. Das Beispiel der Straßenlaterne zeigt uns, dass es auch noch andere Lichtquellen, nämlich Scheinwerfer gibt. Scheinwerfer haben einen mehr oder weniger stark konzentrierten Lichtkegel, der auf einen ganz bestimmten Punkt gerichtet ist. Scheinwerfer haben eine bestimmte Position, leuchten aber nicht gleichmäßig in alle Richtungen. Vereinfachend können wir das alles wie folgt zusammenfassen:

▶ Das Umgebungslicht hat weder Richtung noch Position.

▶ Das Sonnenlicht hat eine feste Richtung, aber keine Position.

---

41 Das Bild der Glühbirne ist daher eigentlich nicht zutreffend. Es kommt aber der idealen Vorstellung einer punktförmigen, in alle Richtungen gleichmäßig leuchtenden Lichtquelle am nächsten.

▶ Das Licht einer Glühbirne hat keine ausgezeichnete Richtung,[42] aber eine Position.

▶ Das Scheinwerferlicht hat sowohl eine Richung als auch eine Position.

In `DirectX` gibt es eine Datenstruktur mit dem Namen `D3DLIGHT9` für die angesprochenen Lichtquellen (Sonne, Glühbirne und Scheinwerfer). Die wesentliche Aufgabe bei der Modellierung von Licht für eine Szene besteht darin, für jede Lichtquelle (Sonne, Glühbirne oder Scheinwerfer) eine solche Struktur anzulegen und mit geeigneten Werten zu füllen:

```
typedef struct _D3DLIGHT9
    {
    D3DLIGHTTYPE     Type;
    D3DCOLORVALUE    Diffuse;
    D3DCOLORVALUE    Specular;
    D3DCOLORVALUE    Ambient;
    D3DVECTOR        Position;
    D3DVECTOR        Direction;
    float            Range;
    float            Falloff;
    float            Attenuation0;
    float            Attenuation1;
    float            Attenuation2;
    float            Theta;
    float            Phi;
    } D3DLIGHT9;
```

Im Feld `Type` wird der Typ der Lichtquelle, also Sonne (`D3DLIGHT_DIRECTIONAL`), Glühbirne (`D3DLIGHT_POINT`) oder Scheinwerfer (`D3DLIGHT_SPOT`) eingetragen. Die Felder `Diffuse`, `Specular` und `Ambient` legen fest, wie viel ambientes, diffuses beziehungsweise spekulares Licht die Lichtquelle abgibt. Der Positionsvektor (`Position`) wird nur für Glühbirnen und Scheinwerfer benötigt, während der Richtungsvektor (`Direction`) nur für die Sonne und für Scheinwerfer von Bedeutung ist. `Range` ist eine Gleitkommazahl, die die Reichweite des Lichts beschreibt. Die restlichen Felder haben nur für Scheinwerfer Bedeutung und werden anhand der folgenden Skizze verständlich:

---

42 Die einzelnen Lichtstrahlen sind natürlich gerichtet, aber das Licht als Ganzes hat keine Richtung.

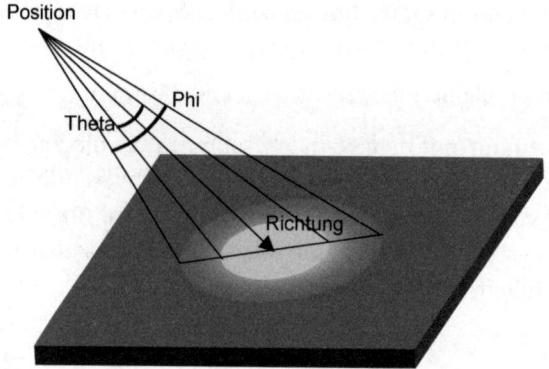

Der Scheinwerfer hat zwei Kegel – den inneren Kegel, innerhalb dessen er alles ausleuchtet, und den äußeren, außerhalb dessen er keine Wirkung mehr zeigt. Dazwischen liegt eine Übergangszone von hell zu dunkel. Die Winkel der beiden Kegel werden durch die Felder Theta beziehungsweise Phi festgelegt. Durch das Feld Falloff wird der Helligkeitsübergang vom inneren zum äußeren Kegel definiert. Bei einem Falloff von 1.0 haben wir den häufig verwendeten linearen Übergang. Die folgende Grafik zeigt den Helligkeitsabfall vom inneren zum äußeren Kegel für einige typische Falloff-Werte:

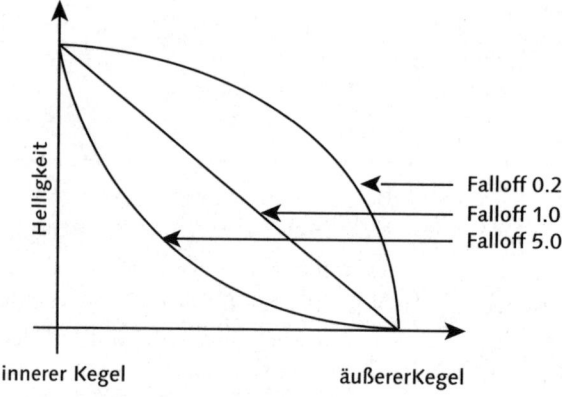

Scheinwerferlicht wird schwächer, je weiter der Scheinwerfer von dem auszuleuchtenden Objekt entfernt ist. Üblicherweise schwächt sich das Licht mit dem Quadrat der Entfernung ab, da die zu beleuchtende Fläche mit dem Quadrat des Abstands wächst und sich die gesamte Lichtmenge auf die größere Fläche verteilen muss. Wenn d der Abstand zum Objekt ist, so gilt also für die Abschwächung A

$$A = \frac{1}{a_2 \cdot d^2 + a_1 \cdot d + a_0}$$

mit geeigneten Konstanten $a_0$, $a_1$ und $a_2$. Diese Abschwächungskoeffizienten $a_0$, $a_1$ und $a_2$ kann man in den Feldern Attenuation0, Attenuation1 und Attenuation2 der Datenstruktur D3DLIGHT9 für Scheinwerfer festlegen. Wir werden hier mit $a_0 = 1$, $a_1 = 0$ und $a_2 = 0$, also mit einem sich nicht abschwächenden Scheinwerferlicht arbeiten.

Nach diesen Vorüberlegungen sind wir jetzt in der Lage, die Lichtquellen für unsere Szene einzurichten. Dazu nehmen wir in der Klasse directx die folgenden Erweiterungen vor:

```
class directx
    {
    private:
        ...
    public:
        ...
A       D3DLIGHT9 light;
        D3DLIGHT9 spot;
        ...
B       void es_werde_licht();
        void set_umgebungslicht( unsigned int licht);
        int get_umgebungslicht();
        void set_gerichteteslicht( unsigned int licht);
        int get_gerichteteslicht();
        void set_scheinwerferlicht( unsigned int licht);
        int get_scheinwerferlicht();
C       void scheinwerfer_ausrichten( D3DXVECTOR3 ziel);
    ...
    };
```

Unter Punkt A sehen wir Lichtquellen für die Sonne (light) und einen Scheinwerfer (spot) vor. Unter B stehen Funktionen, um die Lichtquellen und das Umgebungslicht zu ändern beziehungsweise zu lesen. Schließlich benötigen wir noch eine Funktion (c), um den Scheinwerfer auf einen bestimmten Punkt – später wird das die Kugel sein – auszurichten.

Im Konstruktor der Klasse directx initialisieren wir die Sonne (A) und den Scheinwerfer (B):

```
directx::directx()
    {
    ...
A   ZeroMemory(&light, sizeof(D3DLIGHT9));
    light.Type = D3DLIGHT_DIRECTIONAL;
    light.Diffuse.r = 1.0f;
    light.Diffuse.g = 1.0f;
```

```
        light.Diffuse.b  = 1.0f;
        light.Direction = D3DXVECTOR3( 1, -1, 1);
B       ZeroMemory(&spot, sizeof(D3DLIGHT9));
        spot.Type = D3DLIGHT_SPOT;
        spot.Diffuse.r  = 0;
        spot.Diffuse.g  = 0;
        spot.Diffuse.b  = 0;
        spot.Attenuation0 = 1.0f;
        spot.Range = 100.0f;
        spot.Phi = D3DX_PI/4;
        spot.Theta = D3DX_PI/8;
        spot.Falloff = 1.0f;
        spot.Position = D3DXVECTOR3( 0, 10, 0);
        spot.Direction = D3DXVECTOR3( 0, -1, 0);
        }
```

Mit den vorangegangenen Erklärungen sollten Sie das ohne weiteren Kommentar verstehen können. Beachten Sie, dass die Sonne initial eingeschaltet ($r = g = b = 1$), der Scheinwerfer dagegen ausgeschaltet ($r = g = b = 0$) ist.

In der Funktion es_werde_licht richten wir die beiden Lichtquellen ein:

```
void directx::es_werde_licht()
    {
A   device->SetLight( 0, &light );
    device->LightEnable( 0, TRUE);
B   device->SetLight( 1, &spot);
    device->LightEnable( 1, TRUE);
C   device->SetRenderState( D3DRS_LIGHTING, TRUE);
    device->SetRenderState( D3DRS_SHADEMODE, D3DSHADE_GOURAUD);
    }
```

Um eine Lichtquelle einzurichten und zu aktivieren, rufen wir jeweils die Funktionen SetLight und LightEnable (A, B) auf. Beiden Funktionen übergeben wir dabei einen Index, über den wir das entsprechende Licht ansprechen wollen. Zum Abschluss (C) ändern wir den sogenannten Render-State. Wir aktivieren das Rendering von Licht (D3DRS_LIGHTING) und wählen das Schattierungsverfahren (D3DRS_SHADEMODE) . Als Schattierungsverfahren verwenden wir das Gouraud-Verfahren, bei dem zur Berechnung des Schattens auf einer Fläche die Normalen aller Eckpunkte der Fläche interpoliert werden.

Am Ende der init-Funktion von directx rufen wir dann die Funktion es_werde_licht auf:

```
int directx::init()
    {
    ...
    es_werde_licht();
    return 1;
    }
```

Das Gleiche machen wir noch einmal am Ende der adjust-Funktion, damit auch nach einer Größenänderung des Fensters das Licht eingeschaltet bleibt:

```
void directx::adjust( int breite, int hoehe)
    {
    ...
    es_werde_licht();
    }
```

Um das Umgebungslicht zu setzen, benutzen wir die schon vertraute Funktion SetRenderState:

```
void directx::set_umgebungslicht( unsigned int licht)
    {
    device->SetRenderState( D3DRS_AMBIENT,
                            D3DCOLOR_XRGB(licht,licht,licht));
    }
```

Die Werte für Rot, Grün und Blau werden dabei immer gleich gehalten. Beim Auslesen des Werts für das ambiente Licht interessieren wir uns dann auch nur für einen der Werte, da die anderen sowieso den gleichen Wert haben:

```
int directx::get_umgebungslicht()
    {
    DWORD amb;
    device->GetRenderState( D3DRS_AMBIENT, &amb);
    return amb & 0xff;
    }
```

Es folgen Funktionen zum Setzen und Auslesen der Werte für das gerichtete Licht beziehungsweise für das Scheinwerferlicht. Diese vier Funktionen bedürfen keines weiteren Kommentars:

```
void directx::set_gerichteteslicht( unsigned int licht)
    {
    light.Diffuse.r  = licht/100.f;
    light.Diffuse.g  = licht/100.f;
    light.Diffuse.b  = licht/100.f;
    device->SetLight( 0, &light );
    }
```

```
int directx::get_gerichteteslicht()
    {
    return (int)(light.Diffuse.r *100);
    }
```

```
void directx::set_scheinwerferlicht( unsigned int licht)
    {
    spot.Diffuse.r  = licht/100.f;
    spot.Diffuse.g  = licht/100.f;
    spot.Diffuse.b  = licht/100.f;
    device->SetLight( 1, &light );
    }
```

```
int directx::get_scheinwerferlicht()
    {
    return (int)(spot.Diffuse.r *100);
    }
```

Da wir den Scheinwerfer immer der Kugel nachführen wollen, erstellen wir eine Funktion, um den Scheinwerfer auf ein bestimmtes Ziel auszurichten. Auch das Verstehen dieser Funktion wird Ihnen sicher keine Probleme bereiten:

```
void directx::scheinwerfer_ausrichten( D3DXVECTOR3 ziel)
    {
    spot.Direction = ziel - spot.Position;
    device->SetLight( 1, &spot );
    device->LightEnable( 1, TRUE);
    }
```

In der Render-Funktion des Spiels richten wir dann den Scheinwerfer auf die Kugel aus. Dazu nehmen wir die aktuelle Kugelposition auf dem Spielfeld und drehen diese entsprechend der Spielfelddrehung. Als Ergebnis (schein) erhalten wir den Punkt, auf den wir den Scheinwerfer ausrichten müssen:

```
void balance::render()
    {
    ...
    D3DXVECTOR3 schein;

    ...
    D3DXMatrixRotationY( &dreh, drehung);
    D3DXVec3TransformNormal( &schein, &kugelposition, &dreh);
    mein_directx.scheinwerfer_ausrichten( schein);
    ...
    }
```

Von der Beleuchtung her ist damit alles vorbereitet. Die Beleuchtung allein reicht aber nicht aus. Es muss auch Materialien geben, an denen das Licht reflektiert wird. Damit beschäftigen wir uns im nächsten Abschnitt.

## Materialeigenschaften

Die im vorigen Abschnitt eingeführten Lichtquellen erzeugen je nach Einstellung ambientes, diffuses und/oder spekulares Licht. Dieses Licht trifft auf die Materialien unserer Objekte. Wir können für jedes Material festlegen, wie viel Prozent des auftreffenden Lichtes es absorbiert beziehungsweise reflektiert. Zusätzlich können Materialien auch Licht emittieren, das heißt in einer bestimmten Farbe leuchten. Da wir spekulares Licht hier nicht betrachten, erweitern wir die Schnittstelle der Klasse objekt um Methoden, um die Reflexion von ambientem und diffusem Licht sowie das Emittieren von Licht zu steuern:

```
class objekt
    {
    private:
        ...
    public:
        ...
        void set_ambient( int wert);
        int get_ambient();
        void set_diffuse( int wert);
        int get_diffuse();
        void set_emissive( int wert);
        int get_emissive();
        ...
    };
```

Für jede Lichtart gibt es eine Methode, um einen bestimmten Wert zu setzen, und eine Methode, um den aktuellen Wert zu lesen. Da die Methoden für die jeweilige Lichtart strukturell identisch sind, zeige ich Ihnen hier nur die Variante für ambientes Licht.

Da wir bei den Materialeigenschaften nicht bezüglich der drei Grundfarben differenzieren, tragen wir den übergebenen Wert (wert) in alle Felder (r, g, b) des ambienten Lichts ein. Da wir an der Benutzeroberfläche einheitlich mit Werten zwischen 0 und 255 arbeiten werden, hier aber ein Wert zwischen 0.0 und 1.0 erwartet wird, transferieren wir zuvor den Wert aus dem Bereich 0 – 255 in das Intervall von 0.0 – 1.0:

```
void objekt::set_ambient( int wert)
   {
   unsigned int i;
   float v;

   v = wert/255.0f;

   for( i=0; i<anz_mat; i++)
      {
      materialien[i].Ambient.r = v;
      materialien[i].Ambient.g = v;
      materialien[i].Ambient.b = v;
      }
   }
```

In einer Schleife gehen wir über alle Materialien des Objekts und legen jeweils fest, wie viel Prozent des Rot-, Grün- und Blau-Anteils des ambienten Lichts von dem Material reflektiert werden sollen.

Beim Lesen der Reflexionseigenschaften müssen wir dann auch nicht zwischen den verschiedenen Grundfarben unterscheiden. Wir geben stellvertretend den Prozentsatz für die Reflexion von rotem Licht an das aufrufende Programm zurück:

```
int objekt::get_ambient()
   {
   return (int)(255*materialien[0].Ambient.r);
   }
```

Zuvor müssen wir den Wert natürlich wieder in den Bereich von 0 – 255 umrechnen.

Die Implementierung der noch fehlenden Funktionen set_diffuse, get_diffuse, set_emissive und get_emissive ist praktisch identisch. Sie müssen nur den Feldnamen Ambient durch Diffuse beziehungsweise Emissive ersetzen.

Wir wollen die Materialeigenschaften nicht individuell für jedes Objekt einstellbar machen, sondern immer gemeinsam für alle Objekte der folgenden drei Gruppen:

▶ Felder (typ = 0)

▶ Hindernisse (typ = 1)

▶ Kugel (typ = 2)

Dazu erweitern wir die Klasse objekte um entsprechende Member-Funktionen:

```
class objekte
    {
    public:
        ...
        void set_ambient( int typ, int wert);
        int get_ambient( int typ);
        void set_diffuse( int typ, int wert);
        int get_diffuse( int typ);
        void set_emissive( int typ, int wert);
        int get_emissive( int typ);
    };
```

An der Schnittstelle wird hier zusätzlich der typ übergegeben, um anzuzeigen, an welche Gruppe von Objekten sich die Anfrage richtet. Dementsprechend müssen wir bei der Implementierung der Funktionen bezüglich der Gruppen differenzieren:

```
void objekte::set_ambient( int typ, int wert)
    {
    switch( typ)
        {
    case 0:
        obj[WASSER].set_ambient( wert);
        obj[HOLZ].set_ambient( wert);
        obj[STEIN].set_ambient( wert);
        obj[GRAS].set_ambient( wert);
        obj[ZIEL].set_ambient( wert);
        break;
    case 1:
        hindernisse[KEGEL].set_ambient( wert);
        hindernisse[BUMPER].set_ambient( wert);
        hindernisse[MARKIERUNG].set_ambient( wert);
        break;
```

```
    case 2:
        kugel.set_ambient( wert);
        break;
        }
    }
```

```
int objekte::get_ambient( int typ)
    {
    switch( typ)
        {
    case 0:
        return obj[WASSER].get_ambient();
    case 1:
        return hindernisse[KEGEL].get_ambient();
    case 2:
        return kugel.get_ambient();
        }
    return 0;
    }
```

Auch hier gibt es wieder bis auf Umbenennungen identische Implementierungen für die diffuse Reflexion und das Emittieren von Licht (`set_diffuse`, `get_diffuse`, `set emissive`, `get_emissive`), die Sie selbstständig programmieren können.

Sollten Sie Interesse daran haben, mit spekularem Licht zu arbeiten, so können Sie genauso wie bei den anderen Lichtarten vorgehen. Sie müssen nur zusätzlich das Rendering für spekulares Licht aktivieren (`SetRenderState( D3DRS_SPECULARENABLE, TRUE)`). Bei den Lichtquellen und bei den Materialien müssen Sie natürlich entsprechende Spekular-Werte eintragen. Bei den Materialien müssen Sie zusätzlich das Feld `Power` mit einem Wert zwischen `0.0` und `1.0` belegen. Über dieses Feld wird die Intensität der spekularen Reflexion gesetzt.

**Integration in die Benutzerschnittstelle**

Bisher haben wir die Funktionen bereitgestellt, die wir zur Ausleuchtung des Spielfeldes benötigen. Wir wollen diese Funktionen jetzt in die Benutzeroberfläche integrieren, damit sich der Spieler die Beleuchtung nach Bedarf einstellen kann. Dazu erweitern wir das Hauptmenü um den Menüpunkt *Beleuchtung*:

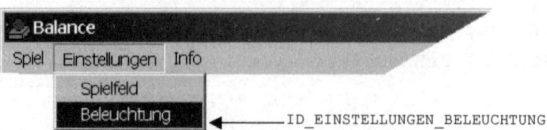

Stellen Sie sicher, dass der neue Menüpunkt den korrekten Identifikator erhält. Erstellen Sie anschließend die Dialog-Ressource mit der ID IDD_BELEUCHTUNG für den folgenden Dialog:

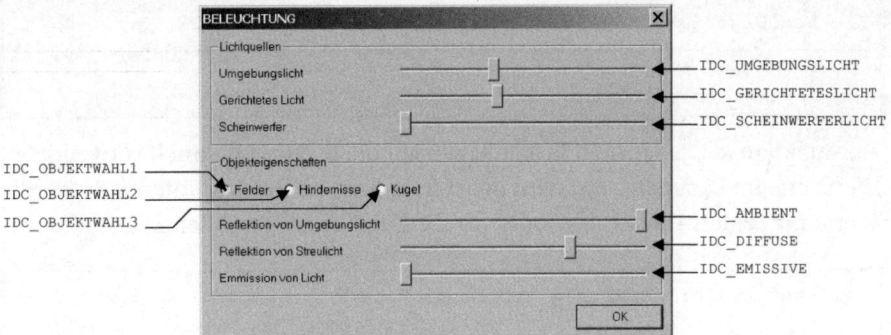

Achten Sie dabei auf die korrekte Benennung der Identifier.

Damit die drei Radiobuttons als Gruppe agieren, müssen Sie für den ersten (IDC_OBJEKTWAHL1) das Gruppenattribut setzen und für die anderen beiden nicht:

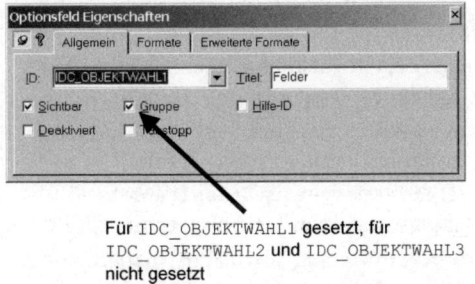

Für IDC_OBJEKTWAHL1 gesetzt, für
IDC_OBJEKTWAHL2 und IDC_OBJEKTWAHL3
nicht gesetzt

Bevor wir alles in die Benutzer-Schnittstelle integrieren, erstellen wir einige Hilfsfunktionen.

Die Funktion set_range legt den Wertebereich aller Schieberegler auf Werte zwischen 0 und 255 fest:

```
void set_range( HWND dlg)
    {
    SendDlgItemMessage(dlg, IDC_UMGEBUNGSLICHT, TBM_SETRANGE, 0,
                                        MAKELONG(0,255));
    SendDlgItemMessage(dlg, IDC_GERICHTETESLICHT, TBM_SETRANGE, 0,
                                        MAKELONG(0,255));
    SendDlgItemMessage(dlg, IDC_SCHEINWERFERLICHT,
                                        TBM_SETRANGE, 0,
                                        MAKELONG(0,255));
```

```
    SendDlgItemMessage(dlg, IDC_AMBIENT, TBM_SETRANGE, 0,
                                        MAKELONG(0,255));
    SendDlgItemMessage(dlg, IDC_DIFFUSE, TBM_SETRANGE, 0,
                                        MAKELONG(0,255));
    SendDlgItemMessage(dlg, IDC_EMISSIVE, TBM_SETRANGE, 0,
                                        MAKELONG(0,255));
}
```

Die Funktion `set_regler` stellt alle Regler auf die in *DirectX* aktuell verwendeten Werte ein. Im Parameter `typ` wird dabei festgelegt, ob die drei unteren Regler die Werte für Felder, Hindernisse oder für die Kugel anzeigen sollen:

```
void set_regler( HWND dlg, int typ)
    {
    SendDlgItemMessage(dlg, IDC_UMGEBUNGSLICHT, TBM_SETPOS, TRUE,
                            mein_directx.get_umgebungslicht());
    SendDlgItemMessage(dlg, IDC_GERICHTETESLICHT, TBM_SETPOS,
                            TRUE,
                            mein_directx.get_gerichteteslicht());
    SendDlgItemMessage(dlg, IDC_SCHEINWERFERLICHT, TBM_SETPOS,
                            TRUE,
                            mein_directx.get_scheinwerferlicht());
    SendDlgItemMessage(dlg, IDC_AMBIENT, TBM_SETPOS, TRUE,
                            meine_objekte.get_ambient(typ));
    SendDlgItemMessage(dlg, IDC_DIFFUSE, TBM_SETPOS, TRUE,
                            meine_objekte.get_diffuse(typ));
    SendDlgItemMessage(dlg, IDC_EMISSIVE, TBM_SETPOS, TRUE,
                            meine_objekte.get_emissive(typ));
    }
```

Die Funktion `set_objektdaten` überträgt die aktuellen Reglerstellungen nach *DirectX*. Der Parameter `typ` legt dabei wieder fest, ob die drei unteren Regler für Felder, Hindernisse oder für die Kugel verwendet werden sollen:

```
void set_objektdaten( HWND dlg, int typ)
    {
    mein_directx.set_umgebungslicht( SendDlgItemMessage(dlg,
                    IDC_UMGEBUNGSLICHT, TBM_GETPOS, 0, 0));
    mein_directx.set_gerichteteslicht( SendDlgItemMessage(dlg,
                    IDC_GERICHTETESLICHT, TBM_GETPOS, 0, 0));
    mein_directx.set_scheinwerferlicht( SendDlgItemMessage(dlg,
                    IDC_SCHEINWERFERLICHT, TBM_GETPOS, 0, 0));
```

```
meine_objekte.set_ambient( typ, SendDlgItemMessage(dlg,
                 IDC_AMBIENT, TBM_GETPOS, 0, 0));
meine_objekte.set_diffuse( typ, SendDlgItemMessage(dlg,
                 IDC_DIFFUSE, TBM_GETPOS, 0, 0));
meine_objekte.set_emissive( typ, SendDlgItemMessage(dlg,
                 IDC_EMISSIVE, TBM_GETPOS, 0, 0));
}
```

Für den Dialog benötigen wir wie üblich einen Callback-Handler, in dem wir alle Messages behandeln, die diesen Dialog betreffen:

```
BOOL CALLBACK beleuchtung( HWND dlg, UINT uMsg, WPARAM wParam,
                                           LPARAM lParam)
    {
A   static int typ;

    switch (uMsg)
        {
    case WM_INITDIALOG:
B       typ = 0;
        set_range( dlg);
        set_regler( dlg, typ);
        CheckRadioButton( dlg, IDC_OBJEKTWAHL1, IDC_OBJEKTWAHL3,
                                           IDC_OBJEKTWAHL1);

        return TRUE;
    case WM_HSCROLL:
C       set_objektdaten( dlg, typ);
        return TRUE;
    case WM_COMMAND:
        switch( wParam)
            {
D       case IDC_OBJEKTWAHL1:
            typ = 0;
            set_regler( dlg, typ);
            return TRUE;
        case IDC_OBJEKTWAHL2:
            typ = 1;
            set_regler( dlg, typ);
            return TRUE;
        case IDC_OBJEKTWAHL3:
            typ = 2;
            set_regler( dlg, typ);
            return TRUE;
        case IDOK:
            EndDialog(dlg, wParam);
```

357

```
                    return TRUE;
          case IDCANCEL:
                    EndDialog(dlg, wParam);
                    return TRUE;
                    }
          break;
          }
     return FALSE;
     }
```

A: Wir legen eine statische Variable `typ` an, in der wir festhalten, welcher Objekttyp ( `0` = Felder, `1` = Hindernisse oder `2` = Kugel) den unteren drei Schiebereglern des Dialogs zugeordnet ist.

B: Zur Initialisierung des Dialogs setzen wir den Typ auf `0` (Felder), initialisieren die Wertebereiche der Regler und aktivieren entsprechend dem ausgewählten Typ den Radiobutton `IDC_OBJEKTWAHL1`.

C: Wenn im Dialog ein Regler betätigt wurde, so aktualisieren wir die Daten in der Klasse `mein_directx`.

D: Wenn einer der Radiobuttons betätigt wurde, setzen wir den Wert der `typ`-Variablen entsprechend um und aktualisieren anschließend die Reglerstellungen.

Jetzt müssen wir im Callback-Handler unserer Windows-Applikation nur noch dafür sorgen, dass der Dialog `IDD_BELEUCHTUNG` bei einer Wahl des Menüpunkts `ID_EINSTELLUNGEN_BELEUCHTUNG` aufgerufen wird:

```
LRESULT CALLBACK balance_windowhandler(HWND hWnd, UINT msg,
                                    WPARAM wParam, LPARAM lParam)
    {
    switch( msg)
        {
    case WM_COMMAND:
        switch( LOWORD(wParam))
            {
        ...
        case ID_EINSTELLUNGEN_BELEUCHTUNG:
            DialogBox(balance_instance,
                            MAKEINTRESOURCE(IDD_BELEUCHTUNG),
                            balance_window, beleuchtung);
            break;
        ...
```

```
        }
    ...
        }
    ...
    }
```

Wichtig ist, dass wir beim Aufruf der Funktion `DialogBox` den zuvor erstellten Callback-Handler (`beleuchtung`) als Parameter übergeben.

Jetzt können Sie über den neuen Dialog die Beleuchtung des Spielfeldes gestalten. Mit der Gestaltung von Licht und Schatten gewinnt die Darstellung an Konturen und an Tiefe. Es lassen sich aber auch neue Spielideen – zum Beispiel einen Weg im Dunklen finden – verwirklichen:

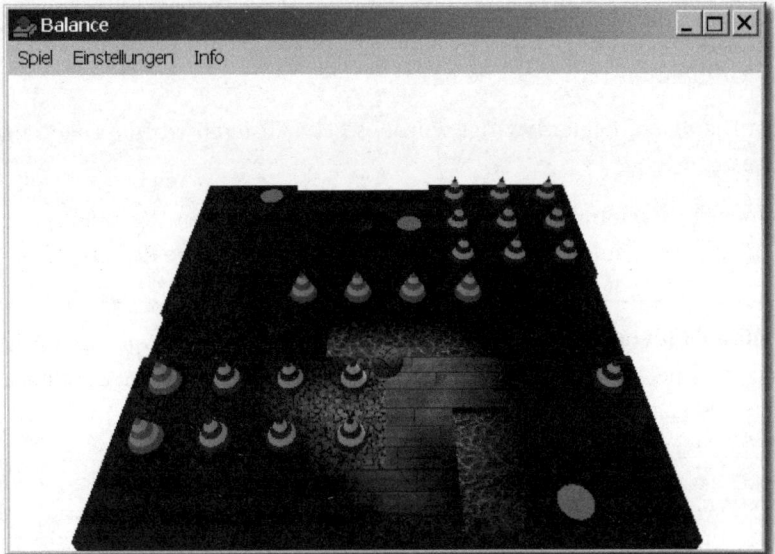

Die Einführung von Licht in die Szene erfordert natürlich zusätzliche Rechenzeit beim Rendering. Sie sollten daher sparsam sein und so wenige Lichtquellen wie möglich verwenden. Grundsätzlich benötigt ambientes Licht weniger Rechenzeit als die anderen Lichtarten und sollte daher bevorzugt eingesetzt werden. Unter den Lichtquellen ist das Sonnenlicht mit dem geringsten Aufwand zu berechnen. Glühbirnen und Scheinwerfer kosten dagegen mehr Rechenzeit. Scheinwerfer mit einem kleinen Kegel können dabei günstiger sein als Glühbirnen, da sich die Berechnungen unter Umständen auf einen kleinen Teil des Bildes beschränken lassen. Spekulares Licht kann sehr teuer sein, da es die komplexesten Berechnungen erfordert.

Unser Spiel ist jetzt praktisch fertig. Es fehlen noch ein paar Funktionen zur Zeit-kontrolle und zum Erkennen des Spielendes. Diese Funktionen haben aber nichts mit der 3D-Programmierung im engeren Sinne zu tun, sodass das Projekt bezogen auf den eigentlichen Wissensstoff hier bereits abgeschlossen ist.

### 4.4.12  V12 Zeitkontrolle

Bevor wir uns mit der Zeitkontrolle beschäftigen, müssen wir uns Gedanken darüber machen, wie wir überhaupt das Spielende erkennen können. Klar ist, dass die Information in der Funktion kugel_rollen anfällt. In dieser Funktion werden wir eine Statusvariable setzen, anhand derer wir erkennen können, ob das Spiel beendet ist. Zunächst einmal legen wir diese Statusvariable im öffentlichen Bereich der Klasse balance an:

```
class balance
    {
    ...
    public:
        ...
        int status;
        ...
    };
```

Für diese Variable sehen wir die folgenden Werte vor:

```
# define SPIEL_LAEUFT          1
# define SPIEL_GEWONNEN         2
# define SPIEL_VERLOREN         3
# define SPIEL_ANGEHALTEN       4
```

Beim Start des Spiels setzen wir den Status auf SPIEL_ANGEHALTEN:

```
void balance::start()
    {
    ...
    status = SPIEL_ANGEHALTEN;
    }
```

Jetzt müssen wir die Funktion kugel_rollen noch einmal sichten, um die Stellen zu finden, an denen wir das Spielende erkennen können. »Spielende« kann dabei SPIEL_GEWONNEN oder SPIEL_VERLOREN bedeuten:

```
    void balance::kugel_rollen()
       {
       ...
A      if( status != SPIEL_LAEUFT)
          return;
       ...
       if( pneu.innerhalb)
          {
          if( pneu.hnd && (pneu.aq < 2.6f))
             {
             ...
             }
          else if(pneu.ugrnd->typ == WASSER)
             {
             ...
B            if( kugelposition.y < -0.99)
                status = SPIEL_VERLOREN;
             }
          else if((pneu.ugrnd->typ == ZIEL) && (pneu.aq < 1.0f))
             {
             ...
C            if( kugelposition.y < 0.01f)
                   status = mein_spielfeld.anzahl_markierungen ?
                      SPIEL_VERLOREN : SPIEL_GEWONNEN;
             }
          ...
          }
       else
          {
          ...
D         if( kugelposition.y < - 10)
             status = SPIEL_VERLOREN;
          }
       ...
       }
```

A: Wenn das Spiel nicht mehr läuft, treten wir in diese Funktion gar nicht erst ein. Die Kugel wird dadurch eingefroren.

B: Die Kugel ist ins Wasser gefallen. Sobald sie eine gewisse Tiefe erreicht hat, ist das Spiel verloren.

C: Die Kugel ist in das Loch eines Zielfeldes gefallen. Sobald sie vollständig eingelocht ist, ist das Spiel beendet. Ob das Spiel gewonnen oder verloren wurde, hängt davon ab, ob alle Markierungen abgeräumt wurden.

D: Die Kugel ist vom Brett gefallen. Sobald sie eine gewisse Falltiefe erreicht hat, wird das Spiel als verloren gekennzeichnet.

Damit haben wir gleichzeitig mit dem Rollen der Kugel immer den Spielstatus aktualisiert. In der Funktion `display_info` wollen wir jetzt unter der Überschrift »Zeit-Informationen« zusätzlich den aktuellen Spielstatus anzeigen:

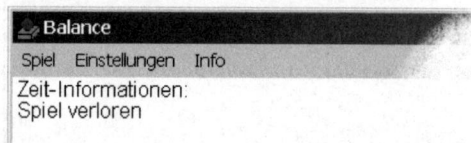

Dazu müssen wir den nachfolgend gezeigten Code einfügen:

```
void balance::display_info()
    {
    ...
    switch( info)
        {
    case 1:
        mein_directx.display_text( 0, "Zeit-Informationen:");
        switch( status)
            {
            case SPIEL_LAEUFT:
                mein_directx.display_text( 1, "Spiel laeuft");
                break;
            case SPIEL_GEWONNEN:
                mein_directx.display_text( 1, "Spiel gewonnen");
                break;
            case SPIEL_VERLOREN:
                mein_directx.display_text( 1, "Spiel verloren");
                break;
            case SPIEL_ANGEHALTEN:
                mein_directx.display_text( 1, "Spiel angehalten");
                break;
            }
        break;
    ...
        }
    }
```

Im Window-Handler setzen wir den Status auf SPIEL_LAEUFT, nachdem wir beim Starten des Spiels das Intro abgespielt haben:

```
LRESULT CALLBACK balance_windowhandler(...)
    {
    switch( msg)
        {
    case WM_COMMAND:
        switch( LOWORD(wParam))
            {
        case ID_SPIEL_STARTEN:
            mein_spiel.start();
            mein_spiel.intro();
            mein_spiel.status = SPIEL_LAEUFT;
            break;
        ...
            }
    ...
        }
    ...
    }
```

Jetzt können Sie das Spiel wieder testen. Die verschiedenen Abbruchkriterien sollten jetzt korrekt berechnet und bei der Ausgabe der Zeit-Informationen korrekt dargestellt werden.

Für die Zeitkontrolle führen wir jetzt zusätzliche Member in der Klasse balance ein:

```
class balance
    {
    ...
    public:
        ...
        int zeit_ende;
        int zeit_limit;
        int zeit_aktiv;
        void start_zeitnahme(){ zeit_ende = timeGetTime() +
                                            1000*zeit_limit;}
        int restzeit(){ return (zeit_ende -
(int)timeGetTime())/1000;}
        ...
    };
```

Diese Member haben die folgende Bedeutung:

`zeit_limit`       ist die Zeitbegrenzung für das Spiel.

`zeit_ende`       ist die Systemzeit in Millisekunden, zu der die Spielzeit abläuft.

`zeit_aktiv`       ist ein Flag, das anzeigt, ob die Zeitnahme aktiviert ist.

`start_zeitnahme`  ist eine Funktion, die beim Start des Spiels die Endezeit festlegt. Dazu wird das Tausendfache des Zeitlimits zur aktuellen Systemzeit addiert.

`restzeit`        ist eine Funktion, die angibt, wie lange das Spiel maximal noch läuft.

Initial wird ein Zeitlimit von 120 Sekunden voreingestellt, aber die Zeitnahme wird nicht aktiviert:

```
int balance::init()
    {
    ...
    zeit_limit = 120;
    zeit_aktiv = 0;
    ...
    }
```

Sobald das Spiel beginnt, schalten wir die Zeitanzeige an, sofern die Zeitnahme aktiviert ist:

```
void balance::start()
    {
    ...
    info = zeit_aktiv;
    }
```

In den Zeitinformationen wird bei aktivierter Zeitnahme die jeweilige Restzeit eingeblendet:

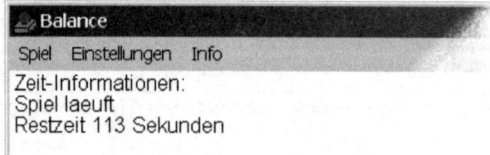

364

Dazu vervollständigen wir die Funktion `display_info` in folgender Weise:

```cpp
void balance::display_info()
    {
    ...
    switch( info)
        {
    case 1:
        mein_directx.display_text( 0, "Zeit-Informationen:");
        switch( status)
            {
        case SPIEL_LAEUFT:
            mein_directx.display_text( 1, "Spiel laeuft");
            if( zeit_aktiv)
                mein_directx.display_text( 2,
                            "Restzeit %d Sekunden", restzeit());
            break;
            ...
            }
        break;
    ...
        }
    }
```

Zum Abschluss integrieren wir diese Funktionen noch in die Benutzerschnitt-stelle. Dazu erstellen wir zunächst einen weiteren Menüpunkt im Menü *Einstellungen*:

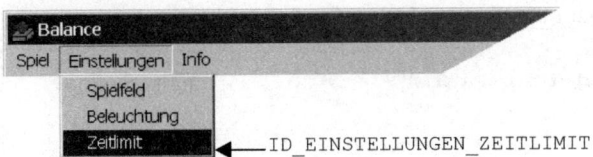

Dann erstellen wir den folgenden Dialog:

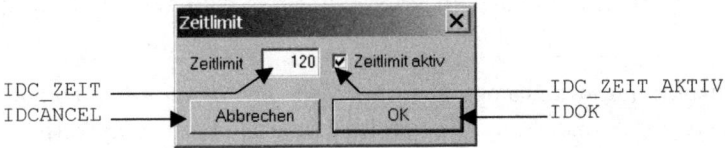

Bei der Erstellung des Dialogs und des Menüpunktes verwenden Sie die oben angegebenen Identifier.

Den Callback-Handler für den Dialog müssen wir auch noch erstellen:

```
BOOL CALLBACK zeitlimit( HWND dlg, UINT uMsg, WPARAM wParam,
                                                LPARAM lParam)
    {
    switch (uMsg)
        {
    case WM_INITDIALOG:
A       SetDlgItemInt( dlg, IDC_ZEIT, mein_spiel.zeit_limit,
                        FALSE);
        CheckDlgButton( dlg, IDC_ZEIT_AKTIV,
                        mein_spiel.zeit_aktiv);
        return TRUE;
    case WM_COMMAND:
        switch( wParam)
            {
        case IDOK:
B           mein_spiel.zeit_limit = GetDlgItemInt( dlg,
                                        IDC_ZEIT,
                                        NULL, FALSE);
            mein_spiel.zeit_aktiv = IsDlgButtonChecked( dlg,
                                        IDC_ZEIT_AKTIV);
            if( mein_spiel.zeit_aktiv)
                {
                mein_spiel.info = 1;
                mein_spiel.start_zeitnahme();
                }
            EndDialog(dlg, wParam);
            return TRUE;
        case IDCANCEL:
            EndDialog(dlg, wParam);
            return TRUE;
            }
        break;
        }
    return FALSE;
    }
```

A: Bei der Initialisierung des Dialogs übertragen wir die Daten der Member-Variablen `zeit_limit` und `zeit_aktiv` in das Editierfeld beziehungsweise in die Checkbox.

B:  Bei einem Klick auf den OK-Button erfolgt die Rückübertragung der Daten aus dem Dialog in die Member-Variablen. Zusätzlich wird die Zeitnahme gestartet[43] und die Zeitanzeige eingeschaltet, sofern die Zeitnahme aktiviert wurde.

Zum Abschluss nehmen wir noch drei Ergänzungen im Window-Handler vor:

```
LRESULT CALLBACK balance_windowhandler(...)
    {
    switch( msg)
        {
    case WM_COMMAND:
        switch( LOWORD(wParam))
            {
        case ID_SPIEL_STARTEN:
            mein_spiel.start();
            mein_spiel.intro();
            mein_spiel.status = SPIEL_LAEUFT;
A           if(mein_spiel.zeit_aktiv)
                mein_spiel.start_zeitnahme();
            break;
        ...
B       case ID_EINSTELLUNGEN_ZEITLIMIT:
            DialogBox( balance_instance,
                      MAKEINTRESOURCE( IDD_ZEITLIMIT),
                              balance_window, zeitlimit);
            break;
        ...
            }
        break;
    case WM_TIMER:
C       if( mein_spiel.zeit_aktiv &&
            (mein_spiel.restzeit() <= 0) &&
            (mein_spiel.status != SPIEL_GEWONNEN))
            mein_spiel.status = SPIEL_VERLOREN;
        ...
        break;
        ...
        }
    ...
    }
```

---

43  Damit kann der Spieler das Spielende hinauszögern, indem er kurz vor Spielende diesen Dialog aufruft.

Im Rahmen des Spielstarts starten wir bei Bedarf auch die Zeitnahme (A). Darüber hinaus öffnen wir den Dialog zur Zeitnahme, wenn der zugehörige Menüpunkt gewählt wurde (B). Schließlich geben wir das Spiel verloren, wenn die Zeitnahme aktiv ist, keine Restzeit mehr vorhanden ist und das Spiel bis dahin nicht gewonnen wurde (C). Die, zugegebenermaßen etwas primitive Uhr läuft jetzt im Spiel mit, und nach Ablauf der vorgegebenen Zeit kann das Spiel nicht mehr fortgesetzt werden.

Das zweite Projekt ist damit abgeschlossen. Jetzt sollten Sie sich erst einmal wieder ausgiebig Zeit zum Spielen und zum Testen nehmen. Wenn Sie anschließend Lust auf mehr haben, können Sie sich fortgeschrittenen Themen zuwenden. Solche sind zum Beispiel:

- ▶ Deformation von Meshes, um Bewegungen (zum Beispiel das Laufen von menschlichen Figuren) nachzubilden
- ▶ Berechnung und Darstellung von Schlagschatten oder Nebel
- ▶ Berechnung und Darstellung von Reflexionen an spiegelnden Oberflächen
- ▶ halb durchsichtige Objekte

Ich glaube aber, dass es Ihnen, wenn Sie mir schon bis hierher gefolgt sind, in den Fingern juckt, mit dem neu erworbenen Wissen Ihr erstes eigenes 3D-Spiel zu erstellen. Das sollten Sie dann auch machen. Anregungen gibt es ja genug. Nehmen Sie sich für den Anfang nicht zu viel vor. Bedenken Sie, dass an den perfekten Spielen, die Sie tagtäglich in den Spielezeitschriften sehen, in der Regel ganze Entwicklerteams viele Monate gearbeitet haben. Viel wichtiger als Perfektion ist Ideenreichtum und Kreativität und der berechtigte Stolz, es selbst gemacht zu haben. Sie sollten sich auch deshalb nicht zu viel vornehmen, weil ich mit Ihnen noch ein weiteres wichtiges und interessantes Thema behandeln möchte – die Programmierung von Netzwerkspielen. Und es wäre doch schade, wenn es wegen einer selbst auferlegten Arbeitsüberlastung nicht dazu käme.

# 5    Netzwerkprojekt (Duell)

In diesem Abschnitt wollen wir das Spiel *Balance* in leicht abgewandelter Form netzwerkfähig machen. Es sollen mehrere Spieler ihre Kugeln unabhängig voneinander auf dem Spielfeld bewegen können. Das Ziel eines jeden Spielers ist es, die Kugeln der jeweils anderen Spieler in einem Kampf »jeder gegen jeden« aus dem Spiel zu kicken. Wer als letzter übrig bleibt, hat gewonnen.

Der augenfälligste Unterschied zwischen diesem und den beiden vorherigen Projekten ist, dass wir diesmal zwei Programme erstellen werden – einen sogenannten **Client** und einen sogenannten **Server**. Der Server wird nur einmal für das ganze Spiel, der Client für jeden Spieler gestartet, sodass sich die folgende Spielkonstellation ergibt:

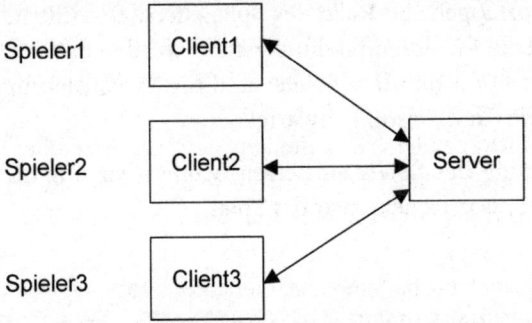

Der Server wird vor allen Clients gestartet und hat folgende Aufgaben:

▸ Entgegennehmen der Anmeldungen der Clients

▸ Informieren aller Clients über die vorliegenden Anmeldungen

▸ Laden der Spielfeld-Daten

▸ Versenden der Spielfeld-Daten an alle Clients

▸ Starten des Spiels

▸ Entgegennehmen der Steuerbefehle für die Kugeln der Clients

▸ Berechnen der aktuellen Kugelpositionen aufgrund der von den Clients geschickten Steuerbefehle

▸ Übermittlung der aktuellen Kugelpositionen an die Clients

▸ Beenden des Spiels

Ein Client wird immer dann gestartet, wenn ein neuer Spieler am Spiel teilnehmen möchte. Der Client hat folgende Aufgaben:

- ▶ Anmeldung des Spielers beim Server

- ▶ Entgegennehmen der Informationen über die vorliegenden Anmeldungen vom Server und Darstellung dieser Daten auf dem Bildschirm

- ▶ Entgegennehmen der Spielfeld-Daten vom Server und Darstellung des Spielfeldes auf dem Bildschirm

- ▶ Abwicklung der Interaktion mit dem Spieler. Insbesondere muss der Client die Joystick-Eingaben des Spielers entgegennehmen.

- ▶ Durchführung aller darstellungsbezogenen Operationen wie Drehen des Spielfeldes oder Änderung der Kameraposition

- ▶ Übermittlung der Steuerbefehle für die Kugel an den Server

- ▶ Entgegennehmen der Kugelpositionen vom Server und Darstellung des aktuellen Spielstandes auf dem Spielfeld

Der Server nimmt also alle Aufgaben wahr, die zentral durchgeführt werden müssen. Er übernimmt damit sozusagen die Rolle des Spielleiters. Die Clients dagegen übernehmen alle Aufgaben, die dezentral durchgeführt werden müssen. Insbesondere sind dies die Interaktion mit dem Spieler und die Visualisierung des Spiels. Vom Server wird keine Grafikleistung erwartet.

Bevor wir tiefer in die Realisierung des Spiels einsteigen, wollen wir uns die genaue Aufgabenstellung ansehen. Dazu spielen wir das Spiel.

## 5.1    Aufgabenstellung

Zum Spielen des Spiels benötigen Sie mindestens zwei PCs, die in einem Netzwerk verbunden sind. Es kann sich um ein lokales Netz oder eine Internetverbindung handeln.

Werden alle am Spiel teilnehmenden PCs in einem lokalen Netz betrieben, gibt es keine Einschränkungen. Beim Betrieb im Internet benötigt der PC, auf dem der Server läuft, eine von außen ansprechbare IP-Adresse, damit die Clients eine Verbindung zum Server aufbauen können. Wenn Ihr Server eine feste, globale IP-Adresse hat, dann ist das gewährleistet. Als privater Nutzer erhalten Sie in der Regel dynamisch eine IP-Adresse von Ihrem Provider, sobald Sie ins Internet gehen. Diese Adresse ändert sich während einer Internetsitzung in der Regel nicht[1]. Wenn Sie den Server mit dieser IP-Adresse betreiben, dann ist der Server aus dem Internet erreichbar und Sie können ebenfalls spielen. Wenn Sie aber unter der vom Provider zugeteilten IP-Adresse ein lokales Netz betreiben, in dem alle Rechner und auch ihr Server nur lokale IP-Adressen haben, so ist Ihr Server von außen nicht sichtbar und Sie können nicht über das Internet spielen.

Die Aufgabenstellung für unser Projekt verdeutlichen wir uns wieder, indem wir das Spiel spielen. Dazu starten Sie zunächst den Server:

Server.exe

Nach dem Start des Servers sehen Sie den folgenden Dialog:

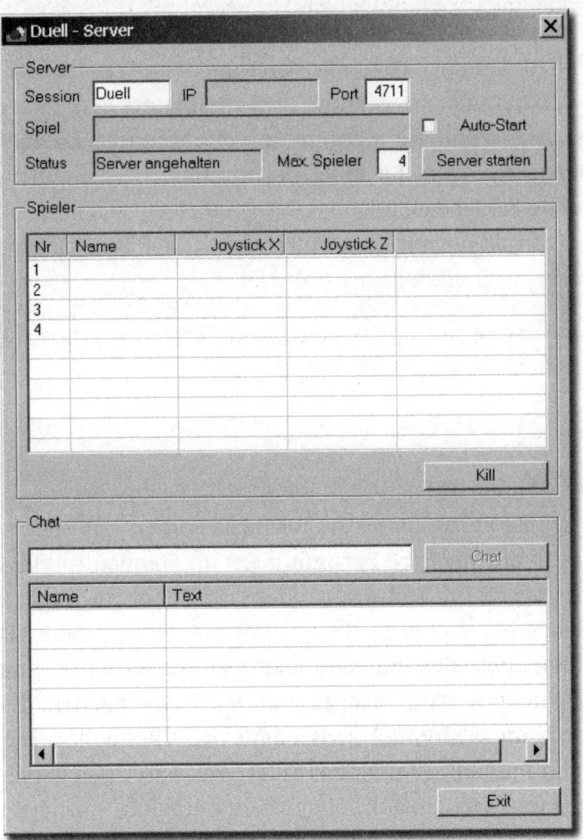

---

1  Die Provider ändern die Nummer nach einer gewissen Zeit, um zu verhindern, dass Sie unter einer einmal vergebenen Adresse einen festen Service betreiben.

Die Kommunikation zwischen Client und Server erfolgt über das Internet-Protokoll (IP). Dies ist das Standardprotokoll in der Internet-Welt und auch in den meisten lokalen Netzen. Die Details dieses Protokolls interessieren uns nicht. Es reicht aus zu wissen, dass man zur Kommunikation die IP-Adresse und die Portnummer des Kommunikationspartners kennen muss. IP-Adresse und Portnummer bilden zusammen sozusagen die Telefonnummer (Anschlussnummer und Durchwahl) eines Servers im Internet. Und wie beim Telefon muss man nur die Nummer des Angerufenen, in diesem Fall die Nummer des Servers kennen. Die Nummer des Apparates, von dem aus Sie anrufen, ist Ihnen beim Telefonieren relativ egal.

In dem obigen Dialog sind der Name der Session (Duell) und der Port (4711), über den der Server zu erreichen ist, voreingestellt. Sie können mehrere Server auf unterschiedlichen Rechnern oder sogar auf dem gleichen Rechner starten. Für jeden Server sollten Sie einen eigenen Sessionnamen wählen. Dieser Name hat keine tiefere Bedeutung. Er dient lediglich dazu, die verschiedenen Serversitzungen zu unterscheiden. Die Portnummer ist wichtig, weil die Clients den Server über diese Nummer ansprechen. Wenn Sie mehrere Server auf einem Rechner gleichzeitig betreiben, sollten Sie verschiedene Portnummern verwenden, ansonsten erhalten Sie folgende Fehlermeldung:

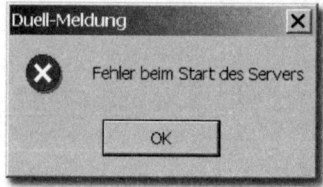

Auf verschiedenen Rechnern können Sie natürlich die gleiche Portnummer verwenden. Es ist relativ egal, welche Portnummer Sie für Ihren Server verwenden. Beachten Sie jedoch, dass bestimmte niedrige Portnummern für Standardservices reserviert sind (zum Beispiel Port 80 für Webserver oder Port 21 für ftp-Server). Um keine Konflikte zu provozieren, sollten Sie immer Portnummern größer als 1024 verwenden. Zusätzlich zu dem Sessionnamen und dem Port sollten Sie an dieser Stelle im Server-Dialog noch die Maximalzahl von Spielern eingeben, die am Spiel teilnehmen können. Hier sind Werte zwischen 2 und 12 möglich. Die Checkbox *Auto-Start* dient dazu festzulegen, ob das Spiel beim Erreichen dieser Maximalzahl automatisch gestartet werden soll.

Nachdem Sie Ihre Eingaben gemacht haben, können Sie den Server über den Button *Server starten* starten. Nach erfolgreichem Start wird Ihnen zusätzlich die IP-Adresse des Servers (hier 192.168.1.33) angezeigt.

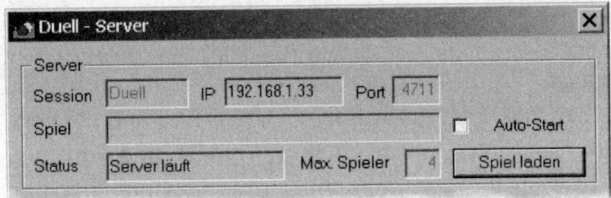

Die IP-Adresse gehört zu den Netzwerkeinstellungen des Rechners und kann im Serverdialog natürlich nicht geändert werden. Eingabefelder, die Sie jetzt nicht mehr ändern können, sind deaktiviert. Sie sollten als Nächstes ein Spielfeld laden. Der Server hat ja die Aufgabe, zu Spielbeginn das Spielfeld an alle Spieler zu übermitteln. Zum Laden des Spielfeldes klicken Sie auf *Spiel laden* und wählen in dem dann erscheinenden Dialog zur Dateiauswahl ein *Balance*-Spielfeld aus. Wir verwenden für *Duell* die *Balance*-Spielfelder,[2] damit wir nicht einen eigenen Spielfeld-Editor erstellen müssen. Allgemein werden wir versuchen, möglichst viele Funktionen von *Balance* zu übernehmen und diese nur dort zu ändern, wo es unbedingt erforderlich ist.

Nachdem Sie ein Spiel geladen haben, werden auch der Pfad und der Name der Spielfeld-Datei angezeigt:

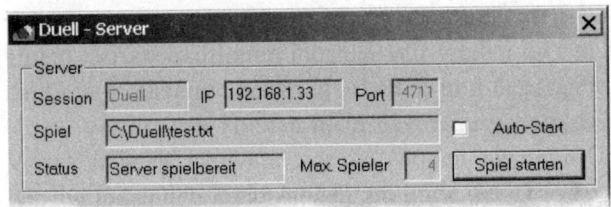

Starten können wir das Spiel natürlich erst, wenn sich Spieler angemeldet haben. Dazu muss jeder Spieler auf seinem Rechner das Client-Programm starten:

Client.exe

Nach dem Start eines Clients sehen Sie den folgenden Dialog:

---

2  Wundern Sie sich nicht darüber, dass die Goldstücke in *Duell* nicht angezeigt werden. Sie werden ignoriert, obwohl es eine durchaus interessante Variante wäre, die Spieler um die Goldstücke kämpfen zu lassen. Sie können das ja später implementieren.

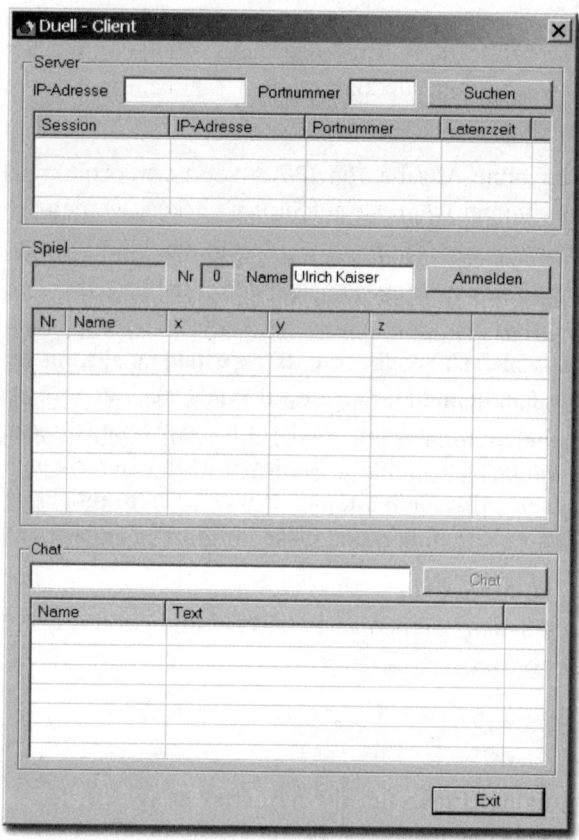

Bevor Sie spielen können, müssen Sie einen Server im Netz finden. Im lokalen Netz können Sie auch ohne Angabe einer speziellen IP-Adresse oder Portnummer nach Servern suchen. Dazu klicken Sie einfach auf den *Suchen*-Button. Entfernte, also nicht im lokalen Netz befindliche Server können Sie natürlich nur unter Angabe ihrer IP-Adresse finden. Sie müssen dann die IP-Adresse des Servers kennen und im Feld *IP-Adresse* eingeben, bevor Sie auf *Suchen* klicken. Alle auf diese Weise gefundenen Server werden in einer Liste mit Sessionname, IP-Adresse, Portnummer und Latenzzeit angezeigt.

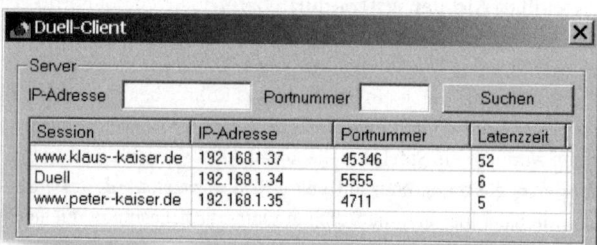

Die Latenzzeit gibt dabei an, wie viele Millisekunden ein IP-Paket vom Client zum Server und zurück unterwegs ist (Roundtrip-Zeit). Sie ist somit ein Maßstab für die Geschwindigkeit[3] der Verbindung. Je kleiner diese Zahl ist, umso besser für das Spiel.

Sie können jederzeit mit oder ohne Angabe von IP-Adresse und Portnummer nach weiteren Servern suchen. Immer wenn Sie auf *Suchen* klicken, werden Server, die den aktuell eingestellten Suchkriterien entsprechen, zur Liste hinzugefügt.

Wenn Sie einen geeigneten Server gefunden haben, können Sie sich anmelden. Dazu wählen Sie den Server in der Server-Liste aus und klicken auf *Anmelden*, nachdem Sie zuvor einen Spielernamen eingegeben haben. Nach erfolgter Anmeldung erscheint Ihr Name zusammen mit den Namen der gegebenenfalls bereits vor Ihnen angemeldeten Spieler in der Spielerliste:

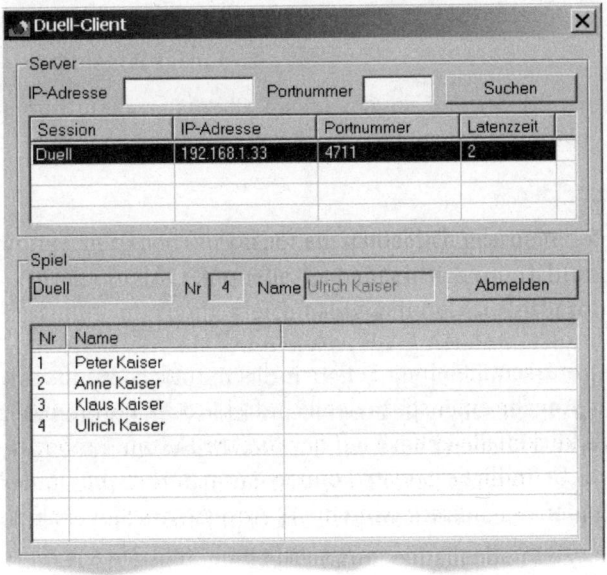

---

3  Geschwindigkeit ist eigentlich nicht das richtige Wort. Denn trotz einer kurzen Roundtrip-Zeit kann der Datendurchsatz relativ gering sein. Umgekehrt kann eine Verbindung mit einer großen Roundtrip-Zeit durchaus einen großen Datendurchsatz haben. Die Daten fließen sozusagen mal durch ein kurzes, dünnes und mal durch ein langes, dickes Rohr. Über den effektiven Datendurchsatz der Verbindung können wir an dieser Stelle noch nichts Konkretes sagen, da noch nicht viele Daten geflossen sind. Für ein Spiel sind die Roundtrip-Zeiten häufig wichtiger als der Datendurchsatz, da in der Regel mehr Wert auf kurze Reaktionszeiten als auf großes Datenvolumen gelegt wird. Am liebsten hat man natürlich ein kurzes, dickes Rohr. Vielleicht sollte man hier statt »Geschwindigkeit« besser »Reaktionszeit« sagen.

Gleichzeitig erfolgt auch die Aktualisierung der Spielerliste im Server:

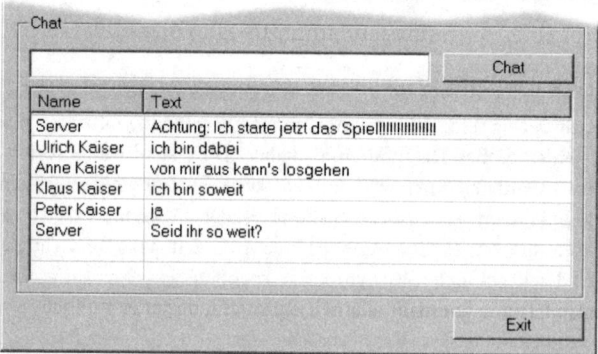

Die Spielerlisten im Server und bei den angemeldeten Clients werden immer aktuell gehalten. Die Listen können sich ändern, wenn:

▶ sich weitere Spieler anmelden

▶ sich angemeldete Spieler abmelden (beachten Sie, dass der *Anmelden*-Button im Client nach der Anmeldung zum *Abmelde*-Button mutiert ist)

▶ der Server einen Spieler aus der Liste mit *Kill* aus dem Spiel wirft

Wenn Sie bei einem Server angemeldet sind, haben Sie die Möglichkeit, mit Ihren Mitspielern zu chatten. Dazu geben Sie eine Nachricht in dem unteren Eingabefenster ein und klicken anschließend auf *Chat*. Ihre Nachricht wird über den Server an alle Spieler weitergeleitet und bei allen Spielern und dem Server in der Meldungsliste angezeigt. Auch der Server kann sich am Chat beteiligen:

Die Meldungsliste zeigt immer die letzten 20 Meldungen, wobei die aktuellste Meldung immer oben in der Liste steht.

Sie können mit Ihren Mitspielern auch über ein Headset kommunizieren. Dazu dienen die beiden Tasten unten links im Client:

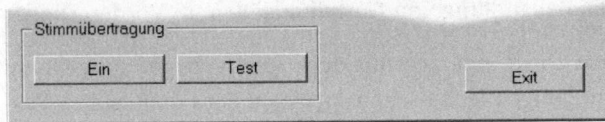

Sie schalten einfach die Stimmübertragung ein, und schon können Sie mit allen Mitspielern sprechen, die ebenfalls ein Headset angeschlossen und die Sprachübertragung aktiviert haben.

Alles, was ich bis jetzt beschrieben habe, sind Vorbereitungen, die Sie durchführen müssen oder können, bevor das eigentliche Spiel startet. Sobald vom Server aus das Spiel gestartet wird, schließen sich automatisch alle Client-Dialoge und das vertraute *Balance*-Spielfeld wird sichtbar:

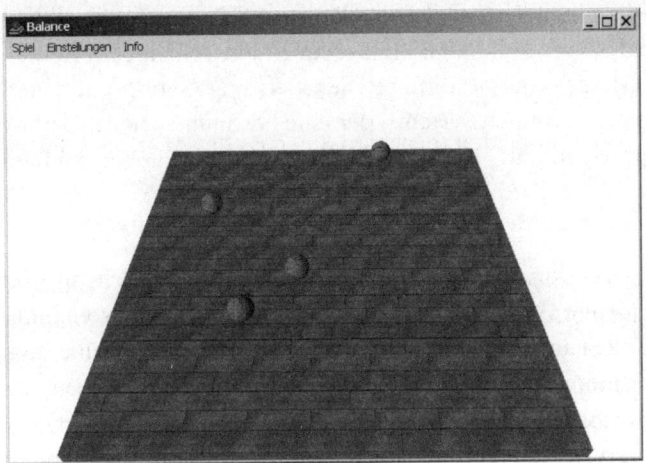

Ich habe hier ein Spielfeld nur aus Holz und ohne Hindernisse geladen, damit Sie sich auf das Wesentliche konzentrieren können. Auf dem Spielfeld sehen Sie für jeden Spieler eine Kugel. Ihre Kugel ist der Basketball. Diese Kugel steuern Sie, wie Sie es von *Balance* her kennen, mit dem Joystick oder mit Tastatur und Maus. Die Kugeln Ihrer Gegner sind ununterscheidbar aus grauem Granit. Ihre Aufgabe ist es, die Kugeln Ihrer Gegner von der Platte zu putzen. Die Beleuchtungseinstellungen und die Kameraführung kennen Sie ebenfalls schon aus *Balance*.

So weit erst einmal die Erklärungen zum Spiel. Ich habe mich bei der Beschreibung auf einen geradlinigen Ablauf ohne Fehlerfälle beschränkt. Fehlerfälle können in einem verteilten System allerdings jederzeit und ohne Vorwarnung auftreten. Zum Beispiel kann eine Netzwerkverbindung ausfallen oder ein Client beziehungsweise der Server wird unerwartet heruntergefahren. Solche Ausnahmen muss ein Netzwerkspiel natürlich auch bewältigen können. Ich werde auf diese Themen im Rahmen der Implementierung eingehen. Im Moment steht aber das Spiel und nicht die Behandlung von Ausnahmefällen im Vordergrund.

Spielen Sie jetzt erst einmal *Duell*, um sich mit dem Spiel vertraut zu machen. Danach werden wir uns mit einigen technischen Aspekten der Client-Server-Programmierung beschäftigen.

## 5.2    Asynchronität und verteilte Systeme

Was die 3D-Programmierung betrifft, müssen wir in diesem Projekt eigentlich nichts mehr hinzulernen. Neu ist, dass wir es jetzt mit einem **verteilten System** zu tun haben. Ein verteiltes System ist ein Softwaresystem, das eine logische Einheit bildet, physikalisch aber auf verschiedenen Rechnern in einem Netzwerk läuft. Innerhalb eines verteilten Systems gibt es Server und Clients – man spricht deshalb auch von Client-Server-Systemen. Ein **Server** ist ein Teil eines verteilten Systems, der (seinen Clients) eine bestimmte Dienstleistung (Service) anbietet. Ein **Client** ist ein Teil eines verteilten Systems, der eine bestimmte Dienstleistung eines Servers in Anspruch nimmt. Die angebotenen Dienstleistungen können vielfältig sein. Man kann durchaus eine Analogie zu Dienstleistungen des täglichen Lebens herstellen:

Eine Bäckerei ist ein Server. Sie bietet ihren Kunden einen Brot- und Brötchenservice an. Das Verkaufspersonal wartet dazu an einer allgemein bekannten Adresse (im Laden) auf Kunden, die diese Dienstleistung benötigen. Der Server ist, was die Kontaktaufnahme betrifft, passiv. Er weiß nichts über die Kunden, die ihn gegebenenfalls besuchen werden. Ein Kunde (Client) ist dagegen aktiv. Er kennt die Adresse des Servers und nimmt bei Bedarf den Kontakt zum Server auf. Die Kunden treffen zu nicht vorhersehbaren Zeiten beim Bäcker ein. Auch wenn das Verkaufspersonal gerade mit anderen Tätigkeiten beschäftigt ist, kümmert sich möglichst schnell jemand um den neuen Kunden und unterbricht dazu unter Umständen eine andere, nicht kundenbezogene Tätigkeit. Beim Verkaufsgespräch halten sich Verkäufer und Kunde an ein explizit oder implizit vereinbartes Vorgehen. Sie tauschen in einer ganz bestimmten Reihenfolge festgelegte Botschaften aus (Guten Morgen! Kann ich Ihnen helfen? Ich hätte gern ...! Darf es sonst noch etwas sein? Nein danke! Das macht ... €! Danke! Auf Wiedersehen!). Wichtig ist, dass beide Seiten immer genau nachhalten, in welcher Phase (Begrüßung, Bestellung, Bezahlung, ...) sich das Verkaufsgespräch gerade befindet.

Würde hier die Koordination verloren gehen, hätten Client und Server ein Kommunikationsproblem. Würde der Verkäufer etwa auf die Bezahlung der Ware warten und der Kunde gleichzeitig denken, dass er jetzt Wechselgeld zurückbekommen müsse, so hätten wir ein ernsthaftes Problem. Verschiedene Kunden werden in der Regel von verschiedenen Verkäufern parallel bedient. Beim Zugriff auf nur einmal vorhandene Ressourcen (zum Beispiel auf die Kasse oder auf ein bestimmtes Brot) müssen die verschiedenen Verkäufer dann allerdings Absprachen treffen, um kein Chaos zu erzeugen. Besonders problematisch ist, dass theoretisch jeder (Verkäufer oder Kunde) das Verkaufsgespräch ohne besondere Ankündigung abrupt beenden kann. Wichtig ist, dass in einer solchen Situation der jeweils andere wieder in seinen normalen Ablauf zurückfindet, auch wenn das Verkaufsgespräch nicht erfolgreich abgeschlossen wurde.

Wir wollen das, was wir informell am Beispiel des Bäckers gesehen haben, in die Welt der verteilten Softwaresysteme übertragen:[4]

▸ Der Server wartet an einer festen Adresse (IP-Adresse und Portnummer) auf die Verbindungswünsche der Clients.

▸ Häufig startet der Server für einen neuen Client oder sogar für jede Botschaft eines Clients einen neuen Thread (Verarbeitungspfad). Dieser Thread läuft asynchron zum Hauptverarbeitungspfad und zu den Threads zur Bedienung anderer Client-Anforderungen.

▸ Client und Server kommunizieren über ein exakt festgelegtes Protokoll. Zu diesem Protokoll gehören nicht nur Festlegungen über den formalen Aufbau und die inhaltliche Bedeutung einzelner Botschaften, sondern auch präzise Vereinbarungen darüber, in welcher Reihenfolge und gegebenenfalls auch mit welchem Timing die Botschaften auszutauschen sind.

▸ Client und Server arbeiten zustandsorientiert. Sie befinden sich immer in einem fest definierten Zustand und kennen den Zustand ihres Gegenübers, sodass sie genau wissen, welche Botschaften in einer bestimmten Situation zu senden beziehungsweise zu empfangen sind.

▸ Beim Zugriff auf nur einmal vorhandene Ressourcen müssen die verschiedenen Threads synchronisiert oder serialisiert werden.

▸ Client und Server müssen mit den zahlreichen bei verteilten Systemen zusätzlich denkbaren Fehlerquellen (zum Beispiel Unterbrechung der Netzwerkverbindung) so umgehen können, dass das System im Rahmen des Möglichen funktionsfähig bleibt.

---

4 Wenn Sie nicht alle Begriffe im folgenden Abschnitt verstehen, so machen Sie sich keine Sorgen. Ich werde auf alle Begriffe noch einmal im Detail eingehen.

Neu ist für Sie vielleicht der Aspekt der Parallelität oder Asynchronität von Programmen oder Programmteilen. Wir wollen dieses im Zusammenhang mit Client-Server-Systemen besonders wichtige Thema deshalb hier etwas genauer betrachten.

Sicherlich wissen Sie, dass auf einem multitasking-fähigen Rechner mehrere Programme oder Prozesse gleichzeitig laufen können. Genau genommen laufen die Prozesse aber nicht gleichzeitig, sondern das Betriebssystem weist den verschiedenen Programmen abwechselnd Zeitfenster zu, in denen sie an der Reihe sind. Da die Zeitfenster zwischen den Prozesswechseln sehr kurz sind, entsteht so der Eindruck der Gleichzeitigkeit. Der einzelne Prozess merkt von den Prozesswechseln nichts, da das Betriebssystem immer die gesamte Laufzeitumgebung des Prozesses sichert und bei Bedarf wieder restauriert. Ein Prozess »schläft«, wenn er nicht an der Reihe ist. Dieses System funktioniert sehr einfach und effizient, wenn die einzelnen Prozesse nichts miteinander zu tun haben. Jeder Prozess hat seinen eigenen Adressraum, in dem er seine Daten verwaltet. Immer, wenn er aufwacht, kann er sicher sein, die Daten wieder so vorzufinden, wie er sie beim Einschlafen hinterlassen hat. Selbst wenn die Daten beim Einschlafen in einem inkonsistenten Zwischenzustand waren, hat das keine Konsequenzen, da der Prozess beim Aufwachen genau dort weitermacht, wo er zuvor aufgehört hat.

Die Fähigkeit, mehrere Prozesse gleichzeitig zu fahren, werden wir ausnutzen, damit unser Server möglichst zeitnah auf die Anforderungen der Clients reagieren kann. Stellen Sie sich vor, dass der Server gerade mit einer komplexen und länger andauernden, aber vielleicht nicht besonders wichtigen Berechnung beschäftigt ist. Gleichzeitig benötigt ein Client dringend eine wichtige Information und schickt eine entsprechende Anforderung an den Server. Wie kann der Server mit dieser Situation fertig werden? Man könnte versuchen, den Server so zu programmieren, dass er immer nur kleine Häppchen seiner unwichtigen Aufgabe erledigt und zwischendurch nachschaut, ob Anfragen von einem seiner Clients eingetroffen sind. Die Erledigung dieser Anfragen würde er dann »dazwischenschieben«. Diese Art der Programmierung wäre sehr aufwändig, und ganz sicher, ob der Server seinen Verpflichtungen zeitnah nachkommt, wäre man trotzdem nicht. Viel eleganter ist es, wenn für eine Clientanforderung jeweils asynchron ein neuer Prozess gestartet wird, der sich gezielt mit der Anforderung beschäftigt. Dieser Prozess muss aber effizient auf die Daten des Servers zugreifen können und sollte daher nicht in einem separaten Adressraum laufen. Ein solcher Prozess, der im Adressraum eines übergeordneten Prozesses läuft, wird als **Thread** bezeichnet. Ein Thread ist also kein vollständig eigenständiger Prozess, sondern ein asynchron ablaufender Pfad innerhalb eines Prozesses. Die Umschaltung zwischen den verschiedenen Threads eines Prozesses erfolgt dabei aber auch in dem oben angesprochenen Sinne. Das Ausgangsproblem ist jetzt aber nur vermeintlich gelöst, denn wir haben ein neues Problem geschaffen. Wir haben jetzt asynchron laufende Threads, die auf den gleichen Datenpool zugreifen. Wenn also ein Thread durch einen anderen abgelöst wird, kann es sein, dass er die Daten in einem inkonsistenten Zustand hinterlässt, weil er mit der Bearbeitung noch nicht fertig ist. Stellen Sie sich vor, dass der abgelöste Thread gerade mit dem Einfügen eines Elements in eine Liste beschäftigt war und die Kontrolle in einem Moment verloren hat, in dem die Liste in einem unbrauchbaren Zwischenzustand war. Wenn dann der nachfolgende Thread genau diese Liste benötigt, haben wir ein ernsthaftes Problem. Programmabschnitte, in denen Daten, auf die gegebenenfalls verschiedene Threads zugreifen wollen, in einem möglicherweise inkonsistenten Zwischenzustand sind, nennen wir **kritische Bereiche** oder Critical Sections.

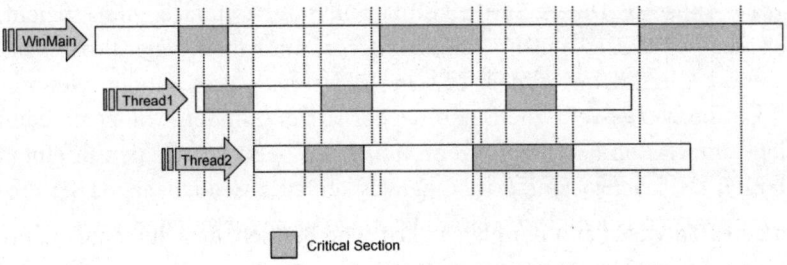

Es kann dabei durchaus verschiedene kritische Bereiche geben. Stellen Sie sich vor, dass Ihr Programm zwei Listen unabhängig voneinander verwaltet. Dann müssen wir natürlich nicht den Zugriff auf beide Listen sperren, sobald eine davon gerade in einer kritischen Bearbeitungsphase ist. In diesem Fall würde man mit zwei verschiedenen kritischen Bereichen arbeiten. Wir müssen verhindern, dass sich zwei verschiedene Threads gleichzeitig in ein und demselben kritischen Bereich befinden. Dazu stellt uns ein Multitaskingsystem Möglichkeiten bereit. Immer wenn wir in einen kritischen Bereich eintreten, sperren wir diesen, und wir geben ihn wieder frei, wenn wir den Bereich verlassen. Das Ganze funktioniert nach dem Prinzip: »Wer zuerst kommt, mahlt zuerst«. Das heißt, Threads, die versuchen, einen kritischen Bereich zu betreten, der gerade gesperrt ist, werden schlafen gelegt, bis der Bereich wieder frei ist.

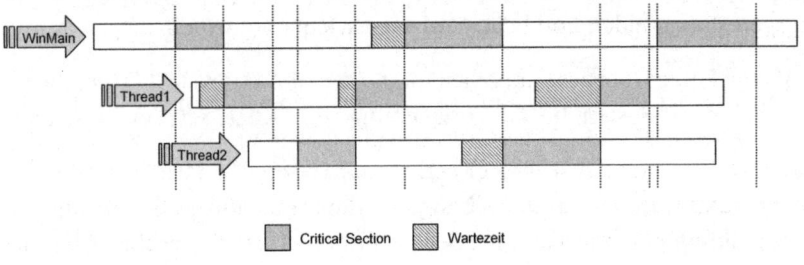

Auf diese Weise ergeben sich gewisse Wartezeiten und Verzögerungen, aber die viel wichtigere Konsistenz der Daten ist gesichert. Vermieden werden muss dabei natürlich, dass man in eine Situation gerät, in der ein Thread auf die Freigabe eines Bereichs durch einen anderen Thread wartet, der seinerseits darauf wartet, dass der erste Thread einen von ihm gesperrten anderen Bereich freigibt. Beide Threads schlafen dann und werden nicht wieder geweckt. Die beiden Bereiche sind dauerhaft blockiert – so etwas nennt man ein Deadlock:

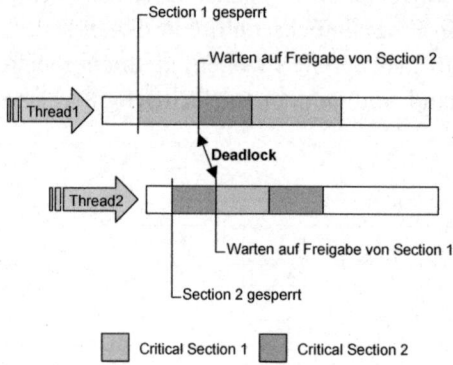

Innerhalb <u>eines</u> Threads kann der gleiche kritische Bereich aber durchaus mehrfach betreten werden. Man bekräftigt dadurch sozusagen noch einmal die Sperre gegenüber anderen Threads. Das ist unkritisch, da die Zugriffe innerhalb eines Threads ja synchron erfolgen:

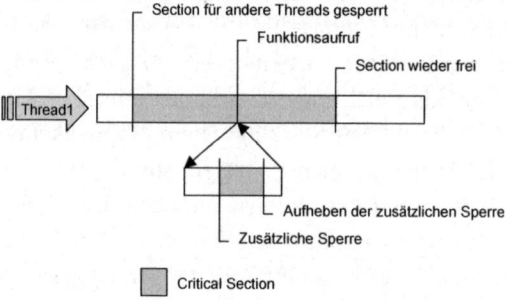

Wichtig ist nur, dass sich alle Funktionen beim Betreten des kritischen Bereichs ordnungsgemäß anmelden und beim Verlassen wieder abmelden.

Nun folgt eine kurze Übersicht über die Funktionen und Datenstrukturen, die Sie auf einem Windows-System für die Verwendung von Critical Sections benötigen.

Die grundlegende Datenstruktur ist `CRITICAL_SECTION`. Es handelt sich dabei um eine Datenstruktur, in der das Betriebssystem alle Daten ablegt, die für die korrekte Handhabung des kritischen Bereichs erforderlich sind. Welche Daten das sind, interessiert uns als Anwender nicht. Wichtig ist nur, dass wir eine solche Datenstruktur anlegen, korrekt initialisieren und dann überall dort verwenden müssen, wo wir uns auf den durch die Struktur festgelegten kritischen Bereich beziehen.[5] Üblicherweise verwenden wir als Übergabeparameter für die nachfolgend beschriebenen Funktionen einen Zeiger auf eine CRITICAL_SECTION. Ein solcher Zeiger ist durch den Datentyp LPCRITICAL_SECTION definiert.

### InitializeCriticalSection

In der Regel wird eine CRITICAL_SECTION als globale Variable angelegt. Eine Critical Section muss vor ihrer ersten Verwendung initialisiert werden. Dazu dient die Funktion InitializeCriticalSection:

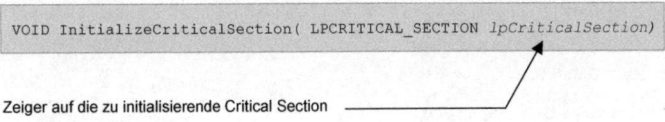

```
VOID InitializeCriticalSection( LPCRITICAL_SECTION lpCriticalSection)
```

Zeiger auf die zu initialisierende Critical Section

### EnterCriticalSection

Immer wenn ein Thread eine bestimmte Critical Section betreten will, versucht er, diese mit EnterCriticalSection für sich zu reservieren:

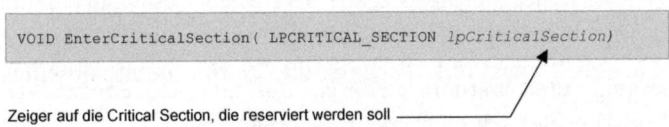

```
VOID EnterCriticalSection( LPCRITICAL_SECTION lpCriticalSection)
```

Zeiger auf die Critical Section, die reserviert werden soll

Ist die Critical Section bereits für einen anderen Thread reserviert, so schläft der aufrufende Thread, bis die Section wieder frei ist. Nach der Rückkehr aus dieser Funktion kann der kritische Bereich betreten werden. Die Verweildauer in einem kritischen Bereich sollte natürlich möglichst kurz sein, um keine unnötigen Wartezeiten für andere Threads zu erzwingen.

### TryEnterCriticalSection

Alternativ zu EnterCriticalSection kann man versuchen, einen kritischen Bereich mit TryEnterCriticalSection zu reservieren:

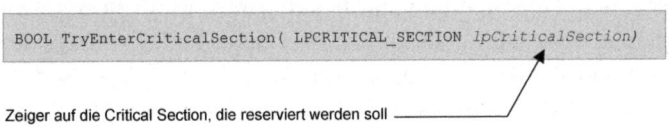

```
BOOL TryEnterCriticalSection( LPCRITICAL_SECTION lpCriticalSection)
```

Zeiger auf die Critical Section, die reserviert werden soll

---

5 Sie kennen das Prinzip von Dateioperationen. Dort benutzen Sie eine Datenstruktur FILE, ohne zu wissen, was sich hinter dieser Struktur verbirgt. Das Betriebssystem legt in dieser Struktur alle für den Zugriff auf die Datei erforderlichen Daten ab.

Im Gegensatz zu `EnterCriticalSection` kehrt diese Funktion immer sofort zurück, ohne auf das Freiwerden des kritischen Bereichs zu warten. Am Returncode kann man dann erkennen, ob die Reservierung erfolgreich war und ob man den kritischen Bereich betreten darf. Wenn die Reservierung nicht erfolgreich war, muss man später noch einmal anfragen. Mit Hilfe dieser Funktion kann man vermeiden, vor einer blockierten Critical Section in den Schlaf geschickt zu werden. Man ist dann aber selbst dafür verantwortlich, die Critical Section nicht zu betreten, solange sie blockiert ist.

### LeaveCriticalSection

Diese Funktion ruft man auf, wenn man einen kritischen Bereich, den man mit `EnterCriticalSection` oder `TryEnterCriticalSection` reserviert hat, wieder verlässt:

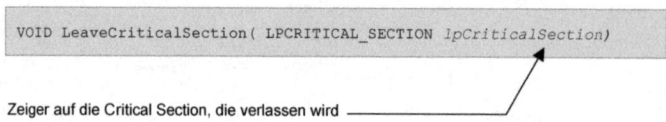

```
VOID LeaveCriticalSection( LPCRITICAL_SECTION lpCriticalSection)
```

Zeiger auf die Critical Section, die verlassen wird

Der kritische Bereich wird für andere Threads wieder freigegeben, sofern er nicht noch anderweitig in diesem Thread reserviert ist.

### DeleteCriticalSection

Diese Funktion muss aufgerufen werden, wenn ein mit `InitializeCriticalSection` angelegter kritischer Bereich nicht mehr benötigt wird:

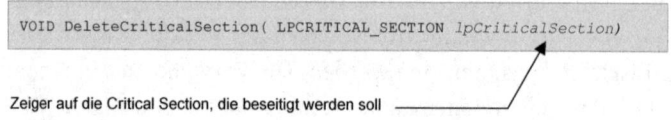

```
VOID DeleteCriticalSection( LPCRITICAL_SECTION lpCriticalSection)
```

Zeiger auf die Critical Section, die beseitigt werden soll

Die für den kritischen Bereich benötigten Systemressourcen werden durch Aufruf dieser Funktion wieder freigegeben.

Es gibt weitergehende Konzepte, um mit den Konflikten fertig zu werden, die aus der Asynchronität von Prozessen und Threads resultieren. Zum Beispiel können verschiedene Prozesse den konsistenten Zugriff auf gemeinsame Ressourcen über sogenannte Semaphoren steuern. Für unsere Zwecke reicht das Konzept der Critical Sections jedoch vollständig aus, sodass wir uns mit weitergehenden Fragestellungen hier nicht beschäftigen wollen.

## 5.3 Die Entwicklungsumgebung und die bereitgestellten Programme

Im Rahmen dieses Projekts müssen zwei Programme (Client und Server) entwickelt werden. Da die beiden Programme nicht unabhängig voneinander sind und das eine jeweils zum Testen des anderen benötigt wird, muss die Entwicklung schrittgleich erfolgen. Client und Server müssen immer auf einem abgestimmten Entwicklungsstand sein. Der von uns erstellte Programmcode kann immer einem der drei folgenden Bereiche zugeordnet werden:

▶ Programmcode, der nur für den Client erstellt wird

▶ Programmcode, der nur für den Server erstellt wird

▶ Programmcode, der für den Client und den Server gemeinsam erstellt wird

Der gemeinsame Programmcode beschränkt sich auf eine Headerdatei (Client-Server.h), in der wir im Wesentlichen Datenstrukturen für die Protokollschnittstelle zwischen Client und Server deklarieren werden, und auf die schon im *Balance*-Projekt verwendeten *DirectX*-Hilfsprogramme (DxUtil.h und DxUtil.cpp). Der client-spezifische Code ist in der Quellcodedatei Client.cpp abgelegt. Den server-spezifischen Code finden Sie in der Datei Server.cpp. Insgesamt ergibt das die folgende Projektgesamtstruktur:

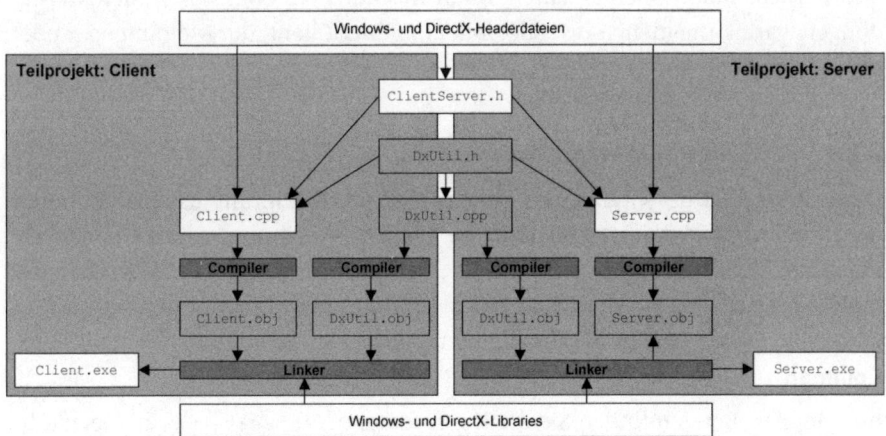

Entsprechend dieser Struktur habe ich innerhalb jeder Version drei Verzeichnisse (*Client*, *Server* und *Common*) angelegt. Wir starten mit der Version V01, die Sie von der CD kopieren sollten. Alle Folgeversionen empfehle ich Ihnen, obwohl sie auf der CD verfügbar sind, wieder selbst zu erstellen.

## 5.4 Realisierung

Jede Realisierungsstufe zerfällt bei diesem Projekt in drei Teilstufen:

- Common
- Client
- Server

Üblicherweise beginnen wir mit dem Common-Teil, um dann den Server und den Client zu bearbeiten. Das kann aber auch von Stufe zu Stufe variieren. Erst wenn alle drei Teile konsistent weiterentwickelt sind, kommen wir innerhalb einer Stufe wieder zu einem funktionierenden Gesamtsystem. Wenn Sie spezielle Teilaufgaben des Projekts betrachten, wird die Notwendigkeit dieser Vorgehensweise unmittelbar sichtbar. Nehmen Sie als Beispiel die Chat-Funktionalität. Als Erstes müssen wir uns überlegen, in welcher Form die Chat-Daten übertragen werden. Dazu müssen wir Telegrammstrukturen definieren und Kommunikationsabläufe festlegen. Das gehört in den Common-Bereich, da der Client und der Server in gleicher Weise von diesen Festlegungen betroffen sind. Dann müssen wir den Client und den Server entsprechend der Spezifikation des Common-Bereichs entwickeln. Das kann relativ unabhängig voneinander geschehen. Getestet werden kann das System aber erst, wenn Client und Server beide die erforderliche Funktionalität haben. Denn was nützt ein Chat-Server, der auf Meldungen wartet, die niemand sendet, oder ein Chat-Client, der Meldungen sendet, die niemand empfängt?

### 5.4.1 V01 Der Windows-Rahmen

Die Version V01 beschränkt sich auf das absolute Minimum, das man benötigt, um in der oben skizzierten Struktur die beiden Programme noch ohne jegliche Funktionalität zu erzeugen. Sie dient als Startpunkt für das weitere Vorgehen und enthält bereits alle erforderlichen Includes und Libraries.

**Common**

Im Common-Bereich finden Sie die Headerdatei `ClientServer.h`, die derzeit bis auf einige Includes noch leer ist:

```
# include <windows.h>
# include <d3dx8.h>
# include <dplay8.h>
# include <dxerr8.h>

// Protokollspezifikation fuer Client und Server
```

Hier werden wir später die von Client und Server gemeinsam verwendeten Datenstrukturen deklarieren.

**Server**

Der Server wird als dialogorientierte Anwendung erstellt. Das heißt, es wird kein Fenster, wie wir es etwa in *Balance* gehabt haben, geben. Dadurch wird vieles einfacher. Unser Startpunkt ist ein praktisch leeres Hauptprogramm (`WinMain`) mit der für ein Windows-Hauptprogramm vorgeschriebenen Standardschnittstelle:

```
# include <stdio.h>
# include <windows.h>
# include <commctrl.h>
# include "resource.h"
# include "ClientServer.h"
# include "DXUtil.h"

INT APIENTRY WinMain( HINSTANCE hInst, HINSTANCE hPrevInst,
                                 LPSTR pCmdLine, INT nCmdShow)

    {
    return 1;
    }
```

Wichtig ist, dass der Server die Protokollspezifikation (`ClientServer.h`) inkludiert.

**Client**

Auch der Client startet zunächst mit einem Dialog, um dann erst beim Start des eigentlichen Spiels ein »richtiges« Bildschirmfenster zu öffnen. Insofern unterscheidet sich der Client in dieser Projektphase nicht wesentlich vom Server:

```
# include <stdio.h>
# include <windows.h>
# include <commctrl.h>
# include <dinput.h>
# include "resource.h"
# include "ClientServer.h"
# include "DXUtil.h"

INT APIENTRY WinMain( HINSTANCE hInst, HINSTANCE hPrevInst,
                                 LPSTR pCmdLine, INT nCmdShow)

    {
    return 1;
    }
```

Wenn Sie genau hinsehen, werden Sie sehen, dass der Unterschied darin besteht, dass im Client `dinput.h` inkludiert wird. Das ist aber auch klar, denn der Client benötigt eine Steuerung über `DirectInput`, während der Server wie eine gewöhnliche Windows-Applikation bedient wird.

Compilieren und linken Sie die beiden Projekte, um zu testen, ob alles zusammenpasst. Zu sehen gibt es in dieser Projektphase noch nichts.

### 5.4.2  V02 Die Hauptdialoge

Sowohl der Client als auch der Server werden über durchaus komplexe Dialoge gesteuert. In dieser Phase wollen wir die erforderlichen Dialog-Ressourcen vollständig erstellen und die Dialoge auf den Bildschirm bringen.

**Common**

Im Common-Bereich ändert sich in dieser Projektphase nichts, da die Art und Weise, wie sich Client und Server an der Benutzerschnittstelle präsentieren, nicht von übergreifendem Interesse ist. Man könnte sogar verschiedene Clients mit gänzlich verschiedenen Oberflächen entwickeln und diese dann gemeinsam am gleichen Server betreiben.

**Server**

Als Erstes müssen wir für den Server die erforderlichen Ressourcen erstellen. Diese sind ein Icon (`IDI_MAIN`) in 32x32- und 16x16-Pixel-Darstellung

und die Ressource für den Dialog (`IDD_SERVER`):

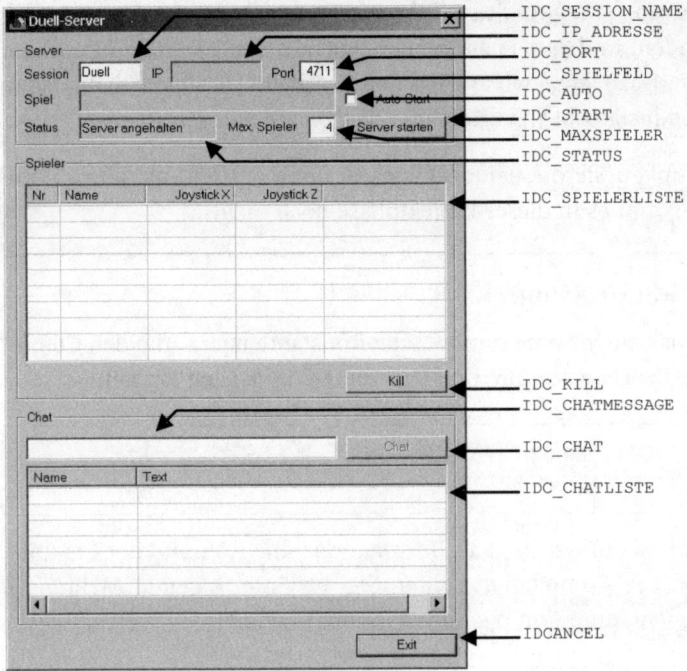

IDC_SESSION_NAME
IDC_IP_ADRESSE
IDC_PORT
IDC_SPIELFELD
IDC_AUTO
IDC_START
IDC_MAXSPIELER
IDC_STATUS
IDC_SPIELERLISTE
IDC_KILL
IDC_CHATMESSAGE
IDC_CHAT
IDC_CHATLISTE
IDCANCEL

Erstellen Sie die Dialog-Ressource mit den oben angegebenen Identifiern. Neu sind hier die zwei Listenelemente (IDC_SPIELERLISTE und IDC_CHATLISTE), die Sie wie andere Dialogelemente auf den Dialog ziehen können. Für ein Listenelement gibt es verschiedene Ansichten (*Symbol*, *Minisymbol*, *Liste* und *Bericht*). Wählen Sie für beide Listenelemente die Ansicht *Bericht*.

Sobald die Ressourcen fertiggestellt sind, können wir uns der Programmierung des Servers zuwenden. In dieser Phase wollen wir nur den Serverdialog auf den Bildschirm bringen. Dazu legen wir zunächst zwei globale Variablen ab, in denen wir Handles auf die Instanz beziehungsweise den Dialog ablegen werden:

```
HINSTANCE meine_instanz = 0;
HWND mein_serverdialog = 0;
```

Beide Handles werden mit dem Wert 0 initialisiert.

Anschließend definieren wir eine symbolische Konstante BUILD, die den Compilationszeitpunkt des Servers (Datum und Uhrzeit) als Textstring enthält:

```
# define BUILD "Duell-Server (" __DATE__ ", " __TIME__ ")"
# pragma message("Build: " BUILD)
```

Anschließend geben wir diesen Text als Informationszeile während der Compilation aus. Während der Compilation sollten Sie jetzt die folgende Meldung – natürlich mit einem anderen Compilationszeitpunkt – sehen:

```
Build: Duell-Server (May  3 2002, 19:55:15)
```

Diesen Textstring werden wir darüber hinaus in die Kopfleiste des Server-Dialogs einbrennen. Da Sie im Laufe des Projekts verschiedene Versionen der Client- beziehungsweise Serversoftware erstellen werden und diese nicht immer miteinander lauffähig sind, ist es hilfreich, wenn man sofort beim Start des Programms erkennen kann, mit welcher Version man es zu tun hat. Dies ist insbesondere dann hilfreich, wenn Sie verschiedene Versionen an Freunde und Bekannte verteilt und den Überblick verloren haben, wer eine aktuelle Version hat und wer nicht. Eine tiefere Bedeutung hat dieser Text nicht, und Sie können ihn wieder entfernen, sobald das Projekt erfolgreich beendet ist.

Im Hauptprogramm bereiten wir zunächst die Verwendung des Listenelements vor (A)[6]. Dann sichern wir den Handle der Instanz für eine gegebenenfalls erforderliche spätere Verwendeng (B):

---

6 Nehmen Sie das einfach als notwendige Initialisierung hin. Es ist müßig, an dieser Stelle viele Worte darüber zu verlieren.

```
   INT APIENTRY WinMain( HINSTANCE hInst, HINSTANCE hPrevInst,
                                  LPSTR pCmdLine, INT nCmdShow )
      {
A     INITCOMMONCONTROLSEX ic;

      ic.dwSize = sizeof( ic);
      ic.dwICC = ICC_LISTVIEW_CLASSES;
      InitCommonControlsEx( &ic);
B     meine_instanz = hInst;
C     DialogBox( hInst, MAKEINTRESOURCE(IDD_SERVER), NULL,
                                  (DLGPROC)serverdialog);

      return 1;
      }
```

Danach starten wir den Server-Dialog mit der Handler-Funktion `serverdialog` (C). Die Handler-Funktion `serverdialog`, deren Adresse wir hier übergeben, muss natürlich noch implementiert werden. Das ist aber sehr einfach, da wir noch keine wirklichen Funktionen implementieren:

```
   INT_PTR CALLBACK serverdialog( HWND hDlg, UINT msg,
                                  WPARAM wParam, LPARAM lParam)
      {
      HICON hIcon;

      switch( msg )
         {
      case WM_INITDIALOG:
A        SetWindowText( hDlg, BUILD);
         hIcon = LoadIcon( meine_instanz,
                           MAKEINTRESOURCE( IDI_MAIN));
         SendMessage( hDlg, WM_SETICON,
                      ICON_SMALL, (LPARAM)hIcon);
         SendMessage( hDlg, WM_SETICON, ICON_BIG, (LPARAM)hIcon);
         mein_serverdialog = hDlg;
         return TRUE;
      case WM_COMMAND:
         switch( LOWORD(wParam))
            {
         case IDCANCEL:
B           EndDialog( hDlg, 0);
            return TRUE;
```

```
            }
      break;
      }
   return FALSE;
   }
```

Im Teil A setzen wir den Compilationszeitpunkt in die Titelleiste und laden das Icon, das ebenfalls in der Titelleiste dargestellt werden soll. Damit erhält die Kopfzeile des Dialogs das folgende Aussehen:

Zusätzlich speichern wir den Handle des Dialogs in der bereitgestellten globalen Variablen `mein_serverdialog`.

Im Teil B wird der Dialog aufgrund eines Cancel-Befehls beendet.

Jetzt ist der Server-Dialog so weit fertig, dass das Programm gestartet werden kann. Wenn Sie dies tun, werden Sie allerdings feststellen, dass die beiden Listenelemente für Spieler und Chatbeiträge noch keine Spaltenunterteilung und auch noch keine Spaltenüberschriften haben und deshalb noch sehr nackt wirken:

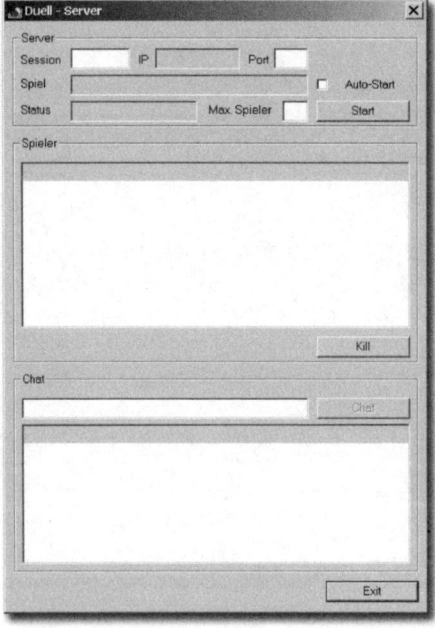

Um die Listenelemente auf die spätere Verwendung vorzubereiten, erstellen wir für jedes eine Initialisierungsfunktion, die die Aufgabe hat, die einzelnen Spalten in ihrer Breite festzulegen und die Überschriften für die Spalten zu definieren:

```
void spielerliste_initialisieren( HWND hDlg)
    {
    HWND lst;
    LVCOLUMN lvc;

    lst = GetDlgItem(hDlg, IDC_SPIELERLISTE);
    ListView_SetExtendedListViewStyleEx( lst,
                        LVS_EX_FULLROWSELECT|LVS_EX_GRIDLINES,
                        LVS_EX_FULLROWSELECT|LVS_EX_GRIDLINES);
    lvc.mask = LVCF_TEXT|LVCF_WIDTH|LVCF_FMT;
    lvc.fmt = LVCFMT_LEFT;
    lvc.cx = 36;
    lvc.pszText = "Nr";
    ListView_InsertColumn( lst, 0, &lvc);
    lvc.cx = 180;
    lvc.pszText = "Name";
    ListView_InsertColumn( lst, 1, &lvc);
    }
```

Diese Funktion ist nicht schwer zu verstehen. Zunächst besorgt man sich einen Handle (lst) auf das Listenelement (hier die Spielerliste). Dann werden der Liste zusätzliche Formateigenschaften gegeben. Danach werden die Spalten mit Breite und Überschrift festgelegt. Zur Übermittlung der erforderlichen Spaltendaten dient die Datenstruktur LVCOLUMN, die wie folgt deklariert ist:

```
typedef struct _LVCOLUMN
    {
    UINT mask;
    int fmt;
    int cx;
    LPTSTR pszText;
    int cchTextMax;
    int iSubItem;
    int iImage;
    int iOrder;
    } LVCOLUMN;
```

Die Initialisierung des zweiten Listenelements erfolgt in gleicher Weise und ist hier nur der Vollständigkeit halber aufgeführt:

```
void chatliste_initialisieren( HWND hDlg)
    {
    HWND lst;
    LVCOLUMN lvc;

    lst = GetDlgItem(hDlg, IDC_CHATLISTE);
    ListView_SetExtendedListViewStyleEx( lst,
                         LVS_EX_FULLROWSELECT|LVS_EX_GRIDLINES,
                         LVS_EX_FULLROWSELECT|LVS_EX_GRIDLINES);
    lvc.mask = LVCF_TEXT|LVCF_WIDTH|LVCF_FMT;
    lvc.fmt = LVCFMT_LEFT;
    lvc.cx = 120;
    lvc.pszText = "Name";
    ListView_InsertColumn( lst, 0, &lvc);
    lvc.cx = 360;
    lvc.pszText = "Text";
    ListView_InsertColumn( lst, 1, &lvc);
    }
```

Im Rahmen der Initialisierung des Dialogs rufen wir jetzt zusätzlich die Initialisierungsfunktionen für die beiden Listenelemente auf:

```
INT_PTR CALLBACK serverdialog( HWND hDlg, UINT msg,
                                    WPARAM wParam, LPARAM lParam)
    {
    ...
    switch( msg )
        {
    case WM_INITDIALOG:
        ...
        spielerliste_initialisieren( hDlg);
        chatliste_initialisieren( hDlg);
        ...
        return TRUE;
    ...
        }
    ...
    }
```

Wenn das erledigt ist, erscheinen die Listen des Dialogs in der gewünschten Darstellung, die ja bereits in der Abbildung zu Beginn dieses Abschnitts zu sehen
war.

## Client

Bei der Implementierung des Client-Dialogs gehen Sie jetzt völlig analog vor. Erstellen Sie ein Icon (IDI_MAIN)

und eine Dialog-Ressource mit den nachstehend aufgeführten Dialogelementen:

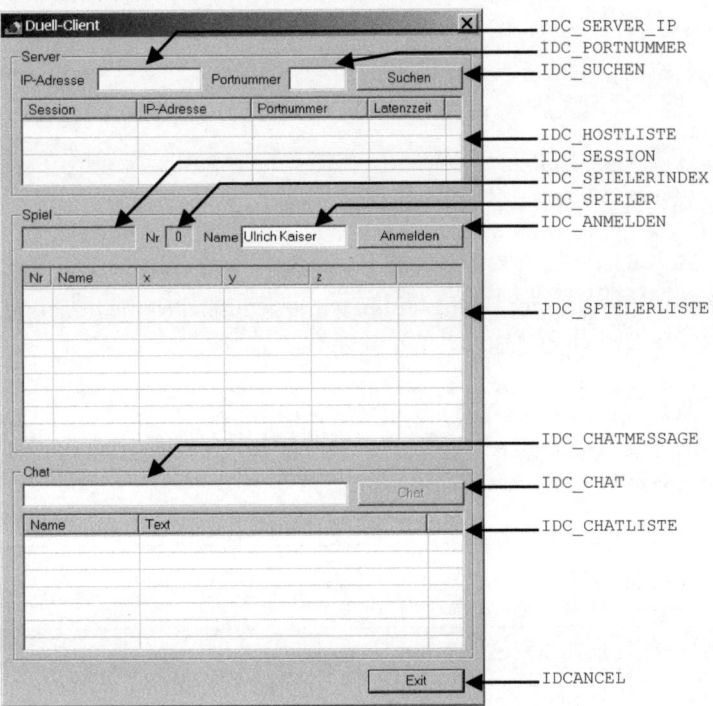

Im Code des Clients werden dann die gleichen Initialisierungsschritte durchlaufen wie beim Server. Unterschiede gibt es bei der Benennung von Funktionen beziehungsweise Ressourcen und im Layout der Listen. Nachfolgend finden Sie ohne weiteren Kommentar den entsprechenden Code:

Globale Variablen:

```
HINSTANCE meine_instanz = 0;
HWND mein_clientdialog = 0;
```

Initialisieren der Serverliste:

```
void serverliste_initialisieren( HWND hDlg)
    {
    HWND lst;
    LVCOLUMN lvc;

    lst = GetDlgItem(hDlg, IDC_HOSTLISTE);
    ListView_SetExtendedListViewStyleEx( lst,
                        LVS_EX_FULLROWSELECT|LVS_EX_GRIDLINES,
                        LVS_EX_FULLROWSELECT|LVS_EX_GRIDLINES);

    lvc.mask = LVCF_TEXT|LVCF_WIDTH|LVCF_FMT;
    lvc.fmt = LVCFMT_LEFT;
    lvc.cx = 120;
    lvc.pszText = "Session";
    ListView_InsertColumn( lst, 0, &lvc);
    lvc.cx = 120;
    lvc.pszText = "IP-Adresse";
    ListView_InsertColumn( lst, 1, &lvc);
    lvc.cx = 120;
    lvc.pszText = "Portnummer";
    ListView_InsertColumn( lst, 2, &lvc);
    lvc.cx = 80;
    lvc.pszText = "Latenzzeit";
    ListView_InsertColumn( lst, 3, &lvc);
    }
```

Initialisieren der Spielerliste:

```
void spielerliste_initialisieren( HWND hDlg)
    {
    HWND lst;
    LVCOLUMN lvc;

    lst = GetDlgItem(hDlg, IDC_SPIELERLISTE);
    ListView_SetExtendedListViewStyleEx( lst,
                        LVS_EX_FULLROWSELECT|LVS_EX_GRIDLINES,
                        LVS_EX_FULLROWSELECT|LVS_EX_GRIDLINES);
    lvc.mask = LVCF_TEXT|LVCF_WIDTH|LVCF_FMT;
    lvc.fmt = LVCFMT_LEFT;
    lvc.cx = 30;
    lvc.pszText = "Nr";
    ListView_InsertColumn( lst, 0, &lvc);
    lvc.cx = 90;
    lvc.pszText = "Name";
```

```
        ListView_InsertColumn( lst, 1, &lvc);
        lvc.cx = 90;
        lvc.pszText = "x";
        ListView_InsertColumn( lst, 2, &lvc);
        lvc.cx = 90;
        lvc.pszText = "y";
        ListView_InsertColumn( lst, 3, &lvc);
        lvc.cx = 90;
        lvc.pszText = "z";
        ListView_InsertColumn( lst, 4, &lvc);
        }
```

Initialisieren der Chatliste:

```
void chatliste_initialisieren( HWND hDlg)
    {
    HWND lst;
    LVCOLUMN lvc;

    lst = GetDlgItem(hDlg, IDC_CHATLISTE);
    ListView_SetExtendedListViewStyleEx( lst,
                        LVS_EX_FULLROWSELECT|LVS_EX_GRIDLINES,
                        LVS_EX_FULLROWSELECT|LVS_EX_GRIDLINES);
    lvc.mask = LVCF_TEXT|LVCF_WIDTH|LVCF_FMT;
    lvc.fmt = LVCFMT_LEFT;
    lvc.cx = 120;
    lvc.pszText = "Name";
    ListView_InsertColumn( lst, 0, &lvc);
    lvc.cx = 300;
    lvc.pszText = "Text";
    ListView_InsertColumn( lst, 1, &lvc);
    }
```

Definition und Ausgabe des Build-Makros:

```
# define BUILD "Duell-Client (" __DATE__ ", " __TIME__ ")"
# pragma message("Build: " BUILD)
```

Handler-Funktion des Client-Dialogs:

```
LRESULT CALLBACK clienthandler( HWND hDlg, UINT msg,
                            WPARAM wParam, LPARAM lParam)
    {
    HICON hIcon;
```

```
    switch( msg )
        {
    case WM_INITDIALOG:
        SetWindowText( hDlg, BUILD);
        hIcon = LoadIcon( meine_instanz,
                        MAKEINTRESOURCE( IDI_MAIN ));
        SendMessage( hDlg, WM_SETICON, ICON_SMALL,
                    (LPARAM) hIcon);
        SendMessage( hDlg, WM_SETICON, ICON_BIG, (LPARAM) hIcon);
        serverliste_initialisieren( hDlg );
        spielerliste_initialisieren( hDlg );
        chatliste_initialisieren( hDlg );
        mein_clientdialog = hDlg;
        return TRUE;
    case WM_COMMAND:
        switch( LOWORD(wParam) )
            {
        case IDCANCEL:
            EndDialog( hDlg, 0 );
            return TRUE;
            }
        break;
        }
    return FALSE;
    }
```

Hauptprogramm:

```
INT APIENTRY WinMain( HINSTANCE hInst, HINSTANCE hPrevInst,
                                LPSTR pCmdLine, INT nCmdShow )
    {
    INITCOMMONCONTROLSEX ic;

    ic.dwSize = sizeof( ic);
    ic.dwICC = ICC_LISTVIEW_CLASSES;
    InitCommonControlsEx( &ic);

    meine_instanz = hInst;

    DialogBox( hInst, MAKEINTRESOURCE(IDD_CLIENT), NULL,
                                    (DLGPROC)clienthandler);

    return 1;
    }
```

Wenn Sie die Datei `client.cpp` so weit fertiggestellt haben, können Sie den Client compilieren und testen.

Client und Server sind zwei Programme, die (noch) nichts miteinander zu tun haben. Beide können unabhängig voneinander gestartet und mit minimaler Funktionalität betrieben werden. Das soll natürlich nicht so bleiben. Im nächsten Abschnitt werden Client und Server zum ersten Mal Kontakt miteinander aufnehmen. Erst dann kann man ja von einem Client-Server-System reden.

### 5.4.3 V03 Erste Kontaktaufnahme

In dieser Version wollen wir unser System so weit weiterentwickeln, dass die Clients nach verfügbaren Servern suchen und die gefundenen Server in einer Liste darstellen können. Dazu muss es zunächst ein eindeutiges Erkennungsmerkmal geben, anhand dessen ein Client einen für ihn zuständigen Server finden kann. Dieses Erkennungsmerkmal ist die sogenannte GUID. Die GUID gehört natürlich in den Common-Bereich.

**Common**

Der Client findet den Server anhand einer eindeutigen Serverkennung. Diese Kennung wird vom Programmierer einmal vergeben und dann »lebenslang« vom Server verwendet. Als Kennung wird eine sogenannte GUID[7] verwendet. Eine **GUID** ist ein 128-Bit-Wert und wird aus individuellen Hardware-Konstanten des Rechners (MAC-Adresse), aus der Systemzeit sowie aus weiteren internen Daten des Rechners zusammengestellt. Sie können davon ausgehen, dass eine solche GUID weltweit eindeutig ist.[8]

GUIDs können Sie mit dem Hilfsprogramm *guidgen.exe* erzeugen. Starten Sie dieses Programm, das Sie unter den Hilfsprogrammen der Microsoft-Entwicklungsumgebung finden:[9]

---

7  Globally Unique Identifier

8  Absolut sicher kann man dabei natürlich nicht sein, aber konzeptionell sind GUIDs so angelegt, dass Sie statistisch gesehen über 3000 Jahre lang 10 Millionen GUIDs pro Sekunde berechnen können, ohne dass es zu Doubletten kommt.

9  Für den Fall, dass Sie nicht über die Microsoft-Entwicklungsumgebung verfügen, habe ich Ihnen einen freien GUID-Generator auf der CD im Unterverzeichnis `/tools/makeguid` zur Verfügung gestellt.

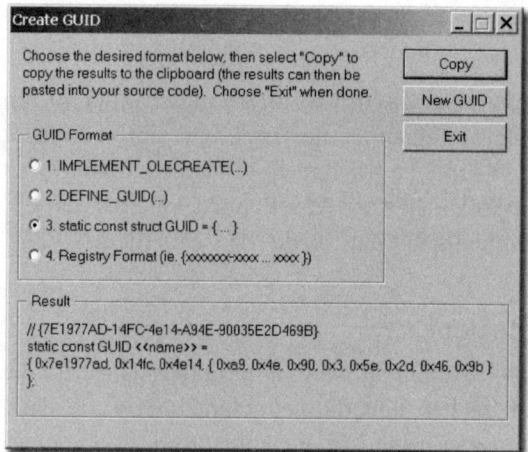

Im Programm wählen Sie das GUID Format 3 (statische C-Konstante) und kopieren die generierte GUID mit dem *Copy*-Button in die Zwischenablage. Aus der Zwischenablage können Sie die GUID dann in die Headerdatei `ClientServer.h` einfügen. Das sieht dann prinzipiell so aus,

```
// {7E1977AD-14FC-4e14-A94E-90035E2D469B}
static const GUID <<name>> =
{ 0x7e1977ad, 0x14fc, 0x4e14, {0xa9,0x4e,0x90,0x3,0x5e,0x2d,0x46,
                               0x9b }};
```

wobei bei Ihnen sicherlich andere Werte stehen, sonst wäre der Zweck der GUID nicht erfüllt. Ersetzen Sie dann noch den Platzhalter <<name>> durch den Variablennamen my_guid:

```
static const GUID my_guid =
{ 0x7e1977ad, 0x14fc, 0x4e14, {0xa9,0x4e,0x90,0x3,0x5e,0x2d,0x46,
                               0x9b }};
```

In der Headerdatei wird dadurch eine Konstante mit einem weltweit eindeutigen Wert definiert. Client und Server includieren diese Datei und haben damit das gewünschte eindeutige Erkennungszeichen.

Jetzt legen wir noch eine symbolische Konstante an, anhand derer Client und Server erkennen, auf wie viele Spieler das Spiel maximal ausgelegt ist:

```
# define MAX_PLAYERS 12
```

Das ist der für diese Projektphase erforderliche gemeinsame Teil. Jetzt geht es darum, den Client und den Server weiterzuentwickeln. Wir beginnen mit dem Server.

## Server

Vorab möchte ich noch einige grundlegende Bemerkungen über sogenannte COM-Objekte machen. COM ist das **Component Object Model** von Microsoft. Es handelt sich dabei um eine Architektur, die die programmiersprachenunabhängige, plattformübergreifende Entwicklung von objektorientierten Softwarekomponenten für Client-Server-Systeme ermöglicht. Genau genommen haben wir in allen Projekten bereits COM-Objekte eingesetzt, ohne dass ich besonders darauf hingewiesen habe. Zum Beispiel sind praktisch alle *DirectX*-Objekte COM-Objekte. Diese COM-Objekte waren aber immer so unter C++-Schnittstellen versteckt, dass man ihre wahre Natur kaum entdecken konnte. Wir müssen hier nicht tief in die COM-Architektur eindringen, da wir keine COM-Objekte entwickeln, sondern nur einige wenige COM-Objekte benutzen wollen.

Vor seiner ersten Verwendung muss ein COM-Objekt instanziiert werden. Dazu verwendet man die Funktion CoCreateInstance

```
HRESULT CoCreateInstance( REFCLSID rclsid,
                          LPUNKNOWN pUnkOuter,
                          DWORD dwClsContext,
                          REFIID riid,
                          LPVOID * ppv);
```

mit den folgenden Parametern:

rclsid      Dies ist die CLSID (Class Identifier) der Klasse, von der eine Instanz erzeugt werden soll. Wir werden es hier mit den Klassen CLSID_DirectPlay8Server, CLSID_DirectPlay8Client und CLSID_DirectPlay8Address zu tun haben.

pUnkOuter      Dieser Parameter soll uns nicht interessieren, er ist in unseren Beispielen immer NULL.

dwClsContext      Dieser Parameter legt die Laufzeitumgebung fest, in die das Objekt eingebunden werden soll. Wir verwenden hier nur den Wert CLSCTX_INPROC_SERVER. Er bedeutet, dass das Objekt im Prozess des aufrufenden Programms läuft.

riid      Dieser Parameter gibt das Interface an, über das mit dem Objekt kommuniziert wird. Wir verwenden hier IID_IDirectPlay8Server, IID_IDirectPlay8Client und IID_IDirectPlay8Address.

ppv        In diesem Parameter wird uns die Schnittstelle zum Objekt zurückgegeben. Über diesen Zeiger kommunizieren wir mit dem Objekt, wenn wir es erfolgreich instanziiert haben.

Eines der Konzepte von COM ist, dass das eigentliche Objekt und seine im Anwendungsprogramm sichtbare Schnittstelle voneinander getrennt werden. Das aufrufende Programm hat nur eine Referenz auf die Schnittstelle, die es durch den Aufruf von `CoCreateInstance` erhält. Das eigentliche Objekt ist nicht im direkten Zugriff des aufrufenden Programms. Es kann ja in einem ganz anderen Adressraum[10] liegen. Insbesondere bedeutet dies, dass das aufrufende Programm nicht explizit in das Speicher-Management eines COM-Objekts eingreifen kann. COM-Objekte haben daher einen internen Verwendungszähler (reference count). Dieser wird durch `CoCreateInstance` oder auch durch einen expliziten Aufruf der Funktion `AddRef` um eins hochgezählt. Wird ein COM-Objekt nicht mehr benötigt, beseitigt man eine bestehende Referenz durch Aufruf von `Release`.[11] Erst wenn keine Referenzen mehr auf ein Objekt bestehen, wird das Objekt endgültig beseitigt – oder besser gesagt: Es beseitigt sich selbst. Auch wenn Ihnen das im Moment noch nicht ganz klar ist, werden Sie sehen, dass sich COM-Objekte in der Verwendung kaum von »gewöhnlichen« C++-Objekten unterscheiden.

Doch jetzt zur eigentlichen Weiterentwicklung des Servers. In der Regel startet der Server vor allen Clients. Die Informationen, die wir zusammenstellen müssen, bevor der Server startet, sind:

- die eindeutige Kennung (GUID)
- der Sessionname für das Spiel
- die IP-Adresse der Servermaschine
- der Port, über den der Server kommuniziert

Die GUID haben wir bereits in der Headerdatei `ClientServer.h` bereitgestellt. Der Sessionname ist eine grundsätzlich entbehrliche Information, die der konkreten Spielrunde (Session) einen Namen gibt. Die IP-Adresse des Servers liegt durch die Einbindung des Rechners in das Netzwerk bereits fest und kann von uns nicht frei gewählt oder gar geändert werden. Die Portnummer kann unter gewissen Einschränkungen frei vergeben werden. Häufig verwenden Spieleserver eine im Code festgelegte Portnummer. Wir wollen hier, um die Flexibilität bei der Adressierung zu zeigen, eine vom Benutzer eingegebene Portnummer

---

10 Bei DCOM (Distributed Component Object Model) sogar auf einem ganz anderen Rechner.
11 Jedes COM-Objekt muss die Funktionen `AddRef` und `Release` in seiner Schnittstelle implementieren.

verwenden. Wenn Sie sich einen Überblick verschaffen wollen, welche Ports auf Ihrem Rechner gerade frei oder in Benutzung sind, laden Sie sich aus dem Internet am besten eines der zahlreichen Freeware-Programme zum Monitoring des Netzwerks herunter. Das Programm *Active Ports* (auf der CD im Verzeichnis `Tools/ActivePorts`) zeigt auf meinem Rechner beispielsweise das folgende Bild:

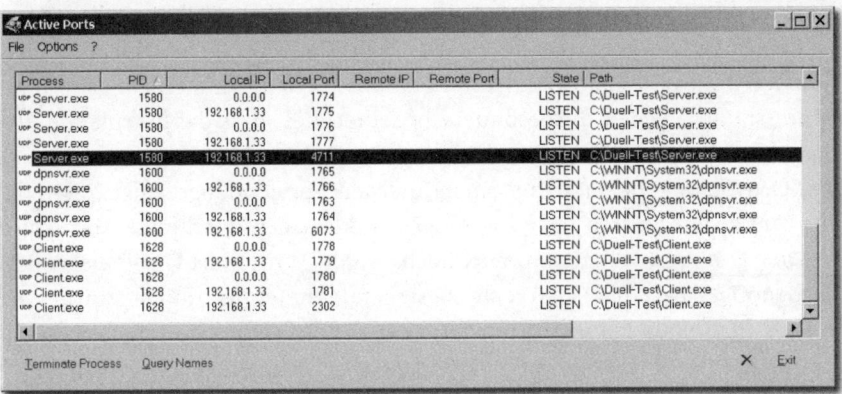

Neben zahlreichen anderen Prozessen (hier nicht im Bild) und dem DirectPlay-Server (Prozess-ID 1600) zeigt die Liste einen Duell-Server (PID 1580) sowie einen Duell-Client (PID 1628), die jeweils fünf Ports in Beschlag genommen haben, darunter auch den Port 4711, den ich beim Start des Servers gewählt habe. Ganz links in der Liste können Sie erkennen, dass *DirectPlay* das UDP-Protokoll verwendet. Vielleicht wissen Sie, dass es in der Internet-Kommunikation das TCP- und das UDP-Protokoll gibt. TCP (Transport Control Protocol) ist ein verbindungsorientiertes Protokoll, das von den meisten Internetdiensten verwendet wird. UDP (User Datagram Protocol) dagegen ist ein verbindungsloses Protokoll, das eher für Netzwerkdienste geeignet ist. Beide Protokolle basieren auf dem Internet-Protokoll. Ich will hier nicht auf die Unterschiede der beiden Protokolle eingehen. Vereinfacht gesprochen bietet TCP mehr Übertragungsqualität und UDP dagegen eine bessere Performance. DirectPlay verwendet ein auf UDP basierendes spezielles Protokoll, das einerseits sehr effizient ist und bei dem zusätzliche Übertragungsqualität (zum Beispiel gesicherte Zustellung von Meldungen, Gewährleistung der Reihenfolge) sozusagen bei Bedarf zugeschaltet werden kann.

Das Netzwerk selbst hat entscheidenden Einfluss auf die Performance eines Spiels. In der Regel entwickeln und testen Sie Ihr Spiel in einem lokalen Netz mit großer Bandbreite, geringen Latenzzeiten und hoher Übertragungsqualität. Im späteren Betrieb des Spiels kann das ganz anders aussehen. Geringe Bandbreiten oder große Latenzzeiten mindern die Spielfreude erheblich. Sie sollten Ihr Spiel daher gelegentlich in einer weniger hochwertigen Umgebung testen.

Doch lassen Sie uns mit der Implementierung des Servers beginnen. Server und Client arbeiten, das hatte ich bei der allgemeinen Diskussion von Client-Server-Systemen bereits festgestellt, zustandsorientiert. Der Server durchläuft während einer Session die folgenden Zustände:[12]

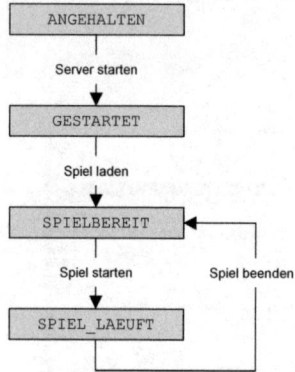

Auch wenn wir in dieser Phase nur den Übergang vom Zustand ANGEHALTEN in den Zustand GESTARTET programmieren, stellen wir bereits jetzt symbolische Konstanten für alle Zustände bereit:

```
# define ANGEHALTEN      0
# define GESTARTET        1
# define SPIELBEREIT      2
# define SPIEL_LAEUFT     3
```

Dann legen wir eine Klasse duell_server an, in der wir alle Daten und Funktionen des Servers bündeln:

```
class duell_server
    {
    public:
        CRITICAL_SECTION critsec;
        int status;
        char hostname[64];
        char sessionname[64];
        DWORD portnummer;
        int maxspieler;
        IDirectPlay8Server *server;

        duell_server();
```

---

12 Natürlich kann der Server auch wieder angehalten und heruntergefahren werden, aber im Prinzip ist er so ausgelegt, dass er permanent läuft.

```
    ~duell_server();

    void lock() { EnterCriticalSection( &critsec);}
    void unlock() { LeaveCriticalSection( &critsec);}

    int start( PFNDPNMESSAGEHANDLER msghandler, char *sname,
                                    int pno, int maxsp);

    void stop();
};
```

Im Einzelnen handelt es sich bei den Daten um:

▶ eine Critical Section (`critsec`), die wir benötigen, um kritische Bereiche vor konkurrierendem, asynchronem Zugriff zu schützen. Ich hatte diese Technik bereits eingangs dieses Kapitels vorgestellt.

▶ einen Zeichenpuffer (`hostname`), in dem wir die IP-Adresse des Servers (zum Beispiel `192.168.1.33`) als String ablegen werden

▶ einen weiteren Zeichenpuffer für den Namen der jeweiligen Session (zum Beispiel `Duell`)

▶ die Portnummer (`portnummer`)

▶ die maximal zulässige Anzahl an Spielern (`maxspieler`), die zwischen 2 und 12 liegen sollte

▶ einen Zeiger (`server`) auf die von DirectPlay bereitgestellte Datenstruktur für den Server

Neben einem Konstruktor (`duell_server`) und dem Destruktor (`~duell_server`) gibt es im Server noch die Funktionen `lock` und `unlock`, um den kritischen Bereich zu sperren beziehungsweise wieder freizugeben. Diese beiden Funktionen sind als Inlinefunktion in der Klasse implementiert. Die Funktionen `start` und `stop` dienen – der Name lässt dies bereits vermuten – zum Starten beziehungsweise zum Stoppen des Servers.

Im Konstruktor bringen wir den Server in einen konsistenten Initialzustand. Dazu rufen wir die Funktion `CoInitializeEx` auf, um mit Multithreading arbeiten zu können. Danach initialisieren wir die Critical Section durch Aufruf der Funktion `InitializeCriticalSection`:

```
duell_server::duell_server()
    {
    CoInitializeEx( NULL, COINIT_MULTITHREADED);
    InitializeCriticalSection( &critsec);

    server = 0;
    hostname[0] = 0;
```

```
maxspieler = 4;
strcpy( sessionname, "Duell");
portnummer = 4711;

status = ANGEHALTEN;
}
```

Nachdem die Daten-Member `server`, `hostname`, `maxspieler`, `sessionname` und `portnummer` in naheliegender Weise initialisiert sind, setzen wir zum Abschluss den Serverstatus auf `ANGEHALTEN`.

Im Destruktor beseitigen wir die Critical Section (`DeleteCriticalSection`) und geben die für das Multithreading benötigten Ressourcen wieder frei (`CoUninitialize`):

```
duell_server::~duell_server()
    {
    DeleteCriticalSection( &critsec);
    CoUninitialize();
    }
```

Bei der `start`-Funktion des Servers

```
int start( PFNDPNMESSAGEHANDLER msghandler, char *sname, int pno,
                                                      int maxsp)
```

sollten wir zunächst noch einmal einen Blick auf die Schnittstelle werfen. Die `start`-Funktion erhält die folgenden Parameter:

▶ einen Zeiger auf eine Funktion (`msghandler`), die die Aufgabe hat, die Client-Anforderungen zu bearbeiten, die den Server asynchron erreichen. Ähnliche Funktionen kennen Sie bereits zum Beispiel als Handler für Dialoge. Neu ist hier, dass für jeden Aufruf dieser Funktion ein eigener Thread gestartet wird. Die aus der Asynchronität resultierenden Probleme kennen Sie bereits. Die hier übergebene Funktion benötigt eine ganz spezielle Schnittstelle (`PFNDPN-MESSAGEHANDLER`), die wir aber erst weiter unten besprechen werden.

▶ den Sessionnamen (`sname`) als 0-terminierten String

▶ die gewünschte Portnummer (`pno`)

▶ die Anzahl der maximal zugelassenen Spieler (`maxsp`)

Die Funktion besteht aus einer im Prinzip sehr einfachen Abfolge allerdings sehr technischer Funktionsaufrufe, die wir uns, weil sie hier erstmalig auftreten, etwas genauer anschauen müssen. Dazu werfen wir einen Blick auf den Funktionscode:

```
     int duell_server::start( PFNDPNMESSAGEHANDLER msghandler,
                              char *sname, int pno, int maxsp)
     {
     HRESULT hr;
     PDIRECTPLAY8ADDRESS adr = 0;
     DPN_APPLICATION_DESC adsc;
     WCHAR buf[64];
     DWORD buflen = 64;
     DWORD anza = 1;
     DWORD type;
```

A
```
     strcpy( sessionname, sname);
     portnummer = pno;
     maxspieler = maxsp;
```

B
```
     hr = CoCreateInstance( CLSID_DirectPlay8Server, NULL,
                    CLSCTX_INPROC_SERVER, IID_IDirectPlay8Server,
                    (LPVOID*)&server);
     if( hr < 0)
         goto RETURN;
```

C
```
     hr = server->Initialize( 0, msghandler, 0);
     if( hr < 0)
         goto RETURN;
```

D
```
     hr = CoCreateInstance( CLSID_DirectPlay8Address, NULL,
                    CLSCTX_INPROC_SERVER, IID_IDirectPlay8Address,
                    (LPVOID*)&adr );
     if( hr < 0)
         goto RETURN;
```

E
```
     hr = adr->SetSP( &CLSID_DP8SP_TCPIP);
     if( hr < 0)
         goto RETURN;
```

F
```
     adr->AddComponent( DPNA_KEY_PORT, &portnummer,
                        sizeof(portnummer),
                        DPNA_DATATYPE_DWORD);
```

G
```
     DXUtil_ConvertGenericStringToWide( buf, sessionname);
     ZeroMemory( &adsc, sizeof(DPN_APPLICATION_DESC));
     adsc.dwSize = sizeof( DPN_APPLICATION_DESC);
     adsc.dwFlags = DPNSESSION_CLIENT_SERVER;
     adsc.guidApplication = my_guid;
     adsc.pwszSessionName = buf;
     adsc.dwMaxPlayers = maxspieler + 1;
```

H
```
     hr = server->Host( &adsc, &adr, 1, NULL, NULL,
                        (void *)-1, 0);
     if( hr < 0)
         goto RETURN
```

I
```
     server->GetLocalHostAddresses(&adr, &anza, 0);
```

```
    adr->GetComponentByName( DPNA_KEY_HOSTNAME, buf,
                             &buflen, &type);
    DXUtil_ConvertWideStringToAnsi( hostname, buf, 64);
RETURN:
    if( adr)
        adr->Release();
    return hr;
}
```

A: Zunächst werden der Sessionname, die Portnummer und die maximale Spieler-erzahl in die dafür vorgesehenen Daten-Member der Klasse übertragen.

B: Durch den Aufruf von `CoCreateInstance` wird ein DirectPlay-Server einge-richtet. Genau genommen wird hier ein COM-Objekt instanziiert. Wichtig ist, dass nach erfolgreicher Durchführung dieser Funktion ein Zeiger auf den Ser-ver (ein COM-Objekt vom Typ `IDirectPlay8Server`) in der Member-Variab-len `server` bereitgestellt ist.

C: Jetzt teilen wir dem Server mit, welche Funktion er verwenden soll, wenn ihn asynchrone Events erreichen. Diese Funktion gibt es noch nicht. Sie muss es auch noch nicht geben, da sie hier nur als Parameter »durchgereicht« wird. Wir werden jedoch nicht umhinkommen, diese Funktion irgendwann zu erstellen.

D: Jetzt erzeugen wir ein weiteres COM-Objekt – diesmal vom Typ `PDIRECTPLAY8ADDRESS`. Dieses Objekt dient dazu, die erforderliche Adress-information aufzunehmen und an den Server weiterzugeben.

E: In diesem Schritt wird der Service-Provider des Adressobjekts festgelegt. Unter einem Service-Provider versteht man in diesem Zusammenhang die Systemkomponente, die die Kommunikationsdienstleistung erbringt. Das ist natürlich sehr allgemein formuliert. Das muss aber auch so allgemein formu-liert sein, da sich hinter einem Service-Provider sehr unterschiedliche Techno-logien verbergen können. *DirectPlay* unterstützt Verbindungen über das Internet-Protokoll, über ein Modem, die serielle Schnittstelle oder das IPX-Protokoll.[13] Die Grundeinstellungen für diese Service-Provider sind sehr ver-schieden (zum Beispiel müssen Sie die Portnummer für das Internet-Protokoll und die Baud-Rate für die serielle Schnittstelle angeben). Wenn aber die Grundeinstellungen einmal vorgenommen sind, können die verschiedenen Provider einheitlich verwendet werden. Wir interessieren uns hier nur für das Internet-Protokoll, denn das ist sicherlich der wichtigste Provider.

---

13 IPX (Internetwork Packet Exchange) ist ein Netzwerkprotokoll, das von Novell Netware ver-wendet wird.

F: Jetzt wird die Portnummer zu dem unter E instanziierten Adressobjekt hinzugefügt.

G: In diesem Bereich wird eine Applikationsbeschreibung (Datenstruktur `DPN_APPLICATION_DESC`) für den Server bereitgestellt. Diese Beschreibung enthält den Sessionnamen, die GUID des Servers und die Maximalzahl an Spielern, die der Server annehmen soll. Beachten Sie, dass der Sessionname zunächst in das von DirectPlay verwendete Multi-Byte-Stringformat konvertiert werden muss. Vielleicht sollte man an dieser Stelle erwähnen, dass das klassische ANSI[14]-C nur mit einem Ein-Byte-Zeichensatz arbeitet. Typischerweise ist das der ASCII[15]-Zeichensatz. Internationale Systeme, die zum Beispiel auch mit japanischen oder chinesischen Schriftzeichen arbeiten können müssen, benötigen aber größere Zeichensätze, bei denen ein einzelnes Zeichen mehr als ein Byte belegt. Wir könnten auch in unserem C-Programm durchweg mit Multi-Byte-Zeichen arbeiten. Da ich das aber nicht mache, müssen wir an der Schnittstelle zur internationalen Multi-Byte-Welt immer konvertieren: mal von ANSI in Multi-Byte und mal von Multi-Byte in ANSI. Wir benutzen dazu die Funktionen `DXUtil_ConvertGenericStringToWide` und `DXUtil_ConvertWideStringToAnsi` aus den DirectX-Utilities.

H: Jetzt wird die Serversession gestartet. Dem Server werden dazu das Adressobjekt (`adr`) und die Applikationsbeschreibung (`adsc`) übergeben.

I: Dieser Schritt ist für den Start der Serversession nicht mehr zwingend notwendig. Hier wird nur noch die IP-Adresse des Servers gelesen und in die Member-Variable `hostname` kopiert, damit sie später an der Benutzeroberfläche ausgegeben werden kann.

Im Fehlerfall wird zum Ende der Funktion gesprungen.[16] Dort wird gegebenenfalls das Adressobjekt freigegeben und anschließend der Returncode (`hr`) an das aufrufende Programm zurückgegeben.

Mit der Funktion `stop` wird der Server gestoppt. Bevor der Server gestoppt wird, muss allerdings zunächst einmal geprüft werden, ob er überhaupt initialisiert wurde. Der Code der `stop`-Funktion bedarf keiner weiteren Erklärung:

---

14 ANSI (American National Standards Institute) ist die staatliche amerikanische Normierungsbehörde, vergleichbar mit dem deutschen DIN (Deutsches Institut für Normung).

15 American Standard Code for Information Interchange

16 Ich habe mir hier ausnahmsweise mal ein `goto` erlaubt, da ohne Verwendung von `goto` zu viele ineinandergeschachtelte Fallunterscheidungen entstanden wären.

```
void duell_server::stop()
    {
    if( server)
        {
        server->Close(0);
        server->Release();
        server = 0;
        }
    status = ANGEHALTEN;
    }
```

Damit ist der `duell_server` so weit fertiggestellt, dass wir eine Instanz erzeugen können:

```
duell_server mein_server;
```

Diese Instanz werden wir nach und nach erweitern, bis der Server die für das Spiel erforderliche volle Funktionalität besitzt.

Sie erinnern sich aber hoffentlich noch, dass die wichtige Callback-Funktion zur Behandlung der Client-Anforderungen noch erstellt werden muss. Zum Starten des Servers müssen wir einen Zeiger auf diese Funktion (PFNDPNMESSAGEHANDLER) übergeben, damit der Server im Bedarfsfall diese Funktion asynchron starten kann. Bevor wir die Funktion erstellen, erkunden wir zunächst einmal die von *DirectPlay* vorgegebene Schnittstelle:

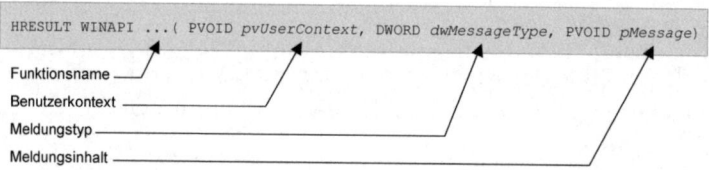

Den Namen der Funktion und natürlich auch die Bezeichnung der Parameter können wir frei wählen. Der Benutzerkontext ermöglicht es, auch wenn es zunächst unsinnig klingt, Daten an uns selbst zu übergeben. Wir bekommen hier den ersten Parameter, den wir seinerzeit an die Initialize-Funktion des Servers übergeben hatten,[17] wie ein Echo wieder zurück. Ein solcher Parameter ist sinnvoll, wenn man mehrere Server aufsetzt, die den gleichen Messagehandler verwenden. Man gibt dann bei der jeweiligen Initialisierung eine spezifische Kontext-Information[18] mit, mit deren Hilfe sich der Messagehandler auf die

---

17  Bei uns war das eine 0.

18  In der Regel ist das ein Zeiger auf eine anwendungsspezifische Datenstruktur, die alle kontextspezifischen Informationen enthält, die der Messagehandler für seine Arbeit benötigt.

unterschiedlichen Server einstellen kann. Wir verwenden diesen Parameter hier nicht. Der Meldungstyp sagt uns, mit welcher Art von Meldung wir es zu tun haben. Es gibt eine Reihe von vordefinierten Meldungstypen, mit denen wir uns nach und nach beschäftigen werden. Die folgende Liste zeigt eine Übersicht über die vorgegebenen Meldungstypen. Ich will die unterschiedlichen Typen an dieser Stelle nicht erklären, aber einige der Namen sind durchaus aufschlussreich und lassen bereits erahnen, wozu diese Meldungen dienen:

```
DPN_MSGID_ADD_PLAYER_TO_GROUP
DPN_MSGID_ASYNC_OP_COMPLETE
DPN_MSGID_CLIENT_INFO
DPN_MSGID_CONNECT_COMPLETE
DPN_MSGID_CREATE_GROUP
DPN_MSGID_CREATE_PLAYER
DPN_MSGID_DESTROY_GROUP
DPN_MSGID_DESTROY_PLAYER
DPN_MSGID_ENUM_HOSTS_QUERY
DPN_MSGID_ENUM_HOSTS_RESPONSE
DPN_MSGID_GROUP_INFO
DPN_MSGID_HOST_MIGRATE
DPN_MSGID_INDICATE_CONNECT
DPN_MSGID_INDICATED_CONNECT_ABORTED
DPN_MSGID_PEER_INFO
DPN_MSGID_RECEIVE
DPN_MSGID_REMOVE_PLAYER_FROM_GROUP
DPN_MSGID_RETURN_BUFFER
DPN_MSGID_SEND_COMPLETE
DPN_MSGID_SERVER_INFO
DPN_MSGID_TERMINATE_SESSION
```

Der Meldungsinhalt ist vom Meldungstyp abhängig und wird uns daher hier als gestaltloser Zeiger (PVOID) übergeben. Sobald wir den Meldungstyp kennen, können wir die Meldung durch eine passende Cast-Operation entziffern. Bei erfolgreicher Bearbeitung einer Meldung sollte der Messagehandler den Wert S_OK zurückgeben.

Mit diesen Informationen können wir eine erste, weitestgehend funktionslose Version des Messagehandlers erstellen:

```
HRESULT WINAPI server_messagehandler( PVOID pvUserContext,
                                      DWORD dwMessageTyp,
                                      PVOID pMessage)
    {
    int ret = S_OK;

    return ret;
    }
```

Dieser Messagehandler beantwortet alle Messages, ungeachtet ihres Typs oder Inhalts, mit S_OK. Das reicht vorerst für den Server aus. Trotzdem möchte ich Ihnen an dieser Stelle zeigen, wie wir im Handler eine Message »fangen« und verarbeiten können.

Wenn ein Client das Netz nach verfügbaren Servern absucht und dabei auch unser Server angefragt wird, erhalten wir die Meldung DPN_MSGID_ENUM_HOSTS_QUERY. Wenn wir diese Meldung entgegennehmen und mit !S_OK beantworten, findet der Client unseren Server nicht. Im Code würde das wie folgt aussehen:

```
HRESULT WINAPI server_messagehandler( PVOID pvUserContext,
                                      DWORD dwMessageType,
                                      PVOID pMessage)
    {
    int ret = S_OK;

    switch( dwMessageType)
        {
    case DPN_MSGID_ENUM_HOSTS_QUERY:
        ret = !S_OK; // Test: Query abweisen
        break;
        }
    return ret;
    }
```

Sie können das zu Testzwecken einbauen, sollten aber nicht vergessen, diesen Code nach dem Test wieder zu entfernen.

Beachten Sie, dass der Messagehandler vom Server asynchron in einem eigenen Thread aufgerufen wird. Sie müssen sich also vorstellen, dass die eigentliche Dialoganwendung und mehrere Instanzen des Messagehandlers *gleichzeitig* aktiv sind. Das ist im Moment noch unkritisch, da der Messagehandler auf keine Daten der Dialoganwendung zugreift. Sobald das der Fall ist, müssen wir die kritischen Bereiche mit den oben bereitgestellten lock- und unlock-Funktionen schützen. Bezogen auf unseren Messagehandler könnte das wie folgt aussehen:

```
HRESULT WINAPI server_messagehandler( PVOID pvUserContext,
                                      DWORD dwMessageType,
                                      PVOID pMessage)
    {
    int ret = S_OK;
    mein_server.lock()
... Bearbeitung der Messages
    mein_server.unlock()
    return ret;
    }
```

Dabei ist zu beachten, dass sich ein Thread immer nur möglichst kurz in einem kritischen Bereich aufhalten sollte, um unnötige Wartezeiten für andere Threads zu vermeiden. Aber das ist im Moment sicherlich kein Problem.

Wir müssen den Server jetzt nur noch in die Dialoganwendung integrieren. Dazu erstellen wir eine Funktion (next_serverstate), die den Server entsprechend der bereits bekannten Zustandsfolge

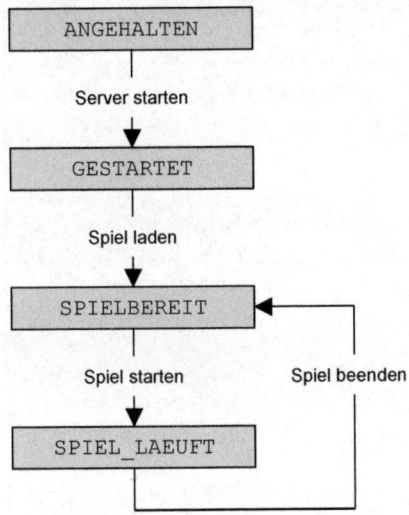

von einem Zustand in den Folgezustand überführt. Im Moment interessiert uns dabei nur der Übergang vom Zustand ANGEHALTEN in den Zustand GESTARTET.

```
     void next_serverstate( HWND hDlg)
         {
         char sessionname[64];
         int portnummer;
         int maxsp;
         int hr;

         switch( mein_server.status)
             {
             case ANGEHALTEN:
A                SetCursor( LoadCursor(NULL, IDC_WAIT));
B                GetDlgItemText( hDlg, IDC_SESSION_NAME,
                                 sessionname, 64);
                 portnummer = GetDlgItemInt( hDlg, IDC_PORT, 0, FALSE);
                 maxsp = GetDlgItemInt( hDlg, IDC_MAXSPIELER, 0, 0);
                 if( maxsp < 2)
                     maxsp = 2;
```

```
      if( maxsp > MAX_PLAYERS)
          maxsp = MAX_PLAYERS;
      SetDlgItemInt( hDlg, IDC_MAXSPIELER, maxsp, FALSE );

C     hr = mein_server.start( server_messagehandler,
                              sessionname,
                              portnummer, maxsp);

D     if( hr == S_OK)
          {
          SetDlgItemText( hDlg, IDC_IP_ADRESSE,
                          mein_server.hostname);
          mein_server.status = GESTARTET;
          }
      else

E         {
          MessageBox( hDlg, DXGetErrorDescription9( hr),
                      "Duell-Meldung", MB_OK | MB_ICONERROR |
                                       MB_SETFOREGROUND);
          mein_server.stop();
          }

F     SetCursor( LoadCursor(NULL, IDC_ARROW));
      break;
      }
  }
```

Im Einzelnen passiert hier Folgendes:

A: Da der Zustandswechsel von ANGEHALTEN nach GESTARTET wegen des erforderlichen Serverstarts unter Umständen etwas länger dauert, setzen wir am
Anfang die Eieruhr als Cursor. Dies machen wir unter Punkt E wieder rückgängig.

B: Hier lesen wir die Benutzer-Eingaben (Sessionname, Portnummer, Maximalzahl der Spieler) aus den entsprechenden Dialogfeldern. Eine falsche Spielerzahl wird dabei stillschweigend korrigiert und wieder in das Dialogfeld
zurückgeschrieben.

C: Jetzt versuchen wir den Server zu starten. Wir übergeben dazu die erforderlichen Parameter, darunter insbesondere den oben erstellten Messagehandler,
an die Funktion start des Servers.

D: Ist der Server erfolgreich gestartet, so schreiben wir den Hostnamen in das
zugehörige Dialogfeld und setzen den Server-Status auf GESTARTET.

E: Funktioniert der Start des Servers nicht, geben wir eine Meldung aus und sorgen dafür, dass der unter Umständen teilweise gestartete Server wieder sauber gestoppt ist[19].

F: Am Ende wird wieder der Pfeilcursor anstelle der Eieruhr dargestellt.

Jetzt erstellen wir noch eine Funktion, die den aktuellen Serverstatus im Dialog darstellt:

```
void display_serverstate( HWND hDlg)
    {
    int st;

    switch( mein_server.status)
        {
    case ANGEHALTEN:
        SetDlgItemText( hDlg, IDC_STATUS, "Server angehalten");
        SetDlgItemText( hDlg, IDC_START, "Server starten");
        SetDlgItemText( hDlg, IDC_SESSION_NAME,
                        mein_server.sessionname);
        SetDlgItemInt( hDlg, IDC_PORT, mein_server.portnummer,
                        FALSE);
        SetDlgItemInt( hDlg, IDC_MAXSPIELER,
                        mein_server.maxspieler, FALSE);
        break;
    case GESTARTET:
        SetDlgItemText( hDlg, IDC_STATUS, "Server läuft");
        SetDlgItemText( hDlg, IDC_START, "Spiel laden");
        break;
        }
    st = (mein_server.status == ANGEHALTEN);
    EnableWindow( GetDlgItem(hDlg, IDC_SESSION_NAME), st);
    EnableWindow( GetDlgItem(hDlg, IDC_PORT), st);
    EnableWindow( GetDlgItem(hDlg, IDC_MAXSPIELER), st);
    }
```

Zur Darstellung gehört auch das Aktivieren beziehungsweise Deaktivieren der Eingabefelder und das Umbenennen des Buttons IDC_START. Ansonsten sehe ich in dieser Funktion nichts, was einer besonderen Erklärung bedarf.

Damit das, was wir vorbereitet haben, auch wirksam und sichtbar wird, müssen wir die Funktionen noch aus dem Dialoghandler heraus aktivieren. Das folgende

---

19 Der Server könnte sozusagen halb gestartet sein. Das Serverobjekt ist vielleicht instanziiert, aber die Adresszuweisung hat nicht funktioniert, weil der Port anderweitig belegt ist.

Codefragment zeigt die dazu notwendigen Ergänzungen gegenüber der Vorversion:

```
INT_PTR CALLBACK serverdialog( HWND hDlg, UINT msg,
                               WPARAM wParam, LPARAM lParam)
    {
    ...
    switch( msg )
        {
    case WM_INITDIALOG:
        SetWindowText( hDlg, BUILD);
        ...
        spielerliste_initialisieren( hDlg);
        chatliste_initialisieren( hDlg);
        display_serverstate( hDlg);
        mein_serverdialog = hDlg;
        return TRUE;
    case WM_COMMAND:
        switch( LOWORD(wParam))
            {
        case IDC_START:
            next_serverstate( hDlg);
            display_serverstate( hDlg);
            return TRUE;
        case IDCANCEL:
            SetCursor( LoadCursor(NULL, IDC_WAIT));
            mein_server.stop();
            SetCursor( LoadCursor(NULL, IDC_ARROW));
            EndDialog( hDlg, 0);
            return TRUE;
            }
        break;
        }
    ...
    }
```

Auch diese Ergänzungen müssen nicht weiter erklärt werden. Sie können das Serverprogramm jetzt ausführen. Wenn Sie auf den Button *Server starten* klicken, sollte die IP-Adresse Ihres Rechners in der Anzeige erscheinen. Dies und die Statusanzeige zeigen Ihnen, dass der Server mit Erfolg gestartet wurde:

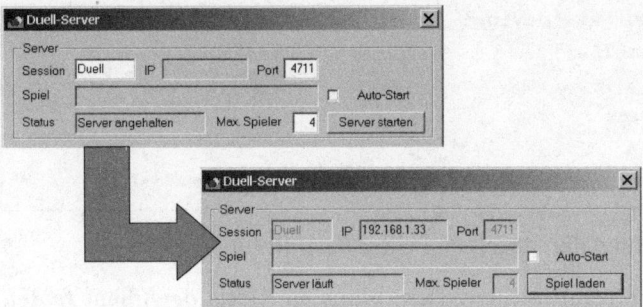

Viel mehr als die IP-Adresse des Servers, die Sie auch durch Eingabe von `ipcon-fig` in das Kommando-Fenster Ihres Systems

```
c:\>ipconfig

Windows 2000-IP-Konfiguration

Ethernetadapter "LAN-Verbindung 2":

        Verbindungsspezifisches DNS-Suffix: UK
        IP-Adresse. . . . . . . . . . . . : 192.168.1.33
        Subnetzmaske. . . . . . . . . . . : 255.255.255.0
        Standardgateway . . . . . . . . . : 192.168.1.1

c:\>_
```

hätten erhalten können, sehen Sie allerdings noch nicht. Aber, auch wenn man es noch nicht sehen kann, wir sind unserem Ziel schon ein großes Stück näher gekommen. Der Server wartet begierig auf den ersten Client, um ihn zu bedienen. Jetzt müssen wir dem Client beibringen, den Server zu finden.

### Client

Vieles, was wir im letzten Abschnitt über den Server gelernt haben, können wir auch beim Client anwenden.

Der Client soll Informationen über die verfügbaren Server oder Spielehosts sammeln. Dazu müssen wir zunächst einmal festlegen, welche Informationen über einen Host überhaupt erfasst werden sollten. Zur Speicherung dieser Daten legen wir eine Datenstruktur an, die wir host nennen:

```
struct host
    {
    host *next;
    GUID instance;
    IDirectPlay8Address *server;
```

```
IDirectPlay8Address *device;
char sessionname[64];
char hostname[64];
DWORD portnummer;
int latenz;
};
```

Wir wollen die Bedeutung der einzelnen Felder kurz diskutieren:

next      Da wir vorab nicht wissen, wie viele Hosts der Client findet,
          legen wir die Hostdaten in einer Liste ab, die wir dynamisch auf-
          bauen. Dies ist der zur Listenbildung benötigte Zeiger auf den
          jeweils nächsten Datensatz der Liste.

instance  Der Server hat eine GUID, die auch dem Client bekannt ist und
          über die der Server vom Client gefunden wird. Wenn der Server
          gestartet wird, erhält er von *DirectPlay* eine weitere GUID. Diese
          ist für jede Serverinstanz, also für jeden gestarteten Server, eine
          andere. Anhand dieser GUID können verschiedene Serverinstan-
          zen vom Client unterschieden werden. Da ein und dieselbe
          Instanz, zum Beispiel bei mehrfachem Suchen, mehrfach gefun-
          den werden kann, benutzen wir diese eindeutige Kennung, um
          zu verhindern, dass die gleiche Instanz mehrfach in der Server-
          liste auftaucht.

server    Dies ist ein Zeiger auf die Adresse des gefundenen Hosts. Über
          diese Adresse wird gegebenenfalls die Verbindung zum Host
          hergestellt. Das zugrunde liegende COM-Objekt IDirectPlay8
          Address kennen Sie bereits vom Server.

device    Dies ist ein Zeiger auf das Device, über das der Client den Server
          ansprechen kann. Diese Information benötigen wir, um mit dem
          Host eine Kommunikationsverbindung zu betreiben.

sessionname  Dies ist der Sessionname, wie wir ihn beim Start des Servers fest-
          gelegt haben. Dieser Name hat keine tiefere Bedeutung für die
          Verbindung von Client und Server. Er ist nur für den Spieler da,
          damit dieser sich zu einer ihm zusagenden Session anmelden
          kann.

hostname  Dies ist die IP-Adresse des Servers. Diese Information ist bereits
          in der Serveradresse (server) enthalten. Sie wird hier redundant
          gespeichert, um sie nicht immer wieder erneut aus der Server-
          adresse extrahieren zu müssen, wenn man sie etwa in der Server-
          liste im Dialog darstellen will.

portnummer      Dies ist die Portnummer, die der Server verwendet. Auch diese Information ist bereits in der Serveradresse (server) enthalten. Sie wird aus dem gleichen Grund wie der hostname hier redundant gespeichert.

latenz      Dies ist eine Information über die »Nähe« des Clients zum Server. Es handelt sich um die oben bereits beschriebene Roundtrip- oder Latenzzeit, die hier gespeichert wird, um sie in der Serverliste anzeigen zu können.

Immer wenn der Client einen Server findet, legt er eine solche Datenstruktur an, füllt sie mit den Daten des Servers und verkettet sie mit den bereits vorhandenen Daten zu einer Liste. Zur Anmeldung wählt der Benutzer dann einen Host aus dieser Liste aus. Aber so weit sind wir noch nicht. Zunächst legen wir die Klasse duell_client mit den elementaren Daten- und Funktions-Membern an:

```
class duell_client
    {
    public:
        CRITICAL_SECTION critsec;
        IDirectPlay8Client *client;
        host *hlist;
        host *myhost;

        void reset();
        duell_client();
        ~duell_client();

        void lock() { EnterCriticalSection( &critsec);}
        void unlock() { LeaveCriticalSection( &critsec);}

        int init( PFNDPNMESSAGEHANDLER pfn);
        int host_suchen( char *host, DWORD port);
        int host_hinzufuegen( PDPNMSG_ENUM_HOSTS_RESPONSE msg);
    };
```

Im Einzelnen handelt es sich bei den Daten-Membern um:

▶ eine Critical Section (critsec), die wir benötigen, um kritische Bereiche vor gleichzeitigem, asynchronem Zugriff zu schützen. Das kennen wir bereits vom Server.

▶ einen Zeiger (client) auf die von *DirectPlay* bereitgestellte Datenstruktur (IDirectPlay8Client) für den Client. Auch das gab es analog beim Server.

- die Hostliste (`hlist`), in der wir die oben beschriebenen Hostdaten verwalten werden.

- einen Zeiger (`myhost`). Dieser Zeiger verweist auf den aus der Hostliste ausgewählten Server, mit dem der Client verbunden ist. Wir führen diesen Zeiger hier schon ein, obwohl wir ihn erst später im Zusammenhang mit dem Verbindungsaufbau wirklich benötigen.

Neben einem Konstruktor (`duell_client`) und dem Destruktor (`~duell_client`) und einer Reset-Funktion (`reset`) gibt es dann noch die Funktionen `lock` und `unlock`, um wie beim Server den kritischen Bereich zu sperren beziehungsweise wieder freizugeben. Die Funktion `init` dient zum Initialisieren des Clients. Die Bedeutung der Funktionen `host_suchen` und `host_hinzufügen` ergibt sich aus ihren Namen. Alle Funktionen werden im Folgenden im Detail besprochen.

Im Konstruktor bringen wir den Client in einen konsistenten Initialzustand. Dazu setzen wir die Zeiger (`client`, `hlist`) auf 0 und rufen anschließend die `reset`-Funktion auf. Danach rufen wir dann wie beim Server die Funktionen `CoInitializeEx` und `InitializeCriticalSection` auf:

```
duell_client::duell_client()
    {
    client = 0;
    hlist = 0;
    reset();

    CoInitializeEx( NULL, COINIT_MULTITHREADED);
    InitializeCriticalSection( &critsec);
    }
```

Die Reset-Funktion wurde bereits im Konstruktor verwendet und dient dazu, den für die Hostliste allokierten Speicher und die COM-Objekte wieder freizugeben:

```
void duell_client::reset()
    {
    host *h;

    if( client)
        client->Close(0);
    client = 0;
    myhost = 0;
    while( h = hlist)
        {
        hlist = h->next;
```

```
        h->server->Release();
        h->device->Release();
        free( h );
        }
    }
```

Es ist uneinsichtig, warum diese Funktion aus dem Konstruktor aufgerufen wird, da sie in dieser speziellen Situation ja nur myhost = 0 ausführt. Ich habe das aber mit Blick auf spätere Erweiterungen, die Sie jetzt noch nicht erkennen können, so programmiert. Im Destruktor können wir die reset-Funktion aber bereits jetzt gut gebrauchen:

```
duell_client::~duell_client()
    {
    reset();
    DeleteCriticalSection( &critsec);
    CoUninitialize();
    }
```

Zusätzlich müssen wir im Destruktor die COM-Ressourcen freigeben.

Auch bei der Initialisierung des Clients können wir vom Server lernen. Alles ist nur ein bisschen einfacher:

```
    int duell_client::init( PFNDPNMESSAGEHANDLER msghandler)
        {
        HRESULT hr;
        DPN_CAPS caps;
A       hr = CoCreateInstance( CLSID_DirectPlay8Client, NULL,
                        CLSCTX_INPROC_SERVER,IID_IDirectPlay8Client,
                        (LPVOID*)&client);
        if( hr < 0)
            return hr;
B       hr = client->Initialize( NULL, msghandler, 0);
        if( hr < 0)
            return hr;
C       caps.dwSize = sizeof( DPN_CAPS);
        caps.dwConnectTimeout = 5000;
        caps.dwConnectRetries = 1;
```

421

```
        caps.dwTimeoutUntilKeepAlive = 1000;
        caps.dwFlags = 0;
        hr = client->SetCaps( &caps, 0);
        return hr;
        }
```

A: Durch den Aufruf von CoCreateInstance wird ein *DirectPlay*-Client einge-richtet. Die Bedeutung der Parameter kennen Sie bereits vom Server.

B: Zur Initialisierung erhält der Client den Messagehandler für die asynchrone Verarbeitung der Servermeldungen.

C: Hier werden noch einige wichtige Kommunikationsparameter gesetzt, auf die ich aber nicht näher eingehen will. Informationen dazu finden Sie in der Online-Hilfe.

In dieser Version ist es die vorrangige Aufgabe des Clients, geeignete Server auf-zuspüren. Dazu dient die Funktion host_suchen. Im Zusammenhang mit dieser Funktion werden wir das Konzept der Threads zum ersten Mal wirklich ausnut-zen.

Die Funktion host_suchen erhält als Parameter die IP-Adresse und die Portnum-mer des zu suchenden Spielehosts. Wird keine IP-Adresse oder kein Port spezifi-ziert, so ist der entsprechende Parameter 0. Die Funktion programmieren wir dann wie folgt aus:

```
int duell_client::host_suchen( char *host, DWORD port)
    {
    HRESULT hr;
    DPN_APPLICATION_DESC app;
    DPNHANDLE async;
    IDirectPlay8Address *hostadr;
    IDirectPlay8Address *myadr;
    WCHAR whost[64];

    myadr = 0;
    hostadr = 0;
```
A
```
    hr = CoCreateInstance( CLSID_DirectPlay8Address, NULL,
                CLSCTX_INPROC_SERVER, IID_IDirectPlay8Address,
                (LPVOID*)&myadr);
    if( hr < 0)
        goto RETURN;
    hr = myadr->SetSP( &CLSID_DP8SP_TCPIP);
    if( hr < 0)
        goto RETURN;
```

```
B    hr = CoCreateInstance( CLSID_DirectPlay8Address, NULL,
                   CLSCTX_INPROC_SERVER, IID_IDirectPlay8Address,
                   (LPVOID*)&hostadr);
     if( hr < 0)
         goto RETURN;
     hr = hostadr->SetSP( &CLSID_DP8SP_TCPIP);
     if( hr < 0)
         goto RETURN;

C    if( host)
         {
         DXUtil_ConvertGenericStringToWide( whost, host);
         hostadr->AddComponent( DPNA_KEY_HOSTNAME, whost,
                         (strlen(host)+1)*sizeof(WCHAR),
                         DPNA_DATATYPE_STRING);
         }
     if( port != 0)
         hostadr->AddComponent( DPNA_KEY_PORT, &port,
                         sizeof(DWORD),
                         DPNA_DATATYPE_DWORD);

D    ZeroMemory( &app, sizeof( DPN_APPLICATION_DESC));
     app.dwSize = sizeof( DPN_APPLICATION_DESC);
     app.guidApplication = my_guid;

E    hr = client->EnumHosts( &app, hostadr, myadr,
                         NULL, 0,INFINITE, 0,
                         INFINITE, NULL, &async, 0);
     if( hr == DPNERR_PENDING)
         hr = S_OK;

F    RETURN:
     if( myadr)
         myadr->Release();
     if( hostadr)
         hostadr->Release();
     return hr;
     }
```

A: Wir legen ein Adressobjekt für den Client an. Welche Portnummer dazu verwendet wird, ist uns egal. Hauptsache, die Kommunikation findet über das Internet-Protokoll statt.

B: Für den gesuchten Host legen wir ein weiteres Adressobjekt an.

C: Hier werden die Hostadresse und/oder die Portnummer zur Hostadresse hinzugefügt, sofern sie an der Schnittstelle übergeben wurden.

D: Wir erstellen eine Applikationsbeschreibung (DPN_APPLICATION_DESC). Diese Applikationsbeschreibung enthält im Wesentlichen die GUID (my_guid), die die logische Klammer zwischen Client und Server bildet.

E: Mit der Applikationsbeschreibung, den beiden Adressen und weiteren Parametern wird jetzt die Client-Funktion EnumHosts aufgerufen. Auf diese Funktion gehe ich weiter unten noch einmal ein.

F: Am Ende wird aufgeräumt und alles weggeworfen, was nicht mehr benötigt wird.

Mit der Funktion EnumHosts werden im Teil E alle für die Aufzählung in Frage kommenden Hosts aufgefordert, sich zu melden. Diese Funktion und ihre zahlreichen Parameter wollen wir etwas genauer betrachten:

```
HRESULT EnumHosts(
                PDPN_APPLICATION_DESC const pApplicationDesc,
                IDirectPlay8Address *const pdpaddrHost,
                IDirectPlay8Address *const pdpaddrDeviceInfo,
                PVOID const pvUserEnumData,
                const DWORD dwUserEnumDataSize,
                const DWORD dwEnumCount,
                const DWORD dwRetryInterval,
                const DWORD dwTimeOut,
                PVOID const pvUserContext,
                HANDLE *const pAsyncHandle,
                const DWORD dwFlags
                );
```

Die elf Parameter dieser Funktion haben im Einzelnen die folgende Bedeutung:

pApplicationDesc    ist ein Zeiger auf eine Datenstruktur mit der Applikationsbeschreibung:

```
typedef struct _DPN_APPLICATION_DESC
    {
    DWORD   dwSize;
    DWORD   dwFlags;
    GUID    guidInstance;
    GUID    guidApplication;
    DWORD   dwMaxPlayers;
    DWORD   dwCurrentPlayers;
    WCHAR*  pwszSessionName;
    WCHAR*  pwszPassword;
    PVOID   pvReservedData;
    DWORD   dwReservedDataSize;
    PVOID   pvApplicationReservedData;
    DWORD   dwApplicationReservedDataSize;
    } DPN_APPLICATION_DESC, *PDPN_APPLICATION_DESC;
```

Wir haben hier die GUID eingetragen, um die Suche auf Spielehosts mit dieser GUID zu beschränken. Achtung: diese Datenstruktur muss im Feld dwSize die eigene Größe enthalten.

| | |
|---|---|
| pdpaddrHost | ist ein Zeiger auf die Hostadresse. Bei der Hostadresse handelt es sich um ein COM-Objekt, das zuvor mit CoCreate-Instance instanziiert werden muss und dann über die folgende Schnittstelle bedient werden kann:[20] |

```
BuildFromURLW
BuildFromURLA
Duplicate
SetEqual
IsEqual
Clear
GetURLW
GetURLA
GetSP
GetUserData
SetSP
SetUserData
GetNumComponents
GetComponentByName
GetComponentByIndex
AddComponent
GetDevice
SetDevice
BuildFromDPADDRESS
```

| | |
|---|---|
| pdpaddrDeviceInfo | ist ein Zeiger auf die lokale Adressinformation des Clients. Grundsätzlich gilt auch hier das zu pdpaddrHost Gesagte. |
| pvUserEnumData | ist ein Zeiger auf einen Datenblock, der dem Host mit der Anfrage übergeben wird. Der Host kann zum Beispiel aufgrund dieser Daten entscheiden, ob er sich auf die Anfrage hin meldet. Wir verwenden diesen Parameter nicht. |
| dwUserEnumDataSize | ist die Größe des Datenblocks pvUserEnumData. |
| dwEnumCount | ist eine Zahl, die angibt, wie oft die Anforderung zur Aufzählung gesendet werden soll. Bei Angabe von 0 wird ein Standardwert verwendet. Bei Angabe von INFINITE wird so lange fortgefahren, bis die Suche explizit beendet wird. Um die Suche explizit zu beenden, rufen Sie die Funktion CancelAsyncOperation auf. Dazu später mehr. |
| dwRetryInterval | ist die Zeit in Millisekunden, die zwischen zwei Aufforderungen zur Aufzählung gewartet wird. Bei Angabe von 0 wird ein Standardwert verwendet. |

---

20 Dazu kommen noch die Funktionen AddRef und Release, über die jedes COM-Objekt verfügt.

| | |
|---|---|
| `dwTimeOut` | ist die Zeit, die nach der letzten Aufforderung noch gewartet wird, ob sich Hosts melden. Bei Angabe von `0` wird ein Standardwert verwendet. Bei Angabe von `INFI-NITE` wird so lange fortgefahren, bis das Warten explizit beendet wird. |
| `pvUserContext` | ist ein Zeiger auf kontextspezifische Daten. Wir können hier einen Zeiger übergeben, den wir zurückbekommen, wenn eine Hostmeldung eintrifft. Dazu später mehr. |
| `pAsyncHandle` | In dieser Variablen wird uns ein Handle auf die hier abgesetzte asynchrone Operation zurückgegeben. Wir können diesen Handle verwenden, um später auf die Operation zuzugreifen – zum Beispiel, um sie abzubrechen.[21] |
| `dwFlags` | sind diverse Flags, die uns hier nicht interessieren. |

Die Funktion `EnumHosts` wird asynchron verwendet. Das ist notwendig, da das Programm nicht an dieser Stelle warten kann, bis sich alle Hosts gemeldet haben.[22] Asynchron bedeutet, dass die Funktion `EnumHosts` sofort zurückkommt, ohne dass wir an dieser Stelle Informationen über gegebenenfalls gefundene Hosts bekommen. Der Returncode ist dann `DPNERR_PENDING` und sagt uns, dass es jetzt eine »hängende« Anfrage gibt, die in Arbeit ist. Das ist natürlich kein Fehler, und wir setzen diesen Returncode auf `S_OK` um. Die einzige Beziehung, die an dieser Stelle noch zu der Suche besteht, ist der Handle `async`, aber auch diesen Handle werden wir nicht weiter verwenden. Wenn sich ein Host auf die hier initiierte Suche hin meldet, wird der bei der Initialisierung des Clients festgelegte Messagehandler asynchron aufgerufen. Dort müssen wir dann die Information über den Host entgegennehmen und einen neuen Eintrag in der Hostliste erzeugen. Diesen Messagehandler müssen wir natürlich noch erstellen. Zunächst erstellen wir aber eine Funktion `host_hinzufuegen`, um einen neuen Eintrag in der Hostliste zu erstellen.

Die Funktion `host_hinzufuegen` erhält einen Parameter vom Typ `PDPNMSG_ENUM_HOSTS_RESPONSE`. Es handelt sich dabei um einen Zeiger auf eine Struktur vom Typ `DPNMSG_ENUM_HOSTS_RESPONSE`. Diese Datenstruktur erhalten wir, wenn sich ein Host auf die Suchanfrage meldet. Sie enthält die folgenden Informationen:

---

21 Dazu müsste man allerdings für den Handle eine auch außerhalb dieser Funktion verfügbare Variable anlegen. Wir benutzen den Handle nicht weiter und verwenden daher eine lokale Variable.

22 Insbesondere deshalb nicht, weil wir hier `INFINITE` verwenden.

```
typedef struct _DPNMSG_ENUM_HOSTS_RESPONSE
    {
    DWORD                        dwSize;
    IDirectPlay8Address*         pAddressSender;
    IDirectPlay8Address*         pAddressDevice;
    const DPN_APPLICATION_DESC*  pApplicationDescription;
    PVOID                        pvResponseData;
    DWORD                        dwResponseDataSize;
    PVOID                        pvUserContext;
    DWORD                        dwRoundTripLatencyMS;
    } DPNMSG_ENUM_HOSTS_RESPONSE, *PDPNMSG_ENUM_HOSTS_RESPONSE;
```

Wir interessieren uns für

▶ die Adresse des antwortenden Hosts (pAddressSender)

▶ das Device, über das wir den Sender erreichen (pAddressDevice)

▶ die GUID aus der Applikationsbeschreibung des Servers (pApplication-Description->guidInstance). Beachten Sie, dass es sich dabei nicht um die gemeinsame GUID (my_guid) handelt, sondern um die GUID, die die Server-instanz beim Starten dynamisch zugewiesen bekommen hat.

▶ den Sessionnamen in der Applikationsbeschreibung (pApplicationDescription->pwszSessionName)

▶ die IP-Adresse und Portnummer des Servers, die wir als Komponenten aus der Serveradresse pAddressDevice auslesen können

▶ die Latenzzeit (dwRoundTripLatencyMS)

Für genau diese Daten hatten wir oben bereits die Datenstruktur host bereitgestellt. In der Funktion host_hinzufügen müssen wir jetzt eine solche Datenstruktur allokieren, mit den erforderlichen Daten füllen und in die Hostliste des Clients einketten. Das alles machen wir natürlich nur, wenn es sich um eine neue, bisher nicht bekannte Serverinstanz handelt:

```
int duell_client::host_hinzufuegen(
                            PDPNMSG_ENUM_HOSTS_RESPONSE msg)
    {
    WCHAR buf[64];
    DWORD buflen;
    DWORD type;
    host *h;

A   for( h = hlist; h; h = h->next)
        {
        if( msg->pApplicationDescription->guidInstance ==
            h->instance)
            return 0;
        }
```

```
B       h = (host *)malloc( sizeof( host));
        h->server = msg->pAddressSender;
        h->server->AddRef();
        h->device = msg->pAddressDevice;
        h->device->AddRef();
        h->instance = msg->pApplicationDescription->guidInstance;
        buflen = 64;
        h->server->GetComponentByName( DPNA_KEY_HOSTNAME, buf,
                                       &buflen, &type);
        DXUtil_ConvertWideStringToAnsi( h->hostname, buf, 64);
        buflen = sizeof( DWORD);
        h->server->GetComponentByName( DPNA_KEY_PORT,
                                       &(h->portnummer),
                                       &buflen, &type);
        DXUtil_ConvertWideStringToAnsi( h->sessionname,
                msg->pApplicationDescription->pwszSessionName, 64);
        h->latenz = msg->dwRoundTripLatencyMS;
C       h->next = hlist;
        hlist = h;
        return 1;
        }
```

A: Zunächst prüfen wir anhand der GUID der Serverinstanz, ob die Serverinstanz schon in unserer Hostliste vorhanden ist. Ist das der Fall, so beenden wir die Funktion, ohne einen neuen Eintrag zu erzeugen, mit dem Returnwert 0.

B: Wenn wir hier ankommen, haben wir es mit einer neuen Serverinstanz zu tun. Wir allokieren einen neuen Datensatz und übertragen die uns interessierenden Daten aus dem Funktionsparameter (msg) in den Datensatz. Beachten Sie die dabei teilweise notwendigen Konvertierungen vom Multi-Byte- in das Ein-Byte-Format.

C: Zum Abschluss ketten wir den neuen Datenblock noch am Anfang der Hostliste ein und zeigen dem aufrufenden Programm durch den Returncode 1 an, dass wir eine neue Serverinstanz gefunden haben.

Der Client ist damit bis auf den noch fehlenden Messagehandler fertig, und wir erzeugen eine Instanz dieser Klasse:

```
duell_client mein_client;
```

Bisher hatten wir in unseren Programmen immer die vordefinierten Windows-Messages verwendet. Man kann aber auch eigene Messages erstellen, um damit innerhalb seines Programms indirekt mit sich selbst zu kommunizieren. Das mag

Ihnen umständlich erscheinen, aber Sie werden sehen, dass man auf diese Weise sehr elegant Aufgaben aus einem Thread heraus an die Hauptverarbeitungsschleife delegieren kann. Um eigene Windows-Messages zu verwenden, benötigt man zunächst einmal eigene Messagenummern, die noch nicht von Windows belegt sind. Hier hilft uns die symbolische Konstante WM_APP, die die erste für unsere Applikation freie Messagenummer angibt. Zunächst definieren wir nur eine eigene Message WM_SERVERLISTE_AKTUALISIEREN. Dazu dient die folgende Präprozessoranweisung:

```
# define WM_SERVERLISTE_AKTUALISIEREN          WM_APP
```

Weitere Messages werden wir später mit den Nummern WM_APP+1, WM_APP+2, ... hinzufügen.

Jetzt ist es an der Zeit, den Messagehandler für den Client zu erstellen, denn dieser ist das Herz unserer Kommunikationsschnittstelle zum Server. Sie werden dann auch sofort sehen, warum wir eine eigene Windows-Message benötigen. Die Schnittstelle des Messagehandlers und die Bedeutung der einzelnen Parameter kennen Sie bereits vom Server, sodass wir uns direkt auf die Implementierung der Funktion stürzen können:

```
   HRESULT WINAPI client_messagehandler( PVOID pvUserContext,
                               DWORD dwMessageType, PVOID pMessage)
   {
A  mein_client.lock();
   switch( dwMessageType)
   {
B  case DPN_MSGID_ENUM_HOSTS_RESPONSE:
       if( mein_client.host_hinzufuegen(
                   (PDPNMSG_ENUM_HOSTS_RESPONSE)pMessage))
       {
           if( mein_clientdialog)
               PostMessage( mein_clientdialog,
                   WM_SERVERLISTE_AKTUALISIEREN, 0, 0 );
       }
       break;
   }
C  mein_client.unlock();
   return S_OK;
   }
```

A: Zu Beginn sperren wir den Zugriff auf den kritischen Bereich, indem wir die lock-Funktion des Clients aufrufen.

B: Im Moment ist nur eine wichtige Nachricht (DPN_MSGID_ENUM_HOSTS_RESPONSE) zu behandeln. Diese Nachricht trifft ein, wenn eine Serverinstanz auf eine in EnumHosts gestellte Anfrage antwortet. Zusammen mit der Nachricht erhalten wir ein Datenpaket vom Typ (PDPNMSG_ENUM_HOSTS_RESPONSE), das wir an die Funktion host_hinzufuegen weiterleiten. Dort wird die Serverinstanz dann gegebenenfalls zur Hostliste hinzugefügt. Wurde die Serverinstanz hinzugefügt, so schicken wir die Nachricht WM_SERVERLISTE_AKTUALISIEREN an den Dialoghandler. Dort wird dann die Dialogoberfläche aktualisiert. Die Behandlung der Nachricht ist damit abgeschlossen. Die Aktualisierung der Benutzeroberfläche erfolgt in einem anderen Thread. Dadurch, dass wir uns selbst eine Windows-Message schicken, erreichen wir es, dass die notwendige, aber nicht zeitkritische Aktualisierung der Oberfläche nicht den unter Umständen zeitkritischen Telegrammverkehr mit dem Server blockiert.

C: Am Ende der Funktion geben wir den kritischen Bereich mit unlock wieder frei. Die lock-Klammer erstreckt sich somit um den ganzen Handler. Der Handler wird aber keine langwierigen Operationen durchführen, und insofern können wir es uns erlauben, den gesamten Handler auf diese Weise zu schützen. Das führt natürlich dazu, dass zu einem Zeitpunkt immer nur ein Messagehandler aktiv sein kann und die Messageverarbeitung damit serialisiert ist. Wichtig ist aber, dass immer noch Asynchronität zur Hauptverarbeitungsschleife der Dialoganwendung besteht.

Als Hilfsfunktion zum Aktualisieren der Serverliste erstellen wir die Funktion serverliste_aktualisieren. Auch diese Funktion greift auf die Hostliste zu. Der Zugriff ist zwar nur lesend, aber es darf nicht sein, dass parallel dazu ein Messagehandler die Liste verändert. Wir klammern daher die kritischen Teile der Funktion wieder mit lock und unlock. Zuvor löschen wir den Inhalt der Listbox, und im geschützten Bereich bauen wir den Inhalt der Listbox entsprechend der Hostliste wieder auf:

```
void serverliste_aktualisieren( HWND hDlg)
    {
    HWND lst;
    DWORD i;
    char buf[128];
    LVITEM lvi;
    host *h;

    lst = GetDlgItem(hDlg, IDC_HOSTLISTE);
    SendMessage( lst, LVM_DELETEALLITEMS, 0, 0 );

    ZeroMemory( &lvi, sizeof(lvi));
```

```
lvi.mask = LVIF_TEXT|LVIF_PARAM;

mein_client.lock();
for( i = 0, h = mein_client.hlist; h ; h = h->next, i++)
    {
    lvi.iItem = i;
    lvi.pszText = h->sessionname;
    lvi.lParam = (LPARAM)h;
    ListView_InsertItem( lst, &lvi);
    ListView_SetItemText( lst, i, 1, h->hostname);
    sprintf( buf, "%d", h->portnummer);
    ListView_SetItemText( lst, i, 2, buf);
    sprintf( buf, "%d", h->latenz);
    ListView_SetItemText( lst, i, 3, buf);
    if( h == mein_client.myhost)
        ListView_SetItemState( lst, i,
                               LVIS_FOCUSED|LVIS_SELECTED,
                               LVIS_FOCUSED|LVIS_SELECTED);

    }
mein_client.unlock();
}
```

Wichtig ist, dass wir nicht nur die für den Benutzer sichtbaren Daten (Sessionname, Hostname, Portnummer und Latenzzeit) in die Liste packen, sondern auch für den Benutzer unsichtbar (im Feld lvi.lParam) einen Zeiger auf die zu dem Eintrag gehörende Host-Datenstruktur (h) hinzufügen. Dies ermöglicht es uns später, wenn der Benutzer einen bestimmten Listeneintrag auswählt, direkt auf die zugehörigen Hostdaten zuzugreifen. Dies wird allerdings erst bei der Anmeldung am Spielehost wichtig.

Am Ende der Funktion selektieren wir, sofern wir mit einem Host verbunden sind, die Zeile, in der der Host (myhost) steht, mit dem wir verbunden sind. Das hat derzeit noch keine Auswirkungen, da noch keine Verbindung zu einem Host besteht und myhost daher immer den Wert 0 hat. Sie gestatten mir, dass ich auf die einzelnen Listenoperationen hier nicht weiter eingehe. Man kann den Code auch ohne weitere Erklärungen verstehen.

Jetzt gibt es noch einige wenige Änderungen im Dialoghandler und im Hauptprogramm, und dann haben wir wieder ein testfähiges Client-Server-System.

Im Dialoghandler müssen wir die Funktionen serverliste_aktualisieren und mein_client.host_suchen an geeigneten Stellen einbauen. Zusätzlich beenden wir, wenn der Benutzer auf den *Anmelden*-Button klickt, alle laufenden Host-Suchen mit der Funktion CancelAsyncOperation:

```
LRESULT CALLBACK clienthandler( HWND hDlg, UINT msg,
                                    WPARAM wParam, LPARAM lParam)
    {
    ...
    char buf[256];
    DWORD p;

    switch( msg )
        {
    case WM_INITDIALOG:
        ...
        return TRUE;
    case WM_SERVERLISTE_AKTUALISIEREN:
        serverliste_aktualisieren( hDlg);
        return TRUE;
    case WM_COMMAND:
        switch( LOWORD(wParam))
            {
        case IDC_SUCHEN:
            GetDlgItemText( hDlg, IDC_SERVER_IP, buf, 64);
            p = GetDlgItemInt( hDlg, IDC_PORTNUMMER, 0, FALSE);
            mein_client.host_suchen(buf[0] ? buf : 0, p);
            return TRUE;

        case IDC_ANMELDEN:
            SetCursor( LoadCursor(NULL, IDC_WAIT));
            mein_client.client->CancelAsyncOperation( 0,
                                            DPNCANCEL_ENUM);
            SetCursor( LoadCursor(NULL, IDC_ARROW));
            return TRUE;
        case IDCANCEL:
            ...
            return TRUE;
            }
        break;
        }
    return FALSE;
    }
```

Im Hauptprogramm initialisieren wir den Client und beenden das Programm mit einer Fehlermeldung, wenn die Initialisierung fehlschlägt:

```
INT APIENTRY WinMain( HINSTANCE hInst, HINSTANCE hPrevInst,
                            LPSTR pCmdLine, INT nCmdShow )
    {
    ...
```

```
    int hr;
    ...
    hr = mein_client.init( client_messagehandler);
    if( hr < 0)
        {
        MessageBox( 0, DXGetErrorDescription9( hr), "Duell-
Meldung",
                            MB_OK | MB_ICONERROR | MB_
SETFOREGROUND);
        return 1;
        }
    DialogBox( ...);
    return 1;
    }
```

Jetzt können wir erstmals das Zusammenspiel zwischen Client und Server testen. Wir starten drei Serversessions mit unterschiedlichen Portnummern (4711, 4712, 4713) auf einem Rechner. Wenn wir dann zusätzlich einen Client starten und den Button *Suchen* anklicken, erscheinen die drei Sessions in der Serverliste des Clients:

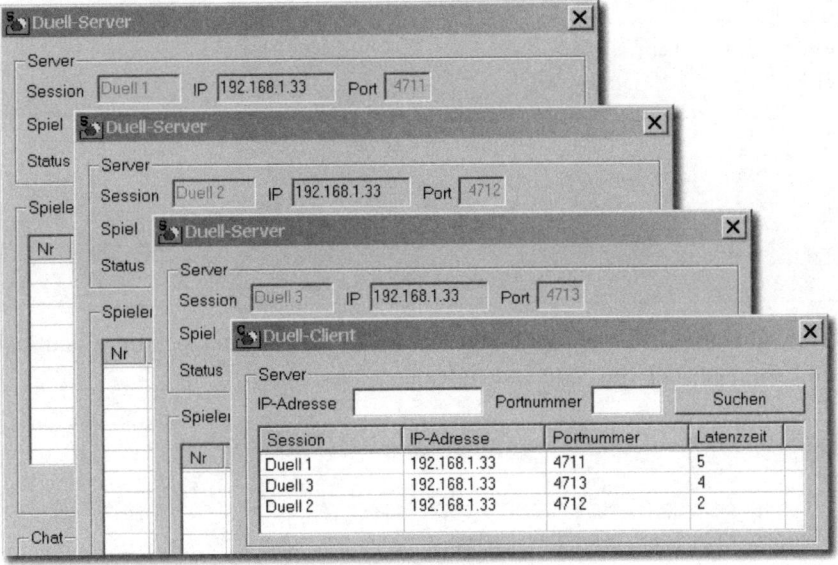

Natürlich können Sie auch gezielt nach den einzelnen Servern suchen.

Alle Funktionen können Sie im lokalen Netz oder im Internet testen. Bei einer Suche im Internet sollten Sie aber immer eine konkrete IP-Adresse und Portnummer angeben, denn Sie können nicht erwarten, dass das gesamte Internet gescannt wird, um einen Server zu finden. Natürlich können Sie auch mehrere Clients starten und nach Servern suchen lassen.

Da wir den Client mit zeitlich unbegrenzter Serversuche implementiert haben, können Sie auch zuerst einen Client starten, auf *Suchen* klicken und danach erst einen oder mehrere Server starten. Die Server werden im Client angezeigt, sobald sie gestartet sind. Bei einem Klick auf *Anmelden* hört allerdings nur die Suche nach weiteren Servern auf. Eine Anmeldung bei einem Server findet in dem Moment noch nicht statt. Das ist das Thema für die nächste Projektstufe.

### 5.4.4 V04 Anmeldung

Client und Server wissen voneinander, aber sie reden noch nicht miteinander. Dazu muss erst eine Anmeldung des Clients beim Server erfolgen. Da die Initiative für die Anmeldung beim Client liegt, starten wir in dieser Projektstufe mit der Implementierung der Client-Funktionen.

**Client**

Der Spieler benötigt zur Anmeldung einen Namen. Dafür sehen wir eine Member-Variable `spielername` in der Klasse `duell_client` vor:

```
class duell_client
    {
    public:
        ...
        char spielername[64];
        ...
        HRESULT anmelden( host *h);
    };
```

Darüber hinaus erstellen wir eine Methode `anmelden`, mit der sich der Client bei einem Host h aus der Hostliste zum Spiel anmelden kann:

```
HRESULT duell_client::anmelden( host *h)
    {
    DPN_PLAYER_INFO pinfo;
    DPN_APPLICATION_DESC appdsc;
    WCHAR wname[100];
    HRESULT hr;
A   DXUtil_ConvertGenericStringToWide( wname, spielername);
    ZeroMemory( &pinfo, sizeof(DPN_PLAYER_INFO));
    pinfo.dwSize = sizeof(DPN_PLAYER_INFO);
```

```
        pinfo.dwInfoFlags = DPNINFO_NAME;
        pinfo.pwszName = wname;
        hr = client->SetClientInfo( &pinfo, NULL, NULL, DPNOP_SYNC);
        if( hr != S_OK)
            return hr;
B       ZeroMemory( &appdsc, sizeof( DPN_APPLICATION_DESC));
        appdsc.dwSize = sizeof( DPN_APPLICATION_DESC );
        appdsc.guidApplication = my_guid;
        appdsc.guidInstance = h->instance;
        hr = client->Connect( &appdsc, h->server, h->device,
                              NULL, NULL,
                              NULL, 0, NULL, 0,DPNCONNECT_SYNC);
        if( hr != S_OK)
            return hr;
C       myhost = h;
        return hr;
        }
```

A: Hier wird zunächst der Spielername in die Clientinformationen übertragen. Dazu wird eine Datenstruktur (DPN_PLAYER_INFO) bereitgestellt und mit dem Spielernamen gefüllt. Diese Daten werden dann mit der Funktion SetClient-Info dem Client hinzugefügt. Der Name wird zusammen mit weiteren Client-daten später an den Spielehost gesendet.

B: Jetzt wird die Verbindung zum Spielehost aufgebaut. Die für den Verbin-dungsaufbau erforderlichen Applikationsdaten werden dazu in eine Daten-struktur (DPN_APPLICATION_DESC) geschrieben. Es handelt sich dabei um die beiden GUIDs, die GUID des Dienstes allgemein (my_guid) und um die GUID der konkreten Instanz des Dienstes (h->instance). Dann wird die Funktion Connect aufgerufen. Neben den Adressparametern des Hosts wird dort das Flag DPNCONNECT_SYNC mitgegeben. Dies bedeutet, dass die Funktion Connect synchron ausgeführt wird. Das heißt, dass die Funktion auf das Zustandekom-men der Verbindung wartet. Wenn die Funktion mit dem Wert S_OK zurück-kehrt, ist die Verbindung hergestellt. Im Fehlerfall konnte keine Verbindung hergestellt werden.

C: Bevor wir dann die Kontrolle an das aufrufende Programm zurückgeben, mer-ken wir uns noch den aus der Hostliste gewählten Host im Zeiger myhost. Über diesen Zeiger können wir zukünfig direkt auf die Daten des Hosts, mit dem wir verbunden sind, zugreifen.

Eine Anmeldung kann nur erfolgen, wenn ein Host gewählt und ein Spielername eingegeben wurde. Wir benötigen daher an der Benutzerschnittstelle eine Funktion, die diese Voraussetzungen überprüft und dann die Anmeldung des Clients durchführt. Diese Funktion nennen wir anmeldung:

```
void anmeldung( HWND hDlg)
    {
    HWND lst;
    LVITEM lvi;
    int ix;
    host *h;
    HRESULT hr;

    lst = GetDlgItem(hDlg, IDC_HOSTLISTE);
A   if( ListView_GetSelectedCount( lst) == 1)
        {
B       ix = ListView_GetSelectionMark( lst);
        GetDlgItemText( hDlg, IDC_SPIELER,
                        mein_client.spielername,64);
C       if( isalnum(mein_client.spielername[0]))
            {
D           lvi.iItem = ix;
            lvi.iSubItem = 0;
            lvi.mask = LVIF_PARAM;
            ListView_GetItem( lst, &lvi);
            h = (host *)lvi.lParam;
E           hr = mein_client.anmelden( h);
F           if( hr == S_OK)
                {
                SetDlgItemText( hDlg, IDC_ANMELDEN, "Abmelden");
                EnableWindow( GetDlgItem(hDlg,
                                        IDC_SPIELER), FALSE);
                EnableWindow( GetDlgItem(hDlg, IDC_CHAT), TRUE);
                SetDlgItemText( hDlg, IDC_SESSION,
                                        h->sessionname);
                }
            else
                MessageBox( hDlg, DXGetErrorDescription9( hr),
                        "Duell-Meldung",
                        MB_OK|MB_ICONERROR|MB_SETFOREGROUND);
            }
        else
            MessageBox( hDlg, "Gib erst einen Spielernamen ein!",
                    "Duell-Meldung",
                    MB_OK|MB_ICONERROR|MB_SETFOREGROUND);
        }
```

```
    else
        MessageBox( hDlg, "Kein Server ausgewählt!",
                    "Duell-Meldung",
                    MB_OK|MB_ICONERROR|MB_SETFOREGROUND);

}
```

A: Hier wird geprüft, ob eine Zeile in der Hostliste selektiert ist.

B: `ix` ist der Index des in der Hostliste gewählten Hosts.

C: Jetzt wird geprüft, ob der Spielername mit einem alphanumerischen Zeichen beginnt.

D: Hier wird der Zeiger auf den Host aus dem `lParam` der Liste zurückgeholt. Sie erinnern sich sicher, dass wir beim Aufbau der Liste die Host-Zeiger hier abgelegt hatten.

E: Jetzt erfolgt die Anmeldung beim Server mit Hilfe der Client-Funktion `anmelden`.

F: Nach erfolgreicher Anmeldung werden einige Änderungen im Dialog vorgenommen. Der Button `IDC_ANMELDEN` wird mit »Abmelden« beschriftet, das Eingabefeld für den Spielernamen wird deaktiviert, der Chat-Button wird aktiviert, und der Sessionname wird im Dialog angezeigt.

In den `else`-Zweigen der Tests werden jeweils Fehlermeldungen angezeigt.

Im Dialoghandler hatten wir den Fall `IDC_ANMELDEN` bereits vorgesehen. Bisher hatten wir dort aber nur die Hostsuche beendet. Jetzt führen wir zusätzlich die Anmeldung durch:

```
LRESULT CALLBACK clienthandler( HWND hDlg, UINT msg,
                                WPARAM wParam, LPARAM lParam)
{
...
switch( msg )
    {
...
case WM_COMMAND:
    switch( LOWORD(wParam) )
        {
...
    case IDC_ANMELDEN:
        SetCursor( LoadCursor(NULL, IDC_WAIT));
        mein_client.client->CancelAsyncOperation( NULL,
                                      DPNCANCEL_ENUM);
```

```
            if( !mein_client.myhost)
                anmeldung( hDlg);
            SetCursor( LoadCursor(NULL, IDC_ARROW));
            return TRUE;
    ...
            }
    ...
        }
    ...
    }
```

Die Anmeldung wird natürlich nur durchgeführt, wenn noch keine Verbindung zu einem Server besteht (`!mein_client.myhost`). Beachten Sie, dass später auch eine Abmeldung hier eintrifft. Den Fall behandeln wir jetzt aber noch nicht.

### Common

Der Server muss Daten über jeden Spieler anlegen. Dazu benutzen wir die folgende Datenstruktur:

```
struct spieler
    {
    DPNID dpnid;
    char status;
    char name[MAX_NAMLEN];
    };
```

Die DPNID (DirectPlay Network Identifier) ist eine eindeutige Kennung des Spielers, die der Server beim Verbindungsaufbau erhält. Für den Status (`status`) eines Spielers sehen wir die symbolischen Konstanten FREI, RESERVIERT und BESETZT vor. Die konkrete Bedeutung des Statusfeldes werden Sie bei der Implementierung des Servers kennenlernen. Darüber hinaus hat jeder Spieler einen Namen (`name`). Insgesamt benötigen wir im Zusammenhang mit dieser Datenstruktur die folgenden symbolischen Konstanten:

```
# define MAX_NAMLEN   32

# define FREI        1
# define RESERVIERT  2
# define BESETZT     3
```

Die Informationen über alle Spieler fassen wir dann in einer weiteren Datenstruktur zusammen:

```
struct msg_spielerliste
    {
    DWORD msgid;
    DWORD angemeldet;
    DWORD maximum;
    spieler sp[MAX_PLAYERS];
    };
```

Neben einem Array (`sp`) mit allen Spielerdaten finden wir hier eine Angabe über die Anzahl der aktuell angemeldeten (`angemeldet`) und der maximal zulässigen (`maximum`) Spieler. Eine besondere Bedeutung im Rahmen der Client-Server-Kommunikation hat das Feld `msgid`. Wir werden die Datenstruktur `msg_spielerliste` zur Aktualisierung der Clients verwenden. Das heißt: Sobald sich ein Spieler an- oder abmeldet, aktualisiert der Server diese Datenstruktur und schickt sie anschließend als ein Telegramm an alle am Spiel beteiligten Clients.[23] Damit ein Client erkennen kann, was für ein Telegramm ihn erreicht hat, steht im ersten Feld eine Telegrammnummer, die den Inhalt der nachfolgenden Struktur anzeigt. Im Falle der Spielerliste wählen wir als Telegrammnummer `MSG_SPIELERLISTE`. Diese Telegrammnummer wird durch eine symbolische Konstante wie folgt festgelegt:

```
# define MSG_SPIELERLISTE  1001
```

Alle Telegramme, die zur Kommunikation zwischen Client und Server verwendet werden, erhalten den oben skizzierten Aufbau. Zunächst wird eine Telegrammnummer und dann eine Datenstruktur für das Telegramm festgelegt. Im ersten Feld der Datenstruktur steht die Telegrammnummer (`msgid`), dann folgt der spezifische Inhalt des Telegramms:

```
# define MSG_XXX    ...
struct msg_xxx
    {
    DWORD msgid;
    ... spezifischer Inhalt des Telegramms xxx
    };
```

Im Moment wird die Datenstruktur `msg_spielerliste` nur intern im Server zur Speicherung der Spielerdaten verwendet. Sie dient aber gleichzeitig als ein versandfertiges Telegramm, das bei Bedarf an die Clients geschickt wird. Das ist auch

---

23 Darum ist die Struktur auch im Common-Bereich deklariert.

der Grund dafür, dass wir diese Datenstruktur in den Common-Bereich gelegt haben, obwohl sie im Moment nur im Server verwendet wird. Abschicken werden wir dieses Telegramm erst in der nächsten Projektstufe. In dieser Stufe wickelt der Server nur den Verbindungsaufbau mit dem Client ab.

### Server

Bevor wir zur Implementierung weiterer Serverfunktionen kommen, definieren wir eine symbolische Konstante für eine Windows-Message:

```
# define WM_SPIELER_AKTUALISIEREN    WM_APP
```

Aufgrund dieser Message wird der Server später seine Spielerliste aktualisieren. Doch im Moment ist das nur eine Nummer. Als Wert nehmen wir die nächste frei verfügbare Nummer (WM_APP). Das kennen Sie schon vom Client. Dort hatten wir die Windows-Message WM_SERVERLISTE_AKTUALISIEREN so eingeführt.

Die Anmeldung eines Clients beim Server durchläuft zwei Phasen. Zunächst fragt der Client beim Server an. Wenn bereits die maximal zulässige Spielerzahl ausgeschöpft ist, wird die Anfrage negativ beschieden. Ist noch ein Platz für einen Spieler frei, so wird der Platz reserviert und die Anfrage positiv beantwortet. Der Client kann in dieser Phase die Verbindung noch ablehnen. Der Server storniert dann die Reservierung. Bestätigt der Client die Reservierung, so wird der Platz endgültig gebucht, und die Verbindung ist hergestellt. Um diesen Ablauf zu implementieren, erstellen wir drei neue Serverfunktionen:

▶ reservierung

▶ storno

▶ buchung

Neben diesen Funktionen benötigt der Server eine Spielerliste (slist):

```
class duell_server
    {
    public:
        ...
        msg_spielerliste slist;
        ...
        int reservierung();
        void storno( DPNMSG_INDICATED_CONNECT_ABORTED *m);
        int buchung( PDPNMSG_CREATE_PLAYER msg);
    };
```

Die Bedeutung der Schnittstellenparameter der Funktionen werden wir im Zusammenhang mit der Implementierung der Funktionen besprechen.

Im Konstruktor des Servers müssen wir die jetzt zusätzlich vorhandene Spielerliste initialisieren:

```
duell_server::duell_server()
    {
    int i;
    ...
    slist.msgid = MSG_SPIELERLISTE;
    slist.angemeldet = 0;
    slist.maximum = maxspieler;
    for( i = 0; i < MAX_PLAYERS; i++)
        {
        slist.sp[i].status = FREI;
        }
    }
```

Beachten Sie, dass wir die Telegrammnummer (MSG_SPIELERLISTE) bereits hier in das Telegramm eintragen, da die Spielerliste so vorbereitet sein soll, dass sie jederzeit verschickt werden kann.

Beim Start des Servers übertragen wir die vom Benutzer gewählte Maximalzahl zusätzlich in das Feld maximum der Spielerliste:

```
int duell_server::start( ..., int maxsp)
    {
    ...
    slist.maximum = maxspieler = maxsp;
    ...
    }
```

Wenn ein Client einen Verbindungswunsch anzeigt, erhält der Server die Message DPN_MSGID_INDICATE_CONNECT. Diese Message wird nur gesendet, wenn die Maximalzahl von Spielern noch nicht erreicht ist. Andernfalls wird der Verbindungsversuch bereits von *DirectPlay* abgeblockt. Die Message erreicht den Server natürlich asynchron im Messagehandler (server_messagehandler). Falls das Spiel bereits läuft, verweigert der Server die Verbindung (ret = !S_OK), obwohl noch Plätze frei sind. Andernfalls nimmt der Server eine Reservierung vor und erhält von der Reservierungsfunktion eine Reservierungsnummer.

```
HRESULT WINAPI server_messagehandler( PVOID pvUserContext,
                        DWORD dwMessageType, PVOID pMessage)
    {
    ...
    switch( dwMessageType)
        {
    case DPN_MSGID_INDICATE_CONNECT:
        if( mein_server.status == SPIEL_LAEUFT)
            ret = !S_OK;
        else
            ((PDPNMSG_INDICATE_CONNECT)pMessage)->pvPlayerContext =
                            (void *)mein_server.reservierung();
        break;
        }
    ...;
    }
```

Die Reservierungsnummer ist der Index, den der Spieler in der Spielerliste erhält. Diesen Index schreiben wir in das Kontextfeld der Message. Das ist jetzt ein für das Verständnis des Weiteren ganz wichtiger Punkt, den ich noch detaillierter ausführen muss:

Im Netzwerk werden Spieler durch ihre DPNID eindeutig identifiziert. Wenn eine Meldung von einem Spieler eingeht, enthält diese Meldung natürlich die DPNID des Senders. Anhand dieser ID könnten wir die zugehörigen Spielerdaten suchen und die notwendige Verbindung zwischen den Spielerdaten und der Meldung herstellen. Das Kontextfeld erlaubt es, diesen Prozess viel eleganter zu gestalten. Bei DPN_MSGID_INDICATE_CONNECT können wir einen Kontextwert (was immer das sein mag) in das Feld pvPlayerContext der Meldung eintragen. Später, bei der endgültigen Anmeldung des Spielers (DPN_MSGID_CREATE_PLAYER), haben wir die Gelegenheit, diesen Kontextwert noch einmal zu ändern.[24] Bei allen nachfolgenden Meldungen des Spielers erhalten wir dann immer wieder diesen Kontextwert zurück. Sinnvollerweise trägt man in das Kontextfeld etwas ein, was unmittelbaren Zugriff auf die Spielerdaten ermöglicht. In unserem Fall ist das der Index des Spielers in der Spielerliste. Häufig verwendet man auch einen Zeiger auf die Spielerdaten.

Die Reservierungsfunktion, die einem Spieler seinen Index zuweist, müssen wir allerdings noch erstellen:

---

24 Wir werden davon allerdings keinen Gebrauch machen.

```
int duell_server::reservierung()
    {
    int pnr;

    lock();
    for( pnr = 0; pnr < MAX_PLAYERS; pnr++)
        {
        if( slist.sp[pnr].status == FREI)
            {
            slist.sp[pnr].status = RESERVIERT;
            slist.angemeldet++;
            break;
            }
        }
    unlock();
    return pnr;
    }
```

Die Funktion iteriert durch die Spielerliste und gibt den Index des ersten freien Platzes zurück. Der Platz wird natürlich zuvor auf RESERVIERT gesetzt. Das ist jetzt der Kontextwert des Spielers, und dieser Wert identifiziert den Spieler während des ganzen folgenden Spiels.

Jetzt erweitern wir den Messagehandler. Sollte der Client, aus welchen Gründen auch immer, während des Verbindungsaufbaus aussteigen, erhält der Server die Message DPN_MSGID_INDICATED_CONNECT_ABORTED. In diesem Fall rufen wir aus dem Messagehandler die Storno-Funktion auf, der wir einen Zeiger auf das empfangene Telegramm übergeben:

```
HRESULT WINAPI server_messagehandler( PVOID pvUserContext,
                            DWORD dwMessageType, PVOID pMessage)
    {
    ...
    switch( dwMessageType)
        {
    case DPN_MSGID_INDICATE_CONNECT:
        ...
        break;
    case DPN_MSGID_INDICATED_CONNECT_ABORTED:
    mein_server.storno((PDPNMSG_INDICATED_CONNECT_ABORTED)pMessage);
        break;
        }
    ...;
    }
```

In der Storno-Funktion geben wir den in der Spielerliste reservierten Platz wieder frei. Den Index des reservierten Platzes finden wir im Kontextfeld der Message:

```
void duell_server::storno( PDPNMSG_INDICATED_CONNECT_ABORTED m)
    {
    lock();
    slist.sp[(int)m->pvPlayerContext].status = FREI;
    slist.angemeldet--;
    unlock();
    }
```

Beachten Sie, dass die Übergabe des Index im Kontextfeld wichtig ist, da mehrere Verbindungswünsche gleichzeitig in Bearbeitung sein könnten und es ohne die Möglichkeit, den Kontext zu übergeben, unklar wäre, auf welchen Platz sich ein Storno bezieht.

Wird der Verbindungsabbau durch den Client nicht abgebrochen, erhalten wir die Message DPN_MSGID_CREATE_PLAYER. In diesem Fall rufen wir die Funktion buchung auf:

```
HRESULT WINAPI server_messagehandler( PVOID pvUserContext,
                        DWORD dwMessageType, PVOID pMessage)
    {
    ...
    switch( dwMessageType)
        {
    case DPN_MSGID_INDICATE_CONNECT:
        ...
        break;
    case DPN_MSGID_INDICATED_CONNECT_ABORTED:
        ...
        break;
    case DPN_MSGID_CREATE_PLAYER:
        if((int)((PDPNMSG_CREATE_PLAYER)pMessage)->pvPlayerContext
                                                        != -1)
            {
            mein_server.buchung( (PDPNMSG_CREATE_PLAYER)pMessage);
            PostMessage( mein_serverdialog,
                    WM_SPIELER_AKTUALISIEREN,0,0);
            }
        break;
```

```
        }
    ...;
    }
```

Eine Besonderheit haben wir dabei zu beachten, denn wir erhalten die Create-Player-Message auch dann, wenn der Server selbst startet. Der Server selbst könnte ja auch mitspielen. In unserem Fall spielt der Server jedoch nicht mit, und wir ignorieren die Create-Player-Message für den Server. Man erkennt diesen Fall daran, dass im Kontextfeld der Wert –1 steht. Nach erfolgter Buchung schicken wir die Windows-Message WM_SPIELER_AKTUALISIEREN an den Hauptdialog. Aufgrund dieser Message werden wir die Spielerliste im Dialog aktualisieren. Zunächst müssen wir aber die Buchungsfunktion implementieren:

|   |   |
|---|---|
| | ```int duell_server::buchung( PDPNMSG_CREATE_PLAYER msg)``` |
| | ```{``` |
| | ```HRESULT hr;``` |
| | ```DWORD size = 0;``` |
| | ```DPN_PLAYER_INFO* playinfo = 0;``` |
| | ```int pnr;``` |
| A | ```hr = server->GetClientInfo( msg->dpnidPlayer, playinfo,``` |
| | ```                          &size, 0);``` |
| | ```if((hr < 0) && hr != DPNERR_BUFFERTOOSMALL )``` |
| | ```    return hr;``` |
| | ```playinfo = (DPN_PLAYER_INFO*)calloc( 1, size);``` |
| | ```playinfo->dwSize = sizeof( DPN_PLAYER_INFO);``` |
| | ```hr = server->GetClientInfo( msg->dpnidPlayer, playinfo,``` |
| | ```                          &size, 0 );``` |
| | ```if( hr < 0)``` |
| | ```    {``` |
| | ```    free( playinfo);``` |
| | ```    return hr;``` |
| | ```    }``` |
| | ```lock();``` |
| B | ```pnr = (int)msg->pvPlayerContext;``` |
| | ```slist.sp[pnr].status = BESETZT;``` |
| | ```slist.sp[ pnr].dpnid = msg->dpnidPlayer;``` |
| | ```DXUtil_ConvertWideStringToGeneric( slist.sp[ pnr].name,``` |
| | ```                          playinfo->pwszName, MAX_NAMLEN);``` |
| | ```unlock();``` |
| C | ```free( playinfo);``` |
| | ```return hr;``` |
| | ```}``` |

A: In der Create-Player-Message, die wir erhalten haben, steht im Feld `dpnid-Player` die DPNID des Spielers. Mit Hilfe dieses Identifiers können wir vom Server weitere Spielerinformationen – uns interessiert hier der Spielername – abholen. Wir benutzen dazu die Serverfunktion `GetClientInfo`. Nun wissen wir allerdings vorab nicht die genaue Größe der Clientinformation, für die wir einen Datenpuffer bereitstellen müssen. Daher rufen wir zunächst die Funktion `GetClientInfo` mit `size` = 0 auf, was dazu führt, dass der Fehler `DPNERR_BUFFERTOOSMALL` erzeugt wird und die wirklich benötigte Puffergröße anschließend in der Variablen `size` steht. Wir ignorieren die Fehlermeldung `DPNERR_BUFFERTOOSMALL`, allokieren den Puffer (`playinfo`) in der effektiv benötigten Größe und rufen die Funktion `GetClientInfo` noch einmal auf. Da der Puffer jetzt groß genug ist, erhalten wir die vollständige Clientinformation.

B: Die Reservierungsnummer, die wir im Rahmen der Reservierung vergeben haben, finden wir im Kontextfeld der Create-Player-Message (`msg->pvPlayer-Context`). Über diese Nummer greifen wir in die Spielerliste und nehmen dort die erforderlichen Aktualisierungen vor. Der Spielername muss dabei vom Multi-Byte- in das Ein-Byte-Zeichenformat konvertiert werden.

C: Am Ende geben wir die Datenstruktur für die Clientinformationen wieder frei.

In dem Thread, in dem die Buchung durchgeführt wird, wird die von uns selbst definierte Windows-Message `WM_SPIELER_AKTUALISIEREN` verschickt. In der Hauptverarbeitungsschleife des Dialogs – also in einem anderen Thread – nehmen wir diese Meldung entgegen und rufen daraufhin die Funktion `display_spieler` auf, um die Spielerliste im Dialog zu aktualisieren (A):

```
INT_PTR CALLBACK serverdialog( ...)
    {
    HICON hIcon;

    switch( msg )
        {
    ...

A   case WM_SPIELER_AKTUALISIEREN:
            display_spieler( hDlg);
        return TRUE;
    case WM_COMMAND:
        switch( LOWORD(wParam))
            {
        case IDC_START:
            ...
```

```
B |              display_spieler( hDlg);
                return TRUE;
     . . .
            }
     . . .
        }
 . . .
    }
```

Wir rufen wir die Funktion `display_spieler` ebenfalls auf, wenn der *Start*-Button gedrückt wurde (B). Dadurch wird die noch leere, aber bereits nummerierte Spielerliste nach dem Start des Servers angezeigt.

Die Funktion `display_spieler` müssen wir abschließend noch implementieren:

```
  VOID display_spieler( HWND hDlg )
      {
      HWND lst;
      DWORD i;
      char buf[128];
      msg_spielerliste slist;
      LVITEM lvi;

A     mein_server.lock();
      slist = mein_server.slist;
      mein_server.unlock();

B     lst = GetDlgItem(hDlg, IDC_SPIELERLISTE);
      SendMessage( lst, LVM_DELETEALLITEMS, 0, 0 );

C     ZeroMemory( &lvi, sizeof(lvi));
      lvi.mask = LVIF_TEXT;
      lvi.pszText = buf;
      for( i = 0; i < slist.maximum; i++)
          {
          lvi.iItem = i;
          sprintf( buf, "%d", i+1);
          ListView_InsertItem( lst, &lvi);
          if( slist.sp[i].status == BESETZT)
              ListView_SetItemText( lst, i, 1, slist.sp[i].name);
          }

D     EnableWindow( GetDlgItem(hDlg, IDC_CHAT), slist.angemeldet);
      }
```

A: Wir erzeugen eine lokale Kopie der Spielerliste, um den kritischen Bereich nicht zu lange zu blockieren.

B: Wir besorgen uns einen Handle auf die Listbox und löschen alle Einträge in der Listbox.

C: Wir iterieren durch die Kopie der Spielerliste und übertragen die Spielernamen in die Listbox des Dialogs.

D: Zum Abschluss wird noch der *Chat*-Button des Dialogs aktiviert, wenn mindestens ein Spieler angemeldet ist. Ansonsten wird der Button deaktiviert.

Wenn Sie so weit gekommen sind, können Sie eine neue Version von Client und Server erzeugen. Client und Server spielen jetzt so weit zusammen, dass die Clients die Anmeldung durchführen können und alle angemeldeten Clients in der Spielerliste des Servers korrekt angezeigt werden. Wenn sich mehr als die zugelassene Anzahl von Clients anzumelden versuchen, werden diese Clients vom Server abgewiesen und erhalten die Meldung »Session Full«:

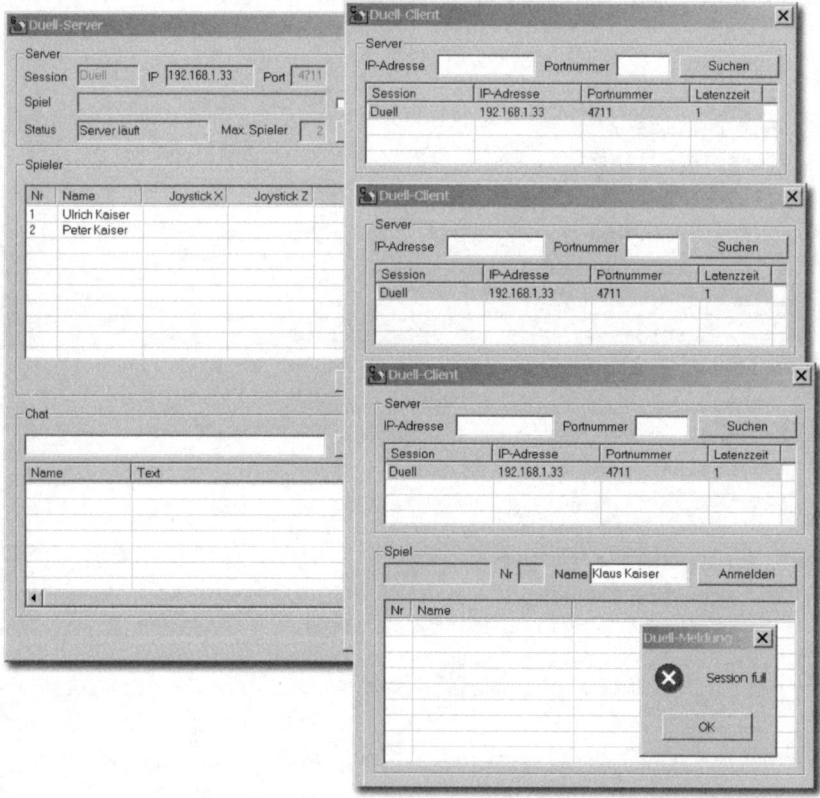

Die Clients sehen aber noch nicht, wer außer ihnen noch beim Server angemeldet ist. Das ist auch nicht unbedingt notwendig. Wir wollen hier aber so vorgehen, dass wir jedem Client eine Anmeldebestätigung schicken und ihn laufend darüber informieren, wer aktuell am Server angemeldet ist. Das ist das Thema der nächsten Projektstufe.

### 5.4.5 V05 Anmeldebestätigung

Der Server schließt den Anmeldevorgang eines Clients damit ab, dass er allen Clients eine aktualisierte Spielerliste und dem neu angemeldeten Client seine individuelle Spielernummer schickt. Für die Spielerliste haben wir schon ein Telegramm im Common-Bereich bereitgestellt. Für die Spielernummer fehlt uns das noch.

**Common**

Um ein Telegramm zur Übermittlung der Spielernummer zu definieren, benötigen wir zunächst eine neue Telegrammnummer:

```
# define MSG_SPIELERINDEX  1002
```

In dem neuen Telegramm wollen wir die Spielernummer, das heißt den Index, den ein Spieler in der Spielerliste hat, übertragen. Neben dem in allen Telegrammen vorhandenen Message-Identifier (msgid) benötigen wir in der Telegrammstruktur daher ein Feld für den Index:

```
struct msg_spielerindex
    {
    DWORD msgid;
    DWORD index;
    };
```

Das ist bereits das vollständige Telegramm.

Für den Zugriff auf den Message-Identifier eines uns von der Struktur her noch unbekannten Telegramms erstellen wir das folgende Makro:

```
# define DUELL_MSGID( p) (*((DWORD *)(p)))
```

Wenn wir jetzt irgendeinen Zeiger z haben, von dem wir wissen, dass er auf ein Telegramm zeigt, können wir mit diesem Makro den Message-Identifier auslesen, um dann mit der spezifischen Bearbeitung des Telegramms fortzufahren.

Damit ist die Arbeit am Common-Bereich für diese Projektphase bereits abgeschlossen. Weiter geht es mit dem Server, der das hier neu definierte Telegramm zusammen mit der Spielerliste verschicken muss.

**Server**

Auch am Server sind in dieser Phase nicht viele Erweiterungen zu programmieren. Wir sehen hier, wie einfach es ist, Telegramme an einen bestimmten Client oder an alle Clients zu schicken, wenn einmal eine Verbindung eingerichtet ist.

Zunächst erweitern wir den Server um zwei Member-Funktionen:

```
class duell_server
    {
    public:
        ...
        void send_spielerliste();
        void send_spielerindex( DPNID id, int ix);
    };
```

Der Funktion send_spielerindex geben wir die DPNID des Empfängers und den zu übertragenden Indexwert als Parameter mit. Die Funktion send_spielerliste benötigt keine Parameter, da alle zum Versand der Nachricht erforderlichen Informationen in der Spielerliste (slist) des Servers stehen.

Wir beginnen mit der Implementierung der Funktion send_spielerindex:

```
   void duell_server::send_spielerindex( DPNID id, int ix)
       {
       msg_spielerindex six;
       DPN_BUFFER_DESC bdsc;
       DPNHANDLE async;
A      six.msgid = MSG_SPIELERINDEX;
       six.index = ix;
B      bdsc.dwBufferSize = sizeof( msg_spielerindex);
       bdsc.pBufferData  = (BYTE*)&six;
C      server->SendTo( id, &bdsc, 1, 0, NULL, &async,
                       DPNSEND_GUARANTEED);
       }
```

A: Zunächst stellen wir das zu sendende Telegramm (six) bereit, indem wir in die Datenstruktur die Telegrammnummer (MSG_SPIELERINDEX) und den Spielerindex (ix) eintragen.

B: Für den Versand wird das Telegramm in eine Art »elektronischen Umschlag« gesteckt. Das ist ein Bufferdeskriptor ( bdsc), der die Größe (sizeof( msg_spielerindex)) des Telegramms und einen Zeiger auf die Telegrammdaten enthält.

C: Das Telegramm wird mit der Funktion `SendTo` abgesandt. Diese Funktion werden wir, da sie hier zum ersten Mal auftritt, noch etwas genauer betrachten.

Die Funktion `SendTo` hat die folgende Schnittstelle:

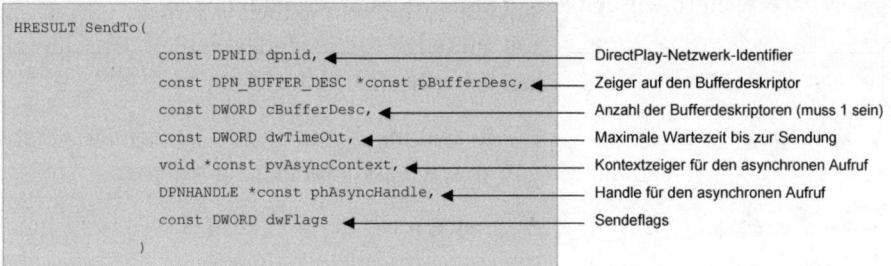

```
HRESULT SendTo(
                const DPNID dpnid,                        ———— DirectPlay-Netzwerk-Identifier
                const DPN_BUFFER_DESC *const pBufferDesc, ———— Zeiger auf den Bufferdeskriptor
                const DWORD cBufferDesc,                  ———— Anzahl der Bufferdeskriptoren (muss 1 sein)
                const DWORD dwTimeOut,                    ———— Maximale Wartezeit bis zur Sendung
                void *const pvAsyncContext,               ———— Kontextzeiger für den asynchronen Aufruf
                DPNHANDLE *const phAsyncHandle,           ———— Handle für den asynchronen Aufruf
                const DWORD dwFlags                       ———— Sendeflags
              )
```

Im Einzelnen haben die Parameter dabei die folgende Bedeutung:

| | |
|---|---|
| `dpnid` | Dies ist die DPNID (*DirectPlay* Network Identifier) des Empfängers. Man kann auch Gruppen von Spielern bilden[25] und dann hier eine Gruppen-ID eintragen. Das Telegramm wird dann an alle Spieler der Gruppe geschickt. Darüber hinaus ist es möglich, ein Telegramm an alle angemeldeten Spieler zu schicken. Dazu trägt man hier `DPNID_ALL_PLAYERS_GROUP` ein. |
| `pBufferDesc` | Dies ist ein Zeiger auf den oben bereits erwähnten Telegrammumschlag. Der Bufferdeskriptor enthält die Telegrammlänge und eine Referenz auf das zu versendende Telegramm. |
| `cBufferDesc` | Dies ist die Anzahl der Bufferdeskriptoren. Diese Zahl muss 1 sein. Spätere Versionen von *Direct-Play* sollen mehrere Bufferdeskriptoren (ein Array von Bufferdeskriptoren), also das gleichzeitige Versenden mehrerer Telegramme, unterstützen. Dann können hier auch andere Werte eingetragen werden. |
| `dwTimeOut` | Dies ist die maximale Wartezeit. Dieser Wert legt fest, wie viele Millisekunden bis zur Sendung |

---

25 Der Server kann seine Clients in Gruppen organisieren. Mit Gruppen wollen wir uns hier allerdings nicht beschäftigen.

maximal vergehen dürfen. Wird die Wartezeit überschritten, so wird das Telegramm nicht gesendet. Ein solcher Wert ist sinnvoll, wenn der Server stark belastet ist und es sich um ein Telegramm handelt, das nach einer gewissen Zeit sowieso nicht mehr aktuell ist. Unser Telegramm soll auf jeden Fall gesendet werden. Deshalb tragen wir hier eine 0 ein.[26]

`pvAsyncContext`    Die Bedeutung dieses Zeigers kennen Sie bereits von anderen asynchronen Operationen.

`phAsyncHandle`    Auch diesen Handle kennen Sie bereits von anderen asynchronen Operationen.

`dwFlags`    Der Versand des Telegramms kann über einige Flags gesteuert werden. Man gibt an dieser Stelle eine bitweise Oder-Verknüpfung der möglichen Flags ein.

Wichtige Sendeflags für den Parameter `dwFlags` sind dabei:

`DPNSEND_SYNC`    Das Telegramm wird synchron verschickt. Das heißt, dass die Funktion `SendTo` erst dann zurückkommt, wenn der Sendevorgang (erfolgreich oder erfolglos) abgeschlossen worden ist. Man verwendet diese Option, wenn der Sender nicht weitermachen kann, bevor das Telegramm auf der Gegenseite empfangen wurde. Man sollte diese Option äußerst sparsam einsetzen, da es zu Blockaden von Client und Server kommen kann.

`DPNSEND_GUARANTEED`    Die Auslieferung des Telegramms beim Empfänger wird garantiert. Beachten Sie, dass man nicht immer an einer garantierten Auslieferung interessiert ist. Wenn man etwa laufend die aktuelle Zimmertemperatur vom Server zum Client schickt, ist man nicht daran interessiert, dass alle Botschaften ankommen. Hauptsache, alle zehn Sekunden kommt mindestens eine durch. Die garantierte Zustellung bedeutet, insbesondere bei schlechter Netzwerkqualität, einen zusätzlichen

---

26  Wartezeit 0 heißt also nicht »keine Wartezeit«, sondern »unendliche Wartezeit«.

Aufwand, da Quittungen erforderlich sind und die Botschaft erneut gesendet werden muss, wenn die Quittungen ausbleiben.

`DPNSEND_PRIORITY_HIGH`     Sende mit hoher Priorität.

`DPNSEND_PRIORITY_LOW`     Sende mit niedriger Priorität.

`DPNSEND_NOLOOPBACK`     Sende das Telegramm nicht an den Sender selbst, auch wenn er als Adressat in einer Gruppe vorkommt.

`DPNSEND_NONSEQUENTIAL`     Telegramme werden nicht unbedingt in der Reihenfolge ausgeliefert, in der sie gesendet wurden, sondern in der Reihenfolge, in der sie beim Empfänger eintreffen.[27] Ist dieses Flag nicht gesetzt, wird die korrekte Reihenfolge garantiert. Auf der Einhaltung der Reihenfolge sollte man nur bestehen, wenn es erforderlich ist, da hier auch zusätzlicher Aufwand für die Zwischenspeicherung vorzeitig eingegangener Meldungen und Zeitverlust beim Warten auf überholte Meldungen entstehen kann.

Mehrere Werte sind beim Aufruf mit einer bitweisen Oder-Operation zu verknüpfen. `DPNSEND_PRIORITY_HIGH` und `DPNSEND_PRIORITY_LOW` schließen sich dabei natürlich gegenseitig aus. Wichtig ist es, dass man genau die Flag-Kombination setzt, die der Bedeutung des Telegramms angemessen ist. Im hier vorliegenden Fall (Mitteilung der Spielernummer) ist die garantierte Zustellung notwendig, da ein Client, wenn er seine Nummer nicht kennt, das Spiel nicht korrekt darstellen kann. Wir werden aber auch andere Situationen haben, in denen wir auf eine garantierte Zustellung verzichten oder verschärft sogar eine synchrone Zustellung verlangen werden.

Mit diesen Zusatzinformationen über die Funktion `SendTo` wird es Ihnen leichtfallen, die Spielerliste an die Clients zu senden. Die Spielerliste liegt ja bereits als fertiges Telegramm auf dem Server. Insbesondere ist der Message-Identifier bereits eingetragen. Wir erzeugen eine Kopie der Spielerliste (A), um den kritischen Bereich nicht zu lange zu blockieren, packen das Telegramm in einen Umschlag (B) und schicken es an alle Mitspieler außer an uns selbst (C):

---

27 Insbesondere beim Senden von Botschaften über das Internet können Überholvorgänge stattfinden. Das heißt, eine Botschaft trifft, obwohl später als eine andere abgeschickt, früher als diese beim Empfänger ein. Wenn das egal ist, sollte man dieses Flag setzen, da dann Verzögerungen, die durch das Warten auf überholte Botschaften entstehen, wegfallen.

```
     void duell_server::send_spielerliste()
       {
       msg_spielerliste sl;
       DPN_BUFFER_DESC bdsc;
       DPNHANDLE async;
A      lock();
       sl = slist;
       unlock();
B      bdsc.dwBufferSize = sizeof( msg_spielerliste);
       bdsc.pBufferData  = (BYTE*) &sl;
C      server->SendTo( DPNID_ALL_PLAYERS_GROUP, &bdsc, 1,
                        0, NULL, &async,
                        DPNSEND_GUARANTEED|DPNSEND_NOLOOPBACK);
       }
```

Die Buchungsfunktion (buchung) des Servers müssen wir abschließend noch so erweitern, dass nach der Aufnahme eines neuen Spielers die Spielerliste an diesen Spieler und der Spielerindex an alle bisher angemeldeten Spieler verschickt werden:

```
int duell_server::buchung( PDPNMSG_CREATE_PLAYER msg)
  {
  ...
  send_spielerliste();
  send_spielerindex( msg->dpnidPlayer, pnr);
  ...
  }
```

Der Server ist damit wieder ein Stück weiterentwickelt. Der Client muss die vom Server gesendeten Botschaften jetzt nur noch entgegennehmen und die Informationen an der Benutzeroberfläche darstellen.

### Client

Für den Client benötigen wir zwei neue Windows-Messages, die eng mit dem Empfang der Telegramme msg_spielerliste und msg_spielerindex verknüpft sind:

```
# define WM_SPIELERLISTE_AKTUALISIEREN          WM_APP+1
# define WM_SPIELERINDEX_AKTUALISIEREN          WM_APP+2
```

Beide Messages werden jeweils asynchron beim Empfang des zugehörigen Telegramms aus einem Thread heraus gesendet, um dann in der Hauptverarbeitungsschleife entgegengenommen und bearbeitet zu werden. Bevor wir aber dazu kommen, müssen wir den Client mit einer Spielerliste und einem Spielerindex ausstatten:

```
class duell_client
    {
    public:
        ...
        msg_spielerliste slist;
        DWORD index;
        ...
    };
```

In der reset-Funktion initialisieren wir diese Daten:

```
void duell_client::reset()
    {
    ...
    int i;
    ...
    index = -1;
    slist.angemeldet = 0;
    slist.maximum = 0;
    for( i = 0; i < MAX_PLAYERS; i++)
        slist.sp[i].status = FREI;
    ...
    }
```

Wenn wir eines der beiden Telegramme msg_spielerliste oder msg_spielerindex erhalten, wird der client_messagehandler asynchron gestartet. Hier müssen wir das Telegramm entgegennehmen und entsprechend reagieren:

```
HRESULT WINAPI client_messagehandler( PVOID pvUserContext,
                             DWORD dwMessageType, PVOID pMessage)
    {
     ...
    switch( dwMessageType)
        {
    ...
A   case DPN_MSGID_RECEIVE:
```

```
B        PBYTE rd = ((PDPNMSG_RECEIVE)pMessage)->pReceiveData;
         switch( DUELL_MSGID( rd))
            {
C        case MSG_SPIELERINDEX:
             mein_client.index = ((msg_spielerindex *)rd)->index;
             if( mein_clientdialog)
                 PostMessage( mein_clientdialog,
                         WM_SPIELERINDEX_AKTUALISIEREN, 0, 0 );
             break;
D        case MSG_SPIELERLISTE:
             mein_client.slist = *(msg_spielerliste *)rd;
             if( mein_clientdialog)
                 PostMessage( mein_clientdialog,
                         WM_SPIELERLISTE_AKTUALISIEREN, 0, 0 );
             break;
            }
         break;
         }
     ...
     }
```

A: Wenn ein Telegramm vom Server eintrifft, erkennen wir das am Message-Typ DPN_MSGID_RECEIVE. Wir müssen dann genauer hinsehen, um zu erkennen, um welches Telegramm es sich handelt. Das machen wir unter B.

B: Wir holen uns einen Zeiger auf die Telegrammdaten (rd) und greifen über diesen Zeiger mit Hilfe des Makros DUELL_MSGID auf das erste DWORD im Telegramm zu. Dies ist die Message-ID. Handelt es sich um die ID MSG_SPIELER-INDEX, geht es bei C weiter. Ist es dagegen MSG_SPIELERLISTE, springen wir nach D.

C: Wir holen den Spielerindex aus dem Telegramm und schreiben ihn in die dafür vorgesehene Member-Variable des Clients. Dann benachrichtigen wir die Hauptverarbeitungsschleife, dass der Spielerindex zu aktualisieren ist.

D: Hier kopieren wir die Spielerliste aus dem Telegramm in die Klasse mein_client um und benachrichtigen den Main-Thread darüber, dass die Listbox aktualisiert werden muss.

Die weitere Verarbeitung erfolgt dann im Dialoghandler des Clients (clienthandler). Dort laufen die Windows-Messages ein und werden zur Bearbeitung an entsprechende Funktionen (spielerliste_aktualisieren beziehungsweise spielerindex_aktualisieren) weitergeleitet:

```
LRESULT CALLBACK clienthandler( HWND hDlg, UINT msg,
                                WPARAM wParam, LPARAM lParam)
    {
    ...
    switch( msg )
        {
        ...
        case WM_SPIELERLISTE_AKTUALISIEREN:
            spielerliste_aktualisieren( hDlg);
            return TRUE;

        case WM_SPIELERINDEX_AKTUALISIEREN:
            spielerindex_aktualisieren( hDlg);
            return TRUE;
        ...
        }
    ...
    }
```

Diese beiden Funktionen müssen wir jetzt noch implementieren. Am einfachsten zu erstellen ist die Funktion spielerindex_aktualisieren, da wir nur den Indexwert aus der Member-Variablen index in das Dialogelement IDC_SPIELER-INDEX der Benutzeroberfläche übertragen müssen:

```
void spielerindex_aktualisieren( HWND hDlg)
    {
    int ix;

    mein_client.lock();
    ix = mein_client.index;
    mein_client.unlock();
    SetDlgItemInt( hDlg, IDC_SPIELERINDEX, ix + 1, FALSE);
    }
```

Beim Übertragen des Index in die Zwischenvariable ix sperren wir kurzfristig den Zugriff auf den kritischen Bereich.

Etwas aufwändiger ist die Aktualisierung der Spielerliste. Aber da wir beim Server praktisch die gleiche Funktion erstellt hatten, sind hier zusätzliche Erklärungen überflüssig:

```
VOID spielerliste_aktualisieren( HWND hDlg)
    {
    HWND lst;
    DWORD i;
    char buf[128];
```

```
msg_spielerliste slist;
LVITEM lvi;

mein_client.lock();
slist = mein_client.slist;
mein_client.unlock();

lst = GetDlgItem(hDlg, IDC_SPIELERLISTE);
SendMessage( lst, LVM_DELETEALLITEMS, 0, 0 );
ZeroMemory( &lvi, sizeof(lvi));
lvi.mask = LVIF_TEXT;
lvi.pszText = buf;

for( i = 0; i < slist.maximum; i++)
    {
    lvi.iItem = i;
    sprintf( buf, "%d", i+1);
    ListView_InsertItem( lst, &lvi);
    if( slist.sp[i].status == BESETZT)
        ListView_SetItemText( lst, i, 1, slist.sp[i].name);
    }
}
```

Wenn Sie jetzt mehrere Clients und einen Server starten, werden Sie feststellen, dass die Spielerlisten des Servers und aller Clients bei der Anmeldung neuer Clients immer aktualisiert werden.

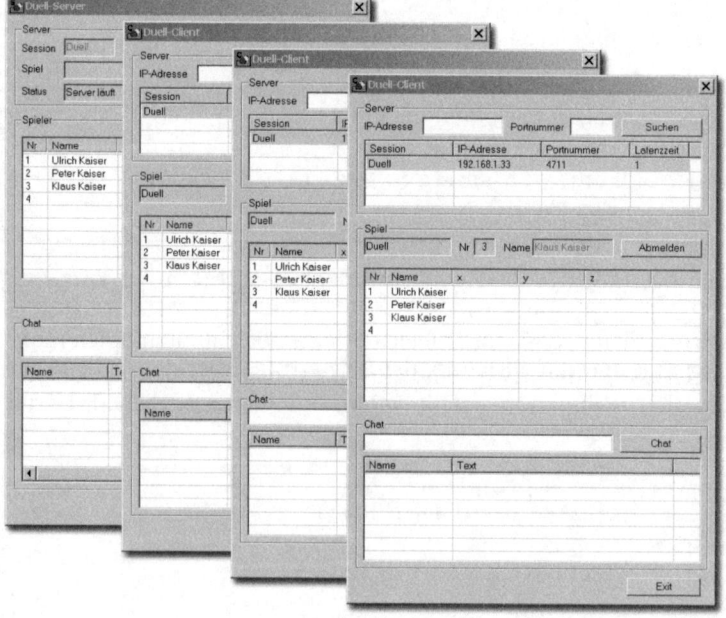

Das war das Ziel, das wir uns in dieser Projektstufe gesetzt hatten. Befriedigend ist das Zusammenspiel von Client und Server aber immer noch nicht. Wenn ein Client oder der Server plötzlich aus dem Spiel aussteigt, werden die anderen Beteiligten nicht darüber informiert. An dieser Stelle müssen wir unser Client-Server-System noch nachbessern.

### 5.4.6 V06 Einseitiger Verbindungsabbruch

Bei Client-Server-Systemen gibt es wegen der losen Verbindung der Clients zum Server eine Reihe von möglichen Fehlersituationen, die man bei »gewöhnlichen« Programmen nicht beachten muss. Ein Client oder Server kann jederzeit spontan und ohne Vorwarnung (zum Beispiel durch einen Systemabsturz) aus einer Session aussteigen. Natürlich kann man in einer solchen Situation nicht immer erwarten, dass das andere System weitermacht, als wäre nichts passiert. Ein Server sollte in der Regel nach dem Verlust eines Clients mit den anderen Clients normal weiterarbeiten können. Ein Client ist durch den Verlust des Servers in der Regel härter getroffen. Er sollte aber auf keinen Fall abstürzen und zumindest mit einer ordentlichen Fehlermeldung wieder »auf die Füße« kommen.

**Common**

Im Common-Bereich stehen in dieser Projektstufe keine Änderungen an.

**Server**

Den Server statten wir mit einer Funktion `remove_player` aus:

```
class duell_server
    {
    public:
        ...
        void remove_player( int pnr);
    };
```

Diese Funktion sorgt dafür, dass ein Spieler mit einer bestimmten Spielernummer aus der Spielerliste entfernt wird und alle anderen Spieler darüber benachrichtigt werden:

```
void duell_server::remove_player( int pnr)
    {
    lock();
    slist.sp[pnr].status = FREI;
    slist.angemeldet--;
```

```
    unlock();
    send_spielerliste();
    }
```

Wenn ein Spieler, aus welchen Gründen auch immer, die Session verlässt, so erhalten wir im Server die Message DPN_MSGID_DESTROY_PLAYER.[28] Im Kontext-feld der Message steht die Spielernummer, also der Index des Spielers in der Spielerliste. Mit dieser Nummer rufen wir die Funktion remove_player auf, um den Spieler aus der Spielerliste zu entfernen:

```
HRESULT WINAPI server_messagehandler( PVOID pvUserContext,
                              DWORD dwMessageType, PVOID pMessage)
    {
    ...
    switch( dwMessageType)
        {
    ...
    case DPN_MSGID_DESTROY_PLAYER:
        mein_server.remove_player(
        (int)((PDPNMSG_DESTROY_PLAYER)pMessage)->pvPlayerContext);
        PostMessage( mein_serverdialog,
                              WM_SPIELER_AKTUALISIEREN, 0, 0);
        break;
        }
    ...
    }
```

Anschließend posten wir die Windows-Message WM_SPIELER_AKTUALISIEREN, damit die Spielerliste im Serverdialog aktualisiert wird. Für die Benachrichtigung der noch im Spiel verbliebenen Clients hat bereits die Funktion remove_player gesorgt.

Der Server soll auch gewisse Spieler vom Spiel ausschließen dürfen. Dafür haben wir den *Kill*-Button im Serverdialog vorgesehen. Bei Betätigung dieses Buttons sollen alle Spieler, die in der Spielerliste des Servers ausgewählt sind,[29] zwangs-weise aus dem Spiel genommen werden. Wir erstellen dazu eine Funktion kill_players, die durch die Spielerliste iteriert und alle Spieler, die in der Listbox selektiert (LVIS_SELECTED) sind, durch einen Aufruf der Funktion DestroyClient ohne Rücksicht aus dem Spiel wirft:

---

28  Genauere Informationen über die Gründe (zum Beispiel: Verbindungsunterbrechung) stehen im Feld dwReason dieser Message.

29  Beachten Sie, dass das Listenelement Mehrfachauswahlen unterstützt.

```
void kill_players( HWND hDlg)
    {
    HWND lst;
    DWORD i;

    mein_server.lock();
    lst = GetDlgItem(hDlg, IDC_SPIELERLISTE);
    for( i = 0; i < mein_server.slist.maximum; i++)
        {
        if( (mein_server.slist.sp[i].status == BESETZT) &&
                    ListView_GetItemState( lst, i, LVIS_SELECTED))
            mein_server.server->DestroyClient(
                        mein_server.slist.sp[i].dpnid, 0, 0, 0);
        }
    mein_server.unlock();
    }
```

Wir müssen nichts weiter tun. Denn nachdem wir `DestroyClient` aufgerufen haben, wird eine `DPN_MSGID_DESTROY_PLAYER`-Message erzeugt. Aufgrund dieser Message rufen wir `remove_player` auf, und aus der `remove_player`-Funktion heraus informieren wir die Mitspieler.

Was wir allerdings noch tun müssen, ist die `kill_players`-Funktion an die Betätigung des *Kill*-Buttons zu binden. Aber das ist ganz einfach:

```
INT_PTR CALLBACK serverdialog( HWND hDlg, UINT msg,
                                    WPARAM wParam, LPARAM lParam)
    {
    ...
    switch( msg )
        {
    ...
    case WM_COMMAND:
        switch( LOWORD(wParam))
            {
        ...
        case IDC_KILL:
            kill_players( hDlg);
            return TRUE;
        ...
            }
        ...
        }
    ...
    }
```

Wenn jetzt ein Clientprogramm beendet wird, so erfährt das der Server, und über den Server erfahren es auch die anderen Clients. Ein Client registriert aber noch nicht, wenn der Server ausfällt oder wenn er vom Server zwangsabgemeldet (kill) wird.[30] Damit beschäftigen wir uns im nächsten Abschnitt.

### Client

Für die Behandlung eines Verbindungsabbruchs durch den Server erstellen wir eine neue Windows-Message für den Client:

```
# define WM_SERVER_TERMINATE                    WM_APP+3
```

Diese Windows-Message erzeugen wir, wenn der Client aufgrund eines Sessionabbruchs durch den Server ein DPN_MSGID_TERMINATE_SESSION-Telegramm empfängt:

```
HRESULT WINAPI client_messagehandler( PVOID pvUserContext,
                         DWORD dwMessageType, PVOID pMessage)
    {
    ...
    switch( dwMessageType)
        {
    ...
    case DPN_MSGID_TERMINATE_SESSION:
        if( mein_clientdialog)
            PostMessage( mein_clientdialog,
                             WM_SERVER_TERMINATE, 0, 0);
        break;
    ...
        }
    ...
    }
```

Das ist schon alles, was wir im Messagehandler des Clients zu tun haben. Der Rest geschieht in der Hauptverarbeitungsschleife. Die Message WM_SERVER_TERMINATE nehmen wir im Callback-Handler des Clientdialogs entgegen:

```
LRESULT CALLBACK clienthandler( ...)
    {
    ...
    switch( msg )
        {
```

---

30 Interessanterweise merken das die anderen Spieler, denn sie werden vom Server informiert.

```
...
    case WM_SERVER_TERMINATE:
        MessageBox( hDlg, "Abbruch der Server-Verbindung",
                "Duell-Meldung", MB_OK | MB_ICONERROR |
                                MB_SETFOREGROUND);
        abmeldung( hDlg);
        return TRUE;
...
    }
...
}
```

Mit einem kleinen Fehlerdialog weisen wir den Benutzer auf den Abbruch der Serververbindung hin.[31] Anschließend rufen wir die Funktion abmeldung auf, in der wir den Client im Prinzip herunterfahren und anschließend neu starten:

```
void abmeldung( HWND hDlg)
    {
    mein_client.lock();
    mein_client.reset();
    mein_client.init( client_messagehandler);
    serverliste_aktualisieren( hDlg);
    spielerliste_aktualisieren( hDlg);
    mein_client.unlock();
    SetDlgItemText( hDlg, IDC_ANMELDEN, "Anmelden");
    EnableWindow( GetDlgItem(hDlg, IDC_SPIELER), TRUE);
    EnableWindow( GetDlgItem(hDlg, IDC_CHAT), FALSE);
    SetDlgItemText( hDlg, IDC_SESSION, "");
    SetDlgItemText( hDlg, IDC_SPIELERINDEX, "");
    }
```

Der Client steht somit wieder ganz am Anfang und muss sich einen neuen Server suchen.

Die Funktion abmeldung rufen wir auch dann auf, wenn der Benutzer den *Abmelden*-Button betätigt. Der *Abmelden*-Button ist der gleiche Button wie der *Anmelden*-Button. Ist man nicht angemeldet, so dient der Button zur Anmeldung; ist man angemeldet, dient er zur Abmeldung. Ob wir angemeldet sind oder nicht, erkennen wir daran, ob die Clientvariable myhost ungleich 0 ist oder nicht. Wir erweitern den Fall IDC_ANMELDEN daher um eine Alternative, die ausgeführt wird, wenn der Client bereits angemeldet ist:

---

31 Beim Server haben wir Vergleichbares nicht gemacht, da der Server ja bedienerlos laufen sollte.

```
LRESULT CALLBACK clienthandler( ...)
    {
    ...
    switch( msg )
        {
        ...
    case WM_COMMAND:
        switch( LOWORD(wParam))
            {
            ...
        case IDC_ANMELDEN:
            ...
            if( !mein_client.myhost)
                anmeldung( hDlg);
            else
                abmeldung( hDlg);
            ...
            return TRUE;
        ...
            }
        ...
        }
    ...
    }
```

Der Client merkt jetzt, wenn der Server ihn zwangsweise abmeldet, und kann sich bei Bedarf auch selbst abmelden. Dies wiederum registriert der Server und informiert seinerseits die anderen Clients. Die Meldungskette funktioniert. Sie sollten Ihr System an dieser Stelle wieder einmal auf Herz und Nieren testen.

Jetzt haben wir ein recht robustes Client-Server-System mit An- und Abmeldefunktionen, und wir können uns nach und nach damit beschäftigen, die eigentlichen Funktionen des Spiels zu implementieren.

### 5.4.7  V07 Chat

Die Teilnehmer am Spiel haben bereits in der Anmeldephase Bedarf an Abstimmung untereinander. Die Spieler sind in aller Regel räumlich voneinander getrennt, befinden sich vielleicht sogar an völlig verschiedenen Enden der Welt. Es ist wünschenswert, dass das Spiel Möglichkeiten zur Kommunikation bietet, damit man nicht noch einen zusätzlichen Kommunikationskanal (zum Beispiel Telefon) aufmachen muss. Im Prinzip kann man sich die Kommunikation zwischen den Spielern schriftlich (Internet-Chat), mündlich (Internet-Telefonie) oder auch visuell (zum Beispiel über eine Webcam) vorstellen. Die beiden ersten Varianten werden wir hier realisieren. Wir starten mit der schriftlichen Kommunikation – dem Chat.

## Common

Zum Chatten benötigen wir ein neues Telegramm, mit dem die Spieler untereinander Chat-Messages austauschen können. Dazu definieren wir zunächst eine Telegramm-Nummer:

```
# define MSG_CHAT          1003
```

Im Telegramm selbst benötigen wir neben dem Message-Identifier (MSG_CHAT) den Index des Spielers, von dem der Beitrag kommt (-1, wenn der Beitrag vom Server kommt), und einen bis zu 255 Zeichen langen 0-terminierten Text mit der eigentlichen Botschaft:

```
struct msg_chat
    {
    DWORD msgid;
    int spielerindex;
    char text[256];
    };
```

Das ist alles, was Server und Client gemeinsam zum Chatten benötigen.

## Server

Sowohl der Client als auch der Server können Chat-Beiträge verschicken. Der Server hat aber zusätzlich die Aufgabe des Multiplikators. Ein Client schickt seinen Beitrag an den Server, und der Server leitet diesen Beitrag an alle Spieler – übrigens auch an den Sender selbst – weiter.

Wir erweitern den Server zunächst um die Fähigkeit, eine Chat-Message an alle seine Clients zu schicken. Dazu dient die Member-Funktion send_chatmessage:

```
class duell_server
    {
    public:
        ...
        void send_chatmessage( msg_chat *cm);
    };
```

Die Funktion send_chatmessage erhält als Parameter ein bereits vollständig ausgefülltes Telegramm und muss dieses nur noch verschicken:

```
void duell_server::send_chatmessage( msg_chat *cm)
    {
    DPN_BUFFER_DESC bdsc;
    DPNHANDLE async;

    if( !server)
        return;

    bdsc.dwBufferSize = sizeof( msg_chat);
    bdsc.pBufferData = (BYTE*)cm;

    server->SendTo( DPNID_ALL_PLAYERS_GROUP, &bdsc, 1, 0,
                    NULL, &async,
                    DPNSEND_GUARANTEED|DPNSEND_NOLOOPBACK);
    }
```

Das Versenden eines Telegramms durch den Server an alle Clients kennen Sie bereits vom Versand der Spielerliste: Zuerst wird das Telegramm in den Umschlag (bdsc) gesteckt und dann verschickt (SendTo). Hier machen wir alles wie bereits gehabt, lediglich der Inhalt des Telegramms ist ein anderer.

Wenn der Server einen neuen Chat-Beitrag erhält oder selbst einen sendet, muss er die Liste, die die letzten 20 Beiträge enthält, aktualisieren. Dazu dient die Funktion chatliste_aktualisieren:

```
   void chatliste_aktualisieren( HWND hDlg, msg_chat *cm)
       {
       HWND lst;
       LVITEM lvi;
       int i;

       lst = GetDlgItem(hDlg, IDC_CHATLISTE);

A      ZeroMemory( &lvi, sizeof(lvi));
       lvi.mask = LVIF_TEXT;
       lvi.iItem = 0;
       if( cm->spielerindex >= 0)
           lvi.pszText =
                       mein_server.slist.sp[cm->spielerindex].name;
       else
           lvi.pszText = "Server";
       ListView_InsertItem( lst, &lvi);
       ListView_SetItemText( lst, 0, 1, cm->text);
B      i = ListView_GetItemCount( lst);
       if( i > 20)
           ListView_DeleteItem( lst, i-1);
       }
```

A: Der neue Beitrag wird am Anfang der Liste eingefügt. Wenn der Beitrag von einem Spieler kommt (`spielerindex >= 0`), wird der Spielername in die Spalte *Name* der Listbox eingetragen. Andernfalls handelt es sich um einen Beitrag vom Server.

B: Falls sich durch das Eintragen der neuen Message mehr als 20 Einträge ergeben haben, wird der älteste Beitrag, also der in der letzten Zeile, gelöscht.

Es gibt zwei Situationen, in denen der Server Chat-Messages verschicken muss: zum einen, wenn eine Chat-Message von einem Client eintrifft, und zum anderen, wenn der Administrator am Server selbst eine Chat-Message abschickt.

Im ersten Fall wird der `server_messagehandler` aktiv. Sobald dort eine Chat-Message anhand ihres Identifiers (`MSG_CHAT`) erkannt wird, wird die Message, quasi wie ein Echo, an alle Clients weitergeleitet. Anschließend wird die Chat-Liste aktualisiert:

```
HRESULT WINAPI server_messagehandler( PVOID pvUserContext,
                           DWORD dwMessageType, PVOID pMessage)
    {
    ...
    switch( dwMessageType)
        {
        ...
    case DPN_MSGID_RECEIVE:
        PBYTE rd = ((PDPNMSG_RECEIVE)pMessage)->pReceiveData;
        switch( DUELL_MSGID( rd))
            {
        case MSG_CHAT:
            mein_server.send_chatmessage( (msg_chat *)rd);
            chatliste_aktualisieren( mein_serverdialog,
                                        (msg_chat *)rd);
            break;
            }
        }
    ...
    }
```

Im zweiten Fall hat der Benutzer den *Chat*-Button im Server-Dialog angeklickt. Die zugehörige Windows-Message (`IDC_CHAT`) läuft im Messagehandler des Serverdialogs ein und muss dort behandelt werden (A):

```
INT_PTR CALLBACK serverdialog( HWND hDlg, UINT msg,
                                    WPARAM wParam, LPARAM lParam)
    {
    ...
    switch( msg )
        {
        ...

    case WM_COMMAND:
        switch( LOWORD(wParam))
            {
            ...
A           case IDC_CHAT:
B               msg_chat cm;
                cm.msgid = MSG_CHAT;
                cm.spielerindex = -1; // Server
                GetDlgItemText( hDlg, IDC_CHATMESSAGE,
                                cm.text, 256);
C               mein_server.send_chatmessage( &cm);
D               mein_server.lock();
                chatliste_aktualisieren( hDlg, &cm);
                mein_server.unlock();
E               SetDlgItemText( hDlg, IDC_CHATMESSAGE, "");
                return TRUE;
            ...
            }
        ...
        }
    ...
    }
```

Der Server stellt daraufhin eine Struktur für das Telegramm bereit und füllt diese
mit dem Message-Identifier (MSG_CHAT), der Absenderangabe (-1 für den Server)
und dem Meldungstext, der im Eingabefeld IDC_CHATMESSAGE steht (B). Anschließend wird die Meldung versandt (C) und die Chat-Liste aktualisiert (D). Beachten
Sie, dass für das Aktualisieren der Chat-Liste der kritische Bereich gesperrt wird.
Das ist erforderlich, weil parallel die Liste mit der Meldung eines Spielers aktualisiert werden könnte. Es wäre durchaus sinnvoll, für die Bearbeitung der Chat-
Liste einen eigenen kritischen Bereich einzurichten, damit das Aktualisieren der
Listbox nicht andere wichtige Kommunikationsprozesse blockiert. Aber da während des laufenden Spiels sicher nicht gechattet wird, kann man davon ausgehen,
dass Konflikte eher selten sind. Abschließend leert der Server noch das Eingabefeld, damit der Benutzer eine neue Nachricht eingeben kann, ohne zuvor die alte
Nachricht löschen zu müssen (E).

## Client

Der Client benötigt eine Methode, um eine Chat-Message an den Server zu schicken. Wir wollen diese Methode chat nennen:

```
class duell_client
    {
    public:
        ...
        void chat( char *text);
    };
```

Bisher haben wir noch kein Telegramm vom Client zum Server geschickt, aber Sie werden sehen, dass das nicht kompliziert ist und dem Verschicken eines Telegramms vom Server zu den Clients ähnelt:

```
void duell_client::chat( char *text)
    {
    msg_chat cm;
    DPN_BUFFER_DESC bdsc;
    DPNHANDLE async;
A   cm.msgid = MSG_CHAT;
    cm.spielerindex = index;
    strcpy( cm.text, text);
B   bdsc.dwBufferSize = sizeof( msg_chat);
    bdsc.pBufferData  = (BYTE*) &cm;
C   client->Send( &bdsc, 1, 0, 0, &async, DPNSEND_GUARANTEED);
    }
```

Wir erstellen ein Telegramm (cm) mit den erforderlichen Informationen (A), stellen zusätzlich einen Bufferdeskriptor bereit, der die Länge des Telegramms und einen Zeiger auf das Telegramm enthält (B), und schicken das Telegramm mit der Funktion Send an den Server (C). Der Unterschied zum Senden vom Client zum Server besteht darin, dass clientseitig nicht die Funktion SendTo, sondern die Funktion Send verwendet wird. Diese Funktion enthält im Gegensatz zu SendTo keine Daten über den oder die Empfänger. Das ist aber auch nicht erforderlich, da ein Client ja immer nur mit *seinem* Server redet.

Der Client muss, wie auch der Server, bei Bedarf die Chat-Liste aktualisieren. Diese Funktion ist aber bis auf ganz wenige Bezeichnungsunterschiede mit der entsprechenden Funktion des Servers identisch, sodass ich hier auf eine weitere Diskussion der Funktion verzichten kann:

```
void chatliste_aktualisieren( HWND hDlg, msg_chat *cm)
    {
    HWND lst;
    LVITEM lvi;
    INT i;

    lst = GetDlgItem(hDlg, IDC_CHATLISTE);
    ZeroMemory( &lvi, sizeof(lvi));
    lvi.mask = LVIF_TEXT;
    lvi.iItem = 0;
    if( cm->spielerindex >= 0)
        lvi.pszText = mein_client.slist.sp[cm->spielerindex].name;
    else
        lvi.pszText = "Server";
    ListView_InsertItem( lst, &lvi);
    ListView_SetItemText( lst, 0, 1, cm->text);
    i = ListView_GetItemCount( lst);
    if( i > 20)
        ListView_DeleteItem( lst, i-1);
    }
```

Wenn der Benutzer den *Chat*-Button (IDC_CHAT) anklickt, liest der Client den Meldungstext aus dem zugehörigen Eingabefeld (IDC_CHATMESSAGE) und verschickt die Meldung mit der Funktion chat:

```
LRESULT CALLBACK clienthandler( HWND hDlg, UINT msg,
                                WPARAM wParam, LPARAM lParam)
    {
...
switch( msg )
    {
...
case WM_COMMAND:
    switch( LOWORD(wParam) )
        {
...
    case IDC_CHAT:
        GetDlgItemText( hDlg, IDC_CHATMESSAGE, buf, 256);
        mein_client.chat( buf);
        SetDlgItemText( hDlg, IDC_CHATMESSAGE, "");
        return TRUE;
...
```

```
            }
        ...
        }
    ...
    }
```

Anschließend wird das Eingabefeld geleert, damit eine neue Meldung direkt eingegeben werden kann.

Der Client schickt eine Meldung heraus, ohne sie in die Chat-Liste einzutragen. Das ist auch nicht nötig, da der Client weiß, dass seine Meldung wie ein Echo vom Server zurückkommen wird. Erst dann trägt er die Meldung, wie die Meldungen anderer Clients auch, in die Liste ein. Dazu müssen wir jetzt nur noch im Messagehandler des Clients das Telegramm MSG_CHAT entgegennehmen und daraufhin die Chat-Liste aktualisieren:

```
HRESULT WINAPI client_messagehandler( PVOID pvUserContext,
                              DWORD dwMessageType, PVOID pMessage)
    {
    ...
    switch( dwMessageType)
        {
        ...
    case DPN_MSGID_RECEIVE:
        PBYTE rd = ((PDPNMSG_RECEIVE)pMessage)->pReceiveData;
        switch( DUELL_MSGID( rd))
            {
            ...
        case MSG_CHAT:
            if( mein_clientdialog)
                chatliste_aktualisieren( mein_clientdialog,
                                              (msg_chat *)rd);
            break;
            }
        break;
        }
    ...
    }
```

Wenn Sie jetzt Client und Server compilieren, linken und starten, sehen Sie, dass unser System bereits die Funktionen eines sehr einfachen, aber funktionierenden Chat-Systems hat:

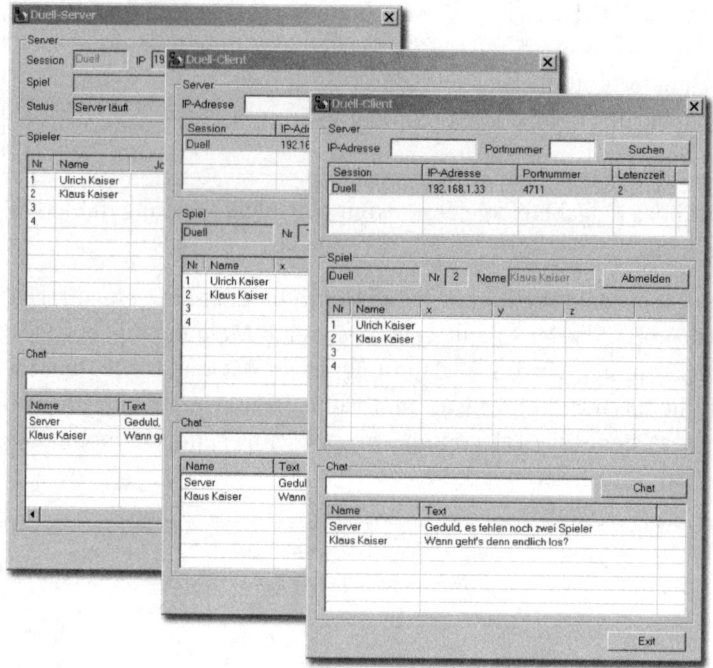

Sie können das Programm benutzen, um mit Ihren Freunden im Internet Botschaften auszutauschen. Viel mehr bieten die geläufigen Messenger-Programme streng genommen auch nicht.[32]

Die schriftliche Kommunikation ist natürlich viel zu bedienaufwändig und zu träge, um etwa während des Spiels durchgeführt werden zu können. Wer sich hinsetzt, um einen Chat-Beitrag zu verfassen, kann in einem Action-Spiel davon ausgehen, dass dies sein letzter Beitrag war. Viel sinnvoller ist es, wenn sich die Spieler während des Spiels wie am Telefon unterhalten können. Nur über Sprachkommunikation ist eine Abstimmung der Spieler während des Spiels überhaupt möglich. Um eine akzeptable Kommunikation zu ermöglichen, müssen wir daher noch ein Internet-Phone entwickeln. Zum Glück sind alle dazu erforderlichen Basisfunktionen bereits in *DirectPlay* enthalten, und wir können das Thema im nächsten Abschnitt in Angriff nehmen.

### 5.4.8   V08 Stimmübertragung

Die Stimmübertragung stößt bei den heute (noch) üblichen Bandbreiten im Internet schnell an ihre Grenzen. Insbesondere soll ja während eines Spiels jeder Spie-

---

32  Na ja, da gibt es üblicherweise schon einiges mehr an Komfort, aber den können Sie ja hier auch noch hinzufügen.

ler mit jedem anderen Spieler reden können. Sie wissen, dass ISDN eine Bandbreite von 64 Kbps[33] hat, was eine ausreichend gute Sprachübertragung erlaubt. Beim Einsatz geeigneter Kompressionsverfahren kann man die für eine bidirektionale Sprachübertragung erforderliche Bandbreite auf etwa 10 Kbps senken. Weitere Reduktionen sind möglich, gehen dann aber deutlich zu Lasten der Übertragungsqualität. Bei zwölf Teilnehmern, auf die unser Spiel ausgelegt ist, müsste jeder Spieler 11 bidirektionale Sprachkanäle zu den anderen Spielern haben. Über einen ISDN-Internetzugang könnte das Spiel so sicherlich nicht gespielt werden. *DirectX* unterstützt verschiedene Kompressionsverfahren (sogenannte Codecs) zur Sprachübertragung. Die folgende Tabelle gibt dazu einen Überblick:

| Kompressionsverfahren | Bandbreite (Kbps) | Identifier |
|---|---|---|
| Voxware VR12 | ca. 1.2 | DPVCTGUID_VR12 |
| Voxware SC03 | 3.2 | DPVCTGUID_SC03 |
| Voxware SC06 | 6.4 | DPVCTGUID_SC06 |
| TrueSpeech | 8 | DPVCTGUID_TRUESPEECH |
| Microsoft® GSM | 13 | DPVCTGUID_GSM |
| Microsoft® ADPCM | 32 | DPVCTGUID_ADPCM |
| Microsoft® PCM | 64 | DPVCTGUID_NONE |

Für die Programmierung wählen Sie einen der oben genannten Identifier oder DPVCTGUID_DEFAULT, wenn Sie das Standardverfahren verwenden wollen.[34] Welches Verfahren Sie wählen, hängt davon ab, welche Bandbreite Sie zur Verfügung haben. Im LAN (10/100 Mbps) sollten Sie DPVCTGUID_NONE verwenden. Sie haben dann eine mit dem Telefon vergleichbare Sprachqualität. Die anderen Verfahren fallen demgegenüber teilweise deutlich ab.

Neben den Codecs gibt es verschiedene Topologien zur Sprachübertragung. Diese sind:

▶ Peer-to-Peer-Topologie

▶ Forwarding-Server-Topologie

▶ Mixing-Server-Topologie

In der **Peer-to-Peer-Topologie** schickt jeder Client seine Sprachdaten direkt an jeden anderen Client und empfängt auch direkt von allen anderen Clients deren Daten. Das heißt, in einem Spiel mit $n$ Spielern muss jeder Client $2 \cdot (n-1)$ Sprach-

---

33  Kilobits pro Sekunde

34  Der Standard ist in der Headerdatei *dvoice.h* als DPVCTGUID_SC03 festgelegt, was eine sehr bescheidene Sprachqualität liefert.

kanäle bedienen, wobei »bedienen« sowohl das Versenden als auch das Komprimieren ausgehender beziehungsweise das Dekomprimieren und Mixen eingehender Daten bedeutet.

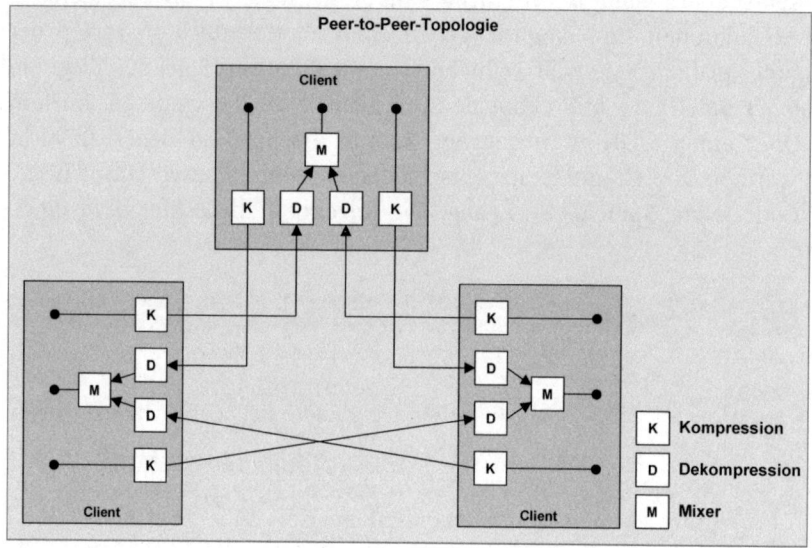

In der Praxis besteht ein Ungleichgewicht zwischen eingehenden und ausgehenden Daten, da die Belastung durch die ausgehenden Daten in der Regel größer ist als die Last, die durch die eingehenden Daten entsteht. Das liegt daran, dass die ausgehenden Kanäle immer gleichzeitig benötigt werden, während sich die Last auf den eingehenden Kanälen statistisch verteilt. Die ausgehenden Kanäle erzeugen also die höheren Lastspitzen und sind daher das eigentliche Problem bei der digitalen Sprachkommunikation in Spielen.

Während die Peer-To-Peer-Topologie keinen eigenen (dedizierten) Voice-Server benötigt, basieren die beiden anderen Topologien auf der Verwendung eines Servers.

In der **Forwarding-Server-Topologie** schicken alle Clients ihre Daten an den Voice-Server, der diese Daten an die einzelnen Clients weiterleitet (forward). Das entspricht der Organisation, die wir für das Chatten gewählt hatten. Bei *n* Spielern muss jeder Client jetzt nur noch einen ausgehenden, aber nach wie vor *n* – 1 eingehende Sprachkanäle bedienen. Insgesamt sind das *n* Sprachkanäle pro Client.

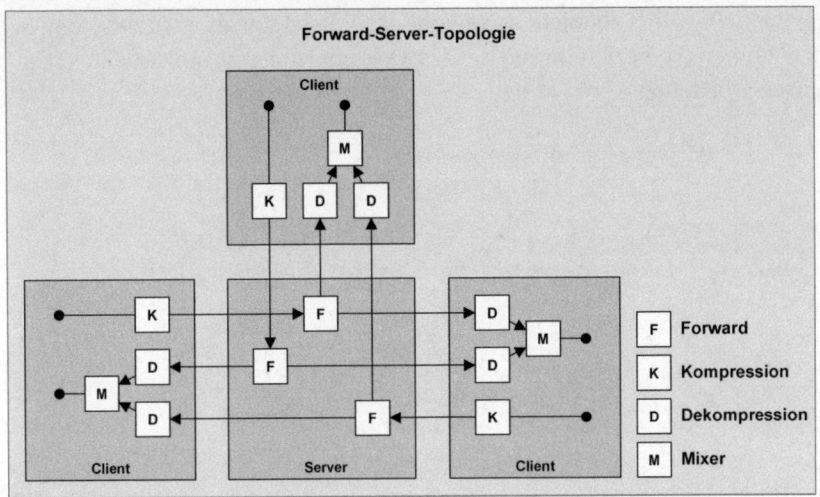

Da die Reduktion im Bereich der ausgehenden Kanäle liegt, erreicht man beim Client eine signifikante Senkung der Spitzenlast – insbesondere bei vielen Teilnehmern. Der reduzierten Bandbreite bei den Clients steht jetzt allerdings eine höhere Anforderung an die Bandbreite beim Server gegenüber. Der Server hat $n$ eingehende Sprachkanäle und zu jedem Client $n - 1$ ausgehende Kanäle. Das sind zusammen $n + n \cdot (n - 1) = n^2$ Sprachkanäle. Der Server muss in dieser Topologie die Daten allerdings weder komprimieren noch dekomprimieren oder mixen, sondern nur weiterleiten.

In der **Mixing-Server-Topologie** schicken die Clients wie in der Forwarding-Server-Topologie ihre Sprachdaten zum Server. Der Server dekomprimiert die Daten, mischt für jeden Client die ihn betreffenden Daten der anderen Clients zusammen, komprimiert das Ergebnis und schickt es an den jeweiligen Client. Ein Client muss jetzt nur noch zwei Sprachkanäle bedienen. Auch vom Mischen der Daten ist der Client befreit. Der Server muss $n$ eingehende und $n$ ausgehende, also $2 \cdot n$ Sprachkanäle bedienen. »Bedienen« heißt jetzt aber, dass die Daten dekomprimiert, gemischt und wieder komprimiert werden müssen – und das für jeden Client.

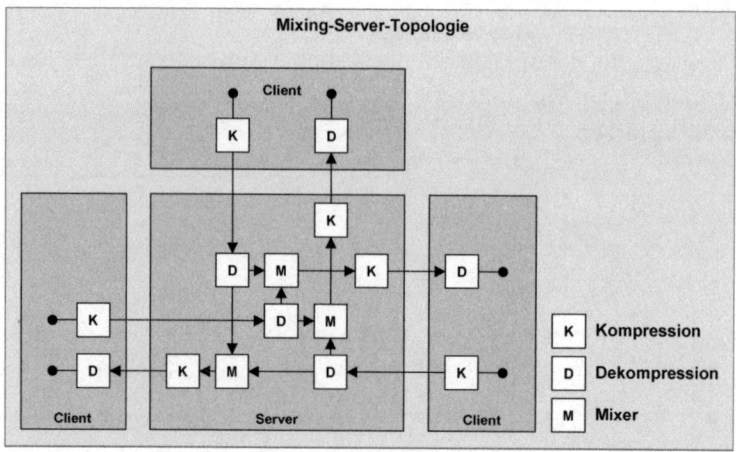

Welche Topologie man verwendet, hängt natürlich von den Gegebenheiten im Netzwerk und den verfügbaren Ressourcen ab. Üblicherweise muss man davon ausgehen, dass die Clients nicht breitbandig angeschlossen sind. Dann scheidet die Peer-to-Peer-Topologie für größere Spielergruppen aus. Da sich die Peer-To-Peer-Topologie darüber hinaus nicht mit der hier verwendeten Client-Server-Architektur für das Spiel verträgt, wollen wir uns mit dieser Topologie nicht weiter beschäftigen. Bei den Server-Topologien benötigt die Forwarding-Server-Technologie die größere Bandbreite, die Mixing-Server-Technologie dagegen die größere Rechenleistung beim Server. Zusätzlichen Einfluss hat natürlich auch der gewählte Codec. Je größer die Kompressionsrate ist, umso kleiner ist die benötigte Bandbreite. Dafür wächst aber die benötigte Rechenleistung zur Kompression beziehungsweise Dekompression der Sprachdaten. Sie sehen, es ist nicht immer leicht zu entscheiden, welche Topologie man verwenden sollte. Je mehr Spieler am Spiel teilnehmen sollen, umso bedeutsamer wird die Entscheidung für eine bestimmte Topologie. Da man aber zwischen den beiden Server-Topologien und den Sprachkompressionen einfach hin- und herschalten kann, kann man die Frage nach der geeigneten Einstellung auch experimentell entscheiden.[35]

**Common**

Im Common-Bereich sind in dieser Projektstufe keine Erweiterungen erforderlich.

---

35 Wenn Sie es komfortabel haben wollen, dann ermöglichen Sie die Einstellung dieser Parameter im Serverdialog.

**Server**

Im Server richten wir für die Sprachkommunikation einen sogenannten **Voice-Server** ein. Dazu benötigen wir in der Klasse `duell_server` einen Zeiger auf ein *DirectPlay*-Objekt vom Typ `IDirectPlayVoiceServer`:

```
class duell_server
    {
    public:
        ...
        IDirectPlayVoiceServer *voice;
        ...
        void voice_start();
        void voice_stop();
    };
```

Den Server müssen wir zusätzlich mit Methoden zum Starten und Stoppen des Voice-Servers ausstatten.

Den Zeiger `voice` initialisieren wir im Konstruktor des Duell-Servers mit dem Wert 0, damit wir später erkennen können, ob der Voice-Server allokiert werden konnte:

```
duell_server::duell_server()
    {
    ...
    voice = 0;
    ...
    }
```

Für den Voice-Server gibt es auch wieder eine Callback-Funktion, in der asynchron Meldungen entgegengenommen werden. Wir interessieren uns hier nicht für die Meldungen und stellen daher nur einen »leeren« Messagehandler bereit:

```
HRESULT WINAPI server_voicehandler( PVOID pvUserContext,
                        DWORD dwMessageType, PVOID pMessage)
    {
    return S_OK;
    }
```

Jetzt können wir die Funktion zum Starten des Voice-Servers erstellen:

| | |
|---|---|
| | ```void duell_server::voice_start()``` <br> ``` { ``` <br> ```HRESULT hr;``` <br> ```DVSESSIONDESC sdsc;``` |
| A | ```if( !server)``` <br> ```    return;``` |
| B | ```if( voice)``` <br> ```    return;``` |
| C | ```hr = CoCreateInstance( CLSID_DirectPlayVoiceServer, NULL,``` <br> ```                       CLSCTX_INPROC_SERVER,``` <br> ```                       IID_IDirectPlayVoiceServer,``` <br> ```                       (LPVOID*)&voice);``` <br> ```if( hr < 0)``` <br> ```    return;``` |
| D | ```hr = voice->Initialize( server, server_voicehandler,``` <br> ```                         NULL, 0, 0);``` <br> ```if( hr < 0)``` <br> ```    {``` <br> ```    voice->Release();``` <br> ```    voice = 0;``` <br> ```    return;``` <br> ```    }``` |
| E | ```ZeroMemory( &sdsc, sizeof(DVSESSIONDESC));``` <br> ```sdsc.dwSize = sizeof( DVSESSIONDESC);``` <br> ```sdsc.dwSessionType = DVSESSIONTYPE_MIXING;``` <br> ```sdsc.dwBufferQuality = DVBUFFERQUALITY_DEFAULT;``` <br> ```sdsc.guidCT = DPVCTGUID_DEFAULT;``` <br> ```sdsc.dwBufferAggressiveness =``` <br> ```                         DVBUFFERAGGRESSIVENESS_DEFAULT;``` <br> ```voice->StartSession(&sdsc, 0);``` <br> ```}``` |

A: Wenn es nicht gelungen ist, den Spiele-Server zu starten, versuchen wir erst gar nicht, den Voice-Server zu starten.

B: Wenn der Voice-Server bereits gestartet ist, ist nichts mehr zu tun.

C: Wir erzeugen das COM-Objekt für den Server und speichern den Handle auf das Objekt in der Variablen voice. Funktioniert das nicht, erfolgt der Rücksprung.

D: Jetzt wird der Voice-Server initialisiert. Dazu benötigen wir die oben erstellte Callback-Funktion. Im Fehlerfall geben wir das COM-Objekt wieder frei und beenden die Funktion.

E: Zum Abschluss werden in der Datenstruktur sdsc einige wichtige Einstellungen vorgenommen, und die Voice-Session wird mit diesen Einstellungen gestartet. Im Wesentlichen werden Standardeinstellungen verwendet, aber wir legen hier auch den Typ der Session als DVSESSIONTYPE_MIXING fest. Alternativ könnten wir hier DVSESSIONTYPE_FORWARDING wählen. Die Bedeutung dieser beiden Session-Typen habe ich ja bereits zu Beginn dieses Abschnitts beschrieben. Ich verwende hier den Standard-Codec (DPVCTGUID_DEFAULT). Je nach verfügbarer Bandbreite können Sie ein konkretes der oben aufgeführten Kompressionsverfahren verwenden. Gegebenenfalls müssen Sie den Codec aber erst noch installieren. Welche Codecs bei Ihnen installiert sind, können Sie mit der Funktion GetCompressionTypes des Voice-Servers erfragen.

Die nachfolgend gezeigte Stopp-Funktion bedarf keiner weiteren Erklärung:

```
void duell_server::voice_stop()
    {
    if( !voice)
        return;

    voice->StopSession( 0);
    voice->Release();
    voice = 0;
    }
```

Den Voice-Server starten wir am besten am Ende der start-Funktion des Duell-Servers:

```
int duell_server::start( ...)
    {
    ...
    voice_start();

    RETURN:
    if( adr)
        adr->Release();
    return hr;
    }
```

Herunterfahren können wir den Voice-Server, wenn wir den Duell-Server herunterfahren:

```
void duell_server::stop()
    {
    voice_stop();
    ...
    }
```

Nach diesen Erweiterungen ist der Server zur Sprachübertragung bereit. Testen können wir das allerdings noch nicht, da die Clients noch nicht so weit sind.

### Client

Wir starten den Voice-Server des Spiele-Servers immer, egal, ob die Clients die Sprachübertragung nutzen wollen oder nicht. Bei den Clients soll der Spieler aber individuell entscheiden, ob er an einer Konferenz teilnehmen will oder nicht. Es gibt ja durchaus ernst zu nehmende Gründe (zum Beispiel kein Headset oder fehlende Bandbreite), um nicht mitzumachen. Um dem Spieler die Wahl zu ermöglichen, müssen wir den Client-Dialog in der folgenden Weise erweitern:

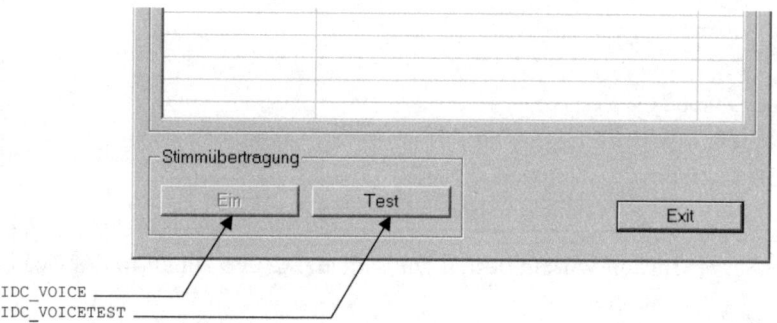

Der *Ein*-Button ist dabei zunächst noch deaktiviert.

Auf der Client-Seite benötigen wir ganz analog zur Server-Seite ein COM-Objekt für die Voice-Kommunikation (`voice`) und Methoden (`voice_on`, `voice_off`) zum Aktivieren beziehungsweise Deaktivieren der Kommunikation. Dazu erweitern wir die Klasse `duell_client`:

```
class duell_client
    {
    public:
        ...
        IDirectPlayVoiceClient *voice;
```

```
        ...
        void voicetest( int immer);
        void voice_on();
        void voice_off();
};
```

Dazu kommt noch eine Methode (`voicetest`) zum Testen der Funktionalität von Mikrofon und Lautsprecher beziehungsweise Kopfhörer.

Mit der Implementierung des Voicetests wollen wir auch beginnen. Denn bevor man versucht, mit anderen Spielern zu reden, sollte man zuerst einmal prüfen, ob die eigene Ausrüstung überhaupt funktioniert. Bei dem Voice-Test handelt es sich um einen vorgegebenen Test-Assistenten, den wir nur instanziieren und starten müssen:

```
   void duell_client::voicetest( int immer)
      {
A     IDirectPlayVoiceTest *vt;
      HRESULT hr;

      vt = NULL;

B     hr = CoCreateInstance( CLSID_DirectPlayVoiceTest, NULL,
             CLSCTX_INPROC_SERVER, IID_IDirectPlayVoiceTest,
             (LPVOID*)&vt);
      if( hr < 0)
          return;
C     hr = vt->CheckAudioSetup( NULL, NULL, NULL,
                                 DVFLAGS_QUERYONLY);
D     if( immer || (hr == DVERR_RUNSETUP))
          hr = vt->CheckAudioSetup( NULL, NULL, NULL,
                                    DVFLAGS_ALLOWBACK);
E     vt->Release();
      }
```

In dieser Funktion sieht man noch einmal auf engstem Raum, wie einfach es sein kann, ein komplexes COM-Objekt zu verwenden:

A: Wir stellen einen Zeiger auf das Interface des COM-Objekts bereit.

B: Wir instanziieren das COM-Objekt und beenden die Funktion, falls die Instanziierung fehlschlägt.

C: Wir starten den Audiotest im Modus DVFLAGS_QUERYONLY. Dieser Aufruf startet den Test *nicht*, sondern dient dazu festzustellen, ob der Test bereits einmal gestartet wurde.[36] Wenn der Test noch nicht durchgeführt wurde, erhalten wir als Aufforderung, den Test jetzt zu starten, den Returncode DVERR_RUNSETUP.

D: Jetzt starten wir den Test wirklich, und zwar dann, wenn er noch nicht gestartet wurde oder wenn das aufrufende Programm über den Parameter immer darauf besteht, den Test in jedem Fall durchzuführen.

E: Das COM-Objekt wird über den Funktionsaufruf hinaus nicht mehr benötigt und daher durch den Aufruf seiner Release-Funktion wieder beseitigt.

Den Voice-Test bauen wir sofort in die Benutzerschnittstelle ein. Sobald der Benutzer den Button IDC_VOICETEST betätigt, rufen wir die Methode voicetest auf, und zwar so, dass der Test in jedem Fall ausgeführt wird, also auch, wenn er bereits durchgeführt wurde:

```
LRESULT CALLBACK clienthandler( HWND hDlg, UINT msg,
                                WPARAM wParam, LPARAM lParam)
    {
    ...
    switch( msg )
        {
    ...
    case WM_COMMAND:
        switch( LOWORD(wParam) )
            {
        ...
        case IDC_VOICETEST:
            mein_client.voicetest( 1);
            return TRUE;
        ...
            }
        ...
        }
    ...
    }
```

Wenn Sie jetzt den Client neu erstellen und starten, erscheint bei einem Klick auf den *Test*-Button der »Sound Hardware Test Wizard«, der Sie in mehreren Schritten durch die Testsequenz für Mikrofon und Lautsprecher führt:

---

36 COM-Objekte haben einen Persistenzspeicher, in dem sie Daten dauerhaft über die einzelne Verwendung hinaus speichern können.

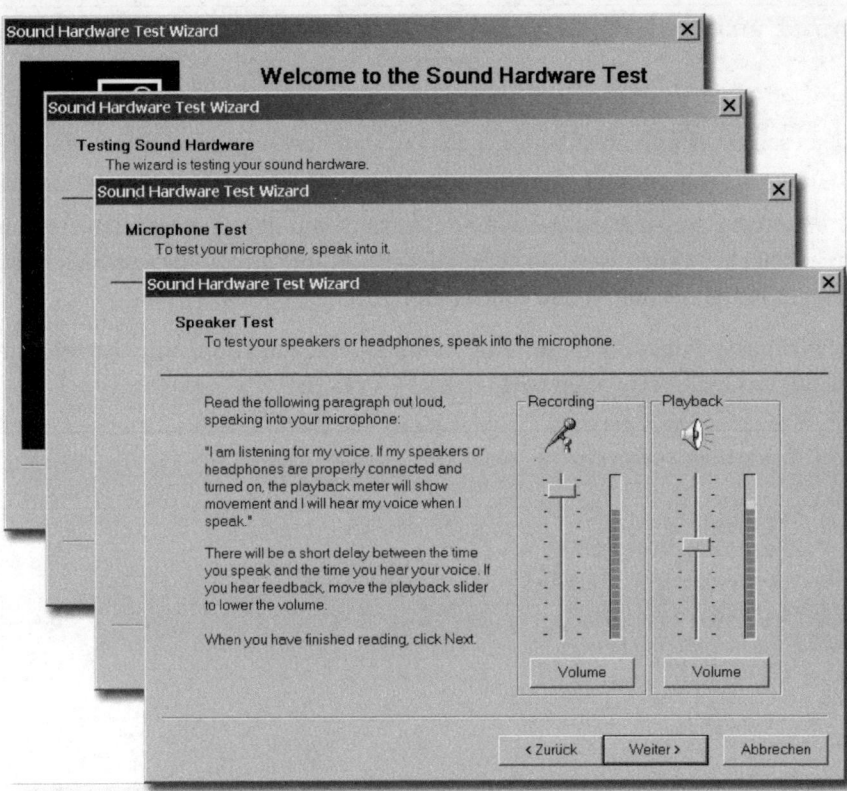

Im Test wird nur das Sound-System auf der Clientmaschine getestet. Es wird keine Sprachverbindung zum Server aufgebaut oder gar getestet. Das ist unsere nächste Aufgabe.

Bevor wir den Voice-Client erstellen, sorgen wir dafür, dass der Zeiger auf den Client im Konstruktor der Klasse `duell_client` vor dem Aufruf der `reset`-Funktion mit dem Wert 0 initialisiert wird:

```
duell_client::duell_client()
    {
    ...
    voice = 0;
    reset();
    ...
    }
```

Wie beim Voice-Server stellen wir auch für den Voice-Client einen leeren Messagehandler bereit:

```
HRESULT WINAPI client_voicehandler( PVOID pvUserContext,
                           DWORD dwMessageType, PVOID pMessage)
   {
   return S_OK;
   }
```

Wir benötigen diesen Messagehandler einerseits, um den Client starten zu können, haben aber andererseits nicht die Absicht, auf die im Handler eintreffenden Messages in irgendeiner Weise zu reagieren.

Die wichtigste Funktion dieses Abschnitts ist die Funktion, mit der wir die Sprachübertragung aktivieren (voice_on):

| | |
|---|---|
| | `void duell_client::voice_on()`<br>`   {`<br>`   HRESULT hr;`<br>`   DVSOUNDDEVICECONFIG scnfg;`<br>`   DVCLIENTCONFIG ccnfg;`<br>`   DVID dvid;` |
| A | `if( !client)`<br>`    return;` |
| B | `if( voice)`<br>`    return;` |
| C | `voicetest( 0);` |
| D | `hr = CoCreateInstance( CLSID_DirectPlayVoiceClient, NULL,`<br>`         CLSCTX_INPROC_SERVER, IID_IDirectPlayVoiceClient,`<br>`         (LPVOID*) &voice);`<br>`if( hr < 0)`<br>`    return;` |
| E | `hr = voice->Initialize( client, client_voicehandler,`<br>`                                  NULL, 0, 0 );`<br>`if( hr < 0)`<br>`    {`<br>`    voice->Release();`<br>`    voice = 0;`<br>`    return;`<br>`    }` |
| F | `ZeroMemory(&scnfg, sizeof(DVSOUNDDEVICECONFIG));`<br>`scnfg.dwSize = sizeof(DVSOUNDDEVICECONFIG);`<br>`scnfg.dwFlags = DVSOUNDCONFIG_AUTOSELECT;`<br>`scnfg.guidPlaybackDevice = DSDEVID_DefaultVoicePlayback;`<br>`scnfg.lpdsPlaybackDevice = NULL;`<br>`scnfg.guidCaptureDevice = DSDEVID_DefaultVoiceCapture;` |

```
      scnfg.lpdsCaptureDevice = NULL;
      scnfg.hwndAppWindow = mein_clientdialog;
      scnfg.lpdsMainBuffer = NULL;
      scnfg.dwMainBufferFlags = 0;
      scnfg.dwMainBufferPriority = 0;


      ccnfg.dwSize = sizeof(DVCLIENTCONFIG);
      ccnfg.dwFlags = DVCLIENTCONFIG_AUTOVOICEACTIVATED |
                                 DVCLIENTCONFIG_AUTORECORDVOLUME;
      ccnfg.lRecordVolume = DVRECORDVOLUME_LAST;
      ccnfg.lPlaybackVolume = DVPLAYBACKVOLUME_DEFAULT;
      ccnfg.dwThreshold = DVTHRESHOLD_UNUSED;
      ccnfg.dwBufferQuality = DVBUFFERQUALITY_DEFAULT;
      ccnfg.dwBufferAggressiveness =
                          DVBUFFERAGGRESSIVENESS_DEFAULT;
      ccnfg.dwNotifyPeriod = 0;


      voice->Connect( &scnfg, &ccnfg, DVFLAGS_SYNC);
G     dvid = DVID_ALLPLAYERS;
      voice->SetTransmitTargets(&dvid, 1, 0);
      }
```

A: Wenn der Client nicht initialisiert werden konnte, hat auch das Initialisieren der Sprachübertragung keinen Sinn.

B: Wenn die Sprachübertragung schon aktiv ist, muss nichts gemacht werden.

C: Wenn noch kein Test der Sound-Hardware durchgeführt wurde, so wird er jetzt gestartet.

D: Hier wird eine Instanz des Voice-Clients erzeugt. Wenn das nicht gelingt, wird die Funktion ohne besondere Fehlerrückmeldung[37] abgebrochen.

E: Der Voice-Client wird initialisiert. Dazu wird insbesondere der Callback-Handler eingerichtet.

F: Hier werden zwei Datenstrukturen (scnfg und ccnfg) zur Konfiguration der Sprachübertragung bereitgestellt. Die Bedeutung der einzelnen Parameter möchte ich hier nicht erläutern. Konsultieren Sie bei Bedarf das *DirectX*-Hilfesystem. Mit den beiden Datenstrukturen als Parameter wird dann die Funktion connect aufgerufen, die die Verbindung zum Voice-Server herstellt.

---

37 Die Funktion enthält kein besonderes Fehlermanagement. Alle hier aufgerufenen Sound-Funktionen können zu Fehlersituationen führen. Das wird hier aber einfach ignoriert.

G: Zum Schluss müssen wir noch festlegen, an welche Teilnehmer der Session unsere Sprachdaten übertragen werden sollen. Wir wählen hier alle Spieler (DVID_ALLPLAYERS), deren Voice-Client mit dem Server verbunden ist.

Zum Abschalten der Sprachübertragung dient die Funktion voice_off, die Sie sicherlich auch ohne weitere Kommentare verstehen:

```
void duell_client::voice_off()
    {
    if( !client)
        return;
    if( !voice)
        return;

    voice->Disconnect( 0);
    voice->Release();
    voice = 0;
    }
```

Zum Abschluss dieser Projektstufe müssen wir noch einige wichtige Details implementieren:

1. Beim Zurücksetzen des Clients müssen wir eine gegebenenfalls aktivierte Sprachübertragung deaktivieren.

2. Nach erfolgreicher Anmeldung beim Server müssen wir den Button zum Ein-/Ausschalten der Sprachübertragung aktivieren.

3. Nach erfolgter Abmeldung vom Server müssen wir den Button zum Ein-/Ausschalten der Sprachübertragung deaktivieren und mit »*Ein*« beschriften.

4. Bei Betätigung des Buttons zum Ein-/Ausschalten der Sprachübertragung müssen wir die Sprachübertragung umschalten. Das heißt, wir müssen sie aktivieren, wenn sie deaktiviert war, beziehungsweise deaktivieren, wenn sie aktiviert war.

zu 1: Das Zurücksetzen des Clients geschieht in der reset-Funktion der Klasse duell_client. Dort müssen wir eine gegebenenfalls aktivierte Sprachkommunikation deaktivieren:

```
void duell_client::reset()
    {
    ...

    if( voice)
        voice_off();

    ...
    }
```

zu 2: Nach erfolgreicher Anmeldung des Clients beim Server müssen wir den Button zur Sprachübertragung aktivieren. Dies machen wir an geeigneter Stelle in der Funktion `anmeldung`:

```
void anmeldung( HWND hDlg)
    {
    ...
    if( ListView_GetSelectedCount( lst) == 1)
        {
        ...
        if( isalnum(mein_client.spielername[0]))
            {
            ...
            if( hr == S_OK)
                {
                ...
                EnableWindow( GetDlgItem(hDlg, IDC_VOICE), TRUE);
                }
            else
                ...
            }
        else
            ...
        }
    else
        ...
    }
```

zu 3: Beim Abmelden vom Server wollen wir den Button zur Sprachübertragung deaktivieren und mit »*Ein*« beschriften. Das geschieht natürlich in der Funktion `abmeldung`:

```
void abmeldung( HWND hDlg)
    {
    ...
    EnableWindow( GetDlgItem(hDlg, IDC_VOICE), FALSE);
    SetDlgItemText( hDlg, IDC_VOICE, "Ein");
    }
```

zu 4: Jetzt müssen wir noch die Sprachübertragung bei einem Klick auf den Button `IDC_VOICE` ein- beziehungsweise ausschalten und den zugehörigen Button entsprechend umbenennen:

```
LRESULT CALLBACK clienthandler( HWND hDlg, UINT msg,
                                    WPARAM wParam, LPARAM lParam)
   {
   ...

   switch( msg )
       {
       ...

   case WM_COMMAND:
       switch( LOWORD(wParam) )
           {
           ...
       case IDC_VOICE:
           if( mein_client.voice)
               mein_client.voice_off();
           else
               mein_client.voice_on();
           SetDlgItemText( hDlg, IDC_VOICE,
                           mein_client.voice ? "Aus" : "Ein");
           return TRUE;
           }
       ...
       }
   ...
   }
```

Damit haben wir einen weiteren wichtigen Zwischenschritt in unserem Projekt erreicht. Das Client-Server-System ist, was den Verbindungsauf- und -abbau sowie die nebenläufige Kommunikation zwischen den Spielern betrifft, fertig. Jetzt müssen wir das eigentliche Spiel in diesen Rahmen einbauen und die Steuerung des Spiels implementieren. Sie werden sehen, dass das nicht besonders aufwändig ist, zumal wir uns die Arbeit dadurch erleichtern, dass wir das im zweiten Projekt erstellte Spiel *Balance* systematisch ausschlachten.

### 5.4.9 V09 Balance integrieren

Obwohl wir vom eigentlichen Spiel noch nichts gesehen haben, sind wir in der Entwicklung von *Duell* bereits sehr weit vorangeschritten. Das liegt daran, dass die Spielidee von *Duell* auf *Balance* basiert und wir den Quellcode von *Balance* für unsere Zwecke hier ausschlachten können. Große Teile von *Balance* können unverändert übernommen, vieles kann gelöscht, manches muss geändert und einiges neu geschrieben werden. Leider ist die Übernahme nicht so einfach, dass wir Balance wie ein fertiges Modul einfach hinzulinken könnten. In einem ersten

Schritt wollen wir den Quellcode und die Ressourcen von *Balance* in *Duell* integrieren und dabei überflüssige Teile entfernen. Das Bereinigen des *Balance*-Codes geschieht in zwei Schritten. In diesem Abschnitt werden wir uns vorrangig um die statischen Aspekte (Menüs, Spielfeld, …) des Spiels kümmern. Später werden wir dann auch im dynamischen Bereich (Rollen der Kugel, Abfragen des Joysticks) Anpassungen vornehmen. In den Common-Bereich und den Server werden wir in diesem Abschnitt nicht eingreifen, da die Oberfläche des Spiels nur im Client dargestellt wird. Es wird auch keine Version mit neuer Funktionalität entstehen, da wir noch keine Funktionen von *Balance* aufrufen werden.

### Common

Hier passiert, wie bereits angekündigt, nichts.

### Server

Auch hier nehmen wir keine Änderungen vor.

### Client

Nehmen Sie die bestehende Version V08, und erzeugen Sie, wie üblich, eine Kopie des gesamten Verzeichnisses, die Sie V09 nennen. Jetzt kopieren Sie alle Design-Daten – also alle Dateien mit den Erweiterungen ».x« und ».jpg« – und aus dem *Balance*-Verzeichnis der letzten Entwicklungsstufe (V12) in das *Duell*-Verzeichnis. Die Dateien *Markierung.x* und *Markierung.jpg* müssen Sie nicht kopieren, da es in *Duell* keine Goldstücke einzusammeln gilt. Hinzu kommt allerdings noch die Datei *joystick.txt*, in der die Einstellungen für den Gamecontroller gespeichert sind. Insgesamt sind damit die folgenden Dateien zu kopieren:

Als Nächstes müssen wir den Code von *Balance* in *Duell* pauschal übernehmen. Kopieren Sie dazu einfach den vollständigen Quellcode aus der Datei *Balance.cpp* in die Datei *Client.cpp* – am besten unmittelbar hinter der Stelle, an der der Client instanziiert wird:

```
...
duell_client mein_client;

// ******************** Hier beginnt Balance ********************

... Hier den Quellcode von Balance einfügen ...

// ******************** Hier endet Balance ********************
...
```

Neben dem Quellcode müssen wir auch die Ressourcen aus dem *Balance*-Projekt importieren. Das geht ganz einfach durch *Kopieren* und *Einfügen*, wenn Sie in der Entwicklungsumgebung immer zwischen den beiden Projekten hin- und herschalten. Im *Duell*-Client benötigen wir die Ressourcen für das Menü (IDD_MENU), den Beleuchtungsdialog (IDD_BELEUCHTUNG), den Hilfe-Dialog (IDD_HILFE) die Akzeleratorentabelle (IDR_ACCEL), die Bitmap (IDB_GAMEPAD) und das Icon der Applikation (IDI_BALANCE). Nach dem Kopieren können Sie aus dem Menü die Menüpunkte *Laden*, *Speichern*, *Starten*, *Spielfeld* und *Zeitlimit* und aus der Akzelleratorentabelle den Eintrag IDM_INFOKEY entfernen. Damit sind die Ressourcen schon übertragen und bereinigt.

Danach machen wir uns an das Aufräumen im Quellcode. Gehen Sie parallel zu den nachstehenden Anweisungen durch den aus *Balance* übernommenen Code, und führen Sie alle Arbeitsschritte durch, die in den Anweisungen genannt werden.

Als Erstes löschen Sie alle Includes, die Sie aus *Balance.cpp* übernommen haben. Nur die Anweisung

```
# include <time.h>
```

sollten Sie stehen lassen, da Sie vielleicht gelegentlich noch einmal die Frame-Rate messen wollen. Die auf dieses Include folgende Klasse timer wird ebenfalls unverändert übernommen.

Im Quellcode folgen jetzt die Klassen directinput und joystick, keyboard und mouse. Auch diese Klassen werden mit allen Membern und den zugehörigen Instanzen unverändert übernommen.

Aus der Klasse directx wollen wir den Font (fnt) und die Member-Funktion display_text entfernen, da wir in *Duell* nicht mit den Textausgaben arbeiten wollen. Die meisten Textausgaben von *Balance* dienten zum »Debugging« und passen nicht mehr zu *Duell*. Außerdem hat der *Duell*-Spieler sicherlich keine Zeit, die Daten zu lesen. Mit dem Member fnt wird dann auch der Destruktor der Klasse directx überflüssig und kann gelöscht werden. Im Konstruktor der Klasse directx wird das Allokieren des Fonts überflüssig. Löschen Sie also die entsprechende Zeile. In den Member-Funktionen init und adjust löschen Sie alle Zeilen, die auf die gelöschte Member-Variable fnt Bezug nehmen. Das sind alle Änderungen, die in der Klasse directx notwendig sind.

Die jetzt folgende Klasse objekt kann vollständig übernommen werden.

In der Klasse objekte gibt es nur zwei kleine Änderungen. Da wir das Objekt 'Markierung' nicht mehr verwenden, können Sie die Zeile

```
# define MARKIERUNG 2
```

entfernen und den Array für die Hindernisse auf zwei Elemente verkleinern:

```
class objekte
    {
    public:
        objekt kugel;
        objekt rahmen;
        objekt obj[5];
        objekt hindernisse[2];
        ...
    };
```

Darüber hinaus können Sie das Objekt rahmen entfernen, da wir keinen Spielfeld-Editor mehr haben werden.

In den folgenden Member-Funktionen der Klasse objekte können Sie dann alle Zeilen löschen, in denen durch hindernisse[MARKIERUNG] auf die Goldstücke Bezug genommen oder in denen rahmen verwendet wird.

Die Klasse text3d kann vollständig entfernt werden, da ich beim Netzwerkspiel auf den Abspann verzichtet habe und ansonsten keine 3D-Texte vorkommen.

Die Strukturen untergrund, hindernis und posinfo lassen wir zunächst noch unverändert, obwohl wir im Client die Reibungskoeffizienten nicht mehr benötigen und die Positionsbestimmungen im Server stattfinden.[38] Um die dazu erforderlichen Änderungen werden wir uns später kümmern. Im Array mein_hindernis kann allerdings bereits jetzt der letzte Eintrag entfallen:

---

38  Die Kugelbewegungen werden im Server zentral für alle Clients berechnet.

```
hindernis mein_hindernis[2] =
    {
        { 0, "Kegel", 0.9f},
        { 1, "Bumper", 2.5f},
        { 2, "Markierung", 0}
    };
```

Jetzt kommen wir zu den Änderungen in der Klasse spielfeld. Da wir nicht mehr mit den Goldstücken arbeiten, brauchen wir auch keine Sicherungskopie des Hindernis-Arrays mehr. Damit entfallen auch Funktionen zum Erstellen (save) und erneuten Laden (reload) der Sicherungskopie. Darüber hinaus können wir alles eliminieren, was mit dem Vorbesetzen, Laden, Editieren und Speichern von Spielfeldern zusammenhängt. Die Spielfelder, auf denen *Duell* gespielt wird, erhält der Client vom Server, und es besteht kein Bedarf, sie in irgendeiner Weise clientseitig zu verändern. Mit den Dateioperationen entfällt auch der Dateiname (filename). Insgesamt bedeutet dies, dass die Klasse spielfeld deutlich abgespeckt werden kann:

```
class spielfeld
    {
    private:
        int edit;
        int ezeile;
        int espalte;
        int save_hind[100][100];

    public:
        int zeilen;                 // Anzahl Zeilen des Spielfelds
        int spalten;                // Anzahl Spalten des Spielfeldes
        int anzahl_markierungen;
        int startz;                 // Startzeile der Kugel
        int starts;                 // Startspalte der Kugel
        int felder[100][100];       // Untergrund des Spielfeldes
        int hind[100][100];         // Hindernisse auf dem Spielfeld

        spielfeld();
        void init( int z, int s, int mode);
        float verschiebung_x( int s) {...}
        float verschiebung_z( int z) {...}
        char filename[256];
        void laden();
        void speichern();
        void editor_on() {edit = 1; ezeile = 0; espalte = 0;}
        void editor_off() {edit = 0;}
```

```
    int editiermodus() {return edit;}
    int editzeile() { return ezeile;}
    int editspalte() { return espalte;}
    void espalte_plus() {...}
    void espalte_minus() {...}
    void ezeile_plus() {...}
    void ezeile_minus() {...}
    void edit_feld( int f, int h);
    void edit_start();
    void save();
    void reload();
    void get_info( D3DXVECTOR3 v, posinfo *p);
};
```

Auch die Startzeile und die Startspalte werden später noch entfallen, da wir es ja nicht mehr mit einer einzelnen Kugel zu tun haben. Übergangsweise wollen wir diese Member noch verwenden. Löschen Sie jetzt die oben durchgestrichenen Zeilen in der Deklaration der Klasse `spielfeld`, und löschen Sie darüber hinaus die jeweilige Implementierung der durchgestrichenen Funktionen. Die hier nicht durchgestrichenen Funktionen können unverändert übernommen werden.

In der Klasse `balance` beseitigen wir alles, was mit Zeitnahme und Textausgabe zu tun hat. Darüber hinaus benötigen wir keine Statusvariable mehr, und auf das Intro und den Abspann wollen wir hier ganz verzichten. Damit ergeben sich in der Klasse `balance` die folgenden Streichungen:

```
class balance
    {
    private:
        D3DXVECTOR3 hier_bin_ich;
        D3DXVECTOR3 da_gucke_ich_hin;
        float fahrgeschwindigkeit;
        float drehung;
        float kippx;
        float kippz;
        D3DXVECTOR3 kugelposition;
        D3DXVECTOR3 kugelgeschwindigkeit;
        D3DXMATRIX kugelrotation;
    public:
        int kamerafuehrung;
        int kamera_in_bewegung;
        int info;
        int init();
        int status;
```

```
    int zeit_ende;
    int zeit_limit;
    int zeit_aktiv;
    void start_zeitnahme(){...}
    int restzeit(){...}
    void start();
    void render();
    void joystick_input();
    void display_info();
    void abspann();
    void kamera_bewegen( float seit, float hoch, float vor);
    void kamera_schwenken( float seit, float hoch);
    void kamera_fahrt( float seit, float hoch, float speed);
    void spielfeld_drehen( float dy);
    void spielfeld_kippen( float dx, float dz);
    void spielfeld_ruecksetzen();
    void intro();
    void kugel_rollen();
    void kugel_fixieren();
    void kamera_ausrichten();
};
```

Löschen Sie die angegebenen Zeilen, und wenn es sich um Member-Funktionen handelt, dann löschen Sie die Funktionsimplementierung gleich mit. Entbehrlich ist im Prinzip auch das Kippen des Spielfeldes und das Berechnen des Kugellaufs. Aber das gehört zu den dynamischen Aspekten des Spiels, mit denen wir uns erst im übernächsten Abschnitt beschäftigen werden.

In den folgenden Funktionen müssen wir alle Zugriffe auf zuvor gelöschte Member der Klassen `balance` oder `spielfeld` unterbinden. Im Einzelnen ist dazu Folgendes zu tun:

▶ `balance::start`
Beseitigen Sie den Aufruf der Funktion `mein_spielfeld.reload` und alle Verwendungen der Member `status` und `info`.

▶ `balance::init`
Löschen Sie die Initialisierung der Daten-Member `zeit_limit` und `zeit_aktiv`.

▶ `balance::render`
Löschen Sie alle Funktionsteile, die nur im Editiermodus ausgeführt werden. Beseitigen Sie den Aufruf von `display_info`.

▶ `balance::display_info`
Löschen Sie die gesamte Funktion.

▶ `balance::kugel_rollen`

Beseitigen Sie alle Verwendungen der Member-Variablen `status` und alle Funktionsteile, die sich auf die Behandlung der Markierungen beziehen.

▶ `balance::abspann`

Löschen Sie die gesamte Funktion.

▶ `balance::intro`

Löschen Sie die gesamte Funktion.

Alle hier nicht erwähnten Funktionen der Klasse `balance` bleiben unverändert.

Außerhalb der bisher diskutierten Klassen befindet sich die gesamte Steuerung der Benutzeroberfläche, die sich bedingt durch den Wegfall ganzer Funktionen und Dialoge ebenfalls drastisch vereinfachen lässt. Insbesondere entfallen die Funktionen `init_editdialog`, `spielfeldeditor` und `zeitlimit`. Diese Funktionen können gelöscht werden. Im `balance_windowhandler` können die Case-Marken `ID_SPIEL_STARTEN`, `ID_SPIEL_LADEN`, `ID_SPIEL_SPEICHERN`, `ID_EINSTELLUNGEN_SPIELFELD`, `ID_EINSTELLUNGEN_ZEITLIMIT` und `IDM_INFOKEY` mit ihrem nachfolgenden Code gelöscht werden. Sie sind nicht mehr erforderlich.

Bei der Case-Marke `IDM_EXIT` entfällt der Aufruf des Abspanns:

```
case IDM_EXIT:
   mein_spiel.abspann();
   PostMessage( hWnd, WM_CLOSE, 0, 0);
   return 0;
```

Die Case-Marke `WM_TIMER` kann wie folgt vereinfacht werden:

```
case WM_TIMER:
   if( mein_spiel.zeit_aktiv && (mein_spiel.restzeit() <= 0) &&
                    (mein_spiel.status != SPIEL_GEWONNEN))
      mein_spiel.status = SPIEL_VERLOREN;
   mein_spiel.spielfeld_ruecksetzen();
   if( !mein_spielfeld.editiermodus())
      mein_spiel.kugel_rollen();
   if( !mein_spiel.kamera_in_bewegung)
      mein_spiel.kamera_ausrichten();
   mein_spiel.joystick_input();
   mein_spiel.render();
   break;
```

Es bleibt die Funktion `WinMain` aus *Balance*. Diese Funktion müssen wir umbenennen, da wir ja bereits ein Hauptprogramm gleichen Namens haben. Bei dieser

Gelegenheit zerlegen wir die Funktion in zwei Teile: in einen Teil ( `balance_main_teil1`), der alle erforderlichen Initialisierungen durchführt, bevor das Fenster mit dem Spielfeld dargestellt wird, und in einen zweiten Teil (`balance_main_teil2`), der das Balance-Fenster darstellt und die Hauptverarbeitungsschleife für das Fenster enthält. Die beiden folgenden Codefragmente zeigen diese Aufteilung:

```
int APIENTRY balance_main_teil1(HINSTANCE hInst,
        HINSTANCE hPrevInstance, LPSTR lpCmdLine, int nCmdShow)
    {
    WNDCLASSEX wcx;

    balance_instance = hInst;
    ... Struktur wcx besetzen ...
    if( !RegisterClassEx( &wcx))
        ...
    balance_window = CreateWindowEx(...);
    if( !balance_window )
        ...
    if( !mein_spiel.init())
        ...
    if( !mein_directinput.init())
        ...
    if( !mein_joystick.init())
        ...
    else
        ...
    return 1;
    }
```

```
int APIENTRY balance_main_teil2(HINSTANCE hInst,
                            HINSTANCE hPrevInstance,
                            LPSTR lpCmdLine, int nCmdShow)
    {
    MSG msg;
    HACCEL acc;

    acc = LoadAccelerators(...);
    SetTimer(...);
    ShowWindow(...);
    mein_spiel.start();
    mein_spiel.intro();

    while( TRUE)
        {
```

```
        ...
      }
    return 0;
  }
```

Beachten Sie, dass das Laden der Akzelleratorentabelle, das ursprünglich relativ weit vorn im Hauptprogramm stand, in die zweite Funktion gerutscht ist. Der Grund dafür ist, dass der Handle, den diese Funktion liefert, nur im zweiten Teil benötigt wird. Abgesehen von dieser Verschiebung ist das Hauptprogramm aber praktisch nur in der Mitte durchgeschnitten worden. Die beiden Teile wurden dann zu vollständigen Funktionen mit identischer Schnittstelle ergänzt.

Das waren viele technische Anweisungen, deren Durchführung sicherlich nicht zu den interessantesten Aspekten dieses Projekts gehört. Trotzdem halte ich es für sinnvoll, diese Änderungen Schritt für Schritt durchzuführen, weil Sie sich auf diese Weise die Implementierung von *Balance* noch einmal ins Gedächtnis zurückrufen. Diese liegt ja vielleicht schon einige Zeit zurück. Wenn es Probleme gibt, schauen Sie in den Quellcode meiner Variante V09. Dort ist durch Kommentare sehr genau dokumentiert, was geändert werden muss.

Wenn Sie die Änderungen aber noch einmal durchgehen, werden Sie sehen, dass wir eigentlich nur Funktionalität beseitigt haben, die bei diesem Spiel nicht mehr benötigt wird. Manchmal wäre es gar nicht nötig gewesen, die Funktionen zu löschen. Man hätte zum Beispiel nur den Menüpunkt zum Aufruf des Spielfeld-Editors herausnehmen müssen und hätte alle Funktionen des Spielfeld-Editors im Quellcode belassen können. Das wäre eine pragmatische Lösung gewesen. Ich möchte Ihnen hier aber keine Lösung mit »totem«, ungenutztem Code anbieten. Es wäre auch kein wirkliches Problem, wenn der Spielfeld-Editor weiterhin dabei wäre. Aber es macht halt keinen Sinn, während einer Multiplayer-Session ein neues Spielfeld zu editieren. Das kann man weiterhin offline mit *Balance* machen.

Im nächsten Abschnitt werden Sie sehen, dass wir nach diesen vorbereitenden Tätigkeiten unser Spiel sehr schnell zum Laufen bringen können.

### 5.4.10 V10 Spiel starten und beenden

Bevor wir mit der Programmierung fortfahren, sollten wir uns kurz klarmachen, welche Aufgaben Client und Server beim Start des Spiels haben.

Die Initiative zum Start des Spiels liegt beim Server – sei es, dass am Server der Button *Spiel starten* betätigt wird oder dass der Server auf *Auto-Start* steht und die erforderliche Spielerzahl zusammengekommen ist. Die angemeldeten Clients

warten, bis der Server das Spiel startet. Das Spielfeld oder besser die Spielfeld-
daten werden serverseitig geladen und beim Start des Spiels zum Client übertragen. Dem Client obliegt die Visualisierung dieser Daten. Prinzipiell können die
Clients das Spielfeld unterschiedlich darstellen. Das kann so weit gehen, dass völlig verschiedene 3D-Modelle und Texturen bei unterschiedlichen Clients verwendet werden. So weit wollen wir hier jedoch nicht gehen. Aber jeder Client stellt
das Spielfeld individuell dar, sodass jeder Spieler das Spielfeld aus seiner persönlichen, subjektiven Perspektive betrachten kann. Das ist allerdings auch wichtig,
denn jeder Spieler möchte seine Kugel im Mittelpunkt des Geschehens sehen. In
dieser Projektphase geht die Subjektivität sogar so weit, dass jeder Spieler (noch)
sein eigenes Spiel spielt.

### Common

Wir benötigen zwei neue Telegramme, mit denen der Server die Clients über den
Spielstart und das Spielende informiert. Dazu definieren wir zunächst einmal
zwei weitere Telegrammnummern:

```
# define MSG_SPIELSTART    1004
# define MSG_SPIELENDE     1005
```

Beim Start des Spiels sendet der Server dem Client die Spielfelddaten. Dazu sehen
wir ein Telegramm vor, das neben dem üblichen Message-Identifier Felder für
die Anzahl der Zeilen (zeilen), die Anzahl der Spalten (spalten) und einen Array
für die einzelnen Felder (felder) enthält:

```
struct msg_spielstart
    {
    DWORD msgid;
    unsigned char zeilen;
    unsigned char spalten;
    unsigned char felder[100*100];
    };
```

Um Speicherplatz zu sparen,[39] packen wir die Informationen über ein Feld
(Untergrund + Hindernis) in ein 8-Bit-Datenfeld und bilden den im Spiel verwen-
deten zweidimensionalen Array auf ein eindimensionales Array ab, das wir beim
Senden »abschneiden« können. Die folgende Grafik soll das veranschaulichen:

---

39  Würden wir Integer-Felder verwenden und Untergrund und Hindernisse in getrennten auf
    100x100 Felder ausgelegten Arrays speichern und diese immer vollständig übertragen, so
    wäre das Telegramm immerhin 4*2*100*100 = 80.000 Bytes groß.

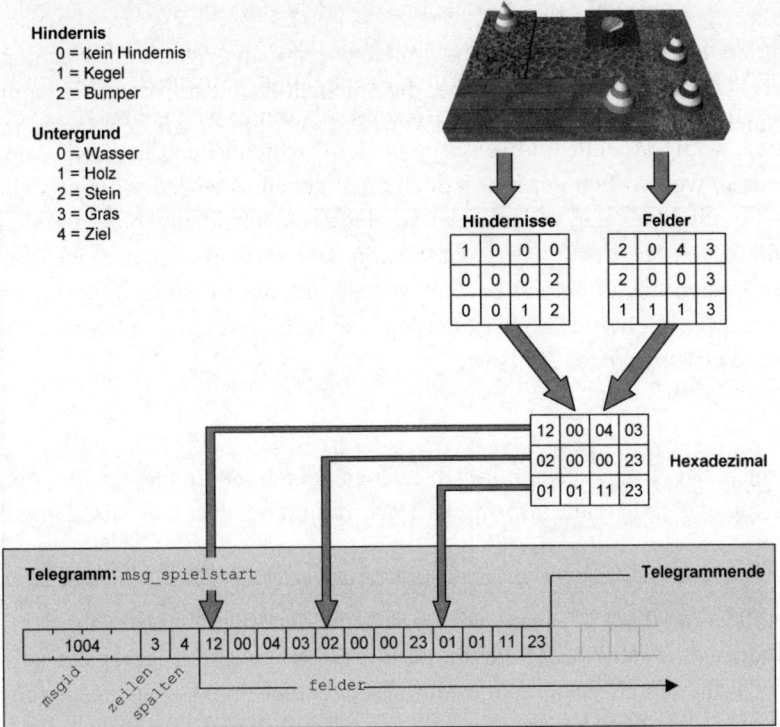

Konkret heißt dies:

Wenn wir ein Hindernis h auf einem Untergrund u in Zeile z und Spalte s in einem Spielfeld mit maxz Zeilen und maxs Spalten haben, so packen wir den Wert w = (h<<4)|u in das Feld z*maxs+s des Arrays felder. Das Telegramm ist in dieser Situation insgesamt 4+2+maxz*maxs Bytes lang. Und genau so viele Daten werden auch nur übertragen.

Zum Spielende sendet der Server dagegen ein Telegramm, das keiner besonderen Erklärung bedarf:

```
struct msg_spielende
    {
    DWORD msgid;
    int gewinner;
    };
```

Es enthält neben dem Message-Identifier die laufende Nummer (den Index) des Gewinners.[40]

---

40  oder –1, wenn es keinen Gewinner gibt.

**Server**

Da die Initiative beim Server liegt, beginnen wir mit der Weiterentwicklung beim Server. Der Server hat die Aufgabe, die Spielfeld-Daten zu laden und beim Start des Spiels an alle Spieler zu verschicken. Dazu erweitern wir den Server in der folgenden Weise:

```
class duell_server
    {
    public:
        ...
        char filename[256];
        msg_spielstart spf;
        ...
        void spielfeld_laden();
        void send_spielstart();
        void send_spielende( int win);
    };
```

In der Member-Variablen `filename` wird der Name der Spielfeld-Datei abgelegt. Für die Übertragung der Spielfelddaten an die Clients wird im Server ein versandfertiges Telegramm (`spf`) bereitgestellt. Die Member-Funktionen werden im Folgenden noch detailliert besprochen.

Die Member-Funktion `spielfeld_laden` dient dazu, die Spielfeld-Daten aus einer Datei in das Telegramm `spf` einzulesen:

```
   void duell_server::spielfeld_laden()
       {
       FILE *pf;
       int z, s;
       unsigned int v;
A      spf.msgid = MSG_SPIELSTART;
B      OPENFILENAME ofn = {
                       sizeof(OPENFILENAME),
                       mein_serverdialog,
                       NULL,
                       "Text-Dateien (.txt)\0*.txt\0\0",
                       NULL,
                       0,
                        1,
                       filename, 256,
                       NULL, 0,
                       NULL,
```

```
                         "Spielfeld laden",
                         OFN_FILEMUSTEXIST, 0, 1, NULL, 0,
                         NULL, NULL
                         };
C     if(GetOpenFileName( &ofn))
         {
D        pf = fopen( filename, "r");
E        fscanf( pf, "%d %d", &spf.zeilen, &spf.spalten);
F        fscanf( pf, "%d %d", &z, &s);
G        for( z = spf.zeilen-1; z >= 0; z--)
             {
             for( s = 0; s < spf.spalten; s++)
                 {
                 fscanf( pf, "%d", &v);
                 spf.felder[z*spf.spalten + s] =
                                     (unsigned char)v;
                 }
             }
H        for( z = spf.zeilen-1; z >= 0; z--)
             {
             for( s = 0; s < spf.spalten; s++)
                 {
                 fscanf( pf, "%d", &v);
                 if( v != 3) // Ignorieren der Markierungen
                     spf.felder[z*spf.spalten + s] |=
                                     (unsigned char)(v<<4);
                 }
             }
I        fclose( pf);
         }
     }
```

A: Die Telegrammnummer (MSG_SPIELSTART) wird in das Telegramm eingetragen.

B: Die für den Dialog zum Öffnen einer Datei erforderlichen Daten werden bereitgestellt.

C: Der Dialog zum Öffnen einer Datei wird gefahren. Nur wenn im Dialog eine Datei ausgewählt wurde, geht es weiter.

D: Die ausgewählte Datei wird zum Lesen geöffnet.

E: Die Zeilen- und die Spaltenzahl werden in das Telegramm eingelesen.

F: Die Koordinaten des Startfeldes werden gelesen. Da diese Daten für *Duell* nicht von Bedeutung sind,[41] werden sie in temporäre Variablen eingelesen und nicht weiterverarbeitet.

G: Die Untergrund-Daten werden eingelesen und in das Telegramm geschrieben. Beachten Sie dazu die Vorbemerkungen über den Aufbau des Telegramms im Common-Bereich dieses Kapitels.

H: Die Hindernis-Daten werden eingelesen und in das Telegramm geschrieben. Beachten Sie auch hier wieder die Vorbemerkungen über den Aufbau des Telegramms im Common-Bereich dieses Kapitels. Markierungen werden ignoriert.

I: Die Datei wird wieder geschlossen.

Nachdem die Spielfelddaten in das Start-Telegramm eingelesen worden sind, kann das Telegramm verschickt werden. Wie man ein Telegramm verschickt, wissen Sie bereits. Neu ist hier nur die Berechnung und Verwendung der Telegrammlänge, durch die wir erreichen, dass nur der relevante Teil der Datenstruktur msg_spielstart verschickt wird. Wir arbeiten hier also mit variabler Telegrammlänge:

```
void duell_server::send_spielstart()
    {
    DPN_BUFFER_DESC bdsc;

    lock();

    bdsc.dwBufferSize = sizeof( DWORD) +
                        (2 + spf.zeilen*spf.spalten)*sizeof( char);
    bdsc.pBufferData  = (BYTE*) &spf;
    server->SendTo( DPNID_ALL_PLAYERS_GROUP, &bdsc, 1, 0, NULL, 0,
            DPNSEND_SYNC | DPNSEND_GUARANTEED | DPNSEND_NOLOOPBACK);
    unlock();
    }
```

Wir verschicken das Telegramm synchron mit garantierter Zustellung, da wir sicher sein wollen, dass alle Clients das Telegramm erhalten haben, bevor es weitergeht. Der Server wartet also, bis alle Spieler das Spielfeld haben. Vorher weiterzumachen hat keinen Sinn.

Mit dem Telegramm msg_spielende beendet der Server das Spiel und teilt allen Teilnehmern den Gewinner mit:

---

41  Es gibt ja viele Startpositionen, da mehrere Kugeln am Spiel beteiligt sind. Sie werden später sehen, wie wir das Problem lösen.

```
void duell_server::send_spielende( int win)
    {
    msg_spielende m;
    DPN_BUFFER_DESC bdsc;
    DPNHANDLE async;

    m.msgid = MSG_SPIELENDE;
    m.gewinner = win;
    bdsc.dwBufferSize = sizeof( msg_spielende);
    bdsc.pBufferData  = (BYTE*) &m;

    server->SendTo( DPNID_ALL_PLAYERS_GROUP, &bdsc, 1, 0, NULL,
                &async, DPNSEND_GUARANTEED|DPNSEND_NOLOOPBACK);
    }
```

Dieses Telegramm wird asynchron, aber mit garantierter Zustellung verschickt.

Immer wenn im Serverdialog der Button IDC_START angeklickt wird, rufen wir die Funktion next_serverstate auf. Diese Funktion hat dann die Aufgabe, alles zu tun, was erforderlich ist, um den Server aus dem derzeitigen Zustand in den Folgezustand zu bringen. Bisher haben wir nur den Übergang vom Zustand ANGEHALTEN in den Zustand GESTARTET implementiert. Jetzt kommen drei neue Zustandsübergänge hinzu:

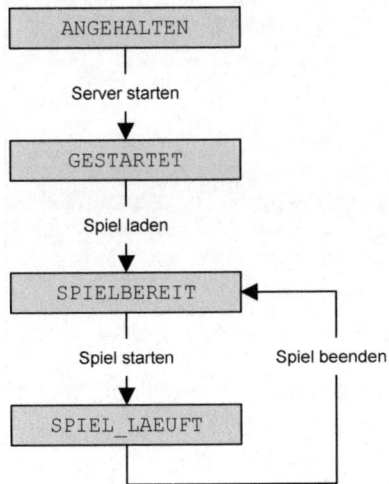

(A) Im Zustand GESTARTET kann das Spiel geladen werden, und wenn das Spiel geladen wurde, erfolgt der Übergang in den Zustand SPIELBEREIT.

(B) Im Zustand SPIELBEREIT kann das Spiel gestartet werden. Dazu wird jedem Spieler das Spielstart-Telegramm geschickt (send_spielstart). Danach erfolgt der Übergang in den Zustand SPIEL_LAEUFT.

(C) Im Zustand SPIEL_LAEUFT kann das Spiel beendet werden. Das ist dann ein »außerplanmäßiger« Spielabbruch, ohne dass es einen Gewinner gibt. Jedem Spieler wird dann das Spielende-Telegramm geschickt (send_spielende). Anschließend geht der Server wieder in den Zustand SPIELBEREIT über, da ja das Spiel geladen ist und jederzeit eine neue Runde gestartet werden kann.

Die oben beschriebenen Zustandsübergänge A, B und C werden in der Funktion next_serverstate wie folgt implementiert:

```
void next_serverstate( HWND hDlg)
    {
    char sessionname[64];
    int portnummer;
    int maxsp;
    int hr;

    switch( mein_server.status)
        {
        ...
A   case GESTARTET:
        mein_server.spielfeld_laden();
        SetDlgItemText( hDlg, IDC_SPIELFELD,
                        mein_server.filename);
        if( mein_server.spf.zeilen)
            mein_server.status = SPIELBEREIT;
        break;
B   case SPIELBEREIT:
        SetCursor( LoadCursor(NULL, IDC_WAIT));
        mein_server.send_spielstart();
        SetCursor( LoadCursor(NULL, IDC_ARROW));
        mein_server.status = SPIEL_LAEUFT;
        break;
C   case SPIEL_LAEUFT:
        mein_server.send_spielende( -1);
        mein_server.status = SPIELBEREIT;
        break;
        }
    }
```

Die Funktion display_serverstate sorgt dafür, dass die Oberfläche immer dem Serverstatus entsprechend dargestellt wird. Wir müssen in diese Funktion die jetzt erstmalig erreichten Zustände SPIELBEREIT und SPIEL_LAEUFT aufnehmen. Dazu wird aber nur der Text im Statusfeld IDC_STATUS aktualisiert und die Bezeichnung des Buttons IDC_START geändert:

```
void display_serverstate( HWND hDlg)
    {
    int st;

    switch( mein_server.status)
        {
        ...
    case SPIELBEREIT:
        SetDlgItemText( hDlg, IDC_STATUS,
                            TEXT("Server spielbereit") );
        SetDlgItemText( hDlg, IDC_START, "Spiel starten");
        break;
    case SPIEL_LAEUFT:
        SetDlgItemText( hDlg, IDC_STATUS, TEXT("Spiel läuft") );
        SetDlgItemText( hDlg, IDC_START, "Spiel beenden");
        break;
        }
    ...
    }
```

Das Spiel kann jetzt vom Server aus durch Betätigung des Buttons IDC_START gestartet beziehungsweise gestoppt werden. In der Benutzeroberfläche des Servers haben wir aber zusätzlich eine Checkbox vorgesehen, über die das Spiel automatisch gestartet oder beendet werden kann:

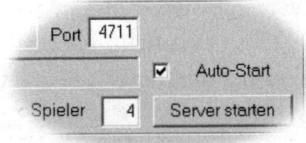

Wenn diese Checkbox mit einem Häkchen versehen ist, soll das Spiel automatisch gestartet werden, sobald die angegebene Maximalzahl von Spielern erreicht ist, und ein laufendes Spiel soll automatisch gestoppt werden, sobald kein Spieler mehr angemeldet ist. Ein solcher Automatismus ist sinnvoll, wenn der Server bedienerlos[42] auf einem eigenen Rechner laufen soll.[43]

Um die bedienerlose Betriebsart zu realisieren, erstellen wir ein kleines Hilfsprogramm mit dem Namen auto_startstop:

---

42  Normalerweise hat ein solcher Server dann gar keine Bedienoberfläche.

43  Das ist eigentlich der Normalfall. Üblicherweise hat ein Server keine Bedienoberfläche und läuft weitestgehend unsichtbar im Hintergrund. Ich habe den Server hier nur mit einer Oberfläche versehen, damit Dinge, die sonst im Hintergrund ablaufen, sichtbar werden.

```
   void auto_startstop( HWND hDlg)
       {
A      if( IsDlgButtonChecked( hDlg, IDC_AUTO))
           {
B          if((mein_server.status == SPIELBEREIT) &&
               (mein_server.slist.angemeldet ==
                                      mein_server.slist.maximum))
               PostMessage( hDlg, WM_COMMAND, IDC_START, 0);
           }
C      if((mein_server.status == SPIEL_LAEUFT) &&
                       (mein_server.slist.angemeldet == 0))
           PostMessage( hDlg, WM_COMMAND, IDC_START, 0);
       }
```

A: Im Programm prüfen wir zunächst, ob der Server »auf Automatik steht«. Das heißt, wir prüfen, ob der Button IDC_AUTO mit einem Häkchen versehen ist. Ist das der Fall, geht es mit B weiter. Ansonsten wird B übersprungen.

B: Sofern der Server spielbereit ist und die festgelegte Maximalzahl von Spielern angemeldet ist, schicken wir dem Serverdialog das Kommando IDC_START. Beachten Sie, dass wir das Spiel nicht explizit starten, sondern dem Window-Handler nur vortäuschen, dass der Start-Button gedrückt wurde. Das Spiel wird daraufhin aus der Hauptverarbeitungsschleife gestartet, als hätte der Benutzer den Startvorgang ausgelöst.

C: Wenn das Spiel läuft und kein Spieler mehr angemeldet ist, schicken wir, unabhängig davon, ob der Server auf Automatik steht oder nicht, ebenfalls das Kommando IDC_START zum Serverdialog – diesmal allerdings mit dem Effekt, dass das Spiel beendet wird.

Das Hilfsprogramm auto_startstop müssen wir jetzt noch überall dort aufrufen, wo sich die Frage nach einem automatischen Start oder Stopp des Spiels stellt. Das ist immer dann der Fall, wenn sich der Status des Servers oder die Liste der angemeldeten Spieler ändert. An diesen Stellen fügen wir im Dialoghandler des Servers einen Aufruf der Funktion auto_startstop ein:

```
INT_PTR CALLBACK serverdialog( ...)
    {
    ...
    switch( msg )
        {
    ...
    case WM_SPIELER_AKTUALISIEREN:
        display_spieler( hDlg);
```

```
        auto_startstop( hDlg);
        return TRUE
case WM_COMMAND:
    switch( LOWORD(wParam))
        {
    case IDC_START:
        next_serverstate( hDlg);
        display_serverstate( hDlg);
        display_spieler( hDlg);
        auto_startstop( hDlg);
        return TRUE;
    ...
        }
    ...
    }
...
}
```

Der Server ist jetzt auf den Spielstart vorbereitet und schickt den Clients das Spielfeld. Auf der Clientseite müssen wir dafür sorgen, dass das Spielfeld empfangen und dargestellt wird.

**Client**

Da die Telegramme des Servers zum Starten und zum Beenden des Spiels im Messagehandler des Clients eintreffen, aber im Windows-Handler verarbeitet werden müssen, benötigen wir zwei neue Windows-Messages, mit denen der Messagehandler den Window-Handler informiert:

```
# define WM_SPIEL_STARTEN          WM_APP+4
# define WM_SPIEL_BEENDEN          WM_APP+5
```

Die Klasse spielfeld erweitern wir um eine Methode zum Laden der Spielfelddaten aus dem Spielfeld-Telegramm:

```
class spielfeld
    {
    private:
        ...
        void laden( msg_spielstart *spf);
        ...
    };
```

Der Unterschied zu *Balance* besteht darin, dass die Daten hier nicht aus einer Datei, sondern aus dem vom Server kommenden Start-Telegramm (spf) gelesen werden. Die Funktion laden hat somit die Aufgabe, die Daten aus dem Start-Telegramm in die internen Strukturen des Spielfeldes (zeilen, spalten, felder und hind) zu übertragen:

```
void spielfeld::laden( msg_spielstart *spf)
    {
    int z, s;
    unsigned char v;

    zeilen = spf->zeilen;
    spalten = spf->spalten;

    startz = starts = 0; // vorlaeufig

    for( z = 0; z <zeilen; z++)
        {
        for( s = 0; s < spalten; s++)
            {
            v = spf->felder[z*spalten + s];
            felder[z][s] = v & 0xf;
            hind[z][s] = ((int)(v >> 4)) - 1;
            }
        }
    }
```

Der Zugriff auf das Telegramm und die Extraktion der Untergrund- beziehungsweise Hindernisdaten erfolgt dabei gemäß der im Common-Bereich beschriebenen Formeln.

Auf die vom Server einlaufenden Telegramme MSG_SPIELSTART und MSG_SPIEL-ENDE müssen wir im Messagehandler des Clients reagieren:

```
HRESULT WINAPI client_messagehandler( PVOID pvUserContext,
                            DWORD dwMessageType, PVOID pMessage)
    {
    ...
    switch( dwMessageType)
        {
    ...
    case DPN_MSGID_RECEIVE:
        PBYTE rd = ((PDPNMSG_RECEIVE)pMessage)->pReceiveData;
        switch( DUELL_MSGID( rd))
            {
    ...
```

```
        case MSG_SPIELSTART:
            mein_spielfeld.laden((msg_spielstart *)rd);
            if( mein_clientdialog)
                PostMessage( mein_clientdialog,
                            WM_SPIEL_STARTEN, 0, 0 );
            break;

        case MSG_SPIELENDE:
            if( balance_window)
                PostMessage( balance_window, WM_SPIEL_BEENDEN,
                            ((msg_spielende *)rd)->gewinner, 0);
            break;
        }
    break;
    }
...
}
```

Wenn die Botschaft MSG_SPIELSTART eintrifft, laden wir die Spielfelddaten aus
dem zugehörigen Telegramm (mein_spielfeld.laden) und schicken anschließend dem Clientdialog die Meldung WM_SPIEL_STARTEN. Dort geschieht dann
alles Weitere. Erhalten wir im Messagehandler die Botschaft MSG_SPIELENDE, so
melden wir dies nur mit der Windows-Message WM_SPIEL_BEENDEN an das
*Balance*-Window. Im ersten der beiden dabei zusätzlich übertragenen Parameter
übertragen wir dabei den vom Server erhaltenen Index des Gewinners. Diesen
Index können wir später im balance_windowhandler als wparam wieder entgegennehmen. Beachten Sie, dass uns die Botschaften MSG_SPIELSTART und MSG_
SPIELENDE in sehr unterschiedlichen Phasen des Spiels erreichen. Wenn wir die
Botschaft zum Starten des Spiels erhalten, ist der Client-Dialog aktiv und das
*Balance*-Window noch nicht geöffnet. Wenn wir dagegen die Botschaft zum
Beenden des Spiels erhalten, ist der Client-Dialog geschlossen und das Spiel läuft
im *Balance*-Window. Aus diesem Grund werden die Windows-Messages hier an
verschiedene Empfänger (mein_clientdialog beziehungsweise balance_win-
dow) abgesetzt. Dementsprechend erhalten wir die Meldungen auch in verschiedenen Handlern. Die Message WM_SPIEL_STARTEN erhalten wir im clienthandler, die Message WM_SPIEL_BEENDEN dagegen im balance_windowhandler.

Zuerst betrachten wir die Verarbeitung der Message `WM_SPIEL_STARTEN` im `clienthandler`:

```
LRESULT CALLBACK clienthandler( ...)
    {
    ...
    switch( msg )
        {
    ...
    case WM_SPIEL_STARTEN:
        mein_client.lock();
        mein_clientdialog = 0;
        mein_client.unlock();
        EndDialog( hDlg, 1);
        return TRUE;
        }
    ...
    }
```

Im Prinzip machen wir aufgrund der Message `WM_SPIEL_STARTEN` nichts anderes, als den Clientdialog zu schließen. Das hatten wir auch schon an anderer Stelle getan. Aber im Gegensatz zu allen anderen Situationen, in denen wir bisher diesen Dialog geschlossen haben, verwenden wir jetzt den Exitcode 1. Und dieser Exitcode ist die Aufforderung an das Hauptprogramm (`WinMain`), *Balance* – oder das, was davon noch übrig ist – zu starten. Wir schauen uns das im Hauptprogramm an:

```
    INT APIENTRY WinMain( HINSTANCE hInst, HINSTANCE hPrevInst,
                                    LPSTR pCmdLine, INT nCmdShow )
        {
        INITCOMMONCONTROLSEX ic;
        int hr;
A       int go;

        ic.dwSize = sizeof( ic);
        ic.dwICC = ICC_LISTVIEW_CLASSES;
        InitCommonControlsEx( &ic);
        meine_instanz = hInst;
B       if(!balance_main_teil1( hInst, hPrevInst, pCmdLine,
                                               nCmdShow))
            return 1;
        hr = mein_client.init( client_messagehandler);
        if( hr < 0)
            {
```

```
        ...
        return 1;
        }
C   go = DialogBox( hInst, MAKEINTRESOURCE(IDD_CLIENT), NULL,
                                    (DLGPROC)clienthandler);
D   if( go)
        balance_main_teil2(hInst, hPrevInst, pCmdLine,
                                            nCmdShow );
    return 1;
    }
```

A: Wir legen eine Variable go an, in der später festgehalten wird, ob es weitergeht oder nicht.

B: Im Rahmen der Initialisierung des Clients rufen wir auch die Initialisierung
   von *Balance* auf. Das *Balance*-Fenster wird dadurch zwar instanziiert, aber
   noch nicht auf dem Bildschirm sichtbar.

C: Jetzt starten wir den Clientdialog, innerhalb dessen die gesamte Anmeldung
   abgewickelt wird. Wenn die Funktion DialogBox zurückkommt, können wir
   anhand des in go gespeicherten Exitcodes erkennen, ob es mit dem Spiel weitergehen soll oder nicht.

D: Wenn es weitergehen soll (go == 1), rufen wir den zweiten Teil des *Balance*-
   Hauptprogramms auf. Damit wird das Spiel gestartet. Wenn es nicht weiter-
   gehen soll, wird das Programm beendet, ohne dass der zweite Teil von
   *Balance* gelaufen ist.

Es fehlt noch die Reaktion im balance_windowhandler auf die Windows-
Message WM_SPIEL_BEENDEN. Wenn wir diese Windows-Message erhalten, so
erhalten wir zusätzlich im Parameter wParam den Index des Gewinners oder -1,
wenn das Spiel ohne Gewinner beendet wurde.

```
LRESULT CALLBACK balance_windowhandler(HWND hWnd, UINT msg,
                                    WPARAM wParam, LPARAM lParam)
    {
    switch( msg)
        {
    ...
    case WM_SPIEL_BEENDEN:
        char buf[255];
        sprintf( buf, "Spiel beendet\r%s hat gewonnen",
            wParam == -1 ? "Niemand" :
                            mein_client.slist.sp[wParam].name);
```

```
        MessageBox( hWnd, buf, "Balance-Meldung",
                    MB_OK|MB_ICONEXCLAMATION|MB_SETFOREGROUND);
        PostMessage( hWnd, WM_CLOSE, 0, 0);
        break;
        }
    ...
    }
```

Wir geben die Gewinnerinformation in einem kleinen Informationsdialog aus und schließen das *Balance*-Fenster, nachdem der Benutzer die Information mit *OK* bestätigt hat. Das *Balance*-Fenster wird geschlossen, und es erfolgt der Rücksprung in das Hauptprogramm WinMain. Dort wird dann das gesamte Programm beendet. Eine formale Abmeldung beim Server ist nicht erforderlich, da der Server auf den einseitigen Verbindungsabbruch entsprechend reagiert.

Im Prinzip ist der Client für diese Projektphase fertig. Es gibt nur noch ein kleines Problem, das zuvor nicht bestand: Ein einseitiger Verbindungsabbruch durch den Server kann uns jetzt auch treffen, wenn der Clientdialog geschlossen ist und das Spiel im *Balance*-Fenster läuft. Wir müssen in diesem Fall auch das *Balance*-Fenster informieren und im Handler des *Balance*-Fensters entsprechend reagieren.

Dazu erweitern wir den Messagehandler so, dass wir je nachdem, ob der Clientdialog oder das *Balance*-Fenster geöffnet ist, die Windows-Message WM_SERVER_TERMINATE an den zuständigen Adressaten schicken:

```
HRESULT WINAPI client_messagehandler( PVOID pvUserContext,
                        DWORD dwMessageType, PVOID pMessage)
    {
    ...
    switch( dwMessageType)
        {
    ...
    case DPN_MSGID_TERMINATE_SESSION:
        if( balance_window)
            PostMessage( balance_window, WM_SERVER_TERMINATE,
                    0, 0);
        else if( mein_clientdialog)
            PostMessage( mein_clientdialog, WM_SERVER_TERMINATE,
                    0, 0);
        break;
    ...
        }
    ...
    }
```

Im Clientdialog wird die Message WM_SERVER_TERMINATE bereits entgegengenommen und bearbeitet. Im *Balance*-Fenster hat dies noch zu geschehen:

```
LRESULT CALLBACK balance_windowhandler(HWND hWnd, UINT msg,
                                       WPARAM wParam, LPARAM lParam)
{
switch( msg)
    {
...
case WM_SERVER_TERMINATE:
    MessageBox( hWnd, "Abbruch der Server-Verbindung",
               "Duell-Meldung", MB_OK|MB_ICONERROR|
                               MB_SETFOREGROUND);
    PostMessage( hWnd, WM_CLOSE, 0, 0);
    return TRUE;
    }
...
}
```

Natürlich schließen wir in dieser Situation nur das Fenster und beenden damit das Programm.

Jetzt haben wir insgesamt ein Client-Server-System mit deutlich erweiterter Funktionalität. Insbesondere können wir auf dem Server jetzt ein Spiel laden und starten. Die Clients empfangen das Spielfeld und starten jeder für sich das Spiel. Das Spiel kann sogar halbwegs gespielt werden. Allerdings spielt jeder Client noch für sich allein, da eine Aktualisierung des Servers und der Clients untereinander noch nicht implementiert ist. Die Aktualisierung hat natürlich zwei Aspekte:

▸ Ein Client informiert den Server über seine Joystick-Stellungen.

▸ Der Server informiert alle Clients über die Kugelpositionen, die er aus den eingehenden Joystick-Stellungen ermittelt hat.

Um diese beiden Aspekte kümmern wir uns in der nächsten Version.

### 5.4.11 V11 Client-Server-Aktualisierung

Die Aktualisierung während des Spiels besteht darin, dass die Clients laufend die Stellung ihres Joysticks an den Server melden. Der Server berechnet daraufhin die Bewegungen der einzelnen Kugeln und schickt aktuelle Positionsinformationen für alle Kugeln an die Clients zurück. Die Positionsberechnung wird sinnvollerweise an zentraler Stelle durchgeführt. Würde man – ähnlich wie beim Chat – die eingehenden Joystickdaten nur an alle Clients weiterleiten und diese dann die Positionen berechnen lassen, so bestände die Gefahr, dass sich die Positionen bei den unterschiedlichen Clients auseinander entwickeln und die Spieler am Ende völlig verschiedene Spielsituationen sehen würden.

### Common

Im gemeinsamen Bereich benötigen wir zwei neue Telegramme: eines (MSG_STEUERUNG), mit dem wir Joystickdaten vom Client zum Server übertragen, und eines (MSG_POSITIONEN), mit dem wir Positionsdaten vom Server zum Client übertragen können:

```
# define MSG_STEUERUNG      1006
# define MSG_POSITIONEN     1007
```

Neben dem obligatorischen Message-Identifier (msgid) enthält das Steuerungstelegramm den Index (index) des Clients, von dem die Daten kommen, und einen Steuerungsvektor (steuervektor):

```
struct msg_steuerung
    {
    DWORD msgid;
    int index;
    D3DXVECTOR3 steuervektor;
    };
```

Die y-Koordinate des Steuerungsvektors wird im Spiel nicht benötigt, da es keine Höhensteuerung für die Kugel gibt. Dieser Wert wird aber aus Gründen der Einfachheit immer mit übertragen.

Das Positionstelegramm enthält für jeden Client einen Vektor mit der Positionsangabe seiner Kugel:

```
struct msg_positionen
    {
    DWORD msgid;
    D3DXVECTOR3 kugelpos[MAX_PLAYERS];
    };
```

Bei der Positionsangabe ist die y-Koordinate im Gegensatz zur Steuerung sehr wohl von Bedeutung, da sich die Kugel außerhalb des Spielfeldes oder im Wasser abwärts bewegen kann.

Die Entwicklung des Common-Bereichs ist damit abgeschlossen, da keine weiteren Kommunikationsanforderungen mehr hinzukommen. An Client und Server gibt es allerdings noch einiges zu tun. Wir arbeiten zunächst am Server weiter.

### Server

Der Server übernimmt die Berechnung der Kugelbewegungen und muss daher die Informationen über die Felder, deren Untergrund und die Hindernisse besitzen. Auch wenn wir in diesem Abschnitt die Positionsbestimmungen noch nicht endgültig durchführen, wollen wir hier bereits die erforderlichen symbolischen Konstanten bereitstellen:

```
# define WASSER   0
# define HOLZ     1
# define STEIN    2
# define GRAS     3
# define ZIEL     4

# define NICHTS  -1
# define KEGEL    0
# define BUMPER   1
```

Die Klasse `duell_server` erweitern wir dann in der folgenden Weise:

```
class duell_server
    {
    public:
        ...
        msg_positionen pos;
        D3DXVECTOR3 joystick[ MAX_PLAYERS];
        D3DXVECTOR3 speed[ MAX_PLAYERS];
        ...
        int positionen_initialisieren();
        void positionen_aktualisieren();
        void positionen_senden();
        float verschiebung_x( int s)
                    {return 4.0f*s - 2.0f*spf.spalten + 2.0f;}
        float verschiebung_z( int z)
                    {return 4.0f*z - 2.0f*spf.zeilen + 2.0f;}
    };
```

Im Server stellen wir ein versandbereites Telegramm für die Positionen bereit (pos). Dieses Telegramm wird mit der Funktion `positionen_initialisieren` in einen konsistenten Initialzustand gebracht und dann mit der Funktion `positionen_aktualisieren` fortlaufend aktualisiert, um schließlich durch `positionen_senden` regelmäßig an die Clients verschickt zu werden. Die Berechnung der Positionen basiert dabei auf den aktuellen Joystickdaten (`joystick`) und den momentanen Geschwindigkeitsvektoren (`speed`) der Kugeln. Zur Berechnung der Feldpositionen verwenden wir wieder die bereits aus Balance bekannten Verschiebefunktionen `verschiebung_x` und `verschiebung_z`. Diese Funktionen sind nur insofern anders, als hier die Spalten- und Zeilenzahl aus dem Spielfeld-Telegramm (`spf`) entnommen werden.

Alle Clients werden, auch wenn das noch nicht implementiert ist, dem Server ihre Joystick-Daten schicken. Das entsprechende Telegramm (`msg_steuerung`) wird asynchron im `server_messagehandler` empfangen. Die Information wird an dieser Stelle nicht verarbeitet, sondern nur in den bereitgestellten Array `joystick` umkopiert:

```
HRESULT WINAPI server_messagehandler( PVOID pvUserContext,
                            DWORD dwMessageType, PVOID pMessage)
   {
   ...
   switch( dwMessageType)
      {
   ...
   case DPN_MSGID_RECEIVE:
      PBYTE rd = ((PDPNMSG_RECEIVE)pMessage)->pReceiveData;
      switch( DUELL_MSGID( rd))
         {
      ...
      case MSG_STEUERUNG:
         mein_server.joystick[((msg_steuerung *)rd)->index] =
                           ((msg_steuerung *)rd)->steuervektor;
         break;
         }
      }
   ...
   }
```

Auf diese Weise werden die von den Clients einlaufenden Joystickdaten gesammelt. Neue Daten überschreiben einfach die alten Daten. Wir müssen nur noch dafür sorgen, dass in regelmäßigen Abständen aufgrund dieser Daten neue Positionen ermittelt werden. Bevor wir neue Positionen berechnen können, müssen wir aber zunächst die Anfangspositionen der Kugeln festlegen. Da wir zum Berechnen dieser Anfangspositionen Zufallszahlen benötigen, initialisieren wir den Zufallszahlengenerator im Konstruktor der Serverklasse über die Systemzeit:

```
duell_server::duell_server()
    {
    ...
    srand( timeGetTime());
    }
```

Die Bestimmung der Anfangspositionen für die Kugeln ist ein durchaus ernst zu nehmendes Problem, da wir ja nicht mehr eine fest vorgegebene Startposition haben. Wir müssen für jeden Client eine geeignete Startposition finden. Dabei kann es theoretisch sogar passieren, dass weniger mögliche Startplätze als Clients vorhanden sind. In diesem Fall kann das Spiel nicht gestartet werden.[44]

|   |   |
|---|---|
|   | ```int duell_server::positionen_initialisieren()``` |
|   | ```    {``` |
|   | ```    int i, z, s;``` |
|   | ```    unsigned char x;``` |
|   | ```    int moeglich, anz;``` |
|   | ```    char frei[100][100];``` |
| A | ```    pos.msgid = MSG_POSITIONEN;``` |
| B | ```    moeglich = 0;``` |
|   | ```    for( z = 0; z < spf.zeilen; z++)``` |
|   | ```        {``` |
|   | ```        for( s = 0; s < spf.spalten; s++)``` |
|   | ```            {``` |
|   | ```            x = spf.felder[z*spf.spalten + s];``` |
|   | ```            if( ((x & 0xf) != WASSER) && ((x & 0xf) != ZIEL) &&``` |
|   | ```                                        (((int)(x >> 4)) == 0))``` |
|   | ```                {``` |
|   | ```                frei[z][s] = 1;``` |
|   | ```                moeglich++;``` |
|   | ```                }``` |
|   | ```            else``` |
|   | ```                frei[z][s] = 0;``` |
|   | ```            }``` |
|   | ```        }``` |
| C | ```    if( moeglich < (int)slist.angemeldet)``` |
|   | ```        return 0;``` |
| D | ```    lock();``` |
| E | ```    for( i = 0; i < MAX_PLAYERS; i++)``` |
|   | ```        {``` |

---

[44] Eigentlich hätte man das früher prüfen müssen und erst gar nicht so viele Clients zulassen dürfen.

```
F        if( slist.sp[i].status != BESETZT)
         {
           pos.kugelpos[i].y = -100.0f;
           continue;
         }

G        joystick[i] = D3DXVECTOR3(0,0,0);
         speed[i] = D3DXVECTOR3(0,0,0);

H        anz = rand()%moeglich;
         for( z = 0; (z < spf.zeilen) && (anz >= 0); z++)
         {
           for( s = 0; (s < spf.spalten) && (anz >= 0); s++)
           {
             if( frei[z][s])
             {
               if( anz == 0)
               {
                 pos.kugelpos[i].x = verschiebung_x( s);
                 pos.kugelpos[i].y = 1.0f;
                 pos.kugelpos[i].z = verschiebung_z( z);
                 frei[z][s] = 0;
                 moeglich--;
               }
               anz--;
             }
           }
         }

I      unlock();
       return 1;
       }
```

Diese Funktion schauen wir uns noch etwas genauer an:

A: Zunächst wird der Message-Identifier in das Positionstelegramm geschrieben, damit man das nicht beim Versand immer wieder erneut machen muss. Mit der eigentlichen Aufgabe dieser Funktion hat das wenig zu tun.

B: Hier werden die möglichen Startfelder ermittelt. Dies sind Felder, deren Untergrund nicht Wasser ist, die kein Zielfeld sind und auf denen kein Hindernis steht. In der Variablen moeglich steht anschließend die Anzahl möglicher Startfelder. Gleichzeitig sind alle möglichen Startfelder im Array frei markiert.

C: Jetzt wird geprüft, ob ausreichend viele mögliche Startfelder vorhanden sind. Ist das nicht der Fall, wird die Funktion mit dem Returnwert 0 beendet.

D: Wegen der nachfolgenden Zugriffe auf die Spielerliste wird der kritische Bereich gesperrt.

E: In einer Schleife wird jetzt in den Punkten F bis H für jeden Client ein Start-platz festgelegt.

F: Wenn ein Platz für einen Client nicht belegt ist, so ist eigentlich nichts zu tun. Wir setzen aber die y-Koordinate auf -100. Dies wird später für die Clients die Information sein, dass diese Kugel nicht (mehr) im Spiel ist.

G: Wir nutzen die Gelegenheit, um den Joystick- und Geschwindigkeitsvektor zu initialisieren. Mit der Positionsbestimmung hat das nichts zu tun.

H: Aus den möglichen Feldern wird eines zufällig ausgewählt und durch Abzäh-lung gefunden. Die Kugel wird dann auf diesem Feld platziert. Das besetzte Feld wird als besetzt markiert, und die Anzahl der möglichen Felder wird um eins reduziert.

I: Die Funktion ist mit Erfolg abgeschlossen worden. Zuvor wird die Sperrung noch aufgehoben.

Wenn alle Kugeln ihre Startposition gefunden haben, können die Positionen gesendet werden. Dazu implementieren wir eine entsprechende Funktion (positionen_senden). Das Senden der Serverpositionen unterscheidet sich geringfügig von den bisher implementierten Sendefunktionen:

```
void duell_server::positionen_senden()
    {
    DPN_BUFFER_DESC bdsc;
    DPNHANDLE async;

    lock();
    bdsc.dwBufferSize = sizeof( msg_positionen);
    bdsc.pBufferData  = (BYTE*) &pos;
    server->SendTo( DPNID_ALL_PLAYERS_GROUP, &bdsc, 1, 0, NULL,
                                  &async, DPNSEND_NOLOOPBACK);
    unlock();
    }
```

Wir senden asynchron und verzichten allerdings auf eine garantierte Zustellung. Das können wir in diesem Fall so machen, da es auf das einzelne Telegramm nicht ankommt. Wir werden in engem zeitlichen Abstand ständig Positionsmel-dungen zu den Clients schicken. Wenn eine Meldung davon gelegentlich bei einem Client nicht ankommt, ist das kein Beinbruch, da wenige Millisekunden später eine Aktualisierung eintrifft und die verloren gegangene Meldung sowieso veraltet wäre.

Den Zustandsübergang von SPIELBEREIT zu SPIEL_LAEUFT in der Funktion next_ serverstate müssen wir jetzt überarbeiten:

```
void next_serverstate( HWND hDlg)
    {
    ...
    switch( mein_server.status)
        {
    ...
    case SPIELBEREIT:
        SetCursor( LoadCursor(NULL, IDC_WAIT));
        if( mein_server.positionen_initialisieren())
            {
            mein_server.positionen_senden();
            mein_server.send_spielstart();
            mein_server.status = SPIEL_LAEUFT;
            }
        else
            MessageBox( hDlg, "Zu wenig freie Startplätze",
                "Duell-Meldung", MB_OK | MB_ICONERROR |
                                MB_SETFOREGROUND);
        SetCursor( LoadCursor(NULL, IDC_ARROW));
        break;
    ...
        }
    }
```

Im Zustand SPIELBEREIT versuchen wir die Positionen zu initialisieren. Wenn das funktioniert, senden wir die Positionen und das Spielfeld an die Clients, die daraufhin das Spiel starten. Der Folgezustand ist in dieser Situation SPIEL_ LAEUFT. Funktioniert die Initialisierung der Positionen nicht, so geben wir eine entsprechende Meldung aus und bleiben im Zustand SPIELBEREIT. Der Benutzer muss dann mit kill Spieler herauswerfen oder den Server herunterfahren und beim nächsten Start ein anderes Spielfeld laden.

Das Aktualisieren der Positionen ist die letzte wichtige Aufgabe, die wir für die Version V12 aufheben wollen. An dieser Stelle implementieren wir vorläufig eine ganz einfache Strategie:

```
void duell_server::positionen_aktualisieren()
    {
    int i;

    lock();
```

```
    for( i = 0; i < MAX_PLAYERS; i++)
        {
        if( pos.kugelpos[i].y > - 100.0f)
            {
            pos.kugelpos[i] += speed[i];
            speed[i] = 0.9f*(speed[i] + 0.0005f*joystick[i]);
            }
        }
    unlock();
    }
```

Für alle Kugeln, die noch im Spiel sind (> –100), verändern wir die Kugelposition entsprechend der aktuellen Geschwindigkeit. Danach ändern wir die Geschwindigkeit, indem wir die zuletzt gemeldete Joystickstellung hinzunehmen und das Ganze mit einem geeigneten Faktor (0.9) dämpfen. Wir berücksichtigen bei der Positionierung weder den Untergrund noch die Hindernisse oder andere Kugeln. Das wird dazu führen, dass die Kugeln beim Client zwar gesteuert werden können, aber unbeirrt durch andere Kugeln oder Hindernisse hindurch oder auch über die Spielfeldgrenzen hinaus rollen können. Das Ganze muss natürlich im geschützten Bereich stattfinden, da ja parallel laufend neue Joystickdaten eintreffen.

Jetzt müssen wir dafür sorgen, dass die Positionen regelmäßig neu berechnet und zu den Clients übertragen werden. Dazu richten wir im Rahmen der Initialisierung des Serverdialogs einen Timer ein, der 50-mal pro Sekunde[45] aktiv wird (A):

```
    INT_PTR CALLBACK serverdialog( ...)
        {
        ...
        switch( msg )
            {
        case WM_INITDIALOG:
            ...
A           SetTimer( hDlg, 0, 1000/50, NULL);
            return TRUE;
        ...
        case WM_TIMER:
B           if( mein_server.status == SPIEL_LAEUFT)
                {
                mein_server.positionen_aktualisieren();
                mein_server.positionen_senden();
                }
```

---

45  Ändern Sie diese Konstante, wenn Sie damit Probleme haben.

```
            return TRUE;
            }
    ...
    }
```

Wenn dann der Timer-Event (WM_TIMER) an der Reihe ist, aktualisieren und senden wir die Positionen, sofern das Spiel läuft (B).

Damit ist der Server funktionsbereit. Wir wollen aber noch ein kleines Komfortmerkmal hinzufügen. Wir wollen als Testhilfe die Joystickdaten der Clients im Server anzeigen. Wenn Sie diese Daten nicht sehen wollen, so lassen Sie den jetzt folgenden Code in Ihrem Programm einfach weg.

Wir erstellen zunächst eine Funktion, um die Joystickdaten in der Liste der Spieler anzuzeigen:

```
VOID joystickdaten_anzeigen( HWND hDlg )
    {
    HWND lst;
    DWORD i;
    char buf[128];
    msg_spielerliste slist;
    D3DXVECTOR3 joystick[ MAX_PLAYERS];
    LVITEM lvi;

    if( !mein_server.server)
        return;
    mein_server.lock();
    slist = mein_server.slist;
    for( i = 0; i < slist.maximum; i++)
        joystick[i] = mein_server.joystick[i];
    mein_server.unlock();
    lst = GetDlgItem(hDlg, IDC_SPIELERLISTE);
    ZeroMemory( &lvi, sizeof(lvi));
    lvi.mask = LVIF_TEXT;
    lvi.pszText = buf;
    for( i = 0; i < slist.maximum; i++)
        {
        if( slist.sp[i].status != BESETZT)
            continue;
        sprintf( buf, "%f", joystick[i].x);
        ListView_SetItemText( lst, i, 2, buf);
        sprintf( buf, "%f", joystick[i].z);
        ListView_SetItemText( lst, i, 3, buf);
        }
    }
```

Diese Funktion enthält die üblichen Listenoperationen. Es gibt nur einen erwähnenswerten Aspekt. Da wir nicht während der gesamten Zeit, die zur Aktualisierung der Liste benötigt wird, den Zugriff auf die Joystickdaten sperren wollen, kopieren wir die Daten zu Beginn der Funktion in einen lokalen Array um. Nur während der Zeit des Umkopierens sperren wir den Array, sodass der Array so schnell wie möglich wieder für neue Eintragungen frei ist. Bedenken Sie, dass der Server im Kontakt mit bis zu zwölf Clients steht, die ihn permanent mit Joystickdaten befeuern.

Damit die Joystickdaten regelmäßig aktualisiert werden, bauen wir die Funktion `joystickdaten_anzeigen` zusätzlich in den Timer-Handler des Serverdialogs ein:

```
INT_PTR CALLBACK serverdialog( ...)
    {
    ...
    static int zaehler = 0;

    switch( msg )
        {
        ...
        case WM_TIMER:
            if( mein_server.status == SPIEL_LAEUFT)
                {
                zaehler = (zaehler + 1)%25;
                if( !zaehler)
                    joystickdaten_anzeigen( hDlg);
                mein_server.positionen_aktualisieren();
                mein_server.positionen_senden();
                }
            return TRUE;
        }
    ...
    }
```

Da die Anzeige nicht 50-mal pro Sekunde aktualisiert werden muss, bremsen wir sie mit einem Zähler (`zaehler`) aus. Nur jedes 25. Mal, also zweimal pro Sekunde, wird die Funktion aus dem Timer-Handler aufgerufen.

Abgesehen von der Tatsache, dass die Berechnung der Kugelpositionen noch vorläufigen Charakter hat, ist der Server damit fertiggestellt. Jetzt müssen wir den Client dazu bringen, regelmäßig seine Joystick-Daten zu senden und alle Kugeln mit den vom Server berechneten Positionen auf dem Spielfeld darzustellen.

**Client**

Beim Client stehen in dieser Projektphase drei Aufgaben an:

▶ Die Joystickdaten müssen regelmäßig zum Server geschickt werden.

▶ Die Positionstelegramme müssen entgegengenommen werden.

▶ Das Spielfeld mit den Kugeln muss entsprechend den aktuellen Positionsdaten dargestellt werden.

Wenn wir das geschafft haben, ist der Client aber fertig. Um die Ziele zu erreichen, muss eine Reihe von Funktionen teilweise radikal überarbeitet werden. Wir beginnen mit dem Senden der Joystickdaten. Dazu erweitern wir die Klasse `duell_client` um die Funktion `send_steuermessage`:

```
class duell_client
    {
    public:
        ...
        void send_steuermessage( D3DXVECTOR3 sv);
    };
```

Diese Funktion kopiert einen 3D-Vektor in ein Steuerungstelegramm und schickt dieses zum Server:

```
void duell_client::send_steuermessage( D3DXVECTOR3 sv)
    {
    msg_steuerung sm;
    DPN_BUFFER_DESC bdsc;
    DPNHANDLE async;

    sm.msgid = MSG_STEUERUNG;
    sm.index = index;
    sm.steuervektor = sv;
    bdsc.dwBufferSize = sizeof( msg_steuerung);
    bdsc.pBufferData  = (BYTE*) &sm;
    client->Send( &bdsc, 1, 0, 0, &async, DPNSEND_NOLOOPBACK);
    }
```

Der Versand erfolgt asynchron und ohne garantierte Zustellung. Auch hier wäre es nicht besonders tragisch, wenn mal ein Telegramm verloren ginge. Die geeignete Stelle, um das Steuerungstelegramm zu verschicken, ist die *Balance*-Funktion `joystick_input`. Diese Funktion wird vom *Balance*-Window-Handler regelmäßig aufgerufen, um die Joystick-Daten zur Spielsteuerung abzurufen und zu verarbeiten. In diese Funktion greifen wir in der folgenden Weise ein:

```
void balance::joystick_input()
    {
A   if( joystick_ok)
        ...
    else
        ...

B   if( state.rgbButtons[mein_joystick.button[0]] & 0x80)
        ...

    ...

    if( state.rgbButtons[mein_joystick.button[5]] & 0x80)
        ...

C   if( state.lX*state.lX + state.lY*state.lY > 5)
        spielfeld_kippen( -D3DX_PI*state.lX/18000,
                          -D3DX_PI*state.lY/18000);

D   D3DXMATRIX dreh;
    D3DXVECTOR3 v = D3DXVECTOR3( (float)state.lX, 0,
                                (float)-state.lY);
    D3DXMatrixRotationY( &dreh, -drehung);
    D3DXVec3TransformNormal( &v, &v, &dreh);
    mein_client.send_steuermessage( v);

E   if( state.rgbButtons[mein_joystick.button[6]] & 0x80)
        ...
    if( state.rgbButtons[mein_joystick.button[7]] & 0x80)
        ...

    }
```

A: Das Pollen der Daten von Tastatur und Joystick wird unverändert übernommen.

B: Die Bearbeitung der Buttons 0 bis 5 kann ebenfalls unverändert übernommen werden.

C: Das Spielfeld wird jetzt nicht mehr gekippt, darum können diese Zeilen entfallen.

D: Nur dieser Teil in der Funktion muss neu geschrieben werden. Wir rechnen die Drehung des Spielfeldes aus dem Joystick-Richtungsvektor heraus[46] und schicken das Ergebnis an den Server.

E: Auch die Buttons 6 und 7 zum Drehen des Spielfeldes arbeiten wie bei Balance. Der Code kann unverändert übernommen werden.

---

46  Der Server »sieht« das Spielfeld ja immer in ungedrehtem Zustand. Alle Drehungen, Perspektivänderungen, Kamerafahrten etc. werden individuell an jedem Client eingestellt und gehen den Server nichts an.

Nach diesem operativen Eingriff können Sie Client und Server zusammen testen. Der Client sendet jetzt seine Daten zum Server, und die jeweilige Stellung des Joysticks wird in der Spielerliste des Servers dargestellt. Der Server sendet auch bereits Positionstelegramme, die im Client auch eintreffen. Sie werden nur noch nicht verarbeitet. Aber das wollen wir jetzt direkt erledigen. Der Client erhält eine Member-Variable (pos), in der jeweils die neuesten Positionsangaben so, wie sie vom Server gekommen sind, abgelegt werden:

```
class duell_client
    {
    public:
        ...
        msg_positionen pos;
    };
```

Immer wenn eine Aktualisierung der Positionen vom Server eintrifft, kopieren wir die Daten in die Member-Variable:

```
HRESULT WINAPI client_messagehandler( PVOID pvUserContext,
                             DWORD dwMessageType, PVOID pMessage)
    {
    ...
    switch( dwMessageType)
        {
    ...
    case DPN_MSGID_RECEIVE:
        PBYTE rd = ((PDPNMSG_RECEIVE)pMessage)->pReceiveData;
        switch( DUELL_MSGID( rd))
            {
        ...
        case MSG_POSITIONEN:
            mein_client.pos = *(msg_positionen *)rd;
            break;
            }
        break;
        }
    ...
    }
```

In der Member-Variable pos stehen also immer die aktuellsten verfügbaren Positionsdaten zur weiteren Verwendung, das heißt zur Visualisierung des Spielfeldes, bereit.

Die Visualisierung des Spielfeldes ändert sich jetzt insofern, dass die Kugeln aller Spieler dargestellt werden müssen. Als Kugel für den jeweiligen Spieler wählen wir den vertrauten Basketball. Alle anderen Kugeln werden in grauem Granit dargestellt. Das heißt natürlich, dass ein Spieler seine Gegner zwar erkennen, aber nicht unterscheiden kann. Das ist aber auch nicht erforderlich.

Um die graue Granitkugel darstellen zu können, müssen wir ein weiteres Objekt laden. Wir fügen daher ein weiteres Objekt (kugel2) zur Klasse objekte hinzu:

```
class objekte
    {
    public:
        ...
        objekt kugel2;
        ...
    };
```

Die Kugel müssen wir in der Funktion lade_objekte aus einer x-Datei – in diesem Fall Kugel2.x[47] – laden:

```
void objekte::lade_objekte()
    {
    ...
    kugel2.load( "Kugel2.x");
    }
```

Bevor wir mit der Visualisierung beginnen, wollen wir im Interesse der Übersichtlichkeit noch etwas aufräumen, da einige Daten und Funktionen überflüssig werden. Da wir die Positionsberechnungen nicht mehr durchführen müssen, können Sie folgende Teile des *Balance*-Codes löschen:

▸ die Deklaration der Struktur untergrund

▸ den Array mein_untergrund

▸ die Deklaration der Struktur hindernis

▸ den Array mein_hindernis

▸ die Deklaration der Struktur posinfo

▸ die Implementierung der Funktion spielfeld::get_info

▸ die Implementierung der Funktion balance::spielfeld_kippen

---

47 Erstellen Sie einfach ein Duplikat der Datei Kugel.x mit dem Namen Kugel2.x. Öffnen Sie diese Datei mit einem Editor, und ersetzen Sie Kugel.jpg durch Kugel2.jpg. Jetzt brauchen Sie nur noch eine Textur Kugel2.jpg, und die zweite Kugel ist fertig.

- ▶ die Implementierung der Funktion `balance::spielfeld_ruecksetzen`
- ▶ die Implementierung der Funktion `schnittpunkt`
- ▶ die Implementierung der Funktion `void balance::kugel_rollen`

Mit den Funktionen müssen natürlich auch die zugehörigen Deklarationen in den Klassen und alle Aufrufe dieser Funktionen verschwinden. Aber das werden wir im Folgenden noch einzeln betrachten.

In der Klasse `spielfeld` können die Daten für den Startpunkt (`startz`, `starts`) und die Deklaration der Funktion `get_info` gestrichen werden:

```
class spielfeld
    {
    public:
        int zeilen;
        int spalten;
        int startz;
        int starts;
        int felder[100][100];
        int hind[100][100];

        float verschiebung_x( int s) {...}
        float verschiebung_z( int z) {...}
        void laden( msg_spielstart *spf);
        void get_info( D3DXVECTOR3 v, posinfo *p);
    };
```

Beim Laden des Spielfelds kann der Startpunkt nicht mehr initialisiert werden, weil es ihn nicht mehr gibt:

```
void spielfeld::laden( msg_spielstart *spf)
    {
    ...
    startz = starts = 0;
    ...
    }
```

In der Klasse `balance` können einige Member gestrichen werden, es werden aber auch neue hinzugefügt:

```
class balance
    {
    private:
        D3DXVECTOR3 hier_bin_ich;
        D3DXVECTOR3 da_gucke_ich_hin;
```

```
    float fahrgeschwindigkeit;
    float drehung;
    float kippx;
    float kippz;
    D3DXVECTOR3 kugelposition;
    D3DXVECTOR3 kugelgeschwindigkeit;
    D3DXMATRIX kugelrotation;
    int index;
    D3DXVECTOR3 kugelposition[ MAX_PLAYERS];
    D3DXMATRIX kugelrotation[ MAX_PLAYERS];
public:
    int kamerafuehrung;
    int kamera_in_bewegung;
    int init();
    void start();
    void render();
    void joystick_input();
    void kamera_bewegen( float seit, float hoch, float vor);
    void kamera_schwenken( float seit, float hoch);
    void kamera_fahrt( float seit, float hoch, float speed);
    void spielfeld_drehen( float dy);
    void spielfeld_kippen( float dx, float dz);
    void spielfeld_ruecksetzen();
    void kugel_rollen();
    void kugeln_rollen();
    void kugel_fixieren();
    void kamera_ausrichten();
};
```

Es verschwinden die Daten über das Kippen des Spielfeldes. Auch die Kugelposition und die Kugelrotation benötigen wir nicht mehr – zumindest nicht mehr für nur eine einzelne Kugel. An ihre Stelle treten jeweils Arrays, die auf die Maximalzahl von Spielern ausgelegt sind. In der neuen Member-Variablen `index` speichern wir den Index dieser Client-Instanz, um gezielt auf die Kugel dieser Instanz (den Basketball) zugreifen zu können. Die Funktion `kugel_rollen` ersetzen wir durch die Funktion `kugeln_rollen`. Es ist kein Irrtum, dass die Member-Variable `kugelgeschwindigkeit` das Schlachtfest überlebt hat. Normalerweise interessieren wir uns im Client nicht mehr für die Kugelgeschwindigkeit. Die Kugelgeschwindigkeit der Spielerkugel (Basketball) ist aber für die subjektive Kameraführung wichtig. Für die subjektive Verfolgung der Kugel benötigen wir die Laufrichtung der Kugel, die ja der Richtungsanteil der Kugelgeschwindigkeit ist.

In der `start`-Funktion müssen wir sowohl Streichungen als auch Ergänzungen durchführen:

```
void balance::start()
    {
    int i;

    hier_bin_ich = ...
    da_gucke_ich_hin = ...
    fahrgeschwindigkeit = ...
    drehung = ...;
    kippx = ...
    kippz = ...
    kugelgeschwindigkeit = ...
    kugelposition = ...
    D3DXMatrixIdentity( &kugelrotation);
    kamerafuehrung = ...
    kamera_in_bewegung = ...
    index = mein_client.index;
    for( i = 0; i < MAX_PLAYERS; i++)
        {
        kugelposition[i] = D3DXVECTOR3(0,-100,0);
        D3DXMatrixIdentity( kugelrotation + i);
        }
    }
```

Die Initialisierungen der gelöschten Member werden beseitigt, und die neuen Member werden sinnvoll initialisiert.

Beim Fixieren der Kugel müssen wir die bisherige Kugelposition (`kugelposition`) durch die Position des Basketballs (`kugelposition[index]`) ersetzen.[48] Ansonsten vereinfacht sich diese Funktion drastisch, da das Kippen des Spielfeldes nicht mehr berücksichtigt werden muss:

```
void balance::kugel_fixieren()
    {
    D3DXMATRIX dreh, kipp;
    D3DXVECTOR3 kippachse;
    float klen;

    D3DXMatrixRotationY( &dreh, drehung);
    D3DXVec3Cross( &kippachse, &D3DXVECTOR3( kippx, 0, kippz),
                              &D3DXVECTOR3( 0, 1, 0));
    klen = D3DXVec3Length( &kippachse);
    D3DXMatrixRotationAxis( &kipp, &kippachse, klen);
```

---

48 Als C-Programmierer wissen Sie, dass `kugelposition+i` das Gleiche ist wie `&kugelposition[i]`.

```
D3DXMatrixMultiply(&dreh, &dreh, &kipp);
D3DXVec3TransformNormal( &da_gucke_ich_
hin, &kugelposition, &dreh);
    D3DXVec3TransformNormal( &da_gucke_ich_hin,
                          kugelposition+index, &dreh);
}
```

Statt nur einer Kugel müssen wir jetzt alle im Spiel befindlichen Kugeln rollen. Das ist aber nicht so schwer, da wir die aktuelle Position im Positionstelegramm (mein_client.pos) und die zuletzt ausgewertete Position im Array kugelpositionen haben. Die Differenz liefert uns den zwischenzeitlich zurückgelegten Weg, und aus diesem Weg können wir die Rollbewegung der Kugel errechnen:

```
  void balance::kugeln_rollen()
      {
      int i;
      D3DXMATRIX dreh;
      D3DXVECTOR3 neu, kippachse;
      float v;
      msg_positionen pos;
A     mein_client.lock();
      pos = mein_client.pos;
      mein_client.unlock();
B     kugelgeschwindigkeit = pos.kugelpos[index] -
                                      kugelposition[index];
C     for( i = 0; i < MAX_PLAYERS; i++)
          {
D         if( pos.kugelpos[i].y <= -100.0f)
              continue;
E         if( pos.kugelpos[i] != kugelposition[i])
              {
F             neu = pos.kugelpos[i] - kugelposition[i];
G             kugelposition[i] = pos.kugelpos[i];
H             D3DXVec3Cross( &kippachse, &neu,
                            &D3DXVECTOR3( 0, 1, 0));
              v = D3DXVec3Length( &neu);
              D3DXMatrixRotationAxis( &dreh, &kippachse, -v);
              D3DXMatrixMultiply(kugelrotation+i,
                              kugelrotation+i,&dreh);
              }
          }
      }
```

A: Wir kopieren die aktuellen Positionen in eine lokale Datenstruktur, um den kritischen Bereich nur so kurz wie möglich zu blockieren.

B: Wir berechnen die Geschwindigkeit des Basketballs, da wir diese Information für die subjektive Kameraführung benötigen. Mit dem Rollen der Kugel hat das unmittelbar nichts zu tun.

C: In einer Schleife über alle Kugeln werden die Punkte D bis H ausgeführt.

D: Wenn die betrachtete Kugel nicht (mehr) im Spiel ist, kann die Berechnung übersprungen werden.

E: Nur wenn sich die Kugel zwischenzeitlich bewegt hat, ist etwas zu tun.

F: Der seit dem letzten Aufruf dieser Funktion zurückgelegte Weg wird berechnet.

G: Die neue Kugelposition wird übernommen.

H: Die Rotation der Kugel wird als Matrix berechnet und der bisherigen Gesamtrotation zugeschlagen. Das kennen Sie bereits aus *Balance*.

Damit ist alles so weit vorbereitet, dass wir die für die Darstellung zentrale `render`-Funktion überarbeiten können. Alles, was mit dem Kippen das Spielfeldes zu tun hat, verschwindet, und statt einer einzelnen Kugel werden jetzt alle Kugeln gerendert:

```
void balance::render()
    {
    int z, s;
    int i;
    D3DXMATRIX world;
    D3DXMATRIX view;
    D3DXMATRIX dreh, kipp;
    D3DXVECTOR3 kippachse;
    D3DXVECTOR3 schein;
    float klen;

    mein_directx.device->Clear( ...);
    mein_directx.device->BeginScene();
    D3DXMatrixLookAtLH( ...);
    mein_directx.device->SetTransform( ...);
    D3DXMatrixRotationY( &dreh, drehung);
    D3DXVec3TransformNormal( &schein, &kugelposition, &dreh);
    D3DXVec3TransformNormal( &schein, kugelposition + index,
                             &dreh);
```

```
    mein_directx.scheinwerfer_ausrichten( schein);
    D3DXVec3Cross( &kippachse, &D3DXVECTOR3( kippx, 0, kippz),
                                        &D3DXVECTOR3( 0, 1, 0));
    klen = D3DXVec3Length( &kippachse);
    D3DXMatrixRotationAxis( &kipp, &kippachse, klen);
    D3DXMatrixMultiply(&dreh, &dreh, &kipp);
    for( z = 0; z < mein_spielfeld.zeilen; z++)
        {
        for( s = 0; s < mein_spielfeld.spalten; s++)
            {
            ... Rendern des Spielfeldes
            }
        }
    D3DXMatrixTranslation( &world, kugelposition.x,
    kugelposition.y, kugelposition.z);
    D3DXMatrixMultiply(&world, &kugelrotation, &world);
    D3DXMatrixMultiply(&world, &world, &dreh);
    mein_directx.device->SetTransform( D3DTS_WORLD, &world);
    meine_objekte.kugel.draw();
    for( i = 0; i< MAX_PLAYERS; i++)
        {
        if( kugelposition[i].y > -100)
            {
            D3DXMatrixTranslation( &world, kugelposition[i].x,
                        kugelposition[i].y, kugelposition[i].z);
            D3DXMatrixMultiply(&world, kugelrotation + i, &world);
            D3DXMatrixMultiply(&world, &world, &dreh);
            mein_directx.device->SetTransform( D3DTS_WORLD,
                                        &world);

            if( i == index)
                meine_objekte.kugel.draw();
            else
                meine_objekte.kugel2.draw();
            }
        }
    mein_directx.device->EndScene();
    mein_directx.device->Present( NULL, NULL, NULL, NULL);
    }
```

Zum Abschluss müssen wir noch den Timerhandler im `balance_windowhandler` anpassen:

```
LRESULT CALLBACK balance_windowhandler(...)
    {
    switch( msg)
        {
    ...
    case WM_TIMER:
        mein_spiel.spielfeld_ruecksetzen();
        mein_spiel.kugel_rollen();
        mein_spiel.kugeln_rollen();
        if( !mein_spiel.kamera_in_bewegung)
            mein_spiel.kamera_ausrichten();
        mein_spiel.joystick_input();
        mein_spiel.render();
        break;
    ...
        }
    ...
    }
```

Das Zurücksetzen des Spielfeldes gibt es nicht mehr, und anstelle von `kugel_rollen` rufen wir die Funktion `kugeln_rollen` auf.

Damit ist nach dem Common-Bereich jetzt auch der Client endgültig fertiggestellt. In der nächsten und auch letzten Version müssen wir nur noch dafür sorgen, dass der Server beim Positionieren der Kugeln die physikalischen Gesetze berücksichtigt.

Mit der bestehenden Funktion können Sie schon ganz passabel spielen. Die verschiedenen Spieler können ihre Kugeln unabhängig voneinander über das Spielfeld bewegen. Kollisionsprüfungen finden allerdings noch nicht statt. Das haben wir uns bis zum Schluss aufgehoben.

### 5.4.12 V12 Serverseitige Spielsteuerung

Jetzt geht es nur noch darum, der severseitigen Steuerung den letzten Feinschliff zu geben. Dazu gehört die Steuerung der Kugeln auf den verschiedenen Untergründen und die Berechnung der Ablenkung der Kugeln an den Kegeln. Das kennen wir alles schon aus *Balance*. Hinzu kommt bei *Duell* aber noch die Behandlung von Kollisionen der Kugeln untereinander.

**Common**

Die Arbeit am Common-Bereich war bereits im letzten Abschnitt abgeschlossen.

**Client**

Auch der Client ist inzwischen fertig.

**Server**

Im Server fehlt noch eine realitätsnahe Berechnung der Kugelpositionen. Dabei müssen sowohl die Gegebenheiten des Spielfeldes (Untergrund, Hindernisse) als auch Kollisionen mit anderen Kugeln in Betracht gezogen werden. In *Balance* hatten wir ja schon vergleichbare Berechnungen durchgeführt. Es ist daher naheliegend, mit dem Quellcode aus *Balance* zu starten und diesen gegebenenfalls zu modifizieren.

Die Struktur für den Untergrund (untergrund) und den Array mit den verschiedenen Untergründen (mein_untergrund) können wir unverändert aus Balance übernehmen:

```
struct untergrund
    {
    int typ;
    char *name;
    float daempfung;
    };
untergrund mein_untergrund[5] =
    {
        { WASSER,  "Wasser",  0.6f},
        { HOLZ,    "Holz",    0.9f},
        { STEIN,   "Stein",   0.8f},
        { GRAS,    "Gras",    0.7f},
        { ZIEL,    "Ziel",    0.9f}
    };
```

Auch die Datenstruktur für die Hindernisse können wir aus Balance übernehmen. Bei den Hindernissen entfällt allerdings das Goldstück, und es kommt ein neues Hindernis hinzu. Wir wollen ein mit einer Kugel gefülltes Zielfeld

auch als ein Hindernis für andere Kugeln betrachten. Das ist ein Hindernis, das erst im Laufe des Spiels entsteht, sobald eine Kugel in das Zielfeld gefallen ist. Für dieses Hindernis haben wir einen anderen Kollisionsabstand als bei den Kegeln. Dieser Abstand lässt sich aber leicht ermitteln:

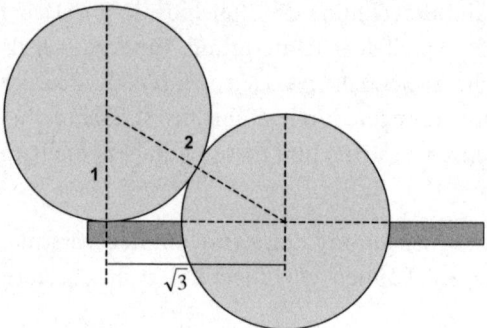

Der Abstand ist also $\sqrt{3}$. Um die Behandlung von Kollisionen für verschiedene Hindernisse zu vereinheitlichen, nehmen wir das Quadrat des Kollisionsabstandes mit in die Datenstruktur hindernis auf:

```
struct hindernis
    {
    int typ;
    char *name;
    float faktor;
    float radius;
    };
```

Dementsprechend erweitern wir den Array mit den Hindernisdaten:[49]

```
hindernis mein_hindernis[3] =
    {
        { 0, "Kegel",  0.9f, 2.6f},
        { 1, "Bumper", 2.5f, 2.6f},
        { 2, "Kugel",  0.9f, 3.0f}
    };
```

In *Balance* hatten wir eine Datenstruktur posinfo verwendet, um alle relevanten Positionsdaten für eine Kugel festzuhalten. Exakt diese Datenstruktur können wir auch im *Duell*-Server wieder verwenden:

---

49 Vielleicht erinnern Sie sich noch daran, dass das Quadrat des Kollisionsabstandes bei den Kegeln 2,6 war.

```
struct posinfo
    {
    int innerhalb;
    int zeile;
    int spalte;
    D3DXVECTOR3 mitte;
    float aq;
    untergrund *ugrnd;
    hindernis *hnd;
    };
```

Den Server erweitern wir jetzt um zwei Hilfsfunktionen get_info und kollision:

```
class duell_server
    {
    public:
        ...
        void get_info( D3DXVECTOR3 v, posinfo *p);
        int kollision( int k1, D3DXVECTOR3 neu, int &k2);
    };
```

Die Funktion get_info kennen Sie schon von *Balance*. Sie dient dazu, alle relevanten Informationen über eine Kugelposition v zu ermitteln und in der Datenstruktur p abzulegen:

```
void duell_server::get_info( D3DXVECTOR3 v, posinfo *p)
    {
    int h;
    unsigned char x;

    p->spalte = (int)floor((v.x + 2*spf.spalten)/4);
    p->zeile = (int)floor((v.z + 2*spf.zeilen)/4);
    p->mitte.x = verschiebung_x( p->spalte);
    p->mitte.y = 0;
    p->mitte.z = verschiebung_z( p->zeile);
    p->aq = (v.x-p->mitte.x)*(v.x-p->mitte.x)+
                            (v.z-p->mitte.z)*(v.z-p->mitte.z);
    p->innerhalb =   (p->zeile >= 0) && (p->zeile < spf.zeilen) &&
                    (p->spalte >= 0) && ( p->spalte < spf.spalten);
    if( p->innerhalb)
        {
        x = spf.felder[p->zeile*spf.spalten + p->spalte];
```

```
        p->ugrnd = mein_untergrund + (x & 0xf);
        h = ((int)(x >> 4)) - 1;
        p->hnd = h != NICHTS ? mein_hindernis + h : 0;
        }
    }
```

Die Funktion ist mit der entsprechenden Funktion aus *Balance* inhaltlich gleichwertig. Ich habe sie lediglich an die hier verwendete Datenstruktur für das Spielfeld angepasst. Die Unterschiede beschränken sich auf die drei grau unterlegten Zeilen. In *Balance* war das Spielfeld in einem Array abgelegt, und der Zugriff auf ein Segment des Spielfeldes erfolgte in der Form:

```
felder[zeilenindex][spaltenindex]
```

Hier liegt das Spielfeld in »linearisierter« Form in einem Spielfeld-Telegramm (spf) vor,[50] und der Zugriff erfolgt in der Form:

```
spf.felder[zeilenindex*spf.spalten + spaltenindex]
```

Für die Hindernisse hatten wir in *Balance* einen eigenen Array. Hier müssen wir die Informationen über die Hindernisse und den Untergrund durch Bitoperationen aus dem entsprechenden Feld des Spielfeld-Telegramms herausfiltern. Aber das sind nur Unterschiede in der Zugriffstechnik, inhaltlich unterscheiden sich die Funktionen in *Balance* beziehungsweise im *Duell*-Server nicht.

Neu ist dagegen die Funktion kollision, mit der wir ermitteln, ob eine bestimmte Kugel (k1), wenn sie um einen bestimmten Vektor (neu) bewegt würde, mit einer anderen Kugel zusammenstoßen würde. Wird eine Kollision erkannt, so ist der Returnwert dieser Funktion 1, und der Index der kollidierenden Kugel wird im Referenzparameter k2 an das aufrufende Programm zurückgegeben:

```
int duell_server::kollision( int k1, D3DXVECTOR3 neu, int &k2)
    {
    int t;
    float abst, min;
    D3DXVECTOR3 ziel, diff;

    ziel = pos.kugelpos[k1] + neu;

    min = 10.0f;
    for( t = 0; t < MAX_PLAYERS; t++)
```

50  Wenn Sie das stört, kopieren Sie das Spielfeld in einen Array um.

```
    {
    if( t == k1)
        continue;
    diff = pos.kugelpos[t] - ziel;
    abst = D3DXVec3LengthSq( &diff);
    if( abst < min)
        {
        min = abst;
        k2 = t;
        }
    }
    return min < 4.0f;
    }
```

Die Funktion arbeitet so, dass in einer Schleife diejenige Kugel k2 gesucht wird, die den geringsten Abstand zu der um den Vektor neu bewegten Kugel k1 hat. Eine Kollision liegt vor, wenn das Quadrat des Abstandes zu dieser Kugel kleiner als 4 ist.

Zur Bestimmung der Kugelpositionen übernehmen wir aus *Balance* die Funktion schnittpunkt, mit deren Hilfe wir den Schnittpunkt zwischen einer Strecke und einem Kreis ermitteln können:

```
void schnittpunkt( D3DXVECTOR3 *s, D3DXVECTOR3 start,
                    D3DXVECTOR3 ziel, D3DXVECTOR3 m, float rq)
    {
    D3DXVECTOR3 t;
    float aq;
    int n;

    for( n = 10; n; n--)
        {
        t = (start+ziel)/2.0f;

        aq = (t.x-m.x)*(t.x-m.x) + (t.z-m.z)*(t.z-m.z);
        if( fabs( aq - rq) < 0.01)
            break;

        if( aq > rq)
            start = t;
        else
            ziel = t;
        }
    *s = t;
    }
```

Die Beschreibung dieser Funktion und ihrer Parameter will ich hier nicht noch einmal wiederholen. Alle Details finden Sie im entsprechenden Abschnitt (4.4.11) aus dem Projekt *Balance*.

Jetzt haben wir alle Hilfsmittel bereitgestellt, die wir benötigen, um die Positionen der Kugeln realitätsnah zu aktualisieren. Auch hier besteht eine weitgehende Übereinstimmung mit der Positionsberechnung in Balance, da wir es ja mit dem gleichen Spielfeld zu tun haben. Aber es gibt auch eine Reihe von Unterschieden. Der augenfälligste Unterschied ist natürlich, dass wir es hier mit mehreren Kugeln zu tun haben, die untereinander kollidieren können. Da der Funktionscode zu umfangreich ist, um ihn übersichtlich auf einer Seite darzustellen, betrachten wir zunächst die Grobsteuerung der Funktion. Die Details zur Positionsberechnung werden dann weiter unten behandelt:

```
void duell_server::positionen_aktualisieren()
    {
    int i, j;
    D3DXVECTOR3 kneu, neu, s, rachse, stoss, s1, s2;
    posinfo pneu;
    D3DXMATRIX reflect;
    msg_positionen ps;
    D3DXVECTOR3 js[ MAX_PLAYERS];
    D3DXVECTOR3 sp[ MAX_PLAYERS];
```

A
```
    lock();
    ps = pos;
    for( i = 0; i < slist.maximum; i++)
        {
        js[i] = joystick[i];
        sp[i] = speed[i];
        }
    unlock();
```

B
```
    for( i = 0; i < slist.maximum; i++)
        {
        if( ps.kugelpos[i].y > - 100.0f)
            {
            ... Hier wird die neue Position der Kugel i berechnet
            }
        }
```

C
```
    lock();
    pos = ps;
    for( i = 0; i < slist.maximum; i++)
        speed[i] = sp[i];
    unlock();
    }
```

A: Die Aktualisierung der Positionen wird asynchron zu den ständig eintreffenden Joystickmeldungen durchgeführt. Um die Wartezeiten möglichst gering zu halten, kopieren wir zu Beginn der Funktion die uns interessierenden Daten in lokale Datenstrukturen. Während des Kopiervorgangs sperren wir den Zugriff auf die Daten.[51] Nach dem Kopieren finden wir in ps die aktuellen Positionen, in js die aktuellen Joystickstellungen und in sp die aktuellen Kugelgeschwindigkeiten.

B: In einer Schleife werden alle Kugeln betrachtet, die noch im Spiel sind. Die hier erforderliche Positionsberechnung wird weiter unten beschrieben.

C: Die geänderten Daten – das heißt, die neu berechneten Positionen und die geänderten Geschwindigkeiten – werden zurückgeschrieben.

Die im Folgenden beschriebenen Schritte werden im Block B der Funktion positionen_aktualisieren für jede Kugel (i = Kugelindex) durchgeführt:

```
A   neu = sp[i];
    kneu = ps.kugelpos[i] + neu;
    get_info( kneu, &pneu);
B   if( pneu.innerhalb)
        {
C       if( pneu.hnd && (pneu.aq < pneu.hnd->radius))
            {
D           if( ps.kugelpos[i].y >= 0.98f)
                {
                schnittpunkt( &s, ps.kugelpos[i], kneu,
                             pneu.mitte, 2.6f);
                neu = s - ps.kugelpos[i];
                rachse = s - pneu.mitte;
                rachse.y = 0;
                D3DXMatrixRotationAxis( &reflect, &rachse, D3DX_PI);
                D3DXMatrixRotationAxis( &sp[i], &sp[i], &reflect);
                sp[i] = -pneu.hnd->faktor*sp[i];
                }
E           else
                neu = (pneu.mitte - ps.kugelpos[i])/4;
            }
F       else if( kollision( i, neu, j))
            {
1           schnittpunkt( &s, ps.kugelpos[i], ps.kugelpos[i]+neu,
                             ps.kugelpos[j], 4);
```

51 Genau genommen müssen pos und speed nicht geschützt werden, da auf diese Daten nur aus dem Main-Thread zugegriffen wird.

```
2        ps.kugelpos[i] = s;
3        stoss = ps.kugelpos[j] - ps.kugelpos[i];
4        D3DXVec3Normalize( &stoss, &stoss);
5        s1 = D3DXVec3Dot( &sp[i], &stoss) * stoss;
         s2 = D3DXVec3Dot( &sp[j], &stoss) * stoss;
6        sp[i] += (s2-s1);
         sp[i].y = 0;
         sp[j] += (s1-s2);
         sp[j].y = 0;
7        neu = D3DXVECTOR3(0,0,0);
         }
```

```
G    else if(pneu.ugrnd->typ == WASSER)
     {
     pneu.mitte.y = -1;
     neu = (pneu.mitte - ps.kugelpos[i])/4;
     }
```

```
H    else if((pneu.ugrnd->typ == ZIEL) && (pneu.aq < 1.0f))
     {
     neu = (pneu.mitte - ps.kugelpos[i])/4;
     spf.felder[pneu.zeile*spf.spalten + pneu.spalte] |=
                                            (3 << 4);
     }
```

```
I    sp[i].x = pneu.ugrnd->daempfung*(sp[i].x + 0.0005f*js[i].x);
     sp[i].z = pneu.ugrnd->daempfung*(sp[i].z + 0.0005f*js[i].z);
     if( D3DXVec3LengthSq( &sp[i]) < 0.00001f)
         sp[i] = D3DXVECTOR3(0,0,0);
         }
```

```
J else
     {
     sp[i].x *= 0.95f;
     sp[i].y -= 0.05f;
     sp[i].z *= 0.95f;
     }
```

```
K ps.kugelpos[i] += neu;
  if( ps.kugelpos[i].y >= 0.98)
      ps.kugelpos[i].y = 1.0f;
```

A: Da die Funktion in konstanten Zeitintervallen aufgerufen wird, ist die zwischenzeitlich zurückgelegte Strecke (neu) proportional zum Geschwindigkeitsvektor. Die neue Position der Kugel (kneu) kann dann – ohne Berücksichtigung von äußeren Einwirkungen – durch Addition des Vektors neu zur alten Kugelposition (ps.kugelpos[i]) berechnet werden. Für diese neue Kugelposition holen wir uns die Positionsinformationen (pneu).

In der Funktion werden dann die folgenden Fälle und Unterfälle unterschieden:

B: Die unter A berechnete Position liegt innerhalb des Spielfeldes.

C: Auf dem Feld steht ein Hindernis (Kegel, Bumper oder gefülltes Zielfeld) und die Kugel befindet sich im Bereich des Hindernisses.

D: Die Kugel ist oberhalb des Spielfeldes, sie fällt also nicht in ein Zielfeld.[52]

E: Die Kugel fällt in ein Zielfeld.

F: Die Kugel kollidiert mit einer anderen Kugel.

G: Die Kugel fällt ins Wasser.

H: Die Kugel kommt auf ein Zielfeld in den Bereich der Vertiefung, wobei das Zielfeld noch nicht belegt ist.

J: Die berechnete Position liegt außerhalb des Spielfeldes.

Zur Positionsbestimmung werden dann die folgenden Berechnungen durchgeführt:

D: In diesem Fall wird die Reflexion an einem Hindernis ermittelt. Die Berechnung kennen Sie bereits aus *Balance*. Der einzige Unterschied ist, dass hier mit den hindernisspezifischen Abstandsradien gearbeitet wird.

E: Die Kugel fällt weiter zur Mitte des Zielfeldes hin.

F: Bei der Kollision zweier Kugeln werden die Stoßgesetze angewandt. Wir betrachten dazu zwei aufeinander prallende Kugeln:

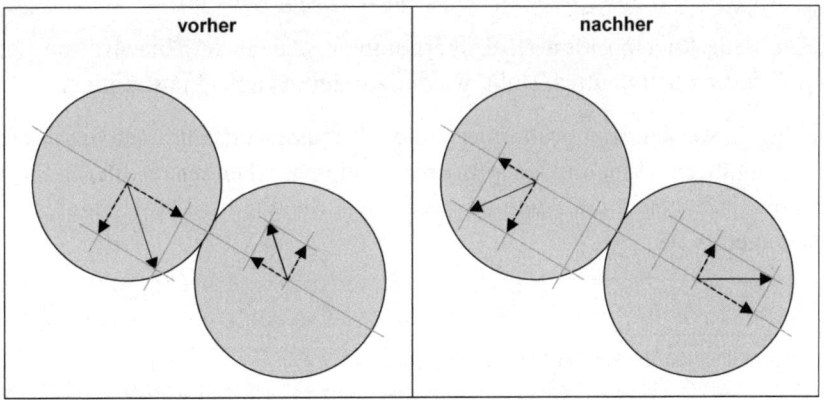

---

52 Die Kugel belegt dann bereits das Zielfeld, sodass das Feld für andere Kugeln ein Hindernis enthält.

Die Aufprallgeschwindigkeit jeder Kugel wird in zwei Komponenten zerlegt. Die eine Komponente zeigt genau in Stoßrichtung, die andere verläuft tangential zur Stoßrichtung. Für den Stoß sind nur die Anteile in Stoßrichtung relevant. Die tangentialen Komponenten üben keine Wirkung auf die jeweils andere Kugel aus und bleiben unverändert. Prallen zwei Kugeln gleicher Masse[53] aufeinander, so tauschen sie die Anteile in Stoßrichtung miteinander aus. Genau diese Berechnungen werden im Teil F durchgeführt. Zunächst wird der Schnittpunkt der beiden Kugeln berechnet, und die erste Kugel wird so positioniert, dass sich die beiden Kugeln berühren (1,2). Dann wird die Stoßrichtung ermittelt und ein Normalenvektor (`stoss`) in Stoßrichtung berechnet (3,4). In den Vektoren `s1` und `s2` werden dann die Projektionen der Geschwindigkeitsvektoren auf die Normale `stoss` abgelegt. In Punkt 6 werden dann die Anteile in Stoßrichtung ausgetauscht. Zum Abschluss (7) wird noch der Vektor `neu` gleich dem Nullvektor gesetzt, da die Neupositionierung in diesem Fall bereits erfolgt ist.

G: Über Wasser erfolgt das übliche Eintauchen mit Orientierung zur Mitte des Wasserfeldes hin.[54]

H: Wenn eine Kugel die Vertiefung eines Zielfeldes erreicht, die noch nicht belegt ist, so beginnt sie, in die Vertiefung zu fallen. Das Zielfeld wird zugleich als Hindernis im Spielfeld eingetragen und damit als belegt gekennzeichnet.

I: Die dem Untergrund entsprechende Dämpfung wird auf die Geschwindigkeitsvektoren angewandt.

J: Außerhalb des Spielfeldes setzt die Kugel den Sinkflug fort.

K: Die neue Kugelposition wird übernommen. Zur Sicherheit wird die Kugel, sofern sie nicht deutlich sinkt, wieder auf dem Spielfeld positioniert.[55]

Die Kugeln werden jetzt positioniert, und wir müssen uns nur noch um das Spielende kümmern. Dazu müssen wir zunächst einmal erkennen, wann das Spiel zu Ende ist. Dies macht die Funktion `spielende`, die wir zur Klasse `duell_server` hinzufügen:

---

53  Das wollen wir der Fairness halber annehmen.
54  Das Wasserfeld kann weitere Kugeln aufnehmen. Diese liegen dann alle übereinander. Wenn Sie das stört, lassen Sie die Kugeln versinken, oder überlegen Sie sich Algorithmen, wie sich die schwimmenden Kugeln gegenseitig verdrängen.
55  Es könnten kleine Rechenfehler auftreten, die die Kugel zum Abheben in die Luft oder zum Durchdringen des Spielfeldes bringen könnten.

```
class duell_server
    {
    public:
        ...
        int spielende();
    };
```

Um das Spielende zu erkennen, zählen wir, wie viele Kugeln noch oberhalb der
Spielfläche und damit im Spiel sind. Ist noch genau eine Kugel im Spiel, so ist das
Spiel beendet, und die im Spiel verbliebene Kugel hat gewonnen. Ist keine Kugel
mehr im Spiel,[56] so ist das Spiel ebenfalls – allerdings ohne Sieger – beendet. Die
Funktion spielende stellt fest, ob das Spielende erreicht ist, und informiert gege-
benenfalls alle Mitspieler über das Spielende:

```
   int duell_server::spielende()
       {
       unsigned int anz, i;
       int winner;

       lock();
A      for( anz = 0, winner = -1, i = 0; i < slist.maximum; i++)
           {
           if( pos.kugelpos[i].y >= 0.5f)
               {
               anz++;
               winner = i;
               }
           }
       unlock();
B      if( anz <= 1)
           {
           send_spielende( winner);
           return 1;
           }
C      return 0;
       }
```

A: Die Anzahl der im Spiel verbliebenen Kugeln wird in der Variablen anz
   gezählt. Die letzte noch im Spiel verbliebene Kugel (oder -1, wenn keine
   gefunden wurde) steht nach dem Durchlaufen der Schleife in der Variablen
   winner.

---

56 Es könnten ja die beiden letzten Kugeln zeitgleich ausscheiden.

B: Wenn höchstens noch eine Kugel im Spiel ist, werden das Spielende und der Gewinner an alle Clients gemeldet. Returnwert ist in dieser Situation 1, damit das aufrufende Programm das Spiel beenden kann.

C: An das aufrufende Programm wird zurückgemeldet, dass das Spiel noch nicht beendet ist.

Die Funktion `spielende` rufen wir jetzt regelmäßig auf, um zu prüfen, ob das Spiel beendet ist:

```
INT_PTR CALLBACK serverdialog( HWND hDlg, UINT msg,
                                  WPARAM wParam, LPARAM lParam)
    {
    ...
    switch( msg )
        {
    ...
    case WM_TIMER:
        if( mein_server.status == SPIEL_LAEUFT)
            {
            ...
            if( mein_server.spielende())
                {
                mein_server.status = SPIELBEREIT;
                display_serverstate( hDlg);
                }
            }
        ...
        }
    ...
    }
```

Ist das Spiel beendet, wechselt der Server wieder in den Zustand SPIELBEREIT. Die Clients sind ja bereits informiert und beenden ihrerseits die Session.

Das dritte Projekt ist damit abgeschlossen. Testen Sie das Spiel ausgiebig im Netzwerk mit mehreren Spielern.

# 6    Zwischenbilanz und Ausblick

Im ersten Teil des Buches bin ich projektorientiert vorgegangen und habe versucht, den Leser Schritt für Schritt anhand durchgängiger Beispiele an die Spieleprogrammierung heranzuführen. Ein Leser, der im Buch bis hier vorangeschritten ist, benötigt ein solches Vorgehen nicht mehr. Er kann bereits selbstständig einen Programmrahmen erstellen, DirectX initialisieren und eine Szene rendern. Er möchte sich Spezialkenntnisse über ein tiefergehendes Thema oder einen speziellen Effekt aneignen und die neuen Kenntnisse sofort in sein eigenes Spiel einbringen und dabei nicht einem von mir vorgegebenen Weg folgen. Diesem Bedürfnis will ich in den folgenden Abschnitten des Buchs Rechnung tragen und spezielle Themen isoliert, dafür aber mit mehr Tiefe aufarbeiten. Diese Themen sind unter anderem:

▶ Arbeiten mit Vertexbuffern

▶ Rendern von Grafikprimitiven

▶ Partikelsysteme

▶ Texturen und Texturkoordinaten

▶ Sprites

▶ Multitexturing und Mip-Mapping

▶ Arbeiten mit Indexbuffern

▶ Aufbau von Meshes

▶ Progressive Meshes

▶ Kollisionserkennung (Octrees)

▶ Planare Schatten

Dazu kommt das immer wichtiger werdende Thema der Shaderprogrammierung und der Effectfiles. Die Themen hierzu sind:

▶ Einführung in die High Level Shader Language

▶ Vertexshader

▶ Pixelshader

▶ Effectfiles

Zahlreiche Beispiele für konkrete Effekte wie zum Beispiel

- ▶ Phong-Shading
- ▶ Environment-Mapping (verspiegelte Oberflächen)
- ▶ Bumpmapping
- ▶ Blooming
- ▶ ...

runden diesen Teil des Buches ab.

Jeder Abschnitt enthält ein oder mehrere in sich abgeschlossene Beispiele. Alle Beispiele sind in Klassen gekapselt und, wo immer möglich, mit einer einheitlichen Schnittstelle ausgestattet. Den vollständigen Quellcode zu den Beispielen finden Sie immer auf der dem Buch beiliegenden CD.

Ein typisches Beispiel sieht dann, von der Schnittstelle her betrachtet, wie folgt aus:

```cpp
class beispiel
    {
    private:
        LPDIRECT3DDEVICE9 device;
        ...
    public:
        beispiel();
        ~beispiel();
        void create( LPDIRECT3DDEVICE9 dev, …);
        void setup( …);
        void render();
        void lookatme( D3DXVECTOR3 &pos, D3DXVECTOR3 &look);
        ...
    };
```

Neben Konstruktor und Destruktor findet man in den Klassen immer drei wichtige Funktionen:

- ▶ create
- ▶ setup
- ▶ render

Die create-Methode erwartet als ersten Parameter immer ein korrekt initialisiertes DirectX-Device und nimmt alle erforderlichen Initialisierungen der Klasse vor. Dazu werden gegebenenfalls weitere Parameter übergeben. Die create-Methode kann immer nur einmal im Lebenszyklus des Objekts aufgerufen werden, da die Initialisierungen, die dort vorgenommen werden, in der Regel unumkehrbar sind. Die Methode `setup` dient dazu, die Klasse zur Laufzeit zu konfigurieren, und kann bei Bedarf wiederholt aufgerufen werden. Dort kann es auch überladene Varianten mit unterschiedlicher Parametrierung geben. Die `render`-Methode dient zur Anzeige des Beispiels auf dem Bildschirm und muss aus der Render-Funktion des Hauptprogramms zwischen `BeginScene` und `EndScene` aufgerufen werden. Diese Konventionen sollten es Ihnen leicht machen, die Beispiele in Ihren Programmen zu verwenden.

Jeder Klasse verfügt darüber hinaus – sofern das nötig ist – über eine Funktion

▶ `lookatme`

Diese Funktion können Sie aufrufen, damit Sie nicht lange suchen müssen, wenn Sie Ihren Blick auf ein von der Klasse erzeugtes untransformiertes 3D-Objekt ausrichten wollen. Sie übergeben dieser Funktion Referenzen auf zwei Vektoren, die dann mit Koordinatenwerten über einen geeigneten Standort und eine Blickrichtung gefüllt werden.

Um einen geradlinigen und einfach zu lesenden Code zu erhalten, habe ich in den Beispielen auf jegliche Fehlerbehandlung verzichtet. Wenn eine Klasse zum Beispiel eine Datei zu öffnen versucht, wird nicht geprüft, ob die Datei wirklich existiert. Wenn Sie die Beispiele in einem stabilen Programm verwenden wollen, müssen Sie noch entsprechende Überprüfungen und Returncodes oder Exception-Handling hinzufügen. Des Weiteren habe ich auf eine extensive Parametrierung der Beispiele verzichtet. Viele Konfigurationsmöglichkeiten habe ich nicht über Parameter zugänglich gemacht, sondern in den Klassen fest »verdrahtet«. Auch hier können Sie natürlich noch nachbessern.

Besprochen werden in den folgenden Abschnitten dann immer nur die Teile der Beispiele, die für das Verständnis des jeweiligen Themas wichtig sind. Die nicht besprochenen Teile können Sie sich bei Bedarf anhand des beiliegenden Quellcodes aneignen.

Damit Sie, ohne programmieren zu müssen, einen Überblick über die Beispiele gewinnen können, habe ich zu jedem Beispiel auch ein kleines Programm erstellt. Dieses Programm zeigt in einem Fenster das Beispiel, um das es geht. Die Navigation in diesem Fenster ist sehr einfach:

▶ Bei gedrückter linker Maustaste können Sie sich mit Mausbewegungen umschauen.

▶ Bei gedrückter rechter Maustaste können Sie sich in Blickrichtung vorwärts oder rückwärts bewegen.

▶ Die Bewegungsgeschwindigkeit und Bewegungsrichtung stellen Sie über das Scrollrad der Maus ein.

Am besten schauen Sie sich die Beispiele immer begleitend zur Lektüre des Buches an, denn ein Buch kann, auch wenn es viele Grafiken und Screendumps enthält, die Dynamik, die Dreidimensionalität und die Farben eines 3D-Programms nur unzureichend wiedergeben.

# 7 Elemente der 3D-Grafikprogrammierung

Bisher haben wir 3D-Modelle nur sehr oberflächlich betrachtet. Wir haben solche Modelle aus einer x-Datei geladen und als Mesh entgegengenommen. Diesen Mesh haben wir dann mit Matrizen verschoben oder gedreht und letztlich auf dem Bildschirm dargestellt. Zu keinem Zeitpunkt war es dazu notwendig, in den Mesh hineinzuschauen. Im Zusammenhang mit Kollisionsprüfungen wird bei Ihnen aber vielleicht schon das Interesse geweckt worden sein, mehr über den Aufbau eines Meshs zu erfahren. Bei der Kollisionsprüfung in Balance hatten wir den Umstand ausgenutzt, dass wir einen sehr einfachen Aufbau des Spielfeldes hatten und dass wir alle Hindernisse mit ihrer Lage und ihren genauen Abmessungen kannten. Solch eine Information hat man natürlich nur bei sehr einfachen, synthetischen Landschaften. Sobald man es mit einer komplexen, frei modellierten Umgebung zu tun hat, muss man zur Laufzeit durch einen Blick in den Mesh prüfen, ob sich an einer bestimmten Stelle ein Hindernis befindet oder nicht. Ein Mesh besteht, so viel wissen wir schon, aus einer Vielzahl[1] von Dreiecken. Aber diese grobe Vorstellung über das Innenleben eines Meshs ist sicherlich nicht präzise genug, um eine Kollisionsprüfung zu implementieren. In diesem Abschnitt werden wir vertiefende Kenntnisse über einen Mesh gewinnen und am Ende eine Kollisionsprüfung erstellen, die in beliebigen Indoor- und Outdoor-Leveln funktioniert. Beginnen wollen wir aber mit einer grundsätzlichen Betrachtung der Render-Pipeline.

## 7.1 Die Render-Pipeline

Die Aufgabe eines Grafikpakets wie DirectX ist es, in enger Zusammenarbeit mit der Grafikkarte eingehende Grafikdaten (sog. Primitive, z. B. Dreiecke) so zu transformieren, dass am Ende der Verarbeitungskette Pixel auf dem Bildschirm erzeugt werden können. Dieser Prozess besteht aus einer genau festgelegten Abfolge von Verarbeitungsschritten:

---

1 Es können mehrere Hunderttausend sein.

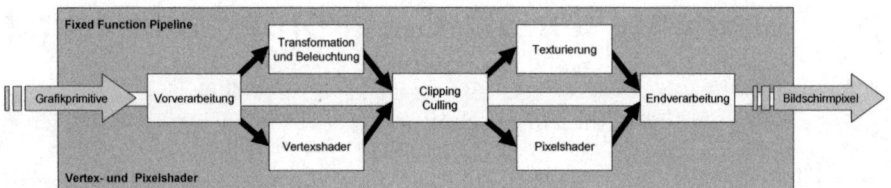

Bisher haben wir ausschließlich die sogenannte **Fixed Function Pipeline** betrachtet. In dieser Pipeline kann man fünf Verarbeitungsstufen unterscheiden.

In der ersten Stufe, die ich hier **Vorverarbeitung** genannt habe, findet das sogenannte **Tesselieren** statt. In dieser Stufe werden komplexere Geometrieelemente (zum Beispiel Polygonalflächen) in einfache Geometrieelemente (sogenannte **Grafikprimitive**, typischerweise Dreiecke) zerlegt, um die nachfolgenden Operationen zu vereinheitlichen. Dieser Prozess soll uns hier nicht interessieren, zumal unsere Meshes immer aus Dreiecken aufgebaut sind.

Von großer Bedeutung für den Grafikprogrammierer ist dagegen die Stufe der **Transformation** und **Beleuchtung**, in der unter anderem die geometrische Umrechnung der Eingangsdaten durchgeführt wird. Wir haben diese Stufe bereits kennengelernt und die Teilschritte

▶ World-Transformation

▶ View-Transformation

▶ Perspektivische Transformation

unterschieden.

In der Fixed Function Pipeline kann man diesen Teil des Prozesses zum Beispiel durch die Bereitstellung entsprechender Matrizen gestalten. Dazu haben wir bereits zahlreiche Beispiele kennengelernt.

Nachdem die korrekte Position der Grafikprimitiven und der Lichtquellen berechnet wurde, kann im nächsten Verarbeitungsschritt entschieden werden, welche Teile außerhalb des Blickfeldes liegen oder nur von der Rückseite her betrachtet werden. Diese Teile können abgeschnitten beziehungsweise weggelassen werden. Das Abschneiden von außerhalb des Blickfeldes liegenden Teilen nennt man **Clipping**. Das Entfernen von Rückseiten bezeichnet man als **Backface-Culling**. Clipping und Culling laufen automatisch ab. Der Programmierer kann hier allerdings durch das Setzen von Render-States eingreifen. Er kann zum Beispiel das Culling abschalten, damit auch die Rückseiten seiner Objekte gerendert werden. Dies kann bei halb durchsichtigen oder räumlich nicht geschlossenen Objekten durchaus sinnvoll sein.

Besonders wichtig ist der dann folgende Prozess der **Texturierung**. Hier werden die vom Programmierer bereitgestellten Bilder (Texturen) auf die Grafikprimitiven aufgebracht und entsprechend der Lichtverhältnisse eingefärbt. Mit dieser Phase werden wir uns in diesem Abschnitt noch etwas intensiver beschäftigen.

Im letzten Verarbeitungsschritt werden alle Ergebnisse zusammengeführt, um letztlich die Farbwerte der Pixel für die Bildschirmausgabe zu berechnen. Zum Beispiel wird in dieser Phase anhand der Tiefen-Information (Z-Buffer) entschieden, welche Pixel im Vordergrund liegen und somit andere verdecken. Es werden zum Beispiel aber auch verschiedene übereinander liegende Pixel miteinander verschnitten, um bei teilweiser Durchsichtigkeit die Überblendung von Texturen darzustellen (Alpha-Blending).

Die Fixed Function Pipeline bietet durch ihre Konfigurationsmöglichkeiten ausreichende Flexibilität, um feste Strukturen wie Häuser, Autos oder sonstige Gegenstände darzustellen. Schwierig wird es allerdings, wenn man organische Strukturen wie Gesichter, Pflanzen oder Wasser mit ihren charakteristischen Verformungen oder ihrem Farbenspiel darstellen will. Dann reichen die Konfigurationsmöglichkeiten der Fixed Function Pipeline nicht mehr aus. Zur Darstellung solcher organischen Modelle wäre man gezwungen, alle geometrischen und farblichen Übergänge im Anwendungsprogramm zu berechnen, um dann jeweils ein geändertes Modell an die Grafikkarte zu übergeben. Sie können sich vorstellen, dass ein solches Vorgehen wegen der benötigten Laufzeit schnell an seine Grenzen stoßen würde. Man benötigt daher eine nicht nur »konfigurierbare«, sondern darüber hinaus »programmierbare« Render-Pipeline, bei der die gewünschten geometrischen und farblichen Transformationen möglichst nah an der Hardware ausgeführt werden können. Zu diesem Zweck wurden die sogenannten **Shader** eingeführt. Zur geometrischen Transformation kann man alternativ zur Fixed Function Pipeline einen **Vertexshader**, zur Texturierung einen **Pixelshader** verwenden. Hierbei handelt es sich um kleine Programme, die bei Bedarf in die Grafikkarte geladen werden, um dort die gewünschten Vertex- oder Pixel-Berechnungen durchzuführen. Die Entwicklung der Shader-Technologie ist sicherlich noch nicht abgeschlossen, zumal man Shader immer im Zusammenhang mit den technischen Möglichkeiten der Grafikkarten sehen muss.

Vertexshader und Pixelshader kommen vorrangig dann zum Einsatz, wenn man spezielle geometrische oder farbliche Effekte erzielen will, die über die statische Darstellung eines Modells hinausgehen. Diese Techniken werden daher erst später vorgestellt. In diesem Kapitel bleiben wir einstweilen noch bei der vertrauten Fixed Function Pipeline.

## 7.2 Vertices und Vertexbuffer

Eine ganz wesentliche Anforderung an die interne Darstellung eines 3D-Modells durch eine Datenstruktur ist, dass das Modell kompromisslos performant gerendert werden kann. Es muss mit maximaler Geschwindigkeit die Render-Pipeline durchlaufen. In dieser Situation ist es wenig sinnvoll, flexible Datenstrukturen (wie z. B. über Zeiger verkettete Strukturen) zu verwenden. Für die hier erforderliche Fließbandverarbeitung eignen sich am besten Arrays mit einer homogenen Aneinanderreihung von Geometriedaten, die dann als Ganzes in die Grafikkarte geladen und mit einfachen und effizienten Algorithmen – sozusagen »am Fließband« – verarbeitet werden können. Darüber hinaus muss auf jedes unnötige Umkopieren der umfangreichen Geometriedaten verzichtet werden. Es hat daher keinen Sinn, dass ein Programm diese Daten im eigenen Adressraum anlegt und dass dann zur Verarbeitung dieser Daten Kopien im Systemspeicher oder Grafikkartenspeicher erzeugt werden müssen. Es darf nur einen Originaldatensatz geben, auf dem dann sowohl das Anwendungsprogramm als auch das Grafiksystem performant arbeiten kann. Die in DirectX verwendeten Vertexbuffer sind exakt auf diese Verwendung an der Schnittstelle zwischen Grafiksystem und Anwendungsprogramm hin optimiert.

Ein **Vertexbuffer**[2] ist ein von DirectX reservierter Speicherbereich, in dem Informationen über die Knoten (Vertices) eines 3D-Modells abgelegt sind. Ein Programm kann mehrere Vertexbuffer anlegen und diese unabhängig voneinander verwenden. In einem Vertexbuffer steht eine Aneinanderreihung von Vertices. Vertices kennen wir bereits als die Eckpunkte oder Knoten eines dreidimensionalen Drahtgitters (Mesh). Zu einem Vertex gehören immer seine Positionsdaten, es können aber noch weitere Daten über den Knoten (z. B. Normalen, Farbwerte oder Texturkoordinaten) hinzutreten. Dadurch ergibt sich natürlich ein weiteres Problem. Um möglichst performant zu sein, empfiehlt es sich, eine schlichte und starre Struktur für einen Vertex zu wählen. Die einfachste Möglichkeit dazu bestände darin, eine immer gleiche Struktur zu verwenden, die alle möglichen Attribute eines Vertex enthält. Dies wäre aber eine extreme Speicherplatzvergeudung, da der vollständige Attributsatz eines Vertex in der Regel nicht benötigt wird. Ein gesunder Kompromiss zwischen Speicherplatzbedarf und Laufzeit liegt im sogenannten flexiblen Vertex-Format, das wir im nächsten Abschnitt kennenlernen werden.

---

2  Vertex (Plural Vertices) eng. = Ecke, Eckpunkt oder Knoten

### 7.2.1 Das Flexible Vertex-Format

Durch das **Flexible Vertex-Format** (FVF) wird das zur Speicherung von Vertices in einem Vertexbuffer verwendete Datenformat festgelegt. Für jedes Attribut, das ein Vertex haben kann, ist ein bestimmter Datentyp vereinbart. Zum Beispiel ist die Position des Vertex durch einen Vektor (D3DXVECTOR3) oder die Farbe eines Vertex durch einen RGBA-Wert (D3DCOLOR) beschrieben. Zusätzlich ist eine verbindliche Reihenfolge der Attribute festgelegt. Der Programmierer kann entscheiden, welche Attribute er verwenden will. Er kann nicht entscheiden, in welcher Reihenfolge diese Attribute in der Vertexstruktur vorkommen. Man kann sich das so vorstellen, dass eine Gesamtstruktur mit allen Feldern festgelegt ist. Nicht verwendete Felder werden dann gelöscht, und die hinter einem gelöschten Feld liegenden Felder rücken nach vorn auf.

Die folgende Tabelle zeigt eine Auswahl[3] wichtiger Vertexattribute, deren Bedeutung und den zugeordneten Datentyp:

| Attribut | Bedeutung | Datentyp |
|---|---|---|
| D3DFVF_XYZ | Positionsangabe | D3DXVECTOR3 oder 3-mal FLOAT |
| D3DFVF_NORMAL | Vertexnormale. Normalen werden zum Beispiel verwendet, um Schattierungen zu berechnen. | D3DXVECTOR3 oder 3-mal FLOAT |
| D3DFVF_DIFFUSE | Diffuse Farbe im RGBA-Format | D3DCOLOR oder DWORD |
| D3DFVF_SPECULAR | Spekulare Farbe im RGBA-Format | D3DCOLOR oder DWORD |
| D3DFVF_TEX1 ... D3DFVF_TEX8 | Verwendung von bis zu acht Textur-koordinatensets. Die Art der verwendeten Texturkoordinaten muss noch gesondert festgelegt werden (siehe den Abschnitt über Texturkoordinaten). | Abhängig von Art und Anzahl der Texturkoordinaten |

Wenn man etwa ein Vertexformat mit Positionsangabe, Normale und diffusem Farbwert verwenden möchte, so sollte man die folgenden, vorbereitenden Vereinbarungen treffen:

---

3  Eine vollständige Übersicht finden Sie in der DirectX-Dokumentation.

```
# define MEINVERTEXFORMAT    (D3DFVF_XYZ | D3DFVF_NORMAL |
                               D3DFVF_DIFFUSE)
struct meinvertex
    {
    D3DXVECTOR3 pos;
    D3DXVECTOR3 normale;
    D3DCOLOR color;
    };
```

Genau genommen ist dadurch überhaupt nichts passiert. Die symbolische Konstante MEINVERTEXFORMAT verwendet man später, wenn man sich den Vertexbuffer reserviert, und die Datenstruktur meinvertex verwendet man als Overlay, wenn man lesend oder schreibend auf den Vertexbuffer zugreifen will. An dieser Stelle sind das nur Deklarationen. Später werden wir das hier zusammengestellte Vertexformat mit der Funktion SetFVF dem Device bekanntgeben.

Beachten Sie, dass es bei der Deklaration der symbolischen Konstante MEINVERTEXFORMAT nicht auf die Reihenfolge der einzelnen Flags ankommt, dass sich aber die Reihenfolge der Felder in der Datenstruktur meinvertex streng an der Reihenfolge der Attribute in der obigen Tabelle orientieren muss. Würden Sie hier von der vorgegebenen Reihenfolge abweichen, so würden Sie später ein falsches Overlay über den Vertexbuffer legen und durch dieses Overlay falsche Werte lesen oder schreiben.

Es gibt eine noch umfassendere Methode, Vertexformate zu definieren, auf die ich hier aber nur ganz am Rande eingehen will. Um diese Methode zu verwenden, legt man einen Array mit Feldbeschreibungen (D3DVERTEXELEMENT9) an und übergibt diesen dann der Funktion CreateVertexDeclaration, um eine Vertexdeklaration zu erzeugen. Mit SetVertexDeclaration wird diese Deklaration dann im Device gesetzt. Vereinfacht gesagt entsprechen die Feldbeschreibungen D3DVERTEXELEMENT9 den symbolischen Konstanten (D3DFVF_...), und der Aufruf von CreateVertexDeclaration entspricht der Montage der symbolischen Konstanten durch die Oder-Verbindung. Zu guter Letzt entspricht SetVertexDeclaration dann der Funktion SetFVF. Diese Art der Vertexdeklaration verwendet man im Zusammenhang mit Vertex- und Pixelshadern, wenn man selbst definierte Formate in der Renderpipeline verwenden will. Für unsere Zwecke reicht das hier beschriebene flexible Vertex-Format voll aus.

### 7.2.2    Verwendung von Vertexbuffern

Bevor man einen Vertexbuffer anlegt, muss man zunächst entscheiden, welches Vertexformat man verwenden will. Wir stellen uns vor, dass wir Position, Normale und Farbe für unsere Vertices benötigen und dazu bereits die Vereinbarungen (MEINVERTEXFORMAT, meinvertex) des letzten Abschnitts getroffen haben.

Jetzt geht es darum, sich zunächst einmal einen Vertexbuffer zu besorgen. Dazu dient die Member-Funktion CreateVertexBuffer aus dem Interface des DirectX-Devices (IDirect3DDevice9). Ein operables DirectX-Device ist somit Voraussetzung für das Anlegen von Vertexbuffern. Doch nun zur Funktion CreateVertexBuffer:

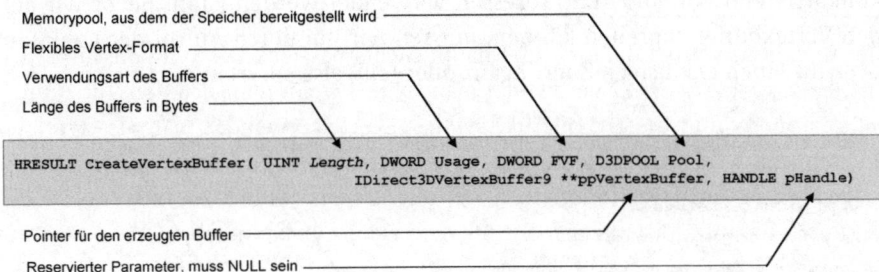

Memorypool, aus dem der Speicher bereitgestellt wird
Flexibles Vertex-Format
Verwendungsart des Buffers
Länge des Buffers in Bytes

```
HRESULT CreateVertexBuffer( UINT Length, DWORD Usage, DWORD FVF, D3DPOOL Pool,
                            IDirect3DVertexBuffer9 **ppVertexBuffer, HANDLE pHandle)
```

Pointer für den erzeugten Buffer
Reservierter Parameter, muss NULL sein

Als Länge übergibt man typischerweise die Anzahl der gewünschten Vertices multipliziert mit der Größe der Datenstruktur für einen Vertex (zum Beispiel mit den Vereinbarungen aus dem letzten Kapitel: sizeof(meinvertex)). Die zahlreichen Verwendungsarten eines Vertexbuffers und deren Verträglichkeit untereinander hier zu diskutieren, würde zu weit führen. Ich werde in den Beispielen hier immer eine 0 übergeben. Der FVF-Parameter sollte die zu der Vertexstruktur passende Bitmaske (zum Beispiel MEINVERTEXFORMAT) enthalten. Als Memorypool werde ich hier immer D3DPOOL_MANAGED[4] verwenden. Das Funktionsergebnis – also den Vertexbuffer – erhalten wir im Parameter ppVertexBuffer.

In einem konkreten Beispiel könnte die Anforderung eines Buffers für 1000 Vertices wie folgt aussehen:

```
LPDIRECT3DVERTEXBUFFER9 vertexbuffer;

device->CreateVertexBuffer( 1000*sizeof(meinvertex), 0,
        MEINVERTEXFORMAT, D3DPOOL_MANAGED, &vertexbuffer, NULL);
```

---

4  Die Performance beim Rendern einer Szene hängt ganz entscheidend von dem Speicherbereich ab, in dem der Vertex liegt. Je »näher« er an der Grafikkarte liegt, umso schneller kann er gerendert werden. D3DPOOL_MANAGED ist in der Regel die beste Wahl, weil dann DirectX selbst entscheidet, wo die Daten angelegt werden. Diese Wahl hat zusätzlich den Vorteil, dass man sich nicht um »Lost Devices« kümmern muss, da sich DirectX eine Kopie der Daten im Systemspeicher hält und die Daten im AGP-Speicher der Grafikkarte bei Bedarf selbsttätig restauriert.

Dabei muss natürlich `device` ein Zeiger auf ein zuvor erfolgreich initialisiertes DirectX-Device (`LPDIRECT3DDEVICE9`) sein. Zusätzlich sollte man den Returncode prüfen, um festzustellen, ob der Funktionsaufruf erfolgreich war.

Hat man einmal einen Vertexbuffer angelegt, so kann man nicht einfach auf seinen Inhalt zugreifen. Wir verfügen nur über ein Interface (`IDirect3D Vertexbuffer9`) für den Zugriff. Sie müssen bedenken, dass der eigentliche Buffer ja gar nicht im Adressraum unseres Prozesses liegen muss und darüber hinaus konkurrierend von anderen Prozessen verwendet werden kann. Bevor wir auf den Vertexbuffer zugreifen können, müssen wir ihn durch Aufruf der Funktion `Lock` für einen exklusiven Zugriff ganz oder teilweise sperren:

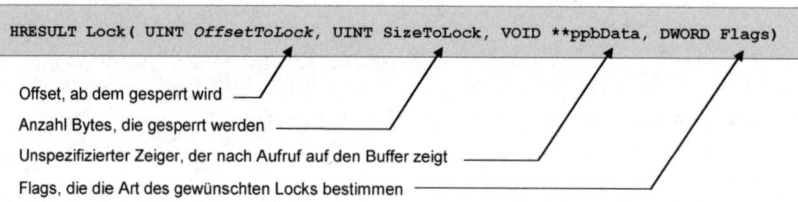

```
HRESULT Lock( UINT OffsetToLock, UINT SizeToLock, VOID **ppbData, DWORD Flags)
```

Offset, ab dem gesperrt wird
Anzahl Bytes, die gesperrt werden
Unspezifizierter Zeiger, der nach Aufruf auf den Buffer zeigt
Flags, die die Art des gewünschten Locks bestimmen

Bei erfolgreichem Aufruf dieser Funktion erhalten wir in `ppbData` einen Zeiger auf den für uns reservierten Vertexbuffer. In unserem Beispiel könnte das wie folgt aussehen:

```
meinvertex *pv;
vertexbuffer->Lock(0, 0, (void **)&pv, 0);
```

Setzt man, wie in diesem Beispiel, den Parameter `SizeToLock` auf 0, so wird der gesamte Vertexbuffer gesperrt. Nach dem Funktionsaufruf finden wir in `pv` einen Zeiger auf den Vertexbuffer. Die Struktur `meinvertex` dient uns dann als Overlay zum Lesen aus oder zum Schreiben in den Vertexbuffer:

```
for( int i = 0; i < 1000; i++)
    {
    pv[i].pos = D3DXVECTOR3( 1, 1, 1);
    pv[i].normale = D3DXVECTOR3( 0, 1, 0);
    pv[i].color = D3DCOLOR_ARGB(255, 255, 255, 0)
    }
```

Nach dem Zugriff sollte der Vertexbuffer möglichst umgehend für andere Prozesse wieder freigegeben werden. Dazu verwendet man die Funktion `Unlock`:

```
HRESULT Unlock( VOID)
```

Wenn wir einen Vertexbuffer nicht mehr benötigen, müssen wir ihn, wie wir das von COM-Objekten kennen, durch Aufruf seiner `Release`-Funktion freigeben. Dies geschieht aber in der Regel erst am Ende des Programms:

```
vertexbuffer->Release();
```

Bevor wir uns mit einem umfangreicheren Beispiel beschäftigen, müssen wir uns noch weitere Kenntnisse über den Inhalt eines Vertexbuffers aneignen.

## 7.3 Grafikprimitive

Wenn ich sage, dass ein Vertexbuffer Vertices enthält, so ist das zwar richtig, aber noch wenig aussagekräftig. Die Frage ist, wie eine Folge von Vertices im Vertexbuffer geometrisch zu deuten ist. Handelt es sich bei einer Folge von sechs Vertices zum Beispiel um zwei Dreiecke, drei Linien oder sechs Punkte? Da besteht noch Interpretationsspielraum, und wir müssen noch präziser werden.

### 7.3.1 Grafikprimitive in DirectX

Unter einer **Grafikprimitive** verstehen wir eine einfache geometrische Struktur, aus der komplexere Strukturen aufgebaut werden können. DirectX kennt Punkte, Linien und Dreiecke als Primitive. Weitere denkbare Primitive wie etwa Rechtecke, Kreise oder Kugeln werden von DirectX nicht unterstützt.[5] Alle räumlichen Modelle werden in DirectX in Dreiecke aufgelöst. Man spricht in diesem Zusammenhang von »Triangulierung«.

Grundsätzlich kann ein Vertexbuffer

▸ eine Punktliste,

▸ eine Linienliste,

▸ einen Linienzug,

▸ eine Dreiecksliste,

▸ einen Dreiecksstreifen oder

▸ einen Dreiecksfächer

enthalten. Wir wollen uns mit allen sechs Fällen kurz beschäftigen.

Im Falle einer Punktliste (`D3DPT_POINTLIST`) enthält ein Vertexbuffer einzelne Punkte, wie es die folgende Grafik zeigt:

---

5  Andere Grafikformate, wie z. B. VRML, unterstützen auch Kugeln oder Quader.

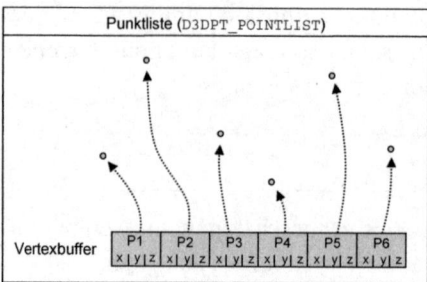

Bei einer Linienliste (D3DPT_LINELIST) werden jeweils zwei aufeinanderfolgende Vertices als Anfangs- beziehungsweise Endpunkt einer Linie aufgefasst:

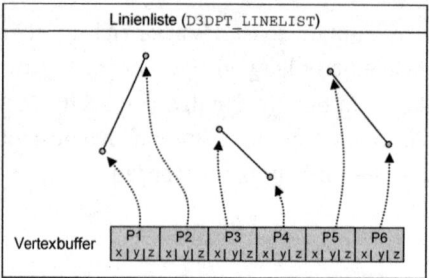

Die Anzahl der Vertices im Vertexbuffer sollte in dieser Situation natürlich größer als 1 und gerade sein.

Linienzüge (D3DPT_LINESTRIP) können ebenfalls im Vertexbuffer modelliert werden:

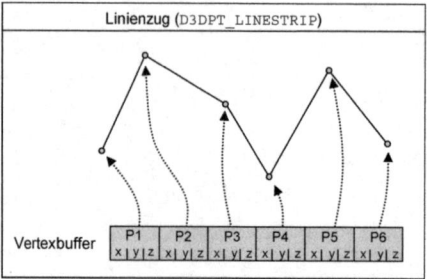

Punkte, Linien und Linienzüge kommen in 3D-Modellen relativ selten vor. Wichtiger sind die Dreiecke. Die flexibelste Form, Dreiecke in einem Vertexbuffer abzulegen, ist die Dreiecksliste (D3DPT_TRIANGLELIST) :

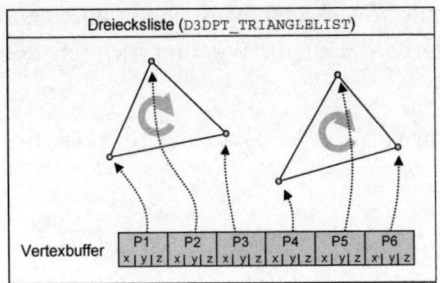

Je drei aufeinanderfolgende Vertices bilden hier ein Dreieck. Dreiecke haben eine Vorder- und eine Rückseite. Üblicherweise wird nur die Vorderseite gerendert. Die Vorderseite eines Dreiecks ist die Seite, bei der die Windungsrichtung der im Vertexbuffer aufeinanderfolgenden Eckpunkte des Dreiecks im Uhrzeigersinn verläuft. In der obigen Zeichnung ist diese Windungsrichtung durch einen grauen Pfeil angedeutet. Von der Rückseite her blickt man durch ein Dreieck einfach hindurch. Das Ausblenden der Rückseite eines Dreiecks wird auch **Backface-Culling** genannt. Das Culling stellt man bei Bedarf mit der schon bekannten Funktion SetRenderState um:

```
device->SetRenderState( D3DRS_CULLMODE, D3DCULL_CCW);
```

Im obigen Beispiel wird das Culling so eingestellt, dass Backfaces, deren Windungsrichtung gegen den Uhrzeigersinn (CCW = Counterclockwise) verläuft, nicht dargestellt werden.

Da ein Vertex – je nach Vertex-Format – einiges an Speicherplatz im Vertexbuffer belegt, versucht man, die Anzahl der zur Beschreibung einer geometrischen Struktur verwendeten Vertices zu verringern. Eine Möglichkeit dazu sind die sogenannten Dreiecksstreifen (D3DPT_TRIANGLESTRIP) , die die folgende Grafik zeigt:

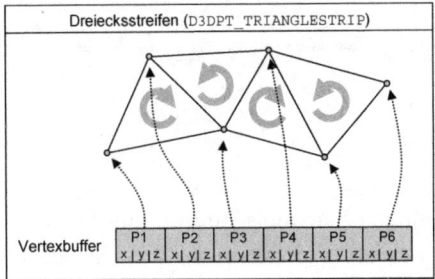

Bei einem Dreiecksstreifen bilden die ersten drei Vertices ein Dreieck. Jeder weitere Vertex bildet dann mit seinen zwei Vorgängern das nächste Dreieck. Ist

Backface-Culling aktiviert, so wird das erste Dreieck im eingestellten Cullingmodus gerendert. Bei jedem weiteren Dreieck wird dann die Windungsrichtung des Cullings umgekehrt.

Eine weitere Möglichkeit zur Einsparung von Vertices ist der Dreiecksfächer (D3DPT_TRIANGLEFAN):

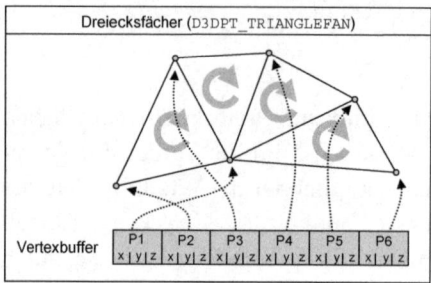

Hier bilden die drei ersten Vertices ein Dreieck. Jeder weitere Vertex bildet dann mit seinem Vorgänger und dem ersten Vertex ein Dreieck. Das Culling ist für alle Dreiecke des Fächers gleich.

Das wichtigste der oben dargestellten Formate ist sicher die Dreiecksliste, weil es am flexibelsten ist. Dreiecksstreifen können aber schneller gerendert werden als Dreieckslisten. Damit sind wir auch schon beim Thema »Rendern von Primitiven« angekommen.

## 7.3.2 Rendern von Primitiven

Wenn wir uns für ein Vertex-Format entschieden, einen Vertexbuffer allokiert und den Vertexbuffer mit Primitiven eines bestimmten Typs gefüllt haben, können wir den Vertexbuffer rendern. Dazu müssen wir zunächst den Vertexbuffer als Eingabequelle der Render-Pipeline unseres Devices definieren. Wir machen das mit der Device-Funktion SetStreamSource:

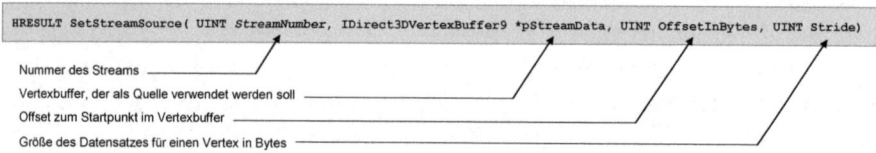

In dieser Funktion gibt man als ersten Parameter eine logische Nummer (Stream-Number) mit. Auf diese Weise kann man mehrere Vertexbuffer als Streamsource festlegen, sofern man jedes Mal eine andere Nummer wählt. Wir wollen hier immer mit nur einer Streamsource arbeiten. Darum hat dieser Parameter in unseren Beispielen immer den Wert 0. Die restlichen Parameter sind selbsterklärend.

In unserem Beispiel könnte eine Verwendung der Funktion SetStreamSource wie folgt aussehen:

```
device->SetStreamSource( 0, vertexbuffer, 0, sizeof(meinvertex));
```

In einem zweiten Schritt teilt man dem Device mit, welches Vertexformat man im Vertexbuffer verwendet. Dazu ruft man die Funktion SetFVF auf:

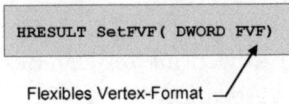

Flexibles Vertex-Format

Als Parameter übergibt man dabei das zuvor definierte Vertexformat:

```
device->SetFVF( MEINVERTEXFORMAT);
```

Dann endlich kann man den Vertexbuffer mit der Funktion DrawPrimitive rendern:

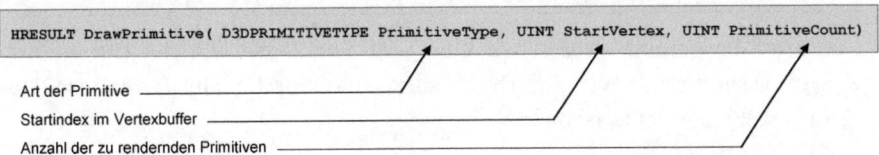

Art der Primitive
Startindex im Vertexbuffer
Anzahl der zu rendernden Primitiven

In der Regel wird man den kompletten Vertexbuffer rendern und den Startindex auf 0 setzen, aber auch andere Startpunkte sind möglich. Das folgende Beispiel zeigt, wie man ab dem 10-ten Vertex im Buffer 100 Dreiecke rendert:

```
device->DrawPrimitive( D3DPT_TRIANGLELIST, 10, 100);
```

Wichtig ist, dass man hier den zum Vertexbuffer passenden Primitiventyp und die korrekte Anzahl von Primitiven angibt.

Da wir in diesem Abschnitt nur Einzelfunktionen betrachtet haben, wollen wir im folgenden Abschnitt ein vollständiges Beispiel von der Definition des Vertexformats über das Anlegen des Vertexbuffers bis hin zum Rendern seines Inhalts behandeln.

### 7.3.3 Beispiele mit Dreiecken und Linien

Wir erinnern uns noch einmal, welche Schritte wir durchführen müssen, um ein einfaches 3D-Modell auf den Bildschirm zu bringen:

1. Festlegen des Vertexformats
2. Allokieren des Vertexbuffers
3. Befüllen des Vertexbuffers mit Primitiven
4. Rendern der Primitiven im Vertexbuffer

Wir wollen diese Schritte jetzt konkret durchführen, um Grafikprimitive auf den Bildschirm zu bringen.

### 1. Schritt: Festlegen des Vertexformats

Wir wollen für jeden Vertex seine Position und einen Farbwert im Vertexbuffer speichern und entscheiden uns daher für das folgende Vertexformat:

```
# define MEINVERTEXFORMAT         (D3DFVF_XYZ | D3DFVF_DIFFUSE)

struct meinvertex
    {
    D3DXVECTOR3 pos;
    D3DCOLOR color;
    };
```

In unserem Programm werden wir eine Liste von Dreiecken mit Umrandung erstellen. Dazu werden wir eine Dreiecksliste und eine Linienliste rendern. Das Ergebnis soll wie folgt aussehen:

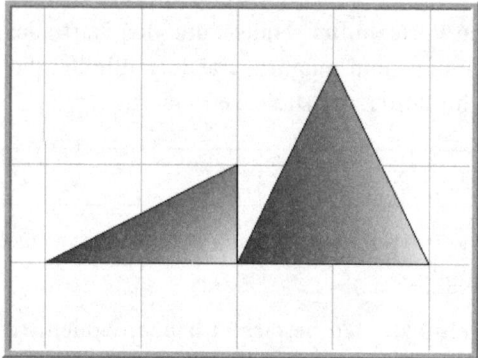

Für die weiteren Arbeitsschritte setzen wir voraus, dass zuvor ein Device (LPDIRECT3DDEVICE9) erfolgreich initialisiert wurde. Die Funktionalität zum Erstellen und Rendern unseres Beispiel konzipieren wir als eine in sich geschlossene Klasse (trianglelist), in die von außen nur ein Zeiger auf das Device eingeht.

```
class trianglelist
    {
    private:
        LPDIRECT3DDEVICE9 device;
        LPDIRECT3DVERTEXBUFFER9 dreieckbuffer;
        LPDIRECT3DVERTEXBUFFER9 linienbuffer;
    public:
        trianglelist();
        ~trianglelist();
        void create( LPDIRECT3DDEVICE9 dev);
        void setup();
        void render();
    };
```

In der Klasse befinden sich zwei Vertexbuffer. Der erste (dreieckbuffer) soll die Eckpunkte der Dreiecke, der zweite (linienbuffer) die Eckpunkte der Umrandung aufnehmen. Die drei noch fehlenden Arbeitsschritte werden in den öffentlichen Methoden create, setup und render abgehandelt. Zuvor implementieren wir aber noch Konstruktor und Destruktor der Klasse:

```
trianglelist::trianglelist()
    {
    dreieckbuffer = 0;
    linienbuffer = 0;
    }
trianglelist::~trianglelist()
    {
    if( dreieckbuffer)
        dreieckbuffer->Release();
    if( linienbuffer)
        linienbuffer->Release();
    }
```

Im Konstruktor werden die Bufferzeiger geeignet initialisiert, und im Destruktor werden die Buffer, sofern allokiert, wieder freigegeben. Jetzt können wir uns den fehlenden Schritten 2 bis 4 zuwenden.

### 2. Schritt: Allokieren des Vertexbuffers

Entgegen der Überschrift dieses Abschnitts haben wir es hier mit zwei Vertexbuffern zu tun. Der erste soll 2 Dreiecke, also 6 Vertices, aufnehmen. Der zweite soll 6 Randlinien, insgesamt also 12 Vertices, aufnehmen. Daraus ergibt sich der erforderliche Speicherplatz, wenn man berücksichtigt, dass ein Vertex die Größe sizeof(meinvertex) hat:[6]

```
void trianglelist::create( LPDIRECT3DDEVICE9 dev)
    {
    device = dev;
    device->CreateVertexBuffer( 6*sizeof(meinvertex), 0,
        MEINVERTEXFORMAT, D3DPOOL_MANAGED, &dreieckbuffer, NULL);
    device->CreateVertexBuffer( 12*sizeof(meinvertex), 0,
        MEINVERTEXFORMAT, D3DPOOL_MANAGED, &linienbuffer, NULL);
    }
```

Das System legt die beiden Buffer für uns an. Wichtig ist, dass wir keinen direkten Zugriff auf die beiden Buffer haben. Immer wenn wir auf den Inhalt eines der beiden Buffer zugreifen wollen, müssen wir zuvor die Funktion Lock aufrufen. Wie das geht, sehen wir im nächsten Schritt.

### 3. Schritt: Befüllen des Vertexbuffers

In diesem Schritt werden zunächst die beiden Vertexbuffer für den Zugriff duch unser Programm reserviert. Dabei werden Zeiger auf die jeweiligen Bufferinhalte in die Variablen dv und lv übertragen (A). Danach tragen wir Koordinatenwerte für die sechs Eckpunkte der beiden Dreiecke (dv[0] – dv[5]) ein (B). Zur besseren Orientierung zeige ich Ihnen dazu noch einmal das Ziel mit einer von mir hinzugefügten Beschriftung der Eckpunkte:

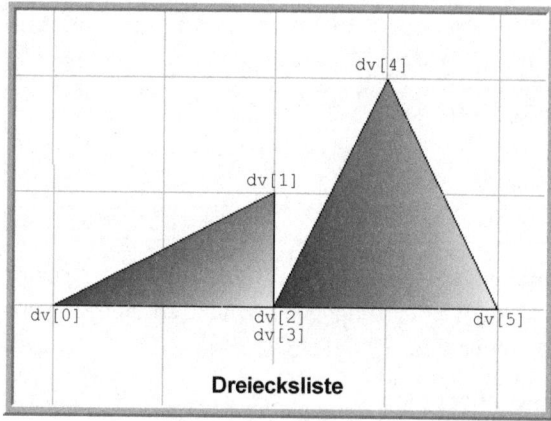

**Dreiecksliste**

---

6 In diesem und weiteren Programmen habe ich die Überprüfung der Funktionsergebnisse (HRESULT) weggelassen, um den Code lesbarer zu gestalten. In einer ernsthaften Verwendung sollten Sie natürlich das Funktionsergebnis prüfen und im Fehlerfall – zum Beispiel durch Auslösen einer Exception – reagieren.

Die Koordinaten der Eckpunkte werden in den Dreiecks- beziehungsweise Linienpuffer eingetragen. Beachten Sie, dass sich dabei das Overlay durch die Datenstruktur `meinvertex` als sehr hilfreich erweist:

```
     void trianglelist::setup()
        {
        meinvertex *dv, *lv;
        int i;
A       dreieckbuffer->Lock(0, 0, (void **)&dv, 0);
        linienbuffer->Lock(0, 0, (void **)&lv, 0);
B       dv[0].pos = D3DXVECTOR3( 0, 0, 0);
        dv[1].pos = D3DXVECTOR3( 2, 1, 0);
        dv[2].pos = D3DXVECTOR3( 2, 0, 0);
        dv[3].pos = D3DXVECTOR3( 2, 0, 0);
        dv[4].pos = D3DXVECTOR3( 3, 2, 0);
        dv[5].pos = D3DXVECTOR3( 4, 0, 0);
C       dv[0].color = D3DCOLOR_ARGB(255, 80, 80, 80);
        dv[1].color = D3DCOLOR_ARGB(255, 160, 160, 160);
        dv[2].color = D3DCOLOR_ARGB(255, 240, 240, 240);
        dv[3].color = D3DCOLOR_ARGB(255, 80, 80, 80);
        dv[4].color = D3DCOLOR_ARGB(255, 160, 160, 160);
        dv[5].color = D3DCOLOR_ARGB(255, 240, 240, 240);
C       lv[0].pos = dv[0].pos;
        lv[1].pos = dv[1].pos;
        lv[2].pos = dv[1].pos;
        lv[3].pos = dv[2].pos;
        lv[4].pos = dv[2].pos;
        lv[5].pos = dv[0].pos;
        lv[6].pos = dv[3].pos;
        lv[7].pos = dv[4].pos;
        lv[8].pos = dv[4].pos;
        lv[9].pos = dv[5].pos;
        lv[10].pos = dv[5].pos;
        lv[11].pos = dv[3].pos;
E       for( i = 0; i < 12; i++)
            lv[i].color = D3DCOLOR_ARGB(255, 0, 0, 0);
F       dreieckbuffer->Unlock();
        linienbuffer->Unlock();
        }
```

Für die Eckpunkte der Dreiecke habe ich unterschiedliche Farbwerte verwendet (C). Wir werden später sehen, dass sich dadurch ein Farbverlauf innerhalb der Dreiecke ergibt. Nachdem die 12 Eckpunkte[7] der 6 Randlinien eingegeben (D) und schwarz eingefärbt (E) worden sind, werden die beiden Vertexbuffer wieder freigegeben (F).

Das Befüllen der Buffer muss natürlich nur einmal geschehen. Die beiden Buffer liegen jetzt bereit, um gerendert zu werden. Dazu müssen wir in Schritt 4 wir noch eine weitere Funktion bereitstellen.

### 4. Schritt: Rendern der Primitiven im Vertexbuffer

Das Rendern besteht aus wenigen Funktionsaufrufen. Zunächst müssen wir mit der Funktion SetFVF das richtige Vertexformat setzen. Danach werden für jeden Buffer die Funktionen SetStreamSource und DrawPrimitive aufgerufen:

```
void trianglelist::render()
    {
    device->SetRenderState( D3DRS_AMBIENT, 0xffffff);
    device->SetRenderState( D3DRS_AMBIENTMATERIALSOURCE,
                            D3DMCS_COLOR1);

    device->SetFVF( MEINVERTEXFORMAT);
    device->SetStreamSource( 0, dreieckbuffer, 0,
                                        sizeof(meinvertex));
    device->DrawPrimitive( D3DPT_TRIANGLELIST, 0, 2);
    device->SetStreamSource( 0, linienbuffer, 0,
                                        sizeof(meinvertex));
    device->DrawPrimitive( D3DPT_LINELIST, 0, 6);
    }
```

Die beiden ersten Zeilen der Renderfunktion dienen der Beleuchtung. In der ersten wird das ambiente Licht eingeschaltet, und in der zweiten wird festgelegt, dass die Farbwerte aus der diffusen Farbkomponente des Vertex zu verwenden sind. Ohne diese Anweisungen wären zwar die geometrischen Setzungen – um die es hier eigentlich geht – korrekt, aber man würde nur schwarze Dreiecke sehen.

Wenn man die jetzt vollständige Klasse trianglelist in eine DirectX-Anwendung einbaut, zum Start die Methoden create und setup einmal aufruft und dann regelmäßig rendert, ergibt sich bei entsprechender Kameraposition das folgende Bild:[8]

---

7 Man könnte natürlich auch zwei Linienzüge anstelle einer Linienliste erstellen. Das wären dann insgesamt nur 8 statt 12 Vertices. Aber an dieser Stelle wäre das falscher Geiz.

8 Das Koordinatenraster habe ich nachträglich zur Orientierung hinzugefügt. Dieses Raster würde daher nicht angezeigt werden.

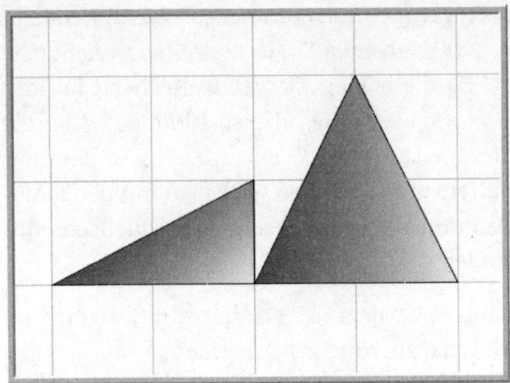

Beachten Sie dabei, dass die unterschiedlichen Farbtöne[9] an den Ecken der Dreiecke zu Farbverläufen führen. Am Grauton der Ecken erkennen Sie auch die Windungsrichtung von dunkel zu hell. Zu beachten ist auch, dass die Ecken dv[2] und dv[3] zwar die gleiche Position haben, sich aber in der Farbe unterscheiden. Auch wenn die beiden Vertices die gleiche Farbe hätten, hätten wir nicht auf einen der beiden verzichten können, da sie zu verschiedenen Dreiecken gehören. Später, unter dem Oberbegriff »Indexbuffer«, werden wir sehen, wie man in einer solchen Situation unter Umständen Speicherplatz sparen kann.

Wenn man alle Dreiecke in der gleichen Farbe und ohne Farbverläufe darstellen wollte, so wäre es natürlich Speicherplatzvergeudung, wenn man jedem Vertex eine Farbinformation mitgeben würde. In diesem Fall würde man auf die Farbinformation im Vertexformat verzichten und stattdessen ein Material in der gewünschten Farbe (hier zum Beispiel Gelb) anlegen:

```
D3DMATERIAL9 material;
ZeroMemory( &material, sizeof( material));
material.Ambient = D3DXCOLOR( 255, 255, 0, 0);
```

Dieses Material würde man dann in der render-Funktion auswählen (SetMaterial), und durch Aufruf der Funktion SetRenderState würde man festlegen, dass das Material beim Rendern zu verwenden sei:

```
device->SetMaterial( &material);
device->SetRenderState( D3DRS_AMBIENTMATERIALSOURCE,
                        D3DMCS_MATERIAL);
```

---

9 Ich habe hier wegen der eingeschränkten Darstellungsmöglichkeiten im Buch Grautöne gewählt. In Ihren Experimenten sollten Sie natürlich »richtige« Farben verwenden.

Ich habe noch zwei weitere Klassen (`trianglestrip` und `trianglefan`) erstellt, mit denen ich Ihnen zeigen möchte, wie man einen Dreiecksstreifen beziehungsweise einen Dreiecksfächer rendert. Da die beiden Klassen weitgehend mit der zuvor ausführlich diskutierten Klasse `trianglelist` übereinstimmen, gehe ich hier nur auf die Unterschiede in der `setup`-Methode ein. Ich zeige Ihnen hier auch nur die Befüllung des Vertexbuffers mit Dreiecken. Wie man mit den Randlinien umzugehen hat, wissen Sie ja bereits.[10] Den vollständigen Quellcode finden Sie im Übrigen auf der beiliegenden CD.

Beim `trianglestrip` werden ebenfalls 6 Vertices in den Vertexbuffer geschrieben. Diese 6 Vertices beschreiben diesmal allerdings 4 Dreiecke:

```
void trianglestrip::setup()
    {
    meinvertex *dv;

    dreieckbuffer->Lock(0, 0, (void **)&dv, 0);

    dv[0].pos = D3DXVECTOR3( 0, 1, 0);
    dv[1].pos = D3DXVECTOR3( 1, 3, 0);
    dv[2].pos = D3DXVECTOR3( 2, 1, 0);
    dv[3].pos = D3DXVECTOR3( 3, 2, 0);
    dv[4].pos = D3DXVECTOR3( 3, 0, 0);
    dv[5].pos = D3DXVECTOR3( 4, 2, 0);

    dreieckbuffer->Unlock();
    }
```

Im Ergebnis sieht das dann wie folgt aus:

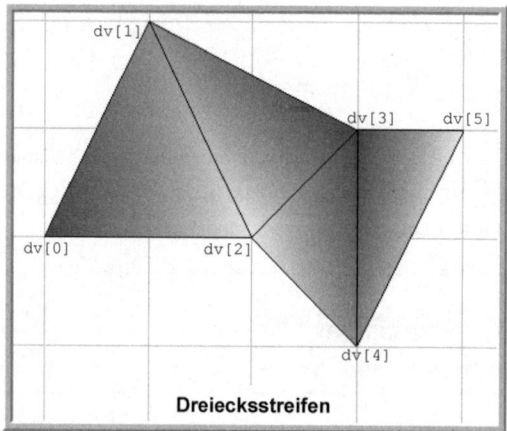

**Dreiecksstreifen**

---

10 Beachten Sie aber, dass es hier wegen der größeren Dreieckszahl jeweils 9 Randlinien gibt.

Es bleibt die Behandlung des Dreiecksfächers. Auch hier schauen wir nur kurz in die setup-Methode:

```
void trianglefan::setup()
    {
    meinvertex *dv;

    dreieckbuffer->Lock(0, 0, (void **)&dv, 0);

    dv[0].pos = D3DXVECTOR3 ( 2, 1, 0);
    dv[1].pos = D3DXVECTOR3 ( 0, 0, 0);
    dv[2].pos = D3DXVECTOR3 ( 1, 2, 0);
    dv[3].pos = D3DXVECTOR3 ( 2, 2, 0);
    dv[4].pos = D3DXVECTOR3 ( 3, 2, 0);
    dv[5].pos = D3DXVECTOR3 ( 4, 1, 0);

    dreieckbuffer->Unlock();
    }
```

In diesem Fall ergibt sich ein Fächer um den Fächerpunkt dv[0]:

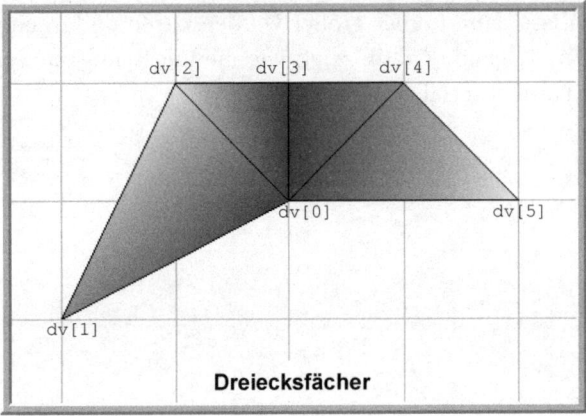

**Dreiecksfächer**

Das sind natürlich alles noch »geometrische Spielereien«. Realistische Modelle lassen sich auf diese Weise nicht erstellen. Im nächsten Abschnitt werden wir uns daher um mehr Realitätsnähe bemühen.

### 7.3.4 Beispiel mit Punktlisten (Partikelsysteme)

Sie kennen jetzt Beispiele mit Vertexbuffern, die Geometriedaten für Dreiecke oder Linien enthalten. Dreiecke und Linien sind sicherlich die am häufigsten vorkommenden Grafikprimitiven. Aber auch Punktlisten (D3DPT_POINTLIST) haben interessante Anwendungen. Man verwendet Punktlisten, um zum Beispiel Partikelsysteme zu realisieren. Dies sind 3-dimensionale Punktwolken, die man verwenden kann, um zum Beispiel Rauch oder Schnee zu implementieren. Wir wollen dazu ebenfalls ein kleines Beispiel machen.

Wir verwenden das gleiche Vertexformat wie im letzten Abschnitt. Das Format der Vertices im Vertexbuffer ist ja unabhängig von der Interpretation der Daten als Listen von Punkten, Linien oder Dreiecken:

```
# define MEINVERTEXFORMAT          (D3DFVF_XYZ | D3DFVF_DIFFUSE)
struct meinvertex
    {
    D3DXVECTOR3 pos;
    D3DCOLOR color;
    };
```

Jedes Partikel (oder jeder Punkt) des Partikelsystems hat seine eigene Position und kann eigenständig bewegt werden. Darüber hinaus erhält jedes Partikel seine individuelle Farbe.

Wir wollen in diesem Beispiel eine Kugeloberfläche als Wolke aus einzelnen Punkten zusammensetzen, diese dann immer größer werden lassen und in einzelne Partikel zerstäuben. Die folgende Grafik zeigt, wie die Kugel aufgepumpt wird und dabei in einzelne Partikel zerfällt:

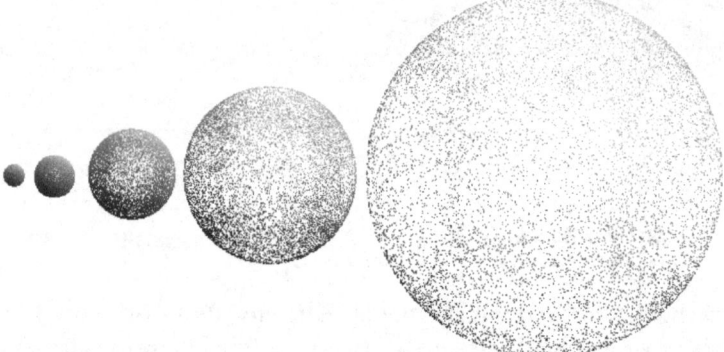

Um das Partikelsystem zu realisieren, legen wir die folgende Klasse an, die im Wesentlichen das Standardinterface aller Beispiele implementiert:

```
class partikelsystem
    {
    private:
        LPDIRECT3DDEVICE9 device;
        LPDIRECT3DVERTEXBUFFER9 partikelbuffer;
```

```
        int anzahl;
        float radius;
    public:
        partikelsystem();
        ~partikelsystem();
        void create( LPDIRECT3DDEVICE9 dev, int anz);
        void setup();
        void blowup();
        void render();
        void lookatme( …}
    };
```

Konstruktor und Destruktor müssen hier nicht besprochen werden. Wir können uns daher direkt der create-Methode zuwenden:

```
void partikelsystem::create( LPDIRECT3DDEVICE9 dev, int anz)
    {
    device = dev;
    anzahl = anz;
    device->CreateVertexBuffer( anzahl*sizeof(meinvertex), 0,
        MEINVERTEXFORMAT, D3DPOOL_MANAGED, &partikelbuffer, NULL);
    }
```

Der Anwender dieser Funktion kann wählen, wie viele Partikel – in der obigen Grafik sind es übrigens 10000 – er haben will. Entsprechend dieser Anzahl wird ein Vertexbuffer bereitgestellt.

In der setup-Funktion werden die Anfangspositionen der einzelnen Partikel bestimmt und in den Vertexbuffer eingetragen. Dazu wird für jedes Partikel durch Zufallskoordinaten ein Punkt in einem Würfel um den Koordinatenursprung bestimmt (A). Durch Normalisierung dieses Punktes erhält man einen Punkt auf einer Sphäre mit Radius 1 um den Koordinatenursprung (B). Dieser Punkt dient auch zur Auswahl eines Farbwerts für das Partikel (C). Nachdem der Farbwert festgelegt ist, wird die Sphäre auf ihre Anfangsgröße verkleinert (D):

```
void partikelsystem::setup()
    {
    int i;
    meinvertex *pv;

    srand( 123);
    radius = 0.1f;
    partikelbuffer->Lock(0, 0, (void **)&pv, 0);
    for( i = 0; i < anzahl; i++)
```

```
        {
A           pv[i].pos.x = ((float)rand())/RAND_MAX - 0.5f;
            pv[i].pos.y = ((float)rand())/RAND_MAX - 0.5f;
            pv[i].pos.z = ((float)rand())/RAND_MAX - 0.5f;
B           D3DXVec3Normalize( &pv[i].pos, &pv[i].pos);
C           pv[i].color = D3DCOLOR_ARGB( 255,
                                (int)(128*(pv[i].pos.x + 1)),
                                (int)(128*(pv[i].pos.y + 1)),
                                (int)(128*(pv[i].pos.z + 1)));
D           pv[i].pos = radius * pv[i].pos;
        }
    partikelbuffer->Unlock();
    }
```

Die Funktion `blowup` sorgt für das »Aufblasen« der Sphäre. Bei jedem Aufruf wird die Sphäre um 10 % vergrößert, sofern der Radius dabei nicht größer als 10 wird:

```
void partikelsystem::blowup()
    {
    int i;
    meinvertex *pv;

    radius *= 1.1f;
    if( radius < 10)
        {
        partikelbuffer->Lock(0, 0, (void **)&pv, 0);
        for( i = 0; i < anzahl; i++)
            pv[i].pos = 1.1f * pv[i].pos;
        partikelbuffer->Unlock();
        }
    else
        setup();
    }
```

Erreicht der Radius den Maximalwert 10, so wird die Sphäre durch Aufruf der Funktion `setup` wieder in den Ausgangszustand versetzt.

Jetzt fehlt nur noch die `render`-Funktion, die aber nur Beleuchtungseinstellungen vornimmt und den Vertexbuffer des Partikelsystems durch Setzen der Stream-Source und Aufruf der Funktion `DrawPrimitive` zur Darstellung bringt:

```
void partikelsystem::render()
  {
    device->SetRenderState( D3DRS_AMBIENT, 0xffffff);
    device->SetRenderState( D3DRS_AMBIENTMATERIALSOURCE,
                            D3DMCS_COLOR1);
    device->SetFVF( MEINVERTEXFORMAT);
    device->SetStreamSource( 0, partikelbuffer, 0,
                                    sizeof(meinvertex));
    device->DrawPrimitive( D3DPT_POINTLIST, 0, anzahl);
  }
```

Wenn man jetzt ein Partikelsystem instanziiert, die create- und setup-Funktion je einmal und danach zyklisch die blowup und render-Funktion aufruft, so erhält man den bereits oben gezeigten Effekt.

Realistischer wird der Effekt des »Zerbröselns« der Kugel, wenn die dem Auge näher liegenden Partikel größer und die weiter entfernt liegenden Partikel kleiner gezeichnet werden. Die folgende Grafik zeigt den auf diese Weise aufgewerteten Effekt:

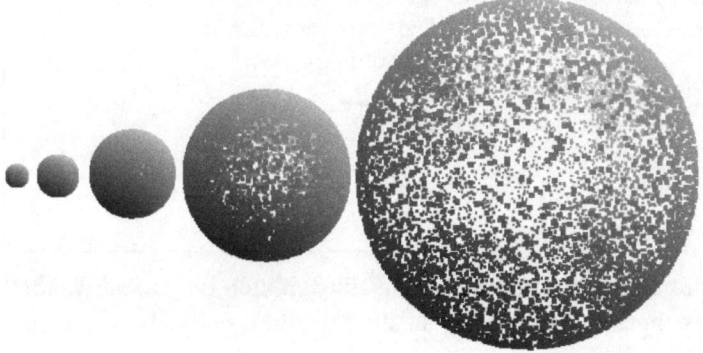

Man erhält diesen Effekt, wenn man das Pointscaling (D3DRS_POINTSCALEENABLE) aktiviert und dann die Konstanten

P  D3DRS_POINTSIZE

A  D3DRS_POINTSCALE_A

B  D3DRS_POINTSCALE_B

C  D3DRS_POINTSCALE_C

geeignet setzt. Die Größe S eines Partikels wird dann nach der Formel

$$S = \frac{V \cdot P}{\sqrt{A + B \cdot D + C \cdot D^2}}$$

berechnet, wobei V für die Höhe des Viewports (Ausgabefenster) und D für den Abstand des Partikels vom Betrachter steht. Mit den durchaus typischen Setzungen $A = B = 0, C = 1$ vereinfacht sich diese Formel zu:

$$S = \frac{V \cdot P}{\sqrt{C \cdot D}}$$

Damit ist die Größe eines Partikels umgekehrt proportional zum Abstand des Partikels vom Betrachter. Der folgende Codeausschnitt zeigt, wie man die Skalierung für Partikel einschaltet und die Konstanten A, B und C setzt:

```
inline DWORD FtoDW( FLOAT f ) { return *((DWORD*)&f); }

void partikelsystem::render()
    {
    device->SetRenderState( D3DRS_POINTSCALEENABLE,  TRUE);
    device->SetRenderState( D3DRS_POINTSIZE, FtoDW(0.1f));
    device->SetRenderState( D3DRS_POINTSCALE_A, FtoDW(0.0f));
    device->SetRenderState( D3DRS_POINTSCALE_B, FtoDW(0.0f));
    device->SetRenderState( D3DRS_POINTSCALE_C, FtoDW(1.00f));

    device->SetRenderState( D3DRS_AMBIENT, 0xffffff);
    device->SetRenderState( D3DRS_AMBIENTMATERIALSOURCE,
                            D3DMCS_COLOR1);
    device->SetFVF( MEINVERTEXFORMAT);
    device->SetStreamSource( 0, partikelbuffer, 0,
                                    sizeof(meinvertex));
    device->DrawPrimitive( D3DPT_POINTLIST, 0, anzahl);
    }
```

Beim Setzen der Konstanten wird eine kleine Hilfsfunktion (FtoDW) verwendet. Diese Funktion ist notwendig, da man an die Funktion SetRenderState eine Gleitkommazahl übergeben muss, diese aber nur DWORD akzeptiert. Die Funktion FtoDW kopiert eine float-Zahl in einen Speicherbereich, der für ein DWORD vorgesehen ist.

Man kann über entsprechende Renderstates auch Minimalwerte (D3DRS_POINTSIZE_MIN) und Maximalwerte (D3DRS_POINTSIZE_MAX) für Partikel festlegen und sogar Texturen über die Partikel legen. Damit sind wir aber bei der wichtigen Fragestellung des nächsten Abschnitts angekommen:

Wie texturiert man ein Modell?

## 7.4    Texturen

Texturen sind Photos oder Bilder, die in DirectX in zweierlei Weise verwendet werden können. Zum einen können Texturen als sogenannte Sprites auf dem Bildschirm dargestellt und bewegt werden, und zum anderen dienen Texturen als Oberfläche von 3D-Modellen. Die Darstellung als Sprites ist natürlich eine 2D-Darstellung und steht hier nicht im Mittelpunkt des Interesses. Trotzdem gibt es auch in 3D-Spielen viele sinnvolle Einsatzmöglichkeiten für Sprites. Will man zum Beispiel in einem Flugsimulator die Instrumententafel des Flugzeugs im Vordergrund anzeigen, so ist es wenig sinnvoll, das Cockpit und seine Instrumente als 3D-Modell zu erstellen. Es genügt ein Photo, auf dem man gelegentlich ein Licht aufflackern lässt oder den Zeiger eines Anzeigeinstruments bewegt. Wir werden uns kurz mit dem Thema »Sprites« beschäftigen. Letzlich steht aber die Verwendung von Texturen als »Fototapete« auf den 3D-Modellen im Vordergrund unserer Betrachtungen. Vorab aber einige allgemeine Betrachtungen.

Als Vorlage für Texturen sind viele Grafikformate geeignet. DirectX unterstützt derzeit die folgenden Grafikformate:

- .bmp
- .dds
- .dib
- .jpg
- .png
- .tga

Texturen werden in DirectX über das Interface IDirect3DTexture9 verarbeitet. Typischerweise hat man einen Zeiger auf dieses Interface (LPDIRECT3DTEXTURE9). Wir werden nicht tiefer in dieses Interface einsteigen, sondern unsere Texturen nur laden und dann so verwenden, wie sie uns von DirectX bereitgestellt werden. Zum Laden der Grafikdaten für eine Textur gibt es zwei Funktionen: D3DXCreateTextureFromFile und D3DXCreateTextureFromFileEx. Wie der Name vermuten lässt, handelt es sich bei der zweiten Funktion um eine Verallgemeinerung der ersten. Wir blicken kurz auf die Schnittstelle der ersten Funktion.

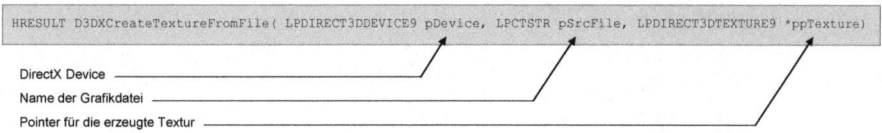

```
HRESULT D3DXCreateTextureFromFile( LPDIRECT3DDEVICE9 pDevice, LPCTSTR pSrcFile, LPDIRECT3DTEXTURE9 *ppTexture)
```

DirectX Device
Name der Grafikdatei
Pointer für die erzeugte Textur

Man übergibt in den beiden ersten Parametern das Device und die Grafikdatei und erhält im dritten Parameter die fertige Textur. Auf die erweiterte Funktion

`D3DXCreateTextureFromFileEx`, die über zahlreiche zusätzliche Parameter und weitere Optionen verfügt, werde ich im nächsten Abschnitt zu sprechen kommen.

### 7.4.1 Texturen und Sprites

Sprites spielen in der Programmierung von 2D-Spielen eine große Rolle. Bei 3D-Spielen hingegen beschränkt sich die Bedeutung von Sprites auf die Anzeige von Vordergrundbildern. Wichtig ist, dass diese Bilder in der Regel durchsichtige Teile enthalten müssen, damit die Sicht auf die dahinter liegende Spielszene nicht verdeckt wird. Stellen Sie sich vor, dass Sie die hier dargestellte 2-Euro-Münze

im Vordergrund vor einem nicht schwarzen Hintergrund anzeigen wollen. Dann wollen Sie die schwarzen Ecken des Bildes natürlich nicht sehen. Bei Texturen gibt es die Möglichkeit, einen bestimmten frei wählbaren Farbton – den sogenannten Colorkey – durchsichtig zu machen. Schon bei der Auswahl oder der Erstellung der Grafiken sollte man darauf achten, dass alles, was später einmal unsichtbar sein soll, in einer ganz bestimmten Farbe dargestellt wird, die ansonsten in dem Bild nicht vorkommt. Im Beispiel unserer Euro-Münze ist dies die Farbe Schwarz. Wir werden gleich sehen, wie man den Colorkey verwendet, aber zunächst erstellen wir eine Klasse, die alles enthält, was wir zur Erstellung und Darstellung eines Sprites benötigen:

```
class sprite
    {
    private:
        LPDIRECT3DDEVICE9 device;
        LPDIRECT3DTEXTURE9 tx;
        LPD3DXSPRITE sp;
        float breite;
        float hoehe;
        float xfactor;
        float yfactor;
    public:
```

```
        sprite();
        ~sprite();
        void create( LPDIRECT3DDEVICE9 dev, char *txfile,
                                            DWORD colorkey);
        void move( float xtrans, float ytrans, float xscale,
                                    float yscale, float zdreh);
        void render();
        void OnLostDevice(){ if( sp) sp->OnLostDevice();}
        void OnResetDevice(){ if( sp) sp->OnResetDevice();}
    };
```

Insbesondere sind dies das Device (device), die Textur (tx) sowie eine Member-Variable (sp) vom Typ LPD3DXSPRITE. Bei sp handelt es sich um einen Zeiger auf das Interface eines COM-Objekts (ID3DXSprite), das für die Verwaltung von Sprites zuständig ist. Wichtige Funktionen des Interfaces werden wir bei ihrer Verwendung kennenlernen. Auch die Bedeutung der Variablen breite, hoehe, xfactor und yfactor werden wir dann diskutieren, wenn sie erstmalig verwendet werden.

Konstruktor und Destruktor dieser Klasse finden Sie wie üblich auf der CD.

In der create-Methode werden das Sprite (mit D3DXCreateSprite) und die Textur (mit D3DXCreateTextureFromFileEx) erzeugt und für die weitere Verwendung bereitgestellt:

```
      void sprite::create( LPDIRECT3DDEVICE9 dev, char *txfile,
                                            DWORD colorkey)
          {
          D3DSURFACE_DESC dsc;
          D3DXIMAGE_INFO img;
          device = dev;
          D3DXCreateSprite( device, &sp);
   A      D3DXCreateTextureFromFileEx( device, txfile, 0, 0, 0, 0,
                  D3DFMT_UNKNOWN, D3DPOOL_MANAGED, D3DX_DEFAULT,
                  D3DX_DEFAULT,
                  colorkey, &img, NULL, &tx);
   B      tx->GetLevelDesc( 0, &dsc);
          breite = dsc.Width;
          hoehe = dsc.Height;
   C      xfactor = img.Width/breite;
          yfactor = img.Height/hoehe;
          }
```

Wichtig ist, dass der Funktion D3DXCreateTextureFromFileEx hier zusätzlich der vom Anwendungsprogramm kommende Colorkey (colorkey) und ein Zeiger auf eine Datenstruktur (D3DXIMAGE_INFO img) übergeben wird (A). In dieser Struktur erhalten wir wichtige Informationen über die Abmessungen des zu ladenden Bildes, die wir später zur Skalierung des Sprites verwenden werden. Die folgende Grafik zeigt die Schnittstelle der Funktion D3DXCreateTextureFromFileEx mit den hier verwendeten Parametern:

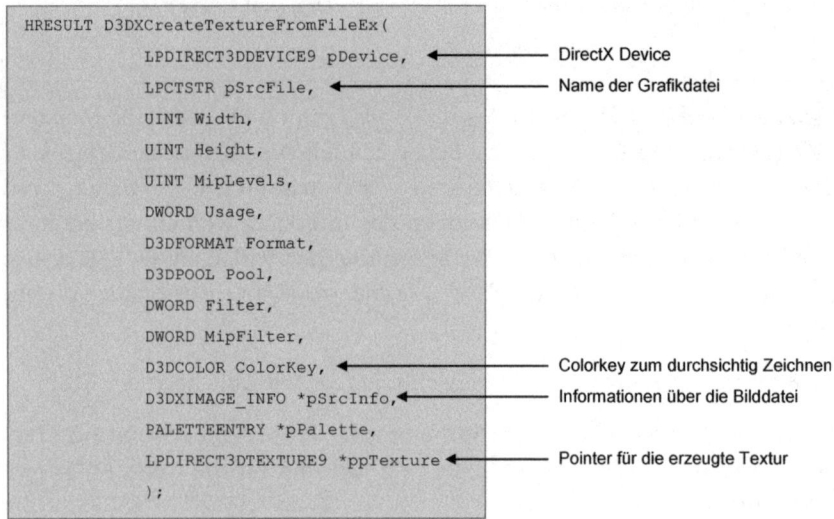

Eine Textur wird beim Laden so skaliert, dass sie sich gut im Speicher der Grafikkarte verarbeiten lässt. Das bedeutet, dass die Höhe und Breite so verändert werden, dass es sich um Zweierpotenzen handelt. Wenn das Originalbild etwa 200x400 Pixel groß ist, so wird die Textur im Speicher 256x512 Pixel groß sein. Normalerweise ist das kein Problem, da eine Textur beim Aufziehen auf ein Drahtmodell sowieso, je nach Lage des Modells im Raum, skaliert, gedreht oder auf andere Weise verzerrt werden muss. Hier möchte ich aber die original Seitenverhältnisse des Sprites erhalten. Deshalb nehme ich aus der Struktur img die Höhe und Breite des Originalbildes und setze diese ins Verhältnis zur Höhe und Breite der resultierenden Textur (C). Höhe und Breite der Textur habe ich zuvor durch Aufruf der Funktion GetLevelDesc geholt (B). Die sich dann ergebenden Faktoren xfactor und yfactor werde ich später (siehe Funktion move) zur Rückskalierung des Sprites in sein ursprüngliches Seitenverhältnis benutzen.

Die Funktion move hat fünf Parameter. Die Parameter xmid und ymid geben an, wohin der Mittelpunkt des Bildes gelegt werden soll. Die Parameter xscale und yscale bestimmen, um welchen Faktor das Bild in x- beziehungsweise y-Richtung gestreckt oder gestaucht werden soll. Der Parameter zdreh letztlich legt fest, um welchen Winkel das Bild (um die z-Achse) gedreht werden soll. Durch diese Parametrierung lässt sich jede nur erdenkliche Position des Sprites auf dem Bildschirm erzeugen:

```
void sprite::move( float xmid, float ymid, float xscale,
                   float yscale, float zdreh)
    {
    D3DXMATRIX trans, matrix;
A   D3DXMatrixTranslation( &trans, -breite/2.0f,
                           -hoehe/2.0f, 0);
B   D3DXMatrixScaling( &matrix, xscale*xfactor, yscale*yfactor,
                       1.0f);
    trans = trans * matrix;
C   D3DXMatrixRotationZ( &matrix, zdreh);
    trans = trans * matrix;
D   D3DXMatrixTranslation( &matrix, xmid, ymid, 0.0f);
    trans = trans * matrix;
E   sp->SetTransform( &trans);
    }
```

Um die gewünschte Positionierung des Sprites zu erreichen, wird in der move-Funktion in mehreren Schritten eine Transformationsmatrix (trans) berechnet. Im ersten Schritt (A) wird die Textur so verschoben, dass ihr Mittelpunkt in den Ursprung des Koordinatensystems kommt. Dann wird mit den zuvor berechneten Werten zur Rückskalierung und mit den vom Benutzer gewünschten Skalierungswerten skaliert (B). Danach wird um den gewünschten Winkel gedreht (C). Abschließend wird der Mittelpunkt entsprechend der Parameter xmid und ymid verschoben (D). Beachten Sie, dass sich das alles in der xy-Ebene abspielt. Durch Aufruf der Funktion SetTransform (E) wird dem Sprite die Ergebnismatrix als aktuelle Transformation gesetzt. Bei allen nachfolgenden Aufrufen der render-Funktion wird dann die zuletzt gesetzte Tansformation zur Umrechnung des Sprites verwendet:

```
void sprite::render()
    {
    sp->Begin( D3DXSPRITE_ALPHABLEND);
    sp->Draw( tx, NULL, NULL, NULL, 0xFFFFFFFF);
    sp->End();
    }
```

Auf diese Weise erzeugt das Beispiel auf der CD eine Kette von 2-Euro-Münzen,[11] die größer und kleiner werdend über den Bildschirm ziehen:

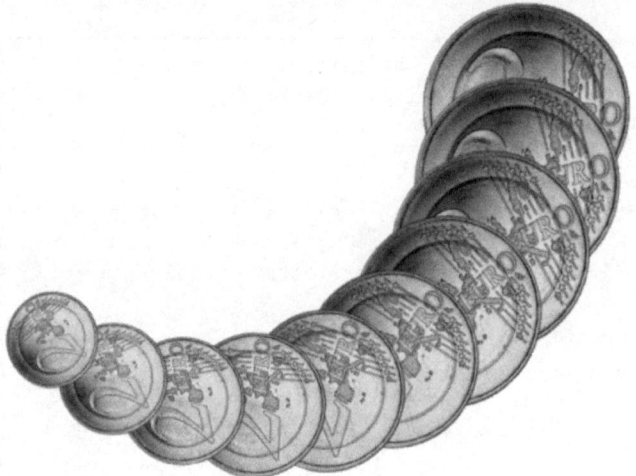

Wichtig für die Verwendung diese Sprite-Klasse sind die Funktionen OnLost-Device und OnResetDevice. Immer, wenn Sie das Device zurücksetzen,[12] sollten Sie unmittelbar vor dem Reset des Devices OnLostDevice und unmittelbar danach OnResetDevice aufrufen.

### 7.4.2 Texturen in 3D-Modellen

Nach dem kleinen Exkurs über Sprites kommen wir jetzt zur eigentlichen Verwendung von Texturen in der 3D-Modellierung. Erst durch den Einsatz von Texturen werden 3D-Modelle realistisch. Um Texturen verwenden zu können, müssen wir lernen, wie man Photos auf ein Drahtgitter aufzieht.

---

11 Es handelt sich übrigens nur um einen Sprite, der mehrfach an unterschiedlicher Position auf dem Bildschirm dargestellt wird.

12 Zum Beispiel bei Größenänderung des Fensters, in dem Ihr Programm läuft.

Nachdem eine Textur geladen ist, muss sie auf ein 3D-Modell geklebt werden. Das ist denkbar einfach. Man muss sich nur ein wenig mit Texturkoordinaten beschäftigen und ein geeignetes Vertexformat auswählen.

### Texturkoordinaten

Vorzugsweise verwendet man zur Texturierung von 3D-Modellen quadratische Grafiken, deren Seitenlänge eine Potenz von 2 ist – also `256x256`, `128x128` oder `64x64`. Das muss aber nicht so sein.[13] Um eine Textur einem 3D-Modell sinnvoll zuordnen zu können, legt man ein zweidimensionales Koordinatensystem über die Textur. Dieses System wird so normiert, dass der Ursprung `(0,0)` in der linken oberen Ecke und der Punkt mit den Koordinaten `(1,1)` in der rechten unteren Ecke der Textur liegt. Die Achsen des Koordinatensystems bezeichnet man gemeinhin mit u (waagerecht) und v (senkrecht).

Beachten Sie, dass sich bei der Unterteilung unterschiedliche absolute Skalierungen für die beiden Achsen ergeben können. Da man aber zur Adressierung auf der Textur relative Koordinaten (`0 - 1`) verwendet, ist das aus Sicht des Programmierers nicht relevant.

Für jeden Eckpunkt eines Dreiecks im 3D-Modell wählt man auf der Textur einen Punkt (u,v), der auf den Eckpunkt gelegt werden soll. Alle anderen Punkte werden dann durch Interpolation zwischen den sich so ergebenden drei Fixpunkten berechnet. Das folgende Bild zeigt dieses Vorgehen:

---

13  Ich hatte im letzten Abschnitt ja bereits erwähnt, dass bei abweichenden Formaten eine Skalierung auf Zweierpotenzen durchgeführt wird.

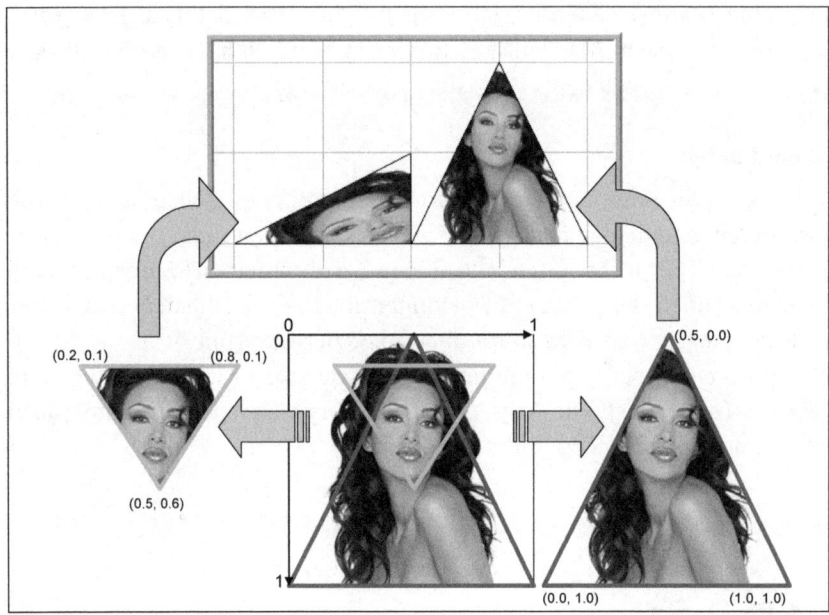

Dabei können natürlich – gewollt oder ungewollt – Verzerrungen, Drehungen oder Spiegelungen entstehen. Damit wir dieses Vorgehen auch praktisch durchführen können, müssen wir uns mit Vertexformaten für texturierte Modelle beschäftigen.

### Vertexformate für texturierte Modelle

Wir hatten im letzten Abschnitt gesehen, dass wir, um ein Modell zu texturieren, jedem Vertex Texturkoordinaten (u,v) zuordnen müssen. Dazu müssen wir ein Vertex-Format festlegen, das solche Texturkoordinaten vorsieht:

```
#define TXVERTEXFORMAT (D3DFVF_XYZ|D3DFVF_TEX1|
                        D3DFVF_TEXCOORDSIZE2(0))
```

Natürlich nehmen wir wieder die Position des Vertex (D3DFVF_XYZ) in das Vertexformat auf. Das Flag D3DFVF_TEX1 signalisiert, dass wir 1 Texturkoordinatenset verwenden werden.[14] Das Makro D3DFVF_TEXCOORDSIZE2(0) sagt aus, dass wir für das erste Texturkoordinatenset (also das mit Index 0) zwei Koordinaten[15] (also (u, v), wie oben diskutiert) verwenden werden.

---

14  Mit Informationen darüber, wie man mehrere Texturkoordinatensets verwendet, möchte ich Sie im Moment (noch) nicht belasten.

15  Es gibt auch Texturen mit einer anderen Anzahl von Koordinaten (z. B. Volumentexturen), aber der hier diskutierte 2-dimensionale Fall ist der bei weitem wichtigste.

Die zugehörige Zugriffsstruktur sieht in diesem Fall wie folgt aus:

```
struct texturvertex
    {
    D3DXVECTOR3 pos;
    float u;
    float v;
    };
```

Die Bedeutung dieser Felder ist unmittelbar klar, insbesondere sollte klar sein, dass u und v die oben angesprochenen Texturkoordinaten sind.

### Ein texturiertes Beispiel

Wir wollen auch zu den Texturkoordinaten ein konkretes Beispiel erstellen und starten dazu mit der Klasse triang.elist, die wir bereits im ersten Beispiel zum Vertexbuffer diskutiert hatten. Diesmal wollen wir die Dreiecke texturieren:

```
class trianglelist
    {
    private:
        LPDIRECT3DDEVICE9 device;
        LPDIRECT3DVERTEXBUFFER9 dreieckbuffer;
        LPDIRECT3DVERTEXBUFFER9 linienbuffer;
        LPDIRECT3DTEXTURE9 textur;
        D3DMATERIAL9 material;
    public:
        trianglelist();
        ~trianglelist();
        void create( LPDIRECT3DDEVICE9 dev, char *texturefile);
        void setup();
        void render();
    };
```

Ich habe diese Klasse an zwei Stellen verändert. Zum einen habe ich im privaten Bereich ein Material (material) und einen Zeiger auf eine Textur (textur) angelegt. Zum anderen habe ich die Funktion create um einen Parameter – den Namen der gewünschten Texturdatei (texturefile) – erweitert.

Im Konstruktor und Destruktor ergeben sich durch die Hinzunahme des Texturzeigers einige naheliegende Änderungen:

```
trianglelist::trianglelist()
    {
    …
    textur = 0;
    }
trianglelist::~trianglelist()
    {
    …
    if( textur)
        textur->Release();
    }
```

In der `create`-Methode wird durch Aufruf der Funktion `D3DXCreateTexture FromFile` die Textur erzeugt:

```
void trianglelist::create( LPDIRECT3DDEVICE9 dev, char *texturefile)
    {
    device = dev;
    device->CreateVertexBuffer( 6*sizeof(texturvertex), …);
    …
    D3DXCreateTextureFromFile( device, texturefile, &textur);

    ZeroMemory( &material, sizeof( material));
    material.Ambient = D3DXCOLOR( 1, 1, 1, 0);
    }
```

Zusätzlich wird das Material (weiß) initialisiert. Über die Farbe des Materials können Sie die Textur nachträglich einfärben, indem Sie zum Beispiel festlegen, dass die Textur nur rotes Licht reflektieren soll. Üblicherweise werden Sie hier aber mit Weiß arbeiten.

Wichtig ist, dass bei der Berechnung der Vertexbuffergröße das geänderte Vertexformat (`texturvertex`) aus dem letzten Abschnitt zugrunde gelegt wird.

Bevor es jetzt an die Zuweisung der Texturkoordinaten geht, zeige ich Ihnen noch einmal die beiden Ausschnitte der Textur, die wir verwenden wollen:

Um das gewünschte Ergebnis zu erzielen, müssen wir die Vertices und insbesondere deren Texturkoordinaten jetzt entsprechend setzen. Dies geschieht in der Funktion setup. Nach der Reservierung des Vertexbuffers werden in dieser Funktion nacheinander

A. die Positionsdaten des ersten Dreiecks

B. die Positionsdaten des zweiten Dreiecks

C. die Texturkoordinaten des ersten Dreiecks

D. die Texturkoordinaten des zweiten Dreiecks

gesetzt:

```
void trianglelist::setup()
    {
    texturvertex *dv;

    dreieckbuffer->Lock(0, 0, (void **)&dv, 0);

A   dv[0].pos = D3DXVECTOR3( 0, 0, 0);
    dv[1].pos = D3DXVECTOR3( 2, 1, 0);
    dv[2].pos = D3DXVECTOR3( 2, 0, 0);

B   dv[3].pos = D3DXVECTOR3( 2, 0, 0);
    dv[4].pos = D3DXVECTOR3( 3, 2, 0);
    dv[5].pos = D3DXVECTOR3( 4, 0, 0);

C   dv[0].u = 0.2f;
    dv[0].v = 0.1f;
    dv[1].u = 0.8f;
    dv[1].v = 0.1f;
    dv[2].u = 0.5f;
    dv[2].v = 0.6f;

D   dv[3].u = 0.0f;
    dv[3].v = 1.0f;
    dv[4].u = 0.5f;
    dv[4].v = 0.0f;
    dv[5].u = 1.0f;
    dv[5].v = 1.0f;

    dreieckbuffer->Unlock();
    }
```

Die Berechnung der Eckpunkte der Linien habe ich hier weggelassen. Das kennen Sie schon aus dem letzten Abschnitt.

Bis auf die render-Funktion ist die Klasse trianglelist damit vollständig auf die Verwendung von Texturen umgestellt. In der render-Funktion müssen wir dem

Device noch zusätzlich mit der Funktion SetTexture mitteilen, welche Textur es zu verwenden hat:

```
void trianglelist::render()
    {
    device->SetRenderState( D3DRS_AMBIENT, 0xffffff);
    device->SetMaterial( &material);
    device->SetRenderState(D3DRS_AMBIENTMATERIALSOURCE,
                          D3DMCS_MATERIAL);

    device->SetFVF( TXVERTEXFORMAT);
    device->SetTexture( 0, textur);
    device->SetStreamSource( 0, dreieckbuffer, 0,
                                      sizeof(texturvertex));
    device->DrawPrimitive( D3DPT_TRIANGLELIST, 0, 2);

    device->SetRenderState( D3DRS_AMBIENTMATERIALSOURCE,
                          D3DMCS_COLOR1);

    device->SetFVF( MEINVERTEXFORMAT);
    device->SetStreamSource( 0, linienbuffer, 0,
                                      sizeof(meinvertex));
    device->DrawPrimitive( D3DPT_LINELIST, 0, 6);
    }
```

Wichtig ist auch, dass Sie für das Zeichnen der Textur und der Linien jeweils die richtigen Farben verwenden. Für die Textur wird das weiße Material und für die Linien der schwarze Farbwert des Vertex verwendet. Die Umschaltung erfolgt durch die Funktion SetRenderstate.

Wenn man jetzt eine trianglelist instanziiert, mit create und setup geeignet initialisiert und dann rendert, erscheinen zwei texturierte Dreiecke mit einem schwarzen Rand auf dem Bildschirm:

**Kacheln**

Anstatt einen Teil einer Textur auf ein Dreieck abzubilden, kann man eine Textur auch mehrfach in einem bestimmten Schema auf ein Dreieck aufbringen. Dies ist insbesondere dann sinnvoll, wenn man auf einer kleinen Textur ein Muster hat, mit dem man eine große Fläche auslegen möchte. Sie kennen das von den Kacheln in Ihrem Badezimmer.

Um Ihnen das an einem Beispiel zu demonstrieren, habe ich die Klasse `triangelelist` aus dem letzen Abschnitt so verändert, dass zwei Dreiecke, die zusammen ein Quadrat der Kantenlänge 3 bilden, erzeugt werden:

```
void trianglelist::setup()
    {
    texturvertex *dv;

    dreieckbuffer->Lock(0, 0, (void **)&dv, 0);

    dv[0].pos = D3DXVECTOR3 ( 0, 0, 0);
    dv[1].pos = D3DXVECTOR3 ( 0, 3, 0);
    dv[2].pos = D3DXVECTOR3 ( 3, 0, 0);

    dv[3].pos = D3DXVECTOR3 ( 3, 0, 0);
    dv[4].pos = D3DXVECTOR3 ( 0, 3, 0);
    dv[5].pos = D3DXVECTOR3 ( 3, 3, 0);

    dreieckbuffer->Unlock();
    }
```

Die Texturkoordinaten sind nicht auf Werte kleiner als 1 beschränkt. Für Werte größer als 1 wiederholt sich einfach die Textur, sodass sich das folgende Koordinatensystem ergibt:

589

Wenn man also für ein Dreieck Texturkoordinaten größer als 1 festlegt, so bedeutet das, dass eine einzelne Textur das Dreieck nur zum Teil abdeckt. Der nicht abgedeckte Teil wird dann durch Wiederholung der Textur gerendert, sodass sich ein Kacheleffekt ergibt. In unserem Beispiel werden wir die Kachel dreimal wiederholen und deshalb mit der Texturkoordinate 4 arbeiten:

```
void trianglelist::setup()
    {
    texturvertex *dv;

    dreieckbuffer->Lock(0, 0, (void **)&dv, 0);

    …
    dv[0].u = 0.0f;
    dv[0].v = 4.0f;
    dv[1].u = 0.0f;
    dv[1].v = 0.0f;
    dv[2].u = 4.0f;
    dv[2].v = 4.0f;

    dv[3].u = 4.0f;
    dv[3].v = 4.0f;
    dv[4].u = 0.0f;
    dv[4].v = 0.0f;
    dv[5].u = 4.0f;
    dv[5].v = 0.0f;

    dreieckbuffer->Unlock();
    }
```

Es ist jetzt noch zu beachten, dass es verschiedene Kacheleffekte gibt und dass man in den beiden Koordinatenrichtungen verschiedene Kacheleffekte verwenden kann.

Es gibt die folgenden Effekte:

| D3DTADDRESS_WRAP | Die Texturen werden aneinandergereiht. Dadurch ergibt sich der oben gezeigte Kacheleffekt. |
|---|---|
| D3DTADDRESS_MIRROR | Die Texturen werden abwechselnd gespiegelt. Das heißt, dass die Kacheln mit ungeradem Index in der Abzählung spiegelverkehrt dargestellt werden. (Bild siehe unten) |
| D3DTADDRESS_CLAMP | Hier wird nicht die komplette Textur, sondern nur ihr Rand in das nächste Segment gezogen. |
| D3DTADDRESS_BORDER | Der nicht abgedeckte Bereich wird mit der Randfarbe ausgefüllt. |
| D3DTADDRESS_ MIRRORONCE | Vergleichbar mit D3DTADDRESS_CLAMP + D3DTADDRESS_ MIRROR |

Wirklich wichtig sind nur die beiden ersten Effekte, die wir uns auch im Beispiel ansehen wollen. Ich sagte bereits, dass man die Effekte unabhängig voneinander in den beiden Koordinatenrichtungen anwenden kann. Wir werden in unserem Beispiel in waagerechter Richtung reihen (D3DTADDRESS_WRAP) und in senkrechter Richtung spiegeln (D3DTADDRESS_MIRROR). Dazu stellen wir in der render-Methode, bevor die Primitiven gerendert werden, die entsprechenden Sampler-states ein:

```
void trianglelist::render()
    {
    ...
    device->SetSamplerState( 0, D3DSAMP_ADDRESSU,
                             D3DTADDRESS_WRAP);
    device->SetSamplerState( 0, D3DSAMP_ADDRESSV,
                             D3DTADDRESS_MIRROR);
    device->DrawPrimitive( D3DPT_TRIANGLELIST, 0, 2);
    ...
    }
```

Eingebettet in einen entsprechenden Programmrahmen ergibt sich dann die folgende Kachelung:

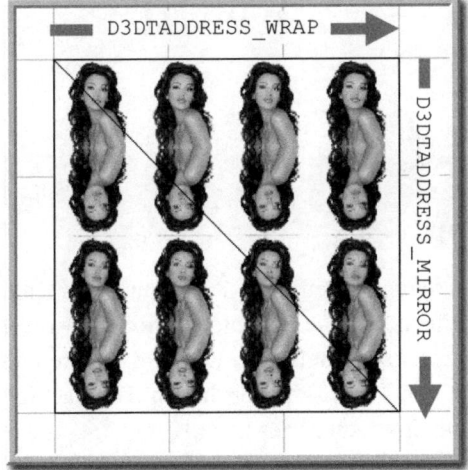

## Mip-Mapping

Wenn ich bisher den Eindruck erweckt habe, dass eine Textur aus *einem* Bild besteht, so stellt sich dieser Eindruck bei näherer Betrachtung als falsch heraus. Eine Textur besteht nämlich in der Regel aus einer Kette von Bildern unterschiedlicher Auflösung. Der Grund dafür ist unmittelbar einsichtig. Ein mit einer Textur belegtes Dreieck kann sich im Laufe eines Spiels an unterschiedlichen Stellen mit wechselndem Abstand zum Betrachter befinden. Einmal kann es formatfüllend den ganzen Bildschirm belegen, ein anderes Mal kann es nur wenige Pixel groß sein. Es wäre viel zu rechenintensiv, immer ein großes Bild zu nehmen und auf die kleinen Flächen herunterzurechnen. Man geht daher so vor, dass beim Laden der Textur bereits Bilder in vielen Auflösungen erzeugt werden und dass dann zur Laufzeit des Spiels immer nur noch zwischen den nächstpassenden Bildern interpoliert wird.

Die hier angesprochene Bilderkette nennt sich **Mip-Chain**[16], und der Prozess der Zuordnung eines geeigneten Bildes aus der Mip-Chain wird **Mip-Mapping** genannt. Die Mip-Chain startet in der Regel mit einem quadratischen Bild in höchster Auflösung, wobei die Kantenlängen des Bildes immer eine Potenz von 2 sind. Es folgen Bilder, deren Kantenlängen fortlaufend halbiert sind. In der Regel geht die Mip-Chain herunter bis zu einem »Bild«, das nur noch aus einem Pixel besteht:

256x256    128x128    64x64    32x32    16x16    8x8    4x4    2x2    1x1

**MIP-Chain**

Wenn man eine Textur übergibt, deren Seitenlängen nicht Potenzen von 2 sind, werden die Seitenlängen intern auf die nächste Zeierpotenz »hochgezogen«. Würde man also eine Textur von 234x123 Pixeln laden, so würde das erste Element in der Mip-Chain eine Auflösung von 256x128 Pixeln haben. Die nachfolgenden Bilder hätten dann die Auflösungen 128x64, 64x32, 32x16, 16x8, 4x2, 2x1 und 1x1. Welche Texturgröße Sie maximal verwenden können, hängt von der Grafikkarte des Zielrechners ab. Sie können die Maximalwerte auf Ihrem Rechner mit dem folgenden Code-Schnipsel erfragen:

---

16 Die Abkürzung MIP steht dabei für den lateinischen Ausdruck »multum in parvo«, was so viel wie »viel in wenig« bedeutet.

```
D3DCAPS9 caps;
int maxwidth, maxheight;

device->GetDeviceCaps( &caps);

maxwidth = caps.MaxTextureWidth;
maxheight = caps.MaxTextureHeight;
```

Dabei muss `device` natürlich ein Zeiger auf ein erfolgreich initialisiertes DirectX-Device sein. Auf dem Rechner, an dem ich gerade diesen Text schreibe, erhalte ich zum Beispiel eine maximale Texturgröße von `2048x2048` Pixeln. Es ist in der Regel aber nicht sinnvoll, Texturen dieser Größe zu verwenden.

Die Mip-Chain wird normalerweise durch Herunterskalieren der größten Textur automatisch erstellt. Dabei kann es allerdings zu störenden Artefakten kommen, sodass man durchaus vor der Notwendigkeit stehen kann, seine eigene Mip-Chain aufzubauen. Auch darüber hinaus kann man einige durchaus interessante Effekte mit Mip-Chains erzielen. Zum Beispiel kann man Modelle erstellen, die sich bei Annäherung in Textur und Farbe ändern. Ein solches Beispiel wollen wir hier erstellen. Um den Effekt im Ergebnis gut beurteilen zu können, verwenden wir dazu die folgende Bilderkette:[17]

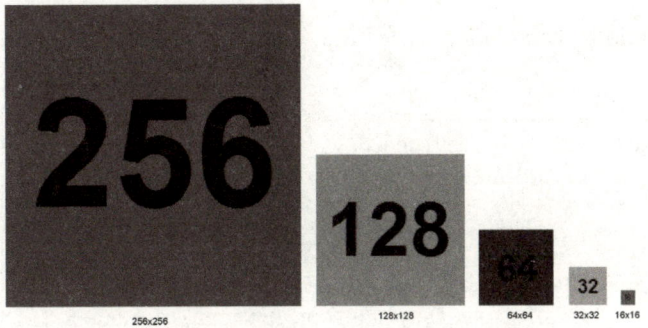

256x256  128x128  64x64  32x32  16x16

Jetzt entwerfen wir eine Klasse `mipmap` mit einer sehr einfachen Schnittstelle:

```
class mipmap
    {
    private:
        LPDIRECT3DDEVICE9 device;
    public:
        LPDIRECT3DTEXTURE9 texture;
```

17  Das Bild zeigt nur die ersten fünf Elemente. Die unterschiedlichen Farben können Sie hier im Schwarzweißdruck nicht erkennen. Sie sollten sich daher das Ergebnis auf dem Bildschirm Ihres Rechners ansehen.

```
        mipmap();
        ~mipmap();
        void create( LPDIRECT3DDEVICE9 device, int width,
                     int height, int anzlevel);
        int set_level( int level, char *filename);
        void dump();
    };
```

Im privaten Bereich ist wie üblich ein Zeiger auf das Device angelegt. Die von der Klasse erzeugte Textur (texture) habe ich in den öffentlichen Bereich gelegt, damit ein Anwendungsprogramm direkt darauf zugreifen kann. Neben Konstruktor und Destruktor gibt es eigentlich nur zwei relevante Funktionen – create und set_level. Die Funktion create erzeugt eine Textur mit noch leerer Mip-Chain. Mit der Funktion set_level kann man den einzelnen Gliedern der Mip-Chain Bilder zuordnen. Die Bedeutung der einzelnen Parameter dieser Funktionen sollte unmittelbar klar sein. Die Funktion dump dient nur dazu, die einzelnen Bilder der Mip-Chain als Bitmap auszugeben, damit man kontrollieren kann, ob man die Kette richtig aufgebaut hat.[18]

Konstruktor und Destruktor finden Sie auf der CD des Buches. Diese beiden Funktionen müssen hier nicht gesondert erklärt werden.

In der create-Funktion verwenden wir die für uns neue Funktion D3DXCreateTexture:

```
void mipmap::create( LPDIRECT3DDEVICE9 dev, int width,
                     int height, int anzlevel)
    {
    device = dev;

    D3DXCreateTexture( device, width, height, anzlevel, 0,
                   D3DFMT_R8G8B8, D3DPOOL_MANAGED, &texture);
    }
```

Wirklich neu ist aber nur, dass wir bei der Erzeugung der Funktion die Anzahl der von uns gewünschten Mip-Levels (anzlevel) angeben können. Wird dieser Parameter auf 0 gesetzt, so wird eine Mip-Chain maximaler Länge – also herunter bis zu einem einzelnen Bildpunkt – erzeugt.

---

18  Diese Funktion wird hier nicht diskutiert. Sie finden sie auf der CD.

Jetzt fehlt nur noch die Funktion zum Laden von Bilddateien in die Mip-Chain:

```
   int mipmap::set_level( int level, char *filename)
      {
      LPDIRECT3DTEXTURE9 tmp;
      LPDIRECT3DSURFACE9 src, dst;

A     if( level >= texture->GetLevelCount())
         return 0;
B     D3DXCreateTextureFromFile( device, filename, &tmp);
C     tmp->GetSurfaceLevel( 0, &src);
D     texture->GetSurfaceLevel( level, &dst);
E     D3DXLoadSurfaceFromSurface( dst, NULL, NULL, src,
                                  NULL, NULL,
                                  D3DX_DEFAULT, 0);
F     src->Release();
      dst->Release();
      tmp->Release();

      return 1;
      }
```

In dieser Funktion prüfen wir zunächst, ob das gewünschte Level überhaupt vorhanden ist (A). Dann laden wir die gewünschte Bilddatei in eine temporäre Textur (B) und holen das Bild aus der Textur in eine Quell-Surface (C). Anschließend holen wir einen Zeiger auf die Ziel-Surface aus der Mip-Chain (D) und kopieren die Daten von der Quell-Surface zur Ziel-Surface (E). Abschließend geben wir alles frei, was wir nicht mehr benötigen(F).[19]

Zum Test der Mip-Chain sollten Sie zunächst eine `mipmap` instanziieren

```
mipmap meine_mipmap;
```

und dann geignet initialisieren:

```
meine_mipmap.create( device, 256, 256, 9);

meine_mipmap.set_level( 0, "Textur256.bmp");
meine_mipmap.set_level( 1, "Textur128.bmp");
meine_mipmap.set_level( 2, "Textur64.bmp");
meine_mipmap.set_level( 3, "Textur32.bmp");
meine_mipmap.set_level( 4, "Textur16.bmp");
```

---

19 Beachten Sie, dass wir durch den Aufruf `dst->Release()` nur den Verwendungszähler der Ziel-Surface herunterzählen und diese nicht aus dem Speicher entfernen.

```
meine_mipmap.set_level( 5, "Textur8.bmp");
meine_mipmap.set_level( 6, "Textur4.bmp");
meine_mipmap.set_level( 7, "Textur2.bmp");
meine_mipmap.set_level( 8, "Textur1.bmp");
```

Dann erzeugt man ein Gitter, auf das man die Textur (`meine_mipmap.texture`) aufzieht.[20] Bei der Darstellung des Gitters kann man verschiedene Filter wählen, über die man steuert, wie die einzelnen Bilder der Mip-Chain skaliert und miteinander verschnitten werden. Eine optisch ansprechende, aber leider auch sehr rechenintensive Filtertechnik ist das anisotropische Filtern. Hier wird etwa beim Skalieren auf eine kleinere Fläche das Resultat nicht einfach durch Mittelwertbildung der umgebenden Pixel berechnet, sondern die Pixel der Umgebung werden in der Rechnung so gewichtet, dass auch bei einer Schrägsicht ein möglichst flimmerfreies Bild entsteht. Um anisotropisches Filtern zu aktivieren, sollte man in der `render`-Methode des Gitters den folgenden Code verwenden:

```
device->SetTexture( 0, meine_mipmap.texture);

device->SetSamplerState( 0, D3DSAMP_MIPFILTER,
                         D3DTEXF_ANISOTROPIC);
device->SetSamplerState( 0, D3DSAMP_MAXANISOTROPY, maxanisotropy);
```

Durch die Variable `maxanisotropy` wird dabei der gewünschte Grad der Anisotropie festgelegt.[21] Ich arbeite hier mit dem höchstmöglichen Grad der Anisotropie, den ich mir zuvor in der folgenden Weise besorgt habe:

```
D3DCAPS9 caps;

device->GetDeviceCaps( &caps);
maxanisotropy = caps.MaxAnisotropy;
```

Im Ergebnis sehen Sie, wie die Texturen verschiedener Auflösung überblendet werden:

---

20 Sie sollten das zur Übung einmal selbst versuchen. Sie können aber auch den Quellcode der Klasse `gitter` von der CD verwenden.
21 Je größer der Wert, umso besser das Ergebnis, aber auch umso höher die Rechenzeit.

Wenn Sie auf die Überblendung verzichten wollen, können Sie auch einen anderen `SamplerState` wählen:

```
device->SetTexture( 0, meine_mipmap.texture);

device->SetSamplerState( 0, D3DSAMP_MIPFILTER, D3DTEXF_POINT);
```

Hier stehen dann die verschiedenen Texturen hart nebeneinander und der Wechsel von einer Auflösungsstufe zur nächsten erfolgt übergangslos:

**Multitexturing**

Vielleicht ist Ihnen aufgefallen, dass Funktionen wie `SetTexture` oder `SetSamplerstate` als ersten Parameter einen Index (`DWORD`) haben, den ich bisher immer stillschweigend auf 0 gesetzt habe. Das hängt damit zusammen, dass es auf der Grafikkarte in der Regel mehrere Textur- und Samplerebenen gibt, von denen ich bisher immer nur die erste (Index = 0) benutzt habe. In diesem Abschnitt werden wir erstmals mehrere dieser Ebenen nutzen.

Unter **Multitexturing** versteht man die Verwendung mehrerer in verschiedenen Ebenen oder Stufen (sog. **Texturestages**) übereinandergelegter Texturen. Die verschiedenen Texturebenen können dabei in unterschiedlicher Weise miteinander kombiniert oder verschnitten werden.

Bevor Sie Multitexturing verwenden, sollten Sie, auch wenn ich es in meinem Beispiel nicht gemacht habe, prüfen, ob und inwieweit die Grafikkarte des Zielrechners Multitexturing unterstützt. Dazu müssen Sie, wie schon öfters praktiziert, die Device-Capabilities abfragen:

```
D3DCAPS9 caps;

device->GetDeviceCaps( &caps) ;
stufen = caps.MaxSimultaneousTextures;
```

Der Wert der Variablen `stufen` gibt dann an, wie viele Texturebenen Sie verwenden können. Er sollte, um die Beispiele dieses Abschnitts nachprogrammieren zu können, größer als 1 sein.

Wenn man mehrere Texturen übereinander auf ein Face aufbringen will, möchte man in der Regel für jede Texturstufe eigene Texturkoordinaten vergeben. Dazu muss man ein geeignetes Vertexformat definieren. Wir wollen in unserem Beispiel zwei Texturen übereinanderlegen und verwenden daher ein Vertexformat mit zwei Texturkoordinatensets:

```
# define TEXTURVERTEXFORMAT    (D3DFVF_XYZ | D3DFVF_TEX2 | \
                D3DFVF_TEXCOORDSIZE2(0) | D3DFVF_TEXCOORDSIZE2(1))
```

Durch das Makro TEXTURVERTEXFORMAT wird festgelegt, dass wir neben den Geometriedaten (D3DFVF_XYZ) zwei Texturkoordinatensets (D3DFVF_TEX2) verwenden wollen, wobei beide Koordinatensets (mit Index 0 und 1) jeweils zwei Texturkoordinaten (D3DFVF_TEXCOORDSIZE2) enthalten.

Eine an dieses Vertexformat angepasste Datenstruktur könnte wie folgt aussehen:

```
struct texturvertex
    {
    D3DXVECTOR3 pos;
    float u0;
    float v0;
    float u1;
    float v1;
    };
```

Die Felder u0 und v0 bestimmen dann die Koordinaten für die erste Textur (mit Index 0). Die Felder u1 und v1 stehen entsprechend für die zweite Textur.

Alternativ können Sie anstelle der einzelnen Felder auch einen Array verwenden:

```
struct texturkoordinaten
    {
    float u;
    float v;
    };
struct texturvertex
    {
    D3DXVECTOR3 pos;
    texturkoordinaten set[2];
    };
```

Es ist letztlich egal, wie Sie die Felder benennen und ob Sie sie einzeln oder in Unterstrukturen gruppiert aneinanderreihen. Wichtig ist nur, dass die Gesamtstrukur (texturvertex) als Overlay exakt auf das durch TEXTURVERTEXFORMAT definierte Vertexformat passt.

Im Programm müssen Sie jetzt natürlich zwei Texturen laden und für jeden Vertex Ihres Modells beide Texturkoordinatensets mit passenden Werten versehen. Das muss ich Ihnen hier nicht mehr zeigen. Bei Bedarf schauen Sie in den Quellcode des Beispiels auf der CD.

Wir wollen uns hier ansehen, wie die verschiedenen Texturen in der Render-Methode miteinander verknüpft werden. Da wir es grundsätzlich auch mit mehr als zwei Texturen zu tun haben können, müssen wir im Allgemeinen eine komplette Verknüpfungskette aufbauen, wie sie in der folgenden Grafik gezeigt ist:

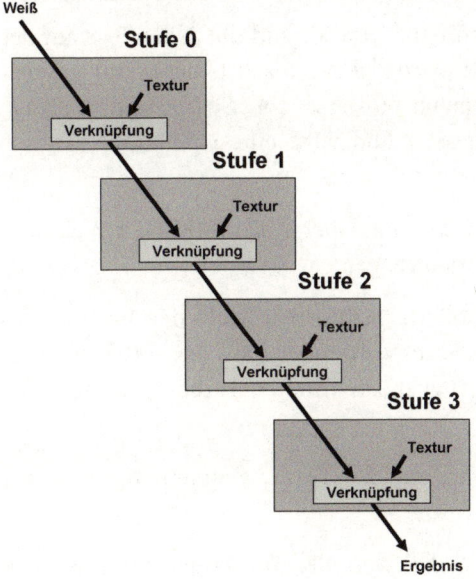

Die Verknüpfungskette ist so aufgebaut, dass auf jeder Stufe zwei Parameter (D3DTSS_COLORARG1 und D3DTSS_COLORARG2) zusammengeführt werden. Typischerweise handelt es sich dabei um das Verknüpfungsergebnis der vorherigen Stufe einerseits und die Textur der aktuellen Stufe andererseits, sodass die oben gezeigte Kaskade entsteht.

In der Renderfunktion unseres Beispiels bauen wir jetzt eine solche zweistufige Kaskade auf:

```
1 device->SetTexture( 0, textur0);
2 device->SetTextureStageState( 0, D3DTSS_COLORARG1,
                                 D3DTA_DIFFUSE);
3 device->SetTextureStageState( 0, D3DTSS_COLORARG2,
                                 D3DTA_TEXTURE);
4 device->SetTextureStageState( 0, D3DTSS_COLOROP,
                                 D3DTOP_MODULATE);
5 device->SetTexture( 1, textur1);
6 device->SetTextureStageState( 1, D3DTSS_COLORARG1,
                                 D3DTA_CURRENT);
7 device->SetTextureStageState( 1, D3DTSS_COLORARG2,
                                 D3DTA_TEXTURE);
8 device->SetTextureStageState( 1, D3DTSS_COLOROP,
                                 D3DTOP_MODULATE);
```

Die Zeilen 1–4 operieren auf der Texturstufe 0, während die Zeilen 5–8 auf der Texturstufe 1 arbeiten. Für jede Sufe wird dabei zunächst die Textur gesetzt. Danach werden die beiden Parameter (D3DTSS_COLORARG1 und D3DTSS_COLORARG2) für die jeweilige Stufe gesetzt und wird eine Operation (D3DTSS_COLOROP) ausgewählt.

Die hier verwendeten Argumentwerte werden dabei in der folgenden Weise zur Berechnung des Ergebnisfarbwerts herangezogen:

D3DTA_DIFFUSE   Es wird der interpolierte diffuse Farbwert der Vertices des aktuell betrachteten Faces verwendet. Falls dieser (wie in unserem Fall) nicht verfügbar ist, tritt die Farbe Weiß an seine Stelle.

D3DTA_TEXTURE   Es wird der Farbwert von der Textur genommen, die dieser Stufe zugeordnet ist.

D3DTA_CURRENT   Es wird der Ergebnisfarbwert der vorherigen Stufe genommen. Über diesen Wert wird die Kaskadierung gesteuert.

Als Operation verwende ich hier auf beiden Stufen D3DTOP_MODULATE. Bei dieser Operation werden die einzelnen Farbauszüge der beiden Farbwerte miteinander multipliziert.

Wenn Sie übrigens für alle oder einige der Texturen die gleichen Texturkoordinaten verwenden, so kann man Speicherplatz sparen und auf die zusätzlichen Koordinatenfelder im Vertexformat verzichten, da man auf jeder Stufe festlegen kann, welches Texturkoordinatenset man verwenden will.

Mit der Anweisung

```
device->SetTextureStageState( 1, D3DTSS_TEXCOORDINDEX, 0);
```

verwendet man zum Beispiel auf der Texturstufe 1 die Texturkoordinaten des Koordinatensets 0 aus dem Vertexformat.

Es hat wenig Sinn, an dieser Stelle alle möglichen Argumentwerte und Operationen aufzulisten und zu besprechen, zumal es allein 27 verschiedene Operationen gibt. Wir wollen stattdessen das Ergebnis betrachten, das sich ergibt, wenn man Verona Poth mit den oben gezeigten Einstellungen auf den Mount Rushmore projiziert:

Letztlich kann man auf diese Weise vielfältige Überblendungen und beeindruckende Effekte erstellen. Insbesondere möchte ich an dieser Stelle das sogenannte **Bumpmapping** erwähnen, das benutzt wird, um Texturen für rauhe Oberflächen, wie zum Beispiel Mauerputz oder Baumrinde, eine Tiefenwirkung zu geben. Aber das gehört mehr in den Bereich der Effekte und wird dort abgehandelt.

Die hier beschriebenen Operationen werden pauschal auf der ganzen Textur ausgeführt. Will man weiter gehen und ganz individuell in die Berechnung des Endwerts eingreifen, so sollte man einen Pixelshader verwenden. Dazu aber später mehr.

Zum Abschluss dieses Abschnitts sollten wir uns noch einmal den Zusammenhang zwischen Texturstages, Samplern und Texturkoordinatensets klarmachen. Wenn wir eine Textur verwenden, gehören diese drei Dinge immer zusammen:

- In der Texturstage wird festgelegt, ob und wie Farbwerte der Textur in der Pipeline zu verwenden sind. Die Texturstage konfigurieren wir über die `Set-TextureStageState`-Funktion.

- Im Sampler wird festgelegt, wie die Textur zu filtern oder zu kacheln ist. Den Sampler konfigurieren wir über die `SetSamplerState`-Funktion.

- Die Texturkoordinaten legen fest, wo ein Farbwert aus einer Textur zu entnehmen ist. Die Texturkoordinaten werden im flexiblen Vertex-Format übertragen.

Die Verbindung zwischen diesen drei Teilen wird über den Stageindex (erster Parameter in `SetTextureStageState` bzw. `SetSamplerState`) beziehungsweise die Position der Texturkoordinaten im flexiblen Vertex-Format festgelegt. Letzlich gehören also die i-te Texturstage, der i-te Sampler und das i-te Texturkoordinatenset zusammen. Wie groß dabei der Index i sein kann, hängt von der Grafikkarte ab und kann mit Hilfe der Funktion `GetDeviceCaps` abgefragt werden.

### Ein vollständig texturiertes Modell

Alles, was wir in diesem Abschnitt bisher gemacht haben, war »flach«. Jetzt wollen wir unsere Kenntnisse über den Aufbau eines 3D-Modells im Vertexbuffer und über die Texturierung zusammenführen, um ein einfaches, aber vollständig texturiertes Modell zu erzeugen. Auf diese Weise können Sie alles, was Sie in diesem Abschnitt an Einzelbeispielen gelernt haben, noch einmal im Zusammenhang wiederholen.

Als Szene wählen wir ein surreales Motiv. In eine Wüste stellen wir eine Reihe unterschiedlich großer Verona-Pyramiden:

Alle Faces des Modells sollen texturiert werden. Darum verwenden wir ein einheitliches Vertexformat:

```
# define VERTEXFORMAT    (D3DFVF_XYZ|D3DFVF_TEX1|
                         D3DFVF_TEXCOORDSIZE2(0))

struct vertex
    {
    D3DXVECTOR3 pos;
    float u;
    float v;
    };
```

Die Klasse enthält an Daten, neben dem üblichen Zeiger auf das DirextX-Device (device) und dem verwendeten Material (material), weitere Zeiger für zwei Vertexbuffer (boden und pyramiden) und zwei Texturen (bodentextur und pyramidentextur). Dazu kommen Informationen über die Größe der Grundplatte (size) und die Anzahl der Pyramiden (anzahl), die auf der Grundplatte positioniert werden.

Im privaten Bereich habe ich drei Hilfsfunktionen angelegt, die wir später noch diskutieren werden. Im öffentlichen Bereich finden Sie die übliche Schnittstelle, die ich hier immer verwende:

```
class szene
    {
    private:
        LPDIRECT3DDEVICE9 device;
        LPDIRECT3DVERTEXBUFFER9 boden;
        LPDIRECT3DTEXTURE9 bodentextur;
        LPDIRECT3DVERTEXBUFFER9 pyramiden;
        LPDIRECT3DTEXTURE9 pyramidentextur;
        D3DMATERIAL9 material;
        float size;
        int anzahl;
        void setup_boden();
        void berechne_pyramide( D3DXVECTOR3 p[5]);
        void setup_pyramiden();
    public:
        szene();
        ~szene();
        void create( LPDIRECT3DDEVICE9 dev, float siz, int anz);
        void setup();
        void render();
    };
```

In der `create`-Funktion werden die Texturen geladen und die Vertexbuffer bereitgestellt. Wichtig ist, dass der Vertexbuffer für die Pyramiden (`pyramiden`) für die Aufnahme von $12 \cdot$ *anzahl* Vertices eingerichtet wird, da jede Pyramide aus vier Faces zu jeweils 3 Vertices besteht. Alle Details dazu finden Sie im Quellcode auf der CD. Wir wollen uns im Folgenden ganz darauf konzentrieren, wie der Vertexbuffer für die Pyramiden gefüllt wird. Dies geschieht in der Funktion `setup_pyramiden`. Bevor wir diese Funktion betrachten, wollen wir uns überlegen, wie die Geometriedaten einer Pyramide in den Vertexbuffer »serialisiert« werden. Wir stellen uns dazu vor, dass die 5 Eckpunkte der Pyramide in einem Array `p[0]`,..., `p[4]` vorliegen. Das folgende Bild zeigt dann, wie wir diese Punkte so in den Buffer legen können, dass die vier Dreiecke der Pyramide entstehen. Wichtig ist, dabei die Windungsrichtung zu beachten. Die Punkte müssen für jedes Face so angeordnet werden, dass sie in der Aufsicht im Uhrzeigersinn umlaufen:[22]

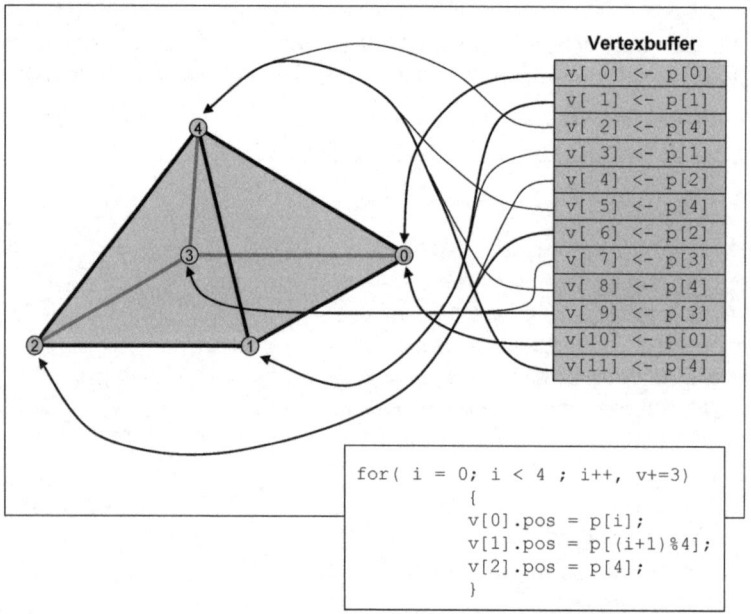

Im Kasten unterhalb der Grafik sehen Sie den C-Quellcode, mit dem die oben beschriebene Ordnung hergestellt wird. Beachten Sie dabei, dass mit jedem Durchlauf der Bufferzeiger `v` um drei Vertices vorgestellt wird, sodass das nächste zu bearbeitende Dreierpäckchen wieder mit dem Index 0 beginnt.

---

22 Diese Regel gilt nur bei Verwendung eines linkshändischen Koordinatensystems. Bei einem rechtshändischen Koordinatensystem muss die Windung entgegen dem Uhrzeigersinn verlaufen. Sie erinnern sich vielleicht noch, dass standardmäßig ein linkshändisches Koordinatensystem eingestellt ist. Man sollte dies auch nicht ändern.

Dies muss natürlich für jede Pyramide durchgeführt werden, und zusätzlich müssen noch die Texturkoordinaten gesetzt werden. Dies geschieht in der Funktion `setup_pyramiden`:

```
    void szene::setup_pyramiden()
        {
        int i, k;
        vertex *v;
        D3DXVECTOR3 p[5];
A       pyramiden->Lock(0, 0, (void **)&v, 0);
        for( k = 0; k < anzahl; k++)
            {
B           berechne_pyramide( p);
            for( i = 0; i < 4 ; i++, v+=3)
                {
C               v[0].pos = p[i];
                v[1].pos = p[(i+1)%4];
                v[2].pos = p[4];
D               v[0].u = 1.0f;
                v[0].v = 1.0f;
                v[1].u = 0.0f;
                v[1].v = 1.0f;
                v[2].u = 0.5f;
                v[2].v = 0.0f;
                }
            }
A       pyramiden->Unlock();
        }
```

Im Einzelnen werden hier die folgenden Schritte durchgeführt:

A: Sperrung und abschließende Freigabe des Vertexbuffers

B: Zufallsgesteuerte Erzeugung der Geometrie einer Pyramide. Den Quellcode zu dieser Funktion finden Sie auf der CD.

C: Berechnung der Vertices für die vier Faces einer Pyramide, wie oben bereits gezeigt.

D: Berechnung der Texturkoordinaten für die Vertices einer Pyramide. Es handelt sich jeweils um die drei Punkte »unten rechts«, »unten links« und »oben Mitte«. Wichtig ist die Reihenfolge, damit die Textur nicht gespiegelt wird.

Wie die Bodenplatte aufgebaut wird, wollen wir uns hier nicht ansehen. Das ist ja viel simpler als der Aufbau der Pyramiden. Stattdessen werfen wir noch einen

Blick auf die `render`-Funktion. Nachdem gewisse Beleuchtungseinstellungen durchgeführt worden sind, wird das Vertex-Format festgelegt und die beiden Vertexbuffer werden gerendert:

```
void szene::render()
    {
    device->SetRenderState( D3DRS_AMBIENT, 0xffffff);
    device->SetMaterial( &material);
    device->SetRenderState(D3DRS_AMBIENTMATERIALSOURCE,
                        D3DMCS_MATERIAL);

    device->SetFVF( VERTEXFORMAT);

    device->SetTexture( 0, bodentextur);
    device->SetStreamSource( 0, boden, 0, sizeof(vertex));
    device->DrawPrimitive( D3DPT_TRIANGLELIST, 0, 2);

    device->SetTexture( 0, pyramidentextur);
    device->SetStreamSource( 0, pyramiden, 0, sizeof(vertex));
    device->DrawPrimitive( D3DPT_TRIANGLELIST, 0, 4*anzahl);
    }
```

Das Ergebnis des Renderns – Verona-Pyramiden im Wüstensand – hatte ich Ihnen ja bereits oben gezeigt.

Im Prinzip können wir mit den jetzt erlernten Techniken beliebig detaillierte Modelle in unseren Programmen aufbauen. Wir geben uns damit aber nicht zufrieden. Wir wollen uns Schritt für Schritt weiter in Richtung »Mesh« voranarbeiten. Der nächste wichtige Schritt auf diesem Wege sind die sogenannten Indexbuffer.

## 7.5 Indices und Indexbuffer

Wahrscheinlich ist Ihnen auch schon aufgefallen, dass in den Vertexbuffern unserer Modelle viel Platz verschwendet wurde, weil häufig identische Vertices mehrfach vorkamen. Das war immer dann der Fall, wenn die gleichen Vertices verschiedenen Dreiecken zugeordnet wurden. Es gab keine Möglichkeit, diese Redundanz zu vermeiden. Da in einer Dreiecksliste immer drei aufeinanderfolgende Vertices ein Dreieck bilden, waren wir gezwungen, Vertices im Buffer erneut zu speichern, auch wenn sie mit identischen Daten schon an anderer Stelle vorgekommen waren. Wir wollen die Redundanz genauer berechnen und stellen uns dazu vor, dass wir das folgende Gitter in einem Vertexbuffer aufbauen wollen:

Das Gitter besteht aus 200 Dreiecken. Im Vertexbuffer benötigen wir daher Speicherplatz für 600 Vertices. Auf der anderen Seite hat das Gitter aber nur 121 verschiedene Eckpunkte. Beachten Sie, dass ein Vertex in diesem Gitter zu bis zu sechs Dreiecken gehören kann. Wenn wir eine Textur über das ganze Gitter ziehen, werden alle Eckpunkte feste Texturkoordinaten bekommen, egal welchem ihrer Dreiecke man sie gedanklich zuordnet.

Wir können die Redundanz vermeiden, indem wir dem Vertexbuffer einen sogenannten **Indexbuffer** vorschalten. Dieser Indexbuffer enthält Referenzen auf Vertices. Eine solche Referenz nennen wir **Index**:

**Indexbuffer**

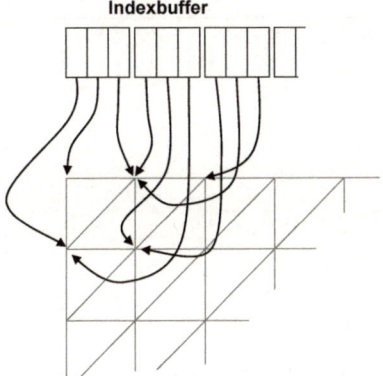

Im Vertexbuffer muss jetzt jeder Vertex des Gitters nur noch einmal gespeichert sein. Im Vertexbuffer sind die Vertices auch nicht mehr als Dreiecke angeordnet, sie können dort in beliebiger Reihenfolge auftreten. Ein Dreieck wird im Indexbuffer jeweils über drei Referenzen in den Vertexbuffer zusammengestellt. Statt 600 Vertices muss man jetzt nur noch 121 Vertices speichern, da jeder Vertex jetzt nur noch einmal vorkommt, aber gegebenfalls mehrfach referenziert wird. Dadurch benötigt man zusätzlichen Speicherplatz für den Indexbuffer, der immerhin 600 Referenzen oder Indices aufnehmen muss. Da der Speicherbedarf für einen Index[23] aber wesentlich geringer als der für einen Vertex ist, ergibt sich in unserem Beispiel eine positive Speicherbilanz. Wie groß der Gewinn ist, hängt von dem Speicherplatzbedarf für einen Vertex, also vom gewählten Vertexformat ab. Bei einer Vertexgröße v und einer Indexgröße i ergibt sich die Speicherbilanz durch die Formel:

$$600v - (121v + 600i)$$

In unserem Beispiel eines Vertexformats, das aus Position und Texturkoordinaten besteht, ist v = 20. Bei Verwendung eines 2-Byte-Index (i = 2) bedeutet das eine Speicherersparnis von immerhin 8380 Bytes, und das bei einem sehr kleinen Modell und einem sehr einfachen Vertexformat.

Beim Rendern erfolgt der Zugriff auf den Vertexbuffer jetzt allerdings immer über den vorgeschalteten Indexbuffer. Der dadurch zwangsläufig eintretende Performanceverlust ist gering, da die dazu benötigte indirekte Zugriffstechnik in der Hardware der Grafikkarte implementiert ist.

Nachdem Sie ein grundlegendes Verständnis für Indexbuffer entwickelt haben, können wir jetzt einen Indexbuffer in einem Beispiel verwenden. Wir betrachten dazu das gleiche Beispiel wie zuvor (Verona-Pyramiden), fügen jedoch in der Deklaration der Klasse einen Zeiger auf einen Indexbuffer hinzu:

```
class szene
    {
    private:
        ...
        LPDIRECT3DINDEXBUFFER9 indexbuffer;
        ...
    public:
        ...
    };
```

Dass der Zeiger auf den Indexbuffer im Konstruktor mit 0 initialisiert wird und ein gegebenenfalls allokierter Indexbuffer im Destruktor wieder freigegeben werden muss, sollte inzwischen zur Selbstverständlichkeit geworden sein und muss hier nicht mehr explizit gezeigt werden.

In der create-Funktion ist es wichtig, die richtigen Buffergrößen zu berechnen. Zur Speicherung einer Pyramide brauchen wir 9 Vertices. Lassen Sie sich nicht dadurch verwirren, dass eine Pyramide nur 5 Eckpunkte hat. Es gibt geometrisch

---

23 Es handelt sich um die laufende Nummer des Vertex im Vertexbuffer, die 2 oder 4 Bytes groß ist.

zwar nur 5 Punkte, aber die Ecken an den Fußpunkten unterscheiden sich in den Texturkoordinaten, wenn sie zu verschiedenen Seitendreiecken gehören. Nur die Spitze der Pyramide ist für alle Seiten sowohl von der Geometrie als auch von der Texturierung her gleich. Im Indexbuffer benötigen wir für jedes Dreieck drei, also für jede Pyramide 12 Indices:

```
void szene::create( LPDIRECT3DDEVICE9 dev, float siz, int anz)
    {
    …
    device->CreateVertexBuffer(9*anzahl*sizeof(vertex),…,
                               &pyramiden,…);
    device->CreateIndexBuffer(12*anzahl*sizeof(USHORT),…,
                              &indexbuffer,…);
    }
```

Den Indexbuffer erzeugen wir dabei mit der Funktion CreateIndexBuffer, die die folgende Schnittstelle hat:

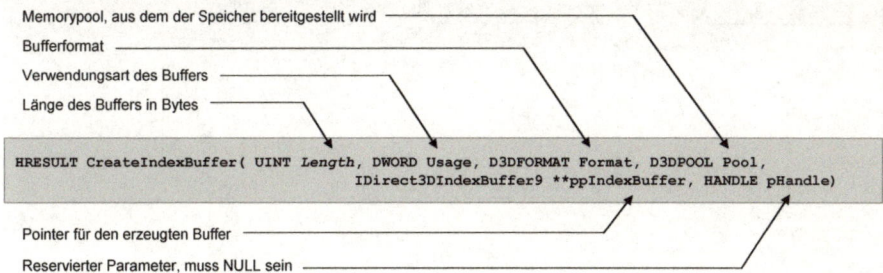

Diese Funktion ähnelt in ihrer Parametrierung der Funktion CreateVertexbuffer, sodass ich hier nicht auf jeden Parameter erneut eingehen muss. Erwähnen sollte man den Format-Parameter, über den man beispielsweise festlegen kann, ob man 16 Bit (D3DFMT_INDEX16) oder 32 Bit große Indices (D3DFMT_INDEX32) verwenden will. 16-Bit-Indices benötigen natürlich nur halb so viel Speicherplatz wie 32-Bit-Indices, dafür ist aber die Anzahl der verschiedenen Indices auf $2^{16} = 32768$ beschränkt. Als Ergebnis liefert die Funktion einen Zeiger auf das Interface IDirect3DIndexBuffer9, über das wir auf den erzeugten Indexbuffer zugreifen können. In diesem Interface gibt es seine Reihe von Zugriffsfunktionen, von denen uns hier aber nur die bereits von den Vertexbuffern bekannten Funktionen Lock und Unlock interessieren.

Die Speicherersparnis ist übrigens in diesem Fall nicht überwältigend.

Vorher:

$12 \cdot anzahl \cdot sizeof\left(vertex\right) = 240 \cdot anzahl$

Nachher:

$$9 \cdot anzahl \cdot sizeof(vertex) + 12 \cdot anzahl \cdot sizeof(USHORT) = 204 \cdot anzahl$$

Man spart bei Verwendung von 16-Bit-Indices pro Pyramide 36 Bytes.

Als Nächstes überlegen wir uns, wie wir in dieser Situation den Vertex und den Indexbuffer aufbauen sollten. Wir betrachten dazu eine einzelne Pyramide. Am einfachsten ist es, wenn man im Vertexbuffer zunächst einmal die Pyramidenspitze ablegt. Danach folgen die Fußpunkte von unten gesehen im Uhrzeigersinn, wobei alle Fußpunkte wegen der unterschiedlichen Texturkoordinaten doppelt vorkommen müssen:

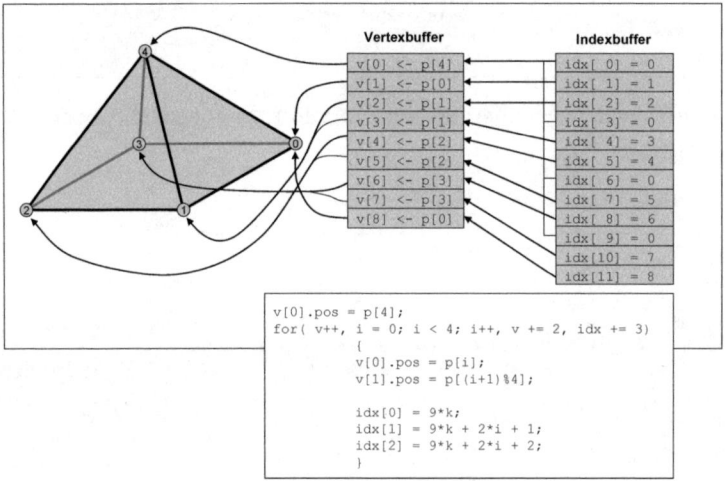

Die obige Grafik zeigt die Verweisstruktur, die man dann im Indexbuffer benötigt. Beachten Sie dabei, dass im Indexbuffer kein Zeiger, sondern die laufende Nummer des referenzierten Vertex aus dem Vertexbuffer steht. Das Codeschnipsel in der Grafik zeigt, wie man die Indizierung für die k-te Pyramide vornehmen muss. Für jedes der vier Dreiecke wird zunächst eine Referenz auf die Pyramidenspitze (`idx[0] = 9*k`) erzeugt, und danach werden die Indices des rechten und linken Fußpunktes (`idx[1]`, `idx[2]`) eingetragen. Die vollständige Funktion zum Aufbau von Vertex- und Indexbuffer (`setup_pyramiden`) können Sie sich bei Bedarf im Quellcode auf der CD anschauen. Dort sehen Sie auch, wie die Texturkoordinaten der Vertices zu setzen sind und wie der Indexbuffer vor der Verwendung gesperrt und anschließend wieder entsperrt wird.

Wichtig ist, dass wir jetzt beim Rendern darauf hinweisen müssen, dass der Vertexbuffer »durch« den Indexbuffer zu sehen ist. Dazu sind zwei Dinge zu tun:

▶ Wir müssen den Indexbuffer auswählen (`SetIndices`), und

▶ wir müssen den Vertexbuffer als Indexed-Primitive rendern (DrawIndexed-Primitive).

Wie dies zu geschehen hat, zeigt das folgende Code-Fragment:

```
void szene::render()
    {
    …
    device->SetTexture( 0, pyramidentextur);
    device->SetStreamSource( 0, pyramiden, 0, sizeof(vertex));
    device->SetIndices(indexbuffer);
    device->DrawIndexedPrimitive( D3DPT_TRIANGLELIST,
                                0, 0, 9*anzahl, 0, 4*anzahl);
    }
```

DirectX verwendet dann den Indexbuffer für den Zugriff auf den Vertexbuffer. Das Endergebnis ist das gleiche wie im letzten Abschnitt. Wir sehen eine Reihe von Verona-Pyramiden im Wüstensand.

Ein Indexbuffer ist also letztlich nur ein Hilfsmittel, um bei sich wiederholenden Vertexdaten Speicherplatz zu sparen. Wir müssen diese Kombination von Index- und Vertexbuffer aber kennen, wenn wir bei einem Mesh auf die Geometriedaten zugreifen wollen, um beispielsweise eine Kollisionsprüfung durchzuführen. Noch sind wir nicht so weit, um uns an das Thema »Kollisionsprüfung« herantrauen zu können. Dazu fehlt noch ein entscheidender Schritt. Wir müssen verstehen, wie ein Mesh aufgebaut ist. Im Mesh werden wir unter anderem einen Vertexbuffer und einen Indexbuffer finden.

## 7.6 Meshes

In diesem Abschnitt wollen wir uns mit der wichtigsten geometrischen Grundstruktur der 3D-Programmierung – dem Mesh – beschäftigen. Mit Meshes haben wir von Anfang an gearbeitet, ohne jedoch deren innere Struktur zu beachten. Das war bisher auch nicht nötig, da wir einen Mesh direkt aus einer x-Datei laden (D3DXLoadMeshFromX) und ihn dann über sein Interface (ID3DXMesh) bedienen konnten. Für viele Spiele reicht das vollständig aus. Häufig ist man aber gezwungen, etwas tiefer in die Strukturen eines Mesh einzudringen. Stellen Sie sich vor, dass Sie einen Mesh haben, der eine Wasseroberfläche modelliert. Die starre Wasseroberfläche wollen Sie jetzt durch Wellen in Bewegung versetzen. Das erreichen Sie, indem Sie unmittelbar auf der Geometrie des Meshs – also auf seinen Faces und Vertices – Berechnungen durchführen. Das erforderliche Wissen dafür wollen wir uns jetzt aneignen.

### 7.6.1 Aufbau eines Mesh

Mit den Grundkenntnissen der letzten Abschnitte ist der Aufbau eines Meshs sehr einfach zu verstehen. Ein Mesh besteht grundsätzlich aus vier Teilen, von denen wir die beiden ersten bereits kennen:

- Vertexbuffer
- Indexbuffer
- Attributbuffer
- Attributtabelle

Die Bedeutung von Vertex und Indexbuffer kennen wir bereits. Durch den Attributbuffer und die Attributtabelle wird der Mesh in verschiedene Subsets gegliedert, wobei sich diese Subsets dadurch auszeichnen, dass in ihnen ein einheitliches Material beziehungsweise eine einheitliche Textur verwendet wird. Im Attributbuffer steht für jedes Face eine Materialnummer, die eindeutig das Material (Farbe, Textur) kennzeichnet, mit dem das Face zu belegen ist. Materialien und Texturen selbst liegen außerhalb des Meshs und sind vor dem Zeichnen eines Subsets (DrawSubset) mit den Funktionen SetMaterial und SetTexture jeweils in das Device zu laden. Die Attributtabelle erlaubt es zusätzlich, den Attributbuffer so zu gliedern, dass ein schnelles und effizientes Rendering des Meshs möglich wird. Die folgende Skizze zeigt die Zusammenhänge:

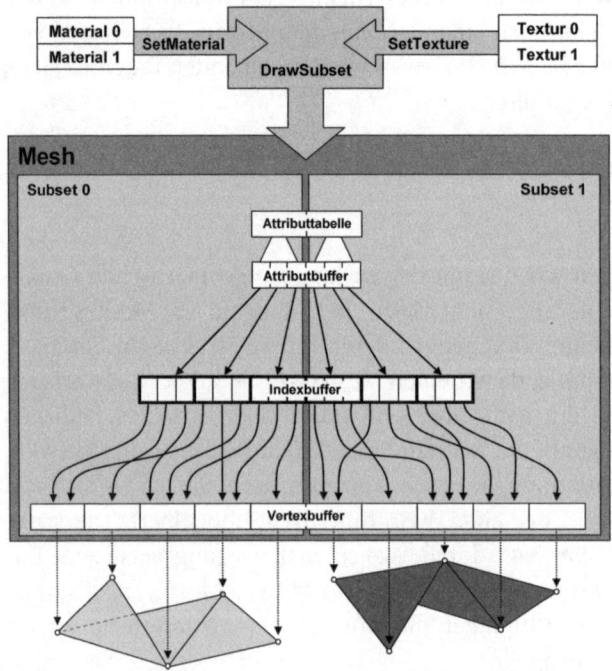

Den genauen Aufbau des Attributbuffers und der Attributtabelle entnehmen Sie dem Beispiel des folgenden Abschnitts.

### 7.6.2 Implementierung eines Meshs

In diesem Abschnitt wollen wir unser Standardbeispiel (Verona-Pyramiden im Wüstensand) als Mesh implementieren. Die meisten dafür erforderlichen Aktivitäten kennen Sie bereits. Trotzdem wollen wir uns noch einmal alle Schritte vor Augen führen, wobei ich im Detail nur auf die noch nicht besprochenen Teile eingehen werde. Um einen Mesh im Speicher aufzubauen, müssen wir Folgendes tun:

1. Den Mesh erzeugen (create)
2. Den Vertexbuffer mit den Eckpunkten des Meshs füllen
3. Den Indexbuffer für jedes Face mit Referenzen auf dessen Vertices füllen
4. Den Attributbuffer füllen
5. Die Attributtabelle erstellen und mit Werten füllen

Wir starten mit dem ersten Punkt.

**1. Den Mesh erzeugen**

Um einen Mesh zu erzeugen, benötigen wir zunächst einen Zeiger, der eine Referenz auf einen Mesh aufnehmen kann:

```
LPD3DXMESH mesh
```

Dann rufen wir die Funktion D3DXCreateMeshFVF auf, um einen Mesh zu erzeugen.

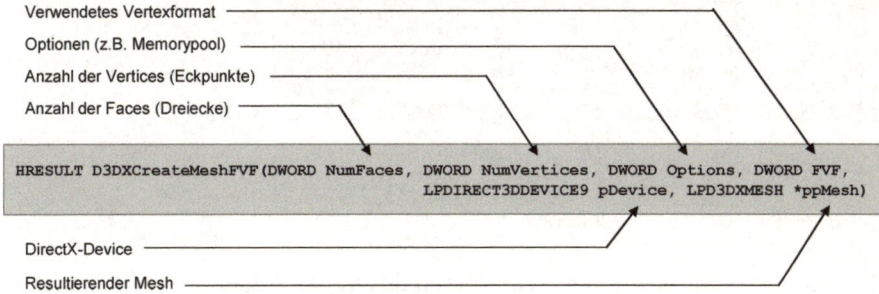

In unserem Beispiel sieht das wie folgt aus:

```
D3DXCreateMeshFVF(4*anzahl+2,9*anzahl+4,D3DXMESH_MANAGED,
                  VERTEXFORMAT, device, &mesh);
```

Wir haben ja 4 Faces pro Pyramide und 2 Faces für die Bodenplatte. Das macht $4 \cdot anzahl + 2$ Faces insgesamt. Pro Pyramide benötigen wir 9 Vertices. Zusammen mit den 4 Vertices für die Grundplatte sind das $9 \cdot anzahl + 4$ Vertices. Als Vertexformat liegt hier das übliche durch die symbolische Konstante

```
#define VERTEXFORMAT (D3DFVF_XYZ|D3DFVF_TEX1|D3DFVF_
TEXCOORDSIZE2(0))
```

definierte Format zugrunde, das den Positionsvektor und eine Texturkoordinate vorsieht.

DirectX generiert durch den oben gezeigten Aufruf einen noch leeren Mesh, der aber schon Vertexbuffer, Indexbuffer und Attributbuffer in der gewünschten Größe enthält. Eine Attributtabelle hat der Mesh noch nicht. Die werden wir später hinzufügen.

Wir wollen den Mesh in zwei Subsets unterteilen. Das erste Subset soll die Bodenplatte und das zweite Subset die Pyramiden enthalten. Grundsätzlich wird der Mesh damit den folgenden Aufbau erhalten:

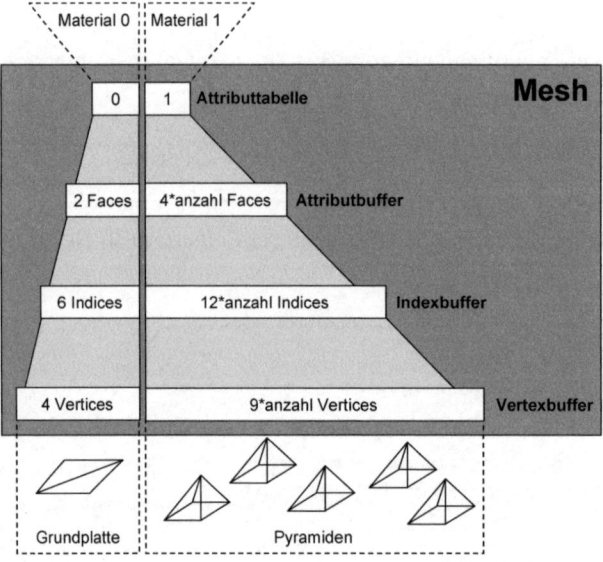

### 2. Den Vertexbuffer mit den Eckpunkten des Meshs füllen

Wie man Vertexbuffer und Indexbuffer befüllt, wissen Sie schon. Man muss jetzt nur beachten, dass man Vertex- und Indexbuffer nicht mehr explizit in den Händen hält und man sich diese daher über den Mesh reservieren muss. Für den Vertexbuffer sieht das wie folgt aus:

```
vertex *pv;

mesh->LockVertexBuffer( D3DLOCK_NOSYSLOCK, (void **)&pv);

… Zugriff auf den Vertexbuffer über den Zeiger pv

mesh->UnlockVertexBuffer();
```

Der Datentyp `vertex` bezieht sich dabei auf die mit dem Vertexformat assoziierte Datenstrukur:

```
struct vertex
    {
    D3DXVECTOR3 pos;
    float u;
    float v;
    };
```

Wie man den Vertexbuffer füllt, wissen Sie bereits. Beachten Sie, dass wir alle Vertices, also sowohl die für die Bodenplatte als auch die für die Pyramiden, jetzt in einen Vertexbuffer schreiben. Nach diesem Arbeitsschritt ist der Mesh wie folgt aufgebaut:

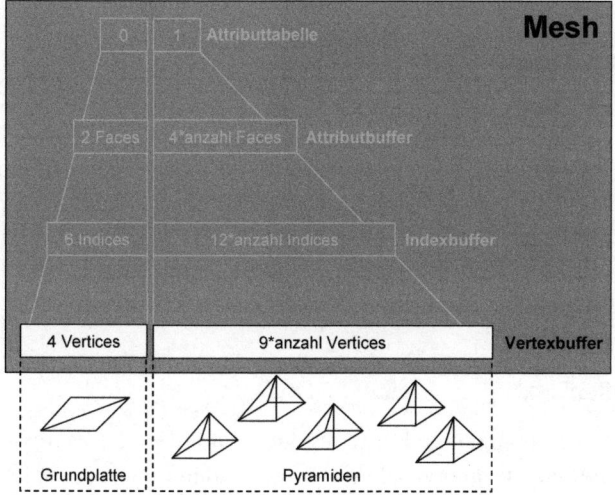

Die schwarz umrandeten und beschrifteten Teile sind fertig. Der Rest muss noch erstellt werden.

### 3. Den Indexbuffer für jedes Face mit Referenzen auf dessen Vertices füllen

Analog zum Vertexbuffer muss man den Indexbuffer vor dem Zugriff reservieren:

```
USHORT* pi;

mesh->LockIndexBuffer( D3DLOCK_NOSYSLOCK, (void **)&pi);

… Zugriff auf den Indexbuffer über den Zeiger pi

mesh->UnlockIndexBuffer();
```

Auch der Indexbuffer zerfällt gedanklich in zwei Teile. In den ersten Teil tragen wir die Indices auf die Ecken der Grundplatte ein, und im zweiten Teil werden die Referenzen auf die Ecken der Pyramiden gespeichert. Wie das im Einzelnen zu machen ist, wissen Sie bereits aus den vorherigen Abschnitten. Es ergibt sich ein Mesh in folgendem Entwicklungsstadium:

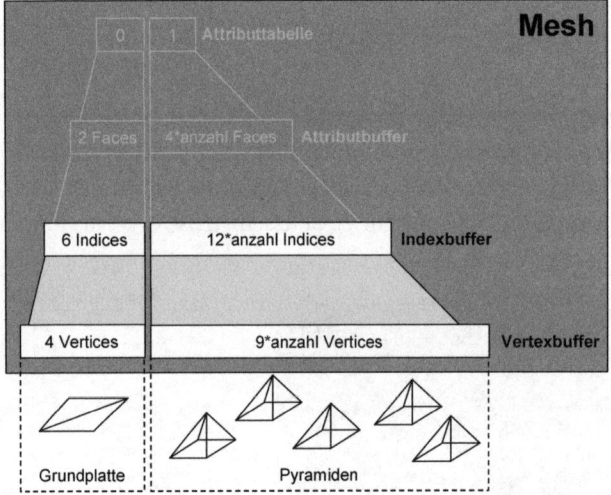

Die Geometriedaten sind jetzt alle in einem gemeinsamen Vertexbuffer und in einem gemeinsamen Indexbuffer. Damit in dieser Situation unterschieden werden kann, welcher Teil des Modells mit welchem Material gerendert werden soll, benötigen wir den Attributbuffer.

### 4. Den Attributbuffer füllen

Auch der Attributbuffer ist schon angelegt. Für jedes der $4 \cdot anzahl + 2$ Faces muss dort eine Materialkonstante eingetragen werden. Für die beiden ersten Faces ist das die Konstante 0 (= Sand), für die restlichen $4 \cdot anzahl$ die Konstante 1 (= Verona). Die Reservierung erfolgt in der üblichen Weise über den Mesh:

```
DWORD *pa;
int i;

mesh->LockAttributeBuffer( D3DLOCK_NOSYSLOCK, &pa);
pa[0] = 0;
pa[1] = 0;
for( i = 0; i < 4*anzahl; i++)
    pa[2 + i] = 1;
mesh->UnlockAttributeBuffer();
```

Beachten Sie, dass sich ein Eintrag im Attributbuffer jeweils auf ein Face, das heißt auf drei aufeinanderfolgende Indices im Indexbuffer bezieht. Der Mesh hat jetzt den folgenden Aufbau:

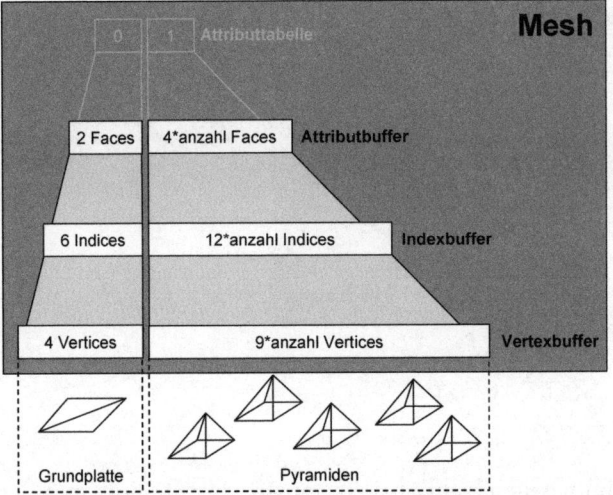

Bis auf die Attributtabelle ist der Mesh jetzt fertig. Auch ohne Attributtabelle handelt es sich bereits um einen funktionsfähigen Mesh, der von DirectX gerendert werden kann. In kluger Voraussicht haben wir den Indexbuffer und den Vertexbuffer »sortenrein« aufgebaut. Zuerst kommen alle Indices für das erste Material, dann alle für das zweite Material. Wenn wir diesen Aufbau noch zusätzlich beschreiben, kann DirectX den Mesh schneller rendern, da dann unmittelbar klar ist, von wo bis wo in den Buffern sich die zu den jeweiligen Subsets gehörenden Indices und Vertices befinden. Diese zusätzliche Beschreibung erstellen wir im fünften und letzten Schritt in der Attributtabelle.

### 5. Die Attributtabelle erstellen und mit Werten füllen

Eine Attributtabelle dient zur performanteren Verarbeitung eines Meshs. Sie enthält für jedes Attribut – oder besser gesagt Material – eine Datenstruktur vom

Typ D3DXATTRIBUTERANGE. Diese Datenstruktur enthält als erstes Feld die Materialnummer (AttribId). Dann folgen Informationen über die Anzahl der Faces (FaceCount), den Startindex des ersten Faces (FaceStart), die Anzahl der Vertices (VertecCount) und den Startindex des ersten Vertex (VertexStart) für das jeweilige Material. In unserem Beispiel sollte die Attributtabelle wie folgt aufgebaut werden, damit sie die beiden Subsets des Meshs korrekt beschreibt:

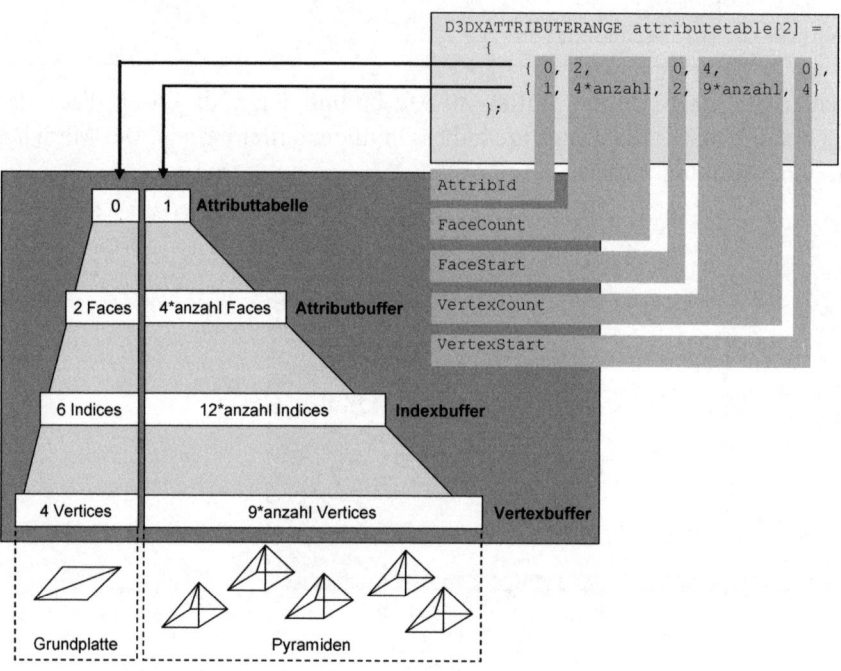

Nachdem wir eine Attributtabelle erzeugt haben, müssen wir sie noch mit der Funktion SetAttributeTable an den Mesh übergeben. Im Programmcode sieht das dann wie folgt aus:

```
D3DXATTRIBUTERANGE attributetable[2] =
    {
        { 0, 2, 0, 4, 0},
        { 1, 4*anzahl, 2, 9*anzahl, 4}
    };

mesh->SetAttributeTable( attributetable, 2);
```

Der Mesh ist jetzt fertig und kann gerendert werden:

```
device->SetTexture( 0, bodentextur);
mesh->DrawSubset( 0);
device->SetTexture( 0, pyramidentextur);
mesh->DrawSubset( 1);
```

Ein Mesh kann nicht nur auf dem Bildschirm dargestellt werden. Er kann auch sehr einfach in einen x-File entladen werden. Das ist insbesondere dann nützlich, wenn man einen Mesh, nachdem man ihn erzeugt hat, mit anderen Werkzeugen weiterverarbeiten will oder wenn man ihn nicht bei jedem Programmstart neu erzeugen will. Ohne weiteren Kommentar zeige ich Ihnen daher zum Abschluss dieses Kapitels, wie man den hier erzeugten Mesh speichern kann:

```
D3DXMATERIAL mat[2];

ZeroMemory( mat, 2*sizeof(D3DXMATERIAL));
mat[0].pTextureFilename = "Sand.jpg";
mat[0].MatD3D.Diffuse = D3DXCOLOR( 1, 1, 1, 1);
mat[1].pTextureFilename = "Verona.bmp";
mat[1].MatD3D.Diffuse = D3DXCOLOR( 1, 1, 1, 1);

D3DXSaveMeshToX( „mesh.x", mesh, 0, mat, 0, 2,
                DXFILEFORMAT_TEXT);
}
```

Das Thema Meshes ist damit aber noch nicht abgeschlossen.

### 7.6.3 Progessive Meshes

Bei Meshes stehen wir vor einem Problem, das wir im Zusammenhang mit Texturen bereits diskutiert hatten. Je weiter der Betrachter sich von einem Mesh entfernt, umso weniger Details kann und will er wahrnehmen. Es macht wenig Sinn, alle Faces eines Meshs zu rendern, wenn das Ergebnis hinterher auf wenige Bildschirmpixel komprimiert werden muss. Allerdings kann man einen Mesh nicht planlos, etwa durch Weglassen von Eckpunkten, vereinfachen. Es ist sehr genau zu prüfen, welche Ecken entfernt werden können, ohne die äußere Gestalt zu stark zu beeinflussen. Nimmt man bei einer Pyramide mit quadratischem Grundriss einen Fußpunkt weg, so bleibt es immerhin eine Pyramide. Nimmt man aber die Spitze weg, so bleibt nur ein Quadrat übrig:

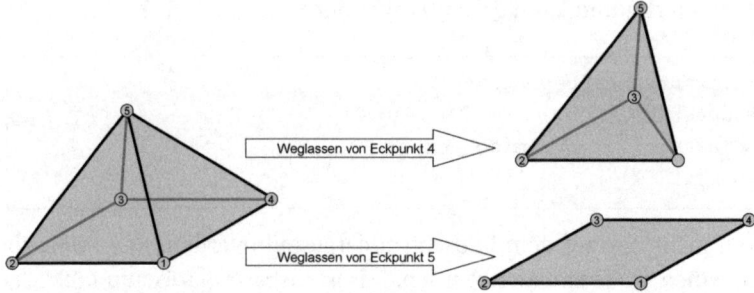

Um Algorithmen für eine systematische Vergröberung von Meshes müssen wir uns nicht kümmern. Solche Algorithmen sind bereits in DirectX in den sogenannten progressiven Meshes implementiert.

Unter einem **progessiven Mesh** verstehen wir einen Mesh, der in der Lage ist, sein Drahtgitter bei Bedarf zu verfeinern oder zu vergröbern. Den Detaillierungsgrad, in dem ein Mesh dargestellt wird, bezeichnet man auch als **Level of Detail (LOD)** .

Wir wollen einen progressiven Mesh sofort in einem Beispiel verwenden und betrachten dazu die folgende Klasse:

```
class progressivemesh
    {
    private:
        LPDIRECT3DDEVICE9 device;
        LPD3DXPMESH progmesh;

        int minvertices;
        int maxvertices;
        D3DMATERIAL9 *materialien;
        DWORD anz_mat;
        LPDIRECT3DTEXTURE9 *texturen;
    public:
        progressivemesh();
        ~progressivemesh();
        void create( LPDIRECT3DDEVICE9 dev, char *xfile);
        int setup( unsigned int lod);
        void render();
    };
```

Neu ist hier eigentlich nur der Zeiger LPD3DXPMESH, der auf einen progressiven Mesh mit dem zugehörigen Interface ID3DXPMesh zeigt. Die privaten Member minvertices und maxvertices dienen dazu, die Spannbreite des Meshs von seiner gröbsten zu seiner feinsten Darstellung festzuhalten. Beachten Sie auch, dass ich die Schnittstelle der Funktion `setup` mit einem Parameter (`lod`) versehen habe, über den wir später das Level of Detail des Meshs steuern werden.

Da in Konstruktor und Destruktor nur die üblichen Initialisierungen und Aufräumarbeiten durchgeführt werden, schauen wir direkt auf die `create`-Methode, in der der progressive Mesh angelegt wird:

```
void progressivemesh::create( LPDIRECT3DDEVICE9 dev,
                               char *xfile)
    {
    LPD3DXMESH mesh;
    D3DXMATERIAL* mat;
    LPD3DXBUFFER adjazenzbuffer = 0;
    LPD3DXBUFFER materialbuffer = 0;
    DWORD i;

    device = dev;
```
A
```
    D3DXLoadMeshFromX( xfile, D3DXMESH_MANAGED, device,
            &adjazenzbuffer, &materialbuffer, NULL,
            &anz_mat, &mesh);
```
B
```
    mat = (D3DXMATERIAL*)materialbuffer->GetBufferPointer();
    materialien = new D3DMATERIAL9[anz_mat];
    texturen  = new LPDIRECT3DTEXTURE9[anz_mat];

    for( i = 0; i < anz_mat; i++)
        {
        materialien[i] = mat[i].MatD3D;
        materialien[i].Ambient = D3DXCOLOR( 1, 1, 1, 0);
        if( D3DXCreateTextureFromFile( device,
                mat[i].pTextureFilename, &texturen[i]) < 0)
            texturen[i] = NULL;
        }
```
C
```
    D3DXGeneratePMesh(mesh,
            (DWORD*)adjazenzbuffer->GetBufferPointer(),
            NULL, NULL, 1, D3DXMESHSIMP_VERTEX, &progmesh);
```
D
```
    minvertices = progmesh->GetMinVertices();
    maxvertices = progmesh->GetMaxVertices();
    progmesh->SetNumVertices( maxvertices);
```
E
```
    materialbuffer->Release();
    adjazenzbuffer->Release();
    mesh->Release();
    }
```

Dazu benötigen Sie sicher noch einige Erklärungen:

A: Zunächst werden die Daten aus einem x-File in einen »gewöhnlichen« Mesh geladen. Das kennen Sie schon. Neu ist hier allerdings, dass wir uns im Parameter `adjazenzbuffer` einen sogenannten Adjazenzbuffer erzeugen lassen. Der Adjazenzbuffer enthält zu jedem Face Informationen über dessen benachbarte (adjazente) Faces. Aber das muss uns hier nicht besonders interessieren, da wir den Buffer hier nur holen, um ihn an anderer Stelle wieder abzugeben.

B: Hier werden die Materialien und Texturen bereitgestellt, die man später zum Rendern verwendet. Auch das kennen Sie schon aus vielen Beispielen.

C: Hier wird jetzt aus dem Mesh (`mesh`) ein progressiver Mesh (`progmesh`) erzeugt. Dazu geben wir unter anderem den Bufferzeiger des Adjazenzbuffers, den wir uns in A geholt haben, wieder ab.

D: Wir lesen die maximale und minimale Vertexzahl des progressiven Meshs aus und speichern die Werte in den bereitgestellten Variablen. Anschließend stellen wir den Mesh auf höchste Auflösung. Die Funktion `SetNumVertices` verdient in diesem Zusammenhang besondere Beachtung. Mit dieser Funktion werden wir später auch das Level of Detail einstellen.

E: Hier werden die nicht mehr benötigten Objekte freigegeben.

Im Prinzip können wir jetzt jedes Level of Detail zwischen `minvertices` und `maxvertices` einstellen. Andeutungsweise haben Sie das ja schon unter Punkt D der vorausgegangenen Erklärungen gesehen. Wir wollen hier aber gröber rastern. Ausgehend von der Maximaldetaillierung (`maxvertices`) wollen wir mit jeder weiteren Vergröberung die Anzahl der Vertices bis hin zur größtmöglichen Vergröberung (`minvertices`) jeweils halbieren. Dazu dividieren wir die Maximalzahl durch $2^{lod}$ und setzen die so erhaltene Vertexzahl, sofern diese nicht kleiner als die Minimhalzahl ist:

```
int progressivemesh::setup( unsigned int lod)
    {
    unsigned int av;

    av = maxvertices >> lod;
    if( av < minvertices)
        return 0;
    progmesh->SetNumVertices( av);
    return 1;
    }
```

Da ich in diesem speziellen Beispiel nur das Gitter und nicht die Oberfläche der Kugel anzeigen will, habe ich als Erstes in der render-Funktion den Füllmodus auf D3DFILL_WIREFRAME gestellt. Danach erfolgt das übliche Rendern eines Meshs:

```
void progressivemesh::render()
    {
    DWORD i;

    device->SetRenderState( D3DRS_FILLMODE, D3DFILL_WIREFRAME);

    for( i = 0; i < anz_mat; i++ )
        {
        device->SetMaterial( materialien+i);
        device->SetTexture( 0, texturen[i]);
        progmesh->DrawSubset( i);
        }
    }
```

Als Beispiel habe ich eine Kugel mit 4961 Vertices geladen. Dadurch ergeben sich 10 verschiedene Levels of Detail, von denen die ersten 9 nachfolgend abgebildet sind:

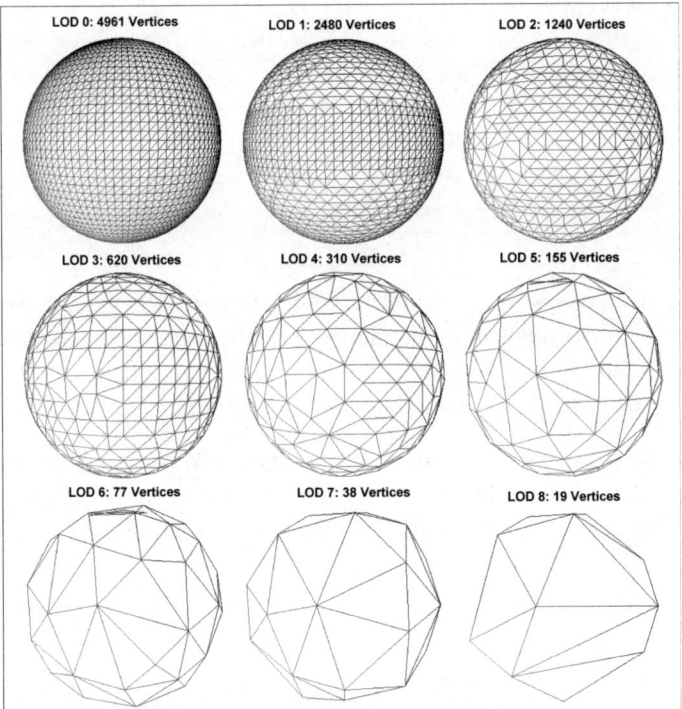

Es gibt danach noch ein Level mit 9 Vertices, das hier aber nicht gezeigt ist, bevor im nächsten Schritt die Minimalzahl von 5 Vertices unterschritten wird.

Da das »freie« Skalieren von progressiven Meshes zur Laufzeit zu Performanceproblemen führen kann, ist es gängige Praxis, zum Programmstart die benötigten LODs zu berechnen und in einem Array bereitzustellen. Ich will Ihnen auch dieses Vorgehen in einem Beispiel zeigen.

In der Klasse sehen wir jetzt anstelle des Zeigers progmesh einen Array von Zeigern auf progressive Meshes (progmeshes) vor, den wir in der create-Methode entsprechend der dann erkennbar benötigten Anzahl von LODs dynamisch allokieren werden:

```
class progressivemesh
    {
    private:
        LPDIRECT3DDEVICE9 device;
        LPD3DXPMESH *progmeshes;
        int maxlod;
        int current_mesh;
        D3DMATERIAL9 *materialien;
        DWORD anz_mat;
        LPDIRECT3DTEXTURE9 *texturen;
    public:
        progressivemesh();
        ~progressivemesh();
        void create( LPDIRECT3DDEVICE9 dev, char *xfile);
        int setup( unsigned int lod);
        void render();
    };
```

In der Member-Variablen current_mesh speichern wir den Index des gerade verwendeten Meshs. Die ursprünglich vorhandenen Member minvertices und maxvertices werden nur noch temporär in der create-Methode benötigt. An ihre Stelle ist maxlod als Variable für das maximale LOD getreten.

Es ist zu erwarten, dass die create-Methode um einiges aufwändiger wird als zuvor, da jetzt für jedes LOD ein Mesh erzeugt und in dem Array gespeichert werden muss. Wir betrachten die zusätzlichen Teile dieser Funktion daher wieder im Detail:

```
   void progressivemesh::create( LPDIRECT3DDEVICE9 dev,
                                 char *xfile)
     {
A    ...
     LPD3DXPMESH progmesh;
     ...
     D3DXGeneratePMesh( ..., &progmesh);
     minvertices = progmesh->GetMinVertices();
     maxvertices = progmesh->GetMaxVertices();
     progmesh->SetNumVertices( maxvertices);
B    for( i = maxvertices, maxlod = 0; i >= minvertices; i >>= 1)
         maxlod++;
     progmeshes = new LPD3DXPMESH[anz_meshes];
C    for( i = 0; i < maxlod; i++)
         {
         progmesh->ClonePMeshFVF( D3DXMESH_MANAGED|
                     D3DXMESH_VB_SHARE,
                     progmesh->GetFVF(), device, progmeshes + i);
         progmeshes[i]->TrimByVertices( maxvertices >> i,
                              maxvertices >> i, NULL, NULL);
         progmeshes[i]->OptimizeBaseLOD(
                              D3DXMESHOPT_VERTEXCACHE, NULL);
         }
     current_mesh = 0;
     ...
     }
```

A: Bis hierhin ist noch alles wie zuvor, wenn man davon absieht, dass `progmesh`, `minvertices` und `maxvertices` keine Member-Variablen, sondern lokale Variablen in dieser Funktion sind.

B: Durch fortlaufende Division durch zwei (`i>>1`) wird festgestellt, wie viele LODs (`maxlod`) wir benötigen. Dann wird der Array für die Meshzeiger entsprechend allokiert.

C: Jetzt wird jeweils der progressive Mesh `progmesh` dupliziert, im Array abgespeichert und anschließend auf eine feste Vertexzahl eingestellt und optimiert. Nach dem Verlassen der Schleife wird noch der Mesh mit dem höchsten Detaillierungsgrad als aktueller Mesh eingestellt.

In der `setup`-Funktion wird jetzt nur ein anderer Mesh ausgewählt, sofern der gewünschte LOD korrekt ist:

```
int progressivemesh::setup( unsigned int lod)
    {
    if( lod >= anz_meshes)
        return 0;
    current_mesh = lod;
     return 1;
    }
```

Beim Rendern kommt es jetzt nur noch darauf an, den richtigen (current_mesh) Mesh aus dem Array zu wählen:

```
void progressivemesh::render()
    {
    DWORD i;

    device->SetRenderState( D3DRS_FILLMODE, D3DFILL_WIREFRAME);

    for( i = 0; i < anz_mat; i++ )
        {
        device->SetMaterial( materialien+i);
        device->SetTexture( 0, texturen[i]);
        progmeshes[current_mesh]->DrawSubset( i);
        }
    }
```

Damit schließen wir unsere Reise durch das Innenleben der Meshes ab. Zum Abschluss dieses Kapitels möchte ich Ihnen zeigen, dass man das, was wir jetzt über Meshes gelernt haben, sehr sinnvoll zur Spieleprogrammierung einsetzen kann. Allgemein gesprochen gibt es zwei Anwendungsszenarien: Man kann einen komplexen Mesh generieren, oder man kann einen komplexen Mesh analysieren. Zu beiden Szenarien möchte ich Ihnen wichtige Anwendungen zeigen. Zum einen möchte ich einen einfachen Terrain-Generator erstellen und zum anderen möchte ich das bereits mehrfach angekündigte Thema der Kollisionserkennung behandeln.

## 7.7   Ein einfacher Terrain-Generator

Ein komplettes Level für ein Spiel wird man sicherlich nicht synthetisch im Rechner erzeugen. Dafür wird man Werkzeuge wie CINEMA 4D oder 3D Studio MAX verwenden. Trotzdem gibt es zahlreiche Anwendungsfälle, in denen man einen Mesh erzeugen oder manipulieren muss. Als Beispiel wollen wir hier einen einfachen Terrain-Generator erstellen. Dieser Generator soll in einem ersten Schritt ein Gitter in einer frei wählbaren Größe mit einer frei wählbaren Anzahl an Unterteilungspunkten erzeugen:

Das Gitter wird dann in einem zweiten Schritt zu einem Höhenmodell verformt. Als Höhenprofil verwenden wir dabei ein Bild, dessen Grauwerte der Generator als Höhenangaben interpretiert. Über das erzeugte Modell müsste man dann eigentlich noch geländespezifische Texturen legen. So weit wollen wir hier aber nicht gehen, wir ziehen das zur Modellierung verwendete Bild auf das Gitter. Die folgende Skizze zeigt das Vorgehen anhand eines Einstein-Portraits:

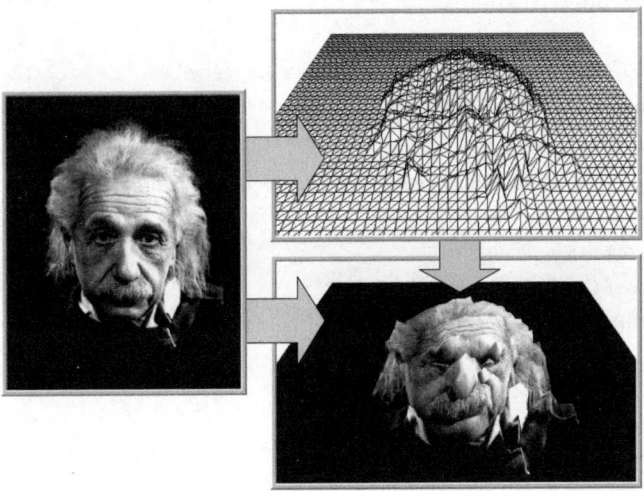

Für ein landschaftsnäheres Modell wird man natürlich ein Graustufenbild verwenden, das man sich ganz einfach mit einem Grafikeditor wie Paintbrush oder Gimp erzeugen kann.

Bei der Entwicklung des Generators werden Sie einige neue Kenntnisse erwerben. Zum Beispiel werden Sie lernen, wie man einzelne Farbwerte aus einer Textur ausliest. Zunächst aber betrachten wir die Schnittstelle unseres Terrain-Generators:

```
class terragen
    {
    private:
        LPDIRECT3DDEVICE9 device;
        LPD3DXMESH mesh;
        D3DMATERIAL9 material;
        LPDIRECT3DTEXTURE9 heightmap;
        char hfilename[256];
        int xgrid;
        int zgrid;
    public:
        terragen();
        ~terragen();
        void create( LPDIRECT3DDEVICE9 dev, int xg, int zg);
        void setup( char *hmapfile, float xo, float xs,
                            float yo, float ys, float zo, float zs);
        void render();
        void unload( char *filename);
    };
```

Hier finden wir die folgenden Attribute

| | |
|---|---|
| device | DirectX-Device, das in der create-Methode übergeben wird |
| mesh | Vom Terrain-Generator erzeugter Mesh |
| material | Material zum Rendern |
| heightmap | Textur des Graustufenbildes, das zum Erzeugen des Höhenprofils verwendet wird |
| hfilename | Dateiname des Graustufenbildes |
| xgrid | Anzahl der Gitterpunkte in x-Richtung |
| zgrid | Anzahl der Gitterpunkte in z-Richtung |

und Methoden:

| | |
|---|---|
| terragen | Konstruktor |
| ~terragen | Destruktor |
| create | Methode zum Erzeugen des Vertexbuffers für das Gitter. Neben dem Device (dev) wird hier die gewünschte Anzahl an Gitterpunkten (xg, zg) übergeben. |
| setup | Methode zum Erzeugen des Profils. Übergeben werden die Graustufendatei (hmapfile) und Offsets (xo, yo, zo) und Skalierungsfaktoren (xs, ys, zs) für alle Koordinatenrichtungen. |
| render | Methode zum Darstellen des fertigen Modells. |
| unload | Entladen des Modells in einen x-File (filename). |

Bei der Diskussion des Terrain-Generators werde ich mich im Wesentlichen auf die Methoden create und setup konzentrieren.

In der create-Methode wird das Gitter vorbereitet. Als Parameter gehen die Anzahl der Gitterpunkte in x- (xg) und in z-Richtung (zg) ein und werden den Member-Variablen xgrid beziehungsweise zgrid zugewiesen. Sind diese Informationen bekannt, kann die Anzahl der Faces (2*xgrid*zgrid) und die Anzahl der Vertices ((xgrid+1)*(zgrid+1)) berechnet und der Mesh angelegt werden (A). Wir kennen dann zwar noch keine einzige Koordinate des Gitters, können aber schon die Indexstruktur über dem Vertexbuffer aufbauen (B):

```
    void terragen::create( LPDIRECT3DDEVICE9 dev, int xg, int zg)
       {
       DWORD *pi;
       int x, z, i;

       device = dev;
       xgrid = xg;
       zgrid = zg;

A      D3DXCreateMeshFVF( 2*xgrid*zgrid, (xgrid+1)*(zgrid+1),
                   D3DXMESH_MANAGED|D3DXMESH_32BIT, VERTEXFORMAT,
                   device, &mesh);

B      mesh->LockIndexBuffer( D3DLOCK_NOSYSLOCK, (void **)&pi);
       for( z = 0, i = 0; z < zgrid; z++)
          {
          for( x = 0; x < xgrid; x++, i+=6)
             {
             pi[i]   = z*(xgrid+1) + x;
             pi[i+1] = (z+1)*(xgrid+1) + x;
             pi[i+2] = (z+1)*(xgrid+1) + x + 1;

             pi[i+3] = z*(xgrid+1) + x;
             pi[i+4] = (z+1)*(xgrid+1) + x + 1;
             pi[i+5] = z*(xgrid+1) + x + 1;
             }
          }
       mesh->UnlockIndexBuffer();

       }
```

Beim Aufbau der Indexstruktur folgen wir dem in der nachstehenden Grafik dargestellten Schema, wobei die Laufrichtung des Zeilenzählers z zu beachten ist:

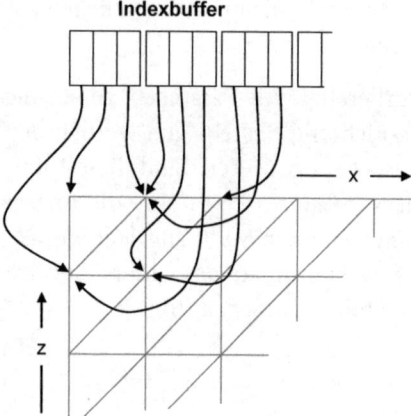

Für die weitere Programmierung des Terrain-Generators benötigen wir eine Hilfsfunktion, die aus einem RGB-Wert des Eingangsbildes einen Grauwert berechnet. Naiv könnte man annehmen, dass sich der Grauwert eines Farbpunktes als Mittelwert der einzelnen Farbanteile berechnen lässt. Das entspricht aber nicht der Physiologie des Sehens. Der Mensch kann sehr viel mehr Grüntöne als Nuancen anderer Farben wahrnehmen. Die Bevorzugung von Grün hat mit unserer Evolution und der in der Natur dominierenden Farbe Grün zu tun. Dementsprechend wird Grün auch als Grauwert heller empfunden als Rot oder Blau und muss in einer Berechnungsformel für den Grauwert entsprechend stärker gewichtet werden. Die Formel zur Berechnung des Grauwerts aus den RGB-Werten lautet:

$$grauwert = 0.299 \cdot r + 0.587 \cdot g + 0.114 \cdot b$$

Mit dieser Formel können wir eine kleine Funktion schreiben, die einen Grauwert aus einem RGB-Farbwert berechnet:

```
int grauwert( D3DCOLOR c)
    {
    DWORD r, g, b;
    int grau;

    r = (c >> 16) & 0xff;
    g = (c >> 8) & 0xff;
    b = c & 0xff;
    grau = (int)(0.299f* r + 0.587f * g + 0.114f *b);

    return grau;
    }
```

In der Funktion setup werden dann sowohl die Skalierungsfaktoren (xo – zs) als auch die Grauwerte aus der Höhentextur (hmapfile) verwendet, um die Position für jeden Gitterknoten zu berechnen. Das schauen wir uns einmal im Detail an:

```
     void terragen::setup( char *hmapfile, float xo, float xs,
                            float yo, float ys, float zo, float zs)
     {
     int x, z, i;
     vertex *mv;
     D3DLOCKED_RECT lr;
     D3DSURFACE_DESC dsc;
     UINT width, height;
     int zeile, spalte, gw;
A    if( heightmap)
          heightmap->Release();
     strcpy( hfilename, hmapfile);
B    D3DXCreateTextureFromFile( device, hmapfile, &heightmap);
     heightmap->GetLevelDesc( 0, &dsc);
     width = dsc.Width;
     height = dsc.Height;
     heightmap->LockRect( 0, &lr, NULL, D3DLOCK_READONLY);
     mesh->LockVertexBuffer( D3DLOCK_NOSYSLOCK, (void **)&mv);
     for( z = 0, i = 0; z <= zgrid; z++)
          {
          for( x = 0; x <= xgrid; x++, i++)
               {
C              zeile = ((height-1)*(zgrid-z))/zgrid;
               spalte = ((width-1)*x)/xgrid;
               gw = grauwert(*(((D3DCOLOR *)lr.pBits)+
                                     width*zeile+spalte));
               mv[i].pos.x = xo + xs*x;
               mv[i].pos.y = yo + ys*gw;
               mv[i].pos.z = zo + zs*z;
               mv[i].u = ((float)x)/xgrid;
               mv[i].v = 1.0f - ((float)z)/zgrid;
               }
          }
     mesh->UnlockVertexBuffer();
D    heightmap->UnlockRect( 0);
     }
```

A:  Sollte noch eine alte Höhentextur vorhanden sein, so wird diese freigegeben.

B: Hier wird die Datei mit den Höheninformationen als Textur eingelesen. Danach werden die Breite und die Höhe des Bildes ermittelt. Anschließend wird die Textur für den Zugriff gesperrt, um an ihr »Inneres« zu kommen. Man erhält eine Struktur (lr) vom Typ D3DLOCKED_RECT, die unter anderem einen Zeiger auf den Buffer mit den Pixelinformationen (lr.pBits) enthält. Damit ist der Zugriff auf die Höheninformationen gesichert.

C: Dieser Teil wird für jeden Knoten des Gitters ausgeführt. Zunächst wird für den Knoten die Zeile und Spalte in der Textur ermittelt. Anschließend wird der Grauwert des Pixels berechnet. Danach werden die Positionsdaten entsprechend skaliert in den Vertex eingetragen. Zum Abschluss werden die Texturkoordinaten gesetzt.

D: Am Ende wird die Textur wieder freigegeben.

Der Terrain-Generator ist damit fertig, und Sie können mit dem Computer eine Reise durch Einsteins zerfurchte Gesichtslandschaft unternehmen.

Auf der CD finden Sie auch hier wieder den vollständigen Quellcode, darunter insbesondere den Code der Funktion unload. Mit dieser Funktion können Sie den Mesh als x-Datei entladen, um ihn anschießend weiterzubearbeiten oder direkt in einem Spiel zu laden.

## 7.8    Kollisionserkennung

Kollisionserkennung ist sicherlich eines der wichtigsten Themen innerhalb der Spieleprogrammierung. Nachdem wir den Aufbau eines Meshs verstanden haben und jetzt wissen, wie wir an die Geometriedaten im Inneren eines Meshs herankommen, können wir uns endlich mit diesem Thema beschäftigen.

Wenn wir eine Kollisionsprüfung mit einem Modell oder einem Mesh durchführen wollen, dann müssen wir Kollisionsprüfungen mit allen Dreiecken des Meshs durchführen. Für eine solche Einzelprüfung kann man die Funktion D3DXIntersectTri verwenden. Diese Funktion hat die folgende Aufrufsyntax:

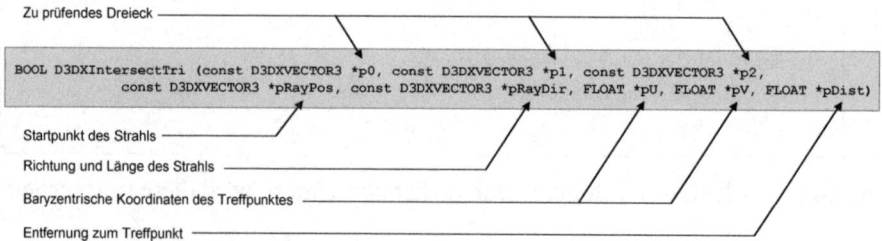

Um diese Funktion vollständig verstehen zu können, müssen wir uns mit **baryzentrischen Koordinaten** beschäftigen:

In einem Dreieck mit den Eckpunkten $p_0$, $p_1$ und $p_2$ kann man jeden Punkt $P$ der Dreiecksfläche in der Form $p = t \cdot p_0 + u \cdot p_1 + v \cdot p_2$ darstellen, wobei die Koeffizienten in dieser Formel der Bedingung $t + u + v = 1$ genügen. Dieses Koordinatensystem heißt baryzentrisch, weil sich für $t = u = v = 1/3$ das Baryzentrum (= Schwerpunkt) des Dreiecks ergibt. Aufgrund der Nebenbedingung, die man in $t = 1 - u - v$ umformen kann, lässt sich der Koeffizient $t$ eliminieren, sodass sich die Gleichung zu $p = (1 - u - v) \cdot p_0 + u \cdot p_1 + v \cdot p_2$ umformen lässt. Fasst man den Ausdruck nun nach Koeffizienten zusammen, so ergibt sich:

$p = p_0 + u \cdot (p_1 - p_0) + v \cdot (p_2 - p_0)$. Als Ergebnis erhalten wir, dass sich jeder Punkt der Dreiecksfläche durch Angabe der beiden Koeffizienten $u$ und $v$ in der oben angegebenen Weise bestimmen lässt.

Jetzt können wir das genaue Verhalten der Funktion diskutieren. Wir geben der Funktion eine Position (`RayPos`) mit. Von dieser Position aus schießen wir einen Laserstrahl in die Richtung `RayDir`. Wenn der Strahl das Dreieck mit den Eckpunkten `p0`, `p1` und `p2` trifft, gibt die Funktion `1` (true) zurück und wir erhalten weitere Informationen über den Treffpunkt in den Parametern `pU`, `pV` und `pDist`. In `pU` und `pV` erhalten wir die baryzentrischen Koordinaten des Treffpunks und in `pDist` den Faktor, mit dem wir den Strahl multiplizieren müssen, um zum Zielpunkt zu gelangen. Das folgende Bild veranschaulicht diese Zusammenhänge:

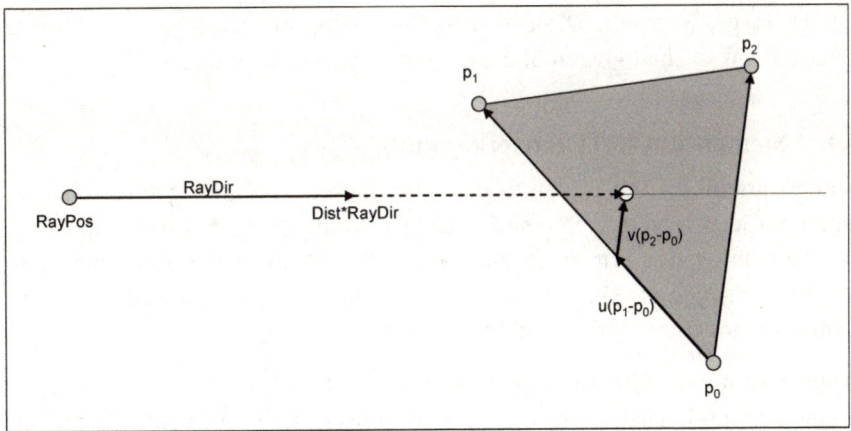

Eigentlich ist es unnötig zu erwähnen, dass die Funktion 0 als Funktionswert liefert, wenn der Strahl das Dreieck nicht trifft.

Aus den Informationen, die uns die Funktion `D3DXIntersectTri` liefert, können wir alles zur Kollisionserkennung Notwendige ableiten:

▶ Will man testen, ob man von einer bestimmten Position aus noch ein Stück in eine bestimmte Richtung vorrücken kann, so übergibt man der Funktion die Position und den Vektor, um den man vorrücken will. Ist das Ergebnis des Funktionsaufrufs dann 0 oder ist der Abstandsfaktor größer als 1, so ist der Platz vorhanden.

▶ Will man messen, wie viel Platz in einer bestimmten Richtung ist, so übergibt man seine aktuelle Position und einen normierten Richtungsvektor. Im Falle eines Treffers erhält man dann die Entfernung in der Skalierung des zugrunde liegenden Koordinatensystems.

In der Regel wird man für eine Kollisionsprüfung nicht mit einem einzelnen Laserschuss auskommen, da man ja nicht ein punktförmiges Objekt durch das Modell führt. Man wird von allen in Fahrtrichtung liegenden Ecken des Objekts Schüsse absetzen müssen und gegebenenfalls auch noch weitere aus dem Inneren, um das Abtastnetz dichtmaschig genug zu machen. Die Frage, wie oft und wohin man schießt, lässt sich nicht allgemein beantworten, da die Gestalt der Landschaft und des bewegten Objekts von großer Bedeutung ist. Vor allem darf man die Frage der Performance nicht außer Acht lassen, da man ja einen Schuss gegen alle Dreiecke eines Meshs testen muss. Wir werden deshalb Techniken diskutieren müssen, mit denen man die Anzahl der zu prüfenden Dreiecke so reduziert, dass von vornherein nur Dreiecke betrachtet werden, die auch für eine Kollision in Frage kommen. Dazu aber später mehr. Zunächst gehen wir ganz unbelastet von solchen Fragen in unsere erste Kollisionsprüfung.

### 7.8.1 Elementare Kollisionserkennung

Mit den Mitteln, die wir in den letzten Abschnitten zusammengetragen haben, können wir jetzt sehr einfach eine Kollisionsprüfung in einem Mesh implementieren. Wir müssen ja nur durch alle Faces eines Meshs laufen und eine Kollisionsprüfung gegen die einzelnen Faces durchführen. Ob das effizient ist, lassen wir im Moment einmal dahingestellt.

Da ein Mesh mit 16-Bit- oder alternativ mit 32-Bit-Indices arbeiten kann, legen wir einen Compileschalter an, mit dem wir unsere Kollisionskontrolle mal als 16-Bit- und mal als 32-Bit-Version compilieren können:

```
# ifdef IX32BIT

# define INDEX DWORD          // 32-Bit-Indices
# define NOINDEX 0xffffffff

# else

# define INDEX WORD           // 16-Bit-Indices
# define NOINDEX 0xffff

# endif
```

INDEX ist im Folgenden, je nachdem, ob IX32BIT gesetzt ist oder nicht, ein 32- oder 16-Bit-Integerwert.

Um den Zugriff auf ein Face im Indexbuffer etwas bequemer zu gestalten, legen wir die folgende Datenstruktur an:

```
struct FACE
    {
    INDEX vertex[3];
    };
```

Nach diesen allgemeinen Setzungen können wir mit der Implementierung der Kollisionskontrolle beginnen. Alles für die Kollisionsprüfung Erforderliche kapseln wir in der Klasse einfache_kollision:

```
class einfache_kollision
    {
    private:
        D3DXVECTOR3 *vertexbuffer;
        FACE *indexbuffer;
        int nvertices;
        int nfaces;
    public:
        einfache_kollision();
        ~einfache_kollision();
        void create( LPD3DXMESH mesh);
        INDEX kollision( D3DXVECTOR3 *point,
                         D3DXVECTOR3 *direction,
                         float *dist);
    };
```

Wichtig sind hier nur die create- und die kollision-Funktion.

Wir müssen davon ausgehen, dass eine Kollisionsprüfung genauso häufig wie das Rendern der Szene durchgeführt wird. Da ist es wenig sinnvoll, bei jedem Aufruf der Kollisionsfunktion den Index- und den Vertexbuffer zu sperren. Wir werden daher so vorgehen, dass wir uns Kopien dieser Buffer in unserer Klasse erstellen, auf denen wir dann arbeiten werden. Bezüglich des Vertexbuffers beschränken wir uns dabei auf die nackte Positionsangabe, da alle weiteren Vertexdaten für eine Kollisionsprüfung irrelevant sind. In der create-Funktion erhalten wir den Mesh als Parameter und erstellen uns die angesprochenen Kopien. Konkret sieht das wie folgt aus:

```
void einfache_kollision::create( LPD3DXMESH mesh)
    {
    int vertsize;
    BYTE *vbuf;
    FACE *ibuf;
    int i;

A   nvertices = mesh->GetNumVertices();
    vertsize = mesh->GetNumBytesPerVertex();
    vertexbuffer = new D3DXVECTOR3[nvertices];
    mesh->LockVertexBuffer( D3DLOCK_READONLY, (void **)&vbuf);
    for( i = 0; i < nvertices; vbuf+= vertsize, i++)
        vertexbuffer[i] = *(D3DXVECTOR3 *)vbuf;
    mesh->UnlockVertexBuffer();

B   nfaces = mesh->GetNumFaces();
    indexbuffer = new FACE[nfaces];
    mesh->LockIndexBuffer( D3DLOCK_READONLY, (void **)&ibuf);
    memcpy( indexbuffer, ibuf, nfaces*sizeof(FACE));
    mesh->UnlockIndexBuffer();
    }
```

A: Dies ist das Kopieren des Vertexbuffers. Zunächst besorgen wir uns die Anzahl der Vertices und deren Größe, die ja vom flexiblen Vertex-Format des Meshs abhängt. Dann allokieren wir den Speicher für die Kopie des Vertexbuffers (vertexbuffer). Nachdem wir den original Vertexbuffer gesperrt haben, kopieren wir Vertex für Vertex die Positionsdaten vom Original in die Kopie um. Am Ende wird der original Vertexbuffer wieder entsperrt.

B: Um den Indexbuffer zu kopieren, holen wir uns erst einmal die Anzahl der Faces. Natürlich wird auch der Indexbuffer vor dem ersten Zugriff gesperrt und am Ende wieder entsperrt. Im Gegensatz zum Vertexbuffer können wir den Indexbuffer in einem Zug komplett kopieren, nachdem wir den erforderlichen Speicherplatz allokiert haben. Beachten Sie, dass die Indices im kopierten Indexbuffer gültig bleiben, da wir den Vertexbuffer zwar im Speicher verschoben und komprimiert haben, aber der i-te Vertex dabei der i-te Vertex geblieben ist.

Die Kollisionsprüfung macht jetzt keine Probleme mehr. Wir laufen durch alle Faces im Indexbuffer, greifen über die Indices auf die Vertices der Dreiecke zu und lassen uns jeweils den Abstand zum Dreieck berechnen:

```
INDEX einfache_kollision::kollision( D3DXVECTOR3 *point,
                                     D3DXVECTOR3 *direction,
                                     float *dist)
    {
    INDEX ixhit;
    float u, v, d;
    int i;

    *dist = 1e20f;
    ixhit = NOINDEX;

    for( i = 0; i < nfaces; i++)
        {
        if( D3DXIntersectTri(
                    vertexbuffer + indexbuffer[i].vertex[0],
                    vertexbuffer + indexbuffer[i].vertex[1],
                    vertexbuffer + indexbuffer[i].vertex[2],
                    point, direction, &u, &v, &d))
            {
            if( d < *dist)
                {
                *dist = d;
                ixhit = i;
                }
            }
        }
    return ixhit;
    }
```

Den kürzesten, auf diese Weise gefundenen Abstand speichern wir in der Variablen d, die wir anfangs auf einen möglichst großen Maximalwert gesetzt haben. In der Variablen ixhit speichern wir den Index des Faces mit dem kleinsten Abstand oder, wenn kein Treffer gelandet wurde, den Vorgabewert NOINDEX, der anzeigt, dass kein Dreieck getroffen wurde.

Die baryzentrischen Koordinaten werden in dieser Funktion zwar angelegt, sie werden aber nicht an das aufrufende Programm zurückgemeldet. Bei Bedarf können Sie das zusätzlich einbauen. In jedem Fall wird aber der Index des getroffe-

nen Faces oder, falls kein Face getroffen wurde, der Wert NOINDEX zurückgegeben. Anhand dieses Rückgabewertes können Sie leicht feststellen, ob es einen
Treffer gab oder nicht.

Zur Illustration dieser Funktionen habe ich ein kleines Programm geschrieben,
das Sie wie immer auf der CD finden. Dieses Programm lädt den Mesh mit den
Pyramiden. Wenn Sie dann durch das Pyramidenfeld fahren, wird in einiger Entfernung voraus ein roter Zielpunkt angezeigt. Dieser Zielpunkt tastet sozusagen
das Gelände ab. Wenn er ein Dreieck trifft, oder besser gesagt, wenn ein Dreieck
zwischen die Blickposition und den Zielpunkt gerät, wird dieses Dreieck gelb eingefärbt. So können Sie einfach erkennen, ob die Zielerfassung funktioniert:

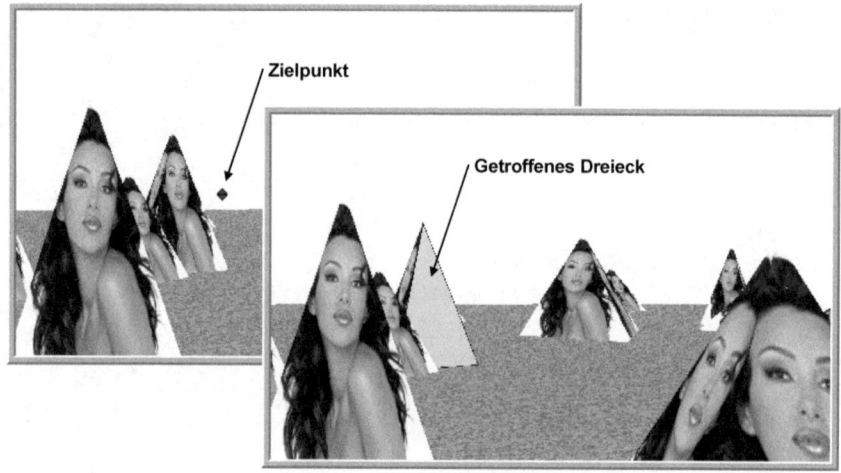

Eine echte Kollision mit den Pyramiden ist hier noch nicht implementiert, sodass
es trotz der Kollisionserkennung möglich ist, durch die Pyramiden hindurchzu-
fahren.

Ich habe Ihnen bisher verschwiegen, dass es in DirectX bereits eine Funktion zur
Kollisionserkennung bei einem Mesh gibt. Diese Funktion heißt D3DXIntersect
und macht genau das, was wir hier selbst implementiert haben. Sie geht sequen-
ziell durch alle Faces des Meshs und püft auf Kollision. Aber das Thema Kollisionserkennung ist trotz dieser Funktion noch nicht zur Zufriedenheit abgehandelt. Stellen Sie sich vor, dass Sie ein großes Modell mit 100.000 Faces haben. Sie
können sich vorstellen, dass es wenig effizient ist, für eine Kollisionsprüfung
immer alle Faces zu betrachten, da die meisten Faces aufgrund ihrer Lage von
vornherein ausgeschlossen werden können. Unser Ziel muss es sein, eine Orga-
nisationsstruktur über die Faces zu legen, die es möglich macht, bei der Kollisionskontrolle vorab zu entscheiden, welche Faces betrachtet werden müssen
und welche nicht. Eine solche Struktur werden wir im nächsten Abschnitt selbst

entwickeln, und dabei helfen uns die Überlegungen dieses Abschnitts. Die Bemü-
hungen dieses Abschnitts waren also nicht vergebens.

### 7.8.2 Kollisionserkennung mit Octrees

Wenn man sich an einem bestimmten Standort innerhalb eines Modells befindet
und eine Kollisionsprüfung durchführen will, muss man eigentlich nur die Dreiecke auf Kollision prüfen, die sich »in der Nähe« des Standorts befinden. In
einem Mesh sind die Faces aber nicht nach ihrer geometrischen Lage geordnet,
sodass eine effiziente, standortbezogene Prüfung von Dreiecken nicht ohne weiteres möglich ist. Die erste und wichtigste Aufgabe für eine effizinte Kollisionserkennung ist daher der Aufbau einer Datenstruktur über einem Mesh, die einen
standortbezogenen Zugriff auf die Faces ermöglicht. Wir betrachten dazu ein
Modell wie zum Beispiel die folgende Kugel:

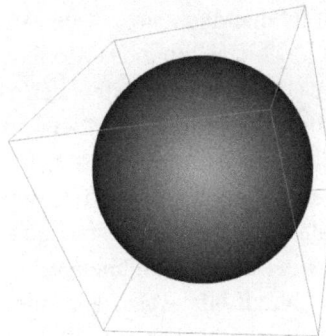

Das Modell ist in eine »Boundingbox« eingebettet. Dies ist der kleinste achsenparallele Quader, der das Modell vollständig umschließt. Die einfachste Form
einer räumlichen Unterteilung ist die Zerlegung dieses Modells, beziehungsweise
seiner Boundingbox, durch drei achsenparallele Schnitte in acht Teile:

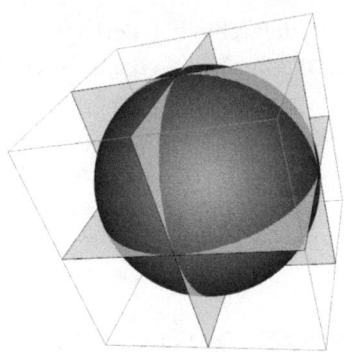

Jeden auf diese Weise entstandenen Teilquader kann man in gleicher Weise erneut unterteilen:

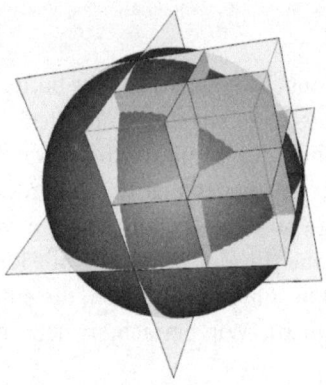

Den Teilungsprozess setzt man fort, bis das Modell in »handhabbare« Teile zerlegt ist. Auf diese Weise erhält man eine hierarchische Unterteilung des Modells in immer feinere Quader. Wenn man jetzt jedem Quader der feinsten Zerlegungsstufe die Faces des Modells zuordnet, die diesen Quader schneiden, so erhält man die gesuchte Zugriffsstruktur. Will man jetzt die Kollisionsprüfung für einen Punkt durchführen, so steigt man in der Hierarchie bis zu dem feinsten Quader ab, in dem der Punkt liegt, und überprüft alle Dreiecke, die diesem Quader zugeordnet sind. Ein Problem gibt es allerdings bei dieser Vorgehensweise noch. Wenn man einen Punkt betrachtet, der sehr nah an oder sogar auf einer Trennfläche liegt, so kann es sein, dass relevante Dreiecke in dem unmittelbar angrenzenden Quader nicht geprüft werden. Es muss also sichergestellt werden, dass um jeden Punkt herum in einem ausreichend großen Bereich[24] alle relevanten Dreiecke geprüft werden. Man erreicht dies, indem man einem Quader nicht nur die Dreiecke zuordnet, die ihn schneiden, sondern alle Dreiecke, die einen etwas vergrößerten Quader schneiden.

Die geeignete Datenstruktur für die Abbildung einer hierarchischen Zerlegung ist ein Baum. Da an jedem Knoten (NODE) des Baums eine Verzweigung in acht Unterknoten erfolgt, handelt es sich hier um einen sogenannten **Octree**.

---

24 Wie groß »ausreichend groß« ist, lässt sich nicht allgemein sagen. Das hängt ja zum Beispiel davon ab, wie schnell man sich durch das Modell bewegt.

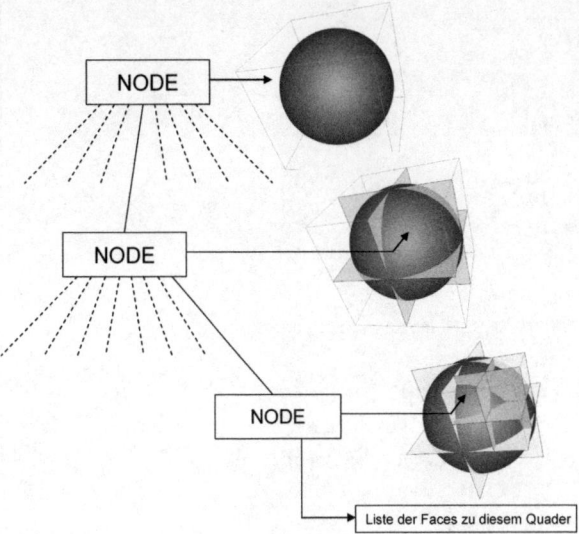

Damit ist klar, wie die Struktur für einen Knoten (NODE) des Octrees aufzubauen ist:[25]

```
struct NODE
    {
    int facecount;          // Anzahl Indices in der Faceliste
    INDEX *facearray;       // Faceliste (Indices in den Indexbuffer)
    D3DXVECTOR3 min;        // links unten vorne  = Minimale Ecke
    D3DXVECTOR3 max;        // rechts oben hinten = Maximale Ecke
    NODE *child[8];         // acht Teilquader bei mittiger Teilung
    };
```

Um eine einheitliche Knotenstruktur im Baum zu haben, enthält NODE sowohl eine Faceliste (facecount, facearray) als auch Zeiger auf die acht Nachfolge-knoten (child), obwohl die Faceliste nur an den Blättern des Octree erforderlich ist und die Child-Zeiger nur für Knoten benötigt werden, die keine Blätter sind.

Den vollständigen Octree modellieren wir dann durch die folgende Klasse:

```
   class octree
       {
       private:
A          DWORD nvertices;
           D3DXVECTOR3 *vertexbuffer;
```

---

25  Ich benutze hier das Makro INDEX aus dem letzten Abschnitt.

```
B        DWORD nfaces;
         FACE *indexbuffer;
C        NODE *root;
D        ... Hilfsfunktionen
    public:
E        octree() {init();}
         ~octree(){ clear();}
         void init();
         void clear();
F        void create( LPD3DXMESH mesh, int maxdepth,
                      int maxfaces,
                      float epsilon);
G        INDEX kollision( D3DXVECTOR3 *point,
                         D3DXVECTOR3 *direction,
                         float *dist);
H        void unload( char *fname);
         int load( char *fname);
    };
```

A: Kopie der Positionsdaten aus dem Vertexbuffer des Meshs. Die Positionsdaten aus dem Vertexbuffer werden hier zusätzlich gespeichert, damit zur Kollisionskontrolle nicht ständig der Original-Vertexbuffer gesperrt werden muss.

B: Kopie des Indexbuffers. Die Datenstruktur FACE ist wie im letzten Abschnitt definiert und enthält drei Indices, über die sich die Eckpunkte eines Dreiecks im Vertexbuffer lokalisieren lassen.

C: Zeiger auf den Wurzelknoten des Baumes, der die Zugriffsinformationen enthält.

D: Einige Hilfsfunktionen, die beschrieben werden, wenn sie benötigt werden.

E: Konstruktor, Destruktor, Initialisierungsfunktionen, die nicht im Detail besprochen werden müssen.

F: Die create-Funktion, mit deren Hilfe der Octree über dem Mesh aufgebaut wird.

G: Die Kollisionsfunktion mit der gleichen Schnittstelle wie bei der einfachen Kollisionskontrolle im vorausgegangenen Abschnitt.

H: Funktionen zum Laden eines Octrees aus einer Datei und zum Speichern eines Octrees in einer Datei. Da die Konstruktion eines Octrees sehr rechenintensiv ist, kann es sinnvoll sein, den Baum nur einmal zu berechnen und dann in einer Datei zu speichern. Bei späterer Verwendung wird der Baum dann nicht neu berechnet, sondern aus der Datei geladen.

Erklären möchte ich hier nur die Funktionen `create` und `kollision` und die für diese Funktionen benötigten Hilfsfunktionen. Die restlichen Funktionen finden Sie auf der CD zum Buch.

Die wesentliche Funktion zum Aufbau des Octrees ist die `create`-Funktion mit der folgenden Schnittstelle:

```
void create( LPD3DXMESH mesh, int maxdepth, int maxfaces,
          float epsilon)
```

Die hier eingehenden Parameter sind:

▶ Der Mesh (`mesh`), über dem der Octree aufzubauen ist

▶ Die maximale Tiefe (`maxdepth`) des Baumes

▶ Die Maximalzahl von Faces (`maxfaces`) in einer Faceliste eines Blattes. Solange mehr als `maxfaces` einem Knoten zugeordnet werden, wird der Knoten weiter unterteilt, sofern noch nicht die maximale Tiefe erreicht ist.

▶ Die Breite des Streifens, um den ein Quader vergrößert wird, um auch noch knapp außerhalb des Quaders liegende Dreiecke zu erfassen.

Wie diese Parameter konkret zur Konstruktion des Baumes verwendet werden, sehen wir dann in der `create`-Funktion:

```
    void octree::create( LPD3DXMESH mesh, int maxdepth,
                      int maxfaces, float epsilon)
    {
    int i;
A   create_buffers( mesh);
B   root = (NODE *)calloc( sizeof( NODE), 1);
C   D3DXComputeBoundingBox( vertexbuffer, nvertices,
                  sizeof( D3DXVECTOR3), &root->min, &root->max);
D   root->facearray = (INDEX *)malloc( nfaces*sizeof( INDEX));
    root->facecount = nfaces;
    for( i = 0; i < nfaces; i++)
        root->facearray[i] = i;
E   if( (nfaces > (unsigned int)maxfaces) && maxdepth)
        create_children( maxdepth-1, maxfaces, root, epsilon);
    }
```

In dieser Funktion werden zunächst der Vertex- und der Indexbuffer des Octrees angelegt. Dies geschieht in der Funktion `create_buffers` (A) und ist identisch mit der Funktion `einfache_kollision::create` des letzten Abschnitts. Damit verfügen wir in der Klasse über die erforderlichen Geometriedaten, um die Kollisionsprüfung durchzuführen. Als Nächstes muss dann der Baum aufgebaut werden. Dazu wird zunächst der Wurzelknoten allokiert (B) und die Boundingbox (C) um das Modell berechnet. Zur Berechnung der Boundingbox verwenden wir eine DirectX-Funktion, die uns den linken-unteren-vorderen (`min`) und den rechten-oberen-hinteren (`max`) Eckpunkt der Box zurückgibt. Alle weiteren Berechnungen zur Unterteilung basieren auf diesen beiden Eckpunkten. Alle Dreiecke des Meshs schneiden natürlich die Boundingbox. Darum legen wir am Wurzelknoten eine Faceliste an, die alle Faces enthält (D). Falls wir insgesamt weniger als `maxfaces` Dreiecke haben oder die maximale Tiefe des Baumes bereits jetzt erreicht ist, sind wir mit dem Aufbau des Baumes bereits fertig. In der Regel ist das jedoch nicht der Fall und wir müssen Kind-Knoten unterhalb des Wurzelknotens anlegen. Dazu rufen wir die Funktion `create_children` (E) auf.

Die Funktion `create_children` nimmt die Unterteilung des Quaders in die acht Teilquader anhand des Mittelpunktes (`mid`) vor (A) und ruft dann für jeden Teilquader die Funktion `create_child` (B), die die eigentliche Aufgabe übernimmt, einen Child-Knoten zu erzeugen:

```
    void octree::create_children( int maxdepth, int maxfaces,
                                  NODE *n, float epsilon)
    {
    D3DXVECTOR3 mid, min, max;

A   min = n->min;
    max = n->max;
    mid = 0.5f*(min + max);

B   n->child[0] = create_child( maxdepth, maxfaces, n,
        D3DXVECTOR3(min.x,min.y,min.z), D3DXVECTOR3(mid.x,mid.
                                        y, mid.z), epsilon);
    n->child[1] = create_child( maxdepth, maxfaces, n,
        D3DXVECTOR3(min.x,min.y,mid.z), D3DXVECTOR3(mid.x,mid.y,
                                        max.z), epsilon);
    … Erzeugen der restlichen 6 Child-Knoten

C   free( n->facearray);
    n->facearray = 0;
    n->facecount = 0;

    }
```

Am Ende (C) wird der Array mit den Faceindices (`facearray`) wieder freigegeben, da alle Faces auf die Unterknoten verteilt sind und der Array somit am Parentknoten nicht mehr benötigt wird. Das Verteilen auf die Unterknoten geschieht in der Funktion `create_child`, die die eigentliche Arbeit beim Aufbau des Octrees leistet. Diese Funktion müssen wir noch erstellen. Um aber Dreiecke einem Quader zuordnen zu können, benötigen wir eine Hilfsfunktion, die ermittelt, ob ein gegebenes Dreieck einen gegebenen Quader schneidet. Dazu habe ich die Funktion

```
int TriangleBoxIntersection( D3DXVECTOR3 mid, D3DXVECTOR3 siz,
                             FACE *f)
```

erstellt. Diese Funktion erhält den Mittelpunkt des Quaders (`mid`), die Ausdehnung des Quaders in Form der halben Kantenlängen in x-, y-, und z-Richtung (`siz`) sowie einen Zeiger (`f`) auf das zu betrachtende Dreieck. Als Rückgabewert erhalten wir die Information, ob das Dreieck den Quader schneidet oder nicht. Die Implementierung dieser Funktion stützt sich auf eine Hilfsfunktion (`triBox-Overlap`), die Tomas Akenine-Möller von der Lund-University in Schweden (http://www.cs.lth.se/home/Tomas_Akenine_Moller/) entwickelt hat. Ich will diese Funktion hier nicht diskutieren. Den vollständigen Code finden Sie wie immer auf der CD.

Jetzt können wir die noch fehlende `create_child`-Funktion implementieren:

```
    NODE *octree::create_child( int maxdepth, int maxfaces,
                 NODE *parent, D3DXVECTOR3 min, D3DXVECTOR3 max,
                 float epsilon)
        {
        int i, count;
        D3DXVECTOR3 mid, halfsize;
        NODE *n;
        INDEX *farray;
A       mid = (min+max)/2;
        halfsize = (max-min)/2 +
                            D3DXVECTOR3( epsilon, epsilon, epsilon);
B       farray = (INDEX *)malloc( parent->facecount*sizeof( INDEX));
C       for( i = 0, count = 0; i < parent->facecount; i++)
            {
            if( TriangleBoxIntersection( mid, halfsize,
                            indexbuffer + parent->facearray[i]))
                {
                farray[ count] = parent->facearray[i];
```

```
                    count++;
                }
            }
D     if( !count)
            {
            free( farray);
            return 0;
            }
E     n = (NODE *)calloc( sizeof( NODE), 1);
      n->max = max;
      n->min = min;
      n->facecount = count;
      n->facearray = farray;
F     if( (count > maxfaces) && maxdepth)
            create_children( maxdepth-1, maxfaces, n, epsilon);
      else
            n->facearray = (INDEX *)realloc( n->facearray,
                                n->facecount*sizeof( INDEX));
G     return n;
      }
```

Dazu einige Erklärungen:

A: Hier werden der Mittelpunkt und die halbierten Seitenlängen berechnet, um später in der `TriangleBoxIntersection`-Funktion verwendet zu werden. Beachten Sie, dass die Seitenlängen jeweils um `epsilon` vergrößert werden, um auch in einem gewissen Bereich außerhalb des Quaders schneidende Dreiecke erkennen zu können.

B: Jetzt wird der Puffer für die Indices allokiert.[26] Der Puffer wird in der gleichen Größe wie beim übergeordneten Knoten angelegt. Das ist in der Regel viel zu groß, da ja nur ein Teil der Dreiecke, die den übergeordneten Quader schneiden, auch den Teilquader schneiden. Aber, da wir nicht wissen, wie viele Treffer wir haben werden, arbeiten wir hier mit der Maximalgröße. Später wird dieser Puffer an den wirklichen Bedarf angepasst.

C: In einer Schleife werden alle Faces des Parentknotens durchlaufen, und die Indices derjenigen, die auch den Teilknoten schneiden, werden in den Puffer übernommen. In der Variablen `count` wird dabei mitgezählt.

---

26 Beachten Sie, dass diese Funktion über alle Rekursionsebenen hinweg in erheblichem Umfang Speicher allokiert. Der Einfachheit halber prüfe ich aber nicht, ob ausreichend Speicher zur Verfügung steht. Sie sollten hier noch das erfoderliche Exception-Handling ergänzen.

D: Wurden keine Dreiecke gefunden, so kann der Puffer freigeben werden, und es muss kein neuer Knoten im Baum erstellt werden.

E: Jetzt wird ein neuer Knoten erstellt, und die zuvor ermittelten Daten werden in den Knoten übertragen.

F: Falls erforderlich werden jetzt zu dem neuen Knoten die Kindknoten berechnet. Falls nicht, handelt es sich bei diesem Knoten um ein Blatt des Baumes und die Größe des Puffers wird durch `realloc` optimiert. Beachten Sie, dass im ersten Fall mit dem nicht größenoptimierten Puffer weitergearbeitet wird, da dieser auf der nächsten Rekursionsstufe sowieso freigegeben wird. Nur im zweiten Fall wird der Puffer dauerhaft weiterverwendet und daher an die wirklich erforderliche Größe angepasst.

G: Der neue Knoten wird an das aufrufende Programm (`create_children`) zurückgegeben, um dort in den Baum eingesetzt zu werden.

Der Aufbau des Octrees ist damit abgeschlossen, und wir können uns der Kollisionsprüfung zuwenden. Dazu implementieren wir die Funktion `kollision`:

```
INDEX octree::kollision( D3DXVECTOR3 *point,
                         D3DXVECTOR3 *direction,
                         float *dist)
    {
    INDEX ixhit, ix;
    NODE *n;
    int b0, b1, b2;
    D3DXVECTOR3 mid, v0, v1, v2;
    int i;
    float u, v, d;

    *dist = MAXDIST;
    ixhit = NOINDEX;
    for( n = root; n && (!n->facecount); )
        {
        mid = (n->max + n->min)/2;
        b2 = (point->x >= mid.x);
        b1 = (point->y >= mid.y);
        b0 = (point->z >= mid.z);
        n = n->child[(b2 << 2) | (b1 << 1) | b0];
        }
    if( !n)
            return NOINDEX;
    for( i = 0; i < n->facecount; i++)
        {
```

```
        ix = n->facearray[i];
        v0 = vertexbuffer[indexbuffer[ix].vertex[0]];
        v1 = vertexbuffer[indexbuffer[ix].vertex[1]];
        v2 = vertexbuffer[indexbuffer[ix].vertex[2]];
        if(D3DXIntersectTri(&v0,&v1,&v2,point,direction,&u,&v,&d))
            {
            if( d < *dist)
                {
                *dist = d;
                ixhit = ix;
                }
            }
        }
    return ixhit;
    }
```

Neu ist hier eigentlich nur der grau hinterlegte Teil, in dem im Baum zielgerichtet zu dem Blatt abgestiegen wird, dessen Quader den zu betrachtenden Punkt enthält. Zum Abstieg wird dabei immer der Mittelpunkt des aktuell betrachteten Quaders gebildet. Aus den Informationen, ob der betrachtete Punkt rechts, oberhalb beziehungsweise vor dem Mittelpunkt liegt, wird dann durch Bitoperationen der Index des relevanten Child-Knotens berechnet. Zu diesem wird dann abgestiegen. Der Prozess des Abstiegs endet, wenn ein Blatt gefunden wurde oder der gesuchte Child-Knoten nicht mehr vorhanden ist. Im ersten Fall muss man dann alle diesem Blatt zugeordneten Faces prüfen. Im zweiten Fall ist man fertig, da man in einem Bereich angekommen ist, in dem keine Faces des Modells liegen.

Den Rest dieser Funktion kennen Sie bereits aus dem einfachen Kollisionsprogramm des letzten Abschnitts.

Die Verwendung eines Octrees kann die Kollisionsprüfung erheblich beschleunigen. Getestet an einem größeren Modell (Gebäudemodell des nächsten Abschnitts), erweist sich das hier vorgestellte Verfahren als ca. 400-mal schneller als das einfache Testverfahren des vorherigen Abschnitts und als etwa 150-mal schneller als die in DirectX vorhandene Kollisionsprüfung mit der Funktion `D3DXIntersect`.

Die Funktionen zum Laden und Entladen des Octrees will ich hier nicht besprechen, da Dateioperationen nicht das Thema dieses Buches sind. Sie finden diese Funktionen im Quellcode auf der CD. Aus Performancegründen ist es allerdings sinnvoll, diese Funktionen zu verwenden. Im Quelltext Ihres Programms könnte das für einen Octree `oct` wie folgt aussehen:

```
if( !oct.load( "tree.oct"))
   {
   oct.create( mesh, 4, 250, 50);
   oct.unload( "tree.oct");
   }
```

Zunächst wird versucht, den Octree aus einer Datei (hier tree.oct) zu laden. Wenn das nicht klappt, wird der Octree erzeugt und in die Datei geschrieben, damit er beim nächsten Mal von dort geladen werden kann.

Die Performance der Kollisionserkennung hängt natürlich entscheidend von der Wahl der Parameter in der create-Funktion ab. Diese Parameter sollten abhängig von dem zugrunde liegenden Modell gewählt werden. Wir wollen daher zum Abschluss noch einmal die create-Funktion betrachten und einige Überlegungen zu deren Parametrierung anstellen:

```
void create( LPD3DXMESH mesh, int maxdepth, int maxfaces,
            float epsilon);
```

Der zweite Parameter (maxdepth) legt die maximale Tiefe des Baums fest. Beachten Sie, dass auf jeder Stufe eine Unterteilung in acht Teilquader vorgenommen wird. Dies würde bedeuten, dass man bei maxdepth = 10 bereits eine Zerlegung in $8^{10}$, also mehr als eine Milliarde Teilquader vorliegen hätte. Das ist natürlich keine sinnvolle Größe für einen Baum. Sinnvolle Werte für den Parameter maxdepth sind – abhängig von der Größe des Modells – Werte zwischen 3 und 5. Insbesondere sollte die Unterteilung nicht so fein gewählt werden, dass die Kantenlänge der Quader kleiner als epsilon wird. Da die Quader ja immer noch um epsilon vergrößert werden, würden so kleine Quader keine Selektion mehr liefern. Der Baum würde dann nur noch tiefer, ohne dass eine Reduktion der an den Blättern zu betrachtenden Faces stattfinden würde. Letztlich würden an sehr vielen Blättern immer die gleichen Faces redundant gespeichert, da diese Faces jeweils im epsilon-Bereich um viele Quader liegen würden.

Der dritte Parameter (maxfaces) legt die Anzahl der Faces fest, die ein Blatt maximal haben sollte. Auch dieser Parameter muss mit Augenmaß gesetzt werden, denn auch hier ist es so, dass man wegen der epsilon-Umgebungen manchmal eine bestimmte Zahl an Faces nicht unterschreiten kann, egal, wie klein der betrachtete Quader ist. Eine weitere Unterteilung führt in einer solchen Situation nur dazu, dass der Baum tiefer wird und der Speicherbedarf durch zusätzliche Knoten und redundant gespeicherte Faces aufgebläht wird. Zum Glück gibt es ja hier die Notbremse über maxdepth.

Der letzte Parameter (epsilon) hat nicht nur Einfluss auf die Performance, sondern auch auf die Ergebnisse der Kollisionskontrolle. Dieser Parameter legt ja fest, wie weit außerhalb des eigentlich zu betrachtenden Quaders noch Dreiecke zum Vergleich herangezogen werden. Dieser Parameter sollte etwa die Länge der Strecke sein, in der sich ein Objekt pro Frame im Modell bewegt. Wird dieser Parameter zu groß gewählt, so bläht sich der Baum in der Tiefe und den einzelnen Facelisten unnötig auf. Wird er zu klein gewählt, besteht die Gefahr, dass schnell bewegte Objekte die Faces des Modells »durchschlagen«.

Das abschließende Beispiel zeigt anhand eines Modells des berühmten Raumschiffs aus dem Film »2001 – Odyssee im Weltraum«, dass man bei Verwendung eines Octrees bereits nach wenigen Unterteilungsschritten auf eine handhabbare Anzahl von Faces kommt:

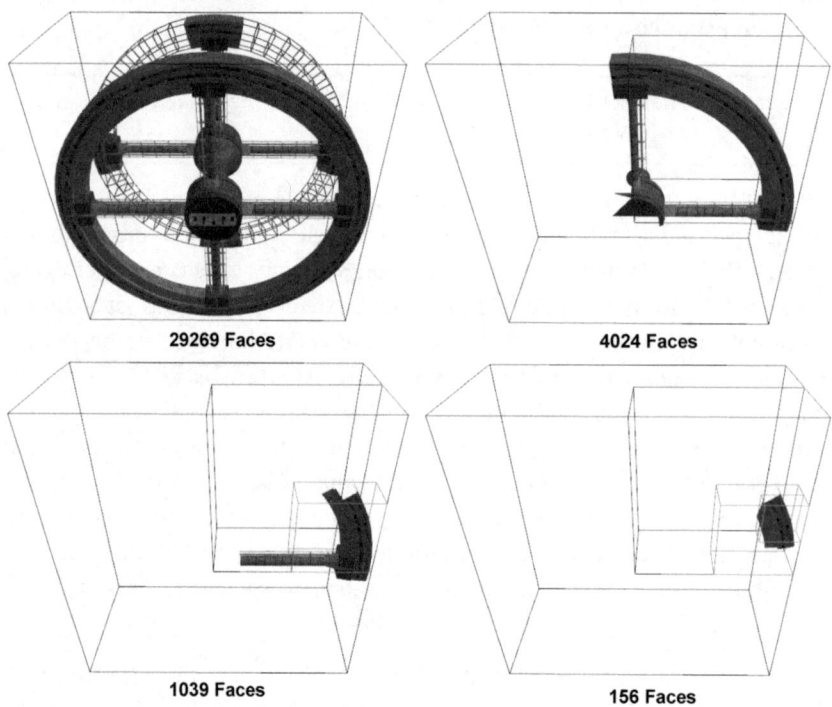

29269 Faces

4024 Faces

1039 Faces

156 Faces

## 7.9 Endverarbeitung in der Renderpipeline

Bisher haben wir uns vorrangig mit der Bereitstellung von Geometriedaten, Materialien und Texturen etwa in der Form von Meshes beschäftigt und hatten diese Daten dann in die Renderpipeline geworfen – in der Hoffnung, dass die Standardeinstellungen der Pipeline am Ende ein korrektes Ergebnis produzieren.

Gerade aber am Ende der Pipeline, wenn zum Beispiel die Daten von mehreren Meshes einlaufen, steht man häufig vor dem Problem, wie man diese Datenn sinnvoll zu einer Gesamtkomposition zusammensetzt. Auch hier bietet die Renderpipeline zahlreiche Konfigurationsmöglichkeiten, von denen ich Ihnen im Folgenden einige vorstellen werde.

### 7.9.1 Frame-Buffer, Z-Buffer und Stencil-Buffer

Die Pixel, die schlussendlich auf dem Bildschirm dargestellt werden, werden im Frame-Buffer (oder Back-Buffer) gesammelt. Ist der Prozess des Sammelns für einen Frame abgeschlossen, so wird zwischen Back-Buffer und Front-Buffer umgeschaltet, um den neuen Frame darzustellen. Der Prozess des Sammelns beginnt dann erneut für den nächsten Frame.

Immer wenn ein neues Pixel für den Framebuffer eintrifft, muss entschieden werden, ob und wie es dargestellt wird. Verdrängt das neue Pixel ein bereits an dieser Stelle im Framebuffer vorhandenes Pixel, wird es mit dem vorhandenen Pixel verschnitten oder wird es verworfen? Diese Entscheidung wird in erster Linie anhand der Tiefeninformation des Pixels getroffen (Z-Test). Die Tiefeninformation – das ist die Entfernung des Pixels vom Betrachter – steht für jedes Pixel des Frame-Buffers im **Z-Buffer**. Ein näher zum Betrachter hin liegendes Pixel verdrängt dann in der Regel aufgrund seines geringeren Z-Wertes ein weiter entfernt liegendes.

Es gibt eine Reihe von Möglichkeiten, dieses Standardverhalten zu ändern. Zum Beispiel kann man den Z-Test, der standardmäßig aktiviert ist, vollständig abschalten:[27]

```
device->SetRenderState(D3DRS_ZENABLE, false);
```

In dieser Situation überschreibt ein neues Pixel immer ein bereits vorhandenes, und man entscheidet durch die Reihenfolge, in der man Objekte an die Renderpipeline übergibt, was vorn und was hinten liegt. In der Regel wird man den Z-Buffer nur kurzfristig außer Funktion setzen und sobald wie möglich wieder aktivieren:

```
device->SetRenderState(D3DRS_ZENABLE, true);
```

---

27 Ich setze hier und im Folgenden voraus, dass mit `device` ein initialisiertes DirectX-Device (`LPDIRECT3DDEVICE9`) zur Verfügung steht. Die betrachteten Funktionen sind in der Regel Member-Funktionen des Interfaces `IDirect3DDevice9`.

Man kann aber auch die Funktion, mit der der Z-Test durchgeführt wird, abändern. Dazu verwendet man eine der folgenden symbolischen Konstanten:

- D3DCMP_NEVER
- D3DCMP_LESS
- D3DCMP_EQUAL
- D3DCMP_LESSEQUAL
- D3DCMP_GREATER
- D3DCMP_NOTEQUAL
- D3DCMP_GREATEREQUAL
- D3DCMP_ALWAYS

Die Bedeutung dieser Funktionen sollte aufgrund ihrer Namensgebung unmittelbar klar sein. Die Anweisung zur Verwendung einer bestimmten Funktion sieht dann zum Beispiel wie folgt aus:

```
device->SetRenderState(D3DRS_ZFUNC, D3DCMP_GREATER);
```

Als Standard verwendet der Z-Test die Funktion D3DCMP_LESSEQUAL, die eine Kleiner-oder-gleich-Prüfung durchführt. Dabei wird geprüft, ob der Z-Wert des neuen Pixels kleiner als der oder gleich dem Z-Wert des Pixels im Frame-Buffer ist. Fällt der Z-Test positiv aus, so verdrängt das neue Pixel das Pixel im Frame-Buffer. Das entspricht der üblichen Vorstellung, dass näher liegende Bildpunkte entferter liegende überdecken. Aber auch die anderen Funktionen haben durchaus sinnvolle Anwendungen.

Eine weitere Konfigurationsmöglichkeit des Z-Buffers besteht darin, den Schreibzugriff auf den Z-Buffer zu verbieten. Dazu verwendet man die Anweisung:

```
device->SetRenderState(D3DRS_ZWRITEENABLE, false);
```

Ist die Renderpipeline in dieser Weise konfiguriert, wird der Z-Test durchgeführt und das Pixel entsprechend verarbeitet, aber der Tiefenwert im Z-Buffer wird dabei nicht aktualisiert. Wir werden sinnvolle Anwendungen dieses Renderstates in den Beispielen am Ende dieses Abschnitts kennenlernen.

Nach Verwendung dieses Renderstates sollte man den Schreibzugriff auf den Z-Buffer wieder zulassen:

```
device->SetRenderState(D3DRS_ZWRITEENABLE, true);
```

Will man den Inhalt des Z-Buffers bis zu einer gewissen Tiefe $t$ $(0 \leq t \leq 1)$ gezielt löschen, kann man dies durch die Anweisung

```
device->Clear(0, 0, D3DCLEAR_ZBUFFER, 0, t, 0);
```

erreichen. In der Regel wird man diese Funktion für $t$ = 1.0f verwenden. Die Tiefeninformation ist im Z-Buffer auf Werte zwischen 0 und 1 normiert. Durch die Tiefenangabe 0 ist dabei die dem Betrachter nächstliegende darstellbare Tiefe und durch 1 die vom Betrachter am weitesten entfernte darstellbare Tiefe festgelegt. Sie erinnern sich sicherlich noch, dass wir absolute Werte für die minimale und maximale Tiefe bei der Wahl einer perspektivischen Projektion für unsere Szene wie folgt festlegen konnten:

```
D3DXMATRIX proj;

D3DXMatrixPerspectiveFovLH( &proj, …, …, 1.0f, 500.0f);
device->SetTransform( D3DTS_PROJECTION, &proj);
```

Es gibt sinnvolle Anforderungen bezüglich der Endverarbeitung von Pixeln, die nicht so einfach über eine Konfiguration des Z-Buffers erfüllt werden können. Stellen Sie sich vor, dass Sie einen Mesh nur in einem ganz bestimmten Ausschnitt des Frame-Buffers rendern wollen. Dann möchte man sozusagen eine Schablone über den Frame-Buffer legen. Alles, was durch die Schablone abgedeckt ist, soll geschützt sein, und alles, was nicht bedeckt ist, soll oder kann aktualisiert werden. Als solch eine Schablone verwendet man den sogenannten Stencil-Buffer.

Der **Stencil-Buffer**[28] ist ein Datenbereich auf der Grafikkarte, der physikalisch sehr eng mit dem Z-Buffer verknüpft ist. Genau genommen teilen sich Z-Buffer und Stencil-Buffer einen gemeinsamen Datenbereich, in dem zum Beispiel eine 32-Bit-Information für jedes Pixel des Frame-Buffers abgelegt ist. Von diesen 32 Bit gehören dann zum Beispiel 24 zum Z-Buffer und 8 zum Stencil-Buffer. Die Aufteilung der verfügbaren Bits zwischen Z-Buffer und Stencil-Buffer kann konfiguriert werden. Wir hatten diese Konfiguration beim Einrichten des Devices auch bereits vorgenommen, ohne näher darauf einzugehen. Vielleicht erinnern Sie sich noch an die Präsentationsparameter beim Einrichten eines Devices. Dort hatten wir die folgende Setzung vorgenommen:

```
d3dpp.AutoDepthStencilFormat = D3DFMT_D16;
```

---

28  Stencil = Schablone

Das bedeutet, dass wir eine 16-Bit-Tiefeninformation im Z-Buffer und keinen Stencil-Buffer verwenden. Je mehr Bits man für die Tiefeninformation verwendet, umso genauer kann die Tiefenauflösung durchgeführt werden. Ist die Tiefenauflösung zu gering, so kann insbesondere bei in großer Entfernung nah beieinanderliegenden Punkten nicht mehr unterschieden werden, welcher weiter vorn und welcher weiter hinten liegt. Dies führt dann zu unschönen Flimmereffekten in der Darstellung. Umgekehrt lässt eine größere Bandbreite für die Tiefenauflösung weniger Platz für einen gegebenenfalls benötigten Stencil-Buffer. Das bisher verwendete Format D3DFMT_D16 ist für die Beispiele dieses Abschnitts ungeeignet, da es dem Stencil-Buffer keine Bandbreite gibt. Hier sollten Sie zum Beispiel das Format D3DFMT_D24S8, das 24 Bit für den Z-Buffer und 8 Bit für den Stencil-Buffer reserviert, verwenden.[29] Um die Beispiele dieses Abschnitts durchführen zu können, sollten Sie in der Initialisierung Ihres DirectX-Devices die Zuweisung des Bufferformats wie folgt ändern:

```
d3dpp.AutoDepthStencilFormat = D3DFMT_D24S8;
```

Damit ist aber nur die Größe möglicher Einträge im Stencil-Buffer festgelegt. Was wir dort eintragen und wie wir mit den Inhalten des Buffers umgehen, müssen wir noch diskutieren.

Im Stencil-Buffer kann für jedes Pixel des Frame-Buffers ein Wert abgelegt werden. Zum Beispiel kann dort die Information abgelegt werden, dass ein Pixel schon einmal erzeugt wurde. Aufgrund dieser Information kann zum Beispiel dann ein späteres Überschreiben dieses Pixels verhindert werden. Die Anwendungsmöglichkeiten des Stencil-Buffers sind vielfältig, und wir werden Anwendungen in den Beispielen (Schatten, Spiegelung) dieses Abschnitts diskutieren. An dieser Stelle wollen wir aber zunächst einmal die Grundfunktionen des Stencil-Buffers losgelöst von einer Anwendung betrachten.

Im Gegensatz zum Z-Buffer ist der Stencil-Buffer standardmäßig deaktiviert und muss vor der Verwendung zunächst einmal eingeschaltet werden:

```
device->SetRenderState(D3DRS_STENCILENABLE, true);
```

Ersetzt man in diesem Codefragment true durch false, erhält man den Code zum Abschalten des Stencil-Buffers. Durch eine Clear-Anweisung kann man jedes Feld des Stencil-Buffers mit einem Anfangswert w initialisieren.

---

29 Sofern Ihre Grafikkarte dieses 32-Bit-Format unterstützt. Über weitere mögliche Formate informiert die DirectX-Dokumentation.

```
device->Clear(0, 0, D3DCLEAR_STENCIL, 0, 0, w);
```

Der Wert von w muss dabei natürlich in der für den Stencil-Buffer festgelegten Bandbreite liegen. In unserem Beispiel (D3DFMT_D24S8) sind das Werte zwischen 0 und 255. Häufig verwendet man w = 0.

Auch der Stencil-Buffer wird dazu verwendet, einen Test – den sogenannten Stencil-Test – durchzuführen. Dieser ist allerdings etwas komplexer als der Z-Test. Grundlage des Tests ist aber auch hier wieder eine Vergleichsfunktion. Die zulässigen Vergleichsfunktionen sind aber die gleichen wie beim Z-Test:

► D3DCMP_NEVER

► D3DCMP_LESS

► D3DCMP_EQUAL

► D3DCMP_LESSEQUAL

► D3DCMP_GREATER

► D3DCMP_NOTEQUAL

► D3DCMP_GREATEREQUAL

► D3DCMP_ALWAYS

Eine bestimmte Funktion für den Stencil-Test wird zum Beispiel durch die Anweisung

```
device->SetRenderState(D3DRS_STENCILFUNC, D3DCMP_EQUAL);
```

ausgewählt. Verglichen wird ein für alle Pixel gleicher Referenzwert mit dem jeweiligen Stencil-Wert des betrachteten Pixels. Dieser Referenzwert ref – natürlich auch eine Zahl in der Bandbreite des Stencil-Buffers – wird ebenfalls durch Aufruf der Funktion SetRenderState festgelegt:

```
device->SetRenderState(D3DRS_STENCILREF, ref);
```

Verglichen werden aber nicht der »nackte« Referenzwert und der ebenso »nackte« Stencil-Wert, sondern man hat die Möglichkeit, eine Maske mask festzulegen, um gezielt bestimmte Bits in den beiden Vergleichswerten auszufiltern:

```
device->SetRenderState(D3DRS_STENCILMASK, mask);
```

Will man keine spezielle Filterung anwenden, so verwendet man den Wert `mask` = `0xffffffff`, der im Übrigen auch der Default für die Maske ist. Letztlich ergibt sich mit diesen Setzungen der folgende Vergleich für den Stencil-Test:

```
(ref & mask) <Vergleichsfunktion> (<Stencilwert> & mask)
```

Kombiniert man jetzt dieses Vergleichsergebnis mit dem Ergebnis der Z-Tests in der folgenden Weise,

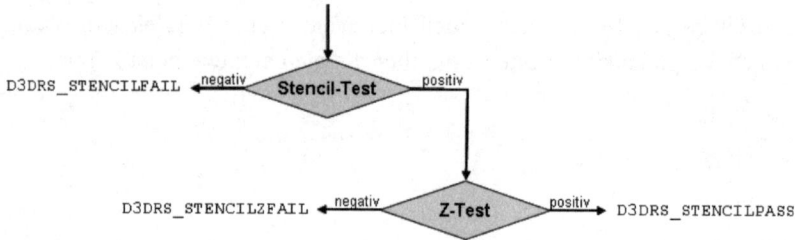

so ergeben sich drei relevante Testergebnisse:

| | |
|---|---|
| D3DRS_STENCILPASS | Der Stencil-Test und der Z-Test waren erfolgreich. |
| D3DRS_STENCILZFAIL | Der Stencil-Test war erfolgreich, aber der Z-Test schlug fehl. |
| D3DRS_STENCILFAIL | Der Stencil-Test schlug fehl, egal, wie der Z-Test ausgefallen ist. |

Fällt der Stencil-Test negativ aus (D3DRS_STENCILFAIL), wird eine Übertragung des Pixels in den Frame-Buffer verhindert, egal, was der Z-Test sagt. Ob das Pixel bei positivem Stencil-Test letztlich im Frame-Buffer landet, entscheidet nach wie vor der Z-Test (D3DRS_STENCILFAIL bzw D3DRS_STENCILZFAIL). Jedem der oben genannten drei Fälle kann eine Aktion auf dem Stencil-Buffer zugeordnet werden. Die möglichen Aktionen sind:

| | |
|---|---|
| D3DSTENCILCAPS_KEEP | Behalte den bestehenden Wert im Stencil-Buffer. |
| D3DSTENCILCAPS_ZERO | Setze den Wert im Stencil-Buffer auf 0. |
| D3DSTENCILCAPS_REPLACE | Ersetze den Wert im Stencil-Buffer durch den Referenzwert. |
| D3DSTENCILCAPS_INCRSAT | Setze den Wert im Stencil-Buffer um 1 herauf, sofern noch nicht der Maximalwert erreicht ist. |
| D3DSTENCILCAPS_DECRSAT | Setze den Wert im Stencil-Buffer um 1 herunter, sofern noch nicht 0 erreicht ist. |
| D3DSTENCILCAPS_INVERT | Invertiere den Wert im Stencil-Buffer. |
| D3DSTENCILCAPS_INCR | Setze den Wert im Stencil-Buffer um 1 herauf. |
| D3DSTENCILCAPS_DECR | Setze den Wert im Stencil-Buffer um 1 herunter. |

Um die einzelnen Vergleichsergebnisse mit den Aktionen zu verknüfen, benutzt man wieder die `SetRenderState`-Funktion. Zum Beispiel:

```
device->SetRenderState(D3DRS_STENCILPASS, D3DSTENCILOP_INCR);
device->SetRenderState(D3DRS_STENCILFAIL, D3DSTENCILOP_KEEP);
device->SetRenderState(D3DRS_STENCILZFAIL, D3DSTENCILOP_ZERO);
```

Zusätzlich hat man noch die Möglichkeit, beim Schreiben in den Stencil-Buffer einen Filter mask vorzuschieben.

```
device->SetRenderState(D3DRS_STENCILWRITEMASK, mask);
```

Auch hier ist der am häufigsten vorkommende Wert, der zugleich auch als Default verwendet wird, mask = 0xffffffff.

Im Grunde ist jetzt klar, was man prinzipiell mit dem Stencil-Buffer machen kann, aber es ist noch unklar, wofür man den Stencil-Buffer und diese Operationen sinnvoll einsetzen kann. Auf diese Frage komme ich noch einmal in den Beispielen am Ende dieses Abschnitts zu sprechen. Vorher müssen wir uns aber noch kurz mit dem sogenannten Alpha-Blending beschäftigen.

### 7.9.2 Alpha-Blending

Beim Schreiben eines Pixels in den Frame-Buffer hatten wir bisher immer stillschweigend angenommen, dass der neue Farbwert den alten überschreibt. Das ist aber nur eine von vielen Möglichkeiten. Das neue Pixel (Source) kann mit dem bestehenden Pixel im Frame-Buffer (Destination) in unterschiedlicher Weise verschnitten werden. Dieser Prozess des Verschneidens von Source und Destination wird als **Alpha-Blending** bezeichnet. Zunächst einmal sollten Sie sich daran erinnern, dass Farbwerte in DirectX nicht nur aus Rot-, Grün- und Blauanteilen bestehen, sondern immer auch einen Alpha-Wert aufweisen. Man spricht deshalb auch von einem RGBA-Farbwert. Der Alpha-Wert definiert die »Durchsichtigkeit« eines Materials. Der Alpha-Wert rangiert, wie die anderen Farbwerte auch, stets zwischen 0 und 1, wobei bei den Extremwerten 1 für undurchsichtig (opak) und 0 für durchsichtig (transparent) steht. Wir hatten bisher kein Augenmerk auf den Alpha-Wert unserer Materialen gelegt und den Wert meist auf 0 gelassen. Dass wir trotzdem etwas sehen konnten, lag daran, dass das Alpha-Blending nicht aktiviert war.

Mit der Programmzeile

```
device->SetRenderState(D3DRS_ALPHABLENDENABLE, true);
```

schaltet man das Alpha-Blending ein, und mit der Zeile

```
device->SetRenderState(D3DRS_ALPHABLENDENABLE, false);
```

schaltet man es wieder aus.

Mit dem bloßen Ein- und Ausschalten des Alpha-Blendings ist es aber in der Regel nicht getan. Man sollte zusätzlich konfigurieren, wie Source und Destination verschnitten werden. Dazu gibt es wieder einige durch symbolische Konstanten definierte Verschneideoperationen. Diese sind:

| | |
|---|---|
| D3DBLENDOP_ADD | Die Farbwerte von Source und Destination werden addiert. |
| D3DBLENDOP_SUBTRACT | Der Farbwert von Destination wird von dem von Source abgezogen. |
| D3DBLENDOP_REVSUBTRACT | Der Farbwert von Source wird von dem von Destination abgezogen. |
| D3DBLENDOP_MIN | Das Minimum von Source und Destination ergibt den neuen Farbwert. |
| D3DBLENDOP_MAX | Das Maximum von Source und Destination ergibt den neuen Farbwert. |

Eine konkrete Operation wird dann zum Beispiel in der folgenden Weise ausgewählt:

```
device->SetRenderState( D3DRS_BLENDOP, D3DBLENDOP_ADD);
```

Die alleinige Auswahl einer Operation kann aber noch kein vernünftiges Blending definieren. Man muss zusätzlich noch festlegen, mit welchem Gewicht Source und Destination in die Operation eingehen. Dazu gibt es wieder eine Reihe von symbolischen Konstanten, die unabhängig voneinander für jeden Operanden (Source oder Destination) einen Blendfaktor definieren:

| | |
|---|---|
| D3DBLEND_ZERO | Der Blendfaktor ist $(0,0,0,0)$. |
| D3DBLEND_ONE | Der Blendfaktor ist $(1,1,1,1)$. |
| D3DBLEND_SRCCOLOR | Der Blendfaktor ist der RGBA-Wert der Source, also $(r_s,g_s,b_s,a_s)$. |
| D3DBLEND_INVSRCCOLOR | Der Blendfaktor ist der inverse RGBA-Wert der Source, also $(1-r_s,1-g_s,1-b_s,1-a_s)$. |
| D3DBLEND_SRCALPHA | Der Blendfaktor setzt sich aus dem Alphawert der Source zusammen. Er ist also $(a_s,a_s,a_s,a_s)$. |
| D3DBLEND_INVSRCALPHA | Der Blendfaktor setzt sich aus dem inversen Alphawert der Source zusammen. Er ist also $(1-a_s,1-a_s,1-a_s,1-a_s)$. |
| D3DBLEND_DESTALPHA | Der Blendfaktor setzt sich aus dem Alphawert der Destination zusammen. Er ist also $(a_d,a_d,a_d,a_d)$. |

| | |
|---|---|
| D3DBLEND_INVDESTALPHA | Der Blendfaktor setzt sich aus dem inversen Alphawert der Destination zusammen. Er ist also $(1-a_d, 1-a_d, 1-a_d, 1-a_d)$. |
| D3DBLEND_DESTCOLOR | Der Blendfaktor ist der RGBA-Wert der Destination, also $(r_d, g_d, b_d, a_d)$. |
| D3DBLEND_INVDESTCOLOR | Der Blendfaktor ist der inverse RGBA-Wert der Destination, also $(1-r_d, 1-g_d, 1-b_d, 1-a_d)$. |
| D3DBLEND_SRCALPHASAT | Der Blendfaktor ist $(f, f, f, 1)$, wobei $(f = \min(a_s, 1-a_d)$ ist. |
| D3DBLEND_BLENDFACTOR | Der Blendfaktor ist ein RGBA-Wert, der mit dem Renderstate D3DRS_BLENDFACTOR gesetzt wurde. |
| D3DBLEND_INVBLENDFACTOR | Inverser Wert zu dem RGBA-Wert, der mit dem Renderstate D3DRS_BLENDFACTOR gesetzt wurde. |

Diese Blendfaktoren können, wie bereits gesagt, unabhängig voneinander für Source und Destination gesetzt werden. Im Code sieht das dann beispielsweise wie folgt aus:

```
device->SetRenderState(D3DRS_SRCBLEND, D3DBLEND_SRCALPHA);
device->SetRenderState(D3DRS_DESTBLEND, D3DBLEND_INVSRCALPHA);
```

Durch den ersten Parameter (D3DRS_SRCBLEND oder D3DRS_DESTBLEND) wird ausgewählt, ob der Blendfaktor für Source oder Destination bestimmt werden soll. Im zweiten Parameter steht dann der gewählte Blendfaktor.

Der Blendfaktor wird durch komponentenweise Multiplikation auf den Operanden angewandt. Wenn man beispielsweise den Blendfaktor $(w, x, y, z)$ auf den Farbwert $(r, g, b, a)$ anwendet, so erhält man den Farbwert $(wr, xg, yb, za)$ als Ergebnis. In dieser allgemeinen Form ist das sicher noch unanschaulich, aber wir werden uns sofort ein einfaches Beispiel ansehen. Dazu konfigurieren wir das Alpha-Blending wie folgt:

```
device->SetRenderState( D3DRS_BLENDOP, D3DBLENDOP_ADD);
device->SetRenderState(D3DRS_SRCBLEND, D3DBLEND_SRCALPHA);
device->SetRenderState(D3DRS_DESTBLEND, D3DBLEND_INVSRCALPHA);
```

Auf den ersten Blick mag es Ihnen merkwürdig erscheinen, dass man auch bei der Destination mit einem Gewicht der Source arbeitet, aber das, was Sie hier sehen, ist sehr sinnvoll und wahrscheinlich die am häufigsten vorkommende Konfiguration des Alpha-Blendings. Wir betrachten einen einzelnen Farbkanal, da hier ja in allen Kanälen das Gleiche passiert. Die Eingangsgrößen sind dann der Rotwert der Source $r_s$, der Rotwert der Destination $r_d$ und der Alphawert der Source $a_s$. Der Rotwert des Ergebnisses $r_e$ berechnet sich, da ja addiert wird (D3DBLENDOP_ADD), wie folgt:

$$r_e = a_s r_s + (1 - a_s) r_d$$

Wenn wir uns jetzt noch konkret vorstellen, dass $a_s = 0.3$ ist, so ergibt sich:

$$r_e = 0.3 r_s + 0.7 r_d$$

Das ist eine Interpolation zwischen Source und Destination, wobei die Source sozusagen 30 % des Ergebnisses ausmacht und die Destination die zu 100 % fehlende Menge beisteuert. Insgesamt ergibt sich damit die gewünschte Durchsichtigkeit, wobei der Alpha-Wert der Source den Grad der Durchsichtigkeit bestimmt.

Bevor Sie jetzt loslaufen, um Durchsichtigkeit in Ihre Spiele einzubauen, möchte ich Sie noch auf ein paar Dinge hinweisen, die Sie unbedingt beachten müssen, um nicht enttäuscht zu werden:

▸ Der Alpha-Wert wird bei Blendfaktoren wie D3DRS_SRCBLEND oder D3DRS_DESTBLEND immer aus dem diffusen Farbanteil genommen. Achten Sie darauf, dass dieser Wert bei Bedarf zur Verfügung steht.

▸ Beim Alpha-Blending kommt es, wie man sich leicht klarmachen kann, darauf an, in welcher Reihenfolge Teile des Modells gerendert werden. Sie sollten daher immer zuerst alle nicht-transparenten Teile des Modells rendern. Beim Rendern der transparenten Teile sollte man dann von hinten nach vorn vorgehen. Der Z-Test sollte dabei eingeschaltet bleiben, damit die Objekte sauber im Verhältnis zu den nicht-transparenten Objekten gezeichnet werden. Das Schreiben in den Z-Buffer sollte aber ausgeschaltet sein, damit die transparenten Objekte nicht in den Tiefenvergleich einbezogen werden.

▸ Achten Sie auf das Culling beim Rendern transparenter Objekte, da jetzt plötzlich die Rück- oder Innenseiten von Objekten sichtbar werden können.

Es gibt noch andere Formen des Alpha-Blendings, die ich hier aber nicht beschreiben will, denn nach dieser Durststrecke sollten wir möglichst schnell wieder zu konkreten Beispielen kommen.

### 7.9.3 Beispiele

Vielleicht haben Sie sich gefragt, warum ich nicht immer direkt nach den Themen dieses Abschnitts ein Beispiel angeführt habe. Das hat damit zu tun, dass erst im Zusammenspiel von Z-Buffer, Stencil-Buffer und Alpha-Blending erkennbar wird, was für Effekte man mit den hier angesprochenen Techniken erzielen kann. Jetzt, da wir alles beieinander haben, können wir gehaltvolle Beispiele erstellen. Konkret sind das zwei Themenberiche, aus denen ich die Beispiele gewählt habe:

- Schlagschatten und
- Spiegelungen

Ausgangspunkt für beide Beispiele ist der Mesh mit den Verona-Pyramiden, an den Sie sich sicher noch erinnern werden. Dieses Beispiel werden wir jetzt um Schlagschatten und Spiegelungen erweitern.

### Schlagschatten

In den bisherigen Beispielen hatten wir schon über Schattierung – etwa in der Version V11 von Balance über Gouraud-Shading – gesprochen, aber noch nicht über Schlagschatten. Bei der Berechnung von Schlagschatten muss man wie so häufig eine Güterabwägung vornehmen. Realitätsnahe Verfahren sind sehr rechenintensiv, und weniger rechenintensive Verfahren sind nicht so realistisch. Ich möchte Ihnen an dieser Stelle ein Verfahren zur Berechnung sogenannter planarer Schatten vorstellen, das sich in der klassischen Renderpipeline sehr einfach implementieren lässt.

Unter **planarem Schatten** versteht man einen Schattenwurf in eine Ebene. Stellen Sie sich vor, dass ein Auto auf einem großen leeren Parkplatz in der Sonne steht. Dann wirft es einen Schatten auf den Asphalt. Der Schattenwurf ist in dieser Situation relativ einfach zu berechnen. Es handelt sich ja nur um die Parallelprojektion des Autos aus der Sicht der Sonne in die Parkplatzebene. Man würde also den Parkplatz rendern, dann den Schattenwurf berechnen und einen dunklen Fleck in Form des Schattenwurfs auf den Parkplatz zeichnen und abschließend das Auto daraufstellen. Komplizierter wird die Sache, wenn neben dem Auto ein zweites Auto steht, das sich teilweise im Schatten des ersten Autos befindet. Jetzt fällt der Schatten nicht mehr in die Ebene, sondern auf ein anderes Objekt und ist entsprechend aufwändiger zu berechnen. Und wenn sich eines der beiden Autos auch noch bewegt, dann kann der Schatten nicht einmalig vorausberechnet werden, sondern muss in Echtzeit immer wieder neu berechnet werden. Sie können sich vorstellen, dass man dabei leicht an die Grenzen eines Rechners stößt. Solange wir den Schatten aber in die Ebene werfen, egal, ob ein zweites Auto daneben steht oder nicht, haben wir diese Probleme nicht. Wir haben dann allerdings ein kleines Problem mit der Realität. Ein planarer Schatten ist dann wie ein Teppich, den man unter das Auto legt. Wenn dieser Teppich groß ist, kann es passieren, dass ein anderes Auto über diesen Teppich fährt. In der Realität kann man aber nie auf dem Schatten eines anderen stehen.

Ausgangspunkt für unsere Schattenberechnungen ist das Beispiel mit den Pyramiden, das wir zunächst unverändert übernehmen. Wir wollen sowohl eine Gouraud-Schattierung der Pyramiden als auch einen Schlagschatten der Pyramiden berechnen. Dazu muss unser Modell Vertexnormalen enthalten. Das ist derzeit aber noch nicht der Fall. Vielleicht erinnern Sie sich noch, dass wir, um Gouraud-Schattierung anwenden zu können, einen Mesh geklont und in dem Clone die Normalen zusätzlich berechnet hatten. So ähnlich gehen wir hier auch vor. Das Klonen können wir uns allerdings sparen, wenn wir von vornherein Normalen im Vertexformat des Meshs vorsehen. Wir erweitern daher das Vertexformat für den Mesh um die Vertexnormalen

```
# define VERTEXFORMAT   (D3DFVF_XYZ | D3DFVF_NORMAL | D3DFVF_TEX1 |
                         D3DFVF_TEXCOORDSIZE2(0))
```

und fügen in der Datenstruktur für den Vertex zusätzlich einen Normalenvektor ein:

```
struct vertex
    {
    D3DXVECTOR3 pos;
    D3DXVECTOR3 norm;
    float u;
    float v;
    };
```

In der setup-Funktion des Pyramidenmeshs müssen wir jetzt zusätzlich die Normalen berechnen. Das machen wir mit der bereits bekannten Funktion D3DXComputeNormals:

```
void pyramidenmesh::setup()
    {
    setup_mesh( 12, 1, 2);
    setup_attributebuffer();
    setup_attributetable();
    D3DXComputeNormals( mesh, 0);
    }
```

Alles Weitere machen wir jetzt in der render-Funktion, die ich um zwei Parameter erweitert habe:

```
void pyramidenmesh::render( D3DXMATRIX &world,
                            D3DXVECTOR3 &lightdir)
```

Zum Rendern müssen jetzt die Welt-Transformation und die längennormierte Richtung des Sonnenlichts als Parameter übergeben werden. Die Renderfunktion wollen wir jetzt Schritt für Schritt entwickeln. Die erste Version zeichnet noch keinen Schatten. Sie stellt nur das Licht und die Gouraud-Schattierung ein:

```
void pyramidenmesh::render( D3DXMATRIX &world,
                            D3DXVECTOR3 &lightdir)
    {
    D3DLIGHT9 licht;
    int ambient;
```

A
```
    ZeroMemory( &licht, sizeof(D3DLIGHT9) );
    licht.Type = D3DLIGHT_DIRECTIONAL;
    licht.Direction = lightdir;
    licht.Diffuse.r = licht.Diffuse.g = licht.Diffuse.b =
                                    licht.Diffuse.a = 1;
    device->SetLight( 0, &licht );
    device->LightEnable( 0, lightdir.y < 0);
```

B
```
    device->SetRenderState( D3DRS_LIGHTING, TRUE);
    device->SetRenderState( D3DRS_SHADEMODE, D3DSHADE_GOURAUD);
    ambient = (int)(100*(1-lightdir.y));
    device->SetRenderState( D3DRS_AMBIENT,
                D3DCOLOR_ARGB( 1, ambient, ambient, ambient));
```

C
```
    device->SetMaterial( &material);
    device->SetTransform(D3DTS_WORLD, &world);
    device->SetTexture( 0, bodentextur);
    mesh->DrawSubset( 0);
```

D
```
    // Hier den Schatten erzeugen und rendern
```

E
```
    device->SetMaterial( &material);
    device->SetTransform(D3DTS_WORLD, &world);
    device->SetTexture( 0, pyramidentextur);
    mesh->DrawSubset( 1);
    }
```

A: Hier wird das Sonnenlicht eingerichtet. Es erhält die vom Anwendungsprogramm gewünschte Richtung `lightdir`, aber es wird nur eingeschaltet, wenn die Sonne über dem Horizont steht (`lightdir.y < 0`).

B: Beleuchtung und Gouraud-Shading werden aktiviert. Darüber hinaus wird der Anteil an ambientem Licht festgelegt. Bei tiefer Nacht (`lightdir.y = 1`) ist dieser 0, und beim Höchststand der Sonne (`lightdir = -1`) hat er den Wert 200.

C: Jetzt wird die Bodenplatte gerendert.

D: Hier muss der planare Schatten berechnet und gerendert werden. Das kommt weiter unten.

E:  Abschließend werden die Pyramiden dargestellt.

Nachdem wir auf diese Weise alle wichtigen und Ihnen schon aus anderen Abschnitten dieses Buches bekannten Grundoperationen erledigt haben, können wir uns jetzt ganz auf das neue Thema, die Berechnung des Schlagschattens der Pyramiden, konzentrieren.

Der Schlagschatten soll schwarz werden. Also benötigen wir ein schwarzes Material:

```
D3DMATERIAL9 schwarz;

ZeroMemory( &schwarz, sizeof( material));
schwarz.Diffuse = D3DXCOLOR( 0, 0, 0, 0.5f);
device->SetMaterial( &schwarz);
device->SetTexture( 0, 0);
```

Beachten Sie, dass ich den Alpha-Kanal des diffusen Anteils der Materialfarbe auf 0,5 gesetzt habe. Im Moment ist das noch nicht wichtig, aber ich werde später darauf zurückkommen.

Als Nächstes benötigen wir eine Projektionsmatrix, die eine Projektion des Modells aus Sicht der Lichtquelle in die Ebene y = 0 durchführt. Dafür gibt es die DirectX-Funktion D3DXMatrixShadow:

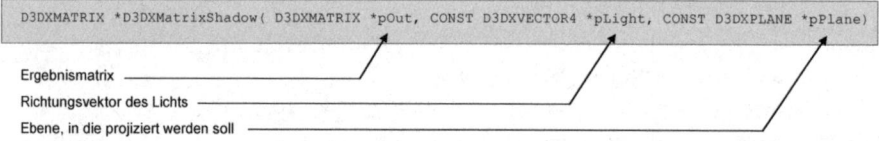

```
D3DXMATRIX *D3DXMatrixShadow( D3DXMATRIX *pOut, CONST D3DXVECTOR4 *pLight, CONST D3DXPLANE *pPlane)
```

Ergebnismatrix
Richtungsvektor des Lichts
Ebene, in die projiziert werden soll

Um diese Funktion verwenden zu können, müssen wir zunächst den 3-dimensionalen Lichtrichtungsvektor (D3DXVECTOR3) in einen 4-dimensionalen Vektor (D3DXVECTOR4) umkopieren:

```
D3DXVECTOR4 ldir;

ldir.x = lightdir.x;
ldir.y = lightdir.y;
ldir.z = lightdir.z;
ldir.w = 0;
```

Die w-Koordinate setzen wir dabei auf 0.[30]

---

30  Man kann die w-Koordinate auch auf 1 setzen. Dann wird der Schatten einer punktförmigen, im Koordinatenursprung liegenden Lichtquelle berechnet.

Als dritten Parameter müssen wir der Funktion (D3DXMatrixShadow) eine Ebene (D3DXPLANE) übergeben. Den Datentyp D3DXPLANE kennen wir noch nicht. Wir wollen aber auch nicht viel mit dieser Ebene anstellen. Eigentlich müssen wir nur wissen, wie man eine Ebene sauber einrichtet, um sie dann an die Funktion zu übergeben. Geometrisch ist eine Ebene durch einen Punkt und eine Normale gegeben, die die Richtung der Ebene festlegt. In unserem Fall ist der Punkt der Nullpunkt (0,0,0) und die Normale die y-Achse (0,1,0) oder (0,-1,0). Zur Konstruktion der Ebene verwendet man dann die Funktion D3DXPlaneFromPointNormal:[31]

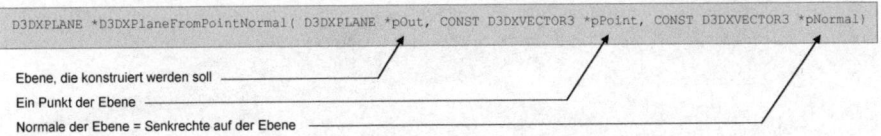

```
D3DXPLANE *D3DXPlaneFromPointNormal( D3DXPLANE *pOut, CONST D3DXVECTOR3 *pPoint, CONST D3DXVECTOR3 *pNormal)
```

Ebene, die konstruiert werden soll

Ein Punkt der Ebene

Normale der Ebene = Senkrechte auf der Ebene

In unserem Fall sieht die Verwendung dieser Funktion dann so aus:

```
D3DXPLANE boden;
D3DXPlaneFromPointNormal( &boden, &D3DXVECTOR3(0,0,0),
                                  &D3DXVECTOR3(0,-1,0));
```

Mit der Ebene und dem 4-dimensionalen Lichtrichtungsvektor können wir dann die Schattenprojektion berechnen:

```
D3DXMATRIX schatten;
D3DXMatrixShadow(&schatten, &ldir, &boden);
```

Jetzt haben wir die Schattenprojektion und müssen nur noch unser Modell mit dieser Projektion rendern. Dazu muss es natürlich noch entsprechend der World-Transformation ausgerichtet werden. Dazu multiplizieren wir vor dem Rendern Schattenprojektion und World-Transformation:

```
schatten = schatten*world;
device->SetTransform(D3DTS_WORLD, &schatten);
mesh->DrawSubset( 1);
```

Gerendert werden natürlich nur die Pyramiden und nicht die Bodenplatte, da ja nur die Pyramiden einen Schatten werfen.

---

31 Es gibt auch andere Funktionen, um Ebenen zu konstruieren, aber darauf will ich hier nicht eingehen.

Wenn Sie den hier in einzelnen Teilen diskutierten Code zwischen den beiden Renderläufen für die Grundplatte und die Pyramiden zusätzlich einfügen, erhalten Sie eine erste Näherung an den gewünschten Schatten:

Wenn Sie das Ergebnis genau betrachten, werden Sie feststellen, dass der Schatten nicht immer korrekt gezeichnet wird. Manchmal fehlen Teile, oder es scheinen Teile des Bodens über dem Schatten zu liegen. Manchmal scheint sich DirektX auch gar nicht entscheiden zu können, ob die Bodenplatte oder der Schatten zuoberst liegt. Dann kippt das Bild unangenehm zwischen beiden Möglichkeiten hin und her. Das war aber auch zu erwarten, denn wir haben die Grundplatte und den Schatten auf das gleiche Niveau gerendert. Woher soll DirectX wissen, was oben liegt? Man könnte versucht sein, den Schatten leicht anzuheben. Aber dann würden die Pyramiden etwas in den Schatten einsinken, und man würde vielleicht einen Spalt zwischen Boden und Schatten sehen. Das wäre für den Betrachter vielleicht ebenso unangenehm. Zum Glück gibt es eine ganz einfache Lösung für dieses Problem. Man schaltet vor dem Zeichnen des Schattens die Verwendung des Z-Buffers aus.

```
device->SetRenderState(D3DRS_ZENABLE, false);
```

Dann werden Bildpunkte nicht mehr nach ihrer Tiefe, sondern in der Reihenfolge dargestellt, in der man sie geschrieben hat. Nach dem Rendern des Schattens muss dieser Schritt natürlich rückgängig gemacht werden,

```
device->SetRenderState(D3DRS_ZENABLE, true);
```

damit die Pyramiden nachfolgend richtig dargestellt werden. Nach dieser Änderung erscheinen geometrisch korrekte planare Schatten zu den Pyramiden:

So befriedigend das Ergebnis jetzt von der Geometrie her ist, so unbefriedigend ist noch die Texturierung. Die Schatten sind undurchsichtig schwarz. Da hilft auch keine Aufhellung, denn graue Schatten wären immer noch undurchsichtig. Da hilft nur Alpha-Blending, also das Verschneiden verschiedener Bildebenen mit Hilfe des Alpha-Kanals. Vorausschauend hatte ich für unser Schattenmaterial (schwarz) einen alpha-Wert von 0,5 (halbdurchsichtig) gewählt. Jetzt müssen wir nur noch das Alpha-Blending aktivieren und die Blendoperation sowie die Blendfaktoren für Source und Destination auswählen:

```
device->SetRenderState( D3DRS_ALPHABLENDENABLE, true);
device->SetRenderState( D3DRS_BLENDOP, D3DBLENDOP_ADD);
device->SetRenderState( D3DRS_SRCBLEND, D3DBLEND_SRCALPHA);
device->SetRenderState( D3DRS_DESTBLEND, D3DBLEND_INVSRCALPHA);
```

Die Bedeutung dieser Zeilen kennen Sie bereits aus unseren Vorüberlegungen zum Alpha-Blending.

Auch das Alpha-Blending müssen wir nach dem Rendern des Schattens wieder abschalten, damit die Pyramiden korrekt gezeichnet werden:

```
device->SetRenderState(D3DRS_ALPHABLENDENABLE, false);
```

Durch den zusätzlichen Code ergibt sich das folgende Bild:

Dieses Ergebnis ist aber immer noch nicht zufriedenstellend. Die Schatten sind zwar transparent, aber die Schattenfläche enthält Stellen, an denen mehrere projizierte Faces übereinanderliegen. An diesen Stellen wird jetzt natürlich mehrfach verschnitten, und es entstehen Flächen, an denen sozusagen mehrere Schatten übereinanderliegen. Dies zeigt sich an einer unterschiedlichen Transparenz von Teilen der Schattenfläche. Um diesen Effekt zu vermeiden, muss man sicherstellen, dass an einer Stelle immer nur maximal ein Schattenpixel gerendert wird. Alle weiteren Versuche, dort weitere Schattenpixel zu rendern, müssen abgewiesen werden. Dieses Vehalten können wir durch Verwendung des Stencil-Buffers erreichen:

```
device->SetRenderState(D3DRS_STENCILENABLE, true);
device->SetRenderState(D3DRS_STENCILFUNC, D3DCMP_EQUAL);
device->SetRenderState(D3DRS_STENCILREF, 0x0);
device->SetRenderState(D3DRS_STENCILMASK, 0xffffffff);
device->SetRenderState(D3DRS_STENCILPASS, D3DSTENCILOP_INCR);
device->SetRenderState(D3DRS_STENCILFAIL, D3DSTENCILOP_KEEP);
device->SetRenderState(D3DRS_STENCILZFAIL, D3DSTENCILOP_KEEP);
device->SetRenderState(D3DRS_STENCILWRITEMASK, 0xffffffff);
```

Warum sorgen diese Einstellungen dafür, dass an jeder Stelle maximal ein Schattenpixel in den Frame-Buffer übernommen wird? Ganz einfach. Sobald ein Pixel erstmalig in den Frame-Buffer übernommen wird, wird der zugehörige Stencil-Wert von 0 auf 1 hochgezählt. Danach fällt der Stencil-Test an dieser Stelle immer negativ aus, und an dieser Stelle wird kein zusätzliches Schattenpixel mehr geschrieben.

Damit das klappt, müssen allerdings vor dem Rendern alle Zähler des Stencil-Buffers mit 0 initialisiert werden:

```
device->Clear(0, 0, D3DCLEAR_STENCIL, 0, 0, 0);
```

Nach dem Rendern des Schattens müssen wir den Stencil-Buffer wieder deaktivieren:

```
device->SetRenderState(D3DRS_STENCILENABLE, false);
```

Wenn Sie jetzt alle Codeschnipsel in der richtigen Reihenfolge in die render-Methode einsetzen, erhalten Sie korrekte planare Schatten von gleichmäßiger Transparenz:

Und wenn Sie das Puzzle nicht richtig zusammengefügt bekommen, finden Sie den vollständigen Quellcode dieses Beispiels auf der beiliegenden CD.

Die in diesem Abschnitt vorgestellte Schattierungstechnik ist natürlich unvollkommen, da keine Schatten auf das Modell (hier auf andere Pyramiden) geworfen werden. Ein ambitionierter Spieleprogrammierer möchte natürlich Verfahren benutzen, die höheren Ansprüchen genügen. Solche anspruchsvolleren Verfahren wie zum Beispiel **Shadow-Maps** oder **Volumen-Schatten** sollten aber aus Performancegründen direkt auf der Grafikkarte implementiert werden. Das dazu erforderliche Rüstzeug (Shaderprogrammierung) werden wir uns im nächsten Abschnitt erarbeiten. Danach können wir uns dann auch an die Berechnung komplexer Schatten in Echtzeit heranwagen.

### Spiegelungen

In diesem Abschnitt wollen wir den Stencil-Buffer zur Realisierung von Spiegelungen einsetzen. Ausgangspunkt ist wie im letzten Abschnitt der Mesh mit den Pyramiden im Wüstensand. Die Geometrie des Modells erweitern wir zunächst um den Spiegel. Wohlgemerkt, hier geht es noch nicht um die Spiegelung, sondern um den Spiegel als räumliches Objekt. Ich will hier nicht auf alle Details eingehen, sonden nur das erwähnen, was Sie für die Implementierung der Spiegelung unbedingt wissen müssen. Bei dem Spiegel (Member-Variable `spiegel`) handelt es sich um einen kleinen Mesh, bei dem aus zwei Dreiecken ein Rechteck zusammengesetzt ist. Zusätzlich gibt es noch einen Vertexbuffer, in dem ein Linienzug für die Umrandung des Spiegels abgelegt ist. Wichtig ist, dass wir den Mittelpunkt (`spiegelmitte`) und die Normale (`spiegelnormale`) des Spiegels zur Verfügung haben. Aus diesen Daten können wir später die Spiegelebene berechnen. Der Spiegel wird geometrisch so ausgerichtet, dass er im Winkel von 45 Grad über der Wüstenlandschaft schwebt. Vorerst ist es natürlich nur ein Rahmen, in den wir noch ein Spiegelbild projizieren müssen:

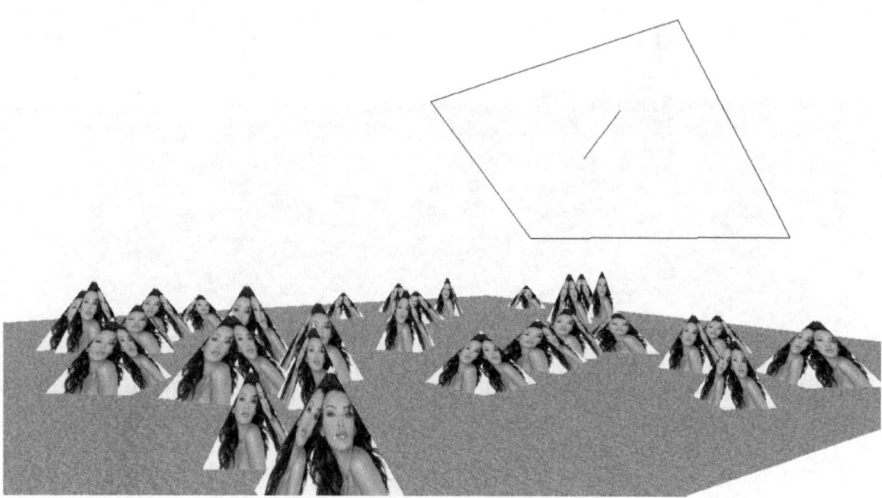

Von der Spiegelmitte aus habe ich zu Testzwecken eine kleine Linie entgegen der Spiegelnormale gezeichnet. Auf die Bedeutung dieser Linie werde ich später eingehen. Jetzt geht es zunächst einmal darum, die Spiegelung zu erzeugen. Dazu müssen wir eine Matrix berechnen, die unser Modell an der Spiegelebene spiegelt. Zum Glück stellt DirectX eine Funktion für genau diese Aufgabe bereit:

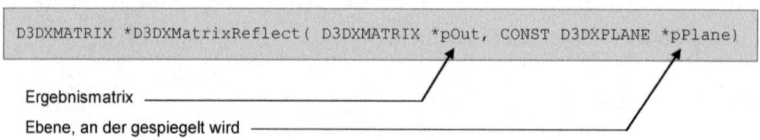

```
D3DXMATRIX *D3DXMatrixReflect( D3DXMATRIX *pOut, CONST D3DXPLANE *pPlane)
```

Ergebnismatrix ————————————————————————

Ebene, an der gespiegelt wird ————————————————

Wir benötigen also eine Ebene (D3DXPLANE), an der wir die Spiegelung durchführen können. Diese können wir mit der Funktion D3DXPlaneFromPointNormal:, die Sie bereits aus dem letzten Abschnitt kennen, aus dem Mittelpunkt und der Normale des Spiegels berechnen. Im Code liest sich das dann wie folgt:

```
D3DXPLANE spiegelebene;
D3DXMATRIX reflect;

D3DXPlaneFromPointNormal( &spiegelebene, &spiegelmitte,
                          &spiegelnormale);
D3DXMatrixReflect(&reflect, &spiegelebene);
```

Um zu sehen, ob wir mit diesem Ansatz auf dem richtigen Weg sind, rendern wir die erhaltene Reflexion. Wir multiplizieren dazu das Ergebnis mit der World-Matrix und schieben alles in die Renderpipeline:

```
reflect = reflect*world;
device->SetTransform(D3DTS_WORLD, &reflect);
device->SetRenderState(D3DRS_CULLMODE, D3DCULL_CW);
device->SetMaterial( &material);
device->SetTexture( 0, bodentextur);
mesh->DrawSubset( 0);
device->SetTexture( 0, pyramidentextur);
mesh->DrawSubset( 1);
device->SetRenderState(D3DRS_CULLMODE, D3DCULL_CCW) ;
```

Durch die Spiegelung hat sich die Windungsrichtung der Faces umgekehrt. Darum müssen wir, um etwas Sichtbares auf dem Bildschirm zu erhalten, den Cullmodus umkehren (D3DCULL_CW). Nach dem Rendern machen wir das wieder rückgängig (D3DCULL_CCW).

Das Ergebnis zeigt, dass wir auf dem richtigen Weg sind:

Das gespiegelte Modell steht senkrecht[32] hinter dem Spiegel. Das, was wir jetzt durch den Spiegelrahmen sehen, ist bereits das korrekte Spiegelbild. Nur irgendwie müssen wir es schaffen, den Rest außerhalb des Rahmens zum Verschwinden zu bringen. Dabei hilft uns wieder der Stencil-Buffer. In einem ersten Schritt werden wir jetzt den Spiegel »in den Stencil-Buffer rendern«. Das heißt, wir werden den Spiegel rendern, ohne dass er in den Framebuffer übernommen wird, und gleichzeitig überall dort, wo ein Pixel des Spiegels ist, eine Markierung in den Stencil-Buffer schreiben. Auf diese Weise erhalten wir im Stencil-Buffer eine

---

32 Das war bei einer Spiegelstellung von 45 Grad auch zu erwarten.

Schablone des Spiegels. Um dies in die Tat umzusetzen, fügen wir – natürlich vor dem Rendern des Spiegelbildes – den folgenden Code ein:

```
A device->SetRenderState(D3DRS_ZWRITEENABLE, false);
  device->SetRenderState(D3DRS_ZFUNC, D3DCMP_NEVER);
B device->SetRenderState(D3DRS_STENCILENABLE, true);
  device->SetRenderState(D3DRS_STENCILFUNC, D3DCMP_ALWAYS);
  device->SetRenderState(D3DRS_STENCILREF, 0x1);
  device->SetRenderState(D3DRS_STENCILMASK, 0xffffffff);
  device->SetRenderState(D3DRS_STENCILWRITEMASK,0xffffffff);
  device->SetRenderState(D3DRS_STENCILZFAIL,
                         D3DSTENCILOP_REPLACE);
  device->SetRenderState(D3DRS_STENCILFAIL, D3DSTENCILOP_KEEP);
  device->SetRenderState(D3DRS_STENCILPASS, D3DSTENCILOP_KEEP);
D device->Clear(0, 0, D3DCLEAR_STENCIL, 0, 0, 0);
E device->SetMaterial( &spiegelmaterial);
  device->SetTexture( 0, 0);
  spiegel->DrawSubset( 0);
F device->SetRenderState(D3DRS_ZFUNC, D3DCMP_LESSEQUAL);
  device->SetRenderState(D3DRS_ZWRITEENABLE, true);
```

Im Einzelnen passiert hier Folgendes:

Unter Punkt A wird das Schreiben in den Z-Buffer abgeschaltet, und die Funktion für den Z-Test wird so gewählt, dass der Z-Test immer negativ ausfällt. Damit werden keine Pixel mehr in den Frame-Buffer übernommen, und auch der Z-Buffer bleibt im Weiteren unangetastet. Unter B wird jetzt der Stencil-Test eingerichtet, und zwar so, dass der Stencil-Test immer positiv ausfällt. Für jedes Pixel, das zur Verarbeitung ansteht, tritt in Verbindung mit A dann der Fall D3DRS_STENCILZFAIL ein und es wird der Referenzwert 1 in den Stencil-Buffer geschrieben. Wenn man jetzt noch dafür sorgt, dass der Stencil-Buffer am Anfang überall auf 0 steht (D), dann werden beim nachfolgenden Rendering (E) die Stencil-Werte genau derjenigen Pixel, die zum Spiegel gehören, auf 1 gesetzt. Auf dem Bildschirm oder besser im Framebuffer ist jetzt nichts passiert, aber es ist ein Abbild (Schablone) des Spiegels im Stencil-Buffer entstanden. Den Z-Buffer stellen wir wieder auf den normalen Betriebsmodus (F). Den Stencil-Buffer lassen wir noch aktiviert, da wir ihn beim nächsten Schritt wieder benötigen.

Beim Rendern des Spiegelbildes müssen wir jetzt dafür sorgen, dass nur Pixel übernommen werden, die dann den Stencil-Wert 1 haben. Das ist aber einfach, und mit der Erfahrung, die Sie inzwischen mit dem Stencil-Buffer gewonnen haben, sollten Sie den folgenden Code problemlos verstehen:

```
device->SetRenderState(D3DRS_STENCILENABLE, true);
device->SetRenderState(D3DRS_STENCILFUNC, D3DCMP_EQUAL);
device->SetRenderState(D3DRS_STENCILREF, 0x1);
device->SetRenderState(D3DRS_STENCILMASK, 0xffffffff);
device->SetRenderState(D3DRS_STENCILWRITEMASK,0xffffffff);
device->SetRenderState(D3DRS_STENCILZFAIL, D3DSTENCILOP_KEEP);
device->SetRenderState(D3DRS_STENCILFAIL, D3DSTENCILOP_KEEP);
device->SetRenderState(D3DRS_STENCILPASS, D3DSTENCILOP_KEEP);

… Rendern des Spiegelbildes, wie oben gezeigt

device->SetRenderState(D3DRS_STENCILENABLE, false);
```

Das Ergebnis kann sich sehen lassen:

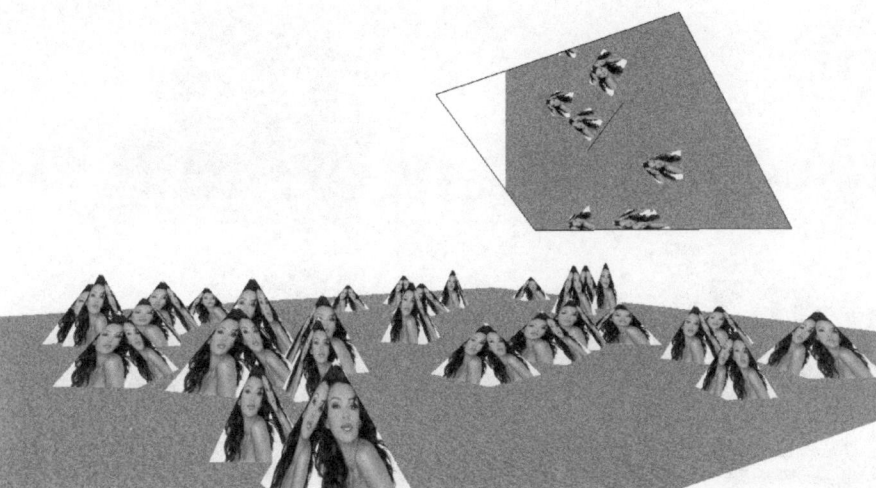

Es gibt aber immer noch ein Problem, das Sie sofort erkennen, wenn Sie meinen kleinen Teststrich in der Spiegelmitte betrachten. Der Strich befindet sich hinter dem Spiegel, aber vor der Spiegelung. Das kann natürlich nicht sein. Man kann ja nicht etwas zwischen einen Spiegel und das Spiegelbild im Spiegel schieben. Das liegt hier natürlich daran, dass das Spiegelbild immer noch in einigem Abstand hinter dem Spiegel steht und nicht auf die Spiegelfläche projiziert ist. Um das Spiegelbild auf den Spiegel zu bringen, verwenden wir – Sie ahnen es sicher schon – Alpha-Blending. Wir rendern noch einmal den Spiegel und blenden dabei das Hintergrundbild auf die Fläche des Spiegels im Vordergrund:

```
device->SetRenderState(D3DRS_ALPHABLENDENABLE, true);
device->SetRenderState( D3DRS_BLENDOP, D3DBLENDOP_ADD);
device->SetRenderState(D3DRS_SRCBLEND, D3DBLEND_ZERO);
device->SetRenderState(D3DRS_DESTBLEND, D3DBLEND_ONE);
```

```
device->SetMaterial( &spiegelmaterial);
device->SetTexture( 0, 0);
spiegel->DrawSubset( 0);
device->SetRenderState(D3DRS_ALPHABLENDENABLE, false);
```

Hier verwenden wir Alpha-Blending nicht als eine Überblendtechnik, sondern wir wählen das Hintergrundbild der Destination aus (D3DBLEND_ONE) und ignorieren das Vordergrundbild der Source (D3DBLEND_ZERO). Mit diesen Erweiterungen, die natürlich nach dem Rendern das Spiegelbildes eingefügt werden müssen, erhalten wir den fertigen Effekt. Das Spiegelbild steht jetzt nicht mehr hinter dem Spiegel, sondern liegt auf der Spiegeloberfläche:[33] Wir erkennen das daran, dass der Teststrich verschwunden ist:

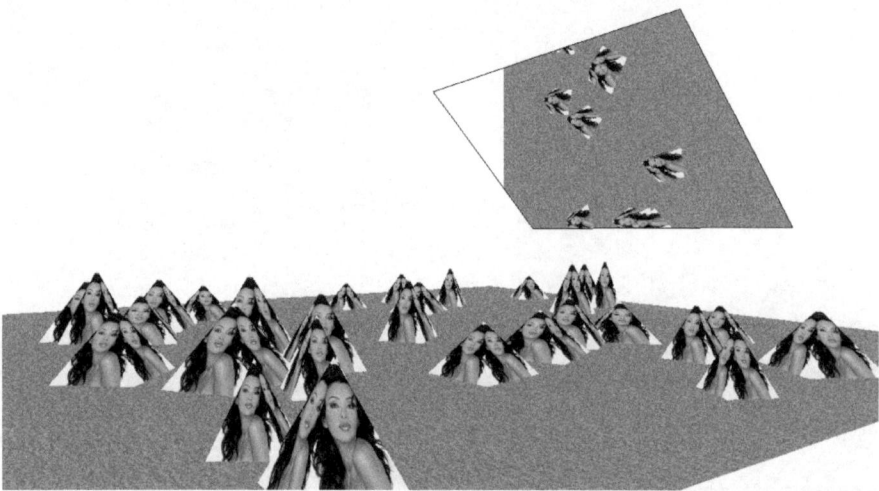

Soweit die Beschäftigung mit Z-Buffer, Stencil-Buffer und Alpha-Blending. Bedenken Sie, dass wir die hier gezeigten Effkte durch Konfiguration der Renderpipeline erstellt haben. Einer Konfiguration sind aber immer Grenzen gesetzt, da man nur aus einer vorgegebenen Anzahl von Alternativen wählen kann. In der Kombination dieser Alternativen ergibt sich dann eine große Zahl an Varianten, aber man erreicht nie die Flexibilität einer Programmierung. Wünschenswert wäre es, die Renderpipeline zu programmieren, anstatt sie nur zu konfigurieren, aber, da die Renderpipeline auf der Grafikkarte ist, bedeutet das, dass man lernen muss, auf der Grafikkarte zu programmieren. Genau das ist unser nächstes Ziel.

---

33  Optisch ist das das Gleiche, nur räumlich ist das ein Unterschied. Ein Spiegel täuscht ja auch optisch eine Räumlichkeit vor, die es nicht gibt.

# 8 Shader und Shaderprogrammierung

Wir wollen uns einem neuen Thema zuwenden, das uns von jetzt an bis zum Ende des Buchs beschäftigen wird. Bisher haben wir immer den Hauptprozessor (die CPU) unseres Rechners programmiert. Von dort wurden dann zwar gewisse Aufgaben an den Grafikprozessor (die GPU) delegiert, aber wir haben zu keinem Zeitpunkt explizit Anweisungen an die GPU gegeben. Unter der Überschrift »Shaderprogrammierung« wollen wir jetzt aber in die Programmierung der GPU einsteigen. Wir werden dazu insbesondere eine neue Programmiersprache (HLSL = High Level Shader Language) kennenlernen und mit Hilfe dieser Programmiersprache viele interessante Effekte direkt auf der Grafikkarte programmieren.

## 8.1 Die Grafikkarte als »Computer«

Ursprünglich enthielten Grafikkarten nur »Pixelarrays«, in denen man Farbwerte speichern konnte. Diese Pixelarrays wurden dann von der Hardware abgetastet und in analoge Signale umgeformt, um auf dem Bildschirm dargestellt werden zu können. Im Laufe der Zeit wurden die Seitenlängen des Pixelarrays (sprich Bildschirmauflösung) immer größer, und der Umfang der Pixelinformationen (sprich Farbtiefe) nahm zu. Der eine oder andere von Ihnen wird sich noch an Abkürzungen wie CGA, EGA, VGA oder SVGA erinnern. Ab 1990 verbreiteten sich dann Grafikkarten mit 3D-Beschleuniger. Diese Grafikkarten waren schon in der Lage, Vektordaten entgegenzunehmen und diese selbstständig zu rendern. Rechenintensive Aufgaben konnten so vom Hauptprozessor an den Grafikprozessor delegiert werden. Nach und nach entwickelte sich eine Render-Pipeline zur Verarbeitung von Vektordaten, die von außen über die Bereitstellung von Transformationsmatrizen und die Festlegung von »Renderstates« konfiguriert werden konnte. Seit dieser Zeit ist die Entwicklung der Grafikkarten eng mit der Entwicklung von DirectX verknüpft. Hatte DirectX7 noch ausschließlich mit Transformationsmatrizen und Renderstates gearbeitet, so hielten mit DirectX8 die Pixel- und Vertexshader Einzug. Das waren zunächst noch kleine Assemblerprogramme, die zur Laufzeit auf die Grafikkarte geladen wurden, um dort gezielt Teilaufgaben in der Renderpipeline zu erfüllen. Mit DirectX9 wurde dann die Hochsprache HLSL (High Level Shader Language) zur Programmierung von Shadern eingeführt.[1]

---

1 Auch wenn ich mich hier auf DirectX beschränke, muss natürlich gesagt werden, dass bei OpenGL eine ganz ähnliche Entwicklung abläuft.

Die Grafikkarte war damit endgültig zu einem Computer im Computer geworden.

Eine Hochsprache wie HLSL abstrahiert von der Architektur des Grafikprozessors, so wie die Programmiersprache C von der Architektur des Hauptprozessors abstrahiert. Trotzdem ist es sinnvoll, sich einige grundlegende Gedanken über die Architektur der Grafikkarte zu machen, damit man die Möglichkeiten, aber auch die Restriktionen der Grafikkartenprogrammierung versteht.

Ich hatte an anderer Stelle bereits erwähnt, wie Vertex- und Pixelshader in die Renderpipeline integriert sind und dass Pixel- und Vertexshader Alternativen zu Teilen der Fixed-Function-Pipeline sind:

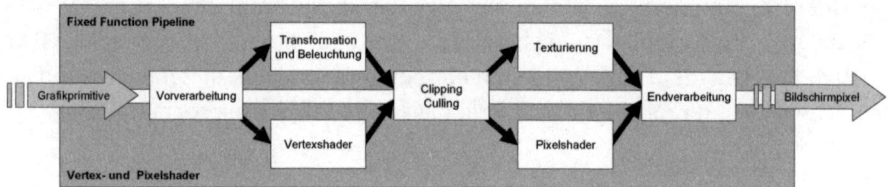

Bisher hatten wir immer den oberen Weg, also die Fixed-Function-Pipeline, gewählt. Jetzt wollen wir etwas genauer auf den unteren Weg, also auf Vertex- und den Pixelshader schauen. Wir werden dabei feststellen, dass uns dieser Weg völlig neue Möglichkeiten eröffnet. Wie die Zeichnung schon andeutet, muss man nicht ausschließlich den oberen oder den unteren Weg gehen. Man kann zur Transformation und Beleuchtung die Fixed-Function-Pipeline und zur Texturierung einen Pixelshader verwenden. Wenn man aber einen Teil der Fixed-Function-Pipeline durch einen Shader ersetzt, so muss der Shader alle Aufgaben des ersetzten Teils übernehmen. Ein Mischen zwischen den Alternativen ist also nicht möglich.

In grober Vereinfachung hat ein Vertexshader den folgenden Aufbau:

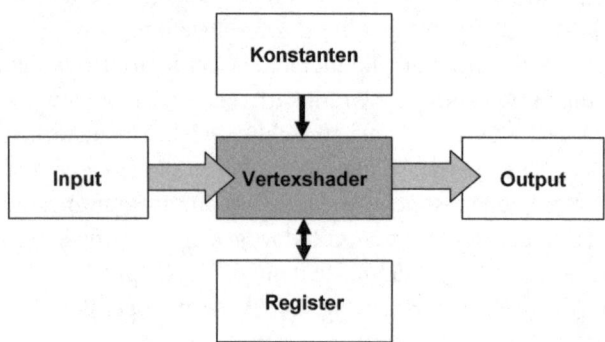

Die Blockpfeile in diesem Bild zeigen die »Durchflussrichtung« der Daten durch den Shader. Der Vertexshader nimmt Vertexdaten aus seinem Input entgegen, transformiert diese, indem er auf von außen bereitgestellte Konstanten zugreift, und erzeugt am Ende der Verarbeitung einen Output. Zwischenergebnisse legt er dabei in seinen Registern ab. Im Einzelnen haben wir es mit den folgenden Datenbereichen zu tun:

▶ **Input**
Strukturell handelt es sich hier um 16 Parameter, die jeweils aus 4 Gleitkommazahlen bestehen.[2] Inhaltlich handelt es sich um die Daten, die im flexiblen Vertex-Format mit Vertices assoziiert werden können – also um Position, Normale, diffuse oder spekulare Farbe, Texturkoordinaten, …

▶ **Konstanten**
Strukturell handelt es sich hier um 192 Werte aus jeweils 4 Gleitkommazahlen, die vom Shader als skalare Werte, Vektoren oder Matrizen interpretiert und verarbeitet werden können. Der Vertexshader kann nur lesend auf diese Konstanten zugreifen. Die Konstanten werden von außen – also von unserem Anwendungsprogramm – gesetzt und bilden damit die Schnittstelle unseres Programms zum Shader.

▶ **Register**
In diesen Registern legt der Shader Zwischenergebnisse von Berechnungen ab. Art und Umfang dieser Register soll uns nicht weiter interessieren, da die Hochsprache HLSL diesen Datenbereich für uns verwaltet.

▶ **Output**
In diesen Datenbereich schreibt der Shader seine Ergebnisse. Strukturell handelt es sich um 13 Werte, die aus jeweils 4 Gleitkommazahlen bestehen. Inhaltlich handelt es sich zum Beispiel um geänderte Geometriedaten oder Texturkoordinaten.

Ein Vertexshader läuft nun nicht nur einmal ab, sondern er wird, nachdem er geladen und aktiviert wurde, auf jeden zu rendernden Vertex eines Modells angesetzt. Er arbeitet dabei »blind und stateless«, das heißt, er »weiß« nicht, welche Bedeutung der einzelne Vertex innerhalb des Modells hat, und er kann auch keine Statusinformation (zum Beispiel in seinen Registern) von einem Vertex zum nächsten übernehmen. Auch die Konstanten werden nur einmal zu Beginn des Laufs gesetzt und können dann während eines Laufs nicht mehr geändert

---

2  Wenn ich hier und auch zu den folgenden Punkten konkrete Zahlen nenne, so dienen diese der Veranschaulichung. Bei unterschiedlicher Hardware können diese Zahlen sich unterscheiden, und angesichts der rapiden technischen Entwicklung in diesem Bereich werden manche der Zahlen bereits veraltet sein, wenn dieses Buch erscheint.

werden. Beachten Sie, dass sich diese Aussagen allerdings immer nur auf ein einzelnes Modell (z. B. einen Mesh oder eine Dreiecksliste), also letztlich auf alle Daten in einem Vertexbuffer, beziehen. Beim Rendern einer kompletten Szene, die aus mehreren Meshes mit verschiedenen Vertexbuffern besteht, können natürlich zwischen den einzelnen Renderläufen die Werte der Konstanten geändert werden – es kann sogar ein anderes Shaderprogramm geladen werden. Es ist zwischen zwei Läufen ebenfalls möglich, zur Fixed-Function-Pipeline zurückzukehren.

Grundsätzlich ist ein Pixelshader ähnlich aufgebaut wie ein Vertexshader. Die Semantik von Input und Output ist allerdings eine andere, da wir es hier ja nicht mehr mit Geometriedaten, sondern mit Pixeln zu tun haben:

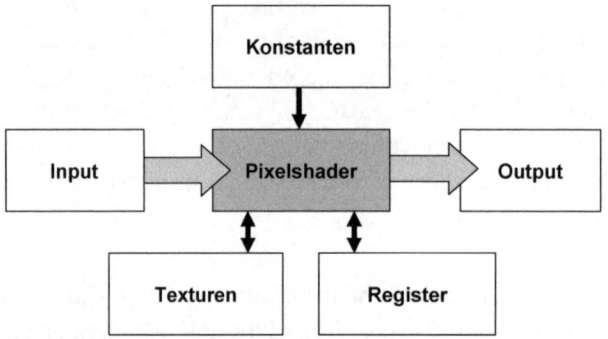

Auch hier wollen wir noch etwas genauer hinsehen:

▶ **Input**
Hier handelt es sich um die in der vorangegangenen Stufe (zum Beispiel vom Vertexshader) erzeugten und bereits für das zu bearbeitende Pixel interpolierten Daten. Im Einzelnen sind das Texturkoordinaten oder diffuse beziehungsweise spekulare Farbwerte. Beachten Sie, dass diese Daten zunächst ja nur pro Vertex vorliegen und für jedes Pixel durch Interpolation der Eckpunkte seines umgebenden Faces berechnet werden müssen.

▶ **Konstanten**
Im Prinzip ist das ein ähnlicher Datenbereich wie beim Vertexshader. Inhaltlich wird man hier aber andere Daten (zum Beispiel Farbwerte) finden als beim Vertexshader, da ein Pixelshader mit den Geometriedaten eines Vertexshaders nichts anfangen kann. Ich möchte aber noch einmal betonen, dass diese Konstanten die Schnittstelle unseres Anwendungsprogramms zum Shader sind. In den Beispielen werden wir mehr über diesen wichtigen Datenbereich erfahren.

▶ **Texturen**

Hier liegen wichtige Informationen über die geladenen Texturen, die der Pixelshader benötigt, um die verschiedenen Texturebenen miteinander zu verschneiden.

▶ **Register**

Wie der Vertexshader legt auch der Pixelshader hier Zwischenergebnisse von Berechnungen ab. Art und Umfang dieser Register soll uns nicht weiter interessieren, da die Hochsprache HLSL diesen Datenbereich für uns verwaltet.

▶ **Output**

In diesen Datenbereich schreibt der Shader seine Ergebnisse. Es handelt sich dabei um den diffusen und den spekularen Farbwert des Ergebnispixels.

Der Pixelshader wird für jedes zu colorierende Pixel des aktuellen Mesh aufgerufen und ist ebenso »blind und stateless« wie ein Vertexshader. Zwischen der Bearbeitung verschiedener Meshes können natürlich auch wieder Konstanten geändert oder Pixelshader ausgewechselt werden. Eine Rückkehr zur Texturierung durch die Fixed-Function-Pipeline ist dann auch jeweils möglich. Dadurch, dass ein Pixelwert im Vertexshader berechnet ist, ist noch nicht gesagt, dass er auch im Framebuffer und dann auf dem Bildschirm landen wird. Das Pixel könnte ja zum Beispiel noch im z-Buffer als verdeckt erkannt und verworfen werden.

Bevor wir uns jetzt aber konkreten Beispielen zuwenden können, müssen Sie eine neue Programmiersprache lernen – HLSL.

## 8.2 High Level Shader Language (HLSL)

Wenn ich am Ende des letzten Kapitels gesagt hatte, dass wir eine neue Programmiersprache lernen müssen, so ist das zwar richtig, aber da sich HLSL sehr eng an C anlehnt, ist das Erlernen von HLSL für Sie nicht sehr aufwändig. An vielen Stellen wird es ausreichen, wenn ich einfach an Ihre C-Kenntnis appelliere.

Die folgende Kurzdarstellung von HLSL gliedert sich in folgende Bereiche:

1. Skalare Datentypen

2. Vektoren

3. Matrizen

4. Texturen und Sampler

5. Annotationen

6. Arrays

7. Strukturen

8. Speicherklassen

9. Operatoren

10. Kontrollflusssteuerung

11. Vordefinierte Funktionen

12. Eigendefinierte Funktionen

13. Strukturen

14. Ein- und Ausgabesemantik

15. Shader-Hauptprogramm

Diese Themen wollen wir jetzt der Reihe nach abarbeiten.

### 8.2.1 Skalare Datentypen

HLSL kennt die folgenden skalaren Datentypen:

- `bool`
- `half`
- `int`
- `float`
- `double`

Neu ist hier der Datentyp `half`, der aber nur für eine »halbe« (also 16-Bit-) Integerzahl steht. Genau genommen ist nicht einmal sicher, ob es diese Datentypen auf der Zielhardware wirklich gibt. Die GPU ist ein Gleitkomma-Rechner. Insofern ist nur sicher, dass es den Datentyp `float` gibt. Alle anderen Datentypen werden gegebenenfalls durch `float` emuliert. Aber das ist eine interne Angelegenheit des Compilers.

Variablen skalaren Typs legt man an, wie Sie es von C her kennen. Also:

```
int i;
float f;
```

Variablen können direkt bei ihrer Definition in der üblichen Weise initialisiert werden:

```
float f = 47.11;
```

### 8.2.2 Vektoren

Die eigentliche Notation zur Typvereinbarung von Vektoren in HLSL ist:

```
vector< type, size>
```

Also konkret etwa

```
vector< float, 4> meinvektor;
```

um einen Vektor mit 4 `float`-Komponenten unter dem Namen `meinvektor` anzulegen.

Niemand benutzt aber diese Notation, da sie etwas umständlich ist. Stattdessen werden abkürzende Schreibweisen verwendet, bei denen man einfach die Anzahl der Dimensionen (2–4) an den skalaren Datentyp anhängt:

▶ `int2` – ein zweidimensionaler Vektor von Integerwerten

▶ `float4` – ein vierdimensionaler Vektor von Gleitkommazahlen

Wichtig sind eigentlich nur die Gleitkomma-Vektortypen:

▶ `float2`

▶ `float3`

▶ `float4`

Darunter besonders wichtig ist der Datentyp `float4`, der deshalb auch einfach als `vector` bezeichnet wird.

Inhaltlich stehen Vektoren typischerweise für Geometriedaten oder Farbwerte. Die einzelnen Felder eines Vektors können (in vertrauter C-Syntax) über einen Index oder alternativ über die Feldbezeichnungen x, y, z, w beziehungsweise r, g, b, a angesprochen werden. Die verschiedenen Zugriffsbezeichnungen sind gleichwertig, nur wird man, wenn ein Vektor Geometriedaten enthält, x, y, z, w einsetzen und, wenn er Farbwerte enthält, r, g, b, a verwenden:

```
float4 position;
position[0] = …;
position.g = …
position.z = …
```

Vektoren können bei der Definition in bekannter Weise initialisiert werden:

```
float3 richtung = { 1, 2.3, 4.56};
```

Vektoren können auch über Konstruktoren mit Werten versorgt werden:

```
float4 position;
position = float4( 1.1, 2.2, 3.3, 4.4);
```

Eine Spezialität ist, dass man die Felder eines Arrays auch in Gruppen (sogenannten swizzles) ansprechen kann. Das ermöglicht vielerlei Notationen, die aber letztlich nur einen etwas bequemeren Zugriff als den Zugriff über Einzelfelder ermöglichen.

Einige Beispiele dazu:

```
float4 vier;
float3 drei

vier.xyz = drei;
vier.xy = drei.yx
vier.xy = drei.xz;
vier.xyz = drei.x;
```

Im letzten Beispiel werden die drei Felder (x, y, und z) von vier auf den Wert drei.x gesetzt. Sie sehen hier schon, dass HLSL nicht ein so restriktives Typkonzept wie C hat. Viele Datentypen können, obwohl sie strukturell verschieden sind, einander zugewiesen werden. Dabei findet ein implizites Type-Casting statt, das natürlich genauen Regeln folgt. Ich möchte diese Konvertierungsregeln hier nicht ausbreiten und empfehle Ihnen stattdessen, in Ihren ersten Shaderprogrammen immer wie ein C-Compiler selbst darauf zu achten, dass bei Zuweisungen und Berechnungen nur passende Datentypen aufeinandertreffen. In dem Maße, wie Sie mit HLSL vertraut werden, können Sie diese Selbstbeschränkung dann lockern.

Die Swizzle-Notation funktioniert übrigens sowohl in Verbindung mit den xyzw- als auch den rgba-Feldern. Nicht möglich ist es aber, Felder aus den beiden Bereichen zu mischen (zum Beispiel vier.xg).

### 8.2.3  Matrizen

Zur Typvereinbarung von Matrizen gibt es, wie bei Vektoren, eine allgemeine Syntax, die aber niemand verwendet. Diese Syntax ist:

```
matrix < type, rows, columns>
```

Um eine Matrix anzulegen, würde man in dieser Notation also schreiben:

```
matrix < float, 3, 2> meinematrix
```

Stattdessen hängt man ähnlich wie bei Vektoren die beiden Dimensionen durch ein x getrennt an den Grunddatentyp an. Zum Beispiel:

```
float3x2 matrix1;
int3x3 matrix2;
float4x4 matrix3;
```

Wirklich wichtig ist aber eigentlich nur der Datentyp `float4x4`, der natürlich für Transformationsmatrizen verwendet wird.

Auch bei Matrizen gibt es wieder verschiedene Möglichkeiten des Zugriffs durch Indices, Feldnamen und Swizzling, die ich hier aber nicht ansprechen möchte, da die Manipulation einzelner Koeffizienten bei Matrizen, im Gegensatz zu Vektoren, eher selten vorkommt.

### 8.2.4 Texturen und Sampler

Sampler sind spezielle Datentypen, die dem Zugriff auf Texturen dienen. Wir wollen uns hier ganz auf den wichtigsten Fall, nämlich die 2-dimensionalen Sampler und Texturen, beschränken. Diese definiert man in HLSL etwa in der folgenden Weise:

```
texture2D meinetextur;
sampler2D meinsampler;
```

Was unter einer Textur zu verstehen ist, ist unmittelbar klar. Ein Sampler fasst eine Textur mit Informationen über ihre Verarbeitung (wie zum Beispiel Festlegungen zur Texturfilterung) zusammen. Wie wir einen Sampler verwenden, werden wir uns später in konkreten Beispielen ansehen. Im Moment ist ein Sampler für uns nur ein spezieller Datentyp, der dazu dient, Texturen und ihre Verarbeitung im Rahmen der Texturierung zu steuern.

### 8.2.5 Annotationen

Annotationen sind Zusatzinformationen, die zum Beispiel zu einer Variablen hinzugefügt werden können. Annotationen haben in HLSL keine Semantik. Das heißt, Annotationen werden nur auf syntaktische Korrektheit geprüft. Annotationen können jedoch vom Anwendungsprogramm gelesen werden, um daraufhin bestimmte Operationen auszuführen.

Wenn man zum Beispiel erreichen möchte, dass für einen Effekt eine ganz bestimmte Textur geladen wird, so kann man den Namen der Texturdatei als

Annotation zu einer Texturvariablen oder zu einem Sampler hinzufügen. Das Anwendungsprogramm kann diese Annotation lesen und dann die gewünschte Textur laden. In HLSL könnte das wie folgt aussehen:

```
texture2D meinetextur <string texturname = "meinbild.jpg";>;
```

Wie Sie sehen, wird die Annotation in spitzen Klammern angefügt. Die einzelne Information besteht aus einem Datentyp (hier `string`), einem Namen (hier `texturname`) und einem zugewiesenen Wert (hier `"bild.jpg"`). Der hier erstmals verwendete Typ `string` kann übrigens nur in Annotationen eingesetzt werden. Die anderen bereits bekannten Datentypen können auch in Annotationen verwendet werden, und es kann auch mehrere Informationen zu einer Variablen geben. Zum Beispiel:

```
texture2D meinetextur
    <
    string texturname = "meinbild.jpg";
    int hoehe = 256;
    int breite = 128;
    float3 colorkey = { 1, 1, 0};
    >;
```

Beachten Sie, dass solche Annotationen optional sind. Ein Anwendungsprogramm kann diese Annotationen lesen, muss es aber nicht. Es ist auch dem Anwendungsprogramm überlassen, was es mit den in den Annotationen enthaltenen Informationen macht. Es ist also in dem obigen Beispiel keineswegs so, als wäre die Textur `meinetextur` auf der Ebene von HLSL mit der Datei `meinbild.jpg` verknüpft.

Es gibt einen Standard, der festlegt, wie ein Effekt, der in HLSL programmiert ist, über Annotationen oder Semantiken[3] zu Parametern Informationen mit der übergeordneten Applikation austauscht. Details dazu finden Sie unter dem Stichwort SAS (Standard Annotations and Semantics) in der DirectX-Dokumentation. Ich möchte dieses Thema hier nicht weiter vertiefen.

### 8.2.6  Arrays

Arrays können wie in C angelegt und verwendet werden:

```
float array[10];
```

---

3  Semantiken werden wir später kennenlernen.

Dazu gibt es nicht viel zu sagen, zumal Ihnen auch der Zugriff vertraut ist:

```
array[3] = 1.234;
```

Verwechseln Sie Arrays nicht mit Vektoren. Die beiden Typen

`float3` und

`float[3]`

enthalten zwar jeweils vier `float`-Felder, auf die in gleicher Weise über einen Index zugegriffen werden kann. Aber für einen Vektor sind zusätzliche Operatoren und Funktionen (zum Beispiel Vektorprodukt oder Skalarprodukt) verfügbar, die auf einem Array nicht ausgeführt werden können. In Shaderprogrammen kommen Arrays im Gegensatz zu Vektoren auch eher selten vor.

### 8.2.7 Datenstrukturen

Auch Datenstrukturen können in Shadern genauso wie in C angelegt werden.

Ein Beispiel:

```
struct meine_struktur
    {
    int zahl;
    float4 vektor;
    };
```

Zum Zugriff auf die Felder einer Datenstruktur dient dann, wie in C, der ».«-Operator:

```
meine_struktur s;
s.zahl = 17;
```

Das ist alles wie in C und muss nicht weiter vertieft werden.

### 8.2.8 Speicherklassen

Auch hier wollen wir nicht viel Federlesens machen. Wir merken uns einfach, dass Variablen innerhalb von Funktionen lokal und außerhalb von Funktionen global sind. Es gibt zwar `const`, `extern`, `static`, `shared` und `uniform`, mit teilweise ähnlicher Bedeutung wie in C, aber das ist alles nicht so wichtig.

Wichtig ist, dass die globalen Variablen die Schnittstelle des Shaders nach außen bilden. Aber darauf komme ich später noch zurück.

### 8.2.9 Operatoren

Mit einer Vielzahl von Operatoren kann man in HLSL Ausdrücke bilden. Die folgende Tabelle, die ich aus der DirectX-Hilfe kopiert habe, gibt einen Überblick über alle Operatoren in der Reihenfolge ihrer Priorität und mit Angabe ihrer Assoziativität:

| Operator | Usage | Meaning | Associativity |
|----------|-------|---------|---------------|
| () | (value) | Sub expression | Left to right |
| () | id(arguments) | Function call | Left to right |
| | type(arguments) | Type constructor | Left to right |
| [] | array[int] | Array subscript | Left to right |
| . | structure.id | Member selection | Left to right |
| | value.swizzle | Component swizzle | Left to right |
| ++ | variable++ | Postfix increment (per component) | Left to right |
| -- | variable-- | Postfix decrement (per component) | Left to right |
| ++ | ++variable | Prefix increment (per component) | Right to left |
| -- | --variable | Prefix decrement (per component) | Right to left |
| ! | !value | Logical not (per component) | Right to left |
| - | -value | Unary minus (per component) | Right to left |
| + | +value | Unary plus (per component) | Right to left |
| () | (type) value | Type cast | Right to left |
| * | value*value | Multiplication (per component) | Left to right |
| / | value/value | Division (per component) | Left to right |
| % | value%value | Modulus (per component) | Left to right |
| + | value+value | Addition (per component) | Left to right |
| - | value-value | Subtraction (per component) | Left to right |
| < | value < value | Less than (per component) | Left to right |
| > | value > value | Greater than (per component) | Left to right |
| <= | value <= value | Less than or equal to (per component) | Left to right |
| >= | value >= value | Greater than or equal to (per component) | Left to right |
| == | value == value | Equality (per component) | Left to right |
| != | value != value | Inequality (per component) | Left to right |
| && | value && value | Logical AND (per component) | Left to right |
| \|\| | value\|\|value | Logical OR (per component) | Left to right |
| ?: | float?value:value | Conditional | Right to left |

| Operator | Usage | Meaning | Associativity |
|---|---|---|---|
| = | variable=value | Assignment (per component) | Right to left |
| *= | variable*=value | Multiplication assignment (per component) | Right to left |
| /= | variable/=value | Division assignment (per component) | Right to left |
| %= | variable%=value | Modulus assignment (per component) | Right to left |
| += | variable+=value | Addition assignment (per component) | Right to left |
| -= | variable-=value | Subtraction assignment (per component) | Right to left |
| , | value,value | Comma | Left to right |

Wenn man es mit skalaren Werten zu tun hat, entsprechen diese Operatoren grundsätzlich den Operatoren in C. Viele der Operatoren sind aber auch für Vektoren erklärt, indem die entsprechende skalare Operation auf jeder Komponente des Vektors durchgeführt wird. Sie erkennen dies in der obigen Tabelle am Zusatz »per component«. Diese vektorielle Sichtweise führt dann aber im Detail auch bei skalarer Verwendung wieder zu Abweichungen von der C-Semantik. Sie wissen vielleicht, dass in C etwa bei einer logischen Und-Verknüpfung (&&) eine sogenannte »short cut evaluation« durchgeführt wird. Dies bedeutet, dass zunächst die linke Seite der Und-Verbindung ausgewertet wird. Ist diese 0, so wird der Prozess beendet, da das Endergebnis der Operation feststeht (falscher kann es nicht mehr werden). In HLSL gibt es keine short cut evaluation, da eine konsequente Übertragung der short cut evaluation bei zeilenweiser Auswertung eines vektoriellen Ausdrucks nicht möglich ist. In HLSL werden daher immer beide Seiten einer Operation ausgewertet.

### 8.2.10  Kontrollflusssteuerung

Eigentlich ist die GPU, im Gegensatz zu einer CPU, nicht für prozedurale Programmierung mit Fallunterscheidungen und Schleifen konzipiert. Die Aufgabe einer GPU ist es, möglichst effizient homogene Daten (zum Beispiel Vertexbuffer) durchzuziehen und dabei zu transformieren. Ein Shaderprogramm hat deshalb häufig gar keinen Bedarf an prozeduralen Konstrukten, wie sie bei einer »richtigen« Programmiersprache unverzichtbar sind. Trotzdem bietet HLSL diese Konstrukte an, auch wenn sie manchmal mit viel Aufwand auf die Fähigkeiten der GPU abgebildet werden müssen. Nach und nach werden die Grafikkarten aber auch in diesem Bereich aufholen.

Konkret gibt es in HLSL Fallunterscheidungen mit if … else und Schleifen mit for, die sich exakt an die C-Syntax anlehnen und hier nicht besprochen werden müssen.

Fallunterscheidungen sind in Shaderprogrammen durchaus üblich, Schleifen kommen dagegen eher selten vor. Es mag Ihnen im Moment nicht plausibel erscheinen, dass die Kontrollflusssteuerung in einer Programmiersprache wie HLSL eine so geringe Bedeutung hat. Aber Sie werden später sehen, dass ein typisches Shaderprogramm weniger ausgefeilte und trickreiche Algorithmen, sondern eher eine einfache Abfolge von Transformationsschritten enthält.

### 8.2.11 Vordefinierte Funktionen

In HLSL gibt es eine Reihe von vordefinierten Funktionen. Die Aufrufsyntax für Funktionen in HLSL entspricht der Aufrufsyntax von Funktionen in C.

Die Liste der vordefinierten Funktionen ist umfangreich und kann hier nicht im Detail diskutiert werden. Es handelt sich, vergleichbar mit der C-Runtime-Library, um eine Reihe von wichtigen mathematischen Grundfunktionen, aber auch um spezielle Funktionen, etwa zur Arbeit mit Texturkoordinaten auf Texturen. Ich werde die in den Beispielen verwendeten Funktionen jeweils kurz erklären, sobald sie zum ersten Mal auftreten. Einstweilen sollen ein paar typische Beispiele genügen:

```
x = abs( x);        // Absolutbetrag der Zahl x
v = cross( v1, v2); // Kreuzprodukt der Vektoren v1 und v2
l = length( v)      // Laenge des Vektors v
```

Einen Überblick über alle verfügbaren Funktionen können Sie sich anhand der DirectX-Dokumentation verschaffen.

### 8.2.12 Eigendefinierte Funktionen

Auch für Unterprogrammtechniken ist die GPU nicht gebaut. Es handelt sich eben nicht um einen stack-orientierten Prozessor. HLSL kann daher keine echten Unterprogramme in die Grafikkarte laden. HLSL behilft sich mit »Inlining«. Das heißt, der Code einer Funktion wird dort eingebaut, wo die Funktion aufgerufen wird. Das entspricht mehr einem Makroprozess und ist nicht so flexibel wie ein echter Programmaufruf – zum Beispiel kann es keine Rekursion geben –, aber das ist sehr performant und für Shaderprogramme voll ausreichend.

Aus der Sicht eines Anwenders haben wir es aber grundsätzlich mit Funktionen zu tun, wie Sie sie als C-Programmierer schon tausendfach erstellt haben.

Es gibt allerdings ein paar Unterschiede, auf die ich kurz eingehen will.

Ein Unterschied zu C-Funktionen besteht darin, dass HLSL keine Zeiger kennt. Wenn man also über die Parameterliste Werte zurückbekommen will, kann man nicht wie in C einen Zeiger verwenden. Man benutzt stattdessen in- und out-Deklarationen, mit denen man festlegt, in welche Richtung ein Parameter fließt. Bei einer in-Deklaration muss der Parameter vor dem Funktionsaufruf mit Werten besetzt werden. Bei einer out-Deklaration erhält man in dem Parameter die im Unterprogramm eingetragenen Werte zurück. Sie können das mit einer Referenz in C++ vergleichen. Ein Parameter kann auch sowohl in als auch out sein. In einem Beispiel könnte das wie folgt aussehen:

```
void meine_funktion( in float3 pos, out float x, inout int i)
```

Bei fehlender in/out-Angabe ist der Parameter als in-Parameter zu verstehen.

Implementiert werden Funktionen dann wie in C, indem man an den Funktionskopf einen Funktionsrumpf in geschweiften Klammern anfügt. In den geschweiften Klammern steht dann der HLSL-Code. Ein in der Schnittstelle vereinbarter Funktionswert kann wie in C über eine return-Anweisung zurückgegeben werden.

### 8.2.13 Ein- und Ausgabesemantik

Shader haben eine Eingabeschnittstelle und eine Ausgabeschnittstelle, die in der Regel jeweils durch eine kleine Datenstruktur definiert werden. An der Eingabeschnittstelle greift sich ein Shader die benötigten Daten aus der Renderpipeline, und an der Ausgabeschnittstelle übergibt er seine Berechnungsergebnisse wieder in die Pipeline. Damit der Shader an seiner Eingabeschnittstelle die richtigen Daten in seiner Eingabestruktur vorfindet und damit seine Ausgabedaten semantisch korrekt weiterverarbeitet werden können, müssen die Felder der Ein- und Ausgabestruktur in Beziehung zu den in der Renderpipeline fließenden Daten gesetzt werden. Um diese Beziehungen herzustellen, verwendet man spezielle Schlüsselwörter (sogenannte Semantics), die zu den einzelnen Feldern der Ein- und Ausgabestruktur hinzugefügt werden.

Dazu ein Beispiel: In einem Vertex-Shader möchte man etwa die Vertexposition, die Vertexnormale und 2-dimensionale Texturkoordinaten aus der Renderpipeline entgegennehmen. Dazu erstellt man zunächst eine Eingabestruktur VS_INPUT der folgenden Form:

```
struct VS_INPUT
    {
    float4 pos;
    float3 norm;
    float2 tex;
    };
```

Das reicht aber für eine Zuordnung der Felder aus dem Datenstrom der Render-pipeline zu den Feldern der Struktur VS_INPUT noch nicht aus. Man muss zu jedem Feld zusätzlich noch seine Bedeutung (Semantik) notieren. Die vollständige Eingabestruktur sieht dann wie folgt aus:

```
struct VS_INPUT
    {
    float4 pos     : POSITION;
    float3 norm    : NORMAL;
    float2 tex     : TEXCOORD0;
    };
```

Die Reihenfolge der Felder in einer Ein- oder Ausgabestruktur muss nicht einer ganz bestimmten Ordnung folgen. Durch die Semantik ist ja festgelegt, auf welches Teil des Inputstroms die Felder sich beziehen. Aber es ist guter Stil, sich etwa bei der Eingabe des Vertexshaders an der Reihenfolge der Felder im flexiblen Vertex-Format zu orientieren.

Semantiken gehen über die Syntax der Sprache HSL hinaus, da sie ja eine Verknüpfung eines Shaders mit der ihn umgebenden Renderpipeline definieren. Es hat daher wenig Sinn, im Rahmen der Einführung von HLSL alle möglichen Semantiken zu diskutieren. Ich werde auch hier so vorgehen, dass ich konkrete Semantiken vorstellen werde, wenn sie erstmalig im Rahmen der Programmierung eines Shaders vorkommen. Wichtig ist, dass Sie an dieser Stelle mitnehmen, dass Semantiken an der Eingabeschnittstelle eines Shaders für die semantisch korrekte Zuordnung von Daten der Pipeline zu den Daten des Shaders sorgen und dass sie umgekehrt an der Ausgabeschnittstelle für die semantisch korrekte Zuordnung von Daten des Shaders zu den Daten der Renderpipeline sorgen.

### 8.2.14  Shader-Hauptprogramm

Ein Shader hat immer ein Hauptprogramm (Entrypoint), bei dem der Kontrollfluss für den einzelnen Shaderlauf startet. Das ist vergleichbar mit main in einem C-Programm, nur dass der Einstiegspunkt nicht zwangsläufig main heißen muss. Das Hauptprogramm des Shaders nimmt eine Eingabestruktur mit zugeordneter

Semantik entgegen und erzeugt eine Ausgabestruktur mit zugeordneter Semantik.

Im Beispiel eines Vertexshaders würde man zum Beispiel zunächst Input- und Outputstrukturen mit ihrer Semantik festlegen:

```
struct VS_INPUT
    {
    float4 pos      : POSITION;
    float3 norm     : NORMAL;
    float2 tex      : TEXCOORD0;
    };
struct VS_OUTPUT
    {
    float4 pos      : POSITION;
    float2 tex      : TEXCOORD0;
    };
```

Das Hauptprogramm würde dann vom Aufbau her wie folgt aussehen:

```
VS_OUTPUT vs_main( VS_INPUT inp)
    {
    VS_OUTPUT outp;

    // Output (outp) aus dem Input (inp) berechnen

    return outp;
    }
```

Es muss nicht immer eigens eine Struktur für einen Einstiegspunkt definiert werden. Wenn man in obigem Beispiel nur die Position bekommen und auch wieder weiterreichen will, kann man das in der folgenden Weise machen:

```
float4 vs_main( float4 inp : POSITION) : POSITION
    {
    ...
    }
```

Wichtig ist aber auch in diesem Fall, dass bei einem Einstiegspunkt die Ein- und Ausgabeparameter semantisch an die Renderpipeline gebunden werden.

Damit der Einstiegspunkt eines Shaders gefunden wird, muss der Name des Hauptprogramms beim Compilieren angegeben werden.

So weit die Kurzeinführung in HLSL. Im nächsten Abschnitt lernen Sie noch, wie Sie ein Shaderprogramm compilieren können, und dann werden wir auch schon den ersten Shader erstellen.

## 8.3 Der Shader-Compiler fxc

DirectX kann einen Shader im Quellcode laden und kompilieren und dann das Kompilat als aktiven Shader der Renderpipeline installieren.[4] So gesehen, besteht kein Bedarf an einem separaten Compiler. Trotzdem ist es sinnvoll, Shader zunächst einmal unabhängig von dem Programm, in dem sie einmal geladen werden sollen, zu übersetzen und so zumindest auf Syntaxfehlerfreiheit zu prüfen.

Mit dem kommandozeilenorientierten Compiler `fxc` können Sie sowohl Pixel- und Vertexshader als auch die noch zu besprechenden Effect-Files (fx-Files) compilieren. Sie finden den Compiler im DirectX-SDK. Er hat die folgende Aufrufschnittstelle:

```
Usage: fxc <options> <file>

   /T<profile>        target profile
   /E<name>           entrypoint name
   /I<include>        additional include path
   /Vi                display details about the include process

   /Od                disable optimizations
   /Op                disable preshaders
   /Vd                disable validation
   /Zi                enable debugging information
   /Zpr               pack matrices in row-major order
   /Zpc               pack matrices in column-major order

   /Gpp               force partial precision
   /Gfa               avoid flow control constructs
   /Gfp               prefer flow control constructs

   /Fo<file>          output object file
   /Fc<file>          output assembly code listing file
   /Fx<file>          output assembly code and hex listing file
   /Fh<file>          output header file containing object code
   /Vn<name>          use <name> as variable name in header file
   /Cc                output color coded assembly listings

   /P<file>           preprocess to file (must be used alone)

   /D<id>=<text>      define macro
   /nologo            suppress copyright message

   <profile>: vs_1_1 vs_2_0 vs_2_a vs_2_sw vs_3_0 vs_3_sw ps_1_1 ps_1_2 ps_1_3
        ps_1_4 ps_2_0 ps_2_a ps_2_b ps_2_sw ps_3_0 ps_3_sw tx_1_0 fx_2_0
```

Wichtig sind hier vor allem das Target Profil (`/T`) und der Entrypoint Name (`/E`) und natürlich der Name der zu übersetzenden Datei (`<file>`). Wenn Sie beispielsweise in der Datei `shader.vsh` den Quellcode eines Vertexshaders haben, dessen Einstiegsfunktion Sie mit `vs_main` bezeichnet haben und den Sie mit der Vertexshader-Version 2.0 übersetzen wollen, dann sollten Sie die folgende Kommandozeile eingeben:

---

4 Wir werden noch sehen, wie das im Einzelnen abläuft.

```
fxc /Tvs_2_0 /Evs_main shader.vsh
```

Im Ergebnis sehen Sie dann entweder eine Liste Ihrer Syntaxfehler oder den Assemblercode des erzeugten Compilats.

## 8.4 Vertexshader

Die Entwicklung der Shader-Technologie hat in den letzten Jahren einen rasanten Aufschwung erfahren. Ein Beispiel zeigt diese Entwicklung sehr eindrucksvoll. Während bei der Shaderversion 2.0 ein Shader noch auf 256 Instruktionen beschränkt war, ist dieses Limit in der Version 3.0 auf 65.535 angehoben worden. Das Ende der Entwicklung ist bei weitem noch nicht abzusehen. Es ist daher einerseits möglich, dass ich hier Dinge beschreibe, die auf Ihrem Rechner nicht oder noch nicht verfügbar sind. Andererseits ist es auch denkbar oder sogar wahrscheinlich, dass ich hier von Restriktionen berichte, die, wenn Sie dieses Buch in den Händen halten, längst aufgehoben sind. Für einen Entwickler kommerzieller Spiele ist diese stürmische Entwicklung einerseits ein Segen und andererseits ein Fluch, denn einerseits möchte er seine Spiele immer mit den modernsten Effekten ausstatten, und andererseits sollen seine Spiele auf einer möglichst breiten Basis von Rechnern lauffähig sein.

Ich gehe mit diesem Problem relativ unbekümmert um. Ich werde alle Beispiele immer mit der niedrigsten Shaderversion erstellen, unter der sie lauffähig sind. Mit der neuesten Version von DirectX sollten dann alle Programme, die ich hier vorstelle, lauffähig sein. Sollte Ihre Hardware die hier verwendeten Möglichkeiten nicht in vollem Umfang unterstützen, so sollten Sie das DirectX-Device beim Start Ihres Programms auf Software-Vertexprozessing (D3DCREATE_SOFTWARE_VERTEXPROCESSING) umstellen. Das ist dann natürlich mit erheblichen Performanceverlusten verbunden, aber bei der Größe der Beispielprogramme und Modelle dieses Abschnitts sollte das nicht zu ernsthaften Problemen führen.

Als erste Anwendung eines Vertexshaders stellen wir uns eine 3D-Szene vor, in der eine Kugel dargestellt wird. Der Vertexshader soll nun die Kugel verändern, indem er dynamisch eine »Beule« an der Kugel erzeugt.

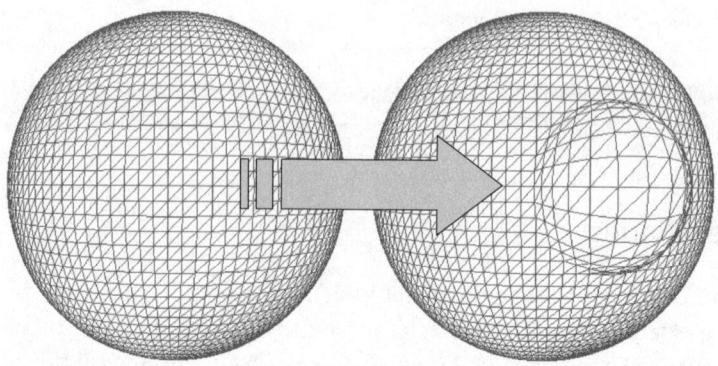

Position und Größe der Beule sollen dem Shader dabei vor jedem Renderlauf mitgeteilt werden, sodass die Anwendung mit Hilfe des Shaders in der Lage ist, eine um die Kugel umlaufende Beule darzustellen.

Denken Sie einmal kurz nach, wie Sie diese Aufgabe ohne Shader lösen würden. Sie müssten für jeden Renderlauf das Modell ändern, indem Sie die Daten im Vertexbuffer manipulieren. Dazu brauchten Sie eine Kopie des Vertexbuffers, um immer wieder auf die Originaldaten zurückgreifen zu können. Dann müssten Sie vor jedem Renderlauf den Vertexbuffer sperren und die Daten modifizieren. Mit einem Shader geht das viel einfacher und vor allem schneller. Wir lassen die Vertices der Renderpipeline im Shader an uns vorbeilaufen, und immer, wenn ein Vertex im Bereich der Beule vorbeikommt, schlagen wir zu und verschieben den Vertex auf den Rand der Beule.

### 8.4.1  Shader-Code

Sie werden überrascht sein, wie schlicht der Shadercode für dieses Beispiel ist.

Zunächst einmal legen wir die Schnittstelle des Shaders zu unserer Anwendung hin fest. Zu dieser Schnittstelle gehören der Mittelpunkt (`vs_mittelpunkt`) und der Radius (`vs_radius`) der Beule. Da der Shader aber die gesamte Koordinatentransformation durchführen muss, benötigt er zusätzlich die World-, View- und Projektionstransformation, die wir ihm am besten als Produkt in Form einer einzigen, kombinierten Matrix (`vs_transformation`) übergeben. Damit ergeben sich die folgenden globalen Variablen, die wir später aus unserer Anwendung heraus ansprechen werden:

```
float4x4 vs_transformation;
float4 vs_mittelpunkt;
float vs_radius;
```

Jetzt müssen wir die Schnittstelle zum Eingang der Renderpipeline hin festlegen. Aus der Pipeline wollen wir für jeden Vertex dessen Position und Texturkoordinaten erhalten. Dazu definieren wir die folgende Eingabestruktur mit Semantik:

```
struct VS_INPUT
    {
    float4 pos      : POSITION;
    float2 tex      : TEXCOORD0;
    };
```

Die Ausgabestruktur ist identisch mit der Eingabestruktur. Trotzdem möchte ich zum besseren Verständnis eine eigene Struktur verwenden:

```
struct VS_OUTPUT
    {
    float4 transpos     : POSITION;
    float2 tex          : TEXCOORD0;
    };
```

Die hier ein- und ausgehenden Texturkoordinaten werden im Vertexshader selbst nicht benötigt, müssen aber für die nachfolgende Texturierung bereitgestellt werden. Wir werden daher die Texturkoordinaten aus dem Modell transparent von der Eingabe zur Ausgabe weiterreichen.

Die Daten in der Input- beziehungsweise Outputstruktur bilden zusammen mit den Konstanten die Schnittstelle des Shaders. Wenn wir die Grafik aus der Einführung in die Shaderprogrammierung noch einmal aufgreifen und dort die Schnittstellenvariablen beziehungsweise -strukturen eintragen, ergibt sich das folgende Bild:

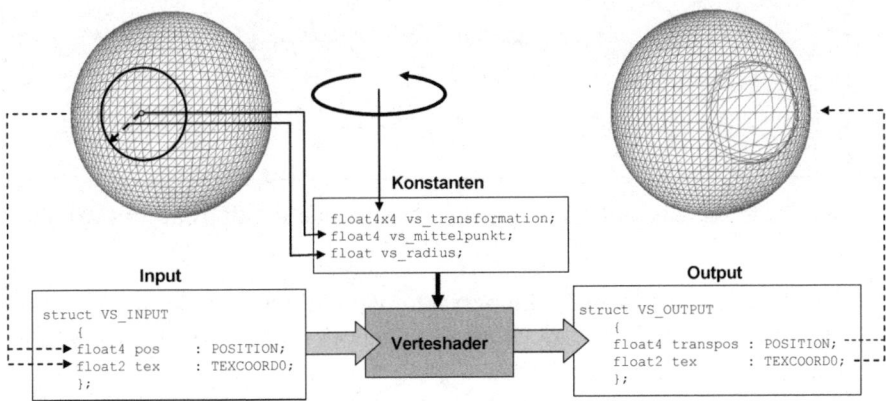

Jetzt müssen wir den Code für den Vertexshader im Zentrum dieses Bildes erstellen. Dazu erstellen wir zunächst einen Funktionsstub vs_main, der einen Parameter vom Typ VS_INPUT erhält und am Ende eine Datenstruktur vom Typ VS_OUTPUT zurückgibt:

```
VS_OUTPUT vs_main( VS_INPUT inp )
    {
    VS_OUTPUT outp;

    … hier fehlt noch der Shadercode

    return outp;
    }
```

Diesen Rahmen müssen wir jetzt nur noch ausprogrammieren. Das ist praktisch C-Programmierung. Da es aber unser erster Shader ist, möchte ich den Code Zeile für Zeile erklären:

|   | |
|---|---|
| | ```VS_OUTPUT vs_main( VS_INPUT inp )``` |
| | ```    {``` |
| | ```    VS_OUTPUT outp;``` |
| | ```    float4 dir;``` |
| | ```    float len;``` |
| A | ```    outp.transpos = inp.pos;``` |
| B | ```    dir = inp.pos - vs_mittelpunkt;``` |
| | ```    len = length( dir);``` |
| | ```    if( (len > 0) && (len < vs_radius))``` |
| | ```        {``` |
| C | ```        dir = normalize( dir);``` |
| | ```        outp.transpos = vs_mittelpunkt + vs_radius*dir;``` |
| | ```        }``` |
| D | ```    outp.transpos = mul( outp.transpos, vs_transformation);``` |
| E | ```    outp.tex = inp.tex;``` |
| F | ```    return outp;``` |
| | ```    }``` |

A: Wir legen die aus der Renderpipeline kommende Inputposition in den Output.

B: Jetzt bestimmen wir den Richtungsvektor vom Mittelpunkt der Beule zu dem gerade betrachteten Vertex und messen die Entfernung zwischen dem Mittelpunkt und dem Vertex.

C: Wenn der Abstand des betrachteten Vertex vom Mittelpunkt der Beule kleiner als der vorgegebene Radius (`vs_radius`) ist, dann befindet sich der Vertex im Bereich der Beule und wir müssen den Vertex in Richtung von `dir` auf den Rand der Beule verschieben. Damit eine schöne Beule nach außen entsteht, muss der Mittelpunkt der Beule deutlich innerhalb der Kugel liegen:

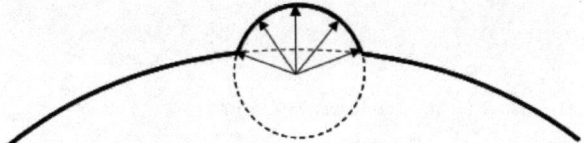

Bei einem außerhalb der Kugel liegenden Mittelpunkt würde sich die Beule nach innen wölben.

D: Jetzt ist die Beule erstellt und wir müssen das Modell noch in die gewünschte Lage bringen. Dazu führen wir die World-, View- und Projektionstransformation für alle Vertices durch.

E: Die Texturkoordinaten reichen wir transparent durch.[5]

F: Wir geben das Ergebnis wieder in die Renderpipeline.

Beachten Sie, dass dieser Shadercode für jeden Vertex durchgeführt wird. Dies geschieht sozusagen in einer umschließenden Schleife, die wir aus der Sicht des Shaders nicht wahrnehmen können. Die Tatsache, dass wir blind (kontextlos) immer nur auf einen Vertex schauen, stellt kein Problem dar. Dies ist sogar von großem Vorteil, da diese Blindheit für die GPU die Möglichkeit zur Parallelisierung der einzelnen Operationen eröffnet.

Das Shaderprogramm ist nur die eine Seite. Auf der anderen Seite – in unserem Anwendungsprogramm – muss der Shader geladen, mit Parametern versorgt und ausgeführt werden. Das ist das Thema des nächsten Abschnitts.

## 8.4.2 Anwendungscode

Zur Anwendung des Shaders habe ich eine Klasse `shader` erstellt. In dieser Klasse ist sowohl der Mesh, den wir hier deformieren wollen, als auch der Shader, mit dem wir die Deformation durchführen wollen, gekapselt.

Bezüglich des Meshs ist wichtig, dass im Vertexformat alle Felder vorkommen, die vom Shader erwartet werden. In unserem Beispiel sind das eigentlich nur die Position und ein Satz Texturkoordinaten. Mit Blick auf eine spätere Erweiterung

---

5   Man hätte ganz am Anfang auch direkt `outp = inp` schreiben können, aber das ist eines der impliziten Castings, von denen ich vorerst noch Abstand halten möchte.

nehmen wir hier aber noch die Normale hinzu. Sie können die Präsenz dieser Informationen im FVF in folgender Weise prüfen:

```
DWORD fvf;

fvf = (D3DFVF_XYZ|D3DFVF_NORMAL|D3DFVF_TEX1|D3DFVF_
TEXCOORDSIZE2(0));

if( mesh->GetFVF() & fvf != fvf)
    {
    … Fehler, der Mesh hat nicht das erwartete FVF
    }
```

Getestet wird hier, ob im Vertexformat mindestens die Bits für die verlangten Felder vorhanden sind. Dieser Test sollte eigentlich nicht negativ ausfallen, da wir ja festlegen, welchen Mesh wir laden.[6]

Ab hier betrachten wir nur die Teile der Shaderklasse, die sich mit dem Vertexshader beschäftigen, denn mit einem Mesh können Sie ja schon umgehen:

```
class shader
    {
    private:
        …
        LPDIRECT3DVERTEXSHADER9 vertexshader;
        LPD3DXCONSTANTTABLE vs_konstanten;
        D3DXHANDLE vs_transformation;
        D3DXHANDLE vs_mittelpunkt;
        D3DXHANDLE vs_radius;
        void create_shader();
    public:
        shader();
        ~shader();
        void create( LPDIRECT3DDEVICE9 dev);
        void render(D3DXMATRIX *trans, D3DXVECTOR4 *m, float r);
    };
```

In der Klasse finden Sie zwei Zeiger auf COM-Objekte, vertexshader und vs_konstanten, deren Verwendungszweck Sie sicher schon erahnen werden. Im Konstruktor finden Sie die übliche Initialisierung dieser Zeiger, im Destruktor die Beseitigung der COM-Objekte. Über die drei Handles vs_transformation, vs_mittelpunkt und vs_radius wird die Verbindung zu den globalen Variablen

---

6  Fehlende Normalen können Sie bei Bedarf noch nachträglich berechnen. Wissen Sie noch, wie es geht?

gleichen Namens[7] im Vertexshader aufgebaut. Dies geschieht in der Funktion `create_shader`, die ich Ihnen anschließend noch genauer zeigen werde. Über die `create`-Funktion müssen wir hier nicht sprechen, da sie nur den Mesh lädt und dann `create_shader` ruft. Die `render`-Methode erhält bei jedem Aufruf unter anderem die aktuelle Position und den Radius der Beule, damit diese Werte von Renderlauf zu Renderlauf variiert werden können. Doch jetzt erst einmal zur Funktion `create_shader`. Diese Funktion wird, wie bereits gesagt, von der Funktion `create` aufgerufen und hat die Aufgabe, den Shader zu initialisieren:

```
    void shader::create_shader()
    {
    LPD3DXBUFFER code = 0;

A   D3DXCompileShaderFromFile( "vs.vsh", 0, 0, "vs_main",
                                  "vs_1_1",
                                  0, &code, 0, &vs_konstanten);

B   device->CreateVertexShader((DWORD*)code->GetBufferPointer(),
                                  &vertexshader);

C   code->Release();

D   vs_transformation = vs_konstanten->GetConstantByName( 0,
                                  "vs_transformation");
    vs_mittelpunkt = vs_konstanten->GetConstantByName( 0,
                                  "vs_mittelpunkt");
    vs_radius = vs_konstanten->GetConstantByName( 0,
                                  "vs_radius");

    }
```

In der ersten Anweisung (A) wird der Quellcode des Shaders mit der Funktion `D3DXCompileShaderFromFile` compiliert:

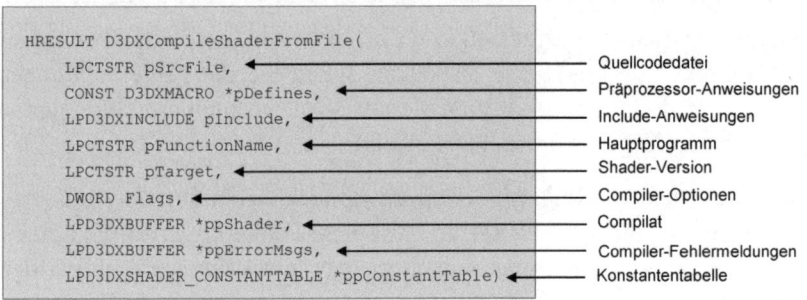

```
HRESULT D3DXCompileShaderFromFile(
    LPCTSTR pSrcFile,                           ──── Quellcodedatei
    CONST D3DXMACRO *pDefines,                   ──── Präprozessor-Anweisungen
    LPD3DXINCLUDE pInclude,                      ──── Include-Anweisungen
    LPCTSTR pFunctionName,                       ──── Hauptprogramm
    LPCTSTR pTarget,                             ──── Shader-Version
    DWORD Flags,                                 ──── Compiler-Optionen
    LPD3DXBUFFER *ppShader,                      ──── Compilat
    LPD3DXBUFFER *ppErrorMsgs,                   ──── Compiler-Fehlermeldungen
    LPD3DXSHADER_CONSTANTTABLE *ppConstantTable) ──── Konstantentabelle
```

---

7  Die Namensgleichheit ist von mir zur besseren Lesbarkeit gewählt. Sie ist nicht zwingend erforderlich.

Als Ergebnis erhalten wir den Code (code) und die Konstantentabelle (konstantentabelle). Ich gehe hier, wie eigentlich immer in den Beispielen dieses Abschnitts, davon aus, dass schon »alles gut gehen wird«. Natürlich können hier Fehler auftreten, und in einem seriösen Programm sollte der Returncode (HRESULT) geprüft werden. Wenn Sie vor dem Kompilieren sicherstellen wollen, dass das Zielsystem die benötigte Shader-Version (hier zum Beispiel 1.1) unterstützt, können Sie wie folgt vorgehen:

```
D3DCAPS9 caps;

device->GetDeviceCaps( &caps);
if( caps.VertexShaderVersion < D3DVS_VERSION(1,1))
    {
    … Shader 1.1 wird nicht unterstützt
    }
```

Sollten beim Compilieren Fehler auftreten, so finden Sie die Fehlermeldungen im Buffer ppErrrorMsgs, sofern Sie diesen Buffer beim Aufruf mitgegeben haben:

```
LPD3DXBUFFER errors = 0;
char *errorstring;

D3DXCompileShaderFromFile(…,…,…,…,…,…,…, &errors,…);
if( errors)
    {
    errorstring = (char *)errors->GetBufferPointer();
    … Fehlerstring ausgeben
    errors->Release();
    }
```

Ich empfehle Ihnen aber, stattdessen den Shader vorab zum Beispiel mit dem externen Compiler fxc zu übersetzen. Dann sehen Sie die Fehlermeldungen direkt auf dem Bildschirm. Hier sollten Sie nur Shader compilieren, von denen Sie bereits wissen, dass sie syntaxfehlerfrei sind.

Wenn Sie einen Shader debuggen wollen, so ist auch das in der Microsoft-Entwicklungsumgebung möglich. Sie setzen dazu beim Funktionsaufruf die Compiler-Option D3DXSHADER_DEBUG und wählen in der Entwicklungsumgebung den Menüpunkt:

Debuggen → Direct3D → Start with Direct3D Debugging

Sie können dann im Code des Vertexshaders Breakpunkte setzen und debuggen. Dazu muss allerdings zuvor das Reference Device D3DDEVTYPE_REF beim Erzeugen des Device mit `CreateDevice` gesetzt werden. Das wird natürlich langsam und ist ein zähes Geschäft. Am besten machen Sie beim Erstellen von Shadern keine Fehler.

Zurück zur `create_shader`-Funktion. Wir müssen noch die Punkte B-D besprechen. Das geht allerdings sehr flott:

Unter (B) wird der Shader (`vertexshader`) erzeugt.

Dann (C) wird der Codebuffer wieder freigegeben.

Abschließend (D) holt man sich Handles für die globalen Variablen aus der Konstantentabelle.

Die Handles `vs_transformation`, `vs_mittelpunkt` und `vs_radius` ermöglichen den Zugriff auf die globalen Variablen des Shaders und spielen in der `render`-Funktion eine entscheidende Rolle:

```
   void shader::render(D3DXMATRIX *trans, D3DXVECTOR4 *m, float r)
   {
   DWORD i;

A  vs_konstanten->SetMatrix(device, vs_transformation, trans);
   vs_konstanten->SetVector( device, vs_mittelpunkt, m);
   vs_konstanten->SetFloat( device, vs_radius, r);

B  device->SetVertexShader( vertexshader);

C  for( i = 0; i < anz_mat; i++ )
       {
       device->SetMaterial( materialien+i);
       device->SetTexture( 0, texturen[i]);
       mesh->DrawSubset( i);
       }

D  device->SetVertexShader( 0);
   }
```

Die `render`-Funktion erhält als Parameter die Transformationsmatrix (`trans`) sowie den Mittelpunkt (`m`) und den Radius (`r`) der Beule. Als Transformationsmatrix muss dem Anwendungsprogramm das Produkt der World-, View- und Projektionsmatrix übergeben werden. Mit Hilfe der Handles werden die globalen Variablen der Konstantentabelle gesetzt (A). Vor dem Rendern des Meshs (C) wird der Shader gesetzt (B), danach wird wieder auf die klassische Renderpipeline zurückgeschaltet (D). Wenn der Shader dauerhaft benötigt wird, kann man ihn auch einmal, etwa direkt in der `create`-Methode, setzen und die ganze Programmlaufzeit über aktiviert lassen.

Bei Verwendung eines geeigneten Modells mit entsprechender Ansteuerung durch das Anwendungsprogramm sieht man eine Beule um die Weltkugel wandern:

## 8.5 Pixelshader

Im Pixelshader wollen wir jetzt der wörtlichen Bedeutung eines Shaders[8] gerecht werden und die Weltkugel aus dem letzten Abschnitt schattieren. Zusätzlich wollen wir eine beliebige Stadt, deren geografische Lage wir dem Pixelshader mitteilen, durch einen roten Punkt auf dem Globus darstellen.

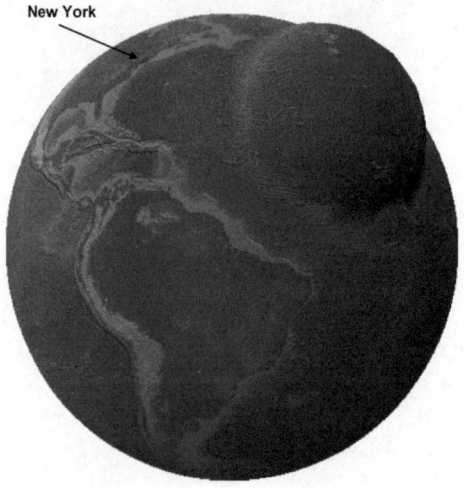

---

8 to shade = abdunkeln, schattieren

Das sind typische Aufgabenstellungen für einen Pixelshader, da es sich um Effekte handelt, die man durch Farbänderungen bei der Texturierung erreicht.

### 8.5.1 Shader-Code

Als Erstes fragen wir uns, welche globalen Informationen der Pixelshader für die oben beschriebene Aufgabe benötigt. Diese sind:

▸ die Richtung des einfallenden Lichts

▸ die geografische Position der anzuzeigenden Stadt

▸ die Textur, die zur Texturierung zu verwenden ist

Diese Informationen können sich von Renderlauf zu Renderlauf ändern. Innerhalb eines Laufs sind diese Informationen aber konstant. Wir werden diese Informationen – wie schon beim Vertexshader – über die Konstantentabelle bereitstellen. Der Pixelshader benötigt darüber hinaus aber auch Informationen, die sich innerhalb eines Renderlaufs sozusagen von Pixel zu Pixel ändern. Diese sind:

▸ die Texturkoordinaten, um das richtige Texel aus der Textur auflegen zu können.

▸ die untransformierte Position des betrachteten Punktes im Modell, um erkennen zu können, ob ein roter Punkt für die Anzeige der Stadt erzeugt werden muss.

▸ die Normale im betrachteten Punkt nach der Transformation durch die World-Matrix, damit für die Schattierung die Orientierung des Punktes zum Licht berechnet werden kann.

Diese Informationen muss der Pixelshader aus der Pipeline, also aus dem Output des Vertexshaders beziehen. Dazu müssen wir den Vertexshader des letzten Abschnitts so erweitern, dass er diese Daten auch in die Pipeline einstellt. Es handelt sich ja um eine Verarbeitungskette, bei der die einzelnen Kettenglieder exakt ineinandergreifen müssen.

Da wir den Vertexshader schon kennen, schauen wir hier nur kurz auf die Änderungen:

```
  float4x4 vs_transformation;
A float4x4 vs_worldtrans;
  float4 vs_mittelpunkt;
  float vs_radius;
  struct VS_INPUT
     {
```

```
                float4 pos       : POSITION;
B               float3 norm   : NORMAL;
                float2 tex       : TEXCOORD0;
                };
        struct VS_OUTPUT
                {
                float4 transpos          : POSITION;
                float2 tex               : TEXCOORD0;
C               float3 pos               : TEXCOORD1;
                float3 worldnorm         : TEXCOORD2;
                };
        VS_OUTPUT vs_main( VS_INPUT inp )
                {
                VS_OUTPUT outp;
                float4 dir;
                float len;

                outp.transpos = inp.pos;
D               outp.pos = inp.pos;
E               outp.worldnorm = inp.norm;
                dir = inp.pos - vs_mittelpunkt;
                len = length( dir);
                if( (len > 0) && (len < vs_radius))
                        {
                        dir = normalize( dir);
                        outp.transpos = vs_mittelpunkt + vs_radius*dir;
E                       outp.worldnorm = dir;
                        }
E               outp.worldnorm = mul( outp.worldnorm, vs_worldtrans);
                outp.transpos = mul( outp.transpos, vs_transformation);
                outp.tex = inp.tex;
                return outp;
                }
```

In den Datenstrukturen ergeben sich folgende Ergänzungen:

A: Der Vertexshader benötigt zusätzlich die Worldmatrix, um die Normale mit dieser Matrix zu transformieren. Die Worldmatrix wird in dieser globalen Variablen vom Anwendungsprogramm übergeben.

B: Im Input des Vertexshaders benötigen wir zusätzlich die Normale für jeden Vertex. Diese ist im Mesh[9] vorhanden, wurde vorher jedoch nicht betrachtet.

C: Felder für die untransformierte Position (`pos`) und die in Worldkoordinaten transformierte Normale (`worldnorm`) werden in der Outputstruktur zusätzlich eingerichtet. Die Daten werden semantisch als zusätzliche Texturkoordinatensätze (`TEXCOORD1` und `TEXCOORD2`) zum Pixelshader übertragen. Auf diese Weise fließen die Daten korrekt zum Pixelshader. Was dieser dann damit macht, ist ja seine Sache.

Im Shadercode müssen zusätzlich die Ausgabedaten (`outp.pos` und `outp.worldnorm`) erzeugt werden. Das geschieht im obigen Code unter den Punkten D und E:

D: Die untransformierte Position des Vertex im Modell (`inp.pos`) wird transparent in den Output (`outp.pos`) kopiert.

E: Die Normale (`outp.worldnorm`) wird zunächst aus dem Modell übernommen. Wenn der Punkt in einer Beule liegt, so ergibt sich eine neue Normale durch die »Ausbeulungsrichtung«. Am Ende wird die Normale mit der Worldmatrix transformiert.

Der Vertexshader ist damit an seine neue, erweiterte Aufgabe angepasst. Jetzt kommen wir zum eigentlichen Thema dieses Abschnitts – dem Pixelshader.

Der Pixelshader hat drei zum Anwendungsprogramm hin sichtbare globale Variablen:

```
sampler2D ps_sampler;
float3 ps_location;
float3 ps_lightdir;
```

In `ps_location` übergeben wir die Position der anzuzeigenden Stadt, in `ps_lightdir` den Richtungsvektor des einfallenden Lichts. Das sind 3-dimensionale Vektoren. Neu ist hier der Datentyp `sampler2d`. Dieser Datentyp enthält eine Textur und ermöglicht den gezielten Zugriff auf die einzelnen Farbpunkte der Textur über Texturkoordinaten. Das werden wir uns gleich noch genauer anschauen. Im Moment merken wir uns nur, dass `ps_sampler` eine globale Variable ist, der wir später eine Textur zuordnen werden.

---

9  Hätte man es mit einem Mesh zu tun, der noch keine Normalen enthielte, so müsste man diese erst noch berechnen.

Es folgt die Inputstruktur des Pixelshaders:

```
struct PS_INPUT
    {
    float2 tex          : TEXCOORD0;
    float3 pos          : TEXCOORD1;
    float3 worldnorm    : TEXCOORD2;
    };
```

Beachten Sie, dass die Verknüpfung der Inputfelder des Pixelshaders (PS_INPUT) mit den Outputfeldern des Vertexshaders (VS_OUTPUT) über die gemeinsame Semantik (TEXCOORD0, TEXCOORD1, TEXCOORD2) und nicht über die Benennung oder die Reihenfolge der Felder in der Datenstruktur erfolgt. Über die Semantik wird sichergestellt, dass die Ausgabe des Vertexshaders an der richtigen Stelle in den Pixelshader einläuft. Beachten Sie auch, dass diese Daten im Vertexshader nur »pro Vertex« vorliegen, hier aber interpoliert »pro Pixel« eintreffen. Darum müssen wir uns aber selbst nicht kümmern, das macht die Renderpipeline für uns.

Als Ausgabe erzeugt ein Pixelshader einen einzigen Farbwert:

```
struct PS_OUTPUT
    {
    float4 color : COLOR;
    };
```

Als Maß für die Schattierung können wir das Skalarprodukt zwischen dem Blick genau in das einfallende Licht (-ps_lightdir) und der Ausrichtung des betrachteten Punktes (inp.worldnorm) verwenden. Dieses Skalarprodukt hat den Wert 1, wenn der Punkt genau auf das Licht ausgerichtet ist, und -1, wenn er genau vom Licht abgewandt ist. Mit der Formel

$$c = (dot(-ps\_lightdir, inp.worldnorm) + 1)/2$$

erhält man also den »Schattierungsfaktor«, mit dem man die Schattierung berechnen kann:

```
PS_OUTPUT ps_main( in PS_INPUT inp )
    {
    PS_OUTPUT outp;
    float c;
A   c = (dot( -ps_lightdir, inp.worldnorm)+1)/2;
```

```
      if( length( inp.pos - ps_location) >= 2)
B         outp.color = c*tex2D( ps_sampler, inp.tex);
      else
C         outp.color = c*float4( 1, 0, 0, 1);

      return outp;
      }
```

A: Hier wird der Schattierungsfaktor berechnet.

B: In diesem Fall ist der Abstand des betrachteten Punktes (inp.pos) von der Stadt (ps_location) so groß, dass der Farbwert aus der Textur verwendet werden kann. Man verwendet die Funktion tex2D, um mit den Texturkoordinaten (inp.tex) den entsprechenden Farbwert über den Sampler (ps_sampler) aus der Textur zu lesen. Anschließend wird mit dem Faktor c schattiert.

C: Der Punkt ist so nah an ps_location, dass ein roter Farbpunkt erzeugt wird. Auch in diesem Fall wird mit dem Faktor c schattiert.

Der Pixelshader ist damit fertiggestellt. Nehmen wir an, dass er in einer Datei mit dem Namen »ps.psh« steht. Dann können wir ihn mit dem fxc-Compiler übersetzen und auf diese Weise testen, ob er syntaxfehlerfrei ist. Das Kommando dazu lautet:

```
fxc /Tvs_2_0 /Eps_main ps.psh
```

Unser Shader ist natürlich syntaxfehlerfrei, und wir können uns damit beschäftigen, den Shader in das Anwendungsprogramm zu integrieren.

### 8.5.2 Anwendungscode

Im Anwendungscode wollen wir das bestehende Beispiel um den Code für den Pixelshader erweitern. Dass auch der Vertexshader aufgrund der oben besprochenen Erweiterung eine zusätzliche globale Variable (vs_worldtrans) erhalten muss, müssen wir hier nicht weiter ausführen. Wir schauen hier nur auf den speziellen Code für den Pixelshader. Als Daten-Member fügen wir Zeiger auf den Pixelshader (pixelshader) und seine Konstantentabelle (ps_konstanten) sowie Handles auf die globalen Variablen des Pixelshaders ( ps_sampler, ps_location, ps_lightdir) ein. Dazu kommt noch eine Member-Variable zum Speichern der Koordinaten der anzuzeigenden Stadt (ps_location). Bei den Member-Funktionen ändern sich nur gewisse Schnittstellen, aber darauf komme ich zu sprechen, wenn diese Funktionen an der Reihe sind. Wir schauen zunächst einmal auf die Erweiterungen der Shaderklasse:

```
class shader
    {
    private:
        …
        LPDIRECT3DPIXELSHADER9 pixelshader;
        LPD3DXCONSTANTTABLE ps_konstanten;
        D3DXHANDLE ps_sampler;
        D3DXHANDLE ps_location;
        D3DXHANDLE ps_lightdir;
        D3DXVECTOR4 location;

        void create_shader();
    public:
        void create( LPDIRECT3DDEVICE9 dev);
        void setup( float longitude, float latitude);
        void render( D3DXMATRIX *trans, D3DXMATRIX *world, D3DXVEC
TOR4
                                        *light, D3DXVECTOR4 *m, fl
oat r);
    };
```

Auch wenn ich das hier nicht zeige, dürfen Sie nicht vergessen, die Zeiger auf die COM-Objekte im Konstruktor mit o zu initialisieren und die COM-Objekte im Destruktor durch Aufruf ihrer Release-Funktion wieder freizugeben. In der create_shader-Methode werden diese Objekte angelegt. Das ist mit den entsprechenden Operationen bei Vertexshadern vergleichbar:

```
  void shader::create_shader()
      {
      LPD3DXBUFFER code = 0;
      …
A     D3DXCompileShaderFromFile( "ps.psh", 0, 0, "ps_main",
                            "ps_2_0", 0, &code, 0, &ps_konstanten);
      device->CreatePixelShader( (DWORD*)code->GetBufferPointer(),
                                        &pixelshader);
B     ps_sampler = ps_konstanten->GetConstantByName( 0,
                                            "ps_sampler");
      ps_location = ps_konstanten->GetConstantByName( 0,
                                            "ps_location");
      ps_lightdir = ps_konstanten->GetConstantByName( 0,
                                            "ps_lightdir");
C     code->Release();
      }
```

Nachdem der Pixelshader und seine Konstantentabelle erzeugt worden sind (A), können wie beim Vertexshader Handles auf die globalen Variablen eingerichtet werden (B).

Der zwischenzeitlich benötigte Code-Buffer kann am Ende wieder freigegeben werden (C).

In der setup-Funktion wird aus der vom Anwendungsprogramm übergebenen geografischen Breite (latitude) und Länge (longitude) der zugehörige Punkt (location) auf der Kugeloberfläche berechnet. Den zugehörigen Code wollen wir hier nicht betrachten. Wir wollen nur festhalten, dass nach Aufruf der setup-Funktion durch das Anwendungsprogramm die Position der Stadt, die durch einen roten Punkt angezeigt werden soll, in der Member-Variablen location steht. Das ist ja eine der Informationen, die wir beim Rendern an den Pixelshader übergeben müssen. Das geschieht unter anderem in der render-Methode des Shaders. Hier wollen wir noch einmal das Zusammenspiel von Pixel- und Vertexshader betrachten:

```
void shader::render( D3DXMATRIX *trans, D3DXMATRIX *world,
                     D3DXVECTOR4 *light, D3DXVECTOR4 *m, float r)
    {
    DWORD i;

A   vs_konstanten->SetMatrix(device, vs_transformation, trans);
    vs_konstanten->SetMatrix(device, vs_worldtrans, world);
    vs_konstanten->SetVector( device, vs_mittelpunkt, m);
    vs_konstanten->SetFloat( device, vs_radius, r);

B   ps_konstanten->SetVector( device, ps_location, &location);
    ps_konstanten->SetVector( device, ps_lightdir, light);

C   device->SetVertexShader( vertexshader);
    device->SetPixelShader( pixelshader);

    for( i = 0; i < anz_mat; i++ )
        {
        device->SetMaterial( materialien+i);
D   device->SetTexture(ps_konstanten->GetSamplerIndex(ps_sampler),
                                                       texturen[i]);
        mesh->DrawSubset( i);
        }
E   device->SetVertexShader( 0);
    device->SetPixelShader( 0);
    }
```

Zuerst werden die globalen Variablen des Vertexshaders (A) und dann die des Pixelshaders (B) gesetzt. Dann werden Vertex- und Pixelshader aktiviert (C). Beim

Zeichnen des Meshs wird die Meshtextur über den Sampler-Index dem richtigen Sampler zugeordnet (D). Eigentlich ist das hier überflüssig, da es nur eine Textur und einen Sampler gibt und der Index damit automatisch 0 ist. Ich zeige Ihnen den Code hier aber für den Fall, dass Sie einmal mit mehreren Texturen und Samplern arbeiten wollen. Am Ende der `render`-Funktion wird zur Fixed Function Pipeline zurückgeschaltet.

Das folgende Bild zeigt zum Abschluss noch einmal, wie unser Pixelshader arbeitet:

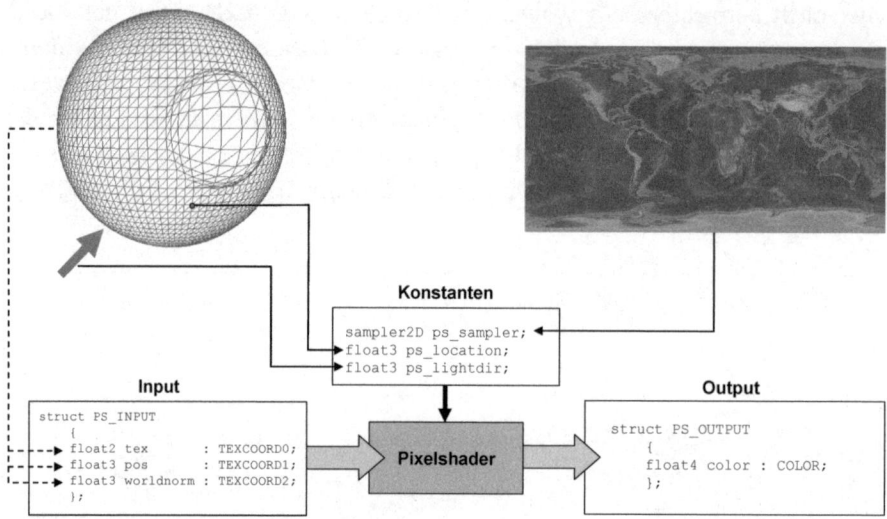

## 8.6 Effect-Files

Bisher haben wir Vertex- und Pixelshader als getrennte Bausteine der Renderpipeline betrachtet. Sie haben aber sicher schon bemerkt, dass man diese Bausteine wegen der semantischen Verknüfung des Vertexshader-Outputs mit dem Pixelshader-Input nicht immer isoliert betrachten sollte. Häufig ist es so, dass der Pixelshader ganz bestimmte »Vorleistungen« des Vertexshaders erwartet, um seine Aufgabe erledigen zu können. Es ist daher sinnvoll, Pixel- und Vertexshader zu einer Sequenz zusammenzufassen. Dies leisten die sogenannten Effect-Files. Die Effect-Files leisten aber mehr als nur dies. Sie ermöglichen die vollständige Beschreibung eines oder mehrerer Renderläufe durch Vertex- und Pixelshader einschließlich aller dazu erforderlichen Einstellungen der Renderpipeline.

Effekte gliedern sich auf der höchsten Ebene in Techniken (technique) . Diese Gliederung ermöglicht es zum Beispiel, einen Effekt für unterschiedliche Zielhardware auszulegen. Im Programm prüft man zur Laufzeit die Möglichkeiten der Grafikkarte und verwendet dann, je nach deren Möglichkeiten, eine einfachere oder anspruchsvollere Technik. Techniken untergliedern sich ihrerseits in Durchläufe (passes) . Manchmal ist es so, dass man in einer anspruchsvolleren Technik einen Effekt in einem Durchlauf erzielen kann, während man in einer einfacheren Technik mehrere Durchläufe benötigt. Wenn eine Grafikkarte zum Beispiel Multitexturing unterstützt, so kann man in einem Durchlauf zwei Texturen miteinander verschneiden (Texturblending). Unterstützt die Grafikkarte das nicht, so kann man das Blending in zwei Durchläufen durchführen. In jedem Durchlauf werden dann bestimmte Texturen geladen, Renderstates gesetzt und/oder Pixel- und/oder Vertexshader verwendet. Die Pixel- und Vertexshader werden in der schon bekannten Form in HLSL beschrieben. Insofern können wir alles, was wir in den vorausgegangenen Abschnitten gelernt haben, zur Erstellung von Effekten einbringen.

Ich hatte schon gesagt, dass Effekte mehr als nur eine Zusammenfassung von Pixel- und Vertexshadern sind. In einem Effekt lassen sich alle zur Darstellung benötigten Parameter (z. B. ambientes oder gerichtetes Licht, Materialeigenschaften oder Renderstates wie Alpha-Blending) über sogenannte Effect-States einstellen. Letztlich handelt es sich hier um die vielen hundert Einstellmöglichkeiten, die bei der Fixed Function Pipeline über Funktionen wie `SetRenderState`, `SetSamplerState` oder `SetTextureStageState` vorgenommen werden konnten. Es ist wenig sinnvoll zu versuchen, hier alle verfügbaren States mit den jeweils möglichen Werten aufzuzählen, zumal es bestimmt mehr als hundert verschiedene States mit jeweils einer Vielzahl von möglichen Werten gibt. Ich werde einen State kurz beschreiben, wenn er hier im Buch erstmalig auftritt. Bei Bedarf sollten Sie Ihre Kenntnisse über Effect-States anhand der DirectX-Dokumentation vertiefen.

Die Tatsache, dass man Effekte losgelöst von einer konkreten Verwendung in einem Spiel beschreiben, implementieren und testen kann, hat zu einem deutlichen Produktivitätsschub in der Spieleentwicklung geführt. Insbesondere sind Werkzeuge zur interaktiven Erstellung von Effekten entstanden, mit deren Hilfe man, geführt durch eine grafische Benutzeroberfläche, Effekte komponieren und das Ergebnis sofort auf dem Bildschirm betrachten kann. Zu nennen wären hier FX-Composer von NVIDIA und RenderMonkey von ATI. Unsere ersten Effekte werden wir hier noch »zu Fuß« entwickeln. Alle Effekte im letzten Kapitel dieses Buches werden dann mit FX-Composer erstellt.

Jetzt wenden wir uns aber unserem ersten Effekt zu.

## 8.6.1 Effect-Code

In diesem Abschnitt wollen wir den zuvor erstellten Vertexshader und den zuvor erstellten Pixelshader zu einem Effekt zusammenführen. Wir wollen dazu nur eine Technik und für diese Technik auch nur einen Durchlauf verwenden. Das Gerüst für unseren Effekt sieht damit wie folgt aus:

```
// Globale Variablen für Vertex- und Pixelshader
…
// Strukturen für Vertex- und Pixelshader
…
// Funktionen für Vertex- und Pixelshader
…

technique beule
    {
    pass P0
        {
        VertexShader = …;
        PixelShader  = …;
        }
    }
```

Die Technik habe ich `beule` genannt. Diese Technik enthält nur einen Durchlauf, den ich mit `P0` bezeichnet habe. Dieser Durchlauf enthält einen Vertex- und einen Pixelshader, die hier beide aber noch nicht spezifiziert sind. Das Ganze schreiben wir in eine Datei mit dem Namen »`beule.fx`«. Die Dateinamenserweiterung »`fx`« wird üblicherweise für Effect-Files verwendet.

In den oben gezeigten Rahmen fügen wir jetzt den Code des Vertex- und des Pixelshaders aus den letzten Abschnitten ein. Der einzige Unterschied zu den Einzelimplementierungen von Vertex- und Pixelshader besteht darin, dass ich nicht getrennte Strukturen für den Vertexshader-Output und den Pixelshader-Input verwende. Um die semantische Beziehung zu betonen, verwende ich den Vertexshader-Output (`VS_OUTPUT`) zugleich als Pixelshader-Input. Ansonsten bleibt aber alles so, wie es war, sodass ich Ihnen den vollständigen Effect-File nicht in allen Details zeigen muss. Das folgende Codefragment zeigt daher nur die globalen Variablen, die Strukturen und Stubs der Shader-Hauptprogramme:

```
float4x4 vs_transformation;
float4x4 vs_worldtrans;
float4 vs_mittelpunkt;
float vs_radius;

float3 ps_location;
```

```
float3 ps_lightdir;
texture ps_textur;
sampler2D ps_sampler = sampler_state
    {
    Texture = <ps_textur>;
    };
struct VS_INPUT
    {
    float4 pos        : POSITION;
    float3 norm       : NORMAL;
    float2 tex        : TEXCOORD0;
    };
struct VS_OUTPUT
    {
    float4 transpos   : POSITION;
    float2 tex        : TEXCOORD0;
    float3 pos        : TEXCOORD1;
    float3 worldnorm  : TEXCOORD2;
    };
struct PS_OUTPUT
    {
    float4 color      : COLOR;
    };
VS_OUTPUT vs_main( VS_INPUT inp )
    {
    ...
    }
PS_OUTPUT ps_main( VS_OUTPUT inp )
    {
    ...
    }
technique beule
    {
    pass P0
        {
        VertexShader = compile vs_2_0 vs_main();
        PixelShader  = compile ps_2_0 ps_main();
        }
    }
```

Für einen Shader gibt man dann an, mit welcher Compiler-Version er übersetzt werden soll und wie sein Einstiegspunkt heißt. Letztlich sind das die Informationen, die man auch zum Compilieren mit dem fxc-Compiler verwendet hat.

Würde man in diesem Pass zum Beispiel keinen Vertexshader benötigen, so würde man

```
VertexShader = NULL;
```

schreiben.

Der Sampler (`ps_sampler`) enthält Informationen über den Texturierungsprozess. Dazu gehört in erster Linie die Textur. Im Code des Effect-Files sieht das wie folgt aus:

```
texture ps_textur;

sampler2D ps_sampler = sampler_state
    {
    Texture = <ps_textur>;
    };
```

Die Textur (`ps_textur`) wird später aus dem Anwendungsprogramm gesetzt. Weitere Informationen über den Texturierungsprozess können hier hinzugefügt werden. Ein Beispiel dazu finden Sie weiter unten. Wir wollen aber zunächst einmal sehen, dass wir diesen Effekt »ans Laufen« bekommen.

### 8.6.2 Anwendungscode

Ähnlich wie ein Vertex- oder Pixelshader muss eine Effektdatei zunächst geladen werden. Dann müssen die Parameter gesetzt und der Effekt gerendert werden. Wir schauen hier kurz auf die dafür benötigten Funktionen. Zum Laden eines Effekts verwendet man die Funktion `D3DXCreateEffectFromFile`,

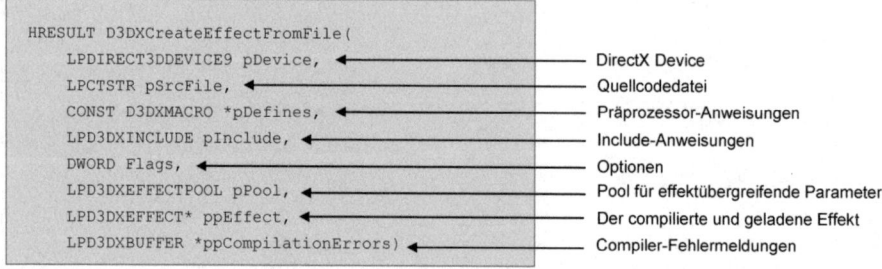

```
HRESULT D3DXCreateEffectFromFile(
    LPDIRECT3DDEVICE9 pDevice,          ──── DirectX Device
    LPCTSTR pSrcFile,                   ──── Quellcodedatei
    CONST D3DXMACRO *pDefines,          ──── Präprozessor-Anweisungen
    LPD3DXINCLUDE pInclude,             ──── Include-Anweisungen
    DWORD Flags,                        ──── Optionen
    LPD3DXEFFECTPOOL pPool,             ──── Pool für effektübergreifende Parameter
    LPD3DXEFFECT* ppEffect,             ──── Der compilierte und geladene Effekt
    LPD3DXBUFFER *ppCompilationErrors)  ──── Compiler-Fehlermeldungen
```

von der wir wie so häufig hier nur ausgesuchte Parameter verwenden:

```
LPD3DXEFFECT effect;

D3DXCreateEffectFromFile( device, "beule.fx", 0, 0, 0, 0,
                          &effect, 0);
```

Nachdem der Effekt geladen ist, kann man sich die Handles auf die einzelnen Parameter besorgen. Dazu benötigt man beim Effekt nicht eine explizit bereitgestellte Konstantentabelle, sondern man kann die Parameter direkt über das Interface des Effekts erhalten:

```
D3DXHANDLE vs_transformation;
D3DXHANDLE vs_worldtrans;
D3DXHANDLE vs_mittelpunkt;
D3DXHANDLE vs_radius;
D3DXHANDLE ps_textur;
D3DXHANDLE ps_location;
D3DXHANDLE ps_lightdir;

vs_transformation = effect->GetParameterByName( 0,
                                      "vs_transformation");
vs_worldtrans = effect->GetParameterByName( 0, "vs_worldtrans");
vs_mittelpunkt = effect->GetParameterByName( 0, "vs_mittelpunkt");
vs_radius = effect->GetParameterByName( 0, "vs_radius");

ps_textur = effect->GetParameterByName( 0, "ps_textur");
ps_location = effect->GetParameterByName( 0, "ps_location");
ps_lightdir = effect->GetParameterByName( 0, "ps_lightdir");
```

In gleicher Weise erstellt man einen Handle auf die (oder besser »eine«) Technik des Effekts:

```
D3DXHANDLE beule;

beule = effect->GetTechniqueByName("beule");
```

Jetzt ist alles vorbereitet, und man kann den Effekt rendern. Dazu setzt man zunächst die globalen Parameter des Effekts in der gewünschten Weise:

```
D3DXMATRIX trans = …;
D3DXMATRIX world = …;
D3DXVECTOR4 light = …;
D3DXVECTOR4 m = …;
float r = …;

effect->SetMatrix( vs_transformation, &trans);
effect->SetMatrix( vs_worldtrans, &world);
effect->SetVector( vs_mittelpunkt, &m);
effect->SetFloat( vs_radius, r);
```

Dann kommt der eigentliche Rendering-Prozess:

```
DWORD i;
UINT anz_passes, pass;

effect->SetTechnique( beule);
effect->Begin(&anz_passes, 0);
for( pass = 0; pass < anz_passes; pass++)
    {
    effect->BeginPass( pass);
    … Rendern des Meshs
    effect->EndPass();
    }
effect->End();
```

Hier wird zunächst die Technik ausgewählt und mit entsprechender Begin-End-Klammerung die Technik Pass für Pass durchlaufen. Die hier verwendete Technik hat nur einen Pass. Insofern kann die Schleife über die Passes eigentlich entfallen. Trotzdem habe ich das Programm so aufgebaut, als ob die Technik mehrere Passes hätte, damit Sie sehen, wie der allgemeine Fall zu behandeln ist.

Ein besonderes Problem einer Technik sind verlorene Informationen, die auftreten können, wenn das Device einen Reset ausführt. Sie sollten daher immer, wenn Sie das Device zurücksetzen, auch den Effekt zurücksetzen. Im Code sieht das wie folgt aus:

```
effect->OnLostDevice();
device->Reset( …);
effect->OnResetDevice();
```

Dies alles finden Sie in einer Klasse mit dem Namen effekt gekapselt, und zwar wie immer auf der CD zum Buch.

### 8.6.3 Sampler und Samplerstates

Sampler haben wir ja auch schon in der Fixed-Function-Pipeline verwendet. Dort gab es die Funktion SetSamplerState, mit deren Hilfe ein Sampler konfiguriert werden konnte. Die gleichen Konfigurationsmöglichkeiten haben wir auch hier. Wir müssen nur entsprechenden Datenfeldern des Samplers Werte zuweisen. Im Code des Effekts könnte das zum Beispiel wie folgt aussehen:

```
sampler ps_sampler = sampler_state
    {
    …
    AddressU = Wrap;
    MagFilter = Linear;
    …
    };
```

Diese Setzungen entsprechen den entsprechenden Setzungen durch die Funktion SetSamplerState – in diesem Fall:

```
device->SetSamplerState( 0, D3DSAMP_ADDRESSU, D3DTADDRESS_WRAP);
device->SetSamplerState( 0, D3DSAMP_MAGFILTER, D3DTEXF_LINEAR);
```

Einen Index brauchen wir hier nicht mehr, da wir uns ja konkret auf die Sampler-Variable beziehen können. Trotzdem erhält natürlich jeder Sampler auf der Grafikkarte seinen Index, und wir können nicht mehr Sampler erstellen, als die Grafikkarte unterstützt.

### 8.6.4 Effect-States

Zusätzlich zu den bisher gezeigten Konfigurationsmöglichkeiten kann man in jedem Pass des Effect-Files sogenannte Effect-States setzen. Diese Effect-States entsprechen den Renderstates, die wir schon von der Fixed Function Pipeline kennen. Dort konnten wir etwa durch den Aufruf von

```
device->SetRenderState( D3DRS_FILLMODE, D3DFILL_WIREFRAME);
```

die Render-Pipeline so konfigurieren, dass am Ende nur ein Drahtmodell dargestellt wurde. Die gleiche Einstellung kann man auch innerhalb eines Effect-Files für einen pass einer technique vornehmen:

```
technique beule
    {
    pass P0
        {
        FillMode = WIREFRAME;
        VertexShader = compile vs_2_0 vs_main();
        PixelShader  = compile ps_2_0 ps_main();
        }
    }
```

Auf diese Weise können Sie zahlreiche Renderstates in Ihren Effekt übernehmen.

### 8.6.5 Verwendung von Annotationen

Zum Abschluss dieses Abschnitts will ich Ihnen noch zeigen, wie man Informationen aus Annotationen auslesen kann, um sie im Anwendungsprogramm zu nutzen. Wir stellen uns dazu vor, dass wir im Effect-File einen Dateinamen als Annotation zu der Textur hinzugefügt haben:

```
texture ps_textur
    <
    string texturname = "erde.jpg";
    >;
```

Diese Information können wir im Anwendungsprogramm wie folgt auslesen:

```
D3DXHANDLE annotation;
LPCSTR fname;

ps_textur = effekt->GetParameterByName( 0, "ps_textur");
annotation = effekt->GetAnnotationByName( ps_textur,
                                    "texturname");
effekt->GetString( annotation, &fname);
```

Nachdem wir den Handle auf die Texturvariable eingerichtet haben, holen wir uns ebenfalls über einen Handle die Annotation und lesen dann den zugehörigen Wert. Man könnte jetzt die Textur aus der Datei laden und zum Rendern benutzen. Auf diese Weise kann der Effekt auch das ihn verwendende Programm parametrieren.

### 8.6.6 Arbeiten mit mehreren Durchläufen

In diesem Abschnitt wollen wir eine Technik mit mehreren Durchläufen erstellen. Dazu nehmen wir als Modell wieder die Erdkugel und gehen wie folgt vor:

▶ **Erster Durchlauf**
Im ersten Durchlauf soll eine etwas verkleinerte rote Kugel entstehen, die den Erdkern darstellen soll. Vertex- und Pixelshader des ersten Durchlaufs erhalten dazu die folgenden Aufgaben:

> ▶ **Vertexshader**
> Der Vertexshader soll die Kugel um einen bestimmten Prozentsatz schrumpfen.

> ▶ **Pixelshader**
> Der Pixelshader soll die Kugel mit roter Farbe belegen und die Farbe entsprechend des Lichteinfalls schattieren.

▶ **Zweiter Durchlauf**

Im zweiten Durchlauf soll um den Erdkern ein mit der Erdoberfläche texturierter, halb durchsichtiger und teilweise geöffneter Mantel gelegt werden. Der Vertex- und der Pixelshader des zweiten Durchlaufs erhalten dazu die folgenden Aufgaben:

▶ **Vertexshader**

Der Vertexshader soll die Kugel unverändert durchreichen.

▶ **Pixelshader**

Der Pixelshader soll die Textur beidseitig auf die Kugel auflegen, in einem größeren Segment teilweise durchsichtig und in einem kleineren Segment vollständig durchsichtig machen. Und er soll die große Kugel (Erdmantel) durch Alpha-Blending mit der kleinen Kugel (Erdkern) verschneiden.

Der fertige Effekt soll einen rotglühenden Erdkern zeigen, der von einem halb durchsichtigen Erdmantel umhüllt ist, der einen Spalt breit geöffnet ist:

Im Effect-File legen wir eine Technik (Erde) mit zwei Durchläufen (Kern und Mantel) an:

```
technique Erde
    {
    pass Kern
        {
        VertexShader = compile vs_2_0 vs1_main();
        PixelShader  = compile ps_2_0 ps1_main();
        }
```

```
pass Mantel
    {
    VertexShader = compile vs_2_0 vs2_main();
    PixelShader  = compile ps_2_0 ps2_main();

    CullMode = CW;
    AlphaBlendEnable = true;
    BlendOp = Add;
    SrcBlend = SrcAlpha;
    DestBlend = InvSrcAlpha;
    }
}
```

Jeder Durchlauf erhält seinen Vertexshader und seinen Pixelshader. Im zweiten Durchlauf verwenden wir zusätzlich Effect-States. Im Einzelnen wird durch diese States Folgendes erreicht:

| | |
|---|---|
| CullMode = CW | Das Backface-Culling wird auf CW (Clockwise) eingestellt. Dies bedeutet, dass Backfaces verworfen werden, wenn deren Vertices in Uhrzeigerrichtung durchlaufen werden. Backfaces, deren Vertices entgegen dem Uhrzeigersinn verlaufen, werden in diesem Modus aber dargestellt. Somit wird auch die Rückseite des Mantels angezeigt. |
| AlphaBlendEnable = true | Hier wird das Alpha-Blending, das heißt das Verschneiden von Farben entsprechend ihrem Alpha-Wert, aktiviert. |
| BlendOp = Add | Hier wird die Verschneide-Operation festgelegt. Add bedeutet, dass die Farbwerte von Source und Destination (in unserem Fall Mantel und Kern) addiert werden. |
| SrcBlend = SrcAlpha | Hier wird festgelegt, wie der Farbwert der Source (Mantel) in die Verschneideoperation eingeht. Festgelegt wird, dass der Farbwert der Source mit dem Alpha-Wert der Source in die Operation eingeht. |
| DestBlend = InvSrcAlpha | Hier wird festgelegt, wie der Farbwert der Destination (Kern) in die Verschneideoperation eingeht. Festgelegt wird, dass der Farbwert der Destination mit dem inversen Alpha-Wert der Quelle in die Operation eingeht. Dies bedeutet, dass der Kern sozusagen genau das auffüllt, was beim Mantel fehlt. |

Im Effekt haben wir ähnlich wie im Beispiel des letzten Abschnitts (Beule auf der Erdkugel) die folgenden Konstanten für Vertex- und Pixelshader:

```
float4x4 vs_transformation;
float4x4 vs_worldtrans;

float3 ps_lightdir;
texture ps_textur;

sampler2D ps_sampler = sampler_state
    {
    Texture = <ps_textur>;
    };
```

Mittelpunkt und Radius der Beule sind natürlich ersatzlos weggefallen, weil es die Beule in diesem Beispiel nicht mehr gibt. Das Gleiche gilt für die geografischen Koordinaten der speziellen Lokation.

Die Input- und Output-Strukturen für Vertex- und Pixelshader haben sich gegenüber dem letzten Beispiel nicht verändert. Trotzdem möchte ich Ihnen diese Strukturen hier zur Erinnerung noch einmal zeigen:

```
struct VS_INPUT
    {
    float4 pos    : POSITION;
    float3 norm   : NORMAL;
    float2 tex    : TEXCOORD0;
    };
struct VS_OUTPUT
    {
    float4 transpos    : POSITION;
    float2 tex         : TEXCOORD0;
    float3 pos         : TEXCOORD1;
    float3 worldnorm   : TEXCOORD2;
    };
struct PS_OUTPUT
    {
    float4 color : COLOR;
    };
```

Aufbauend auf diesen Strukturen und den Konstanten können wir jetzt die Vertex- und Pixelshader implementieren. Wir beginnen mit den Vertexshadern und erstellen dazu zunächst eine Hilfsfunktion, die die Eingangsdaten um einen gewissen Faktor s, der als Parameter übergeben wird, skaliert und die Transformationen für das Modell und seine Normalen durchführt:

```
VS_OUTPUT scale( VS_INPUT inp, float s )
    {
    VS_OUTPUT outp;

    outp.transpos = s*inp.pos;
    outp.transpos.w = 1;
    outp.pos = inp.pos;
    outp.worldnorm = inp.norm;
    outp.worldnorm = mul( outp.worldnorm, vs_worldtrans);
    outp.transpos = mul(outp.transpos, vs_transformation);
    outp.tex = inp.tex;
    return outp;
    }
```

Zusammen mit der Skalierung werden auch die erforderlichen Transformationen der Position und der Normalen durchgeführt. Zusätzlich werden die Texturkoordinaten transparent durchgereicht. Das kennen Sie alles schon aus dem letzten Beispiel.

Die beiden Vertexshader müssen jetzt nur noch das Unterprogramm scale mit einem geeigneten Skalierungsfaktor aufrufen:

```
VS_OUTPUT vs1_main( VS_INPUT inp )
    {
    return scale( inp, 0.7);
    }
VS_OUTPUT vs2_main( VS_INPUT inp )
    {
    return scale( inp, 1);
    }
```

Die Vertexshader sind fertig, und wir können uns den Pixelshadern zuwenden.

Der erste Pixelshader soll ja nur einen entsprechend der Ausrichtung zum Licht schattierten Rotwert erzeugen:

```
PS_OUTPUT ps1_main( VS_OUTPUT inp )
    {
    PS_OUTPUT outp;
    float c;

    c = (dot( -ps_lightdir, inp.worldnorm)+1)/2;
    outp.color = float4( c, 0, 0, 1);
    return outp;
    }
```

Das ist sehr einfach, wenn man den Schattierungsfaktor c wieder über das Skalarprodukt zwischen Lichtrichtung und Normale berechnet.

Der zweite Pixelshader ist etwas aufwändiger, da man je nach Segment, in dem man sich gerade befindet, unterschiedliche Alpha-Werte (Durchsichtigkeitsfaktoren) erzeugen muss:

```
    PS_OUTPUT ps2_main( VS_OUTPUT inp )
        {
        PS_OUTPUT outp;
        float c, x;

        c = (dot( -ps_lightdir, inp.worldnorm)+1)/2;
        outp.color = c*tex2D( ps_sampler, inp.tex);

A       inp.pos.y = 0;
B       inp.pos = normalize( inp.pos);
C       if( inp.pos.x <= 0.8)
            outp.color.a = 0.8;
        else
            outp.color.a = 0;

        return outp;
        }
```

Zur Bestimmung der Alpha-Werte wird der Positionsvektor zunächst senkrecht in die x-z-Ebene projiziert (A) und danach normiert. Die Länge der Projektion des Ergebnisvektors auf die x-Achse entscheidet dann darüber, ob der Alpha-Wert 0.8 (teildurchsichtig) oder 0 (durchsichtig) ist (C). Das Verschneiden der beiden von den Pixelshadern berechneten Farbwerte entsprechend ihrer Alpha-Werte geschieht außerhalb der Pixelshader und ist durch die gewählte Verschneideoperation (BlendOp = Add; SrcBlend = SrcAlpha;

DestBlend = InvSrcAlpha) festgelegt.

Der Effect-File ist damit fertig. Die Ansteuerung des Effekts im Anwendungs-programm kann unverändert aus dem letzten Beispiel übernommen werden, wobei lediglich der Zugriff auf die nicht mehr vorhandenen Parameter entfernt werden muss. Beachten Sie, dass wir die Render-Funktion auch dort schon so programmiert hatten, als wenn wir es mit einer Technik mit mehreren Durchläu-fen zu tun hätten. Im Ergebnis sollten Sie den oben bereits gezeigten Erdkern mit dem halb durchsichtigen Mantel sehen.

### 8.6.7 Auswahl einer geeigneten Technik

Ein Effekt kann mehrere Techniken enthalten, die für unterschiedliche Ziel-systeme geeignet oder auch nicht geeignet sind. Ob eine Technik auf einer bestimmten Hardware eingesetzt werden kann, ist nicht leicht zu entscheiden. In jedem Pass und dort überall im Code eines Pixelshaders, im Code eines Ver-texshaders oder in den verwendeten Effectstates können sich Befehle befinden, die eine bestimmte Zielhardware nicht ausführen kann. Zum Glück unterstützt DirectX den Programmierer bei der Auswahl einer geeigneten Technik durch die Funktionen `ValidateTechnique` und `FindNextValidTechnique`. Nachdem man einen Effekt (`effect`) mit der Funktion `D3DXCreateEffectFromFile` aus einer Datei geladen und mit `GetTechniqueByName` einen Handle (`technique`) auf eine seiner Techniken eingerichtet hat, kann man prüfen, ob die Technik für die Ziel-hardware geeignet ist. Dazu verwendet man die Funktion `ValidateTechnique`:

```
effect->ValidateTechnique( technique);
```

Ist das Ergebnis dieses Funktionsaufrufs `s_OK`, so kann die Technik verwendet werden, andernfalls nicht.

Wenn man den Namen der in einem Effect-File implementierten Techniken nicht kennt, kann man mit der Funktion `FindNextValidTechnique` nach verwendba-ren Techniken suchen. Beim ersten Aufruf dieser Funktion verwendet man einen NULL-Handle,

```
effect->GetNextValidTechnique( NULL, &technique);
```

um die erste anwendbare Technik zu finden. Die nächste auf diese Technik fol-gende Technik erhält man dann durch diesen Aufruf:

```
effect->GetNextValidTechnique( technique, &technique);
```

Auf diese Weise kann man auf der Suche nach anwendbaren Techniken durch alle im Effekt vorhandenen Techniken iterieren. Üblicherweise sollte man die Techniken in einem Effect-File so anordnen, dass höherwertige Techniken vor niederwertigen Techniken stehen. Dann findet man durch einen Aufruf von Get-NextValidTechnique immer die höchstwertige Technik, die auf dem Zielsystem ausführbar ist. Häufig findet man in einem Effect-File zwei Techniken: eine, die von den neuesten Möglichkeiten der Grafikkarten Gebrauch macht, und eine, die sich auf den Mindestanforderungen des Spiels bewegt. Die zweite dient dann als Fallback-Technik, wenn die erste nicht anwendbar ist.

Die Einführung in HLSL, Vertexshader, Pixelshader und Effekte ist damit abgeschlossen. Sie sollten jetzt über das elementare Rüstzeug verfügen, um sich in der Implementierung erster eigener Effekte zu versuchen. Diese Einführung zeigt aber, trotz einiger Beispiele, bei weitem noch nicht die Möglichkeiten, die in einer konsequenten Nutzung dieser neuen Techniken stecken. Die visuelle Wirkung von Effekten kann man aber oft nur experimentell herausfinden. Sie finden daher im Anschluss an diesen Abschnitt eine Sammlung interessanter Effekte, die Sie als Anregung für weitere Experimente auf diesem Gebiet verwenden oder auch als fertige Effekte in Ihr Spiel einbauen können. Ich wünsche Ihnen viel Spaß bei der »Effekthascherei«.

# 9    Spezielle Effekte

Nach der Einführung in die Shader-Programmierung können wir unsere neu erworbenen Fähigkeiten durch praktische Anwendungen vertiefen. Hierfür eignet sich perfekt die FX-Programmierung. Visuelle Effekte nutzen die Fähigkeiten der Grafikkarte bis zum Maximum und sind sowohl aus technischer als auch aus optischer Sicht die Kür der Grafikprogrammierung. Leider kann dieses Kapitel nur einen Einblick in das Thema liefern, da das Themengebiet sehr schnelllebig und inzwischen auch sehr umfangreich geworden ist. Dennoch, wenn Sie am Ball bleiben, werden Sie einige beeindruckende Effekte für Ihre eigenen Spiele programmieren und darüber hinaus in der Shader-Programmierung sicherer.

## 9.1    Werkzeuge zur Erstellung von Effekten

Mit zunehmender Komplexität Ihrer Shaderprogramme werden Sie ein gesteigertes Bedürfnis nach einer komfortablen Entwicklungsumgebung haben. Die Zeiten, in denen Programme mit einem einfachen Texteditor und einem Komandozeilen-Compiler geschrieben wurden, sind vorbei. Dies gilt auch für die Programmierung von Shadern.

Die beiden großen Grafikkartenhersteller ATI und NVidia bieten beide komfortable, kostenlose IDEs für die Entwicklung von Shaderprogrammen an. ATI bietet mit seiner Entwicklungsumgebung »RenderMonkey« eine komfortable Möglichkeit, Shader plattformübergreifend zu entwickeln, während NVidia mit dem FX-Composer ein ideales Werkzeug zur Programmierung von DirectX FX-Dateien geschaffen hat.

Ich möchte und kann in diesem Kapitel nicht abwägen, welches Programm das Bessere ist. Beide Programme sind sehr mächtig und haben ihre Vor- und Nachteile. Wenn ich jetzt also einen kleinen Einblick in den FX-Composer gebe, bedeutet dies nicht, dass ich diesen für die bessere Entwicklungsumgebung halte. Ich habe einfach mit dieser IDE begonnen und bin bei ihr geblieben.

Eine wichtige Eigenschaft, die eine Entwicklungsumgebung für Shader bieten sollte, ist die Möglichkeit, Programme auf Knopfdruck zu compilieren und, sofern Fehler im Code vorhanden sind, diese direkt anzuzeigen. Dies sind sozusagen die Minimalanforderungen. Der FX-Composer kann viel mehr. Es besteht zum Beispiel die Möglichkeit, die geschriebenen Effekte direkt auf einen Mesh anzuwenden. Hierfür bietet die IDE mehrere Grundformen wie zum Beispiel Kugeln, Flächen, Ringe und die äußerst beliebte Teekanne ☺. Darüber hinaus kann man die Parameter, die man in seiner FX-Datei deklariert hat, über Annotationen in der FX-Datei direkt mit GUI-Elementen wie zum Beispiel Slidern oder Editboxes verknüpfen. Diese Elemente können, während der Shader im Vorschau-Fenster dargestellt wird, benutzt werden, um dessen Parameter anzupassen. Die Anpassung findet hierbei in Echtzeit statt, sodass man nicht gezwungen wird, die Effektdatei neu zu complieren. Auch die Verwendung von verschiedenen Texturtypen unterstützt der FX-Composer. Die Texturen werden in einem weiteren Fenster angezeigt.

Die FX-Dateien dürfen mehrere Pässe verwenden, und es ist sogar möglich, sich gerenderte »Zwischenergebnisse« in der Texturansicht anzuschauen. Dies ist besonders für Postprocess-Effekte sinnvoll, die Sie im weiteren Verlauf dieses Kapitels noch kennenlernen.

Es wäre an dieser Stelle sicher nicht sinnvoll, alle Funktionen des FX-Composers vorzustellen, da das Programm so umfangreich ist, dass es allein wahrscheinlich schon ein ganzes Buch füllen würde. Ich möchte nur einen kleinen Einstieg bieten, damit die Hemmschwelle sinkt, sich etwas intensiver mit dem Programm zu beschäftigen.

Wenn Sie das Programm starten, sollte sich die folgende Oberfläche öffnen:

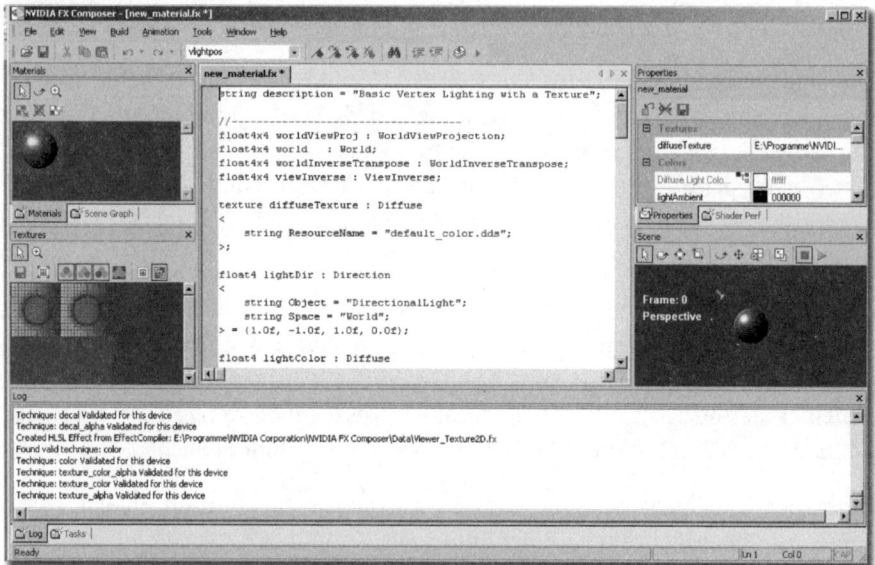

Der Composer wird direkt mit dem Standard-Material »new_material.fx« gestartet, das bereits ein ausgezeichnetes Beispiel für die Verwendung des FX-Composers ist[1]. Schauen Sie sich die Deklaration der globalen Variablen in der Datei etwas genauer an. Sie werden feststellen, dass der Composer für gängige Matrix-Typen bereits eigene Semantiken bereithält:

```
float4x4 worldViewProj : WorldViewProjection;
float4x4 world : World;
float4x4 worldInverseTranspose : WorldInverseTranspose;
float4x4 viewInverse : ViewInverse;
```

Durch diese Semantiken werden die Matrizen verwendet, die auch im »Scene«-Fenster zum Einsatz kommen. Welche Semantiken das Programm von sich aus kennt, lesen Sie bitte in der Hilfe nach.

Schauen wir uns an, wie ein GUI-Element mit einer Variable verknüpft wird:

```
float4 materialDiffuse : Diffuse
<
    string UIWidget = "Surface Color";
    string Space = "material";
> = {1.0f, 1.0f, 1.0f, 1.0f};
```

Dieser Code-Schnipsel sorgt dafür, dass die Variable materialDiffuse das folgende GUI-Element im »Properties«-Fenster erhält:

| materialDiffuse | ☐ ffffff |

Wollten wir einen Slider für eine Float-Variable erstellen, würden wir den folgenden Code verwenden:

```
float shininess : SpecularPower
<
string UIWidget = "slider";
float UIMin = 1.0;
float UIMax = 128.0;
float UIStep = 1.0;
string UIName = "specular power";
>= 30.0;
```

---

[1]  Sofern das Material nicht direkt beim Start geladen ist, erstellen Sie es über File->New->Material.

Und schon hätten wir ein Slider-Element mit unserer `shininess`-Variable verknüpft.

An dieser Stelle möchte ich den kurzen Einblick auch schon wieder beenden. Sie sehen, dass die Entwicklung von Shaderprogrammen mit dem FX-Composer sehr komfortabel sein kann. Ich appelliere an Sie, sich eingehender mit der Entwicklungsumgebung zu beschäftigen. Denn nichts ist frustrierender als eine umständliche Fehlersuche oder die lange Suche nach passenden Parametern. Der FX-Composer kann Ihnen hier viel Frust ersparen.

Sie können die Effektdateien, die Sie mit dem Composer geschrieben haben, eins zu eins in Ihr Spiel übernehmen. Sie müssen die Annotationen und Semantiken, die der FX-Composer kennt, nicht mal aus der Datei entfernen, da diese standardmäßig von DirectX ignoriert werden.

Schlussendlich möchte ich noch darauf hinweisen, dass für den Environment-Mapping- und den Bumpmapping-Effekt FX-Dateien auf der Buch-CD existieren, die entsprechende Semantiken und Annotationen für den FX-Composer enthalten.

## 9.2 Verspiegelte Oberflächen mit Environment-Mapping

Der Effekt, mit dem wir starten wollen, ist ein Material-Effekt. Das soll heißen, dass dieser Effekt wie eine Materialeigenschaft zu einem bestehenden Modell hinzugefügt werden kann. Wir wollen ein Material entwerfen, das die Umgebung, in der sich ein Modell befindet, reflektiert. Weiterhin soll das neue Material die uns bekannten Eigenschaften, die wir bereits aus der Struktur `D3DMATERIAL9` kennen, weitestgehend unterstützen. Hierfür ist es nötig, dass wir uns etwas intensiver mit dem Phong-Reflexionsmodell beschäftigen. Sicherlich fallen Ihnen bereits tausend tolle Ideen ein, bei welchen Modellen Sie diesen Effekt verwenden können. Stellen Sie sich zum Beispiel einen reflektierenden See vor. Ich bin mir sicher, dass Sie in Ihren Spielen genug Anwendungsmöglichkeiten für einen solchen Material-Effekt finden. Doch bevor wir uns mit dem Effekt intensiver beschäftigen, soll geklärt werden, welche Möglichkeiten es geben soll, den Effekt zu parametrieren.

Wir wollen die folgenden Eigenschaften parametrieren können:

▸ Die Reflexionseigenschaften des Materials auf diffuses Licht
▸ Die Reflexionseigenschaften des Materials auf spekulares Licht
▸ Den Grad der spekularen Reflexion

▶ Die Umgebungstextur, die als Grundlage für die Reflexion dient

▶ Die Intensität der Spiegelung

Manche Eigenschaften sind uns bekannt. Wir kennen sie aus der vorher verwendeten Material-Struktur D3DMATERIAL9. Es wurde hier allerdings auf die Selbstleucht[2]-Eigenschaft verzichtet. Aber keine Angst, wenn Sie mit diesem Kapitel fertig sind, sollten Sie genug Wissen haben, um das Material um diese Eigenschaft zu erweitern.

Wir werden unseren Effekt mit Hilfe von Vertex- und Pixelshadern in einer FX-Datei beschreiben und ihn anschließend in eine ummantelnde C++-Klasse verpacken, die die Anwendung des Effekts vereinfacht. Vorher werden wir uns mit dem Phong-Reflexionsmodell beschäftigen, um die uns bekannten Material-Eigenschaften implementieren zu können. Anschließend befassen wir uns dann mit der spiegelnden Reflexion und damit, wie wir diese in DirectX realisieren können.

### 9.2.1 Das Phong-Reflexionsmodell

Wir haben bereits implizit mit dem Phong-Reflexionsmodell gearbeitet. Die Materialstruktur D3DMATERIAL9 basiert auf diesem Modell. Wie uns bereits bekannt ist, setzt sich ein Material in DirectX aus den folgenden Bestandteilen zusammen:

▶ ambiente Komponente

▶ diffuse Komponente

▶ spekulare Komponente

▶ emissive Komponente

Sieht man von der emissiven Komponente ab, so addieren sich die aus diesen Komponenten resultierenden Beleuchtungsanteile wie folgt:

Reflektiertes Licht = ambiente Komponente + diffuse Komponente + spekulare Komponente

Das Ergebnis entspricht einem ARGB-Farbwert. Das bedeutet, dass alle Summanden ebenfalls einen ARGB-Farbwert enthalten müssen. Nun betrachten wir die einzelnen Komponenten für sich. Die ambiente Komponente ist dabei am einfachsten zu berechnen:

$$AmbientColor = AmbientColor_{Material} * AmbientColor_{Lichtquelle}$$

*\* bedeutet hier kanalweise Multiplikation*

---

2  Emissives Licht

Die ambiente Farbe des Materials und die des Lichts werden miteinander multipliziert und ergeben die resultierende ambiente Farbe. Damit haben wir das Umgebungslicht bereits abgehandelt. Als Nächstes schauen wir uns die diffuse Komponente an. Da die diffuse Reflexion davon abhängt, wie das Objekt zu der Lichtquelle positioniert ist, müssen wir die Richtung des Lichts und die Normale der Objektoberfläche bei der Berechnung dieser Komponente berücksichtigen. Wenn der Richtungsvektor des Lichts und die Normale der Objektoberfläche einen Winkel von 180° Grad bilden, ist die Reflexion maximal. Man kann die folgende Formel verwenden, um diesen Zusammenhang zu beschreiben:

$$DiffuseColor = DiffuseColor_{Material} * Diffuse_{Lichtquelle} * \max(0, \vec{L} \bullet \vec{N})$$

$\vec{L}$ : normierter Lichtstrahl vom betrachteten Vertex zum Licht

$\vec{N}$ : Normale des betrachteten Vertex

Ist der Winkel zwischen dem negativen, normierten Richtungsvektor des Lichts und der Flächennormale 0, so ergibt das Skalarprodukt 1. Bei einem Winkel von neunzig Grad ergibt es 0, und Winkel größer neunzig Grad ergeben einen negativen Wert. Diese Formel sorgt also dafür, dass Flächen, die dem Licht zugewendet sind, erhellt werden und Flächen, die vom Licht wegzeigen, weniger bzw. gar kein Licht abbekommen.

Wir kommen nun zur letzten Komponente im Phong-Reflexionsmodell, der spekularen Komponente. Eine spekulare Reflexion zeichnet sich dadurch aus, dass sie einen Glanzpunkt besitzt. Einen solchen Glanzpunkt werden Sie in der Natur sicherlich schon beobachtet haben. Stellen Sie sich ein auf Hochglanz poliertes Auto vor. Wenn Sie im richtigen Winkel zur Sonne stehen, werden Sie von der Oberfläche des Autos geradezu geblendet. Wenn dies geschieht, schauen Sie geradewegs in den Glanzpunkt. Letztendlich ist der Glanzpunkt eine direkte Spiegelung der Lichtquelle und tritt nur bei glatten Oberflächen deutlich auf. Je nach Form der Oberfläche wird dabei das gespiegelte Objekt verzerrt. Es dürfte bereits klar geworden sein, dass die Blickrichtung des Betrachters bei der Bildung der spekularen Komponente eine Rolle spielt. Mathematisch lässt sich der folgende Zusammenhang formulieren:

$$\vec{H} = -\frac{(\vec{V} + \vec{L})}{\left\| \vec{V} + \vec{L} \right\|}$$

$$SpecularColor = SpecularColor_{Material} * SpecularColor_{Lichtquelle} * \max(0, \vec{H} \bullet \vec{N})^{n}$$

$\vec{H}$ : Halbvektor

$\vec{V}$ : normierter Vektor von der Kamera zum betrachteten Vertex

$n$ : Potenz für Glanzpunkt

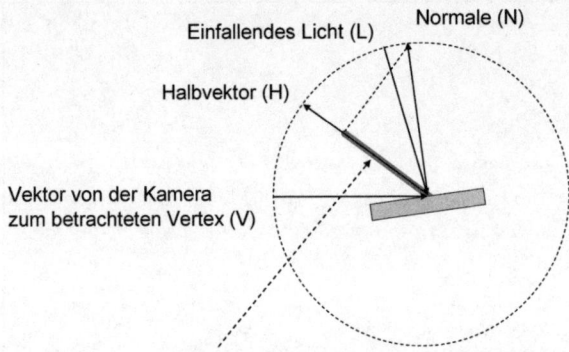

Die Intensität des spekularen Lichts ist gegeben durch die Länge
der senkrechten Projektion der Normale auf den Halbvektor

In dieser Formel nutzen wir bereits die vereinfachte Methode von Blinn, um die spekulare Reflexion zu berechnen. Wir verwenden einen sogenannten Halbvektor, der die »Mitte« zwischen dem Vektor V und dem Vektor L bildet. Der Vektor H liegt jedoch nur genau mittig zwischen den Vektoren, wenn diese normiert sind. Aus diesem Halbvektor bilden wir das Skalarprodukt mit der Flächennormale. Sind die beiden Vektoren nahe beieinander, bedeutet dieses, dass der Betrachter im gleichen Winkel zur Flächennormale steht wie die Lichtquelle. Aus dem Physikunterricht wissen wir, dass bei einer Reflexion der Eintrittswinkel gleich dem Austrittswinkel ist. Steht der Betrachter also im Austrittswinkel, wird er von der Lichtquelle geblendet. Durch den Exponenten $n$ in der obigen Formel können wir die Größe und Intensität unseres Glanzpunktes bestimmen.

Nach den ganzen Formeln wird es Zeit, dass wir uns das Ganze bildlich vor Augen führen. Die folgende Grafik zeigt, wie sich die einzelnen Komponenten auf ein Objekt auswirken.

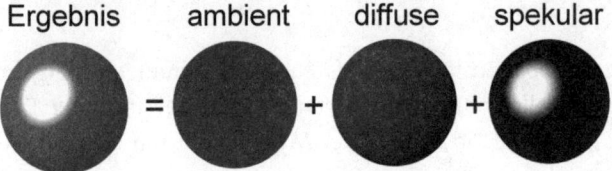

Dieses Beleuchtungsmodell ist das von DirectX verwendete Standard-Modell für die Fixed-Function-Pipeline. Das Modell wird die Basis für unsere Material-Effekte.

Wir wissen bereits, wie wir das Beleuchtungsmodell mathematisch beschreiben können. Jetzt wird es Zeit, dass wir die FX-Datei entwerfen. Hier beginnen wir mit der Deklaration der benötigten Parameter:

```
// Matrizen
float4x4 MatWVP;
float4x4 MatViewInv;
float4x4 MatWorld;

//Direktionale Lichtquelle
float3 LightDir;   // Muss normiert sein!
float4 LightColor;
float4 LightAmbient;

//Materialien
float4 MtrlDiffColor;
float4 MtrlSpecColor;
float MtrlSpecPower;
```

In MatWVP (WVP = World View Projection) speichern wir die kombinierte Transformationsmatrix, um die Vertices in den Bildschirmraum zu transformieren. MatViewInv enthält die Inverse der View-Matrix. Mit dieser können wir die Position des Betrachters bzw. der Kamera berechnen. Um die Normalen eines Modells in das Weltkoordinatensystem transformieren zu können, benötigen wir die Worldmatrix, die in MatWorld gespeichert wird. Die Transformation ist notwendig, da die Lichtrichtung LightDir in Weltkoordinaten angegeben ist. Möchten wir also die Lichtrichtung und die Flächennormale verrechnen, müssen wir zuerst die Normale in das Weltkoordinatensystem übersetzen, damit die Berechnung Sinn ergibt.

Es muss noch erwähnt werden, dass die Farbe der Lichtquelle LightColor sowohl für die spekulare als auch für die diffuse Komponente verwendet wird und dass unser Material keine ambiente Komponente enthält. Das bedeutet, dass sich die ambiente Farbe LightAmbient auf alle in der Szene befindlichen Objekte gleichermaßen auswirkt.

Damit hätten wir die zugegebenermaßen etwas schlanke Parameterübergabe bereits erledigt. Sie werden vielleicht bemerkt haben, dass ich bereits einige Einschränkungen vorgenommen habe. So kann unser Material nur mit einer direktionalen Lichtquelle verwendet werden. Typischerweise kann DirectX bis zu 8 Lichtquellen verwalten, die sich untereinander noch in ihren Abstrahleigenschaften unterscheiden können. Leider würde eine größere Flexibilität in unserem Effekt zusätzliche Parameter und Initialisierungen erfordern, sodass ich mich entschlossen habe, die Beleuchtung in dieser Weise zu beschränken. Sie sind jedoch herzlich eingeladen, meine Einschränkungen zu ignorieren und Ihr Material mit mehreren Lichtquellen auszuleuchten. Die Methodik ändert sich nicht.

Als Nächstes deklarieren wir die Eingabe- und Ausgabestruktur der Vertices für unseren Vertexshader.

```
// Eingang Vertexshader
struct VertexInput {
    float3 Position  : POSITION;
    float3 Normal    : NORMAL;
};

// Ausgang Vertexshader
struct VertexOutput {
    float4 HPosition    : POSITION;
    float4 Diffuse      : COLOR0;
    float4 Specular     : COLOR1;
};
```

Außer der Position und der Normale benötigen wir vorerst nichts, um die Schattierung zu berechnen. Später werden wir noch eine Textur in die diffuse Komponente mit einrechnen, aber erst einmal wollen wir die Schattierung nur auf einfarbigen Objekten durchführen.

Als Ausgabe des Vertexshaders geben wir die transformierte Position des Vertex und einen Farbwert für die diffuse sowie die spekulare Komponente zurück.

Wir haben alle Ein- und Ausgänge für unseren Shader definiert und können mit der Programmierung beginnen. Die Programmierung des Vertexshaders ist eine direkte Umsetzung der oben beschriebenen Formeln.

```
VertexOutput VS_Main( VertexInput IN )
{
    VertexOutput OUT;
    float3 NormalWorld;
    float3 PosWorld;
    float3 CamPosWorld;
    float3 CamDirToPos;
    float3 HalfVector;

A   NormalWorld = normalize( mul( IN.Normal,
                                  (float3x3) MatWorld ) );
B   CamPosWorld = MatViewInv[3].xyz;
C   PosWorld    = mul( float4(IN.Position,1.0), MatWorld );
D   CamDirToPos = normalize( PosWorld - CamPosWorld );
E   HalfVector  = -normalize( LightDir+CamDirToPos );
F   OUT.HPosition = mul( float4(IN.Position.xyz , 1.0), MatWVP);
```

```
G    OUT.Diffuse    = max( 0, dot( NormalWorld, -LightDir ))
                     * MtrlDiffColor * LightColor;
H    OUT.Specular   = pow( max(0,dot( HalfVector, NormalWorld)),
                     MtrlSpecPower ) * MtrlSpecColor * LightColor;
     return OUT;
}
```

A: Wir transformieren die Objektkoordinaten der Normale in Weltkoordinaten. Durch den Cast der `float4x4`-Matrix in `float3x3` erreichen wir, dass nur die Rotation und Skalierung auf die Normale angewendet wird. Für den Fall, dass durch `MatWorld` auch eine Skalierung durchgeführt wird, normalisieren wir die Normale nach der Multiplikation.

B: Um die Kamera-Position zu erhalten, müssen wir aus der vierten Zeile der inversen View-Matrix die Position holen (in dieser Zeile stehen die Skalare für die Translation). Erinnern Sie sich: Die View-Matrix ist so aufgebaut, dass sie wie eine Inverse funktioniert. Wenn die Kamera zwei Einheiten in Z-Richtung fährt, müssen alle Vertices der Szene zwei Einheiten in negativer Z-Richtung zurücklegen.

C  Die Position des Vertex transformieren wir ebenfalls in das Weltkoordinatensystem.

D: In `CamDirToPos` erhalten wir einen Vektor, der von der Kamera-Position zum Vertex zeigt. Dieser hat die Länge 1.

E: Der Halbvektor wird für die Berechnung der spekularen Reflexion verwendet. Da sowohl `CamDirToPos` als auch `LightDir` auf den Vertex zeigen, drehen wir das normalisierte Ergebnis der Addition um 180° Grad.

F: Wir übergeben unserer Ausgabe-Struktur die Position des Vertex in den Koordinaten, die sich nach der Projektion ergeben. Die perspektivische Teilung übernimmt die Hardware selbstständig.

G: Dies ist eine direkte Umsetzung der oben besprochenen Formel. Je näher die beiden Vektoren aneinanderliegen, desto größer wird das Ergebnis der `dot`-Operation. Da beide Vektoren normalisiert sein sollten, liegt das Maximum bei 1.

H: Zuletzt müssen wir noch die spekulare Komponente berechnen. Hier setzen wir wieder eins zu eins unsere Formel um. Auch hier wollen wir verhindern, dass das Ergebnis negativ wird. Der `pow`-Funktion übergibt man im ersten Parameter die Basis und im zweiten Parameter den Exponenten. Um schöne Ergebnisse zu erzielen, sollten Sie den Exponenten zwischen zehn und achtzig wählen.

Es folgt ein äußerst simpler Pixelshader:

```
float4 PS_Main( VertexOutput IN ) : COLOR
{
    return IN.Diffuse + IN.Specular + LightAmbient;
}
```

Der Rückgabewert des Pixelshaders entspricht der Summe der diffusen, spekularen und ambienten Komponente. Wie bereits erwähnt, wurde bei der ambienten Komponente darauf verzichtet, einen Materialfaktor zu verwenden. Das ambiente Licht geht also ungedämpft mit in die Rechnung ein. Es spricht im Übrigen nichts dagegen, die Summe ebenfalls im Vertexshader zu bilden und nur noch einen Farbwert an den Pixelshader zu übergeben. Dass die Rechnung hier im Pixelshader durchgeführt wird, dient lediglich der Übersichtlichkeit.

Wir müssen jetzt noch unsere Shader in einer FX-Datei kapseln. Dies vereinfacht die Verwendung der Shader.

```
... // Parameter-Deklarationen
... // Vertex-Deklarationen
VertexOutput VS_Main( VertexInput IN )
{
    ...
}
float4 PS_Main( VertexOutput IN ) : COLOR
{
    ...
}
technique EnvMapping
{
    pass p0
    {
    VertexShader    = compile vs_2_0 VS_Main();
    PixelShader     = compile ps_2_0 PS_Main();

    ColorArg1[0] = Diffuse;
    AlphaArg1[0] = Diffuse;
    ColorOp[0] = SelectArg1;
    AlphaOp[1] = SelectArg1;
    }
}
```

Wir compilieren unsere Shader im Shadermodell 2.0 und teilen dem 3D-Device mit, dass wir keine weitere Mischung der Ausgangsfarbe wünschen. Wir übernehmen direkt den Farbwert des Pixelshaders.

Wir haben jetzt eine vertex-basierende Beleuchtungsroutine entwickelt, die wir als Grundlage für weitere Effekte verwenden können. Die Routine ist deshalb vertex-basierend, weil wir die Berechnung der Farben bereits im Vertexshader durchgeführt haben und im Pixelshader diese nur noch summieren. Wollten wir eine pixel-basierende Beleuchtung entwickeln, so hätten wir alle Farbverläufe im Pixelshader berechnen müssen. Das heißt konkret, dass wir die diffuse und spekulare Komponente im Pixelshader berechnen müssten. Hierfür hätte der Pixelshader die Normale und den Halbvektor kennen müssen. Diese kann man bequem in einer dreidimensionalen Texturkoordinate ablegen (TexCoord). Die Ergebnisse einer pixel-basierenden Beleuchtung sind noch sehr viel schöner zu betrachten als die auf Vertex-Ebene. Allerdings verbrauchen diese in der Regel mehr Rechenleistung in der GPU. Versuchen Sie doch einfach mal, die Shader so umzuschreiben, dass sie pixel-basierend beleuchten.

### 9.2.2 Umgebungsreflexionen mit Cubemaps (Environment-Mapping)

Wir kommen jetzt zum eigentlichen Thema dieses Kapitels – zur Umgebungsreflexion. Unsere Objekte spiegeln zwar dank unseres Beleuchtungsmodells bereits die in der Szene befindliche Lichtquelle, aber wenn man sich in der Natur verspiegelte Oberflächen anschaut, stellt man fest, dass nicht nur die Lichtquelle reflektiert wird, sondern die komplette Umgebung. Bevor wir die Reflexion der kompletten Umgebung betrachten, müssen wir uns überlegen, wie wir überhaupt eine Reflexion bewerkstelligen wollen. Die Umgebung muss als Textur auf das verspiegelte (nicht das zu spiegelnde) Objekt gemappt werden. Die Texturkoordinaten ändern sich dabei ständig in Abhängigkeit des Betrachters. Das folgende Bild zeigt, was gemeint ist:

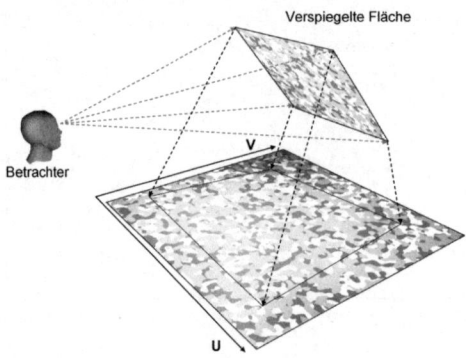

In dem Bild kann man erkennen, dass die Reflexionsvektoren, die auf die untere Fläche auftreffen, uns die gesuchten Texturkoordinaten liefern können. Jeder Auftreffpunkt der Reflexionsvektoren liefert eine UV-Koordinate zurück, die wir wiederum den Vertices der verspiegelten Fläche zuordnen können.[3] Zusammen mit der Textur der unteren Fläche können wir nun eine Spiegelung erzeugen, da wir wissen, wie wir die zu spiegelnde Textur auf unsere verspiegelte Fläche mappen müssen. Überlegen wir uns die nötigen Schritte:

1. Wir bilden einen Vektor, der vom Betrachter zum Vertex der Spiegelfläche zeigt.

2. Mit Hilfe der Normalen des Vertex berechnen wir einen Reflexionsvektor.

3. Wir prüfen, wo der Reflexionsvektor in dem zu spiegelnden Bild auftrifft, und lassen uns die Texturkoordinaten geben.

4. Wir übernehmen die Texturkoordinaten auf den betrachteten Vertex der Spiegelfläche.

Auf diese Weise können wir durch eine Texturierungstechnik eine Reflexion imitieren. Möglicherweise sind Sie jetzt von der scheinbaren Komplexität eingeschüchtert, aber machen Sie sich keine Sorgen: Die Implementierung wird denkbar einfach. DirectX übernimmt für uns die schweren Aufgaben.

Ein Problem haben wir allerdings mit dem oben beschriebenen Vorgehen. Wir wollen ja nicht das Spiegelbild einer konkreten Textur erzeugen, sondern das Spiegelbild der kompletten Umgebung. Wir müssen es also irgendwie hinbekommen, die Umgebung, in der sich ein Modell befindet, auf das Modell abzubilden. Nur, wie will man die komplette Umwelt in eine Textur bekommen? Durch einen Trick! Wir bilden die komplette Umgebung auf die Innenseiten eines Würfels ab und tun so, als würde sich unser Objekt in der Mitte dieses Würfels befinden. Schauen Sie sich das folgende Bild dazu an:

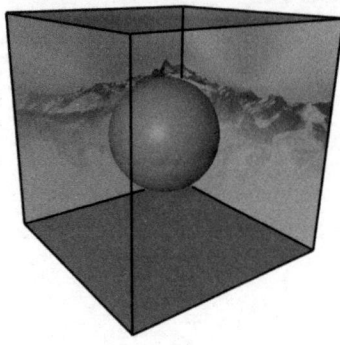

---

3 Bedenken Sie hierbei, dass sich die Auftreffpunkte durch die Bewegung des Betrachters ständig verschieben (Einfallswinkel = Ausfallswinkel an der Spiegelfläche).

Die Umgebung (in diesem Fall Berge) sind Seiten eines Würfels, der das Objekt umhüllt. Würden wir uns als Betrachter in diesem Würfel bewegen, würden wir sofort bemerken, dass die komplette Umgebung nur auf einen Würfel »gemalt« wurde. Wenn wir allerdings nur die Spiegelung der Umgebung auf dem Objekt in der Mitte sehen könnten, würden wir diesen Trick nicht durchschauen und meinen, dass die Umgebung tatsächlich korrekt reflektiert wird. Wenn das Objekt zusätzlich noch eine Form besitzt, die das Spiegelbild verzerrt, wird die Illusion perfekt.

DirectX bietet für diese »Würfeltexturen« ein spezielles Textur-Interface, das `IDirect3DCubeTexture9`-Interface. Dieses Interface wird ganz ähnlich wie das uns bekannte `IDirect3DTexture9`-Interface verwendet. Wir können eine Cube-Textur direkt aus einer Datei laden und sie an unsere Effektdateien weitergeben.

Um eine Cube-Textur zu erstellen, verwenden Sie am besten das dem DX-SDK beiliegende *DirectX Texture Tool*. Mit diesem Programm können Sie aus sechs einzelnen Bilddateien eine Cubemap-Textur erzeugen und diese direkt im Direct-DrawSurface-Format (DDS) abspeichern. Diese Datei können wir dann mit der Funktion `D3DXCreateCubeTextureFromFile` in ein Cubetexture-Objekt laden. Der Funktion werden die gleichen Parameter übergeben wie der `D3DXCreateTextureFromFile`-Funktion. Wir werden noch eine Funktion implementieren, die eine Cubemap aus einer 3D-Szene in Echtzeit generiert, aber dazu später mehr.

Wir werden als Nächstes unsere FX-Datei so abändern, dass wir zusätzlich zwei Texturen übergeben können: eine Textur, die wir in den diffusen Kanal mit einrechnen, und eine Cubemap-Textur, die wir für die Spiegelung verwenden wollen. Weiter werden wir einen Faktor übergeben, der durch einen Wert zwischen 0 und 1 angibt, wie stark das Objekt spiegelt.

Fügen Sie bitte der FX-Datei die folgenden Parameter zu:

```
...
Texture TexDiffuse;
Texture TexEnvironment;
float MtrlReflectionFactor;
```

Für die beiden Texturen müssen wir noch die entsprechenden Texturesampler beschreiben:

```
...
sampler SamplerDiffuse = sampler_state
{
    texture = <TexDiffuse>;
    AddressU  = WRAP;
    AddressV  = WRAP;
    AddressW  = WRAP;
    MIPFILTER = LINEAR;
    MINFILTER = LINEAR;
    MAGFILTER = LINEAR;
};
sampler SamplerEnvironment = sampler_state
{
    texture = <TexEnvironment>;
    AddressU  = WRAP;
    AddressV  = WRAP;
    AddressW  = WRAP;
    MIPFILTER = LINEAR;
    MINFILTER = LINEAR;
    MAGFILTER = LINEAR;
};
```

Damit wir die diffuse Textur korrekt mappen können, benötigen wir im Eingang des Vertexshaders ein Texturkoordinatenpaar.

```
struct VertexInput {
    float3 Position  : POSITION;
    float3 Normal    : NORMAL;
    float2 Tex0      : TEXCOORD0;
};
```

Diese Texturkoordinaten müssen im Vertexformat des Modells vorliegen, da sie nicht berechnet werden können. Die Texturkoordinaten für die Cubemap dagegen werden von uns im Pixelshader berechnet. Damit wir das Mapping im Pixelshader durchführen können, benötigen wir die Reflexionsvektoren der einzelnen Vertices. Diese werden von uns im Vertexshader berechnet und als dreidimensionale Texturkoordinaten an den Pixelshader übergeben. Dass wir die Vektoren als Texturkoordinaten übergeben, hängt einfach damit zusammen, dass wir in HLSL keine Semantik für Reflexionsvektoren haben. Uns kann es letztendlich egal sein, als was die Vektoren übergeben werden. Wichtig ist nur, dass wir die Daten zum Pixelshader durchreichen können. Wie wir diese Texturkoordinaten auswerten, bleibt dann wieder uns überlassen.

Wir ändern das Ausgabeformat des Vertexshaders wie folgt ab:

```
struct VertexOutput {
    float4 HPosition      : POSITION;
    float4 Diffuse        : COLOR0;
    float4 Specular       : COLOR1;
    float2 TexCoordDiff   : TEXCOORD0;
    float3 TexCoordCube   : TEXCOORD1;
};
```

Sie werden erstaunt sein, wie einfach es mit HLSL ist, die Reflexionsvektoren zu berechnen. Fügen Sie dem Vertexshader den folgenden Code hinzu:

```
VertexOutput VS_Main( VertexInput IN )
{
    ...
    OUT.TexCoordDiff = IN.Tex0;
    OUT.TexCoordCube = reflect( CamDirToPos, NormalWorld );
    return OUT;
}
```

Wir reichen einfach die Texturkoordinaten für die diffuse Textur weiter und übergeben in `TexCoordCube` den Reflexionsvektor. Der Funktion `reflect` werden als Parameter der Vektor, der vom Betrachter aus auf den Vertex zeigt, und die Vertexnormale übergeben. Beide müssen im Weltkoordinatensystem beschrieben sein. Einfach oder? Der Pixelshader wird nicht viel komplizierter:

```
  float4 PS_Main( VertexOutput IN ) : COLOR
  {
A     float4 Environment = texCUBE(SamplerEnvironment,
                                          IN.TexCoordCube);
B     float4 Diffuse = IN.Diffuse*tex2D(SamplerDiffuse,
                                          IN.TexCoordDiff);
      float4 Specular = IN.Specular;
C     Diffuse = lerp(Diffuse, Environment, MtrlReflectionFactor );

      return (Diffuse + Specular + LightAmbient);
  }
```

A: Die Funktion `texCUBE` »sampelt« den Texel aus der Cubemap mit Hilfe des Reflexionsvektors. Die Funktion gibt, wie `tex2D`, die Farbe des korrespondierenden Texels zurück.

B: Wir verrechnen den diffusen Schattierungsverlauf mit der diffusen Textur.

C: Mit `MtrlReflectionFactor` können wir regeln, wie stark ein Objekt spiegelt. Wenn ein Objekt komplett verspiegelt sein soll, muss die resultierende Pixelfarbe komplett der `Environment`-Farbe entsprechen. Soll die Oberfläche gar nicht spiegeln, verwenden wir ausschließlich die diffuse Farbe. Die `lerp`-Funktion führt eine lineare Interpolation zwischen den beiden übergebenen Farben durch. Das bedeutet, dass die Eingangsfarben nach dem übergebenen Faktor gemischt werden. Wenn `MtrlReflectionFactor` 1 wäre, würde `lerp` die Farbe `Environment` zurückliefern und bei einem Reflexionsfaktor von 0 die Farbe `Diffuse`. Möchte man, dass das Material nur ganz dezent spiegelt, würde man `MtrlReflectionFactor` z. B. auf 0,15 setzen. Damit würde die `Environment`-Farbe mit nur 15 % in das Endergebnis eingerechnet.

Unsere FX-Datei ist fertig, und wir können mit der Implementierung der ummantelnden C++-Klasse beginnen. Diese Klasse soll die Nutzung des Effekts erleichtern und die Schnittstelle vereinfachen. Im folgenden Abschnitt gehe ich davon aus, dass der Effekt unter den Namen »Cube_EnvironmentMapping.fx« gespeichert wurde. Schauen wir uns zuerst den Header der Klasse an. Anschließend erkläre ich, wie diese Klasse verwendet wird.

```cpp
#pragma once
#include <d3dx9.h>

class CEnvEffect
{
protected:
    ID3DXEffect*    m_Effect;
    SEnvParameter   m_Parameter;
public:
    BOOL    Create( LPDIRECT3DDEVICE9 Device );
    void    Destroy();
    void    Setup( SEnvParameter& Para );
    DWORD   Begin( LPDIRECT3DDEVICE9 Device );
    void    BeginPass(DWORD pass);
    void    EndPass();
    void    End();
};
```

Bevor wir zu den Details der Klasse kommen, soll geklärt werden, wie diese zu verwenden ist. Dies ist ganz einfach. Zuerst rufen wir die `Create`-Funktion der Klasse auf. Dabei übergeben wir einen Pointer auf das 3D-Device. Die `Create`-Funktion wird nur einmal am Anfang des Programms aufgerufen. Danach können wir die `Setup`-Funktion aufrufen. Dieser übergeben wir die Struktur `SEnvParameter`, in der wir die allgemeinen Parameter für den Effekt setzen können.

Die SEnvParameter-Struktur werden wir nachfolgend noch genauer erläutern. Je nachdem, ob man die Parameter während der Renderschleife der Szene ändern will, kann man die Setup-Routine wiederholt aufrufen. Wir können den Effekt wie folgt in der Renderfunktion verwenden:

```
int passes = EnvEffect.Begin( pd3dDevice );

for( int i=0; i<passes; i++ )
{
    SEnvParameter para;
    // Setzen der geänderten Parameter
    ...
    EnvEffect.Setup( para );
    EnvEffect.BeginPass( i );
    model.RenderSubset( m_pd3dDevice, 0 );
    EnvEffect.EndPass();
}
EnvEffect.End();
```

So könnte die Renderfunktion in Ihrem Programm aussehen. Wir nutzen unsere Klasse ganz ähnlich wie das ID3DXEffect-Interface selbst. Zwar hat unser Effekt nur einen Pass (p0), jedoch sollte unsere Schnittstelle nach außen möglichst einheitlich sein, sodass wir, wenn wir mehrere Passes verwenden wollen, nicht die Schnittstelle anpassen müssen.

Es ist bereits mehrfach die Struktur SEnvParameter aufgetaucht, und es wird Zeit, dass wir diese kennenlernen:

```
struct SEnvParameter
{
    //Welche Werte wurden geändert?
    DWORD Changed;
    //Licht
    D3DXVECTOR4 LightColor;
    D3DXVECTOR4 LightAmbient;
    D3DXVECTOR3 LightDir;
    //Material
    D3DXVECTOR4         MtrlDiffColor;
    D3DXVECTOR4         MtrlSpecColor;
    FLOAT               MtrlSpecPower;
    FLOAT               MtrlReflectionFactor;
    LPDIRECT3DTEXTURE9      TexDiffuse;
    LPDIRECT3DCUBETEXTURE9 TexEnvironment;
};
```

Die Variablen in dieser Struktur sollten uns – zumindest von der Namensgebung her – bekannt vorkommen. Fast alle Parameter, die wir der FX-Datei übergeben wollen, sind in dieser Struktur aufgeführt. Lediglich die Parameter für die Matrizen fehlen. Diese werden später direkt aus dem 3D-Device geholt, so dass wir diese nicht separat in unserer Struktur speichern müssen. Die Farben speichern wir in Vektoren und nicht in DWORD-Variablen ab. Dabei entspricht der x-Wert der Farbe Rot, der y-Wert der Farbe Grün und der z-Wert der Farbe Blau. In w ist der Alpha-Kanal gespeichert. Die Texturen TexDiffuse und TexEnvironment werden als Pointer an unseren Effekt übergeben. Daraus schließen wir, dass die Texturen vorher erstellt werden müssen. Dies geschieht sinnvollerweise nicht in unserem Effekt, da dieser für unterschiedliche Modelle verwendet werden kann. Ein zu renderndes Modell muss also seine Texturen an den Effekt übergeben können.

Die Variable Changed teilt uns mit, welche Variablen in der Struktur geändert wurden. Dies ist sinnvoll, da wir die Parameterübergabe an das ID3DXEffect-Interface möglichst schmal halten wollen, um Rechenzeit zu sparen. Es macht zum Beispiel wenig Sinn, wenn nur die Textur des Modells verändert wurde, das Licht ebenfalls neu an die Effekt-Instanz zu übergeben. Changed maskiert also unsere Struktur. Dafür definieren wir Konstanten, die wir dann durch das bitweise Oder verknüpfen können:

```
enum EEnvParameter
{
    LIGHTCOLOR            = 1,
    LIGHTAMBIENT          = 2,
    LIGHTDIR              = 4,
    MTRLDIFFCOLOR         = 8,
    MTRLSPECCOLOR         = 16,
    MTRLSPECPOWER         = 32,
    MTRLREFLECTIONFACTOR  = 64,
    TEXDIFFUSE            = 128,
    TEXENVIRONMENT        = 256
};
```

Haben wir zum Beispiel nur die Texturen des Modells verändert, initialisieren wir Changed wie folgt:

```
Changed = TEXDIFFUSE | TEXENVIRONMENT;
```

Ich denke, dass wir jetzt genug über die Schnittstelle unserer Effektklasse wissen. Wir beginnen mit der Programmierung der einzelnen Funktionen. Hier erwarten uns keine großen Überraschungen, da wir bereits gelernt haben, Parameter an die Effektinstanz zu übergeben. Trotzdem soll der Vollständigkeit halber dieser Teil nicht fehlen.

Wir beginnen mit der Create- und der Destroy-Funktion. Diese erstellen bzw. zerstören die Effektinstanz.

```
BOOL CEnvEffect::Create( LPDIRECT3DDEVICE9 Device )
{
    ID3DXBuffer* ErrorBuffer;

    if( FAILED( D3DXCreateEffectFromFile( Device,
                "cube_environmentmapping.fx", NULL, NULL, 0, NULL,
                &m_Effect, &ErrorBuffer ) ) )
    {
        char *Errors = (char*) ErrorBuffer->GetBufferPointer();
        fprintf( stderr, "%s", Errors );
        SAFE_RELEASE(ErrorBuffer)
        return false;
    }
    return true;
}
```

```
void CEnvEffect::Destroy()
{
    SAFE_RELEASE( m_Effect );
}
```

Wir erstellen den Effekt aus der Datei »cube_environmentmapping.fx«. Zwar könnte man den Dateinamen auch als Parameter der Create-Funktion übergeben, dies macht aber wenig Sinn, weil die Klasse direkt auf diese Datei zugeschnitten wurde. Es ist also nicht dramatisch, wenn wir die FX-Datei »hard coden«. Schlägt das Laden fehl, lassen wir uns die Fehlerausgabe auf der Standard-Fehlerkonsole ausgeben.

Als Nächstes schauen wir uns die Setup-Funktion an. In dieser Funktion werden die Parameter in die Member-Variable m_Parameter übernommen. Dies geschieht in Abhängigkeit von der Changed-Variable.

```
void CEnvEffect::Setup( SEnvParameter& Para )
{
    if( Para.Changed & LIGHTCOLOR )
        m_Parameter.LightColor = Para.LightColor;
    if( Para.Changed & LIGHTAMBIENT )
        m_Parameter.LightAmbient = Para.LightAmbient;
```

```
    if( Para.Changed & LIGHTDIR )
        m_Parameter.LightDir = Para.LightDir;
    if( Para.Changed & MTRLDIFFCOLOR )
        m_Parameter.MtrlDiffColor = Para.MtrlDiffColor;
    if( Para.Changed & MTRLSPECCOLOR )
        m_Parameter.MtrlSpecColor = Para.MtrlSpecColor;
    if( Para.Changed & MTRLSPECPOWER )
        m_Parameter.MtrlSpecPower = Para.MtrlSpecPower;
    if( Para.Changed & MTRLREFLECTIONFACTOR )
        m_Parameter.MtrlReflectionFactor =
                                    Para.MtrlReflectionFactor;
    if( Para.Changed & TEXDIFFUSE )
        m_Parameter.TexDiffuse = Para.TexDiffuse;
    if( Para.Changed & TEXENVIRONMENT )
        m_Parameter.TexEnvironment = Para.TexEnvironment;


    m_Parameter.Changed |= Para.Changed;
}
```

Möchte man alle Parameter setzen, kann man Changed auf 0xFFFFFFFF setzen. Damit werden alle Variablen übernommen. Wie wir bereits wissen, fehlen die Parameter für die Matrizen in der SEnvParameter-Struktur. Diese wollen wir direkt aus dem 3D-Device holen. In der Begin-Funktion starten wir den Effekt, holen uns aus dem 3D-Device die nötigen Matrizen und verrechnen diese:

```
  DWORD CEnvEffect::Begin( LPDIRECT3DDEVICE9 Device )
  {
      DWORD passes = 0;
      D3DXMATRIX MatWorld, MatView, MatProj;
      D3DXMATRIX MatWVP, MatViewInv;

A     Device->GetTransform( D3DTS_WORLD, &MatWorld );
      Device->GetTransform( D3DTS_VIEW, &MatView );
      Device->GetTransform( D3DTS_PROJECTION, &MatProj );

B     m_Effect->SetMatrix( "MatWorld", &MatWorld );
      MatWVP = (MatWorld*MatView)*MatProj;
      m_Effect->SetMatrix( "MatWVP", &MatWVP );
      D3DXMatrixInverse( &MatViewInv, NULL, &MatView );
      m_Effect->SetMatrix( "MatViewInv", &MatViewInv );

C     m_Effect->SetTechnique( "EnvMapping" );
      m_Effect->Begin( &passes, 0 );

D     return passes;
  }
```

A: Mit der GetTransform-Funktion können wir die Matrizen aus dem 3D-Device bekommen. Wichtig ist, dass diese vorher bereits an das Device übergeben wurden und dass das Device nicht als D3DCREATE_PUREDEVICE erstellt wurde.

B: Wir geben die Matrizen an die Effektinstanz weiter. Da wir die kombinierte Transformationsmatrix benötigen, müssen wir diese zuerst berechnen. Weiterhin müssen wir noch die Inverse der View-Matrix bilden und übergeben.

C: Wir wählen die Technik unseres Effekts und starten diese. Wir haben in unserem Effekt nur die eine Technik, von daher fällt uns die Wahl nicht schwer.

D: Wir geben die Anzahl der nötigen Passes zurück.

Die Begin-Funktion liefert die Anzahl der benötigten Passes für den Effekt zurück (DWORD). Über die Anzahl der Passes bilden wir in der Renderroutine eine Schleife und übergeben die Nummer des momentanen Passes der BeginPass-Funktion. Diese übergibt die restlichen Parameter an die Effektinstanz. Schauen wir uns den Code zur BeginPass-Funktion an:

```
void CEnvEffect::BeginPass(DWORD pass)
{
    // Parameter setzen
    if( m_Parameter.Changed & LIGHTCOLOR )
        m_Effect->SetValue( "LightColor", m_Parameter.LightColor,
                            sizeof(D3DXVECTOR4 ) ) ;
    if( m_Parameter.Changed & LIGHTAMBIENT )
        m_Effect->SetValue( "LightAmbient",
                            m_Parameter.LightAmbient,
                            sizeof( D3DXVECTOR4 ) );
    if( m_Parameter.Changed & LIGHTDIR )
        m_Effect->SetValue( "LightDir", m_Parameter.LightDir,
                            sizeof( D3DXVECTOR3 ) );
    if( m_Parameter.Changed & MTRLDIFFCOLOR )
        m_Effect->SetValue( "MtrlDiffColor",
                            m_Parameter.MtrlDiffColor,
                            sizeof( D3DXVECTOR4 ) );
    if( m_Parameter.Changed & MTRLSPECCOLOR )
        m_Effect->SetValue( "MtrlSpecColor",
                            m_Parameter.MtrlSpecColor,
                            sizeof( D3DXVECTOR4 ) );
    if( m_Parameter.Changed & MTRLSPECPOWER )
        m_Effect->SetFloat( "MtrlSpecPower",
                            m_Parameter.MtrlSpecPower );
```

```
    if( m_Parameter.Changed & MTRLREFLECTIONFACTOR )
        m_Effect->SetFloat( "MtrlReflectionFactor",
                               m_Parameter.MtrlReflectionFactor );
    if( m_Parameter.Changed & TEXDIFFUSE )
        m_Effect->SetTexture( "TexDiffuse",
                               m_Parameter.TexDiffuse );
    if( m_Parameter.Changed & TEXENVIRONMENT )
        m_Effect->SetTexture( "TexEnvironment",
                               m_Parameter.TexEnvironment );

    m_Effect->BeginPass( pass );
}
```

Es wird für jeden einzelnen Parameter geprüft, ob dieser gesetzt werden muss. An dieser Stelle muss darauf hingewiesen werden, dass die Parameterübergabe über die Variablennamen per `const char*` nicht die schnellste Methode ist. Wenn man Parameter häufig ändern möchte, sollte man stattdessen die Variablen über `D3DXHANDLE` beschreiben. Diese kann man mit der Funktion `GetParameterByName` des `ID3DXEffect`-Interfaces bekommen. Man würde also direkt nach dem Laden der Effektdatei alle Handles für die Parameter anlegen und nur noch diese Handles für die Parameterübergabe verwenden. Auf diese Art der Übergabe habe ich aus Gründen der Übersichtlichkeit verzichtet.

Schlussendlich teilen wir der Effektinstanz mit, dass wir den Durchgang starten wollen.

Nach dem Aufruf dieser Funktion können wir unsere Modelle zeichnen, die mit diesem Material gerendert werden sollen. Bedenken Sie dabei, dass die Modelle, die wir rendern, die gleiche Vertexstruktur benötigen, wie wir in der FX-Datei definiert haben. Nach dem Rendern rufen wir dann die `EndPass`-Funktion auf:

```
void CEnvEffect::EndPass()
{
    m_Effect->EndPass();
    m_Parameter.Changed = 0;
}
```

Diese leitet das Ende des Passes ein und setzt unsere `Changed`-Variable auf null. Wenn wir die Parameter wieder ändern wollen, müssen wir die `Setup`-Funktion erneut aufrufen. Ansonsten bleiben die Parameter gleich.

Wir beenden den Effekt durch die End-Funktion, die einfacher nicht sein könnte:

```
void CEnvEffect::End()
{
    m_Effect->End();
}
```

Unsere Klasse und somit auch unser Effekt ist fertig. Spielen Sie etwas mit den Parametern herum, und finden Sie heraus, wie Sie eine schöne Darstellung Ihrer Objekte hinbekommen. Durch geschickte Cubemaps können Sie übrigens auch Materialien wie Chrom oder Plastik simulieren. Erstellen Sie doch einfach mal eine Textur, die wie folgt aussieht, und setzen Sie den MtrlReflectionFactor auf eins.

Die Textur können Sie für alle sechs Seiten der Cubemap verwenden. Sie muss gerade mal 8x8 Pixel groß sein. Sie werden sehen, dass Materialien mit dieser Textur einen verchromten Eindruck hinterlassen.

### 9.2.3    Eine 3D-Szene in eine Cubemap rendern

In der vorherigen Ausführung haben wir die Umgebungstextur aus einer Datei geladen. Dies ist ziemlich gängig, da dies meistens ausreicht, um den Eindruck einer Spiegelung zu erzeugen. Gerade wenn das Objekt, das die Cubemap verwendet, in seiner Form komplex ausfällt, fällt niemandem auf, dass die Cubemap nur eine konstante Textur ist. Da in vielen Spielen ca. vierzig Prozent der Szene freier Himmel ist, macht es Sinn, die Skybox als Cubemap für verspiegelte Objekte zu nehmen. Aber was wäre, wenn zum Beispiel andere Objekte unmittelbar neben unserem verspiegelten Objekt stehen würden? Diese Objekte würde der Betrachter in der Spiegelung vermissen, und die Illusion wäre dahin. Damit dies nicht passiert, werden wir jetzt lernen, wie wir die komplette Szene in eine Cubemap rendern können. Aber Vorsicht! Wenn Sie diese äußert realistisch wirkende Technik verwenden, verbrauchen Sie sehr viel Rechenleistung.

Denn die Szene wird insgesamt siebenmal gerendert: auf die sechs Seiten der Cubemap und einmal in den regulären Backbuffer.

Wie können wir am besten eine Szene in eine Cubemap rendern? Möglicherweise haben Sie sich bereits die richtige Methode überlegt. Wir postieren die Kamera einfach auf die Position des Objekts und setzen den Öffnungswinkel der Kamera mit Hilfe der Projektionsmatrix auf 90° Grad. Dann rendern wir die Szene. Diesen Vorgang wiederholen wir sechsmal. Wir drehen dabei jeweils die Kamera um neunzig Grad nach oben, unten, links, rechts, vorne und hinten. Damit haben wir dann alle sechs Seiten der Cubemap gerendert.

Um in die Seiten einer Cubemap rendern zu können, müssen wir beim Erstellen der Cubemap dafür sorgen, dass wir diese auch als Rendertarget verwenden können. Wenn es dann darum geht, die Seiten zu rendern, lassen wir uns jeweils das passende Surface aus der Cubemap-Textur geben und verwenden dieses als Backbuffer im 3D-Device. Nach dem Rendern in die Surfaces der Cubemap müssen wir wieder den regulären Backbuffer an das Device übergeben, den wir vorher sinnvollerweise gespeichert haben. DirectX bietet für das Rendern von Environment-Texturen ein extra Interface an, das uns einen nicht geringen Teil der Arbeit abnimmt. So müssen wir nicht selbst dafür sorgen, dass wir den ursprünglichen Backbuffer speichern und später wieder dem Device übergeben. Dafür stellt uns DirectX das Interface `ID3DXRenderToEnvMap` zur Verfügung. Wie wir dieses Interface nutzen können, um unsere Cubemap zu rendern, wird nachfolgend erklärt. Wir schauen uns zuerst an, wie wir das `ID3DXRenderToEnvMap`-Objekt und die Cubemap erstellen müssen:

```
   LPDIRECT3DSURFACE9 BackBuffer;
   D3DSURFACE_DESC BBDesc;

A  3DDevice->GetBackBuffer( 0, 0, D3DBACKBUFFER_TYPE_MONO,
                            &BackBuffer );
   BackBuffer->GetDesc( &BBDesc );
   BackBuffer->Release();

B  D3DXCreateRenderToEnvMap( 3DDevice, 256, 1, BBDesc.Format, TRUE,
             D3DFMT_D16, &m_RenderToEnvMap ) ) )

C  D3DXCreateCubeTexture( 3DDevice, 256, 1, D3DUSAGE_RENDERTARGET,
             BBDesc.Format, D3DPOOL_DEFAULT, &m_CubeTex ) ) )
```

A: Wir besorgen uns den vorherigen Backbuffer des 3D-Device und lassen uns dessen Einstellungen mit der Funktion `GetDesc` geben. Diese können wir in einer `D3DSURFACE_DESC`-Struktur speichern. Das Flag `D3DBACKBUFFER_TYPE_MONO` bedeutet nicht, dass der Backbuffer monochrom ist. Dieses Flag besagt nur, dass es kein Stereo-View-Buffer ist. Merkwürdigerweise unterstützt

DirectX 9.0 keinen Stereo-View-Buffer mehr, sodass hier D3DBACKBUFFER_ TYPE_MONO der einzig erlaubte Wert ist. Da bei der Übergabe durch das 3D-Device der Referenzzähler für das Backbuffer-Objekt erhöht wird, müssen wir den Buffer nach der Verwendung wieder »releasen«, damit das System weiß, dass wir diesen nicht weiter außerhalb des 3D-Device verwenden.

B: Mit der Funktion D3DXCreateRenderToEnvMap erstellen wir ein ID3DXRenderToEnvMap-Objekt. Wir übergeben die folgenden Parameter:

1. Das 3D-Device

2. Die Größe der gewünschten Textur in Pixel, hier 256

3. Die Anzahl der Mipmaps

4. Das Pixelformat – Hier verwenden wir das gleiche Format, wie beim ursprünglichen Backbuffer.

5. Ein Flag, das angibt, ob wir den Tiefen- und Stencil-Buffer zum Rendern verwenden möchten.

6. Das Format des Tiefen-Stencil-Buffers. Wir wollen einen 16-Bit-Z-Buffer beim Rendern verwenden.

7. Das ID3DXRenderToEnvMap-Objekt, das erstellt werden soll

C: Da unsere Cubemap als Rendertarget verwendet wird, soll diese nicht mehr aus einer Datei geladen werden. Zum Erzeugen der Cubemap verwenden wir daher die Funktion D3DXCreateCubeTexture. Die Parameter dieser Funktion sind:

1. Das 3D-Device

2. Die Größe einer einzelnen Seite der Cubemap

3. Die Anzahl der Mipmaps

4. Der Verwendungszweck der Textur. Durch das Flag D3DUSAGE_RENDERTAR-GET teilen wir DirectX mit, dass wir diese Textur als Rendertarget verwenden möchten.

5. Das Pixelformat der Textur. Hier verwenden wir wieder das gleiche Format wie beim regulären Backbuffer.

6. Der Ressourcen-Pool, in dem die Textur abgelegt werden soll. Bei uns ist das D3DPOOL_DEFAULT.

7. Ein Doppelpointer auf das zu erstellende IDirect3DCubeTexture9-Objekt.

Nachdem wir das `ID3DXRenderToEnvMap`- und das `IDirect3DCubeTexture9`-Objekt erfolgreich erstellt haben, können wir uns um die eigentliche Renderroutine für die Cubemap kümmern:

```
    HRESULT RenderIntoCube()
    {
        HRESULT hr;
        D3DXMATRIX matProj;
A       D3DXMatrixPerspectiveFovLH(&matProj, D3DX_PI*0.5f, 1.0f,
                                   0.5f, 1000.0f);
B       hr = m_RenderToEnvMap->BeginCube( m_CubeTex );

        if(FAILED(hr))
            return hr;

        for( UINT i = 0; i < 6; i++ )
        {
C           m_RenderToEnvMap->Face( (D3DCUBEMAP_FACES) i, 0 );

            D3DXMATRIX matView;
D       matView = D3DUtil_GetCubeMapViewMatrix((D3DCUBEMAP_FACES) i);
E           RenderScene( matView, matProj);
        }
F       m_RenderToEnvMap->End( 0 );
        return S_OK;
    }
```

A: Wir erstellen eine Projektionsmatrix, die einen Öffnungswinkel von 90 Grad und ein Seitenverhältnis von 1 besitzt. Die Nearplane setzen wir auf 0.5 und die Farplane auf 1000 Einheiten.

B: Wir teilen dem `ID3DXRenderToEnvMap`-Interface mit, dass wir die in `m_CubeTex` übergebene Cubemap als Rendertarget verwenden wollen.

C: Über die Methode `Face` können wir die einzelnen Seiten der Cubemap als Rendertarget definieren. Im zweiten Parameter können wir angeben, ob wir einen Mipfilter verwenden wollen.

D: `D3DUtil_GetCubeMapViewMatrix` macht nichts anderes, als eine View-Matrix für alle Seiten der Cubemap zu erstellen. Für das bessere Verständnis führe ich diese Funktion hier mit auf:

```
D3DXMATRIX D3DUtil_GetCubeMapViewMatrix( DWORD dwFace )
{
    D3DXVECTOR3 vEyePt   = D3DXVECTOR3( 0.0f, 0.0f, 0.0f );
    D3DXVECTOR3 vLookDir;
    D3DXVECTOR3 vUpDir;
```

753

```
    switch( dwFace )
    {
        case 0:
            vLookDir = D3DXVECTOR3( 1.0f,  0.0f,  0.0f );
            vUpDir   = D3DXVECTOR3( 0.0f,  1.0f,  0.0f );
            break;
        case 1:
            vLookDir = D3DXVECTOR3(-1.0f,  0.0f,  0.0f );
            vUpDir   = D3DXVECTOR3( 0.0f,  1.0f,  0.0f );
            break;
        case 2:
            vLookDir = D3DXVECTOR3( 0.0f,  1.0f,  0.0f );
            vUpDir   = D3DXVECTOR3( 0.0f,  0.0f, -1.0f );
            break;
        case 3:
            vLookDir = D3DXVECTOR3( 0.0f, -1.0f,  0.0f );
            vUpDir   = D3DXVECTOR3( 0.0f,  0.0f,  1.0f );
            break;
        case 4:
            vLookDir = D3DXVECTOR3( 0.0f,  0.0f,  1.0f );
            vUpDir   = D3DXVECTOR3( 0.0f,  1.0f,  0.0f );
            break;
        case 5:
            vLookDir = D3DXVECTOR3( 0.0f,  0.0f, -1.0f );
            vUpDir   = D3DXVECTOR3( 0.0f,  1.0f,  0.0f );
            break;
    }
    D3DXMATRIXA16 matView;
    D3DXMatrixLookAtLH( &matView, &vEyePt, &vLookDir, &vUpDir );
    return matView;
}
```

Das Prinzip sollte jedem klar sein.

E: Hier wird die eigentliche Szene gerendert. Sie müssen Ihre Szene mit der übergebenen View- und Projektionsmatrix rendern. Ansonsten ist die `RenderScene`-Funktion nicht anders als die Rendermethoden, die Sie vorher verwendet haben.

F: Wir teilen dem `ID3DXRenderToEnvMap`-Objekt mit, dass wir fertig sind.

Sie wissen jetzt, wie Sie eine 3D-Szene in eine Cubemap rendern können. Je nach Komplexität der Szene sollten Sie sich überlegen, ob es Sinn macht, die komplette Szene oder vielleicht nur bestimmte Objekte – die dem verspiegelten Objekt besonders nahe sind – in die Cubemap zu rendern.

## 9.3 Dot3-Bumpmapping (Normal mapping)

Spätestens seit Erscheinen von Doom 3® aus dem Hause ID Software® ist das Bumpmapping in aller Munde. Durch den in Doom 3® verwendeten Echtzeit-Schatten-Algorithmus war ID Software® dazu gezwungen, die Geometrie der 3D-Modelle möglichst einfach zu halten, da der Algorithmus bei hoher Modell-komplexität sehr viel CPU-Zeit beansprucht. ID® musste dafür sorgen, dass die Modelle geometrisch nicht zu komplex werden, und auf der anderen Seite garantieren, dass das Erscheinungsbild der Modelle nicht zu detailarm und damit nicht mehr zeitgemäß wirkt. Hier kommen die Bumpmaps ins Spiel. Bumpmaps reagieren auf einfallendes Licht nicht konstant. Im Gegensatz zu normalen Texturen, die auf die Reflexionseigenschaften eines Modells keinen Einfluss haben, reagieren die einzelnen Pixel einer Bumpmap unterschiedlich stark auf einfallendes Licht. Diese Eigenschaft lässt den Betrachter glauben, dass ein Objekt, das eine Bumpmap verwendet, geometrisch detailreicher ist. Dabei ist die Geometrie des Modells keineswegs komplexer geworden. Nur die Silhouette des Modells profitiert nicht von diesem Trick.

**Kugel ohne Bumpmap**          **Kugel mit Bumpmap**

Bisher haben wir Texturen nur verwendet, um Objekten mehr farbige Kontur zu geben. Jetzt wollen wir durch die Textur tatsächliche Konturen vortäuschen. Wobei sich das »tatsächlich« darauf bezieht, dass die Texturen bei der Beleuchtung eine Rolle spielen werden.

Texturen, die auf Beleuchtung nicht konstant reagieren, bezeichnet man als Bumpmaps. Wie das Präfix »Bump« (dt. Erhebung, Unebenheit) bereits vermuten lässt, werden durch Bumpmaps Unebenheiten auf Oberflächen simuliert. Das bedeutet, dass wir mit einer Bumpmap hervorragend raue Oberflächen wie zum Beispiel Rost oder Beton darstellen können.

Wir werden also einen Material-Effekt beschreiben. Diesmal beschreibt der Effekt anstatt einer glatten, spiegelnden Oberfläche eine raue, unebene Fläche – also das genaue Gegenstück zu unserem ersten Effekt.

Damit die einzelnen Texel einer Textur auf die Beleuchtung einwirken können, benötigen diese räumliche Informationen. Diese Informationen könnten zum Beispiel Tiefenwerte sein. Es könnte in jedem Texel ein Tiefenwert kodiert sein, der für die Schattierung herangezogen wird. Texturen, die Tiefenwerte (oder Höhenwerte, wie man mag) beschreiben, werden Heightmaps genannt. Eine Heightmap wird in der Regel als Graustufentextur abgelegt, in der die Farbe Schwarz die tiefste und die Farbe Weiß die höchste Stelle darstellt. Was hoch und was tief ist, ist relativ und kann selbst definiert werden. Anhand dieser Heightmaps kann man Gradienten auf der Oberfläche bestimmen und diese dann zur Berechnung von Schattierungen nutzen. Die folgende Abbildung zeigt eine Heightmap.

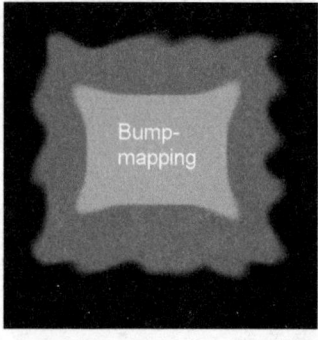 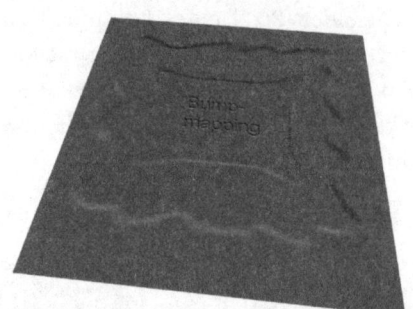

In diesem Kapitel werden wir nicht mit Heightmaps, sondern mit sogenannten Normalmaps arbeiten.[4] Die Heightmaps sollten nur der Vollständigkeit halber erwähnt werden, da die ersten Bumpmapping-Verfahren mit diesen gearbeitet haben. Aber auch bei neueren Verfahren finden die Heightmaps noch ihre Verwendung. Das Parallax-Bumpmapping benötigt zum Beispiel eine Heightmap und eine Normalmap für die Darstellung.

Nun aber zu den Normalmaps: Bei einer Normalmap werden anstatt von Tiefenwerten die Normalen in der Textur gespeichert. Damit dies möglich ist, benötigt die Textur 3 Farbkanäle: Rot, Grün, Blau. Jeder Kanal repräsentiert eine Dimension der Normale. Es gilt die folgende Zuordnung:

▸ Rot: X-Achse

▸ Grün: Y-Achse

▸ Blau: Z-Achse

---

4 Sie können aus einer Heightmap eine Normalmap generieren, indem Sie die Funktion D3DXComputeNormalMap verwenden.

Mit den folgenden Formeln können wir RGB-Farben in Normalenkoordinaten umrechnen:

$normal.x = 2 * rot - 1$

$normal.y = 2 * grün - 1$

$normal.z = 2 * blau - 1$

Hier müssen die Farbwerte immer zwischen 0 und 1 liegen. Wenn ein Farbkanal 1 ist, ist dessen Farbe voll ausgeprägt. Eine voll ausgeprägte Farbe bedeutet, dass die dazu passende Dimension zu 2*1–1, also 1, wird. Bei einem Farbkanal von 0 wird die entsprechende Achse zu 2*0–1, also –1. Es ist wichtig zu wissen, dass für jeden Farbkanal nur 8 Bit vorhanden sind. Unsere Normalen unterscheiden also in jeder Dimension nur 256 verschiedene Zustände. Dadurch ergibt sich ein Quantisierungsfehler, der aber in den meisten Fällen zu vernachlässigen ist und bei der Darstellung nicht weiter auffällt.

Nochmal zur Verdeutlichung: Würden wir eine komplett rote Textur erzeugen, so würden alle Normalen in die positive X-Richtung zeigen. Wäre sie grün, würden alle Normalen in die Y-Richtung zeigen. Und bei einer komplett blauen Textur zeigen alle Normalen in die Z-Richtung.

## 9.3.1 Der Tangentenraum

Einfach oder? Leider nicht ganz. Ich habe nämlich bei den Zuordnungen etwas gemogelt. Die oben beschriebene Zuordnung stimmt nur für Texturen, die auf eine Fläche in XY-Ebene gezogen sind und deren Flächennormale in Z-Richtung liegt. Würde man auf die Idee kommen, diese Fläche neunzig Grad um die Y-Achse in die XZ-Ebene zu drehen, wäre unsere Farb-Normalen-Zuordnung nicht mehr korrekt. Das erscheint uns auch logisch, denn die Farben einer Textur ändern sich nicht, wenn deren Objekt eine neue Ausrichtung bekommt. Wir müssen also bei unserer Zuordnung die Normale der Fläche beachten, die unsere Normalmap verwendet. Die Normale der Fläche entspricht der logischen Z-Richtung in unserer Normalmap. Wenn also die Texturnormale in Z-Richtung zeigt, muss sie in die Richtung der Flächennormale zeigen. Damit wäre die Z-Ausrichtung korrekt, aber was ist mit der X- und Y-Ausrichtung? Auch diese können sich durch die Ausrichtung der Fläche im Raum ändern. Schlimmer noch, die X- und Y-Ausrichtung der Normalen hängt sogar von den Texturkoordinaten der flächenbildenden Vertices ab. Schauen Sie sich hierzu das folgende Bild an:

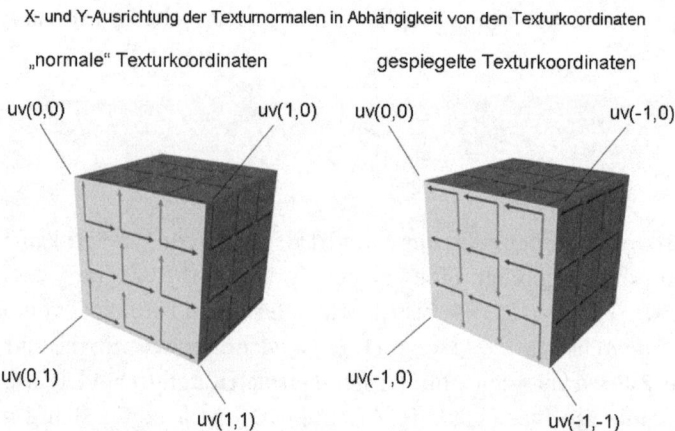

X- und Y-Ausrichtung der Texturnormalen in Abhängigkeit von den Texturkoordinaten

„normale" Texturkoordinaten    gespiegelte Texturkoordinaten

In dem Bild können wir erkennen, dass bei der Ausrichtung der Texturnormalen die Texturkoordinaten eine Rolle spielen müssen. Es lässt sich der folgende Zusammenhang formulieren:

▶ Die X-Richtung (rot) der Texturnormale entspricht der U-Koordinate.

▶ Die Y-Richtung (grün) der Texturnormale entspricht der negativen V-Koordinate.

Zusammen mit der Z-Richtung, die der Richtung der Flächennormale entspricht, haben wir ein Koordinatensystem definiert, das die Normalen einer Normalmap so transformiert, dass sie für die Flächen eines Modells im (lokalen) Objektraum stimmen. Diesen Raum bezeichnen wir als Tangenten- oder Texturraum. Natürlich liegen die UV-Koordinaten nicht im dreidimensionalen, sondern im zweidimensionalen Raum vor. Wir müssen uns also überlegen, wie wir die UV-Koordinaten in den dreidimensionalen Raum bekommen. Es kann schon vorweggenommen werden, dass die beiden Achsen, die die X- und Y-Richtung der Texturnormale bilden, in der gleichen Ebene liegen wie die Fläche an sich. Schauen Sie sich das folgende Bild an:

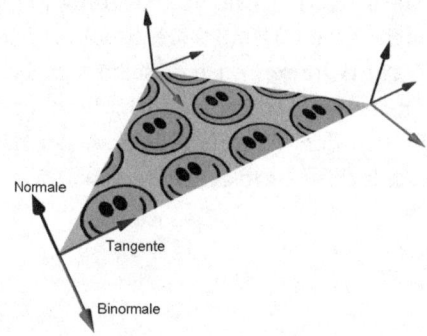

Es wird Zeit, dass wir die Achsen für die X- und Y-Koordinaten im Tangentenraum benennen. Die X-Achse wird Tangente genannt, und die Y-Achse bezeichnet man als Binormale. Nachfolgend soll prinzipiell erklärt werden, wie wir mit Hilfe der Vertices einer Fläche, deren Normale und deren UV-Koordinaten die Binormale und Tangente bestimmen können. Unser Ziel ist hierbei nicht, dass wir die Bildung dieses Koordinatensystems selbst programmieren. Hierfür stellt uns DirectX eine Funktion zur Verfügung. Es soll lediglich dem interessierten Leser helfen, den Tangentenraum besser zu verstehen. Wer an dieser Stelle hinnimmt, dass diese Achsen ein Koordinatensystem bilden, das den Raum der Normalmap relativ zum Objektraum des Modells beschreibt, der kann getrost den nächsten Absatz überspringen.

Das folgende Bild beschreibt den Zusammenhang zwischen den Vertices einer Fläche und deren Texturkoordinaten:

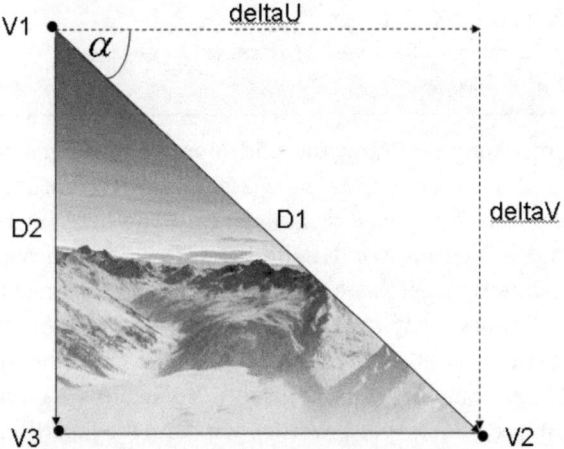

Zuerst wollen wir die Normale der Fläche bilden. Hierfür benötigen wir die Kanten D1 und D2, die sich folgendermaßen berechnen lassen:

$$D1 = V2 - V1$$
$$D2 = V3 - V1$$

Aus dem Kreuzprodukt dieser beiden Vektoren bildet sich die Normale der Fläche:

$$N = \|D1 \otimes D2\|$$

Diese verwenden wir später als Drehachse, um die wir mit dem Winkel $a$ den Vektor D1 rotieren wollen, um die Achse zu erhalten, die entlang der U-Koordinate zeigt und somit unsere Tangente bildet.

Den Winkel *a* können wir durch den Arkustangens aus deltaU/deltaV bilden:

$$deltaU = V2.Ucoord - V1.Ucoord$$
$$deltaV = V2.Vcoord - V1.Vcoord$$

$$\alpha = \arctan(\frac{deltaV}{deltaU})$$

Wir haben jetzt alle nötigen Werte zusammen, um die Tangente und Binormale zu berechnen. Der nachfolgende Code zeigt, wie wir die beiden Achsen berechnen können:

```
...
// D1, Alpha, N sind uns bekannt
D3DXVECTOR3 Tangent, Binormal;
D3DXMATRIX RotationMatrix;

D3DXMatrixRotationAxis(&RotationMatrix, &N, alpha);
D3DXVec3TransformNormal(&Tangent, &D1, &RotationMatrix);
D3DXVec3Cross(&Binormal, &N, &Tangent) ;
```

Damit wären wir mit der Berechnung der Tangente und Binormale fertig. Ich habe bereits weiter oben darauf hingewiesen, dass das Ziel dieser Ausführung nicht ist, dass wir die Tangente und Binormale tatsächlich im Code berechnen werden. Dafür müssten wir noch mehrere Sonderfälle betrachten, die ich aus Gründen der Verständlichkeit unterschlagen habe. Wir haben zum Beispiel nicht den Fall betrachtet, in dem die Texturkoordinaten gespiegelt gemappt sind. Auch bei der Berechnung des Winkels *a* muss man eigentlich die vier Quadranten unterscheiden. Wichtig für Sie ist, dass Sie eine ungefähre Vorstellung davon haben, wie sich der Tangentenraum bildet. Später werden wir dann die Funktion `D3DXComputeTangent` verwenden, um unsere Tangenten und Binormalen zu berechnen.

### 9.3.2 Die Dot3-Bumpmapping-Shader

Nachfolgend werden wir, wie beim ersten Effekt, zuerst die Effektdatei programmieren und später die kapselnde C++-Klasse entwerfen. Da die Klasse im Großen und Ganzen der des Vorkapitels gleicht, werde ich nur noch auf die Änderungen eingehen. Wenn Sie beim Entwurf der Klasse Verständnisprobleme haben, sollten Sie einen Blick in das vorangegangene Kapitel werfen.

Bevor wir mit der Programmierung beginnen, sollten wir uns wieder überlegen, welche Daten unser Effekt benötigt. Da unser Bumpmapping-Shader ebenfalls das Phong-Reflexionsmodell implementiert – sogar auf Pixelebene, doch dazu später mehr –, müssen wir die dafür nötigen Parameter bereitstellen:

```
// Matrizen
float4x4 MatWVP;
float4x4 MatViewInv;
float4x4 MatWorld;

//Direktionale Lichtquelle
float3 LightDir;
float4 LightColor;
float4 LightAmbient;

//Materialien
float4  MtrlDiffColor;
float4  MtrlSpecColor;
float   MtrlSpecPower;

Texture TexDiffuse;
Texture TexNormal;
```

Unser Bumpmapping-Effekt wird ebenfalls nur mit einer direktionalen Licht-quelle auskommen müssen. Ansonsten sollten die Parameter bekannt sein. Außer der diffusen Textur, die wir für die Farbgebung verwenden, müssen wir natürlich noch die Normalmap übergeben. Hierbei handelt es sich – wie wir bereits wissen – um eine ganz normale RGB-Textur.

An dieser Stelle werden Sie möglicherweise erschreckt feststellen, dass Sie noch keine Kenntnis darüber besitzen, wie Sie eine Normalmap erstellen können. Hier gibt es verschiedene Möglichkeiten. Natürlich zeichnen wir eine Normalmap nicht selbst, sondern verwenden Programme, die diese automatisch erzeugen können. Hierbei gibt es zwei Arten von Programmen. Die einen erzeugen eine Normalmap aus einer vorhandenen Heightmap (also einer Graustufen-Textur, in der Höhen gespeichert sind),[5] und die anderen erstellen eine Normalmap mit Hilfe eines Highpolygon- und eines Lowpolygon-Modells.[6] Bei der zweiten Me-thode gibt das Highpolygon-Modell vor, wie das Modell mit niedrigem Detail-grad aussehen müsste. Das Programm versucht, die Details, die beim Lowpoly-gon-Modell fehlen, durch die Normalmap wiederherzustellen. Die Ergebnisse sind dabei oft erstaunlich nahe am Original (Highpolygon-Modell). Dies hängt na-türlich von der Auflösung der Normalmap ab. Wenn man eine Normalmap mit Hilfe eines Highpoly- und eines Lowpoly-Modells erstellt, kann man auch die Be-rechnung der Tangenten und Binormalen umgehen, indem man das Programm

---

5  Es gibt von NVidia ein kostenloses Filter-Plugin für Photoshop, das aus einer Heightmap eine Normalmap generiert (NVidia Texture Tools). Ein solches Plugin existiert auch für das freie Grafikprogramm »Gimp«.

6  Hier bietet NVidia das kostenlose Programm Melody. Die Modelle müssen allerdings im .3ds-Format vorhanden sein.

anweist, die Normalmap nicht im Tangentenraum, sondern im Objektraum zu beschreiben. Da das Programm weiß, wie die Textur auf das Objekt gemappt ist, kann es die Textur so erstellen (zeichnen), dass die Normalen der Normalmap bereits so angeordnet sind, dass deren Zusammenhang zum Objektraum stimmt. Man spricht in diesem Fall von Normalmaps, die im Objektraum beschrieben sind und nicht im Tangentenraum. Dies hat jedoch den Nachteil, dass die so erstellte Normalmap auch nur für dieses Objekt verwendet werden kann. Auch Wiederholungen der Textur sind hier nicht ohne weiteres möglich. Welche Methode bzw. Programme Sie für die Erstellung Ihrer Normalmaps verwenden wollen, bleibt Ihnen bzw. Ihrem Grafiker überlassen.

Für die beiden Texturen in der Effektdatei müssen wir noch die Textursampler definieren. Hier erwartet uns nichts Neues:

```
sampler SamplerDiffuse = sampler_state
{
    texture = <TexDiffuse>;
    AddressU  = WRAP;
    AddressV  = WRAP;
    AddressW  = WRAP;
    MIPFILTER = LINEAR;
    MINFILTER = LINEAR;
    MAGFILTER = LINEAR;
};
sampler SamplerNormal = sampler_state
{
    texture = <TexNormal>;
    AddressU  = WRAP;
    AddressV  = WRAP;
    AddressW  = WRAP;
    MIPFILTER = LINEAR;
    MINFILTER = LINEAR;
    MAGFILTER = LINEAR;
};
```

Wir kommen jetzt zu den ersten richtigen Änderungen in unserer Effektdatei. Ich habe im vorherigen Abschnitt noch offen gelassen, wo wir das Koordinatensystem für den Tangentenraum (Normale, Tangente, Binormale) speichern werden. Diese legen wir in der Eingangsstruktur für den Vertexshader ab:

```
struct VertexInput {
    float3 Position  : POSITION;
    float3 Normal    : NORMAL;
    float2 Tex0      : TEXCOORD0;
```

```
    float3 Tangent    : TANGENT;
    float3 Binormal   : BINORMAL;
};
```

DirectX kennt bereits Semantiken für die Tangente und die Binormale. Später werden wir sehen, wie wir bei der Vertexdeklaration diese Semantiken verwenden können, um die Tangente und Binormale direkt in der Vertexstruktur abzuspeichern. Vielleicht irritiert Sie die Tatsache, dass wir nur eine Texturkoordinate in unseren Vertices speichern, obwohl wir zwei Texturen übergeben. Dies hängt damit zusammen, dass die Normalmap i. d. R. die gleichen Texturkoordinaten wie die Colormap verwendet. In den meisten Fällen soll ja die Schattierung zum Farbverlauf der Textur passen. Die Ausgabestruktur des Vertexshaders wird ebenfalls die Tangente und Binormale enthalten, das bedeutet, dass wir die Umrechnung in den Tangentenraum erst im Pixelshader durchführen werden. Schauen wir uns die Ausgabestruktur an:

```
     struct VertexOutput {
A        float4 HPosition    : POSITION;
B        float2 TexCoord     : TEXCOORD0;
C        float3 HalfVector   : TEXCOORD2;
D        float3 Normal       : TEXCOORD3;
         float3 Tangent      : TEXCOORD4;
         float3 Binormal     : TEXCOORD5;
     };
```

A: Wie im vorherigen Effekt wollen wir in HPosition wieder die Position des transformierten Vertex speichern.

B: Die Texturkoordinaten können wir unverändert im Vertexshader durchreichen. Die Verarbeitung der Normalmap erfolgt im Pixelshader. Dies würden wir auch nicht anders erwarten, weil wir nur im Pixelshader die Textur für jeden nötigen Bildschirmpixel sampeln können.

C: Der `HalfVector` wird für die spekulare Komponente des Phong-Reflexionsmodells verwendet. Ich habe bereits beim ersten Effekt erwähnt, dass man die Berechnung der spekularen Farbe komplett im Pixelshader durchführen kann. Dies sorgt für schönere Ergebnisse beim Verlauf des Glanzpunktes. Beim Dot3-Bumpmapping sind wir gezwungen, sofern die Normalmap auf die spekulare Komponente Einfluss nehmen soll, die Berechnung dieser im Pixelshader – also auf Pixelebene – durchzuführen. Auch dieses sollte Ihnen logisch erscheinen, da die Normalen jetzt in einer Textur liegen, die vom Pixelshader bearbeitet werden muss.

D: Die Normale, Tangente und Binormale bilden unser Koordinatensystem für den Tangentenraum. Da wir die Lichtquelle für den Effekt im globalen Weltkoordinatensystem übergeben wollen, müssen wir die Achsen des Tangentenraums ebenfalls in das Weltkoordinatensystem transformieren. Alle Achsen des Tangentenraums müssen also im Vertexshader mit der Welt-Matrix multipliziert werden. Im Pixelshader müssen wir dann nur noch aus den Achsen eine Matrix bauen und alle Normalen der Normalmap mit dieser multiplizieren. Danach sind die Normalen im gleichen Raum wie die Lichtquelle, und wir können unser Reflexionsmodell anwenden.

Wir haben jetzt alle Parameter und Strukturen deklariert und können endlich mit den Shadern anfangen. Zuerst betrachten wir logischerweise den Vertexshader. Dieser ist nicht sonderlich kompliziert, und vieles wird uns bereits bekannt sein:

```
VertexOutput VS_Main( VertexInput IN )
{
      VertexOutput OUT;
      float3 PosWorld;
      float3 CamPosWorld;
      float3 CamDirToPos;
      float3 HalfVector;

A     CamPosWorld     = MatViewInv[3].xyz;
      PosWorld        = mul( float4(IN.Position.xyz , 1.0) ,
                            MatWorld );
      CamDirToPos     = normalize( PosWorld - CamPosWorld );
      HalfVector      = -(LightDir+CamDirToPos);

B     OUT.Normal      = normalize(mul( IN.Normal,
                                    (float3x3) MatWorld ));
      OUT.Tangent     = normalize(mul( IN.Tangent,
                                    (float3x3) MatWorld));
      OUT.Binormal    = normalize(mul( IN.Binormal,
                                    (float3x3) MatWorld));

C     OUT.HPosition   = mul( float4(IN.Position.xyz , 1.0) ,
                            MatWVP);
      OUT.TexCoord    = IN.Tex0;
      OUT.HalfVector  = HalfVector;

      return OUT;
}
```

A: Wir wissen bereits, dass wir den Halbvektor für die spekulare Komponente benötigen. Die Berechnung dieses Vektors erfolgt genauso wie im ersten Effekt. Der Halbvektor ist der halbierende Vektor zwischen dem Eingangsstrahl der Lichtquelle und der Blickrichtung des Betrachters. Damit die Rechnung korrekt ist, setzen wir voraus, dass die Lichtrichtung `LightDir` normalisiert ist. `HalfVector` muss nicht normalisiert werden, da dieses im Pixelshader geschieht.

B: Hier transformieren wir die Normale, Tangente und Binormale in das Weltkoordinatensystem. In unseren vorherigen Beispielen haben wir immer nur die Normale in das Weltkoordinatensystem transformiert. Dies war erforderlich, weil wir die Normale mit dem Licht verrechnen wollten und beide im gleichen Koordinatensystem beschrieben werden müssen. Beim Tangentenraum ist es genau das Gleiche. Der Tangentenraum beschreibt, wie man eine Normale aus der Normalmap transformieren muss, damit die Normale in den Objektraum passt. Damit die Normalen in das Weltkoordinatensystem passen, müssen wir lediglich alle Achsen des Tangentenraums mit der Welt-Matrix multiplizieren.

C: Abschließend transformieren wir noch die Position des Vertex in den Bildschirmraum und reichen die Texturkoordinaten unverändert weiter. Der Halbvektor wird an den Pixelshader übergeben, weil dieser jetzt die Schattierungsberechnung anhand der Normalen der Normalmap durchführen muss.

Sicherlich werden Sie für sich feststellen, dass der Vertexshader nicht sonderlich kompliziert ist. Wichtig für das Normalmapping ist eigentlich nur, dass wir das Tangenten-Koordinatensystem mit dem Weltkoordinatensystem multiplizieren. Dadurch werden alle Normalen, die mit der resultierenden Matrix multipliziert werden, direkt in das Weltkoordinatensystem übersetzt. Der Vollständigkeit halber möchte ich noch darauf hinweisen, dass es nicht zwingend erforderlich ist, die Achsen in das Weltkoordinatensystem zu übersetzen. Wir könnten stattdessen auch die Lichtquelle erst in den Objektraum und anschließend in den Tangentenraum transformieren. Das würde bei einer Lichtquelle sogar *Instructions* sparen. Aber spätestens bei einer zweiten Lichtquelle wäre die Ersparnis dahin.

Es folgt der Pixelshader, der diesmal etwas mehr Arbeit als der Vertexshader übernehmen muss. Dies ist insofern ärgerlich, als der Pixelshader in der Regel öfter aufgerufen wird als der Vertexshader. Stellen Sie sich vor, dass ein Objekt, das eine Normalmap verwendet, den kompletten Bildschirm bei einer Auflösung von 1280x1024 Pixeln einnimmt. Der Pixelshader müsste dann 1.310.720-mal den folgenden Code ausführen. Wir behalten also im Hinterkopf, dass Effekte, die auf Pixelebene arbeiten, sehr viel Performance verschlingen können, wenn die Objekte, die diesen Effekt verwenden, einen Großteil des Bildes einnehmen. Wie dem auch sei, die Entwicklung der Grafikkarten geht rasant voran, und wir wollen ja ordentlich beeindrucken. Es folgt der Pixelshader:

```
float4 PS_Main( VertexOutput IN ) : COLOR
{
    float3 Normal;
    float4 Diffuse;
    float4 Specular;
    float3 HalfVec;
    float3 Light;
    float  Intensity;
    float3x3 MatTex;
```

| | |
|---|---|
| A | `HalfVec    = normalize(IN.HalfVector);` |
| B | `MatTex     = float3x3( IN.Tangent, IN.Binormal, IN.Normal );` |
| C | `Normal     = 2.0f * tex2D(SamplerNormal,`<br>`                               IN.TexCoord).rgb - 1.0f;` |
| D | `Normal     = normalize( mul( MatTex, Normal ) );` |
| E | `Intensity  = saturate( dot(Normal, -LightDir) );` |
| F | `Diffuse    = Intensity * MtrlDiffColor * LightColor *`<br>`              tex2D( SamplerDiffuse, IN.TexCoord);` |
| G | `Specular   = pow( max(0,dot( HalfVec, Normal)),`<br>`              MtrlSpecPower ) * MtrlSpecColor * LightColor;` |
| | |
| H | `return (Diffuse + Specular + LightAmbient);` |
| | `}` |

A: Zuerst normalisieren wir den Halbvektor, den wir im Vertexshader bestimmt haben. Dies ist erforderlich, weil die Interpolation der Werte des Vektors linear erfolgt. Die Grafikkarte interpoliert die Eingangswerte des Pixelshaders automatisch. Da die Grafikkarte jedoch nicht weiß, dass wir in den Texturkoordinaten einen Richtungsvektor abgespeichert haben, interpoliert sie falsch. Eigentlich müsste unser Vektor sphärisch interpoliert werden, damit sich seine Länge nicht verändert. Wir korrigieren diesen Interpolationsfehler durch die Normalisierung des Eingangsvektors.

B: Wir setzen die Tangente, Binormale und Normale in die Matrix MatTex ein. Diese Matrix kann – da die Achsen bereits im Vertexshader mit der Weltmatrix multipliziert wurden – Koordinaten direkt aus dem Texturraum in das Weltkoordinatensystem übersetzen. An dieser Stelle ist es sehr wichtig zu wissen, dass die Vektoren zeilenweise in der Matrix angeordnet sind. Normalerweise liegen bei DirectX die Achsen eines Koordinatensystems spaltenweise vor. Wenn man die Werte einer Matrix so dreht, dass aus Spalten Zeilen werden, spricht man davgon, dass die Matrix transponiert ist. Unsere Matrix MatTex ist vom Wesen her eine transponierte Matrix, da in ihr die

Vektoren zeilenweise angeordnet sind. Bei der Multiplikation dieser Matrix mit Vektoren müssen wir diesen Umstand beachten. Darauf gehe ich in Punkt D noch einmal ein.

C: In dieser Zeile »sampeln« wir die Normalen aus der Normalmap. Wir wissen bereits, dass wir diese auf −1 und 1 skalieren und verschieben müssen. Eine kleine Besonderheit sollte hier nicht außer Acht gelassen werden: Überlegen Sie kurz, wie der Zusammenhang zwischen der Farbe Grün und der Y-Koordinate ist. Volles Grün bedeutet, dass die Normale den Wert 1 in Y-Richtung erhält, und gar kein Grün würde dafür sorgen, dass die Normale in Y-Richtung −1 wird. Wir wissen weiterhin, dass die Binormale in V-Richtung (Texturkoordinate) zeigt. Eigentlich müsste die Binormale aber in die negative V-Richtung zeigen. Durch diesen Umstand wird durch die Multiplikation der Binormale mit der Y-Komponente (also der grünen Farbe) der Wert um 180 Grad gedreht. Entweder sorgen wir jetzt bei der Erstellung der Normalmap dafür, dass die Farbe Grün einen umgekehrt proportionalen Zusammenhang erhält, oder wir negieren einfach die Binormale in der TexMat-Matrix. Da wir die Binormale in unserem Beispiel nicht negiert haben, müssen Sie bei den Normalmaps dafür sorgen, dass Normalen, die in die negative Y-Richtung zeigen sollen, komplett grün gezeichnet werden müssen und Normalen, die in Y-Richtung zeigen sollen, keinen Grünanteil bekommen.

D: Diese Zeile sieht unscheinbarer aus, als sie ist. Bei der Multiplikation mit der mul-Funktion ist darauf zu achten, dass der erste Parameter, den man übergibt, die zu multiplizierende Matrix ist. Als zweiten Parameter übergeben wir den Vektor, der durch die Matrix transformiert werden soll. Wenn Sie sich unsere vorherigen Matrixmultiplikationen anschauen, stellen Sie fest, dass wir sonst immer den Vektor und dann die Matrix übergeben haben. Der Unterschied ist der Folgende: Wenn die Matrix zuerst übergeben wird, wird die Multiplikation zeilenweise durchgeführt. Wenn der Vektor an erster Stelle steht, wird die Multiplikation spaltenweise durchgeführt. Bei DirectX-Matrizen verwenden wir eigentlich immer eine spaltenweise Multiplikation. Aber unsere Matrix MatTex ist, wie bereits unter Punkt B beschrieben, zeilenweise angelegt.

E: In Intensity speichern wir die Reflexionsintensität für die Diffuse-Komponente.

F: Wir mischen die diffusen Farbanteile und Intensitäten mit dem korrespondierenden Texel aus der Farbtextur.

G: Die Berechnung der spekularen Komponente entspricht der, die wir bereits beim Phong-Reflexionsmodell kennengelernt haben. Der einzige Unterschied, der hier besteht, liegt darin, dass die Eingangsnormale nicht vom Vertex, sondern von der Normalmap stammt.

H: Schlussendlich mischen wir alle Komponenten zu einer Ausgangsfarbe zusammen.

Das war auch schon der Pixelshader für das Dot3-Bumpmapping. Da wir den Shader via HLSL beschrieben haben, werden Sie sich wahrscheinlich fragen, warum es »Dot3«-Bumpmapping heißt? Dies kommt daher, dass die Matrix-Vektor-Multiplikation, die wir mit der Normalen und der Tangenten-Matrix durchgeführt haben, eigentlich aus 3 Punktprodukt-Operationen besteht. Dies wird bei unserem Beispiel nicht direkt ersichtlich, weil wir den `mul`-Befehl verwendet haben, der diese Punktprodukte für uns berechnet.

### 9.3.3 Die Dot3-Bumpmapping-Klasse

Nachfolgend wollen wir wieder eine ummantelnde C++-Klasse für den Effekt entwickeln. Die Schnittstelle der Klasse sieht im Wesentlichen so aus wie die des Environment-Mapping-Effekts. Wir erweitern diese lediglich um eine Funktion:

```
class CBumpEffect
{
protected:
    ID3DXEffect*    m_Effect;
    SBumpParameter  m_Parameter;
public:
    static BOOL SetupMesh( ID3DXMesh** mesh,
                           LPDIRECT3DDEVICE9 device );
    BOOL    Create( LPDIRECT3DDEVICE9 Device );
    void    Destroy();
    void    Setup( SBumpParameter& Para );
    DWORD   Begin( LPDIRECT3DDEVICE9 Device );
    void    BeginPass(DWORD pass);
    void    EndPass();
    void    End();
};
```

Die Funktion `SetupMesh` bereitet die Vertexdaten des übergebenen Meshs für das Bumpmapping vor. Also berechnet diese Funktion die Tangente und Binormale und erweitert die Vertices um diese. Ansonsten bleibt unsere Schnittstelle unverändert. Kommen wir also zur `SBumpParameter`-Struktur:

```
struct SBumpParameter
{
    //Welche Werte wurden geändert?
    DWORD Changed;

    //Licht
    D3DXVECTOR4 LightColor;
    D3DXVECTOR4 LightAmbient;
    D3DXVECTOR3 LightDir;

    //Material
    D3DXVECTOR4        MtrlDiffColor;
    D3DXVECTOR4        MtrlSpecColor;
    FLOAT              MtrlSpecPower;
    LPDIRECT3DTEXTURE9 TexDiffuse;
    LPDIRECT3DTEXTURE9 TexNormal;
};
```

Wir halten in dieser Struktur alle nötigen Variablen, die wir als Parameter dem Effekt übergeben wollen. Die Matrizen, die vom Effekt benötigt werden, holen wir uns direkt aus dem Direct3D-Device. Das Changed-Flag sollte uns noch vom Environment-Mapping bekannt sein. Es signalisiert, welche Werte geändert wurden, damit wir nicht in jedem Schleifenzyklus alle Parameter der Effektinstanz neu übergeben müssen.

Das soll an dieser Stelle auch zur Schnittstelle der Klasse reichen. Unser nächstes Augenmerk liegt auf der Funktion SetupMesh, die tatsächlich neu in der Effektklasse ist. In dieser Funktion werden wir auch das erste Mal mit einer Vertexdeklaration arbeiten. Die Vertexdeklaration steht in Konkurrenz zu dem flexiblen Vertex-Format (FVF). Prinzipiell leistet sie das Gleiche wie das FVF.

Wir werden die Vertexdeklaration so abändern, dass die Vertices die Tangente und Binormale aufnehmen können. Ich habe bereits darauf hingewiesen, dass wir die Tangenten und Binormalen nicht selbst berechnen müssen, sondern eine Funktion von DirectX dafür verwenden können. Diese Funktion fordert allerdings, dass die Vertexdeklaration des übergebenen Meshs bereits die Einträge für die Binormale und Tangente enthält. Weiterhin benötigt die Funktion natürlich die Position, Normale und die Texturkoordinaten im Vertex, damit sie unser Tangentensystem berechnen kann.

```
  BOOL CBumpEffect::SetupMesh(ID3DXMesh** mesh,
                              LPDIRECT3DDEVICE9 device)
  {
A   D3DVERTEXELEMENT9 decl[MAX_FVF_DECL_SIZE];
B   D3DVERTEXELEMENT9 endDecl     = D3DDECL_END();
```

```
         DWORD              FVF        = (*mesh)->GetFVF();
         ID3DXMesh*         clone      = NULL;
         BumpVertex*        vertex     = NULL;
         DWORD              numVertices = (*mesh)->GetNumVertices();
```

```
C    if( FVF!= (D3DFVF_TEX1 | D3DFVF_NORMAL |
         D3DFVF_XYZ | D3DFVF_TEXCOORDSIZE2(1)) )
         return false;
```

```
D    (*mesh)->GetDeclaration( decl );
```

```
E    decl[3].Stream      = 0;
     decl[3].Offset      = 32;
     decl[3].Type        = D3DDECLTYPE_FLOAT3;
     decl[3].Method      = D3DDECLMETHOD_DEFAULT;
     decl[3].Usage       = D3DDECLUSAGE_TANGENT;
     decl[3].UsageIndex  = 0;
```

```
F    decl[4].Stream      = 0;
     decl[4].Offset      = 44;
     decl[4].Type        = D3DDECLTYPE_FLOAT3;
     decl[4].Method      = D3DDECLMETHOD_DEFAULT;
     decl[4].Usage       = D3DDECLUSAGE_BINORMAL;
     decl[4].UsageIndex  = 0;
```

```
G    decl[5] = endDecl;
```

```
H    (*mesh)->CloneMesh((*mesh)->GetOptions(), decl, device,
                                                &clone ))
```

```
I    SAFE_RELEASE( (*mesh) );
     *mesh = clone;
```

```
J    D3DXComputeTangent( clone, 0, 0, 0, false, NULL);
     return true;
}
```

A: Eine Vertexdeklaration kann maximal aus MAX_FVF_DECL_SIZE D3DVERTEXELEMENT9-Elementen bestehen. Dieses Define befindet sich im d3dx9mesh.h-Header. Analog zu dem flexiblen Vertex-Format repräsentiert jedes D3DXVERTEXELEMENT9-Element einen D3DFVF-Eintrag. Möchten wir zum Beispiel eine Normale mit in einem Vertex speichern, so müssen wir dafür ein D3DXVERTEXELEMENT9 im decl-Array anlegen, der diesen Normalen-Eintrag beschreibt. Zusätzlich können wir bei der Vertexdeklaration noch mehr zum Element eintragen. Schauen wir uns die D3DXVERTEXELEMENT9-Struktur genauer an:

```
typedef struct _D3DVERTEXELEMENT9 {
    WORD Stream;
    WORD Offset;
    BYTE Type;
    BYTE Method;
    BYTE Usage;
    BYTE UsageIndex;
}   D3DVERTEXELEMENT9;
```

Stream beschreibt, in welchem Stream sich das Element befindet. Dabei ist der Stream gemeint, den wir mit SetStreamSource an das 3D-Device übergeben. In unserem Fall wird dieser immer 0 sein, da wir nicht mit multiplen Vertexströmen arbeiten.

In Offset steht, an welcher Stelle des Vertex (in Bytes) sich das Element befindet. Wäre das Element zum Beispiel an der zweiten Stelle im Vertex und würde an erster Stelle dessen Position stehen, so müssten wir für den zweiten Eintrag ein Offset von 32 Bytes übergeben, denn eine Position wird durch drei FLOAT-Werte beschrieben (x,y,z), und jeder FLOAT-Wert hat 4 Byte.

Type speichert das Format des Elements. Hier steht zum Beispiel D3DDECLTYPE_FLOAT3, was bedeutet, dass der Eintrag als 3D-Vektor interpretiert werden kann. Die verschiedenen Typen werden in D3DDECLTYPE beschrieben.

In Method können wir eine Operation spezifizieren, die während der Tesselation auf den Eintrag ausgeführt werden kann. Wir werden nur D3DDECLMETHOD_DEFAULT einsetzen.

Der Eintrag Usage ist für uns sehr wichtig. In Usage spezifizieren wir, welche semantische Bedeutung der Eintrag hat. Diese semantische Bedeutung entspricht den Semantik-Einträgen, die wir in unseren Shadern für die Eingangs- und Ausgangsstrukturen der Vertices definieren. Wenn wir also ein Vertexelement mit der Semantik TANGENT verwenden, müssen wir in Usage den Wert D3DDECLUSAGE_TANGENT setzen. Die Funktion D3DXComputeTangent erwartet von uns, dass der übergebene Mesh für jeden Vertex einen D3DDECLUSAGE_TANGENT- und D3DDECLUSAGE_BINORMAL-Eintrag bereithält. In diesen Einträgen speichert die Funktion dann die berechneten Ergebnisse.

Schlussendlich bleibt nur noch der UsageIndex. Ein Usage-Eintrag kann in einer Vertexdeklaration mehrmals vorkommen, und durch den UsageIndex kann man diese unterscheiden.

B: Das Makro D3DDECL_END initialisiert die Werte eines Vertexelements so, dass es als letzter Eintrag markiert wird. Nach diesem »Endeintrag« dürfen keine weiteren relevanten Deklarationen im Elementen-Array auftauchen.

C: Um das Tangentensystem bilden zu können, benötigen wir die Position, Normale und ein Texturkoordinaten-Paar. Wenn der übergebene Mesh diese nicht gespeichert hat, brechen wir die Funktion ab.

D: Die Methode GetDeclaration aus ID3DXBaseMesh übergibt uns die aktuelle Vertexdeklaration des Meshs.

E: Durch die Zeile C haben wir bereits sichergestellt, dass der übergebene Mesh nur 3 Einträge pro Vertex gespeichert hat: nämlich die Position (erster Eintrag), die Normale (zweiter Eintrag) und ein Texturkoordinaten-Paar (dritter Eintrag). Wir ergänzen mit dem vierten Eintrag die Tangente. Die einzelnen Member-Variablen wurden bereits in Punkt A beschrieben.

F: Die Binormale muss ebenfalls der Vertexdeklaration hinzugefügt werden (fünfter Eintrag).

G: Um die Vertexdeklaration zu komplettieren, muss nach dem letzten gültigen Eintrag das Ende der Deklaration signalisiert werden. Wir setzen den Endeintrag aus Zeile B ein.

H: Bis hierhin haben wir die Deklaration für den Mesh fertig. Damit der übergebene Mesh mit der neuen Deklaration arbeiten kann, ist es notwendig, diesen mit der neuen Deklaration zu klonen. Das Ergebnis des Klonprozesses ist ein neuer Mesh (clone), der alle Vertex- und Indexdaten des alten Meshs enthält. Darüber hinaus besteht jetzt für jeden Vertex Speicherplatz für die Tangente und Binormale. Sinnvollerweise sollten wir an dieser Stelle prüfen, ob die Funktion erfolgreich zurückkehrt, hierauf wurde aus Gründen der Lesbarkeit allerdings verzichtet.

I: Wir löschen den alten Mesh und setzen an dessen Stelle den Klon ein.

J: Diese Funktion berechnet den Tangentenraum für uns. Wenn wir Fehler bei der Vertexdeklaration gemacht haben, kehrt diese Funktion mit einem Fehlercode zurück (sollte abgefragt werden). Schauen wir uns die Parameter an:

```
HRESULT WINAPI D3DXComputeTangent(

  LPD3DXMESH Mesh,
  DWORD TexStageIndex,
  DWORD TangentIndex,
```

```
    DWORD BinormIndex,
    DWORD Wrap,
    const DWORD *pAdjacency
);
```

In TexStageIndex übergeben wir, welche Texture-Stage für die Berechnung der Tangenten verwendet werden soll. In unserem Fall gehen wir davon aus, dass das erste Texturkoordinaten-Paar alle nötigen Koordinaten bereithält.

Eine Vertexdeklaration kann mehrere Einträge für Tangenten und Binormalen enthalten. Damit man diese unterscheiden kann, benötigen sie einen Index. Dieser Index wird in TangentIndex und BinormIndex übergeben.

Über Wrap können die Texturkoordinaten invertiert werden.

Der Pointer pAdjacency kann eine Nachbarschaftsliste für den Mesh enthalten. Ist eine solche Liste vorhanden (sie kann beim Erstellen eines Meshs mit erzeugt werden), kann der Algorithmus die Tangenten schneller bestimmen. Wir übergeben hier einfach NULL.

Die Änderungen an den weiteren Funktionen in der Klasse CBumpEffect sind minimal und sollten kommentarlos verstanden werden:

```
void CBumpEffect::Setup( SBumpParameter& Para )
{
    if( Para.Changed & LIGHTCOLOR )
        m_Parameter.LightColor = Para.LightColor;
    if( Para.Changed & LIGHTAMBIENT )
        m_Parameter.LightAmbient = Para.LightAmbient;
    if( Para.Changed & LIGHTDIR )
        m_Parameter.LightDir = Para.LightDir;
    if( Para.Changed & MTRLDIFFCOLOR )
        m_Parameter.MtrlDiffColor = Para.MtrlDiffColor;
    if( Para.Changed & MTRLSPECCOLOR )
        m_Parameter.MtrlSpecColor = Para.MtrlSpecColor;
    if( Para.Changed & MTRLSPECPOWER )
        m_Parameter.MtrlSpecPower = Para.MtrlSpecPower;
    if( Para.Changed & TEXDIFFUSE )
        m_Parameter.TexDiffuse = Para.TexDiffuse;
    if( Para.Changed & TEXNORMAL )
        m_Parameter.TexNormal = Para.TexNormal;

    m_Parameter.Changed |= Para.Changed;
}
```

```
DWORD CBumpEffect::Begin( LPDIRECT3DDEVICE9 Device )
{
    UINT passes = 0;
    D3DXMATRIX MatWorld, MatView, MatProj;
    D3DXMATRIX MatWVP, MatViewInv, MatWorldInv;

    Device->GetTransform( D3DTS_WORLD, &MatWorld );
    Device->GetTransform( D3DTS_VIEW, &MatView );
    Device->GetTransform( D3DTS_PROJECTION, &MatProj );

    m_Effect->SetMatrix( "MatWorld", &MatWorld );

    MatWVP = (MatWorld*MatView)*MatProj;
    m_Effect->SetMatrix( "MatWVP", &MatWVP );

    D3DXMatrixInverse( &MatViewInv, NULL, &MatView );
    m_Effect->SetMatrix( "MatViewInv", &MatViewInv );

    m_Effect->SetTechnique( "BumpMapping" );
    m_Effect->Begin( &passes, 0 );

    return passes;
}
```

```
void CBumpEffect::BeginPass(DWORD pass)
{
    // Parameter setzen
    if( m_Parameter.Changed & LIGHTCOLOR )
        m_Effect->SetValue( "LightColor",
                m_Parameter.LightColor, sizeof(D3DXVECTOR4 ) ) ;
    if( m_Parameter.Changed & LIGHTAMBIENT )
        m_Effect->SetValue( "LightAmbient",
                m_Parameter.LightAmbient, sizeof( D3DXVECTOR4 ) );
    if( m_Parameter.Changed & LIGHTDIR )
        m_Effect->SetValue( "LightDir",
                m_Parameter.LightDir, sizeof( D3DXVECTOR3 ) );
    if( m_Parameter.Changed & MTRLDIFFCOLOR )
        m_Effect->SetValue( "MtrlDiffColor",
                m_Parameter.MtrlDiffColor, sizeof( D3DXVECTOR4 ) );
    if( m_Parameter.Changed & MTRLSPECCOLOR )
        m_Effect->SetValue( "MtrlSpecColor",
                m_Parameter.MtrlSpecColor, sizeof( D3DXVECTOR4 ) );
    if( m_Parameter.Changed & MTRLSPECPOWER )
        m_Effect->SetFloat( "MtrlSpecPower",
                            m_Parameter.MtrlSpecPower );
    if( m_Parameter.Changed & TEXDIFFUSE )
```

```
      m_Effect->SetTexture( "TexDiffuse",
                            m_Parameter.TexDiffuse );
   if( m_Parameter.Changed & TEXNORMAL )
      m_Effect->SetTexture( "TexNormal",
                            m_Parameter.TexNormal );

   m_Effect->BeginPass( pass );
}
```

Die Funktionen `Create`, `Destroy`, `EndPass` und `End` haben sich nicht geändert.

## 9.4    Blooming (Postprocess-Effekt)

Bisher haben wir nur Material-Effekte kennengelernt. Eine weitere sehr beliebte Effektart sind die *Postprocess*-Effekte (PP-Effekte). Dies sind Effekte, die nach dem eigentlichen Renderdurchgang auf das resultierende Bild im Framebuffer angewendet werden. Es handelt sich hierbei im engeren Sinne um zweidimensionale Effekte, die im Eingang den Framebuffer mit der gerenderten Szene entgegennehmen und im Ausgang ebenfalls wieder einen Framebuffer bereitstellen.

Die Verwendung von Postprocess-Effekten in der Spieleprogrammierung hat erst durch die Einführung der Shadertechnologie an Bedeutung gewonnen. Durch programmierbare Shader ist es möglich, Bildeffekte, die man vorher nur aus der »Offline«-Bildbearbeitung kannte, in Echtzeit zu berechnen und ansprechend auf dem Bildschirm zu präsentieren. Eine angenehme Besonderheit dieser Effekte ist, dass sie ohne große Anpassungen in jedes Spiel bzw. Projekt eingebunden werden können. Durch gut gewählte PP-Effekte wird die Darstellung oft drastisch verbessert. Aus diesem Grund verwendet nahezu jedes aktuelle Spiel solche Effekte.

Es gibt sehr viele Postprocess-Effekte, trotzdem habe ich entschieden, nur einen Effekt genauer zu beschreiben. Sicherlich könnte man das komplette restliche Buch darauf verwenden, schöne PP-Effekte zu programmieren, aber eigentlich bleibt das Prinzip immer das Gleiche. So werden Sie nach diesem Kapitel auch überhaupt keine Schwierigkeiten haben, andere PP-Effekte zu implementieren. Beschreibungen und Tutorials zum Thema finden Sie im Internet zuhauf.

Dieses Kapitel soll Ihnen das Prinzip dieser Technik verdeutlichen und nebenbei noch einen ansehnlichen Effekt für Ihr Spiel beschreiben. Damit Sie dennoch eine Vorstellung davon entwickeln, was man mit Postprocessing alles realisieren kann, folgt eine knappe, unvollständige Aufzählung der bekanntesten PP-Effekte:

▸ Tiefenunschärfe

▸ Farbkorrektur/-bearbeitung/-invertierung

- ▶ Bewegungsunschärfe
- ▶ Unterwassersicht
- ▶ Kantenhervorhebung
- ▶ Schimmer-/Schleierbildung

Um die Schimmer- bzw. Schleierbildung geht es in diesem Kapitel. Beim Bloom-Effekt (dt. Schleierbildung) soll der Betrachter das Gefühl haben, dass scharfe Konturen im Bild ausfransen bzw. dass helle Pixel benachbarte Pixel »überstrahlen«. Eine besonders gute Implementierung eines solchen Shaders kann man in World of Warcraft™ von Blizzard-Entertaiment® bewundern. Hier bewirkt der Shader, dass bestimmte Farben geradezu leuchten, weswegen der Bloom-Effekt häufig auch als Glow-Effekt bezeichnet wird. Doch wie macht Blizzard® das?

Prinzipiell besteht der Blooming-Effekt nur aus zwei Schritten:

Weichzeichnen und Addieren.

Etwas ausführlicher lassen sich die folgenden Arbeitsschritte aufzählen:

1. Das gerenderte Eingangsbild in eine Textur kopieren
2. Die neue Textur weichzeichnen (Farben verwischen)
3. Die Pixelfarben der Eingangstextur und der weichgezeichneten Textur addieren

Kopfschmerzen sollten wir eigentlich nur durch den zweiten Schritt bekommen: das Weichzeichnen. Beim Weichzeichnen werden die Nachbarn eines Pixels p in dessen Farbberechnung gewichtet einbezogen. Schauen wir uns einmal die folgende Formel an:

$$p(x, y) = p(x, y)w_0 + (p(x+1, y) + p(x, y+1) + p(x-1, y) + p(x, y-1))w_1$$

$p(x, y):$ *Pixel im Punkt x, y*

$w_x:$ *Gewichtung* $0 \leq w \leq 1$

$w_0 = 0{,}4; \quad w_1 = 0{,}2$

Es ergibt sich für uns:

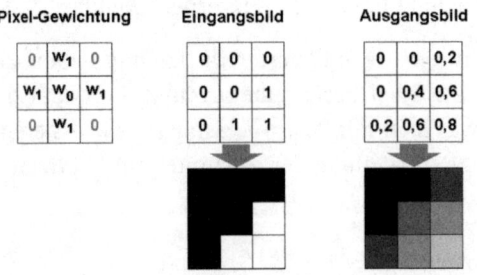

Die Gewichtung, die für dieses Beispiel gewählt wurde, ist sehr simpel und besteht nur aus zwei Werten. Diese Werte wurden von mir willkürlich gewählt, um das Prinzip zu verdeutlichen. Um bessere Gewichtungen für die Pixelberechnungen zu finden, lohnt sich ein übergreifender Blick in die digitale Bildverarbeitung. Hier finden wir Gewichtungen, die sich in der Praxis für die Weichzeichnung bewährt haben und für sehr gute Ergebnisse sorgen. In unserem Shader werden wir einen Gaussian-Filter verwenden. Bei dieser Art der Gewichtung bilden die Werte eine Gauß-Glocke, wie wir sie aus dem Physik-Unterricht kennen. Das folgende Bild zeigt die Verteilung:

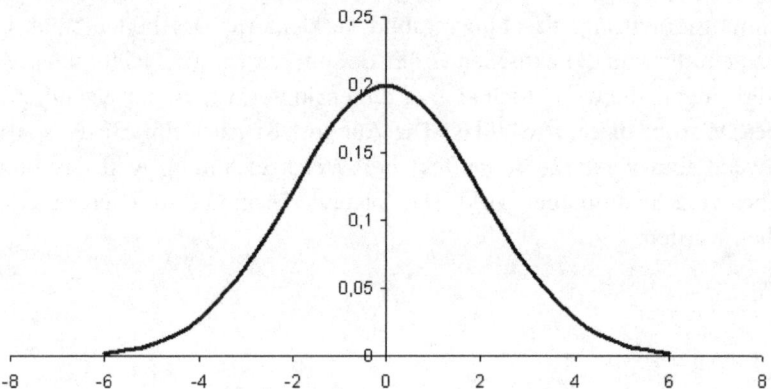

Wir wissen jetzt, wie wir – theoretisch – ein Bild weichzeichnen können. Jetzt müssen wir uns um den praktischen Teil kümmern. Wir wissen, dass wir im Pixelshader immer nur einen Pixel bearbeiten können und keine Informationen über dessen Nachbarpixel bekommen können. Dies ist auch sinnvoll, da mehrere Pixelshader parallel arbeiten können und nicht garantiert ist, dass ein Pixel bereits verarbeitet wurde. Aber eigentlich wollen wir gar nicht in dem Surface auf die benachbarten Pixel schauen, in das wir aktuell rendern. Ich habe bereits geschrieben, dass beim Postprocessing der Eingang der Framebuffer ist, in dem die Szene gerendert wurde. Genau in dieser Eingangstextur müssen wir auf die jeweiligen Pixel schauen. Also werden wir mit dem Befehl tex2D die Pixelfarben sampeln können. Über die Texturkoordinaten können wir steuern, auf welchen Pixel wir zugreifen wollen. Aber welche Texturkoordinaten? Die Eingangstextur, die den Framebuffer enthält, verwendet keine Geometrie. Es gibt also keine Texturkoordinaten. Diesen Umstand können wir beseitigen, indem wir das gerenderte Eingangsbild in eine Textur kopieren und diese Textur auf eine Fläche ziehen, die genau den Ausmaßen des Bildschirms entspricht. Diese Fläche positionieren wir vor den Betrachter. Mit dieser »Szene« starten wir jetzt den Weichzeichnungsshader. In diesem Fall repräsentieren die Texturkoordinaten der Fläche die Ausmaße des Bildschirms. UV(0, 0) entspricht der oberen linken

Ecke und UV(1, 1) der unteren rechten Ecke des Bildschirms. Teilen wir diese UV-Koordinaten durch die Anzahl der Texel, wissen wir, wie groß ein Texel in UV-Koordinaten ist. Jetzt ist es ein Leichtes, die Texturkoordinaten so zu wählen, dass sie auf die benachbarten Texel der Eingangstextur verweisen. Dieses Prinzip werden wir auch in unserem Shader umsetzen.

### 9.4.1 Die Blooming-Shader

Außer den in diesem Kapitel bereits beschriebenen Verarbeitungsschritten wird unsere Effektdatei eine weitere Verarbeitung durchführen. Wir werden vor dem Weichzeichnungsdurchgang das Eingangsbild verkleinern. Das bedeutet, dass wir den Framebuffer von der aktuellen Größe des Bildschirms (in Pixeln) in einer Textur unterbringen, die wesentlich kleiner dimensioniert ist, als der eigentliche Framebuffer. Warum machen wir das? Die Antwort ist ganz einfach: Es spart Rechenaufwand und verstärkt den Effekt der Weichzeichnung, weil das Bild dadurch noch verschwommener wirkt. Das folgende Diagramm soll zeigen, wie wir vorgehen werden:

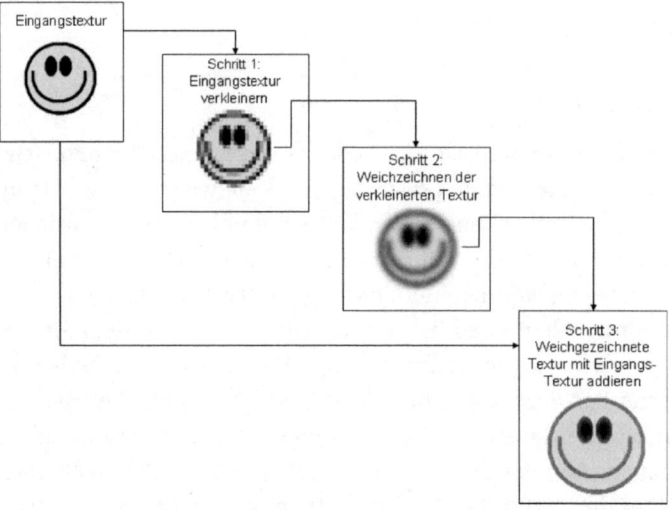

Dem Bild können wir entnehmen, dass unser Effekt in drei Schritten arbeitet. Jeder Schritt ist ein Pass in unserer Effektdatei.

```
technique Blooming
{
    pass Downsize
    {
        VertexShader   = compile vs_2_0 VS_Passthru();
```

```
        PixelShader     = compile ps_2_0 PS_Textured();
    }
    pass Bloom
    {
        VertexShader    = compile vs_2_0 VS_Passthru();
        PixelShader     = compile ps_2_0 PS_Bloom();
    }
    pass AddTextures
    {
        VertexShader    = compile vs_2_0 VS_Passthru();
        PixelShader     = compile ps_2_0 PS_Add();
    }
}
```

Alle drei Passes verwenden den gleichen Vertexshader, nämlich VS_Passthru. Dieser leitet die übergebenen Vertices einfach weiter, ohne sie zu transformieren:

```
void VS_Passthru( float4 Pos : POSITION,
                  float2 tex : TEXCOORD0,
                  out float4 oPos : POSITION,
                  out float2 texcoord : TEXCOORD0 )
{
    oPos        = Pos;
    texcoord    = tex;
}
```

Für die übergebenen Vertices bedeutet dieser Shader, dass sie bereits in Bildschirmkoordinaten beschrieben sein müssen – also in den Koordinaten, die wir erhalten, wenn wir die Vertices mit der World-, View- und Projectionmatrix multiplizieren. Erinnern Sie sich? Die einzigen Vertices, die hier übergeben werden, sind die, die eine Fläche über den kompletten Bildschirm spannen, die den ursprünglichen Framebuffer in Form einer Textur trägt. Diese Vertices der Fläche können wir beim Erstellen direkt in Bildschirmkoordinaten beschreiben, doch dazu kommen wir später, bei der Beschreibung der C++-Klasse.

Der erste Durchgang Downsize ist sehr simpel. Nachdem der Vertexshader die Vertices mit ihren Texturkoordinaten durchgereicht hat, muss der Pixelshader (PS_Textured) die übergebene Textur, die eine Kopie des Framebuffers ist, sampeln und die Farbe der Textur zurückgeben.

```
void PS_Textured(  float2 texcoord : TEXCOORD0,
                   out float4 Color : COLOR )
{
    Color = tex2D( Sampler0, texcoord );
}
```

Hierfür definieren wir noch die folgenden globalen Variablen:

```
Texture TexInput0;

sampler Sampler0 = sampler_state
{
    texture = <TexInput0>;
    AddressU  = WRAP;
    AddressV  = WRAP;
    AddressW  = WRAP;
    MIPFILTER = LINEAR;
    MINFILTER = LINEAR;
    MAGFILTER = LINEAR;
};
```

Sie werden sich vielleicht fragen, wie dieser Pixelshader dafür sorgen soll, dass die Eingangstextur verkleinert wird. Die Lösung ist ebenfalls simpel! Wenn wir diesen ersten Pass starten, werden wir als Rendertarget ein verkleinertes Surface verwenden. Das Ergebnis des Vertex- und Pixelshaders wird also in eine verkleinerte Textur gerendert. In der C++-Klasse müssen wir dafür sorgen, dass das Rendertarget ausgetauscht wird, bevor wir den Pass starten.

Wir kommen zum zweiten Pass (Bloom), der die eigentliche Arbeit des Effekts übernimmt. Dieser Pass erwartet in TexInput0 die verkleinerte Textur. Da wir bereits mit dem Prinzip des Weichzeichnens vertraut sind, schauen wir uns direkt die konkrete Implementierung des Shaders an:

```
  void PS_Bloom(  float2 texcoord : TEXCOORD0,
                  out float4 Color : COLOR )
  {
      float2 uvoffset;
      Color = float4( 0.0f, 0.0f, 0.0f, 1.0f );
      for( int i=0; i < 13; i++ )
      {
A         uvoffset =  VerticalPixel[i].xy/float2(1.0f,
                                           REDUCED_HEIGHT);
B         Color    += tex2D(Sampler0, texcoord + uvoffset) *
                                           BlurWeights[i];
```

```
C          uvoffset  =  HorizontalPixel[i].xy/
                                   float2(REDUCED_WIDTH, 1.0f);
           Color     += tex2D(Sampler0, texcoord + uvoffset) *
                                              BlurWeights[i];
       }
D     Color = Color * BloomFactor;
  }
```

Für die Weichzeichnung verrechnen wir jeweils 12 benachbarte Pixel in der horizontalen sowie in der vertikalen Ebene. Dafür verwenden wir die folgenden Arrays:

```
float2 HorizontalPixel[13] =
{
    { -6, 0 },
    { -5, 0 },
    { -4, 0 },
    { -3, 0 },
    { -2, 0 },
    { -1, 0 },
    {  0, 0 },
    {  1, 0 },
    {  2, 0 },
    {  3, 0 },
    {  4, 0 },
    {  5, 0 },
    {  6, 0 },
};
float2 VerticalPixel[13] =
{
    { 0, -6 },
    { 0, -5 },
    { 0, -4 },
    { 0, -3 },
    { 0, -2 },
    { 0, -1 },
    { 0,  0 },
    { 0,  1 },
    { 0,  2 },
    { 0,  3 },
    { 0,  4 },
    { 0,  5 },
    { 0,  6 },
};
```

A: In `uvoffset` berechnen wir den Offset für die UV-Koordinaten, um auf die jeweiligen benachbarten Pixel zu zeigen. Damit wir aus `VerticalPixel[]` die UV-Offset-Koordinaten bekommen, müssen wir diese durch die Höhe der verkleinerten Textur teilen. In unserem Beispiel ist die verkleinerte Textur 256*256 Texel groß. Wir verwenden die folgenden Defines:

```
#define REDUCED_WIDTH 256
#define REDUCED_HEIGHT 256
```

Bei dieser Zeile muss noch erwähnt werden, dass die Teilung durch die Höhe der Textur eigentlich nicht im Pixelshader erfolgen muss. Da es sich bei beiden Werten um konstante Werte handelt, könnte die Berechnung eigentlich im Voraus durchgeführt werden.

B: Wir addieren den Farbwert des Nachbarpixels zu `Color`. Bevor wir dies tun, multiplizieren wir noch die Gewichtung mit diesem. Dafür müssen wir den folgenden Array definieren:

```
static const float BlurWeights[13] =
{
    0.002216,
    0.008764,
    0.026995,
    0.064759,
    0.120985,
    0.176033,
    0.199471,
    0.176033,
    0.120985,
    0.064759,
    0.026995,
    0.008764,
    0.002216,
};
```

Diese Float-Werte bilden die weiter oben beschriebene Gauß-Kurve. Die Gewichtung für den aktuellen Pixel steht bei Index 7 (bei 0 angefangen).

C: Wir wiederholen die Schritte A und B für die horizontale Ebene.

D: Abschließend multiplizieren wir die Ausgangsfarbe noch mit einem konstanten Faktor, der dem Effekt als Parameter übergeben werden kann.

```
float BloomFactor = 1.2f;
```

Dies ist der einzige Parameter, an dem wir für diesen Effekt drehen wollen.

Damit ist der wichtigste Teil unseres Effekts abgearbeitet. Es fehlt nur noch die Verrechnung des ursprünglichen Framebuffers mit der neuen, verkleinerten und weichgezeichneten Textur. Da der dritte Pass im Effekt zwei Texturen verrechnen soll, müssen wir eine zweite Textur-Variable und einen weiteren Sampler definieren.

```
Texture TexInput1;
sampler Sampler1 = sampler_state
{
    texture = <TexInput1>;
    AddressU  = WRAP;
    AddressV  = WRAP;
    AddressW  = WRAP;
    MIPFILTER = LINEAR;
    MINFILTER = LINEAR;
    MAGFILTER = LINEAR;
};
```

Der Pixelshader `PS_Add` addiert die Texel der beiden Texturen und gibt das Ergebnis zurück.

```
void PS_Add(  float2 texcoord : TEXCOORD0,
              out float4 Color : COLOR )
{
    Color = tex2D( Sampler0, texcoord ) + tex2D( Sampler1,
                                                 texcoord );
}
```

Unsere Effektdatei ist fertig. Jetzt kommt es auf die richtigen Parameter und die richtigen Rendertargets an.

### 9.4.2 Die Blooming-Klasse

Unsere C++-Klasse weicht diesmal etwas von den vorherigen Effektklassen ab. Da der Effekt erst nach dem Rendern ausgeführt wird, benötigen wir keine BeginXXX- und EndXXX-Funktionen, um den Renderdurchgang einzuleiten bzw. zu beenden. Dafür setzen wir eine Funktion `PostProcess` ein. Diese benötigt als Übergabe nur das 3D-Device. Die Schnittstelle ist also etwas simpler geworden.

```
class CBloomEffect
{
public:
    CBloomEffect();
    BOOL Create( LPDIRECT3DDEVICE9 Device );
    void PostProcess( LPDIRECT3DDEVICE9 Device );
    void SetBloomFactor( float factor );
    void Destroy();
};
```

Fehlende Member-Variablen werden noch ergänzt.

Die Verwendung der Klasse ist einfach. Um den Effekt zu aktivieren, müssen wir die PostProcess-Funktion nach dem eigentlichen Renderdurchgang aufrufen, also nach der D3DDevice->EndScene-Funktion.

Zwar hat unsere Klasse etwas weniger Funktionen, als wir sonst gewohnt sind, aber dafür sind die Funktionen etwas umfangreicher geworden. Bevor wir uns die Create-Funktion vornehmen, sollten wir kurz zusammenfassen, was wir alles für unseren Effekt an DirectX-Ressourcen benötigen. Als da wären:

1. Das D3DXEffect-Objekt, damit wir die FX-Datei nutzen können

2. Eine Kopie des aktuellen Rendertargets. Diese benötigen wir für den dritten Schritt des Effekts. Hier wollen wir das Originalbild mit dem verkleinerten, weichgezeichneten Bild addieren.

3. Eine verkleinerte Textur, die wir ebenfalls als Rendertarget verwenden wollen, um das ursprüngliche Rendertarget zu verkleinern (Schritt 2)

4. Noch eine verkleinerte Textur, die das Ergebnis des Weichzeichnungsdurchgangs speichert (Schritt 3)

5. Einen Vertexbuffer, in dem wir die Vertices der Fläche, die den ganzen Bildschirm einnehmen soll, speichern können

6. Einen weiteren Vertexbuffer, der als Fläche für die verringerten Eingangstexturen verwendet werden soll (aus Punkt 3 und 4)

Punkt 5 und 6 sind vielleicht noch etwas unklar. Wir wissen, dass wir eine Fläche benötigen, auf der wir die Eingangstexturen mappen können. Aber warum benötigen wir zwei Flächen? Die Vertices der Flächen werden wir in Bildschirmkoordinaten übergeben. Sie sind also bereits komplett transformiert und müssen vom Vertexshader nur noch durchgeleitet werden (erinnern Sie sich an die vs_Passthru-Funktion). Wird die Auflösung des Rendertargets von z. B. 1024x768 Pixel auf 512x512 Pixel reduziert, müssen auch die X- und Y-Koordinaten der Fläche angepasst werden. Damit wir nicht jedes Mal den Vertexbuffer mit der ursprünglichen Rendertarget-Auflösung bearbeiten müssen (dafür müssten wir diesen mit `lock` sperren und mit `unlock` wieder freigeben), erstellen wir einfach einen weiteren kleinen Vertexbuffer, der die verkleinerte Fläche beinhaltet.

Nachdem das geklärt ist, müssen wir unsere Klasse um die folgenden Member-Pointer ergänzen:

```
protected:
  ID3DXEffect*           m_Effect;        // 1. Effektinstanz
  LPDIRECT3DTEXTURE9     m_texCopyOrgRT;  // 2. Kopie org. Rendertarget
  LPDIRECT3DTEXTURE9     m_texReduced;    // 3. verkleinerte Textur
  LPDIRECT3DTEXTURE9     m_texBloomed;    // 4. verkl.Tex.f.Weichzeichn.
  LPDIRECT3DVERTEXBUFFER9 m_VB;           // 5. VertexBuffer ursp. RT
  LPDIRECT3DVERTEXBUFFER9 m_VBreduced;    // 6. VertexBuffer verkl. RT
```

Jetzt können wir uns darum kümmern, den Member-Pointern Objekte zuzuweisen. Wir kommen zur `Create`-Funktion. Da die Funktion recht umfangreich ist, habe ich mich entschlossen, diese in zwei Listings aufzubrechen. Im ersten Listing erstellen wir die nötigen Texturen:

```
    BOOL CBloomEffect::Create( LPDIRECT3DDEVICE9 Device )
    {
      ID3DXBuffer*         ErrorBuffer = NULL;
      LPDIRECT3DSURFACE9   BackBuffer = NULL;
      D3DSURFACE_DESC      BackBufferDesc;
      void*                VertexData;

A   if( FAILED( D3DXCreateEffectFromFile( Device,
                                          "Effects/bloom.fx",
                                          NULL, NULL, 0, NULL,
                                          &m_Effect, &ErrorBuffer )))
    {
        char *Errors = (char*) ErrorBuffer->GetBufferPointer();
        fprintf( stderr, "%s", Errors );
        SAFE_RELEASE( ErrorBuffer );
        return false;
    }

B   Device->GetBackBuffer( 0, 0, D3DBACKBUFFER_TYPE_MONO,
                                                &BackBuffer );
    BackBuffer->GetDesc( &BackBufferDesc );
    SAFE_RELEASE(BackBuffer);

C   if( FAILED( Device->CreateTexture(
                        BackBufferDesc.Width,  //höhe
                        BackBufferDesc.Height, //breite
```

```
                                      1,                      //Mipmaps
                                      D3DUSAGE_RENDERTARGET,   //Usage
                                      BackBufferDesc.Format,   //Format
                                      D3DPOOL_DEFAULT,         //Pool
                                      &m_texCopyOrgRT,         //Ziel
                                      NULL )))                 //Reserv.
                  return false;
D      if( FAILED( Device->CreateTexture( REDUCED_WIDTH,
                                          REDUCED_HEIGHT,
                                          1,
                                          D3DUSAGE_RENDERTARGET,
                                          BackBufferDesc.Format,
                                          D3DPOOL_DEFAULT,
                                          &m_texReduced,
                                          NULL ) ) )
                  return false;

       if( FAILED( Device->CreateTexture( REDUCED_WIDTH,
                                          REDUCED_HEIGHT,
                                          1,
                                          D3DUSAGE_RENDERTARGET,
                                          BackBufferDesc.Format,
                                          D3DPOOL_DEFAULT,
                                          &m_texBloomed,
                                          NULL ) ) )
                  return false;
       ...
```

A: Wir erzeugen aus unserer FX-Datei die Effektinstanz. Wenn es zu Fehlern beim Compilieren kommt, geben wir diese auf der stderr-Konsole aus.

B: Damit wir eine Kopie des ursprünglichen Rendertargets erstellen können, müssen wir wissen, in welchem Format das Rendertarget vorliegt und welche Auflösung es hat. Das Rendertarget ist ein Backbuffer im 3D-Device. Den Backbuffer bekommen wir mit der Funktion GetBackbuffer vom 3D-Device. Wir speichern den Backbuffer in einem IDirect3DSurface9-Zeiger. Über das Surface bekommen wir den Surface-Descriptor, in dem die Daten zur Auflösung etc. gespeichert sind.

Anschließend releasen wir das Surface wieder, da wir es nicht weiter benötigen.

C: Die Auflösung und das Format des Backbuffers verwenden wir. um eine Textur zu erzeugen. Hier ist wichtig, dass wir dem Device mitteilen, dass die

Textur als Rendertarget verwendet werden soll. Dies können wir tun, indem wir das Flag D3DUSAGE_RENDERTARGET im vierten Parameter übergeben. Damit die Textur als Rendertarget erzeugt werden kann, muss sie im D3DPOOL_ DEFAULT angelegt werden. Das bedeutet für uns, dass wir die Textur »restoren« müssen, wenn es zu einem Device-Lost kommt. Aber das soll uns hier nicht weiter interessieren.

D: Nachfolgend erzeugen wir die beiden in der Auflösung reduzierten Texturen. Diese werden genau wie in Punkt C erstellt. Nur für die Breite und Höhe verwenden wir die folgenden Defines:

```
#define REDUCED_WIDTH  256
#define REDUCED_HEIGHT 256
```

Alle nötigen Texturen sind nun erzeugt, und wir kommen zum zweiten Teil der Create-Funktion. Hier erstellen wir die benötigen Vertexbuffer.

```
...
    {
A     float BBWidth  = BackBufferDesc.Width;
      float BBHeight = BackBufferDesc.Height;

      SBloomVertex Vertices[6] =
      {
      { D3DXVECTOR4( -0.5f, -0.5f, 0.0f, 1.0f), 0.0f, 0.0f },
      { D3DXVECTOR4( BBWidth-0.5f, -0.5f, 0.0f, 1.0f),
                                                  1.0f, 0.0f },
      { D3DXVECTOR4( -0.5f, BBHeight-0.5f, 0.0f, 1.0f), 0.0f,
                                                  1.0f },
      { D3DXVECTOR4( -0.5f, BBHeight-0.5f, 0.0f, 1.0f), 0.0f,
                                                  1.0f },
      { D3DXVECTOR4( BBWidth-0.5f, -0.5f, 0.0f, 1.0f),
                                                  1.0f, 0.0f },
      { D3DXVECTOR4( BBWidth-0.5f,BBHeight-0.5f,0.0f,1.0f),
                                                  1.0f,1.0f },
      };
B     if( FAILED( Device->CreateVertexBuffer(
                      sizeof(SBloomVertex)*6,
                      D3DUSAGE_WRITEONLY | D3DUSAGE_DYNAMIC, 0,
                      D3DPOOL_DEFAULT, &m_VB, NULL )))
          return false;
```

```
C    if( FAILED( m_VB->Lock( 0, 0, &VertexData,
                                      D3DLOCK_DISCARD )))
        return false;
     memcpy( VertexData, Vertices, sizeof(SBloomVertex)*6 );
     m_VB->Unlock();
   }
   {
D    float RWidth  = REDUCED_WIDTH;
     float RHeight = REDUCED_HEIGHT;

     SBloomVertex Vertices[6] =
     {
     { D3DXVECTOR4( -0.5f, -0.5f, 0.0f, 1.0f), 0.0f, 0.0f },
     { D3DXVECTOR4( RWidth-0.5f, -0.5f, 0.0f, 1.0f),
                                         1.0f, 0.0f },
     { D3DXVECTOR4( -0.5f, RHeight -0.5f, 0.0f, 1.0f), 0.0f,
                                         1.0f },
     { D3DXVECTOR4( -0.5f, RHeight -0.5f, 0.0f, 1.0f),
                                         0.0f, 1.0f },
     { D3DXVECTOR4( RWidth-0.5f, -0.5f, 0.0f, 1.0f),
                                         1.0f, 0.0f },
     { D3DXVECTOR4( RWidth-0.5f,RHeight-0.5f,0.0f,1.0f),
                                         1.0f,1.0f },
     };

     if( FAILED( Device->CreateVertexBuffer(
                     sizeof(SBloomVertex)*6,
                     D3DUSAGE_WRITEONLY | D3DUSAGE_DYNAMIC, 0,
                     D3DPOOL_DEFAULT, &m_VBreduced, NULL )))
        return false;
     if( FAILED(m_VBreduced->Lock(0,0,&VertexData,
                                      D3DLOCK_DISCARD)))
        return false;
     memcpy( VertexData, Vertices, sizeof(SBloomVertex)*6 );
     m_VBreduced->Unlock();
   }
   return true;
}
```

A: Unsere Fläche besteht aus 6 Vertices, die wiederum zwei Dreiecke beschreiben. Damit wir den Aufbau der Fläche verstehen, müssen wir uns die Struktur SBloomVertex anschauen und in unseren Code übernehmen:

```
struct SBloomVertex
{
    D3DXVECTOR4    pos;
    FLOAT          u;
    FLOAT          v;
};
```

Zu der Struktur gehört die folgende FVF-Definition:

```
#define SBLOOMVERTEX_FVF (D3DFVF_XYZRHW | D3DFVF_TEX1)
```

Wir definieren also 6 Vertices, deren transformierte Position aus vier Float-Werten besteht. Die UV-Koordinaten sind so gewählt, dass UV(0,0) in der oberen linken Ecke des Bildschirms liegt und UV(1,1) in der unteren rechten Ecke des Bildschirms.

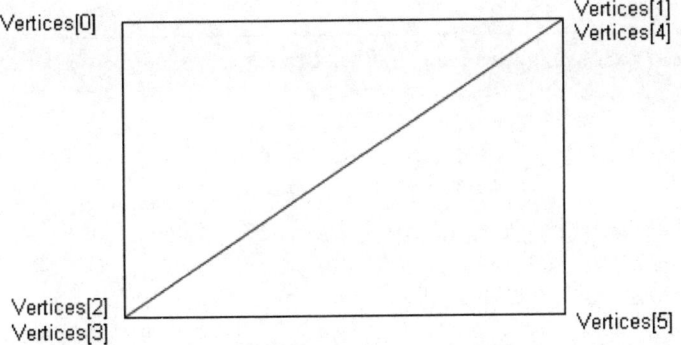

B: Für die Vertices mit den Bildschirmkoordinaten erstellen wir den Vertexbuffer m_VB. Da wir diesen nur einmal initial beschreiben, erzeugen wir ihn mit dem Flag D3DUSAGE_WRITEONLY und D3DUSAGE_DYNAMIC. Die Größe des Buffers muss so gewählt sein, dass unsere Vertices hineinpassen, also sizeof(SBloomVertex)*6.

C: Nachdem wir den Buffer gesperrt haben (Lock), kopieren wir die Vertexdaten in den Buffer. Anschließend geben wir die Daten wieder frei (Unlock).

D: Wir wiederholen die Punkte A bis C mit einer neuen Breite und Höhe für die X- und Y-Koordinaten der Vertices. Diese passen dann für das reduzierte Rendertarget. Die Vertices werden dann im Vertexbuffer m_reducedVB gespeichert.

Wir erkennen sofort, dass der erste Stateblock und der zweite Stateblock des Listings sich nur in der Breite und Höhe der Vertices und dem Ziel-Vertexbuffer unterscheiden. Hier macht es sicherlich Sinn, eine kleine separate Funktion zu schreiben, die die Vertexbuffer erzeugt. Bitte sehen Sie es mir nach, dass ich hierauf verzichtet habe, um die Anzahl der Funktionen der Klasse so gering wie möglich zu halten.

Damit hätten wir die Mammut-Create-Funktion abgearbeitet. Diese muss selbstverständlich nur einmal aufgerufen werden. Im Fall eines Device-Losts sollte man die Destroy-Funktion und anschließend wieder die Create-Funktion aufrufen. Da unsere Ressourcen im D3DPOOL_DEFAULT liegen.

Nach dieser umfangreichen Funktion können wir uns an die ebenfalls recht umfangreiche PostProcess-Funktion wagen. Die Funktion an sich ist überhaupt nicht kompliziert. Sie ist nur umfangreich. Aus diesem Grund ist die Funktion wieder in mehrere Listings aufgeteilt.

Im ersten Listing programmieren wir die notwendigen Initialisierungen, die wir vor dem eigentlichen Effekt durchführen müssen:

```
    void CBloomEffect::PostProcess( LPDIRECT3DDEVICE9 Device )
    {
      UINT                    passes          = 0;
      LPDIRECT3DSURFACE9      OrgRenderTarget = NULL;
      LPDIRECT3DSURFACE9      Surface         = NULL;
A     Device->GetRenderTarget( 0, &OrgRenderTarget );
B     m_texCopyOrgRT->GetSurfaceLevel( 0, &Surface );
      Device->StretchRect(OrgRenderTarget,NULL,Surface,NULL,
                                              D3DTEXF_NONE);
      Surface->Release();
C     Device->SetRenderState( D3DRS_ZENABLE, false );
      Device->SetRenderState( D3DRS_ZWRITEENABLE, false );
      Device->SetFVF( SBLOOMVERTEX_FVF );

      ...
```

A: In OrgRenderTarget lassen wir uns die Adresse des aktuellen Rendertargets schreiben. In diesem Surface befindet sich die gerenderte Szene vor dem Postprocess-Effekt. Am Ende der Funktion müssen wir OrgRenderTarget wieder releasen.

B: Erinnern Sie sich? Die Textur m_texCopyOrgRT haben wir erzeugt, um das ursprüngliche, unbearbeitete Rendertarget zu speichern. Dies benötigen wir für den dritten Pass des Effekts, in dem wir das Ursprungsbild mit dem bearbeiteten, reduzierten Bild addieren wollen.

Für das Kopieren der Targets verwenden wir die Funktion StretchRect des 3D-Device. Diese Funktion erwartet im ersten Parameter eine Referenz auf das zu kopierende IDirect3DSurface9. Im zweiten Parameter kann man ein Rechteck definieren, das einen Bereich im Source-Surface angibt. NULL bedeutet, dass wir das komplette Surface kopieren möchten. Das Ziel-Surface geben wir im dritten Parameter an. Auch hier können wir wieder ein Rechteck angeben. Im fünften Parameter definieren wir, dass die Textur ohne weitere Filterung kopiert werden soll. Eine Filterung macht keinen Sinn, da Ziel und Ursprung die gleiche Größe haben und uns eine zusätzliche Filterfunktion nur Zeit kosten würde.

Anschließend geben wir das Surface der Textur m_texCopyOrgRT wieder frei.

C: Für unseren Postprocess-Effekt benötigen wir keinen Tiefenwert-Vergleich, wir deaktivieren also das Schreiben und Lesen des Z-Buffers und übergeben unser FVF dem 3D-Device, damit es die folgenden Vertexdaten korrekt verarbeiten kann.

Alle Vorbereitungen sind abgeschlossen, und wir können mit dem ersten Pass des Effekts loslegen. Dieser Pass reduziert die Größe der Eingangstextur:

```
...
A   m_texReduced->GetSurfaceLevel( 0, &Surface );
    Device->SetRenderTarget( 0, Surface );
    Surface->Release();

    m_Effect->SetTechnique( "Blooming" );
    m_Effect->Begin( &passes, 0 );

    // pass 0 => Reduziere Textur!
    if( SUCCEEDED( Device->BeginScene() ) )
    {
B       m_Effect->SetTexture( "TexInput0", m_texCopyOrgRT );
        m_Effect->BeginPass( 0 );

        // Render Quad
C       Device->SetStreamSource(0,m_VBreduced,0,
                                        sizeof(SBloomVertex));
        Device->DrawPrimitive( D3DPT_TRIANGLELIST, 0, 2 );
        //

        m_Effect->EndPass();
        Device->EndScene();
    }
    ...
```

A: Damit der erste Pass die Eingangstextur verkleinern kann, muss das Rendertarget für diesen Pass kleiner sein als die Eingangstextur. Wir ersetzen also das momentane Rendertarget durch unser verkleinertes Rendertarget `m_texReduced`. Hierfür müssen wir das Surface aus der Textur holen und es mit `Device->SetRenderTarget` dem 3D-Device übergeben. Alle Zeichenaufrufe, die nun durch das 3D-Device gehen, werden in dieses neue Rendertarget gezeichnet.

B: Wir übergeben dem Effekt die Textur `m_texCopyOrgRT`. Diese beinhaltet die Kopie der gerenderten Szene. Dann starten wir den ersten Pass.

C: Da das Rendertarget verkleinert wurde, setzen wir unseren Vertexbuffer, der die verkleinerten X- und Y-Koordinaten gespeichert hat, als Streamsource (`m_VBreduced`). Es handelt sich um eine Fläche, die aus 2 separaten Dreiecken besteht, also ist unser Primitiven-Typ `D3DPT_TRIANGLELIST`.

Es folgt der zweite Pass. Hier werden wir die verkleinerte Textur, die als Rendertarget im ersten Pass verwendet wurde, als Eingangstextur im zweiten Pass verwenden. Ergebnis dieses Passes ist dann die verkleinerte, weichgezeichnete Textur.

```
   ...
   // Rendertarget neu setzen!
A  m_texBloomed->GetSurfaceLevel( 0, &Surface );
   Device->SetRenderTarget( 0, Surface );
   Surface->Release();

   // pass 1 => verwischen der reduzierten Textur!
   if( SUCCEEDED( Device->BeginScene() ) )
   {
B      m_Effect->SetTexture( "TexInput0", m_texReduced );
       m_Effect->BeginPass( 1 );

       // Render Quad
       Device->SetStreamSource( 0 m_VBreduced,0,
                                    sizeof(SBloomVertex));
       Device->DrawPrimitive( D3DPT_TRIANGLELIST, 0, 2 );
       //

       m_Effect->EndPass();
       Device->EndScene();
   }
   ...
```

A: Unser neues Rendertarget wird `m_texBloomed`. Wir erinnern uns, dass diese Textur die gleiche Auflösung hat wie `m_texReduced`. Also werden wir auch bei diesem Rendertarget `m_VBreduced` als Streamsource verwenden.

B: `m_texReduced` wird die Eingangstextur für unseren zweiten Pass.

Im dritten und letzten Pass müssen wir die Texel von `m_texBloomed` und `m_tex-CopyOrgRT` addieren. Das Ergebnis dieses Passes speichern wir dann in dem ursprünglichen Rendertarget, das beim Aufruf der `PostProcess`-Methode gesetzt war. Der Benutzer, der unsere Effektklasse verwendet, bemerkt also nicht, dass die Rendertargets mehrmals gewechselt wurden. Er bekommt sein Ergebnis in dem Target, in das er auch seine Szene gerendert hat.

```
      ...
A     Device->SetRenderTarget( 0, OrgRenderTarget );
      OrgRenderTarget->Release();

      // pass 2 => Addieren der Texturen!
      if( SUCCEEDED( Device->BeginScene() ) )
      {
B         m_Effect->SetTexture( "TexInput0", m_texBloomed );
          m_Effect->SetTexture( "TexInput1", m_texCopyOrgRT );
          m_Effect->BeginPass( 2 );

          // Render Quad
C         Device->SetStreamSource( 0, m_VB, 0,
                                      sizeof(SBloomVertex) );
          Device->DrawPrimitive( D3DPT_TRIANGLELIST, 0, 2 );
          //
          m_Effect->EndPass();
          Device->EndScene();
      }
D     m_Effect->End();
      Device->SetRenderState( D3DRS_ZENABLE, true );
      Device->SetRenderState( D3DRS_ZWRITEENABLE, true );
}
```

A: Das ursprüngliche Rendertarget, das zu Beginn der Funktion gesichert wurde, wird wieder an das 3D-Device übergeben. Danach geben wir unsere Referenz darauf wieder frei.

B: Der Shader erwartet im Eingang die beiden zu addierenden Texturen. Hier findet die Kopie des ursprünglichen Rendertargets Verwendung (`m_texCopyOrgRT`).

C: Da das Rendertarget wieder die ursprüngliche Auflösung hat, verwenden wir jetzt nicht mehr m_reducedVB, sondern m_VB, der mit den korrekten Bildschirmkoordinaten erstellt wurde.

D: Wir müssen noch den Effekt beenden und den Z-Buffer wieder aktivieren. Fertig!

Unsere Effektklasse ist so gut wie fertig! Wir müssen uns nur noch um das Aufräumen und korrekte Initialisieren der Member-Variablen kümmern und eine kleine Setter-Funktion schreiben. Es folgen der Klassenkonstruktor und die Destroy-Funktion. Diese sind einfach und bedürfen keiner Erklärung:

```
CBloomEffect::CBloomEffect()
{
    m_texCopyOrgRT  = NULL;
    m_texReduced    = NULL;
    m_texBloomed    = NULL;
    m_VB            = NULL;
    m_VBreduced     = NULL;
    m_Effect        = NULL;
}
```

```
void CBloomEffect::Destroy()
{
    SAFE_RELEASE( m_Effect );
    SAFE_RELEASE( m_VB );
    SAFE_RELEASE( m_VBreduced );
    SAFE_RELEASE( m_texCopyOrgRT );
    SAFE_RELEASE( m_texReduced );
    SAFE_RELEASE( m_texBloomed );
}
```

Mit der Setter-Funktion SetBloomFactor können wir den Faktor für den zweiten Pass (Bloom) setzen. Spielen Sie etwas mit diesem Faktor, um schöne Ergebnisse zu erhalten.

```
void CBloomEffect::SetBloomFactor( float factor )
{
    if( m_Effect )
        m_Effect->SetFloat( "BloomFactor", factor );
}
```

Unsere CBloomEffect-Klasse ist komplett! Sie können diese verwenden, um Ihrer Szene mehr Dynamik zu verpassen. Eine weitere, schöne Anwendung für den

Bloom-Effekt sind Erschöpfungserscheinungen beim Spieler. Stellen Sie sich vor, der Spieler wird im Spiel angegriffen und bekommt ein paar Treffer vom Gegner ab. Während des Angriffs können Sie den `BloomFactor` auf einen hohen Wert setzen, so dass das Bild geradezu grell wird und an Kontur verliert. Wenn der Spieler sich dann wieder erholt, setzen Sie den `BloomFactor` wieder langsam herab.

## 9.5 Dynamische Echtzeitschatten

Es wird Zeit, unseren Szenen mehr Tiefe zu geben. Einen wichtigen Schritt hierfür haben wir bereits mit der Implementierung des Phong-Reflexionsmodells getan. Durch das Modell werden unsere Objekte bereits schattiert und geben dem Betrachter den Eindruck von Tiefe. Dummerweise ist die Schattierung auf das Objekt lokal begrenzt. Das bedeutet, dass sich die Schattierung ausschließlich auf den lokalen Raum des Modells bezieht. Es findet keine Wechselwirkung zwischen verschiedenen Objekten statt. Man spricht hier von einem lokalen Beleuchtungsmodell. Ein lokales Beleuchtungsmodell sieht nicht vor, dass ein Objekt einen Schlagschatten wirft. Es behandelt lediglich den Körperschatten, der den Schattierungsverlauf auf dem Objekt selbst beschreibt, ohne die Wechselwirkung mit anderen Objekten zu berücksichtigen.

Natürlich ist das Wechselspiel zwischen Licht und Schatten enorm komplex, und es kann nicht der Anspruch dieses Kapitels sein, dieses Wechselspiel in allen Facetten zu beschreiben. Wir konzentrieren uns stattdessen auf den Schlagschatten.

Schlagschatten können wir beobachten, wenn die direkte Beleuchtung eines Objekts durch eine Lichtquelle wegen räumlicher Gegebenheiten verhindert wird. In diesem Fall liegt unser Objekt im Schatten und sollte nur noch durch das ambiente Umgebungslicht beleuchtet werden.

### 9.5.1 Verfahren zur Berechnung von Echtzeitschatten

Es haben sich in den letzten Jahren zwei Methoden zur Berechnung von Echtzeitschatten in Spielen etabliert. Der Vollständigkeit halber werden beide Methoden in diesem Kapitel kurz vorgestellt. Später werden wir eine dieser Methoden implementieren.

Methoden zur Berechnung von Echtzeitschatten:

1) Shadowvolumes
2) Shadowmaps

**Shadowvolumes**

Bei den Shadowvolumes handelt es sich um ein geometrisches Verfahren. In diesem Verfahren wird als Erstes die Silhouette eines Objekts aus Sicht der Lichtquelle bestimmt. Sind die Kanten der Silhouette bestimmt, werden diese in Flächen umgewandelt. Dabei werden die Kanten einfach in Richtung der Lichtstrahlen verlängert. Die folgende Abbildung zeigt, was gemeint ist:

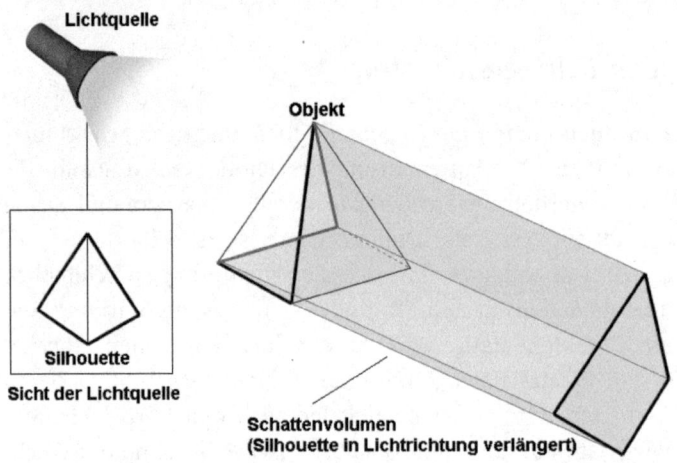

Die neu gewonnene Geometrie (Schattenvolumen) wird im nächsten Schritt verwendet, um den Schatten des Objekts in eine vorhandene Szene zu projizieren. Hierfür müssen wir gekonnt mit dem Z-Buffer arbeiten, damit der Schatten nur dort zu sehen ist, wo auch ein Objekt diesen Schatten empfangen kann (Shadowreceiver). Würden wir das Schattenvolume ohne Zuhilfenahme des Z-Buffers rendern, wäre die »Luft«, die im Schatten liegt, ebenfalls abgedunkelt, was nicht sonderlich natürlich aussieht ;-). Das folgende Bild gibt Aufschluss:

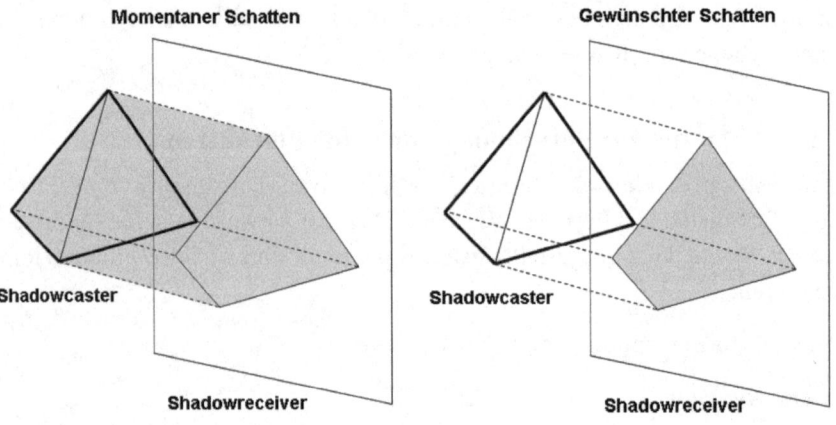

Bei genauer Betrachtung fällt uns auf, dass der gewünschte Schatten eine Teilmenge des momentanen Schattens ist. Wenn es uns gelingt, diese Teilmenge aus dem Schattenvolumen zu extrahieren, ist das Verfahren komplett. Die Extrahierung kann jedoch nur beim Rendern, also im zweidimensionalen Raum, durchgeführt werden. Hierbei machen wir uns eine wichtige Eigenschaft der Direct3D-Renderpipeline zunutze: das Culling. Standardmäßig ist das 3D-Device so eingestellt, dass nur Flächen gezeichnet werden, die zum Betrachter zeigen (Counter-Clockwise-Culling, CCW-Culling). Dadurch wird unnötiges Überzeichnen der Rückseiten vermieden. Man kann das 3D-Device aber auch anweisen, nur die Flächen zu rendern, die vom Betrachter wegzeigen (Clockwise-Culling, CW-Culling). Schauen wir uns unser Schattenvolumen an, wenn wir es mit den verschiedenen Culling-Methoden rendern:

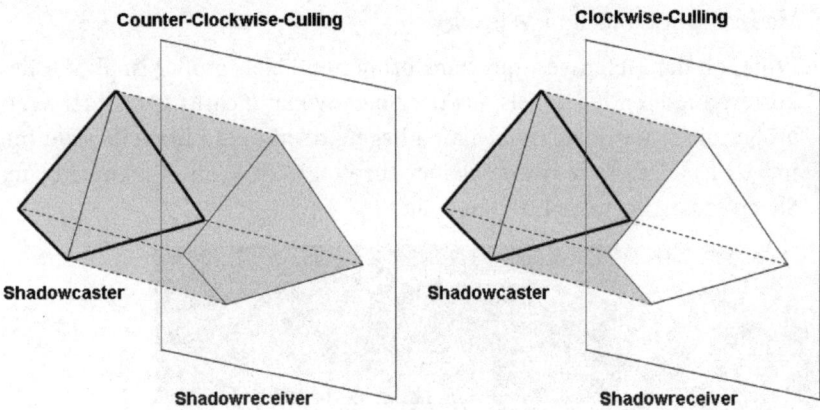

Wichtig ist, dass wir beim Rendern den Z-Buffer eingeschaltet haben. Denn dieser sorgt dafür, dass das Shadowvolume nicht über Objekte gezeichnet wird, in die es eindringt. Wenn wir die mit CW-Culling gerenderte Schattenfläche von der CCW-gerenderten Fläche abziehen (subtrahieren), erhalten wir unseren gewünschten Schatten.

Wie diese Subtraktion implementiert werden kann, wurde bereits im Kapitel zum Stencil-Buffer abgehandelt. Hier sei nur erwähnt, dass bei der Subtraktion der Stencil-Buffer eine zentrale Rolle spielt. Wir kommen zur zweiten Methode, Echtzeitschatten zu berechnen: dem Shadowmapping.

### Shadowmaps

Beim Shadowmapping müssen wir nicht wie bei den Shadowvolumes zusätzliche Geometrie berechnen, um unseren Schatten zu erhalten. Stattdessen verwenden wir spezielle Rendertechniken. Die Kernidee ist die folgende:

All das, was aus Sicht der Lichtquelle nicht zu sehen ist, muss im Schatten liegen.

Beherzigt man diesen Satz, kann man ein erstaunlich leicht zu verstehendes Verfahren entwickeln, um Schatten zu berechnen. Die folgenden Schritte beschreiben, was zu tun ist:

1. Setze Ausrichtung und Position der Kamera auf die der Lichtquelle.

2. Rendere ein Tiefenabbild der Szene aus Sicht der Lichtquelle (das, was wir normalerweise in unserem Z-Buffer erhalten). Dieses Tiefenabbild ist die Shadowmap.

3. Setze die Kamera auf die Position und Ausrichtung des Betrachters.

4. Rendere aus Sicht des Betrachters die Szene, und führe für jeden Pixel die folgenden zusätzlichen Operationen aus:

   a. Transformiere den Pixel in den Raum der Lichtquelle (Licht-View-Matrix*Licht-Projection-Matrix).

   b. Prüfe, ob der Tiefenwert des transformierten Pixels größer ist als der des korrespondierenden Texels aus der Shadowmap (Schritt 2). Ist der Wert größer, muss der Pixel im Schatten liegen, denn die Lichtquelle sieht ihn nicht. Ist der Tiefenwert kleiner bzw. gleich dem Tiefenwert der Shadowmap, liegt der Pixel im Licht.

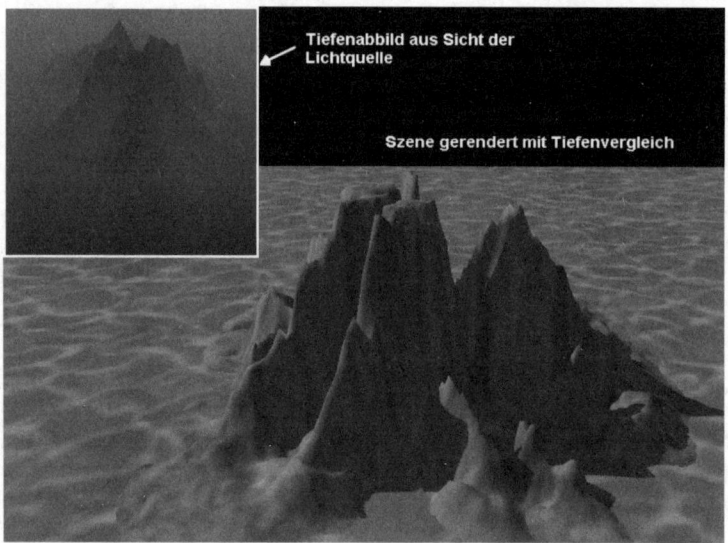

Prinzipiell beschreiben diese wenigen Schritte bereits das komplette Verfahren. Allerdings gibt es einige Fallstricke und technische Probleme, die besprochen werden müssen.

Wir beginnen bei der Wahl der Lichtquelle. Hier kommen nur Lichtquellen in Frage, die wir mit der Kamera »imitieren« können. Hier sind Punktlichtquellen problematisch. Punktlichtquellen zeichnen sich dadurch aus, dass sie in alle Richtungen strahlen. Möchte man aus Sicht einer solchen Lichtquelle die Szene rendern, muss man Cubemaps verwenden und jede der sechs Seiten der Cubemap separat rendern. Dies stellt ein enormes Performance-Problem dar, weswegen bei der Implementierung von Shadowmaps (in Spielen) Punktlichtquellen nicht verwendet werden. Stattdessen beschränkt man sich auf direktionales Licht und Spotscheinwerfer. Für direktionales Licht kann man eine orthogonale Projektion verwenden und für Spotscheinwerfer eine perspektivische Projektion, wie wir sie bereits für unsere Betrachterkamera verwenden.

Durch die Beschränkung auf gerichtetes Licht in der Szene werden Shadowmaps gerne für Outdoor-Szenarien verwendet. Hier gibt es meistens nur eine Lichtquelle in Form der Sonne.

Ein weiteres Problem, mit dem wir bei Shadowmaps zu kämpfen haben, sind Quantisierungsfehler. Shadowmaps sind in ihrer Auflösung begrenzt. Weiterhin ist es so, dass der Bereich, der durch die Shadowmap abgedeckt wird, nicht dem Bereich entspricht, den der Betrachter sieht. Meistens sind wir gezwungen, den Bereich, den wir aus Sicht der Lichtquelle rendern, etwas größer zu halten. Die folgende Abbildung soll das Problem verdeutlichen:

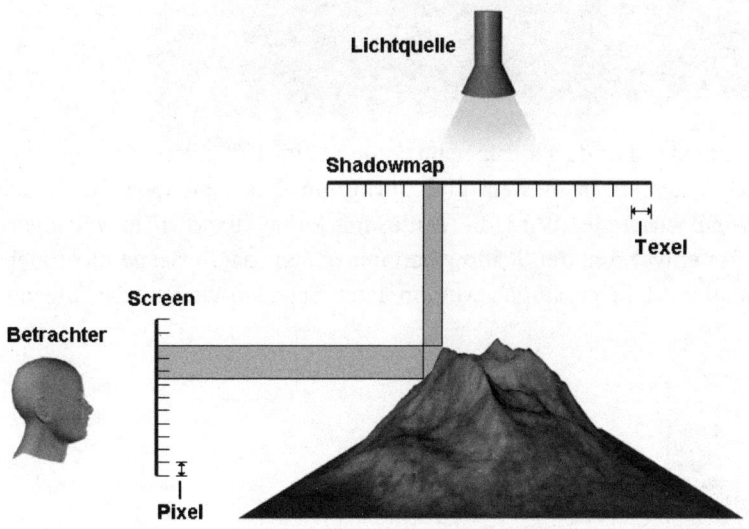

Aus der Abbildung können wir erkennen, dass ein Texel aus der Shadowmap unter Umständen auf mehrere Pixel projiziert wird. Wenn dies passiert, können wir deutliche Spuren von Aliasing (Treppchenbildung) bei der Shadowmap beobachten. In welcher Intensität dieses Problem auftritt, hängt von den folgenden Faktoren ab:

1. Auflösung der Shadowmap
2. Größe des Bereichs, den die Shadowmap abdecken soll
3. Größe des Bereichs, den der Betrachter sieht
4. Winkel zwischen Lichtquelle und Betrachter
5. Beschaffenheit der Szene

Leider verursacht der Quantisierungsfehler außer dem Aliasing noch einen weiteren unangenehmen Nebeneffekt – die Surface-Akne:

Die Surface-Akne kommt durch Ungenauigkeiten beim Tiefenvergleich zwischen dem Tiefenwert des Pixels auf dem Bildschirm und dem Tiefenwert des Texels der Shadowmap zustande. Wird die Auflösung einer Shadowmap verringert, werden die Tiefenwerte in der Shadowmap ungenauer, da die Szene nicht mehr im ausreichenden Maße gesampelt werden kann. Schauen wir uns das folgende Bild an:

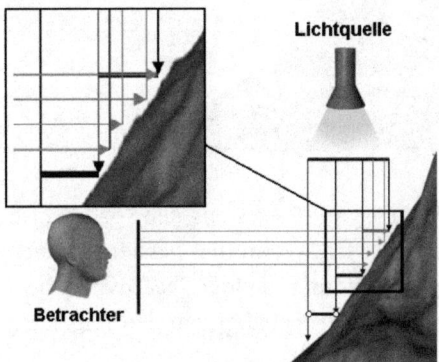

Das Bild zeigt das Problem. Der Betrachter sampelt die Tiefe des Raums öfter als die Lichtquelle. Beim Tiefenvergleich kann die Shadowmap nur ungenaue Werte zurückliefern. Dies sorgt dafür, dass der Shadowmapping-Shader meint, dass der getestete Pixel nicht von der Lichtquelle gesehen wird und somit im Schatten liegen muss.

Abhilfe für das Problem schafft ein konstanter Wert, der zum Tiefenwert aus der Shadowmap addiert wird. Dadurch verschiebt sich zwar der Schatten etwas vom Objekt weg, aber dafür verschwindet die Surface-Akne.

Als ob das noch nicht genug wäre, kommt ein weiteres Problem bei der Tiefenaufnahme dazu. Normalerweise verwenden wir für unseren Z-Buffer mindestens eine Genauigkeit von 16 Bit, meistens aber 24 bis 32 Bit. Die Kanäle einer Farbtextur haben aber maximal 8 Bit, und wir können nicht einfach über den Bereich eines einzelnen Farbkanals schreiben. Hier hatten die Grafikkartenhersteller ein Einsehen und haben ihren Grafikkarten ein weiteres Texturformat spendiert: die sogenannten Float-Texturen. In einer Float-Textur können wir einen einzelnen Float-Wert pro Texel speichern. Dieser Float-Wert kann dann die Genauigkeit von 16 oder 32 Bit annehmen, je nachdem, in welchem Format die Shadowmap erstellt wurde (`D3DFMT_R16F` oder `D3DFMT_R32F`).

Nach dieser allgemeinen Vorstellung der Shadowmaps und ihrer Probleme wird es Zeit, etwas tiefer in die Materie einzutauchen und zur Implementierung überzugehen.

### 9.5.2 Die Shadowmapping-Shader

Dass in diesem Buch die Implementierung von Shadowmaps statt der Implementierung von Shadowvolumes besprochen wird, hat mehrere Gründe. Prinzipiell sind beide Methoden als gleichwertig anzusehen, dennoch gibt es einige Unterschiede, die die Verfahren für bestimmte Aufgaben effizienter machen. Shadowvolumes werden lieber in Indoor-Leveln mit mehreren Lichtquellen verwendet. Durch die Bestimmung und Erstellung der Silhouetten-Meshes ist das Verfahren sehr CPU-Lastig. Die Shadowmaps werden dagegen – wie bereits gesagt – häufiger bei Outdoor-Leveln verwendet. Da es sich beim Shadowmapping um eine spezielle Rendertechnik handelt, übernimmt die GPU die meiste Arbeit. Dies macht Shadowmaps für den performancebewussten Programmierer besonders attraktiv, da dieser die CPU lieber mit anderen Dingen beschäftigen will als mit der Grafikberechnung (zum Beispiel mit Physiksimulationen, Gegner-KI, Kollisionserkennung etc.).

Für uns ist das Shadowmapping besonders attraktiv, weil die Implementierung im Vergleich zu unseren vorherigen Effekten kaum abweicht. Es handelt sich zwar nicht um einen Material- oder Postprocess-Effekt, sondern um einen Szenen-Effekt, aber wir können diesen Effekt wieder durch eine Effektdatei beschrieben. Diese Effektdatei wird zwei Passes beinhalten: einen Pass, um die Shadowmap zu rendern (das Tiefenabbild aus Sicht der Lichtquelle). und einen Pass, um die Szene mit dem Tiefenvergleich zu rendern.

Abschließend programmieren wir wieder eine ummantelnde C++-Klasse für unseren Effekt, die in der Schnittstelle nicht von unseren vorherigen Klassen abweicht.

Beginnen wir mit der Effektdatei (shadowmapping.fx):

```
technique ShadowMapping
{
    pass p0
    {
        VertexShader = compile vs_1_1 VS_Shadow();
        PixelShader = compile ps_2_0 PS_Shadow();
    }
    pass p1
    {
        VertexShader = compile vs_1_1 VS_Scene();
        PixelShader = compile ps_2_0 PS_Scene();
    }
}
```

Wir definieren die zwei oben besprochenen Pässe und machen direkt mit der Implementierung der Shader für den ersten Pass weiter. Der Vertexshader vs_Shadow muss die ankommenden Vertices in den Bildschirmraum der Lichtquelle transformieren. Darüber hinaus muss er die Z- und W-Koordinate des transformierten Vertex an den Pixelshader weitergeben, damit dieser die perspektivische Teilung der Tiefe vornehmen kann. Die perspektivische Teilung wird normalerweise von der Grafikkarte automatisch durchgeführt, allerdings nur für das Depth-Stencil-Target (dem Z-Buffer). Wir wollen jedoch unser Ergebnis in eine Farbtextur schreiben, also müssen wir die Teilung von Hand vornehmen. Wir ändern als Erstes den Vertexshader (vs_Shadow):

```
struct ShadowVertexInput
{
    float4 Pos       : POSITION;
    float3 Normal    : NORMAL;
};
struct ShadowVertexOutput
```

```
{
    float4 Pos        : POSITION;
    float2 Depth      : TEXCOORD0;
};

ShadowVertexOutput VS_Shadow( ShadowVertexInput IN )
{
    ShadowVertexOutput OUT;
    OUT.Pos          = mul( IN.Pos, MatLightWVP );
    OUT.Depth.xy     = OUT.Pos.zw;
    return OUT;
}
```

Der Shader hält für uns nichts Neues bereit. In `MatLightWVP` steht das Ergebnis aus der Multiplikation der World-Matrix und der View- und Projection-Matrix der Lichtquelle. Wir müssen die verwendete Matrix noch als Variable deklarieren:

```
float4x4 MatLightWVP;
```

Der Pixelshader teilt jetzt nur noch die transformierte Z-Koordinate durch die W-Koordinate (perspektivische Teilung):

```
float4 PS_Shadow( ShadowVertexOutput IN ) : COLOR
{
    return (IN.Depth.x/IN.Depth.y);
}
```

Bei Betrachtung des Pixelshaders müssen wir bedenken, dass das Rendertarget für diesen Pass eine Float-Textur ist. Wie wir diese Float-Textur erstellen, werden wir später noch sehen. An dieser Stelle ist es nur wichtig zu wissen, dass wir keine Unterscheidung zwischen den Farbkanälen der Textur vornehmen müssen.

Das war auch schon der erste Pass für unsere Shadowmapping-Technik. Hätten Sie erwartet, dass es so einfach wird? Wir müssen später, bei der Nutzung des Effekts, natürlich noch dafür sorgen, dass das 3D-Device das richtige Rendertarget für unsere Shadowmap verwendet. Aber dazu später mehr.

Leider wird der zweite Pass nicht ganz so einfach wie der Erste. Wir müssen uns vorher Gedanken machen, was im zweiten Pass gemacht werden muss.

Prinzipiell müssen wir die Vertices in zwei Räume transformieren: einmal in den Raum des Betrachters, für die eigentliche Darstellung (Phong-Shading), und einmal in den Raum der Lichtquelle, damit wir den Tiefenvergleich mit der

Shadowmap durchführen können. Folgendes wird der Vertexshader durchführen:

1. Den Vertex in Bildschirm-Koordinaten transformieren (World-, View- & Projection-Matrix des Betrachters).
2. Den Vertex in den Koordinatenraum der Lichtquelle transformieren (World-, View- & Projection-Matrix der Lichtquelle).
3. Die Normale in Weltkoordinaten transfomieren und weitergeben.
4. Die Texturkoordinaten für das Modell durchreichen.

Wir können den folgenden Code verwenden, um die Operationen durchzuführen:

```
struct SceneVertexInput
{
    float4 Pos            : POSITION;
    float3 Normal         : NORMAL;
    float2 Tex            : TEXCOORD0;
};
struct SceneVertexOutput
{
    float4 Pos            : POSITION;
    float2 Tex            : TEXCOORD0;
    float4 PosLightSpace  : TEXCOORD1;
    float3 NormalWorld    : TEXCOORD2;
};

SceneVertexOutput VS_Scene( SceneVertexInput IN )
{
    SceneVertexOutput OUT;

    OUT.Pos            = mul( IN.Pos, MatViewerWVP );
    OUT.PosLightSpace  = mul( IN.Pos, MatLightWVP );
    OUT.NormalWorld    = mul( IN.Normal,
                            (float3x3)MatViewerWorld );
    OUT.Tex            = IN.Tex;

    return OUT;
}
```

In `MatViewerWVP` ist die Kombination der World-, View- und Projection-Matrix des Betrachters gespeichert. `MatLightWVP` ist die kombinierte Matrix der Lichtquelle. `MatViewerWorld` enthält die World-Matrix des Objekts. Wir müssen die in `PosLightSpace` gespeicherte Position in einem vierdimensionalen Vektor ablegen, weil wir später im Pixelshader auf die W-Komponente zurückgreifen müssen (perspektivische Teilung). Damit der Shader compiliert werden kann, müssen wir die Variablen-Liste ergänzen:

```
float4x4 MatLightWVP;
float4x4 MatViewerWorld;
float4x4 MatViewerWVP;
```

Nun kommen wir zum Pixelshader. Diesen werden wir in zwei Schritten programmieren. Im ersten Schritt werden wir eine vereinfachte Version des eigentlichen Pixelshaders schreiben. Die vereinfachte Version des Shaders führt das Shadowmapping korrekt aus, aber das Ergebnis wird unseren Qualitätsansprüchen noch nicht genügen. Warum das Ergebnis nicht ansprechend genug ist, klären wir, nachdem wir den vereinfachten Pixelshader programmiert haben:

```
   float4 PS_Scene( SceneVertexOutput IN ) : COLOR
   {
     float4 Diffuse;
     float2 ShadowTexCoord;
     float  DepthShadowMap;
     float  LightAmount;

A    ShadowTexCoord    = 0.5*IN.PosLightSpace.xy/IN.PosLightSpace.w
                       + float2( 0.5, 0.5 );

B    ShadowTexCoord.y = 1.0f - ShadowTexCoord.y;

C    DepthShadowMap = tex2D( SamplerShadow, ShadowTexCoord )
                    + SHADOW_EPSILON;

D    LightAmount = DepthShadowMap<IN.PosLightSpace.z/
                                              IN.PosLightSpace.w
              ? 0.0f : 1.0f;

E    Diffuse = (saturate(dot(
     -LightDirWorld, normalize(IN.NormalWorld)))
           * LightAmount + LightAmbientColor ) * MtrlColor;

F    return tex2D( SamplerScene, IN.Tex ) * Diffuse;
   }
```

A: Normalerweise werden bei der perspektivischen Teilung alle Komponenten (XYZW) eines Vektors durch W geteilt. Die Teilung sorgt dafür, dass die X- und Y-Koordinate zwischen −1 und 1 liegt und dass die Z-Koordinate zwischen 0 und 1 liegt. Wir interessieren uns nur für die X- und Y-Komponente. Die X- und Y-Koordinaten benötigen wir, um die passenden Texturkoordinaten für die Shadowmap zu ermitteln. Wir dürfen hierbei nicht vergessen, dass in PosLightSpace die Position aus Sicht der Lichtquelle steht. Hier stellen wir uns einfach vor, dass wir das Bild aus Sicht der Lichtquelle rendern, nur dass wir, anstatt einen Tiefenwert zu schreiben, einen Tiefenwert-Vergleich durchführen. Stellen wir uns vor, dass die Shadowmap über den ganzen Bildschirm gezogen ist. Der Pixel, den wir momentan mit unserem Pixelshader bearbeiten, hat nach der perspektivischen Teilung eine X- und Y-Koordinate zwischen –1 und 1. x=-1 entspricht der linken Seite und y=-1 der unteren Seite des Bildschirms. Bei unserer Shadowmap ist es so, dass u=0 der linken Seite des Bildschirms entspricht und v=0 der oberen Seite des Bildschirms. Schauen Sie sich das folgende Bild an:

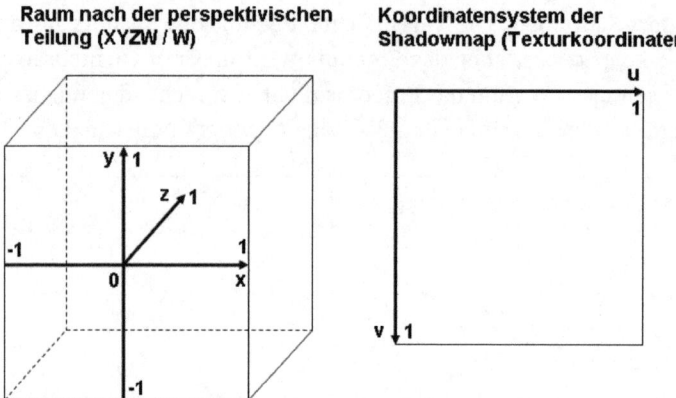

Unsere Berechnung sorgt dafür, dass die X- und Y-Koordinate aus dem Raum zwischen –1 und 1 in den Raum zwischen 0 und 1 abgebildet wird.

B: Um die Abbildung zu vervollständigen, müssen wir noch die Y-Koordinate invertieren. Denn V ist umgekehrt proportional zu Y.

C: Mit den berechneten Texturkoordinaten in ShadowTexCoord sampeln wir den korrespondierenden Texel aus der Shadowmap. In diesem Texel steht der Tiefenwert aus Sicht der Lichtquelle. (Wir erinnern uns: Die Shadowmap speichert keine Farben, sondern Tiefenwerte.) Um die im vorhergehenden Abschnitt besprochene Surface-Akne zu umgehen, müssen wir noch einen konstanten Wert zur Tiefe addieren. Hierfür müssen wir die folgende Definition in unsere Effektdatei übernehmen:

```
#define SHADOW_EPSILON    0.005f
```

Der Wert von SHADOW_EPSILON wurde durch Ausprobieren ermittelt. Da der Wert von der Near- und Farplane abhängt, müssen wir diesen für jede Szene neu bestimmen. Prinzipiell versuchen wir, den Wert so klein wie möglich zu halten, ohne dabei die unansehnliche Surface-Akne zu bekommen.

Außer dem Define müssen wir auch noch ein Samplerstate für das Sampeln der Shadowmap deklarieren. Hier übernehmen wir die folgende Deklaration:

```
texture   TexShadow;
sampler2D SamplerShadow = sampler_state
{
    Texture     = <TexShadow>;
    MinFilter   = Point;
    MagFilter   = Point;
    MipFilter   = Point;
    AddressU    = Clamp;
    AddressV    = Clamp;
};
```

D: Wir prüfen, ob die Tiefe des Pixels, die durch die Teilung Z/W zwischen 0 und 1 normiert wurde, größer ist als die Tiefe, die in der Shadowmap steht. Wenn der Wert in der Shadowmap kleiner ist, bedeutet dies, dass der Pixel von der Lichtquelle nicht gesehen wird, weil ein anderer Pixel diesen verdeckt hat (Prinzip des Z-Buffers). Wird der Pixel nicht von der Lichtquelle gesehen, muss dieser im Schatten liegen, also setzen wir LightAmount auf 0. Ist die in der Shadowmap gespeicherte Tiefe größer als die Tiefe, die wir für den Pixel bestimmt haben, liegt der Pixel im Licht. Wir brauchen nicht auf größergleich zu prüfen, weil wir zu der Tiefe, die in der Shadowmap steht, bereits EPSILON_SHADOW addiert haben.

Diese Bedingung sorgt für die Schattierung, die durch die Shadowmap zustande kommt.

E: Hier wird die Diffuse-Reflexion berechnet und die ambiente Komponente hinzuaddiert. LightAmount wirkt als Faktor auf die diffuse Komponte. Ist LightAmount=0, wird der komplette diffuse Term zu 0, und es bleibt nur noch der ambiente Term.

F: Abschließend sampeln wir noch den Farbwert aus der Color-Textur des Modells und verrechnen diesen mit unseren Schattierungsberechnungen. Auch das ist nichts Neues für uns. Wir müssen allerdings einen weiteren Texturesampler deklarieren:

```
texture   TexScene;
sampler2D SamplerScene = sampler_state
{
    Texture = <TexScene>;
    MinFilter = Point;
    MagFilter = Linear;
```

```
      MipFilter = Linear;
};
```

In TexScene übergeben wir die jeweilige Textur des zu rendernden Meshs.

Wie vorhin erwähnt, handelt es sich bei dem besprochenen Pixelshader um eine vereinfachte Variante des eigentlichen Pixelshaders. Das folgende Bild zeigt eine Szene, die mit dem vereinfachten Shader berechnet wurde:

Wir können in dem Bild deutlich die Pixel des berechneten Schattens erkennen. Die Pixel werden viel zu scharfkantig dargestellt und fallen dem Betrachter unangenehm auf. Nachfolgend wollen wir unseren Pixelshader so modifizieren, dass die Pixel des Schattens geglättet werden und sich somit besser in das Gesamtbild einfügen. Die Szene wirkt dann gleich viel freundlicher:

Das Prinzip dieser Glättung ist sehr einfach. Anstatt nur einen Tiefenwert aus der Shadowmap zu sampeln, sampeln wir vier benachbarte Werte aus der Map. Für jeden dieser gesampelten Werte führen wir den Tiefenvergleich durch und erhalten 4 binäre Ergebnisse, die angeben, ob der Pixel im Schatten liegt oder nicht. Zwischen diesen 4 binären Ergebnissen interpolieren wir linear und erhalten so einen Schattierungsverlauf. Die Grafik verdeutlicht das Prinzip:

**4 Texel aus**      **LightAmount für**      **Nach der Interpolation**
**Shadowmap**       **die Texel**

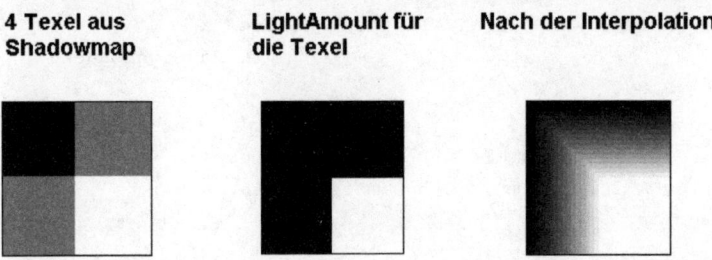

Die Grafik zeigt, wie sich die Interpolation auswirkt, wenn aus vier Texeln der Shadowmap 32 Pixel auf dem Bildschirm werden. Um eine solche Interpolation im Pixelshader durchzuführen, müssen wir die folgenden Änderungen im Shader vornehmen:

```
float4 PS_Scene( SceneVertexOutput IN ) : COLOR
{
    float4 Diffuse;
    float2 ShadowTexCoord;
    float LightAmount;

    ShadowTexCoord   = 0.5*IN.PosLightSpace.xy/IN.PosLightSpace.w
                       + float2( 0.5, 0.5 );
    ShadowTexCoord.y = 1.0f - ShadowTexCoord.y;
A   float2 Texelpos  = SMAP_SIZE*ShadowTexCoord;
B   float2 Lerps     = frac( Texelpos );

    float Sample[4];
C   Sample[0] = (tex2D( SamplerShadow, ShadowTexCoord )
              + SHADOW_EPSILON < IN.PosLightSpace.z/
                                            IN.PosLightSpace.w)
              ? 0.0f : 1.0f;
D   Sample[1] = (tex2D( SamplerShadow, ShadowTexCoord
              + float2(1.0/SMAP_SIZE,0))
              + SHADOW_EPSILON < IN.PosLightSpace.z/
                                            IN.PosLightSpace.w)
              ? 0.0f: 1.0f;
```

```
E    Sample[2] = (tex2D( SamplerShadow, ShadowTexCoord
                + float2(0, 1.0/SMAP_SIZE) )
                + SHADOW_EPSILON < IN.PosLightSpace.z/
                                         IN.PosLightSpace.w)
                ? 0.0f: 1.0f;
F    Sample[3] = (tex2D( SamplerShadow, ShadowTexCoord
                + float2(1.0/SMAP_SIZE, 1.0/SMAP_SIZE) )
                + SHADOW_EPSILON < IN.PosLightSpace.z/
                                         IN.PosLightSpace.w)
                ? 0.0f: 1.0f;
G    LightAmount = lerp(
                lerp( Sample[0], Sample[1], Lerps.x ),
                lerp( Sample[2], Sample[3], Lerps.x ),
                                        Lerps.y );

     Diffuse = (saturate(dot(-LightDirWorld,
                            normalize(IN.NormalWorld))))
            * LightAmount  + LightAmbientColor ) * MtrlColor;

     return tex2D( SamplerScene, IN.Tex ) * Diffuse;
}
```

A: In `Texelpos` steht die Position des Texels in Texeln. Diese erhalten wir, wenn wir die Größe der Shadowmap in Texeln mit der Texturkoordinate unseres korrespondierenden Texels multiplizieren.

Wir müssen ein weiteres Define mit in unsere Effektdatei übernehmen, das die Größe der Shadowmap angibt:

```
#define SMAP_SIZE        512
```

In diesem Beispiel ist die Shadowmap 512 Texel groß.

B: Der Wert, den wir in Texelpos erhalten, kann Nachkommastellen enthalten. Diese sind für unsere Interpolation interessant. Die Funktion `frac` liefert uns nur die Nachkommastellen einer Zahl bzw. eines Vektors. Wir erhalten also in `Lerps` für x und y einen Wert zwischen 0 und (kleiner) 1. Diese beiden Werte werden nachher unsere Gewichtungsfaktoren für die lineare Interpolation.

C: Diese Zeilen kennen wir noch aus dem vorhergehenden Shader. Wir lesen mit unseren ermittelten Texturkoordinaten den Tiefenwert aus der Shadowmap und prüfen dann, ob dieser kleiner als die Tiefe unseres Pixels ist. Wenn ja, ist der Pixel im Schatten. Wenn nein, dann ist der Pixel im Licht.

D: Wir wiederholen Schritt C. Wir sampeln jedoch diesmal den Nachbartexel rechts von unserem eigentlichen Texel. Dies erreichen wir durch die Addition von Texturkoordinaten, die genau einen Pixel in X-Richtung darstellen (1/SMAP_SIZE), zu den eigentlichen Texturkoordinaten `ShadowTexCoord`.

E: Wir sampeln den Nachbartexel unterhalb vom Ursprungstexel.

F: Abschließend sampeln wir noch den Pixel rechts unterhalb vom Ursprungstexel. Wir haben nun vier benachbarte Pixel, von denen wir wissen, ob diese im Schatten oder im Licht sind. Das folgende Bild zeigt, wie die Pixel zugeordnet sind:

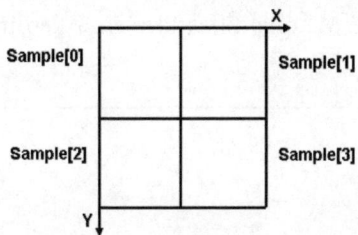

G: Mit den Nachkommastellen, die wir in Schritt B bestimmt haben, haben wir Faktoren für unsere lerp-Funktionen. Die lerp-Funktion ist uns noch bekannt; sie führt eine lineare Interpolation aus. Als Parameter bekommt diese Funktion zwei Referenzwerte und einen Faktor zwischen 0 und 1. Genau genommen führen wir keine einfache lerp-Funktion aus, sondern einen bilerp – bilerp deswegen, weil wir über zwei Dimensionen interpolieren. Das folgende Rechenbeispiel zeigt, wie das funktioniert:

*Texelpos.x* = 245.5
*Texelpos.y* = 124.2
*Lerps.x* = 0.5
*Lerps.y* = 0.2
*Sample*[0] = 1, *Sample*[1] = 1, *Sample*[2] = 0, *Sample*[3] = 0
*l1* = *lerp*(*Sample*[0], *Sample*[1], *Lerps.x*) = *lerp*(1, 1, 0.5) = 1
*l2* = *lerp*(*Sample*[2], *Sample*[3], *Lerps.x*) = *lerp*(0, 0, 0.5) = 0
*LightAmount* = *lerp*(*l1, l2, Lerps.y*) = *lerp*(1,0,0.2) = 0.2
*LightAmount* = 0.2

Unsere Effektdatei ist fertig. Mit dieser Effektdatei sind wir in der Lage, eine komplette Szene in zwei Renderdurchgängen mit Echtzeitschatten zu versehen. Eine Sache muss jedoch noch erwähnt werden. Dadurch, dass wir im zweiten Pass auch die Diffuse-Schattierung und das Texturierung vornehmen, können wir keine weiteren Materialien in der Szene verwenden. Diesen Umstand können wir dadurch beheben, dass wir die Diffuse-Schattierung im zweiten Pass weglassen und stattdessen nur den `LightAmount` in das Rendertarget schreiben. Wir erhalten so ein Rendertarget, in das nur der Echtzeitschatten gezeichnet wurde (eine Schwarz-Weiß-Textur). Dieses Rendertarget könnten wir dann anschließend als Postprocess-Effekt auf die eigentlich gerenderte Szene anwenden. Dadurch kann die Szene beliebig viele Effekte verwenden. Der Schatten wird einfach nachträglich auf die Szene gelegt.

### 9.5.3 Die Shadowmapping-Klasse

Es wird Zeit, eine ummantelnde Klasse für unsere Effektdatei zu schreiben. Die Klasse entwerfen wir im gleichen Stil wie die Material-Effektklassen. Allerdings müssen wir zwei Funktionen hinzufügen:

```
class CShadowEffect
{
public:
    CShadowEffect();
    ~CShadowEffect();
    BOOL    Create( LPDIRECT3DDEVICE9 Device );
    void    Destroy();
    void    Setup( SShadowParameter& Para );
    DWORD   Begin( LPDIRECT3DDEVICE9 Device );
    void    BeginPass(DWORD pass);
    void    EndPass();
    void    End();
    void    SetShadowmapAsRendertarget();
    void    RestoreOrgRendertarget();
};
```

Aus den Namen der Funktionen können wir bereits erahnen, was diese machen. Für den ersten Pass unseres Effekts benötigen wir als Rendertarget die Shadowmap. Damit wir beim Benutzen der Klasse nicht das lästige Erstellen und Verwalten der Shadowmap übernehmen müssen, wird diese komplett vom Effekt erstellt. Auch das Setzen der Shadowmap als Rendertarget überlassen wir der Klasse. Wir müssen lediglich zum richtigen Zeitpunkt die Funktion `Set-ShadowmapAsRendertarget` aufrufen und, nachdem der erste Pass gerendert wurde, das ursprüngliche Rendertarget mit der Funktion `RestoreOrgRendertarget` zurücksetzen. Wie die Funktionen im Detail aussehen, werden wir später klären. Zuerst wollen wir uns die Member-Variablen unserer Klasse anschauen:

```
class CShadowEffect
{
protected:
    ID3DXEffect*            m_Effect;
    SShadowParameter        m_Parameter;
A   LPDIRECT3DSURFACE9      m_OrgDepthSurf;
    LPDIRECT3DSURFACE9      m_OrgRenderTarget;
B   LPDIRECT3DTEXTURE9      m_Shadowmap;
C   LPDIRECT3DSURFACE9      m_DepthSurf;
D   LPDIRECT3DDEVICE9       m_3DDevice;
public:
    ...
};
```

A: In `m_OrgDepthSurf` und `m_OrgRenderTarget` speichern wir das ursprüngliche Rendertarget des Device. Wir müssen dieses in der Klasse zwischenspeichern, damit wir es mit der Funktion `RestoreOrgRendertarget` wieder setzen können.

B: Ein Texturpointer zur Shadowmap. Unser Rendertarget für den ersten Pass und Übergabeparameter für den zweiten Pass.

C: Ich habe bis jetzt verschwiegen, dass wir beim Wechsel des Rendertargets auch den Depth-Stencil-Buffer (den Z-Buffer) austauschen müssen. Dies ist nicht zwingend notwendig, allerdings können wir nicht wissen, ob der Depth-Stencil-Buffer, der ursprünglich gesetzt ist, groß genug für unsere Shadowmap ist. Es wäre möglich, dass das Fenster, in dem die Anwendung läuft, eine geringere Auflösung hat, als wir für die Shadowmap definiert haben. Um in solchen Fällen auf der sicheren Seite zu sein, setzen wir beim Rendertarget-Wechsel ebenfalls ein eigenes Depthtarget. Dieses müssen wir in der `Create`-Funktion erstellen.

Es fehlt noch die `SShadowParameter`-Struktur. Der Aufbau sollte klar sein:

```
enum EShadowParameter
{
    MTRLCOLOR            = 1,
    LIGHTDIRWORLD        = 2,
    LIGHTAMBIENTCOLOR    = 4,
    TEXSCENE             = 8,
    MATLIGHTWVP          = 16,
    MATVIEWERWVP         = 32,
    MATVIEWERWORLD       = 64
};
```

```
struct SShadowParameter
{
    DWORD Changed;  // EShadowParameter-Flags

    D3DXVECTOR4         MtrlColor;
    D3DXVECTOR3         LightDirWorld;
    D3DXVECTOR4         LightAmbientColor;
    LPDIRECT3DTEXTURE9  TexScene;
    D3DXMATRIX          MatViewerWVP;
    D3DXMATRIX          MatLightWVP;
    D3DXMATRIX          MatViewerWorld;
};
```

Da wir die Shadowmap in unserer Klasse erstellen, müssen wir diese nicht als Parameter übergeben. Dafür übergeben wir diesmal alle Matrizen als Parameter. Bei diesem Effekt wäre es nicht sinnvoll, die Matrizen aus dem 3D-Device zu holen, da dieses die kombinierte Matrix des Lichtquellen-Raums nicht kennt.

Alle Deklarationen sind abgeschlossen. Wir beginnen mit der Implementierung der ersten Funktion. Dieses ist die Create-Funktion. In dieser erstellen wir die Effektinstanz, die Shadowmap und das Depthtarget:

```
BOOL CShadowEffect::Create( LPDIRECT3DDEVICE9 Device )
{
    ID3DXBuffer*          ErrorBuffer=NULL;
    LPDIRECT3DSURFACE9    OrgDepthSurf=NULL;
    D3DSURFACE_DESC       DepthDesc;

    if( FAILED( D3DXCreateEffectFromFile( Device,
                            "Effects/shadowmap.fx",
                            NULL, NULL, 0, NULL, &m_Effect,
                            &ErrorBuffer ) )  )
    {
        char *Errors = (char*) ErrorBuffer->GetBufferPointer();
        fprintf( stderr, "%s", Errors );
        return false;
    }

A   if( FAILED(Device->CreateTexture( SHADOWMAP_SIZE,
                          SHADOWMAP_SIZE, 1,
                          D3DUSAGE_RENDERTARGET, D3DFMT_R32F,
                          D3DPOOL_DEFAULT, &m_Shadowmap, NULL)))
    {
        fprintf( stderr, "Unable to create shadowmap\n" );
        return false;
    }
```

```
B | Device->GetDepthStencilSurface( &OrgDepthSurf );
    OrgDepthSurf->GetDesc( &DepthDesc );
    OrgDepthSurf->Release();
    if( FAILED( Device->CreateDepthStencilSurface( SHADOWMAP_SIZE,
                                                   SHADOWMAP_SIZE,
                                                   DepthDesc.Format,
                                                   D3DMULTISAMPLE_NONE,
                                                   0,
                                                   TRUE,
                                                   &m_DepthSurf,
                                                   NULL )))
    {
        fprintf( stderr, "Unable to create DepthSurface\n" );
        return false;
    }
C | m_Effect->SetTexture( "TexShadow", m_Shadowmap );
    m_3DDevice = Device;
    return true;
}
```

**A:** Das Erstellen der Shadowmap birgt für uns nichts Neues. Wichtig ist, dass wir die Textur als Rendertarget verwenden wollen und somit mit D3DUSAGE_REN-DERTARGET erstellen müssen. Als Texturformat wählen wir D3DFMT_R32F (Float-Textur), um eine ausreichende Genauigkeit für unsere Tiefenwerte zu erhalten. Damit die Funktion compiliert werden kann, müssen wir noch das SHADOWMAP_SIZE-Define in der Headerdatei hinzufügen:

```
#define SHADOWMAP_SIZE 512
```

Die Auflösung, die in SHADOWMAP_SIZE definiert ist, muss die gleiche sein, wie in der Effektdatei für SMAP_SIZE definiert ist.

**B:** Da wir nicht wissen, welche Formate die Grafikkarte für den Z-Buffer (Depthtarget) erlaubt, holen wir uns das aktuelle Format des momentanen Z-Buffers aus dem 3D-Device und erstellen unser Depthtarget im gleichen Format. Damit ist garantiert, dass wir kein inkompatibles Format wählen.

**C:** Wie bereits weiter oben erwähnt wurde, benötigen wir für die Shadowmap keinen separaten Parameter, da wir diese direkt der Effektinstanz übergeben können. Dass wir die Shadowmap zwischenzeitlich als Rendertarget verwenden, ist nicht weiter tragisch, denn wir verwenden sie ja nicht im Shader, während sie als Rendertarget gesetzt ist (erst im zweiten Pass).

Bei diesem Effekt möchte ich nicht wieder die komplette Effektklasse auflisten. Die Setup- und die BeginPass-Funktion müssen nur an die neuen Parameter angepasst werden. Die Begin-Funktion muss nichts weiter machen, als die ShadowMapping-Technique zu setzen und zu starten. Die Destroy-Funktion muss alle erstellten DirectX-Ressourcen wieder freigeben. Die End- und EndPass-Funktion hat sich nicht verändert. Wir kommen also geradewegs zu den neuen Funktionen der Klasse: SetShadowmapAsRendertarget und RestoreOrgRendertarget.

```
     void CShadowEffect::SetShadowmapAsRendertarget()
     {
       LPDIRECT3DSURFACE9 ShadowSurface=NULL;

A      m_3DDevice->GetRenderTarget( 0, &m_OrgRenderTarget );
B      if( SUCCEEDED( m_Shadowmap->GetSurfaceLevel( 0,
                                          &ShadowSurface ) ) )
       {
C          m_3DDevice->SetRenderTarget( 0, ShadowSurface );
D          SAFE_RELEASE( ShadowSurface );
       }
E      if(SUCCEEDED(
               m_3DDevice->GetDepthStencilSurface(&m_OrgDepthSurf)))
F          m_3DDevice->SetDepthStencilSurface( m_DepthSurf );
     }
```

A: Wir speichern uns das ursprüngliche Rendertarget in unseren Member-Pointer, damit wir dieses später wieder als Rendertarget setzen können.

B: Unsere Shadowmap ist eine Textur. Rendertargets sind Surfaces. Wir holen uns also das Surface aus der Textur und speichern es in ShadowSurface. Im ersten Parameter teilen wir mit, welche »Schicht« wir aus der Textur bekommen wollen. Eine Textur kann aus mehreren Schichten bestehen (z. B. für Mipmaps).

C: Wenn alles mit unserem ShadowSurface geklappt hat, setzen wir dieses als neues Rendertarget.

D: Bei der Funktion GetSurfaceLevel wird der Referenzzähler (COM-Objekt) des geholten Surfaces erhöht. Durch das Releasen der Textur veringern wir diesen wieder.

E: In m_OrgDepthSurf speichern wir das orignale Depthsurface. Auch dieses müssen wir später wieder zurück ans 3D-Device übergeben.

F: Mit der Funktion SetDepthStencilSurface setzen wir unser eigenes Depthtarget.

Nachdem der erste Pass durchlaufen ist, können wir `RestoreOrgRendertarget` aufrufen, die denkbar simpel ist:

```
void CShadowEffect::RestoreOrgRendertarget()
{
    if( m_OrgDepthSurf )
    {
        m_3DDevice->SetDepthStencilSurface( m_OrgDepthSurf );
        SAFE_RELEASE( m_OrgDepthSurf );
    }
    if( m_OrgRenderTarget )
    {
        m_3DDevice->SetRenderTarget( 0, m_OrgRenderTarget );
        SAFE_RELEASE( m_OrgRenderTarget );
    }
}
```

Sofern wir Referenzen auf das ursprüngliche Rendertarget und das Depthtarget besitzen, übergeben wir diese zurück ins 3D-Device. Da in unserer Funktion geprüft wird, ob die Member-Pointer ungleich NULL sind, sollten diese Variablen im Konstruktor mit NULL initialisiert werden.

Nach dem Aufruf von `RestoreOrgRendertarget` kann der zweite Pass gestartet werden, der dann die eigentliche Szene (mit Schatten) aus Sicht des Betrachters zeichnet.

Wir haben es mal wieder geschafft. Der Effekt ist fertig! Bevor wir zur Nutzung der Klasse schreiten, sollten wir eventuell noch eine kleine Hilfsklasse für die Lichtquelle entwerfen. Uns ist nicht entgangen, dass wir die Szene aus Sicht der Lichtquelle rendern müssen, also wäre es nicht verkehrt, eine Kamera-Klasse zu programmieren, die wir wie eine Lichtquelle behandeln können.

### 9.5.4 Die CLightCam-Klasse

Die `CLightCam`-Klasse soll uns helfen, die nötigen Matrizen für unseren Shadowmapping-Effekt zu erstellen. Die Klasse ist sehr kompakt, und die verwendeten Direct3D-Funktionen sind uns bereits aus den Grundlagen-Kapiteln bekannt. Ich möchte mir an dieser Stelle also lange Erklärungen ersparen und nur auf die wichtigsten Punkte eingehen. Schauen wir uns die Klasse an:

```
class CLightCam
{
public:
    D3DXVECTOR3  m_Up;
    D3DXVECTOR3  m_Dir;
    D3DXVECTOR3  m_Pos;
    bool         m_Perspective;
    float        m_AspectRatio;
    float        m_ConeAngle;
    float        m_NearPlane;
    float        m_FarPlane;
    float        m_ViewVolumeWidth;
    float        m_ViewVolumeHeight;

    CLightCam()
    {
        m_ConeAngle        = D3DX_PI/3.0f;
        m_AspectRatio      = 1.0f;
        m_NearPlane        = 1.0f;
        m_FarPlane         = 500.0f;
        m_Up               = D3DXVECTOR3( 0.0f, 1.0f, 0.0f );
        m_ViewVolumeWidth  = 100.0f;
        m_ViewVolumeHeight = 100.0f;
        m_Perspective      = false;
    }
    void SetNearPlane( float value ) { m_NearPlane = value; }
    void SetFarPlane( float value )  { m_FarPlane = value; }
    void SetAsDirLight( float viewVolumeWidth,
                        float viewVolumeHeight );
    void SetAsSpotLight( float coneAngle, float aspectRatio );
    void Set( D3DXVECTOR3 pos, D3DXVECTOR3 dir );
    D3DXVECTOR3 GetDir() { return m_Dir; }
    D3DXVECTOR3 GetPos() { return m_Pos; }
    D3DXMATRIX GetViewMatrix();
    D3DXMATRIX GetProjMatrix();
    D3DXMATRIX GetViewProjMatrix();
};
```

Die Klasse ist so angelegt, dass sie sowohl Projektionsmatrizen für Spot-Scheinwerfer als auch Projektionsmatrizen für direktionales Licht zurückliefern kann. Mit den Funktionen SetAsDirLight und SetAsSpotLight können wir die Lichtquelle umschalten. Wenn die Klasse als Spotlicht fungiert, sind folgende Variablen interessant:

▶ m_ConeAngle: Der »Licht-Sichtradius« in Radian (initialisiert auf 60°)

▶ `m_AspectRatio`: Das Seitenverhältnis für das Licht (initialisiert auf 1)

Soll die Klasse Matrizen für direktionales Licht zurückliefern, sind folgende Variablen interessant:

▶ `m_ViewVolumeWidth`: Die Breite des Sichtvolumens (in Raumeinheiten)

▶ `m_ViewVolumeHeight`: Die Höhe des Sichtvolumens (in Raumeinheiten)

Das Sichtvolumen gibt letztendlich an, wie »viel« von der Szene zu sehen sein soll. Außer diesen Parametern sind für beide Lichtquellen-Typen die folgenden interessant:

▶ `m_Pos`: Position der Lichtquelle

▶ `m_Dir`: Ausrichtung der Lichtquelle

▶ `m_FarPlane`: Ferne Clipping-Ebene

▶ `m_NearPlane`: Nahe Clipping-Ebene

Da wir uns besonders für die Matrix der Lichtquelle interessieren, wollen wir uns die Funktionen, die diese zurückliefern, zuerst anschauen:

```
D3DXMATRIX CLightCam::GetViewMatrix()
{
    D3DXMATRIX ret;
    D3DXMatrixLookAtLH( &ret, &m_Pos, &(m_Pos+m_Dir), &m_Up );
    return ret;
}
```

Mit der uns bekannten Funktion `D3DXMatrixLookAtLH` bauen wir unsere View-Matrix zusammen wie bei der Kamera-Klasse für das Balance-Projekt.

Bei der Projection-Matrix müssen wir unterscheiden, ob wir ein Spotlicht oder ein direktionales Licht sind:

```
D3DXMATRIX CLightCam::GetProjMatrix()
{
    D3DXMATRIX ret;

    if( m_Perspective )
        D3DXMatrixPerspectiveFovLH( &ret, m_ConeAngle,
                        m_AspectRatio, m_NearPlane, m_FarPlane );
    else
        D3DXMatrixOrthoLH( &ret, m_ViewVolumeWidth,
                    m_ViewVolumeHeight, m_NearPlane, m_FarPlane );
    return ret;
}
```

Wenn die Klasse ein Spotlicht emulieren soll, müssen wir eine perspektivische Projektion für die Kamera wählen. Dadurch bekommt das Licht eine Ausbreitung in Form eines Kegelstumpfs. Scheinwerferlicht breitet sich zwar eigentlich wie ein Pyramidenstumpf aus, aber wir können durch geringe Änderungen in unserem Shadowmapping-Shader dafür sorgen, dass die Shadowmap einen runden Charakter bekommt.[7]

Soll die Klasse direktionales Licht (wie zum Beispiel die Sonne) imitieren, müssen wir eine orthogonale Projektion verwenden. Bei dieser Art der Projektion sind alle Strahlen parallel. Wie viel »Bild« dabei die Strahlen einfangen, hängt von den Werten ab, die wir in m_ViewVolumeWidth und m_ViewVolumeHeight gesetzt haben.

Mit der Funktion GetViewProjMatrix geben wir die Kombination der beiden Matrizen zurück:

```
D3DXMATRIX CLightCam::GetViewProjMatrix()
{
    D3DXMATRIX view, proj;
    view = GetViewMatrix();
    proj = GetProjMatrix();
    return (view*proj);
}
```

Die restlichen Funktionen sind einfache Setter-Funktionen:

```
void CLightCam::Set( D3DXVECTOR3 pos, D3DXVECTOR3 dir )
{
    m_Pos = pos;
    m_Dir = dir;
}
void CLightCam::SetAsSpotLight( float coneAngle,
                                float aspectRatio )
{
    m_ConeAngle   = coneAngle;
    m_AspectRatio = aspectRatio;
    m_Perspective = true;
}
void CLightCam::SetAsDirLight( float viewVolumeWidth,
                               float viewVolumeHeight )
```

---

7   Durch die Implementierung eines Ausbreitungswinkels im Shader.

```
{
    m_ViewVolumeWidth   = viewVolumeWidth;
    m_ViewVolumeHeight  = viewVolumeHeight;
    m_Perspective       = false;
}
```

Damit ist unsere CLightCam-Klasse auch schon fertig. Wie wir diese im Zusammenhang mit dem Shadowmapping-Effekt verwenden können, klärt der nächste Abschnitt.

### 9.5.5 Die Verwendung des Shadowmapping-Effekts

Sie werden es schon gemerkt haben. Die Verwendung unseres Effekts fällt diesmal etwas komplizierter aus. Aber keine Angst, so kompliziert ist es gar nicht! Durch ein kurzes Beispiel in Form einer möglichen Render-Funktion erkennen wir sofort, wie der Hase läuft. An dieser Stelle möchte ich darauf hinweisen, dass der folgende Code nicht zum Abtippen gedacht ist. Hier werden teilweise Objekte und Variablen verwendet, die nicht weiter erläutert werden. Der Code soll Ihnen nur als Nutzungsbeispiel für den Effekt dienen.

Zuerst erstellen wir den Effekt in unserem Programm. Dies sollte an einer Stelle passieren, die nur einmal beim Start unseres Spiels angesprungen wird. Hier heißt die Funktion CreateGraphicStuff:

```
CLightCam      g_Light;
CShadowEffect g_ShadowEffect;

void CreateGraphicStuff(LPDIRECT3DDEVICE9 Device )
{
    D3DXVECTOR3 ndir;
    D3DXVec3Normalize( &ndir, &D3DXVECTOR3( 1.0f, -1.0f, 0.0f ) );
    g_Light.Set( D3DXVECTOR3( -100.0f, 80.0f, 0.0f ), ndir );

    g_ShadowEffect.Create( Device );
    SShadowParameter para;
    para.LightAmbientColor = D3DXVECTOR4( 0.3f, 0.3f, 0.3f, 1.0f );
    para.MtrlColor = D3DXVECTOR4( 1.0f, 1.0f, 1.0f, 1.0f );
    para.Changed = 0xFFFFFFFF;
    m_ShadowEffect.Setup( para );
}
```

In der CreateGraphicStuff-Funktion erstellen wir unseren Effekt und setzen Parameter, die sich während der Programmlaufzeit nicht ändern sollen.

Unsere Render-Funktion könnte jetzt wie folgt aussehen:

```
     void Render( LPDIRECT3DDEVICE9 Device )
     {
       SShadowParameter Para;
       int Passes;

A      Para.LightDirWorld  = g_Light.GetDir();
       Para.Changed        = LIGHTDIRWORLD;
       g_ShadowEffect.Setup( Para );

B      Passes = g_ShadowEffect.Begin( Device );

C      for( int i=0; i<Passes; i++ )
       {
           if( i==0 )
D              g_ShadowEffect.SetShadowmapAsRendertarget();

           Device->Clear( 0L, NULL, D3DCLEAR_TARGET|D3DCLEAR_ZBUFFER,
                          0x000000ff, 1.0f, 0L );

           Device->BeginScene();

E          for( int j=0; j<g_Scene.GetNumModels(); j++ )
           {
               D3DXMATRIX MatWorld =
                               g_Scene->GetModel(j)->GetWorldMatrix();
               LPDIRECT3DTEXTURE9 Tex =
                               g_Scene->GetModel(j)->GetTexture();

F              Para.MatLightWVP = MatWorld * g_Light.GetViewMatrix()
                               * g_Light.GetProjMatrix();
               Para.TexScene    = Tex;
               Para.Changed     = TEXSCENE | MATLIGHTWVP;

G              if( i==1 )
               {
                   Para.MatViewerWorld = MatWorld;
                   Para.MatViewerWVP   = MatWorld * g_ViewMatrixViewer
                                       * g_ProjMatrixViewer;
                   Para.Changed |= MATVIEWERWORLD | MATVIEWERWVP;
               }

H              g_ShadowEffect.Setup( Para );
               g_ShadowEffect.BeginPass( i );
               g_Scene->GetModel(j)->Render();
               g_ShadowEffect.EndPass();
           }
           Device->EndScene();
```

```
        if( i==0 )
I           g_ShadowEffect.RestoreOrgRendertarget();
    }
J   g_ShadowEffect.End();
    }
```

Kursiv geschriebene Variablen und Zeilen sind exemplarisch.

A: Zuerst lassen wir uns von unserer Lichtquelle die Lichtrichtung geben und übergeben diese dem Effekt. Da wir die `Setup`-Funktion direkt aufrufen, übernimmt der Effekt den Parameter direkt in seine Parameterliste.

B: Wir starten den Effekt und lassen uns die Anzahl der Passes zurückliefern.

C: Beide Passes hintereinander ausführen.

D: Wenn wir uns im ersten Pass befinden (`i==0`), müssen wir als Rendertarget die Shadowmap setzen. Das erledigt für uns die Funktion `SetShadowmapAsRendertarget`.

E: Diese Zeilen sind exemplarisch. Letztendlich kann man die Zeilen so interpretieren, dass für jedes Modell der Szene die Weltmatrix in `MatWorld` und dessen Textur in `Tex` gespeichert wird. Diese benötigen wir für unseren Effekt.

F: Wir kombinieren die Weltmatrix des Modells mit der Ansichts- und Projektionsmatrix der Lichtquelle und speichern diese in `Para.MatLightWVP`. Weiterhin übergeben wir die Textur des Modells. Diese Parameter müssen wir für beide Passes des Effekts setzen.

G: Im zweiten Pass des Effekts (`i==1`) müssen wir zusätzlich zu den in Punkt F übergebenen Matrizen und Texturen noch die Weltmatrix des Modells separat übergeben sowie die kombinierte Matrix des Betrachters. `g_ViewMatrixViewer` steht für die View-Matrix des Betrachters, und `g_ProjMatrixViewer` steht für die Projection-Matrix.

H: Mit der `Setup`-Funktion übergeben wir die in `Para` gesetzten Parameter an den Effekt. Danach starten wir unseren Renderpass. Die Funktion `g_Scene->GetModel(j)->Render` ist wieder exemplarisch und stellt den Renderaufruf des Modells dar.

I: Wenn wir mit dem ersten Pass durch sind, müssen wir noch das ursprüngliche Rendertarget und Depthtarget zurücksetzen.

J: Schlussendlich beenden wir unseren Effekt.

Das soll zur Nutzung des Effekts auch schon reichen. Sie sollten jetzt in der Lage sein, Ihre eigenen Level und Szenen mit Echtzeit-Schatten zu rendern. Wie wichtig eine korrekte Schattierung für ein Spiel ist, können Sie daran bemessen, wie viel Energie die Entwicklungsstudios investieren, um Schatten möglichst realistisch zu berechnen. Nahezu kein Spiel traut sich heutzutage noch ohne das Prädikat »Echtzeit-Schatten« auf den Markt. Wir können jetzt auf jeden Fall mit den Großen mithalten und unsere Spiele durch das Wechselspiel zwischen Licht und Schatten ordentlich aufpeppen.

## 9.6    Wasser

Mit unserem letzten Effekt kommen wir zur Kür der Grafikprogrammierung: zur Programmierung eines realistisch wirkenden Wassereffekts. Wasser-Implementierungen sind in Spielen ein äußerst spannendes und vor allem dankbares Thema. Dankbar deswegen, weil der Effekt – wenn er denn gut gemacht ist – nahezu jeden Betrachter ins Staunen versetzen kann. Aus diesem Grund legen wir Spieleprogrammierer großen Wert auf die Darstellung von Wasser in unseren Spielen. Oder kennen Sie noch Spiele, bei denen das Wasser nur eine bewegte Textur auf einer planaren Fläche ist? So etwas gibt es heutzutage fast nicht mehr.

Durch die Verwendung von Pixel- und Vertexshadern sind wir in der Lage, Wasser geometrisch zu approximieren (Vertexshader) sowie dessen Oberflächenbeschaffenheit zu imitieren (Pixelshader).

Dass der Wassereffekt unser letzter Effekt ist, ist kein Zufall. Viele der Themen, die wir bereits in den vorangegangenen Effekten besprochen haben, finden wir beim Wasser wieder. So wird unser Wasser sowohl Reflexionen als auch Bumpmaps enthalten. An dieser Stelle sollte jetzt jedoch nicht der Gedanke aufkommen, dass die Implementierung ein Spaziergang wird. Wie wir uns bereits denken können, ist die Beschaffenheit von echtem Wasser sehr komplex. Wir sind also wieder gezwungen zu tricksen.

Bei unserer Implementierung gehen wir nur sehr bedingt auf die physikalischen Eigenschaften von Wasser ein. Stattdessen konzentrieren wir uns auf das Aussehen des Wassers. Das Ziel dieses Kapitels ist es nicht, eine realistische Wassersimulation zu beschreiben. Stattdessen wollen wir einen »Eye-Catcher« für unser Spiel programmieren, der im Idealfall vom Betrachter als realistisch eingestuft wird.

**Wasser ist nicht gleich Wasser!**

Da wir keine Physiksimulation schreiben, werden wir keine »allgemein gültige Lösung« für einen schönen Wassereffekt bekommen. Wir müssen uns stattdessen im Voraus überlegen, welche Art von Wasser wir entwickeln wollen. Vergleichen wir zum Beispiel Meerwasser in seiner natürlichen Umgebung (dem Meer) mit Wasser in einer Pfütze, wird uns auffallen, dass das Aussehen des Wassers stark von seiner Umgebung abhängt. Warum ist das so? Wasser hat eine eigene Dynamik! Wenn wir einem Zeichner sagen würden: »Zeichne Wasser!«, dann wäre die erste Frage, die zurückkommen würde »Was für Wasser?«. Wasser nimmt jede Form an, und obwohl wir sowohl beim Meer als auch bei der Pfütze von Wasser reden, ist es für einen Zeichner – sowie für uns – von essenzieller Bedeutung, in welcher Umgebung sich das Wasser befindet. Meerwasser würde wahrscheinlich bläulich dargestellt, und durch die vielen kleinen Wellen, die sich aufsummieren, wäre die Reflexion der Umgebung kaum zu erkennen. Da wir nicht direkt auf den Grund des Meeres blicken können, fällt die transparente Eigenschaft des Wassers gar nicht weiter ins Gewicht. Bei einer Pfütze hingegen kann man den Grund erkennen, und es wird sofort offensichtlich, dass Wasser transparent ist. Weiterhin können wir – den richtigen Blickwinkel vorausgesetzt – die gespiegelte Umgebung in der Pfütze deutlich erkennen. Wir stellen also fest, dass Wasser nicht gleich Wasser ist.

### 9.6.1 Unsere Wasser-Implementierung

Das Wasser, das ich in diesem Kapitel beschreibe, ist ausgezeichnet geeignet, um Seen, Flüsse und Pfützen in Szene zu setzen. Es kann auch als Meerwasser verwendet werden, aber hierfür gibt es meines Erachtens bessere Implementierungen. Nichtsdestotrotz ist das hier entwickelte Wasser eine gute Grundlage, um auch Meerwasser zu implementieren.

Warum ist unser Wasser für ruhigere Gewässer besser geeignet? Bei der Betrachtung von verschiedenen Wassereffekten ist mir aufgefallen, dass die Spiegelung der Umgebung auf der Wasseroberfläche ein ganz wichtiger Faktor für den optischen Erfolg ist. Diese Spiegelung erkennt man aber naturgemäß nur in ruhigen Gewässern. Bei unruhigen Gewässern wird die Spiegelung stark verzerrt, und man kann die Umgebung kaum noch auf der Oberfläche erkennen.

In unserem Effekt wird die Spiegelung ein zentrales Feature sein, weswegen wir davon Abstand nehmen sollten, diesen Effekt für Meerwasser zu verwenden.

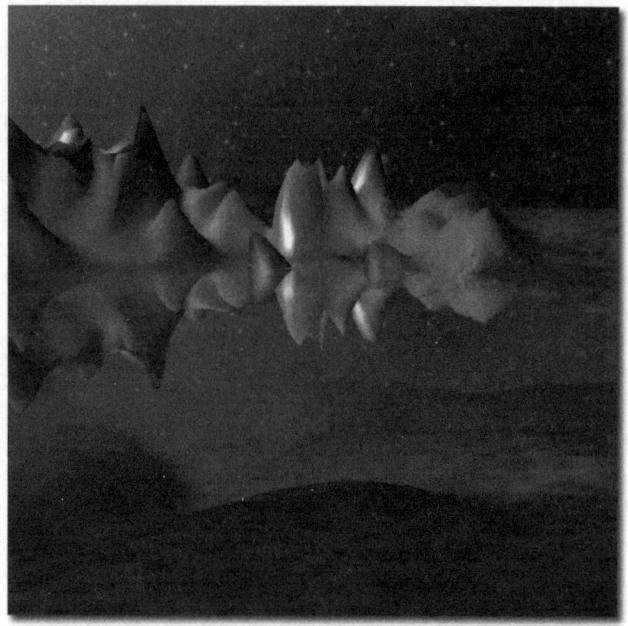

Unser Wasser wird die folgenden Features besitzen:

▶ Die Umgebung wird realistisch reflektiert. Der Grad der Spiegelung wird dabei abhängig vom Blickwinkel sein.

▶ Das Wasser wird keine planare Fläche sein, sondern Wellen haben. Sowohl die Geometrie als auch die Spiegelung wird sich durch den Wellengang verändern.

▶ Die Transparenz des Wassers hängt von dessen Tiefe ab.

### 9.6.2 Wellengang

Bevor wir zur Implementierung schreiten, müssen wir erst einmal klären, wie wir Wasser in 3D-Spielen geometrisch darstellen können. Dabei hält das Wasser für uns eine Neuerung bereit. Bisher haben wir nur starre Objekte bearbeitet. Das heißt, dass unsere Objekte keine Animationen enthielten.

Unser Wasser wird Wellen haben. Der Wellengang soll sich auf die Geometrie des Wassers (also den darunter liegenden Mesh) auswirken. Wir sollten uns also fragen, wie unsere Ausgangsgeometrie (Mesh) aussehen muss und wie wir es schaffen, diese Geometrie so zu bewegen, dass der Eindruck entsteht, dass es sich um Wasser handelt. Die Geometrie zu bewegen stellt das kleinste Problem dar. Wir können für diese Aufgabe einen Vertexshader verwenden. Die spannendere Frage ist: Welche Formel können wir verwenden, um den Mesh zu verformen?

Um eine Formel zu entwickeln, müssen wir wissen, was die Formel berechnen soll und wie die Eingangsparameter für diese lauten. Ein Eingangsparameter ist sicherlich die Zeit, denn unsere Wellen sollen sich mit fortschreitender Zeit bewegen. Nur was berechnet die Formel, und welche Daten benötigt sie hierfür noch?

Die Antwort auf diese Frage wird etwas klarer, wenn wir uns den Mesh anschauen, der als Grundlage für unser Wasser dient:

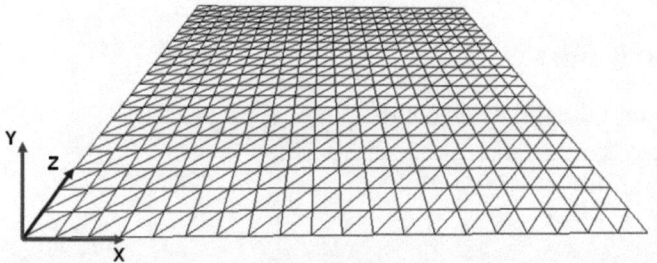

Unser Wassermesh ist eine segmentierte Fläche in XZ-Ebene. Die Formel, die uns die Wellenbewegung berechnen soll, muss die Y-Koordinate der Vertices so verändern, dass sich ein welliges Profil abzeichnet. Hierfür können wir die Sinus-Funktion verwenden. Eingangsparameter für die Sinus-Funktion müssen die X- und Z-Koordinaten der Vertices sein. Wenn wir nur die Position in XZ-Ebene als Eingang verwenden, können wir leicht eine stehende Welle erzeugen, indem wir die beiden Koordinaten vor der Eingabe in die Sinus-Funktion addieren:

VertexPos.y += sin( VertexPos.x+VertexPos.z )

Das Ergebnis sieht wie folgt aus[8]:

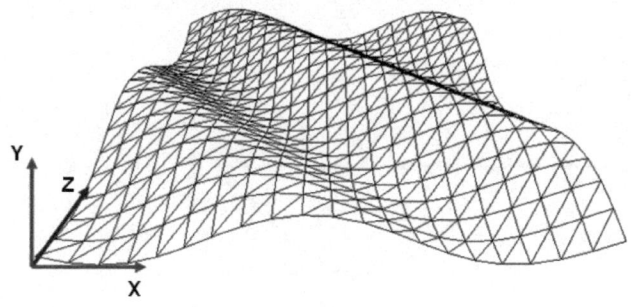

---

8  Je nach den Abmessungen des Meshs müssen noch weitere Skalierungsfaktoren verwendet werden.

Nachfolgend werden wir uns etwas eingehender mit der Parametrierung der Sinus-Funktion beschäftigen.

In der Elektrotechnik sowie der Physik wird der Sinus verwendet, um Wellen zu beschreiben. Wir können die Eigenschaften einer Welle in der folgenden Formel beschreiben:

$Y = A * \sin(\omega x + \varphi)$

$A$ : Amplitude

$\omega$ : Winkelfrequenz

$\varphi$ : Phase

$x$ : Aufsteigender Wert (z.B. Zeit)

Die Amplitude verändert die Höhe der Welle:

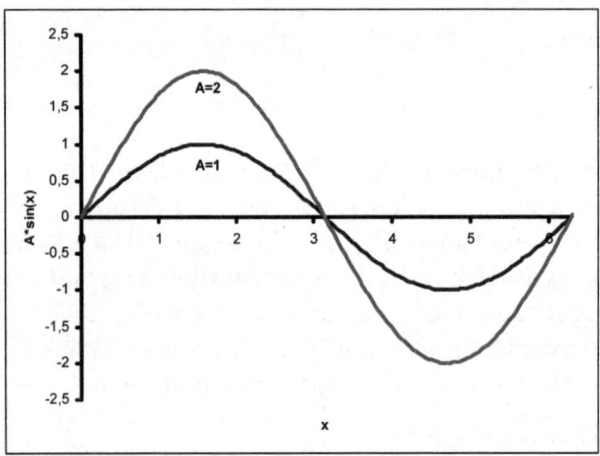

Die Winkelfrequenz ($\omega$) staucht die Welle bzw. erhöht deren Frequenz:

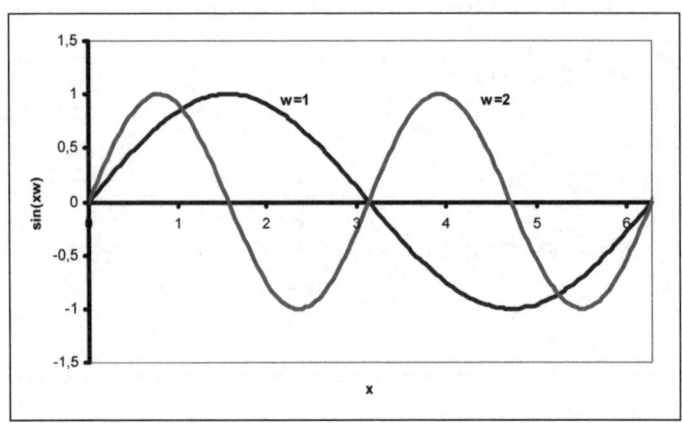

Mit der Phase (φ) verschieben wir die Welle:

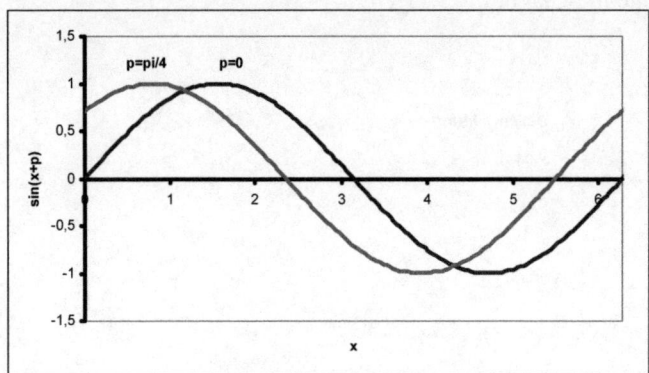

Das soll uns auch schon an Grundlagen genügen. Diese wenigen Parameter reichen aus, um aus unserem flachen Mesh eine wabernde Oberfläche zu machen. Wir könnten zum Beispiel unsere oben beschriebene Formel für die stehende Welle ganz leicht so abändern, dass die Welle mit der Zeit wandert:

VertexPos.y += sin( VertexPos.x + VertexPos.z **+ t** )

Durch die Addition der Zeit erreichen wir eine Phasenverschiebung. Wir verschieben die Welle mit steigendem t. Die Frage, die uns jetzt unmittelbar beschäftigen sollte, ist die Frage »Wohin?«. Nachfolgend wollen wir klären, wie wir die Richtung der Welle in unsere Rechnung mit einbeziehen können.

Unsere Wellen können sich nur in der XZ-Ebene ausbreiten, also müssen unsere Richtungsangaben nur zweidimensional sein. Weiterhin wissen wir, dass wir die räumliche Position des Vertex in XZ-Ebene in unsere Rechnung einbeziehen müssen. Bisher haben wir:

VertexPos.y += Amplitude * sin(**[unbekannt]***Frequenz + Phase*Zeit)

In [unbekannt] müssen wir die Richtung der Welle sowie die Position des Vertex mit einfließen lassen. Unsere Lösung heißt: Skalarprodukt.

Wir setzen für [unbekannt] das Folgende ein:

[unbekannt] = dot(Wellenrichtung*VertexPos.xz)

Warum das Skalarprodukt dafür sorgt, dass wir eine gerichtete Welle erhalten, ist auf den ersten Blick nicht direkt ersichtlich. Hier hilft uns die Tatsache, dass alle Punkte, die auf der gleichen Orthogonalen zum Eingangsvektor[9] liegen, das glei-

---

9  Hier ist es egal, zu welchem der beiden Eingangsvektoren die Punkte auf der gleichen Senkrechten liegen, da das Skalarprodukt kommutativ ist.

che Skalarprodukt erhalten. Wenn Ihnen dieser Satz zu kompliziert ist, sollten Sie einen Blick auf das folgende Diagramm werfen:

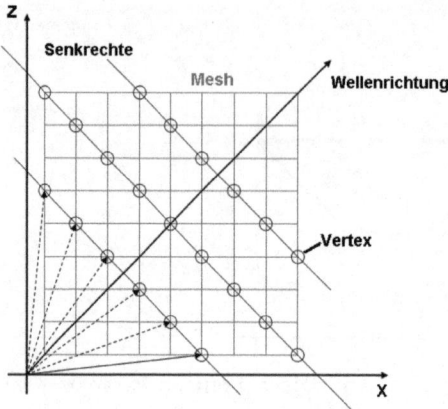

Alle Vertices, die auf der gleichen Senkrechten liegen, ergeben das gleiche Skalarprodukt (aus der Wellenrichtung und der Vertex-XZ-Position). Gibt man dieses Skalarprodukt in die Sinusfunktion, erhalten diese Vertices alle die gleiche Höhe. Hierbei spielt es keine Rolle, wo der Ursprung des Koordinatensystems liegt oder welchen Winkel die Wellenrichtung hat.

Die Wellengleichung, die uns die Höhe der Welle für die XZ-Position des Vertex zum Zeitpunkt t berechnet, ist fertig:

VertexPos.y += Amplitude * sin(dot(Wellenrichtung, VertexPos.xz)*Frequenz + Phase*t)

Eine Welle charakterisieren wir nach deren

▸ Amplitude (Höhe der Welle in Y-Richtung)

▸ Frequenz (Stauchung der Welle bzw. der Abstand zwischen zwei Höchstwerten)

▸ Richtung (Richtung der Ausbreitung in XZ-Ebene)

▸ Phase

Durch die Multiplikation der Phase mit der Zeit erhalten wir einen Wert, der die Geschwindigkeit der Welle beschreibt. Ist die Phase klein, bewegt sich die Welle langsam entlang der angegebenen Richtung. Ist die Phase groß, bewegt sich die Welle schnell.

Vielleicht möchten Sie die Gleichung direkt in einem Vertexshader ausprobieren. Hier sind die folgenden Gleichungen für die Dimensionierung der Frequenz und der Phase interessant:

$$Frequenz = \frac{2\pi}{Wellenl\ddot{a}nge}$$

$$Phase = Geschwindigkeit \frac{2\pi}{Wellenl\ddot{a}nge}$$

Die Wellenlänge beschreibt den Abstand zwischen zwei Höchstwerten. Möchten wir die Frequenz für eine Welle mit 3 Meter[10] Abstand zur nächsten Welle berechnen, müssen wir nur 2*pi/3 berechnen und erhalten die Frequenz für die Welle.

Wenn Sie an dieser Stelle hoffen, dass der mathematische Teil zum Thema abgehandelt ist, muss ich Sie enttäuschen. Außer der Höhe des Vertex interessiert uns nämlich ein weiterer Wert: die Normale des Vertex. Diese ändert sich jetzt mit der Zeit. Das führt dazu, dass wir die Normale für jeden Vertex berechnen müssen. Das Gute an der Sache ist, dass wir eine Funktion haben, die für jede XZ-Position die Höhe des Vertex bestimmt, und wir wissen aus dem Mathematik-Unterricht, dass wir die Steigung eines Punkts über dessen Ableitung berechnen können. Wenn wir die Steigung haben, haben wir auch die Normale des Vertex sowie dessen Tangente und Binormale, die für das Bumpmapping von Bedeutung sind. Möchten wir die Steigung im Vertex in X- und Z-Richtung berechnen, müssen wir unsere Wellengleichung in die jeweiligen Richtungen partiell ableiten. Die partielle Ableitung bildet sich wie folgt:

Kettenregel:

$$f'(g(x)) = g'(x)f'(g(x))$$

Partielle Ableitung nach x:

$$\frac{\partial}{\partial x} w(x,z,t) = \frac{\partial}{\partial x}(A * \sin(\ \bar{D} \bullet \bar{P}(x,z)\omega + \varphi t)$$

A ist die Amplitude, $\bar{D}$ ist die Richtung der Welle, $\bar{p}(x,z)$ ist die Position des Vertex in XZ-Ebene, und $\varphi$ ist die Phase und $t$ die Zeit.

Die äußere Ableitung der Funktion ist:

$$f(x) = A * \sin(x)$$
$$f'(x) = A * \cos(x)$$

---

10 Ein Meter entspricht hier einer Raumeinheit.

Die innere Ableitung ist:

$$g(x,z,t) = \vec{D} \bullet \vec{P}(x,z)\omega + \varphi t$$

$$\frac{\partial}{\partial x} g(x,z,t) = D_X \omega$$

$$\frac{\partial}{\partial z} g(x,z,t) = D_z \omega$$

Zusammengefasst bekommen wir die Steigung in X- und Z-Richtung:

$$\frac{\partial}{\partial x}(w(x,z,t)) = A * D_X \omega \cos(\vec{D} \bullet \vec{P}(x,z)\omega + \varphi t)$$

$$\frac{\partial}{\partial z}(w(x,z,t)) = A * D_Z \omega \cos(\vec{D} \bullet \vec{P}(x,z)\omega + \varphi t)$$

Die Tangente und Binormale bilden sich wie folgt:

$$Tangente = \begin{pmatrix} 1 \\ \frac{\partial}{\partial x}(w(x,z,t)) \\ 0 \end{pmatrix} \qquad Binormale = \begin{pmatrix} 0 \\ \frac{\partial}{\partial z}(w(x,z,t)) \\ 1 \end{pmatrix}$$

Wir setzen die jeweilige partielle Ableitung in die Y-Dimension ein. Bei der Tangente setzen wir die X-Koordinate auf 1 und bei der Binormalen die Z-Koordinate auf 1. Die Vektoren stehen so senkrecht zueinander.

Die Tangente, Normale und Binormale bilden zusammen ein kartesisches Koordinatensystem. Dies wissen wir aus dem Bumpmapping-Kapitel. Wir können die Normale aus der Tangente und Binormale berechnen, indem wir das Kreuzprodukt aus diesen bilden:

$$Normale = Tangente \otimes Binormale$$

$$Normale = \begin{pmatrix} 0 \\ \frac{\partial}{\partial z}(w(x,z,t)) \\ 1 \end{pmatrix} \otimes \begin{pmatrix} 1 \\ \frac{\partial}{\partial x}(w(x,z,t)) \\ 0 \end{pmatrix} = \begin{pmatrix} -\frac{\partial}{\partial x}(w(x,z,t)) \\ 1 \\ -\frac{\partial}{\partial z}(w(x,z,t)) \end{pmatrix}$$

Ich hoffe, ich habe Sie mit der ganzen Mathematik nicht zu sehr demotiviert. Wenn Sie Schwierigkeiten mit den mathematischen Zusammenhängen haben, machen Sie sich keine Sorgen. Die Implementierung dieser Formeln im Vertexshader ist recht simpel, und wir werden zwei Funktionen programmieren, die wir auf einfache Weise verwenden können.

Nachfolgend möchte ich die beiden Funktionen, die uns die Höhe des Vertex für die Welle und deren Steigung berechnen, als HLSL-Funktionen implementieren, damit wir den Kopf wieder frei bekommen für die Oberflächenbeschaffenheit des Wassers.

Als Erstes definieren wir eine Struktur, die eine Welle repräsentiert. Welche Werte für unsere Welle wichtig sind, wissen wir bereits:

```
struct SWave
{
  float  Freq;  // Frequenz
  float  Amp;   // Amplitude
  float  Phase; // Geschwindigkeit (Phase*t)
  float2 Dir;   // Richtung der Welle
};
```

Die Funktion, die uns die Höhe für die Welle in jedem Punkt XZ berechnet, ist ein simpler Einzeiler:

```
float CalcWaveHeight(SWave wav, float2 pos, float t)
{
  return wav.Amp*sin( dot(wav.Dir, pos)*wav.Freq + t*wav.Phase);
}
```

Auch die Funktion, die uns die Steigung berechnet, ist ein Einzeiler:

```
float CalcWaveDerivation(SWave wav, float2 pos, float t)
{
  return wav.Freq*wav.Amp*cos( dot(wav.Dir, pos)*wav.Freq+
                                              t*wav.Phase);
}
```

Der Wert, der von `CalcWaveDerivation` zurückgeliefert wird, muss noch mit der jeweiligen Komponente von `wav.Dir` multipliziert werden, damit die Rechnung stimmt.

Es folgt ein Ausschnitt eines Vertexshaders, der diese beiden Funktionen verwendet, um damit die Tangente, Binormale und Normale zu bilden. Später sehen wir dann die vollständige Implementierung.

```
VertexOutput VS_Water( VertexInput IN )
{
  VertexOutput OUT;
  float3x3    MatTex;
  float3      Pos;
  float       ddx = 0.0f;
  float       ddy = 0.0f;
  float       Derivate;
  sWave       Wave;

A Wave.Freq = 0.5f;
  Wave.Amp  = 2.2f;
  Wave.Phase= 0.5f;
  Wave.Dir  = float2( 1.0f, 0.0f );

  Pos = IN.Position;
B Pos.y     += CalcWaveHeight(Wave, Pos.xz, Time);
C Derivate  = CalcWaveDerivation(Wave, Pos.xz, Time);
D ddx       = Derivate * Wave.Dir.x;
  ddy       = Derivate * Wave.Dir.y;
E MatTex[0] = normalize( float3( 0.0f, ddy,
                                        1.0f ) );  // Tangente
  MatTex[1] = normalize( float3( 1.0f, ddx,
                                        0.0f ) );  // Binormale
  MatTex[2] = normalize( float3( -ddx, 1.0f,
                                        -ddy ) );  // Normale
F OUT.Tangent    = mul( MatTex, MatWorld[0].xyz );
  OUT.Binormal   = mul( MatTex, MatWorld[1].xyz );
  OUT.Normal     = mul( MatTex, MatWorld[2].xyz );

  ...
  return OUT;
}
```

A: Wir setzen die Parameter für unsere Welle. Die Welle wird eine Länge von ca. 12,5 Einheiten haben (Wellenlänge=2*Pi/Frequenz), 2,2 Einheiten hoch sein und sich mit einer Geschwindigkeit von ca. 0,04 Einheiten pro Sekunde in X-Richtung fortbewegen.

B: Wir addieren die Höhe der Welle zum Zeitpunkt t an der Position Pos.xz auf die momentane Höhe des Vertex.

C: In Derivate steht die Steigung im jeweiligen Punkt.

D: Erst durch die Multiplikation der Steigung mit der entsprechenden Komponente der Wellenrichtung `Dir` erhalten wir die Steigung in dieser Richtung. In `ddx` und `ddy` stehen unsere partiellen Ableitungen.

E: Wir setzen die Ableitungen wie oben besprochen für die Tangente, Binormale und Normale ein.

F: Schlussendlich müssen wir noch die Tangente, Binormale und Normale in das Weltkoordinatensystem transformieren.

Das Schöne an unseren Wellenfunktionen ist, dass wir diese beliebig aufsummieren können. In der Natur wird Wasser häufig durch mehrere Einflüsse angeregt, sodass es nicht sonderlich natürlich ist, dass nur eine Welle auf dem Wasser zu verfolgen ist. Stattdessen überlagern sich mehrere Wellen verschiedener Richtung, Amplitude und Frequenz. Wir können diese Überlagerung ganz leicht nachbilden, indem wir die Ergebnisse aus `CalcWaveHeight` und `CalcWaveDerivation` aufsummmieren. Der Code hierfür könnte wie folgt aussehen (für zwei überlagerte Wellen):

```
VertexOutput VS_Water( VertexInput IN )
{
    …
    sWave          Wave[2];

    Wave[0].Freq = 0.2f;
    Wave[0].Amp  = 2.2f;
    Wave[0].Phase= 0.5f;
    Wave[0].Dir  = float2( 1.0f, 0.0f );
    Wave[1].Freq = 0.1f;
    Wave[1].Amp  = 4.0f;
    Wave[1].Phase= 0.8f;
    Wave[1].Dir  = float2( 0.0f, 1.0f );

    Pos = IN.Position;

    For( int i=0; i<2; i++ )
    {
        Pos.y     += CalcWaveHeight(Wave[i], Pos.xz, Time);
        Derivate   = CalcWaveDerivation(Wave[i], Pos.xz, Time);
        ddx       += Derivate * Wave[i].Dir.x;
        ddy       += Derivate * Wave[i].Dir.y;
    }
    …
}
```

Das Ergebnis der Überlagerung:

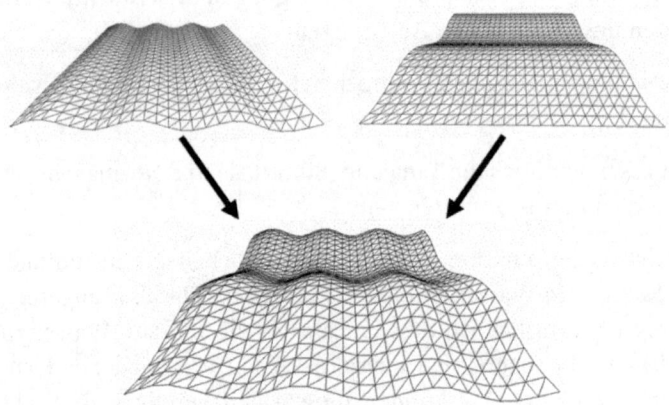

Bei der Überlagerung der Wellen können wir zusätzlich noch abwechselnd alte Wellen ausblenden (indem wir deren Amplitude stetig kleiner werden lassen, bis 0) und neue Wellen einblenden, deren Amplitude wir langsam auf den gewünschten Wert ansteigen lassen. Hierdurch wirkt der Wellengang noch realistischer.

Auf der Ebene der Geometrie wissen wir jetzt alles, was wir für schönes Wasser wissen müssen. Weiterhin haben wir Formeln entwickelt, mit denen wir ohne große Probleme Objekte auf dem Wasser schwimmen lassen können. Hierfür müssen wir lediglich die beiden Funktionen, die wir für unseren Vertexshader geschrieben haben, in unser C-Programm übernehmen. Eine weitere schöne Eigenschaft unserer Formeln ist, dass wir den Mesh, der unser Wasser repräsentiert, beliebig aufbauen können – vorausgesetzt, dass die »Auflösung« des Meshs hoch genug ist, damit die Wellen nicht zu kantig werden. Der Eingangsmesh kann also auch die Form eines Flusses haben, ohne dass das Wasser unnatürlich aussehen würde.

Damit möchte ich die Vertexverarbeitung unseres Wassereffekts abschließen. Wir werden die entwickelten Formeln später bei der Implementierung verwenden. Bevor wir zu dieser kommen, müssen noch einige Erklärungen zu der Oberflächenbeschaffenheit des Wassers erfolgen. Nachfolgend überlegen wir uns, wie wir die Spiegelung der Umgebung bzw. die Transparenz des Wassers berechnen können.

### 9.6.3    Reflexion und Transparenz beim Wasser

Eigentlich sollte man meinen, dass wir das Thema Reflexionen im Environment-Mapping-Kapitel (9.2) erschöpfend behandelt haben. Dem ist leider nicht so. Das

Cube-Environment-Mapping hat einige Nachteile, die besonders im Zusammenhang mit großen verspiegelten Flächen auftreten. Ein Nachteil ist, dass alle sechs Seiten der Cubemap gerendert werden müssen. Die komplette Szene muss also mindestens siebenmal gerendert werden. Wir brauchen nicht viel Phantasie, um zu erkennen, dass dies ein Performanceproblem darstellt. Umso schöner ist es, dass wir dieses Problem bei unserem Wassereffekt umgehen können.

Ich habe geschrieben, dass das Cubemapping für große verspiegelte *Flächen* ungeeignet ist. Warum ist das so?

Stellen Sie sich Wasser wie einen ebenen Spiegel vor. Wenn Sie in diesen Spiegel gucken, sehen Sie nicht die komplette Umgebung in ihm, sondern nur einen kleinen Ausschnitt. Der Spiegel spiegelt nur die Umgebung, die sich vor seiner Spiegelebene befindet. Er spiegelt das, was auf der gleichen Seite wie der Betrachter liegt. Ebenes Wasser wird also immer nur in die Hemisphere reflektieren, in der sich auch der Betrachter befindet. Dadurch ist eine komplette Hälfte der Cubemap – für unser Wasser – absolut nutzlos, da der Betrachter diese nie sehen würde.

Wir können unter der Annahme, dass das Wasser eine glatte Ebene ist, noch weitere Vereinfachungen vornehmen. Hierzu werfen wir einen Blick auf das folgende Bild:

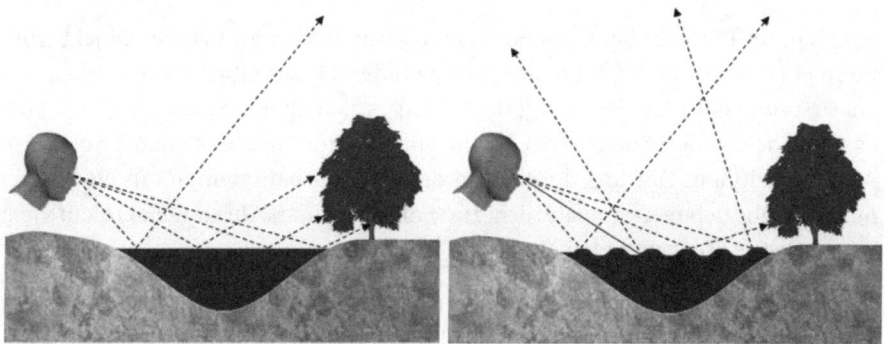

Das rechte Bild zeigt, wie sich Wellen auf die Reflexionsvektoren auswirken. Damit die Reflexion bei unruhiger See realistisch aussieht, müssen wir die komplette obere Hemisphere in Form einer Textur bereitstellen. Hierfür könnten wir das Sphere-Environment-Mapping verwenden. Das Sphere-Environment-Mapping funktioniert ähnlich wie das Cubemapping. Anstatt die Umgebung auf die Innenseiten eines Würfels abzubilden, wird beim Spheremapping die Umgebung auf die Innenseite einer Kugel abgebildet. Dafür muss man die Projektionsmatrix so einrichten, dass ein Panoramabild entsteht. Dieses Panoramabild, das eine Hemisphäre darstellt (wir können keinen 360°-Rundumblick rendern), wird dann auf die Sphere gemappt. Das folgende Bild verdeutlicht das Prinzip:

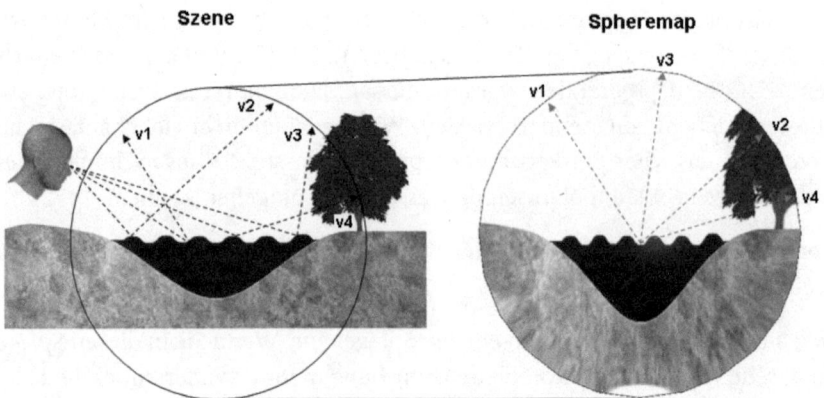

Das Bild zeigt auch, was das Problem mit dem Spheremapping ist. Wenn Sie sich die Reflexionsvektoren etwas genauer anschauen, fällt Ihnen auf, dass diese in der Spheremap nicht korrekt sind. Der Fehler entsteht, weil der Ursprung der Reflexionsvektoren in der Spheremap auf das Zentrum der Map gesetzt wird. Tatsächlich ist der Ursprung der Vektoren aber auf der Oberfläche des Sees, der dummerweise recht groß ist. Wäre der See ein kleines Objekt in der Mitte des linken Kreises, wäre das Spheremapping ausreichend genau, da die Differenz zwischen den Ursprüngen der Vektoren minimal wäre.

Ein weiteres Problem beim Spheremapping tritt auf, wenn sich ein Objekt (zum Beispiel ein Boot) in der Mitte des Sees befindet. Dieses Objekt wäre viel zu nah am Ursprung der Map. Dies sorgt dafür, dass es sich über die ganze Map zieht (da es zu nahe an der Kamera ist). Beim Spheremapping sollte man also davon Abstand nehmen, Objekte, die sich auf dem Wasser befinden, mit in die Spiegelung einzubeziehen, was natürlich zur Folge hat, dass diese Objekte auf dem Wasser keine Spiegelung haben.

Nachdem wir die Probleme des Spheremappings kennengelernt haben, wird es Sie freuen zu lesen, dass wir die Spiegelung bei unserem Wassereffekt nicht mit dem Spheremapping realisieren werden. An dieser Stelle möchte ich jedoch darauf hinweisen, dass man auch mit dem Spheremapping ausgezeichnete Wassereffekte realisieren kann. Mark Finch beschreibt in seinem Artikel »Effective Water Simulation from Physical Models«, wie man sehr schönes Wasser mit Spheremapping-Reflexionen erstellt. Er beschreibt weiterhin einen Lösungsansatz für das Reflexionsvektor-Problem.

Nachdem wir sowohl das Cubemapping als auch das Spheremapping für unser Wasser ausgeschlossen haben, stehen wir, was die Reflexionen auf der Wasseroberfläche angeht, wieder bei null. Wir werden jetzt das tun, was Physiker gerne machen: Wir idealisieren. Wir betrachten das Wasser wieder bei ruhiger See und gehen davon aus, dass es eine ebene Fläche beschreibt. Diese Fläche können wir als Spiegelebene betrachten. Anhand dieser spiegeln wir dann die komplette Szene.

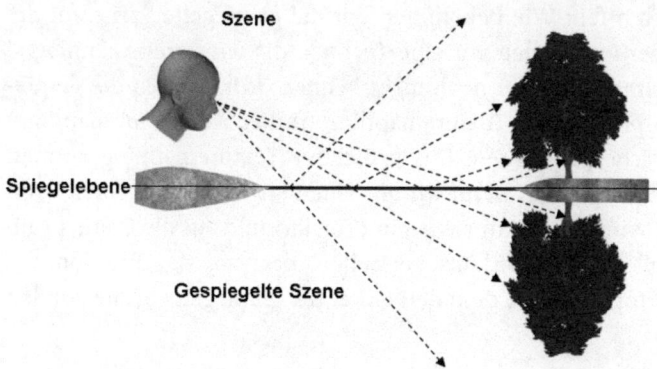

Wenn wir bei der Reflexion davon ausgehen, dass die Oberfläche des Wassers eine ebene Fläche ist, können wir eine 4x4-Matrix verwenden, um eine Spiegelung entlang dieser Ebene zu berechnen. Diese Matrix spiegelt dann jeden Vertex an dieser Ebene. In dem Bild können wir erkennen, dass die verlängerten Vektoren des Betrachters in der gespiegelten Szene auf die gleichen Punkte auftreffen wie die Reflexionsvektoren in der originalen Szene. Dies ist logisch, denn es macht keinen Unterschied, ob wir die Vektoren spiegeln oder stattdessen die komplette Szene. Das Ergebnis bleibt das Gleiche. Unter Verwendung einer Spiegelmatrix können wir also die gespiegelte Szene aus Sicht des Betrachters rendern und hätten damit eine korrekte Spiegelung der sichtbaren Umgebung. Mit der Funktion `D3DXMatrixReflect` können wir eine Spiegelungsmatrix ganz leicht erstellen.

Sofern die Spiegelebene in der gleichen Ebene liegt wie die Hauptebenen des Weltkoordinatensystems, können wir die Matrix auch ganz einfach von Hand erstellen.

Die Ebene unseres Wassers befindet sich auf der XZ-Welt-Ebene. Wir erzeugen also eine Spiegelung, indem wir die Y-Koordinaten aller Vertices negieren. Sofern das Wasser nicht im Ursprung des Weltkoordinatensystems liegt, müssen wir auch noch die Höhe der Ebene berücksichtigen. Die resultierende Matrix könnte einfacher nicht sein:

$$Spiegelmatrix = \begin{bmatrix} 1 & 0 & 0 & 0 \\ 0 & 1 & 0 & 0 \\ 0 & 0 & -1 & 0 \\ 0 & 2h & 0 & 1 \end{bmatrix}$$

*h : Höhe des Wasserspiegels*

Diese Matrix müssen wir nur noch mit der kombinierten Welt-, Ansichts- und Projektionsmatrix multiplizieren,[11] und schon bekommen wir die Szene an der XZ-Ebene gespiegelt dargestellt.

Eine Frage bleibt noch offen: Wie bekommen wir die gespiegelte Szene auf die Wasseroberfläche? Hier verwenden wir eine Technik, die wir bereits kennengelernt haben, deren Namen wir aber noch nicht kennen. Wir können die gespiegelte Szene mit dem projektiven Texturemapping (projective texturemapping) auf die Wasseroberfläche projizieren. Das projektive Texturemapping können wir uns leicht begreiflich machen, wenn wir uns einen Projektor vorstellen. Beim projektiven Mapping wird eine Textur wie ein Projektorbild auf die Szene projiziert. In unserem Fall müssen wir uns vorstellen, dass auf der Position des Betrachters ein Projektor steht, der dem Betrachter die gespiegelte Szene auf den See projiziert.

Jetzt werden Sie sich sicher fragen, wo wir diese Technik denn schon mal verwendet haben. Erinnern Sie sich an das vorangegangene Kapitel. Beim Shadowmapping mussten wir einen Tiefenvergleich durchführen. Hierfür mussten wir die Shadowmap auf die aktuelle Szene projizieren, um einem Pixel einen korrespondierenden Texel aus der Shadowmap zuordnen zu können. Tatsächlich besteht das projektive Texturemapping nur darin, den Einheitsraum, der sich nach der Multiplikation mit der World-, View- und Projectionmatrix und der perspektivischen Teilung ergibt, in den Raum einer Textur abzubilden. Den gefundenen Texel zeichnen wir dann an die Position des korrespondierenden Pixels.

Ein Problem muss noch im Zusammenhang mit der Spiegelung gelöst werden. Wenn wir die gespiegelte Szene wie ein Projektorbild auf den See projizieren, wirkt sich die Wellenbewegung des Wassers nicht auf die Spiegelung aus. Da die Spiegelung mit der Idealisierung erzeugt wurde, dass das Wasser eben ist, wird der Betrachter, der die projizierte Spiegelung beobachtet, den Eindruck bekommen, dass das Wasser absolut ruhig ist. Dies wollen wir natürlich nicht – nicht nachdem wir uns so viel Mühe mit der Berechnung der Wellen gegeben haben. Leider müssen wir an dieser Stelle einen Trick anwenden, der nicht ganz unproblematisch ist. Beim projektiven Texturemapping zeichnen wir nicht den Texel aus der »Reflectionmap«, der zum korrespondierenden Pixel des Wassers passt, sondern wir zeichnen einen Texel, der etwas verschoben ist. Wir müssen also die Texturkoordinaten beim Texturemapping etwas verschieben. In welche Richtung die Verschiebung erfolgt, hängt von der Normale des Pixels bzw. des Vertex ab. Zum besseren Verständnis schauen wir uns die folgende Grafik an:

---

11 Hier ist darauf zu achten, dass die Multiplikation »SpiegelMatrix*WeltAnsichtsProjMatrix« sein muss – nicht anders herum!

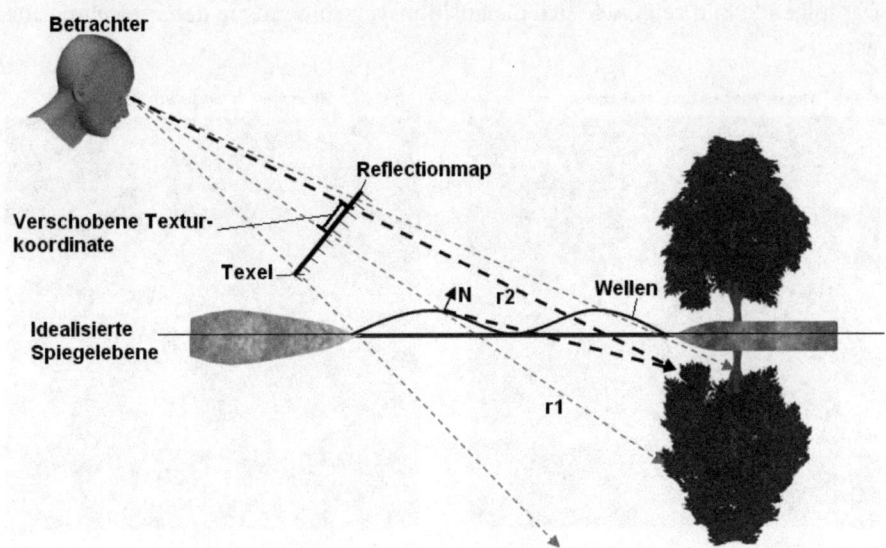

Durch die Normale N wird der Strahl r1 so abgelenkt, dass er als r2 resultiert. Daraus ergeben sich verschobene Texturkoordinaten für das projektive Texture-mapping. So viel zum Prinzip. In der Implementierung werden wir folgendermaßen vorgehen:

1. Wir übergeben die interpolierte Normale und die Position des Vertex dem Pixelshader.

2. Da sich unser Wasser in der XZ-Ebene befindet, addieren wir zu den X- und Z-Koordinaten der Position die X- und Z-Koordinaten der Normale, die wir mit einem Skalierungsfaktor verstärken.

3. Die sich daraus ergebende Position des Pixels (im 3D-Raum) multiplizieren wir mit der kombinierten World-, View- und Projectionmatrix.

4. Nach der Multiplikation der Transformationsmatrizen müssen wir noch die perspektivische Teilung auf die Position durchführen (xyz/w) und erhalten so die Position im Einheitsraum (-1<=x<=1, –1<=y<=1, 0<=z<=1).

5. Wir bilden die Position im Einheitsraum auf die Reflectionmap ab (projektives Texturemapping).

Ein Problemfall tritt auf, wenn die Normale der Wasseroberfläche die Position so ablenkt, dass die resultierenden Texturkoordinaten außerhalb der Reflectionmap liegen. Dieser Fall muss eigentlich verhindert werden, da wir für diese Position kein Reflexionsabbild besitzen. In der Praxis ist dieser Fall nicht ganz so dramatisch, und der Betrachter wird ihn bei geschickt gewählten Werten sowie einer guten Steuerung der Alpha-Transparenz gar nicht wahrnehmen.

Das folgende Bild zeigt, wie sich die Positionsverschiebung in der Spiegelung auswirkt:

Wasser ohne verzerrte Projektion

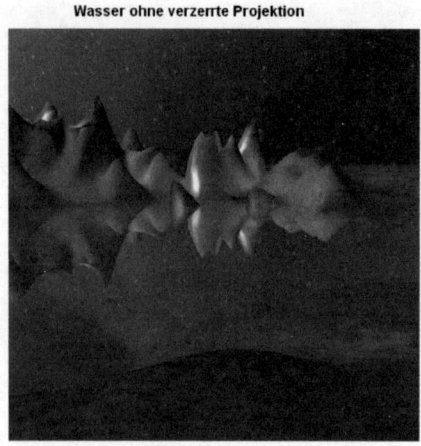

Wasser mit verzerrter Projektion

An dieser Stelle möchte ich das Thema Spiegelungen beiseite legen und zur Steuerung der Alpha-Transparenz kommen. Transparenz ist ein mindestens genauso wichtiger Bestandteil für unser Wasser wie die Spiegelung. Ohne Transparenz bekommt jedes Wasser das Aussehen von Quecksilber bzw. Alufolie, und das wollen wir tunlichst vermeiden.

Dass wir sehen können, was sich unter Wasser befindet, hängt mit der Eigenschaft des Wassers zusammen, Licht zu brechen. Bei der Brechung werden eingehende Strahlen an der Oberfläche des Wassers entsprechend des Brechungsindex abgelenkt. Die folgende Skizze zeigt das Prinzip:

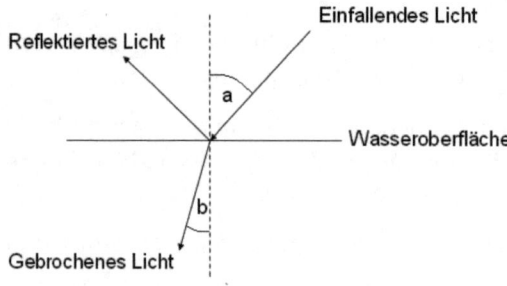

Ein Teil des einfallenden Lichts wird gebrochen und ein Teil wird reflektiert. Ich kann vorwegnehmen, dass das Licht bei unserem Wasser nicht gebrochen wird. Stattdessen tun wir so, als hätte unser Wasser einen Brechungsindex von 1, was bedeutet, dass der Winkel a gleich dem Winkel b ist. Das Licht wird bei uns also nicht »abgelenkt«.

Wollten wir die Brechung in unserem Wasser implementieren, so müssten wir einen weiteren Renderpass spendieren, indem wir eine Refractionmap[12] erstellen. Die Refractionmap ist der Reflectionmap ganz ähnlich, nur dass anstatt einer Spiegelungsmatrix eine Brechungsmatrix verwendet wird. Aber das soll uns jetzt nicht weiter ablenken.

Interessanter für uns ist das Verhältnis zwischen Spiegelung und Brechung. Wann wird das Wasser zum Spiegel, und wann wird es zu Glas? Hier verwenden wir eine ganz einfache Funktion, um die Transparenz des Wassers zu steuern.

Je nach Größe des Winkels zwischen der Normale und dem Vektor, der vom Punkt auf der Wasseroberfläche zum Betrachter zeigt, verändern wir die Transparenz des Punkts. Ist der Winkel klein, erhöhen wir die Alpha-Transparenz. Ist der Winkel groß, verringern wir die Transparenz. Hierbei verwenden wir eine exponentielle Funktion, die dafür sorgt, dass der Grenzübergang steiler wird. Schauen wir uns die Funktion an:

```
AlphaAmount = pow(saturate(dot(normalize(PosToView),
                normalize(Normal))), Exponent ));
```

Diese Funktion werden wir in etwas abgeänderter Form für die Berechnung der Alpha-Transparenz verwenden. Bedenken Sie hierbei, dass wir nie eine Normale als Parameter erhalten, die vom Betrachter wegzeigt. Dies ist deshalb so, weil wir nur Flächen zeichnen, die zum Betrachter zeigen (Counter-Clockwise-Culling).

Verwenden wir nur diese Funktion zur Steuerung der Alpha-Transparenz, haben wir bei tieferen Gewässern ein Problem: Würde der Betrachter im rechten Winkel auf das Gewässer schauen (stellen Sie sich einen Hubschrauberflug vor), so wäre das komplette Gewässer transparent und der Betrachter könnte bis auf den Grund des Gewässers sehen. Dies ist natürlich nicht sehr realistisch, da Wasser einen gewissen Grad an Verschmutzung hat, was sich darin äußert, dass bei tieferen Gewässern der Grund nicht zu erkennen ist.

Wir können dieses Problem beheben, indem wir zusätzlich zu der `AlphaAmount`-Berechnung eine Textur mit Alpha-Werten speichern, die die Tiefe des Gewässers nachbildet. Diese Textur können wir dann wie eine ganz normale Textur auf unseren Wassermesh anwenden.

---

12  Refraction = Brechung

Alpha-Textur für die Tiefe des Sees          Kombination Alpha-Textur mit
                                             Normalen-Betrachter-Berechnung

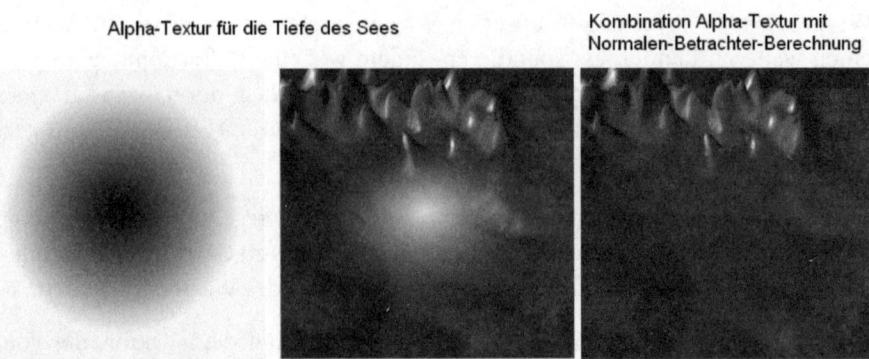

Das soll uns zur Transparenz genügen. Es wird Zeit, den Wassereffekt zu implementieren!

### 9.6.4  Die Wasser-Shader

Der Wasser-Shader wird unser komplexester Shader. Er wird neben den bereits besprochenen Techniken Gebrauch vom Bumpmapping machen. Wir werden Bumpmaps verwenden, um den Wellen eine feinere Struktur zu geben, damit das Wasser auch bei größeren Gewässern realistisch wirkt. Doch dazu später mehr. Zuerst wollen wir klären, wie viele Pässe unser Shader benötigt bzw. was wir in diesen Pässen erledigen müssen:

1. Pass: Wir rendern die Szene ganz normal.
2. Pass: Wir rendern die Szene gespiegelt an der Wasseroberfläche in die Reflectionmap.
3. Pass: Wir rendern die Wasseroberfläche, berechnen die Wellenbewegung und projizieren die gespiegelte Szene aus der Reflectionmap auf diese.

Ob wir zuerst Pass 1 oder 2 ausführen, ist letztendlich egal, da beide verschiedene Rendertargets verwenden.

Für die beiden ersten Passes können wir den gleichen Vertex- und Pixelshader verwenden, da diese prinzipiell das Gleiche machen. Beim zweiten Pass muss darauf geachtet werden, dass die Spiegelungsmatrix vorher mit der Worldmatrix multipliziert wurde und dass alle Parameter, die die Lichtquelle betreffen, ebenfalls durch die Spiegelmatrix transformiert wurden.

Fangen wir an, unsere Effektdatei zu schreiben:

```
technique Water
{
    pass SceneRender
    {
        VertexShader    = compile vs_2_0 VS_Scene();
        PixelShader     = compile ps_2_0 PS_Scene();
    }
    pass ReflectionRender
    {
        VertexShader    = compile vs_2_0 VS_Scene();
        PixelShader     = compile ps_2_0 PS_Scene();
    }
    pass WaterRender
    {
        VertexShader    = compile vs_2_0 VS_Water();
        PixelShader     = compile ps_2_0 PS_Water();
    }
}
```

Es geht gleich weiter mit den Pixel- und Vertexshadern für die ersten beiden Pässe. Diese sind Implementationen des Phong-Reflexionsmodells, das wir zu Beginn des Effekt-Kapitels abgehandelt haben. Wir beginnen mit dem Vertexshader:

```
VertexOutputRefl VS_Scene( VertexInputRefl IN )
{
    VertexOutputRefl OUT;
    float3 NormalWorld;
    float3 PosWorld;
    float3 CamDirToPos;
    float3 HalfVector;

    NormalWorld  = normalize( mul( IN.Normal,
                                    (float3x3) MatWorld ) );
    PosWorld     = mul( float4(IN.Position.xyz , 1.0), MatWorld );
    CamDirToPos  = normalize( PosWorld - CamPosWorld );
    HalfVector   = -normalize( LightDir+CamDirToPos );

    OUT.HPosition = mul( float4(IN.Position.xyz , 1.0) , MatWVP);
    OUT.Diffuse   = max(0,dot(NormalWorld, -LightDir))
                    * MtrlDiffColor * LightColor;
```

```
    OUT.Specular  = pow( max( 0, dot( HalfVector, NormalWorld) ),
                     MtrlSpecPower ) * MtrlSpecColor * LightColor;

    OUT.TexCoordDiff = IN.Tex0;
    return OUT;
}
```

Nochmal im Groben: Wir bilden den Halbvektor für die Berechnung der spekularen Reflexion, transformieren die Vertices mit der kombinierten World-, View-
und Projectionmatrix und speichern die diffuse und spekulare Farbe im Ausgabe-
vertex ab.

Der Pixelshader übernimmt die Verrechnung der Farbewerte mit der Textur:

```
float4 PS_Scene( VertexOutputRefl IN ) : COLOR
{
    float4 Diffuse  = IN.Diffuse * tex2D( SamplerDiffuse,
                      IN.TexCoordDiff );
    float4 Specular = IN.Specular;
    float4 Color    = (Diffuse + Specular + LightAmbient);
    Color.a         = 1.0f; // Explizite Setzung des Alpha-Werts
    return Color;
}
```

Damit die beiden Shader funktionieren, müssen wir noch die folgenden Parameter und Strukturen definieren:

```
// Matrizen
float4x4 MatWVP;
float4x4 MatWorld;
// Kamera
float3 CamPosWorld;
//Direktionale Lichtquelle
float3 LightDir;
float4 LightColor;
float4 LightAmbient;
//Materialien
Texture TexDiffuse;
float4  MtrlDiffColor;
float4  MtrlSpecColor;
float   MtrlSpecPower;
//TextureSampler
sampler SamplerDiffuse = sampler_state
```

```
{
    texture = <TexDiffuse>;
    AddressU  = WRAP;
    AddressV  = WRAP;
    AddressW  = WRAP;
    MIPFILTER = LINEAR;
    MINFILTER = LINEAR;
    MAGFILTER = LINEAR;
};
struct VertexInputRefl
{
    float3 Position  : POSITION;
    float3 Normal    : NORMAL;
    float2 Tex0      : TEXCOORD0;
};
struct VertexOutputRefl
{
    float4 HPosition    : POSITION;
    float4 Diffuse      : COLOR0;
    float4 Specular     : COLOR1;
    float2 TexCoordDiff : TEXCOORD0;
};
```

Die Parameter sind uns noch von der Implementierung des Phong-Shadings bekannt. Ich erspare mir also ihre Beschreibung.

Damit hätten wir bereits die Shader für die ersten beiden Passes abgehandelt. Streng genommen gehören diese Shader gar nicht zur Implementierung des Wassereffekts. Sie rendern lediglich die Szene. Vielleicht verwenden Sie in Ihrem Spiel ganz andere Techniken, um die Szene darzustellen. Sofern Sie dies tun, müssen Sie auch die Shader für die ersten beiden Passes anpassen, damit die Szene sowohl normal als auch in der Spiegelung korrekt dargestellt wird.

Im dritten und letzten Pass wird die Wasseroberfläche gerendert. Lassen Sie uns grob zusammenfassen, was dieser Pass leisten muss:

Vertexshader:

▶ Die Vertices müssen mit der Wellengleichung animiert werden.

▶ Die Tangente, Binormale und Normale muss gebildet werden.

▶ Ein Vektor muss berechnet werden, der vom Betrachter zum Vertex zeigt (für die Steuerung der Transparenz im Pixelshader)

Pixelshader:

▶ Die Normale muss aus der Normalmap ausgelesen und in das Weltkoordinatensystem transformiert werden.

▶ Die Reflectionmap (aus Pass 2) muss auf die Wasseroberfläche projiziert werden (Spiegelung). Dabei wird die Spiegelung durch die Ausrichtung der Normale verzerrt.

▶ Die Transparenz der Wasseroberfläche muss so berechnet werden, dass diese von der Ausrichtung der Normale sowie der Textur, die die Tiefe des Gewässers repräsentiert, abhängt.

In der Theorie wurden die Schritte bereits abgehandelt, jetzt geht es darum, das Gelernte in Shader-Code umzusetzen.

Wir beginnen mit der Vertexstruktur:

```
struct VertexInputWater
{
    float3 Position : POSITION;
    float3 Normal   : NORMAL;
    float2 TexCoord : TEXCOORD0;
};

struct VertexOutputWater
{
    float4 HPosition    : POSITION;
    float3 PosVertObj   : TEXCOORD0;
    float2 DiffTexCoord : TEXCOORD1;
    float3 ViewToPos    : TEXCOORD2;
    float3 Normal       : TEXCOORD3;
    float3 Tangent      : TEXCOORD4;
    float3 Binormal     : TEXCOORD5;
};
```

In `PosVertObj` steht die Position des Vertex im Objektraum. Diese Position wird vom Vertexshader einfach durchgereicht, was bedeutet, dass diese Position nicht transformiert wurde. Bedenken Sie, dass wir für das projektive Texturemapping die Position des Vertex benötigen, um die Texturkoordinaten zu bestimmen. `ViewToPos` ist ein Vektor, der vom Betrachter zum Vertex zeigt. Der Rest der Parameter sollte selbsterklärend sein. Kommen wir also zum Shader-Code:

```
VertexOutputWater VS_Water( VertexInputWater IN )
{
  VertexOutputWater OUT;
  float3            ProjPos;
  float3            PosWorld;
  float3x3          MatTex;
  float3            Pos;
  float             ddx = 0.0f;
  float             ddy = 0.0f;


  Pos = IN.Position;
```

A
```
  for(int i=0; i<NUMWAVES; i++)
  {
      Pos.y += CalcWaveHeight(Waves[i], Pos.xz, Time);
      float Derivate = CalcWaveDerivation(Waves[i], Pos.xz,
                                          Time);
      ddx += Derivate * Waves[i].Dir.x;
      ddy += Derivate * Waves[i].Dir.y;
  }
```

B
```
  PosWorld       = mul( float4(IN.Position.xyz , 1.0), MatWorld);
  OUT.ViewToPos = (PosWorld-CamPosWorld);
```

C
```
  MatTex[0] = normalize( float3( 0.0f, ddy,
                                 1.0f ) );   // Tangent
  MatTex[1] = normalize( float3( 1.0f, ddx,
                                 0.0f ) );   // Binormal
  MatTex[2] = normalize( float3( -ddx, 1.0f,
                                 -ddy ) );   // Normal
```

D
```
  OUT.Tangent     = mul( MatTex, MatWorld[0].xyz );
  OUT.Binormal    = mul( MatTex, MatWorld[1].xyz );
  OUT.Normal      = mul( MatTex, MatWorld[2].xyz );
```

E
```
  OUT.HPosition   = mul( float4( Pos, 1.0) , MatWVP);
```

F
```
  OUT.PosVertObj  = IN.Position;
```
G
```
  OUT.DiffTexCoord = IN.TexCoord;
```

```
  return OUT;
}
```

A: Wir wissen bereits aus Abschnitt 2, was die Funktionen `CalcWaveHeight` und `CalcWaveDerivation` berechnen. Wir übernehmen diese Funktionen in unsere Effektdatei:

```
float CalcWaveHeight(SWave wav, float2 pos, float t)
{
  return wav.Amp*sin(dot(wav.Dir, pos)*wav.Freq+t*wav.Phase);
}
float CalcWaveDerivation(SWave wav, float2 pos, float t)
{
  return wav.Freq*wav.Amp*cos(dot(wav.Dir, pos)*wav.Freq+
                                            t*wav.Phase);

}
```

Und dazu die Wellen-Struktur:

```
struct SWave
{
   float  Freq;
   float  Amp;
   float  Phase;
   float2 Dir;
};
```

In unserem Beispiel werden wir zwei Wellen überlagern, die wir mit den folgenden Werten initialisieren:

```
#define NUMWAVES 2
SWave Waves[NUMWAVES] = {
    { 0.5, 2.2, 0.5, float2(1, 0) },
    { 0.2, 3.6, 1.3, float2(-0.7, 0.7) }
};
```

Sie können diese Default-Werte nur bedingt für Ihre eigene Implementierung übernnehmen. Je nach den geometrischen Ausmaßen Ihres Wassermeshs ändern sich die Werte für die Wellen. Hier sollten Sie etwas mit den Werten spielen.

Die Wellen fangen an sich zu bewegen, wenn wir die Zeit mit einberechnen. Hierfür müssen wir einen weiteren Parameter in der Effektdatei deklarieren:

```
float Time;
```

Die Zeit, die in Time steht, ist fortlaufend. Hier wird keine Zeitdifferenz übergeben.

B: In `PosWorld` wird die Position des Vertex im Weltkoordinatensystem gespeichert. Da die Position des Betrachters ebenfalls im Weltkoordinatensystem übergeben wird, brauchen wir nur noch die Position des Betrachters von der Position des Vertex subtrahieren und erhalten unseren Vektor, der vom Betrachter zum Vertex zeigt. Diesen Vektor benötigen wir später im Pixelshader, um die Transparenz der Wasseroberfläche zu steuern.

C: In Abschnitt 2 wurde bereits besprochen, wie wir mit Hilfe der Wellengleichungen die Tangente, Normale und Binormale bilden können.

D: In `MatTex` steht, wie wir die Normalen aus der Normalmap transformieren müssen, um sie in den Objektraum zu übersetzen. Dies reicht uns aber nicht. Wir wollen die Normalen direkt in das Weltkoordinatensystem übersetzen und müssen hierfür den Tangentenraum mit der Worldmatrix multiplizieren. Das Ergebnis ist eine Matrix (die in `OUT.Tangent`, `OUT.Binormal` und `OUT.Normal` gespeichert ist), die die Normalen in das Weltkoordinatensystem transformiert.

E: Die transformierte Position des Vertex.

F: Wie bereits weiter oben beschrieben wurde, benötigen wir die Position des Vertex für das projektive Texturemapping. Wir übergeben die unveränderte Position an den Pixelshader. Die Transformation der Position nehmen wir im Pixelshader vor.

G: Die Texturkoordinaten werden für das Mapping der »Tiefentextur« benötigt, die die Transparenz und somit die Tiefe des Gewässers angibt.

Unser Wasser-Vertexshader ist fertig. Also kommen wir zum Pixelshader:

```
float4 PS_Water( VertexOutputWater IN ) : COLOR
{
    float2    TexCoord;
    float4    Color;
    float     ReflectionAmount;
    float4    ProjTexCoord;
    float3    PosVertWrldDisturbed;
    float3    NormViewToPos, NormNormal;
    float     SatVtpDotNormal;
    float3x3  MatTexToWorld;

A   float2    NormTexTrans = float2(Time*Waves[0].Dir.x*0.02f,
                                    Time*Waves[0].Dir.y*0.02f);

B   float3    Normal = tex2D( SamplerBump,
                              (IN.DiffTexCoord+NormTexTrans)
```

```
                                  * BUMP_TILE_FACTOR )
                                  * 2.0 - 1.0;
C   MatTexToWorld[0]  = IN.Tangent;
    MatTexToWorld[1]  = IN.Binormal;
    MatTexToWorld[2]  = IN.Normal;
    Normal            = mul( MatTexToWorld,  Normal );

    /////// Projective Texturemapping ///////
D   PosVertWrldDisturbed     = mul( IN.PosVertObj, MatWorld );
    PosVertWrldDisturbed.xz += Normal.xz*HorizDistFac;
E   ProjTexCoord = mul(float4(PosVertWrldDisturbed, 1.0f ),
                                              MatViewProj);
F   TexCoord      = 0.5*ProjTexCoord.xy/ProjTexCoord.w+
                                         float2(0.5, 0.5);
    TexCoord.y    = 1.0f - TexCoord.y;
G   Color         = tex2D( SamplerReflection, TexCoord )
                    * WaterShadeFac  // Abdunklungsfaktor
                    + WaterColor;    // Wasserfarbe
H   NormViewToPos     = normalize(IN.ViewToPos);
    NormNormal        = normalize(Normal);
    SatVtpDotNormal   = saturate( dot(NormViewToPos, -
                                         NormNormal) );

    ReflectionAmount = WaterReflFac
                    * (1.0f-pow( SatVtpDotNormal,
                             WaterReflPow) );
I   Color.a = tex2D( SamplerDiffuse, IN.DiffTexCoord ).a
            + ReflectionAmount;

    return Color;
}
```

A: Wir ändern die Texturkoordinaten, die wir zum Sampeln der Bumpmap verwenden, mit der Zeit. Dies sorgt dafür, dass die kleinen Wellen, die in der
Bumpmap gespeichert sind, nicht auf der Stelle stehen bleiben, sondern sich
entlang der ersten Welle bewegen. Die Translation der Textkoordinaten speichern wir in NormTexTrans. Das folgende Bild zeigt die Bumpmap und wie
sich diese mit der Zeit bewegt:

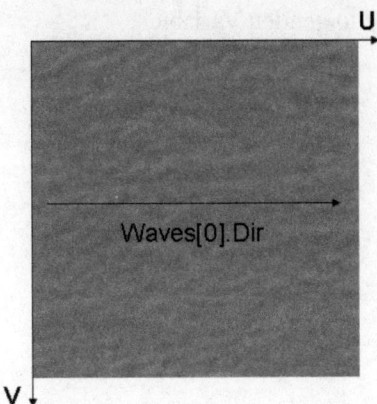

Bei dieser Zeile sollten wir bedenken, dass U und V möglicherweise nicht der Weltachse X und Y entsprechen. Unser Wassermesh könnte gedreht sein, was dafür sorgen würde, dass die Richtung, in die Waves[0].Dir zeigt, nicht mehr zu unseren UV-Koordinaten passt. Hier könnten wir die Binormale und Tangente verwenden, um die beiden Koordinaten in den gleichen Raum zu transformieren. Dies habe ich mir gespart. In den meisten Fällen wird das Wassermesh nicht gedreht sein, und wenn doch, wissen Sie, was zu tun ist.

B: In IN.DiffTexCoord stehen Texturkoordinaten, die sich über das komplette Wassermesh erstrecken. Diese Texturkoordinaten verwenden wir später ebenfalls für unsere Tiefentextur. Die Koordinaten sollten keine Wiederholungen (Werte größer 1 bzw. kleiner 0) enthalten, da diese dafür sorgen würden, dass die Tiefentextur verzerrt würde. Wie dem auch sei, für die Bumpmap benötigen wir Wiederholungen, da wir diese über das ganze Gewässer »kacheln« wollen. Der Faktor BUMP_TILE_FACTOR sorgt dafür, dass diese Kachelung zustande kommt. In ihm können wir angeben, wie oft sich die Bumptextur auf dem Wassermesh wiederholen soll. In diesem Beispiel definieren wir diesen Faktor wie folgt:

```
#define BUMP_TILE_FACTOR 3.0f
```

Die Textur soll sich also dreimal wiederholen.

Multiplizieren wir diesen Faktor mit den Texturkoordinaten in DiffTexCoord sowie mit den sich ändernden Texturkoordinaten NormTexTrans, erhalten wir die eigentlichen Texturkoordinaten zum Sampeln der Bumpmap.

Da wir keinen Farbwert aus der Textur auslesen wollen, sondern eine Normale, müssen wir den gesampelten Wert noch *2–1 nehmen, um die Normale zu erhalten.

Wir erweitern unsere Effektdatei um die folgenden Variablen:

```
Texture TexBump;
sampler SamplerBump = sampler_state
{
    texture = <TexBump>;
    AddressU  = WRAP;
    AddressV  = WRAP;
    AddressW  = WRAP;
    MIPFILTER = LINEAR;
    MINFILTER = LINEAR;
    MAGFILTER = LINEAR;
};
```

C: In `MatTexToWorld` speichern wir die 3x3-Matrix, die uns die Normale in das Weltkoordinatensystem transformiert. Da es sich bei der Transformation nur um eine Drehung handeln kann, reicht eine 3x3-Matrix, um die Transformation durchzuführen. Bei der Multiplikation der Matrix mit der Normale ist darauf zu achten, dass die Matrix im ersten Parameter angegeben wird (der Eingabevektor wird also als Spaltenvektor interpretiert).

D: Wir transformieren die Position des Vertex (`PosVertObj`) in das Weltkoordinatensystem und speichern die transformierte Position in `PosVertWrldDisturbed`.

Zur XZ-Position des Vertex addieren wir die Normale, die wir durch einen Faktor verstärken. Dies sorgt dafür, dass das Spiegelbild beim projektiven Texturemapping verzerrt wird. Dies wurde bereits in Abschnitt 9.6.3 erklärt. Den Verstärkungsfaktor nehmen wir mit in unsere Parameterliste auf:

```
float  HorizDistFac    = 6.0f;
```

E: Wir multiplizieren die Position des Vertex (eigentlich bereits die Position des Pixels im dreidimensionalen Raum) mit der Ansichts- und Projektionsmatrix. Wir benötigen hierfür eine weitere Matrix:

```
float4x4 MatViewProj;
```

F: Hier beginnt das projektive Texturemapping. Wir teilen die X- und Y-Koordinate des Vertex durch die W-Koordinate und erhalten somit eine Koordinate, die zwischen –1 und 1 normiert ist. Da unser Textur-Adressraum zwischen 0 und 1 liegt, müssen wir den Bildschirmraum in den Texturraum transformieren, indem wir den resultierenden Wert durch 2 teilen (*0.5) und 0.5 addieren. Bei der Y-Dimension gibt es einen weiteren Unterschied zwischen Textur- und Bildschirmraum. Beim Textur-Adressraum ist die Y-Koordinate invertiert, was bedeutet, dass sie nach »unten« größer wird. Dies müssen wir berücksichtigen (1-Y).

Damit haben wir die Vertexposition (Pixelposition) im Adressraum der Textur und somit die Texturkoordinaten für unsere Reflectionmap berechnet.

G: Mit den berechneten Texturkoordinaten sampeln wir die Reflectionmap. So erhält unser Wasser die Spiegelung auf seiner Oberfläche. Damit die Spiegelung nicht zu deutlich wird und die Farbe des Wassers mit einfließt, definieren wir weitere Werte, die wir zum gesampelten Texel hinzurechnen.

In `WaterShadeFac` haben wir einen Wert, der die Spiegelung dunkler werden lässt, und in `WaterColor` steht die eigentliche Farbe des Wassers. Ist `WaterColor` zum Beispiel grün, wird die Spiegelung einen Grünstich haben.

Wir müssen die folgenden Variablen unserer Effektdatei hinzufügen:

```
float4  WaterColor
float   WaterShadeFac;
Texture TexReflection;

sampler SamplerReflection = sampler_state
{
    texture = <TexReflection>;
    AddressU  = WRAP;
    AddressV  = WRAP;
    AddressW  = WRAP;
    MIPFILTER = LINEAR;
    MINFILTER = LINEAR;
    MAGFILTER = LINEAR;
};
```

H: Bleibt noch die Steuerung der Transparenz. Diese wurde ebenfalls bereits in Abschnitt 3 abgehandelt. Wir bilden das Punktprodukt zwischen dem Vektor, der vom Betrachter zum Vertex zeigt, und der negierten Normale. Sind diese beiden Vektoren nahe beieinander, wird das Punktprodukt größer. Ein größeres Punktprodukt bedeutet hier mehr Transparenz. Damit der Übergang etwas steiler wird, potenzieren wir das Punktprodukt mit der Potenz `WaterReflPow` und dämpfen den resultierenden Wert mit `WaterReflFac`.

```
float  WaterReflFac = 0.3f;
float  WaterReflPow = 2.0f;
```

I: Schlussendlich verwenden wir die Tiefentextur, um den eigentlichen Wert für die Transparenz zu setzen. Die Textur sollte so gezeichnet sein, dass tiefe Stellen im Gewässer einen hohen Alphawert bekommen und untiefe Stellen einen niedrigen. Den Alphawert, den wir in Punkt H berechnet haben, addieren wir zum Alphawert der Textur.

Unsere Effektdatei ist fertig, und damit haben wir den ärgsten Brocken hinuntergeschluckt. Die Programmierung der ummantelnden Klasse wird dagegen ein Spaziergang!

### 9.6.5 Die Wasser-Klasse

Endlich befinden wir uns auf der Zielgeraden. Allerdings müssen wir noch eine Hürde nehmen, bevor wir ins Ziel einlaufen. Im Zusammenhang mit der Spiegelung habe ich ein kleines Detail verschwiegen, das sich ganz dramatisch auf die Spiegelung auswirkt. Ich habe bis jetzt nie erwähnt, dass die Wasseroberfläche bei der Spiegelung alles wegschneiden muss, was unterhalb der Wasseroberfläche (also in der gespiegelten Szene oberhalb der Wasseroberfläche) liegt. Dies ist logisch, denn wir wollen in der Spiegelung nichts sehen, was unterhalb des Wasserspiegels liegt. Um dafür zu sorgen, dass die Wasseroberfläche als Clippingplane fungiert, müssen wir diese als Clippingplane dem Device bekannt machen. Neuere Grafikkarten unterstützen benutzerdefinierte Clippingplanes in der Hardware, so stellt es uns vor kein größeres Problem, unsere Wasseroberflächen-Clippingplane dem Device bekannt zu machen, doch dazu später mehr. Schauen wir uns zuerst die Schnittstelle der Klasse an:

```
class CWaterEffect
{
protected:
    ID3DXEffect*        m_Effect;
    SWaterParameter     m_Parameter;
    LPDIRECT3DSURFACE9  m_DepthSurf;
    LPDIRECT3DSURFACE9  m_OrgDepthSurf;
    LPDIRECT3DSURFACE9  m_OrgRenderTarget;
    LPDIRECT3DTEXTURE9  m_Reflectionmap;
    LPDIRECT3DTEXTURE9  m_Bumpmap;
    LPDIRECT3DDEVICE9   m_3DDevice;
    float               m_WaterHeight;
    D3DXMATRIX          m_MatReflection;

    void    SetReflectionmapAsRendertarget();
    void    RestoreOrgRendertarget();
```

```
public:
    CWaterEffect();
    ~CWaterEffect();
    BOOL    Create( LPDIRECT3DDEVICE9 Device, float WaterHeight );
    void    Destroy();
    void    Setup( SWaterParameter& Para );
    DWORD   Begin();
    void    BeginPass(DWORD pass);
    void    EndPass();
    void    End();
    void    PrepareReflection(D3DXMATRIX *MatWaterWorld=NULL);
    void    FinishReflection();
};
```

Unsere Klasse hat ein paar zusätzliche Variablen und Methoden spendiert bekommen. Im Großen und Ganzen ähnelt sie jedoch sehr der Klasse, die wir für das Shadowmapping entworfen haben. Anstatt der Shadowmap verwenden wir jetzt die Reflectionmap (m_Reflectionmap). Diese wird analog zur Shadowmap als Rendertarget verwendet, was uns zwingt, das ursprüngliche Rendertarget und den Tiefenbuffer zwischenzuspeichern (m_Org...). Zusätzlich speichern wir die Höhe des Wasserspiegels (m_WaterHeight). Diese benötigen wir später für das Erstellen der Clippingplane. In m_MatReflection speichern wir die Spiegelungs-matrix, die die Szene entlang der Wasseroberfläche spiegelt.

Neu sind die Funktionen PrepareReflection und FinishReflection. Prepare-Reflection setzt die Clippingplane des Wassers und spiegelt die Lichtparameter des Effekts. FinishReflection entfernt diese Clippingplane wieder und hebt die Spiegelung der Lichtparameter wieder auf.

Leser der vorherigen Effektkapitel wissen, dass es mit der SWaterParameter-Struktur weitergeht:

```
enum EWaterParameter
{
    LIGHTCOLOR          = 1,
    ...
    WATERCOLOR          = 131072
};

struct SWaterParameter
{
    DWORD               Changed;
    D3DXVECTOR4         LightColor;
    D3DXVECTOR4         LightAmbient;
    D3DXVECTOR3         LightDir;
```

```
        D3DXVECTOR4          MtrlDiffColor;
        D3DXVECTOR4          MtrlSpecColor;
        FLOAT                MtrlSpecPower;
        LPDIRECT3DTEXTURE9   TexDiffuse;
        D3DXMATRIX           MatWorld;
        D3DXMATRIX           MatWVP;
        D3DXMATRIX           MatViewProj;
        D3DXVECTOR3          CamPosWorld;
        float                HorizDistFac;
        float                WaterShadeFac;
        float                WaterReflFac;
        float                WaterReflPow;
        float                Time;
        D3DXVECTOR4          WaterColor;
};
```

Die Auflistung aller Enum-Konstanten ersparen wir uns. Ergänzen Sie diese in Ihrem Code. Die Struktur birgt nichts Neues für uns. In ihr sind alle Parameter der Effektdatei aufgelistet. Kommen wir zur Create-Funktion:

```
BOOL CWaterEffect::Create(LPDIRECT3DDEVICE9 Device,
                                          float WaterHeight)
{
   LPDIRECT3DSURFACE9   OrgDepthSurf=NULL;
   D3DSURFACE_DESC      DepthDesc;
   if( FAILED( D3DXCreateEffectFromFile( Device,
                     "Effects/water.fx",
                     NULL, NULL, 0, NULL, &m_Effect, NULL)))
        return false;
```
```
A  if( FAILED(Device->CreateTexture( REFLECTIONMAP_SIZE,
            REFLECTIONMAP_SIZE, 1, D3DUSAGE_RENDERTARGET,
            D3DFMT_A8R8G8B8, D3DPOOL_DEFAULT,
            &m_Reflectionmap, NULL)))
        return false;
```
```
B  Device->GetDepthStencilSurface( &OrgDepthSurf );
   OrgDepthSurf->GetDesc( &DepthDesc );
   OrgDepthSurf->Release();
```
```
C  if( FAILED( Device->CreateDepthStencilSurface(
            REFLECTIONMAP_SIZE,
            REFLECTIONMAP_SIZE, DepthDesc.Format,
            D3DMULTISAMPLE_NONE, 0, TRUE,
            &m_DepthSurf, NULL)))
        return false;
```

```
D   if( FAILED( D3DXCreateTextureFromFile( Device, "bumpmap.bmp",
                                           &m_Bumpmap)))
        return false;
E   m_Effect->SetTexture( "TexReflection", m_Reflectionmap );
    m_Effect->SetTexture( "TexBump", m_Bumpmap );
F   m_3DDevice    = Device;
    m_WaterHeight = WaterHeight;
    return true;
}
```

A: Wir erstellen die Reflectionmap mit der Größe REFLECTIONMAP_SIZE und speichern diese in m_Reflectionmap. Wir schreiben in die Headerdatei das folgende Define:

```
#define REFLECTIONMAP_SIZE 512
```

B: Wenn wir die Reflectionmap als Rendertarget setzen wollen, müssen wir auch das Depthtarget neu setzen, da wir nicht garantieren können, dass das Depthtarget, das standardmäßig gesetzt ist, groß genug für die Reflectionmap ist (das Fenster könnte eine kleinere Auflösung verwenden als die Reflectionmap). Damit wir unser eigenes Depthtarget im gleichen Format erstellen können, müssen wir das Format des ursprünglichen Depthtargets kennen.

C: Die Funktion CreateDepthStencilSurface erstellt uns ein Depthtarget, das wir im gleichen Format wie das ursprüngliche Depthtarget erstellen.

D: Die Bumpmap erstellen wir aus einer Datei.

E: Da sich die Reflectionmap und Bumpmap niemals im Effekt ändern, können wir diese direkt der Effektinstanz übergeben.

F: Wir speichern das 3D-Device und die Wasserhöhe in Member-Variablen.

Die Funktion SetReflectionmapAsRendertarget entspricht der SetShadowmapAsRendertarget-Funktion, die wir für das Shadowmapping entworfen haben. Der einzige Unterschied besteht darin, dass nicht m_Shadowmap als Rendertarget verwendet wird, sondern m_Reflectionmap.

```
void CWaterEffect::SetReflectionmapAsRendertarget()
{
    LPDIRECT3DSURFACE9 ReflectionSurface=NULL;
    m_3DDevice->GetRenderTarget( 0, &m_OrgRenderTarget );

    if(SUCCEEDED(m_Reflectionmap->GetSurfaceLevel( 0,
                                       &ReflectionSurface)))
```

```
    {
        m_3DDevice->SetRenderTarget( 0, ReflectionSurface );
        SAFE_RELEASE( ReflectionSurface );
    }
    if(SUCCEEDED(m_3DDevice->GetDepthStencilSurface(
                                        &m_OrgDepthSurf)))
        m_3DDevice->SetDepthStencilSurface( m_DepthSurf );
}
```

Im Unterschied zum Shadowmapping wird die Funktion SetReflectionmapAs-Rendertarget nicht mehr vom Benutzer der Klasse aufgerufen. Deshalb ist diese Funktion auch in den Protected-Bereich der Klasse gewandert. Die Funktion PrepareReflection ruft diese Funktion auf. Der Benutzer muss also nur noch diese Funktion kennen und vor dem zweiten Pass aufrufen. Zusätzlich zum Wechsel des Rendertargets setzt diese Funktion auch die Clippingplane des Wassers.

| | |
|---|---|
| | `void CWaterEffect::PrepareReflection(D3DXMATRIX *MatWaterWorld )`<br>`{`<br>`  D3DXPLANE clippingplane;`<br>`  D3DXMATRIX MatInvTransWVP;` |
| A | `SetReflectionmapAsRendertarget();` |
| B | `if( !MatWaterWorld )`<br>`   D3DXMatrixInverse(&MatInvTransWVP, NULL,`<br>`                  &m_Parameter.MatViewProj);`<br>`else`<br>`   D3DXMatrixInverse(&MatInvTransWVP, NULL,`<br>`                  &((*MatWaterWorld) *`<br>`                  m_Parameter.MatViewProj));` |
| C | `D3DXPlaneFromPointNormal( &clippingplane,`<br>`                          &D3DXVECTOR3( 0.0f,`<br>`                                       m_WaterHeight, 0.0f ),`<br>`                          &D3DXVECTOR3( 0.0f, -1.0f, 0.0f ) );`<br>`D3DXMatrixReflect( &m_MatReflection, &clippingplane );` |
| D | `D3DXMatrixTranspose( &MatInvTransWVP, &MatInvTransWVP );`<br>`D3DXPlaneTransform( &clippingplane, &clippingplane,`<br>`                    &MatInvTransWVP);` |
| E | `m_3DDevice->SetClipPlane( 0, (const FLOAT*)&clippingplane );`<br>`m_3DDevice->SetRenderState( D3DRS_CLIPPLANEENABLE,`<br>`                            D3DCLIPPLANE0 );` |
| F | `m_3DDevice->SetRenderState( D3DRS_CULLMODE, D3DCULL_CW );` |
| G | `D3DXVec3TransformNormal( &m_Parameter.LightDir,`<br>`                         &m_Parameter.LightDir,`<br>`                         &m_MatReflection );` |

```
      D3DXVec3TransformCoord( &m_Parameter.CamPosWorld,
                              &m_Parameter.CamPosWorld,
                              &m_MatReflection );
H |   m_Parameter.Changed |= CAMPOSWORLD | LIGHTDIR;
  }
```

A: Wir rufen die Funktion `SetReflectionmapAsRendertarget` auf, damit der Benutzer es nicht mehr machen muss.

B: Unserer Funktion können wir zusätzlich eine Worldmatrix übergeben, die zum Wassermesh gehört. Wurde diese Matrix übergeben (`MatWater-World!=NULL`), so wird sie mit in die kombinierte WorldViewProjection-Matrix eingerechnet. Warum wir die Inverse der kombinierten Matrix berechnen, wird in Punkt D erklärt.

C: Die Clippingplane ist vom Typ `D3DXPLANE`. Um die Clippingplane zu bilden, bedienen wir uns der Funktion `D3DXPlaneFromPointNormal`. Die Funktion bildet aus dem Ursprung einer Ebene und deren Normale die gewünschte `D3DXPLANE`. In unserem Fall liegt der Ursprung in der Höhe des Wasserspiegels und die Normale zeigt in negative Y-Richtung. Die Y-Richtung ist deshalb negativ, weil wir die Szene spiegeln, das heißt, wir wollen all das wegschneiden, was oberhalb des Wasserspiegels liegt (hier müssen wir uns noch mal klarmachen, dass die Szene auf dem Kopf steht, wenn wir sie mit der Spiegelung rendern).

Wenn wir die Plane berechnet haben, können wir mit der Funktion `D3DXMatrixReflect` die Reflexionsmatrix berechnen. Wir wissen aus Abschnitt 9.6.3, dass dies nicht sonderlich kompliziert ist. Das Ergebnis dieser Funktion speichern wir in m_`MatReflection` ab.

D: Die Clippingplane, die wir in Schritt C berechnet haben, ist im Weltkoordinatensystem beschrieben. Das 3D-Device benötigt die Ebene aber im Bildschirmraum (nach der Multiplikation mit der World-, View- und Projectionmatrix). Die Funktion `D3DXPlaneTransform` transformiert eine Ebene mit der übergebenen Matrix. Die Funktion erwartet, dass die Matrix, mit der die Ebene transformiert werden soll, sowohl invers als auch transponiert ist. An dieser Stelle können wir jetzt auch zuordnen, warum wir in Punkt B die Inverse der kombinierten Matrix berechnen mussten.

E: Mit der Funktion `SetClipPlane` übergeben wir unsere `D3DXPLANE` dem Device und wissen, dass die übergebene Ebene für das Clipping verwendet wird. Je nach Grafikkarte können wir mehrere Clipping-Ebenen definieren, die wir jeweils mit dem Renderstate `D3DRS_CLIPPLANEENABLE` aktivieren können.

F: Die komplette Szene wird im folgenden Renderpass gespiegelt. Dies sorgt dafür, dass alle Dreiecke jetzt nicht mehr mit dem Uhrzeigersinn (Clockwise), sondern gegen den Uhrzeigersinn (Counter-Clockwise) gezeichnet werden. Wir stellen also die Culling-Routine so um, dass nur noch Flächen dargestellt werden, die gegen den Uhrzeigersinn gezeichnet wurden.

G: Wir spiegeln den Lichtvektor und die übergebene Position der Kamera, damit die Lichtberechnungen zur gespiegelten Szene passen.

H: Da wir `LightDir` und `CamPosWorld` geändert haben, müssen wir diese mit in die `Changed`-Variable aufnehmen.

Zu `PrepareReflection` gehört die Methode `FinishReflection`, die die Spiegelung wieder aufhebt und somit nach dem zweiten Pass aufgerufen werden muss:

```
   void CWaterEffect::FinishReflection()
   {
A    RestoreOrgRendertarget();
B    D3DXVec3TransformNormal( &m_Parameter.LightDir,
                              &m_Parameter.LightDir,
                              &m_MatReflection );
     D3DXVec3TransformCoord( &m_Parameter.CamPosWorld,
                             &m_Parameter.CamPosWorld,
                             &m_MatReflection );
     m_Parameter.Changed |= CAMPOSWORLD | LIGHTDIR;
C    m_3DDevice->SetRenderState( D3DRS_CLIPPLANEENABLE, FALSE );
     m_3DDevice->SetRenderState( D3DRS_CULLMODE, D3DCULL_CCW );
   }
```

A: Wir geben wieder das ursprüngliche Rendertarget an das Device zurück.

B: Der Lichtvektor und die Kameraposition sind immer noch gespiegelt. Die Spiegelung wird durch die erneute Multiplikation der Reflectionmatrix wieder aufgehoben.

C: Die Clippingplane des Wassers muss wieder deaktiviert werden, und wir müssen das Culling wieder auf »Gegen-den-Uhrzeigersinn« (CCW) stellen.

Die Funktion `RestoreOrgRendertarget` entspricht der des Shadowmapping-Kapitels, nur dass die Variablennamen anders lauten:

```
void CWaterEffect::RestoreOrgRendertarget()
{
    if( m_OrgDepthSurf )
    {
        m_3DDevice->SetDepthStencilSurface( m_OrgDepthSurf );
        SAFE_RELEASE( m_OrgDepthSurf );
    }
    if( m_OrgRenderTarget )
    {
        m_3DDevice->SetRenderTarget( 0, m_OrgRenderTarget );
        SAFE_RELEASE( m_OrgRenderTarget );
    }
}
```

Hier bedarf es keiner weiteren Erklärung.

Vielleicht ist Ihnen aufgefallen, dass noch die Einberechnung der Spiegelmatrix in die kombinierte Welt-, Ansichts- und Projektionsmatrix fehlt. Momentan ist die Spiegelmatrix nur eine Member-Variable in unserer Klasse, die keinen weiteren Effekt auf die vorhandenen Matrizen hat. Diesen Umstand beheben wir in der Funktion BeginPass:

```
void CWaterEffect::BeginPass(DWORD pass)
{
    if( pass==1)
    {
        m_Parameter.MatWorld = m_MatReflection*
                                m_Parameter.MatWorld;
        m_Parameter.MatWVP   = m_MatReflection*
                                m_Parameter.MatWVP;
    }
    if( m_Parameter.Changed & LIGHTCOLOR )
        m_Effect->SetValue( "LightColor", m_Parameter.LightColor,
                            sizeof( D3DXVECTOR4 ) ) ;
    …
    if( m_Parameter.Changed & WATERCOLOR )
        m_Effect->SetValue( "WaterColor", m_Parameter.WaterColor,
                            sizeof( D3DXVECTOR4 ) );
    m_Effect->BeginPass( pass );
}
```

Wenn der zweite Pass gestartet wurde, multiplizieren wir die Spiegelmatrix mit der Welt- und der kombinierten Welt-, Ansichts- und Projektionsmatrix. Dadurch werden alle Vertices gespiegelt, die im zweiten Pass gerendert werden.

Die Auflistung der ganzen Parameterübergaben an die Effektinstanz habe ich mir erspart, da wir diese bereits aus den vorangegangenen Effekten kennen.

Die Anpassung der Setup-Funktion an die neuen Parameter aus der SWater-Parameter-Struktur überlasse ich komplett Ihnen, um das Buch nicht unnötig aufzublähen.

Es folgt eine kommentarlose Auflistung des Konstruktors und der Destroy-Funktion, die nur an die neuen Ressourcen angepasst wurden:

```
CWaterEffect::CWaterEffect()
{
    m_Effect          = NULL;
    m_Reflectionmap   = NULL;
    m_DepthSurf       = NULL;
    m_3DDevice        = NULL;
    m_OrgRenderTarget = NULL;
    m_OrgDepthSurf    = NULL;
    m_Bumpmap         = NULL;
    m_WaterHeight     = 0.0f;
}
```

```
void CWaterEffect::Destroy()
{
    SAFE_RELEASE( m_Effect );
    SAFE_RELEASE( m_Reflectionmap );
    SAFE_RELEASE( m_DepthSurf );
    SAFE_RELEASE( m_Bumpmap );
}
```

Die Begin-Funktion muss nur dahingehend geändert werden, dass die verwendete Technik der Effektdatei auf »water« gesetzt werden muss. Die Funktion End-Pass hat sich im Vergleich zum vorherigen Effekt nicht geändert.

Vergessen Sie beim Starten des letzten Pass nicht, das Alpha-Blending im 3D-Device zu aktivieren, ansonsten wird das Wasser komplett undurchsichtig dargestellt.

```
d3dDevice->SetTextureStageState(0, D3DTSS_ALPHAARG1,
                                D3DTA_DIFFUSE);
d3dDevice->SetTextureStageState(0, D3DTSS_ALPHAOP,
                                D3DTOP_SELECTARG1);
d3dDevice->SetRenderState(D3DRS_SRCBLEND, D3DBLEND_SRCALPHA );
d3dDevice->SetRenderState(D3DRS_DESTBLEND, D3DBLEND_INVSRCALPHA );
d3dDevice->SetRenderState(D3DRS_ALPHABLENDENABLE, true);
```

Der Effekt ist fertig. Ich hoffe, dass Sie den Effekt für Ihre Spiele sinnvoll einsetzen können und den einen oder anderen Betrachter ins Staunen versetzen. An dieser Stelle möchte ich Sie noch dazu ermuntern, den Effekt zu verbessern und eigene Ideen mit einfließen zu lassen. Man könnte zum Beispiel die Schattierung der Bumpmap noch mit in die Wasserdarstellung einfließen lassen. Möglicherweise sieht das Wasser dann noch besser aus. Wie dem auch sei, einem virtuellen nassen Vergnügen steht jetzt nichts mehr im Weg!

# 10    Performancemessungen

Sie wissen, wie wichtig es ist, die Performance von Grafikoperationen durch ständiges Monitoring im Auge zu behalten. In Kapitel 4.4.2.7 hatte ich Ihnen dazu eine einfache Klasse (`timer`) vorgestellt. Mit Hilfe dieser Klasse konnten Sie die CPU-Zeit an beliebigen Messpunkten erhalten und durch Differenzbildung die vergangene Zeit ermitteln. Wie ich auch bereits dargestellt habe, sind die Grafikkarten aber inzwischen zu vollwertigen Computern geworden und haben ihr Eigenleben entwickelt. Das bedeutet insbesondere, dass die GPU parallel zur CPU arbeitet und die CPU in der Regel nicht darauf warten muss, dass die GPU eine bestimmte Aufgabe abgeschlossen hat. Wenn Sie der GPU einen Auftrag – zum Beispiel einen bestimmten Mesh zu rendern – übergeben, dann wird dieser Auftrag nur in die Auftragswarteschlange der GPU geschrieben, und die CPU kann weiterarbeiten, während die GPU im Hintergrund den Auftrag erledigt. Dies bedeutet aber, dass man den Zeitbedarf für eine bestimmte Grafikfunktion durch Messpunkte vor und nach dem Funktionsaufruf nicht ermitteln kann, da ja nur der Zeitbedarf für das Einstellen des Auftrags in die Warteschlange gemessen wird. Auf der anderen Seite gibt es natürlich Punkte, an denen CPU und GPU wieder synchronisiert werden müssen. Wenn man beispielsweise auf einen Vertexbuffer zugreifen will, der gerade in der Renderpipeline verarbeitet wird, so muss man beim Lock des Buffers warten, bis der Buffer wieder frei wird. Dadurch entstehen an einer Stelle des Programms Wartezeiten, die eigentlich an anderer Stelle des Programms verursacht wurden. Das folgende Bild zeigt, wie sich auf diese Weise »falsche« Messergebnisse einstellen:

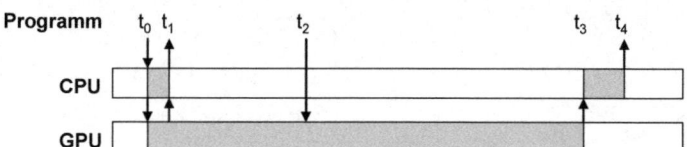

Zum Zeitpunkt $t_0$ wird der Auftrag zum Rendern des Meshs gegeben. Die Render-Funktion kommt zum Zeitpunkt $t_1$ zurück und vermittelt dadurch den Eindruck, dass der Zeitbedarf zum Rendern $t_1-t_0$ ist. Der wirkliche Zeitbedarf ist aber $t_3-t_0$. Zum Zeitpunkt $t_2$ wird dann versucht, auf den Vertexbuffer des Meshs zuzugreifen, um die Geometrie zu verändern. Durch die notwendige Wartezeit $t_3-t_2$ wird dabei der Eindruck vermittelt, dass die Geometrieänderungen sehr viel mehr Zeit ($t_4-t_2$) benötigen, als das in Wirklichkeit ($t_4-t_3$) der Fall ist. Dieses Beispiel zeigt,

867

dass es nicht so einfach ist, die Performance der GPU aus der Sicht der CPU zu messen.

Wenn man die Performance der GPU für eine bestimmte Aufgabe realistisch messen will, so muss man zunächst die Warteschlange der GPU leerlaufen lassen, damit das Ergebnis nicht durch »Altlasten« verfälscht wird. Dann kann man den Timer starten und den Auftrag abschicken. Danach muss man aber wieder warten, bis die Warteschlange der GPU leergelaufen ist. Erst dann kann man den Timer stoppen und das Messergebnis ermitteln. Einen so implementierten Timer sollte man aber nicht permanent laufen lassen, da er die CPU und GPU in den Messstrecken serialisiert und dadurch die Laufzeit des Spiels verschlechtert. Man sollte ihn also nur aktivieren, um gewisse Messungen von Grafikfunktionen durchzuführen, und dann wieder deaktivieren, wenn man die Gesamtperformance des Spiels beurteilen will. Trotz dieser Einwände ist ein solcher Timer sehr nützlich, und ich will Ihnen hier die Implementierung einer entsprechenden Klasse zeigen:

```
class timer
    {
    private:
        LPDIRECT3DDEVICE9 device;
        LONGLONG freq;
        LONGLONG strt;
        LONGLONG sum;
        int counter;
        void busy_waiting();
    public:
        void init( LPDIRECT3DDEVICE9 dev);
        void reset();
        timer();
        void start();
        void stop();
        double msecs_per_call();
        int calls_per_sec();
        int get_counter();
    };
```

Es handelt sich wieder um eine Additionsstoppuhr, die die Laufzeiten und die Anzahl ihrer Aufrufe sammelt, um daraus nach Bedarf die »Millisekunden per Aufruf« oder »Aufrufe pro Sekunde« zu berechnen. Neu ist hier, dass ich den High-Performance-Timer verwende. Auf neueren Rechnern ist dieser Timer verfügbar, und er hat eine weitaus höhere Auflösung als klassische Zeitmesser in der Hardware des PC. Um herauszufinden, welche Auflösung dieser Timer genau hat, muss man seine Frequenz abfragen.[1] Dies mache ich im Konstruktor des Timers mit der Funktion QueryPerformanceFrequency:

```
timer::timer()
    {
    QueryPerformanceFrequency( (LARGE_INTEGER *)&freq);
    init( 0);
    reset();
    }
```

Die Frequenz des Timers wird in der Member-Variablen freq[2] gespeichert und später zur Umrechnung der Zählerwerte herangezogen. Im Konstruktor werden die Funktionen init und reset gerufen, die aber nur banale Initialisierungen durchführen. Dem Timer muss zur Initialisierung ein gültiges DirectX-Device mitgegeben werden, das er benötigt, um auf die Warteschlange der Grafikbefehle zugreifen zu können. In der Initialisierungsfunktion wird der Zeiger auf dieses Device für die spätere Verwendung gespeichert:

```
void timer::init( LPDIRECT3DDEVICE9 dev)
    {
    device = dev;
    }
```

Die reset-Funktion setzt nur die Zähler für die bisher aufgelaufenen Zeiten (sum) und die Anzahl der bisherigen Aufrufe (count) auf null.

```
void timer::reset()
    {
    sum = 0;
    counter = 0;
    }
```

Die wichtigste Funktion des Timers ist die Funktion busy_waiting, die letztlich nichts anderes macht, als in einer Schleife darauf zu warten, dass die Auftragswarteschlange der Grafikkarte leerläuft:

---

1  Auf dem Laptop, auf dem ich diesen Text schreibe, hat der Timer die Frequenz 3579545. Das heißt, dass der Timer eine Auflösung von 1/3579545 Sekunden hat, was in etwa 0.28 Microsekunden entspricht.
2  Bei den Datentypen LONGLONG und LARGE_INTEGER handelt es sich um 64-Bit-Integerzahlen, die hier wegen der hohen Auflösung des Timers verwendet werden müssen.

```
void timer::busy_waiting()
    {
    if( device)
        {
        IDirect3DQuery9* query;

        device->CreateQuery( D3DQUERYTYPE_EVENT, &query);
        query->Issue( D3DISSUE_END);
        while(query->GetData( NULL, 0, D3DGETDATA_FLUSH) ==
                                                    S_FALSE)
            ;
        query->Release();
        }
```

Dazu generiert die Funktion eine Anfrage (query) vom Typ D3DQUERYTYPE_EVENT und stellt diese mit Hilfe der Funktion Issue in die Warteschlange. Dann pollt die Funktion die Daten der Query so lange, bis sie anhand des Returncodes erkennt, dass die Query abgearbeitet ist. Dieser Wartevorgang läuft übrigens nur ab, wenn ein Device übergeben wurde. Ohne Übergabe eines Device läuft der Timer wie eine »normale« Stoppuhr. An der ansonsten leeren Warteschleife (busy waiting) erkennen Sie schon, dass die GPU hier ohne Rücksicht auf die Performance der CPU gemessen wird. Normalerweise sollte busy waiting in einem Programm nicht vorkommen.

Die Funktionen start und stopp kumulieren jetzt die Laufzeiten, wobei sie die Funktion QueryPerformanceCounter zum Auslesen des High-Performance-Timers verwenden:

```
void timer::start()
    {
    busy_waiting();
    QueryPerformanceCounter( (LARGE_INTEGER *)&strt);
    }
```

```
void timer::stop()
    {
    LONGLONG stp;

    busy_waiting();
    QueryPerformanceCounter( (LARGE_INTEGER *)&stp);
    sum += (stp-strt);
    counter++;
    }
```

Die restlichen Funktionen des Timers dienen zur Umrechnung der internen Zählerwerte in die anschaulicheren Werte »Millisekunden pro Aufruf« und »Aufrufe
pro Sekunde« beziehungsweise zur Ausgabe des Aufrufzählers:

```
double timer::msecs_per_call()
    {
    return ((1000.0*sum)/counter)/freq;
    }
int timer::calls_per_sec()
    {
    return (int)((counter*freq)/sum);
    }
int timer::get_counter()
    {
    return counter;
    }
```

Setzen Sie diesen Timer mit Bedacht ein, und verwenden Sie ihn auf keinen Fall
in einer Auslieferungsversion Ihrer Software.

# Index

# W